TEXTOR · SAG ES TREFFENDER

A. M. TEXTOR

# SAG ES TREFFENDER

Ein Synonym-Wörterbuch mit über 67 000 Verweisen
auf sinnverwandte Wörter und Ausdrücke
für den täglichen Gebrauch

Vollständig überarbeitet und erweitert
von Renate Morell

Verlag Ernst Heyer · Essen

Biblografische Information der Deutschen Nationalbibliothek

Die Deutsche Nationalbibliothek verzeichnet diese Publikation in der Deutschen Nationalbibliografie; detaillierte bibliografische Daten sind im Internet unter http://dnb.d-nb.de abrufbar.



Dieses Buch ist aus säurefreiem Papier hergestellt und entspricht den Frankfurter Forderungen zur Verwendung alterungsbeständiger Papiere für die Buchherstellung.

15. Auflage 2014. Überarbeitete Neuausgabe.

Druck und Bindung:
Hans Kock Buch- und Offsetdruck GmbH, Bielefeld
Printed in Germany

ISBN 978-3-920454-25-2

# Vorwort

*Der Unterschied zwischen dem richtigen Wort*
*und dem beinahe richtigen ist erheblich –*
*es ist der Unterschied zwischen dem Glühwürmchen*
*und dem Blitz.*

Mark Twain

Synonyme, also bedeutungsgleiche oder bedeutungsverwandte Wörter, sind für jeden, der schreibt, unverzichtbares Stilmittel. Das unverwechselbare Wort, das das Gemeinte blitzartig erhellt, verleiht der Sprache nicht nur Prägnanz, sondern auch Farbigkeit und Nuancenreichtum. Ein Lexikon sinnverwandter Wörter ist dabei ein willkommenes, für viele unentbehrliches Hilfsmittel.

*Sag es treffender* hat eine fast 60-jährige Geschichte. Das Synonyma-Lexikon erschien erstmals 1955 im Konradin Verlag Robert Kohlhammer, Stuttgart, sodann 1962 im Verlag Ernst Heyer, Essen, und 1968 dann im Rowohlt Verlag als Taschenbuch, das mit einer Gesamtauflage von mittlerweile über 1 Million Exemplaren längst zu einem populären, für gelegentliche und professionelle Schreiber stets griffbereiten Nachschlagewerk geworden ist.

1995 war eine erste umfassende Neubearbeitung von *Sag es treffender* unaufschiebbar. In vielen Bereichen hatte sich ein gravierender sprachlicher Bedeutungswandel vollzogen, vollständig neue Wortfelder, nicht zuletzt im elektronischen Bereich, waren entstanden, eine Fülle von Ergänzungen wurde notwendig. Dies führte zu einer gegenüber den vorhergehenden Versionen drastischen Revision und einem viele Stichwörter betreffenden Umbau des gesamten Textkorpus. Nicht vergessen sei, dass erst 1995 ein lückenloses, alphabetisch geordnetes Register aufgebaut wurde, das seitdem mit besonderer Sorgfalt von Neuauflage zu Neuauflage gepflegt wird.

Und doch: Auch der Stand von 2014 ist nur eine willkürliche Zäsur in einem Work in Progress, das wir Sprechenden von Tag zu Tag selbst schreiben. Wir verabschieden uns von Wörtern früherer Generationen, benutzen ganz selbstverständlich Neologismen, die «plötzlich» in aller Munde sind, und erfinden neue Ausdrücke, die wir bei der gemeinsamen sprachlichen Verständigung über unsere Welt brauchen. Jede Neuauflage ist insofern unvollständig, ihr fehlen bereits neueste Wortschöpfungen in dem Moment, in dem sie erscheint. Gelassenheit ist allerdings am Platze: Bis zur nächsten Ausgabe sind einige der modischen Neuerscheinungen bereits wieder vergessen …

2014 präsentiert sich *Sag es treffender* mit rund 2000 Stichwörtern und 67 000 Verweisen auf sinnverwandte Wörter und Ausdrücke. Sie alle stehen dafür, dass der Benutzer einen beständigen Ideengeber bei der Suche nach dem ihn zufriedenstellenden Wort und einer signaturfähigen und blitzgescheiten Formulierung besitzt.

*Dr. Renate Morell*

## Benutzerhinweise

1. Jedes im Buch enthaltene Wort, wonach Sie suchen, finden Sie zuerst – nach dem Alphabet – im Register im hinteren Teil. Die Ziffer hinter dem Wort führt zum Stichwort im vorderen Teil bzw. zu einem der Bedeutungsfelder des Stichworts, wiederum gegliedert nach Ziffern.

2. Wortkombinationen mit den Hilfs- bzw. Funktionsverben (Zeitwörtern) **haben, sein, bleiben, dürfen, können, lassen, machen, tun, werden** und **wollen** finden Sie so:
   müde sein *unter:* **müde** sein
   Mut haben *unter:* **Mut** haben
   rot werden *unter:* **rot** werden usw.

3. Reflexive Verben sind im Register umgestellt:
   sich bewegen *unter:* **bewegen**, sich
   sich Gedanken machen *unter:* **Gedanken machen**, sich usw.

4. Wortkombinationen mit einem Verb (Zeitwort) finden Sie unter dem Verb selbst:
   das Unterste zuoberst kehren *unter:* **kehren**, das Unterste zuoberst usw.

5. Ausdrücke mit einem Nomen (Hauptwort) finden Sie unter dem Nomen selbst:
   in Ordnung *unter:* **Ordnung**, in
   nichts Halbes und nichts Ganzes *unter:* **Halbes** und nichts Ganzes, nichts usw.

6. Andere Ausdrücke finden Sie unter dem sinntragenden Wort:
   vor kurzem *unter:* **kurzem**, vor usw.

7. Der Schrägstrich **/** steht zwischen austauschbaren Wörtern in Fügungen, z. B. für nötig / erforderlich / unabdingbar halten.

8. Abkürzungen:
   jmd. = jemand
   jmds. = jemandes
   jmdm. = jemandem
   jmdn. = jemanden

# A

1 **abbilden 1.** wiedergeben, repräsentieren, darstellen, abschildern, zeigen, **2.** abmalen, abzeichnen, abpinseln, durchzeichnen, durchpausen, nachzeichnen, porträtieren, konterfeien, fotografieren, knipsen, Bild / Aufnahme machen, ablichten, abfilmen; abformen, nachformen, nachschaffen, nacharbeiten, nachbilden, Plastik anfertigen, in Stein hauen, **3.** übertragen, projizieren, reproduzieren, kopieren, vervielfältigen.

2 **Abenteurer** Spekulant, Glücksritter, Glücksspieler, Spieler, Zocker, Hasardeur, Hasardspieler, Glücksjäger, Wagehals, Freibeuter, Kondottiere, Filibuster, Bukanier, Kaper, Pirat, Seeräuber, Korsar, Überflieger, Kriegsgewinnler, Desperado, Dunkelmann, Schatzsucher, Kopfgeldjäger, Goldgräber, Mitgiftjäger, Hochstapler; Bohemien, Lebenskünstler, Leichtfuß, Bruder Leichtfuß, Luftikus, Ausreißer, Nestflüchter, Aussteiger; Guckindieluft, Springinsfeld.

3 **aber** indessen, hingegen, doch, jedoch, gleichwohl, trotzdem, dennoch, dagegen, wogegen, wohingegen, immerhin, zwar, allein, allerdings, freilich, nur, vielmehr, im Gegenteil, richtiger, besser, sondern, dabei, wiederum, während, andererseits, indes, sogar, nichtsdestoweniger, wiewohl, alldieweil.

4 **Aberglaube** Irrglaube, Dämonenglaube, Geisterglaube, Mystizismus, Volksglaube, Gespensterglaube, Hexenglaube, Wunderglaube, Kinderglaube, Orakelwesen, Zauberglaube.

5 **Abfall 1.** Überbleibsel, Rückstand, Bodensatz, Rest; Schnitzel, Fetzen, Lappen, Lumpen, Kram, Krempel, Zeug, Bettel, Gerümpel, Kruscht; Trümmer, Schutt, Bauschutt, Scherben, Abhub, Abraum, Schlacke, Abschaum, Kehricht, Unrat, Mist, Trash, Splatter, Dreck; Müll, Sperrmüll, Problemstoffe, Sondermüll, Giftmüll, Altlast, **2.** Ramsch, Ausschuss, Makulatur, Altpapier, Altmaterial, Alteisen, Schrott, Trödel, Plunder, Klamotten, Gerümpel, wertloses Zeug, Strandgut; Schleuderware, Batzenware, Ladenhüter, Altkleider, Altwaren, Getragenes, Gebrauchtes, Unverkäufliches, Krimskrams, **3.** Schutthaufen, Abfallhaufen, Müllhalde, Müllkippe, Mülldeponie, Abwasser, Abgas, Smog, Spam, **4.** Senkung, Neigung, Neige, Schiefe, Schräge, Abdachung, schiefe Ebene, Hang, Abhang, Berghang, Bergseite, Berglehne, Steilhang, Lehne, Leite, Rain, Böschung, Halde; Gefälle, Abschüssigkeit, Steile, Jähe, **5.** Abkehr, Bruch, Loslösung, Abtrünnigkeit, Apostasie, Verrat, Lossagung.

6 **abfallen 1.** sich senken, neigen; abdachen, abflachen, fallen, absinken, **2.** übrig bleiben, verbleiben, erhalten bleiben, zu viel/übrig sein, restieren, liegen bleiben, überzählig/überflüssig sein; fortfallen, entfallen, wegfallen, **3.** herunterfallen, zu Boden fallen, herabplumpsen, sich lösen; herabfallen, hinfallen, **4.** abfallen gegen, schlechter/im Nachteil sein, Vergleich nicht aushalten, darunter liegen, nicht nachkommen/gleichziehen, **5.** sich lossagen; abtrünnig werden, abspringen, brechen mit, abschwören, verraten.

7 **Abgabe** Tribut, Abführung, Gebühr, Zoll, Steuer, Beitrag, Maut, Obolus, Taxe.

8 **Abhandlung 1.** Essay, Artikel, Entrefilet, Kolumne, Untersuchung, Studie, Betrachtung, Besprechung, Kritik, Beschreibung, Erläuterung, Erörterung, Beitrag, Analyse, Traktat, Feuilleton, Bericht, Reportage, Report, Exposé, Dokumentation, Feature, Elaborat, Niederschrift, Werk, Monographie, **2.** Aufsatz, schriftliche Arbeit, Hausarbeit, Präsentation, Referat, Thesen, Semesterarbeit, Zulassungsarbeit, Diplomarbeit, Bachelorarbeit, Masterarbeit, Dissertation, Doktorarbeit, Habilitationsschrift.

9 **abhängen von 1.** abhängig sein von, angewiesen sein auf, nicht leben können ohne, in jmds. Hand / Macht sein, jmds. Brot essen, von jmdm. versorgt werden, **2.** sich abhängig machen, jmdm. in die Hand geben, ausliefern, aussetzen; süchtig sein nach, am Tropf hängen, hörig sein, **3.** beruhen/fußen auf, gründen/wurzeln in, sich gründen auf; basieren/sich stützen auf; getragen werden von, bedingt/bestimmt sein durch, liegen/gebunden sein an, **4.** voraussetzen, sich ergeben aus; herrühren von, resultieren aus, kommen von, zusammenhängen/verbunden sein mit, in Beziehung stehen zu, sich beziehen auf; wichtig sein für, ankommen auf.

10 **ablaufen 1.** abfließen, abrinnen, verrinnen, verfließen, sich verlaufen; versickern, abperlen, abtropfen, **2.** verlaufen, geschehen, passieren, sich abspielen; statthaben, stattfinden, hergehen, vorgehen, abrollen, veranstaltet werden, **3.** ungültig/wertlos werden, verfallen,

verstreichen, verjähren, außer Kraft treten, Gültigkeit verlieren, auslaufen, **4.** abgrasen, abklappern, ablatschen, abkämmen, durchkämmen.

11 **ableiten** **1.** umleiten, wegführen, verlegen, ablenken, wegleiten, umlenken, **2.** Ablauf schaffen, ablassen, entleeren, leeren, herauslassen, Ventil öffnen, ablaufen/abfließen lassen, **3.** folgern, herleiten.

12 **abnehmen** **1.** Gewicht verlieren, abmagern, abfallen, vom Fleisch fallen, abkommen, einfallen, mager / dünner werden, kränkeln, schwächeln, hinschwinden, **2.** abmachen, herunternehmen, abhängen, ablösen, wegnehmen, entfernen, losmachen, pflücken, ernten, **3.** sich zuspitzen, verjüngen, verengen, verdünnen, verschmälern; spitz zulaufen, **4.** prüfen, kontrollieren, genehmigen.

13 **abnehmend** nachlassend, schwindend, schwindsüchtig, zurückgehend, im Abnehmen, rückläufig, sinkend, fallend, niedergehend, abflauend, untergehend, regressiv, rezessiv, verlustbringend, herbstlich, alternd, vergehend, auslaufend.

14 **Abneigung** **1.** Ablehnung, Antipathie, Aversion, Degout, Abwehr, Voreingenommenheit, Ressentiment, Animosität, Feindseligkeit, **2.** Unmut, Unwille, Widerstände, Widerstreben, Abscheu, Widerwille, Ekel, Übelkeit, Überdruss, Cafard, Ennui, Unlust, Übersättigung, Missfallen, Schauder, Gräuel.

15 **abraten** widerraten, abbringen von, abmahnen, warnen, ausreden, einwenden, zu bedenken geben, vermiesen, verleiden.

16 **absichtlich** mit Bedacht/Vorbedacht, willentlich, gewollt, beabsichtigt, absichtsvoll, intendiert, intentional, geplant, mit Absicht/Willen, gezielt, vorsätzlich, geflissentlich, wohlweislich, wohl überlegt, bewusst, eigens, bezweckt, extra, ausdrücklich, mit Fleiß, zum Trotz, demonstrativ, ostentativ, nun gerade, mutwillig, wissentlich, einkalkuliert, in vollem Bewusstsein, böswillig, arglistig.

17 **absondern (sich)** **1.** beiseitetun, ausschließen, aussperren, abtrennen, absperren, abteilen, separieren, isolieren, in Quarantäne halten, **2.** sich zurückziehen, abseits stellen, abseits halten, im Hintergrund halten, fernhalten, verkriechen; Menschen scheuen, wegtauchen, abtauchen, sich verkapseln, abkapseln, entziehen; im Schneckenhaus / Elfenbeinturm / Abseits / zurückgezogen / einsam / als Eremit leben, sich einspinnen, ausschließen, einpuppen, isolieren, separieren, einigeln, vergraben, verbunkern, verschanzen; in die innere Emigration gehen, vereinsamen, privatisieren.

18 **Absonderung** **1.** Quarantäne, Separierung, Separation, Isolation, Isolierung, Internierung, Hausarrest, Einzelhaft, Einsperrung, Ghettoisierung, Ghetto, Wagenburg, Vereinzelung, **2.** Separatismus, Sonderbündelei, Partikulation, Sezession, **3.** Ausscheidung, Sekretion.

19 **abspenstig machen** ausspannen, abjagen, wegengagieren, ablisten, abluchsen, wegverpflichten, kapern, umdrehen, wegschnappen, entfremden, wegholen, abwerben, weglocken, ablocken, abziehen, loseisen.

20 **abspringen** **1.** abschwenken, weglaufen, abwandern, zur Konkurrenz gehen, sich abkehren, abwenden, lossagen, abseilen, distanzieren, verziehen, verflüchtigen; widerrufen, ausscheren, aussteigen, ausbrechen, umschwenken, konvertieren, umkippen, umfallen, im Stich lassen, fallen lassen, desertieren, übergehen, überlaufen, **2.** springen, herabspringen, hinunterspringen, sich in die Tiefe stürzen.

21 **absteigen** **1.** heruntersteigen, hinabklettern, herabsteigen, hinabsteigen, hinuntersteigen, zu Tal gehen, hinuntergehen, hinabsinken, zu Tal fahren, abwärts/bergab gehen, hinabkraxeln, **2.** einkehren, Quartier nehmen, übernachten, **3.** abgestuft/zurückgestuft/abgewertet / degradiert werden, Rangplatz verlieren, zurückfallen, disqualifiziert werden.

22 **abstellen** **1.** niederstellen, niedersetzen, absetzen, hinstellen, zu Boden stellen, **2.** drosseln, abdrosseln, abdrehen, zudrehen, schließen, stoppen, abstoppen, anhalten, bremsen, abbremsen, verlangsamen, entschleunigen, Tempo verringern, zum Stehen bringen, ausschalten, abschalten, ausstellen, ausmachen, stilllegen, unterbrechen, halten, **3.** einstellen, hinterlegen, deponieren, sicherstellen, parken, unterbringen, platzieren, aufstellen, lagern, in Verwahr geben, **4.** abhelfen, Abhilfe schaffen, abschaffen, aufheben, beheben, beseitigen, abändern.

23 **Abstufung** **1.** Nuancierung, Nuance, Abtönung, Schattierung, Dosierung, Gradation, Staffelung, Terrassierung, Übergang, **2.** Abqualifizierung, Abwertung.

24 **absurd** widersinnig, abwegig, unsinnig, vernunftwidrig, sinnlos, hirnverbrannt, sinnwidrig, gegensätzlich, paradox, unlogisch, ungereimt, aberwitzig, irrwitzig, wahnwitzig, verkehrt, folgewidrig; töricht, lächerlich, lachhaft,

verrückt, abstrus, verstiegen, bizarr, kindisch, gesponnen, närrisch, unglaubhaft, unerhört.

25 **abtreiben** abortieren, eingreifen, Frucht abtreiben, Eingriff vornehmen, Schwangerschaft abbrechen/unterbrechen.

26 **Abtreibung** Schwangerschaftsabbruch, Schwangerschaftsunterbrechung, Abbruch, Eingriff, Abortus, Abort, Fehlgeburt.

27 **abwärts** nach unten, hinab, ab, hinunter, zu Tal, bergab, erdwärts, niederwärts, talwärts, herunter, herab, zu Boden, in die Tiefe, Talfahrt; flussabwärts, stromabwärts.

28 **abweichen 1.** abgehen, abbiegen, abzweigen, sich wenden; Biegung machen, umfahren, Umweg machen; vom Kurs abkommen, aus dem Ruder laufen, Richtung/Kurs ändern, abfälschen, aus der Reihe tanzen/dem Rahmen fallen, **2.** abkommen, abdriften, abirren, abgleiten, abrutschen, absacken, entgleiten, entweichen, **3.** abschweifen, Faden verlieren, abirren, vom Thema abkommen, vom Hundertsten ins Tausendste kommen, von Hölzchen auf Stöckchen kommen, **4.** voneinander abweichen, anderer Meinung sein, nicht übereinstimmen, divergieren, nicht übereinkommen, sich nicht einigen können; keinen Kompromiss finden, uneinig sein/bleiben, Sache verschieden sehen.

29 **Abweichung 1.** Ableitung, Umleitung, Verlegung, **2.** Abbiegung, Abzweigung, Schwenkung, Gabelung, Kurve, Abweg, Umweg, Nebenweg, Seitenweg, Schleichweg, Abkürzung, Abstecher, Abzweig, Abdrift, Abtrift, Deviation, Aberration, Richtungsänderung, Weiche, Ausweichstelle, **3.** Irrweg, Abirrung, Entgleisung, Verirrung, Holzweg, **4.** Abschweifung, Abschwenkung, Umorientierung, Exkurs, Unterbrechung, **5.** Regelverstoß, Freistil, Irregularität, Normwidrigkeit, Regelwidrigkeit, Anomalie, Devianz, Diskrepanz, Divergenz, Dissidenz, **6.** Variable, Varianz, Variation.

30 **abweisen 1.** zurückweisen, abwehren, von sich weisen, zurückstoßen, abstoßen, abfertigen, abschütteln, **2.** ablehnen, absagen, zurückgeben, retournieren, remittieren, zurückschicken, verzichten auf, keine Verwendung haben, abschlägig bescheiden, abschlagen, **3.** verneinen, protestieren, negieren, nein sagen, verschmähen, verwerfen, Finger davonlassen, sich verwahren gegen; ausschlagen, nicht akzeptieren, **4.** nicht empfangen, sich verleugnen lassen; abwimmeln, abwinken, abwiegeln, abblitzen/auflaufen/abfahren lassen, kalte Schulter zeigen, abspeisen, Korb geben, vom Tisch wischen, Abfuhr erteilen, **5.** hinauswerfen, an die Luft setzen, heimleuchten.

31 **abweisend 1.** ablehnend, zurückhaltend, unzugänglich, unpersönlich, unfreundlich, einschüchternd, ungnädig, unwirsch, unnahbar, zugeknöpft, reserviert, herb, verhalten, verschlossen, distanziert, kühl, frostig, unterkühlt, kalt, eisig, steinern, brüsk, karg, barsch, schroff, spitz, kurz angebunden, stachelig, kratzbürstig, widerborstig, ungesellig, **2.** kritisch, abwertend, pejorativ, abfällig, tadelnd, bissig, scharf, spitze Zunge, spitze Feder, missfällig, missbilligend, abschätzig, mäkelig, krittelig, geringschätzig, kompromittierend, wegwerfend, verächtlich, **3.** abgeneigt, verneinend, abschlägig, negativ, polemisch, unwillig, widerwillig, nicht willens, widerstrebend, abwehrend, abhold, nicht grün, **4.** atheistisch, gottlos, areligiös, antireligiös.

32 **Abweisung 1.** Zurückweisung, Korb, Abwehr, Abfuhr, Abfertigung, **2.** Ablehnung, Versagung, Absage, Verwerfung, Weigerung, Verweigerung, Nein, Verneinung, Negierung.

33 **Abwesenheit 1.** Fehlen, Fehlzeit, Ausfall, Ausbleiben, Fernbleiben, Lücke, Leere, Wegfall, Vakanz, **2.** Unaufmerksamkeit, Unüberlegtheit, Zerstreutheit, Gedankenlosigkeit, Versunkenheit, Vertieftheit, Versponnenheit, Verträumtheit, Geistesabwesenheit, Entrückung, Unkonzentriertheit, Zerfahrenheit, Kopflosigkeit, Gedankenflucht, Themenflucht, Ideenflucht, **3.** Vergesslichkeit, Gedächtnisschwund, Gedächtnislücke, Absence, Gedächtnisstörung, Gedächtnisschwäche, Bewusstseinslücke, Sperre, Block, Blockade, Mattscheibe, Black-out, Hänger.

34 **abzahlen** in Raten/Teilzahlungen zahlen, tilgen, ratenweise zahlen, zurückerstatten, auf Abschlag kaufen, abtragen, ableisten, abbezahlen, finanzieren, abstottern, kleckerweise zahlen.

35 **Achtung** Beachtung, Ehrerbietung, Ehrfurcht, Respekt, Akzeptanz, Wertschätzung, Hochachtung, Reverenz, Hochschätzung, Anerkennung, Ergebenheit, Scheu, Verehrung, Idolisierung, Vergöttlichung, Apotheose.

36 **Adel 1.** Noblesse, Vornehmheit, Hoheit, **2.** Nobilität, Aristokratie, Hochadel, Hocharistokratie, Adelskaste, Adelsstand, Feudalaristokratie, Feudaladel, Geburtsadel, Geblüt, Landadel, niederer Adel, Junker, Junkertum, Verdienstadel, Patriziat.

37 **aggressiv** **1.** unfriedlich, offensiv, provokant, provozierend, provokativ, expansiv, herausfordernd, aufreizend, streitbar, zänkisch, streitlustig, streitsüchtig, heftig, kämpferisch, attackierend, angriffslustig, übergriffig, sprungbereit, angreiferisch, handgreiflich, tätlich, gewaltbereit, bellizistisch, zerstörerisch, destruktiv, violent, hadersüchtig, streitlüstern, zanksüchtig, händelsüchtig, gewalttätig, **2.** kriegerisch, militant, bewaffnet, waffenstarrend, militaristisch, kriegstreiberisch, kriegslüstern.

38 **alle** **1.** jeder, jede, jedermann, alle ohne Ausnahme, jedwede(r), samt und sonders, allesamt, sämtliche, jegliche, alle Welt, Mann für Mann, Freund und Feind, Groß und Klein, Kind und Kegel, Alt und Jung, Gesamtheit, das Ganze, Plenum, **2.** vollständig, vollzählig, ausnahmslos, Krethi und Plethi, Hinz und Kunz, alle Mann, mit Mann und Maus, alle Mann an Bord, alle miteinander, die ganze Sippschaft/Gesellschaft, wie ein Mann, tout le monde.

39 **allerdings** ja, aye, aye, jawohl, klar, logisch, gewiss, tatsächlich, in der Tat, sicherlich, jedenfalls, immerhin, freilich, selbstredend, ohne Frage, unbedingt, natürlich, zwar, zugegeben.

40 **allgemein** **1.** gängig, üblich, vorherrschend, Standard, **2.** allgemein gültig, verbindlich, für alle geltend, grundsätzlich, **3.** interdisziplinär, übergreifend, fachübergreifend, **4.** universell, allumfassend, universal, umfassend, gemein, allseitig, generell, international, weltumspannend, global, **5.** im Allgemeinen, im Großen und Ganzen, durchgängig, durchweg, durch die Bank, pauschal, in Bausch und Bogen, üblicherweise, in der Regel, gewöhnlich, meistens, sozusagen, gewissermaßen, wie man so sagt, gemeinhin, generell, alles in allem, im Ganzen, überhaupt.

41 **Alltag** **1.** Wochentag, Werktag, Arbeitstag, **2.** Gleichmaß, Regelmäßigkeit, Gewohnheit, Tretmühle, Gleichförmigkeit, Eintönigkeit, Alltäglichkeit, Alltagstrott, Öde, grauer Alltag, Monotonie, immer dasselbe, alte Leier, ewiges Einerlei, Trott.

42 **also** daher, darum, deswegen, demnach, folglich, demzufolge, mithin, somit, infolgedessen, dementsprechend, aus diesem Grund, demgemäß, logischerweise, ist doch so, ergo, vulgo, nach Adam Riese.

43 **alt** **1.** bejahrt, betagt, ältlich, bei Jahren, vorgerückten Alters, angegraut, meliert, ergraut, grau, grauhaarig, weiß, schlohweiß, weißhaarig, hoch an Jahren, hochbetagt, gesegneten Alters, greis, steinalt, uralt, **2.** verblüht, abgeblüht, abgelebt, abgestorben, absterbend, verknöchert, verkalkt, vergreist, greisenhaft, abständig, senil, dement, tatterig, überaltert, überlebt; knittrig, faltig, runzlig, zerknittert, pergamenten, vertrocknet, zusammengefallen, zusammengeschrumpft, gefurcht, schrumplig, verhutzelt, verrunzelt, bemoost, zittrig, **3.** abgenutzt, abgegriffen, verbraucht, verschlissen, zerschlissen, lumpig, oll, abgeschabt, morsch, krumplig, fadenscheinig, schäbig, eingerostet, baufällig, klapprig, abgewetzt, ausgeleiert, **4.** gebraucht, aus zweiter Hand, secondhand, abgetragen, abgelaufen, getragen, abgefahren, **5.** antiquarisch, altertümlich, ehrwürdigen Alters, antik, nostalgisch, retro, archaisch, veraltet, fossil, **6.** altgedient, ausgedient, abgedankt, abgehalftert, verabschiedet, pensioniert, emeritiert, im Ruhestand, außer Dienst.

44 **Alter** **1.** Jahre, Lenze, Lebensalter, Lebensabschnitt, Lebensjahr, Lebensherbst, Lebensabend, Lebensneige, Bejahrtheit, hohe Jahre, Rentenalter, Greisenalter, biblisches Alter, **2.** alter Mann, Greis, Nestor, Patriarch, Stammvater, Senior, Jubilar, alter Herr/Knabe/Knacker/Kracher, Oller, Grufti, Fossil, Urgestein, Methusalem; Altgedienter, Schlachtross, Ausgedienter, Veteran, Pensionär, Rentner, **3.** Ruhestand, Pension, Pensionierung, Altenteil, **4.** Überalterung, Überlebtheit, Vergreisung, Verkalkung, Abständigkeit, Senilität, Greisenhaftigkeit, Greisentum.

45 **Altweibersommer** Sommerende, Frühherbst, Spätsommer, Nachsommer, Fadensommer, Indian Summer, Sommerfaden, Frauenfaden, Himmelfaden, Mariengarn.

46 **Analyse** Studie, Ermittlung, Untersuchung; Zerteilung, Zerlegung, Aufgliederung, Zergliederung, Dekonstruktion, Dekomposition, Auflösung, Dissolution.

47 **anbei** beiliegend, anliegend, inliegend, beigefügt, beifolgend, angebogen, angeheftet, hierbei, hiermit, beigeschlossen, im Brief, beigepackt, als Anlage, ergänzend, mit gleicher Post, eingeschlossen, nebenher, nebenbei, dazu, nachträglich, sowie, Sonstiges.

48 **Anbetracht (in)** im Hinblick, in Bezug auf, bedingt durch, wegen, weil, umständehalber, aufgrund, hinsichtlich, in puncto, rücksichtlich, motiviert durch, denn, nämlich, in Be-

tracht, alles in allem, angesichts, gegenüber, vor, mit Rücksicht auf, was … angeht/betrifft/anbelangt, im Zusammenhang mit.

49 **anbieten (sich) 1.** antragen, vorschlagen, empfehlen, offerieren, anpreisen, feilbieten, ausbieten, ausschreiben, zu verkaufen suchen, auf den Markt bringen, vermarkten, vorführen, ausstellen, auslegen, zur Schau stellen, aushängen, vorweisen, vorzeigen, zeigen, herausstellen, unterbreiten, vorlegen, einschicken, einsenden, **2.** Angebot machen, inserieren, annoncieren, in die Zeitung setzen, anzeigen, Anzeige aufgeben/schalten, **3.** reichen, darbieten, ausschenken, einschenken, kredenzen, darreichen, servieren, auftragen, auftischen, anrichten, aufwarten, bewirten, vorsetzen, beköstigen, laben, nötigen, **4.** sich anerbieten, zur Verfügung stellen, bereit erklären, anheischig machen, verpflichten; auf sich nehmen.

50 **Anfang 1.** Beginn, Anbeginn, Vorabend, Anbruch, Auftakt, Ausbruch, Antritt, Eintritt, Entstehung, Aufkommen, Geburt, Wiege, Quelle, Keim, Ei, Samen, Initialstadium, Embryonalstadium, **2.** Gründung, Begründung, Etablierung, Eröffnung, Niederlassung, Anbahnung, Ankurbelung; Start, Anpfiff, Anlauf; Anstich; Grundsteinlegung, Erstbezug, Debüt, Ouvertüre, Schiffstaufe, Stapellauf, Jungfernfahrt, Jungfernrede, Antrittsvorlesung, Einweihung, Feuertaufe, Einstand, Uraufführung, Erstaufführung, Premiere, Vernissage, **3.** Morgen, Morgenröte, Sonnenaufgang, Morgenlicht, Frühlicht, Erwachen, Dämmerung, Frühe, Frühstunde, Tagesanbruch, Morgengrauen.

51 **anfangen 1.** beginnen, anheben, werden, einsteigen, angehen, losgehen, ansetzen, einsetzen, anlaufen, sich entspinnen, **2.** anbrechen, dämmern, grauen, tagen, hell/Tag werden, heraufkommen, aufgehen, erwachen, sich erheben; werden, entstehen, in Gang kommen, **3.** Anfang machen, debütieren, in Angriff nehmen, anpfeifen, starten, anklicken, gründen, begründen, eröffnen, aufmachen, etablieren, niederlassen, ankurbeln, anpacken, anlaufen lassen, ins Rollen bringen, vom Stapel lassen, in Gang setzen, sich anschicken, warmlaufen; unternehmen, ins Leben rufen, errichten, einführen, Vorkehrungen treffen, in die Wege leiten/Hand nehmen, Hebel ansetzen, loslegen, Fühlung nehmen, ins Gespräch kommen, anspinnen, Anstalten machen, im Begriff sein, sich in Bewegung setzen; drangehen, herangehen an, Anlauf nehmen, initiieren, Initiative ergreifen, konstituieren.

52 **anfangs 1.** anfänglich, zuerst, in erster Linie, primär, vor allem, als Erstes, zuallererst, als Wichtigstes, vorab, zunächst, einleitend, zuvor, zuvorderst, vorweg, eingangs, zu Beginn, **2.** ursprünglich, keimhaft, embryonal, werdend, im Werden/Entstehen, im Werden begriffen, in der Entwicklung, im Entwurf/Bau/Rohbau, in Umrissen, **3.** erstmalig, zum ersten Mal, beim Debüt/ersten Auftritt.

53 **angeblich** vorgeblich, vermeintlich, anscheinend, nominell, gleichsam, als ob, Ondit, nicht verbürgt, gewissermaßen, sozusagen, unter dem Deckmantel.

54 **angeboren** ererbt, vererbt, erblich, vererbbar, von Geburt her, genbedingt, kongenital, hereditär, in die Wiege gelegt, von Haus aus, im Blut, naturgegeben, in den Genen.

55 **Angeklagter** Beschuldigter, Verdächtiger, Beklagter, Verklagter, Untersuchungsgefangener.

56 **angenehm 1.** willkommen, wünschenswert, erwünscht, wohlgefällig, günstig, kommod, unkompliziert, pflegeleicht, bequem, gelegen, genehm, zupass, passend, zusagend, praktisch, recht, trifft sich gut, lieb, sympathisch, nett, **2.** ergötzlich, erquickend, wohltuend, erholsam, entspannend, beruhigend, chillig, erfrischend, genussreich, befriedigend, erfreulich, nach dem Herzen.

57 **angesehen** geachtet, geschätzt, anerkannt, namhaft, geehrt, hoch geschätzt, respektiert, renommiert, gerühmt, bejubelt, gefeiert, verehrt, umschwärmt, umjubelt, vergöttert.

58 **angestammt 1.** eingeboren, nativ, indigen, hiesig, einheimisch, entropisch, endemisch, **2.** sesshaft, bodenständig, autochthon, verwurzelt, verankert, verwachsen, ortsfest, ortsgebunden, heimatverbunden, immobil, stationär, **3.** genuin, überkommen, traditionell, ureigen.

59 **angreifen 1.** auf jmdn. losgehen, in die Offensive gehen, Kampf aufnehmen, in die Arena steigen, **2.** anfallen, angehen, attackieren, vorgehen, vorrücken, vorstoßen, stürmen, bestürmen, zum Angriff übergehen, Frieden brechen, überfallen, losgehen, losschlagen, dreinschlagen, dreinhauen, berennen, zu Leibe gehen, auf den Leib rücken, vorpreschen, anfliegen, beschießen, abfeuern, bombardieren, packen, überrumpeln, überrollen, überkommen, herfallen über, einfallen, sich stürzen auf;

überrennen, vordringen, Vorstoß machen, einmarschieren, besetzen, einhauen auf, sich hermachen über; einstürmen auf, Attacke reiten gegen, unter Beschuss nehmen, mit Granaten belegen, Feuer eröffnen, **3.** anfeinden, bezichtigen.

60 **Angriff 1.** Offensive, Anmarsch, Vormarsch, Vorgehen, Einfall, Überfall, Vorstoß, Überrumpelung, Handstreich, Anschlag, Attacke, Sturm, Aggression, Affront, Einmarsch, Beschuss, Kanonade, **2.** Hetzjagd, Hatz.

61 **Angst 1.** Furcht, Bangen, Grauen, Schauder, Schauer, Grausen, Entsetzen, Erzittern, Erbeben, Erschrecken, Schrecken, Panik, Kopflosigkeit, Horror, Schock, **2.** Unruhe, Beklemmung, Beklommenheit, Bangigkeit, Bangnis, Nervosität, Beunruhigung, Bestürzung, Spannung, Erregung, Aufregung, Lampenfieber, Reisefieber, Zittern, Herzklopfen, Albdruck, Nachtmahr, Albtraum, Horrortrip, Angstträume, Gespensterfurcht, Gruseln, Zähneklappern, **3.** Befürchtung, Besorgnis, Sorge, Furchtsamkeit, Ängstlichkeit, Bänglichkeit, Bedenklichkeit, Vorsicht, Berührungsangst, **4.** Feigheit, Kleinmut, Kleingläubigkeit, Zaghaftigkeit, Verzagtheit, Mutlosigkeit, Bammel, Heidenangst, Schiss, Muffensausen, **5.** Krankheitsangst, Krankheitswahn, Hypochondrie, **6.** Phobie, Objektangst, Situationsangst, Erwartungsangst, Zwangsbefürchtung, Klaustrophobie, Platzangst, Phobophobie, Angst vor der Angst, Horror Vacui.

62 **ängstigen (sich) 1.** Angst haben, fürchten, bangen, ängsten, erschrecken, beben, erbeben, entsetzen, zittern, zagen, schlottern, gruseln, Nerven verlieren, Schrecken bekommen, Schock erleiden, schockmausern, erbleichen, erblassen, sich verfärben; zusammenfahren, zucken, zusammenzucken, erschauern, aufschrecken, zur Salzsäule erstarren, zurückfahren, zurückschaudern, zurückprallen, zurückschrecken, Atem anhalten, Blut schwitzen, graulen, grauen, grausen, schaudern, zittern wie Espenlaub, panisieren, Panik bekommen, **2.** befürchten, sich sorgen, Gedanken machen; beklommen / besorgt sein, Manschetten / Furcht haben vor, Gespenster sehen, sich quälen, abhärmen, Sorgen machen; kein Auge schließen, schwarzsehen, sich Kummer machen; zittern um.

63 **ängstlich 1.** angstvoll, bekümmert, furchtsam, bange, bänglich, beklommen, unruhig, unbehaglich, nervös, schreckhaft, angespannt, aufgewühlt, aufgeregt, besorgt, sorgenvoll, bangend, bebend, angsterfüllt, entsetzt, panisch, phobisch, **2.** feige, mutlos, zittrig, zitternd, schreckhaft, schlotternd, knieweich, angstgepeinigt, angstbesessen, von Furien gejagt, nervenschwach, zähneklappernd, zage, zaghaft, zitterig, hasenherzig, hasenfüßig, kleinmütig, kleingläubig, verängstigt, verschüchtert, befangen, verzagt, übervorsichtig, schwachherzig, schwachmütig, angst und bange.

64 **anhängen 1.** anhangen, dienen, treu ergeben/ verbunden sein, sympathisieren, nachfolgen, sich zugehörig fühlen, verbunden halten; sich widmen, Fan sein, Kult betreiben mit, **2.** sich anklammern; nachlaufen, verfolgen, nicht loslassen, sich abhängig machen, aufgeben; hörig werden, **3.** treu bleiben, nicht im Stich lassen, nicht aufgeben, zu jmdm. halten/stehen, nicht verlassen, sich nicht abwenden, **4.** zulaufen, zuströmen, sich einfinden, anschließen.

65 **Anhänger 1.** Beiwagen, Hänger, Wohnwagen, **2.** Parteigänger, Gefolgsmann, Quartiermacher, Nachfolger, Nachläufer, Hintermann, Paladin, Proselyt, Mitkämpfer, Mitstreiter, Kombattant, Fellowtraveller, Kampfgenosse, Kamerad, Vertrauter, Sympathisant, Getreuer, Schildträger, Mitglied, Parteigenosse, Kämpe, Mitverschworener, Gesinnungsgenosse, Gefährte, Jünger, Begleiter, Schatten, Linientreuer, **3.** Nachläufer, Mitläufer, Nachbeter, Trabant, Satellit, Vasall, Höriger, Geschöpf, Werkzeug, Kreatur, Marionette, **4.** Anhängerschaft, Fanklub, Gefolgschaft, Entourage, Karawane, Gefolge, Gemeinde, Anhang; Tross, Hofstaat, Kamarilla, Günstlinge, **5.** Fan, Fex, Groupie, Verehrer, Bewunderer, Schlachtenbummler.

66 **ankommen 1.** eintreffen, Ziel erreichen, ans Ziel gelangen, anlangen, kommen, nahen, sich einfinden; erscheinen, eintreten, auftauchen, vorfahren, sich einstellen; einziehen, auftreten, auf der Bildfläche erscheinen, antreten, aufmarschieren, einlaufen, einfliegen, anmarschieren, anrollen, landen, eintrudeln, aufschlagen, auflaufen, antanzen, angestiefelt kommen, im Anzug sein, **2.** zur Welt kommen, geboren werden, Licht der Welt erblicken.

67 **Ankunft 1.** Eintreffen, Erscheinen, Einzug, Kommen, Eintritt, Antritt, Antreten, Betreten, Auftreten, Auftritt, Anfahrt, Anmarsch, Anreise, Landung, Arrival, Einlaufen, **2.** Geburt, Partus, Niederkunft, freudiges Ereignis, Entbindung.

68 **anlässlich 1.** aus Anlass, aufgrund, bei Gele-

genheit, gelegentlich, bei, zu, zum, wenn, als, **2.** denn, weil, nämlich, halber, wegen, infolge, um ... willen, ob, dank.

69 **Anmut** Grazie, Liebreiz, Lieblichkeit, Holdseligkeit, Süße, Feinheit, Zierlichkeit, Leichtigkeit, Zauber, Charme, Reiz.

70 **anmutig 1.** reizend, bezaubernd, zauberhaft, hold, holdselig, lieblich, amön, liebreizend, charmant, liebenswürdig, gewinnend, einnehmend, **2.** graziös, zierlich, grazil, geschmeidig, leicht, beweglich, leichtfüßig, gazellenhaft, rehhaft, niedlich, allerliebst, beschwingt, süß.

71 **anordnen 1.** angeben, anweisen, verordnen, verschreiben, gebieten, bestimmen, erlassen, vorschreiben, reglementieren, befinden, ansagen, zudiktieren, verhängen, aufbrummen, auferlegen, verfügen, Auflage machen; diktieren, dekretieren, kommandieren, beordern, heißen, zitieren, kommen lassen, vorladen, **2.** disponieren, ansetzen, festsetzen, festlegen, anberaumen.

72 **anpassen (sich) 1.** synchronisieren, synchron schalten, aufeinander abstimmen, machen zu, harmonisieren, angleichen, timen, tunen, orchestrieren, adaptieren, **2.** sich angleichen, annähern, anfreunden, assimilieren, anverwandeln, akklimatisieren, eingewöhnen, schicken, fügen, einordnen, einreihen; nicht aus der Reihe tanzen, nicht auffallen, sich einstellen auf, einfügen, einrichten, einleben; vertraut/heimisch werden, Fuß fassen, sich aneinander gewöhnen, einspielen auf, abschleifen; zusammenwachsen, sich anschmiegen.

73 **Anpassung 1.** Harmonisierung, Angleichung, Synchronisierung, Timing, **2.** Einordnung, Assimilierung, Einfügung, Akklimatisierung, Adaptation, Adaption, Anverwandlung, Mimikry; Hinnahme, Angepasstheit, Konformismus, **3.** Gewöhnung, Eingewöhnung, Habitualisierung, Anerziehung, Einarbeitung.

74 **anregen 1.** initiieren, veranlassen, vorschlagen, anraten, anempfehlen, nahelegen, Gedanken eingeben, hinlenken auf, suggerieren, anspitzen, **2.** ermuntern, anspornen, anfeuern, drängen, Impuls/Antrieb geben, anstacheln, anheizen, heiß machen, aufheizen, hochkochen, elektrisieren, beschwingen, animieren, antreiben, beleben, aufrütteln, aktivieren, anstecken, begeistern, packen, umwerfen, entflammen, entzünden, befeuern, beflügeln, inspirieren, beseelen, treiben, motivieren, ermutigen, encouragieren, **3.** aufregen, antörnen, reizen, stimulieren, anmachen, aufputschen, erregen, beleben, dopen, aufpeitschen, aufmöbeln, erfrischen, aufmuntern, aufpulvern, in Schwung bringen, **4.** erheitern, vitalisieren, anfetzen, anmachen, erquicken, zerstreuen, unterhalten, vergnügen, amüsieren, fröhlich stimmen, belustigen.

75 **anregend 1.** belebend, unterhaltend, abwechslungsreich, amüsant, erheiternd, aufheiternd, ermunternd, erfrischend, reizvoll, **2.** geistreich, geistvoll, sophisticated, einfallsreich, witzig, charmant, unterhaltsam, belustigend, zerstreuend, ablenkend, prickelnd, perlend, spritzig, moussierend, sprühend, **3.** erregend, inspirierend, begeisternd, entflammend, aufregend, aufreizend, aufputschend, aufpeitschend, stimulierend, beflügelnd, animativ, animierend.

76 **Anregung 1.** Rat, Impuls, Input, Anstoß, Denkanstoß, Gedanke, Einfall, Idee, Vorschlag, Antrieb, Betreiben, Inspiration, Verursachung, Veranlassung, **2.** Ermunterung, Ermutigung, Belebung, Erweckung, Kick, Auftrieb, Ansporn, Anreiz, Herausforderung, **3.** Zerstreuung, Ablenkung, Unterhaltung.

77 **anschaulich 1.** bildhaft, eidetisch, lebendig, lebhaft, bunt, farbig, blutvoll, sinnfällig, plastisch, figürlich, gegenständlich, prägnant, augenfällig, sprechend, expressiv, intensiv, frisch, **2.** prall, saftig, malerisch, pittoresk, sinnlich, illustrativ, ausdrucksvoll, ausdrucksstark, unverwischbar, einprägsam, lebensnah, wirklichkeitsnah, praxisnah, handfest, deutlich, konkret, greifbar, handgreiflich.

78 **anscheinend** vermutlich, wahrscheinlich, offenbar, glaubhaft, anzunehmen, sicherlich, augenscheinlich, scheinbar, mutmaßlich, wie es scheint, dem Anschein/dem Vernehmen nach, angeblich, gerüchtweise, voraussichtlich, aller Voraussicht nach, mit ziemlicher Gewissheit, nach menschlichem Ermessen.

79 **ansehen (sich) 1.** anschauen, betrachten, besehen, besichtigen, sich umsehen; in Augenschein nehmen, beschauen, begucken, angucken, mustern, beäugen, prüfen, taxieren, untersuchen, studieren, sich beschäftigen/befassen mit, **2.** anblicken, den Blick richten auf, Blick zuwerfen, aufs Korn nehmen, unter die Lupe nehmen, anpeilen, anstarren, anstieren, begaffen, anglotzen, fixieren, nicht aus den Augen lassen, **3.** sich betrachten; vor dem Spiegel stehen, sich bespiegeln, beschauen, prüfen, mustern.

80 **Anspielung 1.** Andeutung, Allusion, Stichelei,

Neckerei, Fopperei, Hänselei, Hieb, Stich, Seitenhieb, Spitze, Gehässigkeit, **2.** Doppelsinnigkeit, Anzüglichkeit.

81 **Anspruch 1.** Recht, Anrecht, Vorrecht, Berechtigung, Befugnis, Anwartschaft, Gewohnheitsrecht, **2.** Ehrgeiz, Ambition, Lebensansprüche, Lebenswünsche, Konsumansprüche, **3.** Anforderung, Forderung, Herausforderung; Kostenaufstellung, Rechnung.

82 **anspruchslos 1.** bescheiden, selbstgenügsam, bedürfnisarm, bedürfnislos, schlicht, frugal, leicht zufriedenzustellen, genügsam, sparsam, **2.** zufrieden, wunschlos glücklich, wunschlos, zufriedengestellt, saturiert.

83 **anspruchsvoll 1.** verwöhnt, unbescheiden, verfeinert, luxuriös, raffiniert, getrüffelt, differenziert, wählerisch, krüsch, subtil, heikel, kennerisch, niveauvoll, von gutem/gewähltem/erlesenem Geschmack, kritisch, urteilssicher, **2.** ambitioniert, anmaßend, selbsternannt, blasiert, dünkelhaft, versnobt, snobistisch, eingebildet, hochtrabend, hochgestochen, prätentiös, elitär, hochfahrend, hochnäsig.

84 **Anstand 1.** Benehmen, Betragen, Umgangsformen, Manieren, Etikette, Dekorum, Netiquette, Erziehung, gute Sitten, Kinderstube, Niveau, Takt, Schliff, Höflichkeit, Artigkeit, Bonhomie, **2.** Ethik, Moral, Moralität, Tugend, Zucht, Sitte, Sittlichkeit, Sittsamkeit, Schicklichkeit, Biedersinn, Rechtschaffenheit, Lauterkeit, Redlichkeit, Integrität, Anständigkeit, Wohlanständigkeit, Fairplay, Fairness, Seriosität, **3.** Hochsitz, Ansitz, Hochstand.

85 **anständig 1.** gehörig, passend, angemessen, gemäß, schicklich, ziemlich, züchtig, salonfähig, stubenrein, **2.** ethisch, moralisch, sittlich, sittenfest, achtbar, honorig, gesittet, sittsam, ehrsam, sittig, honett, respektabel, wohlerzogen, reine Weste, unsträflich, untadelig, tadellos, reputierlich, einwandfrei, unbescholten, unangreifbar, seriös, **3.** lauter, solide, rechtschaffen, gediegen, korrekt, ordentlich, zuverlässig, vertrauenswürdig, ehrenhaft, ehrlich, grundehrlich, hochanständig, grundanständig, sauber, fair, ritterlich, unbestechlich, integer, reell, aufrichtig.

86 **anstandslos** ohne weiteres, unbesehen, glattweg, schlankweg, ohne Bedenken/Umschweife/Zögern, ungescheut, kurzum, kurzweg, kurzerhand, ungehemmt, ohne jede Schwierigkeit, widerspruchslos, natürlich, selbstverständlich, klar, unbedenklich, mir nichts, dir nichts, gern, blanko, ungeprüft, mit einem Federstrich.

87 **anstehen 1.** ausstehen, fällig sein, restieren, fehlen, offen stehen, zu erledigen/bezahlen/erwarten sein, anliegen, an der Reihe/unerledigt sein, **2.** zustehen, zukommen, gebühren, sich gehören; angemessen sein, sich schicken, ziemen; beanspruchen/verlangen können, ein Recht haben auf, **3.** Schlange stehen, sich anstellen; warten.

88 **anstellen 1.** verpflichten, einstellen, einsetzen, engagieren, dingen, heuern, chartern, werben, nehmen, verwenden, beschäftigen, in Dienst nehmen, Arbeit geben, unterbringen, ernennen, bestellen, bestallen, bediensten, betrauen, **2.** vereidigen, schwören lassen, unter Eid nehmen, vergattern, **3.** aufdrehen, in Gang setzen, ankurbeln, anlassen, zünden, in Bewegung bringen, einschalten, auf Stand-by schalten, anknipsen, anstoßen, Antrieb geben, aufmachen, **4.** etwas anstellen/anrichten.

89 **anstoßen 1.** anprallen, gegenstoßen, stoßen, stupsen, aufprallen, aufstoßen, **2.** anstürmen, branden, wogen, anrollen, **3.** in die Seite stoßen, aufmerksam machen, anrempeln, **4.** anecken, auffallen, Ärgernis/Befremden erregen, ärgern, ins Fettnäpfchen treten, Fauxpas begehen, zu nahe treten, Missfallen erregen, von sich reden machen; ins Gerede kommen, **5.** lostreten, auslösen, initiieren, **6.** zuprosten, zutrinken, auf jmds. Wohl trinken, Toast ausbringen, jmdn. hochleben/Gläser erklingen lassen, Glas erheben, Hoch ausbringen, Glück wünschen.

90 **anstößig 1.** ungehörig, unfein, unpassend, unschicklich, anzüglich, zweifelhaft, zweideutig, eindeutig, unanständig, unter der Gürtellinie, allerunterste Schublade, pikant, frivol, schlüpfrig, priapeisch, anstandswidrig, nicht salonfähig / stubenrein / gesellschaftsfähig, halbseiden, **2.** lose, locker, freizügig, leichtfertig, liederlich, unzüchtig, zügellos, lasterhaft, **3.** pornographisch, lasziv, obszön, gewagt, frei, schamlos; erotisierend, libidinös, sexuell stimulierend, aufgeilend, scharf machend, **4.** geschmacklos, wüst, unflätig, zotig, sexistisch, pöbelhaft, gemein, gewöhnlich, verletzend, ordinär, vulgär, schmutzig, dreckig, schweinisch, pervers, säuisch, **5.** fragwürdig, übel beleumdet, anrüchig, **6.** Ärgernis/Anstoß erregend, schockierend, shocking.

91 **anstrengen (sich) 1.** Mühe/zu schaffen machen, beanspruchen, in Anspruch nehmen,

Umstände machen, **2.** sich Mühe geben; keine Mühe scheuen, auf sich nehmen, sich befleißigen, angelegen sein lassen, zum Anwalt machen; alle Hebel in Bewegung setzen, in die Vollen gehen, sich engagieren, einsetzen; nichts unversucht lassen, sein Bestes geben, alles tun/aufbieten, von Pontius zu Pilatus laufen, sich ins Zeug legen, dahinterklemmen, abstrampeln, abhampeln, **3.** schwer arbeiten, sich abmühen, plagen, placken, anspannen, ins Geschirr legen, dranhalten; schuften, malochen, asten, ackern, sich erschöpfen, aufreiben, verausgaben, schinden, abrackern, quälen, abarbeiten, aus den Rippen leiern, abringen, **4.** Mühe haben, sich schwertun; schweren Stand/nichts zu lachen haben.

92 **antizipieren** vorgreifen, vorwegnehmen, präjudizieren, vorausdenken, voraussehen, vorwegwissen, prophezeien.

93 **Antrag 1.** Anfrage, Frage, Bitte, Vorlage, Gesuch; Ansuchen, Eingabe, Bewerbung, Heiratsantrag, **2.** Bittgesuch, Bittschreiben, Bittschrift, Denkschrift, Bettelbrief, Memorandum, Petition, Gnadengesuch.

94 **Anwärter 1.** Erbe, Hinterbliebener, Nachfolger, Nachkomme, künftiger Besitzer, **2.** Bewerber, Interessent, Freier, Prätendent, Assessor, Aspirant, Kronprinz, Thronfolger, Kandidat, Beitrittskandidat, Teilnehmer, Mitbewerber, designierter Nachfolger, Rechtsnachfolger, Konkurrent, Titelverteidiger, Revierbeißer, Platzhirsch, Ortskaiser, **3.** Antragsteller, Bittsteller, Ansucher, Petent.

95 **Anweisung 1.** Anleitung, Belehrung, Rat, Unterweisung, Einführung, Unterrichtung, Einweisung, Schulung, Ausbildung, Lehre, **2.** Angabe, Vorschrift, Gebrauchsanweisung, Gebrauchsanleitung, Instruktion, Briefing; Beipackzettel, Verpackungsbeilage, Benutzungsvorschrift, Bedienungsanleitung, Rezept, Rezeptur, Verhaltensmaßregel, Diktum, Dekret, Ukas, Direktive, **3.** Überweisung, Zahlung, Zustellung.

96 **Anzeige 1.** Inserat, Annonce, Zeitungsanzeige, Bekanntmachung, Ausschreibung, Ankündigung, **2.** Anzeigetafel, Display, **3.** Aushang, schwarzes Brett, Pinnwand, Plakat, Poster, Aufgebot, Anschlag, Website, Homepage, Facebookseite, Startseite.

97 **anziehen 1.** ankleiden, bekleiden, Kleider anlegen, etwas überziehen, umhängen, überwerfen, in die Kleider schlüpfen, Toilette machen, sich fertig machen, herrichten, **2.** sich kleiden, anzuziehen wissen; seinen Stil kennen, **3.** fesseln, reizen, locken, Blicke auf sich ziehen, faszinieren, gewinnen.

98 **anziehend 1.** einnehmend, ansprechend, reizvoll, **2.** magnetisch, hygroskopisch.

99 **appetitlich 1.** appetitanregend, anregend, ansprechend, einladend, verlockend, duftend, mundwässernd, **2.** köstlich, lecker, aromatisch, pikant, würzig, blumig, süffig, prickelnd, schmackhaft, wohlschmeckend, fein, gut, delikat, deliziös, exquisit, exzellent, erlesen, raffiniert, superb, kulinarisch, göttlich, himmlisch, **3.** sauber, proper, zum Anbeißen.

100 **Arbeit 1.** Tätigkeit, Tun, Handeln, Wirken, Schaffen, Betätigung, Verrichtung, Ausübung, Leistung, Werk, **2.** Erwerbstätigkeit, Beschäftigung, Broterwerb, Beruf, Metier, Anstellung, Stellung, Profession, Position, Stelle, Job, Platz, Arbeitsverhältnis, Arbeitsplatz, Posten, Aufgabe, **3.** Handarbeit, Heimarbeit, Halbtagsarbeit, Teilzeitarbeit, Jobsharing, Akkordarbeit, Fabrikarbeit, Lohnarbeit, Facharbeit, Kopfarbeit, Schwarzarbeit, Telearbeit, Teleworking, **4.** Maloche, Fron, Joch, Knute, Tretmühle, Last.

101 **arbeiten 1.** tätig sein, etwas tun/schaffen, Arbeit verrichten, sich beschäftigen mit, betätigen, widmen, befassen, abgeben; Arbeit leisten, tun, etwas betreiben, jobben, **2.** Beruf ausüben, einer Beschäftigung nachgehen, Stellung haben, erwerbstätig sein, im Dienst stehen, Amt ausüben, amtieren, fungieren als, seines Amtes walten, **3.** sich regen, rühren, tummeln; Hausarbeit verrichten, produzieren, leisten, vollbringen, malochen, robotern, buckeln, werkeln, hantieren, **4.** verfertigen, anfertigen, herstellen; spinnen, weben, wirken, flechten, zimmern, schreinern, tischlern; schmieden, schweißen; handarbeiten, stricken, häkeln, sticken, knüpfen, nähen, sticheln, heften, reihen, steppen, schneidern.

102 **Arbeitnehmer** Lohnabhängiger, Lohnempfänger, Arbeiter, Werktätiger; Arbeitskraft, Angestellter, Gehaltsempfänger, Bediensteter; Betriebsangehöriger, Mitarbeiter; Tarifpartner.

103 **arbeitslos** erwerbslos, ohne Arbeit/Arbeitsplatz/Anstellung/Erwerb, stellungslos, ohne Job, beschäftigungslos, unbeschäftigt, brotlos, gekündigt, entlassen, abgebaut, ausgeschieden, ausgeschaltet, auf der Straße, stempelnd, auf Stütze.

104 **Ärger 1.** Gereiztheit, Verstimmung, Verärgerung, Ungehaltenheit, schlechte Laune, Un-

wille, Unmut, Grimm, Erbostheit, Entrüstung, Erbitterung, Verdruss, Verdrossenheit, Gekränktheit, Verletztheit, Missfallen, Missvergnügen, Missbehagen, **2.** Aufwallung, Empörung, Erregung, Aufgebrachtheit, Verbiesterung, Ingrimm, Zorn, Furor, Stinkwut, Gift und Galle, Wut, Wutanfall, Koller, Zähneknirschen, Raserei, Rage, **3.** Ärgernis, Unannehmlichkeit, Widrigkeit, Turbulenzen, Missgeschick, Geduldsprobe, Nervenprobe, Verdrießlichkeit, Unbilden, Belastung, Gefrett, Schererei, Zores, Schlamassel, Knatsch, Theater, Tanz, Krach, Schwulitäten, Plage, Misshelligkeit, Unzuträglichkeit, Spannungen, dicke Luft, Unstimmigkeiten, Unerquicklichkeiten, Ungelegenheiten, Widerwärtigkeiten, Unliebsamkeiten, Schwierigkeiten, Molesten, Maleschen, Schikanen, Belästigungen.

105 **ärgern (sich)** **1.** Scherereien/Schwierigkeiten machen, Unannehmlichkeiten bereiten, verärgern, auf den Wecker fallen, molestieren, nerven, auf den Geist gehen, ätzen, Nerv töten, enervieren, entnerven, auf die Nerven fallen, vergrätzen, irritieren, reizen, verschnupfen, verstimmen, sauer/nervös/böse/wild/zornig/rasend machen, in Harnisch bringen, erbosen, erzürnen, auf die Palme bringen, hochbringen, zur Raserei/in Rage bringen, aufbringen, verdrießen, erbittern, ergrimmen, Wände hochjagen, fuchsen, wurmen, stinken, **2.** unangenehm berühren, sauer/nervös/böse/heftig/wild/zornig werden, sich erbosen; geladen sein, auffahren, aufbrausen, rotsehen, sich alterieren; aus dem Häuschen/in Harnisch geraten, rotieren, sieden, schäumen, kochen, Wände hochgehen, zu viel/die Krise kriegen, es satthaben/leid sein, genug haben, an die Decke/in die Luft gehen, **3.** übelnehmen, krummnehmen, einschnappen, verargen, verübeln, in den falschen Hals kriegen.

106 **arm** **1.** bedürftig, mittellos, ohne Vermögen, vermögenslos, unbemittelt, einkommensschwach, finanzschwach, unterprivilegiert, ohne Einkommen, besitzlos, unversorgt, in Not, von der Hand in den Mund, bettelarm, mausarm, arm wie eine Kirchenmaus, ohne Geld, abgebrannt, pleite, blank, Not leidend, hungernd, **2.** ärmlich, schäbig, armselig, kläglich, dürftig, elend, beklagenswert, kümmerlich, kärglich, mickrig, heruntergekommen, lumpig, abgerissen, verarmt, verelendet, zum Gotterbarmen, erbärmlich, hilfsbedürftig, jämmerlich.

107 **Aroma** Duft, Geruch, Wohlgeruch, Parfüm, Odeur, Blume, Bukett; Geschmack, Wohlgeschmack, Schmackhaftigkeit, Würze, Würzigkeit, Hautgout, Wildgeruch, Süße, Süßigkeit; Mief, Muff, Gestank.

108 **aromatisch** anregend, ansprechend, duftend, wohlriechend, balsamisch, blumig, wohlduftend; schmackhaft, wohlschmeckend, köstlich, appetitanregend, pikant, würzig, kräftig; miefig, muffig, stinkend.

109 **Art** **1.** Qualität, Beschaffenheit, Zustand, Form, Gepräge, Wesen, Wesensart, Erscheinung, Ausformung, Erscheinungsform, Charakter, Aussehen, Gestalt, Kontur, **2.** Gattung, Genre, Kategorie, Rasse, Klasse, Schlag, Sorte, Geschlecht, Stamm, Familie, Spezies, Kaliber, Typus, Couleur, **3.** Methode, Manier, Weise, Art und Weise, Stil, Technik, Weg, Modalität, Modus, Duktus.

110 **Artist** **1.** Zirkuskünstler, Varietékünstler, Jahrmarktskünstler, **2.** Akrobat, Athlet, Pantomime, Taschenspieler, Trickkünstler, Gaukler, Zauberkünstler, Eskamoteur, Schlangenmensch, Bodenakrobat, Seiltänzer, Geschicklichkeitskünstler, Clown, Pojatz, Hanswurst, Spaßmacher, Jongleur, Messerwerfer, Trapezkünstler, Hochseilakrobat, Feuerschlucker, Fakir, Schwertschlucker, Dompteur, Dresseur, Bauchredner, Tierbändiger, Todesfahrer, Steilwandfahrer, Kunstfahrer, **3.** Stilist, Ästhet, Künstler.

111 **Arznei** **1.** Arzneimittel, Droge, Heilmittel, Medikament, Mittel, Medizin, Hausmittel, Pharmakon, Präparat, **2.** Pille, Tablette, Dragee, Zäpfchen, Tinktur, Salbe, Emulsion, Pulver, Tropfen, Injektion, Bestrahlung.

112 **Arzt** Mediziner, Doktor, Heilkundiger, Medikus, Therapeut, Heiler, Weißkittel, Medizinmann; Leibarzt, Vertrauensarzt, Schularzt.

113 **Atelier** Künstlerwerkstatt, Werkstatt, Studio; Filmatelier, Filmstudio, Fotoatelier, Fotostudio.

114 **atmen** respirieren, leben; einatmen, Luft einziehen, inhalieren, durchatmen, hauchen, schnauben, hecheln, japsen, Atem holen, Luft holen/schöpfen, tief atmen, schnaufen, nach Luft schnappen, keuchen, rasseln, ächzen, prusten, nach Atem ringen, ausatmen.

115 **Attentat** Anschlag, Handstreich, Mordanschlag, Sprengstoffanschlag, Bombenanschlag, Terrorangriff, Cyberattacke, Giftgasanschlag, Meuchelmord, Fememord, Überfall, Bluttat, Gewaltstreich, Dolchstoß.

116 **auch** **1.** ferner, weiter, weiterhin, fernerhin, fürderhin, des Weiteren, ebenfalls, gleichermaßen, gleicherweise, desgleichen, genauso, ebenso, gleichfalls, dito, item, sowie, sowohl, **2.** einschließlich, mit, inklusive, samt, nebst, sogar, selbst, ohnedem, ohnedies, **3.** außerdem, dazu, zudem, zum anderen, daneben, zusätzlich, obendrein, überdies, plus, extra, noch, darüber hinaus.

117 **auffallen** abstechen, sich unterscheiden, abheben; ins Auge fallen, Aufsehen erregen, aus der Reihe tanzen, Staub aufwirbeln, Schlagzeilen machen, aus dem Rahmen fallen, Extratour reiten, ausscheren, bemerkt/beachtet werden, sich einprägen; im Gedächtnis haften, Blicke anziehen, Furore machen, überraschen.

118 **auffallend** **1.** auffällig, Aufsehen erregend, eklatant, frappant, ungewöhnlich, nicht alltäglich, ausgefallen, abenteuerlich, aus dem Rahmen fallend, besonders, unübersehbar, sichtlich, überraschend, erstaunlich, aufdringlich, in die Augen fallend, ins Auge stechend, **2.** eigentümlich, merkwürdig, sonderlich, absonderlich, sonderbar, abweichend, abwegig, anders, seltsam, wunderlich, befremdlich, exzentrisch, eigenbrötlerisch, verzerrt, grotesk, lachhaft, lächerlich, komisch, kurios, spleenig, verschroben, schrullig, närrisch, verstiegen, verdreht, extravagant.

119 **Aufgabe** **1.** Auftrag, Beruf, Rolle, Funktion, Obliegenheit, Angelegenheit, Sendung, Mission, Amt, Bestimmung, **2.** Schließung, Einstellung, Stilllegung, Liquidierung, Auflassung, Niederlegung, Vergabe, Auslagerung, Outsourcing, **3.** Abbestellung, Kündigung, Aufsage, Widerruf, Annullierung, Abmeldung, Stornierung, **4.** Frage, Problem, Denkspiel, Denkaufgabe, Knacknuss, Rätsel, Denksportaufgabe, Schwierigkeit, **5.** Übergabe, Abgabe, Veräußerung, Preisgabe, Herausgabe, Auslieferung, Verzicht, **6.** Schularbeiten, Schulaufgaben, Hausaufgaben, Pensum, Lektion, Lernstoff, Lehrstoff.

120 **Aufgabengebiet** Aufgabenbereich, Aufgabenkreis, Aufgabenkomplex, Arbeitsgebiet, Sachgebiet, Domäne, Arbeitsbereich, Baustelle, Arbeitsfeld, Tätigkeitsbereich, Tätigkeitsgebiet, Sachbereich, Referat, Wirkungsbereich, Wirkungskreis, Ressort, Zuständigkeitsbereich, Kompetenzbereich.

121 **aufgeben** **1.** schließen, einstellen, zumachen, dichtmachen, auflösen, aufheben, liquidieren, stilllegen, auflassen, entwidmen, **2.** abbestellen, abmelden, aufsagen, abbrechen, kündigen, aufkündigen, zurückziehen, rückgängig machen, annullieren, für ungültig/nichtig erklären, ungeschehen machen, widerrufen, zurücknehmen, stornieren, canceln, streichen, tilgen, entwerten, keinen Wert mehr legen/verzichten auf, **3.** abschreiben, ablassen von, abtun, vergessen können, über Bord werfen, fallen lassen, absehen von, beerdigen, verloren geben, zu Grabe tragen, an den Nagel hängen, sausen lassen, sich entgehen lassen, abschminken; fahren lassen, dreingeben, schwinden lassen; Segel streichen, Hoffnung aufgeben, aufstecken, Waffen strecken, Handtuch werfen, resignieren, passen, kapitulieren, Flinte ins Korn werfen, am Ende sein, aus dem letzten Loch pfeifen, sich unterwerfen; Kehle hinhalten, **4.** Aufgabe stellen, aufbrummen.

122 **aufheben** **1.** aufbewahren, verwahren, in Verwahr nehmen, unterbringen, unterstellen, einschließen, sichern, speichern, aufsparen, aufspeichern, sammeln, horten, lagern, einlagern, erhalten, behalten, hüten, bewahren, **2.** hochheben, aufsammeln, anheben, auflesen, aufklauben, aufnehmen, aufgreifen, **3.** zurückhalten, zurückbehalten, in der Hinterhand haben, in Reserve halten, **4.** abschaffen, beheben, annullieren.

123 **auflehnen (sich)** **1.** sich aufstützen, auflegen, anlehnen, lehnen, stützen auf, **2.** aufmucken, aufbegehren, sich aufbäumen, wehren, widersetzen; Widerstand leisten, Front machen, opponieren, Kontra geben, Protest erheben, protestieren, sich empören; gegen den Strom schwimmen, Widerstand entgegensetzen, Paroli bieten, sich weigern; entgegentreten, entgegenstellen, sich quer legen, etwas nicht gefallen lassen; aufstehen, sich erheben; rebellieren, meutern, auf die Barrikaden gehen, Sturm laufen gegen, in Aufruhr geraten, revoltieren.

124 **aufmerksam** **1.** gesammelt, konzentriert, fokussiert, angespannt, intensiv, bei der Sache, vertieft, versunken, andächtig, interessiert, dabei, unabgelenkt, offenen Auges, geistesgegenwärtig, auf dem Quivive, präsent, wach, mit wachen Sinnen, hellhörig, wachsam, stutzig, **2.** höflich, nett, zuvorkommend, hilfsbereit, rücksichtsvoll.

125 **Aufnahme** **1.** Foto, Lichtbild, Bild, Schnappschuss, Standfoto, Close-up, Take, Dreh; Bandaufnahme, Mitschnitt, Download, Über-

tragung, Aufzeichnung, **2.** Registrierung, Erfassung, Zulassung, Einreihung, Eintragung, Immatrikulation, **3.** Empfang, Begrüßung, Willkomm, **4.** Anmeldung, Zulass, Zutritt, Zugang; Zugriff, Netzzugang, Netzzugriff, Access, Account, Log-in, Log-on, Zugriffsmöglichkeit, Zugangsberechtigung, **5.** Einbürgerung.

126 **aufnehmen** **1.** empfangen, willkommen heißen, beherbergen, unterbringen, Quartier geben, einquartieren, **2.** zulassen, annehmen, einschreiben, eintragen, einbeziehen, eingliedern, einschulen, immatrikulieren, **3.** aufsaugen, absorbieren, resorbieren, einsaugen, sich einverleiben; verdauen, verarbeiten, anverwandeln, rezipieren, **4.** aufgreifen, weiterspinnen, fortsetzen, **5.** protokollieren, niederlegen, zu Protokoll nehmen, mitschreiben, notieren, listen, dokumentieren, fotografieren, filmen, auf Band nehmen, aufzeichnen, mitschneiden, brennen, herunterladen, kopieren, downloaden, einspeisen, einspeichern, **6.** einbürgern, naturalisieren, nostrifizieren, Staatsangehörigkeit/Staatsbürgerschaft verleihen.

127 **aufpassen** **1.** achtgeben, Obacht geben, Ohren spitzen, dabei sein, horchen, lauschen, zuhören, aufmerken, aufhorchen, **2.** beobachten, beaufsichtigen, bewachen, im Auge behalten, achten/achtgeben auf, **3.** Wacht halten, wachen, Wache/Posten stehen, Wache schieben, **4.** sich vorsehen; achtsam sein, sich hüten; ängstlich sein, auf Nummer sicher gehen, sich in Acht nehmen; Vorsicht walten lassen.

128 **aufregen (sich)** **1.** ärgern, erregen, erbittern, aufbringen, hochbringen, in Fahrt bringen, **2.** ängstigen, beunruhigen, beängstigen, erschrecken, unsicher machen, verunsichern, **3.** Staub aufwirbeln, Aufregung verursachen, Aufsehen erregen, in ein Wespennest stechen, Ärgernis erregen, **4.** umtreiben, zu schaffen machen, an die Nieren gehen, mitnehmen, angreifen, **5.** in Erregung/Wallung geraten, sich ereifern, empören, erzürnen, erhitzen, entrüsten; aufbegehren, explodieren, ausrasten, entgleisen, aus der Kurve fliegen, Terz machen, durchdrehen, am Rad drehen, ausflippen, sich Luft machen.

129 **aufregend** **1.** erregend, ergreifend, pulsierend, packend, erschütternd, grundstürzend, angreifend, bewegend, spannend, elektrisierend, aufwühlend, aufpeitschend, dramatisch, rührend, aufrüttelnd, beunruhigend, überwältigend, umwerfend, **2.** ärgerlich, erbitternd, empörend, verstimmend, aufreizend, aufreibend, störend, nervenzermürbend, alterierend, nervend, entnervend, zum Verrücktwerden/Auswachsen, himmelschreiend, hanebüchen, unglaublich, bodenlos, skandalös, zu bunt, unerhört, starkes Stück, allerhand, happig, nicht zu glauben.

130 **aufrichtig** offen, ehrlich, grundehrlich, gerade, unverstellt, ohne Falsch/Winkelzüge/Hintergedanken, unumwunden, unverhohlen, echt, redlich, verlässlich, aufrecht, wahrhaftig, wahrheitsliebend.

131 **Aufschwung** Aufwärtsentwicklung, Wachstum, Auftrieb, Fortschritt, Blüte, Prosperität, Konjunktur, Wirtschaftsaufschwung, Boom, Hoch, Hausse, Take-off, Hochkonjunktur, Wirtschaftsblüte.

132 **Aufsicht** **1.** Beobachtung, Bewachung, Beaufsichtigung, Wacht, Überwachung, Kontrolle, Self-Tracking, Zensur, **2.** Wachhabender; Kontrolleur, Gefängniswärter, Beschließer, Polizist, Politesse, **3.** Korrektor, Revisor, Prüfer, Wirtschaftsprüfer, Steuerprüfer.

133 **Aufstand** **1.** Erhebung, Revolte, Insurrektion, Rebellion, Kämpfe, Massenerhebung, Volksaufstand, Umsturz, **2.** Putsch, Staatsstreich, Handstreich, Coup d'État, Sturz, Militärputsch, Palastrevolution, Theatercoup, **3.** Aufruhr, Unruhen, Wirren, Tumult, Krawalle, Randale.

134 **Aufstieg** **1.** Beförderung, Rangerhöhung, Vorwärtskommen, Fortkommen, Emporkommen, Karriere, Laufbahn, Erfolg, Blitzkarriere, Steilflug, Traumkarriere, **2.** Anstieg, Besteigung, Ersteigung, Bergbesteigung, Bergfahrt, Bergwanderung; Ansteigen, Steigung; Himmelfahrt, Erhebung, Elevation, **3.** Treppe, Aufgang, Stiege, Stufen, Freitreppe, Wendeltreppe, Stiegenhaus, Treppenhaus.

135 **Auftrag** **1.** Bestellung, Buchung, Vormerkung, Abonnement, **2.** Anordnung, Anweisung, Direktive, Weisung, Geheiß, **3.** Berufung, Ruf, Bestallung, Aufgabe, Sendung, Entsendung, Mission, Beauftragung, Mandat, Befehl.

136 **Aufwand** **1.** Aufwendungen, Ausgaben, Unkosten, Auslagen; Nebenausgaben, Extraausgaben, Spesen, Tantiemen, Tagegeld, Diäten, **2.** Luxus, Verschwendung, Vergeudung, Ausstattung, Gepräge, Prunk, Pomp, Glanz, Staat, Überfluss; Umstände, Mühe.

137 **aufwärts** nach oben, bergauf, Bergfahrt, hinauf, hinan, empor, himmelwärts, stromauf.

138 **aufziehen** **1.** großziehen, heranziehen, auf-

bringen, aufpäppeln, **2.** hochziehen, hissen, hochwinden, hieven, flaggen, beflaggen, **3.** aufmarschieren, antreten, sich aufstellen, formieren, **4.** spotten, foppen.

139 **Aufzug** **1.** Fahrstuhl, Paternoster, Personenaufzug, Lift, Lastenaufzug, Flaschenzug, Winde, Hebewerk, **2.** Auftritt, Szene, Bild, Akt.

140 **Augen** Augapfel, Seher, Lichter, Fenster, Gucker, Seelenfenster; Glotzaugen, Glupscher, Froschaugen, Schielaugen, Silberblick, Kuhaugen, Katzenaugen, Mandelaugen; Adleraugen, Falkenaugen, Luchsaugen, Stielaugen; Blick.

141 **ausbrechen** **1.** losbrechen, sich entladen; hochgehen, detonieren, explodieren, bersten; aufflammen, aufflackern, entbrennen, manifest werden, zum Durchbruch kommen, **2.** losplatzen, losschreien, Nerven verlieren, **3.** türmen, auskneifen, fliehen; ausscheren, aussteigen.

142 **Ausbruch** **1.** Entladung, Erguss, Explosion, Eruption, Detonation, Knall, Zündung, **2.** Wutanfall, Aufwallung, Wutausbruch, Zornausbruch, Raserei, Schimpfkanonade, Raptus, Rappel, Koller, Tobsuchtsanfall, **3.** Flucht, Nestflucht, Entweichen, Entkommen, Stampede, Weltflucht, Eskapismus.

143 **ausdauernd** beständig, stetig, fest, gleichmäßig, geduldig, unermüdlich, konstant, beharrlich, zielstrebig, stet, insistierend, hartnäckig, zäh.

144 **ausdehnen (sich)** **1.** entfalten, erweitern, ausweiten, expandieren, globalisieren, ausbreiten, verbreiten, vergrößern, ausbauen, aufstocken, erhöhen, **2.** zunehmen, anschwellen, sich entwickeln; ansteigen, übergreifen, sich erstrecken; anwachsen, sich häufen; breiter/stärker werden, **3.** hinziehen, in die Länge ziehen, auswalzen, breittreten, kein Ende finden, ins Detail gehen, **4.** sich ausbreiten, ausweiten; grassieren, um sich greifen, sich durchsetzen, einbürgern, Geltung verschaffen; Kreise ziehen, zur Gewohnheit werden, überhandnehmen, wuchern, überwuchern, üppig werden, ausarten, Formen annehmen, ins Kraut schießen, zur Landplage werden, wimmeln von.

145 **Ausdehnung** **1.** Ausweitung, Ausbreitung, Zunahme, Vergrößerung, Erweiterung, Verbreiterung, Vermehrung, Anwachsen, Entfaltung, Expansion, Zuwachs, **2.** Ausmaß, Länge, Breite, Weite, Höhe, Tiefe; Dimension, Größe, Umkreis, Größenordnung, Reichweite, Spannweite, Weitläufigkeit, Unbegrenztheit, Unendlichkeit, Grenzenlosigkeit, Globalisierung.

146 **Ausdruck** **1.** Bezeichnung, Benennung, Wortprägung, Formulierung, Formel, Wendung, Wort, Vokabel, Redewendung, Idiom, Terminus, Fachausdruck, Begriff, **2.** Miene, Gesichtsausdruck, Gesichtszüge, Physiognomie, Mienenspiel, Mimik; Gebärde, Gebärdensprache, Gebärdenspiel, Gestikulation, Gestik, Haltung, Körpersprache, Körpersignal, nonverbale Kommunikation, **3.** Computerausdruck, Kopie, Abzug, Korrekturabzug, Fahne.

147 **ausgesucht** **1.** gewählt, erlesen, handverlesen, exquisit, superb, erste Wahl, exzellent, edel, ausgewählt, Vintage, erstklassig, **2.** erwählt, erkoren, auserwählt, berufen, auserkoren, ausersehen, **3.** assortiert, zusammengestellt, gesammelt.

148 **ausgezeichnet** **1.** vorzüglich, vortrefflich, hervorragend, außerordentlich, einmalig, überragend, formidabel, überdurchschnittlich, nicht mit Gold aufzuwiegen, famos, prima, super, supi, bestens, meisterhaft, exzellent, glänzend, brillant, virtuos, **2.** schätzenswert, trefflich, preisverdächtig, preiswürdig, belobigt, ausgelobt, geschmeichelt, preisgekrönt, prämiiert, rühmlich, **3.** vorbildlich, nachahmenswert, beherzigenswert, exemplarisch, in einer Nuss, beispielgebend, emblematisch, beispielhaft, beispiellos, mustergültig, bewundernswert, verehrungswürdig, anbetungswürdig.

149 **Ausgleich** **1.** Einebnung, Applanierung, Angleichung, Ausgleichung, Begradigung, Nivellierung, Egalisierung, **2.** Einlösung, Erfüllung, Begleichung, Abrechnung, Deckung, **3.** Abtragung, Abzahlung, Bezahlung, Tilgung, Verrechnung, Ablösung, Entlastung, Rückzahlung, Entschuldung, Lösegeld, Loskauf, **4.** Übereinkommen, Vergleich, Justemilieu, Kompromiss, Schlichtung, Bereinigung, Befriedung, Entspannung, Neutralisierung, Beschwichtigung, Appeasement, **5.** Gegengewicht, Widerlager, Gegenpol, Gleichgewicht, Balance.

150 **ausgleichen** **1.** einebnen, applanieren, glätten, nivellieren, egalisieren, begradigen, angleichen, **2.** löschen, tilgen, amortisieren, begleichen, ablösen, decken, bezahlen, erstatten, **3.** abtragen, abarbeiten, abdienen, abfeiern, ableisten, abwohnen, abbezahlen, abzahlen, abgelten, abstottern, **4.** anrechnen, aufrechnen, gutschreiben, verrechnen, entlasten, gutbringen, kompensieren, aufwiegen, wettmachen, Boden gutmachen, bereinigen, **5.** balancieren, ausbalancieren, Waage halten, ins

Gleichgewicht bringen, Gegengewicht bilden, ins Lot bringen, Gleichgewicht halten, neutralisieren.

151 **auslassen** **1.** weglassen, fortlassen, außer Acht / außen vor lassen, überschlagen, überspringen, übergehen, ausblenden, übersehen, nicht erwähnen / vorsehen, unterschlagen, verschweigen, aussparen, offen/frei lassen, **2.** ausnehmen, Ausnahme machen, ausschließen, ausklammern, abstrahieren / absehen von, **3.** schmelzen, zum Schmelzen bringen, zerlassen, zerfließen lassen, **4.** länger machen, verlängern.

152 **ausnutzen** **1.** nutzen, anwenden, **2.** ausbeuten, aussaugen, auspressen, auspowern, exploitieren, auspumpen, überfordern, Raubbau treiben, überbürden, überanstrengen, überlasten, überfrachten, das Letzte herausholen, ausschlachten, ausweiden, strapazieren, schröpfen, schlauchen, bluten lassen, melken, ausquetschen, rupfen, ausplündern, ausnehmen, Schindluder/Missbrauch treiben, **3.** absahnen, abzocken, herausschlagen, schmarotzen, schinden, nassauern, ganze Hand nehmen, vor seinen Wagen/Karren spannen, instrumentalisieren, vereinnahmen, funktionalisieren, missbrauchen.

153 **Ausnutzung** **1.** Benutzung, Nutzung, Gebrauch, Verwendung, Anwendung, Nutzen, Verwertung, Auswertung, Auslastung, Ausschöpfung, Ausschlachtung; Gewinnung, Abbau, Förderung, Nutznießung, Nießbrauch; Recycling, Zweitverwertung, **2.** Exploitation, Ausbeutung, Missbrauch, Abusus, Überanstrengung, Strapazierung, Überforderung, Auspowerung, Auslaugung, Raubbau, Ausplünderung, **3.** Instrumentalisierung, Funktionalisierung.

154 **ausscheiden** absondern, sekretieren, abscheiden, abgeben, ausdünsten, ausschwitzen, ausstoßen, auswerfen, ausströmen, ausspucken, abhusten, Notdurft verrichten, kacken, scheißen, Wasser lassen, pissen, pinkeln, pischern, pieseln, strullen, urinieren.

155 **Ausscheidung** **1.** Absonderung, Abscheidung, Aussonderung, Ausdünstung, Ausfluss, Auswurf, Expektoration, Schweiß, Sekret, Sekretion, Speichel, Spucke, Eiter, Schleim, Rotz, Sputum; Urin, Pisse, **2.** Flatulenz, Exkremente, Kot, Fäkalien, Stuhl, Stuhlgang, Dreck, Kacke, Scheiße, Losung, **3.** Dung, Dünger, Jauche, Mist, Pfuhl, Pudel, Addel, Gülle, **4.** Abgase, Abwässer, Fall-out.

156 **ausschließlich** einzig, allein, alleinig, eigens, nur.

157 **aussehen** wirken, ausschauen, anzusehen sein, Anblick bieten, sich ausnehmen; anmuten, Eindruck erwecken, Anschein haben, scheinen, riechen nach.

158 **Aussehen** Anblick, Äußeres, Erscheinung, Erscheinungsbild, Gestalt, Figur, Fahrgestell, Statur, Bau, Körperbau, Wuchs, Habitus, Form, Haltung, Kontur, Profil, Gepräge, Typ; Anstrich, Note, Anmutung, Air, Flair, Touch, Look; Anschein, Augenschein.

159 **Außenseiter** **1.** Original, Sonderling, Exzentriker, Kauz, Krauter, Spinner, Individualist, Bücherwurm, Stubenhocker, Eigenbrötler; Mauerblümchen, graue Maus, Aschenputtel, **2.** Einzelgänger, Einsiedler, Säulenheiliger, Lonesome Cowboy, Loner, Antiheld, einsamer Wolf, Ich-AG; Außenstehender, Randseiter, Outsider, Randexistenz, Marginal Man, **3.** Underdog, Outcast, Outlaw, Henker, Abdecker, Schinder, Wasenmeister, Ausgestoßener, Unterprivilegierter, Geächteter, Entrechteter, Rechtloser, Paria, Unberührbarer, **4.** Aussteiger, Zivilisationsflüchtling, Naturbursche, Naturapostel, Naturkind, Ökofreak, Alternativer, Nonkonformist, Hippie, Beatnik, Punk, Ausgeflippter, Freak, Drop-out.

160 **außer** **1.** abgesehen von, ohne, ausgenommen, exklusive, ungerechnet, abzüglich, abgerechnet, bis auf, mit Ausnahme von, vermindert um, uneingerechnet, bar, mangels, sonder, **2.** außer wenn, es sei denn, dass.

161 **äußern** **1.** sagen, sprechen, reden, schreiben, etwas von sich geben, erklären, kundtun, Wort nehmen, sich zu Wort melden; Wort ergreifen, zur Diskussion sprechen, bemerken, feststellen, anmerken; einwerfen, einflechten, einfügen, einfließen lassen, zwischenwerfen, zwischenrufen, am Rande bemerken, mitreden, mitsprechen, vom Stapel lassen, verzapfen, zur Sprache bringen, sich auslassen, ausbreiten, **2.** ausdrücken, in Worte fassen, verbalisieren, aussprechen, formulieren, artikulieren, bezeichnen, benennen, **3.** bezeigen, erweisen, bezeugen, bekunden, manifestieren, offenbaren, fühlen lassen, zum Ausdruck bringen, an den Tag legen, zeigen, merken lassen, zu spüren geben, sich anmerken lassen; Gesicht/Miene machen.

162 **außerordentlich** **1.** ungewöhnlich, außergewöhnlich, extraordinär, bemerkenswert, hervorstechend, sui generis, singulär, besonders,

einmalig, ohnegleichen, unvergleichlich, sondergleichen, über alle Maßen, unnachahmlich, beispiellos, eminent, ausnehmend, unbeschreiblich, unwahrscheinlich, konkurrenzlos, unüberbietbar, nicht zu toppen, spektakulär, sensationell, Aufsehen erregend, phänomenal, exorbitant, horrend, enorm, namenlos, epochal, Epoche machend, riesig, exzeptionell, unabsehbar, unendlich, immens, ungeheuer, unheimlich, ungemein, fulminant, schrecklich, **2.** ungeplant, außerplanmäßig.

163 **Äußerung 1.** Aussage, Feststellung, Auslassung, Erwähnung, Erklärung, Bescheid, Nachricht, Information, Stellungnahme, Kommentar, Beitrag, Darlegung, Ausführung, Redebeitrag, **2.** Bemerkung, Anmerkung, Zwischenruf, Zwischenfrage, Einwurf, Einlassung, Einrede, Gegenrede, Einwand, Richtigstellung, Einspruch, Widerrede, Randbemerkung, Ausspruch, **3.** Bekundung, Bezeigung, Erweis, Beteuerung, Demonstration, Bezeugung, Message, Botschaft, **4.** Evangelium, Bibel, frohe Kunde/Botschaft, Heilsbotschaft, Heilslehre, Heilige Schrift.

164 **Aussicht 1.** Fernsicht, Fernblick, Blick, Sicht, Ausblick, Überblick, Vogelschau, Vogelperspektive, Überschau, Anblick, Panorama, Rundblick, Rundschau, Umschau, **2.** Chance, Möglichkeit, Perspektive, Aussichten, Lichtblick.

165 **aussondern 1.** aussortieren, auslesen, verlesen, sieben, sichten, Auswahl treffen, selegieren, beiseitelegen, herausfiltern, herauspicken, herauslösen, abtrennen, Spreu vom Weizen trennen, **2.** ausrangieren, ausmustern, verwerfen, nicht mehr verwenden, verschrotten, **3.** gesondert behandeln, entsorgen, endlagern, **4.** ausgliedern, selektieren.

166 **ausstatten 1.** ausstaffieren, ausrüsten, installieren, equipieren, versehen, bestücken, versorgen mit, Mitgift geben, aussteuern, **2.** inszenieren, dekorieren, drapieren, ausschmücken, aufmachen, herrichten, verpacken, verkleiden, putzen, schmücken, garnieren, herausputzen, stylen, **3.** bemannen, belegen, bewaffnen, **4.** sich einrichten, installieren; möblieren, ausschmücken, Wohnung einrichten, Hausstand gründen.

167 **Ausstattung 1.** Ausrüstung, Equipierung, Bestückung; Apparatur, Gerät, Equipment, **2.** Einrichtung, Fazilitäten, Möblierung, Innenausstattung, Interieur, Mobiliar; Bühnenbild, Set, **3.** Gestaltung, Verpackung, Emballage, Äußeres, Hülle, Schale, Beiwerk, Drum und Dran, Einkleidung, Verkleidung, Aufzug, Aufmachung, Ausstaffierung, Design, Dekor, Dekorum, Draperie, Verzierung, Putz, Aufputz, Garnierung, Ausschmückung, Staffage, Toilette, Outfit, Styling, Aufmotzung, **4.** Aussteuer, Mitgift, Heiratsgut, Morgengabe.

168 **Ausstellung 1.** Schaufenster, Schaukasten, Vitrine, Auslage, **2.** Schau, Messe, Markt; Modenschau, Modevorführung; Exposition, Accrochage, Biennale, Themenpark, Weltausstellung, Expo, **3.** Panoptikum, Lachkabinett, Wachsfigurenkabinett.

169 **Auswahl 1.** Auslese, Elite, Selektion, Sonderklasse, Best of, Spitzenklasse, **2.** Zusammenstellung, Sortiment, Kollektion, Portfolio, Mustersammlung, Warensortiment, **3.** Elitetruppe, Nationalmannschaft, Auswahlmannschaft, **4.** Almanach, Anthologie.

170 **ausweichen 1.** Platz machen, zur Seite gehen, zurückweichen, aus dem Weg gehen, zurücktreten, Vortritt lassen, abbiegen, Bogen machen, herumgehen um, **2.** Ausflüchte machen, sich nicht stellen, verschanzen; andere vorschieben, umgehen, hinhalten, ablenken, meiden, kneifen, durchtauchen, abtauchen, sich nicht festlegen, wegducken; offen lassen, sich winden, drehen und wenden, drücken, entziehen; lavieren.

171 **ausweisen (sich) 1.** ausstoßen, verstoßen, verbannen, in die Verbannung schicken, ins Elend stoßen, des Landes verweisen, vertreiben, ausbürgern, abschieben, exilieren, aussiedeln, evakuieren, deportieren, abtransportieren, verbringen, verschicken; räumen lassen, ausquartieren, exkommunizieren, verfemen, brandmarken, ächten, **2.** sich legitimieren; Identität beweisen, sich identifizieren; Papiere vorlegen.

172 **auszeichnen (sich) 1.** Preis verleihen, prämiieren, diplomieren, ehren, erhöhen, adeln, huldigen, Orden verleihen, dekorieren, kränzen, krönen, preiskrönen, **2.** sich hervortun, profilieren, herausheben, in den Vordergrund schieben, herausstellen; hervortreten, auffallen, von sich reden machen, sich einen Namen machen; Aufsehen erregen, herausragen, hervorstechen, glänzen, übertreffen, Vogel abschießen, Lorbeeren ernten, **3.** Preis festsetzen, beschildern, bezeichnen, auspreisen.

173 **ausziehen (sich) 1.** umziehen, verziehen, Wohnung aufgeben, Wohnsitz wechseln, sich

verändern; fortziehen, weggehen, wegziehen, ziehen, umsiedeln, übersiedeln, räumen, auswandern; losziehen, auf die Wanderschaft gehen, **2.** ausreißen, herausziehen, ziehen, extrahieren, entfernen, ausrupfen, auszupfen, entwurzeln, roden, **3.** herausschreiben, Auszug machen, exzerpieren, **4.** entkleiden, auskleiden, entblößen, abstreifen, abwerfen, ablegen, sich der Kleider entledigen, frei machen, entblößen; Striptease machen, strippen, **5.** in die Länge/Breite/Höhe ziehen.

174 **Autobiographie** Memoiren, Lebensbericht, Lebensbeschreibung, Lebenserinnerungen, Lebensgeschichte, Biographie, Lebenslauf, Lebenstextur, Selbstbiographie, Selbstdarstellung, Selbstbefragung, Selbstbekenntnis, Selbstzeugnis, Denkwürdigkeiten, Erinnerungen, Aufzeichnungen, Lebensrückblick, Lebensbeichte, Konfessionen, Memorabilia.

175 **avancieren** aufsteigen, vorankommen, vorrücken, hochkommen, emporsteigen, emporkommen, weiterkommen, sich hocharbeiten, verbessern; vorwärts kommen, aufrücken, reüssieren, Karriere machen, Erfolg haben, seinen Weg machen, es weit bringen, zu Ehren kommen.

# B

176 **Bad** **1.** Badezimmer, Waschraum, Badestube, Dusche, Nasszelle, Whirlpool, **2.** Schwimmbad, Freibad, Hallenbad, Badeanstalt, Wellenbad, **3.** Kurbad, Kurort, Badeort, Seebad, Heilbad, Luftkurort, **4.** Moorbad, Solebad, Thermalbad, Dampfbad, Luftbad, **5.** Vollbad, Baden, Säuberung.

177 **bahnen** **1.** ebnen, glätten, glatt machen/streichen, bauen, pflastern, asphaltieren, planieren, walzen, schlagen, hauen, spuren, gangbar/frei machen, **2.** vorbereiten, erleichtern, fördern, begünstigen, protegieren.

178 **bald** gleich, demnächst, alsbald, nächstens, in Bälde/Kürze, zeitnah, binnen kurzem, jeden Augenblick, stündlich, kurzfristig, baldigst, über ein Kleines/kurz oder lang, dieser Tage, in nächster/absehbarer Zeit, über Nacht, heute oder morgen, in Sicht, steht vor der Tür, drauf und dran, steht zu erwarten/bevor, in naher Zukunft.

179 **Balkon** Veranda, Loggia, Terrasse, Altan, Vorbau, Erker, Söller, Risalit, Chörlein, Wintergarten.

180 **banal** gewöhnlich, alltäglich, selbstverständlich, abgedroschen, abgenutzt, abgebraucht, billig, verbraucht, abgestanden, abgegriffen, schal, flach, platt, öde, seicht, ausgeleiert, abgelutscht, gemeinplätzig, gedankenarm, geistlos, substanzlos, einfallslos, geistesarm, witzlos, hohl, inhaltslos, unbedeutend, epigonal, epigonenhaft, oberflächlich, nichts sagend, redundant, hausbacken, spießig, poesielos, ideenlos, phantasielos, geisttötend, nüchtern, prosaisch, trivial, aus zweiter Hand, aufgewärmt, konventionell, eklektisch, redensartlich, ohne Tiefgang, floskelhaft, formelhaft, phrasenhaft, profan, stereotyp, abgeschmackt, inflationär.

181 **Banalität** **1.** Flachheit, Plattheit, Seichtheit, Trivialität, Abgedroschenheit, Abgeschmacktheit, Alltäglichkeit, Profanität, Profanierung, Gemeinplatz, Schlagwort, Phrase, Selbstverständlichkeit, Gemeinplätzigkeit, Epigonenhaftigkeit, Eklektizismus, Gedankenarmut, Geistlosigkeit, Substanzlosigkeit, Geschwätz, Redundanz, Geistesarmut, Einfallslosigkeit, Witzlosigkeit, Plattitüde, Phantasielosigkeit, Abziehbild, Binsenwahrheit, Binsenweisheit, **2.** Spießertum, Spießigkeit, Spießbürgerlichkeit, Engstirnigkeit.

182 **Bank** **1.** Sitzbank, Schulbank, Eckbank, Holzbank, Gartenbank, Steinbank, **2.** Geldinstitut, Kreditanstalt, Ökobank, Kreditinstitut, Sparkasse, Kasse, Darlehenskasse, Girobank, Hypothekenbank, Privatbank, Bankhaus, **3.** Datenbank, Genbank.

183 **Bankrott** Zahlungseinstellung, Zahlungsunfähigkeit, Illiquidität, Nonvalenz, Insolvenz, Konkurs, Liquidierung, Falliment, Liquidation, Geschäftsaufgabe, Offenbarungseid; Pleite, Fiasko, Ruin, Zusammenbruch.

184 **Barbar** Kulturbanause, Kunstbanause, Wüstling, Sittenverderber, Rohling, Unmensch, Gewaltmensch, Zerstörer, Vernichter, Zornnickel, Wüterich, Berserker, Verwüster, Vandale, Ungeheuer, Ungetüm, Unhold, Untier, Monstrum, Geißel, Gottesgeißel, Kujon, Quäler, Folterknecht, Mordbube, Sadist, Ausgeburt, Bluthund, Scheusal, Bestie, Biest, Tier, Vieh.

185 **Bart** Schnurrbart, Oberlippenbart, Lippenbart, Schnauzbart, Spitzbart, Knebelbart, Kinnbart, Backenbart, Vollbart, Rauschebart; Bärtchen, Fliege, Ziegenbart, Zwirbelbart, Kaiser-Wilhelm-Bart, Hitlerbärtchen; Stoppelbart, Dreitagebart, Stoppeln, Flaum, Milchbart.

186 **basteln** handwerkern, heimwerkern, selber machen, tüfteln, pusseln, fummeln, werkeln, herumpusseln, bosseln, friemeln, handarbeiten.

187 **Bauer** **1.** Landwirt, Agronom, Landbewirtschafter, Farmer, Agrarier, Rancher, Viehzüchter, Gutsbesitzer, Gutsherr, Landmann, Landarbeiter, Siedler, Krauter, **2.** Käfig, Vogelkäfig, Vogelbauer, Voliere, Vogelhaus, **3.** Landei, Dummkopf, **4.** Bube, Valet, Unter, Wenzel.

188 **Bauernhof** Hof, Wirtschaft, Klitsche, Hofstatt, Landwirtschaftsbetrieb, Gut, Gutshof, Gehöft, Landgut, Domäne, Farm, Ranch, Latifundien, Hazienda, Plantage, Pflanzung.

189 **Baumeister** Architekt, Erbauer, Bauplaner, Konstrukteur, Baukünstler, Entwerfer, Gestalter, Bauherr, Bauträger, Gründer.

190 **Bauteil** **1.** Bauelement, Baustein, Element, Teil, Partikel, Komponente, Modul, Chip, **2.** Atom, Elementarteilchen, Teilchen, Masseteilchen, Korpuskel.

191 **beachten** **1.** achten, achtgeben, achthaben, im

Auge behalten, sich angelegen sein lassen; ernst nehmen, **2.** berücksichtigen, Rücksicht nehmen auf, in Betracht ziehen, bedenken, mit berücksichtigen, einbeziehen, anrechnen, einkalkulieren, einplanen, respektieren, Beachtung schenken, sich richten nach, Rechnung tragen, in Rechnung stellen, in Anschlag bringen, beherzigen, befolgen, Folge leisten.

192 **Beamter** Staatsbediensteter, Bediensteter, Amtsträger, Amtsperson, Staatsdiener, Beschäftigter im öffentlichen Dienst.

193 **beanspruchen 1.** Anspruch erheben, prätendieren, Ansprüche geltend machen, einklagen, reklamieren, für sich haben wollen, Ansprüche stellen, verlangen, abverlangen, fordern, einfordern, abfordern, postulieren, wollen, heischen, trachten, ersuchen, pochen auf, sich ausbedingen, ausbitten, ausgebeten haben, anmaßen, erlauben; zumuten, sich vorbehalten; an sich reißen; bestehen auf, zur Bedingung machen, abhängig machen von, beanspruchen können, Anspruch/Recht haben auf, verlangen können, **2.** in Anspruch nehmen, mit Beschlag belegen, absorbieren, monopolisieren, **3.** anstrengen, anspannen, stressen, einspannen, bemühen, belasten, strapazieren, viel verlangen, in Atem halten, hetzen, herumjagen, herannehmen.

194 **beanstanden** aussetzen, einwenden, auszusetzen haben, nicht in Ordnung finden, tadeln, rügen, nörgeln, anstinken, kritteln, quengeln, missbilligen, Haar in der Suppe finden, kritisieren, Anstoß nehmen, bemängeln, bemäkeln, bekritteln, monieren, anmahnen, reklamieren, ablehnen, nicht anerkennen/zufrieden sein, sich beschweren; Einspruch erheben, sich beklagen; klagen, ausstellen.

195 **beantragen** Antrag stellen/einbringen/einreichen / unterbreiten / vorlegen; vortragen, petitionieren, Eingabe machen, Gesuch einreichen, vorstellig werden, einkommen um, anfordern, bestellen.

196 **bearbeiten 1.** sich befassen; behandeln, ausarbeiten, ausführen, gestalten, abhandeln, **2.** durchackern, zurichten, durcharbeiten, überarbeiten, feilen, schleifen, ausfeilen, abschleifen, umschreiben, komprimieren, kürzen, glätten, verbessern, vervollkommnen, vervollständigen, letzte Hand anlegen, korrigieren, redigieren, **3.** umpflügen, beackern, bebauen, bepflanzen, anbauen, bewirtschaften, kultivieren, umpflanzen, umsetzen, pikieren, versetzen, verpflanzen, **4.** weiterverarbeiten, veredeln, raffinieren; aufbereiten, wiederverwenden, einschleusen, recyceln, **5.** beeinflussen, in den Ohren liegen, umstimmen, zusetzen, unter Druck setzen, weich machen, bedrängen, in die Mangel/Zange nehmen, traktieren, beackern, **6.** dramatisieren, in Dramenform bringen, für die Bühne einrichten, in Szene setzen, verfilmen, auf die Leinwand bringen, filmisch umsetzen, Remake/Remix machen, orchestrieren.

197 **bebildern** illustrieren, mit Bildern versehen, Bilder beigeben, ausschmücken, aufmachen, auflockern, ausstatten, illuminieren, ausmalen.

198 **bedecken** abdecken, verdecken, umhüllen, einhüllen, verhüllen, bekleiden, umkleiden, verhängen, zuhängen, überdecken, behängen, bewerfen, zudecken, überlagern, überlappen, überkleben, bekleben, belegen, beschichten, lacken, lackieren, bepflastern, beziehen, überziehen, bespannen, tapezieren, verschalen, verblenden, verputzen, verkleiden, übertünchen, furnieren, täfeln, paneelieren, vertäfeln, auskleiden, auslegen, Fußboden/Parkett legen, überwachsen, bewachsen, zuwachsen.

199 **bedeuten 1.** zu bedeuten haben, Bedeutung/Sinn haben, besagen, aussagen, meinen, heißen, ausdrücken, beinhalten, auf sich haben, sagen wollen, darstellen, verkörpern, repräsentieren, vorstellen, **2.** ins Gewicht fallen, etwas ausmachen, Gewicht haben, zählen, wiegen, von Belang sein, **3.** Geltung besitzen, jmd. sein, etwas darstellen/vorstellen, Achtung genießen, in Ansehen stehen, Ruf/Nummer haben, wichtig/wert/wesentlich sein, geschätzt werden, Persönlichkeit/Faktor sein, **4.** gelten, gültig/in Kraft sein.

200 **Bedeutung 1.** Sinn, Gedanke, Gehalt, Bewandtnis, Semantik, **2.** Geltung, Gewicht, Belang, Ansehen, Berühmtheit, Öffentlichkeitswirksamkeit, Prominenz, **3.** Wichtigkeit, Signifikanz, Gewichtigkeit, Interesse, Aktualität, Dringlichkeit, Relevanz, Tragweite, Bedeutsamkeit, Wert, Rang, Würde, Tiefe, Größe, Schwere, Erheblichkeit, Ernst, Stellenwert, **4.** Tenor, Hintersinn, Nebensinn, Nebenbedeutung, Subtext, Unterströmung, Konnotation, Bedeutungsfeld, Sinnhorizont.

201 **bedienen 1.** handhaben, regulieren, betätigen, umgehen mit, hantieren, handeln, betreiben, manipulieren, schalten, steuern, führen, **2.** aufwarten, servieren, auftragen, auftischen, vorsetzen, vorlegen, bewirten; beliefern, Ser-

vice leisten, abfertigen, besorgen, nachkommen, beschaffen.

202 **Bedienung** **1.** Handhabung, Lenkung, Schaltung, Steuerung, Betreibung, Manipulation, Betätigung, Anwendung, Handling, Führung, Regulierung, **2.** Abfertigung, Behandlung, Betreuung, Aufwartung, Versorgung, Dienstleistung, Bewirtung, Servieren, Service, **3.** Kellnerin, Serviererin, Servierfräulein, Saaltochter, Zimmermädchen, Empfangsdame, Stewardess; Kellner, Ober, Oberkellner, Zimmerkellner, Etagenkellner, Weinkellner, Sommelier, Zahlkellner, Steward, **4.** Kundendienst, Service.

203 **bedingt** mit Vorbehalt/Einschränkung, vorbehaltlich, nicht unbedingt, begrenzt, beschränkt, eingeschränkt, örtlich, lokal, partikular, regional, strukturell, unter Umständen, nicht in jedem Fall, eventuell, je nachdem, von Fall zu Fall, zweckgebunden, auf Abruf/Widerruf/Bewährung, bei Bedarf, auf Verlangen, on demand, falls; zeitbedingt, wetterbedingt, saisonbedingt.

204 **Bedingtheit** Relativität, Abhängigkeit, Determiniertheit, Bezüglichkeit; bedingte Geltung, Einschränkung, Eingeschränktheit.

205 **Bedingung** **1.** Voraussetzung, Kondition, Prämisse, Annahme, Klausel, Einschränkung, Beschränkung, Vorbehalt, Vorbedingung, Eckpunkt, Grundbedingung, Conditio sine qua non, **2.** Bestimmung, Festsetzung, Auflage, Maßgabe.

206 **beeinflussen** Einfluss nehmen/ausüben, bereden, bewegen, einreden, einflüstern, einflößen, einblasen, soufflieren, anstiften, einwirken, bearbeiten, suggerieren, manipulieren, indoktrinieren, infizieren, infiltrieren, verführen, zu bewegen suchen, empfehlen, anempfehlen, Wort einlegen, zuraten, zusetzen, zureden, überreden, aufreden, aufschwatzen, beschwatzen, einwickeln, hypnotisieren, fernlenken, fernsteuern, impfen, massieren, einimpfen, programmieren, Floh ins Ohr setzen, schmackhaft machen, antichambrieren.

207 **Befehl** **1.** Bestimmung, Auftrag, Instruktion, Geheiß, Gebot, Anweisung, Weisung, Direktive, Erlass, Anordnung, Verfügung, Vorschrift, Verordnung, Edikt, Dekret, Kommando, Order, Befehlsgewalt, Diktat, Machtspruch, Ukas, **2.** Einberufung, Gestellungsbefehl, Aushebung.

208 **befestigen** **1.** anmachen, anbringen, festmachen, fixieren, anziehen, festzurren, anheften, aufhängen, anmontieren, binden, stecken, heften, tackern, knoten, Knoten schürzen, verknoten, zusammenknoten, kleben, ankleben, anschlagen, festkleben, pappen, nageln, kitten, leimen, kleistern, schrauben, festschrauben, anschrauben, verschrauben; schnallen, anschnallen, festschnallen, Gurt anlegen, zuschnallen; spießen, aufspießen, feststecken, anpinnen, anstecken, dübeln, eindübeln, knöpfen, löten, verschweißen, anschmieden, eingipsen, anklammern, anketten, annageln, verklammern, **2.** festigen, stärken, erhärten, konsolidieren, verfestigen, versteifen, stabilisieren, stützen, zementieren, sichern, absichern, **3.** bekräftigen, verankern, vertiefen, festlegen.

209 **Befestigung** **1.** Anbringung, Verbindung, Verknüpfung, Verstrebung, Verkettung, Verankerung, Applikation, **2.** Nagel, Stift, Fassung, Schraube, Dübel, Pflock, Dalbe, Poller, Spund, Zapfen, Bolzen, Scharnier, Gelenk, Fuge, Angel, Pfriem, Dorn, Klammer, Spange, Öse, Schlinge, Schnalle, Haken, Sicherheitsnadel, **3.** Bindemittel, Klebstoff, Leim, Kleister, Kitt, Mörtel, Zement, **4.** Befestigungsanlage, Befestigungswerk, Bollwerk, Wehr, Verteidigungsanlage, Redoute, Schanze, Brückenkopf, Festungswall, Bastei, Bastion, Umwallung, Barrikade, Schützengraben, Unterstand, Geschützstand, Kasematte, Bunker, Schutzraum, Luftschutzkeller, Schutzzone, Cordon sanitaire; Feste, Festung, Burg, Kastell, Stadtfeste, Zitadelle, Fort, Fortifikation, Wall, Mauer, Wand, Damm, Deich, Mole, Reede, Hafendamm, Staudamm.

210 **befinden, sich** **1.** sein, liegen, stehen, gelegen/zu suchen sein, sich erstrecken; daliegen, **2.** sich fühlen; ergehen, gehen, stehen mit, zumute sein, **3.** sich aufhalten; zu finden sein, abbleiben, bleiben, wohnen, leben, stecken, verweilen.

211 **befreien (sich)** **1.** losmachen, loslösen, loseisen, losbinden, freimachen, erlösen, loslassen; freikommen, loskommen, loswerden, vom Halse schaffen, abwälzen, sich entledigen, entwinden, **2.** entbinden, entlasten, freistellen, freilassen, beurlauben, entpflichten, dispensieren, entheben, freigeben, suspendieren, **3.** entladen, entspannen, entfesseln, lösen, enthemmen, entriegeln, erleichtern, Herz ausschütten, sich abreagieren, aussprechen, **4.** sich freimachen, emanzipieren; selbständig werden, Fesseln abstreifen, sich selbständig/

unabhängig machen, abnabeln, freischwimmen, auf eigene Füße stellen; autonom/souverän werden, Joch/Knechtschaft abschütteln, **5.** Bresche schlagen, freikämpfen, entsetzen, heraushauen, herausboxen, freipressen, **6.** ausspannen, ausschirren, abhalftern, abzäumen, absatteln, auswildern, **7.** sich bloßstrampeln, aufdecken, entblößen; Decke wegstoßen, bloßliegen.

212 **befriedigen (sich) 1.** genügen, erfreuen, dienen, nützen, Anforderungen entsprechen, zufriedenstellen, genugtun, Wünschen nachkommen, es recht machen, entschädigen; gefallen, ausfüllen, erfüllen, **2.** sich selbst befriedigen, einen runterholen; onanieren, masturbieren, wichsen.

213 **befürworten** empfehlen, anempfehlen, ans Herz legen, Lanze brechen, sich einsetzen, verwenden; sprechen/eintreten für, begrüßen, willkommen heißen, dafür sein, stimmen /votieren/plädieren für, gutheißen, billigen.

214 **begeben, sich 1.** sich verfügen nach, hinbegeben, wenden, wegbegeben; gehen/fliegen/laufen/fahren/wandern/reisen nach, **2.** geschehen, sich ereignen/tun, zutragen, abspielen; erfolgen, vorfallen, passieren, zustoßen, widerfahren, hereinbrechen, eintreten, sich einstellen; bieten, vorkommen, unterkommen, begegnen, sich ergeben, fügen; nicht ausbleiben, unterlaufen, **3.** stattfinden, statthaben, vor sich gehen, abgehen, ablaufen, abrollen, vorgehen, sich vollziehen; verlaufen, vonstatten/über die Bühne gehen, veranstaltet werden, seinen Lauf nehmen.

215 **begehren 1.** wollen, wünschen, anstreben, erstreben, erpicht sein, sich erträumen, beanspruchen, fordern, verlangen, heischen, trachten nach, ersehnen, brennen auf, zu tun sein um, sich reißen/bewerben um; Wert legen auf, wichtig nehmen, sich angelegen sein lassen; Wert beimessen, viel hermachen von, Gewicht beilegen, Anliegen sein, **2.** haben wollen, verlangen/hungern nach, Appetit/Lust haben auf, Wasser im Mund zusammenlaufen, Mund wässern, dürsten, lechzen, schmachten, fiebern, gieren, gelüsten nach, entbrennen; sich verzehren; buhlen, drängen/schmachten /jappen nach, vergehen vor, sich sehnen nach; nachtrauern, sich zurücksehnen.

216 **begehrlich 1.** begierig, gierig, sinnlich, wild, wollüstig, dürstend, lechzend, verlangend, unstillbar, erpicht, verrückt nach, versessen, geil/scharf/spitz auf, lüstern, **2.** hungrig, hungernd, ausgehungert, heißhungrig, esslustig, nimmersatt, verfressen, gefräßig; naschhaft, schleckrig, genäschig, leckerhaft, süßer Zahn, durstige Kehle, trinkfreudig, genusssüchtig, **3.** lebenshungrig, erlebnishungrig, lebensgierig, **4.** konsumorientiert, kauflustig, kaufversessen, im Konsumrausch, mediengeil, promiinentengeil.

217 **begeistern (sich) 1.** anregen, erwärmen, befeuern, anfeuern, beflügeln, entflammen, entzünden, mitreißen, entzücken, enthusiasmieren, erheben, hinreißen, trunken machen, elektrisieren, packen, aufregen, berauschen, antörnen, anmachen, **2.** anbeißen, Feuer fangen, sich einlassen auf; erglühen, sich erhitzen; mitgerissen werden, außer sich geraten, sich mitreißen lassen; in Fahrt kommen, Kopf verlieren, schwärmen, hingerissen/erfüllt/Feuer und Flamme sein, abheben/abfahren auf, ausflippen.

218 **begleiten 1.** mitgehen, Geleit geben, Gesellschaft leisten, geleiten, heimbringen, heimgeleiten, heimfahren, mitnehmen, mitfahren, eskortieren, Straße säumen, Spalier stehen, sich anschließen, beigesellen, zugesellen; mitkommen, **2.** einstimmen, mitspielen, mitsingen, untermalen, führen.

219 **beglücken 1.** beseligen, entzücken, ergötzen, euphorisieren, bezaubern, Freude bereiten, erfreuen, erfüllen, ausfüllen, befriedigen, **2.** durchwirken, durchwalten, erleuchten, erwärmen, durchwärmen, besonnen, durchstrahlen, erhellen, mit Sinn erfüllen, **3.** beschenken, spenden.

220 **Begriff** Kategorie, Definition, gedankliche Einheit, Schlüsselwort, Terminus, Term, Wort, Ausdruck, Benennung, Bezeichnung; Vorstellung, Idee, Anschauung, Bild.

221 **Behälter** Behältnis, Kiste, Kasten, Schachtel, Gefäß, Sack, Tonne, Tank, Kanister, Tube, Röhre, Kapsel, Büchse, Dose, Flasche, Vase, Hülle, Etui, Futteral, Scheide, Holster, Halfter, Beutel, Ranzen, Koffer, Mappe, Korb, Bottich, Becken, Kessel, Topf, Schale, Schüssel, Urne; Großbehälter, Sammelbehälter, Container.

222 **behandeln 1.** handhaben, verfahren, anpacken, umspringen/umgehen mit, **2.** ärztlich versorgen, verarzten, untersuchen, diagnostizieren, therapieren, betreuen, beistehen, **3.** erörtern, ausführen, darlegen, abhandeln, durchnehmen, zum Thema nehmen, schreiben über; thematisieren, zum Thema/Gegenstand haben, durchsprechen, handeln von,

sich drehen um; handeln über, gehen um, beinhalten.

223 **Behandlung** **1.** Handhabung, Gebrauch, Bedienung, Umgang, Thematisierung, Erörterung, Durchnahme; Ausarbeitung, Bearbeitung, Ausführung, Darlegung, Redaktion, **2.** Untersuchung, Diagnostik, ärztliche Versorgung, Betreuung, Therapie, Heilbehandlung, Heilmethode; Rosskur, Gewaltkur.

224 **behaupten (sich)** **1.** versichern, hinstellen, ausgeben als, für wahr erklären, beteuern, postulieren, betonen, bestehen/beharren auf, festhalten an, vertreten, bleiben bei, aufrechterhalten, nicht ablassen von, verteidigen, **2.** sich durchsetzen / durchkämpfen / wacker schlagen; Feld behaupten, standhaft bleiben, standhalten, sich tapfer halten; durchhalten, durchstehen, Keepsmiling, Ohren / Nacken steifhalten, auf dem Posten bleiben, ausharren, aushalten, bestehen, gewachsen sein, bei der Stange bleiben, nicht lockerlassen/aufgeben, sich nicht entmutigen lassen; nicht nachlassen, hart bleiben, sich bewähren, Sporen verdienen, durchbeißen; Rückgrat zeigen, reüssieren, **3.** widerstehen, sich entgegenstellen, auf die Hinterbeine stellen, zur Wehr setzen; resistieren, Widerstand leisten.

225 **beheimatet** **1.** ansässig, ortsansässig, wohnhaft, mit Sitz in, sesshaft, einheimisch, endemisch, heimisch, eingesessen, alteingesessen, daheim, zu Hause, **2.** behaust, geborgen, geschützt, sicher.

226 **beherrschen, sich** zurückhalten, mäßigen, zügeln, enthalten, bezwingen, disziplinieren, selbst besiegen, überwinden, bändigen, bezähmen, bemeistern, Zwang antun, an sich halten; Ruhe / Fassung / Contenance bewahren, sich zusammennehmen, in der Hand/in der Gewalt haben, in die Hand bekommen, am Riemen reißen, fassen; zu sich kommen; auf dem Teppich bleiben, sich nichts anmerken lassen; Zähne zusammenbeißen, sich zusammenreißen, nicht gehen lassen; Haltung bewahren, Gesicht wahren.

227 **Beherrschung** **1.** Beherrschtheit, Gefasstheit, Haltung, Contenance, Fassung, Gelassenheit, Selbstbeherrschung, Selbstüberwindung, Disziplin, **2.** Können, Qualifikation, Fähigkeit, **3.** Führung, Macht, Gewalt, Zwang.

228 **Behörde** **1.** Verwaltung, Administration, Bürokratie, Beamtenschaft; Dienststelle, Amt, Stelle, Instanz, **2.** Büro, Amtsstube, Dienstzimmer, Amtssitz, Amtsgebäude.

229 **Beifall** Beifallklatschen, Beifallsbekundung, Applaus, Klatschen, Händeklatschen, Ovation, Standing Ovations, Bad in der Menge, Dakaporufe, La Ola, Beifallssturm, Jubel, tosender/nicht enden wollender Beifall; Akklamation, Lob, Echo, Anerkennung.

230 **Beigeschmack** Nebengeschmack, Nachgeschmack, Anflug, Spur, Unterton, Geschmäckle, Nuance, Beiklang, Nebenklang, Nebenbedeutung, Nebensinn, Hintersinn.

231 **beisetzen** **1.** begraben, beerdigen, bestatten, zu Grabe tragen, zur letzten Ruhe betten, der Erde übergeben, letztes Geleit geben, letzte Ehre erweisen, unter die Erde bringen, einäschern, verbrennen, kremieren, seebestatten, erdbestatten, **2.** liegen, begraben sein/liegen, letzte Ruhestätte haben, sein Grab finden.

232 **Beisetzung** **1.** Begräbnis, Beerdigung, Leichenbegängnis, Einsegnung, Bestattung, Leich, Grablegung, **2.** Einäscherung, Verbrennung, Feuerbestattung, Seebestattung, Erdbestattung.

233 **Beispiel** Exempel, Paradigma, Denkfigur, Modell, Musterbeispiel, Paradebeispiel, Schulbeispiel, Präzedenzfall, Musterfall, Vorbild, Beleg.

234 **bekommen** **1.** erhalten, erlangen, empfangen, ergattern, kriegen, erreichen, zuteil werden, zufallen, anheimfallen, Zuschlag bekommen, zufließen, zufliegen, zulaufen, abkriegen, erben, abbekommen, mitkriegen, geschenkt bekommen, **2.** guttun, wohltun, zuträglich/verträglich sein, anschlagen, **3.** davontragen, sich infizieren, einfangen, holen, zuziehen, einhandeln, erleiden.

235 **belasten** **1.** beladen, bepacken, aufbürden, aufladen, vollladen, aufpacken, vollpacken, füllen, befrachten, **2.** auferlegen, zumuten, aufhalsen, in Atem halten, ermüden, beanspruchen, stressen, schlauchen, hernehmen, überfordern, überanstrengen, strapazieren, **3.** zur Last fallen, auf der Tasche liegen, Mühe und Kosten verursachen, **4.** abziehen, als Schuld buchen, debitieren, anlasten, berechnen, anschreiben; besteuern, veranlagen, **5.** bedrücken, beschweren, beengen, einengen, drücken, quälen, betrüben, kränken, beschuldigen.

236 **belehrend** **1.** lehrreich, aufschlussreich, instruktiv, informativ, veranschaulichend, verdeutlichend, beleuchtend, bildend, erhellend, interessant, wissenswert, **2.** erzieherisch, pädagogisch, lehrhaft, didaktisch; schulmeister-

lich, dozierend, krittelig, mit erhobenem Zeigefinger, gouvernantenhaft, oberlehrerhaft, professoral.

237 **beleidigend** **1.** kränkend, verletzend, gehässig, böswillig, persönlich, unsachlich, anzüglich, grob, unverschämt, ausfällig, ausfallend, **2.** ehrverletzend, ehrenrührig, beschämend, schändlich, sexistisch, schimpflich, schmählich, schandbar, diskriminierend, diffamierend, herabsetzend, entwürdigend, demütigend, erniedrigend.

238 **Beleidigung** Kränkung, Verletzung, Ausfall, Affront, Invektive, Injurie, Verbalinjurie, Ausfälligkeit, Beschimpfung, Polemik, Insult, Insultation, Anfeindung, Missachtung, Verunglimpfung, Canossagang, Ehrverletzung, Schmähung, Herabsetzung, Diskriminierung, Schmäh, Diffamierung, Verleumdung, Pöbelei, Tort, Infamie, Verlästerung, Demütigung, Entwürdigung, Erniedrigung, Sexismus.

239 **beleuchten** **1.** erhellen, hell machen, illuminieren, bestrahlen, anstrahlen, bescheinen, anleuchten, anscheinen, beglänzen, belichten, erleuchten, besonnen, Licht anmachen/anknipsen / andrehen / anzünden / einschalten, ableuchten, ausleuchten, aufblenden, **2.** darstellen, darlegen, veranschaulichen, auslegen, deuten, befunden, erklären, interpretieren, kommentieren, herausstellen, hervorheben, pointieren.

240 **beliebig** nach Belieben/Wahl/Gutdünken/eigenem Ermessen, fakultativ, arbiträr, wahlweise, freistehend, nach Wunsch, wie es beliebt, ad libitum, wunschgemäß, nach Wohlgefallen, je nachdem, unbeschränkt, unbegrenzt, uneingeschränkt, irgendwie, wie gewünscht, nach Herzenslust; wahllos, x-beliebig, zufällig, willkürlich.

241 **beliebt** **1.** geschätzt, bewundert, wohlgelitten, Stein im Brett, gut angeschrieben, gepriesen, umschwärmt, bejubelt, populär, volkstümlich, en vogue, in, modisch, **2.** gängig, gern gekauft, viel verlangt, gut eingeführt, gesucht, begehrt, gefragt, bekannt, **3.** besucht, frequentiert, anerkannt, gute Presse, häufig besucht, immer ausverkauft.

242 **bellen** **1.** anschlagen, melden, Laut geben, kläffen, blaffen, belfern, heulen, jaulen, winseln, knurren, **2.** schimpfen, anfahren, giften.

243 **bemühen (sich)** **1.** heranziehen, hinzuziehen, beanspruchen, in Beschlag nehmen, zu Rate ziehen, **2.** sich interessiert zeigen; interessiert sein an, umwerben, buhlen, werben um, Interesse zeigen, ansuchen/anhalten um, zu bekommen trachten, sich anstrengen.

244 **benutzen** gebrauchen, brauchen, verwenden, anwenden, verwerten, sich bedienen, zunutze machen; nutzen, begehen, befahren, bespielen, nießnutzen, nutzbar machen, auswerten, ausnutzen, Gebrauch machen von, in Gebrauch nehmen, Nutzen ziehen aus, Gelegenheit ergreifen, beim Schopfe fassen, zu Rate ziehen, besuchen, frequentieren.

245 **beobachten** **1.** hinsehen, anschauen, zuschauen, zuhören, zusehen, betrachten; achtgeben/achthaben/achten auf, aufpassen, Augen offen halten, ins Auge fassen, im Auge behalten, nicht aus den Augen lassen, jmdm. nachsehen, mit Blicken verfolgen, **2.** verfolgen, beschatten, überwachen, bespitzeln, observieren, kiebitzen, linsen, lugen, spähen, äugen, spitzen, luchsen, lauern, spionieren, nachspionieren, belauern, ausspähen, auf der Lauer liegen, beschnüffeln, nachschnüffeln, ausschnüffeln, belauschen, abhören, abhorchen, **3.** ausforschen, ausspähen, ausspionieren, Daten sammeln.

246 **Beobachter** **1.** Betrachter, Zuschauer, Augenzeuge, Zeuge, Zuhörer, Voyeur, Spanner, Schaulustiger, Flaneur, Gaffer, Zaungast, **2.** Aufpasser, Medienwächter, Datenschützer, Detektiv, Ermittler, Fahnder, Spürhund, Spürnase, Suchhund, Kundschafter, Späher, Spion, Undercover, Maulwurf, Sleeper, Schläfer, Agent, Spitzel, Kiebitz, Achtgroschenjunge, Viper, Zinker, Naderer, Lauscher, Horchposten, Schnüffler, Aushorcher, Informant, Whistleblower, IM, informeller Mitarbeiter, V-Mann, Datenkrake.

247 **Bequemlichkeit** **1.** Komfort, Annehmlichkeit, Wohnlichkeit, Behaglichkeit, Gemütlichkeit, Wohlfühlfaktor, Trautheit, Traulichkeit, Heimeligkeit, Stallwärme, **2.** Faulheit, Nachlässigkeit, Trägheit, Mundfaulheit.

248 **berauscht** **1.** animiert, angesäuselt, angeheitert, beschwipst, beschickert, betütert, knülle, dun, beduselt, benebelt, einen in der Krone, schicker, weinselig, alkoholisiert, angetrunken, bezecht, voll des süßen Weines, voll, betrunken, im Tran/Rausch, granatenvoll, sturzbetrunken, fett, prall, zu, sternhagelvoll, blau, breit, schwer geladen, stockbetrunken, hackevoll, Schlagseite, besoffen, stockbesoffen, stinkbesoffen, **2.** bekifft, stoned, high, zugedröhnt, gedopt, unter Drogen, auf dem Trip, drauf, psychedelisch; trunken, wonnetrunken, entrückt, in Trance, begeistert.

249 **berechnen** **1.** rechnen, Berechnung anstellen, ausrechnen, durchrechnen, einkalkulieren, anrechnen, errechnen, bemessen, kalkulieren, veranschlagen, vorausberechnen, überschlagen, Voranschlag machen, schätzen, taxieren, fakturieren, saldieren, **2.** rechnen/spekulieren /sich spitzen auf; seinen Vorteil suchen, sich jmdn. warmhalten; Fuß in der Tür halten, erbschleichen, mit der Wurst nach der Speckseite werfen.

250 **berechtigt** **1.** erlaubt, legal, gestattet, zugestanden, bewilligt, genehmigt, rechtens, rechtmäßig, statthaft, zulässig, unbestreitbar, unbeanstandet, unbenommen, unverwehrt, mit Fug und Recht, **2.** befugt, anerkannt, bestätigt, zertifiziert, beglaubigt, bevollmächtigt, autorisiert, legitimiert, ausgestattet, betraut mit, verliehen, bescheinigt, beauftragt, bestellt, bevorrechtet, privilegiert.

251 **beredt** **1.** wortgewandt, sprachgewandt, redegewandt, beredsam; zungenfertig, mundfertig, nicht auf den Mund gefallen, schlagfertig, eloquent, **2.** gesprächig, wortreich, redegewaltig, redselig, plapperhaft, geschwätzig, schwatzhaft, plauderhaft, ohne Punkt und Komma, deklamatorisch, monologisch, **3.** sprechend, anschaulich.

252 **bereit** **1.** entschlossen, gesonnen, geneigt, gewillt, bereitwillig, willig, willens, erbötig, gern, entgegenkommend, **2.** zur Hand, bei der Hand, zur Verfügung, verfügbar, fertig, so weit, vorbereitet, zur Disposition, disponibel, parat, funktionsfähig, entstört, einsatzbereit, startklar, startbereit, in Bereitschaft, abrufbereit, in der Pipeline, auf dem Schirm, in der Tasche, auf der Liste, stand-by, **3.** im Begriff, drauf und dran, dabei, auf der Stelle, sofort, auf dem Sprung.

253 **Bereitschaft** Bereitwilligkeit, Beflissenheit, Willigkeit, Willfährigkeit, Erbötigkeit, Entgegenkommen; Verfügbarkeit, Disponibilität, Disposition.

254 **bereuen** bedauern, beklagen, Reue empfinden, reuen, gereuen, schmerzen, sich zu Herzen nehmen; leidtun, zu schaffen machen, sich schämen; am Herzen nagen, Gewissensbisse haben, an die Brust schlagen, moralischen Kater haben, Einkehr halten, in sich gehen, sich schuldig bekennen; abschwören, ungeschehen wünschen, verfluchen, sich Asche aufs Haupt streuen; in Sack und Asche gehen.

255 **Berg** **1.** Anhöhe, Erhöhung, Hügel, Buckel, Kuppe, Höcker, Kegel, Erhebung, Erdrücken, Bodenfalte, Höhenrücken, Vulkankegel, Bergkegel, Inselberg, **2.** Gebirge, Mittelgebirge, Hügelland, Hochgebirge, Schneegebirge, Bergkette, Gebirgszug, Gebirgsmassiv, Höhenzug, Fels, Gipfel, Kamm; Schroffen, Zacken, **3.** Menge, Masse.

256 **Bericht** **1.** Berichterstattung, Report, Reportage, Meldung, Mitteilung, Bulletin, Dossier, Rapport, Kommuniqué, Referat, Schilderung, Story, Beschreibung, **2.** Rundschreiben, Umlauf, Zirkular, Sendbrief, Hirtenbrief, Enzyklika, **3.** Rechenschaftsbericht, Tätigkeitsbericht, Augenzeugenbericht, Tatsachenbericht, Dokumentation, Erlebnisbericht.

257 **berichten** Bericht erstatten/abstatten, informieren, briefen, melden, referieren, vortragen, rapportieren; aussagen, mitteilen, beschreiben, erzählen, zeigen.

258 **Berichterstatter** **1.** Reporter, Journalist, Zeitungsschreiber, Bildjournalist, Publizist, Medienvertreter, Pressemann, Zeitungsmann, Blattmacher, Zeitungsfritze, Tagesschriftsteller, Skribent, Redakteur, Schriftleiter, Glossenschreiber, Leitartikler, Kommentator, Kolumnist, Feuilletonist, Theaterkritiker, Musikkritiker, Filmkritiker, Korrespondent, Auslandskorrespondent, **2.** Erzähler, Augenzeuge, Informant, Zuschauer, Chronist, Geschichtsschreiber, Historiker, Referent, **3.** Redaktion, Schriftleitung, Redaktionsstab, Pressesprecher, Pressestelle.

259 **beruhigen (sich)** **1.** besänftigen, beschwichtigen, gut zureden, dämpfen, mäßigen, abdämpfen, mildern, abschwächen, abmildern, abkühlen, ernüchtern, entspannen, entbittern, entgiften, entschärfen, Spitze abbrechen, klären, ausgleichen, begütigen, bereinigen, befrieden, beilegen, zur Besinnung bringen, abbiegen, abfedern, abpolstern, abfangen, auffangen, ausbügeln, Wogen glätten, normalisieren, einpendeln, einrenken, Frieden stiften, versöhnen, schlichten, ins Lot bringen, vermitteln, unter einen Hut bringen, aussöhnen, einigen, in Einklang bringen, harmonisieren, **2.** runterkommen, sich abregen, abkühlen, abreagieren; Dampf ablassen; sich entspannen, fassen; zur Ruhe kommen, **3.** abrüsten, entwaffnen, demobilisieren, entmilitarisieren, deeskalieren, sich versöhnen, vertragen, verständigen, vergleichen; Kriegsbeil begraben, Friedenspfeife rauchen, Frieden schließen, **4.** in den Schlaf wiegen/singen, einwiegen, einlullen, einschläfern, sedieren, lindern.

260 **berühmt** **1.** bekannt, namhaft, populär, publik, stadtbekannt, Stadtgespräch, wohlbekannt, renommiert, umwittert, berüchtigt, in aller Munde, verbreitet, geläufig, vielbeachtet, vielgenannt, vielbesprochen, offenes Geheimnis, in allen Medien, öffentlichkeitswirksam, auf jedem Sender, **2.** groß, bedeutend, anerkannt, gefeiert, illuster, prominent, legendär, weltbekannt, weltberühmt.

261 **berühren** **1.** anfassen, anlangen, in die Hand nehmen, antasten, tasten, befühlen, anfühlen, betasten, abtasten, tasten/fühlen nach, befingern, betupfen, beklopfen; anrühren, begrapschen, bekrabbeln, betatschen, **2.** angehen, nahegehen, betreffen, tangieren, bewegen, anrühren, rühren, umtreiben, nicht gleichgültig/kalt lassen, erschüttern, zu Herzen gehen, ergreifen, **3.** sich berühren, überlappen, überschneiden; angrenzen, nebenliegen, anliegen, grenzen an, anrainen, anstoßen, anschließen, heranreichen an, **4.** streifen, touchieren, flüchtig berühren, antippen, anstupsen, erwähnen, andenken, anticken, anklicken, **5.** aufwühlen, aufregen.

262 **beschädigen** lädieren, in Mitleidenschaft ziehen, verschandeln, verschlimmbessern, verunstalten, verstümmeln, deformieren, verderben, verhunzen, verunzieren, entstellen, entwerten, abnutzen, abbrechen, abwetzen, verwetzen, blank wetzen, durchscheuern, durchwetzen, verschleißen, abtragen, verwahrlosen, verlottern, verludern, bös zurichten, verkommen lassen, anknacksen, anschlagen, ramponieren, ankratzen, demolieren, durchlöchern, zerkratzen, verschaben, verformen, verbiegen, verbeulen, verbilden, verkrümmen, überdrehen, verdrehen, überdehnen.

263 **beschädigt** **1.** schadhaft, defekt, angeschlagen, angeknackst, wurmstichig, faul, vergammelt, morsch, abgegriffen, abgestoßen, zerkratzt, abgebraucht, abgenutzt, lädiert, wacklig, ramponiert, rostig, verrostet, angerostet, verstümmelt, unvollständig, bruchstückhaft, lückenhaft, fehlerhaft, reparaturanfällig, mangelhaft, mitgenommen, verschandelt, verunziert, durchlöchert, löchrig, durchlässig, undicht, leck, vermodert, fleckig, scheckig, stockfleckig, verschimmelt; verbraucht, abgewetzt, abgeliebt, verschlissen, zerschlissen, verwetzt; schäbig, zerlumpt, zerfranst, verlottert, verludert, vernachlässigt, verwahrlost, verkommen; verrottet, verwohnt, abgeschliffen, dünn gerieben, zerfasert, verwischt; gebrochen, geknickt, verbogen, verformt, verdreht, verkrümmt, deformiert, **2.** geschädigt, beeinträchtigt, schwer vermittelbar, gehandikapt; versehrt, kriegsversehrt, behindert, entstellt, verunstaltet, verkrüppelt, verstümmelt, **3.** kaputt, entzwei, zerbrochen, zerborsten, in Scherben, zerfallen, verfallen, zertrümmert, eingefallen, eingestürzt, hin, zerbombt, unbewohnbar, ruiniert, verheert, verwüstet; geplatzt, zerrissen, zerfressen, zerlesen, zerfleddert, zerklüftet, zerfetzt; zerschmettert, zersprungen, zerstoßen, zersplittert; unbrauchbar, funktionsunfähig, abgestürzt, abgekackt, irreparabel, zerstört.

264 **beschäftigen (sich)** **1.** anstellen, einstellen, engagieren, verpflichten, unterbringen, einsetzen, anheuern, **2.** arbeiten an, sich abgeben/befassen mit, zuwenden, verlegen auf, widmen, einlassen auf; schwanger gehen mit, kauen an, mit sich herumtragen, sich hineinknien, auseinandersetzen mit, **3.** im Kopf herumgehen, zu schaffen machen, zu denken geben, nachgehen, in Beschlag nehmen, nicht loslassen/aus dem Sinn wollen, besetzen, absorbieren.

265 **Beschlagnahme** Einzug, Pfändung, Einziehung, Sperrung, Embargo, Konfiszierung, Konfiskation, Sicherstellung, Kaperung, Kaptur, Sequestration; Arrest.

266 **beschönigen** färben, frisieren, weichzeichnen, soften, retuschieren, umlackieren, ausschmücken, euphemisieren, schminken, verbrämen, verklären, idealisieren, schönen, vergolden, verniedlichen, idyllisieren, durch die rosa Brille sehen, schönreden, schönzeichnen, schönfärben, schönrechnen; klittern, verblümen, bemänteln, bagatellisieren, kleinreden, verharmlosen, herunterspielen, untertreiben.

267 **Beschönigung** Retuschierung, Retusche, Ausschmückung, Euphemismus, Verbrämung, Verklärung, Idealisierung, Heiligengeschichtsschreibung, Hagiographie, Überhöhung, Verniedlichung, Idyllisierung, Schönreden, Schönzeichnen, rosa Brille, Hofberichterstattung, Schönfärberei, Schönrechnerei; Klitterung, Bemäntelung, Verharmlosung, Bagatellisierung, Untertreibung.

268 **beschreiben** **1.** wiedergeben, darstellen, Beschreibung geben, ausführen, erklären, nachzeichnen, Bild entwerfen, schildern, charakterisieren, illustrieren, lebendig machen, verlebendigen, ausmalen, ausspinnen, ausphantasieren, **2.** erzählen, vortragen, zum Besten ge-

ben, sein Garn spinnen, dichten, fabulieren, fabeln, gestalten, **3.** bekritzeln, beschmieren.

269 **Besen 1.** Feger, Handfeger, Handbesen, Stielbesen, Rutenbesen, Reisigbesen, Kehrwisch, Bartwisch, **2.** böse Frau, Xanthippe, Furie, böse Sieben, Reff, Megäre, Zankteufel, Schreckschraube, Beißzange, Kneifzange, Keifzange, Zankeisen, Feldwebel, Kratzbürste, Fuchtel, Giftnudel, Giftschlange, Giftspritze, Dragoner, Mannweib, Drachen, Hausdrachen, Hyäne, Vettel, Hexe.

270 **Besitz 1.** Eigentum, Besitzstand, Schatz, Besitztum, Kapital, Vermögen, **2.** Immobilien, Hausbesitz, Grundbesitz, Liegenschaften, Habe, Haus und Hof, Hab und Gut; Mobilien, bewegliche Habe, Sachwerte, Vermögenswerte, Wertsachen, Reichtümer, Habseligkeiten, Habschaft, **3.** Barschaft, Barvermögen, Geldmittel, Aktiva, flüssiges Kapital, Kapitalien, Ressourcen, Geldkapital, Devisen; Vermögensanlage, Wertpapiere, Investmentpapiere, Effekten, Anleihe, Aktie, Obligationen, Schatzbrief, Pfandbrief, Sparbrief, **4.** Guthaben, Reserven, Rücklagen, eiserne Reserve, Ersparnisse, Erspartes, Sparguthaben, Spargroschen, Rücklage, Notgroschen, Sparpfennig, **5.** Sparschwein, Sparstrumpf, Strumpf, Sparbüchse; Portokasse, schwarze Kasse.

271 **Besitzer** Eigentümer, Eigner, Inhaber, Herr, Halter, Hausbesitzer, Vermieter.

272 **besonders 1.** extra, gesondert, separat, für sich allein, eigens, speziell, namentlich, ausdrücklich, hauptsächlich, insbesondere, in Sonderheit, in erster Linie, vorwiegend, überwiegend, vor allem, vornehmlich, vorzugsweise, vor allen Dingen, vor allem andern, in der Hauptsache, **2.** bemerkenswert, eigenartig, spezifisch, ungewöhnlich, befremdend, befremdlich, auffallend, aus dem Rahmen fallend, sehenswert, **3.** persönlich, individuell, eigenständig, selbständig, kapriziös, mit Pfiff, eigenwillig, apart, originell.

273 **besorgen 1.** beschaffen, herbeischaffen, aufbringen, akquirieren, heranschaffen, heranholen, verschaffen, organisieren, auftreiben, zusammenkratzen, zusammenbringen, vermitteln, verhelfen zu, zuschanzen, zuschieben, zuspielen, anschleppen, beibringen, mobilisieren, bereitstellen, flüssig machen, finanzieren, zaubern, herbeizaubern, **2.** kaufen, einholen, einkaufen, holen, abholen, anschaffen, mitbringen, Besorgung machen, **3.** tun, betreiben, bearbeiten, betreuen, verwalten, seines Amtes walten, versorgen, versehen mit, bedienen.

274 **Besorgung 1.** Einkauf, Kauf, Einholen, Beschaffung, Vermittlung, Übermittlung, Erledigung, **2.** Botengang, Gang, Verrichtung; Versorgung, Verwaltung, Betreuung.

275 **besprechen (sich) 1.** unterreden, absprechen, behandeln, beraten, beratschlagen, bereden, verhandeln, erwägen, hin und her wenden, von allen Seiten betrachten, wälzen, durchsprechen, ventilieren, erörtern, prüfen, untersuchen, **2.** beurteilen, begutachten, würdigen, rezensieren, kritisieren, schreiben über, ankündigen, behandeln, abhandeln, sich auslassen über; glossieren, **3.** sich beraten, auseinandersetzen, austauschen, zusammensetzen, an einen Tisch setzen; Sitzung abhalten, konferieren, tagen, debattieren, disputieren, diskutieren, politisieren, palavern.

276 **Besprechung 1.** Erörterung, Beratung, Beredung, Beratschlagung, Verhandlung; Sitzung, Termin, Konsultation, **2.** Gespräch, Unterhaltung, Unterredung, Aussprache, Meinungsaustausch, Gedankenaustausch, Dialog, Zwiegespräch, Zwiesprache, Wechselrede, Diskurs, **3.** Wortwechsel, Diskussion, Auseinandersetzung, Kontroverse, Disput, Streitgespräch, Streit, Hin und Her, Palaver, **4.** Rezension, Kritik.

277 **bestätigen 1.** bescheinigen, konfirmieren, quittieren, signieren, bezeugen, testieren, attestieren, beurkunden, beglaubigen, **2.** bejahen, affirmieren, zustimmen, billigen, nicken, Hand aufheben, **3.** unterschreiben, unterzeichnen, Unterschrift geben, zeichnen, gegenzeichnen, abzeichnen, paraphieren, ratifizieren, **4.** ermutigen, gelten lassen, bestärken, unterstützen, ermuntern, **5.** bekräftigen, erhärten, festigen, sanktionieren, anerkennen, für gültig erklären, approbieren, sich verbürgen.

278 **Bestätigung 1.** Ausweis, Bescheinigung, Identifikationskarte, Kennkarte, Pass, Reisepass, Personalausweis, Passierschein, Visum, Passepartout, Identitätsbescheinigung; Zeugnis, Attest, Diplom, Patent, Nachweis, **2.** Bescheinigung, Quittung, Kassenzettel, Beleg, Empfangsbestätigung, Beglaubigung, Siegel, Brief und Siegel, Urkunde, Akte, Schriftstück, **3.** Bekräftigung, Erhärtung, Sanktion, Anerkennung, **4.** Ratifizierung, Paraphierung, Paraphe, Stempel, Unterschrift, Unterzeichnung, Autogramm, **5.** Ermunterung, Ermutigung,

Zuspruch, Zustimmung, Affirmation, Durchmarsch, Anerkennung, Bejahung, Bestärkung, Rückenwind, Rückenstärkung, **6.** Beweis, Erweis, Nachweis, Wahrheitsnachweis.

279 **bestellen** **1.** auftragen, beauftragen, in Auftrag geben, Auftrag erteilen, ordern, anfordern, machen/kommen lassen, **2.** abonnieren, halten, nehmen, beziehen, abnehmen, subskribieren, vorbestellen, buchen, **3.** auffordern, ersuchen, bescheiden, laden, vorladen, herbestellen, kommen lassen, schicken nach, beordern, zitieren, **4.** hinterlassen, sagen, mitteilen, ausrichten, wissen lassen, benachrichtigen, überbringen, übermitteln, **5.** sein Haus bestellen/besorgen, **6.** berufen, beiordnen, designieren, bestimmen, bestallen, ernennen, Amt/Stellung antragen/übertragen, einsetzen.

280 **Besuch** **1.** Aufwartung, Visite, Arztbesuch, Einkehr, Besichtigung, Sightseeing, **2.** Gäste, Geselligkeit, Gesellschaft, Gastspiel, Gastrolle, Stippvisite, Höflichkeitsbesuch, Antrittsbesuch, Anstandsbesuch; Überfall, Heimsuchung.

281 **besuchen** **1.** Besuch machen/abstatten, zu Besuch kommen, Aufwartung machen, aufsuchen, vorsprechen, beehren, anklopfen, guten Tag sagen, sich blicken lassen; einkehren, auf einen Sprung kommen, hereinschauen, vorbeikommen, hereinschneien, aufkreuzen, sich einfinden; heimsuchen, überfallen, **2.** absteigen, logieren, wohnen, übernachten, nächtigen, **3.** frequentieren, häufig besuchen, verkehren, oft hingehen, Stammgast sein.

282 **Besucher** **1.** Gast, Ankömmling, Geladener, Gastfreund, Tischgast, Logierbesuch, Besuch, Dauergast, Stammgast, Habitué, **2.** Reisender, Durchreisender, Passagier, Fremder, Tourist, **3.** Zuschauer, Teilnehmer, Anwesender, Gasthörer, Hörer, Zuhörer, **4.** Auditorium, Publikum, Zuhörerschaft, Hörerschaft.

283 **betäuben (sich)** **1.** anästhetisieren, narkotisieren, chloroformieren, hypnotisieren, einschläfern, in Trance versetzen, **2.** Gefühle abtöten/im Keim ersticken/unterdrücken/verdrängen, **3.** sich betrinken, einen Rausch antrinken, berauschen, bezechen, besäuseln; zu tief ins Glas schauen, sich beduseln; über den Durst trinken, saufen, sich einen ansaufen, volllaufen lassen, zusaufen; dem Alkohol frönen/Trunk verfallen, **4.** Drogen/Rauschgift nehmen, kiffen, drücken, fixen.

284 **betäubend** **1.** narkotisierend, anästhesiert, berauschend, sinnverwirrend, narkotisch, schmerzstillend, schmerzmildernd, schmerzlindernd, sedierend, einschläfernd, **2.** intensiv, zu stark.

285 **betäubt** narkotisiert, anästhesiert, sediert, unter Narkose, bewusstlos, besinnungslos, in Trance, schmerzfrei, ohne Schmerzgefühl, schmerzlos, gefühllos, unempfindlich, taub, berauscht, mondsüchtig.

286 **beteiligen** teilnehmen/partizipieren lassen, einbeziehen, integrieren, zum Teilhaber nehmen, am Gewinn beteiligen, gemeinsame Sache machen, zusammenarbeiten.

287 **betreffen** angehen, anbelangen, anbetreffen, sich beziehen auf; zusammenhängen mit, berühren, zu tun haben mit, teilhaben, mitbetroffen sein, gehen um, sich erstrecken auf, handeln/drehen um.

288 **betreffend** zu, dazu, darüber, davon, wegen, was das angeht, angehend, anlangend, bezüglich, in Bezug auf, in Betreff, in Sachen, diesbezüglich, dieserhalb, betrifft, betreffs, hinsichtlich, in puncto.

289 **Betrieb** **1.** Geschäft, Arbeitsstätte, Werk, Fabrik, **2.** Auftrieb, Umtrieb, Hochbetrieb, Arbeitsanfall, Betriebsamkeit, Geschäftigkeit, Lauferei, Wirbel, Kommen und Gehen, Hektik, Hast, Rumor, **3.** Verkehr, Treiben, Trubel, Gedränge, Gewimmel, Getümmel, Gewirr, Getriebe, Räderwerk, Gewusel, Gewühl, Durcheinander, Hexenkessel, **4.** Rummel, Lustbarkeit, Kurzweil, Vergnügen, Zirkus, Klimbim, Trara, Tamtam, Jahrmarkt, Erlebnispark, Freizeitpark, Almauftrieb.

290 **Betrug** Schwindel, Betrügerei, Gaunerei, Alfanzerei, Bauernfängerei, Veruntreuung, Schummelei, Nepp, Abzocke, Mogelei, Mogelpackung, Zechprellerei, Schmu, Beschiss, Nachhilfe, Schiebung, Hinterziehung, Steuerhinterziehung, Steuerflucht, Hintergehung, Unterschlagung, Unterschleif, krumme Tour, fauler Zauber, Schwarzarbeit, Schmuggel, Piraterie, Schwarzmarkt, Schwarzhandel, Schleichhandel, Machenschaft, Hochstapelei, Fälschung, Täuschung; Selbstbetrug, Vogel-Strauß-Politik, Augenwischerei.

291 **betrügen** **1.** täuschen, trügen, schwindeln, beschwindeln, hintergehen, hinterziehen, veruntreuen, unterschlagen, beiseiteschaffen, schmuen, verdunkeln, übervorteilen, begaunern, benachteiligen; beschummeln, verschaukeln, bemogeln, betuppen, leimen, anleimen, abkochen, behumpsen, übers Ohr

hauen, über den Tisch ziehen, abzocken, düpieren, übertölpeln, bescheißen; falsch spielen, hereinlegen, zinken, türken, tricksen, mogeln, mauscheln, im Trüben fischen, prellen, bluffen, hinters Licht führen, ein X für ein U vormachen; beirren, verwirren, weismachen, anführen, anschmieren, lackmeiern, zum Narren halten, foppen, hochnehmen, irreführen, austricksen, unterschieben, andrehen; neppen, überfordern, überteuern, wuchern, ablisten, abluchsen, abschwindeln, abschwatzen, betören, einseifen, einwickeln, blenden, blauen Dunst vormachen, einen Vorteil erschleichen, corriger la fortune, Sand in die Augen streuen, **2.** schieben, verschieben, klüngeln, hehlen, verdunkeln, auf die falsche Fährte locken, abkarten, heimlich aushandeln, Vetternwirtschaft treiben, sich die Trümpfe zuspielen; unter einer Decke stecken, gemeinsame Sache machen, **3.** ehebrechen, Seitensprung machen, untreu sein, jmdn. hintergehen, swingen, fremdgehen, Hörner aufsetzen, zum Hahnrei machen, doppeltes Spiel treiben, **4.** aufs Glatteis führen/Kreuz legen, Grube graben, in den Hinterhalt locken, für dumm verkaufen, überlisten, Zeche prellen, Fell über die Ohren ziehen, veruntreuen, **5.** Recht verdrehen/beugen.

292 **Betrüger** **1.** Gauner, Schwindler, Filou, Levantiner, Lumpazi, Baldanders, Windhund, Trickser, falscher Fuffziger, Falschmünzer, Fälscher, Schieber, Gangster, Erpresser, Wucherer, Halsabschneider, **2.** Hochstapler, Defraudant, Falschspieler, Bauernfänger, Beutelschneider, Preller, Zechpreller, Heiratsschwindler, Witwenschneider, Bigamist, Erbschleicher, Mitgiftjäger, Blender, Bluffer, **3.** Quacksalber, Wunderheiler, Kurpfuscher, Scharlatan, Rattenfänger, **4.** Schmuggler, Schleichhändler, Schwarzhändler, Helfershelfer, Schlepper, Schleuser, Menschenhändler.

293 **Bett** Schlafstelle, Liegestatt, Bettstelle, Lager, Bettstatt; Doppelbett, französisches Bett, Ruhebett, Wandbett, Bettcouch, Liege, Ausziehbett, Klappbett, Pritsche, Feldbett, Notbett; Wiege, Kinderbett; Körbchen, Falle, Koje, Klappe, Kiste, Kahn, Nest, Heia.

294 **beugen** **1.** neigen, senken, abwinkeln, krümmen, biegen; sich vorbeugen, beugen über, vorneigen, neigen, vornüberneigen, **2.** kauern, hocken, in die Hocke gehen, sich hinhocken, niederbücken, **3.** konjugieren, flektieren, deklinieren, abwandeln.

295 **Bevölkerung** Population, Einwohnerschaft, Allgemeinheit, Einwohner, Bewohnerschaft, Volk, Bewohner; Ureinwohner, Urbevölkerung, Aborigines, Autochthone, Ethnie.

296 **bevorzugen** **1.** fördern, begünstigen, protegieren, befürworten, weiterhelfen, nachhelfen, aufbauen, gutes Wort einlegen, sich verwenden für; in den Sattel helfen, Weg ebnen, begönnern, lancieren, klüngeln, einschleusen, **2.** Vorzug geben, höher einschätzen, favorisieren, vorziehen, Priorität setzen bei, voraussstellen, obenan stellen, vorordnen, **3.** privilegieren, Vorrechte einräumen, bevorrechten.

297 **bewährt** erprobt, bekannt, anerkannt, eingeführt, gängig, gebräuchlich, lieb, probat, verlässlich, altgedient, altbewährt, vertraut, klassisch, empfehlenswert, zuverlässig.

298 **bewegen (sich)** **1.** sich regen; Lage verändern, Stellung wechseln, sich rühren; gehen, umhergehen, spazieren gehen, turnen, **2.** wogen, wellen, steigen, sinken, **3.** schieben, verschieben, befördern, transportieren, verrücken, rangieren, **4.** fahren, reisen, kutschieren, rumkommen, mit dem Schiff fahren, rudern, paddeln, gondeln, segeln, surfen, reiten, radeln, Rad fahren.

299 **beweglich** **1.** gelenkig, geschmeidig, leichtfüßig, tänzelnd, gewandt, geschickt, lebhaft, lebendig, anpassungsfähig, lernfähig, umstellungsfähig, wandelbar, wendig, wandlungsfähig, rasch, schnell, fix, rege, agil, mobil, elastisch, flexibel, **2.** ambulant, variabel, transportabel, zerlegbar, versetzbar, verstellbar; übertragbar, nicht an die Person gebunden.

300 **Bewegung** **1.** Gang, Gangart, Trab, Trott, Schritt, Lauf, Galopp, **2.** Fortbewegung, Ortsveränderung, Transport, Beförderung, Fluktuation, **3.** Wirbel, Gestöber, Gestiebe, Gewoge, Strudel, Dünung, Seegang, **4.** Regung, Schwingung, Wellenbewegung, Vibration, Oszillation, Pendeln, Pendelbewegung, Schwingen, Schwung, **5.** politische Bewegung, Strömung, Initiative, Bund, Interessengemeinschaft, Zusammenschluss, **6.** Ergriffenheit, Rührung, Erregung.

301 **bewerben, sich** sich bemühen um; Stellung suchen, vorsprechen, ansuchen, nachsuchen, einkommen um, kandidieren.

302 **bezahlen** **1.** zahlen, begleichen, zollen, entrichten, abführen, Kosten tragen, aufkommen für, ausgeben, aufwenden, **2.** entlohnen, besolden, honorieren, Gehalt zahlen, vergüten, Lohn zahlen, auszahlen, ausbezahlen, **3.** hinle-

gen, blechen, bluten, berappen, hinblättern, ausspucken, abdrücken, löhnen, herhalten müssen, herausrücken, lockermachen, sich in Unkosten stürzen, **4.** tilgen, begleichen, bereinigen, abtragen, abdecken, finanzieren, einlösen, abstatten, sich einer Schuld entledigen; erfüllen, ablösen, erstatten, zurückgeben, überweisen, anweisen, ausgleichen; versteuern.

303 **bezaubern** **1.** entzücken, begeistern, hinreißen, bestricken, berücken, betören, behexen, bezirzen, charmieren, verzaubern, verhexen, um den Verstand bringen, berauschen, bannen, in Bann schlagen, faszinieren, bezwingen, verblenden, blenden, **2.** zaubern, hexen, beschwören, beschreien, verwünschen, besprechen, Hokuspokus treiben, berufen.

304 **Bibliothek** Bücherei, Büchersammlung, Bücherbestand, Leihbibliothek, Präsenzbibliothek, Stadtbücherei, Universitätsbibliothek; digitale Bibliothek, Infothek.

305 **bieten** ermöglichen, eröffnen, darbieten, verschaffen, zur Verfügung stellen, versprechen, offerieren, geben, zu bieten haben, anbieten, in Aussicht stellen, gewährleisten, zeigen, vorführen, Belohnung ausschreiben/aussetzen.

306 **Bild** **1.** Anblick, Erscheinung, Ansicht, Panorama, Aussicht, **2.** Abbild, Abbildung, Schaubild, Diagramm, Wiedergabe, Darstellung, Gemälde, Tafel, Zeichnung, Graphik, Holzschnitt, Aquarell, Pastell, Radierung, Gouache, Stich, Lithographie, Collage, Fresko, Relief, Ölbild; Skizze, Studie, Entwurf, Graffito, Cartoon, Comic, Faustskizze, Handskizze; Bildnis, Porträt, Konterfei, Brustbild, Hüftbild, Selbstbild, Selbstbildnis, Selbstporträt, **3.** Foto, Aufnahme, Fotografie, Stereoskopie, Lichtbild, Schnappschuss, Standbild, Close-up, Zoom, Momentaufnahme; Dia, Diapositiv, Abzug, Kontaktabzug, Vergrößerung, Großaufnahme, Poster, Luftaufnahme, Satellitenaufnahme; Projektion, Übertragung, **4.** Bebilderung, Buchschmuck, Illustrierung, Illustration, Bildschmuck, Bildbeigaben, **5.** Sinnbild, Metapher, Allegorie, Parabel, Symbol, Gleichnis, Vergleich, Trope, Tropus, Bildprogramm.

307 **Bildhauer** Plastiker, Modellierer, Bildner, Skulpteur, Schnitzer, Holzschnitzer, Steinmetz.

308 **bildlich** **1.** bildhaft, eidetisch, ikonisch, **2.** sinnbildlich, symbolisch, gleichnishaft, allegorisch, figürlich, figurativ, figural, parabolisch, übertragen, zeichenhaft, bedeutungsvoll, hintergründig, metaphorisch, im Gleichnis, mit Verweischarakter, im Bild, verhüllt, vieldeutig, karikierend, persiflierend, **3.** vergleichsweise, sozusagen, gewissermaßen, quasi.

309 **Bildschirm** Monitor, Screen, Bildröhre, Mattscheibe, Schirm, Display, digitaler Bildschirm.

310 **billig** **1.** preiswert, preisgünstig, kostengünstig, wohlfeil, nicht teuer, bezahlbar, erschwinglich, günstig, vorteilhaft, halb umsonst, fast geschenkt/umsonst, für ein Butterbrot, verbilligt, herabgesetzt, reduziert, ermäßigt, zu einem Spottpreis, für einen Pappenstiel, spottbillig, nachgeworfen, **2.** angemessen, zivil, reell, entsprechend, adäquat, zumutbar, vertretbar, berechtigt, in Ordnung, gebührend, recht und billig, **3.** nichtig, nichts sagend, oberflächlich, dünn, schwach, banal, ordinär, simpel, primitiv, trivial, inferior, dürftig, minderwertig.

311 **binden (sich)** **1.** anpflocken, festbinden, anbinden, fesseln, anketten, **2.** festlegen, festnageln, beim Wort nehmen, verpflichten, nötigen, **3.** sich festlegen, verpflichten; Bindung/Beziehung eingehen, Verpflichtung auf sich nehmen, sein Wort geben, committen, Vertrag schließen, Handel eingehen, etwas ausmachen/festmachen, sich verschreiben; bürgen, haften, einstehen, gutsagen, sich verdingen, **4.** zusammenbinden, zusammenwinden, zusammenfügen, knoten, knüpfen, schnüren, bündeln, **5.** sich beschränken, spezialisieren, verlegen auf, vereinseitigen, **6.** eindicken, legieren, sämig machen, **7.** broschieren, einbinden, lumbecken, aufbinden.

312 **bitte** **1.** freundlichst, gütigst, möglichst, gefälligst, tunlichst, liebenswürdigerweise, freundlicherweise, bitte schön, bitte sehr, gern, gern geschehen, keine Ursache, **2.** pardon, wie meinen, wie bitte, wie belieben, wie, was, hä.

313 **bitten** **1.** erbitten, wünschen, Wunsch äußern, ersuchen, auffordern, angehen, fragen, ansprechen, anfragen, nachsuchen, sich ausbitten; ansuchen, nahelegen, fürbitten, einkommen um; bestürmen, bedrängen, beschwören, erflehen, anflehen, in den Ohren liegen, zusetzen, weismachen, löchern, bohren, betteln, flehen, winseln, kniefällig bitten, **2.** abnötigen, abschmeicheln, abschwatzen, abknöpfen, abbetteln, abringen, **3.** beten, anbeten, verehren, loben, preisen, lobpreisen, danken.

314 **blasen** **1.** winden, säuseln, fächeln, flattern, rascheln, atmen, ziehen, pusten, hauchen, wehen, stürmen, wettern, schnauben, rasen, stie-

ben, brausen, rauschen, sausen, heulen, johlen, fauchen, toben, tosen, schrillen, **2.** trompeten, posaunen, schmettern, tuten, **3.** jmdm. einen blasen, fellationieren, fellieren, Schwanz lutschen.

315 **Blickfeld** Gesichtskreis, Gesichtsfeld, Sehkreis, Reichweite, Sichtweite, Radius, Ausschnitt, Gesichtswinkel; Umkreis, Umfeld, Horizont.

316 **blind 1.** augenlos, ohne Augenlicht/Sehkraft, blicklos, erblindet, mit Blindheit geschlagen, stockblind, geblendet, mit verbundenen Augen, nachtblind, farbenblind, **2.** glanzlos, angelaufen, trübe, stumpf, matt, unklar, undurchsichtig, schmutzig, beschlagen, **3.** vorgetäuscht, als Attrappe, zur Verzierung, fingiert, **4.** uneinsichtig, kritiklos.

317 **bloßstellen (sich) 1.** sich eine Blöße geben, lächerlich machen, blamieren, desavouieren, kompromittieren, unmöglich machen, schlechtmachen, diskreditieren; Gesicht verlieren, sich ein Armutszeugnis ausstellen, zum Gespött machen; keine gute Figur machen, Selbstdemontage betreiben, sich preisgeben, wegwerfen, entwürdigen, prostituieren; sich entpuppen, Maske fallen lassen, **2.** beschämen, verspotten, auslachen, an den Pranger stellen, zum Gespött machen, brandmarken, anprangern, schlechtmachen, verächtlich machen, in den Dreck ziehen, herabsetzen, heruntermachen, vorführen, desavouieren, **3.** entlarven, enttarnen, demaskieren, Maske herunterreißen, enthüllen, aufdecken, entschleiern, Geheimnis lüften, aufklären, entmystifizieren, entmythologisieren.

318 **Bordell** Freudenhaus, Etablissement, Puff, Eroscenter, Stundenhotel, Kontakthof, Massagesalon, Sexclub, Rotlichtbezirk, öffentliches Haus.

319 **borgen 1.** entleihen, entlehnen, leihen, pumpen, anpumpen, um Geld angehen, anzapfen, Kredit aufnehmen, Konto überziehen, Schulden machen, beleihen, verpfänden, versetzen, Vorschuss nehmen, **2.** verleihen, ausleihen, geben, verborgen, anschreiben, verpumpen, aushelfen, vorlegen, vorhonorieren, vorfinanzieren, finanzieren, vorstrecken, auslegen, vorschießen, bevorschussen, beleihen, kreditieren, stunden.

320 **böse 1.** ärgerlich, gereizt, unmutig, indigniert, vergrämt, verbiestert, missmutig, missgestimmt, ingrimmig, missvergnügt, fuchsig, aufgebracht, in Fahrt, erbittert, zornig, auf hundertachtzig, furios, zähneknirschend, zürnend, erbost, siedend, wutentbrannt, wutschnaubend, wütend, fuchtig, unleidlich, affektgeladen, unwillig, unwirsch, alteriert, geladen, ungehalten, empört, entrüstet, zornentbrannt, verdrießlich, grimmig, zischend, schäumend, außer sich, grantig, grätig, vergrätzt, grollend, schmollend, rabiat, wütig, aus dem Häuschen, wild, fuchsteufelswild, stinksauer, stocksauer, **2.** beleidigt, säuerlich, sauer, gallig, angefressen, auf Zinne, gekränkt, verletzt, verstimmt, verärgert, getroffen, verschnupft, auf den Schlips getreten, eingeschnappt, pikiert, auf den Fuß getreten; in die falsche Kehle bekommen, verdrossen, **3.** schlecht, übel, schlimm.

321 **boshaft 1.** böse, bösartig, garstig, hämisch, hässlich, höhnisch, schadenfroh, gehässig, giftig, missgünstig, arg, böswillig, gallig, übelwollend, lieblos, ungut, infam, verletzend, niederträchtig, gemein, falsch, intrigant, link, schikanös, ränkesüchtig, Ränke schmiedend, diabolisch, teuflisch, verteufelt, infernalisch, satanisch, sardonisch, perfide, hundsgemein, klatschsüchtig, medisant, böses Mundwerk, scharfe Zunge, misswillig, verleumderisch, übel gesinnt, maliziös, **2.** hinterlistig, hinterhältig, hinterfotzig, tückisch, heimtückisch, hintertückisch, arglistig, meuchlings, hinterrücks, hintenrum.

322 **Bosheit** Lieblosigkeit, Böswilligkeit, Übelwollen, böser Wille, Gehässigkeit, Garstigkeit, Häme, Bösartigkeit, Boshaftigkeit, Gemeinheit, Schikane, Teufelei, Niederträchtigkeit, Heimtücke, Hinterhältigkeit, Infamie, Falschheit.

323 **braten 1.** anbraten, rösten, schmoren, brutzeln, schmurgeln, bräunen, backen, garen, überbacken, gratinieren, toasten, grillen, **2.** sich sonnen, sonnenbaden, in der Sonne liegen, schwitzen, in der Sonne braten.

324 **Brauch 1.** Brauchtum, Tradition, Überlieferung, Gebräuche, Landessitte, **2.** Gewohnheit, Gepflogenheit, Praxis, Sitte, Regel, Konvention, Konvenienz, Übereinkunft, Usus, Usance; Walze, alter Hut/Zopf, Tour, Mode, Leier, Schlendrian, **3.** Form, Förmlichkeit, Komment, Etikette, Zeremoniell, Kleiderordnung, Dresscode, Protokoll, Zeremonie, Kult, Ritus, Ritual.

325 **brauchen** nötig haben, benötigen, begehren, bedürfen, Bedarf haben, haben müssen, nicht auskommen können ohne, angewiesen sein

auf, nicht entbehren/entraten/missen können, gebrauchen können; gebrauchen, im Gebrauch haben, benutzen, verwenden.

326 **brav** **1.** artig, wohlerzogen, manierlich, nett, gut zu haben, lieb, gefällig, folgsam, gehorsam, lammfromm, **2.** tüchtig, tapfer, wacker, ordentlich, redlich, rechtschaffen, ehrenwert, achtbar, anständig, tugendhaft, ehrbar, unbescholten, aufrecht, kreuzbrav, **3.** bieder, zahm, einfältig, simpel, hausbacken, trutschig, betulich, spießig, ehrpusselig, prüde.

327 **brechen** **1.** krachen, knacken, bersten, knacksen, knicken, zerknicken, einknicken, abknicken, zerbrechen, springen, splittern, absplittern, in die Brüche gehen, durchbrechen, zerspringen, zerschellen, zerplatzen, zersplittern, auseinanderbrechen, entzweigehen, kaputtgehen, reißen, zerreißen, brocken, bröckeln, krümeln, zerkrümeln, in Stücke brechen, abbröckeln, **2.** abbrechen, aufgeben, abschließen mit, sich trennen von; lassen, sich zurückziehen; brechen/Schluss machen mit, Laufpass geben, jmdn. verlassen, Freundschaft aufkündigen, **3.** sich übergeben; erbrechen; speien, von sich geben, reihern, spucken, kotzen, kübeln, koddern.

328 **brennen** **1.** flammen, lodern, knistern, züngeln, lohen, glühen, gluten, flackern, zucken, glosen, schwelen, glimmen, wabern, **2.** in Brand geraten, anbrennen, anglimmen, sich entzünden; aufflammen, auflodern, aufflackern, entbrennen, ausbrechen, in Flammen stehen, lichterloh brennen, verbrennen, verkohlen, **3.** schmerzen, beißen, bitzeln, beizen, prickeln, reizen, kitzeln, **4.** sengen, ansengen, flämmen, abfackeln, abbrennen, **5.** destillieren, Schnaps brennen, **6.** kopieren, aufzeichnen, aufnehmen.

329 **Brett** **1.** Latte, Planke, Diele, Bohle, Platte, Leiste, **2.** Regal, Bord, Bücherbrett, Büchergestell, Ständer, Etagere, Wandbrett, Fach, Stellage, Gestell, Konsole.

330 **Brief** Nachricht, Mitteilung, Benachrichtigung, Zuschrift, Schreiben, Snail-Mail, Auslassung, Zeilen, Depesche, Epistel, Billett, Schrieb, Wisch, Post, Telebrief, Fax, SMS, E-Mail, Tweet.

331 **Brücke** **1.** Steg, Hängebrücke, Bogenbrücke, Zugbrücke, Schiffbrücke, Seebrücke, Landungsbrücke, Landungssteg, Lände, Anlegestelle, Aquädukt, Gangway; Überbrückung, Viadukt, Passerelle, Überführung, Unterführung, Übergang, Überstieg, Überweg, Zebrastreifen, Bahnübergang, **2.** Läufer, Teppich, **3.** Beziehung, Verbindung.

332 **brutal** rücksichtslos, roh, gefühllos, gemütlos, krude, rabiat, grausam, erbarmungslos, unbarmherzig, geht über Leichen, zynisch, schonungslos, unmenschlich, inhuman, barbarisch, menschenverachtend, gewalttätig, drakonisch, mit der Knute, mit eiserner Faust, entmenscht, mörderisch, bestialisch, blutdurstig, blutrünstig, kannibalisch, blutgierig, mordgierig, viehisch, sadistisch, pervers.

333 **Brutalität** Rücksichtslosigkeit, Zynismus, Mitleidlosigkeit, Unbarmherzigkeit, Unerbittlichkeit, Unnachsichtigkeit, Schonungslosigkeit, Erbarmungslosigkeit, Gefühllosigkeit; Grausamkeit, Gewalttätigkeit, Unmenschlichkeit, Inhumanität, Barbarei, Vandalismus, Zerstörungswut, Rohheit, Verrohung, Menschenverachtung, Mordlust, Blutdurst, Kannibalismus, Mordgier, Bestialität, Sadismus, Perversität; Gräuel, Gräueltat, Scheußlichkeit, Ungeheuerlichkeit; Misshandlung, Quälerei, Marter, Peinigung, Tortur, Folterung, Folter.

334 **Buch** **1.** Werk, Publikation, Veröffentlichung, Druckwerk, Titel, Band, Foliant, Wälzer, Schwarte, Schinken, Scharteke, Schmöker, **2.** Broschur, Broschüre, Druckschrift, Schrift, Taschenbuch, Paperback, Hardcover, E-Book, Booklet, **3.** Lektüre, Lesestoff, Literatur, **4.** Buch der Bücher, Heiliges Buch, Heilige Schrift, Wort Gottes; Thora, Bibel, Koran.

335 **Buchstabe** **1.** Letter, Schriftzeichen, Type, Versal, Rune, Hieroglyphe, Minuskel, Majuskel, **2.** Alphabet, Abc, Bilderschrift, Keilschrift.

336 **Bürge** Gewährsmann, Garant, Geisel, Zeuge, Augenzeuge; Pate, Trauzeuge, Taufzeuge.

337 **bürgen** **1.** sich verbürgen; Bürgschaft stellen, haften, garantieren, einstehen, geradestehen, dafürstehen, gewährleisten, gutsagen, gutsprechen, sich verpflichten; verantworten, dazu stehen, Hand ins Feuer legen, Brief und Siegel geben, **2.** hinterlegen, sicherstellen, sichern, decken, verpfänden, verschreiben, Pfand geben, Sicherheit bieten, Kaution stellen, Kopf hinhalten.

338 **Bürger** **1.** Kleinbürger, Großbürger, Patrizier, Bourgeois; Citoyen, Zivilist, Bildungsbürger, **2.** Bürgertum, Mittelklasse, Mittelstand, Mittelschicht, Kleinbürgertum, Kleinbourgeoisie, Bourgeoisie, Großbürgertum, Großbourgeoisie; bürgerliche Gesellschaft, Kreise, **3.** Spießbürger, Spießer, Biedermann, Bonhomme, Schildbürger, Pfahlbürger, Hinterwäldler, Phi-

lister, Krämerseele, Michel, Kulturbanause, Kleingeist, Kirchturmpolitiker, Krähwinkler, **4.** Liberaler, Weltbürger, Kosmopolit, **5.** Staatsbürger, Einwohner, Mitbürger, Seele.

339 **bürgerlich** **1.** solid, ordentlich, sicher, geordnet, zivil, gutbürgerlich, auskömmlich, ausreichend, **2.** kleinbürgerlich, mittelständisch, großbürgerlich, bourgeois, etabliert, **3.** bieder, kleinleutemäßig, spießig, spießerhaft, spießbürgerlich, banausenhaft, philiströs, eng, borniert, muffig, ohne Horizont, engstirnig, philisterhaft, kleinlich, konservativ, angepasst, konform, **4.** liberal, weltbürgerlich, kosmopolitisch.

340 **Bürgschaft** **1.** Garantie, Gewähr, Obligo, Haftung, Kaution, Sicherheit, Deckung, Pfand, Unterpfand, **2.** Verpflichtung, Einstandspflicht, Sicherung, Gewährleistung, Hinterlegung, Delkredere, Gutsagung, Affidavit.

341 **Busch** **1.** Strauch, Staude, Hecke, Gebüsch, Buschwerk, Niederwald, Gehölz, Gesträuch, Gestrüpp, Unterholz, Dickicht, Dschungel, Urwald, Wildnis, Steppe, **2.** Buschen, Strauß, Gebinde, Bukett, Bündel, Bund; Kranz, Girlande, Gewinde, Gehänge, Gesteck; Büschel, Garbe.

342 **Busen** Brust, Büste, Brüste, Euter, Mammae; Möpse, Titten, Äpfel, Birnen, Glocken, Vorbau, Balkon, Vorgebirge, Dekolleté, Ausschnitt.

343 **büßen** abbüßen, Buße tun, wiedergutmachen, sühnen, abbitten, Abbitte/Schadenersatz leisten, kompensieren, entgelten, abgelten, entschädigen, einstehen für, Strafe verbüßen, ausbaden, Suppe auslöffeln, Kopf/Buckel hinhalten, herhalten/geradestehen für, wettmachen, gutmachen, ausgleichen, Folgen tragen, Konsequenzen auf sich nehmen, Genugtuung geben.

# C

344 **Charakter** Wesen, Art, Wesensart, Eigentümlichkeit, Eigenart, Charakterbildung, Anlage, Natur, Naturell, Typ, Gemütsart, Veranlagung, Disposition, Temperament, Sinnesart, Denkweise; Persönlichkeit, Steher.

345 **charakterfest 1.** standhaft, charakterstark, willensstark, senkrecht, charaktervoll, fest, unbeirrbar, unbestechlich, zuverlässig, integer, verlässlich, unparteiisch, gerecht, **2.** verantwortungsbewusst, entschlossen, bestimmt, ernst, entschieden, von echtem Schrot und Korn, rocher de bronze, unerschütterlich.

346 **charakteristisch 1.** bezeichnend, signifikant, kennzeichnend, typisch, repräsentativ, echt, eigentümlich, eigenartig, unverkennbar, typgemäß, Typgerecht, unverwechselbar, wesenseigen, wesensgemäß, spezifisch, symptomatisch, **2.** ausgeprägt, prägnant, ausgesprochen, markant, in Reinkultur, sprichwörtlich, echt, unverfälscht, hundertprozentig.

347 **charakterlos** rückgratlos, haltlos, haltungslos, charakterschwach, ohne Rückgrat, labil, willensschwach, willenlos; skrupellos, windig, erbärmlich, gesinnungslos, verkommen, niederträchtig, gemein, schurkisch, gewissenlos, ehrlos, würdelos, korrupt.

348 **Chip 1.** Bon, Coupon, Jeton, Token, Gutschein, Wertmarke, Plakette, **2.** Plättchen, Bauelement, Mikroprozessorchip, **3.** Kartoffelstäbchen, Kartoffelschnitzel, Kartoffelchip.

349 **chronologisch** nach dem Zeitablauf, in der Zeitenfolge, im historischen Ablauf, aufeinander folgend, zeitlich geordnet.

350 **Computer 1.** Rechner, Rechenmaschine, Rechenautomat, Elektronengehirn, Großrechner, elektronische Datenverarbeitungsanlage, EDV, Mikrocomputer, Multimedia; Betriebssystem, Hardware, Programm, Software, Anwendungssoftware, mobile Software, App, **2.** Personalcomputer, PC, Minicomputer, Laptop, Lappie, Klapprechner, Notebook, Tablet, Smartphone, Netbook, Homecomputer, Workstation, Netzcomputer.

# D

351 **Dampf** **1.** Rauch; Qualm, Rauchwolken, Gewölk, blauer Dunst, Schmauch, Rauchfahne, **2.** Nebel, Dunst, Diesigkeit, Hauch, Wasserdampf, Schleier, Nebelschwaden, Nebelbank, Unklarheit, Brodem, Schwaden, Waschküche, Dunstglocke, Smog.

352 **dampfen** qualmen, dunsten, brodeln, wabern, rauchen, nebeln, Rauchwolken ausstoßen, wölken, trüben, verdunsten, verdampfen.

353 **dankbar** **1.** dankerfüllt, verbunden, erkenntlich, zu Dank verpflichtet, **2.** nützlich, lohnend, ergiebig, fruchtbar.

354 **Dankbarkeit** **1.** Dank, Vergeltung, Lohn, Erkenntlichkeit, Anerkennung, Gegenleistung, Schuldigkeit, Dankbarkeitsgefühl, Verpflichtung; Danksagung, Dankadresse, Dankschreiben, **2.** Unempfindlichkeit, Haltbarkeit, Genügsamkeit.

355 **danken** **1.** sich bedanken; Dank sagen/zollen/aussprechen / ausdrücken / abstatten / bekunden/bezeigen/wissen; sich erkenntlich zeigen; vergelten, sich dankbar erweisen, **2.** verdanken, Dank schulden, zu danken haben, in jmds. Schuld stehen, hoch anrechnen, dankbar sein, sich glücklich preisen.

356 **Darlehen** Anleihe, Kredit, Vorschuss, Vorleistung, Borg, Pump, Entleihung, Vorauszahlung, Entlehnung, Beleihung, Verpfändung, Verschreibung, Hypothek.

357 **darstellen (sich)** **1.** beschreiben, zeichnen, plotten, malen, skizzieren, porträtieren, aquarellieren, in Öl malen, aufnehmen, Büste/Plastik anfertigen, **2.** in Ziffern darstellen, digitalisieren, **3.** repräsentieren, sich zeigen, inszenieren, stilisieren, produzieren, zur Schau stellen, exhibitionieren, **4.** spielen, mimen, verkörpern, wiedergeben, darbieten, auftreten, Rolle spielen, interpretieren, **5.** symbolisieren, einkleiden, versinnbildlichen, zeichenhaft/bildlich/indirekt darstellen, verfremden, verweisen, verdunkeln, verunklaren, allegorisieren, in Bildern sprechen, verrätseln, karikieren, persiflieren.

358 **Darsteller** Mime, Interpret, Bühnenkünstler, Schauspieler, Akteur, Komödiant, Tragöde, Filmschauspieler, Sänger; Mannequin, Vorführdame, (Foto-)modell, Dressman, Model.

359 **Darstellung** **1.** Beschreibung, Wiedergabe, Abbildung, Veranschaulichung, Darlegung, Entfaltung, Ausführung, Illustration, Illustrierung, Charakterisierung, Beleuchtung, Visualisierung, **2.** Deutung, Interpretation, Narrativ, Kontextualisierung, Exegese, Auslegung, Sinndeutung, Sinngebung; Symbolisierung, Allegorisierung, Verbildlichung, Verkörperung, Personifizierung, Personifikation, Inkarnation; Verfremdung, Verschleierung, Verdunkelung, Verrätselung, Versinnbildlichung, Verbrämung, Einkleidung, Zeichenhaftigkeit, **3.** Spiel, Deklamation, Vorstellung, Gestaltung, Auftritt, Rollenporträt.

360 **Dauer** **1.** Weile, Frist, Zeitraum, Zeitdauer, **2.** Fortdauer, Bestand, Fortbestehen, Fortbestand, Fortgang, Permanenz, Kontinuität, Kontinuum, kontinuierliche Entwicklung, lückenloser Fortgang, Stetigkeit, Beständigkeit, Nachhaltigkeit, **3.** Überdauern, Durchhalten, Durchstehen, Überstehen; Wertbeständigkeit, Zeitlosigkeit, Langlebigkeit, Haltbarkeit, **4.** Dauererfolg, Evergreen, Longseller, Steadyseller, Dauerbrenner.

361 **dauerhaft** **1.** haltbar, nachhaltig, solid, unverwüstlich, unzerreißbar, unzerbrechlich, durabel, widerstandsfähig, unempfindlich, robust, langlebig, unkaputtbar, qualitätsvoll, wertbeständig, massiv, echt, stabil, strapazierfähig, lichtecht, kochecht, kochfest, farbecht, waschecht, lichtfest, rostfrei, wetterfest, bleibend, modeunabhängig, zeitlos, **2.** haltbar gemacht, konserviert, eingemacht, eingeweckt, sterilisiert, eingepökelt, mariniert, tiefgekühlt, eingeschweißt, unverderblich, **3.** präpariert, einbalsamiert, mumifiziert.

362 **dauern** **1.** währen, bleiben, sich erhalten, halten; gleich bleiben, verstetigen, Bestand haben, **2.** weitergehen, anhalten, andauern, fortgehen, fortdauern, fortwähren, sich hinziehen; kein Ende nehmen, nicht aufhören, **3.** überdauern, überleben, überwintern, weiterleben, überwinden, fortleben, fortbestehen, weiterwirken, fortwirken, **4.** leidtun, schmerzen, betrüben, erbarmen, Mitleid erregen.

363 **dauernd** **1.** bleibend, während, verbleibend, bestehend, beständig, überdauernd, unentwegt, anhaltend, permanent, andauernd, unaufhörlich, fortdauernd, ununterbrochen, kontinuierlich, konstant, ohne Unterbrechung, chronisch, immer, **2.** traditionell, herkömmlich, gewohnheitsmäßig, **3.** immergrün,

winterfest, perennierend, überwinternd, ganzjährig.

364 **Demagoge** Agitator, Doktrinär, Scharfmacher, Fanatiker, Bellizist, Kriegsgurgel, Kriegstreiber, Falke, Eisenfresser, Hardliner, Anstifter, Aufwiegler, Einpeitscher, Populist, Hetzer, Brunnenvergifter, Hassprediger, Fundamentalist.

365 **Demagogie** Agitation, Indoktrination, Volksverdummung, Populismus, Aufreizung, Anstiftung, Scharfmacherei, Aufwiegelung, Hetze, Verhetzung, Brandrede, Fanatismus, Tugendterror, Hasspredigt, Fundamentalismus, Hetzpropaganda, Volksverhetzung, Verketzerung; Hexenjagd, Kesseltreiben, Pogrom.

366 **demagogisch** volksverdummend, populistisch, agitatorisch, scharfmacherisch, fanatisch, fundamentalistisch, aufwieglerisch, aufreizend, hetzerisch, aufhetzend.

367 **demokratisch** liberal, freiheitlich, mehrheitlich, basisdemokratisch, laizistisch, rechtsstaatlich, polyvalent, offen, repressionsfrei; zivil, transparent.

368 **Demonstration 1.** Kundgebung, Demo, Manifestation, Protestkundgebung, Protestversammlung, politische Versammlung, Umzug, Protestmarsch, Korso, Massenkundgebung, Massenversammlung, Dienst nach Vorschrift, Bummelstreik, Streik, Boykott, Protestaktion, Kampagne, Fackelzug, Mahnwache, Lichterkette, Sit-in, Go-in, Teach-in, Love-in, Loveparade, Besetzung, Häuserbesetzung, Instandbesetzung, **2.** Veranschaulichung, Darlegung, Beweisführung.

369 **denken 1.** Verstand gebrauchen, reflektieren, nachdenken, sich Gedanken machen; durchdenken, **2.** überlegen, bedenken, in Betracht ziehen, erwägen, sich zurechtlegen; spekulieren, drehen und wenden, von allen Seiten betrachten, nachgrübeln, kauen an, nachsinnen, knobeln, grübeln, sich zergrübeln; brüten, sinnen, sinnieren, wägen, hin und her wenden, mitbedenken, betrachten, abwägen, ermessen, kombinieren, überdenken, sich durch den Kopf gehen lassen, den Kopf zerbrechen; Probleme wälzen, philosophieren, sich fragen; Für und Wider erwägen, sich mit dem Gedanken herumschlagen; mit sich ringen, herumrätseln, berechnen, ausklügeln, vernünfteln, deuteln, phantasieren, spintisieren; ausdenken, aushecken, sich einfallen lassen, beikommen lassen; in Frage ziehen, hinterfragen, Schlüsse ziehen, sich vergegenwärtigen, vorstellen; meditieren, untersuchen, prüfen, studieren, **3.** sich besinnen, sammeln; in sich gehen, Gedanken sammeln, mit sich zu Rate gehen, zu sich kommen, Gedanken nachhängen, in Gedanken versunken sein, **4.** sich vertiefen, versenken, hineinknien, konzentrieren, fokussieren; versinken; ausbauen, fundieren, weitertreiben, steigern, vertiefen, intensivieren.

370 **Denker** Philosoph, Theoretiker, Weiser, Gelehrter, Geistesarbeiter, Forscher, Erfinder, Kopfarbeiter, Wissenschaftler, Verstandesmensch, Aufklärer, Intellektueller, kluger Kopf; Intelligenzler, Egghead, Verkopfter, Großkopferter, Meisterdenker, Stubengelehrter, Highbrow; Blaustrumpf, Brillenschlange, Intelligenzbestie.

371 **Denkmal** Ehrenmal, Gedächtnismal, Mahnmal, Monument, Gedenkstein, Denkstein, Obelisk, Säule, Statue, Gedenkstätte, Erinnerungsort, Memorial; Grabstein, Stele, Grabmonument, Pantheon, Wachsfigurenkabinett.

372 **Denkspruch 1.** Wahlspruch, Kernspruch, Merkspruch, goldene Regel, Sinnspruch, Leitspruch, Leitsatz, Lebensweisheit, Sinngedicht, Kalenderweisheit, Sprichwort, Epigramm, Xenie, Volksweisheit, **2.** Devise, Schlagwort, Slogan, Sentenz, Spruch, Motto, Losung, **3.** Maxime, Aphorismus, Gedankensplitter.

373 **Denkweise** Denkungsart, Denkmuster, Denkart, Weltbild, Weltanschauung, Ideologie, geistiger Standort, Grundeinstellung, Geisteshaltung, Sinnesart, Ethos, Gesinnung, Mentalität, Haltung, Anschauung, Einstellung, Anschauungsweise; Denke.

374 **derb 1.** handfest, kräftig, stark, gesund, robust, drall, stramm, kernig, ungeschlacht, grobschlächtig, **2.** drastisch, grob, gröblich, unsanft, raubeinig, deutlich, faustdick, krass, krude, rüde, rau, harsch, barsch, ungehobelt, schroff, vulgär, saftig, deftig, **3.** bäuerlich, rustikal, ländlich, bäuerisch.

375 **Deserteur** Überläufer, Fahnenflüchtiger, Abtrünniger, Kollaborateur, Quisling.

376 **deutlich 1.** fühlbar, bemerkbar, spürbar, merklich, vernehmlich, einschneidend, unübersehbar, unüberhörbar, überdeutlich, klipp und klar, unverblümt, **2.** genau, artikuliert, scharf, trennscharf, hochauflösend, klar erkennbar, leicht festzustellen, verständlich, präzis, prägnant, ausdrücklich, ausgesprochen, profiliert, charakteristisch, fest umrissen, konturiert, klar.

377 **Diät** **1.** Fasten, Fastendiät, Heilfasten, Fastenkur, Nulldiät, Schlankheitskur, Hungerkur, Abmagerungskur; Mastkur, **2.** Krankenkost, Schonkost, leichte Kost, Heilkost, Diätkost.

378 **dicht** **1.** abgeschlossen, verschlossen, zu, unzugänglich; undurchdringlich, hermetisch, undurchsichtig, blickdicht, undurchlässig, imprägniert, waterproof, wasserdicht, abgedichtet, luftdicht, **2.** eng, gedrängt, gequetscht, gepresst, konzentriert, komprimiert, zusammengepresst, zusammengezogen, kompakt, fest gefügt, massiv, dichtmaschig; dicht bei dicht, gesteckt voll, wie in der Sardinenbüchse, wie die Heringe.

379 **dick** **1.** stark, korpulent, stattlich, massiv, beleibt, wohlbeleibt, schmerbäuchig, rund, rundlich, dicklich, mollig, pummelig, wohlgerundet, füllig, vollschlank, gut gepolstert, stramm, drall, üppig, fett, feist, gut im Futter, fleischig, bullig, wohlgenährt, fettleibig, dickleibig, kugelrund, gemästet, prall, gewaltig, unförmig, übergewichtig, vollgefressen, **2.** angeschwollen, aufgedunsen, aufgeblasen, aufgetrieben, aufgebläht, schwammig, aufgeschwemmt, **3.** geschwollen, entzündet, wund, verdickt, **4.** schwellend, wulstig, aufgeworfen, gerundet, bauchig, vorgewölbt, gewölbt, herausstehend, vorstehend, überstehend, vorspringend, vorkragend, ausladend, kugelig.

380 **dienen** **1.** Militärdienst leisten, einrücken, eingezogen werden, Wehrdienst leisten, **2.** dienen als, taugen zu, sich eignen zu; zu gebrauchen sein, benutzt werden, ersetzen, gute Dienste leisten, nützen, **3.** sich widmen/hingeben/unterwerfen.

381 **Dienst** **1.** Amt, Amtspflicht, Funktion, Aufgabe, Obliegenheit, Arbeit, **2.** Gefallen, Gefälligkeit, Entgegenkommen, Liebesdienst, Freundschaftsdienst, Hilfeleistung, Besorgung, Verrichtung, Dienstleistung, Kundendienst, Service.

382 **Dilettant** **1.** Liebhaber der Künste, Kunstfreund, Kunstjünger, Amateur, Laie, Nichtfachmann, Nichtkundiger, Autodidakt, **2.** Anfänger, Neuling, Halbgebildeter, Ignorant, Nichtskönner, Besserwisser, Banause, Quacksalber, Kurpfuscher, Stümper, Pfuscher.

383 **dilettantisch** **1.** kunstvernarrt, kunstverliebt, kunsteifrig, wissenschaftseifrig, **2.** amateurhaft, laienhaft, nicht professionell, autodidaktisch, halbgebildet, banausenhaft; ungenau, stümperhaft, unfachmännisch, unzulänglich.

384 **Dilettantismus** Liebhaberei, Spielerei, Laienarbeit, Laienhaftigkeit, Amateurhaftigkeit, Halbbildung, Unzulänglichkeit.

385 **Diplomat** **1.** Unterhändler, Geschäftsträger, Vertreter, Botschafter, Gesandter, Abgesandter, Regierungsvertreter, Staatsrepräsentant, Legat, Nuntius, Konsul, Attaché, Ambassadeur, **2.** Taktiker, Politiker, Stratege, Schlaukopf, Pfiffikus, Schlauberger, Menschenkenner, Fuchs, Filou.

386 **diskriminierend** herabsetzend, ausgrenzend, benachteiligend, diffamierend, ungerecht, rassistisch, sexistisch.

387 **Diskriminierung** **1.** öffentliche Herabsetzung, Benachteiligung, Ausgrenzung, Marginalisierung, Ungerechtigkeit, Diskreditierung, Diffamierung, **2.** Rassismus, Sexismus, Überlegenheitswahn, Rassentrennung, Apartheid.

388 **doppelt** zweimal, zweifach, im Doppelpack, duplex, zwiefach, zwiefältig, verdoppelt, dual, paarig, zu zweit, zweistimmig, paarweise, gepaart; zweiteilig, zweispaltig, beidseitig, doppelseitig, in Personalunion, zweiseitig, bilateral, zweischneidig, beidhändig; bisexuell, stereo, zweigeschlechtig, doppelgeschlechtig, androgyn, zwittrig, gekreuzt, hybrid, hybridisch, doppelköpfig, janusköpfig.

389 **drängen (sich)** **1.** schieben, pressen, quetschen, schubsen, keilen, zwängen, einkeilen, einzwängen, stoßen, drängeln, drücken, sich vordrängen, zwischendrängen; Ellenbogen gebrauchen, nachdrängen, zusammendrängen, pferchen, zusammenpferchen, zusammenpressen, zusammenknäueln, ballen, **2.** treiben, hetzen, scheuchen, jagen, Druck dahintersetzen, Dampf machen, nachhelfen, antreiben, zum Jagen tragen, anspitzen, in Bewegung bringen, aktivieren, in Schwung bringen, vorwärts treiben, auf Trab bringen, aufscheuchen, Hölle heißmachen, unter Druck setzen, auf Touren bringen, hochjagen, aufjagen, Beine machen, **3.** beschleunigen, forcieren, schneller werden, Tempo steigern/anziehen, an Fahrt gewinnen, auf die Tube drücken, Gas geben, durchstarten, Zahn zulegen, Sporen geben, das Letzte herausholen, **4.** bedrängen, drängen auf; sich drängen nach; in den Ohren liegen, nötigen, zusetzen, bestürmen, verfolgen, insistieren, löchern, bombardieren, eifern, keine Ruhe geben, bohren, nachbohren, **5.** umdrängen, umringen, auf den Leib rücken, auf jmdn. eindrängen/einstürmen, jmdn. belästigen/behelligen.

390 **dranhalten, sich** nicht nachlassen, hinterher

sein, sich dahintermachen, ranhalten, dahinterklemmen; zumachen, unermüdlich sein, nicht müde werden, nicht ermüden, vor dem Wind segeln, Nase im Wind haben, Finger am Puls haben, auf dem Quivive sein.

391 **draußen 1.** im Freien, unter freiem Himmel, im Grünen, outdoors, an der Luft, in der Natur, **2.** außerhalb, anderswo, außer Landes, exterritorial, auswärts, auf Reisen, unterwegs, auf Fahrt / Wanderschaft / Achse, umherziehend, auf Walze/Tour/Tournee, **3.** unstet, unbehaust, ohne festen Wohnsitz, obdachlos, auf Platte, ohne Dach über dem Kopf/Unterkunft/ Bleibe, wohnungslos, **4.** außen, äußerlich, auswendig, auf der Oberfläche, exogen, **5.** heraus, hinaus, raus.

392 **Drehbuch** Treatment, Filmmanuskript, Skript, Textbuch, Szenario, Storyboard, Continuity.

393 **drehen (sich) 1.** kreisen, kreiseln, wirbeln, rotieren, tanzen, schwirren, trudeln, umlaufen, zirkulieren, rollen, kugeln, kullern, umkreisen, schwenken, herumschwenken, strudeln; aufwirbeln, hochwirbeln, **2.** wickeln, aufwickeln, winden, aufwinden, drillen, zwirnen, zwirbeln, haspeln, spulen, aufrollen, einrollen, kurbeln, zusammenrollen, **3.** aufdrehen, eindrehen, kräuseln, locken, wellen, ringeln, kringeln, sich kringeln, aufrollen; umstülpen, umklappen, **4.** krümmen, kurven, biegen, winden, schlängeln, mäandern, sich schlängeln, winden, krümmen, **5.** sich wälzen, suhlen, rollen, **6.** wenden, umwenden, umdrehen, scrollen, umschwenken, abdrehen, beidrehen, zurücksetzen, zurückstoßen, umkehren, zurückfahren, kehrtmachen, zurückgehen, zurückkehren, wiederkehren, **7.** sich umdrehen, umwenden, herumdrehen, auf die andere Seite drehen, **8.** filmen, Film drehen, kurbeln, aufnehmen.

394 **Drehung 1.** Umkehr, Rücklauf, Wende, Kurve, Umlauf, Umdrehung, Pirouette, Rotation, Tour, Wirbel, Strudel, **2.** Drall, Effet.

395 **Drogenabhängiger 1.** Süchtiger, Rauschgiftsüchtiger, Rauschgiftabhängiger, Fixer, Junkie, User, Mainliner, Chippy, Kiffer, Kokser, Hascher; Alkoholiker, Trinker, **2.** Workaholic, Shopaholic, Publicity Junkie.

396 **drohen 1.** ängsten, ängstigen, verängstigen, in Angst versetzen, Angst machen, erschrecken, schrecken, beunruhigen, Bange machen, Schrecken einjagen, **2.** bedrohen, gefährden, gefährlich werden, Gefahr bringen, ans Leben gehen, an den Leib/Kragen gehen, um Kopf und Kragen gehen, am seidenen Faden hängen, schlecht stehen, **3.** androhen, Zähne zeigen, Messer wetzen, anfunkeln, Druck ausüben, unter Druck setzen, erpressen, einheizen, warnen, Hölle heiß machen, ins Bockshorn jagen, Pistole auf die Brust setzen; mit dem Säbel rasseln, mit Krieg drohen, Schneid abkaufen, einschüchtern, verschüchtern, terrorisieren, mobben, **4.** bevorstehen, dräuen, nahen, heraufziehen, herankommen, im Anzug sein, ins Haus stehen, zukommen auf, kriseln; sich zusammenziehen, zusammenbrauen, zusammenballen, bewölken; in der Luft liegen.

397 **Drohung 1.** Bedrohung, Verwarnung, Warnung, Beängstigung, Beunruhigung, Androhung, Drohgebärde, Säbelrasseln, Muskelspiel, Einschüchterung, Erpressung, Ultimatum, Nötigung, Druck, Zwang, **2.** Gefahr, Lebensgefahr, Todesgefahr, Gefährlichkeit, Gefährdung, Fährnis, Klippe, Risiko, Krise, Damoklesschwert, Ernstfall, Notstand; dicke Luft, Drohkulisse, Gewitterwolke, Zündstoff, Sprengkraft, Brisanz, heißes Eisen, Reizklima.

398 **Druck 1.** Expansionskraft, Stoß, Stoßkraft, Schub, Schubkraft, Spannung, Tension, **2.** Schwere, Schwerkraft, Gewicht, Wucht, Last, **3.** Clinch, Zwang, Nötigung, Stress, **4.** Hoch, Hochdruckgebiet, Schönwetterzone; Tief, Tiefdruckgebiet, Schlechtwetterzone.

399 **Druck, im** in Schwierigkeiten / Bedrängnis / Zeitnot / Eile / einer Zwangslage / einer Notlage / Schwulitäten / einer Krise / der Tinte / der Zwickmühle / Nöten / Verlegenheit, unter Druck, im Termindruck/Stress.

400 **drücken 1.** lasten, schwer wiegen, wuchten, niederdrücken, belasten, beschweren, **2.** Druck ausüben, pressen, stauchen, quetschen, wringen, zwängen, auspressen, ausdrücken, entpressen, entsaften, zusammendrücken, zusammenpressen, zusammenzwingen, zusammenquetschen, platt/breit drücken, schnüren, einschnüren, einzwängen, abschnüren, Luft abdrücken, beengen, engführen, verengen, zusammenschnüren, Kehle zuschnüren, würgen, ersticken, umfassen, umspannen, umklammern, clinchen, **3.** beugen, niederhalten, deckeln, am Boden halten, ducken, unten halten, **4.** sich entziehen, drücken; nicht teilnehmen/mitmachen/dranwollen, mauern, kneifen.

401 **dumm 1.** beschränkt, unbegabt, unbedarft,

unintelligent, untalentiert, talentlos, unwissend, begriffsstutzig, verständnislos, unverständig, ungelehrig, schwer von Begriff, stupid, hat das Pulver nicht erfunden, dümmlich, flachsinnig, nicht bei Trost, geistesarm, geistesschwach, geistesschlicht, seelentaub, borniert, verbohrt, uneinsichtig, vernagelt, ignorant, unbelehrbar, beratungsresistent, resistent, schwachköpfig, blöde, dämlich, doof, debil, unterbelichtet, beknackt, minderbemittelt, lange Leitung, Brett vor dem Kopf, auf dem Schlauch, kann nicht bis drei zählen, strohdumm, stockdumm, belämmert, behämmert, bescheuert, saudumm, saublöd; gehirnamputiert, strunzdumm, hirnlos, ballaballa, **2.** töricht, unklug, gedankenlos, kritiklos, unüberlegt, unvernünftig, unsinnig, sinnlos, vernunftwidrig; einfältig, leichtgläubig, naiv, vertrauensselig, gimpelhaft, nimmt alles für bare Münze, **3.** albern, läppisch, fad, kindisch, flapsig, lachhaft, lächerlich.

402 **Dummheit** **1.** Beschränktheit, Unbegabtheit, Unbedarftheit, Geistesarmut, Flachsinn, Geistesschwäche, Geistlosigkeit, Borniertheit, Betriebsblindheit, Tunnelblick, Ignoranz, Stupidität, Dämlichkeit, Doofheit, Gedankenarmut, Unwissenheit, Nichtwissen, Begriffsstutzigkeit, Stumpfsinn, Dumpfheit, Seelentaubheit, Unverstand, Unvernunft, Blödheit, Verbohrtheit, Sturheit, **2.** Torheit, Gedankenlosigkeit, Unklugheit, Einfältigkeit, Harmlosigkeit, Naivität, Leichtgläubigkeit, Einfalt.

403 **Dummkopf** **1.** Kindskopf, Quatschkopf, Knallkopf, Schafskopf, Kohlkopf, Döskopp, Hohlkopf, Strohkopf, Schwachkopf, Wirrkopf, Grützkopf, Pfeifenkopf, Plattkopf, Flachkopf, Holzkopf, Gipskopf, Betonkopf, Quadratschädel, **2.** Spatzenhirn, Dummrian, Denkzwerg, Nullchecker, Dummlack, Dummbart, Dussel, Dumpfbacke, Simpel, Trottel, Depp, Ignorant, Tropf, Nulpe, Blödmann, Dummerjan, Dösbaddel, Dödel, Jäckel, Heini, Blödian, Mondkalb, Hirni, doofe Nuss, trübe Tasse, **3.** Stiesel, Tölpel, Trampel, Trampeltier, Gimpel, Pinsel, Tollpatsch, Taps, Pachulke, Elefant im Porzellanladen, Chaot, Messie, **4.** Idiot, Stümper, Spinner, Kretin, Schwachmat, Spacko, Armleuchter, Arsch, Arschloch, Flachwichser, Rindvieh, Rhinozeros, Hornochse, Hornvieh, Narr, Tor; Gans, Närrin, Pute, Törin, dumme Ziege/Kuh/Gans, dummes Huhn/Schaf/Luder, Tussi, Tusse, Planschkuh, Pissnelke, **5.** Naivling, Einfaltspinsel, Abderit, Hinterwäldler, Landpomeranze, Landei, Dorftrottel, Bauer.

404 **dumpf** **1.** dumpfig, feucht, modrig, muffig, kellerhaft, schimmelig, stockig, stickig, miefig, ungelüftet, abgestanden, schlechte Luft, vermieft, **2.** schwül, feuchtwarm, erstickend, bedrückend, beklemmend, dämpfig, föhnig, drückend, gewittrig, **3.** unbewusst, undifferenziert, unterschwellig, unartikuliert, unausgesprochen, unterbewusst, vorbewusst, stumpf, primitiv, assig, stumpfsinnig, **4.** betäubt, gefühllos, teilnahmslos, apathisch, lethargisch, benommen, umnebelt, **5.** heiser, hohl, belegt, gedämpft, erstickt, krächzend, klanglos, matt, blechern, scheppernd, schnarrend.

405 **dunkel** **1.** dämmerig, zwielichtig, abendlich, schummerig, abends, nächtig, düster, schwarz, lichtlos, finster, stockfinster, schwarze Nacht, rabenschwarz, tiefschwarz, tintenschwarz, kohlschwarz, pechschwarz, stockdunkel, zappenduster, **2.** trüb, verhangen, verhüllt, verschleiert, diesig, neblig, wolkig, regnerisch, milchig, dunstig, getrübt, verfinstert, bezogen, bedeckt, schattig, umschattet, sonnenlos, **3.** unklar, undeutlich, unscharf, verhüllt, verschleiert, lichtarm, diffus, verschwommen, nebelhaft, nebulos, undurchsichtig, unbestimmt, vage, umrisshaft, **4.** rätselhaft, unverständlich, unverstanden, unlösbar, vieldeutig, unentwirrbar, unentschlüsselbar, zweideutig, orakelhaft, delphisch, undurchdringlich, ungreifbar, geheimnisumwittert, ungewiss, unsicher, unerkennbar, geheimnisvoll, hintergründig, abgründig, tief, dämonisch, magisch, zaubermächtig, mystisch, okkult, obskur, mysteriös, verrätselt, kryptisch, **5.** im Dunkeln, im Finstern, nachts, nächtens, nächtlich, **6.** dunkelhaarig, braunhaarig, braun, brünett, bräunlich, nussbraun, schwärzlich, **7.** düster, Unheil verkündend, schaurig, unheimlich, makaber.

406 **Dunkelheit** **1.** Dämmerung, Dämmerstunde, Schummerstunde, blaue Stunde, Abendstunde, Einbruch der Nacht, Sonnenuntergang, sinkende Nacht; Abend, Tagesende, Halbdunkel, Zwielicht, schwindendes Licht, Einfall der Dunkelheit; Nacht, Düsterkeit, Dunkel, Finsternis, ägyptische Finsternis, Lichtlosigkeit, undurchdringliches Dunkel, Grabesdunkel, **2.** Schatten, Kernschatten, Schlagschatten, Trübung, Eintrübung, Verfinsterung, Verdüsterung, Bewölkung, Verdunklung, Verschleierung, Wolkenwand, Gewitterwand, Gewitter-

wolken, Sturmwolken, Wolkenhimmel, **3.** Unklarheit, Obskurität, Unverständlichkeit, Unverstehbarkeit, Unerkennbarkeit, Transzendenz, Unerklärlichkeit, Unergründlichkeit, Unfassbarkeit, Vieldeutigkeit, Zweideutigkeit, Zwielichtigkeit, Rätselhaftigkeit, Geheimnis.

407 **dunkeln** **1.** dämmern, schummern, dunkel/Abend/Nacht/finster werden, nachten, finstern, **2.** sich trüben, verdunkeln, verfinstern, beziehen, bewölken, mit Wolken bedecken, eintrüben, verdüstern, umnebeln, vernebeln; Schatten werfen, überschatten, beschatten, **3.** nachdunkeln, bräunen, schwärzen.

408 **dünn** **1.** fein, filigran, hauchdünn, durchscheinend, durchsichtig, alabasterhaft, perlmuttern, diaphan, **2.** mager, schlank, gertenschlank, rank und schlank, feingliedrig, zerbrechlich, zart, grazil, feenhaft, schmal, zierlich, knabenhaft, überschlank, hager, knochig, spitz, eckig, dürr, leibarm, klapperdürr, spindeldürr, abgemagert, abgezehrt, ausgemergelt, elend, **3.** spärlich, karg, knapp, gelichtet, schütter, dünn gesät, fipsig, fieselig, piepsig, mickrig, schmächtig, unterernährt, zum Umblasen, dürftig, Bohnenstange, Hering, Haut und Knochen, Strich in der Landschaft, vom Fleisch gefallen, **4.** dünnflüssig, fließend, laufend, rinnend, wässrig, ohne Konsistenz, schwach.

409 **durchdringen** **1.** durchfeuchten, durchnässen, durchweichen, eindringen, einsickern, infiltrieren, sich vollsaugen, sättigen, durchtränken, tränken; schwängern, **2.** durchlassen, undicht sein, lecken, **3.** durchsickern, kundwerden, ans Licht kommen, ruchbar/bekannt werden, an die Öffentlichkeit dringen, herauskommen, laut werden, an den Tag kommen, aufkommen, verlaufen, publik werden, sich herumsprechen, **4.** durchwirken, durchweben, durchziehen, beseelen, beleben, innewohnen, **5.** erreichen, durchsetzen, ertrotzen, erzwingen, durchdrücken, durchpauken, durchboxen, durchfechten, durchpeitschen, durchbekommen, durchbringen, ans Ziel kommen, sich durchsetzen; Ziel erreichen, Terrain gewinnen, Feld behaupten, sich durchboxen, durchkämpfen; durchstoßen, sich nach vorn schieben, **6.** durchschauen, verstehen.

410 **durchgreifen** energisch werden, Nägel mit Köpfen machen, zeigen, was eine Harke ist, auf den Tisch schlagen, Schraube anziehen, nicht lange fackeln, Exempel statuieren, kurzen Prozess machen, mit eisernem Besen kehren, kein Federlesens machen, Machtwort sprechen, Ernst machen, auf Vordermann bringen, Riegel vorschieben, Remedur schaffen.

# E

411 **Echo** **1.** Hall, Schall, Gegenhall, Widerhall, Widerklang, Resonanz, Mitschwingen, Nachhall, Nachklang, Nachklingen, Rückschall, Wiederholung, **2.** Zustimmung, Anklang, Gegenliebe, Applaus.

412 **echt** **1.** unverfälscht, unvermischt, ursprünglich, genuin, klangtreu, High Fidelity, gefühlsecht, unplugged, idiomatisch, natürlich, original, im Wortlaut, originalgetreu, authentisch, eigenständig, eigengesetzlich, eigenwüchsig, urwüchsig, **2.** beständig, qualitätsvoll, gediegen, solid, reell, haltbar, stabil, gut, schier, hochkarätig, rein, astrein, lupenrein, pur.

413 **Ecke** **1.** Winkel, Schnittpunkt, Kreuzung, Biegung, Knick, **2.** Vorsprung, Spitze, Schnabel, Nase, Zacke, Bug, Knie, Überhang, Kante, Eck, Sims, Gesims.

414 **edel** **1.** fein, kostbar, erlesen, exquisit, im Luxussegment, erstklassig, ausgesucht, gewählt, subtil, de luxe, differenziert, raffiniert, ausgeklügelt, verfeinert, sublim, erhaben, ohne Fehl, untadelig, wohl beschaffen, rein, rassig, tadellos, guter Stall, piekfein, posh, megaposh, **2.** geprägt, geformt, elegant, schnittig, **3.** nobel, edelmütig, ritterlich, hochherzig, vornehm.

415 **Egoist** Ichmensch, Egozentriker, Egotist, Narziss, Selbstverliebter, Selbstbesessener, Egomane.

416 **ehe** bevor, früher, noch nicht, als, vorher, es war einmal, noch bevor/vor.

417 **Ehre** **1.** Ehrgefühl, Ehrliebe, Stolz, Würde, Selbstachtung, **2.** Tribut, Reverenz, Hommage, Ehrung, Auszeichnung, Ehrengabe, Orden, Titel, Ehrenzeichen, roter Teppich, großer Bahnhof, Glanz und Gloria, Honneurs, Salut, Ehrenbezeigung, Geleit, Ehrengeleit, Eskorte, Ovation, Huldigung, Krönung.

418 **ehren** **1.** feiern, hochhalten, achten, beehren, auszeichnen, erhöhen, adeln, nobilitieren, würdigen, loben, preisen, besingen, bedichten, glorifizieren, dekorieren, Orden verleihen, verherrlichen, huldigen, bejubeln, zujubeln, entgegenjubeln, rühmen; heiligen, heiligsprechen, vergotten, verklären, **2.** zur Ehre gereichen, Ehre machen, Lob verdienen.

419 **ehrgeizig** hochfliegend, ambitioniert, leistungsbetont, karrierebetont, leistungswillig, eifrig, strebsam, zäh, streberhaft, leistungsfixiert, karrieresüchtig, karrierefixiert, karrieristisch, karrieregeil; geltungsbedürftig, krankhaft ehrgeizig, geltungssüchtig, ehrsüchtig, profilierungssüchtig, ruhmgierig, ruhmsüchtig, rampengeil, machtgierig, machtbesessen.

420 **Eifer** **1.** Streben, Bestreben, Einsatz, Ehrgeiz, Regsamkeit, Betätigungsdrang, Tatendurst, Rührigkeit, Geschäftigkeit, Betriebsamkeit, Umtriebigkeit, Tatendrang, Jagdfieber, Tatenlust, Beflissenheit, Enthusiasmus, Ambitioniertheit, **2.** Fleiß, Arbeitsfreude, Arbeitslust, Emsigkeit, Strebsamkeit, Arbeitseifer, Arbeitswut, Schaffenslust, Feuereifer, Bienenfleiß, Übereifer, Mordseifer, Unermüdlichkeit, Unverdrossenheit.

421 **eifrig** bestrebt, bemüht, motiviert, engagiert, strebsam, rührig, geschäftig, betriebsam, umtriebig, aktiv, tätig, beflissen, erpicht, aufmerksam, versessen, unverdrossen, unermüdlich, rastlos, leidenschaftlich, hoch motiviert, hingebungsvoll, mit Hingabe, con amore, mit Lust und Liebe, emsig, flink, behände, übereifrig.

422 **Eigenart** **1.** Individualität, Persönlichkeit, Stil, Profil, **2.** Eigenschaft, Qualität, Wesensmerkmal, Wesenszug, Duftmarke, Zug, Charakterzug, Seite, Note, Eigenheit, Eigentümlichkeit, Originalität, Besonderheit, Ursprünglichkeit, Charakteristikum, Spezifikum, Spezialität, Merkmal, Kennzeichen, **3.** Besonderheit, Sonderfall, Sonderklasse, Sonderstellung, Ausnahme, Seltenheit, Ausnahmefall, Einmaligkeit, Einzigkeit, Einzigartigkeit, Spezialfall, Fall für sich, weißer Rabe, Solitär, Kuriosum, Kuriosität, Sehenswürdigkeit, Seltsamkeit, Abnormität, **4.** Wunderlichkeit, Lächerlichkeit, Verdrehtheit, Schrulligkeit, Verschrobenheit, Absonderlichkeit, Exzentrizität, Abseitigkeit, Spleenigkeit; Vogel, Tick, Schrulle, Klaps, Spleen, Stich, Sparren, Fimmel, Macke, Rappel, Mucke, Meise, Marotte, Flitz, Grille, fixe Idee, **5.** Eigengesetzlichkeit, Eigendynamik.

423 **eigensinnig** starrsinnig, halsstarrig, querköpfig, hartköpfig, widerspenstig, bockig, bockbeinig, aufmüpfig, widerborstig, verbockt, mucksch, trotzig, kapriziös, trotzköpfig, störrisch, dickköpfig, hartnäckig, kratzbürstig, starrköpfig, obstinat, stur, verbohrt, verstockt, unbelehrbar, rechthaberisch; ungehorsam, aufsässig, renitent, widersetzlich, unbotmäßig, unfolgsam.

424 **eigentlich** **1.** genau genommen, im Grunde, ursprünglich, von Rechts wegen, an sich, an und für sich, streng genommen, bei Licht betrachtet, **2.** alias, in Wirklichkeit, auch … genannt, gewissermaßen, sozusagen, so genannt.

425 **Eile** **1.** Hast, Hetze, Hatz, Hetzjagd, enges Zeitfenster, Zeitmangel, Zeitnot, Hektik, Unrast, Jagd, Gejage, Gejagtheit, Getriebenheit, Hetzerei, Hochdruck, Gehetze, Rastlosigkeit, Friedlosigkeit, **2.** Tempo, Eiltempo, Geschwindigkeit, Flinkheit, Fixigkeit, Zügigkeit, Schnelligkeit, Affentempo, Rasanz, Speed, Galopp, Geschwindschritt, Fahrt, Raschheit, Raserei, Karacho, Vollgas, Topspeed, Spitzengeschwindigkeit, Gerase, **3.** Eilfertigkeit, Voreiligkeit, Schnellschuss, Übereifer, Übereilung, Verfrühung, Kopflosigkeit, Überstürzung, fliegender Wechsel, **4.** Beschleunigung, Temposteigerung, Spurt, Endspurt, Finale, Finish.

426 **eilen (sich)** **1.** ausgreifen, ausschreiten, laufen, rennen, hasten, fliegen, sausen, stürzen, jagen, brettern, galoppieren, traben, rasen, stürmen, hetzen, flitzen, spritzen, preschen, stieben, schwirren, huschen, fegen, pesen, düsen, jetten, wieseln, kacheln, **2.** sich beeilen; in Eile sein, sich sputen; keine Ruhe haben, sich keine Zeit lassen; keine Zeit verlieren, schnell/rasch machen, sich tummeln; Schritt zulegen, sprinten, spurten, Tempo steigern, beschleunigen, an Fahrt gewinnen, anziehen, **3.** brennen, drängen, keinen Aufschub dulden, eng werden, auf den Nägeln brennen, eilig sein, pressieren, dringlich sein, unaufschiebbar sein, **4.** übereilen, überstürzen, überhasten, vorschnell handeln, unbedacht handeln, übers Knie brechen, sich überschlagen.

427 **eilig** **1.** in Eile, hastig, gehetzt, gejagt, gedrängt, unruhig, rastlos, **2.** eilends, sofort, im Nu, spornstreichs, auf der Stelle, stracks, flugs; eilfertig, vorschnell, überstürzt, voreilig, übereifrig, fluchtartig, fieberhaft, **3.** dringend, dringlich, pressant, drängend, brisant, unaufschiebbar, jetzt oder nie, vordringlich, brennend, schnellstens, so bald wie möglich, möglichst gleich/sofort, recht bald, nächstmöglich, express, schleunigst, Hals über Kopf, holterdiepolter.

428 **einbilden, sich** **1.** vorschweben, imaginieren, wähnen, sich vorstellen; Eindruck haben, mutmaßen, sich erträumen, erhoffen; annehmen, glauben, meinen, vermuten, sich einreden, **2.** sich Illusionen machen, vorspiegeln; irrtümlich meinen, sich etwas vormachen, vorgaukeln, betrügen; Kopf in den Sand stecken, Luftschlösser bauen, **3.** sich etwas einbilden; eingebildet sein, von sich eingenommen sein, dicktun, auf den Putz hauen, angeben, sich überbewerten, überheben, erhaben dünken, überschätzen, versteigen, anmaßen, aufspielen; auf dem hohen Ross sitzen, viel von sich halten, überheblich sein, heraushängen lassen, herabsehen auf, Nase hoch tragen, Rosinen im Kopf haben, sich für weiß was halten, für unwiderstehlich halten, ein Air/Ansehen geben; aufschneiden.

429 **Einbürgerung** Nationalisierung, Nostrifikation, Naturalisierung, Verleihung der Staatsangehörigkeit.

430 **eindringen** **1.** einbrechen, Einbruch begehen, einsteigen, gewaltsam eindringen, Tür aufbrechen, Hausfriedensbruch begehen, Zutritt verschaffen, hacken, **2.** sich eindrängen, einschmeicheln, einschleichen, einschmuggeln, festsetzen, einnisten, **3.** unterwandern, infiltrieren, einschleusen, durchsetzen, **4.** hineindringen, gelangen in, penetrieren.

431 **einfach** **1.** elementar, ungegliedert; einleuchtend, überschaubar, vereinfacht, verständlich, übersichtlich, begreiflich, unkompliziert, idiotensicher, unproblematisch, ohne Schwierigkeiten, volkstümlich, fasslich, eingängig, mühelos, **2.** schlicht, unprätentiös, natürlich, kunstlos, ungekünstelt, unambitioniert, offen, gradlinig; naiv, ungebrochen, kindlich, kindhaft, harmlos, arglos, leichtgläubig, weltfremd, unkritisch, nicht wählerisch, urteilslos, kritiklos, einfältig, treuherzig, unbedarft, einfach gestrickt, pflegeleicht, sozial verträglich, **3.** bescheiden, frugal, ländlich, primitiv, spartanisch, ohne Aufwand; schmucklos, prunklos, glatt, unverziert, schnörkellos.

432 **Einfachheit** **1.** Schlichtheit, Anspruchslosigkeit, Natürlichkeit, Offenheit, Geradlinigkeit, Freimut, Aufrichtigkeit, **2.** Einfalt, Bonhomie, Arglosigkeit, Harmlosigkeit, Unschuld, Naivität, Unbedarftheit, Gutgläubigkeit, Weltfremdheit, Treuherzigkeit, Leichtgläubigkeit, **3.** Unkompliziertheit, Undifferenziertheit, Klarheit, Verständlichkeit, Übersichtlichkeit, Fasslichkeit, Eingängigkeit, Volkstümlichkeit, **4.** Naturverbundenheit, Urwüchsigkeit, Ursprünglichkeit, Frugalität, Ländlichkeit, Primitivität.

433 **einfallen** **1.** in den Sinn/auf den Gedanken kommen, anwandeln, aufblitzen, auf die Idee

kommen, durchzucken, kommen, dämmern, Licht aufgehen, beifallen, beschleichen, anwehen, anfliegen, durch den Kopf schießen, sich erinnern, entsinnen, **2.** Ideen haben, schöpferisch denken, Einfälle haben, sich etwas einfallen lassen; auf etwas verfallen, **3.** ins Wort fallen, versetzen, einwerfen, einflechten, einstreuen, einfließen lassen, einfügen, einschalten, unterbrechen, entgegnen; einsetzen, mitsingen, aufnehmen, anheben, anfangen, beginnen.

434 **Einfluss** **1.** Beeinflussung, Verleitung, Anstiftung, Einwirkung, Einflussnahme, Lenkung, Formung, Überredung, Seelenmassage, Manipulation, Willenslenkung, Lobbyismus, Lobbying, Indoktrination, Suggestion, Hypnose, **2.** Vergünstigung, Verführung, Bestechung, Korruption, Korrumpierung; Bestechungsgeld, Schmiergeld, Handgeld, Bakschisch, Schweigegeld, **3.** Einflussbereich, Einflusssphäre, Einflussgebiet, Wirkungsbereich, Aktionsradius, Kompetenzbereich, Dienstbereich, Zuständigkeitsbereich, Geltungsbereich, Herrschaftsbereich, Machtbereich, Machtsphäre.

435 **einführen (sich)** **1.** verbreiten, auf den Markt bringen, kommerzialisieren, lancieren, propagieren, promoten, platzieren, machen, den Weg bereiten; importieren, aus dem Ausland beziehen; gehen, gefallen, einschlagen, sich verkaufen, **2.** einleiten, Vorrede schreiben, Vorwort verfassen, präludieren; eröffnen, ankündigen, anmoderieren, Anfang machen; introduzieren, Beziehung knüpfen, Verbindungen aufnehmen, **3.** einschmuggeln, schmuggeln, einschleusen, einschleppen, **4.** taufen, konfirmieren, firmen, inaugurieren, **5.** anleiten, einweisen.

436 **Einführung** **1.** Einleitung, Vorrede, Introduktion, Vorwort, Vorbemerkung, Präambel, Geleitwort, Editorial, Vorspruch, Intro, Vorspann, Motto; Prolog, Vorspiel, Präludium, Ouvertüre; Präliminarien, Vorüberlegungen, Vorverhandlungen, Anbahnung; Vorstellung, Vorführung, Debüt, Antrittsbesuch; Vorspeise, Aperitif, **2.** Einsetzung, Inauguration, Amtsübergabe, Ernennung, Einweisung, Einstellung, Bestallung, Bevollmächtigung, Inthronisation, Initiation, Weihung, Konsekration, Ordination, Investitur, Taufe, Konfirmation, Firmung, Ritterschlag.

437 **Eingeweide** Innereien, innere Organe; Gekröse, Geschlinge, Därme, Gedärm, Kaldaunen, Plauze, Gescheide.

438 **eingreifen** einschreiten, Einhalt gebieten, Machtwort sprechen, dazwischentreten, dazwischenfahren, vorgehen gegen, zuspringen, verhindern, ausgleichen, vermitteln, sich einschalten, einklinken, ins Mittel legen, zwischenschalten, einmischen; einhaken, intervenieren.

439 **einhalten** **1.** aufhören, abbrechen, stoppen, verschnaufen, ausruhen, pausieren, innehalten, unterbrechen, stocken, aussetzen, stillstehen, **2.** abziehen, zurückbehalten, einbehalten, abhalten, **3.** befolgen, sich richten nach, halten an; Folge leisten, beachten, Kurs halten.

440 **Einheit** **1.** Ganzes, Ganzheit, Totalität, Einheitlichkeit, Vollständigkeit, Unität, Geschlossenheit, Formation, Gesamtheit, Ungeteiltheit, Unteilbarkeit, Zusammengehörigkeit, System, Homogenität, Integralität, Monade, **2.** Gruppe, Abteilung, Heeresverband, Truppeneinheit, Kolonne, Zug, Trupp, Staffel, Kompanie, Schar, Truppe, Geschwader, **3.** innere Einheit, Identität, Selbst, Ich.

441 **einig** **1.** gleich gesinnt, gleich gestimmt, handelseinig, übereinstimmend, einhellig, einmütig, konform, mehrheitsfähig, einvernehmlich, im Einvernehmen, einträchtig, verbunden, sinnesverwandt, sinneseinig, eines Sinnes, seelenverwandt, im Bunde, ein Herz und eine Seele, verschmolzen, dreieinig, unzertrennlich; einverstanden, einverständig, einer Meinung, aus der Seele gesprochen, unisono, harmonisch, friedlich, einigend, verbindend, vertrauensbildend, **2.** gemeinschaftlich, gemeinsam, geschlossen, solidarisch, vereint, einheitlich, Schulter an Schulter, verbündet, verschworen; einstimmig, ausnahmslos, ohne Ausnahme, mit einer Stimme.

442 **Einigkeit** Sympathie, Auskommen, Verträglichkeit, Einvernehmen, Übereinstimmung, Gleichgesinntheit, Einhelligkeit, Einklang, Harmonie, Chemie, Gleichklang, Seelenverwandtschaft, Gleichtakt, Friede, Eintracht; Zusammenhalt, Brüderlichkeit, Solidarität, Verbundenheit, Einverständnis, Konsens, Kompromiss, Mittelweg, Schmalspurkonsens, kleinster gemeinsamer Nenner.

443 **Einkehr** **1.** Insichgehen, Besinnung, Sammlung, Versenkung, Nachdenklichkeit, Besinnlichkeit, Beschaulichkeit, Umdenken, Selbstbesinnung, Selbstfindung, Sinnesänderung, Sinneswandlung, Bekehrung, Läuterung, Katharsis, **2.** Besuch, Einquartierung.

444 **einladen** **1.** laden, zu sich bitten, auffordern, herbitten, zu kommen bitten, bewirten, **2.** spendieren, freihalten, springen lassen, Spendierhosen anhaben, tief in die Tasche greifen, einen ausgeben.

445 **einprägen (sich)** **1.** einschärfen, einhämmern, eintrommeln, eintrichtern, beibringen, einpauken, einpeitschen, einbläuen, einprügeln, einimpfen, unermüdlich predigen, **2.** eingraben, aufprägen, prägen, eindrücken, pressen, einpressen, stanzen, riefen, rillen, ätzen, gravieren, abdrücken, Spur hinterlassen, **3.** leicht zu behalten sein, ins Ohr gehen, sich einschmeicheln; im Gedächtnis haften.

446 **Einrichtung** **1.** Vorrichtung, Installierung, Installation, Set-up, Anlagen, **2.** Hausrat, Hausgerät, Einrichtungsgegenstände, Inventar, Ausstattung, Interieur, Möblierung, Meublement, Mobiliar, Mobilien, bewegliche Habe, Wohnungseinrichtung, **3.** Institution, Anstalt, Organisation.

447 **einsam** **1.** allein, solo, verlassen, abgeschnitten, abgetrennt, abgeschlossen, isoliert, unverbunden, ohne Kontakt, kontaktscheu, ausgestoßen, ausgeschlossen, kontaktarm, kontaktlos, unbegleitet, vereinsamt, freudlos, beziehungslos, desolat, mutterseelenallein, ohne Ansprache, vereinzelt, verwaist, fremd, entwurzelt, **2.** eingezogen, für sich, zurückgezogen, ungesellig, kontaktscheu, einsiedlerisch, abgesondert, leutescheu, menschenscheu, weltflüchtig, solitär, klösterlich, weltverloren, der Welt abhandengekommen, **3.** menschenleer, abgelegen, entlegen, abseitig, entfernt, weit weg, abgeschieden, abseits, unbewohnt, unbelebt, verödet, weltentrückt, weltfern, wie ausgestorben, gottverlassen, totenstill.

448 **Einsamkeit** **1.** Verlassenheit, Alleinsein, Vereinzelung, Vereinsamung, Absonderung, Isolierung, Isolation, Zurückgezogenheit, Eingezogenheit, Klausur, Abgeschlossenheit, Abschließung, Elfenbeinturm, Einsiedlerleben, Eremitendasein, Menschenscheu, Abkapselung, Ungeselligkeit, Ungastlichkeit, Beziehungslosigkeit, Fremdheit, Kontaktarmut, Kontaktscheu, **2.** Abgelegenheit, Einöde, Entlegenheit, Verborgenheit, Abgeschiedenheit, Abseitigkeit, Erdenferne, Erdenwinkel, Weltferne.

449 **Einsatz** **1.** Einlage, Anlage, Kapitalanlage, Investment, Investition, Input; Spielgeld, Mise, Wetteinsatz, Pfand, **2.** Aufbietung, Aufwendung, Mobilisierung, Engagement, Eifer, Aufgebot, Aufwand, **3.** Einschub, Keil, Zwickel, **4.** Kampfeinsatz, Fronteinsatz, Militäreinsatz.

450 **einschließlich** mit, plus, inbegriffen, mitgerechnet, inklusive, zugehörig, samt, nebst, eingeschlossen, eingerechnet, umfassend, außerdem, alles in allem, in Bausch und Bogen, ferner, zuzüglich, implizit, impliziert, all-inclusive.

451 **Einschränkung** **1.** Begrenzung, Beschränkung, Kürzung, Drosselung, Abbau, Abstrich, Verminderung, Verringerung, Rückgang, Schmälerung, Reduktion, Reduzierung, Verkürzung, Verkleinerung, Minderung, Streichung, Einsparung, Verknappung, Restriktion, Streichkonzert, Rationalisierung, Sparmaßnahme, Kostendämpfung, **2.** Einengung, Engführung, Spezialisierung, Festlegung, Verengung, Vereinseitigung, Fachidiotie, **3.** Vorbehalt, Bedingung, Klausel, Kautel, Nebenbestimmung, Nebenbedingung, Kleingedrucktes.

452 **einseitig** **1.** voreingenommen, parteiisch, befangen, interessengeleitet, subjektiv, tendenziös, ideologisch, entstellt, vorurteilsvoll, betriebsblind, kriegsblind, verzerrt, eingleisig, schiefäugig, eindimensional, vereinseitigt, verkopft, **2.** unilateral, monolateral, partiell, auf eine Seite beschränkt.

453 **einsteigen** **1.** hineinsteigen, besteigen, aufspringen, zusteigen, an Bord gehen, sich einschiffen, **2.** mitmachen; sich beteiligen; etwas Neues anfangen.

454 **einzeln** **1.** für sich, allein, gesondert, getrennt, apart, gespalten, geteilt, abgetrennt, abgesprengt, versprengt, verstreut, verschlagen, vertrieben, zersplittert; separat, extra, eigen, besonders; einer nach dem andern, aufeinander, nacheinander, tröpfelnd, **2.** frei stehend, allein stehend, einzelstehend, vereinzelt, abgesondert, ungeleitet, unbegleitet, **3.** ledig, solo, getrennt lebend, geschieden, einspännig, frei, ungebunden, **4.** Punkt für Punkt, schrittweise, punktweise, im Einzelnen, ganz genau, en détail, detailliert.

455 **einziehen** **1.** einfordern, einklagen, einnehmen, erlösen, einsammeln, eintreiben, erheben, kassieren, beitreiben, pfänden, requirieren, konfiszieren, beschlagnahmen, **2.** ausheben, einberufen, einrücken, rekrutieren, mobil machen, mobilisieren, **3.** Wohnung beziehen, sich einmieten, einrichten, niederlassen.

456 **eitel** **1.** putzsüchtig, gefallsüchtig, kokett, affig, geziert, neckisch, kleidernärrisch, prunksüchtig, dandyhaft, geckenhaft, stutzerhaft,

snobistisch, **2.** eingebildet, dünkelhaft, von sich eingenommen, selbstherrlich, selbstverliebt, narzisstisch, selbstgefällig, selbstgerecht, überheblich, anmaßend, arrogant, herablassend, hybrid, blasiert, herrisch, hochmütig, hoffärtig, verblendet, vermessen, größenwahnsinnig, großschnäuzig, großmäulig, großtuerisch, großspurig, vollmundig, dummstolz, affektiert, gespreizt, aufgeblasen, wichtigtuerisch, kraftmeierisch, angeberisch, breitbeinig, prahlerisch, ruhmredig, **3.** leer, nichtig, umsonst, vergeblich.

457 **Eitelkeit** **1.** Putzsucht, Gefallsucht, Koketterie, Starallüren, Affigkeit, Selbstgefälligkeit, Selbstherrlichkeit, Narzissmus, Eigenruhm, Selbstlob, Eigenlob, Selbstverliebtheit, Selbstüberhebung, Selbstbeweihräucherung, Dünkel, Einbildung, Eingebildetheit, Eingebildetsein, falscher Stolz, Aufgeblasenheit, Höhenkoller, Hochmut, Hybris, Überheblichkeit, Hochmütigkeit, Hoffart, Herablassung, Anmaßung, Arroganz, Blasiertheit, Gespreiztheit, Snobismus, Affektiertheit, Getue, Gehabe, Tuerei, Anstellerei, Geziertheit, Minaudrie, Gezwungenheit; Wichtigtuerei, Effekthascherei, Angabe, Angeberei, Breitbeinigkeit, Namedropping, Mediengeilheit, Prahlerei, Protzerei, Geschwollenheit, Aufschneiderei, Großspurigkeit, Großmäuligkeit, Kraftmeierei, **2.** Geltungsbedürfnis, Geltungsdrang, Geltungssucht, Profilierungssucht, Profilneurose, Großmannssucht, Renommiersucht, Größenwahn, Übermut, Überhebung, Vermessenheit, Cäsarenwahn, Imponiergehabe.

458 **ekelhaft** **1.** abstoßend, ekelerregend, eklig, widerwärtig, abscheulich, übelmachend, scheußlich, grässlich, ätzend, abschreckend, degoutant, widerlich, **2.** übel, übelriechend, ungenießbar, unappetitlich, faulig, stinkend, aasig, stinkig, pestilenzartig.

459 **ekeln (sich)** **1.** abstoßen, anwidern, verabscheuen, ankotzen, Abscheu einflößen, anekeln, degoutieren, widerstreben, widerstehen, Ekel/Übelkeit erregen, zuwider sein; Abscheu empfinden, sich schütteln, abwenden, grausen; zurückschaudern, zurückschrecken, nicht sehen können, seekrank werden, den Magen umdrehen; missfallen, gegen den Strich gehen, jagen können mit, **2.** verekeln, vermiesen, vergällen, versauen, verderben.

460 **Element** **1.** Urstoff, Grundstoff, Stoff, Materie, Kraft, Faktor, **2.** Elemente, Naturgewalten, Urgewalten, **3.** Bestandteil, Einzelheit, Detail, Komponente, Bauteil, **4.** Fahrwasser, Lieblingsbeschäftigung, Leidenschaft, Passion, Hobby, **5.** Aspekt, Wesensmerkmal, Wesenszug, Charakteristikum.

461 **Eltern** Vater und Mutter, Elternpaar, Erziehungsberechtigte, Elternteil, Bezugspersonen, Pflegeeltern, Adoptiveltern, Schwiegereltern; Supporter, Ötzis, alte Herrschaften.

462 **Empfang** **1.** Erhalt, Eingang, Ankunft, Eintreffen, Entgegennahme, Annahme, Übernahme, **2.** Willkomm, Ankunft, Aufnahme, Begrüßung, Audienz, Cour, offizieller Anlass, Staatsempfang, Gesellschaft, Festivität, **3.** Rezeption, Anmeldung, Empfangsbüro, Anmeldungsbüro, Terminal.

463 **empfangen** **1.** bekommen, erhalten, in Empfang nehmen, entgegennehmen, annehmen, übernehmen, **2.** vorlassen, Zutritt gewähren, begrüßen, willkommen heißen, entgegengehen, bewillkommnen, in Empfang nehmen, **3.** schwanger werden, Kind erwarten, hoffen, in Umstände kommen.

464 **empfänglich** **1.** zugänglich, ansprechbar, aufnahmebereit, disponiert, affin, aufnahmefähig, aufnahmewillig, begeisterungsfähig, eindrucksfähig, sinnlich, **2.** wach, aufgeschlossen, interessiert, weltoffen, offen, hellwach, undogmatisch, reformorientiert, reformerisch, reformfreudig, aufbruchswillig, änderungswillig, unorthodox, querdenkerisch, **3.** beeinflussbar, bestimmbar, suggestibel, gelehrig, rezeptiv, überredbar, beeindruckbar, bildsam, **4.** feinfühlig, feinsinnig, hellhörig, feinnervig, intuitionssicher, **5.** zart fühlend, einfühlsam, warmherzig, mitleidsfähig, mitleidig, weichherzig, gutmütig, nachgiebig, mild, mildtätig, mitfühlend, gemütvoll, **6.** hellseherisch, ahnungsvoll, hellsichtig, divinatorisch, medial.

465 **Empfänglichkeit** **1.** Antenne, Witterung, Organ/Sinn für, feine Sinne/Nase, feines Ohr/Gespür, Intuition, Riecher, Feeling, Beobachtungsgabe, Fühler, Spürsinn, Instinkt, Hellhörigkeit, Unrechtsempfinden, Gerechtigkeitssinn, **2.** Zugänglichkeit, Ansprechbarkeit, Aufnahmefähigkeit, Aufnahmebereitschaft, Eindrucksfähigkeit, Sinnlichkeit, Begeisterungsfähigkeit, Aufgeschlossenheit, Aufmerksamkeit, Reformeifer, Aufbruchswille, Offenheit, Weltoffenheit, Wachheit, **3.** Delikatesse, Fingerspitzengefühl, Feingefühl, Feinsinn, Einfühlsamkeit, Empathie, Zartgefühl, Takt, Gefühl, Gemüt, Herz, Mitleidsfähigkeit, Mitgefühl, **4.** Ahnungsvermögen, prophetische Ga-

ben, Divinationsgabe, Intuition, Medialität, Sehergabe, sechster Sinn, zweites Gesicht.

466 **empfehlen (sich)** **1.** anbieten, anpreisen, anraten, befürworten, werben, ans Herz legen, loben, preisen, rühmen, herausstreichen, über den grünen Klee loben, einladen/auffordern zu, animieren, hinweisen auf, **2.** zweckmäßig/zu erwägen sein, ratsam erscheinen, **3.** sich verabschieden, beurlauben; auf Wiedersehen sagen.

467 **Empfehlung** Angebot, Vorschlag, Tipp, Anerbieten, Antrag, Aufforderung, Hinweis, Anzeige, Inserat, Offerte, Ausschreibung, Bewerbung, Befähigungsnachweis; Anraten, Anpreisung, Lob, Zuspruch, Rat; Fürsprache, Fürbitte, Befürwortung, Beziehungen, Referenzen.

468 **empfindlich** **1.** zart, fein, delikat, gefährdet, zerbrechlich, heikel, verletzlich, verletzbar, verwundbar, wehrlos, fragil, dünnhäutig, hautlos, feinnervig, sensibel, sensitiv, seismographisch, **2.** prädisponiert, anfällig, schwächlich, labil, nicht abgehärtet, zimperlich, verzärtelt, ohne Abwehrkräfte, disponiert, allergisch, wetterfühlig, schmerzempfindlich, wehleidig, **3.** leicht reizbar, nervenschwach, mimosenhaft, zart besaitet, hoch sensibel, überempfindlich, gefühlig, überfeinert, überzüchtet, dekadent; leicht beleidigt, schreckhaft, hypersensibel, überreaktiv, **4.** Zärtling, zarte Seele, Mimose, Kräutlein Rührmichnichtan, Nervenbündel, Zappelphilipp, Prinzessin auf der Erbse.

469 **Empfindlichkeit** **1.** Schmerzempfindlichkeit, Wehleidigkeit, Schwächlichkeit, Mangel an Abwehrkraft, Immunschwäche, Überempfindlichkeit, Überfeinerung, Überzüchtung, Dekadenz; Anfälligkeit, Disposition, Allergie, Prädisposition, Schwachstelle, Sollbruchstelle, Schwachpunkt, Weichteile, Angriffsfläche, Problemzone, **2.** Sensibilität, Feinnervigkeit, Nervenschwäche, Reizbarkeit, Erregbarkeit, Animosität, Empfindelei, Zärtelei, **3.** Zartheit, Feinheit, Zerbrechlichkeit, Wehrlosigkeit, Verletzlichkeit, Weichteil, Verletzbarkeit, Verwundbarkeit, Dünnhäutigkeit, Weichheit, Weichherzigkeit, Gutmütigkeit, Mitgefühl, Milde.

470 **empfindsam** zartsinnig, gefühlsbetont, gefühlsbestimmt, feinfühlig, emotional, emotionell, irrational, affektiv, sensibel, gefühlvoll, gemütvoll, gefühlsreich, gefühlig, nostalgisch, herzenstief, leicht gerührt, überschwänglich, seelenvoll, schwärmerisch, lyrisch, romantisch, empfindungsreich, überströmend, gefühlsselig, rührselig, tränenselig, sentimental, überspannt, melodramatisch.

471 **Empfindsamkeit** Sensitivität, Zartsinnigkeit, Gemütstiefe, Gefühlstiefe, Feinfühligkeit, Sensibilität, Emotionalität, Gefühligkeit, Gefühlsseligkeit, Fühligkeit, Innerlichkeit, Nostalgie, Tränenseligkeit, Überschwang, Überschwänglichkeit, Sentimentalität, Gefühlsduselei, Gefühlsklebrigkeit, Tremolo, Rührseligkeit, Überspanntheit, Gefühlsbetontheit, Irrationalität.

472 **enden** **1.** aufhören, beenden, beendigen, einstellen, abbrechen, abblasen, abpfeifen, unterbrechen, haltmachen, beiseitelegen, zusammenpacken, zur Seite legen, einpacken, innehalten, abschließen, ausschleichen, ausleiten, auflösen, heimschicken, nach Hause gehen, weglegen, aufgeben, aufstecken, an den Nagel hängen, Punkt/Feierabend machen, Zelte abbrechen, schließen; hinlegen, niederlegen, Ende/Schluss machen, Schlusspunkt setzen, Schlussstrich ziehen, Kram hinwerfen, ad acta legen, erledigen, **2.** ablaufen, münden, ausmünden, ausströmen, sich ergießen; einmünden, zu Ende sein, endigen, Ende haben, verrinnen, erlöschen, ausklingen, verebben, verhallen, erkalten, sterben, ersterben, aussterben, versiegen, versickern, zur Neige/zu Ende gehen, einschlafen, sich zerschlagen; in die Brüche gehen, nichts werden, abreißen, aufhören, stillstehen, ausgehen, Ende nehmen, zusammenbrechen, zum Erliegen/Stillstand kommen, sich neigen; abklingen, verklingen, auslaufen, auspendeln, zur Ruhe kommen.

473 **endgültig** unumstößlich, definitiv, signaturfähig, final, beschlossen, besiegelt, entschieden, unabänderlich, unwiderruflich, ein für alle Mal, aus die Maus, Punktum, basta, nichts zu machen; unumkehrbar, irreversibel, nicht revidierbar, nicht rückgängig zu machen, irreparabel.

474 **endlich** **1.** abschließend, zusammenfassend, zum Abschluss/guten Schluss, als letzten Punkt, zuletzt, schließlich, letztlich, schließlich und endlich, mit einem Wort, kurz, zu guter Letzt, letzterdings, schlussendlich, **2.** erst, erst jetzt, in elfter Stunde/letzter Minute, kurz vor Toresschluss, mit letzter Kraft/Mühe und Not, im letzten Augenblick, **3.** hinten, zuhinterst, am Schluss/Ende/Schwanz, achtern, **4.** begrenzt, irdisch, vergänglich.

475 **Energie** **1.** Aktivität, Vitalität, Élan vital, Dampf, Dynamik, Agilität, Kraft, Spannkraft,

Tatkraft, Unternehmungslust, Unternehmungsgeist, Tatendrang, Tatendurst, Erlebnishunger, Abenteuerlust, Entschlusskraft, Entschlossenheit, Resolutheit, Tüchtigkeit, Entschiedenheit, Wille, Willenskraft, Willensstärke, Initiative, Spontaneität, Durchsetzungsvermögen, Freiwilligkeit, Impulsivität, Feuer, Schwung, Schneid, Zunder, Emphase, Elan, Power, Fahrt, Vehemenz, Temperament, **2.** Treibstoff, Sprit, Kraftstoff, Benzin, Gas, Wasser, Öl, Strom, Atomenergie, Sonnenenergie, pflanzliche Energien, **3.** Motor, Maschine, treibende Kraft, Kraftquelle, Kraftwerk, Triebkraft, Sprengkraft, Explosivkraft, Brisanz, Schubkraft.

476 **energisch** tatkräftig, aktiv, vital, agil, handlungsorientiert, energiegeladen, resolut; entschieden, entschlossen, zielbewusst, zielsicher, zielstrebig, proaktiv, unbeirrbar, konsequent, willensstark, willenskräftig, entscheidungsstark, kraftvoll, unternehmend, geschäftstüchtig, tätig, beweglich, rührig, tüchtig, mitreißend, zupackend, betriebsam, schwungvoll, dynamisch, expansiv, tatenlustig, tatendurstig, forsch, stramm, draufgängerisch, fest, bündig, schneidig, dezidiert, bestimmt, ultimativ, vehement, strikt, befehlend, im Befehlston.

477 **eng 1.** beengt, knapp, schmal, begrenzt, winklig, verwinkelt, bescheiden, klein, eingeengt, eingeschränkt, zusammengedrängt, zusammengepresst, zusammengepfercht, eingepfercht, bedrängt, klaustrophobisch, beklommen, beklemmend, drangvoll, eingeklemmt, engmaschig, eingekeilt, dicht gedrängt, **2.** engherzig, kleinlich, engstirnig, illiberal, humorlos, kurzsichtig, beschränkt, provinziell, piefig, kleinkariert, ohne Horizont, distanzlos, begrenzt, borniert, unbelehrbar, philiströs, bigott, muckerisch, frömmlerisch, voreingenommen, unduldsam, intolerant, moralinsauer, moralisierend, **3.** eng anliegend, hauteng, knapp, knapp sitzend, stramm, knalleng, **4.** vertraut, nah, innig.

478 **Enge 1.** Einengung, Beengtheit, Bedrängnis, Gedrängtheit, Knappheit, Raummangel, Raumnot, Platzmangel, Raumknappheit, **2.** Kurzatmigkeit, Atemnot, Beengung, Beklommenheit, Beklemmung, Platzangst, Klaustrophobie, **3.** Gedränge, Gewoge, Gewühl, Gedrängtheit, Menschenansammlung, Übervölkerung, **4.** Engpass, hohle Gasse, Hohlweg, Klamm, Schlucht, schmale Stelle, Landenge, Einschnürung, Verengung, Hals, Kehle, Isthmus, **5.** Engherzigkeit, Kleinlichkeit, Humorlosigkeit, Engstirnigkeit, Beschränktheit, Scheuklappen, Provinzialität, Distanzlosigkeit, Borniertheit, Froschperspektive, Voreingenommenheit, Vorurteile, Einseitigkeit, Intoleranz, Unduldsamkeit, Bigotterie, Muckertum, Frömmelei; Fanatismus, Unbelehrbarkeit, Sturheit, Verblendung, Befangenheit, Verbohrtheit, Verranntheit.

479 **entbehren** ermangeln, entraten, nicht haben, vermissen; nichts haben, elend/in Armut leben, Mangel/Not leiden, von der Hand in den Mund leben, vegetieren, Leben fristen, keinen roten Heller besitzen, am Hungertuch nagen, auf dem Trocknen sitzen; hungern, dürsten, darben.

480 **Enteignung** Sozialisierung, Nationalisierung, Verstaatlichung, Kollektivierung, Expropriation, Säkularisation.

481 **entfernen 1.** beseitigen, eliminieren, wegnehmen, wegtun, weggeben, wegmachen, entsorgen, endlagern, wegstoßen, aussetzen, wegschieben, fortschleppen; abbeizen, ablaugen, absaugen, abrasieren, enthaaren, abkratzen, abtupfen, abschaben, wegwischen, wegfegen, hinwegfegen, abwischen, abreiben, abstreifen; abhauen, abreißen, herunterreißen, wegreißen, entblättern, entlauben, abschütteln, **2.** weglegen, wegstellen, wegräumen, wegbringen, fortschaffen, wegschaffen, wegwerfen, fortwerfen, sich entledigen; Ordnung machen, Platz schaffen, aufräumen, entrümpeln, zusammenpacken, **3.** abräumen, abtragen, abdecken, freilegen, frei machen, wegziehen, **4.** einziehen, entwerten, aufheben, außer Kraft setzen; aus der Welt schaffen, ausräumen, aufräumen mit, beheben, abschaffen, in Ordnung bringen.

482 **entfernen, sich 1.** fortgehen, weggehen, gehen, aufbrechen, sich in Bewegung setzen; das Haus verlassen, ausgehen; losgehen, davongehen, von dannen gehen, enteilen, abhauen, abschwirren, entschweben, abstieben, sich wegscheren, verziehen, fortmachen, trollen, verkrümeln, dünnmachen, verdrücken, abseilen, vom Acker/aus dem Staube machen; verschwinden, sich auf die Socken machen; Leine ziehen, Kurve kratzen, sich umdrehen, abkehren; wegtreten, kehrtmachen, zurücktreten, rückwärts schreiten, zurückweichen, weichen, sich zurückziehen, abwenden, **2.** verlassen, scheiden, sich verabschieden; Abschied neh-

men, auf Wiedersehen/Lebewohl sagen, abrücken, abziehen, sich auf den Weg machen; aufbrechen, sich in Marsch setzen; ausrücken, abmarschieren, Zelte abbrechen, Feld räumen, sich aufmachen, zerstreuen, verteilen, verlaufen, **3.** abreisen, verreisen, losziehen, wegfahren, auf Reisen gehen, Reise antreten, auslaufen, ausfahren, abfliegen, abfahren, **4.** auswandern, emigrieren, Land aufgeben, übersiedeln, umsiedeln, **5.** sich entfremden; einander fremd werden, Distanz setzen, auf Distanz gehen, sich distanzieren, auseinanderleben, losmachen, ablösen, zurückziehen, nichts mehr zu sagen haben; von jmdm. abrücken, sich voneinander entfernen; einander aufgeben/lassen, sich trennen; auseinandergehen.

483 **Entfernung** **1.** Abstand, Zwischenraum, Kluft, Distanz, Weite, Ferne, Strecke, **2.** Beseitigung, Tilgung, Eliminierung, Räumung, Reinigung, Säuberung, Leerung, Entrümpelung, Müllabfuhr, Entsorgung, Endlagerung; Annullierung, Streichung, Auflassung, Aufhebung, Löschung, Abschaffung, Extraktion, **3.** Abreise, Abschied, Scheiden, Lebewohl, Verabschiedung, Abfahrt, Aufbruch, Abzug, Start, Trennung, Ausfahrt, Auszug, Exodus, Abgang, Fortgehen, Weggang, Abmarsch, Ausreise, Einschiffung, Abflug, **4.** Abzug, Rückzug, Aufgabe, **5.** Auszug, Wegzug, Umzug, Wohnungswechsel, Übersiedlung, Ortswechsel, Ortsveränderung.

484 **entführen** kidnappen, verschleppen, hijacken, rauben, fortschaffen, wegschleppen, in seine Gewalt bringen.

485 **Entführung** Kidnapping, Kindesraub, Kindesentführung, Menschenraub, Verschleppung, Freiheitsberaubung, Flugzeugentführung, Hijacking.

486 **entgegenkommen** **1.** sich bequemen, herbeilassen; mit sich reden lassen, gelten lassen, anbieten, begünstigen, zuvorkommen, Gefälligkeit erweisen, gefällig sein, gern tun, beispringen, kompromissbereit/bereit/höflich/hilfsbereit sein, Güte haben, so freundlich sein; sich bereit finden; es möglich machen, konzedieren, Gefallen tun, goldene Brücken bauen, willens sein, sich anheischig machen, überschlagen, **2.** nachgeben, willfahren, erfüllen, klein beigeben, sich breitschlagen lassen; weich werden; seine Macken pflegen, seinem Affen Zucker geben.

487 **Entgegenkommen** **1.** Zuvorkommenheit, Eifer, Goodwill, Gefälligkeit, Gefallen, Kulanz, Gewogenheit, Konzilianz, Zugeständnis, Konzession, **2.** Liebenswürdigkeit, Verbindlichkeit, Diensteifer, Freundlichkeit, Artigkeit, Gunstbezeigung, Wohlwollen, Aufmerksamkeit, Höflichkeit, Nettigkeit, Galanterie, Ritterlichkeit.

488 **entgegenkommend** aufmerksam, freundlich, hilfreich, höflich, umgänglich, zuvorkommend, hilfsbereit, gefällig, verbindlich, gutwillig, kulant, zu Diensten, dienstwillig, diensteifrig, jovial, bereitwillig, geneigt, nett, wohlwollend, wohlgesonnen, wohlmeinend, liebenswürdig, konziliant, beflissen, erbötig, willfährig.

489 **entgehen** **1.** übersehen, nicht bemerken/beachten, ignorieren, überhören, verfehlen, **2.** entkommen, entwischen, durchwitschen, entschlüpfen, auskommen, entrinnen, durch die Lappen gehen; ausweichen, vermeiden, aus dem Wege gehen, sich ersparen; verschont bleiben, noch einmal Glück haben, **3.** entbehren müssen, versagt bleiben, abgehen, fehlen, **4.** sich retten; durchkommen, der Gefahr entgehen, Gefahr bannen, dem Tod entrinnen, Kopf aus der Schlinge ziehen, davonkommen.

490 **enthalten** fassen, bergen, beinhalten, innewohnen, einschließen, implizieren, einbegreifen, umfassen, einbeziehen, umspannen, ausmachen, abdecken, umschließen, mitrechnen, mitzählen; bestehen aus, sich zusammensetzen aus.

491 **entlasten (sich)** **1.** Arbeit abnehmen, beispringen, erleichtern, unter die Arme greifen, helfen, unterstützen; Ballast abwerfen, sich erleichtern; Dampf ablassen, sich Luft machen, **2.** billigen, zustimmen, bestätigen, gutheißen, gutschreiben, anerkennen, **3.** sich rechtfertigen; Unschuld beweisen, sich reinwaschen, salvieren, rehabilitieren, verantworten, exkulpieren, **4.** abrechnen, Rechnung legen, Rechenschaft ablegen.

492 **Entlastung** **1.** Erleichterung, Unterstützung, Hilfe, **2.** Verteidigung, Pardon, Entschuldigung, Unschuldsbehauptung, Unschuldsbeweis, Rechtfertigung, Apologie, Rehabilitierung, Rehabilitation, Ehrenrettung, Exkulpation, Entlastungsbescheinigung, Entlastungszeugnis, Persilschein, **3.** Bestätigung, Gutschrift, Abrechnung.

493 **entmutigen** verleiden, ausreden, Wasser in den Wein gießen, Wind aus den Segeln nehmen, dämpfen, Dämpfer aufsetzen, lähmen,

lahmlegen, vermiesen, verekeln, demotivieren, abtörnen, decouragieren, madigmachen, miesmachen, schwarzmalen, Freude vergällen, runterbringen, runterreißen, Hoffnung trüben / rauben, Spaß verderben, unken, schwarzsehen, Suppe versalzen, kalte Dusche verpassen, Lust nehmen, beeinträchtigen, bedrücken, verstimmen, niederdrücken, knicken, abwiegeln, niederschlagen, niederstimmen, niederschmettern, demoralisieren, einschüchtern, Moral untergraben, deprimieren, frusten, frustrieren, zermürben, zerschmettern, verdunkeln, verdüstern, trüben.

494 **entschädigen 1.** belohnen, danken, vergelten, sich revanchieren; ersetzen, Scharte auswetzen, vergüten, zurückgeben, wiedergeben, rückerstatten, restituieren, wiedererstatten, zurückzahlen, zurückbringen, wiederbringen, aufwiegen, wettmachen, **2.** wiedergutmachen, abfinden, abgelten, ablösen, kompensieren, rückvergüten, rekompensieren, Reparationen zahlen, Schadenersatz leisten, **3.** entschädigt werden, wiederbekommen, wiedererlangen, zurückerhalten, zurückerlangen, Entschädigung bekommen.

495 **Entschädigung 1.** Belohnung, Lohn, Dank, Vergeltung, Entgeltung, Vergütung, Abgeltung, Ausgleich, Kompensation, Gegenleistung, Gegengabe, Revanche, **2.** Ersatz, Rückgabe, Restitution, Erstattung, Rückerstattung, Wiedergutmachung, Wiedervergeltung, Rückzahlung, Rückvergütung, Satisfaktion, Genugtuung, **3.** Abfindung, Abstand, Schadenersatz, Lastenausgleich, Reparationen, Aufwandsentschädigung, Spesen, Diäten, Tagegeld, Sitzungsgeld, Schmerzensgeld, Trostpreis, Trostpflaster, Betthupferl, Finderlohn.

496 **entscheiden (sich) 1.** Entscheidung treffen, beschließen, bestimmen, losen, Los werfen/ziehen, abstimmen, anordnen, abmachen, festlegen, besiegeln, verfügen, **2.** sich entschließen; Entschluss fassen, sich schlüssig werden; Wahl treffen, auswählen, wählen, sich durchringen; zum Entschluss kommen, sich aufraffen, hochrappeln, aufrappeln, ermannen, einen Ruck geben, aufschwingen; in die Puschen kommen, den Arsch hochkriegen; mit sich ins Reine kommen, sich ein Herz fassen; Mut schöpfen, tief Luft holen, Anlauf nehmen, sich zusammenraffen, zusammenreißen, straffen.

497 **Entschluss 1.** Entscheidung, Dezision, Entschließung, Beschluss, Wille, Willenserklärung, Option, Votum, Wahl, Stichwahl, Willensbekundung, Willensakt, Festlegung, Ratschluss, **2.** Urteil, Schiedsspruch, Resolution.

498 **entschuldigen (sich) 1.** um Verzeihung bitten, abbitten, Abbitte leisten, bedauern, **2.** verzeihen, vergeben, nachsehen, freisprechen, exkulpieren, begnadigen, amnestieren, Strafe erlassen, **3.** rechtfertigen, verteidigen, verantworten, entlasten, salvieren, klären, motivieren, erklären, begründen, verständlich machen, Gründe ins Feld führen, in Schutz nehmen, sich einsetzen; plädieren, fürsprechen, verfechten, Lanze brechen, argumentieren, aufklären, **4.** Nachsicht üben, Gnade vor Recht ergehen lassen, Auge zudrücken, durchgehen / fünf gerade sein lassen, durch die Finger sehen, zugutehalten, **5.** absagen, abmelden, Entschuldigung schreiben, abschreiben.

499 **Entschuldigung 1.** Abbitte, Bitte um Vergebung, Verzeihung, Vergebung, Erklärung, Motivierung, Begründung, Rechtfertigung, **2.** Ausflucht, Ausrede, Vorwand, Alibi, Notlüge, Scheingrund, Vorspiegelung, **3.** Absage, Entschuldigungsschreiben, Krankmeldung, Attest.

500 **entsprechen 1.** gleichen, gleichkommen, gleichwertig/gleichartig/gemäß/angemessen sein, genügen, behagen, gefallen, belieben, konvenieren, **2.** willfahren, nachkommen, sich anpassen; entgegenkommen, gehorchen, stattgeben, bewilligen, genehmigen, zusagen, **3.** passen, fitten, geeignet sein, reimen, stimmen, übereinstimmen, hingehören, korrespondieren, korrelieren.

501 **entsprechend 1.** angemessen, gemäß, getreu, genau wie, ähnlich, gleich, ungefähr gleich, geeignet, wie gemacht/auf den Leib geschrieben, konform, kongruent, korrespondierend, übereinstimmend, passend, kompatibel, zusammengehörig, adäquat, maßstäblich, maßstabsgetreu, eins zu eins, proportional, parallel, analog; gebührend, geziemend, würdig, standesgemäß, zustehend, angebracht, zukommend, gerechtfertigt, gehörig, geboten; anstandshalber, nach Gebühr, der Form wegen, rechtmäßig, billig, verdientermaßen, im richtigen Verhältnis, **2.** wunschgemäß, wie gewünscht, zufriedenstellend, zugeschnitten auf, **3.** diesbezüglich, in dieser Beziehung, in diesem Punkt, in puncto, dementsprechend, hierin, **4.** laut, nach, zu, betreffend.

502 **Entsprechung 1.** Äquivalent, Gegenwert, Gegenstück, Seitenstück, Pendant, Korrelat, Pa-

rallele, **2.** Spiegelbild, Ebenbild, Gegenbild, Gegenschein, Spiegelung, Ähnlichkeit.

503 **entstehen 1.** werden, anfangen, beginnen, anheben, aufkommen, geschaffen/verursacht/kreiert werden, erstehen, sich bilden, formen; ins Dasein treten, **2.** keimen, sprießen, sprossen, knospen, ausschlagen, treiben, blühen, wachsen, erscheinen, zum Vorschein kommen, hervorkommen, herauskommen, hervorbrechen, ausbrechen, aufgehen, aufbrechen, aufkeimen, entsprießen, **3.** entspringen, entquellen, heraussprudeln, hervorsprudeln, seinen Ursprung haben, entfliehen, entströmen, ans Licht kommen, auftauchen, sichtbar werden, austreten, hervortreten, erscheinen, **4.** hervorgehen, erwachsen, sich entwickeln, ergeben, formen; Form/Gestalt annehmen, sich herauskristallisieren, herausbilden; zustande kommen, **5.** laut werden, verlauten, bekannt werden, aufkommen.

504 **enttäuschen** versagen, verwehren, verweigern, vereiteln, Hoffnung zunichtemachen, frustrieren, frusten, ernüchtern, entmutigen, abkühlen, desillusionieren, entzaubern.

505 **Enttäuschung** Fehlschlag, gescheiterte Hoffnung, Nachsehen, Schlag ins Wasser, Strich durch die Rechnung, Pleite, Reinfall; Ernüchterung, Desillusionierung, Dusche, Dämpfer, Entzauberung, bittere Pille; Vereitelung, Durchkreuzung, Versagung, Verweigerung, Frustrierung, Frustration, Frust, Katzenjammer.

506 **entwerten 1.** lochen, abstempeln, markieren, stempeln, knipsen, abreißen, ungültig machen, aufheben, außer Kraft setzen, kassieren, einziehen, aus dem Verkehr ziehen, außer Kurs setzen, **2.** herabsetzen, herabmindern, abwerten, abstufen, degradieren, disqualifizieren, im Wert mindern, verkleinern, abqualifizieren, Ansehen mindern, schlechtmachen, unterbelichten, niederziehen; verschlechtern, verschlimmern, Niveau senken, drücken, **3.** banalisieren, verflachen, breittreten, verballhornen, verkitschen, inflationieren, profanieren, **4.** schänden, entehren, entweihen, entwürdigen, verlästern, verspotten, verhöhnen.

507 **entwickeln (sich) 1.** werden, aufwachsen, schlüpfen, ausschlüpfen, auskriechen, Eierschalen abstreifen, den Kinderschuhen entwachsen, sich machen, mausern; geraten, heranwachsen, gedeihen, **2.** anwachsen, angehen, einwurzeln, wachsen, **3.** ausarbeiten, ausbauen, aufbauen, vergrößern, entfalten, fortentwickeln, weiterentwickeln, vervollständigen, vervollkommnen, **4.** fortkommen, vorwärts kommen, prosperieren, boomen, brummen, florieren, gut gehen, **5.** sich weiterentwickeln, rausmachen, machen, mausern, herausmachen, weiterbilden, fortbilden; dazulernen, leben lernen, an sich arbeiten, reifen, sich verbessern.

508 **Entwicklung 1.** Veränderung, Prozess, Werden, Wachsen, Entfaltung, Gedeihen, Wachstum, Wuchs, Reifen, Fortgang, Zunahme, Aufstieg, Zuwachs, Steigerung, Fortschritt, **2.** Aufbau, Ausbau, Erweiterung, Vergrößerung, Verbesserung, Vervollständigung, Bereicherung, Vollendung, **3.** Entwicklungsprozess, Entwicklungsgang, Ontogenese; Entwicklungsstufe, Entwicklungsphase, Entwicklungsstand, **4.** Entwicklungsgeschichte, Evolution, Genese, Phylogenese.

509 **Entzug 1.** Entziehung, Rausschleichen, Entwöhnung, Abgewöhnung, Fading-out, **2.** Drogenentzug, Alkoholentzug, Nikotinentzug, Liebesentzug.

510 **Erbe 1.** Erbschaft, Vorlass, Nachlass, Erbmasse, Legat, Hinterlassenschaft, Erbteil, Pflichtteil, ererbter Besitz, Altlasten, **2.** Nachfolge, Übernahme, Weiterführung, Fortführung; Überlieferung, Weitergabe, **3.** Nachkomme, Hinterbliebener, Überlebender, Nachfolger, Anwärter; Erbberechtigter, Haupterbe, Alleinerbe, Universalerbe, Miterbe, **4.** Testament, letzter Wille, Schenkung, Vermächtnis, Verfügung, **5.** Vererbung, Erbgut, Erbanlagen, Gen, Genom, DNA.

511 **erben** beerben, zufallen, zukommen, zusterben, überkommen, Erbe antreten/übernehmen, Erbschaft machen/antreten, nachfolgen, nachrücken, Hinterlassenschaft antreten.

512 **erfahren 1.** erleben, Erfahrungen machen, sich aneignen; kennen lernen, durchleben, Zeitzeuge/Zeitgenosse sein, selbst sehen, mit ansehen, mitmachen, dabei sein, miterleben, Augenzeuge sein, **2.** zu spüren bekommen, Lehrgeld zahlen, sich die Hörner abstoßen; erleiden, zustoßen, abkriegen, auszustehen haben, am eigenen Leibe erfahren, **3.** hören, vernehmen, in Erfahrung bringen, Kenntnis erhalten, entnehmen, erkennen, aufschnappen, mitkriegen, ermitteln, recherchieren, merken, mitbekommen, herausbekommen, läuten hören, zu Ohren kommen, dahinterkommen, entdecken.

513 **erfahren (sein) 1.** bewandert, weit gereist,

herumgekommen, umgetan, weltläufig, gewandt, versiert, gewitzt, gewieft, gewitzigt, beschlagen, ausgebufft, mit allen Wassern gewaschen, in allen Sätteln gerecht, abgebrüht, sachkundig, sattelfest, firm, kundig, sachverständig, vom Fach/Bau, geschult, geübt, vorbereitet, gut unterrichtet, auf der Höhe, erprobt, gelernt, routiniert, bewährt, fit, sicher, qualifiziert, fähig, geeignet, im Bilde, ausgebildet, eingearbeitet; souverän, überlegen, lebensklug, lebenserfahren, welterfahren, weltklug, gereift, reif, **2.** sich zu helfen wissen; nicht zu verblüffen sein, Menschenkenntnis haben, die Menschen kennen/zu nehmen wissen, sich auskennen.

514 **Erfahrung** **1.** Experiment, Beobachtung, eigene Anschauung, Empirie, Erkenntnis, Einsicht, Überzeugung, Verständnis, Begegnung, Erlebnis; Augenzeugenschaft, Zeitzeugenschaft, **2.** Übung, Schulung, Praxis, Erfahrungswert, Training, Routine, Beschlagenheit, Gewieftheit, Gewitztheit, Kundigkeit, Sicherheit, Background, Überlegenheit, Weitblick, Souveränität; Lebenspraxis, Lebenserfahrung, Welterfahrung, Weltläufigkeit, Weltgewandtheit, Weltklugheit, Weltweite, Weltkenntnis, Menschenkenntnis, Lebensklugheit, Weltwissen, Weisheit.

515 **Erfolg** **1.** Aufstieg, Anerkennung, Fortuna, Fortune, Glück, Gelingen, Gedeihen, Erfüllung, Bewältigung, Durchstoß, Durchbruch, Erdrutsch, **2.** Coup, Meisterstück, Meisterstreich, Husarenstück, Überraschungserfolg, Griff, Schnapp, Schnitt; Glücksfall, Erfolgsstory, **3.** Zulauf, Zustrom, Zuspruch, Run, Beifall, Bombenerfolg, Meilenstein, Markstein, Wegmarke, Triumph, Ruhm, **4.** Treffer, Volltreffer, Einschlag, Trumpf, Ass, Burner, Heuler, Kracher, Bringer, Brüller, Knaller, Hit, Bestseller, Verkaufsschlager, Renner, Selbstläufer, Quotenbringer, Heimspiel, Running Gag, Straßenfeger, Evergreen, **5.** Verwirklichung, Realisierung, Frucht, Ertrag, Produkt, Effekt, Trophäe, Ausbeute, Siegespreis, Fang, Beute.

516 **ergänzen (sich)** **1.** vervollständigen, vervollkommnen, ausbauen, ausgestalten, abrunden, runden, anbauen, aufstocken, nachtragen, zufügen, hinzusetzen, auffüllen, nachfüllen, zugießen, nachgießen, hinzutun, hinzufügen, adden, zugeben, vollmachen, komplettieren, nachbessern, updaten, aktualisieren, letzten Schliff geben, Lücke schließen, perfektionieren, bereichern, integrieren, **2.** beilegen, beifügen, beigeben, beipacken, mitschicken, anfügen, beischließen, anheften, anlegen, nachliefern, nachschicken, nachsenden, nachzahlen, zuzahlen, zulegen, draufzahlen, aufrunden, **3.** nachwachsen, sich erneuern, regenerieren, **4.** zusammenpassen, harmonieren, **5.** beiliegen, anliegen, dazugehören, **6.** einfügen, einbauen, einpflegen, einarbeiten, implementieren, anpassen, einlassen, einweben, einschieben, zwischenschieben, einbetten, einflicken, einblenden, einpassen, einschalten, einordnen, einrangieren, einreihen, einstufen, hineinstellen, **7.** zuleiten, zuführen, einströmen lassen; zulaufen, zuströmen, einströmen, zufließen, **8.** stückeln, anstückeln, zusammenstückeln, ansetzen, verlängern, einsetzen.

517 **Ergänzung** **1.** Erweiterung, Vergrößerung, Bereicherung, Vervollkommnung, Vervollständigung, Komplettierung, Perfektionierung, Hinzufügung, Konjektur, Ausbau, Abrundung, **2.** Nachtrag, Zusatz, Annex, Nachwort, Nachsatz, Anhang, Fußnote, Randnote, Anmerkung, Klausel, Novelle, Begleitwort, Erläuterung, Randbemerkung, Marginalie, Glosse, Nachschrift, Füllsel, Nachklapp, Anhängsel, Postskriptum, Nachlese, Untertitel, Übertitel, Bildunterschrift, Vorspann, Nachspann, Abspann, **3.** Zugabe, Beifügung, Anlage, Beistück, Attachement, Beipack, Einschluss, Einlage, Zubehör, Supplement, App, Extras, Nachlieferung, Nachsendung, Folge, Fortsetzung, Sequel; Nachzahlung, Zuzahlung, Zuschuss, Zulage, Beihilfe, Nebenverdienst, Nebeneinnahme, Zusatzverdienst, zusätzliche Einnahme, Nebeneinkünfte, Überstunden, **4.** Einbau, Anbau, Exkurs, Einschub, Einsprengsel, Parenthese, Einschiebsel, Einblendung, Einwurf, Zwischenruf, **5.** Zuleitung, Zufluss, Zustrom, Nebenfluss, Zuführung, Zulauf, Flussarm, Nebenarm, Seitenarm, **6.** Begleiterscheinung, Nebenerscheinung, Nebenwirkung, Kollateralschaden, Randerscheinung, Randfigur, Epiphänomen, Serendipität, **7.** Zufuhr, Auffüllung, Zugang, Nachschub, Nachschlag, **8.** Zuleitung, Zufahrt, Auffahrt, Zufahrtstraße, Zubringer, **9.** Appendix, Blinddarm, Wurmfortsatz.

518 **Ergebnis** Resümee, Fazit, Resultat, Ausbeute, Quintessenz, Frucht, Summe, Endsumme, Endbetrag, Bilanz, Ausgang, Lösung, Auflösung, Gesamtergebnis, Heerschau, Endergebnis, Endfassung, Director's Cut, Endstand.

519 **erhalten (sich)** **1.** bekommen, empfangen,

kriegen, zuteilwerden, geschenkt bekommen, abbekommen, mitbekommen, abkriegen, erlangen; zugehen, geschickt bekommen, **2.** haltbar machen, konservieren, tiefkühlen, einfrieren, frosten, einkochen, eindünsten, einmotten, einmachen, einschweißen, sterilisieren, einwecken, keimfrei machen, pasteurisieren, evaporieren, verdampfen, entwässern, Wasser entziehen, kondensieren, verdichten; einlegen, beizen, einsalzen, einpökeln, selchen, marinieren, räuchern; kandieren, verzuckern, präparieren, dauerhaft machen, abkochen, auskochen, vor dem Verfall bewahren, **3.** sich ernähren, durchbringen, durchschlagen; Lebensunterhalt verdienen / bestreiten, durchkommen, leben von, sich durchs Leben schlagen; Leben fristen; durchhelfen, am Leben halten, versorgen, versehen, unterhalten, durchfüttern, aushalten, finanzieren, hineinpumpen, **4.** einbalsamieren, mumifizieren; konservieren, ausstopfen.

520 **erheben (sich)** **1.** sich aufrichten, aufsetzen, hinstellen, auf die Füße stellen; aufstehen, **2.** sich heben, aufschwingen, hochrappeln, aufraffen; aufgehen, aufsteigen, hochschnellen, aufschießen, hochschießen, steigen, abstieben, aufstieben, abheben, **3.** hochkommen, auftauchen, an die Oberfläche kommen; in Sicht kommen, sichtbar werden, erklimmen, hochsteigen, sich über den Horizont erheben, **4.** erigieren, Ständer kriegen; sich versteifen, **5.** revoltieren, sich auflehnen.

521 **erholen, sich** **1.** entspannen, ausspannen, ruhen, feiern, ausruhen, ausschlafen, im Bett liegen / bleiben, Ferien machen, aussetzen, Urlaub nehmen, verschnaufen, erquicken, verpusten, rasten, Rast / Pause machen, regenerieren, pausieren, sich laben, kräftigen, stärken; abschalten, chillen, downlowen, abhängen, abschlaffen, Atem schöpfen, Luft schnappen, aufatmen, **2.** gesund werden, gesunden, genesen, aufleben, aufkommen, erstarken, ausnüchtern, sich kräftigen; ausheilen, vernarben; sich machen; wieder aufstehen, geheilt werden, sich regenerieren, berappeln, **3.** sich aalen, sielen, rekeln; lotteln, relaxen, alle viere von sich strecken, auf der faulen Haut liegen, nichts tun, faul sein, neue Kräfte sammeln, auftanken; herumlungern, fläzen, flegeln, lümmeln, sich gehen lassen.

522 **Erholung** **1.** Entspannung, Ausspannung, Atempause, Arbeitspause, Pause, Break, Siesta, Rast, Ruhepause, Mittagsruhe, Verschnaufpause, Mußestunde, Nichtstun, Erquickung, Erfrischung, Belebung, Rekreation, Regeneration, Freizeit, freie Zeit, Erholungszeit, Urlaub, Ferienzeit, Urlaubszeit, Ferien, Ruhe, Muße, Luftwechsel, Luftveränderung, Tapetenwechsel, Kur, Sommerfrische, **2.** Genesung, Besserung, Linderung, Rekonvaleszenz, Aufkommen, Gesundung, Wiederherstellung, Rehabilitation, Kräftigung, Heilung, Stärkung, Neubelebung, Jungborn, Aufschwung, Neugeburt, Jungbrunnen, Gesundbrunnen, **3.** Schlaf, Schlummer, Schläfchen, Nickerchen, Mittagsschlaf, Nachtruhe, Winterschlaf, **4.** Ruhetag, Feiertag, Festtage, Festtag; Wochenende, Sonntag, Sabbat; Auszeit, Freisemester, Sabbatjahr.

523 **erinnern (sich)** **1.** in den Sinn kommen, sich entsinnen, besinnen; wieder einfallen, wachrufen, ins Gedächtnis rufen, wiedererkennen, rekonstruieren, zurückdenken, zurückblicken, zurückschauen, nachträumen, sich zurückrufen, zurückversetzen; Revue passieren lassen, nacherleben, Vergangenheit lebendig machen, wieder auftauchen, wiederkommen, aufleben lassen, wieder erwachen, sich wieder einstellen; aktivieren, auffrischen, **2.** behalten, sich merken, einprägen; memorieren, ins Gedächtnis schreiben, aufnehmen, sich zu eigen machen, hinter die Ohren schreiben; denken an, **3.** gedenken, Andenken bewahren, eingedenk sein, **4.** anklingen, gemahnen, heraufrufen, erinnern an, **5.** erinnerlich sein, im Kopf haben, auswendig wissen, im Gedächtnis haben, gegenwärtig / lebendig / präsent / unvergessen / unverwischbar / unvergesslich sein, gegenwärtig haben, nachklingen, nachhallen.

524 **Erinnerung** **1.** Gedächtnis, Mneme, Erinnerungsvermögen, Gedächtniskraft, Gedächtnisleistung, Merkfähigkeit, Angedenken, Gedenken, Nacherleben, Rückschau, Rückblick, Rückblende, Reminiszenz, **2.** Gedenkrede, Nachruf, Nekrolog, Würdigung, Gedächtnisrede, Gedenkfeier, Schweigeminute, **3.** Denkzeichen, Merkzeichen, Merkzettel, Lesezeichen, Notizzettel, Terminkalender, PDA, Netbook, Terminplaner, Organizer, Tagebuch, Diarium, Kalender, Chronik, Annalen; Andenken, Souvenir, Erinnerungsstück, Erbstück, Sehnsuchtsobjekt, Madeleine, Rosebud; Weblog, Blog, **4.** Abglanz, Nachklang, Nachruhm, Nachglanz.

525 **erklären** **1.** erläutern, auseinanderlegen, entfalten, auseinandersetzen, entwickeln, darle-

gen, darstellen, klarmachen, kommunizieren, verklaren, explizieren, exemplifizieren, dolmetschen, verdeutschen, klarlegen, rekonstruieren, zeigen, ausführen, aufzeigen, vorführen, demonstrieren, **2.** definieren, bestimmen, Begriff bilden, abgrenzen, festlegen, eingrenzen, determinieren, **3.** illustrieren, verdeutlichen, veranschaulichen, verlebendigen, beleuchten, greifbar/sichtbar machen, ausmalen, vor Augen führen, visualisieren, konkretisieren, anschaulich machen, bildlich darstellen, vergegenständlichen, verbildlichen, verdinglichen, interpretieren, kontextualisieren, deuten, ausdeuten, auslegen, herausarbeiten, kommentieren, **4.** aufklären, orientieren, unterrichten, einweihen, einführen, ins Bild setzen, Licht aufstecken, begründen, motivieren, erhellen, Streiflicht werfen auf, vertraut machen, nahe bringen, Verständnis wecken, **5.** deklarieren, beschriften, Bildunterschriften machen, texten, etikettieren, ausschildern.

526 **Erklärung 1.** Erläuterung, Darlegung, Explikation, Entfaltung, Auseinanderlegung, Ausführung, Aufschluss, Klärung, Demonstration, Vorführung, Einführung, Unterrichtung, Aufklärung, Information, Statement, **2.** Verdeutlichung, Illustrierung, Illustration, Konkretisierung, Veranschaulichung, Vergegenständlichung, Darstellung, Verbildlichung, Visualisierung, Interpretation, Deutung, Ausdeutung, Auslegung, Kontextualisierung, Lesart, Kommentierung, **3.** Definition, Begriffsbildung, Abgrenzung, Eingrenzung, Standortbestimmung, Verortung, Peilung, Bestimmung, Festlegung, Determination, **4.** Unterschrift, Bildunterschrift, erklärender Text, Spruchband, Banderole, Beschriftung, Bezeichnung, Inschrift, Legende, **5.** Deklaration, Programm, Manifest, offener Brief; Grundsatzerklärung, Regierungserklärung, Parteiprogramm.

527 **erkranken** krank werden, kränkeln, etwas ausbrüten, unpässlich sein, sich anstecken; etwas fangen/erwischen/abkriegen/aufschnappen/einfangen, sich erkälten, verkühlen; angefallen werden, sich etwas zuziehen; befallen, anfallen, anfliegen.

528 **erlauben (sich) 1.** gestatten, bewilligen, Einverständnis/Okay geben, anheimgeben, sich einverstanden erklären; genehmigen, stattgeben, zuerkennen, erhören, Einsehen haben, freien Lauf/hingehen lassen, tolerieren, ja und amen sagen, geschehen/fünf gerade sein/gelten lassen; konzedieren, einwilligen, gutheißen, zustimmen, zulassen, dulden, hinnehmen, sich gefallen lassen; durchgehen lassen, nachsehen, zubilligen, anheimstellen, freistellen, gönnen, vergönnen, zugeben, freie Hand lassen, einräumen, zugestehen, **2.** befugen, bevollmächtigen, ermächtigen, autorisieren, berechtigen, beglaubigen, privilegieren, konzedieren, sanktionieren, approbieren, Approbation erteilen, zulassen, Vollmacht/Prokura erteilen, Lizenz vergeben, lizenzieren, legitimieren, **3.** sich gestatten, die Freiheit nehmen, nicht scheuen/entblöden, unterfangen, herausnehmen; Lippe riskieren, **4.** sich herablassen; gnädig/huldreich sein, schmelzen; bereit /geneigt sein, sich bereitfinden, bequemen, herbeilassen; geruhen.

529 **Erlaubnis 1.** Einwilligung, Zustimmung, Zusage, Zuschlag, Jawort, Bewilligung, Billigung, Duldung, Stillschweigen, Wohlverhalten, Hinnahme, Freigabe, Freistellung, Dispensierung, Dispens, Zugeständnis, Plazet, Einverständnis, Einvernehmen, Beifall, Anerkennung, **2.** Ermächtigung, Vollmacht, Prokura, Blankovollmacht, Bevollmächtigung, Befugnis, Berechtigung, Genehmigung, Permission, Lizenzierung, Lizenz, Recht, Autorisierung, Einräumung, Konzession, Zulassung, Approbation, Bewilligung, Privileg, **3.** Freibrief, Freiheit, Befreiung; Erhörung, Gewährung, Bestätigung, Anerkennung, Sanktionierung; Sondergenehmigung, Sonderrecht, Sondererlaubnis.

530 **erledigen 1.** tun, machen, besorgen, verrichten, vollführen, ausführen, durchführen, bewerkstelligen, daran arbeiten, in der Mache haben, abwickeln, abarbeiten, verwirklichen, vollziehen, vollstrecken, in die Tat umsetzen, tätigen, vollenden, erfüllen, abschließen, absolvieren, beendigen, fertig machen, abhaken, eintüten, abfrühstücken, beseitigen, abtun, zu Ende bringen, fertig werden mit, vollbringen, fertig stellen, ablegen, abheften, zu den Akten legen, hinter sich bringen, durchziehen, loswerden, sich entledigen, **2.** ausfertigen, unterschreiben, abzeichnen, abfertigen, ausstellen, ausfüllen, ausschreiben, **3.** abschießen, liefern, stürzen; töten.

531 **erledigt 1.** ausgemacht, abgemacht, fertig, fest, fix, abgeschlossen, getan, abgetan, gebongt, ausgeführt, erfüllt, spruchreif, geregelt, perfekt, vollzogen, unter Dach, vom Tisch, entschieden, besiegelt, beschlossene Sache, angenommen, akzeptiert, bezahlt, quitt, unwiderruflich, gebilligt, handelseinig, abgeliefert,

ausgefertigt, unterschrieben, Brief und Siegel, zu den Akten, Schluss, in Ordnung, ad acta, Schwamm drüber, nichts mehr zu machen, **2.** bankrott, zahlungsunfähig, überschuldet, verschuldet, illiquide, insolvent, geplatzt, verkracht, gescheitert, gestrandet, geliefert, ruiniert, verloren, aufgeschmissen, im Eimer, zappenduster, zerrüttet, am Ende, ganz unten, fertig, vernichtet, zuschanden, gebrochen, geschlagen, unrettbar, verzweifelt, **3.** unten durch, in Misskredit/Ungnade, gesellschaftlich unmöglich, geschnitten, verfemt, verpönt, ausgeschlossen, ausgestoßen, verworfen, geächtet, bloßgestellt, unsterblich blamiert, stigmatisiert, gebrandmarkt, degradiert, gezeichnet, verachtet, kompromittiert, unmöglich gemacht, boykottiert, disqualifiziert, gerichtet, verurteilt, verdammt; am Boden, knock-out, k. o., schachmatt, ausgepunktet, ausgezählt, kampfunfähig, geschlagen, besiegt, vernichtend geschlagen, **4.** abgeblasen, abgebrochen, abgemeldet, gestrichen, gelöscht, annulliert, gestorben, **5.** abgearbeitet, müde.

532 **Erledigung 1.** Ausführung, Durchführung, Abfertigung, Verrichtung, Bewerkstelligung, Tätigung, Besorgung, Beendigung, Absolvierung, Abwicklung, **2.** Abschluss, Bewenden, Erfüllung, Vollendung, Ablieferung, Ausfertigung, Unterschrift, Ablage.

533 **ermitteln** recherchieren, Ermittlungen/Nachforschungen anstellen, nachforschen, fahnden, ausfindig machen, erkunden, Informationen beschaffen, untersuchen, nachspüren, auskundschaften, Erkundigungen einziehen, ausforschen, in Erfahrung bringen, auf den Grund gehen, aufklären, ergründen.

534 **Ermittlung** Recherche, Nachforschung, Ausforschung, Erkundigung, Erkundung, Suche, Erforschung, Sondierung, Fahndung, Strafverfolgung, Aufklärung.

535 **ermöglichen 1.** möglich machen, einrichten, Gelegenheit suchen, sehen, was man tun kann, zulassen, **2.** befähigen, Gelegenheit bieten, Weg ebnen, instand/in die Lage versetzen, vorbereiten, vorarbeiten, ausrüsten, ertüchtigen, Voraussetzung schaffen, präparieren, schulen, unterstützen, protegieren, unter die Fittiche nehmen.

536 **ermüden 1.** müde machen, anstrengen, erschöpfen, aufreiben, aushöhlen, entkräften, schwächen, überfordern, auspumpen, auffressen, fertigmachen, auf die Knochen gehen, Kräfte aufzehren, an den Nerven zerren, schaffen, überanstrengen, hetzen, zermürben, krank machen, plagen, schlauchen; schwer fallen, Mühe machen, Schweiß kosten, verzehren, **2.** müde werden, nachlassen, nicht mehr können, abfallen, erschlaffen, ermatten, erlahmen; sich überanstrengen, überfordern, übernehmen, schwer tun, zu viel zumuten, verausgaben, überarbeiten, abhetzen, abjagen, abrackern, abschinden, abarbeiten, fronen, placken; mutlos werden, Mut verlieren, blass/kraftlos werden, der Erschöpfung nahe sein, schlappmachen, durchhängen.

537 **Ermüdung 1.** Müdigkeit, Schläfrigkeit, Schlafbedürfnis, Übermüdung, Mattigkeit, Müdseligkeit, Schwächung, Schwunglosigkeit, Schlaffheit, Abspannung, Entkräftung, Ermattung, Erschlaffung, Erschöpfung, Burn-out, **2.** Überarbeitung, Überanstrengung, Überlastung, Überbürdung, Überforderung, Überspannung, Kräfteverfall, Zermürbung, Zusammenbruch.

538 **ermuntern 1.** aufmuntern, zureden, zusprechen, anspornen, bereden, zu bewegen suchen, drängen, überreden, beeinflussen, antreiben, anstoßen, gut zureden, anraten, anempfehlen, **2.** ermutigen, Mut machen, anregen, animieren, anspitzen, motivieren, Kick geben, Stoß versetzen, stimulieren, aufrütteln, aufrichten, beleben, stärken, aktivieren; bestärken, aufmöbeln, bestätigen, Nacken steifen, unterstützen, Rücken stärken.

539 **Ernährung 1.** Nahrungsaufnahme, Nahrungszufuhr, Alimentation, Verköstigung, Verpflegung, Atzung, Fütterung; Nahrung, Essen und Trinken, Kost, Speis(e) und Trank, Proviant, Mundvorrat, Wegzehrung, **2.** Nahrungsmittel, Lebensmittel, Naturalien, Viktualien, Fressalien, Esswaren.

540 **erneuern (sich) 1.** austauschen, auswechseln, ausbessern, auffrischen, aufarbeiten, instand setzen, reparieren, Schäden beheben, umbauen, überholen, umarbeiten, renovieren, verändern, wenden, restaurieren, rekonstruieren, wiederherstellen, instand mogeln, wieder aufbauen, aufforsten, aufpolieren, tapezieren, neu gestalten, wieder herrichten, flottmachen, **2.** plombieren, füllen, kitten, leimen, löten, dicht machen, abdichten, zustopfen, gipsen, ausfüllen, sohlen, riestern, flicken, stopfen, Stücke einsetzen, **3.** reformieren, umorganisieren, umstrukturieren, reorganisieren, umgestalten, verbessern, revolutionieren, modernisieren, umwälzen, umwandeln, aktualisieren,

updaten, upgraden, resetten, **4.** wiederholen, bekräftigen, neu beleben, aktivieren, auffrischen, **5.** erfrischen, erquicken, sich verjüngen; aufblühen, aufleben; wiederaufflackern, auferstehen, wiedererstehen, wiederaufleben, Urständ feiern, wiederbeleben, wiederauferstehen lassen, revitalisieren.

541 **Erneuerung** **1.** Ausbesserung, Auffrischung, Instandsetzung, Renovierung, Restaurierung, Runderneuerung, Wiederherstellung, Reparatur, Änderung, Umarbeitung, Umbau, Aufarbeitung, Neugestaltung, Modernisierung, Update, Upgrade, Reset, Aktualisierung, Rekonstruktion, Wiederaufbau, Aufforstung, **2.** Auferstehung, Wiedererstehung, Neuwerdung; Verjüngung, Lifting, Frischzellenkur, Regeneration, Wiedergeburt, Reinkarnation, Neugeburt, Wiedererweckung, Neubelebung, Wiederaufleben, Wiedererblühen, Wiederbelebung, Revival, Wiederaufnahme, **3.** Neufassung, Remake, Neuverfilmung.

542 **ernst** **1.** ernsthaft, streng, entschieden, seriös, gesetzt, würdevoll, nüchtern, sachlich, aufrichtig, **2.** steif, humorlos, gestreng, trocken, todernst, **3.** im Ernst, ernst gemeint, ohne Spaß, kein Scherz, allen Ernstes, **4.** bedenklich, bedrohlich, nicht ungefährlich, beunruhigend, bitterernst, gravierend, ernstlich, besorgniserregend, kritisch.

543 **ernten** pflücken, abmachen, ablösen, abbrechen, abpflücken, zupfen, abzupfen, schütteln, herunterholen, herunternehmen, abnehmen, schneiden, lesen, mähen, einbringen, einfahren, in die Scheuer bringen, aufklauben, auflesen, einsammeln, nachlesen; hereinbringen, speichern, gewinnen, erzielen, einheimsen.

544 **eröffnen** **1.** anfangen, beginnen, aufmachen, gründen, Grundstein legen, einrichten, etablieren, sich niederlassen; anlegen, **2.** weihen, einweihen, taufen, enthüllen, der Öffentlichkeit übergeben, **3.** erschließen, urbar/nutzbar/zugänglich machen, wirtschaftlich erschließen.

545 **erregt** **1.** aufgeregt, beunruhigt, besorgt, unruhig, ruhelos, zappelig, vibrierend, mit Herzklopfen, kribbelig, bebend, zitternd, nervös, verstört, angespannt, hektisch, übererregt, atemlos, fiebrig, aufgeladen, aufgeheizt, übernervös, alteriert, outriert, überreizt, **2.** berührt, beeinflusst, beeindruckt, gerührt, ergriffen, emotionalisiert, affektiv, bewegt, gepackt, erschüttert, aufgewühlt, **3.** begeistert, gehoben, aufgekratzt, erfüllt, weg, entzückt, fasziniert, feurig, glühend, in Fahrt, leidenschaftlich, passioniert, rauschhaft, verzückt, im siebten Himmel, entrückt, Feuer und Flamme, hochgestimmt, euphorisch, hymnisch, trunken, erhitzt, hingerissen, außer sich, exaltiert, ekstatisch, schwärmerisch, bezaubert, verzaubert, verklärt, betört, gebannt, aufgelöst, berauscht, dionysisch, dithyrambisch, orgiastisch, überspannt, frenetisch, rasend, enthusiastisch, enthusiasmiert, mit fliegenden Fahnen.

546 **Erregung** **1.** Erregbarkeit, Erregungsbereitschaft, Dauerempörung, Daueraufregung, Erregungswelle; Aufregung, Erregtheit, Beunruhigung, Aufgeregtheit, Gemütsbewegung, Gemütserregung, Affekt, Gefühlsspannung, Wallung, Paroxysmus, Verstörtheit, Nervosität, Unruhe, Ungeduld, Schlaflosigkeit, Ruhelosigkeit, Hochspannung, Anspannung, Zappeligkeit, Herzklopfen, Herzflimmern, Lampenfieber, **2.** Ergriffenheit, Erschütterung, Bewegtheit, Emotion, Rührung; Wut, Stinkwut, Zorn, **3.** Begeisterung, Enthusiasmus, Entzücken, Entzückung, Rausch, Entrückung, Verzückung, Erhobenheit, Exaltiertheit, Hochgefühl, Trance, Entrücktheit, Besessenheit, Obsession, Faszination, Bezauberung, **4.** Leidenschaft, Passion, Affekt, Feuer, Glut, Brand, Fieber, innerer Aufruhr, Überschwang, Höhenflug, Gärung, Aufwallung, Hochstimmung, Ekstase, Taumel, Trunkenheit, Trip, **5.** Kurzschlusshandlung, Affekthandlung, Verzweiflungstat.

547 **Ersatz** **1.** Behelf, Notbehelf, Provisorium, Zwischenlösung, Interimslösung, Notlösung, Plan B, Flickwerk, Notvorrat, eiserne Ration, **2.** Ersatzstoff, Surrogat, Substitut, Äquivalent, Ersatzmittel, Austauschstoff, Hilfsmittel, **3.** Prothese, künstliches Glied, Spenderorgan, Transplantat, Zahnersatz, Zahnprothese, Brille, Kontaktlinsen, Perücke, Toupet, **4.** Ersatzmann, Reservemann, Stellvertreter, Auswechselspieler, Zweitbesetzung; Double, Stuntman, Stunt, Vertreter.

548 **erstarren (lassen)** **1.** fest werden, sich verfestigen; gelieren, steif werden, gerinnen, eindicken, **2.** erkalten, auskühlen, abkühlen, frieren, gefrieren, zu Eis werden, vereisen, **3.** klumpen, flocken, sich zusammenballen; kristallisieren, verhärten, verkalken, verknöchern, zu Stein werden, petrifizieren, **4.** sich verkrampfen, versteifen, verspannen, verhärten; versteinern.

549 **Erstaunen** Verwunderung, Staunen, Aufsehen, Befremden, Befremdung, Irritation, Überraschung, Überrumpelung, Erstarrung, Betäubung, Verwirrung, Verblüffung, Bestürzung, Betroffenheit, Sprachlosigkeit, Fassungslosigkeit, Frappiertheit, Schreck, Schock; Eklat, Skandal, Sensation, Bombe; Überraschungsei, Wundertüte, Glückskarte.

550 **erstaunlich** verwunderlich, merkwürdig, auffallend, bemerkenswert, wunderbar, überraschend, verwirrend, verblüffend, bestürzend, erschreckend, schockierend, frappant, Aufsehen erregend, ausgefallen, wundersam, sonderbar, seltsam, befremdend, befremdlich, exotisch, irritierend, staunenswert, phänomenal, bewundernswert, stupend, bewunderungswürdig.

551 **erstklassig** erstrangig, unübertroffen, uneinholbar, unerreicht, unnachahmlich, non plus ultra, prima, das Beste, optimal, eins a, de luxe, super, vom Besten/Feinsten, allerfeinst, führend, allen überlegen, überragend, ausnehmend, sondergleichen; Spitzenleistung, Meisterstück, Spitze, Klasse, erste Sahne, Meisterleistung, Meisterwerk, Höchstleistung, Krone, Gipfel, erste Qualität, große Klasse, Spitzenklasse; obenan, ganz vorn, nicht zu schlagen, konkurrenzlos.

552 **erwarten** **1.** annehmen, gewärtigen, entgegensehen, für sicher halten, nicht zweifeln, sicher sein, rechnen mit, spannen/setzen/zählen/bauen/vertrauen/gespannt sein/rechnen /Aussicht haben/spekulieren auf; sich verlassen, spitzen, freuen auf, etwas versprechen von; reflektieren auf, **2.** erhoffen, erträumen, herbeisehnen, herbeiwünschen, erharren, Ausschau halten nach, den Mut nicht sinken lassen, hoffen auf, **3.** fürchten, befürchten, kommen sehen, vorhersehen, nichts Gutes ahnen, sich gefasst machen auf; voraussehen, vorausahnen, schwanen.

553 **Erwartung** **1.** Annahme, Hoffnung, Glaube, Zuversicht, Traum, Ahnung, Vorgefühl, Vorfreude, Vorgeschmack, Kostprobe, Spannung, Ungeduld, **2.** Berechnung, Kombination, Spekulation, **3.** Aussicht, Chance, Möglichkeit, Gelegenheit, Silberstreifen, Lichtblick, Zukunftsglaube, Hoffnungsanker.

554 **erwidern** **1.** antworten, beantworten, bescheiden, zurückschreiben, zurückrufen, Aufschluss geben, Rede stehen, eingehen auf, bestätigen, zusagen, absagen, Bescheid geben, **2.** entgegnen, Gegenteil behaupten, widersprechen, einwenden, dagegenhalten, widerlegen, entkräften, zurückweisen, ad absurdum führen, dawiderreden, Widerworte geben, bekämpfen, Lügen strafen, Veto einlegen, Kontra geben, Bescheid stoßen, kontern, entgegenhalten, entgegensetzen, Angriff abfangen, Ball zurückspielen, einhaken, entgegenstellen, gegenüberstellen, versetzen, austeilen, replizieren, zurückgeben, nichts schuldig bleiben, sich verwahren gegen; Einspruch erheben, Einwände vorbringen, protestieren, bestreiten, widerstreiten.

555 **Erwiderung** **1.** Antwort, Rückäußerung, Beantwortung, Bescheid, **2.** Entgegnung, Replik, Retourkutsche, Widerspruch, Einrede, Einwand, Einwurf, Konter, Demarche, Einspruch, Entkräftung, Gegenrede, Widerrede, Gegenäußerung, Gegenwort, Anfechtung, Gegenargument, Gegenstimme, Gegenbeweis, Gegenvorschlag, Entgegenstellung, Gegenbehauptung, Antithese, Widerlegung.

556 **Erzählung** **1.** Schilderung, Darstellung, Narration, **2.** Geschichte, Story, Short Story, Kurzgeschichte, Novelle, Roman, Verserzählung, Versroman, Epos, Heldenepos, Epopöe, Legende, Sage, Fabel, Mythos, Märchen, Anekdote, Parabel; Bildgeschichte, Cartoon, Comic.

557 **erzeugen** **1.** schaffen, erschaffen, hervorrufen, ans Licht rufen, hervorbringen, verursachen, entstehen lassen, generieren, kreieren, **2.** zeugen, bestäuben, besamen, befruchten, begatten, decken, **3.** herstellen, bereiten, machen, fertigen, anfertigen, verfertigen, produzieren, fabrizieren, erstellen, erarbeiten, **4.** bauen, erbauen, errichten, aufführen, hinstellen, aufrichten, konstruieren, **5.** säen, aussäen, besäen, setzen, pflanzen, anbauen, anpflanzen, bebauen, bestellen, bewirtschaften, kultivieren, pflegen, ziehen, züchten, **6.** erfinden, ersinnen, erdenken, erdichten, formen, bilden, gestalten, aushecken, ausbrüten.

558 **Erzeuger** Urheber, Gründer, Vater, Erfinder, Stammvater, Initiator, Hersteller, Fertiger, Produzent, Verleger, Konstrukteur, Entwerfer, Designer, Modeschöpfer.

559 **Erzeugnis** Ergebnis, Produkt, Artikel, Präparat, Fabrikat, Ware, Konsumgut, Gebrauchsgut, Serienprodukt.

560 **Erzeugung** **1.** Zeugung, Erschaffung, Schöpfung, Urheberschaft, Vaterschaft, **2.** Produktion, Generierung, Herstellung, Fabrikation, Fertigung, Anfertigung, Verfertigung, Serienproduktion, industrielle Herstellung, **3.** Auf-

bau, Aufrichtung, Errichtung, Erstellung, Bau, Konstruktion; Erfindung, Erdichtung, Kreation, **4.** Anbau, Anpflanzung, Bepflanzung, Saat, Aussaat, Bestellung, Bebauung.

561 **erziehen** formen, bilden, heranbilden, sozialisieren, einwirken, pädagogisch anleiten, fördern, mündig werden lassen.

562 **Erziehung 1.** Aufzucht, Brutpflege; Edukation, Sozialisation, Sozialisierung, Persönlichkeitsentwicklung, Bildung, Förderung, Mündigkeitshilfe; Prägung, Formung, Zucht, Schliff, Kinderstube, **2.** Ausbildung, Belehrung, Bildung, Unterweisung, Schulung, Anleitung, Anweisung.

563 **essen 1.** sich ernähren; Nahrung zu sich nehmen, Hunger stillen, sich sättigen; verzehren, aufzehren, verspeisen, löffeln, sich einverleiben; über das Essen herfallen, sich zuführen, stärken; vertilgen, mit vollen Backen kauen, sich vollstopfen; Bauch vollschlagen, futtern, mampfen, schlemmen, verdrücken, verputzen, essen wie ein Scheunendrescher, sich hermachen über; verschlingen, hinunterschlingen, wegschroten, verspachteln; zu viel essen, sich den Magen verderben, überessen, **2.** speisen, tafeln, picknicken, frühstücken, brunchen, lunchen, dinieren, vespern, soupieren, **3.** naschen, knabbern, leckern, picken, kosten, mümmeln, schnabulieren, sich laben, gütlich tun; schleckern, knuspern, schmausen, **4.** kauen, zerkleinern, zermalmen, abbeißen, hineinbeißen, in den Mund stecken/schieben, schlucken, hinunterschlucken, schnell essen, schlingen; nagen, abnagen, abessen, **5.** schmatzen, schlürfen, geräuschvoll essen, **6.** fressen, äsen, weiden, grasen, abweiden, abkauen, abgrasen, kahl fressen.

564 **Essenz 1.** Wesen, Kern, das Wesentliche, Sosein, Mark, Quintessenz, Substanz, Inbegriff, Grundgedanke, Essential, springender Punkt, **2.** Extrakt, Konzentrat, Seim, Sirup, Auszug, Absud, Aufguss, Tinktur, Balsam, Elixier.

565 **Europa 1.** Abendland, Okzident, Alte Welt, Westeuropa, Mitteleuropa, Osteuropa, Südeuropa, Nordeuropa, **2.** europäisch, abendländisch, okzidental, westeuropäisch, mitteleuropäisch, osteuropäisch, südeuropäisch, nordeuropäisch.

566 **Exemplar** Einzelstück, Stück, Ding, Nummer, Ausfertigung, Muster, Probe, Band, Individuum.

567 **Existenz** Dasein, Sein, Daseinsform, Leben, Vorhandensein, Vorkommen, Anwesenheit, Bestehen.

# F

568 **Fach 1.** Schubfach, Ablage, Schubkasten, Gefach, Schublade, Lade, **2.** Disziplin, Wissensgebiet, Fachgebiet, Sachgebiet, Sparte; Unterrichtsfach, Arbeitsgebiet, Ressort, Zweig, Spezialgebiet.

569 **fachlich 1.** beruflich, einschlägig, speziell, spezialistisch, wissenschaftlich, fachgemäß, fachmännisch, fachgerecht, zunftgerecht, zunftgemäß, waidmännisch, sachkundig, sachgemäß, zünftig, fachkundig, gekonnt, gelernt, meisterhaft, materialgerecht, werkgerecht, kunstgerecht, richtig, **2.** kennerhaft, sachverständig, vom Bau/Fach, von Berufs wegen, professionell, qualifiziert, routiniert, ausgebufft, maßgebend, autoritativ, erfahren.

570 **Fachmann** Kenner, Sachverständiger, Sachkenner, Fachkraft, alter Hase, Profi, Insider, Routinier, Praktiker, Experte, Autorität, Kapazität, Spezialist, Fachgröße, Koryphäe, Größe, Kanone, Schwergewicht, große Nummer, Meister, Könner, Künstler, Virtuose, Leuchte, großes Licht.

571 **fad 1.** würzlos, ungewürzt, salzlos, ungesalzen, geschmacklos, unschmackhaft, gehaltlos, saftlos, matt, flau, mau, plörrig, eingeschlafene Füße, lasch, schal, wässerig, abgestanden, labberig, nach nichts, leer, öde, duftlos, geruchlos, unaromatisch, **2.** langweilig, charakterlos, ausdruckslos, unanschaulich, gesichtslos, dröge, abgezogen, unplastisch, reizlos, unansehnlich, unscheinbar, blutarm, unattraktiv, unerotisch, keimfrei, aseptisch, asexuell.

572 **Faden 1.** Bindfaden, Schnur, Kordel, Strick, Strippe, Leine, Seil, Strang, Tau, Trosse, **2.** Garn, Nähfaden, Zwirn, Zwirnsfaden, Seidenfaden, Wollfaden, Strickgarn, Stickgarn, Häkelgarn, **3.** Faser, Fiber, Fussel, Fluse.

573 **fähig 1.** geeignet, qualifiziert, tauglich, befähigt, vermögend, imstande, geartet, veranlagt, begabt, geschaffen/geboren zu, prädestiniert für, begnadet, talentiert, geschickt, gewandt, anstellig, tüchtig, brauchbar, patent, famos, firm, praktisch, lebenstüchtig, leistungsfähig, verwendbar, einfallsreich, ideenreich, findig, experimentierfreudig, **2.** aufgelegt, disponiert, gestimmt, gelaunt, zumute, gesonnen, in der Lage, **3.** vorbereitet, vorgesehen, geschult, geübt, gewappnet, gerüstet, stark, schlagkräftig.

574 **Fähigkeit** Begabung, Talent, Befähigung, Vermögen, Können, Potential, Eignung, Tauglichkeit, Gabe, Gnade, starke Seite, Anlage, Veranlagung, Zeug dazu, Ader, Qualifikation, Kraft, Potenz, Vielseitigkeit, Tüchtigkeit, die Voraussetzungen, Fähigkeiten, Soft Skills.

575 **Fahrt 1.** Reise, Tour, Flug, Rutsch, Trip, Streifzug, Ausflug, Spritztour, Abstecher, Partie, Landpartie, Törn, Spazierfahrt, Wanderung, Fahrt ins Blaue, Gesellschaftsreise, Kaffeefahrt, Vergnügungsfahrt, Lustpartie, Lustreise, Butterfahrt, **2.** Expedition, Entdeckungsreise, Pilgerreise, Heiltumfahrt, Pilgerfahrt, Wallfahrt, Exkursion, Forschungsreise, Bildungsreise, Dienstreise, Geschäftsreise, Safari, Abenteuerurlaub, Weltreise, Tournee, **3.** Überfahrt, Passage, Überquerung, **4.** Raumfahrt, Weltraumfahrt, Astronautik.

576 **Fahrzeug 1.** Verkehrsmittel, Fortbewegungsmittel, Transportmittel, Gefährt, Wagen, Kalesche, Karosse, Droschke, Kutsche, Fiaker, Vehikel, Karre, Caddie, **2.** Kraftfahrzeug, Wagen, Auto, Automobil, PKW, Personenwagen, Straßenkreuzer, Kleinwagen, Kleinstwagen, Limousine, Jeep, Caravan, Van, Coupé, Spider, Roadster, Kabrio, Schlitten, Flitzer, Benziner, Diesel, Elektroauto, Solarauto, Geländewagen, Sportwagen, Rennwagen, Oldtimer; Taxe, Taxi, Mietwagen; Motorrad, Kraftrad, Motorroller, Moped, Mofa; Rad, Fahrrad, Bike, Rennrad, Drahtesel, Stahlross, Tandem, **3.** Lastwagen, Laster, LKW, Fernlaster, Brummer, Brummi, Truck, Lieferwagen, **4.** öffentliches Verkehrsmittel, Bus, Omnibus, Autobus, Obus, Postbus, Bahnbus, Kleinbus; Straßenbahn, Elektrische, Tram, Untergrundbahn, U-Bahn, Metro, Schwebebahn, Hochbahn, Luftkissenbahn, Seilbahn, Zahnradbahn, Bergbahn, Sesselbahn, Sessellift, Schilift; Eisenbahn, Zug, Dampfross, Kleinbahn, Lokalbahn, Triebwagen, Zubringer; Personenzug, Eilzug, D-Zug, IC = Intercity-Zug, ICE = Intercity-Express; TEE = Trans-Europa-Express, TGV = train à grande vitesse, Magnetbahn, Transrapid, **5.** Traktor, Schleppfahrzeug, Tieflader, Raupenfahrzeug, Kran, Gleitkettenfahrzeug, Baumaschinen, **6.** Schiff, Dampfer, Passagierschiff, Ozeandampfer, Luxusliner, Ozeanriese; Frachter, Kutter, Schoner, Unterseeboot; Galeere, Fregatte, Kogge, Segelschiff, Klipper, Jolle, Jacht, Schnellsegler; Flotte,

Flottille, Flottenverband, Schiffsverband, Konvoi, Geleitzug; Schlepper, Schleppzug; Fähre, Fährboot, Trajekt, Vaporetto, Barkasse, Hovercraft, Eisenbahnfähre; Gondel, Boot, Nachen, Kahn, Barke, Schaluppe, Beiboot, Motorboot, Ruderboot, Faltboot, Kanu, Kajak, Einbaum, Floß, **7.** Flugzeug, Flieger, Maschine, Verkehrsflugzeug, Passagierflugzeug, Jet, Düsenklipper, Düsenjäger, Senkrechtstarter, Airbus, Jumbo-Jet, Linienflugzeug, Chartermaschine, Shuttle, Hubschrauber, Helikopter; Zeppelin, Luftschiff, Ballon, Sportflugzeug, Segelflugzeug, **8.** Sänfte, Tragesessel, Tragstuhl, Rikscha, Pedicab, **9.** Aufzug, Lift, Elevator, Fahrstuhl, Paternoster, **10.** Raumfahrzeug, Raumkapsel, Raumstation, Skylab, Raumschiff, Raumlaboratorium, Raumsonde, Orbitalstation, Raumfähre.

577 **Fall 1.** Sturz, Absturz, Sturz in die Tiefe, Rutsch, Plumps, freier Fall, **2.** Angelegenheit, Sache, Frage, Umstand, Kasus, Rechtsfall, Streitfall, Rechtssache, Problem, Belange, Vorfall, Interessen, Konstellation, Tatsache, Ereignis, Begebnis, Begebenheit, Tatbestand, Affäre, Gegebenheit, Causa, Nummer.

578 **fallen 1.** stürzen, zu Fall kommen, hinfallen, zu Boden fallen, auf die Nase fallen, hinschlagen, lang/der Länge nach hinschlagen, hinfliegen, hinknallen, plumpsen; rutschen, ins Schleudern geraten, ausrutschen, abrutschen, Halt verlieren, zu Boden gehen, ausgleiten, glitschen, stolpern, kippen, kentern, umkippen, hintenüberfallen, umstürzen, straucheln, Balance / Gleichgewicht verlieren, purzeln, hinpurzeln; niederstürzen, herabfallen, abstürzen, in die Tiefe stürzen, **2.** absinken, absacken, an Höhe verlieren, abschmieren, trudeln, ins Trudeln geraten, niedersinken, hinabsinken, wegsacken, sich senken; einsacken, einsinken, einfallen, sich durchbiegen; durchhängen, **3.** sterben, umkommen.

579 **falls** wenn, für den Fall, im Falle, gesetzt den Fall, vorausgesetzt, dass, angenommen, sofern, insofern, wofern, sobald, notfalls, nötigenfalls, gegebenenfalls.

580 **falsch 1.** verkehrt, unrichtig, unkorrekt, inkorrekt, schief, fehlerhaft, verfehlt, danebengegangen, schiefgelaufen, grundfalsch, völlig verkehrt, grottenfalsch, verfahren, nicht getroffen, unzutreffend, unrecht, mit den Tatsachen nicht übereinstimmend, unverwendbar, unbrauchbar, verpfuscht, **2.** unwahr, gelogen, erlogen, aus der Luft gegriffen, entstellt, erfunden, irrtümlich, trügerisch, lügenhaft, lügnerisch, geflunkert, unaufrichtig, **3.** gefälscht, unecht, nachgemacht, nachgeahmt, irreführend, imitiert, fingiert, missbräuchlich, illusorisch, vorgetäuscht, trügerisch, eingebildet, Simili, täuschend echt, simuliert, gefakt, **4.** unehrlich, heuchlerisch, scheinheilig, scheinfromm, frömmlerisch, bigott, schmeichlerisch, zuckersüß, scheißfreundlich, pharisäisch, geheuchelt, gleisnerisch, verlogen, verstellt, glatt, aalglatt, doppelzüngig, süß, süßlich; arglistig, hinterhältig, intrigant, denunziatorisch, **5.** unhaltbar, widersinnig, unsinnig, irrig, sinnwidrig, folgewidrig, inkonsequent, unlogisch, **6.** beschönigt, geschönt, euphemistisch, apologetisch, verharmlost, verklärt.

581 **Falschheit 1.** Falsch, Perfidie, Hinterlist, Verschlagenheit, Schadenfreude, Gehässigkeit, Arglist, Arg, Heuchelei, Rollenprosa, Hinterhältigkeit, Heimtücke, Tücke, Hinterfotzigkeit, Intriganz, Infamie, Doppelstrategie, Doppelspiel, doppeltes Spiel, Gleisnerei, Doppelzüngigkeit, Lippenbekenntnis, Unaufrichtigkeit, **2.** Scheinheiligkeit, Pharisäertum, Bigotterie, Frömmelei, Doppelmoral.

582 **Falte 1.** Falbel, Plissee, Krause, Rüsche, Volant, Bruch, Kniff, Kante, Knick, Eselsohr, Falz, Einschlag, Umschlag, Bügelfalte, Faltenwurf, **2.** Runzel, Krähenfüße, Falten, Rune, Knitter, Kerbe, Riefe, Rinne, Rille, Vertiefung, Furche; Lachfalte, Sorgenfalte, strenge Falte.

583 **falten 1.** zusammenlegen, ineinanderlegen, zusammenfalten, zusammenklappen, zusammenschlagen, verschränken, **2.** umbiegen, einbiegen, falzen, knicken, kniffen, umschlagen, fälteln, plissieren, kräuseln, einreihen, einhalten, raffen, reihen, **3.** runzeln, rümpfen, zusammenziehen, furchen, zerknittern, zerkrumpeln, zerdrücken, zerknüllen, zusammenknüllen, zusammenballen; knautschen, knüllen, knittern, krumpeln.

584 **faltig 1.** gefaltet, in Falten gelegt, plissiert, gefältelt, gekräuselt, eingekraust, faltenreich, eingehalten, kraus, bauschig, weit, schwingend, pluderig, **2.** runzlig, knittrig, schrumpelig, zerfurcht, zerklüftet, gegerbt, verknittert, durchfurcht, faltenreich, alt, **3.** zerknittert, zerknautscht, verkrumpelt, ungebügelt.

585 **fangen 1.** jagen, greifen, fassen, packen, schnappen, haschen, kriegen, grapschen, auffangen, aufschnappen, **2.** einholen, einfangen, kaschen, erhaschen, abfassen, abfangen, abschnappen, zu fassen kriegen, erfassen, auf-

greifen, zugreifen, zupacken, halten, finden, erwischen, **3.** erjagen, erbeuten, erlegen, angeln, fischen, Fische fangen, keschern, zur Strecke bringen, ködern.

586 **Farbe 1.** Anstrich, Färbung, Farbgebung, Bemalung, Kolorierung, Kolorit, Buntheit, Farbenpracht, Farbenspiel, Vielfarbigkeit, Couleur; Pigmentierung, Teint, Ton, Gesichtsfarbe, **2.** Farbigkeit, Anschaulichkeit, Frische, Lebendigkeit, Lebensnähe, Bildhaftigkeit, Wirklichkeitsnähe, Realismus, Plastizität, Körperlichkeit, **3.** Farbstoff, Färbemittel, Naturfarbe, künstliche Farbe.

587 **färben 1.** einfärben, umfärben, Farbe verändern / erneuern / geben / auffrischen, andere Farbe auftragen, röten, bräunen, schwärzen, bläuen, **2.** malen, pinseln, anmalen, anpinseln, tuschen, antuschen, kolorieren, illuminieren, schattieren, tönen, beizen, lackieren, **3.** anstreichen, tünchen, streichen, überstreichen, übertünchen, bemalen, ausmalen, **4.** sich verfärben; braun werden, bräunen, anbräunen, **5.** klittern, beschönigen.

588 **farbig 1.** bunt, buntfarbig, farbenprächtig, mehrfarbig, vielfarbig, farbenreich, polychrom, farbenfreudig, farbenfroh, farbenprangend, schillernd, frisch, buntscheckig, kunterbunt, leuchtend, satt, grell, knallig, poppig, knallbunt, schreiend, **2.** bemalt, getüncht, gestrichen, koloriert, getönt, gemalt; illustriert, bebildert, **3.** nicht weiß, coloured, andersfarbig, dunkelhäutig, schwarz.

589 **Farbiger** Afrikaner, Schwarzafrikaner, Afroamerikaner, Schwarzamerikaner, Schwarzer; Mohr, Neger, Nigger.

590 **farblos 1.** weiß, schneeweiß, weißlich, gebrochenes Weiß, Eierschale, alabasterfarben, ungefärbt, naturfarben, nude, matt, blass, schneeig, bleich, fahl, falb, verblichen, ausgeblichen, verschossen, vergilbt, verblasst, verwaschen, entfärbt, grau in grau, unfarbig, wächsern, käsig, kreidebleich, käseweiß, schneebleich, blutlos, blutleer, geisterhaft, totenblass, leichenblass, **2.** fad, reizlos, langweilig.

591 **Farblosigkeit** Blässe, Bleichheit, Entfärbung; Ausdruckslosigkeit, Unentschiedenheit, Neutrum, Fadheit, Langweiligkeit, Reizlosigkeit.

592 **faulenzen** feiern, müßiggehen, nichts tun, Hände in den Schoß legen, Zeit totschlagen, sich einen schönen Tag machen/die Zeit vertreiben; es sich gutgehen lassen, untätig/faul/müßig sein, bummeln, sich auf die faule Haut legen; den lieben Gott einen guten Mann sein lassen, Däumchen drehen, dem lieben Gott die Zeit stehlen, sich einen Lenz machen; ruhige Kugel schieben, gammeln, rumhängen, in den Tag leben.

593 **Faulenzer** Nichtstuer, Müßiggänger, Flaneur, Bummler, Faulpelz, Lotterbube, Bummelant, Langschläfer, Drückeberger, Drohne, Eckensteher, Nachtwächter, Schlafmütze, Faultier, Schnarchnase, Lahmarsch, Schlaftablette, Bärenhäuter, Couch-Potato, Dauerglotzer, fauler Strick/Hund/Sack, Taugenichts; Gurke, Gurkentruppe; Transuse, Trantüte, Tranfunzel, fauler Zahn, lahme Ente, taube Nuss.

594 **Fäulnis** Gärung, Verwesung, Moder, Schimmel, Zerfall, Fäule, Zersetzung, Auflösung, Putrefaktion.

595 **federn 1.** zurückschnellen, abprallen, zurückprallen, zurückspringen, hochspringen; wippen, schnellen, springen, schwingen, vibrieren, beben, prallen, **2.** hüpfen, hopsen, hupfen, Sprünge machen, kobolzen, **3.** abfedern, polstern.

596 **fehlen 1.** nicht da sein, ausbleiben, fortbleiben, wegbleiben, fernbleiben, durch Abwesenheit glänzen, sich fernhalten; nicht kommen, vermisst werden, Lücke hinterlassen, nicht anwesend/zugegen sein, absent sein, **2.** mangeln, abgehen, gebrechen, hapern, knapp sein, brauchen, vermissen, benötigen, nottun, nötig sein, **3.** unterbleiben, nicht geschehen, ausfallen, wegfallen, abgesagt werden, fortfallen, nicht stattfinden, ins Wasser fallen, **4.** verfehlen, nicht treffen, danebenschießen, Ziel/Weg verfehlen, vom Weg abkommen, sich verirren, verlaufen, **5.** fehltreten, danebentreten, sich den Fuß vertreten/verstauchen.

597 **Fehler 1.** Versehen, Verstoß, Unrichtigkeit, Bock, Schnitzer, Patzer, Rechenfehler, Verschreiben, Schreibfehler, Rechtschreibfehler, Tippfehler, Druckfehler, Hörfehler, Versprecher, Sprachschnitzer, Denkfehler, **2.** Lücke, Auslassung, Unvollständigkeit, Unvollkommenheit, Unstimmigkeit, Unzulänglichkeit, Defekt, Schwäche, Achillesferse, schwache Stelle, wunder Punkt, wunde Stelle, Schönheitsfehler, Manko, Minus, Macke, Schattenseite, Pferdefuß, Haken, Kehrseite, **3.** Irrtum, Missverständnis, Missgriff, Fehlgriff, Verwechslung, Fehlpass, Vermengung, Verkennung, Missdeutung, Zirkelschluss, Unterschätzung, Überschätzung, Fehlleistung, Fehlschluss, Trugschluss, Holzweg, Irrweg, Irr-

fahrt, Odyssee, falsche Fährte; Fehlurteil, Justizirrtum, Kunstfehler, Fehlspekulation, Milchmädchenrechnung, Reinfall; Fehlzündung, Fehlstart, **4.** Entgleisung, Ausrutscher, Formfehler, Ungeschicklichkeit, Fauxpas, Lapsus, Taktfehler, Taktlosigkeit, Ungeschick, Plumpheit, **5.** Mangel, Untugend, Unsitte, Schwäche, Makel, Odium, Blöße, Armutszeugnis.

598 **feierlich** **1.** getragen, gemessen, gehoben, erhaben, gewichtig, nachdrücklich, bedeutsam, würdevoll, **2.** festlich, festtäglich, sonntäglich, galamäßig, weihevoll, erhebend, bewegend, solenn, stimmungsvoll, herzbewegend, packend, herzerhebend, olympisch, **3.** pastoral, pathetisch, majestätisch, gravitätisch, zeremoniell, salbungsvoll.

599 **Feierlichkeit** **1.** Festlichkeit, Solennität, Erbauung, Erhebung, Ergriffenheit, Andacht, Ernst, Stille, Gemessenheit, Getragenheit, Erhabenheit, Würde, Weihe, **2.** Feier, Feierstunde, Festakt, Festversammlung, Gala, Galaabend, Zeremonie, Zeremoniell, Zelebration, Kulthandlung.

600 **feiern** **1.** Fest geben, Feier veranstalten, festen, Fete machen, feten, auf den Putz hauen, **2.** sich vergnügen, belustigen, ergötzen; bummeln, schwärmen, durchmachen, einen draufmachen, durchschwärmen, schwiemeln, durchfeiern, versacken, **3.** blaumachen, krankfeiern, schwänzen, faulenzen.

601 **Feigling** Phobiker, Paranoiker, Angsthase, Angstbeißer, Nesthocker, Hasenfuß, Hasenherz, Memme, Drückeberger, Pantoffelheld, Schwächling, Duckmäuser, Waschlappen, Softie, Schluffi, Luschi, Schlappschwanz, Hampelmann, Schlaffi, Weichei, Weichling, Schoßkind, Muttersöhnchen, Jammerlappen, Jammerbild, Kümmerling, Hosenscheißer, Schisser, Warmduscher, Weichspüler.

602 **Feind** **1.** Gegner, Widersacher, Widerpart, Angreifer, Aggressor, Erzfeind, Lieblingsfeind, Erbfeind, Todfeind, **2.** Menschenfeind, Misanthrop, Menschenverächter, Menschenhasser.

603 **feindlich** feindselig, gegnerisch, verfeindet, animos, aggressiv, überworfen, zerstritten, verzürnt, verkeilt, unversöhnbar, unversöhnlich, spinnefeind, nicht kompromissbereit / verhandlungsbereit, hasserfüllt, zwieträchtig, auf Kriegsfuß, im feindlichen Lager; menschenfeindlich, fremdenfeindlich, xenophob.

604 **Feindseligkeit** Feindschaft, Feindlichkeit, Gegnerschaft, Frontstellung; Unfriede, Hader, Zank, Streit, Zwist, Fehde; Groll, Hass, Neid, Animosität, Missgunst, Ressentiment, Bitterkeit, Rachsucht, Vergeltungsdrang, Rachgier, Unversöhnlichkeit, Verbitterung, Rankün

e, Mobbing, Haifischbecken.

605 **Feinheit** **1.** Zartheit, Subtilität, Feinsinn, Anmut, Grazie, Erlesenheit, Gewähltheit, Distinktion, Vornehmheit, Noblesse, Exklusivität, **2.** Verfeinerung, Differenziertheit, Nuanciertheit, Dezenz, Raffinesse, Raffinement, Finesse, Überfeinerung, Ästhetizismus, Dekadenz.

606 **Feminismus** Frauenbewegung, Frauenrechtsbewegung, Frauenpolitik, feministische Bewegung / Politik, Gleichberechtigungskampf, Gleichstellungskampf, Frauenbefreiung, Emanzipation, Frauenautonomie, Women's Lib.

607 **Fernsehen** **1.** Fernsehapparat, Apparat, TV-Gerät, TV, Fernseher, Fernsehempfänger, Empfangsgerät; Schwarzweißgerät, Farbfernseher, Portable, Flachfernseher; Flimmerkiste, Heimkino, Pantoffelkino, Glotze, Mattscheibe, **2.** Fernsehanstalt, öffentlich-rechtliches Fernsehen, privates Fernsehen, öffentlicher Sender, Privatsender, Kabelfernsehen, Pay-TV, digitales Fernsehen, **3.** Fernsehprogramm, Sendefolge.

608 **fertig** **1.** erledigt, beendet, abgeschlossen, vollendet, ausgeführt, zu Ende, unter Dach und Fach, im Kasten, durch, geschafft, getan, ausgestanden, durchgestanden, in Ordnung, nichts einzuwenden, einverstanden, **2.** bereit, gerichtet, gerüstet, angezogen, gestiefelt und gespornt, fix und fertig, reisefertig, abfahrbereit, abmarschbereit, auf dem Sprung, startklar, **3.** zur Disposition, in Bereitschaft, disponibel, zur Verfügung, verfügbar, parat, zur Hand, griffbereit, **4.** gar, essbar, genießbar, tischfertig, durchgebacken, gekocht, zubereitet, angerichtet, serviert, aufgetragen, mundgerecht, **5.** fertig gekauft, von der Stange, **6.** erschöpft, müde.

609 **Fertigkeit** Geschicklichkeit, Gewandtheit, Wendigkeit, Geschick, Fingerfertigkeit, Kunstfertigkeit, Können, Beherrschung, Routine, Übung, Technik, Praxis, Fähigkeit.

610 **fest** unbeweglich, starr, statisch, stabil, formstabil; unlösbar, befestigt, festgezurrt, festgemacht, festgeschraubt, fest verankert, unverrückbar, fixiert, fix; stramm, straff, hart.

611 **Festigkeit** **1.** Dichte, Härte, Stabilität, Stärke, Robustheit, Zähheit, Zähe, Haltbarkeit, Solidität, Widerstandsfähigkeit, Resistenz, Unverwüstlichkeit, Unempfindlichkeit, Strapazierfä-

higkeit, Wertbeständigkeit, **2.** Unangreifbarkeit, Uneinnehmbarkeit, Unverwundbarkeit, Wehrhaftigkeit, Standfestigkeit, Widerstandskraft, Unbesiegbarkeit, **3.** Beständigkeit, Beharrlichkeit, Konsequenz, Charakterfestigkeit, Rückgrat, Charakterstärke, Stehvermögen, Beharrungsvermögen, Hartnäckigkeit, Zielstrebigkeit, **4.** Gleichmaß, Regelmäßigkeit, Stete, Stetigkeit, Ausdauer, Zähigkeit, Standfestigkeit, **5.** Treue, Zuverlässigkeit, Verlässlichkeit, Unverführbarkeit, Unbestechlichkeit, Standhaftigkeit, Unerschütterlichkeit, Unbeirrbarkeit, Loyalität, Nibelungentreue, Integrität, **6.** Fels, Pfeiler, Turm, Eiche.

612 **feststellen** **1.** arretieren, fixieren, festmachen, blockieren, sperren, **2.** konstatieren, festhalten, vermerken, notieren, auflisten, listen, registrieren, belegen, diagnostizieren, identifizieren, sich überzeugen; klären, präzisieren, konkretisieren, festlegen, bestimmen, definieren, festsetzen, **3.** messen, ausmessen, abmessen, dosieren, vermessen, ausschreiten, abschreiten, bemessen, eichen, normen, lokalisieren, orten, kartografieren, loten, ausloten, wiegen, abwiegen, auswiegen.

613 **Feststellung** **1.** Befund, Ergebnis, Beleg, Urteil, Resultat, Diagnose, Nachweis, Aussage, Angabe, Erklärung, Statement, Darlegung, Konstatierung, Beweisführung, **2.** Messung, Ausmessung, Vermessung, Auslotung, Lotung, Ortung, Kartografie.

614 **feuchten** **1.** nässen, nass machen, netzen, befeuchten, anfeuchten, einsprengen, einspritzen, benetzen; gießen, schütten, begießen, übergießen, überschütten, sprengen, besprengen, spritzen, bespritzen, besprühen, berieseln, überrieseln, betauen, tränken, wässern, beträufeln, vernebeln, zerstäuben, versprengen, verspritzen, versprühen, sprühen, sprayen, **2.** einweichen, durchtränken, durchfeuchten, bewässern, durchströmen, durchfließen, durchrinnen, durchpulsen, durchfluten, **3.** anlaufen, beschlagen, sich überziehen; nass/feucht werden.

615 **Feuer** **1.** Flamme, Funke, Lohe, Glut, Licht, Leuchten, Glimmen, Wabern, Lohen, **2.** Brand, Feuersbrunst, Flammenmeer, Flächenbrand, Großbrand, **3.** Salve, Feuerstoß, Kugelfeuer, Trommelfeuer, Feuergarbe, **4.** Begeisterung, Tatkraft, Temperament.

616 **Film** **1.** Überzug, Schutzschicht, Schutzfilm, Emulsionsschicht; Belag, Ölfilm, Schmierfilm, **2.** Filmmaterial, Zelluloid, Streifen, Filmstreifen, Bildstreifen, Bildfolge, Filmrolle, Filmband, Videoband, DVD, Negativ, Positiv, Diapositiv, **3.** Kinofilm, Spielfilm, Movie, Kino, Dokumentarfilm, Experimentalfilm, Animationsfilm, 3-D-Film, Autorenfilm, Stummfilm, Tonfilm, Fernsehfilm; Kultfilm.

617 **finden (sich)** **1.** entdecken, auffinden, gewahren, erblicken, sichten, ausfindig machen, stoßen auf, auftun, freilegen, ausgraben, auftreiben, aufstöbern, auflesen, aufsammeln, aufspüren, ausbaldowern, ausmachen, eruieren, ergründen, erforschen, herausfinden, erkunden, sich durchfinden; wiederfinden; fündig werden, Neuland entdecken, **2.** ertappen, erwischen, aufgabeln, abfassen, auf die Spur/Schliche kommen, enttarnen, **3.** sich ergeben, zeigen, herausstellen; vorfinden, sich gegenübersehen.

618 **Fläche** **1.** Ebene, Tafel, Plattform, Plateau, Tafelland, Flachland, Tiefland, Niederung, Tiefebene, Unterland, Aue, Wiesengrund, Flussaue; Hochebene, Hochplateau, **2.** Flächigkeit, Flachheit, Gestrecktheit, Plattheit, Weite, Ausdehnung, **3.** Bereich, Areal, Gebiet.

619 **fleißig** tätig, emsig, arbeitsam, arbeitsfreudig, lerneifrig, unermüdlich, rastlos, schaffig, strebsam, unverdrossen, rührig, geschäftig, regsam, nimmermüde, immer im Dienst, bienenfleißig, ausdauernd.

620 **flexibel** **1.** dehnbar, elastisch, federnd, biegsam, schwank; knetbar, modellierbar, formbar, **2.** auffassungsschnell, wendig, helle, wandlungsfähig, gelenkig, geschmeidig, undogmatisch.

621 **Flexibilität** **1.** Dehnbarkeit, Elastizität, Nachgiebigkeit, Federkraft, Schnellkraft, Schwung, Spannkraft, Plastizität, **2.** Gelenkigkeit, Schmiegsamkeit, Wendigkeit, Anpassungsfähigkeit, Wandlungsfähigkeit, Beweglichkeit, Geschmeidigkeit, Auffassungsgabe, Formbarkeit, Aufnahmefähigkeit.

622 **fliehen** **1.** entfliehen, flüchten, sich absetzen, abseilen; ausbrechen, entlaufen, sich absentieren; weglaufen, davonlaufen, entwischen, ausreißen, wegrennen, fortlaufen, davongehen, verschwinden, sich aus dem Staube machen; auskneifen, wegschleichen, sich wegstehlen, in die Büsche schlagen; davonschleichen, sich verdrücken; entrinnen, durchbrennen, auskommen, ausbüxen, Fersengeld geben, sich dünnmachen, verdünnisieren; auf und davon gehen, verduften, sich davonmachen; türmen, abhauen, abziehen, abzischen,

abrauschen, auskratzen, Flucht ergreifen, stiften gehen, das Weite suchen, sich fortstehlen, verflüchtigen; Reißaus nehmen; entschlüpfen, entfliegen, wegfliegen, **2.** meiden, umgehen, ausweichen, aus dem Wege gehen, scheuen, sich entziehen, fernhalten; abrücken von, zurückweichen, zurückschrecken, fürchten, Manschetten haben vor.

623 **fließen** strömen, fluten, rinnen, triefen, rauschen, laufen, wogen, wallen, rieseln, sich ergießen; sprudeln, quellen, glucksen, plätschern, gurgeln, tröpfeln, tropfen, drippeln, träufeln, lenken, sickern, perlen, kullern, tränen, nässen.

624 **flott** schick, fesch, schmuck, adrett, hübsch, alert, smart, schnittig, schnieke, geschniegelt, gestylt, durchgestylt; schnell.

625 **Fluch** Verwünschung, Malediktion, Verdammung, Verfluchung, Gottesstrafe, Lästerung, Schmähung, Gotteslästerung, Blasphemie; Kraftausdruck, Kraftwort, Drohwort, Schimpfwort.

626 **fluchen** verfluchen, lästern, verwünschen, verdammen, vermaledeien, zum Kuckuck/Teufel wünschen, etwas an den Hals wünschen, schimpfen, wettern, vom Leder ziehen.

627 **flüstern** leise sprechen, zuflüstern, Stimme dämpfen, ins Ohr sagen, tuscheln, murmeln, zischen, zischeln, lispeln, brummeln, wispern, raunen, hauchen, flispern, fispeln, säuseln, flöten, piepsen, rascheln.

628 **Folge 1.** Reihenfolge, Aufeinanderfolge, Turnus, Sequenz, Ablauf, Abfolge, Chronologie, Verlauf, Hergang, Fortgang, Nacheinander, Nachfolge, Gang, Lauf, Fluss, **2.** Fortsetzung, Serie, Sequel, Reihe, Verkettung, Kettenreaktion, **3.** Konsequenz, Ergebnis, Resultat, Fazit, Ausfluss, Auswirkung, Frucht, Wirkung, Nachwirkung, Reaktion, Folgewirkung, Nachwehen, Nachbeben, Spätfolgen, Spätschäden, Weiterungen, Nachspiel, Rattenschwanz, Bescherung, Salat, Ende vom Lied.

629 **folgen 1.** nachgehen, sich an die Fersen heften, verfolgen, dranhängen, mitgehen, sich anschließen, anhängen, zugesellen, beigesellen; mitkommen, nachkommen, hinterherkommen, hinterhertrotten, hinterherzockeln, **2.** ergeben, erfolgen, sich auswirken; nach sich ziehen, im Gefolge haben, zur Folge haben, führen zu, **3.** nachfolgen, nacheifern, nachstreben, nachtun, nachleben, gleichtun, sich anzugleichen suchen, orientieren an, richten nach; in die Fußstapfen treten, **4.** drankommen, an die Reihe kommen, folgen auf, nachrücken, ablösen, übernehmen.

630 **Form 1.** Bau, Beschaffenheit, Gestalt, Art, Gefüge, Struktur, Aufbau, Formation, Anordnung, Organisation, Bauweise, Textur, Konstruktion, **2.** Gestaltung, Prägung, Stil, Charakter, Eigenart, Manier, Ausdruck, Formgebung, Formung, Ausprägung, Gepräge, **3.** Modell, Fasson, Matrize, Schnitt, Machart, Umriss, Styling, Kontur, **4.** Format, Zuschnitt, Proportion, Maß, Größe, Figur.

631 **formlos 1.** amorph, gestaltlos, ungeformt, ungestaltet, unstrukturiert, roh, im Naturzustand, unbehauen, ungefüge; breiig, pappig, **2.** stillos, stilwidrig, geschmacklos, unkünstlerisch, kitschig, **3.** nachlässig, burschikos, bequem, nonchalant, lässig, hemdsärmelig, leger, salopp, ungezwungen, zwanglos, unförmlich, ohne Vordruck/Formular.

632 **Formsache 1.** Formalität, Formalie, Förmlichkeit, Äußerlichkeit, Formkram, Instanzenweg, Dienstweg, Amtsschimmel, Papierkrieg, Papierkram, Routineangelegenheit, **2.** Formular, Fragebogen, Formblatt, Vordruck.

633 **forschen** experimentieren, untersuchen, erforschen, explorieren, durchforschen, erkunden, Daten erheben, ergründen, beforschen, nachforschen, sezieren, graben, wühlen, ausforschen, nachbohren, nachgraben, durchleuchten, ausloten, austüfteln, herausbringen; hinterfragen, nachspüren, nachgehen, rekognoszieren, unter die Lupe nehmen, auf den Grund gehen, Untersuchungen anstellen.

634 **Forschung 1.** Wissenschaft, Wissenschaftler, Science-Community, **2.** Experiment, Erhebung, empirische Forschung, wissenschaftliches Arbeiten, Analyse, Untersuchung, Theoriebildung, Spekulation, Problemlösung, **3.** Grundlagenforschung, freie Forschung, Industrieforschung, Meinungsforschung, Projektforschung.

635 **Fortschritt** Entwicklung, Fortgang, Fortentwicklung, Aufwärtsentwicklung, Höherentwicklung, Weiterentwicklung, Progress, Progression.

636 **Frage 1.** Anfrage, Nachfrage, Erkundigung, Befragung, Anamnese; Fragerei, Ausfragerei, **2.** Zwischenfrage, Rückfrage, Gegenfrage, rhetorische Frage, Pseudofrage, Scheinfrage, Fangfrage, Gretchenfrage, Journalistenfrage, Scherzfrage, Entscheidungsfrage, Streitfrage, Zweifelsfrage, brennende Frage, **3.** Verhör, Vernehmung, Kreuzverhör, Kreuzfeuer, Inqui-

sition, **4.** Problem, Problemstellung, Aufgabe, Angelegenheit, Fall, Thema, Kernfrage, Kernproblem, strittiger/kritischer Punkt, Fragestellung, Forschungsgegenstand, Knackpunkt, Dollpunkt.

637 **fragen** **1.** Frage stellen, nachfragen, sich erkundigen; anfragen, erfragen, antippen, auf den Busch klopfen, ventilieren, sondieren, vorbahnen, vorfühlen, sich umtun, umhören, wenden an; herumfragen, um Aufschluss bitten, sich informieren; um Rat fragen, konsultieren, **2.** befragen, verhören, vernehmen, ausfragen, ausholen, herausholen, abfragen, ins Kreuzverhör nehmen, aushorchen, auspressen, aus der Nase ziehen, examinieren, prüfen, entlocken, ins Gebet nehmen, zur Rede stellen, interviewen, Löcher in den Bauch fragen, löchern, ausforschen, bohren, ausquetschen.

638 **Frau** weibliche Person, Dame, Madame, Lady, Grande Dame; Frauenzimmer, Weib, Weibsbild, Weibsperson, Evastochter, Eva, Weibsstück; Junggesellin, Witwe, allein stehende Frau, allein erziehende Mutter, Single, Hausfrau, Ehefrau, Matrone, Karrierefrau.

639 **Frauenbilder** Xanthippe, Hexe, Megäre, Hyäne, Furie, Sirene, Lolita, Domina, Vamp, Venus, Sphinx, Blaustrumpf, Juno, Diana, schwaches Geschlecht, Heimchen, Mutti, Hure, Heilige, Madonna, Muse, Engel, Fee, Göttin.

640 **frech** **1.** kess, burschikos, draufgängerisch, keck, verwegen, unbescheiden, aufmüpfig, respektlos, ungebührlich, **2.** vorlaut, vorwitzig, naseweis, übermütig, flapsig, neunmalklug, siebengescheit, schnippisch, **3.** unartig, ungezogen, unerzogen, verzogen, patzig, pampig, ungeraten, flegelhaft, lümmelhaft, bräsig, rüde, krude, ungehobelt, schnodderig, rüpelhaft, ausfällig, dreist, dummdreist, nassforsch, unverfroren, insolent, unverschämt, impertinent, rotzig, rotzfrech, rotznäsig, goschert.

641 **Frechheit** **1.** Keckheit, Naseweisheit, Vorwitz, Vorwitzigkeit, Flapsigkeit, Respektlosigkeit, **2.** Dreistigkeit, Ungezogenheit, Unverschämtheit, Unverfrorenheit, Impertinenz, Anmaßung, Präpotenz, Derbheit, Grobheit, Raubeinigkeit, Rüpelei, Kruditát, Unerzogenheit, Hemdsärmeligkeit, schlechte Manieren, Insolenz, Chuzpe, **3.** Unhöflichkeit, Taktlosigkeit, Unzartheit, Unliebenswürdigkeit, Kaltschnäuzigkeit, Unfreundlichkeit, Schroffheit, Ungebührlichkeit, Barschheit, Pampigkeit, Patzigkeit, Bissigkeit, Schärfe, Unbescheidenheit, Flegelei, Unart, Ungeheuerlichkeit, starkes Stück, Hammer, Bodenlosigkeit.

642 **frei** **1.** selbständig, emanzipiert, geistig unabhängig, mündig; ungebunden, souverän, eigenstaatlich, unabhängig, autonom, eigener Herr, eigenverantwortlich, selbstverantwortlich, selbsternannt, unbehindert, unbeschränkt, unbehelligt, unbelastet, ungestört, ungehindert, unbegrenzt, unangefochten, unverwehrt, unbeaufsichtigt, auf eigene Faust, unkontrolliert, **2.** frank, zwanglos, familiär, locker, ungezwungen, gelockert, aufgelockert, gelöst, unverkrampft, cool, angstfrei, entspannt; aufgetaut, ungeniert, ungehemmt, ohne Förmlichkeit, unzeremoniell, salopp, formlos; offen, freimütig, unbefangen, ohne Scheu, frei von der Leber weg, **3.** aufgeklärt, liberal, frei denkend, freidenkerisch, freigeistig, libertär, offen, tolerant, weltaufgeschlossen, **4.** vakant, offen, unbesetzt; leer, unbenützt, zu haben, verfügbar, **5.** erlöst, befreit, ausgewildert, entlastet, enthoben, erleichtert, entbunden, aller Bande ledig, los und ledig, freie Bahn, freigestellt, dispensiert, suspendiert, **6.** freiberuflich, freelance, freier Mitarbeiter, **7.** frei zugänglich/kopierbar/veränderbar, quelloffen.

643 **Freiheit** **1.** Unabhängigkeit, Selbständigkeit, Selbstbestimmung, Liberalität, Willensfreiheit, geistige Selbständigkeit, Eigenverantwortlichkeit, Selbstverantwortung, Entscheidungsfreiheit, freie Wahl, Ungebundenheit, Handlungsfreiheit, Bewegungsfreiheit, Autonomie, Souveränität; Pressefreiheit, Meinungsfreiheit, Gedankenfreiheit, künstlerische Freiheit, **2.** Emanzipation, Freiheitsverlangen, Freiheitsliebe, Freiheitsdurst, Selbstbefreiung, Gleichberechtigung, **3.** Unbefangenheit, Natürlichkeit, Selbstverständlichkeit, Unbedenklichkeit, Ungeniertheit, Freimut, Freimütigkeit, Ungezwungenheit, Zwanglosigkeit, Leichtigkeit, Beweglichkeit, Unbekümmertheit, Narrenfreiheit, Blankoscheck, **4.** Befreiung, Erlösung, Errettung, Lossprechung, Freilassung, Entlassung; Entbindung, Entledigung, Absolution.

644 **freiwillig** ungezwungen, ungeheißen, spontan, unaufgefordert, aus eigenem Willen, gewollt, selbst gewählt, ohne Zwang/Druck, aus eigenem Antrieb, von selbst, aus freien Stücken, sua sponte, ohne Zutun, aus sich heraus, gern, aus eigener Initiative, auf eigene Faust/

Verantwortung, unverlangt, ungefragt, ungebeten.

645 **fremd** **1.** unbekannt, ungewohnt, unvertraut, anders, heterogen, verschieden, befremdlich, fremdartig, fremdländisch, ausländisch, exotisch, wildfremd, **2.** ortsfremd, von außerhalb/auswärts, neu, nicht eingeführt, unkundig, uneingeweiht, **3.** in der Fremde, im Ausland, in der Emigration, in einer anderen Kultur.

646 **Fremde** **1.** Ausland, Ferne, Übersee, ferne Länder, weite Welt, unbekannte Länder, andere Kulturen; Exotik, Wildnis, **2.** Reisende, Touristen, Fremdlinge.

647 **Freude** **1.** Fröhlichkeit, Heiterkeit, Freudigkeit, Frohsinn, Humor, Aufgeräumtheit, Fidelität, gute Laune, Frohmut, Munterkeit, Lustigkeit, Vergnüglichkeit, Vergnügen, Stimmung, Laune, Belustigung, Erheiterung, Spaß, Fun, **2.** Gefallen, Behagen, Pläsier, Genuss, Ergötzen, Wohlgefallen, Herzensfreude, Beglückung, Zufriedenheit, Entzücken, Lust, Wonne, Lebenslust, Lebensgenuss, Lebensfreude, **3.** Jubel, Jubelruf, Freudenschrei, Jauchzen, Jauchzer, Juchzer, Freudengeheul, Lache, Lachen, Lächeln, Schmunzeln, Lachlust, Lachsalve, Gelächter, Hochstimmung, Freudentaumel, Frohlocken, Gejauchze, **4.** Übermut, Mutwille, Ausgelassenheit, Tollheit, Jux, Jokus, Gaudi.

648 **freuen (sich)** **1.** erfreuen, erheitern, Freude machen, gefallen, erbauen, erheben, beglücken, entzücken, froh machen, sich weiden an; Spaß machen, ergötzen, erquicken, behagen, glücklich machen, beseligen, genießen, sich delektieren, vergnügen, amüsieren, belustigen; lächern, zum Lachen bringen, **2.** lachen, lächeln, schmunzeln, grinsen, jubeln, frohlocken, jauchzen, jubilieren, juchzen, sich freuen wie ein Schneekönig; aus dem Häuschen geraten, fröhlich/heiter/guter Dinge sein, scherzen, spaßen, strahlen, glühen, glücklich sein.

649 **Freund** Kamerad, guter Freund, Genosse, Gefährte, Vertrauter, Getreuer, Blutsbruder, Lebenstrabant, Weggenosse, Weggefährte, Mitstreiter, Stecken und Stab, Herzensfreund, Begleiter, Geleitmännchen, Gespiele, Bundesgenosse, Leidensgenosse, Verbündeter; Kumpan, Buddy, Kumpel, Geschäftsfreund, Parteifreund, Intimus, Amigo, Spezi, Sandkastenliebe, Jugendfreund, Spielgefährte, Schulfreund.

650 **Freundin** Gefährtin, Kameradin, Genossin, Vertraute, Gespielin, Lebenstrabantin, Begleiterin, Herzensfreundin, Busenfreundin, Verbündete, Jugendfreundin, Spielgefährtin, Schulfreundin.

651 **freundlich** **1.** liebenswürdig, entgegenkommend, zuvorkommend, herzlich, kordial, gewinnend, warm, höflich, aufmerksam, gefällig, nett, reizend, hilfsbereit, bereitwillig, verbindlich, konziliant, jovial, **2.** ansprechend, einnehmend, lieb, zutunlich, vertraulich, wohlmeinend, wohlwollend, wohlgesinnt, nachbarlich, gut gesinnt, gut gemeint, wohlgewogen, **3.** freundschaftlich, amikal, kameradschaftlich, schwesterlich, brüderlich, väterlich, mütterlich, kollegial, kumpelhaft, zum Pferdestehlen; befreundet, verbunden, gleichgesinnt, **4.** lachend, lächelnd, schmunzelnd, grinsend, strahlend.

652 **Freundschaft** **1.** Kameradschaft, Gefährtenschaft, Busenfreundschaft, Brüderschaft, Blutsbrüderschaft, Freundschaftsbande, Partnerschaft; Kameraderie, Kumpanei, Männerbündelei, **2.** Vertrautheit, Verbundenheit, Eintracht, Brüderlichkeit, Sympathie, Kameradschaftlichkeit, Zusammengehörigkeit, Kollegialität.

653 **Frieden** **1.** Vergleich, Ausgleich, Entspannung, Entwarnung, Befriedung, Kompromiss, diplomatische Lösung, Gewaltverzicht, Verständigung, Versöhnung, Aussöhnung, Harmonie, Ruhe, Eintracht, **2.** Friedfertigkeit, Friedlichkeit, Gewaltlosigkeit, Gewaltfreiheit, Friedensliebe, Pazifismus.

654 **Friedhof** Kirchhof, Gottesacker, Begräbnisstätte, Gräberfeld, Gruft, Mausoleum, Katakombe, Krypta, Totenstadt, Nekropole, Pantheon; Grab, Grabstätte, Ruhestätte, letzte Ruhestätte.

655 **friedlich** **1.** ausgleichend, versöhnlich, kompromissbereit, kompromissfähig, friedfertig, friedsam, friedensstiftend, befriedend, friedvoll, friedliebend, pazifistisch, **2.** kampflos, defensiv, mit friedlichen Mitteln, gewaltlos, gewaltfrei, unblutig, gütlich, ohne Kampf, schiedlich, befriedet, bereinigt, konfliktfrei, weichgespült, besenrein.

656 **frieren** **1.** frösteln, schaudern, erschauern, schuckern, vor Kälte zittern, schlottern, bibbern, Gänsehaut bekommen, mit den Zähnen klappern, **2.** gefrieren, überfrieren, erstarren, vereisen, sich mit Eis beziehen; zufrieren, Eisblumen/Eisdecke/Eisschollen bilden.

657 **frisch** **1.** gesund, blühend, rosig, durchblutet, jugendlich, lebendig, jung, unverdorben, hei-

ter, lebhaft, munter, **2.** von heute, ofenwarm, neu, ungebraucht, unangebrochen, erntefrisch, röstfrisch, taufrisch.

658 **Frisör(in)** Friseuse, Coiffeur, Haarschneider, Haircutter, Haarkünstler, Haardesigner, Haarstylist; Figaro, Barbier, Bartscherer, Bader.

659 **Frivolität** **1.** Unschicklichkeit, Anspielung, Anzüglichkeit, Anstößigkeit, Anmache, Altherrenanmache, Unanständigkeit, Zweideutigkeit, Eindeutigkeit, Pikanterie, Herrenwitz, Männerwitz, Altherrenwitz, Damenhumor, Frauenwitz, Schlüpfrigkeit, **2.** sexuelle Freizügigkeit, Ungeniertheit, Laszivität, Obszönität, Schamlosigkeit, Pornographie, **3.** Geschmacklosigkeit, Unflätigkeit, Zote, Zotigkeit, Sexismus, Vulgarität, Pöbelhaftigkeit, Perversität, Schweinerei, Sauerei.

660 **fromm** gottgläubig, gläubig, religiös, gottgefällig, gottesfürchtig, glaubenssicher, glaubensfest, glaubensüberzeugt, heilsgewiss, bekennend, bibelfest, orthodox, rechtgläubig, strenggläubig.

661 **fruchtbar** fruchtbringend, ergiebig, ertragreich, produktiv, ersprießlich, segensreich, lohnend, fett, gedeihlich, dankbar, einbringlich, einträglich, fertil, zeugungsfähig, fortpflanzungsfähig, geschlechtsreif.

662 **früh** zeitig, morgens, in aller Frühe, im Morgengrauen, vor Tau und Tag, bei Tagesanbruch/Sonnenaufgang, frühmorgens, frühzeitig, bald.

663 **früher** **1.** ehedem, vordem, vorher, zuvor, einmal, damals, derzeit, ehemals, verflossen, ex, einst, dereinst, einstig, seinerzeit, einstmals, vor Jahr und Tag, vorzeiten, lange her, es war einmal, weiland, vormals, eher, anno dazumal, lange gewesen, **2.** bisher, bislang, bis dato, bis jetzt.

664 **Frühjahr** Frühling, Lenz, Maienzeit, frisches/erstes Grün, Vorsaison.

665 **fühlen** **1.** empfinden, spüren, tasten, wahrnehmen, bemerken, merken, wittern, ahnen, schwanen, vorausahnen, Eindruck haben, Braten riechen, gewahr werden, innewerden, erfühlen, erspüren, Gefühle haben, Gefühl hegen, verspüren, sich bewusst werden; erleben, im Gefühl/Urin haben, **2.** sich vorkommen; das Gefühl haben, zumute sein.

666 **führen** **1.** leiten, lenken, anleiten, coachen, vorstehen, vorsitzen, Vorsitz führen, präsidieren, **2.** Zügel ergreifen, Sache in die Hand nehmen, steuern, lotsen, einweisen, bugsieren, anführen, vorangehen, vorausgehen, an der Spitze gehen, Weg weisen, neue Wege zeigen, vorherrschen, überragen, dominieren, Oberhand/Vorhand/Übergewicht haben, überwiegen, Hauptrolle spielen, an erster Stelle stehen, dirigieren, Ton angeben, erste Geige/Meister spielen, Hosen anhaben, Heft in der Hand haben, das große Wort führen, an die Wand spielen, Zügel in der Hand halten, Führung innehaben, an der Spitze stehen, Spitze halten, **3.** vorstoßen, vorrücken, vortreiben, vorantreiben, nach vorn treiben, vorwärtstreiben.

667 **führend** **1.** leitend, lenkend, herrschend, dirigierend, dominant, prädominant, prävalent, **2.** bahnbrechend, fortschrittlich, progressiv, avantgardistisch, neutönerisch, progressistisch, wegweisend, richtungweisend, maßgebend, revolutionär, vorstoßend, initiativ, tonangebend, überragend, überlegen, beherrschend.

668 **Führer** **1.** Kopf, Oberhaupt, Leader, Kapitän, **2.** Anführer, Bandenführer, Räuberhauptmann, Bandenchef, Rädelsführer, Stammesführer, Häuptling, Heerführer, Kriegsführer, Kriegsherr, Warlord, Stammeskrieger, **3.** Fahrzeugführer, Fahrzeuglenker, Flugkapitän, Schiffskapitän, Zugführer, Lokführer, **4.** Reiseleiter, Reiseführer, Fremdenführer, Cicerone, **5.** Wegweiser, Ratgeber, Anleitung, Plan, Handbuch, Guide, Vademekum, Baedeker, **6.** Instanz, Papst, Guru, Identifikationsfigur, Sendbote, Sektenführer; Lichtgestalt, Erwecker, Ideal, Oberguru, Charismatiker, Ikone, Hohepriester, Messias, Heilsbringer, Erlöser; Doyen, Prinzipal, Macher, Architekt, Lotse, Drahtzieher, Strippenzieher, Schlüsselfigur, Wortführer, Neutöner, Meinungsführer, Leitmedium, Meinungsmacher, Trendsetter, Marktführer, Vorturner, **7.** Meisterdenker, Großintellektueller, Großkritiker, Großschriftsteller, Dichterfürst, Kritikerpapst, Mandarin, Mastermind, **8.** Leithund, Leitwolf, Leittier, Leitbulle, Alphatier, Rudelführer; Blindenhund.

669 **Führungskraft** **1.** Kader, Stab, Führungsstab, Management; Spitzenkraft, CEO, leitender Angestellter, Entscheider, Planer, Manager, Spitzenmanager, Topmanager, Leiter, Leitung, **2.** Durchsetzungswille, Durchsetzungsvermögen, Regierungswille, Regierungsfähigkeit.

670 **Fülle** **1.** Anhäufung, Ansammlung, Menge, Masse, Flut, Lawine, Berg; Reichtum, Wohlstand, Segen, Üppigkeit, Vielfalt, Überfluss,

Wohlleben, Fettlebe, Übermaß, Luxus, Opulenz, Fruchtbarkeit, Volumen, **2.** Fülligkeit, Körperfülle, Korpulenz, Leibesfülle, Massigkeit, Beleibtheit, Dickleibigkeit, Übergewichtigkeit, Fettleibigkeit, Übergewicht, Dicke, Wohlgenährtheit, Embonpoint, Bauch, Babybauch, Plautze, Wanst, Fettwanst, Bierbauch, Ranzen, Wamme, Wampe, Schmerbauch, Unförmigkeit, Adipositas.

671 **füllen 1.** eingießen, einschütten, einfüllen, einschenken, anfüllen, abfüllen, vollgießen, vollschütten, nachfüllen, nachgießen, auffüllen, schöpfen, tanken, auftanken, volltanken, vollmachen, betanken, plombieren; beschicken, chargieren, **2.** laden, packen, aufladen, bepacken, befrachten, vollstopfen, hineinpressen, vollpacken, vollpfropfen, ausstopfen, ausfüllen, spicken, **3.** sich füllen; voll/eng werden.

672 **Fund 1.** Entdeckung, Ausgrabung, Ausbeute, Auffindung, Freilegung, Enthüllung; Trouvaille, Glücksfund, Fundsache, Fundstück, Fundgegenstand, gefundener Gegenstand, **2.** Lösung, Auflösung, Schlüssel.

673 **füttern 1.** nähren, stillen, tränken, säugen, anlegen, Brust geben, zu trinken/Flasche geben, einflößen, eintrichtern, abfüttern, zu essen geben, päppeln, aufpäppeln, hochpäppeln; Futter/zu fressen geben, Futter vorwerfen, sättigen, atzen, eingeben, einlöffeln, stopfen, nudeln, mästen, vollstopfen, überfüttern, übersättigen, **2.** polstern, auslegen, abfüttern, auskleiden, ausfüttern, unterlegen, wattieren, bekleiden, täfeln, paneelieren, kacheln, verblenden, verkleiden, **3.** Daten eingeben/zuführen; programmieren, eintippen, einfüttern, eingeben, einspeisen, einspeichern.

# G

674 **Gabe** **1.** Almosen, milde Gabe, Liebesgabe, Opfergabe, Scherflein, Obolus, Bakschisch, Trinkgeld, Tip, Botenlohn, Douceur; Gnadenbrot, Freitisch, Brosamen, **2.** Geschenk, Präsent, Mitbringsel, Angebinde, Aufmerksamkeit, Türöffner, Werbegeschenk, Bescherung, Gabenverteilung, Belohnung, Prämie, Preis, Gratifikation; Spende, Stiftung, Zuwendung, Dotation, **3.** Widmung, Dedikation, Zueignung, **4.** Begabung, Talent, Gnade.

675 **gängig** **1.** gebräuchlich, geläufig, alltäglich, allgemein, gewöhnlich, kommun, hergebracht, einfach, schlicht, simpel, gewohnheitsmäßig, gemein, natürlich, selbstverständlich, vertraut, bekannt, eingefahren, konventionell, eingespielt, gewohnt, üblich, im Schwang, überliefert, überkommen, landesüblich, vorherrschend, landläufig, herkömmlich, traditionell, althergebracht, eingebürgert, normal, gang und gäbe, regulär, im Rahmen, durchschnittlich, stinknormal, **2.** marktgängig, trendy, gangbar, gut zu verkaufen, verkäuflich, gesucht, gefragt, begehrt, gern gekauft, beliebt, eingeführt, viel verlangt, **3.** stehend, formelhaft, stereotyp, nullachtfünfzehn, 08/15, inflationär, **4.** im Umlauf, umlaufend, gültig, kurant.

676 **ganz** **1.** heil, unversehrt, wohlbehalten, unbeschädigt, vollständig, unangebrochen, einwandfrei, perfekt, intakt, unberührt, fehlerlos, komplett, lückenlos, umfassend, systemisch, ganzheitlich, total, spurlos, rund, geschlossen, aus einem Guss, nahtlos, unfallfrei, **2.** ganz und gar, gänzlich, mit Leib und Seele, völlig, vollständig, überhaupt, unbegrenzt, uneingeschränkt, unverkürzt, ungeteilt, samt und sonders, unvermindert; hundertprozentig, auf Gedeih und Verderb, durch und durch, von Grund auf, radikal, von oben bis unten, von Kopf bis Fuß, in Reinkultur, mit Haut und Haar, von A bis Z, mit Stumpf und Stiel, in Bausch und Bogen, von Anfang bis Ende, vollkommen, vom Scheitel bis zur Sohle, durch die Bank, in toto, in jeder Hinsicht, in vollem Umfang, **3.** einstimmig, vollzählig; alles zusammen, pauschal, alles in allem, ohne Ausnahme, vollends, alles, insgesamt, restlos, total, absolut, alles eingerechnet; in vollen Zügen, bis zur Neige, bis zum letzten Tropfen.

677 **Garten** Vorgarten, Hausgarten, Nutzgarten, Gemüsegarten, Obstgarten, Schrebergarten, Ziergarten, Lustgarten, Duftgarten, Baumgarten, Rondell; Anpflanzung, Pflanzung, Baumschule, Schonung; Anlage, Park, englischer/botanischer Garten, Grünanlage, Grünfläche, Parkanlage, Stadtpark, Volkspark, grüne Lunge, Biotop, Urban Gardening.

678 **Gasthaus** **1.** Gasthof, Gaststätte, Wirtshaus, Wirtschaft, Bierlokal, Ausschank, Schankstube, Trinkstube, Stehausschank, Imbiss, Imbissbude, Wirtsstube, Lokal, Eckkneipe, Kneipe, Destille, Schenke, Pinte, Kaschemme, Spelunke, Schwemme; Trattoria, Bistro, Speisewagen, Pizzeria, Speisehaus, Restaurant, Restauration, Speisegaststätte, Speiserestaurant, Resto, Edelschuppen, Fresstempel, Weinhaus, Weinstube, Krug, Taverne; Gartenwirtschaft, Biergarten, Besenwirtschaft, Besenschänke, Straßenwirtschaft, Straußen, Heckenwirtschaft, Häcke, Heuriger, Zoiglstube; Etablissement, Vergnügungsstätte, Amüsierlokal, Nightclub, Bar, Nachtlokal, Stripteaselokal, Bumslokal; Kaffeehaus, Café, Eiscafé, Eisdiele, Milchbar, Teestube, Teesalon, Teahouse; Kantine, Mensa, Messe, **2.** Disko, Tanzschuppen, Tanzdiele, Tanzlokal; Spielbank, Kasino, Spielkasino, Spielhölle; Hotel, Motel, Herberge, Pension, Hospiz, Gästehaus, Raststätte, Rotel, Rasthaus.

679 **gebären** **1.** niederkommen, entbinden, entbunden werden, ins Kindbett kommen, kreißen, Kind/Baby bekommen/zur Welt bringen, Leben schenken, in die Welt setzen, Mutter werden, in Wehen liegen, **2.** brüten, ausbrüten, werfen, jungen, kalben, frischen, Junge bekommen.

680 **geben** **1.** reichen, hinreichen, zureichen, darreichen, hinstrecken, entgegenstrecken, hinhalten, bieten, hinschieben, zuschieben, anreichen; anbieten, verabfolgen, einhändigen, aushändigen, verabreichen, **2.** schenken, mitbringen, bedenken/beglücken mit, beschenken, bescheren, spenden, wohl tun, mitteilen, stiften, zeichnen, dotieren, zuwenden, aussetzen, zukommen lassen, angedeihen lassen, gönnen, überlassen, zur Verfügung stellen, übertragen, zedieren; austeilen, zuteilen, zustecken, in die Hand drücken, beisteuern, beigeben, mitgeben, **3.** widmen, verehren, darbringen, dedizieren, zueignen, weihen, über-

eignen, darbieten, zollen, **4.** verschenken, abgeben, überlassen, weggeben, hergeben, herausrücken, fortgeben.

681 **Gebet** Bitten, Flehen, Anrufung, Fürbitte; Andacht, Versenkung; Bittgebet, Dankgebet, Tischgebet, Morgengebet, Abendgebet, Nachtgebet, Kaddisch, Stoßgebet.

682 **Gebiet 1.** Bezirk, Bereich, Revier, Distrikt, Raum, Sphäre, Platz, Stelle, Kreis, Reichweite, Umkreis, Ghetto, Bannkreis, Einzugsgebiet, Hoheitsgebiet, **2.** Areal, Fläche, Feld, Zone, Terrain, Territorium; Gemarkung, Breiten, Gelände, Landschaft, Gegend, Region, Landesteil, Landstrich, Gefilde, Himmelsstrich, Ecke, Kante, Winkel, **3.** Platz, Esplanade, Feld, Sportplatz, Spielplatz, Spielfeld, Spielfläche, Übungsgelände; Stadion, Manege, Ring, Kampfbahn, Aschenbahn, Fußballplatz, Rasen, Tennisplatz, Centrecourt, **4.** Arbeitsgebiet, Aufgabenbereich.

683 **geboren 1.** gebürtig, von Geburt/Herkunft, **2.** neugeboren, auf der Welt, zur Welt gekommen, geworfen, geschlüpft, ausgekrochen, ausgebrütet.

684 **Geburt 1.** Entbindung, Niederkunft, Geburtsakt, Kindbett, Wochenbett, Partus; schwere Stunde, freudiges Ereignis, **2.** Herkunft, Abstammung, Geblüt, Herkommen, Provenienz.

685 **Geduld 1.** Nachsicht, Langmut, Gelassenheit, Gleichmut, Ausdauer, Sitzfleisch, Beharrlichkeit, Durchhaltevermögen, **2.** Ergebung, Sichfügen, Fügsamkeit, Lammsgeduld, Engelsgeduld, Eselsgeduld, Resignation, Indolenz.

686 **geduldig 1.** nachsichtig, langmütig, zuwartend, friedfertig, versöhnlich, verträglich, gelassen, gelinde, gemach, **2.** ergeben, fügsam, gottergeben, klaglos, demütig, lammfromm, stoisch, resigniert, indolent.

687 **gefährlich 1.** gefahrvoll, bedrohlich, beängstigend, beunruhigend, besorgniserregend, kafkaesk, unheilvoll, nicht geheuer, unheildrohend, Unheil verkündend, unheilschwanger, spannungsgeladen, zugespitzt, kritisch, krisenhaft, heikel, brenzlig, auf der Kippe, auf Messers Schneide, am Rande des Abgrunds, drohend; explosiv, feuergefährlich, entzündlich, geladen, entsichert, **2.** abenteuerlich, gewagt, steil, waghalsig, verwegen, riskant, risikobehaftet, risikoreich, zweischneidig, halsbrecherisch, Schwindel erregend, selbstmörderisch, **3.** brisant, heiß, Pulverfass, Zeitbombe, hochexplosiv, heißes Eisen, Wespennest, **4.** gefährdet, bedroht, in Gefahr, exponiert, fragwürdig, mulmig, dicke Luft; Gratwanderung, Zitterpartie, Hängepartie, **5.** ansteckend, infektiös, verkeimt, virulent, bösartig, epidemisch, übertragbar, schlimm, ernst, bedenklich, heimtückisch, übel, tödlich, todbringend, brandgefährlich, lebensgefährlich; bissig, angriffslustig, aggressiv, unberechenbar, gemeingefährlich; giftig, hochgiftig, **6.** unbewacht, ungesichert, unbeschrankt, unbeaufsichtigt.

688 **gefallen 1.** zusagen, entsprechen, passen, konvenieren, behagen, belieben, mögen, schmecken, munden, goutieren, Geschmack finden, recht/genehm/angenehm sein, gelegen kommen, zupasskommen, gern hören, begrüßen, Gefallen finden, Geschmack abgewinnen; nach jmds. Geschmack, nach jmds. Herzen, jmds. Typ sein, auf jmdn. stehen, es jmdm. angetan haben, **2.** freuen, erfreuen, entzücken, Beifall finden/erwecken, ansprechen, anheimeln, Anklang finden; Eindruck machen, faszinieren, betören, bezaubern, hinreißen, einnehmen, einschlagen, Erfolg haben, wirken.

689 **Gefangenschaft 1.** Verhaftung, Festnahme, Zugriff, Inhaftierung, Gefangennahme, Untersuchungshaft, Freiheitsberaubung, Freiheitsentzug, Freiheitsstrafe, Arrest, Haft, Gewahrsam, Hausarrest, Bann, Acht, Beugehaft, Vorbeugehaft, Schutzhaft, Abschiebehaft, **2.** Gefängnis, Strafanstalt, Haftanstalt, Strafvollzugsanstalt, Zuchthaus, Kittchen, Loch, Nummer sicher, schwedische Gardinen, Käfig, Zwinger, Verlies, Knast, Kerker, Kahn, Bau, Sing-Sing, Bunker; Kriegsgefangenschaft, Gefangenenlager.

690 **Gefühl 1.** Empfindungsvermögen, Empfindungsfähigkeit, Sensualität, Empfinden, Empfindung, Emotion, Sensus, Sentiment, Sensibilität, Affektivität, Emotionalität, Herz, Gemüt, Wärme, Empathie, Einfühlungsvermögen, **2.** Ahnung, Vorgefühl, Vorahnung, Eindruck, Impression, Wahrnehmung, **3.** Gespür, Empfindlichkeit, feine Nase, Antenne, Nase, Spürsinn, Spürnase, Riecher, Instinkt, Witterung, Sensorium, Feeling, **4.** Innenwelt, Innenleben, Seelenleben, Gefühlshaushalt, Psyche, Seele, Unterbewusstsein, das Unbewusste.

691 **Gegensatz 1.** Gegenläufigkeit, Gegenteil, Opposition, Gegensätzlichkeit, Polarität, Widersprüchlichkeit, Widerstreit, Widerspruch, Widerspiel, Kehrseite, Umkehrung, **2.** Unvereinbarkeit, Unüberbrückbarkeit, Unversöhn-

lichkeit, Inkompatibilität, Kontraproduktivität, Kontraindikation, Kontradiktion, Antagonismus, Dualismus, Dichotomie, Manichäismus.

692 **gegensätzlich** **1.** uneins, uneinig, disharmonisch, unharmonisch, sich beißend, unstimmig, auf gespanntem Fuß, konfrontativ, wie Hund und Katze, in Fehde, auf der Gegenseite, getrennt, überworfen, entzweit, zerstritten, verkracht, verfeindet, **2.** gegenüber, am anderen Ufer, auf der anderen Seite, jenseits, drüben, vis-à-vis, face to face, Auge in Auge, **3.** zweierlei, gegenläufig, gegenteilig, völlig anders, oppositionell, konträr, komplementär, polar, polarisiert, adversativ, antithetisch, kontrastiv, widersprüchlich, widerstreitend, widerspruchsvoll, sich widersprechend, **4.** entgegengesetzt, unvereinbar, unüberbrückbar, unversöhnlich, inkompatibel, kontraproduktiv, kontraindikativ, Tag und Nacht, einander ausschließend, kontradiktorisch, diametral, Feuer und Wasser, Fluch und Segen, disjunktiv, antagonistisch, entweder … oder, das eine oder das andere, schwarz-weiß, so oder so, alles oder nichts, digital, binär, dualistisch, dichotomisch, dezisionistisch, manichäisch.

693 **gegenseitig** mutuell, korrelativ, reziprok, wechselseitig, wechselweise, abwechselnd, umschichtig, beiderseits, alternierend, im Turnus, einer für den andern, einander, untereinander, einer den anderen, zweiseitig.

694 **Gegenstand** **1.** Ding, Körper, Gebilde, Objekt, Sache, Etwas, Phänomen, **2.** Thema, Stoff, Motiv, Sujet, Angelegenheit, Gebiet, Frage, Punkt, Stoffgebiet, Faktum, Problem, Untersuchungsobjekt, Problemstellung; Gesprächsthema, Gesprächsstoff, Diskussionsgegenstand, Kernthema, Verhandlungsgegenstand, Unterhaltungsstoff, Gesprächsgegenstand, Tagesordnungspunkt, **3.** Inhalt, Handlung, Fabel, Story, Plot.

695 **Gegenwart** **1.** Jetztzeit, Jetzt, Heute, Augenblick, Moment, unsere Zeit, **2.** Anwesenheit, Teilnahme, Dabeisein, Mitwirkung, Beteiligung, Präsenz, Zugegensein.

696 **gegenwärtig** **1.** augenblicklich, derzeit, derzeitig, im Moment, momentan, zurzeit, eben jetzt, heute, heuer, im Augenblick, zur Stunde, heutzutage, neuerdings, neuerlich, nun, nunmehr, jetzt noch, nicht mehr lange, **2.** jetzt, jetzig, heutig, heutzutage, gleichzeitig; aktuell, zeitnah, gegenwartsnah, akut, zeitgenössisch, mitlebend, zeitgemäß, modern, kontemporär, **3.** anwesend, zugegen, hier, bei uns, dabei, zur Stelle, am Platze, greifbar, zu erreichen, zur Hand, da, präsent, an Bord; im Beisein, in Gegenwart/Anwesenheit von.

697 **Gegner** **1.** Gegenspieler, Counterpart, Kontrahent, Gegenpart, Widerpart, Opponent, Antipode, **2.** Regimekritiker, Wutbürger, Protestler, 68er, Demonstrant, Protestwähler, Oppositioneller, Frondeur, Fronde, Dissident, **3.** Rivale, Konkurrent, Gegenkandidat, Wettbewerber, Nebenbuhler, Duellant, Feind.

698 **Geheimlehre** Geheimwissenschaft, Magie, Kabbala, Okkultismus, Esoterik, Spiritismus; Geheimkult, Voodoo, Mystizismus, Hexerei, Mystagogie, mystische/magische Praktiken.

699 **Geheimnis** **1.** Mysterium, Arkanum, Rätsel, Enigma, Palimpsest, Wunder, Mirakel, Übersinnliches, unerklärliches Phänomen, Dunkel, Nachtseite, **2.** Amtsgeheimnis, Betriebsgeheimnis, Geschäftsgeheimnis, Verschlusssache, Postgeheimnis, **3.** Geheimbund, Geheimgesellschaft, Geheimdienst, geschlossene Gesellschaft.

700 **gehen** **1.** einen Fuß vor den andern setzen, sich fortbewegen, begeben/wenden/verfügen nach; Weg einschlagen/zurücklegen, betreten, begehen, beschreiten, abschreiten, hin und her gehen, umhergehen, sich die Füße vertreten; zu Fuß gehen, **2.** schreiten, wandeln, ausschreiten, spazieren, spazieren gehen, Spaziergang machen, ins Freie gehen, promenieren, sich ergehen; lustwandeln, schlendern, streifen, bummeln, herumstreifen, flanieren; wandern, eilen, rennen, laufen, joggen, walken, marschieren, stapfen, stiefeln, trotten, traben, schweifen, trippeln, dappeln, tänzeln, stelzen, stöckeln, gleiten, tappen, tasten, zotteln, zuckeln, schleichen, staksen, trödeln, trampeln, treten, stampfen, trappeln, schlurfen, tapsen, zockeln, latschen, tappeln, watscheln, hinken, **3.** funktionieren, arbeiten, **4.** kündigen.

701 **gehorchen** **1.** folgen, hören, willfahren, sich fügen; parieren, Erwartungen nachkommen, Folge leisten, befolgen, spuren, sich unterstellen, unterordnen, nachordnen; Gehorsam leisten, Befehl ausführen, kuschen, nach der Pfeife tanzen, strammstehen, Haltung annehmen, Schwanz einziehen, duckmäusern, **2.** nachgeben, einknicken, hinnehmen, sich gefallen lassen; einlenken, Konzessionen machen, sich herbeilassen, ergeben, ducken, schicken; klein beigeben, Segel streichen, Nacken beugen, zu Kreuze kriechen, Rückzieher machen, **3.** sich

unterwerfen, erniedrigen, demütigen; Kniefall machen, nach Canossa gehen.

702 **gehorsam** folgsam, fügsam, gefügig, lenksam, lenkbar, beherrschbar, steuerbar, brav, beflissen, demütig, ergeben, dienstwillig, untertan, botmäßig, unterwürfig, willfährig, zu Willen, befehlsgewohnt, autoritätshörig, autoritätsfixiert, zahm, handsam, gezähmt, abgerichtet, domestiziert.

703 **Gehorsam** **1.** Folgsamkeit, Fügsamkeit, Lenkbarkeit, Bravheit, Botmäßigkeit, Gefügigkeit, Untertänigkeit, Ergebenheit, **2.** Ergebung, Demut, Unterwürfigkeit, Willfährigkeit, Unterordnung, Unterwerfung, Devotion, Servilität, Subordination, Kadavergehorsam, blinder Gehorsam, Hörigkeit.

704 **Geist** **1.** Spiritus, Logos, Denken, Vernunft, Bewusstsein, Intelligenz, Verstand, Denkfähigkeit, Denkvermögen, Reflexionskraft, Seele, **2.** Genius, Genie, Esprit, Einfallsreichtum, Köpfchen, Grips, Hirn, Grütze, Scharfsinn, Klugheit, Weisheit, Witz, Schlagfertigkeit, Geistesgegenwart, **3.** Gespenst, Golem, Dämon, Dibbuk, Trickster, Loki, Spuk, Phantom, Kobold, Erscheinung, Schemen, Alb, Mahr, Schreckgespenst, Nachtgespenst, Lemur, Schimäre, Geisterfahrer, **4.** Nixe, Undine, Wasserjungfrau, Seejungfer, Sirene, Wassergeist, Meerjungfrau, Wassergöttin, Meergöttin, Quellengöttin, Flussgöttin, Seegöttin, Meerweib, Nymphe, Fee, Melusine, Najade; Gnom, Murkel, Wichtelmann, Heinzelmann, Puck, Troll; Vampir, Werwolf, Wiedergänger, Zombie, Revenant.

705 **geisteskrank** geistesgestört, schizophren, bewusstseinsgestört, bewusstseinsgespalten, paranoid, paranoisch, halluzinierend, dement, zwanghaft, ichgestört, persönlichkeitsgestört; idiotisch, verrückt, umnachtet, geistesumnachtet, irrsinnig, wahnsinnig; schwachsinnig, plemplem, rappelig, nicht richtig im Kopf, unzurechnungsfähig.

706 **Geisteskrankheit** Geistesgestörtheit, Geistesstörung, Demenz, Idiotie; Bewusstseinsstörung, Schizophrenie, Bewusstseinsspaltung; Paranoia, Wahnidee, Halluzination, Zwangsvorstellung, Zwanghaftigkeit, Ichstörung, Persönlichkeitsstörung, Alzheimer, Borderline; Umnachtung, Irrsinn, Wahnsinn, Phrenesie; Knacks, Dachschaden, Verrücktheit, Webfehler, Hau, Hieb.

707 **Geizhals** Geizkragen, Geizdrache, Geizknochen, Filz, Knauser, Pfennigfuchser, Knicker, Neider, Harpagon, Kümmelspalter, Spänbrenner; Neidhammel, Krämerseele, Erbsenzähler.

708 **Gelage** Schwelgerei, Orgie, Partouze; Fressgelage, Fresserei, Völlerei, Prasserei, Zechgelage, Zecherei, Saufgelage, Sauferei, Besäufnis, Kommers, Trinkgelage, Bacchanal.

709 **Geld** **1.** Zahlungsmittel, Währung, Banknote, Bargeld, Papiergeld, Geldschein, Münzen, Kleingeld, Silbergeld, Hartgeld, Plastikgeld, Eurogeld, **2.** Wirtschaftsgeld, Taschengeld, Haushaltsgeld, **3.** Moneten, Groschen, Kies, Mammon, Moos, Mäuse, Marie, Möpse, Bimbes, Zaster, Knete, Kröten, Lappen, Eier, Kohle, Piepen, Koks, Taler, Schotter, Asche, Pulver, Rubel, Mücken, Heu, Peseten, Penunze, Zechinen, Flocken, **4.** Falschgeld, Blüten.

710 **Geliebte** Bekannte, Freundin, Braut, Favoritin, Principessa, ständige Begleiterin, Herzensdame, Buhle, Angebetete, Flamme, Girlfriend, Dulzinea, Feinsliebchen, Liebste, Liebhaberin, Auserwählte, Mätresse, Gespielin; Lover, Lebensabschnittspartnerin, Lebensgefährtin, Schatz, Herzblatt, Bettgenossin, Beischläferin, Bettschatz, Gspusi, Darling, Augapfel, Liebling.

711 **Geliebter** Bekannter, Freund, Partner, Lebensgefährte, Verehrer, Kavalier, ständiger Begleiter, Liebhaber, Günstling, Galan, Seladon, Cicisbeo, Boyfriend, Amant, Hausfreund, Romeo, Liebster, Auserwählter, Buhle, Schatz, Belami, Einziger, Gespiele, Lover, Lebensabschnittspartner, Bettgenosse, Kerl, Stecher, Katzelmacher, Macker, Scheich.

712 **gelingen** **1.** glücken, geraten, gut ausfallen, fertig werden, von der Hand gehen, flutschen, funken, funktionieren, klappen, laufen; fertigbringen, schaffen, zustande bringen, zuwege bringen, auf die Beine stellen, hinbekommen, hinkriegen, schultern, wuppen, schmeißen, schaukeln, zurande kommen, bewältigen, bewerkstelligen, deichseln, drehen, glattgehen, klargehen, gutgehen, klarkriegen, gut ausgehen / abgehen, gnädig ausgehen, ein gutes Ende nehmen, hinhauen, **2.** Glück/Erfolg haben, erfolgreich sein, Dusel/Schwein haben, zu Geld kommen, gewinnen, reich werden, zu etwas kommen, vorwärts kommen, es zu etwas bringen, es sich richten, es weit bringen, reüssieren, es schaffen, ans Ziel gelangen, obenauf schwimmen, zwei Fliegen mit einer Klappe schlagen.

713 **Geltung** **1.** Einfluss, Gewicht, Autorität, Bedeutung, Maßgeblichkeit, Stellung, Rang, **2.**

Reputation, Leumund, Image, Renommee, Ruf, Ansehen, Prestige, Name, Bonität, Kredit, Wertschätzung, Goodwill, Standing, Credit, Performance, **3.** Bekanntheit, Beliebtheit, Popularität, Volkstümlichkeit, Achtung, Hochachtung, Verehrung, Nimbus, Ruhm, Glanz, Glorie, Charisma, Weltruhm, Vergötterung, **4.** Gültigkeit, Anwendbarkeit, Wirksamkeit, Verbindlichkeit, Wirkungsdauer.

714 **Gemeinschaft** **1.** Miteinander, Zusammenleben, Zusammenwirken, Zusammenschluss, Verbindung; Kommunität, Sozietät, Kollektiv, Kollektivität, **2.** Zweckgemeinschaft, Hausgemeinschaft, Wohngemeinschaft, Interessengemeinschaft, **3.** Zirkel, Gruppe, Verbindung.

715 **gemustert** **1.** gestreift, kariert, getupft, getüpfelt, gepunktet, gepünktelt, geflammt, flamboyant, gefleckt, getigert, gescheckt, genoppt, geblümt, floral, gemasert, geädert, gewürfelt, genarbt, narbig, gestromt, gesprenkelt, meliert, marmoriert, scheckig, **2.** schillernd, irisierend, changierend, opalisierend, moiriert, gewässert, stone-washed.

716 **gemütlich** behaglich, zwanglos, salopp, ungezwungen, familiär; bequem, komfortabel, kommod, wohnlich, anheimelnd, lauschig, heimelig, traulich, wohlig, pudelwohl, mollig, traut, urgemütlich, stallwarm.

717 **gemütskrank** seelenkrank, psychisch / seelisch gestört, nervenkrank; psychopathisch, neurotisch, psychotisch, depressiv, manisch, manisch-depressiv, melancholisch, zwangsneurotisch, hysterisch.

718 **Gemütskrankheit** Seelenkrankheit, Psychopathie, psychische/seelische Störung, Nervenkrankheit; Neurose, Zwangsneurose, Angstneurose, Melancholie, Depression, Manie, manische Depression.

719 **genau** **1.** ordentlich, sorgsam, sorgfältig, gewissenhaft, korrekt, akkurat, exakt, fehlerlos; peinlich, penibel, pingelig, übergenau, minuziös, detailversessen, haarklein, haargenau, perfektionistisch, akribisch; pünktlich, auf die Minute, genau gehend, **2.** präzis, prägnant, treffend, wohl gezielt, ins Zentrum, treffsicher, zielgenau, chirurgisch, minimalinvasiv, punktgenau, haarscharf, aufs Haar, auf den Punkt, messerscharf, ins Schwarze, den Nagel auf den Kopf, schlagend, **3.** gründlich, tief schürfend, umfassend, grundlegend, von der Pike/von Grund auf, reiflich, fundiert, vollständig, profund, tief, auf Herz und Nieren, intensiv, tiefenscharf, feinkörnig, **4.** ausführlich, episch, umschweifig, langatmig, weitschweifig, überdehnt, umständlich, weitläufig, breit, eingehend, einlässlich; wörtlich, detailliert, mit allen Einzelheiten, erschöpfend, wortgetreu, wortwörtlich, buchstäblich, buchstabengetreu, Wort für Wort, **5.** genau genommen, dem Buchstaben nach, zahlenmäßig, ziffernmäßig, der Zahl nach, gezählt, in Zahlen/Ziffern, im Grunde, aus der Nähe betrachtet, bei Licht besehen, im strengen Sinne, buchmäßig, rechnerisch, arithmetisch, auf dem Papier, unter die Lupe genommen, **6.** genau passend, passgenau, fest sitzend, wie angegossen, faltenlos, wie Hand und Handschuh.

720 **genesen** **1.** gesunden, gesund werden, rekonvaleszieren, auf die Beine kommen, geheilt werden, wiederhergestellt sein, aufkommen, sich erholen; auskurieren, wieder auf den Beinen/genesen/wieder gesund sein, **2.** heilen, abklingen, besser werden, nachlassen, zurückgehen, sich bessern; abheilen, verheilen, ausheilen, vernarben, sich verwachsen, **3.** sich kräftigen; Kur machen, kuren, rehabilitiert werden.

721 **Genie** **1.** Genius, Schöpfergeist, schöpferische Persönlichkeit, Universalgenie, Liebling der Götter, Geistesgröße, Phänomen, Wunderkind, **2.** Genialität, Erfindungsgabe, Kreativität, schöpferische Kraft, Ingenium, Begnadung, Berufung, Götterfunke, Dämon.

722 **genießen** sich erfreuen, ergötzen, delektieren, erbauen, begeistern; schlemmen, schwelgen, es sich schmecken lassen, frönen, zusprechen, in die Vollen gehen, sich etwas gönnen/reinziehen, gütlich tun, nichts abgehen lassen; zu leben wissen, etwas vom Leben haben, sich ausleben; es sich wohl sein lassen, Leben genießen, voll auskosten.

723 **Genießer** **1.** Lebenskünstler, Genussmensch, Epikureer, Hedonist, Weltkind; Kenner, Connaisseur, Schöngeist, Ästhet, Sybarit, Phäake, Genüssling, Schmeckefuchs, Schwelger, Schlaraffe, **2.** Feinschmecker, Gourmet, Weinkenner, Schlemmer, Lukull, kein Kostverächter, feiner Gaumen, feine Zunge, Kochkünstler, Leckermaul, Naschkatze, **3.** Gourmand, Vielfraß, Lüstling, Fresser, Prasser, Zecher, Nimmersatt.

724 **genießerisch** feinschmeckerisch, kulinarisch, genussfähig, genüsslich, kennerhaft, wählerisch, kundig, lukullisch, schlemmerhaft, schwelgerisch, schlaraffisch, epikureisch, sybaritisch, üppig, schleckig, genäschig, ver-

schwenderisch, prasserisch, lustvoll, sinnlich, bacchantisch, trinkfest, trinkfreudig, weinselig, sauflustig, ausschweifend.

725 **genug** genügend, ausreichend, zureichend, hinreichend, zulänglich, hinlänglich, auskömmlich, zufriedenstellend, befriedigend, zur Zufriedenheit, es geht, besser als nichts; satt, sattsam, genugsam, vollauf, zur Genüge, es reicht, mehr als genug, basta, Sense, Ende der Durchsage.

726 **genügen** **1.** reichen, langen, hinreichen, Bedarf decken, befriedigen, zureichen, tun, gehen, angehen, auslangen, ausreichen, **2.** genug haben, auskommen, hinkommen, herumkommen, fertig werden, Auskommen haben, zufrieden sein, sich zufriedengeben; genug sein lassen.

727 **Genuss** **1.** Behagen, Lust, Vergnügen, Wohlgefühl, Annehmlichkeit, Labsal, Wonne, Ergötzen, Entzücken, Augenweide, Augenschmaus, Ohrenschmaus, Gaumenkitzel, Sinnenfreude, Sinnenreiz, **2.** Schwelgerei, Prasserei, Völlerei, Schlemmerei, Tafelfreuden, Hochgenuss, Festessen, Schmaus, **3.** Kochkunst, feine Küche, Schlemmerküche, Haute Cuisine, Gastronomie, Esskultur, Feinschmeckerei, Gastrosophie.

728 **geordnet** **1.** geregelt, in Ordnung, im Lot, aufgeräumt, gesäubert, gestopft, geflickt, ausgebessert, instand, repariert, gerichtet, beziehbar; gefaltet, gestapelt, zusammengelegt, eingeräumt; gepackt, eingepackt, abgepackt, verpackt, abgewogen, **2.** ordnungsmäßig, ordentlich, legitim, legal, rechtmäßig, vorschriftsmäßig, ordnungsgemäß, wie es sich gehört, bürgerlich, **3.** organisiert, gegliedert, untergliedert, strukturiert, systematisiert, systematisch, differenziert, klassifiziert, unterteilt, aufgeteilt, gestaffelt, methodisch, planmäßig, durchdacht, wohl gegliedert, wohl überlegt, wohlerwogen, organisch, sinnvoll, übersichtlich.

729 **gerade** **1.** aufrecht, gerade gewachsen, kerzengerade, wie eine Eins, aufgerichtet, stehend, hoch aufgerichtet, rank, strack, schlank, straff, gestrafft, **2.** senkrecht, lotrecht, fallrecht, vertikal, steil, ragend, rechtwinklig, waagerecht, eben, schnurgerade, linear, geradlinig, **3.** momentan, gegenwärtig.

730 **Gerät** Apparat, Apparatur, Gerätschaft, Utensil, Material, Vorrichtung, Instrument, Automat, Arbeitsgerät, Anlage, Maschine, Werkzeug, Ausrüstung; Abspielgerät, Aufnahmegerät, Recorder, Kassettenrecorder, Videorecorder, MP3-Player, Podcast, Walkman.

731 **Geräusch** **1.** Laut, Ton, Hall, Schall, Klang, **2.** Klingeln, Läuten, Schellen, Bimmeln, Gebimmel; Klirren, Geklirr, Poltern, Gepolter, Gerumpel, Geklapper, Klappern, Geknatter, Geriesel, Geplätscher, Glucksen, Klatschen, Dröhnen, Gedröhn, Rasseln, Gerassel, Prasseln, Geprassel, Rauschen, Gerausche, Brausen, Gebrause, Sausen, Heulen, Donnern, Getöse, Tosen, Krachen, Grollen, Wettern, Brummen, Gebrumm, Summen, Gesumm, Surren, Tropfen, Tröpfeln, Rieseln, Klopfen, Pochen, Ticken, Ticktack, Zirpen, Piepsen, Fiepen, Zischen, Zischeln, Flüstern, Geflüster, Lispeln, Gelispel, Wispern, Getuschel, Tuscheln; Knirschen, Knistern, Rascheln, Geraschel, Geraune, Murmeln, Gemurmel, Geplapper, Gequietsche, Quietschen, Lachen, Gelächter, Gezeter, **3.** Lärm, Lärmpegel, Getöse, Dröhnen, Radau, Krach, Spektakel, Rabatz, Krawall, Rumor, Krakeel, Geschrei, Gebrüll, Brüllen, Zetergeschrei, Johlen, Stimmengewirr, Wortschwall, Donnergepolter; Explosion, Detonation, Knall, Schlag, Bums, Schuss, Kanonenschuss, Donnerschlag, Einschlag; Straßenlärm, Verkehrslärm, Maschinenlärm, Höllenlärm, **4.** Bellen, Gebell, Kläffen, Gekläffe, **5.** Zwitschern, Gezwitscher, Schlagen, Tirilieren, Singen, Gesang, Schmettern, Jubilieren, Flöten, Quinquilieren, Ziepen.

732 **gerecht (sein)** **1.** sachlich, objektiv, rechtsförmig, rechtdenkend, repräsentativ, unbeeinflusst, unparteiisch, überparteilich, neutral, ausgewogen, ohne Ansehen der Person, unvoreingenommen, vorurteilslos, fair, gerechtigkeitsliebend, unbestechlich, **2.** wohlverdient, verdientermaßen, verdient, angemessen, gebührend, gerechtfertigt, **3.** jmdm. gerecht werden, richtig beurteilen, Gerechtigkeit widerfahren lassen, mit gleicher Elle messen.

733 **Gerechtigkeit** Sachlichkeit, Unbestechlichkeit, Unparteilichkeit, Objektivität, Rechtlichkeit, Rechtsförmigkeit, Überparteilichkeit, Vorurteilslosigkeit, Fairness, Unvoreingenommenheit, Unbefangenheit, Neutralität.

734 **Gerede** **1.** Gerücht, Rederei, Geflüster, Tuscheln, Zischeln, Getuschel, Raunen, Geraune, Fama, Gemunkel, Klatsch, Klatscherei, Tratsch, Quatscherei, Stadtgespräch, Branchenklatsch, Klatschgeschichte, offenes Geheimnis, Lästerei, Ondit, Zuträgerei, **2.** Geplauder, Geschwätz, Altweibergeschwätz, Ge-

plapper, Schnack, Gebabbel, Geplätscher, Geschwurbel, Gelaber, Geschnatter, Geschwafel, Gequassel, Gewäsch, Blabla, Palaver, Wischiwaschi, heiße Luft, leeres Stroh, Quatsch mit Soße, Pipifax, Schaumschlägerei, Phrasendrescherei, Gerüchtemacherei, Munkeln, Munkelei, Gerüchteküche, Dienstbotenklatsch, Giftküche, Kolportage, Latrinenparole, Gefasel, Schmarren, Faselei, Larifari, Kiki, Gesums, Geseier, Schmus, Sermon, Schwadronade, Gesülze, Unsinn, Bullshit.

735 **gern** **1.** bereitwillig, ohne weiteres, anstandslos, willig, geneigt, freudig, **2.** natürlich, selbstverständlich, allemal, freilich, selbstredend, versteht sich, gewiss, schön, gut, gemacht, einverstanden, erwünscht, willkommen, ein Fest, mit Vergnügen/Kusshand/Freude, von Herzen, mit Interesse, liebend gern.

736 **Gesang** **1.** Singen, Summen, Singsang, Gesinge, Singerei; Schmettern, Trillern, Tönen, Gedudel, Dudelei, Tirilieren, Zwitschern, Pfeifen, Jubilieren, **2.** Vokalstück, Vokalkomposition, Gesangsstück, Canto, Cantus, Lied, Sang, Weise, Melodie, Strophenlied, Arie, Volkslied, Traditional, Kunstlied, Lieddichtung, Rhapsodie, Kanon, Kanzone, Kantilene, Bänkelsang, Brettl-Lied, Countrysong, Moritat, Chanson; Schlager, Gassenhauer, Song, Hit, Ohrwurm, Evergreen; Kirchenlied, Choral, Madrigal, Spiritual, Gospel, Kantate, Hymne, Psalm, Nänie.

737 **Geschäft** **1.** Betrieb, Firma, Haus, Unternehmen, Handelsgesellschaft, Gesellschaft, Business, Big Business, Geschäftswelt, **2.** Laden, Kaufladen, Shop, Outlet, Online-Shop, Magazin, Detailgeschäft, Gemischtwarenladen, Krämerladen, Tante-Emma-Laden, Dritte-Welt-Laden, Fachgeschäft, Boutique, Secondhandladen, Trödler, **3.** Geschäftslokal, gewerblicher Raum, Geschäftsstelle, Büro, Kontor, Kanzlei, Werkstatt, Werkstätte, Ordination, Praxis, Labor, Laboratorium, **4.** Verkaufsstelle, Kiosk, Bude, Verkaufshäuschen, Büdchen, Verkaufsstand, Marktstand, Marktbude, Schaubude, Stand, Pavillon, **5.** Kaufhaus, Kaufhalle, Warenhaus, Selbstbedienungsladen, Supermarkt, Discountladen, Discounter, Einkaufszentrum, Ladenstraße, Passage, Shopping-Center, Pall-Mall, Erlebniscenter, Erlebniszone, Erlebniswelt, **6.** Deal, Handel, Gewinn.

738 **Geschäftsmann** Kaufmann, Händler, Einzelhändler, Ladenbesitzer, Ladeninhaber, Gewerbetreibender, Großhändler, Grossist, Zwischenhändler, Großkaufmann, Importeur, Exporteur, Vermieter, Immobilienhändler, Makler, Banker, Börsianer, Unternehmer, Businessman, Geschäftemacher.

739 **Geschehen** **1.** Ereignis, Begebenheit, Begebnis, Geschehnis, Geschichte, Vorgang, Handlung, Vorkommen, Vorfall, Vorkommnis, Zwischenfall, Evenement, **2.** Ablauf, Lauf, Verlauf, Entwicklung, Gang, Prozess, Fortgang, Hergang, Abfolge, Chronologie, Zeitenfolge, Zeitlauf, Zeitläufe, Weltlauf, **3.** großes Ereignis, Politikum, Meilenstein, Haupt- und Staatsaktion, Knüller, Sensation, Spektakel, Tagesgespräch, Medienereignis, Event.

740 **Geschicklichkeit** **1.** Wendigkeit, Vielfältigkeit, Anstelligkeit, Geschick, Können, Gewandtheit, Fingerfertigkeit, technische Begabung, Geschicktheit, Treffsicherheit, sichere Hand, Geläufigkeit, Geübtheit, **2.** Diplomatie, Verhandlungsgeschick, Cleverness, Schlauheit, Vigilanz, Pfiffigkeit, Taktik, Strategie, Spielzug, Berechnung, Findigkeit, Gerissenheit, Gewitztheit, Raffinesse; Glätte, Schläue, Listigkeit, Abgebrühtheit, Durchtriebenheit, Verschlagenheit.

741 **geschickt** **1.** praktisch, handfertig, fingerfertig, treffsicher, anstellig, verwendbar, vielseitig, kunstfertig, routiniert, Axt im Haus, weiß sich zu helfen, **2.** gewandt, wendig, agil, beweglich, trainiert, geübt, geschmeidig, glatt, diplomatisch, taktisch, strategisch, eloquent, geschliffen, anpassungsfähig, findig, flexibel, parkettsicher, aalglatt, smart, mit allen Wassern gewaschen, clever, stromlinienförmig.

742 **geschlossen** **1.** zu, versperrt, zugesperrt, abgeschlossen, unzugänglich, dicht, verschlossen, unbetretbar, verriegelt, vernagelt, verrammelt, verbarrikadiert, außer Betrieb, **2.** ungeöffnet, unangebrochen, neu, verpackt, versiegelt, plombiert, eingeschweißt, **3.** nicht öffentlich, privat, exklusiv, off limits, **4.** einheitlich, einig, allesamt.

743 **Geschmack** **1.** Formgefühl, Formsinn, Kunstsinn, Kunstverstand, Kunstverständnis, Qualitätsgefühl, Schönheitssinn, ästhetisches Empfinden, Farbensinn, Kennerschaft, Fingerspitzengefühl, Kultur, Stil, Stilgefühl, Lebensart, Eleganz, Schick, Sinn für Harmonie, Proportionen, **2.** Geschmackssinn, Gaumen, Gusto, Zunge, Nase, **3.** Aroma, Schmackhaftigkeit.

744 **Geschöpf** **1.** Kreatur, Lebewesen, Wesen, Tier, **2.** Schachfigur, Puppe, Marionette, Kreatur, Figur, Wachsfigur.

745 **gesellig** **1.** umgänglich, zugänglich, aufge-

schlossen, ansprechbar, unterhaltsam, unterhaltend, amüsant, ungezwungen, zwanglos, fidel, vergnügt, **2.** leutselig, sozial, soziabel, kontaktfähig, gesprächig, kontaktfreudig, interessiert, extrovertiert, extravertiert, **3.** gastlich, gastfrei, gastfreundlich, freigebig, spendabel, generös, großzügig.

746 **Geselligkeit** **1.** Kontaktfähigkeit, Kontaktfreude, Leutseligkeit, Aufgeschlossenheit, Extrovertiertheit, Extravertiertheit, Soziabilität, **2.** Gesellschaft, Festlichkeit, Einladung, Empfang, Beisammensein, Festivität, Ball, Tanz, Tanzerei, Tanzvergnügen, Veranstaltung, Essen, Geburtstagsfest, Freudenfest, Party, Cocktailparty, Fest, Fete, Feier, Sause, Budenzauber, Grillparty, Gartenfest, Straßenfest, Volksfest, **3.** Umgang, Verkehr, gesellschaftlicher Umgang, offenes Haus, Gastlichkeit, Gastfreiheit, Gastfreundlichkeit, Gastfreundschaft.

747 **Gesetz** **1.** Recht, Verfassung, Lex, Satzung, Vorschrift, Verfügung, Verordnung, Sollbestimmung, Erlass, Gebot, Dekalog, Bestimmung, Statut, Paragraph, Weisung, Diktat, Order, Edikt, Maßnahme, Richtlinie, Leitfaden, Richtschnur, **2.** Gesetzmäßigkeit, Regelmäßigkeit, Regel, Norm, Grundsatz, Prinzip, Dogma, Dekalog.

748 **gesetzmäßig** **1.** gesetzlich, rechtlich, richterlich, behördlich, amtlich, staatlich, **2.** rechtsgültig, rechtskräftig, rechtsverbindlich, legal, dem Gesetz entsprechend, **3.** juristisch, nach dem Gesetz, de jure, nach den Paragraphen; rechtskundig, rechtswissenschaftlich, **4.** rechtmäßig, legitim, gesetzlich anerkannt, zulässig, vorschriftsmäßig, kanonisch, ordnungsgemäß, regelgerecht, rechtsförmig, erlaubt, gestattet, berechtigt, zugelassen, statthaft, nach Recht und Gesetz, von Rechts wegen, mit Fug und Recht, rechtens, zu Recht, mit Recht, **5.** vorgeschrieben, angeordnet, verordnet, obligatorisch, verpflichtend, bindend, gültig, verbindlich.

749 **Gesicht** **1.** Angesicht, Antlitz, Physiognomie, Züge, Gesichtszüge, Zifferblatt, Visage, Fratze, Fresse, Schnauze, Fassade, **2.** Aussehen, Ausdruck, Miene, Mimik, Anblick, Ansicht, Ansehen, Anmutung.

750 **Gesindel** Gelichter, Brut, Gezücht, Bagage, Plebs, Mob, Internetmob, Straße, Bodensatz, Hefe, Gosse, Pack, Pöbel, Landplage, Kroppzeug, Geschmeiß, Gelump; Schlangenbrut, Otterngezücht, Rattennest, Schlangengrube, Teufelsbrut, Satansgelichter, Gesocks, Abschaum, Lumpenpack, Lumpengesindel, Kanaille.

751 **gesinnungslos** käuflich, skrupellos, bestechlich, feil, korrupt, gewissenlos, verräterisch, hinterhältig, heimtückisch; rückgratlos, prinzipienlos, charakterlos, haltlos, opportunistisch; schamlos, ruchlos, unmoralisch, amoralisch.

752 **Gesinnungslosigkeit** Käuflichkeit, Bestechlichkeit, Korruptheit, Gewissenlosigkeit, Skrupellosigkeit, Schamlosigkeit, Ruchlosigkeit, Unmoral, Amoral, Amoralität, Hinterhältigkeit, Heimtücke; Rückgratlosigkeit, Prinzipienlosigkeit, Charakterlosigkeit, Treulosigkeit, Verrat, Haltlosigkeit, Opportunismus.

753 **gestalten** formen, bilden, schaffen, kreieren, Form geben, erschaffen, entwerfen, konstruieren, konzipieren, skizzieren, andeuten, hintupfen, modeln, prägen, strukturieren, kneten, modellieren, komponieren, meißeln, bildhauern, aushauen, aus dem Stein hauen, herausmeißeln, behauen, schnitzen; fassonieren, ausarbeiten, durcharbeiten, durchbilden, durchformen, stylen, stilisieren, ausformen, ausgestalten, arrangieren, einrichten, verdichten; in Form bringen, formieren, layouten, umbrechen; zurechtformen, zurechtstutzen, zustutzen, drechseln.

754 **gesund** **1.** wohl, wohlauf, frisch, gut, auf dem Damm, bei guter Gesundheit, munter, fit, in Form, abgehärtet, auf der Höhe/dem Posten, blühend, strotzend, gut beieinander/ernährt/dran, kerngesund, pudelwohl, normal, wohlbehalten, rüstig, **2.** heil, geheilt, genesen, wiederhergestellt, wie neugeboren, gesundet, erholt, bei Kräften, **3.** natürlich, vernünftig, gesundheitsförderlich, bekömmlich, nahrhaft, gedeihlich, leicht verdaulich, leicht, nicht belastend, schonend, aufbauend, kräftigend, zuträglich, gut verträglich, abhärtend, biologisch, **4.** heilsam, nützlich, wohltätig, wohltuend, heilend, kurierend, heilkräftig, kühlend, lindernd, durstlöschend, durststillend, mildernd, lösend, abführend, schweißtreibend, befreiend, helfend, rettend, wirksam, Kraft spendend; pflegend, kosmetisch, verjüngend, **5.** erwerbsfähig, arbeitsfähig, beruflich integrationsfähig.

755 **Gesundheit** Frische, Wohlbefinden, Wohlergehen, Wohl, Wohlsein, Vollkraft, Erwerbsfähigkeit, gute Verfassung, guter Zustand, Rüstigkeit, Fitness, gutes Allgemeinbefinden; Heilung, Gesundung, zweites Leben.

756 **Getränk** **1.** Trank, Trunk, Drink, Glas, Gläs-

chen, Schluck, Tropfen, Flüssigkeit; Stoff, Gesöff, Gebräu, Plörre, **2.** Alkoholika, Spirituosen, scharfe Sachen, harte Getränke, **3.** Erfrischungsgetränk, Saft, Limonade, Sprudel, Heilwasser; Kaffee, Tee, Schokolade, Kakao, Milch.

757 **Gewässer 1.** Bach, Rinnsal, Wässerchen, Quelle, Wasserlauf, Wasserader, Fluss, Strom, Wasserstraße, Kanal, Wasserweg, **2.** Lache, Pfütze, Wasserloch, Tümpel, Teich, See, Weiher, Stausee, Baggersee, Binnengewässer, **3.** Wasserstelle, Tränke, Becken, Bassin, **4.** Meer, See, Ozean, Weltmeere.

758 **gewinnen 1.** Gewinn erzielen, Profit machen, profitieren, verdienen, einnehmen, erwirtschaften, herausholen, herausbekommen, herausschlagen, einheimsen, einsacken, einstreichen, vereinnahmen, eingemeinden, Geld machen / scheffeln, Schnitt machen, sich bereichern, gesundstoßen, sanieren, **2.** erlangen, erzielen, erreichen, erwischen, erhaschen, erjagen, sich beschaffen; erwerben, erkaufen, erarbeiten, erwirken, erheiraten, zufallen, zuteil werden, zukommen, erobern, erkämpfen, erstreiten, erstürmen, erbeuten, erringen, abringen, erzwingen, abzwingen, abgewinnen, wegschnappen, ergattern, angeln, kapern, entern, aufbringen, abnehmen, erraffen, an sich bringen; einstecken, ernten, sich einverleiben; Rahm abschöpfen, Vogel abschießen, trumpfen, Trumpf ausspielen, Oberwasser haben, im Vorteil sein, Rückenwind haben, **3.** an Wert gewinnen, besser / schöner werden, sich entwickeln, machen.

759 **Gewissen** innere Stimme, Überich, besseres Ich, kategorischer Imperativ, inneres Gebot, Unrechtsbewusstsein, Verantwortungsgefühl, Unrechtsempfinden, moralische Instanz, Ethos, Moral; gutes / reines / schlechtes Gewissen, Gewissensbisse.

760 **gewöhnen (sich) 1.** Gewohnheit werden, sich einbürgern; einführen, zur Selbstverständlichkeit werden, sich einfahren; einreißen; sich einspielen; vertraut werden, sich aneinander gewöhnen, zusammenraufen, **2.** sich angewöhnen; Gewohnheit annehmen, zur Gewohnheit machen, anerziehen, zu tun pflegen, sich anverwandeln; sich zu eigen machen, einarbeiten, eingrooven, hineinfuchsen; auf den Geschmack kommen, Gefallen finden an.

761 **Gezeiten** Tiden, Ebbe, Flut, Hochflut, Springflut, Sturmflut, Brandung.

762 **geziert** manieriert, gespreizt, gestelzt, unnatürlich, affig, zickig, puppig, gezwungen, krampfig, erkünstelt, unecht, gesucht, gewollt, gequält, gekünstelt, affektiert, gemacht, gewunden, überfrachtet, geschraubt, hochgestochen, prätentiös, überambitioniert.

763 **Gipfel 1.** Kuppe, Spitze, Höhe, Scheitel, Kamm, Pik, Zinken, Zacke, Zacken, Grat, Wipfel, Krone, Giebel, First, Mauerkrone, Zinne, **2.** Höhepunkt, Zenit, Gipfelpunkt, Kulminationspunkt, Kulmination, Klimax, Orgasmus, Siedepunkt, Scheitelpunkt, Wendepunkt, Umkehrpunkt, **3.** Höchstmaß, Höchststand, Höchstwert, Höchststrafe, Höchststufe, Maximum, Optimum, Höchstleistung, Rekord, Glanzleistung, Meisterleistung, Spitzenleistung, Spitze, Bombenerfolg, Bestleistung, Bestseller, Welterfolg, **4.** Blütezeit, Glanzzeit, Hauptgeschäftszeit, Hauptverkehrszeit, Stoßzeit, Stoßverkehr, Rushhour, **5.** Clou, Attraktion, Glanzpunkt, Glanzstück, Highlight, Knalleffekt, Glanznummer, Krönung, Hauptattraktion, Galanummer, Zugnummer, Zugstück, Kassenmagnet, Aushängeschild, **6.** Gipfeltreffen, Gipfelkonferenz, Treffen auf höchster Ebene, **7.** Vollendung, Vollkommenheit, Perfektion, Virtuosität, Bravour, Meisterschaft, Finish, letzter Schliff, i-Punkt, Tüpfelchen auf dem i, Sahnehäubchen, Nonplusultra, Superlativ.

764 **Glas 1.** Becher, Trinkgefäß, Trinkglas, Kristall, Kristallglas; Gläschen, **2.** Scheibe, Fensterscheibe, Fensterglas, Glasfenster, Glasscheibe, **3.** Sehhilfe, Brille, Augengläser, Augenglas, Gläser, Monokel, Lorgnon, Lorgnette, Nasenfahrrad, Datenbrille, **4.** Prismenglas, Fernglas, Feldstecher, Kieker, Nachtglas; Opernglas, Operngucker, Theaterglas; Fernrohr, Zielfernrohr, Teleskop.

765 **glatt 1.** flach, eben, plan, gerade, wasserpass, horizontal, flach verlaufend, flächig, tellereben, platt, gebahnt, gewalzt, **2.** blank, blinkend, strahlend, schimmernd, poliert, gewachst, gewichst, gebohnert, spiegelnd, glänzend, spiegelblank, lackiert, lasiert, geschliffen, geglänzt, satiniert, **3.** haarlos, unbehaart; strähnig, ungewellt, ungelockt, **4.** quitt, wett, ausgeglichen, erledigt, abgerechnet, paletti, bezahlt, getilgt, schuldenfrei, gestrichen, gelöscht, abgetan, los und ledig, **5.** angenehm, ohne Zwischenfälle / Komplikationen, reibungslos, verzögerungsfrei, ungestört, störungsfrei, wie am Schnürchen, zügig, wie geschmiert, folgenlos, ungehindert, unbehindert, **6.** glitschig, schleimig, schlüpfrig, ölig,

fettig, schmierig, speckig, seifig, glibbrig, geschmiert, geölt, gefettet; vereist, spiegelglatt, rutschig, Aquaplaning, **7.** gebügelt, gemangelt, knitterarm, knitterfrei.

766 **glätten** **1.** ebnen, nivellieren, walzen, pflastern, asphaltieren, bahnen, **2.** plätten, bügeln, glatt streichen, ausbügeln, gerade biegen, ausstreichen, straffen, steifen, stärken, glatt ziehen, spannen, heißmangeln, dämpfen, entrunzeln, mangeln, **3.** polieren, wachsen, bohnern, wichsen, firnissen, laminieren, lacken, lackieren, satinieren, Glanz geben, lasieren, glasieren, abschleifen, schleifen, abhobeln, abfeilen, glatt hobeln, schmirgeln, runden, abrunden, feilen, hobeln, peelen, rasieren, **4.** schmieren, einschmieren, ölen, fetten, einölen, einpinseln, einreiben, salben, einfetten.

767 **glauben** **1.** gläubig/überzeugt sein, wähnen, vermeinen, finden, meinen, denken, **2.** Glauben schenken, für bare Münze nehmen, für wahr/richtig halten, abnehmen, abkaufen, annehmen.

768 **gleich** **1.** übereinstimmend, konform, ebenso, genauso, dasselbe, nicht zu unterscheiden, deckungsgleich, austauschbar, ununterscheidbar, geklont, kein Unterschied, identisch, einer wie der andere, zum Verwechseln, wie ein Ei dem andern/aus dem Gesicht geschnitten/er leibt und lebt, aufs Haar gleich, gleichnamig, gleich lautend, gleichaltrig, derselbe Jahrgang, **2.** gleichförmig, einförmig, eintönig, monoton, im selben Tonfall, ohne Abwechslung; uniform, uniformiert, livriert, gleich gekleidet, Partnerlook, Unisex, einheitlich; im selben Trott, schematisch, nach Schema F, zwei rechts, zwei links, schablonenhaft, stereotyp, Fastfood, formelhaft, über einen Leisten geschlagen, feststehend, immer gleich, ständig wiederkehrend; gleichmacherisch, nivellierend, **3.** sofort, auf der Stelle, unverzüglich, augenblicklich, umgehend, ad hoc, sogleich, unverweilt, ohne Verzug, postwendend, kurzerhand, stehenden Fußes, frischweg, wie er geht und steht, ohne weiteres, stracks, brühwarm, gesagt – getan, auf den ersten Blick, von Anfang an, von vornherein, **4.** gleichartig, ähnlich, arteigen, artgleich, artverwandt, affin, verwandt, vergleichbar, kommensurabel, analog, sinngemäß, entsprechend, erinnernd, anklingend an, sich berührend mit, kongenial, wesensgleich, geistesverwandt, sinnverwandt; sinngleich, synonym, gleichsinnig, gleichbedeutend, bedeutungsgleich.

769 **gleichgültig** **1.** neutral, leidenschaftslos, über den Dingen, unparteiisch, uninteressiert, interesselos, unbetroffen, unbeteiligt, unbewegt, kühl, indifferent, teilnahmslos, ungerührt, unberührt, unerschüttert, **2.** passiv, nicht betroffen, abwartend, unentschieden, **3.** apathisch, unbeeindruckt, lethargisch, phlegmatisch, indolent, träge, untätig, inaktiv, leidend, duldend, widerstandslos, nachgiebig, ergeben, **4.** blasiert, gelangweilt, lasch, stumpf, lax, lässig, lauwarm, nicht Fisch noch Fleisch, mattherzig, achselzuckend, nicht aus der Ruhe zu bringen, gefühllos, unempfindlich, desinteressiert, froschblütig, fischblütig, wurstig, **5.** bedeutungslos, belanglos, unwichtig, einerlei, gleichviel, unerheblich, unwesentlich, egal, kein Beinbruch, kein Hahn kräht danach, gehüpft wie gesprungen, Jacke wie Hose, schnuppe, schnurz, piepe, alles eins, scheißegal.

770 **gleichgültig lassen** nicht berühren, kaltlassen, kalt bleiben, über den Dingen stehen, sich nicht anfechten lassen; Abstand wahren, auf sich beruhen lassen, Achseln zucken, nichts anhaben können, sich nicht scheren; den Teufel scheren, gernhaben können.

771 **gleichsam** gewissermaßen, sozusagen, quasi, als ob, wie, etwa, entsprechend, vergleichbar, ähnlich, sich nähernd; anklingend, erinnernd, gemahnend, wie wenn.

772 **gleichwertig** ebenbürtig, äquivalent, ebenso gut, gleich, in Augenhöhe, vollwertig, gemäß, entsprechend, gleichstehend, gleichrangig, ranggleich, satisfaktionsfähig, passend, auf gleicher Höhe, wert, würdig, auf gleicher Stufe, konkurrenzfähig, konvertierbar, wettbewerbsfähig, gleichberechtigt, partnerschaftlich, gleichgestellt, paritätisch.

773 **gleichzeitig** zur selben Zeit, im selben Augenblick/Atemzug, auf einen Schlag, zu gleicher Zeit, zeitgleich, zugleich, simultan, koinzident, synchron, gleich laufend, zeitlich übereinstimmend, gemeinsam, zusammenfallend; während, indem, inzwischen, mittlerweile, dieweil, solange.

774 **gleiten** **1.** rutschen, ausrutschen, abrutschen, abwärts gleiten, glitschen, flutschen, schlittern, schleifen, sich lautlos bewegen; schleichen, geistern, sachte tun, leise machen, auf leisen Sohlen gehen, huschen, schlüpfen, **2.** kriechen, krauchen, krabbeln, robben, **3.** schweben, fliegen, segeln.

775 **Glied** **1.** Körperteil, Extremität, Arm, Bein, Hand, Finger; Pfote, Tatze, Klaue, Pranke,

Huf, Kralle, **2.** Penis, Phallus, männliches Glied, Geschlechtsteil, Lingam, Geschlecht, Gemächt; Zipfel, Schniepel, Dick, Willie, Pimmel, Rute, Gurke, Latte, Jonny, Lümmel, Nudel, Spargel, Rüssel, Schwengel, Schwanz, Rohr, Hammer, Kolben, Knüppel, Prügel, Riemen, Zauberstab, Schniedel, Ködel.

776 **Gliederung** Aufbau, Bau, Struktur, Einteilung, Unterteilung, Ordnung, Aufteilung, Staffelung, Aufgliederung, Untergliederung, Differenzierung, Hierarchie; Anordnung, Gefüge, Zuordnung, Zusammenstellung, Arrangement, Koordinierung, Gruppierung, Aufstellung, Choreographie, Disposition, Bauplan, Plan, Komponierung, Koordination, Konzertierung, Komposition, Konfiguration.

777 **Glück 1.** Gunst der Verhältnisse, Güte des Geschicks, günstige Fügung, Bonheur, Füllhorn, guter Stern, Glücksstern, Fortuna; Erfolg, Gedeihen, Gelingen, Segen, Dusel, Schwein, Lottogewinn, Jackpot, sechs Richtige, Geschenk des Himmels, Massel, Glückssträhne, Sternstunde, Glücksfall, Glückssache, Glücksgriff, **2.** Beglückung, Beglücktheit, innere Befriedigung, Erfüllung, Hochstimmung, Freude, Seligkeit, Beseligung, Entzücken, Wonne, Euphorie, Tage der Rosen, goldene Zeit, Honigmond, Flitterwochen, Sonnenseite, Butterseite.

778 **glücklich (sein) 1.** glückselig, beglückt, erfüllt, beseligt, beflügelt, beschwingt, hingerissen, freudig, selig, freudevoll, wunschlos, zufrieden, überglücklich, glückstrahlend, wonnetrunken, verklärt, im siebten Himmel, hochgestimmt, euphorisch, high, happy, **2.** begünstigt, erfolgreich, erfolgsverwöhnt, gut aufgestellt, arriviert, gemacht, anerkannt, vorwärts gekommen, vom Glück begünstigt, lucky, wohlbestallt, fruchtbar, gedeihlich, erstrebenswert, gesegnet, beneidenswert, dornenlos, wolkenlos, ungetrübt, sorgenlos, sorgenfrei, schattenlos, auf der Sonnenseite, aussichtsreich, zukunftsfreudig, hell, besonnt, segensreich, Segen bringend, gnädig, **3.** angenehm, erfreulich, hocherfreulich, beglückend, beseligend, befriedigend, ausfüllend, erfüllend, schön, paradiesisch, himmlisch, elysisch, herzerfreuend, wonnevoll, wonnesam, wonnig, **4.** glücklicherweise, zum Glück, durch einen glücklichen Zufall, erfreulicherweise, gottlob, Gott sei Dank, **5.** sich glücklich fühlen/schätzen/preisen; auf Wolken gehen, nichts zu wünschen haben.

779 **Glückskind** Hans im Glück, Goldmarie, Sonntagskind, Everybody's Darling, Liebling der Götter, Günstling des Glücks, Hahn im Korb, Schoßhund, Liebling, Glückspilz, Erfolgsmensch, Naturtalent, Senkrechtstarter, Shootingstar, Gewinner, Nutznießer, Begünstigter, Favorit, Günstling.

780 **Glücksspiel** Lotto, Lotterie, Vabanquespiel, Toto, Verlosung, Wette, Gewinnspiel, Wettspiel, Quiz, Tombola; Bingo, Bakkarat, Roulette, Poker, Würfelspiel, Zufallsspiel, Hasardspiel.

781 **Gnade 1.** Erbarmen, Milde, Nachsicht, Schonung, Vergebung, Verzeihung, Barmherzigkeit, Begnadigung, Absolution, Ablass; Pardon, Amnestie, Gnadenerlass, Straferlass, Nachlass, Dispens, **2.** Begnadung, Segen, Gottesgabe, Begabung, **3.** Gunst, Huld, Güte; Gnädigsein, Jovialität, Gönnerhaftigkeit.

782 **Gott 1.** Allmächtiger, Schöpfer, Demiurg, Weltenlenker, Höchster, Herrgott, Herr, Gottvater, himmlischer Vater, Vater im Himmel, Allwissender, Allgütiger, lieber Gott, Allerbarmer; Gottheit, Götze, Halbgott, göttliches Wesen, Numen, **2.** Herr Zebaoth, Jahwe, Jehova, Allah, Brahma, Buddha, Schiwa, Wischnu, Zeus, Wotan, Manitu, **3.** Magna Mater, Große Mutter, Demeter, Isis, Shakti.

783 **Götzenverehrung** Götzendienst, Götzendienerei, Idolatrie, Abgötterei, Bilderanbetung, Fetischismus, Teufelsdienst, Dämonenkult, Baalsdienst.

784 **graben 1.** höhlen, aushöhlen, ausheben, ausschachten, ausbaggern, entkernen, wühlen, buddeln, schippen, baggern, schaufeln; umgraben, ackern, furchen, pflügen, umpflügen, umbrechen, schanzen, bohren, schürfen, unterminieren, untertunneln, unterhöhlen, aufgraben, anbohren, ausbohren, **2.** ausgraben, exhumieren, ausbuddeln, zutage fördern.

785 **Grad** Intensität, Maß, Ausmaß, Größe, Größenordnung, Stufe, Stärke, Rang, Ausbreitung, Umfang; Temperatur, Wärmegrad, Kältegrad.

786 **gravieren** eingraben, einritzen, einschneiden, rillen, riefen, ritzen, stechen, ätzen, ziselieren, eingravieren, kerben, kratzen, stanzen, prägen.

787 **Grenze 1.** Staatsgrenze, Landesgrenze, Zollgrenze, Grenzlinie, Demarkationslinie, Trennlinie, Rubikon, Schlagbaum, grüne Grenze, Abgrenzung, Schranke, Rand, Scheide, Limit, **2.** Schamgrenze, Ekelschranke, Toleranzgrenze, Toleranzschwelle.

788 **groß** **1.** hoch gewachsen, hochwüchsig, stattlich, hoch, lang, aufgeschossen, übergroß, überlang, übermannsgroß, übermannshoch, überlebensgroß, überdimensional, hünenhaft, riesig, haushoch, gigantisch, gigantesk, ungeheuer, überragend, kolossal, grandios, turmhoch, pyramidal, zyklopisch, mächtig, titanisch, stark, gewaltig, **2.** bedeutend, ansehnlich, ausgedehnt, erheblich, beträchtlich; geräumig, voluminös, unendlich, unermesslich, astronomisch, unabsehbar, unvorstellbar, weit, immens, **3.** erhaben, hehr, Achtung gebietend, majestätisch, feierlich, ehrwürdig, imposant, imponierend, großmächtig, **4.** hervorragend, prominent, ausgezeichnet, bedeutend, hoch stehend, überlegen, berühmt, **5.** hochgespannt, weit reichend.

789 **Größe** **1.** Vektor, Faktor, Variable, Kaliber, Dimension, Konstante, Parameter, Format, Körpermaß, Ausdehnung, Weite, Geräumigkeit, Weiträumigkeit, Großflächigkeit, **2.** Bedeutung, Erhabenheit, Großartigkeit, Monumentalität, Majestät, Hoheit, Grandezza; Geistesgröße, Seelengröße, Seelenstärke, **3.** Großmacht, Hypermacht, Supermacht, Reich, Großreich, Imperium, Weltmacht; Großunternehmen, Monopol.

790 **großzügig** **1.** nobel, nicht kleinlich, neidlos, generös, freigebig, offene Hand, spendabel, spendierfreudig, kulant, verschwenderisch, splendid, gebefreudig, **2.** großmütig, nachsichtig, verständnisvoll, tolerant, großdenkend, human, weitherzig, nicht nachtragend.

791 **Grund** **1.** Ursache, Anlass, Veranlassung, Triebfeder, Ansporn, Antrieb, Anstoß, Anreiz, Stachel, Auslöser, Trigger, Beweggrund, Movens, Agens, tiefster Grund, entscheidender Anlass, Wurzel, Warum, Motor, treibende Kraft, **2.** Begründung, Motivierung, Motivation, Motiv, Argument, Beweisführung, Argumentation, Fundierung, Untermauerung, **3.** Boden, Scholle, Acker, Land, Erdreich, Erde, Krume, Erdboden, Ackerland, Feld, Flur.

792 **Grundbesitz** Grundstück, Gelände, Stück Land, Terrain, Areal, Parzelle, Länderei, Bauplatz, Baugrund, Bauland; Immobilie, Liegenschaft, Landbesitz, Grund und Boden, Grundeigentum.

793 **Grundlage** **1.** Untergrund, Unterlage, Fundament, Boden, Grundstein, Grundfesten, Basis, Plattform, Unterbau, Sockel, Fuß, Postament, Piedestal, **2.** Voraussetzung, Basis, Ausgangspunkt, Ausgangsbasis, Ansatzpunkt, Ansatz, Nährboden, **3.** Grundstock, Fundus, Fonds, Bestand, Reserve, Rücklage, Stock, **4.** Grundbegriffe, Elementarbegriffe, Allgemeinbegriffe, Elementarkenntnisse, Vorkenntnisse, Grundlagenwissen, Anfangsgründe, Elementartechniken, Kulturtechniken, **5.** Diskussionsgrundlage, Paper, Hand-out.

794 **grundlos** unbegründet, ohne Grund, ohne Anhaltspunkt, aus der Luft gegriffen, frei erfunden, erfunden, eingebildet, unmotiviert, zufällig, ungerechtfertigt.

795 **Grundsatz** **1.** Richtlinie, Richtsatz, Richtschnur, Richtmaß, Maßstab, Maxime, Generalbass, Leitlinie, Leitgedanke, Grundprinzip, Grundidee, Grundüberzeugung, Grundvorstellung, Hauptgedanke, Grundgedanke, Grundmotiv, Leitmotiv, roter Faden, Tenor, Leitsatz, Grundregel, Vorsatz, Motto, goldene Regel, **2.** Behauptung, Axiom, Prinzip, Apriori, Theorem, Lehrsatz, These, Glaubenssatz, Dogma, Lehrmeinung, Opinio communis, Doktrin, Postulat.

796 **grundsätzlich** grundlegend, fundamental, grundstürzend, prinzipiell, a priori, theoretisch, in der Regel, eigentlich.

797 **Gruppe** **1.** Abteilung, Fraktion, Sezession, Block, Kreis, Zirkel, Klub, Verein, Serviceclub, Freundeskreis, Gemeinde, Gesellschaft, Runde, Ring, **2.** Arbeitsgemeinschaft, Ausschuss, Team, Arbeitsgruppe, Projektgruppe, Kollektiv, Gesprächsgruppe, Gesprächsrunde, Kollegium, Belegschaft, Personal; Beraterstab, Expertengruppe, Brain-Trust, Think-Tank, Taskforce, **3.** Ensemble, Truppe, Orchester, Kapelle, Chor, Balletttruppe, Compagnie, **4.** Band, Musikgruppe, Boygroup, Orchester, Combo, Rockband, Popgruppe, Jazzband, **5.** Bande, Schar, Trupp, Horde, Herde, Blase, Rasselbande, Gang, Schwarm, Pulk, Volk, Traube, Haufen, Meute, Rotte, Korona, Bagage, **6.** Lager, Sippe, Sippschaft, Clique, Ingroup, Peergroup, Klüngel, Seilschaft, Mauschelrunde, Kungelrunde, Clan, Sekte, **7.** Initiativgruppe, Bürgerinitiative, Selbstinitiative, Ini, Aktionsgruppe, **8.** Tafelrunde, Stammtisch, Kegelklub, Kränzchen, Damenkränzchen, **9.** Mannschaft, Elf, Besatzung, Bemannung, Crew, Cast, Staffel, Equipe, Stab, Riege, **10.** Familie, Kernfamilie, Kleinfamilie, Großfamilie, Stieffamilie, Patchworkfamilie, Mischpoke, Haus, Stamm, **11.** Heeresgruppe, Einheit.

798 **Gruß** **1.** Begrüßung, Grußformel, Empfang, Willkomm; Lebewohl, Abschied, Verabschie-

dung, Empfehlung, **2.** Händedruck, Handschlag, Handkuss, Kuss, Umarmung, Verneigung, Verbeugung, Bückling, Diener, Knicks, Reverenz, Kratzfuß, Kotau, Fußfall, Kniefall, **3.** Ehrenbezeigung, Honneurs, Salut, Vivat, Hochruf, Hoch, großes Hallo, Ständchen, Tusch, Ansprache, Trinkspruch, Toast, **4.** Grußadresse, Grußbotschaft, Glückwunsch, Glückwunschadresse, Glückwunschkarte, Gratulationsbrief, Gratulation.

799 **grüßen 1.** begrüßen, willkommen heißen, hallo sagen, winken, zuwinken, guten Tag sagen, zunicken, nicken, sich verbeugen, verneigen; Bückling/Diener machen, dienern, knicksen, Hut abnehmen/ziehen/lüften, Hand schütteln /geben/reichen/bieten/drücken, Grüße übermitteln/überbringen/senden, **2.** strammstehen, salutieren, präsentieren, Spalier stehen.

800 **günstig 1.** vorteilhaft, gedeihlich, aussichtsreich, rosig, glückverheißend, verheißungsvoll, hoffnungsvoll, erfolgversprechend, vielversprechend, zukunftsträchtig; opportun, empfehlenswert, angezeigt, ratsam, rätlich, geraten, anzuraten, klug, zupass, richtig, gelegen, **2.** positiv, lobend, anerkennend, bejahend, wohlwollend, wohlmeinend, wohlgesinnt, **3.** kleidsam, tragbar; geeignet, passend, preiswert, billig.

801 **gut 1.** gutartig, harmlos, zahm, anständig, gütig, gnädig, gutherzig, gutmütig, ohne Falsch, herzensgut, seelengut, **2.** getroffen, geglückt, gelungen, wohlgeraten, gut geworden/gemacht/getroffen/geraten/ausgefallen, wohlgetan, ins Schwarze getroffen, in Ordnung, bestens, sehr zufrieden, vorzüglich, vortrefflich, nicht ohne/schlecht/von schlechten Eltern/übel/uneben, **3.** getroffen, o. k., okay, prima, super, supi, bingo, topp, gebongt, d'accord, wow.

802 **Güte** Gütigkeit, Liebenswürdigkeit, Herzenswärme, Herzensgüte, Grundgüte, Warmherzigkeit, Hilfsbereitschaft, Gutmütigkeit, Milde, Nachsicht, Gnade, Zuwendung, Zuneigung, Selbstlosigkeit.

# H

803 **Haar** **1.** Haupthaar, Kopfhaar, Haartracht, Haarschopf, Tolle, Wuschelkopf, Mähne, Wolle, Zotteln, Pelz, Borsten, Schopf, Strähnen, Wellen, Locken, Dauerwellen, **2.** Frisur, Haartracht, Haarschnitt, Schnitt, Fassonschnitt, Styling, Look, **3.** Haarteil, Perücke, Toupet, Haarersatz, Kunsthaar, transplantiertes Haar.

804 **haben (sich)** **1.** besitzen, sein Eigen nennen, innehaben, zu eigen/in Händen haben, eignen, gehören, genießen, sich freuen an; verfügen über, zu Gebote stehen, vorrätig/auf Lager haben, vorzuweisen haben, vorweisen, aufweisen, ausgestattet/versehen sein; angehören, zugehören, **2.** es gut haben, gut dran sein, nichts zu klagen haben, nicht klagen können, im Fett/in der Wolle sitzen, aus dem Vollen schöpfen, im Geld schwimmen, Geld wie Heu haben, gut/in guten Verhältnissen leben, **3.** sich zieren, gerieren, anstellen; zicken, Geschichten/Theater/Gedöns machen, sich nötigen lassen, genieren, sträuben; Sperenzien machen, herumzicken.

805 **habgierig** habsüchtig, raffgierig, berechnend, erpicht, filzig, geldgierig, geldgeil, gewinnsüchtig, besitzgierig, raffsüchtig, profitlich, besitzsüchtig, materialistisch, unersättlich, konsumorientiert, konsumgeil, konsumversessen.

806 **halb** zur Hälfte, halb und halb, hälftig, halbiert, zweigeteilt, halbseitig, halbpart, fifty-fifty, zu gleichen Teilen, brüderlich; halbwegs, in der Mitte, auf halbem Wege, zwischenliegend, dazwischen, zwischen, in between, gleich weit entfernt, inmitten, auf halber Strecke.

807 **Halt** **1.** Belastbarkeit, Festigkeit, Bindekraft, **2.** Anhalt, Stütze, Anker, Stecken und Stab, Hoffnung, Eckstein, Anlehnung, Rückhalt, Basis, Fundament, Stützpunkt, Standbein, **3.** Balken, Träger, Säule, Pfeiler, Grundpfeiler, Eckpfeiler, Tragstütze, Pilaster, Pflock, Pfahl, Pfosten, Stange, Schiene, Sparren, Mast, **4.** Spalier, Gerüst, Balkenwerk, Stützwerk; Gerippe, Skelett, Knochengerüst, Rückgrat, Wirbelsäule, **5.** Lehne, Armlehne, Kopfstütze, Korsett, Fußstütze, **6.** Haltestelle, Stoppstelle, Haltepunkt, Station, Bahnhof, Flughafen; Aufenthalt, Zwischenstopp, Fahrtunterbrechung, Zwischenlandung, Stopp, Pause, Stillstand.

808 **halten** **1.** anhalten, stehen bleiben, ausbremsen, innehalten, haltmachen, stoppen, landen, anlegen, zum Stehen kommen, stocken, abbrechen, unterbrechen, einhalten, aussetzen, Station/Zwischenstopp machen, **2.** festhalten, zurückhalten, nicht loslassen, behalten, besitzen, nicht hergeben, besetzt halten, **3.** lesen, abonnieren, beziehen.

809 **Halter** **1.** Haltevorrichtung, Griff, Handgriff, Heft, Schaft, Kolben, Stiel, Henkel, Türgriff, Klinke, Schnalle, Drücker, Knauf, Knopf, Anfasser, Greifer, Klipp, Klips, Spange, Klemme, Klammer, Pinzette, Zange, Greifwerkzeug; Hebel, Taste, Kurbel, **2.** Träger, Hosenträger, Gurt, Gürtel, Hüfthalter, Straps; Schlaufe, Riemen, **3.** Eigner, Besitzer.

810 **Handarbeit** **1.** Handwerk, Manufaktur, Kunsthandwerk, Kunstgewerbe; Einzelarbeit, Einzelstück, Entwurf, Modell, Maßarbeit, **2.** Heimarbeit, Bastelarbeit, Nadelarbeit, Knüpfarbeit, Webarbeit, Filetarbeit, Platting, Laubsägearbeit, Hobbymalerei.

811 **Handel** **1.** Warenverkehr, Warenaustausch, Güterverkehr, Güteraustausch, Handelsverkehr, Warenzirkulation, Geschäftsverkehr, Geschäftsleben, Warenvertrieb, Umsatz, Umschlag, Markt, Kommerz; Handelsbeziehungen, Wirtschaftsbeziehungen, **2.** Geschäft, Business, Tausch, Tauschhandel, Tauschgeschäft, Abschluss, Transaktion, Deal, **3.** Einzelhandel, Großhandel, Engroshandel; Import, Einfuhr; Export, Ausfuhr, Außenhandel, Transithandel, Effektenhandel.

812 **handeln** **1.** tun, machen, operieren, vorgehen, verfahren, agieren, tätig sein, wirken, arbeiten, zu Werke gehen, sich geben, verhalten, zeigen, **2.** Handel treiben, Geschäfte machen, kaufen und verkaufen, einführen, importieren, ausführen, exportieren, zwischenhandeln, dealen, **3.** feilschen, schachern, Preis drücken, abhandeln, herunterhandeln, wuchern, übervorteilen.

813 **Händler** **1.** Anbieter, Verkäufer, Trödler, Kaufmann, Krämer, Greißler, Ladenschwengel, Handeltreibender, Höker, Straßenhändler, **2.** Broker, Börsianer, Börsenmakler, Jobber, Trader, Börsenspekulant, Fixer, Aktienhändler, **3.** Vertreter, Handelsvertreter, Agent, Werber.

814 **handwerklich** **1.** handwerksmäßig, fachgerecht, zunftgerecht, kunstgerecht, sachgerecht, werkgerecht, materialgerecht, **2.** handgemacht, händisch, handgearbeitet, handgefertigt, manuell, hausgemacht.

815 **Harmonie** **1.** Wohlklang, Wohllaut, Zusammenklang, Akkord, Stimmigkeit, Einklang, Zusammenspiel, Orchestrierung, **2.** Ausgeglichenheit, Ausgewogenheit, Gleichgewicht, Gleichmaß, Ebenmaß, Abgewogenheit, Abgestimmtheit, Ebenmäßigkeit, Proportion.

816 **harmonisch** **1.** wohllautend, wohlklingend, melodisch, wohltönend, stimmig, zusammenstimmend, abgestimmt, konzertiert, harmonisiert, gleich gestimmt; vielstimmig, mehrstimmig, polyphon; übereinstimmend, abgewogen, im Gleichgewicht, gleichgewichtig, **2.** zusammenpassend, einander entsprechend, geistesverwandt, **3.** ausgewogen, stimmig, abgestimmt, ausgeglichen, ausbalanciert; gleichmäßig, ebenmäßig, wohlgeformt, wohlgegliedert, wohlproportioniert, im richtigen Verhältnis, abgewogen.

817 **hart** **1.** fest, steif, starr, unelastisch, spröde; hölzern, erzen, ehern, metallen, felsenhart, steinern, steinhart; eckig, kantig; trocken, ausgetrocknet, ausgedörrt, verhärtet, verknöchert, versteinert, stählern, marmorn, stahlhart, mit harten Bandagen, knüppelhart, **2.** herzlos, hartherzig, hartleibig, mitleidslos, kalt, gefühllos, eisig, eiskalt, ungerührt, lieblos, gefühlskalt, unzugänglich, unnachgiebig, knallhart, tough, nicht ansprechbar, nicht zu erweichen, keinen Bitten zugänglich, **3.** streng, unnachsichtig, investigativ, schonungslos, rücksichtslos, rau, kategorisch, eisern, beinhart, rigoros, unerbittlich, unbarmherzig, unversöhnlich, kompromisslos, gnadenlos, erbarmungslos, exemplarisch, abschreckend, drakonisch.

818 **hassen** **1.** ablehnen, nicht mögen, unsympathisch finden, Abneigung empfinden, Dorn im Auge sein, Aversion hegen, nicht gewogen/grün sein, missliebig sein, missfallen, verabscheuen, nicht sehen/riechen/ausstehen können, rotes Tuch/zuwider sein, gefressen haben, **2.** anfeinden, Hass/Feindschaft/Feindseligkeit / Groll / Ressentiment / Rachsucht empfinden, blind ablehnen, mit Hass verfolgen.

819 **hässlich** **1.** unschön, stillos, unansehnlich, unästhetisch, unvorteilhaft, plump, grauslich, garstig, abscheulich, gräulich, scheußlich, fratzenhaft, grimassenhaft, verzerrt, entsetzlich, furchtbar, schlecht gebaut, verunstaltet, schiech, schauerlich, schaurig, scheusälig, ätzend, abstoßend, abschreckend, widerlich, widerwärtig, ekelhaft, monströs, potthässlich, **2.** dissonant, misstönig, falsch klingend, kakophonisch, **3.** böse, gemein.

820 **Hauptsache** Angelpunkt, Pol, Drehpunkt, Mittelpunkt, Zentrum, Epizentrum, Schwerpunkt, Knackpunkt, Kern, das Eingemachte, Tafelsilber, Kernpunkt, A und O, Kernstück, Chefsache, Mark, Herzstück, Herzkammer, Kardinalpunkt, Quintessenz, Inbegriff, springender Punkt, Pudels Kern, Gehalt, Pointe, das Wesentliche/Wichtigste/Entscheidende/Ausschlaggebende, Zünglein an der Waage, Nerv, Nervus Rerum, Lebensader, Lebensfaden, Leitfaden, Leitgedanke, roter Faden, Dreh- und Angelpunkt.

821 **Haus** **1.** Gebäude, Bau, Bauwerk, Anwesen, Baulichkeit, Wohnhaus, Mietshaus, Mietskaserne, Einfamilienhaus, Fertighaus, Häuschen, Doppelhaushälfte, Reihenhaus; Hochhaus, Wolkenkratzer; Hütte, Kate, Baracke, Laube, Blockhaus, Baubaracke, Baubude, Bauhütte, Baude, Bude; Datscha, Ferienhaus, Sommerhaus, Bungalow, Landhaus, Chalet, Villa, Palais, Palast, Schloss, Burg; Kasten, Klotz, Schuppen, **2.** Heim, Daheim, Eigenheim, vier Wände, Heimstätte, Domizil, Dach, Nest, Privatsphäre, persönlicher Bereich, Zuhause, Bleibe.

822 **Haushalt** **1.** Hausstand, Hauswesen, Haushaltung, Hausgemeinschaft, Haushaltsführung, **2.** Budget, Etat, Finanzplan, Haushaltsplan, Finanzen, Staatshaushalt, Wirtschaftsführung.

823 **Hauspersonal** **1.** Dienerschaft, Dienstpersonal, Hausangestellte, Bedienstete, Dienstboten, Domestiken, Gesinde, Hausgesinde, **2.** Mädchen, Hausmädchen, Kraft, Housekeeper, Dienstmädchen, Dienstmagd, Haushaltshilfe, Haushaltsgehilfin, Stubenmädchen, Zimmermädchen; Hilfe, Stütze, Perle; Haushälterin, Wirtschafterin, Gesellschafterin, Hausdame, Gouvernante; Köchin, Küchenhilfe, Zugehfrau, Putzfrau, Putzhilfe, Aufwartefrau, Stundenfrau, Reinemachfrau, **3.** Kinderfräulein, Kindermädchen, Kinderfrau, Kinderbetreuer, Babysitter, Au-pair-Mädchen, **4.** Hausdiener, Hausgehilfe, Hausbursche, Groom, Page, Boy, Dienstbote, Diener, Butler, **5.** Portier, Concierge, Pförtner, Hauswart, Hausmeister, Hausmeier.

824 **heben** **1.** aufheben, lupfen, liften, abheben, anheben, aufnehmen, hochnehmen, hochheben, stemmen, wuchten, schultern, buckeln; raffen, schürzen, aufstecken, hochbinden, **2.** Augen erheben, Blick heben, aufschauen, auf-

sehen, aufblicken, hochblicken, Augen aufschlagen, Blick gen Himmel richten, Lider heben.

825 **Heft** **1.** Schulheft, Notizheft, Schreibheft, Kladde, Schmierheft, Sudelbuch, Kollegbuch, **2.** Büchlein, Broschüre, Faszikel, Heftchen.

826 **heftig** **1.** intensiv, stark, hart, kräftig, wuchtig, massiv, gewaltig, kraftvoll, mit aller Macht/Kraft, **2.** feurig, leidenschaftlich, hitzig, heißblütig, vulkanisch, mitreißend, schwungvoll, unbändig, ungestüm, impulsiv, stürmisch, enthemmt, turbulent, vehement, frenetisch, wild, hemmungslos, tumultuarisch; fanatisch, besessen, abgöttisch, passioniert, gewaltsam, forciert, eifernd, eifervoll, **3.** hitzköpfig, explosiv, cholerisch, reizbar, erregbar, aufbrausend, auffahrend, jähzornig, violent, zornmütig, wütend, rasend, von Sinnen, überschäumend, toll.

827 **Heftigkeit** Vehemenz, Stärke, Härte, Wucht, Kraft, Intensität, Eifer, Temperament, Heißblütigkeit, Wildheit, Hemmungslosigkeit, Gefühlsausbruch, Raserei, Besessenheit, Tollheit, Verbissenheit, Unbändigkeit, Ungebärdigkeit, Unbeherrschtheit, Turbulenz, Ungestüm, Leidenschaft, Leidenschaftlichkeit, Feuer, Glut, Jähzorn, Zornmütigkeit, Reizbarkeit, Erregbarkeit, Hitzköpfigkeit, Radikalität, Streitbarkeit, Militanz, Streitlust, Aggressivität, Gewaltbereitschaft, Angriffslust, Streitsucht, Händelsucht, Zanksucht, Gewaltsamkeit, Gewalttätigkeit, Violenz.

828 **heilen** **1.** abheilen, verheilen, heil werden, ausheilen, gesund werden, **2.** verarzten, therapieren, kurieren, beheben, beseitigen, gesund machen, wiederherstellen, rehabilitieren.

829 **Heiligenschein** Glorie, Glorienschein, Gloriole, Aureole, Nimbus, Strahlenkranz, Mandorla.

830 **Heim** **1.** Herberge, Hort, Obdach, Zuhause, Heimat, Bleibe, Refugium, Reich, Wohnung, Haus, **2.** Hospiz, Sanatorium, Krippe; Anstalt, Wohnheim, Blindenheim, Obdachlosenheim, Studentenwohnheim, Altersheim, Altenheim, Seniorenheim; Kinderheim, Schullandheim, Internat, Erziehungsanstalt; Frauenhaus.

831 **heimlich** **1.** insgeheim, im Verborgenen/Stillen, unbemerkt, unbeobachtet, unter der Hand, hinter den Kulissen, unter Ausschluss der Öffentlichkeit, geheimbündlerisch, in geschlossener Gesellschaft, hinter verschlossenen Türen, stiekum, diskret, inoffiziell, ohne Aufsehen/Zeugen, verstohlen, still und leise, klammheimlich, in aller Stille, klandestin, bei Nacht und Nebel, auf Schleichwegen, schwarz, abgekartet, hintenherum, hinterrücks, meuchlings, **2.** inkognito, pseudonym, anonym; geheim, geheimdienstlich, topsecret.

832 **heiter** **1.** froh, frohmütig, froh gestimmt, frohgemut, freudig, erfreut, munter, optimistisch, daseinsfreudig, lebenslustig, unbeschwert, lebensfroh, sonnig, fröhlich, zufrieden, ungetrübt, beschwingt, angeregt, beflügelt; freudestrahlend, lachend, lächelnd, schmunzelnd, grinsend, **2.** lustig, amüsant, ergötzlich, zum Lachen, humoristisch, humorig, humorvoll, spaßig, spaßhaft, kurzweilig, unterhaltend, unterhaltsam, pläsierlich, vergnüglich, köstlich, belustigend, erheiternd, zerstreuend, **3.** vergnügt, amüsiert, munter, obenauf, auf der Höhe, guter Dinge, guten Mutes, seelenvergnügt, stillvergnügt, belustigt, erheitert, wohlgemut, gut gelaunt, aufgeräumt, gut aufgelegt, übermütig, mutwillig, spitzbübisch, schalkhaft, schelmisch, verschmitzt, pfiffig, neckisch, drollig, fidel, launig; aufgedreht, aufgekratzt, kregel, feuchtfröhlich, närrisch, viel/der Bär los, ausgelassen, außer Rand und Band, **4.** komisch, gelungen, witzig, ulkig, köstlich, gottvoll, possierlich, grotesk, burlesk, possenhaft, schwankhaft, lächerlich, putzig, schnurrig, urkomisch, zwerchfellerschütternd, zum Schießen, unbezahlbar, **5.** idyllisch, arkadisch, bukolisch, anakreontisch, ländlich, malerisch, **6.** wolkenlos, hell.

833 **Heizung** Wärmequelle, Heizvorrichtung, Heizanlage, Feuerung, Brenner, Heizkessel; Zentralheizung, Fernheizung, Etagenheizung, Gasheizung, Kohleheizung, Ölheizung, Ofenheizung, Solarheizung, Nachtspeicherheizung, Heizkörper, Strahler, Radiator.

834 **helfen (sich)** **1.** Hilfe leisten, unterstützen, beistehen, beispringen, mit anfassen, anpacken, zur Hand gehen, zufassen, zuspringen, einspringen, aushelfen, überbrücken, sich nützlich machen, zur Verfügung stellen/halten; in die Bresche springen, Beistand leisten, sich erbarmen; Hilfestellung geben, stützen, zur Seite stehen, unter die Arme greifen, bereitstehen, zur Verfügung stehen, Rücken stärken, Steine aus dem Weg räumen, **2.** mitarbeiten, mithelfen, mitwirken, mitmachen, behilflich sein, beraten, informieren, entlasten, assistieren, zuarbeiten, sekundieren, Hand anlegen, **3.** zuschießen, beisteuern, zusteuern, subventionieren, beihelfen, sponsern, beitragen, da-

zutun, nachhelfen, hineinpumpen, **4.** abhelfen, befreien, retten, das Blatt wenden, Abhilfe schaffen, tragen, sanieren, Karre aus dem Dreck ziehen, **5.** einsagen, einhelfen, soufflieren, in die Feder diktieren, vorsagen, **6.** sich selbst helfen, zu helfen wissen; zurückgreifen auf, seine Zuflucht nehmen zu.

835 **Helfer 1.** Retter, Nothelfer, Sozialarbeiter, Samariter, Beistand, Stütze, Begleitung, Begleiter, Berater, Spindoktor, Beschützer, Beschirmer, guter Engel/Geist, Invisible Hand, rettender Engel, Engel in der Not, Schutzengel, Hirte, Schutzgeist, Schutzheiliger, Erretter, Erlöser, Heiland, Messias; Deus ex Machina, Batman, Zorro; Geber, Finanzier, Sponsor, Förderer, **2.** Pfleger, Pflegerin; Gehilfe, rechte Hand, Assistent, Famulus, Mesner, Küster; Mädchen für alles, Adlatus, Pudel, Faktotum; Aushilfe, Diener, Hilfe, Handlanger, Mietling, Hilfsarbeiter, Tagelöhner, Zeitarbeiter, Vertretung, **3.** Souffleur, Einsager, Einhelfer.

836 **hell 1.** licht, lichtvoll, luzide, lichterfüllt; taghell, bei Tag/Tageslicht, **2.** strahlend, glänzend, funkelnd, schimmernd, scheinend, gleißend, glitzernd, blitzend, blendend, leuchtend, blank, schneeig, blütenweiß, silbrig, **3.** rein, klar, freundlich, sonnig, besonnt, wolkenlos, unbewölkt, ungetrübt, **4.** erleuchtet, beleuchtet, erhellt, angestrahlt, bestrahlt, illuminiert, **5.** hell klingend, hell tönend, silberhell, glockenhell, glockenrein, glockenklar, **6.** blond, hellblond, strohblond, goldblond, platinblond, **7.** helle, intelligent.

837 **herablassend** gnädig, leutselig, jovial, wohlwollend, huldvoll, hoheitsvoll, huldreich, gönnerhaft, von oben herab, süffisant, selbstgefällig, dünkelhaft, onkelhaft.

838 **herabsetzen (sich) 1.** diffamieren, diskreditieren, demontieren, abqualifizieren, degradieren, entwerten, herabwürdigen, erniedrigen, demütigen, entwürdigen, beschämen, niederziehen, beugen, ducken, beleidigen, kränken, kleinreden, schmähen, ins Herz/Mark treffen, verletzen, anpöbeln, **2.** sich etwas vergeben, gemeinmachen, kompromittieren, kleinmachen; Understatement betreiben, Licht unter den Scheffel stellen, sich unter Wert verkaufen, **3.** verkleinern, senken, verringern, vermindern, abmildern, abschwächen, bagatellisieren, reduzieren, untertreiben, unterbewerten.

839 **herausfordernd** aufreizend, provozierend, provokant, provokativ, provokatorisch, ketzerisch, rebellisch, querdenkerisch, kämpferisch, streitbar, konfliktfreudig; demonstrativ, ostentativ.

840 **Herausforderung 1.** Provokation, Brüskierung, Affront, Anrempelung, Behelligung, Belästigung, Anmache, Androhung, Drohung, Challenge, Aufforderung zum Tanz, Kampfansage, Duell, Fehdehandschuh, Kriegserklärung, **2.** Zündstoff, Reizthema, Drachensaat, vermintes Gelände, hochsensibler Punkt, **3.** Anforderung, Forderung, Vorgabe, Vorlage, Steilvorlage, Reiz, Anspruch.

841 **herb 1.** sauer, säuerlich, ungesüßt, trocken, zusammenziehend, angegoren, stichig, angesäuert, gegoren, vergoren, übergegangen, essigsauer, gekippt, **2.** scharf, salzig, gepökelt, gewürzt, rezent, pikant, süßsauer, würzig, gepfeffert, ätzend, beißend, brennend, prickelnd, bitter, gallig, gallebitter, kratzig, **3.** trocken, naturherb, dry, sec, extra dry, brut, extra brut.

842 **Herd 1.** Feuerstelle, Ofen, Kohleherd, Gasherd, Ölofen, Elektroherd; Kochgelegenheit, Kochherd, Küchenherd, Platte, Kocher, Mikrowellenherd, Mikrowelle, **2.** Heim, Zuhause, Daheim, **3.** Mitte, Zentrum, Nest, Ring, Brutstätte, Brutherd, Ursache.

843 **Herkunft 1.** Abkunft, Herkommen, Abstammung, Provenienz, Ursprung, Deszendenz, Stammbaum, Geburt, Familie, Hintergrund, Heimat, Stall, Haus, Wurzeln, **2.** Nationalität, Volkszugehörigkeit, Staatsangehörigkeit, ethnische Zugehörigkeit.

844 **Herrschaft 1.** Macht, Gewalt; Herrschaftsgewalt, Hoheitsgewalt, Regierungsgewalt, Regentschaft, Regime, Exekutive, Herrschaftsapparat, Nomenklatura, Herrschaftssystem, **2.** Vorherrschaft, Vormachtstellung, Vorrangstellung, führende Rolle, Regiment, Regie, Dominanz, Hegemonie, **3.** Alleinherrschaft, Absolutismus, Autokratie; Willkürherrschaft, Gewaltherrschaft, Despotie, Tyrannei, totalitäres System, Diktatur, Despotismus, Zwangsregiment, Terrorregime, Schreckensherrschaft, Terrorherrschaft, Schreckensregiment.

845 **herrschen 1.** beherrschen, gebieten, führen, leiten, lenken, regieren, befehlen, befehligen, kommandieren, politische Führung haben, Herrschaft/Macht ausüben/besitzen/innehaben, Steuer/Heft/Zügel in der Hand/Sagen haben, knechten, unter der Fuchtel haben, **2.** vorherrschen, dominieren, bestimmen, walten.

846 **Herrscher** Souverän, Gewalthaber, Landesvater, Gebieter, Hegemon, Herr, Landesherr, Regent, Präsident, Machthaber, Potentat, Imperator, Kaiser, König, Monarch, Dynast, Fürst, Zar, Sultan, Scheich, Kalif, Emir, Mogul, Großmogul, Tenno, Negus, Cäsar, Duce, Führer, Caudillo; Alleinherrscher, Autokrat, absoluter Herrscher, Diktator, Despot, Tyrann, Politgangster.

847 **heruntergekommen 1.** verarmt, abgestiegen, deklassiert, aus der Bahn geworfen, elend, auf den Hund gekommen, abgerissen, auf Trebe, obdachlos, depraviert, **2.** seelisch verwahrlost, wohlstandsverwahrlost, verödet, verwildert, verroht, verkommen, abgefuckt, abgefiedelt, ausgebrannt, gebrochen, ausgeblutet; verbummelt, verlottert, versackt, verlumpt, verludert, **3.** geschwächt, entnervt, abgezehrt, abgemagert, ausgemergelt, Schatten seiner selbst, Wrack, verwüstet, verlebt, **4.** abgetakelt, heruntergewirtschaftet, vergammelt, marode, abgewirtschaftet, ruiniert, verbraucht, erneuerungsbedürftig, reparaturbedürftig, verrottet.

848 **hetzen 1.** jagen, pirschen, verfolgen, nachsetzen, nachjagen, wegjagen, treiben, bedrängen, scheuchen, **2.** eilen, hasten, rennen, sich abhetzen, abjagen; immer auf Touren sein, keine Ruhe finden, immer im Druck sein, **3.** stänkern, wühlen, aufbringen, anstiften, aufheizen, anheizen, stacheln, anstacheln, aufstacheln, aufwiegeln, aufmischen, zur Jagd blasen, schüren, Unfrieden stiften, unterminieren, untergraben, aufreizen, aufrühren, agitieren, aufpeitschen, verhetzen, verketzern, fanatisieren, scharfmachen, aufputschen, böses Blut machen, Hass säen, Öl ins Feuer gießen, anblasen, anfachen, aufhetzen.

849 **Heuchler** Gleisner, Mucker, Frömmler, Pharisäer, Leisetreter, Schneeschleicher, Duckmäuser, Tartüff, Schlitzohr, falscher Fuffziger, falsche Schlange, Schleimer, Schleicher, Wolf im Schafspelz, Lügner, Lügenmaul, Lügenbeutel, Schwindelhuber, Erbschleicher, Simulant; Schönredner, Spindoktor.

850 **hier** da, an dieser Stelle, an diesem Ort, hierzulande, daselbst, anwesend.

851 **Hilfe 1.** Beistand, Unterstützung, Gefälligkeit, Erleichterung, Entlastung, Aushilfe, Mithilfe, Hilfeleistung, Beratung, Information, Service, Dienstleistung, Hilfestellung, Zutun, Handreichung, Mitwirkung, Assistenz, Beihilfe, Transferleistung, Sozialhilfe, Beitrag, Zuschuss, Subvention, Fundraising, Crowdfunding, Sponsoring, Überbrückung; Förderung, Begünstigung, Vorschub, Beschaffungsnetz, Beschaffungssystem, **2.** Rettung, Ausweg, Hintertürchen, Bergung, Abhilfe, Entsatz; Feuerwehr, Notbremse, Reißleine, Pannenhilfe, Hotline, Notruf, **3.** Denkhilfe, Gedächtnishilfe, Fingerzeig, Wink, Lesezeichen, Eselsbrücke, Gedächtnisstütze, Merkhilfe, Merkspruch.

852 **Hilferuf** Notruf, Notschrei, Jammerlaut, Notsignal, Alarm, Sirene, SOS-Ruf, Aufruf, Appell, Signal.

853 **hilflos 1.** schwach, krank, leidend, kraftlos, hilfsbedürftig, pflegebedürftig, schutzbedürftig; unselbständig, auf andere angewiesen, dem Leben nicht gewachsen, ichschwach, unsicher, abhängig, anlehnungsbedürftig, hilfebedürftig, wehrlos, ohnmächtig, machtlos, **2.** ratlos, unschlüssig, verzweifelt, hoffnungslos, aufgeschmissen, festgefahren, verrannt, in einer Sackgasse, desperat, in Not/Nöten, im Druck, in Bedrängnis/Verlegenheit, in der Klemme/Patsche, auf dem Trocknen, mit dem Latein/der Weisheit am Ende, **3.** ausgeliefert, preisgegeben, rechtlos, **4.** unversorgt, herrenlos, verlassen, unbeschützt, unbehütet, ausgesetzt.

854 **hindern 1.** hemmen, abbringen, zurückhalten, fernhalten, aufhalten, abhalten, abschrecken, zurückschrecken, eindämmen, ersticken, beschränken, unterdrücken, lahm legen, sperren, bremsen, zügeln, mäßigen, knebeln, steuern, wehren, drosseln, dämpfen, deckeln, abgrenzen, engführen, eingrenzen, lokalisieren, begrenzen, beruhigen, im Zaume halten, Zügel anlegen, an die Kandare nehmen, bekämpfen, angehen gegen, ankämpfen gegen, **2.** Halt gebieten, in den Weg treten, sich in den Weg stellen; entgegentreten, Weg verlegen/versperren, Steine in den Weg legen, in den Arm fallen, in die Parade fahren, Knüppel zwischen die Beine werfen, entgegenarbeiten, inhibieren, behindern, beengen, Hände binden, Grenzen setzen, zurückpfeifen, **3.** verhindern, hintertreiben, abwiegeln, verbauen, fesseln, auflaufen lassen, konterkarieren, sabotieren, ausbremsen, boykottieren, torpedieren, verhageln, versalzen, durchkreuzen, vereiteln, Punkt machen, Ende setzen, Gegenmaßnahmen ergreifen, unterbinden, zuvorkommen, abblocken, abschmettern, in die Pfanne hauen, plattmachen, handicapen, abwehren, Einhalt gebieten, entgegenwirken, erschweren, Handwerk legen, Riegel vorschieben, dazwi-

schentreten, unschädlich/Strich durch die Rechnung/zuschanden machen, zunichtemachen, außer Gefecht setzen, aushebeln, abbügeln, Wasser abgraben, kippen, Spiel verderben, zu Fall bringen, **4.** belagern, blockieren, einkreisen, umzingeln, umstellen, einschließen, einkesseln, abschneiden, abschnüren, absperren, abriegeln.

855 **Hindernis 1.** Hemmklotz, Hemmschuh, Bremse; Fessel, Kette, **2.** Einengung, Einschränkung, Erschwerung, Nachteil, Hemmung, Komplikation, Vereitelung, Hintertreibung, Verwehrung, Durchkreuzung, Verhinderung, Erschwernis, Stolperstein, Durststrecke, Hemmnis, Unterbindung, Lähmung, Drosselung, Knebelung, Stau, Stauung, Stockung, Verstopfung, **3.** Belagerung, Einkreisung, Umzingelung, Einkesselung, Absperrung, Abschnürung, Umklammerung, **4.** Hürde, Wall, Drahtverhau, Barriere, Schranke, Blockade, Sperre, Absperrung, Sperrfeuer, Kordon; Graben, Spalte, Kluft, Abgrund, Untiefe, **5.** Handicap, Nachteil, Behinderung, Benachteiligung, Beeinträchtigung.

856 **Hintergrund 1.** Grund, Folie, Rahmen, Fond, Tiefe, Off, Background, Kulisse, Prospekt, Geräuschkulisse, Untermalung, Hintergrundmusik, **2.** Hintergedanke, Nebenabsicht, Nebenzweck, unbewusste Absicht, **3.** Voraussetzung, Prämisse, Bedingung.

857 **Hinweis 1.** Ankündigung, Mitteilung, Bekanntmachung, Anschlag, Wegweiser, Verweis, Link, **2.** Anspielung, Andeutung, Querverweis, Bemerkung, Wink, Fingerzeig, Deut, Tipp, Geheimtipp; Gebärde, Geste, Zeichen, Handzeichen, Handbewegung.

858 **hinweisen** zeigen, deuten, hindeuten, verweisen, mit dem Finger zeigen, aufmerksam machen, auf die Spur/Fährte bringen, Hinweis geben, auf die Sprünge helfen, mit der Nase darauf stoßen, zu verstehen geben, andeuten, signalisieren, antippen, anspielen, durchlassen, erwähnen, streifen, rühren an, nicht näher eingehen auf, durchblicken lassen, beibringen, rüberbringen, draufstoßen, stecken, einflüstern, einblasen, warnen, nahelegen, durch die Blume sprechen, umschreiben, abheben/abzielen auf, Wort fallen lassen, bedeuten, sticheln, Anspielung machen, Wink geben, mit dem Zaunpfahl winken.

859 **hoch 1.** oben, droben, in der Höhe, hoch in der Luft, auf, über, oberhalb, zu Häupten, von oben, aus der Luft/Vogelperspektive, **2.** hochstehend, hochgestellt, übergeordnet, hochrangig, in leitender Stellung, höhergestellt, **3.** hochragend, aufragend, emporragend, vielstöckig, himmelhoch, alles überragend, haushoch, turmhoch, **4.** obenauf, zuoberst, ganz oben; auf dem Gipfel, auf höchster Ebene, **5.** happig, horrend, gepfeffert, gesalzen, unverschämt, sündhaft, wuchermäßig.

860 **hoffentlich 1.** wahrscheinlich, vermutlich, wohl, voraussichtlich, denkbar, anzunehmen, zu erwarten, sicherlich, kaum anzuzweifeln, mutmaßlich, aller Voraussicht/Wahrscheinlichkeit nach, **2.** wünschenswert, erwünscht, zu wünschen.

861 **höflich** zuvorkommend, aufmerksam, rücksichtsvoll, wohlerzogen, verbindlich, liebenswürdig, gewandt, freundlich; ritterlich, galant, ladylike, gentlemanlike, chevaleresk, artig.

862 **Homosexualität** Gleichgeschlechtlichkeit, Homophilie, Homoerotik, gleichgeschlechtliche Liebe, Amour bleu.

863 **homosexuell** gleichgeschlechtlich, unisexuell, homophil, homoerotisch, schwul, gay, warm, andersrum, lesbisch, sapphisch.

864 **Homosexuelle(r)** Homo, Schwuler, Fag, Gay; Lesbe, Schwester, kesser Vater, KV, Dyke, Butch.

865 **hören 1.** lauschen, horchen, aufhorchen, vernehmen, wahrnehmen, verstehen, erfahren, entnehmen, mitkriegen, aufschnappen, erlauschen, zu Ohren kommen, sich sagen lassen; erzählt bekommen, **2.** anhören, zuhören, hinhören, Gehör schenken, Ohren spitzen, belauschen, **3.** befolgen, gehorchen.

866 **hübsch** nett, reizend, gefällig, genrehaft, ansprechend, angenehm, erfreulich, bildhübsch, frisch, knusprig, sauber, adrett, allerliebst, liebenswert, goldig, süß, niedlich, herzig, schmuck, proper, flott, fesch, alert, nett anzusehen.

867 **Hülle 1.** Umhüllung, Verpackung, Packmaterial, Packpapier; Papier, Bogen, Pappe, Pappdeckel, Wellpappe, **2.** Schale, Rinde, Pelle, Haut, Fell, Pelz, Kruste, Schwarte, Borke, Panzer, Kokon, Balg, **3.** Verputz, Bewurf, Tünche, Tapete, Wandbekleidung, Wandbespannung, Verkleidung, Umkleidung, Mantel, Verschalung, Täfelung, Paneel, Getäfel, Furnier, Behang, Wandbehang, Wandteppich, Gobelin; Auskleidung, Futter, Fütterung, Wattierung, Polsterung, **4.** Einband, Cover, Schuber, Deckel, Umschlag, Buchhülle; Briefumschlag, Kuvert, **5.**

Tuch, Halstuch, Schultertuch, Umschlagtuch, **6.** Gardine, Store, Rollo, Vorhang, Portiere; Blende, Markise, Laden, Klappladen, Rollladen, Jalousie, Fensterladen, **7.** Wandschirm, Ofenschirm, spanische Wand, Paravent, **8.** Tasche, Mappe, Aktenmappe, Kollegmappe; Handtasche, Beutel; Koffer, Handkoffer, Reisekoffer, Boardcase, Sack, Bündel, Matchsack, Rucksack, Kulturbeutel; Etui, Futteral, Hülse, Köcher, **9.** Decke, Zudecke, Steppdecke, Wolldecke, Tagesdecke; Deckbett, Plumeau; Bettbezug, Überzug, **10.** Tüte, Papiersack, Plastikbeutel, Plastiktüte; Schlauch, Wassersack.

868 **Hund** Rüde, Vierbeiner; Haushund, Hofhund, Jagdhund, Leithund, Wachhund, Kettenhund, Polizeihund; Rassehund, Mischling, Bastard, Promenadenmischung; Kläffer, Töle, Köter, Fiffi, Bello, Wauwau, Schoßhund.

869 **hungern** **1.** Hunger haben, nichts zu essen/beißen haben, Appetit haben, darben, entbehren, Not leiden, am Hungertuch nagen, dahinvegetieren, **2.** verlangen, schmachten, gieren, **3.** fasten, sich enthalten; Diät halten, Hungerkur machen, im Hungerstreik sein.

870 **hüten** schützen, warten, hegen, pflegen, aufpassen, betreuen, bewachen, achten/achtgeben/ein Auge haben auf, beaufsichtigen, beschirmen, beschützen, versorgen, sorgen für, sich kümmern um; weiden/grasen lassen.

# I

871 **Ideal** **1.** Beispiel, Muster, Musterbeispiel, Idealtypus, Idee, Hoffnungsträger, Leitstern, Leitbild, Hochziel, Vollendung, Ziel, Krönung, Krone, Gipfel, Höhepunkt, Ichideal, Übervater, Übermutter, Vorbild, Inbegriff, Maßstab, **2.** Idol, Götze, Fetisch, Abgott, Schwarm, Kultfigur, Symbolfigur, It-Girl, Leitbild, Legende, Star, Mythos, Ikone, **3.** Wunschbild, Wunschziel, Wunschtraum, Phantasiebild, Musterbild, Traumbild, Idealbild, Denkbild, Inbild.

872 **Idealismus** **1.** Glaube an Ideale, Enthusiasmus, Engagement, Opferbereitschaft, **2.** Romantik, Schwärmerei, Verstiegenheit, Überspanntheit, Purismus, Weltfremdheit, Donquichotterie.

873 **Idealist** **1.** Optimist, Enthusiast, Himmelstürmer, Schwarmgeist, Traumtänzer, Bekenner, Träumer, Visionär, **2.** Romantiker, schöne Seele, Schwärmer, Phantast, Illusionist, Utopist, Zukunftsträumer, Zukunftsgläubiger, Ideologe, Gutmensch, Weltverbesserer, Eiferer, Purist, Fanatiker, Zelot.

874 **idealistisch** **1.** schwärmerisch, begeistert, enthusiastisch, hochfliegend, voller Ideale, **2.** träumerisch, romantisch, unwirklich, phantastisch, verstiegen, unrealistisch, irreal, verschwärmt, wirklichkeitsfremd, utopisch, lebensfremd, in höheren Sphären, weltfremd, wirklichkeitsblind, ohne Boden unter den Füßen, ideologisch.

875 **Idee** **1.** Erscheinung, Gestalt, Eidos, Bild, Form, Begriff, Gedanke, Abstraktion, Denkmöglichkeit, Entwurf, Grundgedanke, Plan, Denkmodell, Denkfigur, Paradigma, Idealvorstellung, **2.** Einfall, Impuls, Überlegung, Eingebung, Erleuchtung, Gedankenblitz, Geistesblitz, Geistesfunke, Intuition, Inspiration, Funke, **3.** Hauch, Spur, Kleinigkeit.

876 **ideell** gedanklich, gedacht, geistig, auf einer Idee beruhend, kategorial, begrifflich, vorgestellt, spekulativ, abgezogen, abstrakt, Kopfgeburt, am grünen Tisch, theoretisch, ideologisch, ungegenständlich, unkörperlich, immateriell, metaempirisch, metaphysisch, unwirklich, imaginär.

877 **Illusion** **1.** Einbildung, Wahn, Wahnvorstellung, fixe Idee, Zwangsvorstellung, Wahnwelt, Halluzination, Imagination, Fieberwahn, Phantomschmerz, Hirngespinst, Phantasma, Phantasmagorie, Phantasiegebilde, Fiebertraum, Traumwelt, Traumbild, Traumgesicht, **2.** Sinnestäuschung, Gaukelspiel, Vision, Erscheinung, Gesicht, Fata Morgana, Luftspiegelung, Vexierbild, Trugbild, Blendwerk, **3.** Wunschtraum, Glückstraum, Traum, Träumerei, Luftschloss, Wolkenkuckucksheim, Herzenswunsch, Wunschbild, Wunschvorstellung, Zukunftsmusik, Utopie, Zukunftstraum, frommer Wunsch, Selbsttäuschung, Selbstbetrug, Augenwischerei, **4.** Fiktion, Scheinwelt, virtuelle Welten, Bildschirmwelt, Simulation, Virtual Vision, Cyberspace.

878 **imitieren** **1.** nachahmen, nachbilden, nachmachen, nachformen, kopieren, abgucken, nachäffen, nachbeten, nachplappern, nachschwätzen, nachtun, lernen von, **2.** abschreiben, abkupfern, abklatschen, spicken, entlehnen, sich anlehnen, mit fremden Federn schmücken, **3.** nachdrucken, fälschen, plagiieren.

879 **immer** **1.** ständig, stets, stets und ständig, dauernd, beständig, unaufhörlich, immer während, immerfort, immerzu, permanent, allewege, alle Mal, ewig, anhaltend, fortwährend, fortlaufend, ununterbrochen, andauernd, fortgesetzt, unablässig, ohne Ende / Unterlass, pausenlos, ewig und drei Tage, laufend, ohne Punkt und Komma, fortdauernd, Tag für Tag, tagtäglich, jeden Tag, alle Tage, täglich, den ganzen Tag, von früh bis spät, vom Morgen bis zum Abend, Sommer wie Winter, unausgesetzt, in einem fort, in einer Tour; immerdar, zeitlebens, ein Leben lang, lebenslänglich, auf lange Sicht, in alle Ewigkeit, kein Ende abzusehen, endlos, unendlich, nonstop, Open End, **2.** für immer, auf Dauer, für und für, fort und fort, allezeit, jederzeit, jahrein, jahraus, das ganze Jahr, jedes Jahr, alljährlich; stündlich, alle Stunden, jede Stunde; jedes Mal, bei jedem Wetter, **3.** regelmäßig, gleichmäßig, konstant, unentwegt, immer wieder, wieder und wieder, alle naslang, **4.** schon immer, von jeher, seit alters, von alters her, von Anfang/von der Wiege an, seit Adam und Eva, seit eh und je, von Kindesbeinen an, von klein auf, mein Lebtag.

880 **immun** **1.** geschützt, gefeit, ungefährdet, widerstandsfähig, abwehrfähig, resistent, unempfänglich, unbedroht, geimpft, **2.** unangreifbar, unantastbar, Immunität genießend, immunisiert, tabuisiert.

881 **imponieren** beeindrucken, Eindruck machen, Achtung einflößen, Staunen erregen, auffallen, einschüchtern, faszinieren, Bewunderung erwecken, blenden, Aufsehen erregen, gute Figur machen, Wirkung haben/wirken auf.

882 **imponierend** imposant, eindrucksvoll, beeindruckend, bildkräftig, bildgewaltig, aussagekräftig, repräsentativ, majestätisch, erhaben, Achtung gebietend, einschüchternd, stattlich, enorm, großartig, monumental, wirkungsvoll.

883 **individuell** **1.** subjektiv, persönlich, unverwechselbar, unvergleichbar, einzig, singulär, sui generis, besonders, **2.** verschieden, jedes Mal anders, personenbezogen, personabhängig.

884 **Inhalt** **1.** Gehalt, Kern, Wesen, Thema, Sachinhalt, Forminhalt, **2.** Fülle, Füllung, Inneres, Füllsel, Füllmasse.

885 **innen** **1.** im Innern, intern, drinnen, binnen, innerhalb, darin, drin, im Haus/Raum, **2.** herein, hinein, rein, **3.** inwendig, innerlich, innewohnend, im Herzen, in der Brust/Seele, zuinnerst, zutiefst, im tiefsten Innern, im Gemüt, seelisch, psychisch, gefühlsmäßig, emotional, endogen.

886 **Insel** Eiland, Atoll, Werder, Hallig, Schäre, Holm, Flussinsel; Inselkette, Inselgruppe, Archipel; Bohrinsel, Rettungsinsel; Trauminsel, Urlaubsinsel; Refugium.

887 **intelligent** **1.** vernunftbegabt, klug, begabt, gescheit, geweckt, aufgeweckt, lernfähig, hell, wach, scharfsinnig, das Wesentliche erfassend, blitzgescheit, nicht auf den Kopf gefallen, auffassungsschnell, befähigt, fix, findig, behänd, gewitzt, mit Köpfchen, kreativ, sophisticated, clever, smart, **2.** besonnen, überlegt, klar blickend, klarsichtig, umsichtig, bedacht, weit schauend, weit blickend, scharfsichtig, weitsichtig, verständig, herzensklug, vorausschauend.

888 **intensiv** **1.** penetrant, durchdringend, stechend, beißend, streng, scharf, stark, **2.** angespannt, angestrengt, konzentriert, gesammelt, gründlich, aufmerksam, mit aller Kraft, **3.** kräftig, satt, leuchtkräftig, ausdrucksvoll, ausdrucksstark, **4.** nachhaltig, tief, eindringlich, nachdrücklich, unvergesslich, unverwischbar, unauslöschlich, **5.** gesättigt, angereichert, hochprozentig, konzentriert.

889 **interessant** **1.** fesselnd, packend, anregend, reizvoll, spannend, aufregend, spannungsreich, atemberaubend, mitreißend, unwiderstehlich, faszinierend, nicht loslassend, unterhaltend, unterhaltsam, kurzweilig, **2.** bemerkenswert, beachtlich, besonders, sehenswert, erzählenswert, wissenswert, gibt zu denken, lohnend, erwähnenswert, lesenswert, lehrreich, instruktiv, innovativ, informativ, bedeutungsvoll, beachtenswert, merkwürdig, seltsam, wunderbar, bedeutsam, eigenartig, ungewöhnlich, aufschlussreich, Fundgrube, Steinbruch.

890 **Interesse** Aufmerksamkeit, Augenmerk, Anteilnahme, Gespanntheit, Beteiligung, Wissensdrang, Wissbegierde, Forschungstrieb, Forschergeist, Lernbegierde, Lerneifer, Wissensdurst, Neugier; Nachfrage, Vorteil, Nutzen, Reiz, Attraktivität.

891 **interessieren (sich)** **1.** fesseln, anregen, Interesse erwecken, Anteilnahme erregen, spannen, gefangen nehmen, packen, unterhalten, bannen, Beachtung verdienen, **2.** aufhorchen, aufmerksam werden, Lust bekommen, neugierig werden; Beachtung schenken, bei der Sache sein, Interesse haben für, interessiert sein an, an jmds. Lippen hängen, sich erwärmen, begeistern, **3.** neugierig/indiskret sein, seine Nase in alles stecken, Augenmerk richten auf, **4.** spekulieren/reflektieren auf, haben wollen.

892 **interessiert** **1.** gefesselt, gespannt, dabei, gebannt, fasziniert, im Bann, konzentriert, aufmerksam, erwartungsvoll, wissbegierig, lernbegierig, aufgeschlossen, forschend, fragend, beteiligt, offen, wach, **2.** neugierig, schaulustig, sensationslüstern, indiskret, wunderfitzig, vorwitzig.

893 **international** überstaatlich, multinational, multiethnisch, transnational, zwischenstaatlich, staatenübergreifend, grenzüberschreitend, weltumspannend, weltpolitisch, weltweit, global, universal, allgemein.

894 **Intrigant** **1.** Zuträger, Einflüsterer, Ränkeschmied, Giftmischer, Heimtücker, Filou, Unheilstifter, Verleumder, böse Zunge, **2.** Anstifter, Strippenzieher, Drahtzieher, Steigbügelhalter, Königsmacher, Jesuit, graue Eminenz.

895 **Intrige** List, Ränke, Kabale, Intrigenspiel, Ränkespiel, Schliche, Machenschaft, Arglist, Machination, Manöver, Rankünе, abgekartetes Spiel, Einflüsterung, Ohrenbläserei; Komplott, Verschwörung, Konspiration.

896 **intuitiv** gefühlsmäßig, emotionell, instinktiv, eingegeben, einfühlend, divinatorisch, unbewusst, vorbewusst, nachtwandlerisch, schlafwandlerisch.

897 **Inventar** **1.** Einrichtung, Ausstattung, Möbel, Mobiliar, Bestand, Vorrat, Lager, Lagerbestand, Fundus, Bestandsmasse, **2.** Inhaltsverzeichnis, Bestandsverzeichnis, Bestandsliste, Register, Verzeichnis.

898 **irren (sich)** **1.** abirren, fehlgehen, irregehen, Weg verfehlen, sich verirren, verlaufen; vom Weg abkommen, sich verfahren, versteigen, verfranzen, **2.** danebentreten, fehltreten, abknappen, **3.** Fehler machen, verfehlen, danebenhauen; sich verhauen, vertütern, verrechnen, verzählen, verschreiben, vertippen, verlesen, vergreifen, versehen, verhören; falsch verstehen, verwechseln, fehlgreifen, vertüdeln, durcheinanderbringen, verpatzen, unterdosieren, überdosieren, verbocken, versieben, Bock schießen, danebenschießen, Ziel verfehlen; hereinfallen, in die Falle gehen, auf den Leim kriechen, ins Netz gehen, Rechnung ohne den Wirt machen, Pferd am Schwanz aufzäumen, sich dumm anstellen, **4.** sich täuschen; missdeuten, auf sich beziehen, falsch auslegen, missverstehen, verkennen; sich missverstehen; aneinander vorbeireden, **5.** sich verkaufen; fehlspekulieren, sich verspekulieren, verkalkulieren; schiefliegen, Katze im Sack kaufen, Bock zum Gärtner machen, auf der falschen Fährte/dem Holzweg sein, schief gewickelt sein, sich in Sicherheit wiegen; Eigentor schießen, auf einen selbst zurückfallen, sich schneiden, betrügen, **6.** verkennen, unterschätzen, unterbewerten, überschätzen, überbewerten, **7.** sich versprechen, verplappern, verschnappen, im Ausdruck vergreifen, den Mund/die Zunge verbrennen.

899 **Irrtum** **1.** Fehler, Denkfehler, Versehen, Fehleinschätzung, Fehlschluss, Fehlleistung, Fehlgriff, Fehlbesetzung, Verwechslung, falsche Fährte, Fehlurteil, Lapsus, Missgriff, Missverständnis, Trugschluss, Täuschung, Holzweg, Irrweg, Abweg, Sackgasse, Zirkelschluss, **2.** Eigentor, Scheinsieg, Pyrrhussieg, Bumerang, Bärendienst.

900 **irrtümlich** irrig, fälschlich, verpeilt, versehentlich, aus Versehen, zu Unrecht, irrigerweise, fälschlicherweise, in der irrigen Annahme.

# J

901 **Jagd** Jägerei, Weidwerk, Hatz, Nachstellung, Fahndung, Hetzjagd, Treibjagd, Hetze, Pirsch, Großwildjagd.

902 **Jäger** **1.** Verfolger, Häscher, Treiber; Weidmann, Nimrod, Jägersmann, Förster, Heger, Wildhüter, Jagdaufseher, Trapper, Hunter, Fallensteller, Pelzjäger, Großwildjäger, **2.** Wilddieb, Wilderer, Wildschütz.

903 **Jubiläum** Gedenktag, Gedenkfeier, Jahresfest, Jahrestag, Ehrentag, Erinnerungstag, Anniversar, Gedächtnisfeier, Gründungstag, Eröffnungstag; Geburtstag, Namenstag.

904 **jucken** **1.** beißen, ätzen, brennen, kitzeln, kribbeln, bitzeln, prickeln, stechen, reizen, irritieren, stören, **2.** kratzen, scharren, reiben.

905 **Jugend** **1.** Kindheit, Kindertage, Kinderzeit, Kindesalter, Kinderjahre, Lebensmorgen; Adoleszenz, Jugendjahre, Jugendzeit, Jugendalter, Entwicklungsjahre, Wachstumsjahre, Übergangsalter, Pubertät; Flegeljahre, Sturm-und-Drang-Zeit, Lenz, Lebensfrühling, **2.** junge Generation/Leute, junges Volk/Gemüse, Nachwuchs, Jugend von heute, Popgeneration, Generation X, **3.** Kids, Jugendliche, Heranwachsende, Halbwüchsige, Youngsters, Teenager, Teenies, Kiddies, Teens, Twens.

906 **jung** **1.** klein, kindlich, jung an Jahren, blutjung, kindhaft, halbwüchsig, heranwachsend, jugendlich, adoleszent, juvenil, **2.** unreif, grün, kindisch, infantil, unausgewachsen, unvergoren, pubertär, unerfahren, **3.** frisch, blühend, knackig, unverbraucht.

907 **Junge** **1.** Sohn, Filius, Spross, Junior, Sohnemann, Ältester, Stammhalter, Jüngster, Benjamin, Schwiegersohn, **2.** Kind, Knabe, Bub, Bengel, Range, Kleiner, Kerlchen, Zwerg, Jungchen, Knirps, Bambino, Däumling, Purzel, Dreikäsehoch, Wicht, Steppke; Hüpfer, Heranwachsender, junger Dachs, Bursche, Jüngling, Bubi, Milchbart, Milchgesicht, Füllen, Grünschnabel, junger Mann.

908 **Jury** **1.** Preisrichterkollegium, Preisgericht, Schiedsgericht, Kampfgericht, Prüfungsausschuss, Prüfungskollegium, Komitee, Gremium, Rat, Kommission, Beirat, Ausschuss, Kuratorium, Geschworenengericht, **2.** Prüfer, Begutachter, Preisrichter, Schiedsmann, Ombudsmann, Schiedsrichter, Linienrichter, Schiri, Kampfrichter, Unparteiischer; Geschworene, Laienrichter.

909 **Justiz** **1.** Rechtspflege, Rechtswesen, Gerichtswesen, Gericht, Gerichtsbarkeit, Kadi, Rechtsbehörde, Rechtsprechung, Jurisdiktion, **2.** Jurist, Rechtsgelehrter; Justitiar, Rechtsbeistand, Notar, Anwalt, Rechtsanwalt, Rechtsvertreter, Rechtspfleger, Rechtsberater, Konsulent, Advokat, Verteidiger; Richter, Staatsanwalt, Ankläger, **3.** Jura, Jurisprudenz, Rechtswissenschaft, Rechtslehre, Rechtskunde, Jus, Juristerei.

# K

910 **kahl** **1.** haarlos, geschoren, unbehaart, glatzköpfig, kahlköpfig, **2.** entlaubt, entblättert, baumlos, vegetationslos, nackt.

911 **kalt** **1.** frisch, kühl, fröstelig, frostig, schuckrig, klamm, erkaltet, abgekühlt, feuchtkalt, bitterkalt, saukalt, arschkalt, eisig, starr, gefroren, tiefgefroren, tiefgekühlt, schockgefroren, erstarrt, winterlich, schneebedeckt, vereist, polar, bereift, frostklirrend, lausig kalt, eiskalt, **2.** fröstelnd, frierend, zitternd, bibbernd, schaudernd, zähneklappernd, schlotternd, durchfroren, unterkühlt, **3.** fischblütig, froschblütig, gefühllos, kaltherzig, gemütskalt, kühl, leidenschaftslos, cool, gefühlskalt, gefühlsarm, gemütsarm, kalt wie eine Hundeschnauze, frigid, temperamentlos, dürftig, unzärtlich, ohne Zärtlichkeit/Wärme, wärmelos, liebeleer, lieblos, undankbar, unempfindlich, unempfänglich, unnahbar, **4.** kalt lächelnd, unbewegt, herzlos, abgebrüht, kaltschnäuzig, schnöde.

912 **Kälte** **1.** Kühle, Frische, Frost, Eis, tiefe Temperatur, Winter, Winterkälte, kalte Jahreszeit, Winterwetter, Minusgrade, Erstarrung, Todesstarre, Hundekälte, Lausekälte, **2.** Gefühlskälte, Kaltherzigkeit, Unempfindlichkeit.

913 **Kamera** **1.** Fotoapparat; Polaroidkamera, Kompaktkamera, Pocketkamera, Spiegelreflexkamera, Sucherkamera, Systemkamera; Großbildkamera, Kleinbildkamera, **2.** Filmkamera, Filmapparat, Super-8-Kamera, Schmalfilmkamera, Videokamera, Camcorder, Fernsehkamera; Handkamera, Studiokamera, Camkamera, Digitalkamera, **3.** Fotokopierer, Kopierer, Scanner, Brenner.

914 **Kampf** **1.** Anstrengung, Bemühen, Bemühung, Tour de Force, Kraftakt, Klimmzug, Gewalttour, Gewaltmarsch; Ringen, Tauziehen, Fingerhakeln, Rivalität, Konflikt, Wettstreit, Schlagabtausch, **2.** Fehde, Strauß, Streit, Konfrontation, Auseinandersetzung, Handgemenge, Zweikampf, Kugelwechsel, Gefecht, Showdown, Duell, **3.** Wettkampf, Fight, Ringkampf, Clinch, Boxkampf, **4.** Freiheitskampf, Untergrundkampf, Widerstandskampf, Machtkampf, Konkurrenzkampf, Kalter Krieg, **5.** Todeskampf, Agonie.

915 **kämpfen** **1.** sich einsetzen; ringen um, fighten, sich engagieren, stark machen; eintreten/einstehen für, **2.** konkurrieren, rivalisieren, wetteifern, es mit jmdm. aufnehmen, sich mit jmdm. messen; Wettkampf austragen, wettkämpfen, wettstreiten, ringen, boxen, fighten, **3.** anfeinden, befeinden, angehen, ankämpfen gegen, zu bezwingen suchen, bekämpfen, befehden, bekriegen, zu Felde ziehen, mit Krieg überziehen; Einspruch erheben, anfechten, bestreiten; Widerstand leisten, sich zur Wehr setzen; abwehren, verjagen, vertreiben, hinschlachten, hinmorden, niedermachen, **4.** schießen, abziehen, abdrücken, feuern, **5.** Krieg führen, zu den Waffen greifen, ins Feld ziehen, angreifen, kriegen, am Krieg teilnehmen, dreinschlagen, dreinhauen, **6.** sich schießen, duellieren; fechten, sich schlagen.

916 **Kämpfer** **1.** Streiter, Krieger, Soldat, Schütze, Ritter, Kombattant, **2.** Draufgänger, Heißsporn, Kämpfernatur, Tatmensch, Gipfelstürmer, Fighter, Kampfhahn, Stürmer, Satanskerl, Haudegen, Frontmann, Rampensau, **3.** Streetfighter, Streetgang, Stadtguerilla, **4.** Gladiator, Stierkämpfer, Torero, Toreador, Matador, **5.** Rebell, Empörer, Aufständischer, Zelot, Bilderstürmer, Meuterer, Revolutionär, Widerstandskämpfer, Untergrundkämpfer, Partisan, Guerillero, Terrorist, Putschist.

917 **kämpferisch** engagiert, eifernd, kühn, unverzagt, stark, heldenmütig, beherzt, wagemutig, couragiert, mutig, hitzig, draufgängerisch, auseinandersetzungsfreudig, auseinandersetzungsstark, konfliktfähig, streitbar, kombattant, kampfesmutig, kampfesfreudig, militant.

918 **Kasse** **1.** Ladenkasse, Registrierkasse, Geldladen, Geldkasten, Geldbehälter, Geldschrank, Panzerschrank, Tresor, Schließfach, Safe, **2.** Zahlstelle, Zahlschalter, Bankomat, Kassenautomat, Kassenschalter, Bankschalter, **3.** Portemonnaie, Geldbeutel, Beutel, Börse, Tasche, Brieftasche, **4.** Krankenkasse, Krankenversicherung.

919 **Kassette** **1.** Schatulle, Kästchen, Schmuckschatulle, Schmuckkästchen; Geldkassette, **2.** Tonbandkassette, Videokassette, Musikkassette, Audiokassette, Tape, Tonträger.

920 **Kauf** Ankauf, Erwerb, Bezug, Abnahme, Übernahme; Kaufabschluss, Einkauf, Erwerbung, Erstehung, Anschaffung; Gelegenheitskauf, Schnapp, Schnäppchen; Shopping, Teleshopping, Online-Shopping, Versandkauf, Leasing, Ratenkauf.

921 **kaufen** **1.** einkaufen, einholen, shoppen, online-shoppen, Einkaufsbummel machen, Shopping gehen, sich eindecken, versorgen mit; anschaffen, erstehen, erwerben, beschaffen, sich zulegen, **2.** beziehen, abnehmen, nehmen, übernehmen, abkaufen, ankaufen, leasen, aufkaufen, ersteigern, erhandeln; schnappen, ramschen, zugreifen, zuschlagen, schießen, **3.** bestechen, schmieren, korrumpieren.

922 **Käufer** Konsument, Verbraucher, Abnehmer, Kunde, Endabnehmer, Interessent, Besteller, Bezieher, Abonnent; Kaufbesessener, Dauerkäufer, Zwangskonsument, Shopaholic.

923 **kaum** **1.** selten, schwerlich, wenig, unmerklich, unmessbar, fast gar nichts, vereinzelt, nur, ab und zu, alle Jubeljahre, so gut wie nie, gelegentlich, kommt vor, im Ausnahmefall, manchmal, knapp, **2.** nicht anzunehmen, unwahrscheinlich, kaum denkbar, schwer vorstellbar.

924 **Kavalier** Gentleman, Ehrenmann, Ritter, Weltmann, Grandseigneur, Gesellschaftslöwe, Salonlöwe, Galan, Kümmerer, Courmacher, Courschneider, Charmeur, Plauderer, Causeur, Unterhalter.

925 **kennen** **1.** Bekanntschaft gemacht haben, bekannt / begegnet / befreundet / vertraut sein mit, **2.** sich auskennen; wissen.

926 **kenntnisreich** gelehrt, kundig, studiert, unterrichtet, geschult, fundiert, belesen, gescheit, klug, gebildet, beschlagen, versiert, bewandert, informiert, firm, sicher, sattelfest, sachkundig, wohl unterrichtet; wissend, vertraut, eingeweiht, kompetent.

927 **Kennzeichen** **1.** Merkmal, Spezifikum, Charakteristikum, Attribut, Zug, Eigentümlichkeit, Besonderheit, Wesenszug; Zeichen, Kriterium, Symptom, Anzeichen, Prüfstein, Indikator, **2.** Kennzeichnung, Charakterisierung, Charakteristik; Steckbrief, Täterprofil, Suchmeldung; Benennung, Namensgebung, Betitelung, Adresse, Anschrift, Ross und Reiter, Personalien, Daten, Angaben zur Person, Einstellungen, Benutzerprofil; Unterschrift, Signatur, Namenszug, Namenszeichen, Monogramm, Insignien, Nummernschild, Autokennzeichen, **3.** Aufdruck, Stempel, Siegel, Fabrikmarke, Label, Pickerl, Logo, Gütezeichen, Wasserzeichen, Etikett, Schutzmarke, Markenzeichen, Gütesiegel, Handelszeichen, Trademark, Warenmarke, Warenzeichen; Schild, Aushängeschild, Wappen, Wappenschild, Emblem, Kokarde, Signum, Signet, Plakette, Abzeichen, Token, Vignette, Aufkleber, Medaille, Plombe; Zeichen, Pfeil, Piktogramm, Marke, Wegweiser, Wegemarke, Richtungsanzeiger, Markierung, Boje, **4.** Name, Anrede, Titel, Titulatur; Vorname, Rufname, Taufname, Eigenname, Zuname, Familienname, Nachname, Kosename, Spitzname, **5.** Tag, Kennwort, Kennziffer, Kennzahl, Codeziffer, Codewort, Passwort, PIN, Geheimzahl, Wählwort, Stichwort, Schlagwort, Chiffre, Erkennungszeichen, Fingerabdruck, Daktylogramm, Genabdruck, Muttermal, Tätowierung, Brandmal; Losungswort, Geheimzeichen, Erkennungswort, Schibboleth, **6.** Zahl, Ziffer, Zahlzeichen, Nummer, Zahlwort, Seitenzahl, **7.** Überschrift, Titel, Titelzeile, Schlagzeile, Headline.

928 **kennzeichnen** **1.** bezeichnen, beschreiben, schildern, charakterisieren, darstellen, illustrieren, definieren, qualifizieren, **2.** beschriften, adressieren, etikettieren, beschildern, datieren, **3.** prägen, stempeln, abstempeln; ausschildern, beschildern; markieren, kenntlich machen, taggen, einkringeln, umkringeln, unterschlängeln, einklammern, ankreuzen, unterstreichen, anstreichen, anzeichnen; punktieren, knipsen, lochen, chippen, besendern, nummerieren, paginieren, beziffern, signieren, unterschreiben, zeichnen, unterzeichnen, firmieren, beurkunden, siegeln, **4.** tätowieren, einmeißeln, gravieren, aufdrucken, bedrucken, aufprägen, Stempel aufdrücken, **5.** benennen, benamsen, betiteln, titulieren, heißen, nennen, taufen; umbenennen, anderen Namen geben.

929 **Ketzer** Andersgläubiger, Apostat, Häretiker, Renegat, Abtrünniger, Abweichler, Andersdenkender, Opponent, Dissident, Bekenner, Rebell, Nonkonformist; Sponti, Anarcho.

930 **ketzerisch** andersgläubig, apostatisch, abtrünnig, abweichend, abweichlerisch, dissident, häretisch, undogmatisch, antidogmatisch, dissidentisch, rebellisch, nonkonformistisch.

931 **keusch** enthaltsam, zölibatär, abstinent, entsagend, platonisch, jungfräulich, züchtig.

932 **Keuschheit** Enthaltsamkeit, Entsagung, Zölibat, Abstinenz, Züchtigkeit, Jungfräulichkeit.

933 **Kind** **1.** Neugeborenes, Säugling, Baby, Wickelkind, Frühchen, Wurm, Wiegenkind, Kleines, Nesthäkchen, Kleinkind, Hemdenmatz, Hosenmatz, Abc-Schütze, Schulkind, **2.** Nachwuchs, Nachkommenschaft, Nachfahren, Kindersegen, Fleisch und Blut, Abkömmling,

Nachkomme, Erbe, Spross, Stammhalter, Deszendent, Sprössling, uneheliches/außereheliches Kind, Stiefkind, Pflegekind, Waisenkind, Findelkind, Adoptivkind, Mündel.

934 **Kino** Filmtheater, Lichtspiele, Lichtspieltheater, Lichtspielhaus, Filmbühne, Filmpalast, Autokino, Drive-in-Kino, Cinemax, Multiplex; Kintopp, Daumenkino.

935 **Kirche** **1.** Glaubensgemeinschaft, Religionsgemeinschaft, Konfession, **2.** Gotteshaus, Kultstätte, Betsaal, Andachtsraum, Tempel, Moschee, Synagoge, Kapelle, Kathedrale, Dom, Münster, **3.** Gottesdienst, Kult, Kulthandlung, Kultus, Ritus, Ritual, **4.** Klerus, Priesterschaft, Priesterstand, Kleriker, **5.** Kirchengemeinde, Kirchspiel, Parochie, Gemeinde, Sprengel.

936 **Kirchenmann** **1.** Pfarrer, Priester, Geistlicher, Seelenhirte, Prediger, Kanzelredner, Pastor, Pfarrherr, Prälat, Kleriker, Seelsorger, Pfaffe; Pope, Rabbi; Rabbiner, Vorbeter, Mullah, Ulama, **2.** Mönch, Klosterbruder, Ordensmann, Kuttenträger, Bettelmönch; Einsiedler, Klausner, **3.** Küster, Mesner, Sakristan, Glöckner.

937 **Kitsch** **1.** Geschmacklosigkeit, Geschmacksverirrung, klischierter Stil, Stillosigkeit, Stilwidrigkeit, Schwulst, Plattheit; Hausgräuel, Tand, Nippes, Bibelots, Trivia, Firlefanz, Schnickschnack, Kinkerlitzchen, wertloses Zeug, Talmi, Ramsch, Schund, Andenkenkitsch, Edelkitsch, Disneyland, **2.** Schmarren, Schmachtfetzen, Schnulze, Elaborat, Rührstück, Schmonzette, Melodram, **3.** Sentimentalität, Gefühlsverlogenheit, Sacharin, Süßlichkeit, Rührseligkeit, Tränenseligkeit, Betroffenheitskitsch.

938 **kitschig** unecht, verblasen, verlogen, abgeschmackt, anempfunden, schmalzig, süßlich, schwülstig, plüschig, platt, schnulzig, banal, sentimental, falsche Töne, rührselig, verkitscht, unkünstlerisch, niveaulos, klischiert, klischeehaft, pseudo, allzu schön, gefühlsverlogen, trashig.

939 **Kitzler** Klitoris, Genital, weibliches Geschlechtsteil, Clito.

940 **Klage** **1.** Anklage, Anzeige, Beschwerde, Bezichtigung, Anschuldigung, Meldung, Beschuldigung, Strafantrag, Widerspruch, Einspruch, Berufung, **2.** Aufschrei, Schrei, Jammer, Seufzer, Stoßseufzer, Stoßgebet, Stöhnen, Weh und Ach, Wimmern, Wehklagen, Lamentieren, Gewimmer, Jammern, Gejammer, Gequengel, Quengelei, Jammergeschrei, Zetergeschrei, Geheul; Schmerzensschrei, Tränen, Zähren, Tränenströme, Geschrei, Wehgeschrei, Lamento, Wehklage, Totenklage, Beweinung, Kaddisch, Klagelied, Klagegesang.

941 **klagen** **1.** anzeigen, melden, verklagen, angeben, sich beschweren; Anzeige erstatten, Klage einreichen, anschuldigen, beschuldigen, Schuld geben, zur Last legen, verantwortlich machen, zeihen, bezichtigen, verdächtigen, belangen, zur Rechenschaft ziehen, beklagen, anklagen, **2.** Klage/Beschwerde führen, haftbar machen, einklagen, Prozess machen/anstrengen, Rechtsweg beschreiten, Gesetz anrufen, gerichtlich vorgehen, prozessieren, **3.** sein Leid klagen, sich beklagen über; Herz ausschütten, jammern, weinen, in Tränen ausbrechen, Träne zerdrücken/vergießen, in Tränen schwimmen, schluchzen; wimmern, winseln, jaulen, greinen, Ohren volljammern, quengeln, seufzen, stöhnen, krächzen, ächzen, wehklagen, lamentieren, knatschen, heulen, schreien, plärren, quäken, maunzen, **4.** trauern, beweinen, betrauern, bejammern, nachtrauern, nachweinen.

942 **klar** **1.** hell, durchsichtig, einfach, sauber, ungetrübt, unbewölkt, wolkenlos, heiter, transparent, glashell, gläsern, kristallen, lauter, geklärt, geläutert, gereinigt, **2.** klipp und klar, eindeutig, deutlich, präzis, artikuliert, unmissverständlich, klarer Fall, unumwunden, rundweg, sans phrase, unverblümt, unbemäntelt, freiheraus, geradeheraus, unzweideutig, ungeschminkt, phrasenlos, ohne Umschweife/falsche Scham, **3.** sichtbar, augenfällig, evident, unverkennbar, unverhüllt, handgreiflich, manifest, unübersehbar, offenbar, offensichtlich, offenkundig, einsichtig, eklatant, einleuchtend, auf der Hand liegend, untrüglich, flagrant, sonnenklar, glasklar, verräterisch, mit Händen zu greifen, zweifellos, keine Frage, schlüssig, logisch, folgerichtig, sinnfällig, **4.** erkennbar, berechenbar, ersichtlich, vorauszusehen, voraussehbar, vorherzusehen, vorhersehbar, absehbar, zu erwarten; lesbar, leserlich, entzifferbar; übersichtlich, abgegrenzt, umrissen.

943 **klären (sich)** **1.** regeln, ordnen, entwirren, bereinigen, einrenken, reinen Tisch machen, klare Bahn schaffen, richtig stellen, klarlegen, klarstellen, beheben, beilegen, ausbügeln, geradebiegen, zurechtbiegen, zurechtrücken, ins Reine bringen, klarkriegen, aus der Welt schaffen, aufklären, abklären, ausdiskutieren, durchdiskutieren, erhellen, erleuchten, **2.** ent-

ziffern, dechiffrieren, dekodieren, lösen, enträtseln, Lösung finden, entsiegeln, **3.** läutern, raffinieren, reinigen, sublimieren, abschäumen, ablagern, sichten, sieben, sintern, seihen, filtern, filtrieren, klarspülen, ausschwemmen, spülen, **4.** aufheitern, aufklären, entwölken, aufhellen, sich lichten; aufklaren, **5.** berichtigen, belehren, korrigieren, verbessern, dementieren, rehabilitieren, eines Besseren belehren, revidieren, **6.** sich bestätigen, herausstellen, herausschälen, bewahrheiten, erweisen, entpuppen, ergeben, zeigen.

944 **Klarheit** **1.** Deutlichkeit, Durchsichtigkeit, Sauberkeit, Transparenz, Luzidität, Sicht, Schärfe; Anschaulichkeit, Evidenz, Augenschein, Eindeutigkeit, Unzweideutigkeit, Gewissheit, Verständlichkeit, Fassbarkeit, Übersichtlichkeit, **2.** Ordnung, Logik, Schlagkraft, Beweiskraft, Schlüssigkeit, Prägnanz, Folgerichtigkeit, Einsichtigkeit, **3.** Geistesschärfe, Urteilskraft, Nüchternheit, **4.** Klärung, Klarstellung, Richtigstellung, Dementi.

945 **klatschen** **1.** tratschen, sich die Mäuler zerreißen; Gerücht verbreiten, raunen, verraten, zutragen, schwatzen, wiedersagen, weitersagen, weitererzählen, weitertragen, nicht dichthalten, hinterbringen, zuflüstern, tuscheln, quatschen, munkeln, ausplaudern, ausstreuen, aussprengen, ausposaunen, herumtragen, an die große Glocke hängen, verbreiten; durchhecheln, schlechtmachen, anschwärzen, austragen, in aller Munde bringen; sich herumsprechen; herumkommen, in aller Munde sein, sich wie ein Lauffeuer verbreiten; Staub aufwirbeln, **2.** applaudieren, Beifall spenden, ehren, bejubeln, beklatschen, zujubeln, Beifall klatschen, Ovationen bereiten, feiern, herausrufen, herausklatschen, vor den Vorhang rufen.

946 **Kleidung** **1.** Bekleidung, Garderobe, Gewand, Textilie, Kleidungsstücke, Kleider, Gewandung, Dress; Klamotten, Fummel, Zeug, Hülle, Schale, Aufzug, Putz, Staat, Montur, **2.** Amtstracht, Tracht, Uniform, Ornat, Robe, Kluft, Kutte.

947 **klein** **1.** kleinwüchsig, zwergenwüchsig, zwergenhaft, kurz geraten, putzig, zollhoch, winzig, verschwindend, lütt, klitzeklein, minimal, mikroskopisch, kleinformatig, miniaturhaft, molekular, submikroskopisch, **2.** gering, minder, nichtig, nebensächlich, bedeutungslos, unbedeutend, untergeordnet, nachgeordnet, inferior, zweiter Ordnung, unwichtig, unerheblich, belanglos, nicht nennenswert, geringfügig, **3.** niedrig, nieder, flach, seicht, handhoch, zentimeterhoch.

948 **Kleinigkeit** **1.** Geringfügigkeit, Bedeutungslosigkeit, Marginalität, Bagatelle, Lappalie, Läpperei, Nichtigkeit, Kleinkram, Klein-Klein, Quisquilien, Nebensache, Nebensächlichkeit, Petitesse, Peanuts, Pipifax, Beiläufigkeit, Beiwerk, Unwichtigkeit, Belanglosigkeit, Lächerlichkeit, Lachnummer, Pappenstiel, Wehwehchen, Quark, Dreck, Batzen, Heller, Pfifferling, Jota, Deut, kleiner Fisch, **2.** Bissen, Brocken, Happen, Häppchen, Eckchen, Stückchen, Bisschen, Splitter, Span, Bruchteil, Wenigkeit, Winzigkeit, Klacks, Klecks, Kleckschen; Minimum, fast nichts, Spurenelement, Quäntchen, Prise; Kostprobe, Mund/Hand voll, Schuss, Schluck, Spritzer, Messerspitze; Idee, Tick, Andeutung, Hauch, Nuance, Fingerhut, Stäubchen, Korn, Körnchen, Gran, Anflug, Spur, homöopathische Dosis, **3.** Augenblick, Sekunde, Minute, Moment, **4.** Wenigkeit, Kleinkram, Spielerei, Kinderspiel, leichtes Spiel, Krimskrams, Kram, Siebensachen.

949 **Kloster** Abtei, Stift, Konvent, Einsiedelei, Zelle, Klause, Gehäuse, Monasterium, Kartause.

950 **Klüngel** Clique, Kamarilla, Cliquenwirtschaft, Vetternwirtschaft, Männerbündelei, Nepotismus, Schiebung, Schieberei, Günstlingswirtschaft, Filzokratie, Filz, Sumpf, Verfilzung, Ämterhäufung, Parteiklüngel, Seilschaft, Sippschaft, Mischpoke, Blase, Mafia, Clan.

951 **knapp** **1.** spärlich, karg, dünn, schütter, licht, gelichtet, ausgelichtet, dünn gesät, **2.** kärglich, mager, überschaubar, wenig, schmalbrüstig, ärmlich, dürftig, kümmerlich, beengt, beschränkt, eingeengt, eng, notdürftig, kaum genug, nur eben; eben noch, nur eine Nasenlänge, Spitz auf Knopf, mit Hängen und Würgen, Kopf an Kopf, mit Mühe/knapper Not, um Haaresbreite, gerade noch, Zitterpartie, Hängepartie.

952 **kochen** **1.** sieden, brodeln, dampfen, erhitzen, sprudeln, köcheln, simmern, aufwallen, **2.** brauen, aufgießen, aufbrühen, brühen, überbrühen, dünsten, braten, dämpfen, abbrühen, blanchieren, garen, gar kochen/werden lassen, **3.** Essen machen/zubereiten, herstellen.

953 **Köder** **1.** Lockspeise, Kadaver, Aas, Luder, Anreiz, Reizmittel, Zugmittel, Lockmittel; Lockvogel, Lockspitzel, Undercover, **2.** Magnet, Blickfang, Aufmachung, Eyecatcher; Attraktion, Attraktivität, Zugstück, Appeal, Werbung.

954 **kommen** **1.** herkommen, herbeikommen, herannahen, nahen, bevorstehen, sich nähern; im Anzug sein, sich ankündigen, abzeichnen; auf jmdn. zukommen, sich bemerkbar machen; zu erwarten/gewärtigen sein, ausstehen, Schatten vorauswerfen, sich vorbereiten; geschehen, eintreten, zutage treten, Wirklichkeit werden, zum Vorschein kommen, aufkommen, **2.** erscheinen, Ziel erreichen, anfangen, ankommen, eintreffen, in Erscheinung treten, auftreten, sich zeigen, einfinden, einstellen; auftauchen, antreten, sich melden; zufliegen, zulaufen, einfallen, **3.** herauskommen, erscheinen, veröffentlicht/gebracht/gedruckt/verlegt werden, an die Öffentlichkeit treten, bekannt werden, hervortreten, **4.** zum Höhepunkt/Orgasmus kommen, ejakulieren, abgehen, abspritzen, spritzen, fertigwerden.

955 **kommerziell** geschäftlich, wirtschaftlich, ökonomisch, merkantil, kaufmännisch, gewerblich, gewerbsmäßig, professionell; gewinnorientiert, profitorientiert, auf Gewinn bedacht, commercial.

956 **Komödie** Lustspiel, Scherzspiel, Scherz, Schwank, Klamotte, Boulevardkomödie, Comedy, Soap-Opera, Seifenoper, Burleske, Posse, Possenspiel, Farce, Travestie, komische Oper, Operette, Tragikomödie.

957 **Komplize** Mittäter, Mitwisser, Mitschuldiger, Helfershelfer, Erfüllungsgehilfe, williger Vollstrecker, Mitläufer, Informant, Gehilfe, Handlanger, Verbündeter, Mitbeteiligter, Spießgeselle, Kumpan, Konsorte, Hehler.

958 **Konkurrenz** **1.** Rivalität, Kampf, Gegnerschaft, Nebenbuhlerschaft, Wettbewerb, Wettstreit, Wetteifer, Wettkampf, Ausscheidungswettkampf, Play-off, **2.** Wettspiel, Wettsport, Wettlauf, Rennen, Wettrennen, Wettfahrt, Rallye, Regatta, Race; Grand Prix, Cup, Match, Turnier, Olympiade, **3.** Wirtschaftskampf, Konkurrenzkampf, Kampf um Märkte/Marktanteile.

959 **können** **1.** vermögen, imstande/in der Lage/fähig/möglich/denkbar/drin sein, Möglichkeit haben, verstehen, wissen, beschlagen/sattelfest sein, beherrschen, meistern, bemeistern, weghaben, loshaben, draufhaben, Handwerk verstehen, einer Sache mächtig sein, im Griff haben, gerecht werden, gewachsen sein, sich verstehen auf; Bescheid wissen, Dreh heraushaben, wissen, wie es gemacht wird, seine Sache verstehen, **2.** dürfen, berechtigt/befugt/erlaubt/gestattet sein, Macht/Erlaubnis haben, freistehen, **3.** sich leicht tun; aus dem Ärmel schütteln, leicht fallen, zufliegen; sich zu helfen wissen; findig sein.

960 **konstruieren** **1.** zusammensetzen, zusammenfügen, zusammenbauen, montieren; planen, entwerfen, aufbauen, errichten, formen, **2.** annehmen, unterstellen, voraussetzen, Fall setzen, erfinden, zusammenspinnen, phantasieren, ausklügeln, ersinnen, erdichten, ausbrüten, sich ausdenken, zurechtlegen, Gespenster sehen.

961 **Konstruktion** **1.** Aufbau, Gerüst; Zusammensetzung, Zusammenbau, Montage, Verfertigung, Bau, **2.** Entwurf, Erfindung, Konzept, Plan, **3.** Annahme, Hypothese, Fiktion, Unterstellung, Konstrukt, Phantasie.

962 **Kontakt** **1.** Berührung, Verbindung, Anschluss, Konnex, Zusammenhang, Gedankenübertragung, **2.** Annäherung, Beziehung, Anschluss, Fühlungnahme, Kontaktaufnahme, Flirt, Flitterwochen, Kennenlernen, Näherkommen, Kommunikation, Umgang, **3.** Briefkontakt, Schriftkontakt, Korrespondenz, Briefwechsel, Schriftwechsel, elektronische Post, Internet.

963 **kontrastieren** **1.** entgegenstellen, gegenüberstellen, in Gegensatz stellen, **2.** abstechen, sich abheben; Gegensatz bilden, im Gegensatz stehen, Kontrast bilden, entgegenstehen, sich herausheben/unterscheiden; differieren, auseinandergehen, divergieren, konfrontieren, abweichen, sich widersprechen.

964 **konventionell** **1.** üblich, herkömmlich, hergebracht, redensartlich, formelhaft, klischeehaft, unoriginell, altgewohnt, anerkannt, wohl bekannt, eingefahren, vorschriftsmäßig, gebräuchlich, alltäglich, allgemein, gang und gäbe, **2.** unpersönlich, förmlich, korrekt, kühl, nichts sagend, steif, formell, offiziell.

965 **Kopf** **1.** Haupt, Schädel, Dach, Dez, Birne, Hirnkasten, Hirnschädel, Oberstübchen, Rübe, Kürbis, Melone, Keks, Nischel, Ballon, **2.** Vorstand, Leitung.

966 **Kopfbedeckung** Hut, Hütchen, Mütze, Kappe, Käppchen, Barett, Baskenmütze, Birett, Haube, Kapuze, Schute, Kopftuch, Turban, Fes; Filzhut, Homburg, Melone, Zylinder, Strohhut, Panama, Kreissäge; Helm, Sturzhelm.

967 **Kopie** **1.** Abschrift, Zweitschrift, Ausdruck, Reproduktion, Replik, Vervielfältigung, Fotokopie, Farbkopie, Xerokopie, Fax, Fernkopie, Telefax, Telekopie, Mikrokopie, Mikrofiche, **2.** Raubkopie, Raubdruck, Bootleg, **3.** Fälschung, Plagiat.

968 **Körper** **1.** Korpus, Leib, Body, Organismus, Soma, Physis, Anatomie, Körperbau, Knochengerüst, Skelett, Wuchs, Statur, Gestalt, Körperlichkeit, Leiblichkeit, **2.** Toter, toter Körper, Leichnam, Leiche, Mumie, Gebeine, sterbliche Überreste/Hülle; totes Tier, Kadaver, Aas, **3.** Klangkörper, Resonanzkörper.

969 **korrespondieren** **1.** Briefe austauschen, schriftlich verkehren, in Briefkontakt/Schriftwechsel/Briefwechsel stehen, mailen, **2.** übereinstimmen, zusammenstimmen, konvergieren.

970 **kostbar** wertvoll, edel, erlesen, selten, unbezahlbar, rar, unersetzlich, unschätzbar, nicht mit Gold aufzuwiegen, von hohem Wert, hochwertig, lieb und teuer, heilig.

971 **Kostbarkeit** **1.** Wertgegenstand, Wertobjekt, Wertsachen; Schatz, Kleinod, Wertstück, Prachtstück, Prachtexemplar, Schaustück, Prunkstück, Erinnerungsstück, Zierstück, antikes Stück, Reliquie, Heiltum, Devotionalie, Altertum, Antiquität, Rarität, Seltenheit, Unikum, Einzelstück, Monotype, Unikat, Rarissima, seltene Stücke; Inkunabel, **2.** Juwelen, Edelsteine, Diamanten, Brillanten, Perlen, Gold, Silber, Platin, Edelmetall; Schmuckstücke, Schmuck, Pretiosen, Geschmeide, Schmuckwaren, Schmuckgegenstände, Zierrat, Putz, **3.** Augapfel, Heiligtum, größter Schatz, Gral, Kultgegenstand, Kultobjekt.

972 **kosten** **1.** betragen, ausmachen, ergeben, sich belaufen auf; machen, beziffern auf; Preis haben, wert sein, erfordern, **2.** probieren, versuchen, degustieren, verkosten, schmecken, durchprobieren, abschmecken, prüfen, begutachten; nippen, naschen, Kostprobe nehmen, auf der Zunge zergehen lassen.

973 **Kosten** **1.** Auslagen, Unkosten, Ausgaben, Aufwendungen, Kostenpunkt; Nebenkosten, Nebenausgaben, Belastungen, Lebenshaltungskosten, **2.** Herstellungskosten, Produktionskosten, Selbstkosten, Fixkosten, Fertigungskosten, Vertriebskosten, Werbungskosten, Folgekosten.

974 **Köstlichkeit** Delikatesse, Spezialität, Leckerbissen, Leckerei, Feinkost, Gaumenfreude, Süßigkeit, Goody, Schleckerei, Naschwerk, Göttermahl, Schmankerl, Hochgenuss, Pikanterie, Gaumenkitzel, lukullische/kulinarische Genüsse, Ambrosia, Manna, Erfrischung, Labe, guter Tropfen, Göttertrank.

975 **Kraft** **1.** Stärke, Power, Körperkraft, Muskelkraft, Mumm, Arbeitskraft, Leistungsvermögen, Arbeitsvermögen, Arbeitsleistung, Tatkraft, Fähigkeit, Potenz, Energie, Vitalität, Potential, Können, **2.** Schubkraft, Stoßkraft, Zugkraft, Schwerkraft, Adhäsion, Kohäsion, Gravitation, Anziehung, Anziehungskraft, Gewicht, Wirkung.

976 **kräftig** **1.** stark, kraftvoll, kraftstrotzend, kernig, herzhaft, markig, muskulös, sehnig, drahtig, blutvoll, abgehärtet, wetterhart, wetterfest, leistungsfähig, belastbar, tragfähig, athletisch, baumstark, bärenstark, stählern, stahlhart, stabil, hart im Nehmen; lebenskräftig, lebensfähig, widerstandsfähig, resistent, zählebig, überlebensfähig; mannhaft, standfest, handfest, Mumm in den Knochen, kampffähig, fit, durchtrainiert, in Form, trainiert, tauglich, qualifiziert, schlagkräftig, **2.** rüstig, ungebeugt, ungebrochen, zäh, vital, lebensvoll, vollblütig, **3.** untersetzt, gedrungen, breit, breitschultrig, stämmig, kompakt, bullig, **4.** lebhaft, saftig, farbig, leuchtend, intensiv, satt, voll, warm, **5.** konfliktfähig, auseinandersetzungsfähig, psychisch stabil, ichstark.

977 **Kraftmensch** Muskelprotz, Athlet, Bär, Bulle, Stier, Bombenkerl, Bodybuilder, Tarzan, Herkules, Samson, Kraftmeier, Kraftpaket, Kraftprotz, Rambo.

978 **Krankenhaus** Hospital, Klinik, Heilstätte, Spital, Lazarett, Klinikum, Ambulatorium, Charité, Poliklinik, Heilanstalt, Psychiatrie, Sanatorium, Kurklinik, Rehabilitationsstätte.

979 **Krankheit** **1.** Erkrankung, Infekt, Infektion, Indisposition, Ansteckung, Übertragung; Übel, Gebresten, Leiden, Beschwerden, Siechtum, Bettlägerigkeit, Schwäche, Gebrechen, chronisches Leiden, Gebrechlichkeit, Hinfälligkeit; Zipperlein, Wehwehchen, Maladie, Malesche, **2.** Seuche, Epidemie.

980 **Krankheitserreger** Bazillen, Erreger, Bakterien, Mikroben, Mikroorganismen, Spaltpilze, Viren, Keime, Schmarotzer, Kleinlebewesen, Umweltfaktoren, Stoffwechselstörung.

981 **Kredit** Anleihe, Darlehen, Hypothek, Beleihung, Belehnung, Verschreibung, Vorschuss, Vorleistung, Vorauszahlung, Überziehungskredit, Pump.

982 **Krieg** **1.** bewaffnete Auseinandersetzung, bewaffneter Konflikt, kriegerische Handlung, militärische Auseinandersetzung, Kampfhandlung, Kampfgetümmel, Gefecht, Feuergefecht, Schießerei, Scharmützel, Waffengang, Feldschlacht, Feldzug, Kriegszug, Kriegshandlung, Bodenkrieg, Luftkrieg, Militärschlag, Erst-

schlag, Orlog, Blutvergießen, Schlacht, Gemetzel, **2.** Bürgerkrieg, Glaubenskrieg, Guerillakrieg, Partisanenkrieg, Sezessionskrieg, Revolutionskrieg; Weltkrieg, Atomkrieg, Krieg der Sterne, Cyberkrieg, Cyberwar.

983 **Krise 1.** Zuspitzung, Ruhe vor dem Sturm, Eskalation, Krisis, Höhepunkt, Gefahr, Tanz auf dem Vulkan, Tiefpunkt, Wendung, Wende, Volte, Kehrtwende, Wendepunkt, Umschlag, Umschwung, Erdrutsch, Peripetie, **2.** Störung, Schwierigkeit, Engpass, Bottleneck, Zwangslage, Zwickmühle, Klemme, Dilemma, Verunsicherung, Midlifecrisis, **3.** Wirtschaftskrise, Blase, Depression, Rezession, Stagnation, Abschwung, Tief, Baisse.

984 **Kritik 1.** Prüfung, Wertung, Beurteilung, Urteil, Würdigung, Gutachten, Auslassung, Stellungnahme, Besprechung, Rezension, **2.** Beanstandung, Anstände, Bemängelung, Reklamation, Einwand, Missbilligung, Einwendung, Einspruch, Ablehnung, **3.** Lob, Anerkennung, Beifall, lobende Erwähnung, gute Kritik, Bombenkritik; Verriss, Polemik, Medienschelte, Schlammschlacht, Shitstorm, Hexenjagd; Pamphlet, Prügel, Schmährede, Brandrede, vernichtendes Urteil, Zensur, Schmähung, Rufmord, **4.** Krittelei, Nörgelei, Genörgel, Gemecker, Meckerei, Mäkelei, Beckmesserei, Besserwisserei, Kritikastertum.

985 **Kritiker 1.** Beurteiler, Rater, Bedenkenträger, Rezensent, Kunstkritiker, Literaturkritiker, Musikkritiker, Theaterkritiker, Filmkritiker, Zensor, Kunstrichter, **2.** Krittler, Deutler, Nörgler, Querulant, Meckerer, Mäkler, Kritikaster, Profikritiker, Dauerkritiker, Beckmesser, Spötter, Zyniker, Satiriker, Ironiker, Lästerer, Lästerzunge, Lästermaul, Verächter, Schmähredner, Spottvogel.

986 **Kritiklosigkeit** Blindgläubigkeit, Urteilslosigkeit, Wahllosigkeit, Bedenkenlosigkeit, Beliebigkeit, Gläubigkeit, Gutgläubigkeit, Leichtgläubigkeit, Blauäugigkeit, Naivität, Autoritätsgläubigkeit, Denkfaulheit; Blindheit, Realitätsverlust, Realitätsblindheit.

987 **krumm 1.** gebogen, konkav, konvex, gewunden, gekrümmt, geschweift, verzogen, verschnörkelt, schnörkelig, verbogen, verdreht, gewölbt, barock, schwellend, geschwungen, üppig; kurvenreich, kurvig, **2.** schief, verwachsen, bucklig, gebeugt, **3.** windschief, baufällig, wackelig, verrutscht, **4.** lockig, gelockt, gekräuselt, wellig, kraus, gewellt, spiralig, **5.** krummbeinig, O-beinig, dackelbeinig, **6.** verästelt, gegabelt, verzweigt, geästelt, vielarmig, **7.** illegal, rechtswidrig.

988 **Küche** Kochnische, Kochgelegenheit, Kombüse; Kochkunst, Gastronomie, Feinschmeckerei.

989 **Kugel 1.** Ball, Leder, Knäuel; Globus, Erdball, Erdkugel, Himmelskugel, **2.** Geschoss, Patrone, Pistolenkugel, blaue Bohne, Gewehrkugel, Projektil, Kanonenkugel, Granate.

990 **kühlen 1.** abkühlen, auskühlen, erkalten lassen, kalt stellen, auf Eis legen; abschrecken, frappieren, **2.** fächeln, fächern, wedeln, blasen, pusten, Ventilator anstellen.

991 **kultiviert 1.** erschlossen, urbar gemacht, entwickelt, **2.** kulturvoll, urban, zivilisiert, verfeinert, gebildet, gehoben, niveauvoll, feinsinnig, sublim, geschmackvoll, ästhetisch, kunstsinnig, kunstempfänglich, kunstverständig, urteilsfähig, urteilssicher, künstlerisch, musisch, belesen, schöngeistig, **3.** stilvoll, wählerisch, gewählt, erlesen, elegant, vornehm, dezent, distinguiert, exklusiv, weltmännisch, differenziert, mit Esprit, mondän.

992 **Kultur 1.** Kulturkreis, Kulturkomplex, Zivilisation; kulturelle Eigenart, kulturelles Muster/Deutungsmuster/Erbe, Symbolsystem, Wertesystem, Wertekanon, Grundkonsens, **2.** Zeitgeist, Zeitstil, Zeitgepräge, Lebensform, Lebensstil, Lifestyle, **3.** Kulturproduktion, Bewusstseinsindustrie, Meinungsindustrie, Medienkultur, Konsumkultur, Unternehmenskultur, Corporate Identity, **4.** Umweltgestaltung, Umweltpflege, Umweltschutz.

993 **kündigen 1.** abgehen, austreten, weggehen, ausscheiden, aufkündigen, gehen, hinwerfen, Stellung aufgeben, wechseln, sich verändern; abdanken, zurücktreten, demissionieren, abtreten, Dienst quittieren, Rücktritt erklären, Abschied nehmen, Amt/Posten niederlegen, aus dem Amt scheiden, seinen Hut nehmen; sich pensionieren lassen; in Pension gehen, in den Ruhestand treten, aus dem Dienst ausscheiden, in Rente gehen, **2.** abbauen, entlassen, freistellen, abheuern, abmustern, fortschicken, wegschicken, fortjagen, schassen, feuern, hinauswerfen, vor die Tür/an die Luft/auf die Straße setzen; den Stuhl vor die Tür setzen, der Ämter entheben, abservieren, auf ein totes Gleis schieben, ausmanövrieren, absetzen, entthronen, abberufen, verabschieden, stürzen, vom Sockel stürzen, entmachten, in die Wüste schicken, absägen, abschießen, Abschied geben, kassieren, Laufpass geben, Stuhl vor die Tür setzen, abhalftern, ausbooten, ab-

takeln, ausschalten, verdrängen, kaltstellen, abhängen, abwickeln, hinausekeln, wegloben, zum alten Eisen werfen, ausmustern, **3.** ausschließen, aussperren, ausstoßen, entfernen, disqualifizieren, rote Karte zeigen, **4.** pensionieren, in den Ruhestand versetzen, suspendieren, emeritieren.

994 **Kündigung** **1.** Ausscheiden, Rücktritt, Austritt, Abgang, Weggang, Abschied, Verzicht, Abdankung, Pensionierung, Emeritierung, Demissionierung, Suspendierung, Freistellung, Zwangsfreistellung, **2.** Entlassung, Abbau, Absetzung, Abberufung, Ausschaltung, Entthronung, Verabschiedung, **3.** Ausschluss, Enthebung, Rausschmiss; Acht, Ächtung, Bann, Kirchenbann, Exkommunikation, Verfemung.

995 **Kundschaft** **1.** Auftraggeber, Besteller, Abnehmer, Käufer, Kunde, Kundenkreis, Kundenstamm, Käuferkreis, Stammkunden, Stammkundschaft, Laufkundschaft, **2.** Klienten, Klientel, Mandanten, Patienten, **3.** Abonnenten, Bezieher, Dauermieter, Platzmieter, Dauerbezieher; Gäste, Besucher, Stammgäste.

996 **kunstgerecht** künstlerisch, kunstfertig, kunstvoll, zünftig, schulgerecht, nach allen Regeln der Kunst, arte legis, werkgerecht, fachmännisch, gekonnt, gelernt, geschult, akademisch, schulmäßig.

997 **künstlich** synthetisch, unecht, chemisch, naturidentisch, unnatürlich, aus der Retorte, aus dem Labor, artifiziell.

998 **Kunstliebhaber** **1.** Kunstkenner, Kunstfreund, Kunstexperte, Ästhet; Mäzen, Gönner, Förderer, Sammler, Sponsor, Bewunderer, Verehrer, Anhänger, **2.** Liebhaber, Dilettant, Amateur, **3.** Bücherfreund, Bücherliebhaber, Büchernarr, Bücherwurm, Leseratte, Bibliophile, Büchersammler, Bibliomane.

999 **Kurve** Bogen, Biegung, Abbiegung, Kehre, Schwenkung, Wendung, Wende, Drehung, Richtungsänderung, Windung, Krümmung, Knick, Knickung, Beugung, Haken, Schleife, Schlinge, Spirale, Serpentine, Schlangenlinie, Haarnadelkurve, Schraubenwindung, Gewinde; Wellenlinie, Slalom; Verästelung, Gabelung, Verzweigung.

1000 **kurz** **1.** klein, gestutzt, abgeschnitten, verkürzt, gekürzt, abgehackt, beschnitten, verschnitten, kupiert, gekappt, **2.** kurz angebunden, wortkarg, schmallippig, bündig, barsch, knapp, schroff, mufflig, bärbeißig, brüsk, mundfaul, lakonisch, karg, abweisend, stoßweise, abrupt, **3.** mit drei Worten, im Telegrammstil, kurz und bündig, lapidar, in aller Kürze, kurzweg, mit einem Federstrich, summarisch, zusammengefasst, verallgemeinert, abgekürzt, stenographisch, gedrängt, in gedrängter Form, präzis, prägnant, gerafft, gestrafft, verdichtet, komprimiert, verknappt, **4.** kurzlebig, vergänglich, vorübergehend, flüchtig, zwischen Tür und Angel, kurzzeitig, kurzfristig, auf einen Sprung/Augenblick, **5.** anekdotisch, skizzenhaft, aphoristisch, epigrammatisch.

1001 **Kürze** **1.** Gedrängtheit, Knappheit, Komprimiertheit, Bündigkeit, Verknappung, Stenogrammstil, Verknapptheit, Verdichtung, Präzision, Prägnanz, **2.** Flüchtigkeit, Vergänglichkeit, Kurzlebigkeit.

1002 **kürzen** **1.** abschneiden, verkürzen, zurechtstutzen, wegschneiden, abtrennen, abhacken, abzwicken, abschlagen, abhauen, beschneiden, zurückschneiden, dekupieren, stutzen, kupieren, kappen, abkürzen, **2.** verkleinern, minimieren, minimalisieren, vermindern, verringern, schmälern, zurückfahren, Abstriche machen, abstreichen, dezimieren; lichten, auslichten, ausdünnen, ausholzen, reduzieren; subtrahieren, abziehen, zurückbehalten, **3.** streichen, senken, mindern, herabsetzen, einschränken, beschränken, einengen, abbauen, kleiner setzen, abzwacken, beschneiden, drosseln, zurückschrauben, verknappen, wegstreichen, zusammenstreichen, einsparen, **4.** verdichten, komprimieren, einkochen, eindicken, eindampfen, straffen, konzentrieren, kondensieren.

1003 **kürzlich** vor kurzem, jüngst, neulich, unlängst, dieser Tage, in letzter Zeit, neuerlich, neuerdings, letzthin, letztens, seit kurzem, noch nicht lange her, eben, gerade, jetzt, just, vorhin, soeben.

# L

1004 **lachen** **1.** lächeln, in sich hineinlachen, schmunzeln, in den Bart lachen; strahlen, anstrahlen, anlächeln; grinsen, grienen, feixen, **2.** kichern, gickeln, gibbeln, gicksen, prusten, in Gelächter ausbrechen, Gelächter anstimmen, Lache anschlagen, loslachen, herausplatzen, losplatzen, losprusten, das Lachen nicht halten können, sich das Lachen verbeißen; hell auflachen, aus vollem Halse lachen, sich ausschütten vor Lachen, kringeln; schallend lachen, wiehern, brüllen vor Lachen, sich kugeln, die Seiten halten, biegen vor Lachen; Tränen lachen, sich nicht zu lassen wissen, kaputtlachen, schieflachen, totlachen, kranklachen, krummlachen, scheckig lachen, einen Ast lachen.

1005 **Lage** **1.** Ort, Punkt, Position, Standort, Stellung, **2.** Situation, Sachlage, Sachstand, Sachverhalt, Tatbestand, Ausgangslage, Stand der Dinge, augenblicklicher Zustand, Umstand, aktueller Stand, **3.** Verhältnisse, Lebenslage, Drum und Dran, Stand, Status, Stellung, Zusammenhänge, Gegebenheiten, Konstellation, Umstände, Bedingungen, Großwetterlage.

1006 **Lager** **1.** Camp, Feldlager, Heerlager, Biwak, Zeltlager, Ferienlager, Lagerplatz, **2.** Vorrat, Bestand, Rücklage, eiserne Ration, Reserve, Speicher, Magazin, Stock, Store, Lagerhaus, Arsenal, Zeughaus, Speisekammer, Vorratskammer, Vorratskeller, Vorratslager, **3.** Bett, Schlafstatt, Nachtlager, Krankenlager, Schlafplatz, Ruheplatz, Matratze, Liegestatt, **4.** Konzentrationslager, Internierungslager, Deportationslager, Arbeitslager, Zwangsarbeiterlager, Gefangenenlager, Vernichtungslager, Todeslager, Massenvernichtungslager, KZ.

1007 **Lampe** **1.** Lichtquelle, Beleuchtungskörper, Leuchte, Licht, Neonlicht; Deckenlicht, Hängelampe, Stehlampe, Arbeitslampe, Schreibtischlampe, Nachttischlampe; Scheinwerfer, Führungslicht, Strahler, Taschenlampe, Punktstrahler, Spot, Spotlight, Discokugel, Flutlicht, Laterne, Glühbirne, Sparlampe, LED-Birne, Leuchtdiode, Gaslampe, Tranlampe, Öllampe, Lampion, Ampel, **2.** Leuchter, Kandelaber, Armleuchter, Kronleuchter, Kristallleuchter, Lüster, Kerzenleuchter.

1008 **lang** **1.** gedehnt, ausgedehnt, gestreckt, lang gestreckt/gezogen, langstielig, länglich, extensiv, **2.** meterlang, baumlang, riesig, meilenlang, ellenlang, endlos, unendlich, nicht abzusehen, unabsehbar, **3.** lange, langfristig, unaufhörlich, geraume Weile, Wochen, Monate, Jahre, langjährig, tagelang, jahrelang, wochenlang, stundenlang, lebenslang, lebenslänglich, auf immer, ewig, eine Ewigkeit, auf lange Zeit; lang dauernd, langwierig, verlängert, sich hinziehend; abendfüllend.

1009 **Langeweile** Gleichförmigkeit, Eintönigkeit, Ereignislosigkeit, Alltag, Tretmühle, Trott, Leerlauf, Fadheit, Stumpfheit, Monotonie, Stumpfsinn, Antriebslosigkeit, Öde, Alltäglichkeit, Wiederkäuen, Einförmigkeit, alte Leier, olle Kamellen, Einerlei, Überdruss, Übersättigung, Sattheit, Ekel, innere Leere, Ennui.

1010 **langsam** **1.** gemach, gemächlich, sachte, lento, gemütlich, bedächtig, gebremst, gemessen, geruhsam; schleppend, stockend, zögernd, zaudernd, kriechend, schleichend, im Schneckentempo/Schritttempo, in Zeitlupe; pomadig, träge, betulich, tranig, lahm, antriebsschwach, **2.** nach und nach, en suite, allmählich, allgemach, schrittweise, Schritt für Schritt, stufenweise; graduell, gradweise, in Etappen, in Abschnitten; nacheinander, einer nach dem andern, im Gänsemarsch, nach der Reihe, einzeln, grüppchenweise, sukzessiv, stückweise, portionenweise, truppweise, ratenweise, in Raten, peu à peu, abschnittsweise, scheibchenweise, kleckerweise, tropfenweise, tröpfelnd, **3.** stotternd, abgehackt, stammelnd, holprig, stoßweise, abgerissen, **4.** nahtlos, übergangslos, unmerklich, schleichend.

1011 **langweilen (sich)** **1.** ermüden, anöden, alte Geschichten aufwärmen, einschläfern, monologisieren, ennuyieren, **2.** nichts zu tun haben, unbeschäftigt sein, erschlaffen, sich öden, mopsen; Zeit totschlagen, Däumchen drehen, nichts anzufangen wissen, sich für nichts interessieren; unausgefüllt/angeödet sein, vor Langeweile umkommen.

1012 **langweilig** **1.** eintönig, monoton, ereignislos, ermüdend, geisttötend, steril, spannungslos, akademisch, staubtrocken, furztrocken, einschläfernd, nervtötend, ledern, bleiern, stieselig, langatmig, weitschweifig, umständlich, pedantisch, steifleinen, witzlos, zum Auswachsen/Einschlafen, fad, nüchtern, unergiebig, sterbenslangweilig, stinklangweilig, **2.**

ausdruckslos, blässlich, blass, reizlos, öde, dröge, farblos, trist, desolat, uninteressant, ohne Spannung / Stimmung / Abwechslung, schläfrig, lahm, nichts sagend, stumpfsinnig, belanglos, leer, redundant, abgekaut, abgenudelt, kalter Kaffee, Schnee von gestern, alte Leier, tote Hose.

1013 **lärmen** **1.** laut sprechen, schreien, brüllen, johlen, kreischen, gellen, schmettern, Schreie ausstoßen; poltern, Lärm/Radau/Krach machen, krakeelen, spektakeln, rumoren, Nachtruhe stören, Geschrei machen, randalieren, Allotria veranstalten, **2.** rütteln, knattern, rappeln, tuckern, klopfen, pochen, krachen, klirren, scheppern, dröhnen, donnern, grollen, rollen, gewittern, rattern, rumpeln, rasseln, klappern, tönen, schallen, hallen, trommeln, hämmern, hupen, **3.** ballern, feuern, knallen, schießen, böllern, bullern, detonieren.

1014 **lassen** **1.** loslassen, in Ruhe/ungeschoren lassen, freigeben, freilassen, fortlassen, gehen lassen, nicht halten/binden, lockerlassen, gewähren/freien Lauf/geschehen/laufen lassen, **2.** nicht tun, bleiben/sein lassen, unterlassen, weglassen, belassen, aufgeben, Abstand nehmen/absehen/abstehen von, bewenden lassen, abkommen von, ablassen/abgehen von, Finger davonlassen, sich nicht einlassen; auf sich beruhen lassen, **3.** frei/offen/unbesetzt/unbebaut lassen, aussparen.

1015 **Last** **1.** Belastung, Bürde, Gewicht, Druck, Ballast, Gepäck, Ladung, Packen, Zentnerlast, Schwere, Fracht, Beschwerung, Wucht, **2.** Beschwer, Beschwerlichkeit, Unbequemlichkeit, Umstände; Mühe, Bemühung, Qual, Druck, Mühsal, Hypothek, Sorge, Alb, Albdruck, Joch, Mühlstein, Elend, Fron, Plackerei, Bedrückung, Kreuz, Crux, Schinderei, Strapaze, Plage, Anstrengung, Schufterei, Schwerstarbeit, Herkulesarbeit, Maloche, Stress, Schraube ohne Ende, Geacker, Schlauch, Überforderung, Anspannung, Überanstrengung, Überlastung, Vereinnahmung.

1016 **lästig** **1.** hinderlich, hemmend, belastend, beschwerlich, unangenehm, ärgerlich, unerfreulich, anstrengend, ermüdend, strapaziös, drückend, unbequem, mühevoll, mühsam, mühselig, **2.** ungelegen, verquer, widrig, misslich, störend, verdrießlich, Ärgernis erregend, ungebeten, ungeladen, **3.** aufdringlich, zudringlich, penetrant, sekkant, besitzergreifend, übergriffig; zu bunt, zeitraubend, langwierig.

1017 **laut** hörbar, vernehmbar, vernehmlich, deutlich, weithin hörbar, lautstark, lauthals, unüberhörbar, durchdringend, überlaut, lärmend, geräuschvoll, dröhnend, polternd, ohrenbetäubend, schreiend, markerschütternd, mit voller Lautstärke, aus voller Kehle, marktschreierisch, schrill, spitz, hoch, scharf, grell, gellend, hallend, schallend, fortissimo.

1018 **lavieren** **1.** manövrieren, jonglieren, taktieren, finassieren, seiltanzen, Eiertanz vollführen, sich durchschlängeln, durchwinden, durchzwängeln, durchstehlen, hindurchwinden, durchschleichen, durchlavieren, durchmanövrieren, durchmogeln, nicht festlegen, den Rücken freihalten, **2.** drum herum reden, sich drehen und wenden, winden; Ausflüchte machen, sich herausreden, herausschwindeln, herausmogeln, herauswinden, herauslügen, rein waschen, weißwaschen.

1019 **leben** **1.** sein, da sein, atmen, vorhanden/lebendig sein, existieren, bestehen, am Leben sein, Leben führen/verbringen/hinbringen, dahinleben, überleben, sich durchschlagen; vegetieren, **2.** wohnen, weilen, sich aufhalten; sitzen, ansässig sein, stecken, hingekommen sein, verschlagen worden sein, verbringen, verleben, zubringen, hausen, nisten, heimisch sein; residieren, logieren, Wohnsitz haben, **3.** nebeneinander existieren/leben, sich tolerieren.

1020 **Leben** **1.** Dasein, Existenz, Sein; Erdenleben, Erdentage, Erdendasein, Lebenszeit, Lebensdauer, **2.** Lebensreise, Lebensbahn, Lebenslauf, Lebensvollzug, Lebensweg, Werdegang, Lebensgeschichte, Vita, **3.** Atem, Lebenslicht, Beseelung, Lebenssaft, Lebensfaden, Menschenleben, Herzblut, **4.** Lebensbedingungen, Lebenslage, Lebensform, Lebensweise, Existenzform, Lebensgestaltung, Lebensplan, Lebensentwurf, Selbstverwirklichung, Selbstwerdung, Selbstentwurf, Lebensstandard, Existenzniveau, Lebensführung, Lebenszuschnitt, Lebenswandel, Lebensstil, Lebensgewohnheit, Tun und Lassen, Lebenshaltung, Lebensgefühl, Einstellung zum Leben, **5.** Existenzkampf, Daseinskampf, Lebensdrang, Selbsterhaltungstrieb, **6.** Lebendigkeit, Lebensenergie, Lebensfunke, Beseeltheit, Lebensgeister, Vitalität, Schwung, Elan, Élan vital, Lebensnerv, Lebenskraft, Lebensfülle.

1021 **lebendig** **1.** lebend, am Leben, auf der Welt, leibhaftig, belebt, beseelt, fassbar, zum Anfassen, körperlich, greifbar, wirklich, real, **2.** lebhaft, lebensvoll, beweglich, mobil, rege, mun-

ter, geschäftig, aufgeweckt, betriebsam, unternehmend, unternehmungslustig, dämmerungsaktiv, nachtaktiv, ausgeschlafen, reiselustig, tatenlustig, tatendurstig, aufgeschlossen, interessiert, eifrig, dabei, elektrisiert, rührig, regsam, agil, wach, in Fahrt/Schwung, auf Touren/vollen Touren, **3.** temperamentvoll, quicklebendig, übersprudelnd, schwungvoll, flott, dynamisch, impulsiv, wach, fit, auf Draht, quick, auf der Höhe, up to date, vif, alert, kregel; quecksilbrig, quirlig, vital, schmissig, **4.** farbig, bunt, nuanciert, prall, lebensecht, ausdrucksvoll, natürlich, saftig, spritzig, funkelnd, quellend, sprudelnd, frisch, **5.** flammend, lodernd, wabernd, lohend; fliegend, wiegend, tanzend, kreiselnd, schwebend, flatternd, wehend, wallend, wogend.

1022 **Lebensunterhalt 1.** Existenz, Auskommen, Lebenshaltungskosten, Unterhaltskosten, Haushaltungskosten, **2.** Unterhalt, Arbeit, Beruf, tägliches Brot, Erwerbsmittel, Subsistenzmittel, Einkommensquelle, Lebensgrundlage.

1023 **leer 1.** ausgetrunken, geleert, entleert, ausgegossen, ausgeschüttet, verbraucht, konsumiert, aufgebraucht, aus, alle, ausverkauft, kahl, geräumt, **2.** unbewohnt, ausgestorben, ausgeflogen, verlassen, menschenleer, verwaist, leer gefegt, unbemannt, **3.** eitel, müßig, nichtig, windig, gehaltlos, dünn, nichts dahinter, hohl, wertlos, Schall und Rauch, inhaltslos, banal, substanzlos, bedeutungslos, nichts sagend, ohne Sinn, sinnlos, geistiges Fastfood, **4.** leer stehend, unbewohnt, frei, unbesetzt, zu vermieten/haben, vakant; unbeschrieben, unbedruckt, unausgefüllt, **5.** verausgabt, ausgesogen, ausgelutscht, ausgesaugt, ausgepowert, ausgepumpt, ausgelaugt, ausgepresst, ausgewrungen, ausgebrannt, burned out.

1024 **leer ausgehen** in den Mond/die Luft gucken, in den Kamin/Wind schreiben, verlieren, einbüßen, Nachsehen haben, zubuttern, zuzahlen, in die Röhre gucken, der Dumme sein, den Letzten beißen die Hunde.

1025 **leeren (sich) 1.** abladen, auspacken, entladen, löschen, ausschiffen, ausladen, räumen, ausräumen, Kehraus machen, ausverkaufen, Raum schaffen, Platz machen, **2.** ausschütten, ausleeren, ausgießen, abgießen, dekantieren, abschütten, wegschütten, entleeren, ablassen, ausschöpfen, **3.** trinken, austrinken, ex trinken, kippen, hinunterstürzen, auslöffeln, ausessen, auskratzen, vertilgen, aufessen, auf ex trinken, **4.** zapfen, abzapfen, leer pumpen, abziehen, abfüllen, umgießen, umfüllen; melken, ausquetschen, auspumpen, **5.** auslaufen, ausrinnen, leer werden, ausströmen, entweichen, aussickern, entströmen, ausfließen, herauslaufen, leer laufen, sich ergießen; wegfließen, austreten, abfließen, bluten, ausbluten, verbluten.

1026 **Leerung** Entleerung, Abfüllung, Ausräumung, Ausladung, Ausschiffung, Löschung.

1027 **Lehrbuch** Lehrwerk, Schulbuch, Fibel, Fachbuch, Sachbuch, Vademekum, Abriss, Handreichung, Repetitorium, Katechismus, Glossar, Leitfaden, Handbuch, Unterrichtswerk, Übungsbuch, Benimmbuch, Netiquette, Knigge, Duden, Brockhaus, Wikipedia, Kompendium, Lexikon, Ratgeber, Wörterbuch, Enzyklopädie, Nachschlagewerk, Suchmaschine, Thesaurus, Konversationslexikon.

1028 **Lehre 1.** Anleitung, Einführung, Anweisung, Belehrung, Schulung, Unterweisung, Instruktion, Unterricht, Training, Coaching, **2.** Lehrzeit, Lehrjahre, Ausbildung, Bildungsgang, Wanderjahre, Praktikum, Volontariat, Fachausbildung, Studium, Telekolleg, Fernstudium; Lehrgang, Seminar, Kurs, Kursus, Workshop, Vorlesung, Projektstudium, Crashkurs, **3.** Lektion, Denkzettel, bittere Lehre, Mahnung, Erfahrung, Richtschnur, Regel, Ratschlag, **4.** These, Theorem, Hypothese, Lehrsatz, Lehrmeinung, Theorie, Richtung, Strömung, Bewegung, Schule, Schulmeinung, Lehrgebäude, Doktrin, Dogma, Glaubenssatz.

1029 **lehren 1.** unterrichten, belehren, beibringen, durchnehmen, geben, lesen, Wissen vermitteln, erschließen, orientieren; eintrichtern, pauken, einpauken, dozieren, **2.** anleiten, anlernen, einarbeiten, einführen, anweisen, unterweisen, einweisen, schulen, ausbilden, instruieren, trainieren, coachen, zeigen, vorbereiten, erklären.

1030 **Lehrer 1.** Schullehrer, Schulmann, Lehrkraft, Magister, Assessor, Studienrat, Hochschullehrer, Universitätsprofessor, Professor, Tutor, Lektor, Dozent; Pädagoge, Schulmeister, Erzieher, Pauker; Hauslehrer, Hofmeister, Mentor, Erzieherin, **2.** Instrukteur, Ausbilder, Anleiter, Coach, Trainer, **3.** Weisheitslehrer, Wanderprediger, Guru, Meister, Lehrmeister, Eingeweihter, **4.** Bändiger, Zähmer, Dompteur; Züchtiger, Zuchtmeister, Präzeptor, Domina.

1031 **leicht 1.** gewichtlos, federleicht, zart, schwerelos; Leichtgewicht, Federgewicht, Fliegengewicht, **2.** einfach, mühelos, unschwer, spie-

lend, bequem, im Schlaf, ohne Schwierigkeit; kinderleicht, Kinderspiel, kein Kunststück, unkompliziert, leicht zu verstehen, **3.** bekömmlich, leicht verdaulich, gut zu vertragen, light, fettarm, mager, zuträglich; locker, flaumig, flockig, schaumig, duftig, luftig, flüchtig, ätherisch, beschwingt, aufgelockert, **4.** leichtherzig, unbeschwert, sorglos, fröhlich, unbesorgt, unbekümmert, unbedenklich, ungezwungen, einfach, lebensfroh, lebensbejahend, zwanglos, kein Kind von Traurigkeit, positiv, optimistisch, weltfreudig, **5.** leichtfüßig, schnell, behände, federleicht, wie eine Gazelle/Antilope/Feder/Flaumfeder/Flocke.

1032 **leichtfertig 1.** oberflächlich, gedankenlos, obenhin, schnellfertig, ungenau, unzuverlässig, nachlässig, fahrlässig, flatterhaft, blindlings, übereilt, unachtsam, unbedacht, überstürzt, unüberlegt, von ungefähr, unvorsichtig, unbesonnen, sprunghaft, vorschnell, bedenkenlos, verantwortungslos, unbedenklich, **2.** leichtsinnig, abenteuerlustig, leichtblütig, sorglos, lebenslustig, genussfreudig, frivol, leichtlebig, sinnenfroh, verspielt, spielerisch, unernst, unbesorgt, unbekümmert, leichte Ader, leichte Schulter, locker, lose, lax; unsolide, verschwenderisch, vergnügungssüchtig, unseriös, abenteuerlich.

1033 **Leichtsinn 1.** Leichtlebigkeit, leichtes Blut, Sorglosigkeit, Unbesorgtheit, Abenteuerlust, Unbeschwertheit, Unverkrampftheit, Leichtigkeit, Flatterhaftigkeit, **2.** Unvorsichtigkeit, Fahrigkeit, Unaufmerksamkeit, Unachtsamkeit, Flüchtigkeit, Achtlosigkeit, Fahrlässigkeit, Nachlässigkeit, Unbesonnenheit, Unbedachtsamkeit, Leichtfertigkeit.

1034 **leid sein 1.** sich verleiden/vermiesen lassen; leid werden, sattbekommen, **2.** genug haben, überhaben, überdrüssig / übersättigt sein, nicht mehr mögen / sehen / hören können, müde sein, es satthaben/dickhaben, die Nase/Schnauze voll haben, zum Halse heraushängen, lästig fallen, überkriegen, lebensmüde sein.

1035 **leiden 1.** Schmerzen haben/fühlen, zu klagen haben, dulden, erdulden, ertragen, erleiden, ausstehen, tragen, durchmachen, aushalten, durchstehen, verkraften, **2.** schlucken, hinnehmen, über sich ergehen lassen, sich beugen; hinunterschlucken, einstecken, wegstecken, sich fügen; resignieren, sich schicken, ducken, gefallen lassen, abfinden; Folgen tragen/auf sich nehmen, Konsequenzen tragen, Brei auslöffeln, Suppe aufessen, **3.** krank sein, kränkeln, kranken, schlecht gehen, darniederliegen, liegen müssen, auf der Nase liegen, klagen über, leiden an, befallen sein von, behaftet sein mit, herumlaborieren, siechen, fiebern, phantasieren, in Lebensgefahr schweben, mit dem Tode ringen, **4.** sich grämen, quälen, verzehren; schwer haben / nehmen, trauern, durchhängen, sich härmen, abhärmen; in sich hineinfressen, nicht hinwegkommen über, Schmerzliches erleben, zu leiden haben, viel ausstehen, drinstecken, im Dreck stecken, heimgesucht werden, verzweifeln, zerbrechen an.

1036 **Leiden 1.** Übel, Unbehagen, Missbehagen, Übelbefinden, Krankheit, Unpässlichkeit, Unwohlsein, Beschwerde, Wehwehchen, Zipperlein, Molesten, Störung, Schmerzen, Qualen, Pein, Plage, Marter, Leidensweg, Heimsuchung, Leidenskelch, Martyrium, **2.** Masochismus, Leidenslust, süßes/vergnügtes Leiden.

1037 **leidend 1.** krank, erkrankt, befallen von, behaftet mit, infiziert, indisponiert, nicht aufgelegt, in schlechter Verfassung, nicht auf dem Damm, arbeitsunfähig, marode, angegriffen, angekränkelt, angekratzt, malade, kränklich, fiebrig, erbarmungswürdig, mitgenommen, angeschlagen, angezählt, kodderig, verkatert, schlecht, übel, flau, mau, mies; ungesund, anfällig, elend, hundeelend, hundsmiserabel, miserabel, durchsichtig, bleich, eingefallen, hohlwangig, abgezehrt, sterbenskrank, todkrank, in Lebensgefahr, schwer/lebensgefährlich erkrankt, chronisch/unheilbar/unrettbar krank, todgeweiht, **2.** gebrechlich, gelähmt, hinfällig, bettlägerig, siech, hilflos, pflegebedürftig, altersschwach, dement, **3.** verletzt, verwundet, versehrt, gepeinigt, gequält, **4.** nervenleidend, psychisch / psychosomatisch krank, gemütskrank, geisteskrank, **5.** auf Entzug, turkey.

1038 **leider** schade, jammerschade, bedauerlich, unglücklicherweise, bedauerlicherweise, unerfreulicherweise, zu jmds. Bedauern/Leidwesen.

1039 **leise** gedämpft, lautlos, unhörbar, tonlos, geräuschlos, ruhig, still, piano, pianissimo, auf leisen Sohlen/Samtpfoten/Katzenpfoten/Zehen/Fußspitzen, mäuschenstill, schweigend, stumm, kommentarlos, wortlos, schweigsam, schleichend; halblaut, flüsternd, mit gedämpfter Stimme, schwach, getragen, verhalten, erstickt.

1040 **leisten (sich)** **1.** tun, schaffen, wirken, vollbringen, erfüllen, bringen, fertigbringen, vollführen, bewerkstelligen, deichseln, bewirken, funktionieren, arbeiten; Leistungen vorweisen, sich verdient machen; Verdienste erwerben, **2.** sich gönnen, erlauben, genehmigen, gestatten, kaufen, **3.** sich herausnehmen; Frechheit besitzen, wagen, Stirn haben.

1041 **Leistung** **1.** Durchführung, Verrichtung, Ableistung, Vollzug, Tat, Verdienst, Werk, Œuvre, Opus, Gesamtwerk, Schöpfung, Wurf, Großtat, Arbeitsleistung, Performanz, Performance, Ergebnis, Ausstoß, Output, Produkt, Erfolg, Rekord, **2.** Kunstwerk, Kunstgegenstand, Artefakt, Meisterwerk, Meisterstück, Opus magnum, Meisterleistung, Meilenstein, Kulturwerk.

1042 **Leiter** **1.** Stehleiter, Trittleiter, Tritt, Treppchen, Strickleiter, Fallreep, **2.** Betriebsleiter, Direktor, Lenker, Vorgesetzter, Chef, Patron, Generaldirektor, Hauptgeschäftsführer, CEO, Prokurist, Geschäftsführer, Bevollmächtigter, Abteilungsleiter; Versammlungsleiter, Diskussionsleiter, Organisator, Gruppenleiter; Dienststellenleiter, Vorsteher, Schulleiter, Rektor, Polier, Ressortleiter, Chefarzt, Oberin; Intendant, Spielleiter, Spielmacher, Konzertmeister, Kapellmeister, Dirigent, Taktgeber, Orchesterleiter, Chorleiter, Kantor, Generalmusikdirektor, Bandleader, Frontmann.

1043 **Leitung** **1.** Führung, Lenkung, Planung, Steuerung, Kontrolle; Kopf, Spitze, Zentrale, Schlüsselstellung, Oberaufsicht, Schlüsselgewalt, Direktion, Geschäftsleitung, Geschäftsführung, Stab, Kommandozentrale, Hauptquartier, Direktorium, Vorstand, Chefetage, Chefsessel, Management, Projektmanagement; Intendanz, Regie, Aufnahmeleitung, **2.** Bevormundung, Entmündigung, Gängelei, Gängelband, Leine, Gängelung, Kuratel, Aufsicht, Oberaufsicht, **3.** Zuleitung, Schlauchleitung, Rohrleitung, Pipeline; Verbindungsschnur, Draht, Kabel.

1044 **lernen** **1.** sich aneignen; erlernen, Kenntnisse erwerben, sich qualifizieren, informieren, schlau machen; studieren, sich präparieren, vorbereiten, schulen; memorieren, sich einprägen, plagen; büffeln, ochsen, pauken, bimsen, sich auf den Hosenboden setzen, eintrichtern; Schule besuchen, Schulbank drücken, **2.** hören, belegen bei, sich bilden, unterrichten, fortbilden, ausbilden, weiterbilden; dazulernen, Kenntnisse erweitern, **3.** learning by doing, Superlearning, computergestütztes Lernen, **4.** beherzigen, zur Einsicht kommen, Vernunft annehmen, sich gesagt sein lassen; Lehre ziehen.

1045 **lesen** **1.** buchstabieren, entziffern, flüchtig durchsehen, durchblättern, blättern, stöbern, anlesen, hineinschauen, überfliegen, querlesen, schmökern, diagonal lesen, durchgehen, durchlesen, durcharbeiten, studieren, verschlingen, fressen, sich in Bücher vergraben, **2.** Vorlesung halten, Lesung abhalten, vorlesen, vortragen.

1046 **leugnen** **1.** abstreiten, verneinen, ableugnen, bestreiten, in Abrede stellen, anfechten, Einspruch erheben, von sich weisen, zurückweisen, **2.** widerrufen, zurücknehmen, zurückziehen, verleugnen, dementieren, revozieren, Rückzieher machen, **3.** übersehen, wegsehen, verleugnen, nicht sehen/wahrhaben wollen, Augen verschließen, Auge zudrücken, Kopf in den Sand stecken, Scheuklappen tragen.

1047 **Licht** **1.** Helligkeit, helle Beleuchtung, Erleuchtung, Tageslicht, Tageshelle, Sonne, Sonnenlicht, Sonnenschein, **2.** Schein, Lichtschein, Lichtreflex, Lichteffekt, Lichtkegel, Strahl, Glanz, Schimmer, Flimmer, Gefunkel, Glast, Geflimmer, Leuchten, Strahlung, Funke, Glut, Kerzenlicht, Kerzenschein, Laser, Strahlen, Feuer, Strahlkraft, Illumination, Leuchtrakete, Wunderkerze, Feuerwerk, Lichterkette, Festbeleuchtung, Lichtermeer, Rampenlicht, Flutlicht, Lightshow, Lichtperformance, Lichtinszenierung, Lasershow, Lichtdom.

1048 **Lichtung** Schneise, Blöße, Schlag, Kahlschlag, Rodung, Flurbereinigung, Durchtrieb, Waldlichtung.

1049 **lieb** **1.** angenehm, erwünscht, erfreulich, recht, willkommen, **2.** teuer, wert, unentbehrlich, wichtig, bedeutungsvoll, geschätzt, hoch geschätzt, vergöttert, angebetet, verhätschelt, verwöhnt, geliebt; sympathisch, ans Herz gewachsen, lieb geworden, nah, vertraut, hold, hingezogen, gewogen, zugetan, geneigt, gut gesinnt, eingenommen, **3.** zutraulich, anschmiegend, anschmiegsam, weich, **4.** liebevoll, zärtlich, liebesfähig, herzlich, herzenswarm, gefühlswarm, warmherzig, gemütvoll, wärmend, warm, innig, gütig, hilfsbereit, mitfühlend.

1050 **Liebe** **1.** Neigung, Zuneigung, Geneigtheit, Zuwendung, Hang, Vorliebe, Anhänglichkeit, Sympathie, Faible, Affenliebe, Vernarrtsein, Zugetanheit, Seelengemeinschaft, Gefühlsver-

wandtschaft, Verbundenheit, Gewogenheit, Gunst, Wohlgefallen, Vertraulichkeit, Intimität, Liebe auf den ersten Blick, Liebesbande, **2.** Eros, Erotik, Liebeskunst, Ars amandi, Minne, Leidenschaft, Verliebtheit, Besessenheit, Vergötterung, Anbetung, Verlangen, Begehren, Passion, Ekstase, Liebesglut, Verzückung, Rausch, **3.** Zärtlichkeit, Liebkosung, körperliche Liebe, Kosen, Vorspiel, Petting, Kuss, Umarmung, Blowjob, Beischlaf, Geschlechtsverkehr, Geschlechtsakt, Akt, Liebesvereinigung, Intimverkehr, Beilager, Liebesvollzug, Sex, Vereinigung, Koitus, Quickie, Nummer, Vögeln, Fick, **4.** Liebschaft, Flirt, Schwärmerei, Spielerei, Kröschen, Krösken, Liebelei, Techtelmechtel, Plänkelei, Geplänkel, Schäkerei, Getändel, Tête-à-tête, Liaison, Bettgeschichte, Affäre, Eskapade, Eroberung, Abenteuer, Amouren, Romanze, Liebesgeschichte, Lovestory, Liebesleben, Liebesbeziehung, Liebesbund, Verhältnis, Beziehung, Menage à trois, Außenbeziehung, Beziehungskiste, Episode, Seitensprung, Amour fou, Schäferstündchen, One-Night-Stand, Cybersex.

1051 **lieben** **1.** angetan / zugetan / eingenommen sein, Schwäche haben für, Sympathien hegen, jmdn. mögen/sympathisch finden/leiden mögen/gern haben, Neigung haben, sich hingezogen fühlen, etwas aus jmdm. machen; schätzen, gewogen sein, lieb gewinnen/haben, verbunden sein, aneinander hängen, ins Herz schließen, **2.** tändeln, sich verlieben, vergucken, verknallen, verschießen, vernarren; entbrennen, erglühen, Feuer fangen, in Flammen stehen, sich an jmdn. verlieren; vergehen vor Liebe, jmdm. verfallen/hörig sein, anbeten, bewundern, verehren, vergöttern, auf Händen tragen, zu Füßen liegen, anhimmeln, anschwärmen, anschmachten, glühen, entbrannt sein für, huldigen, **3.** hätscheln, schnäbeln, turteln, liebkosen, küssen, streicheln, tätscheln, aneinander schmiegen, herzen, kosen, schmusen, umarmen, umfangen, umhalsen, umfassen, umschlingen, umschließen, sich lieben; koitieren, kopulieren, verkehren, sich paaren, es treiben, beiliegen, beischlafen, beiwohnen, Liebe machen, Sex haben, intim sein, ins Bett gehen, miteinander schlafen, bumsen, vögeln, schnackseln, ficken, rammeln, poppen, bürsten, pimpern, eine Nummer schieben, besteigen, pudern, flachlegen, beschlafen.

1052 **Liebeskummer** Liebesschmerz, Liebespein, Liebesleid, Liebesnöte, Herzeleid, Herzweh, Herzschmerz, Trennungsangst, Verlustangst, Trennungsschmerz; Beziehungsknatsch, Beziehungskrise, Ehetragödie.

1053 **Linie** **1.** Strich, Gerade, Zeile, Verbindungslinie, Durchmesser, Radius, Kreismesser, Tangente, Diagonale, **2.** Kontur, Umriss, Silhouette, Schattenriss, Profil, Umrisslinie; Skyline, Horizontlinie, Grenzlinie, **3.** Verkehrsstrecke, Buslinie, Bahnlinie, Metrolinie, Straßenbahnlinie, **4.** Abstammungsreihe, Ahnenreihe, Geschlechterfolge, Haus, Stamm, Geschlecht, Dynastie, **5.** schlanke Linie, Schlankheit, gute Figur.

1054 **links** **1.** zur Linken, linker Hand, linksseitig, backbord, auf der linken Seite, auf der Herzseite, linkshändig, **2.** innen, Abseite, Rückseite, **3.** im linken Spektrum, gesellschaftskritisch, sozialkritisch, linksgerichtet, sozialistisch, kommunistisch, rot.

1055 **List** **1.** Schachzug, Winkelzug, Trick, Bauernschläue, Pfiffigkeit, Gambit, Hinterwitz, Tücke, Angel, Falle, Fettnäpfchen, Tretmine, Fallgrube, Fallstrick, Grube, Fußangel, Schlinge, Garn, Netz, Finte, Haken, Köder, Hinterhalt, **2.** Machenschaften, Kabale, Ränke, Manöver, Intrige, Machination, Umtriebe, abgekartetes Spiel, Komplott, Verschwörung, Konspiration.

1056 **Literatur** Lesestoff, Lektüre, Schrifttum, Schriftgut, Buch; Sprachkunstwerk, Dichtkunst, Belletristik, schöne Literatur, Kunstdichtung, Dichtung, Poesie, Lyrik, Epos, Drama, Unterhaltungsliteratur, Trivialliteratur.

1057 **Lob** **1.** Anerkennung, Billigung, Zustimmung, Bewunderung, Vorschusslorbeeren, Streicheleinheit, Beifall, Anklang, **2.** Belobigung, Auszeichnung, Preis, Ehrung, Lorbeeren, Huldigung, Ruhmesblatt, Würdigung, Anpreisung, Empfehlung, **3.** Loblied, Lobgesang, Lobeshymne, Eloge, Lobrede, Laudatio, Hymne, Verherrlichung, Glorifizierung, Erhöhung, Überhöhung, Hagiographierung, Verklärung, **4.** Schmeichelei, Flatterie, Schmus, Augendienerei, Süßholz, Gesülze, Lobhudelei, **5.** Liebedienerei, Anbiederung, Schmusekurs, Kuschelkurs, Kuschelpolitik.

1058 **loben** **1.** anerkennen, Lob spenden, belobigen, lobend erwähnen, rühmen, preisen, herausstreichen, herauskehren, empfehlen, anpreisen, werben für, lobpreisen, lobsingen, würdigen, nachrühmen, Gutes nachsagen, Loblied singen, über den grünen Klee loben, hochju-

beln, emporstilisieren, Kult treiben mit, **2.** Verdienste anerkennen/würdigen, Orden verleihen, auszeichnen, dekorieren.

1059 **löschen 1.** auslöschen, ausmachen, abschalten, ausdrehen, ausknipsen; ausblasen, auspusten, ausdrücken, ersticken, **2.** tilgen, ausgleichen, erlassen, schenken, aufheben, **3.** streichen, auswischen, wegwischen, durchstreichen, ausradieren, Daten löschen.

1060 **lose 1.** locker, gelockert, wackelig, wackelnd, brüchig, lottelig, schlotterig, **2.** faserig, saugfähig, porös, weitmaschig, durchlässig, grobfädig, **3.** unverpackt, einzeln, offen, nicht abgepackt, nach Gewicht; abnehmbar, beweglich, **4.** weit, locker, schlabberig, hangend, hängend, baumelnd, schlackernd, schlaff, schlotternd, **5.** frech, kess.

1061 **lösen (sich) 1.** loslösen, herauslösen, ablösen, losmachen, losbinden, abtrennen, aufschrauben, abschrauben, entfernen, ausloggen, **2.** zerlassen, verflüssigen, weich machen, schmelzen, aufweichen, einweichen, tauen, zergehen, zerfließen, zerrinnen, zerlaufen, auseinanderlaufen, auseinanderfallen, zerfallen; abtauen, entfrosten, auftauen, **3.** raten, erraten, enträtseln, herausbringen, auflösen, entsiegeln, herausfinden, herausbekommen, Lösung finden, lösen können, knacken, entziffern, dechiffrieren, entschlüsseln, dekodieren, dahinterkommen, aufdröseln, **4.** aufmachen, aufhaken, lockern, frei machen/geben, entfristen, **5.** sich trennen, loslösen, selbständig machen, abnabeln, emanzipieren; eigene Wege gehen, **6.** lockern, erleichtern, entkrampfen, abführen; auflockern, aufschütteln, **7.** abreißen, abgehen, abplatzen, abspringen, losgehen, abbröckeln, bröckeln, zerbröckeln, abschilfern, morsch werden, vermorschen, **8.** fasern, fusseln, dünn/schäbig werden, **9.** entsichern, schussbereit machen, **10.** schälen, abschälen, häuten, schuppen, pellen, palen, abbalgen, entgräten, enthülsen, abblättern, abhäuten.

1062 **Lücke 1.** Spalt, Ritze, Spalte, Lakune, Leerstelle, Space, Bresche, Hohlraum, Zwischenraum, Durchschuss, **2.** unbesetzter Platz, Parklücke, unbesetzte/offene Stelle, Vakanz, Verlust, **3.** Forschungslücke, Desiderat, Defizit, blinder Fleck, Gap.

1063 **Luft 1.** Atmosphäre, Lufthülle, Äther, **2.** Luftströmung, Luftstrom, Luftzug, Ventilation, Lüftung, Belüftung, Luftzufuhr, Ventilator, Klimaanlage, Aircondition, **3.** Frischluft, Meeresluft, Abendluft, Nachtluft, Morgenluft, Frühlingslüftchen, **4.** Atem, Odem, Atemluft, Puste, Hauch.

1064 **lüften** entlüften, auslüften, Luft hereinlassen, durchlüften, Durchzug machen, belüften, ventilieren.

1065 **luftig 1.** windig, stürmisch, böig, auffrischend, zugig, bewegt, frisch, kühl, **2.** dünn, flüchtig, ätherisch, körperlos, gasförmig, duftig, **3.** gelüftet, lüftbar; hoch gelegen, dem Wind ausgesetzt.

1066 **Lüge 1.** Unwahrheit, Entstellung, Verdrehung, Verzerrung, Verfälschung, Falschinformation, Desinformation, **2.** Schwindel, Schwindelei, Flunkerei, Geflunker, Ausflucht, Vorwand, Scheingrund, Trug, blauer Dunst, Unrichtigkeit, Lügengewebe, Lügengestrüpp, Hochstapelei, Amtsanmaßung, **3.** Meineid, Wortbruch, Vertrauensbruch, Eidbruch, Falschaussage, **4.** Erfindung, Erdichtung, Fabelei, Ente, Falschmeldung, Lügenmärchen, Hirngespinst, Räuberpistole, Flausen, Jägerlatein, Seemannsgarn, Ammenmärchen, fromme Lüge, Schutzbehauptung, Notlüge, Lug und Trug, **5.** Geschichtsklitterung, Mythenbildung, Legendenbildung.

1067 **lügen** Unwahrheit sagen, schwindeln, verkohlen, beschwindeln, anlügen, kohlen, flunkern, täuschen, Bären aufbinden, belügen, weismachen, aus der Luft greifen, es mit der Wahrheit nicht genau nehmen, entstellen, verdrehen, desinformieren, verfälschen, beschönigen, übertreiben, verzerren, falsch darstellen, falsches Bild geben, vortäuschen, erfinden, erdichten, fingieren, vorgeben, simulieren, sich in Widersprüche verwickeln, widersprechen; mit zwei Zungen reden, sich ausgeben als; fabeln, fabulieren; heucheln, sich verstellen; Gefühle vortäuschen, Krokodilstränen vergießen, erschleichen, erbschleichen, hochstapeln; falsch schwören, Meineid schwören, falsches Zeugnis ablegen.

1068 **Lust 1.** Regung, Hang, Stimmung, Bock, Jieper, Gieper, Laune, Neigung, Appetit, Verlangen, Gelüst, Begehrlichkeit, **2.** Genuss, Pläsier, Genussfreude, Sinnenfreude, Lustgefühl, Sinnenlust, Sinnenrausch, Sinnentaumel, **3.** Begehren, Begierde, Gier, Sinnlichkeit, Lüsternheit, Fleischeslust, Trieb, Libido, Erregtheit, Stimuliertheit, Geilheit, Laszivität, Wollust, Brunst, Leidenschaft, Fieber, Kupidität, Liebestollheit, Liebeswut, Erotomanie, Pornophilie, Sexbesessenheit.

1069 **lüstern** begehrlich, begierig, erpicht, gierig, gieprig, jieprig, libidinös, sinnlich, leidenschaftlich, erregt, stimuliert, erotisiert, sexualisiert, wollüstig, brünstig, lasziv, voluptuös, buhlerisch, faunisch, geil, scharf, wild, triebhaft, willig, paarungsbereit, rattig, rattenscharf, juckig, feucht, rollig, läufig, raunzig, schälig, rossig, stierig, rammelig, heiß, spitz, erotoman, mannstoll, nymphoman, weibstoll, liebeshungrig, liebestoll, sexhungrig, pornophil, sexbesessen.

# M

1070 **Macho** Chauvinist, Chauvi, Machist, Sexist, Macker, Pascha, Alphamännchen, Alphatier, Egoshooter, Herrenreiter, Junker, Haustyrann, Männlichkeitsprotz, Heman, Männlichkeitsfanatiker, Latin Lover, Papagallo, Pomadenhengst.

1071 **Macht 1.** Machtstellung, Machtposition, Machtausübung, Dominanz, Potenz, Machtbefugnis, Entscheidungsmacht, Deutungshoheit, Deutungsmonopol, Sanktionsgewalt, Allgewalt, Allmacht, Omnipotenz, **2.** Machtstreben, Machtdrang, Machthunger, Machtgier, Machtbesessenheit, Machtwahn, Megalomanie, **3.** Einfluss, Herrschaft, Hegemonie; Regierungsgewalt, Herrschaftsgewalt, Staatsgewalt, Staatsmacht.

1072 **mächtig 1.** machtvoll, stark, kräftig, kraftvoll, durchsetzungsfähig, beherrschend, marktbeherrschend, hegemonial, dominant, **2.** einflussreich, angesehen, vermögend, viel vermögend, potent, wichtig, gewichtig, maßgebend, tonangebend, autoritativ, **3.** allmächtig, großmächtig, allgewaltig, omnipotent, uneingeschränkt, absolut, schrankenlos.

1073 **Mädchen 1.** Tochter, Schwiegertochter, Filia, Jüngste, Älteste, Nesthäkchen, **2.** Kind, Kleine, Küken, Göre, Dirn, Mädel, junges Ding, Biene, Käfer, Puppe, Fratz, Kröte, Krabbe; Heranwachsende, Jugendliche, Backfisch, Teenager, Teenie, Girl, Girlie, junge Dame.

1074 **Magnet** Anziehungspunkt, Blickfang, Attraktion; Zugstück, Zugnummer, Zugpferd, Galanummer, Glanznummer, Glanzpunkt, Hauptattraktion, Blockbuster, Sensationsnummer, Sensationsmeldung, Scoop, Sensation, Straßenfeger, Kassenschlager, Kassenknüller, Kassenmagnet; Reißer, Schlager, Hit, Knüller, Hammer, Bombe, Mekka, Faszinosum, Hype.

1075 **Mahlzeit 1.** Essen, Speise, Gericht, Schmaus; Fraß, Fressen, Schlangenfraß, **2.** Frühstück, Morgenimbiss, Morgenkaffee, Brotzeit, Gabelfrühstück, Frühschoppen, Brunch, **3.** Vorgericht, Vorspeise, Horsd'œuvre, Entree, Appetithappen, Appetitanreger, Schmachthappen, Amuse-Gueule, Schmeckewöhlerchen, **4.** Mittagessen, Mittagsmahl, Mittagsbrot, Lunch, Diner, **5.** Dessert, Nachtisch, Nachspeise, Süßspeise, **6.** Nachmittagskaffee, Tee, Fünfuhrtee, Jause, Vesper, **7.** Abendbrot, Abendessen, Nachtessen, Nachtmahl, Souper, Dinner, **8.** Zwischenmahlzeit, Imbiss, Bissen, Happen, Fastfood, Snack, Stärkung, Erfrischung, Picknick, **9.** Menü, Speisefolge, Gänge, **10.** Tafel, Esstisch, Speisetisch, Table d'hôte, Mahl, Gastmahl, Festmahl, Festessen, Bankett.

1076 **mahnen 1.** ermahnen, zu bewegen suchen, anraten, zusetzen, zureden, beschwören, ins Gewissen reden, betroffen machen, bedrängen, **2.** anhalten, anspornen, einschärfen, drängen, treiben, antreiben, auf die Seele binden, ans Herz legen, ins Stammbuch schreiben, Vorhaltungen machen, **3.** erinnern, anmahnen, abmahnen, monieren, reklamieren, appellieren, vorknöpfen, ins Gedächtnis rufen, Rippenstoß geben, zur Ordnung rufen, bei der Ehre packen, am Portepee fassen, zur Räson bringen, zurechtstauchen, schütteln, zur Besinnung bringen, zurechtstoßen, zurechtweisen, Kopf waschen, predigen, moralisieren, zu bekehren suchen, missionieren.

1077 **Mahnung 1.** Reklamation, wiederholte Aufforderung, Erinnerung, Monitum, Mahnbrief, Mahnverfahren; Wink, Rippenstoß, Ermahnung, Anmahnung, Abmahnung, Zureden, Beschwörung, **2.** Memento, Menetekel, Vorwarnung, **3.** Appell, Anruf, Zuruf, Aufruf, Ordnungsruf, **4.** Predigt, Sermon, Moralpredigt, Strafpredigt, Gardinenpredigt, Rüge, Tadel, Schelte.

1078 **Maler 1.** Kunstmaler, Kopist, Buchmaler, Illustrator, Porträtist, Aquarellist, Kolorist, Freskenmaler, **2.** Anstreicher, Malermeister, Tüncher, Weißbinder, Lackierer, Tapezierer; Pinsler, Kleckser.

1079 **Mann** männliche Person, Mannsperson, Kerl, Typ, Mannsbild; Mann von Welt, Gentleman, Herr; Junggeselle, Hagestolz, alleinstehender Mann, Single, Witwer, Hausmann.

1080 **männlich** männlichen Geschlechts, maskulin, viril, male.

1081 **Markt 1.** Messe, Umschlagplatz, Börse, Basar, Souk, Markthalle, Wochenmarkt, Flohmarkt, Jahrmarkt, Marktplatz, Forum, Handelsplatz, **2.** Warenumschlag, Warenaustausch, Warenhandel, Absatzgebiet, Absatzmarkt, Binnenmarkt, Inlandsmarkt, Auslandsmarkt, Finanzmarkt, Börse, internationaler Markt, Weltmarkt, Schwarzmarkt, Arbeitsmarkt, Heiratsmarkt.

1082 **Marktforschung** Marktbeobachtung, Markt-

analyse, Research, Fieldresearch, Fieldwork, Bedarfsforschung, Kundenprofilerstellung, Bedarfsanalyse, Käuferanalyse, Produktanalyse, Absatzforschung, Käuferbefragung, Verbraucherbefragung.

1083 **Maschine** **1.** Apparat, Aggregat, Motor, Maschinerie, **2.** Motorrad.

1084 **Maß** **1.** Mäßigkeit, Beherrschung, Zurückhaltung, **2.** Ausmaß, Abmessung, Ausdehnung, Dimension, Längenmaß, Flächenmaß, Hohlmaß, **3.** Maßstab, Skala, Norm, Standard, Grundsatz, Richtmaß, Richtschnur, Wertmesser, Wertskala, Gradmesser, Maßeinheit, Zeitmaß, Takt, Rhythmus, Tempo, **4.** Verhältnis, Beziehung, Proportion, Größenverhältnis, **5.** Größe, Stärke, Nummer; Klasse, Gewichtsklasse, Lautstärke, Schallpegel.

1085 **Massaker** Blutbad, Terroranschlag, Gemetzel, Attentat, Metzelei, Amoklauf, Gewaltorgie, Abschlachtung, Schlächterei, Schlacht, Vernichtung, Massenmord, Killing Fields, Massenvernichtung, Holocaust, Völkervernichtung, Völkermord, Genozid.

1086 **mäßig** **1.** maßvoll, mit Maßen, gemäßigt, moderat, gemessen, gebändigt, beherrscht, gezügelt, gebremst, mit halber Kraft/angezogener Handbremse, schaumgebremst, **2.** mittelmäßig, mittel, nicht besonders, durchschnittlich, alltäglich, bescheiden, ausreichend, nicht berauschend, gerade eben, erträglich, genügend, hinlänglich, passabel, ziemlich, leidlich, medioker, einigermaßen, durchwachsen, mit Mühe und Not, mit Ach und Krach, nichts Halbes und nichts Ganzes, nicht überwältigend, ganz nett, nicht übel, mittelprächtig, genießbar, halbwegs, soso, nicht aufregend, geht an, so lala, schlecht und recht, treu und brav, **3.** lau, lauwarm, handwarm, mild, temperiert, überschlagen.

1087 **Mäßigung** **1.** Maßhalten, Beherrschung, Zurückhaltung, Selbstbeherrschung, Selbstdisziplin, Askese, **2.** Beruhigung, Begütigung, Beschwichtigung, Zügelung, Besänftigung, Dämpfung, Befriedung, Milderung, Linderung, Abschwächung, Begrenzung, Schadensbegrenzung, Abmilderung, Herabminderung, Senkung; Dusche, Ernüchterung, Dämpfer, Desillusionierung, Abkühlung, Entdramatisierung.

1088 **maßlos** **1.** unmäßig, ohne Maß, schrankenlos, **2.** unbeherrscht, unkontrolliert, undiszipliniert, unberechenbar, disziplinlos, regellos, ungezügelt, ungezähmt, zügellos, **3.** hemmungslos, blind, haltlos, enthemmt, besessen, getrieben, wild, süchtig, manisch, ausschweifend, orgiastisch, schwelgerisch, prasserisch, unersättlich, exzessiv, extremistisch, ohne Maß und Ziel, exaltiert, outriert, übertrieben.

1089 **Maßnahme** Maßregel, Mittel, Bestimmung, Anordnung, Richtlinie, Aktion, Regelung, Vorgehen, Unternehmung, Handlung, Entscheidung, Zugriff, Handlungsweise, Schritt, Tat, Manöver.

1090 **Mäzen** Förderer, Gönner, Fürsprecher, Stifter, Spender, Wohltäter, Finanzier, Schirmherr, Protektor, Sponsor, Geldgeber, Sammler, Kunstliebhaber.

1091 **mechanisch** **1.** automatisch, maschinell, fabrikmäßig, industriell, serienmäßig, seriell, mechanisiert, maschinenmäßig, technisch, **2.** gedankenlos, monoton, gewohnheitsmäßig, unbewusst, unwillkürlich, wie von selbst, zwangsläufig, **3.** unbeseelt, seelenlos, unbelebt, leblos, fühllos, tot.

1092 **Medien** Massenmedien, Kommunikationsmedien, Printmedien, Fernsehen, Rundfunk, Film, Multimedia, neue Medien.

1093 **Medizin** **1.** Heilkunde, Heilkunst, Humanmedizin, Veterinärmedizin, **2.** Heilmittel, Arznei, Medikament, Präparat, Pharmazeutikum, Remedium, Arzneimittel, Droge, Tablette, Pharmakon, Therapeutikum.

1094 **meinen** wähnen, denken, finden, für richtig halten, dafürhalten, vermuten, vermeinen, glauben, auf dem Standpunkt stehen, Standpunkt vertreten, der Meinung sein, annehmen, erachten, mutmaßen, rechnen mit, für möglich halten.

1095 **Meinung** **1.** Ansicht, Auffassung, Anschauung, Dafürhalten, Erachten, Ermessen, Gutdünken; Überzeugung, Weltanschauung, Kredo, Glaube, Gewissheit, Bewusstsein, Einstellung, Position, **2.** Gesichtspunkt, Standort, Blickpunkt, Blickwinkel, Aspekt, Perspektive, Warte, Standpunkt, **3.** Vorstellung, Vermutung, Gedanke, Mutmaßung, Annahme, **4.** Behauptung, Bekräftigung, Beteuerung, Aussage, Stellungnahme, Äußerung, Meinungsäußerung, Stimme, Votum.

1096 **meistens** größtenteils, überwiegend, vorwiegend, meist, fast immer, meistenteils, zumeist, in der Mehrzahl der Fälle, zum überwiegenden Teil, weitaus am meisten.

1097 **Menge** **1.** Anzahl, Anteil, Zahl, Ausmaß, Posten, Häufung, Cluster, Quantität, Quantum, Schnittmenge, **2.** Fülle, Masse, Haufen,

Berg, Brocken, Klumpen, Klotz, **3.** Menschenmenge, Menschenansammlung, Volksmenge, Menschenlawine, Menschengewimmel, Auflauf, Gewühl, Gewimmel, Getümmel, Rudel, Schwarm, Schwall, Heerscharen, Legionen, Armee, Pulk, Herde, Scharen, Unzählige, Riesenmenge, Myriaden, **4.** Vielzahl, Unzahl, Unsumme, Unmenge, **5.** Mehrzahl, Mehrheit, Majorität, größere Zahl, größerer Teil, Löwenanteil, das Gros; Minorität, Minderheit, Minderzahl, Unterzahl, **6.** Mann auf der Straße, Leute, breite Masse, jedermann, gewöhnlicher Sterblicher, kleiner Mann, Otto Normalverbraucher, Lieschen Müller, schweigende Mehrheit.

1098 **Mensch** **1.** Geschöpf, Krone der Schöpfung, menschliches Wesen, Homo sapiens, Herr der Schöpfung; Sterblicher, Erdenbürger, Erdgeschöpf, Erdbewohner, Zweibeiner, Erdengast; Menschengeschlecht, Menschheit, **2.** Subjekt, Person, Individuum, der Einzelne, Jemand, Selbst, Persönlichkeit, Individualität.

1099 **menschlich** **1.** human, allgemein menschlich, humanitär, menschenwürdig, menschengerecht, menschenliebend, philanthropisch, menschenfreundlich, altruistisch, **2.** sterblich, irdisch, leiblich, unvollkommen, staubgeboren, erdgeboren, allzu menschlich.

1100 **Menschlichkeit** Humanität, Humanitas, Humanum, Menschenwürde, menschliches Maß, Human Touch, menschliche Note, Humanismus, Menschenliebe.

1101 **Messer** Klinge, Schneide, Tafelmesser, Küchenmesser, Buttermesser, Brotmesser, Klappmesser, Taschenmesser, Stilett, Dolch.

1102 **Migrant** Emigrant, Auswanderer, Flüchtling, Vertriebener, Ausgebürgerter, Ausgewiesener, Heimatvertriebener, Exilant, Exilierter, Heimatloser, Aussiedler, Umsiedler; Immigrant, Einwanderer, Zuwanderer, Asylsuchender, Asylant.

1103 **Migration** Wanderung, Auswanderung, Einwanderung, Zuwanderung, Umsiedlung, Abwanderung, Wohnsitzwechsel.

1104 **mild** **1.** gelinde, lind, weich, sanft, lau, sacht, behutsam, sorgsam, schonungsvoll, unmerklich, **2.** harmlos, unschädlich, schonend, umweltfreundlich, gefahrlos, ungefährlich, **3.** nicht scharf, ungesalzen, bekömmlich, **4.** nachsichtig, verständnisvoll, gütig, nicht streng, verwöhnend, benigne, sanftmütig, duldsam, mildherzig, gnädig.

1105 **Milde** Sanftmut, Güte, Weichheit, Zartheit, Nachgiebigkeit, Sachtheit, Sanftmütigkeit, Sanftheit, Schonung, Gnädigkeit, Duldsamkeit, Weitherzigkeit, Versöhnlichkeit, Verträglichkeit.

1106 **Militär** **1.** Soldat, Rekrut, Wehrpflichtiger, Berufssoldat, Offizier, Söldner, Legionär; Kommisskopf, Landsknecht, Landser, Infanterist, Fußsoldat, Musketier, Muschkote, **2.** Streitkraft, Streitmacht, Atomstreitkraft, bewaffnete Macht, Heeresverband, Armee, Heer, Truppe, Volksarmee, Volksheer, Berufsheer, Bürgerwehr; Reichswehr, Bundesheer, Wehrmacht, Miliz; Soldateska, Freikorps, Freischärler, Soldatenhauf, paramilitärische Einheit, Mordkommando, Todesschwadron; Kommiss, Barras, Bund.

1107 **mischen** **1.** mengen, vermengen, rühren, verrühren, unterrühren, verquirlen, schlagen, vermischen, unterarbeiten, kneten, verkneten, unterkneten, untermischen, untermengen, durcheinanderwirken, durchkneten; zusammengießen, zusammenbrauen, mixen, schütteln; versetzen mit, manschen, **2.** verbinden, legieren, verquicken, beimischen, zusetzen, beimengen, beifügen, beigeben, zugeben, melieren, **3.** kreuzen, bastardieren.

1108 **Mischung** **1.** Gemisch, Gemenge, Konglomerat, Promenadenmischung, Melange, Mixtum, Mixtur, Mixgetränk, Cocktail, Gebräu, Mischmasch, Panscherei, Gepansche, **2.** Verdünnung, Verwässerung, Verfälschung, Verschnitt; Legierung; Beimischung, Zusatz, Beigabe, **3.** Sammelsurium, Mosaik, Puzzle, Ragout, Potpourri, Quodlibet, Mixtum compositum, Patchwork, Vermischtes, Vielerlei, buntes Allerlei, dies und das, Charivari, Pelemele, Tuttifrutti, **4.** Verbindung, Dispersion, Vermischung, Vermengung, Klitterung, Stilmischung, Cross-over, Fusion, Mixed Media, Gemengelage, Streulage, Eklektizismus, Verschmelzung, Vereinigung, Synkretismus, **5.** Mittelding, Zwischending, Zwitterding, Zwitter, Hermaphrodit, Hybride, Intersex, **6.** Kompositum, Wortkontamination, Kofferwort.

1109 **missachten** **1.** verachten, nicht achten, gering achten, gering schätzen, diskriminieren, verschmähen, ungerecht behandeln, beeinträchtigen, jmdm. unrecht tun, herabblicken, für wertlos halten, verfemen, verpönen, Nase rümpfen, nicht für voll/nicht ernst nehmen, verkennen, von oben herab behandeln, zurücksetzen, ausgrenzen, unberücksichtigt lassen, hintansetzen, hintanstellen, vom Tisch

wischen, übergehen, überfahren, benachteiligen, vernachlässigen, übervorteilen, prellen, **2.** sich nichts daraus machen; pfeifen/nicht hören auf, auf die leichte Schulter nehmen, in den Wind schlagen, Achseln zucken; gering achten/schätzen, schändlich behandeln, mit Füßen treten, Schindluder treiben, mit Verachtung strafen.

1110 **Missachtung** Ignorierung, Ignoranz, Benachteiligung, Zurücksetzung, Ausgrenzung, Nichtbeachtung, Vernachlässigung, Beeinträchtigung, Abschätzigkeit, Hintansetzung, Brüskierung, Diskriminierung, Geringschätzung, Herabsetzung, Nichtachtung, Verachtung; Achselzucken, Naserümpfen.

1111 **Misserfolg** Verlust, Schlappe, Pech, Fehlschlag, Rückschlag, Rohrkrepierer, Bauchlandung, Bruchlandung, Totgeburt, Durchfall, Niete, Fiasko, Panne, Reinfall, Schlag ins Wasser/Kontor, Schiffbruch, Kalamität, Blamage, Korb, Abfuhr, Auspfiff, Absage, Ablehnung, Begräbnis erster Klasse, Millionengrab, Kassengift, Konkurs, Bankrott, Flop, Quotenkiller, Pleite, Debakel, Desaster, Waterloo, Niederlage.

1112 **missmutig** lustlos, unlustig, null Bock, griesgrämig, sauertöpfisch, übellaunig, miesepetrig, mies, verdrossen, misslaunig, verdrießlich, missgelaunt, missgestimmt, schlecht gelaunt, schwarzgallig, knurrig, mürrisch, überdrüssig, grämlich, missvergnügt, zerknittert, verstimmt, verkehrt, mit dem linken Fuß zuerst aufgestanden, quengelig, ungenießbar, verquer, grantig.

1113 **Missstimmung** Unbehagen, Missbehagen, Missmut, Unmut, Lustlosigkeit, Bedrücktheit, Beklommenheit, Beklemmung; schlechte Laune, dicke Luft, Tief, Misslaune, Misston, Verdrießlichkeit, Unzufriedenheit, Verdrossenheit, Verstimmtheit, Verstimmung, Morosität, Verdruss, Ärger, Übellaunigkeit, Unlust, Unwille, Groll, Bitterkeit, Bitternis, Missvergnügen, Trübsinn, Überdruss, Ekel; Katzenjammer, moralischer Kater, Nachwehen, Hangover.

1114 **Mitte 1.** Herz, Seele, Herzstück, das Innerste, Kaaba, Tabernakel, **2.** Zentrum, Piazza, Marktplatz, Plaza, **3.** Zentrale, Hauptgeschäftsstelle, Sammelpunkt, Sammelbecken, Sammelstelle, Center, Hochburg, **4.** Hälfte, halbe Strecke, halber Weg, Mitte des Weges, Wegmitte, Mittelstreifen; Halbzeit, Spielwechsel; Mittag, Zenit, Lebenshöhe, Lebensmitte, **5.** inmitten, mitteninne, mittig, auf Mitte, zentriert, zentral, im Zentrum/Fadenkreuz/Visier/Mittelpunkt/Mittelfeld/Kern, mittendrin, mittenmang, **6.** Mittelpunkt, Fokus, Schnittpunkt, Knotenpunkt, Kern, Nukleus, Herd, Sitz, Scheitel, Nabel, Achse, Rückgrat, Angelpunkt, Zentralpunkt, Schwerpunkt, Brennpunkt; goldene Mitte, Mittelweg.

1115 **mitteilen 1.** melden, bestellen, sagen, ausrichten, benachrichtigen, informieren, briefen, kommunizieren, unterrichten, verständigen, wissen / vernehmen lassen, Nachricht / Bescheid/Auskunft geben, vermelden, berichten, referieren, in Kenntnis/ins Bild setzen, aufklären, vertraut machen mit, heranbringen an, hinweisen, **2.** anmelden, ankündigen, signalisieren, annoncieren, anzeigen, ansagen, eröffnen, angeben, bekunden, dartun, aussagen, zeugen, bezeugen, enthüllen, **3.** weitersagen, weitergeben, weiterleiten, hinterbringen, durchsagen, durchgeben, übermitteln, veröffentlichen, publizieren, bekannt geben/machen, kundtun, kundmachen, verlautbaren, in Umlauf setzen, verbreiten, kundgeben, publik machen, verkünden, unter die Leute bringen, kolportieren, **4.** ausrufen, ausschellen, aushängen, ausschreiben, verkündigen, proklamieren, hinterlegen, hinterlassen, mailen, **5.** bloggen, facebooken, mailen, posten, twittern, chatten.

1116 **mitteilsam** kommunikativ, kontaktfreudig, aufgeschlossen, äußerungswillig, gesprächig, rückhaltlos, mitteilungsbedürftig, offen, ohne Hemmungen, freimütig, offenherzig, unverhohlen, redefreudig, redselig, wortreich, sprudelnd, schwatzhaft, geschwätzig, plauderhaft, quasselig, plapprig.

1117 **Mitteilung** Benachrichtigung, Bescheid, Auskunft, Information, Info, Berichterstattung, Bericht, Meldung, Unterrichtung, Eröffnung, Verlautbarung, Verkündung, Ankündigung, Durchsage, Durchgabe, Bekanntgabe, Kundgabe, Veröffentlichung, Publizierung, Publikation, Mitteilungsblatt, Hauspostille, Verkündigung, Proklamation; Blog, Weblog, Tweet, Posting, Thread, Chat.

1118 **Mittel 1.** Hilfsmittel, Hilfsquelle, Geldmittel, Material, Werkzeug, Gerät, Medium, **2.** Möglichkeit, Handhabe, Methode, Wege, Mittel und Wege, **3.** Machtmittel, Druckmittel, Zwangsmittel, **4.** Medizin, Arzneimittel.

1119 **mittelbar 1.** indirekt, vermittelt, abgeleitet, **2.** auf Umwegen, gerüchteweise, andeutungs-

weise, aus zweiter Hand, über Dritte, zwischen den Zeilen, verschleiert, verstohlen, hinter vorgehaltener Hand, verhohlen, verkappt, verbrämt, verblümt, durch die Blume, verhüllt, eingekleidet, verklausuliert, hintenherum, auf Schleichwegen, über die Bande, **3.** mittels, vermittels, vermöge, anhand von, kraft, mit Hilfe von, dank, durch, über, durch Vermittlung/auf Veranlassung von, per, seitens, vonseiten, mit, von, hierdurch, dadurch, **4.** brieflich, schriftlich, bargeldlos, durch Überweisung, per Scheck, **5.** vom Hörensagen, dem Namen nach, nicht persönlich.

1120 **Mode 1.** Zeitgeschmack, Zeitstil, Zeitgeist, Zeitströmung, Zug der Zeit, Strömung, Tendenz, Trend, Welle, Hauptströmung, Mainstream, Fashion, Allerweltsgeschmack, Massengeschmack, Look, Zeiterscheinung, Tagesgeschmack, das Allerneuste, letzter Schrei, Dernier Cri, neuester Look, **2.** Modeschöpfung, Haute Couture, Kreation, Kollektion; Konfektion, Stangenware, Fertigware, Prêt-à-porter.

1121 **modern 1.** neu, modisch, nach der Mode, der Mode entsprechend, modebewusst, modesüchtig, fashionable, trendig, trendy, hip, stylish, kultig, **2.** trendsetting, auf der Höhe der Zeit/dem neuesten Stand, neuzeitlich, von heute, hochmodern, in, angesagt, zeitgemäß, aktuell, up to date, brandheiß, topaktuell, im Schwang; zeitgebunden, der Mode unterworfen, betont modern, modernistisch, neumodisch; postmodern, retro.

1122 **mögen 1.** etwas abgewinnen, etwas übrighaben für, nicht abgeneigt sein, leiden können, stehen auf, angetan sein, Gefallen/Geschmack finden an, Lust haben auf, sich etwas machen aus; gefallen, Geschmack abgewinnen, gewogen sein, gern haben, schätzen, lieben, billigen, bevorzugen, Feuer und Flamme sein, verrückt sein nach, **2.** neigen, tendieren, sich hingezogen fühlen; hinneigen zu, sympathisieren.

1123 **möglich 1.** potentiell, virtuell, virtual, hypothetisch, denkbar, annehmbar, erwägenswert, diskutabel, erdenklich, zu erwägen, nicht ausgeschlossen, vorstellbar, angängig, ausführbar, gangbar, realisierbar, umsetzbar, übertragbar, anwendbar, operativ, anwendungsfähig, durchführbar, erzielbar, menschenmöglich, machbar, praktikabel, lösbar, vereinbar, zumutbar, zuzumuten, vertretbar, akzeptabel, **2.** erträglich, auszuhalten, tragbar, überwindbar, bezwingbar, besiegbar, erreichbar, erfüllbar, bezahlbar, reparabel, heilbar, wiedergutzumachen, **3.** möglicherweise, allenfalls, vielleicht, unter Umständen, eventuell, nicht auszuschließen, potenziell, vermutlich, wohl, kann sein, im Bereich des Möglichen, womöglich, gegebenenfalls, wer weiß, je nachdem.

1124 **Möglichkeit** Potentialität, Eventualität, Durchführbarkeit, Machbarkeit, gangbarer Weg; Opportunität, Gelegenheit, Aussicht, Chance.

1125 **müde 1.** ermüdet, schläfrig, ruhebedürftig, schlafbedürftig, gähnend, dösig, übernächtig, übermüdet, halb tot, schlapp, matt, bleiern, bettreif, bettschwer, hundemüde, sterbensmüde, ausgepowert, todmüde, im Stehen, mit offenen Augen schlafend, verschlafen, schlaftrunken, **2.** abgekämpft, abgespannt, abgemattet, entnervt, abgeschlagen, abgeschlafft, abgearbeitet, abgehetzt, überlastet, überanstrengt, überbürdet, überfordert, ausgepumpt, überarbeitet, stressgeplagt, am Rande, übernommen, durchgedreht, marode, urlaubsreif, reif für die Insel, geschafft, hin, verbraucht, mitgenommen, erschöpft, ab, durch, erschlagen, k. o., zerschlagen, erschossen, groggy, am Ende, aufgerieben, entkräftet, zermürbt, schachmatt, fertig, erledigt.

1126 **Mund** Lippen, Lippenpaar, Schnabel, Schnäuzchen, Schnute, Mäulchen, Kussmund, Schmollmund; Klappe, Rand, Flappe, Mundwerk, Maul, Schnauze, Gosche, Fresse.

1127 **mürbe 1.** morsch, brüchig, rissig, wackelig, zerfallend, verwittert, abbruchreif, **2.** zart, fein, morbid, weich, locker, auf der Zunge zergehend, butterweich, mürb, bröselig, krümelig.

1128 **Musik 1.** Klang, Ton, Tonfolge, Tonrelation, Intervall, Melodie, **2.** Tonkunst, Komposition, Tondichtung, Tonschöpfung, Musikwerk, Musikstück, Arrangement, **3.** klassische Musik, ernste Musik, E-Musik, Unterhaltungsmusik, U-Musik, Tanzmusik, Discomusik, Jazzmusik, Jazz, Popmusik, Volksmusik, Filmmusik, Soundtrack, Hintergrundmusik, Funktionsmusik; Instrumentalmusik, Vokalmusik, elektronische Musik, Scratching, Soundsystem.

1129 **Musiker 1.** Komponist, Tonsetzer, Tondichter, Tonschöpfer, Tonkünstler, Arrangeur, **2.** Interpret, Musikant, Spieler, Virtuose, Solist, Barmusiker, Orchestermusiker, Klavierspieler, Pianist, Geiger, Violinist, Streicher, Cellist, Bassist, Blasmusiker, Klarinettist, Flötist, Posaunist, Saxophonist, Trompeter, Schlagzeu-

ger, Trommler, Drummer, Gitarrist, Percussionist, Keyboarder.

1130 **müssen** sollen, obliegen; sich verantwortlich/verpflichtet/bemüßigt fühlen, genötigt/gezwungen sehen; für nötig/erforderlich/unabdingbar halten, gehalten/gezwungen/genötigt/verpflichtet/verantwortlich sein, unter Druck stehen, nicht anders können, nicht umhinkönnen, keine Wahl/Alternative haben, in den sauren Apfel beißen, dran glauben müssen.

1131 **Muster 1.** Verzierung, Dekor, Dessin, Musterung, Ornament, Arabeske, Schmuckform, Aufdruck, Zeichnung, **2.** Beispiel, Probe, Warenprobe, Sample, Versuchsstück, Musterstück, Vorführstück, Mustersendung, **3.** Modell, Prototyp, Entwurf, Riss, Plan, Vorlage, Vorgabe, Schnitt, Schnittmuster, Schnittbogen, Schnittvorlage, Strickmuster, **4.** Form, Mater, Model, Schablone, Bastelbogen, Fertigbauweise, Urbild, Phänotyp, Archetyp, **5.** Streifen, Punkte, Pünktchen, Sprenkel, Tupfen, Tüpfchen, Kringel, Karo, Blumen, Blüten, Maserung, Moiré.

1132 **mustern 1.** bemustern, bedrucken, bemalen, tüpfeln, sprenkeln, übersäen, blümen, streifen, ringeln, karieren, **2.** studieren, abschätzen, prüfen, kritisch betrachten, taxieren, inspizieren.

1133 **Mut** Kühnheit, Tapferkeit, Schneid, Bravour, Courage, Zivilcourage, Standhaftigkeit, Unerschrockenheit, Mumm, Beherztheit, Mannhaftigkeit, Traute, Herz, Furchtlosigkeit, Unverzagtheit, Heldenmut, Heroismus, Löwenmut, Wagemut, Verwegenheit, Tollkühnheit, Waghalsigkeit.

1134 **mutig 1.** kühn, beherzt, furchtlos, mannhaft, wacker, tapfer, heldenhaft, starkherzig, standhaft, forsch, heroisch, bravourös, unerschrocken, löwenherzig, unverzagt, couragiert, **2.** verwegen, unbedenklich, wagemutig, waghalsig, risikofreudig, freihändig, ohne Netz, ungesichert, draufgängerisch, tollkühn, unbesonnen, todesmutig, vor nichts zurückschreckend.

1135 **Mutter 1.** Elternteil, Erziehungsberechtigte, leibliche Mutter, Adoptivmutter, Ziehmutter, Amme, Pflegemutter, Stiefmutter, Schwiegermutter, Bezugsperson, allein erziehende Mutter, Leihmutter, **2.** Mama, Mutti, Mami, Mom, Muttchen, Mütterchen, Mütterlein, alte Dame, Großmutter, Oma, alte Dame, Babuschka, **3.** Initiatorin, Begründerin, Stifterin, Oberin, Alma Mater, Nährmutter, Mutter der Nation.

# N

1136 **Nachahmer** Imitator, Kopist, Abschreiber, Plagiator, Epigone, Nachbeter, Nachschwätzer, Papagei, Eklektiker, Fälscher.

1137 **Nachahmung 1.** Nachdruck, Faksimile, Rekonstruktion, Nachbildung, Reproduktion, Entlehnung, Remake, Anleihe, Imitation, Nachahmerprodukt, Me-too-Produkt, Generikum, Ersatz, Aufguss, Surrogat, Attrappe, Disneyland, Legoland, Abziehbild, Nachmacherei, Plagiat, geistiger Diebstahl, Ideenklau, Nachäfferei, Mimikry, Parallelaktion, Abklatsch, Kopie, Simili, Talmi, **2.** Fälschung, Falsifikat, Falschgeld, Falschmünzerei, Produktpiraterie, Markenpiraterie.

1138 **Nachbar 1.** Mitmensch, Nächster, der andere, Mitbürger, **2.** Mitbewohner, Zimmernachbar, Wohnungsnachbar, Hausgenosse, Mitmieter, Untermieter, Anrainer, Anlieger, Anwohner, Umgebung, Nachbarschaft, Umfeld, **3.** Gegenüber, Visavis, Nebenmann, Tischnachbar, Vordermann, Hintermann.

1139 **Nachdruck** Betonung, Ton, Akzent, Aplomb, Schmackes, Unterstreichung, Hervorhebung; Ernst, Gewicht, Bedeutsamkeit, Emphase, Nachdrücklichkeit, Eindringlichkeit, Intensität, Inständigkeit, Inbrunst, Pathos, Schwung, Wucht, Vehemenz, Schärfe, Bündigkeit, Entschiedenheit, Bestimmtheit, Festigkeit, Strenge, Stimmaufwand, Massivität.

1140 **nachdrücklich 1.** betont, mit Nachdruck, akzentuiert, pointiert, zugespitzt, gewichtig, bedeutsam, ostentativ, demonstrativ, dezidiert, bestimmt, prononciert, unüberhörbar, deutlich, expressis verbis, explizit, unmissverständlich, ultimativ, energisch, geharnischt, vehement, massiv, **2.** angelegentlich, eifrig, eindringlich, kniefällig, flehentlich, aus tiefster Seele, inständig, bittend, flehend, innigst; ausdrücklich, beschwörend, dringlich, ernstlich, sehnlich, inbrünstig, stürmisch, ausdrucksvoll, eindrücklich, intensiv, pathetisch, emphatisch, bedeutungsvoll, groß geschrieben.

1141 **nachfolgend 1.** nachstehend, im Folgenden, weiter unten, **2.** nachher, später.

1142 **Nachfrage** Bedarf, Bedürfnis, Interesse, Zuspruch, Kaufinteresse, Käuferinteresse, Kauflust, Run, Boom, Demand, Absatz.

1143 **nachholen** nachlernen, nacharbeiten, aufarbeiten, aufholen, nachziehen, einholen, gleichkommen, gleichziehen.

1144 **nachlassen 1.** zurückgehen, absinken, abklingen, abebben, abflauen, abschwellen, abschwächen, abnehmen, verebben, versiegen, schwinden, erlahmen, erschlaffen, ermatten, bergab gehen mit, sich verbrauchen, abnutzen, **2.** abkühlen, auskühlen, erkalten, **3.** bleichen, entfärben, aufhellen, gilben, falben, Farbe verlieren, abblassen, auslaufen, ausgehen, ausbleichen, verblassen, verschießen; eingehen, einlaufen, schrumpfen, **4.** altern, älteln, ergrauen, vergreisen, verkalken, einrosten, kümmern, verfallen, vertrotteln, nicht mehr mitkönnen, nicht mehr Schritt halten, zurückbleiben, abbauen, abspinnen, abwirtschaften, hinfällig/kraftlos werden, erlöschen, **5.** ermäßigen, heruntergehen, herabsetzen, senken, zurücksetzen, verbilligen, Skonto geben, Preisnachlass gewähren.

1145 **nachlässig 1.** leichthin, obenhin, ungenau, flüchtig, inakkurat, unkorrekt, fahrig, flusig, fluderig, schludrig, **2.** faul, bequem, träge, säumig, unaufmerksam, **3.** lax, leger, nonchalant, salopp, lässig, **4.** schlampig, unordentlich, schlunzig, ungepflegt, vernachlässigt, lotterig, zerknittert, zerknautscht, krumpelig, zerknüllt, derangiert, zerzaust, ungekämmt, strubbelig, unfrisiert, unangezogen.

1146 **Nachlässigkeit** Achtlosigkeit, Schludrigkeit, Oberflächlichkeit, Flüchtigkeit, Unachtsamkeit, Unordentlichkeit, Ungenauigkeit, Säumigkeit, Lieblosigkeit, Lässigkeit, Vergesslichkeit, Bequemlichkeit, Unaufmerksamkeit, Laxheit.

1147 **nachtragend** grollend, schmollend, verbiestert, bitter, übelnehmerisch, ressentimentgeladen, rachsüchtig, unversöhnlich, rachedurstig, rachegierig.

1148 **nachträglich** rückwirkend, im Nachhinein, hintennach, retrospektiv, rückblendend, rückblickend, hinterher.

1149 **nackt 1.** unbekleidet, unbedeckt, bloß, ohne, ausgezogen, entkleidet, hüllenlos, entblößt, textilfrei, im Adamskostüm/Evakostüm, entblättert, splitternackt, pudelnackt, splitterfasernackt, nackicht, nackert, nackig, **2.** unbeschuht, ohne Schuhe und Strümpfe, nacktbeinig, barfuß, barfüßig; barbusig, busenfrei, oben ohne, topless, rückenfrei, bauchfrei.

1150 **nah 1.** neben, daneben, zuseiten, nebeneinander, seitlich, seitwärts, längs, entlang, **2.** ne-

benliegend, nahebei, juxta, in der Nähe, unweit, dicht dabei, benachbart, umliegend, in nächster Umgebung, ganz nah, nebenan, nächste Tür, anliegend, angrenzend, eng beieinander, hart dabei, in Hörweite, um die Ecke, zum Greifen, vor der Nase, in Rufweite/Sichtweite, Katzensprung, Steinwurf, auf Tuchfühlung, **3.** im Anzug, kommend, anrollend, sich nähernd, im Anmarsch, bevorstehend, in nächster Zeit, **4.** nahestehend, nachbarschaftlich, vertraut, verbunden.

1151 **Nähe** **1.** Erreichbarkeit, Hörweite, Reichweite, Rufweite, Armeslänge; Umgebung, Umgegend, Umkreis, Umfeld, **2.** Vertrautheit, Verbundenheit, Familiarität, Nachbarschaft.

1152 **nähern, sich** **1.** nahen, herankommen, näher kommen, kommen, zukommen/zulaufen auf, anmarschieren, im Anmarsch sein, herannahen, sich heranpirschen; näher treten, herantreten, entgegengehen, herangehen, auf jmdn. zugehen / zutreten / lossteuern / zukommen; herbeieilen, anreisen, zu erwarten sein, anrücken, anrollen, **2.** aufziehen, heraufziehen, bevorstehen, sich anzeigen, abzeichnen, anmelden, **3.** ansteuern, antreiben, anspülen, anschwemmen, **4.** sich näher kommen; auf Tuchfühlung gehen, das Eis brechen, Kontakt aufnehmen, Bekanntschaft schließen, in Beziehung treten, Beziehung aufnehmen/knüpfen, sich kennen lernen, nahe kommen; in Berührung kommen, Fühlung nehmen, sich annähern; näher bringen/rücken, warm werden, sich einlassen mit; zusammenrücken, sich anfreunden, befreunden; Freundschaft schließen, sich lieb gewinnen; vertraut werden, zueinander finden, sich zusammenfinden; Brüderschaft trinken, **5.** vergrößern, zoomen, heranzoomen.

1153 **nahrhaft** sättigend, füllend, nährstoffreich, kalorienreich, Kraft spendend, kräftigend, deftig, herzhaft, nachhaltig, kräftig, gehaltvoll, handfest, fett, schwer, mächtig.

1154 **naiv** arglos, ohne Arg, unschuldig, unverdorben, vertrauensselig, gutgläubig, treuherzig, offen, unbedarft, blauäugig, aus dem Mustopf, ahnungslos, unerfahren, ursprünglich, natürlich, kindlich, infantil, harmlos, leichtgläubig, unkritisch, kritiklos, tumb, hinterwäldlerisch, ungebrochen, einfältig, treudoof; in gutem Glauben, bona fide.

1155 **nämlich** denn, das heißt, sozusagen, gewissermaßen, genau gesagt, wie man weiß, folgendermaßen, mit anderen Worten, und zwar.

1156 **Nase** Geruchsorgan, Riechorgan, Zinken, Kolben, Gurke, Knollennase, Adlernase, Hakennase, Kartoffel, Stupsnase, Himmelfahrtsnase, Römernase; klassische Nase, Riecher, Rüssel, Riechkolben, Gesichtserker, Triefnase, Rotznase.

1157 **nass** **1.** vollgesogen, durchweicht, durchtränkt, triefend, durchnässt, pudelnass, klatschnass, patschnass, tropfnass, zum Auswringen, nass bis auf die Haut, **2.** schwimmend, überschwemmt, überflutet, unter Wasser, sumpfig, moorig, **3.** feucht, humid, regnerisch, dämpfig, modrig, regenreich, verregnet, feuchtkalt, nasskalt, **4.** benetzt, betaut, tauig, beträufelt, bewässert, begossen, **5.** getaut, aufgetaut, geschmolzen, zerronnen, aufgelöst, verflüssigt, flüssig, zerflossen, dünnflüssig, wässerig.

1158 **Nationalismus** **1.** Patriotismus, Nationalgefühl, Nationalstolz, Nationalpatriotismus, Hurrapatriotismus, Lokalpatriotismus, Volkstümelei, Ethnozentrismus, **2.** Chauvinismus, Rechtsextremismus, Rassismus, Fremdenphobie.

1159 **Natur** **1.** Stoff, Substanz, Materie; natürlicher Zustand, natürliche Beschaffenheit, **2.** Naturreich, Mutter Natur, Flora, Fauna, Tierwelt, Pflanzenwelt, Gewässer, Gesteine, Vegetation, unberührte Landschaft, Wald, Feld, Flur.

1160 **Naturkatastrophe** **1.** Erdbeben, Beben, Seebeben, Meeresbeben, Tsunami, Erdstoß, Bergrutsch, **2.** Hochwasser, Überschwemmung, Überflutung, Springflut, Land unter, **3.** Vulkanausbruch, Eruption.

1161 **natürlich** **1.** ursprünglich, genuin, authentisch, original, echt; biologisch, naturgemäß, organisch, unverfälscht, naturrein, naturbelassen, ohne Konservierungsstoffe, **2.** unverbildet, unverbogen, urwüchsig, urtümlich, urig, elementar, ungekünstelt, ungeziert, selbstverständlich, **3.** naturnah, naturliebend, naturverbunden, **4.** naturgetreu, nach der Natur, naturalistisch.

1162 **nebenbei** **1.** beiläufig, am Rande, übrigens, notabene, nebenbei bemerkt, apropos, was ich sagen wollte, bei dieser Gelegenheit, nicht zu vergessen, ohnehin, im Übrigen/Vorbeigehen, en passant, **2.** leichthin, obenhin, unbetont, parenthetisch, in Parenthese.

1163 **nehmen** **1.** an sich nehmen, greifen, packen, fassen, zur Hand nehmen, erfassen, festhalten, zugreifen, in die Hand nehmen, ergreifen, Besitz ergreifen, schnappen, **2.** wegnehmen, stehlen, entwenden, rauben, abnehmen, ab-

greifen, abfassen, abcashen, davontragen, abjagen, entreißen, beiseitebringen, sich vergreifen an; einstecken, mitnehmen, wegholen, wegschleppen, wegstehlen, wegtragen, entführen, an sich bringen; bestehlen, gripsen, mopsen, mausen, klauen, klemmen, fringsen, abzocken, abkassieren, stibitzen, wegfinden, einstreichen, einsacken, mitgehen lassen, abstauben, organisieren, besorgen, filzen, lange Finger machen, verschwinden lassen, **3.** entziehen, entreißen, expropriieren, enteignen, aberkennen, verstaatlichen, annektieren, requirieren, konfiszieren, ausspannen, entwinden, sich bemächtigen; aneignen, berauben, plündern, wildern, wilddieben, schwarzgehen, rupfen, schröpfen, ausrauben, **4.** annehmen, entgegennehmen, sich schenken lassen, nicht zweimal sagen lassen, **5.** entnehmen, herausnehmen, einnehmen, zu sich nehmen, **6.** adoptieren, als Kind annehmen.

1164 **Neid** Missgunst, Abgunst, Scheelsucht, Futterneid, Brotneid, Eifersucht, Konkurrenzneid.

1165 **neiden** missgönnen, beneiden, nicht gönnen, eifersüchtig/missgünstig sein, schielen nach, vor Neid erblassen/platzen.

1166 **neidisch** missgünstig, neidig, abgünstig, scheelsüchtig, scheeläugig, eifersüchtig, neiderfüllt, neidvoll, neidzerfressen, futterneidisch.

1167 **Neigung 1.** Lust, Hang, Sinn, Sympathie, Regung, Wunsch, Geneigtheit, Interesse, **2.** Anlage, Vorliebe, Zug, Tendenz, Schwäche, Faible, Steckenpferd, jmds. Ding, Hobby, **3.** Hang, Inklination, Senke.

1168 **nein** keineswegs, keinesfalls, nicht im Mindesten, durchaus/überhaupt/ganz und gar nicht, in keiner Weise, nicht im Geringsten, auf keinen Fall, keine Spur, kein Gedanke daran, mitnichten, weit entfernt, auch nicht, ebenso wenig, weder … noch, ausgerechnet, auch das noch, umgekehrt, im Gegenteil, nicht, nicht doch.

1169 **nennen 1.** bezeichnen, heißen, taufen, benennen, benamsen, rufen, betiteln, anreden, ansprechen, titulieren, apostrophieren, **2.** erwähnen, angeben, vorschlagen, bestimmen, nominieren, zitieren, anführen, aufführen, aufzählen, **3.** heißen, Namen führen, genannt werden, lauten.

1170 **nett 1.** freundlich, liebenswürdig, gefällig, höflich, aufmerksam, angenehm, sympathisch, einnehmend, ansprechend, **2.** artig, brav, wohlerzogen.

1171 **Netz 1.** Maschenwerk, Maschennetz, Geflecht, Gewebe, Flechtwerk, Fangnetz, Fischernetz, Reuse, Kescher, Haarnetz, **2.** Vernetzung, Netzwerk, Verbund, Verbundnetz, Bahnnetz, Verkehrsnetz, Straßennetz, Streckennetz, Schienennetz, **3.** Leitungsnetz, Fernschreibnetz, Teletex, Funknetz, Datenhighway, WLAN, Datenautobahn, Hochgeschwindigkeitsnetz, Information Highway, **4.** Internet, World Wide Web, Network, multimediales Netz, soziales Netzwerk, Social Network, soziale Medien, Social Media, Forum, Internetforum, Facebook, MySpace, YouTube, Wiki, Wikipedia, Twitter, Newsgroup, Community, Channel, Plattform, **5.** soziales Netz, Sozialfürsorge, Wohlfahrt.

1172 **neu 1.** nagelneu, ungebraucht, unbenutzt, unberührt, unbeschrieben, frisch, brandneu, funkelnagelneu, neu/frisch gebacken, neugeboren, ungetragen, fabrikneu, neuwertig, neu erbaut, **2.** ungewohnt, unbekannt, noch nie gesehen/da gewesen, erstmalig, gewöhnungsbedürftig, **3.** neuartig, originell, apart, eigenartig, unvergleichlich, ungewöhnlich, **4.** erneuert, neu belebt, wiedergeboren, erfrischt, wie neugeboren, wiederhergestellt, restauriert, verändert, verwandelt, hergerichtet, gerichtet, aufgefrischt, aufpoliert, renoviert, geflickt, instand gemogelt, runderneuert, wie neu, **5.** neu zu entdecken, unerforscht, unbetreten, unerschlossen, jungfräulich, Terra incognita.

1173 **Neugierde** Neugier, Interesse, Wissbegier, Erkenntnisinteresse, Wissbegierde, Wissensdrang, Wissensdurst, Erkenntnisdrang, Forschertrieb, Fragelust; Ungeduld, Gespanntheit, Sensationslust, Schaulust, Klatschlust, Naseweisheit, Vorwitz, Wunderfitz, Schnüffelei, Ausfragerei, Schlüssellochguckerei, Voyeurismus.

1174 **Neuheit 1.** Novität, Aktualität, Novum, Errungenschaft, Neubildung, Neues, Neuigkeit, Neuartiges, Innovation, Neuerung, Neuerwerbung, Nouveauté, Dernier Cri, Pionierprodukt, Pionierleistung, Entdeckung, Erfindung, **2.** Neuerscheinung, Erstveröffentlichung, Erstdruck, Neudruck, Neuigkeit.

1175 **nichts 1.** gar nichts, nicht das Mindeste, kein bisschen, null, nada, zero, zilch, kein Stäubchen, nicht die Spur/Bohne, keinen Deut, kein Sterbenswörtchen/Hauch, keine Silbe, nicht das Geringste, keinerlei, **2.** nirgends, nirgendwo, an keinem Ort, weder nah noch fern.

1176 **Nichts 1.** Leere, Vakuum, luftleerer Raum,

Nullpunkt, Stillstand, Auflösung, **2.** Null, Niemand, unbekannte Größe, Anonymus, Mr. Nobody, Nobody, Karteileiche, **3.** Chimäre, leerer Dunst, Illusion.

1177 **niedergeschlagen 1.** bedrückt, mutlos, gedrückt, deprimiert, verletzt, gehemmt, down, belastet, beladen, beschwert, bepackt, entmutigt, depressiv, resigniert, trübselig, verzagt, lebensmüde, mit sich und der Welt zerfallen, Häufchen Elend, niedergeschmettert, unglücklich, trübsinnig, freudlos, weltschmerzlich, zerschmettert, enttäuscht, verbittert, bitter, getroffen, geknickt, niedergedrückt, **2.** kleinmütig, flügellahm, weinerlich, klagend, larmoyant.

1178 **Niederlage 1.** Aufgabe, Ergebung, Übergabe, Entwaffnung, Zusammenbruch, Kapitulation, **2.** Scheitern, Misserfolg.

1179 **niederlassen (sich) 1.** siedeln, ansiedeln, Fuß fassen, Zelte aufschlagen, Wurzeln schlagen; vor Anker gehen, landen, einwurzeln, Wohnsitz nehmen, nisten, sich einnisten, festsetzen; verwachsen mit, Wohnung nehmen, unterkommen, unterschlüpfen, einziehen, einwandern, zuwandern, zuziehen, **2.** sich setzen, hinsetzen; Platz nehmen, es sich bequem machen, bleiben, verweilen, sich häuslich niederlassen, **3.** Geschäft gründen/eröffnen, Praxis eröffnen, sich etablieren; setteln, **4.** niedergehen, niedergleiten, anfliegen, einfliegen, einschweben, aufsetzen; einlaufen, anlegen, ankern, **5.** senken, hinunterlassen, eintauchen, einsenken, versenken, tauchen, untertauchen, abseilen, zu Tal bringen, hinablassen, **6.** ablagern, sich absetzen, niederschlagen; Schicht/Bodensatz bilden, sedimentieren.

1180 **Niederlassung 1.** Siedlung, Ansiedlung, Gründung, Settlement, **2.** Zweigstelle, Filiale, Dependance, Außenstelle, Nebenstelle, Geschäftsstelle, Agentur.

1181 **Niederschlag 1.** Tau, Dampf, Nebel, Dunst, Nässe, Feuchtigkeit, Regen, Sprühregen, Nieselregen, Landregen, Platzregen, Gewitterregen, Wolkenbruch, Starkregen, Regenfälle, Guss, Schutt, Dusche, Schauer, Strichregen, Schnürlregen, Wetter, Gewitter, Unwetter, Ungewitter, **2.** Reif, Raureif, Hagel, Graupeln, Schnee, Schlackerschnee, Schneefall, Schneegestöber, Schneesturm, Pulverschnee, Harsch, **3.** Ablagerung, Sediment, Bodensatz, Patina, Edelrost, Kalk, Kalkschicht, Kesselstein, Sinter, Fall-out.

1182 **Niederschrift 1.** Aufzeichnung, Vermerk, Notizen, Notat, Manuskript, Konzept, Druckvorlage, Satzvorlage, **2.** Protokoll, Mitschrift, Stenogramm, Bandaufnahme, Mitschnitt.

1183 **niemand** keiner, kein Mensch/Einziger, nicht einer, keine Seele, nicht ein Schatten, kein Bein/Schwanz/Aas.

1184 **Nonne** Ordensschwester, Ordensfrau, Klosterfrau, Laienschwester, Begine, Eremitin, Klausnerin; Braut Christi, Haubenlerche.

1185 **Not 1.** Mangel, Bedürftigkeit, gedrückte Verhältnisse, missliche Umstände, Dürftigkeit, Mittellosigkeit, Misere, Elend, Armut, Verarmung, Verelendung, Ärmlichkeit, Armseligkeit, Entbehrung, Knappheit, Geldverlegenheit, Zahlungsschwierigkeit, Zwangslage, Geldsorgen, Geldklemme, Ebbe in der Kasse, **2.** Missstand, Notstand, Notzeit, Übelstand, Notlage, Notfall, Härtefall, Misslichkeit, Malaise, Klemme, Patsche, Beschwer, Mühsal, Drangsal, Ungemach, Bedrängnis, Wohnungsnot, Hungersnot.

1186 **notwendig 1.** nötig, erforderlich, unentbehrlich, unabkömmlich, obligat, zwingend, unbedingt, geboten, unerlässlich, vonnöten, dringend, dringlich, wichtig, wesentlich, lebenswichtig, lebensnotwendig, **2.** notwendigerweise, automatisch, unwillkürlich, zwangsläufig, gesetzmäßig, unvermeidlich, unumgänglich, unaufhaltsam, unausweichlich, unentrinnbar, unabwendbar, unabänderlich, unausbleiblich.

1187 **Notwendigkeit 1.** Erfordernis, Bedingung, Unentbehrlichkeit, Unerlässlichkeit, Unumgänglichkeit, Unaufhaltsamkeit, Automatismus, notwendiges Übel, **2.** Selbstverständlichkeit, Pflicht, Gebot, Muss, Zwang, Gebot der Stunde, **3.** Zwangsläufigkeit, Unabwendbarkeit, Gesetzmäßigkeit, Unausweichlichkeit, Unabänderlichkeit, Schicksal, **4.** Kult, Must, Must-have, Mythos.

1188 **Nuance** Zwischenton, Einschlag, Schattierung, Ton, Schatten, Touch, Hauch, Spur, Anflug, Stich, Schuss, Schimmer, Einschuss.

1189 **nur** nichts als, niemand als, ausschließlich, just, höchstens, allein, lediglich, niemand sonst, kein anderer, nichts anderes.

1190 **Nutzen 1.** Gewinn, Ertrag, Profit, Früchte, Ausbeute, Rentabilität, **2.** Rendite, Reingewinn, Nettogewinn, Nettoertrag, Gewinnspanne, Schnitt, Marge, Überschuss, Verdienst, Plus, Zugewinn, Vorteil, Mehrwert, Surplus, **3.** Effekt, Leistung, Arbeitsleistung, Wirkung, **4.** Nützlichkeit, Nutzbarkeit, Brauchbarkeit, Verwendbarkeit, Verwen-

dungsmöglichkeit, Verwertbarkeit, Zweckmäßigkeit, Zweckdienlichkeit.

1191 **nützen** **1.** sich lohnen, rechnen, auszahlen; Gewinn bringen, einbringen, abwerfen, eintragen, fruchten, tragen, ergeben, erbringen, Frucht tragen; Nutzen/Ertrag bringen, frommen, dienen, helfen, von Nutzen sein, sich bezahlt machen; gute Dienste leisten, zugutekommen, zustattenkommen, sich verlohnen, verzinsen, rentieren, amortisieren; herausspringen, dienlich/verwendbar sein, Zweck erfüllen, Vorteil/Zinsen bringen, nützlich/nütze/brauchbar/wertvoll/der Mühe wert sein, Mühe lohnen, **2.** nutzen, Chance ergreifen/beim Schopfe packen, Gelegenheit nutzen, Vorteil wahrnehmen/ziehen aus, Eisen schmieden, im Kielwasser/Windschatten segeln, sich zunutze machen; Nutzen ziehen, sich schadlos halten; Schäfchen ins Trockene bringen, Vorteil wahren; profitieren, investieren, anlegen, **3.** ausbeuten, abbauen, verwerten, verwenden, auswerten, ausnutzen.

1192 **nützlich** **1.** brauchbar, verwendbar, zu gebrauchen, verwertbar, geeignet, zuträglich, praktisch, gut, passend, zweckmäßig, sinnvoll, hilfreich, dankenswert, segensreich, wohltuend, tauglich, nutze, förderlich, dienlich, sachdienlich, konstruktiv, proaktiv, zielführend, fruchtbar, gedeihlich, Gold wert, **2.** lohnend, vorteilhaft, einbringlich, einträglich, ertragreich, ergiebig, nutzbringend, ersprießlich, Gewinn bringend, wirtschaftlich, dankbar, rentabel, profitabel, ökonomisch, rationell, lukrativ, **3.** angezeigt, ratsam, heilsam, geraten, klug, richtig, geboten, empfehlenswert, erstrebenswert, der Mühe wert, **4.** wählbar, akzeptabel, papabile.

# O

1193 **Oberfläche** 1. Außenseite, Hülle, Schale, Überzug, Haut, Kleid, Decke, **2.** Äußeres, Erscheinung, Exterieur, Außenansicht, Gesicht, Vorderseite, Fassade, **3.** Schein, Anschein, Tünche, **4.** Wasserspiegel, Wasseroberfläche, Meeresspiegel, Erdoberfläche.

1194 **oberflächlich** 1. äußerlich, außen, peripher, nebensächlich, **2.** gedankenlos, ohne Tiefe, uninteressiert, unbeteiligt, vordergründig, ohne Tiefgang, seicht, nichts dahinter/sagend, flach, leichthin, **3.** diagonal, quer, flüchtig, skizzenhaft, skizziert, hingeworfen, hingehaucht, hingetupft, angedeutet, umrisshaft, obenhin, in groben Zügen, in Umrissen, ungründlich, ungenau, kaum, **4.** spielerisch, unernst, halb.

1195 **Oberflächlichkeit** Vordergründigkeit, Äußerlichkeit, Spielerei, Banalität.

1196 **Oberschicht** 1. herrschende/politische/besitzende Klasse, Upperclass, **2.** feine Gesellschaft, die reichen Leute, Geldadel, Reiche, Creme, Highsociety, Hautevolee, die oberen zehntausend, Upperten, die große Welt, Spitzen der Gesellschaft, die gute Gesellschaft, die ersten Familien, Establishment, Ortsgrößen, Notabeln, Honoratioren, die Arrivierten, die vornehme Gesellschaft, Mandarine, **3.** Highsnobiety, Jetset, Beau Monde, Happy Few, Schickeria, Schickimicki, Jeunesse dorée, Kaschmirkinder, Yuppies; Prominenz, Proms, Promis, VIPs.

1197 **obgleich** obwohl, obschon, obzwar, zumal, zwar, wenngleich, selbst wenn, wiewohl, wenn auch, ob auch immer, sei es, dass, was auch immer, dennoch, gleichwohl, trotzdem, ungeachtet, unbeschadet.

1198 **Obrigkeit** Staat, Regierung, Staatsgewalt, Administration, Apparat, Verwaltung, Behörde, Nomenklatura.

1199 **öde** 1. leer, wüst, kahl, steinig, felsig, zerrissen, zerklüftet, zerschrundet, wild, karg, brach, unbebaut, ungenutzt, unergiebig, trist, unwirtlich, traurig, trostlos, einsam, verlassen, eintönig, monoton, desolat, **2.** verödet, versteppt, verwildert, **3.** einförmig, langweilig.

1200 **Öde** 1. Kahlheit, Kargheit, Rauheit, Trockenheit, Dürre, Unfruchtbarkeit, Unergiebigkeit, Sterilität, **2.** Einförmigkeit, Eintönigkeit, Monotonie, Fadheit, Mattheit, Farblosigkeit, Stumpfheit, Glanzlosigkeit, Unwirtlichkeit, **3.** Verödung, Versteppung, Erosion, **4.** Wüste, Steppe, Wüstenei, Einöde, Ödland, Brachland, Karst, Tundra.

1201 **oder** beziehungsweise, respektive, entweder ... oder, so oder so, andernfalls, oder aber, oder auch.

1202 **offen** 1. unverschlossen, unversperrt, auf, gähnend, klaffend, sperrangelweit; geöffnet, eröffnet, zugänglich, freigegeben, begehbar, betretbar, befahrbar, unbeaufsichtigt, unbewacht, unüberwacht, unkontrolliert, **2.** offenherzig, freimütig, geradezu, geradeheraus, freiheraus, rundheraus, rundweg, ohne Umschweife, auf Deutsch, ungeschminkt, unverblümt, unbeschönigt, filterlos, ungefiltert, unbemäntelt, klipp und klar, frank und frei, direkt, **3.** schwebend, ungeklärt, dahingestellt, ungewiss, unentschieden, fraglich, strittig, ungelöst, anhängig, anstehend, steht aus, unerledigt, zweifelhaft, in der Schwebe, im Raum stehend, ausstehend, im Fluss, ungetan, unbeantwortet, unbewältigt, unaufgearbeitet, ungesühnt, unerfüllt, **4.** fällig, zahlbar, zu zahlen /leisten, unausgeglichen, offen stehend, **5.** unausgefüllt, blanko, unbeschrieben, frei, leer, **6.** unverbindlich, ohne Gewähr, nach Möglichkeit, wenn möglich, **7.** irgendwann, früher oder später, eines Tages.

1203 **offenbaren (sich)** 1. bloßlegen, enthüllen, aufdecken, entblößen, entschleiern, klarlegen, dekuvrieren, entlarven, outen, an den Tag/ans Licht bringen, offen legen, entdecken, sichtbar machen, Dunkel lichten, **2.** kundtun, zeigen, Zeichen geben, aufklären, eröffnen, unterrichten, in Kenntnis setzen, stecken, Augen öffnen, aufhellen, orientieren, ins Bild setzen, aufmerksam machen, beibringen, beibiegen, zutage fördern, Licht bringen in, zutage treten, ans Licht/zum Vorschein kommen, offenbar werden, sich zeigen; offen liegen, offen zutage liegen, sich manifestieren, **3.** bekennen, sich entdecken; gestehen, kein Hehl machen, sich outen; Geständnis ablegen, geständig sein, Schweigen brechen, mit der Wahrheit herausrücken, Katze aus dem Sack lassen, zugeben, Flagge zeigen, der Wahrheit die Ehre geben, Ross und Reiter nennen, Karten aufdecken, beichten, Geheimnis anvertrauen, einweihen, aus dem Herzen keine Mördergrube machen, Kummer abladen, alle Schleusen öff-

nen, seinen Gefühlen freien Lauf lassen, nichts zurückhalten, reinen Wein einschenken, eingestehen, einbekennen, sich aussprechen; Herz ausschütten.

1204 **Offenbarung** **1.** Eröffnung, Mitteilung, Kundgabe, Manifestation, Aufdeckung, Offenlegung, Coming-out, Outing, Entdeckung, Enthüllung, Demaskierung, Entschleierung, Entlarvung, **2.** Schuldbekenntnis, Bekenntnis, Geständnis, Beichte, Generalbeichte, Eingeständnis, Herzensergießung, Selbstbekenntnis, Selbstkundgabe, Selbstoffenbarung, Seelenstriptease.

1205 **Offenheit** **1.** Ehrlichkeit, Aufrichtigkeit, Wahrhaftigkeit, Wahrheitsliebe, Offenherzigkeit, Freimütigkeit, Geradheit, Freimut, Rückhaltlosigkeit, **2.** Mitteilsamkeit, Gesprächigkeit, Plauderhaftigkeit, Redseligkeit, Schwatzhaftigkeit, Schwatzsucht, Logorrhö, Geschwätzigkeit, Zungendrescherei.

1206 **öffentlich** **1.** allen/jedermann zugänglich, für die Öffentlichkeit bestimmt; für jedermann sichtbar, vor aller Augen/Welt, coram publico, auf offener Straße, in aller Öffentlichkeit, im Rampenlicht, in den Medien, veröffentlicht, publik, **2.** transparent, durchschaubar, nachvollziehbar, überprüfbar, kontrollierbar, demokratisch.

1207 **Öffentlichkeit** **1.** Allgemeinheit, Gesamtheit, die Leute, alle Welt, die Gesellschaft, öffentliche Sphäre, öffentliche Meinung, veröffentlichte Meinung, öffentliches Leben, öffentlicher Diskurs, Forum, Plattform, Publikum, **2.** Transparenz, Glasnost, Durchschaubarkeit, Einsehbarkeit, Zugänglichkeit, Überprüfbarkeit, Kontrollierbarkeit, **3.** Bekanntheit, Berühmtheit, Publicity, Publizität; Rampenlicht, **4.** Meinungsträger, Meinungsmacher, Opinionleader, Meinungsführer, Meinungslenker, Meinungsbildner; Massenmedien, Kommunikationsmedien.

1208 **offiziell** **1.** amtlich, behördlich, staatlich, dienstlich, gültig, beeidet, beschworen, maßgebend, maßgeblich, verbindlich, offiziös, halbamtlich, aus gut unterrichteten Kreisen, **2.** förmlich, feierlich, gesellschaftlich, formal, formell, zeremoniell, zeremoniös, unpersönlich, in aller Form, **3.** vertraglich, vertragsgemäß, notariell, protokollarisch, unterschrieben, besiegelt, gestempelt.

1209 **öffnen (sich)** **1.** aufmachen, aufschließen, auftun, aufpiepen, aufsperren, einlassen, hereinlassen; hinauslassen, herauslassen, ins Freie lassen, aufstoßen, aufhalten, offen halten/lassen, aufreißen, aufbrechen, erbrechen, eindrücken, einreißen, niederreißen, einschlagen, sprengen, stürmen, knacken, gewaltsam öffnen/aufbrechen; durchstoßen, aufstechen, durchstechen, durchbohren, durchdringen, lochen, durchlöchern, perforieren, **2.** entfalten, entrollen, aufrollen, auspacken, auswickeln, entkorken, anbrechen, anschneiden, anstechen, anzapfen, anreißen, aufklappen, aufdrücken, aufklinken, aufknacken, aufknüpfen, aufknöpfen, aufknoten, entknoten, aufkriegen, aufmeißeln, aufschlitzen, aufschnüren, aufschrauben, aufschneiden, **3.** aufgehen, aufblühen, sich entfalten, erschließen, auftun; bersten, springen, platzen, aufspringen, aufpoppen, **4.** gähnen, klaffen, offen stehen.

1210 **Öffnung** **1.** Tür, Tor, Pforte, Portal, Eingang, Einfahrt, Einstieg, Zugang, Ausgang, Auslass, Ausfahrt, Notausgang, Ausstieg, Hintertür, Hinterausgang, Schlupfloch, **2.** Einlass, Eintritt, Zutritt, Zufahrt, Zulass, **3.** Loch, Riss, Ritz, Öhr, Öse, Nadelöhr, Lücke, Schlitz, Luke, Düse, Pore; Guckloch, Sprung, Fuge, Nahtstelle, Bresche, Leck, **4.** Passage, Durchfahrt, Durchlass, Durchgang, Verbindungsweg, Pass, Übergang; Durchreiche, Schalter; Schleuse, Furt, **5.** Fenster, Oberlicht, Lichtschacht, Luftloch, **6.** Ventil, Klappe, Auspuff, Ablauf, Abfluss, Ausfluss, Ablass, Ausguss, Gully; Überlauf, **7.** Rinne, Traufe, Ausguss, Tülle, Spundloch, **8.** Tunnel, Durchstich, Kanal, **9.** Eingabefeld, Maske, Browserfenster, Pop-up; Internetportal, YouTube.

1211 **oft** öfter, öfters, des Öfteren, oftmals, oftmalig, häufig, alle naslang, wiederholt, immer wieder, vielfach, multipel, mehrmals, viele Male, vielmals, x-mal, verschiedentlich, nicht selten, einige/unzählige Mal, zuweilen, mehrfach, gehäuft, tausendfach.

1212 **Ohr** Hörorgan, Ohrwaschel, Lauscher, Horcher, Löffel, Schlappohren, Segelohren.

1213 **operieren** Eingriff vornehmen, unters Messer nehmen, schneiden, entfernen, amputieren, abtrennen, Glied abnehmen, ektomieren, resezieren; transplantieren, verpflanzen, überpflanzen, übertragen, implantieren, cyborgen.

1214 **Opfer** **1.** Tribut, Gabe; Verzicht, Zoll, Bauernopfer, Guttat, Liebestat, **2.** Betroffener, Geschädigter, Leidtragender, Verfolgter, Benachteiligter, Pechvogel, Schlemihl, Unglücksrabe, Unglückswurm, Geisel, Versuchskaninchen, Hinterbliebener, Verkehrsopfer, Unfallopfer,

Märtyrer, Blutzeuge, **3.** Opferhandlung, Sakrifizium, Opferung, Opferdienst, Schlachtopfer, Brandopfer, Blutzoll, Sühneopfer, Gabenopfer, Messopfer.

1215 **opfern (sich)** **1.** teilen, hingeben, darangeben, preisgeben, aufopfern, Opfer bringen, Verzicht leisten, verzichten, sich absparen; verteilen, abtreten, verausgaben, verschenken, weggeben; sich hingeben, verschenken, entäußern, verschwenden, verausgaben, aufopfern; das Letzte hergeben, sich verschreiben; aufgehen in, **2.** Kastanien aus dem Feuer holen, Drecksarbeit erledigen, Reste essen, **3.** preisgeben, rücksichtslos/sinnlos einsetzen, verheizen.

1216 **Opportunist** unsicherer Kantonist, Konjunkturritter, Wendehals, Windfahne, Wetterfahne, Rohr im Wind, schwankendes Rohr, Spielball, Chamäleon, Kopfnicker, Jasager, Mitläufer, Claqueur, Schatten, Unterling, Nachbeter, Trittbrettfahrer, Radfahrer, Anschmeißer, Hofschranze, Marionette, Lakai, Kriecher, Arschkriecher, Schleimscheißer, Schleimbeutel, Speichellecker, Steigbügelhalter, Gesinnungslump.

1217 **Optimismus** Hoffnung, Hoffnungsfreude, Zuversicht, Zuversichtlichkeit, Lebensbejahung, Lebenszuversicht, Lebensvertrauen, Urvertrauen, Urbehagen, Lebensfreude, Unbeschwertheit, Lebenslust, Lebensmut, Glaube an das Gute, Zukunftsglaube, Fortschrittsglaube, Fortschrittsgläubigkeit, Ungebrochenheit, rosa Brille, Sonne im Herzen, positives Denken.

1218 **Optimist** Fortschrittler, Zukunftsgläubiger, Pragmatiker, Frohnatur, Stehaufmännchen, Strahlemann.

1219 **optimistisch** zukunftsgläubig, zuversichtlich, positiv, bejahend, unverzagt, guten Mutes, lebensfroh, fortschrittsgläubig, lebensbejahend, positiv denkend.

1220 **ordentlich** **1.** penibel, tadellos, aufgeräumt, in Ordnung, im Lot, geordnet, alles am rechten Platz, an Ort und Stelle, übersichtlich, klar, **2.** auf Ordnung haltend, ordnungsliebend, genau, **3.** feste, viel, tüchtig, anständig, gründlich, nach Strich und Faden, gehörig, richtig, herzhaft, kräftig, nicht zu knapp, nach Herzenslust.

1221 **ordnen** **1.** regeln, organisieren, richten, in Ordnung bringen, klären, gerade richten/rücken, zurechtrücken, hinbiegen, zurechtsetzen, zurechtlegen, aufräumen, Grund reinbringen, beiseiteräumen, wegräumen, sauber machen, ausmisten, Ordnung / Remedur schaffen, in Schuss bringen, **2.** gliedern, phrasieren, gruppieren, sortieren, einteilen, rubrizieren, aufteilen, unterteilen, untergliedern, periodisieren, strukturieren, staffeln, klassifizieren, katalogisieren, systematisieren, assortieren, zusammenstellen, fächern, einordnen, abstimmen, timen, koordinieren, zuordnen, positionieren, in Stellung bringen, formatieren, anordnen, unterordnen, nachordnen, hineinstellen, einreihen, eingliedern, nummerieren, einrangieren; kodifizieren, musealisieren, verzeichnen, zusammenfassen, schematisieren, reglementieren, **3.** arrangieren, disponieren, einrichten, deichseln, schmeißen, hinkriegen, einstellen, justieren, aussteuern, regulieren, kanalisieren, begradigen, ausrichten, formieren, aufstellen, postieren, **4.** legalisieren, legitimieren, rechtmäßig machen, verrechtlichen.

1222 **Organisation** **1.** Aufbau, Anordnung, Gliederung, Anlage, Gefüge, Komplex, System, Einteilung, Disposition, **2.** Einrichtung, öffentliche Einrichtung, Organ, Institution, Vereinigung, Verband, Gesellschaft, Verein, Klub, Körperschaft, Korporation, Genossenschaft, Gewerkschaft, Partei, Gilde, Innung, Zunft, Interessenvertretung, Lobby.

1223 **organisch** **1.** belebt, körperlich, leiblich, physisch, anatomisch, somatisch, **2.** Einheit bildend, zusammenhängend, zusammenwirkend.

1224 **organisieren (sich)** **1.** einrichten, installieren, aufbauen, ausbauen, gliedern, ausgestalten, koordinieren, vorbereiten, planen, anordnen, managen, planmäßig durchführen, veranstalten, **2.** beschaffen, deichseln, besorgen, auftreiben, verschaffen, herbeischaffen, **3.** sich assoziieren, vereinigen, zusammenschließen; kooperieren, Organisation bilden, sich anschließen; beitreten, Mitglied werden, eintreten.

1225 **Original** **1.** Handschrift, Manuskript, Urschrift, Erstschrift, Urfassung, Urtext; Originaltext, Originalton; Originalausgabe, Erstausgabe, erste Ausgabe, erster Druck, Erstdruck; Inkunabel, Wiegendruck, **2.** Pionierprodukt, Nischenprodukt, Echtprodukt, **3.** Type, Kauz, Sonderling, Urvieh, Urviech, Unikum, Blüte.

1226 **originell** **1.** eigenartig, eigen, besonders, eigengeprägt, unverwechselbar, eigentümlich, spezifisch, ursprünglich, schöpferisch, erfinde-

risch, einfallsreich, ideenreich, phantasievoll, phantasiebegabt, **2.** apart, neu, nicht alltäglich, bizarr, ungewöhnlich, abgespact, einmalig, **3.** witzig, komisch, geistreich, treffend.

1227 **Ort** **1.** Ortschaft, Örtlichkeit, Dorf, Stadt, **2.** Platz, Stelle, Lokalität, Punkt, Sitz, Stätte, Statt, Standort, Drehort, Location, Ecke, Winkel, Fleck, **3.** Standpunkt, Position, Plattform, Forum, Ebene, Basis.

# P

1228 **packen** **1.** bewegen, begeistern, berühren, aufregen, aufrühren, aufwühlen, aufrütteln, nachgehen, rühren, fesseln, erschüttern, zu Herzen gehen, ergreifen, ans Herz greifen, übermannen, überwältigen, überkommen, mitnehmen, zu Tränen rühren, Mitleid erregen, durch Mark und Bein gehen, angreifen, Eindruck machen, umwerfen, umschmeißen, wachrütteln, **2.** einpacken, eintüten, einhüllen, umhüllen, einwickeln, einschlagen, verpacken, bündeln, zusammenpacken, verschnüren, zuschnüren, zubinden, zusammenbinden, zusammenschnüren, umschnüren, umwickeln, transportfähig/versandfähig machen, Koffer packen, verstauen, unterbringen, **3.** nehmen, greifen, anpacken, zugreifen, zupacken, zufassen, festhalten, sich bemächtigen; umklammern, an sich reißen, grapschen, beim Wickel nehmen, beim Kragen packen, beim Schlafittchen nehmen, **4.** kuvertieren, in den Umschlag stecken, frankieren, freimachen.

1229 **Paradies** Eden, Garten Eden, Garten Gottes, Elysium, Gefilde der Seligen, Arkadien, Schlaraffenland, Gelobtes Land, Land, wo Milch und Honig fließt, Traumland, Zauberland, Märchenland, Dorado, Olymp, Orplid, Utopia, Wunderwelt, Märchenwelt, Idyll, goldenes Zeitalter, Himmelreich, Jenseits, himmlisches Jerusalem, Djanna.

1230 **Partner** **1.** Teilhaber, Geschäftspartner, Mitinhaber, Kompagnon, Sozius, Kommanditist, Gesellschafter, Komplementär, **2.** Mitspieler, Spielpartner, Gesprächspartner, Kollege, **3.** Liebespartner, Lebenspartner, Lebensgefährte, Lebensabschnittspartner, **4.** Ehepartner, Eheleute, Ehepaar, Paar, Mann und Frau, Gespann, Vermählte, Verheiratete; Verlobte, Braut, Ehefrau, Frau, Weib, Gattin, Gemahlin, Angetraute, Frauchen, Alte, Olle, Eheliebste, Ehegespons, bessere Hälfte, Hausfrau, Hausherrin; Verlobter, Bräutigam, Ehemann, Mann, Gatte, Gemahl, Ehehälfte, Hausherr, Göttergatte, Angetrauter, Alter, Oller, Gatterich, **5.** Ex, Exfrau, Exmann, Vorfrau, Vormann.

1231 **passieren** **1.** vorbeigehen, vorbeilaufen, vorbeischnüren, vorübergehen, vorbeifahren, vorbeiziehen, defilieren, **2.** sich durchschlängeln, vorbeidrücken; durchschlüpfen, durchwitschen, durchkommen, nicht auffallen/bemerkt werden, übersehen werden, unbemerkt bleiben, **3.** passieren lassen, Auge zudrücken, es nicht genau nehmen, nicht hinsehen, durch die Finger sehen.

1232 **pathologisch** krankhaft, abnorm, anormal, deviant, denaturiert, unnatürlich, abartig, pervertiert.

1233 **Patient** Klient, Kranker, Behandlungsbedürftiger, Pflegebedürftiger, Hilfsbedürftiger, Leidender, Schmerzgeplagter, Bettlägeriger, Pflegefall; Verwundeter, Verletzter, Verunglückter.

1234 **Pedant** **1.** Kleinigkeitskrämer, Haarspalter, Paragraphenreiter, Prinzipienreiter, Krämerseele, Umstandskrämer, Schulmeister, Besserwisser, Beckmesser, Oberrichter, Chefankläger, Kritikaster, Krittler, Meckerer, Deutler, Nörgler, Stinkstiefel, Quengler, Silbenstecher, Splitterrichter, Korinthenkacker, Erbsenzähler, Kümmelspalter, Wortklauber, Tüftler, Disputierer, Rechthaber, Rabulist, Wortverdreher, Bürokrat, Amtsschimmel, Sesselfurzer, Schulfuchs; Langweiler, Wiederkäuer, Klugschwätzer, Klugscheißer, Schlaumeier, Federfuchser, **2.** Moralist, Saubermann, Moralprediger, Sittenrichter, Tugendbold, Tugendwächter, Sittenwächter, Philister, Moralapostel, Bußprediger.

1235 **Pedanterie** **1.** Ordnungsliebe, Penibilität, Ordnungsversessenheit, Ordnungswahn, Kleinlichkeitskrämerei, Umstandskrämerei, Ordnungsfanatismus, Kontrollzwang, Regelungswut, **2.** Wortklauberei, Haarspalterei, Spitzfindigkeit, Rabulistik, Detailversessenheit, Detailbesessenheit, Sophistik, Sophisterei, Silbenstecherei, Besserwissertum, Rechthaberei, Tadelsucht, **3.** Spießbürgerlichkeit, Philistertum, Tugendwächterei.

1236 **pedantisch** **1.** kleinlich, übergenau, hyperkorrekt, pinselig, pingelig, penibel, betulich, umständlich, bürokratisch, pinnig, spinös, tippelig, tüftelig, peinlich genau, schulmeisterlich, silbenstecherisch, haarspalterisch, **2.** überspitzt, spitzfindig, sophistisch, jesuitisch, kasuistisch, begriffsklauberisch, rabulistisch, wortklauberisch, besserwisserisch, tadelsüchtig, rechthaberisch, päpstelnd, Paragraphen reitend, übergescheit, Weisheit mit Löffeln gefressen, **3.** philisterhaft, philiströs, spießbür-

gerlich, moralinsauer, kleinkariert, kleinlich, kleinkrämerisch, engherzig, engstirnig.

1237 **peinigen (sich)** **1.** plagen, placken, malträtieren, piesacken, kujonieren, sekkieren, triezen, traktieren, schurigeln, mobben, drangsalieren, tyrannisieren, zwiebeln, schikanieren, übel mitspielen; zusetzen, Leben verbittern/versauern/zur Hölle machen, keine Ruhe geben, belästigen, bedrängen, schlecht behandeln, vergrämen, **2.** beleidigen, kränken, ärgern, Wunden schlagen, wehtun, Leid zufügen, bekümmern, heimsuchen, verwunden, verletzen, **3.** bohren, zerren, beißen, nagen, zehren, wurmen, alte Wunden aufreißen, **4.** kitzeln, kneifen, zwicken, zwacken, **5.** warten/zappeln lassen, auf die Folter spannen, **6.** zu nahe treten, in Verlegenheit bringen, beschämen, wunden Punkt berühren, Finger auf die Wunde legen, **7.** misshandeln, foltern, martern, quälen, schinden, treten, schlagen, peitschen, auspeitschen, psychisch foltern.

1238 **peinlich** **1.** unangenehm, genierlich, ärgerlich, lästig, verdrießlich, unerfreulich, unerquicklich, misslich, widerwärtig, widrig, beschämend, blamabel, fatal, zum In-den-Boden-Sinken, hochnotpeinlich, **2.** heikel, bedenklich, kritisch, mulmig, prekär, diffizil, kitzlig.

1239 **persönlich** **1.** menschlich, individuell, subjektiv, **2.** selbst, selber, leibhaftig, in Person, in eigener Person, personaliter, höchstpersönlich, in natura, eigenhändig, direkt, mündlich, gesprächsweise, von Mensch zu Mensch, unmittelbar, von Angesicht zu Angesicht, **3.** privat, außerdienstlich, nicht amtlich, öffentlich, vertraulich, vertrauensvoll, privatim, unter vier Augen, im engsten Kreise, **4.** an die Person gebunden, nicht übertragbar, **5.** unsachlich, unangenehm, taktlos, ausfallend, anzüglich, beleidigend.

1240 **Pessimist** Verächter, Miesmacher, Defätist, Schwarzseher, Übelkrähe, Unheilsprophet, Unkenrufer, Neinsager, Weltverneiner, Geist, der stets verneint, Griesgram, Kopfhänger, Spielverderber, Spaßbremse, Schwarzmaler, Menschenverächter, Muffel, Hypochonder.

1241 **pessimistisch** düster, schwarzseherisch, trübe, trübsinnig, lebensunfroh, melancholisch, trostlos, hoffnungslos, kopfhängerisch, weltverneinend, defätistisch, negativ, negativ denkend, abwertend, absprechend, Unheil verkündend.

1242 **Pferd** Gaul, Ross, Mähre, Klepper, Rosinante, Schindmähre, Ackergaul, Stute, Hengst, Wallach, Füllen, Fohlen, Schimmel, Rappe, Fuchs, Brauner, Schecke, Falbe, Vollblut, Halbblut, Warmblut, Kaltblut, Pony; Reitpferd, Rennpferd, Traber.

1243 **Pflege** **1.** Fürsorge, Sorge, Betreuung, Schutz, Hut, Obhut, Bemutterung, Umhegung, Hege, Wartung, Versorgung, **2.** Erhaltung, Erhalt, Unterhalt, Bewahrung, Konservierung, Unterhaltung, Instandhaltung, Aufrechterhaltung, **3.** Sauberkeit, Hygiene, Körperpflege, Gesundheitspflege, Schönheitspflege, Kosmetik.

1244 **pflegen (sich)** **1.** sauber/in Ordnung halten, hüten, schonen, warten, hegen, pfleglich behandeln, umsorgen, umhegen, betreuen, bemuttern, betun, **2.** zu tun pflegen, gewohnt sein, meistens/im Allgemeinen tun, die Gewohnheit haben, **3.** konservieren, bewahren, instand halten, schützen, **4.** trockenlegen, baden, pudern, salben, windeln, wickeln, **5.** auf sich achten/halten, sich zurechtmachen; verschönern, richten, herrichten, schminken, frisieren, maniküren, pediküren, zur Kosmetikerin gehen; rasieren, barbieren.

1245 **Pflicht** Auflage, Obliegenheit, Verpflichtung, Eingebundensein, Gebot, Schuldigkeit, Commitment, Verbindlichkeit, Notwendigkeit, Gewissenssache, Ehrensache, Mission, Haftung, Belastung, Last, Zwang.

1246 **Pfusch** Flickwerk, Halbheit, Stümperei, Murks, Pfuscharbeit, Flickschusterei, Patzer, Sudelei, Kleckserei, Hudelei, Schluderei, Pfuscherei, Stückwerk, Fehlkonstruktion, Ausschuss.

1247 **pfuschen** schummeln, falsch spielen, schwarzarbeiten; hudeln, stümpern, huscheln, klimpern, dilettieren, murksen, schustern, doktern, patzen, quacksalbern, schludern, schlampen, fünf gerade sein/schleifen lassen, sudeln, klecksen, schmieren, zusammenhauen, zusammenschustern, zusammenstoppeln, schlecht arbeiten, verpfuschen, verpatzen.

1248 **Phantasie** Vorstellungsvermögen, Vorstellungskraft, Einbildungskraft, Erfindungsgabe, Anschauungsvermögen, Einfühlungsgabe, Schöpferkraft, schöpferisches Denken, Einfälle, Einfallsreichtum, Ideenreichtum, schöpferisches Gestalten, Imagination, Originalität, künstlerische Ader, Kreativität, Experimentierfreude, Spielwitz.

1249 **phantastisch** **1.** fabelhaft, märchenhaft, nicht zu glauben, unvorstellbar, unbeschreiblich, blendend, brillant, Schwindel erregend, unwahrscheinlich, unglaublich, sagenhaft, wun-

derbar, toll, super, geil, oberaffengeil, ultimativ, **2.** unwirklich, surreal, surrealistisch, traumhaft, phantasmagorisch, Science-Fiction, Sci-Fi, **3.** grotesk, kurios, schnurrig, närrisch, barock, überspannt, verstiegen, bizarr, seltsam, wunderlich, kauzig, skurril, schrullig.

1250 **Phlegmatiker** Gemütsmensch, Stoiker, die Ruhe selbst, Langweiler, Phlegma, Phlegmatikus, Fischblut, Froschblut, Schlafmütze, Schlaftablette, Schnarchhuhn, Nachtwächter, Transuse, Trantüte, Schnecke, Tranfunzel, träger Mensch, Nesthocker.

1251 **Phrase 1.** Redensart, feste Wendung, Idiom, Floskel, Formel, Mantra, Redewendung, Zitat, geflügeltes Wort, Schlagwort, Slogan, Label, Schublade, Binsenwahrheit, Binsenweisheit, Gemeinplatz, Klischee, Plattitüde, Banalität, **2.** Schwulst, Bombast, Wortgeklingel, Wortemacherei, Redeblume, Gerede, Schnack, Geschwätz, Sprüche, Schmus, Sums, Tiraden, hohles Pathos, Deklamation, Wortgeklapper, Wortgeröll, Worthülse, Sprechblase, leeres Stroh, Geflunker, Flausen, **3.** Figur, Passage, Kantilene, Motiv.

1252 **Pionier 1.** Aufklärer, Freidenker, Freigeist, Reformer, Neuerer, Fortschrittler, Reformator, Umgestalter, **2.** Anreger, Spiritus Rector, Ideengeber, Initiator, Initiant, Wegbereiter, Spurer, Vorhut, Anführer, Bahnbrecher, Schrittmacher, Trendsetter, Trendscout, Frühadapter, Scout, Talentsucher, Headhunter, Entdecker, Kolumbus, Vorreiter, Vorbereiter, Vorbote, Vorgänger, Vorläufer, Vorkämpfer, Testfahrer, Testpilot, Avantgardist, Vordenker, Querdenker, Grenzgänger, Führer.

1253 **Plan 1.** Vorhaben, Absicht, Intention, Hintergedanke, Projekt, Agenda, Vorsatz, Vorgabe, Programm, Zielsetzung, Ziel, Masterplan, **2.** Aufriss, Entwurf, Wurf, Skizze, Gedankenaufriss, Gedankenspiel, Faustskizze, Exposé, Konzept, Konzeption, Konzipierung, Überblick, Übersicht, Riss, Grundriss, Bauplan, Blaupause, Studie, Planspiel, Versuchsanordnung, Szenario, Simulation, **3.** Voranschlag, Budget, Haushaltsplan, Kalkulation, Kostenaufstellung, Etat, Kostenvoranschlag, Kostenplan, Zeitplan, Zeitfenster, Kalkül, Finanzierungsplan, **4.** Überlegung, Vorbedacht, Voraussicht, Planung, Strategie, Taktik, Planen, Plänemachen, **5.** Programm, Strategie, Taktik, Logistik.

1254 **planen 1.** beabsichtigen, wollen, intendieren, sich vornehmen; vorhaben, auf dem Schirm/Zettel haben, zu erledigen sein, ins Auge fassen, projektieren, im Sinn haben, beschließen, zu tun gedenken, erwägen, vorsehen, Vorsatz fassen, in Aussicht nehmen, zum Ziel setzen, Plan machen, Pläne schmieden, avisieren, andenken, anlegen, sich mit dem Gedanken tragen; mit dem Gedanken spielen, im Schilde führen, in Aussicht stellen, **2.** anstreben, bezwecken, abzielen, hinzielen, erstreben, trachten nach, hinsteuern, **3.** entwerfen, konzipieren, aufsetzen, auskochen, ersinnen, ausbrüten, skizzieren, umreißen, aufreißen, Konzept machen, ins Unreine schreiben, organisieren, inszenieren, simulieren.

1255 **planmäßig 1.** planvoll, methodisch, überlegt, bewusst, systematisch, klug, bedacht, durchdacht, nach Plan, programmmäßig, berechnet, gezielt, gelenkt, vorbereitet, wohlerwogen, durchorganisiert, wohlbewusst, sinnvoll, zielbewusst, taktisch, strategisch, wissenschaftlich, rational, **2.** plangemäß, programmgemäß, erwartungsgemäß, wie geplant.

1256 **plastisch** hervortretend, erhaben, reliefartig, abgehoben, heraustretend, räumlich, perspektivisch, holographisch, stereoskopisch, 3-D, modelliert, körperhaft, getrieben, geprägt, bildhauerisch; knetbar, formbar.

1257 **platzen 1.** bersten, krachen, zerspringen, zerplatzen, explodieren, hochgehen, zerkrachen, losgehen, knallen, verpuffen, springen, splittern, knacken, **2.** wild werden, Wände hochgehen, zu viel kriegen, **3.** auffliegen, publik werden, sich zerschlagen; misslingen.

1258 **plötzlich** auf einmal, mit einem Male, mit eins, unvermittelt, unversehens, mit einem Schlag, schlagartig, blitzartig, wie aus der Pistole geschossen, aus heiterem Himmel, Knall auf Fall, ohne Vorwissen, von heute auf morgen, fristlos, ruckartig, Hals über Kopf, unerwartet, unvorhergesehen, unvorhersehbar, über Nacht, von einem Augenblick zum andern, ohne Übergang, übergangslos, abrupt, urplötzlich, angeflogen, unvermutet, mir nichts, dir nichts, ungeahnt, überrascht, überraschend, unverhofft, jäh, spontan, unangemeldet, in flagranti, auf frischer Tat.

1259 **plump 1.** schwerfällig, harzig, unförmig, vierschrötig, ungeschlacht, grobgliedrig, ungefüge, massig, ungeschmeidig, schwer beweglich, grobschlächtig, derb, bollig, klobig, klotzig, ungelenk, ungewandt, olber, Elefant im Porzellanladen, steif, hüftsteif, eckig, ungraziös, anmutlos, hölzern, unschick, unelegant, ohne Stilgefühl, unkultiviert, unzivilisiert, **2.**

taktlos, ungeschliffen, unzart, unfein, unhöflich, grob, unkultiviert, unmanierlich, ungehobelt, geschert, massiv, unbehauen, **3.** undiplomatisch, untaktisch, unpolitisch, plump vertraulich.

1260 **poetisch 1.** dichterisch, schöpferisch, gestaltet, geformt, geprägt, literarisch, metaphorisch, symbolisch, allegorisch, verfremdet, verdichtet, dicht, formvollendet, anschaulich, lyrisch, episch, erzählerisch, narrativ, dramatisch, bilderreich, stilisiert, **2.** idyllisch, gefühlvoll, künstlerisch, musisch, romantisch, träumerisch, unwirklich, ideal, dichterisch frei, fiktiv.

1261 **Polizei 1.** Polizist, Polizeibeamter, Kriminalbeamter, Kriminaler, Kommissar, Detective, Schutzmann, Ordnungshüter, Gendarm, Gesetzeshüter, Polyp, Cop, Sheriff, Bulle, Flic, Bobby, **2.** Polizeibehörde, Kommissariat, Polizeikräfte, Polente; Polizeiwache, Wache, Polizeirevier, Revier, Gendarmerie, Posten.

1262 **Post 1.** Postamt, Poststelle, Postdienststelle, **2.** Posteingang, Eingang, Einlauf, Zugang; Sendung, Postsendung, Postgut, Briefsendung, **3.** Brief, Drucksache, Einschreiben, Nachnahme, Paket, Päckchen, Warensendung, Wertbrief, **4.** elektronische Post, E-Mail, Sims, SMS.

1263 **prächtig** glänzend, prachtvoll, glanzvoll, herrlich, wirkungsvoll, triumphal, glorreich, glorios, pompös, prunkvoll, prunkend, prangend, prunkhaft, aufwendig, üppig, protzig.

1264 **prahlen 1.** angeben, protzen, paradieren, stolzieren, brillieren, glänzen, auftreten, großtun, strunzen, wichtigtun, sich wichtigmachen; posieren, sich in Szene/Positur setzen; zur Schau stellen, inszenieren, Show abziehen, sich ein Air geben, in die Brust werfen, dicktun, sich aufblasen, aufplustern, aufblähen, aufspielen, spreizen, vordrängen, brüsten, herausstreichen, rühmen; Wind machen, sich überheben; auf die Pauke hauen, aufschneiden, den großen Zampano spielen, übertreiben, renommieren, **2.** den Mund voll nehmen, Fresse/Maul aufreißen, Schaum schlagen, Sprüche klopfen, große Töne spucken, kannegießern, bramarbasieren, salbadern, tönen, große Töne reden, schwafeln, leeres Stroh/Phrasen dreschen, für die Galerie sprechen.

1265 **Preis 1.** Betrag, Summe, Gegenwert, Geldwert, Marktwert, Handelswert, Entgelt, **2.** Taxe, Tarif, Gebühr, **3.** Verkaufspreis, Kaufpreis, Marktpreis, Ladenpreis, Engrospreis, Einkaufspreis, Selbstkostenpreis, Nettopreis, Listenpreis, Richtpreis, Preisempfehlung, Endpreis, **4.** Gewinn, Hauptgewinn, Haupttreffer, Losgewinn, Siegespreis, Trophäe, Kopfgeld, Pokal, Cup, Auszeichnung, Medaille, Trostpreis.

1266 **Presse 1.** Pressewesen, Zeitungswesen, Journalismus, Journaille; Sensationsjournalismus, **2.** Printmedien, Medien, Zeitung, Zeitschrift, Periodikum, Online-Presse; Morgenblatt, Morgenzeitung, Tagblatt, Tageszeitung, Abendblatt, Abendzeitung; Blätterwald, Fachpresse, Boulevardpresse, Regenbogenpresse, Yellowpress, Sensationspresse, **3.** Kritik, Rezension, Beurteilung, Presseecho, Presserummel, Medienhype, Rauschen im Blätterwald.

1267 **Primitivling 1.** Raubein, Grobian, Murrkopf, Klotz, Kloben, Bauer, Mollenkopf, ungehobelter Kerl, Stoffel; Flegel, Lorbass, Lümmel, Bengel, Rotznase, Rotzlöffel, Rüpel, Prolet, Prolo, Redneck, Proll, Gassenjunge, Straßenjunge, Gamin, Ragazzo, Rowdy, Halbstarker, Rocker, Hooligan, Randalierer, **2.** Raufbold, Schläger, Brutalo, Rabauke, Zänker, Krakeeler, Krachmacher, Stänker, Polterer, Kampfhahn, Streitsucher, Haudegen, Streitmichel, Streithammel, Prozesshansel, **3.** Hitzkopf, Brausekopf, Querkopf, Dickschädel, Starrkopf, Choleriker, Zornnickel, Wüterich, schlimmer Finger, Unhold, Fanatiker, Maniac, Eiferer, Aufwiegler, Hassprediger.

1268 **problematisch 1.** fragwürdig, unentschieden, kritisch, schwierig, zweifelhaft, strittig, umstritten, unter Beschuss, auf dem Prüfstand, ungeklärt, ungelöst, anfechtbar, **2.** dubios, undurchschaubar, unverständlich, verdächtig, nicht geheuer, beunruhigend, mulmig.

1269 **Produktivität 1.** Schöpferkraft, Schöpfertum, Gestaltungskraft, Gestaltungsfreude, Gestaltungstrieb, Gestaltungsvermögen, Schaffensdrang, Schaffenslust, Schaffenskraft, Schaffensfreude, Schöpferlust, Genie, Erfindungsgabe, Spielfreude, Darstellungskraft, Originalität, schöpferische Eigenart, Phantasie, **2.** Fruchtbarkeit, Potenz, Fertilität; Ertragsfähigkeit, Ertragskraft, Ergiebigkeit, Leistungsfähigkeit, Potential, Produktivkraft, Arbeitsvermögen, Leistungsvermögen, Manpower, Synergie.

1270 **Profitgeier** Wucherer, Beutelschneider, Halsabschneider, Abzocker, Schacherer, Spekulant, Schieber, Absahner, Ausbeuter, Blutsauger, Vampir, Aasgeier, Finanzhyäne, Heuschrecke, Krake, Währungsspekulant, Immo-

bilienhai, Wohnungsspekulant, Miethai, Kredithai, Datenkrake, Kriegsgewinnler.

1271 **Prophet** Warner, Mahner, Rufer, Deuter, Seher, Künder, Unheilverkünder, Unheilprophet, Kassandra, Verkündiger, Weissager, Verkünder, Wahrsager, Wahrschauer, Hellseher, Spökenkieker, Gedankenleser, Zauberer, Medizinmann, Haruspex, Druide, Schwarzkünstler, Magier, Hexer, Gespensterseher, Zeichendeuter, Geisterseher, Astrologe, Handleserin, Kartenlegerin, Schicksalskünderin, Augur, Schicksalsgöttin, Norne, Sibylle, weise Frau.

1272 **prophetisch** hellseherisch, ahnungsvoll, vorausschauend, vorhersehend, vorausahnend, hellsichtig, divinatorisch, orakelhaft, visionär, seherisch, verkündend, weissagend.

1273 **prophezeien** ahnen, hellsehen, orakeln, wahrsagen, vorausschauen, voraussehen, weissagen, verkünden, voraussagen, vorhersagen, vorhersehen, vorausahnen.

1274 **prostituieren, sich** als Prostituierte(r) arbeiten, sich verkaufen, anbieten; auf den Strich gehen, anschaffen, Prostitution betreiben, huren.

1275 **Prostituierte** Dirne, Hure, Nutte, Freudenmädchen, Straßenmädchen, Metze, Callgirl, Strichmädchen, Stricherin, Flittchen; Kokotte, Hetäre, Domina, Odaliske, Liebesdienerin, Horizontale.

1276 **Prostituierter** Stricher, Strichjunge, Lustknabe, Callboy, Sex-Worker.

1277 **Prostitution** ältestes Gewerbe der Welt, horizontales Gewerbe, käuflicher Sex, Telefonsex, Hurerei, Dirnenwesen, gewerbsmäßiger Sex, Strich, Straßenstrich, Straßenprostitution, Autostrich, Beschaffungsstrich, Drogenstrich.

1278 **Prozess 1.** Gerichtsverfahren, Gerichtssache, Verhandlung, Gerichtsverhandlung, Rechtshandel, Rechtsfall, Rechtsangelegenheit, Rechtsfrage, Rechtssache, juristisches Problem, Klagesache, Streitsache, Strafprozess, Strafsache, Strafverfahren, Rechtsstreit, Rechtsvorgang, Rechtsverfahren, Rechtsweg, Klageweg, **2.** Vorgang, Entwicklung, Verlauf, Ablauf, Hergang, Fortgang, Prozedur, Verfahren, Gang, Lauf, Vorgehen, Geschehen, Ereigniskette, **3.** Entwicklungsprozess, Lernprozess, Produktionsprozess.

1279 **prüfen 1.** examinieren, befragen, abprüfen, abhören, wiederholen, aufsagen lassen, abfragen, unter die Lupe nehmen, auf Herz und Nieren prüfen, nachsehen, durchgehen, durchsehen, kontrollieren, inspizieren, zensieren, Note geben, ins Auge fassen, untersuchen, abwägen, auf Tauglichkeit prüfen, evaluieren, validieren, zertifizieren, sondieren, revidieren, durchrechnen, sich vergewissern; nachprüfen, überprüfen, filzen, nachfassen, nachmessen, nachzählen, nachlesen, gegenlesen, checken, nachrechnen, nachwiegen, ausmitteln, **2.** anprobieren, anpassen, ausprobieren, probieren, **3.** auf die Probe stellen, testen, screenen, austesten, erproben, auf den Zahn fühlen, ins Röhrchen blasen lassen, ins Kreuzverhör nehmen.

1280 **Prüfung 1.** Befragung, Test, Schularbeit, Klassenarbeit, Klausur; Abschlussprüfung, Examen, Rigorosum, Reifeprüfung, Abitur, **2.** Untersuchung, Feststellung, Kontrolle, Überprüfung, Durchgang, Durchsicht, Screening; Musterung, Tauglichkeitsprüfung; Begutachtung, Controlling, Überwachung, Supervision, Durchsuchung, Erforschung, Visitation, Inspektion, Revision, Nachprüfung; Patrouille, Streife, Rundgang; Besichtigung, Begehung, Beschau, Beschauung, Sondierung, Check, **3.** Erprobung, Probe, Probelauf, Stichprobe, Geduldsprobe, Feuerprobe, Nervenprobe, Nagelprobe, Machtprobe, Zerreißprobe, Belastungsprobe, **4.** Nachbereitung, Evaluation, Qualitätssicherung, Auswertung, Manöverkritik.

1281 **Prunk 1.** Gepränge, Pomp, Prachtentfaltung, Aufwand, Üppigkeit, Luxus, Schaustellung, Parade, Tamtam, Staat, Gala, Wichs, große Aufmachung, kalte Pracht, Kleiderpracht, Putz, **2.** Pracht, Glanz, Schönheit, Schmuck, Reichtum, Fülle, Blüte, Glamour, Herrlichkeit, Opulenz; Spektakel, Brimborium, Tamtam, Theater.

1282 **prunken 1.** Pracht entfalten, Staat machen, Aufwand treiben, im Luxus leben, Luxus zeigen, auf großem Fuß leben, Reichtum zur Schau stellen, paradieren, stolzieren, brillieren, glänzen, **2.** prangen, strotzen, blühen, in Blüte stehen, leuchten, strahlen, Blicke auf sich ziehen.

1283 **Pseudonym** Deckname, Künstlername, Nom de Guerre/de Plume, Wahlname, Tarnname, falscher/angenommener Name.

1284 **Pulver** Staub, Mehl, Puder, Talkum, Sand, Krümel; Schießpulver, Schrot.

1285 **pünktlich 1.** rechtzeitig, beizeiten, zeitig, zurecht, zur rechten/vereinbarten Zeit, frühzeitig, auf die Minute, zur Zeit, termingemäß, fristgemäß, wie vereinbart, fahrplanmäßig, ohne Verspätung, mit dem Glockenschlag;

exakt, genau, **2.** prompt, sofort, umgehend, gleich, postwendend, ungesäumt, unverzüglich, unverweilt, flugs, stehenden Fußes, stracks, schnell, rasch.

1286 **Putz 1.** Schmuck, Geschmeide, Schmucksachen, Juwelen, Pretiosen, Kostbarkeiten, Bijouterie, Klunker, **2.** Verzierung, Ausputz, Ausschmückung, Dekoration, Ornament, Schmuckform, Zier, Zierwerk, Zierde, Schnörkel, Beschlag, Zierrat, Garnitur, Garnierung, Zutat, Besatz, Verschönerung, Aufmachung, Ausstattung, Aufputz, Accessoires, Drum und Dran, Zubehör, **3.** Flitter, Firlefanz, Trallala, Kinkerlitzchen, Klimbim, Krimskrams, Brimborium; Spielsachen, Spielwerk, Spielzeug, **4.** Tresse, Litze, Borte, Bordüre, Klunker, Bommel, Troddel, Quaste, **5.** Schmucknadel, Brosche, Agraffe, Ziernadel, Spange, Schmuckspange, Fibel, Schnalle, **6.** Band, Haarband, Haarschleife, Zierband, Bindeband, Samtband, Seidenband, Bändchen, Schleife, Masche, **7.** Krawatte, Binder, Schlips, Fliege, Lavallière, Halstuch, Schal, Cachenez, Brusttuch, Busentuch, **8.** Spitze, Einsatz, Zwischensatz, Stickerei, **9.** Aufschlag, Revers, Spiegel; Ärmelaufschlag, Stulpe, Manschette, **10.** Mörtel, Gips, Verputz.

1287 **putzen (sich) 1.** schmücken, zieren, verzieren, ausputzen, dekorieren, ausschmücken, verschönern, betressen, verbrämen, beschlagen; garnieren, bekränzen, beflaggen, illuminieren, **2.** sich fein machen, schön machen, in Gala werfen, herausputzen; Toilette machen, Staat anlegen, sich schniegeln, in Schale schmeißen, auftakeln, aufdonnern, aufmotzen, stylen, **3.** striegeln, kardätschen, trimmen, scheren, strählen, **4.** sauber machen, säubern, wischen, schrubben, scheuern.

# Q

1288 **quälend** **1.** nagend, beißend, bohrend, peinigend, brennend, ziehend, stechend, zehrend, folternd, marternd, schmerzhaft, schmerzend, höllisch, **2.** betrüblich, traurig, kränkend, verletzend, grausam, verzehrend, herb, bitter, herzbrechend, herzzerreißend, schlimm, leidvoll, peinvoll, gramvoll, qualvoll, kummervoll, **3.** beklemmend, belastend, bedrückend, bedrohlich, bedrohend, ängstigend, kräftezehrend.

1289 **Qualität** **1.** Eigenschaft, Beschaffenheit, **2.** Güte, Echtheit, Wert, Niveau, Art, Marke, Klasse, Rang, Sorte, Güteklasse, Preislage, Wertstufe; Kreszenz, Lage, Jahrgang, Wachstum, **3.** Qualitätsware, Feinarbeit, Präzisionsarbeit, Wertarbeit, Qualitätsarbeit, Maßarbeit.

1290 **Quantum** **1.** Menge, Maß, Pack, Partie, Posten, Packen, Stoß, Schicht, Lage, Haufen, Stapel, Beuge, Bündel, Paket, Packung, Runde, Ballen, Batterie, Scheffel, Schock, Block, Schlag, Schub, Strang, Strähne, Lieferung, Fuhre, Fuder, Wagenladung, **2.** Portion, Ration, Dosis, Gabe, Zuteilung, Anteil, Pensum, Teil, Kontingent, Quote, Deputat, Rate, Teilbetrag, Anzahl, Zahl, Anfall, Zuweisung, Bemessung, Quantität.

1291 **Quelle** **1.** Quell, Bronn, Born, Brunnen, Bach, **2.** Ursprung, Anfang, Wiege, Nest, Wurzel, Ausgangspunkt, **3.** Fundgrube, Fundort, Fundstelle, Beleg, Original, Bezugsquelle.

1292 **quellen** aufgehen, aufquellen, sich vollsaugen; schwellen, anschwellen.

1293 **queren** **1.** überqueren, überschreiten, durchschreiten, durchreisen, durchschweifen, durchziehen, durchwandern, durchstreifen, durchmarschieren, überfliegen; kreuzen, traversieren, durchqueren, **2.** übersetzen, überfahren, hinübergelangen, durchschiffen, durchfahren, **3.** überbrücken, überspannen, sich spannen; schwingen, hinüberführen.

1294 **Querschnitt** **1.** Durchschnitt, Durchschnittswert, Mittel, Schnitt, Mittelmaß, Mittelwert, Profil, **2.** Auswahl, Palette, Almanach, Kompendium.

# R

1295 **radikal** konsequent, gründlich, grundsätzlich, auf den Grund gehend, bis zum Äußersten, bis in die Wurzel, mit der Wurzel, wurzeltief, tiefgreifend, von Grund auf, kompromisslos, auf Biegen oder Brechen/Gedeih und Verderb, extrem, zugespitzt, rücksichtslos, fanatisch, fundamentalistisch, unerweichbar, bedingungslos, unbedingt, starr, extremistisch.

1296 **Rahmen** **1.** Umrahmung, Einrahmung, Umrandung, Fassung, Einfassung, Leiste; Fahrgestell, Chassis, **2.** Sphäre, Szene, Lebenssphäre, Lebensbereich, Umgebung, Umkreis, Umwelt, Ambiente, Milieu, Atmosphäre, Klima, Hintergrund, Folie, Plattform, Forum, Basis, Ebene, **3.** Bezugsrahmen, Kontext, Zusammenhang, Sinnzusammenhang.

1297 **Rang** **1.** Rangstufe, Listenplatz, Dienstrang, Dienstgrad, Grad, Stand, Platzanweisung, Stufe, Charge, Stellung, Position, Platz, Platzierung, Wertung, Titel, Niveau, Profil, Klasse, Schießklasse, Liga, Format, Höhenlage, **2.** Galerie, Empore, Balkon, Tribüne, Olymp, **3.** Relevanz, Stellenwert.

1298 **Rangfolge** Rangordnung, Stufenfolge, Skalierung, Rangtabelle, Chart, Ranking, Hierarchie, Hackordnung.

1299 **Rat** **1.** Ratschlag, Vorschlag, Hinweis, Tipp, Empfehlung, Ermunterung, Ermutigung, Mahnung, Belehrung, **2.** Ratsversammlung, Gremium, Ausschuss, Komitee, Kommission, Beirat, Expertengruppe, Stab, Kuratorium, **3.** Beratung, Kundenberatung, Firmenberatung, Konsultation, Consulting.

1300 **raten** **1.** anraten, anempfehlen, empfehlen, beraten, Rat geben, hinweisen, vorschlagen, bestärken, ermuntern, anregen, zuraten, nahelegen, weiterempfehlen, Tipp geben, **2.** rätseln, sich den Kopf zerbrechen; grübeln, knobeln, herumraten, vor einem Rätsel stehen, herumrätseln, im Dunkeln tappen, tippen, **3.** erraten, lösen, finden, ausfindig machen, ergründen, ausklamüsern, enträtseln, durchschauen, auflösen, herausbringen, herausfinden, aufdecken, entschlüsseln, herausbekommen, herauskriegen, dahinterkommen.

1301 **rationalisieren** umorganisieren, umstrukturieren, Kosten reduzieren, Personal einsparen, vereinfachen; mechanisieren, technisieren, automatisieren, computerisieren.

1302 **rau** **1.** uneben, holperig, steinig; hügelig, wellig, **2.** haarig, behaart, borstig, bärtig, zottig, zottelig, ruppig, struppig, stoppelig, stachelig; narbig, schuppig, räudig, schrundig, spröde, schorfig; ausgefranst, fransig, fusselig, **3.** heiser, krächzend, belegt, kratzig, quäkend, knarrend, **4.** verarbeitet, verschafft, schwielig, rissig, aufgesprungen, **5.** frisch, kalt, scharf, windig, stürmisch, wüst, öde, unfreundlich, schneidend.

1303 **rauchen** qualmen, dunsten, nebeln, dampfen, wölken, Dampfwolken ausstoßen, räuchern, einräuchern, Rauchfahne entwickeln, blaken, glimmen, schwelen; paffen, schmauchen, kiffen, fluppen, quarzen, Raucher/Kettenraucher /Gelegenheitsraucher sein.

1304 **Raum** **1.** Räumlichkeit, Zimmer, Stube, Gemach, Gelass, Wohnraum; Kammer, Mansarde, Dachkammer, Bude, Gehäuse, Klause, Kabuff, Kabäuschen, Bruchbude; Kabinett, Kemenate, Salon, Boudoir, Saal, Halle, Lounge, Abteil, Séparée, **2.** Platz, Weite, Luft, Auslauf, freies Feld, freie Bahn, Bewegungsfreiheit, Tummelplatz, Spielraum, Erfahrungsraum.

1305 **Rausch** **1.** Besäufnis, Betrunkenheit, Berauschtheit, Trunkenheit, Weinlaune, Schwips, Zacken, Affe, Dusel, Tran, Suff, Vollrausch, Delirium; Konsumrausch, Konsumtrip, **2.** Drogenrausch, Trip, Kick, Höhenrausch, Run, Flash, Horrortrip, Freak-out.

1306 **Rauschgift** Rauschmittel, Droge, Suchtmittel, Narkotikum, Betäubungsmittel, Aufputschmittel, Halluzinogen, Opiat, Amphetamin; Stoff, Tea, Gras, Schnee, Pot, Kif, Acid, Haschisch, Hasch, Shit, Marihuana, Kokain, Koks, Heroin, LSD, Crack, Speed, Dope, Ecstasy, Poppers, Designerdroge, Psychedelikum; Dröhnung, Schuss, Linie, Heu, Tüte, Trip, Joint, Mary Jane, Lady.

1307 **Rauschgifthändler** Drogenhändler, Dealer, Pusher.

1308 **reagieren** Reaktion zeigen, antworten, erwidern, Zeichen geben, schalten, zurückgeben, zurückschlagen, kontern, anspringen auf; Wirkung zeigen, wirken, ansprechen.

1309 **Reaktion** **1.** Antwort, Folge, Erwiderung, Gegenwirkung, Rückwirkung, Feedback, Gegenstoß, Gegenzug, Rückstoß, Reflex, Wirkung, Effekt, Gegenschlag, Gegendruck, Rückprall, Gegenströmung, Gegenverhalten, **2.** Gegenrevolution, Gegenaufklärung, Ancien Régime,

Konterrevolution, Restauration, Rollback, Gegenbewegung, Rückschrittlichkeit.

1310 **Realist** Pragmatiker, Realo, Verstandesmensch, kühler Kopf, Rationalist, Materialist.

1311 **Rechenschaft** **1.** Bilanz, Abrechnung, Kassensturz, Kasse, Rechnungslegung, Schlussabrechnung, Schlussrechnung, Jahresabschluss, Saldierung, **2.** Begründung, Rechtfertigung, Entlastung, Tätigkeitsbericht, Rechenschaftsbericht.

1312 **recht** **1.** gut, schön, in Ordnung, fehlerlos, einwandfrei, zufriedenstellend, tadellos, vortrefflich, gut gemacht, goldrichtig, **2.** richtig, wahr, zutreffend, logisch, klar, regelrecht, folgerichtig, ordnungsgemäß, sachgemäß, reell, solide, **3.** rechtmäßig, rechtens, angemessen, recht und billig, mit Recht, rechtlich, regulär, legal, legitim, **4.** nützlich, zweckmäßig.

1313 **Recht** **1.** Anrecht, Anspruch, Claim, Berechtigung, Befugnis, Lizenz, Copyright, Urheberrecht, **2.** Gerechtigkeit, Rechtmäßigkeit, Gesetzmäßigkeit, Legalität, Legitimität, **3.** Naturrecht, positives Recht, Grundrecht, Menschenrecht, Selbstbestimmungsrecht, Völkerrecht, Bürgerrecht, Stimmrecht, Wahlrecht, **4.** Privileg, Sonderrecht, Vergünstigung, Freibrief, Vorrecht, Alleinrecht, Monopol.

1314 **rechtlos** entrechtet, ausgeliefert, vogelfrei, verfemt, schutzlos, geächtet, ausgestoßen, ausgeschlossen, verbannt, exlex, gebannt, exiliert, unterdrückt, versklavt, unterjocht, leibeigen, unfrei, unterworfen, hörig.

1315 **rechts** **1.** zur Rechten, rechter Hand, rechtsseitig, steuerbord, auf der rechten Seite, rechtshändig, **2.** im rechten Spektrum, konservativ, traditionalistisch, restaurativ, schwarz, rechtslastig.

1316 **Reflexion** Überlegung, Berechnung, Erwägung, Abwägung, Betrachtung, Spekulation, Assoziation, Nachdenken, Denken, Nachsinnen, Sinnen, Grübeln, Grübelei, Kopfzerbrechen; Gedanke, Gedankenarbeit, Denkarbeit, Gedankenfolge, Gedankengang, Gedankenfülle, Gedankentiefe, Gedankenverknüpfung, Denkprozess.

1317 **Regel** **1.** Norm, Maß, Ordnung, Grundsatz, Richtschnur, Maßstab, Vorschrift, Bestimmung, Richtlinie, Prinzip, **2.** Gepflogenheit, Gewohnheit, Sitte, Brauch, Usus, Konvention, das Normale, Normalfall, Standard, Stereotyp, Normalität, Übereinkunft, Spielregel, Faustregel, Reglement, Verhaltenskodex, Verhaltensregel, Verhaltensnorm, **3.** Durchschnitt, Mittelmaß, Mittelmäßigkeit, Schema, Dutzendware, **4.** Regelblutung, Menstruation, Zyklus, Monatsregel, Periode, Tage.

1318 **regelmäßig** **1.** gleichmäßig, in gleichen Abständen, periodisch, zyklisch, rhythmisch, taktmäßig, im Takt, in steter Folge, immer zur selben Zeit, nach der Uhr, wiederkehrend, turnusgemäß, turnusmäßig, notorisch, **2.** gleichförmig, gewohnheitsmäßig, **3.** symmetrisch, spiegelbildlich, spiegelgleich, gleichseitig.

1319 **Regelmäßigkeit** **1.** Gleichmaß, Gleichmäßigkeit, Wiederholung, Wiederkehr, Turnus, Kreislauf, Zirkulation, Gleichtakt, Rhythmus, Takt, Periodizität, Zyklus, Symmetrie, Intervall, **2.** Gleichförmigkeit, Uniformität, Einförmigkeit, Eintönigkeit, Einerlei, Öde, Monotonie.

1320 **regnen** tröpfeln, nässen, feuchten, nieseln, spritzen, sprühen, drippeln, fisseln, schauern, rieseln, rinnen, träufen, plätschern, gießen, pladdern, schütten, strömen, prasseln, schiffen, seichen, plästern, planschen, triefen; schneien, hageln.

1321 **reiben** **1.** frottieren, rubbeln, bürsten, schrubben, scheuern, kratzen, scharren, **2.** raspeln, hobeln, schaben, schrappen, raffeln, feilen, **3.** abreiben, trockenreiben, massieren, durchkneten, durchwalken, **4.** schrammen, rauen, aufrauen, aufreiben, wund reiben, aufschrammen, aufschürfen.

1322 **reich** **1.** vermögend, begütert, besitzend, wohlhabend, wohl/gut situiert, wohlbestallt, betucht, zahlungskräftig, flüssig, bei Kasse, solvent, kaufkräftig, kapitalkräftig, finanzkräftig, finanzstark, einkommensstark, bemittelt, mit Glücksgütern gesegnet, sorgenfrei, neureich, in guten Verhältnissen, mehr als genug, übergenug, steinreich, schwerreich, stinkreich, Geld wie Heu; Goldfisch, gute Partie, **2.** reichhaltig, vielfältig, mannigfaltig, ansehnlich, bildgewaltig, beträchtlich, enorm, umfangreich, gewaltig, umfassend, wohl assortiert, große Auswahl, wohlversehen, **3.** gehaltvoll, inhaltsreich, ergiebig, lohnend, ertragreich, **4.** reichlich, üppig, quellend, strömend, strotzend, herrlich und in Freuden, vollauf, opulent, ausgiebig, sattsam, feudal, fürstlich, herrschaftlich, protzig, überladen, in Hülle und Fülle, jede Menge, tonnenweise, scheffelweise.

1323 **reif** **1.** vollreif, erntereif, gereift, überreif, schlachtreif, abgelagert, **2.** erwachsen, herangewachsen, ausgewachsen, groß, flügge, aus

den Kinderschuhen, kein Kind mehr, volljährig, großjährig, mündig, entwickelt, geschlechtsreif, voll entwickelt, **3.** gereift, ausgereift, fertig, ausgearbeitet, durchdacht, ausgefeilt, ausgeklügelt, **4.** gesetzt, lebensklug, lebenskundig, erfahren, geformt, geprägt, gefestigt, abgeklärt, altersweise, weise.

1324 **Reihe** **1.** Folge, Abfolge, Reihung, Aufeinanderfolge, Aneinanderreihung, Reihenfolge, Sequenz, Kette, Schnur, Zeile, Linie; Anzahl, Zahl, **2.** Serie, Satz, Sammlung, Set, Gedeck, Service, Garnitur, Kombination, **3.** Aufmarsch, Front, Spalier, Gänsemarsch, Schlange, Zug, Phalanx, Riege, Staffel, Kolonne, Trupp, Prozession, Korso.

1325 **Reinigung** **1.** Kleiderreinigung, Wäscherei, **2.** Klärung, Läuterung, Raffinierung, **3.** Säuberung, Wäsche, Waschung, Dusche, Bad; Hausputz, Reinemachen, Großreinemachen, Frühjahrsputz, **4.** Entleerung, Entschlackung, Blutreinigungskur, Purgierung, Blutwäsche, Dialyse.

1326 **reisen** **1.** verreisen, Reise machen, auf die Reise gehen, unterwegs sein, umherreisen, ausfliegen, umherziehen, sich die Welt ansehen; herumfahren, herumgondeln, Tour / Trip / Rutsch/Tournee machen, touren, herumkommen, auf große Fahrt gehen, herumkutschieren, pilgern, wallfahren, **2.** abenteuern, vagabundieren, stromern, walzen, streunen, strolchen, trampen, hitchhiken, slacken, trekken.

1327 **Reisender** **1.** Passagier, Fahrgast, Insasse, Besucher, Fremder, Durchreisender, Reisegenosse, Reisegefährte, Reisebegleiter, Reisebekanntschaft, Mitreisender, Mitfahrer, Beifahrer, Tourist, Wandersmann, Wanderer, Urlauber, Ausflügler, Sommerfrischler, Sommergast, Kurgast, Feriengast, Zugvogel, Nestflüchter, Traveller, Pilger, Wallfahrer, blinder Passagier, Zeitreisender, Forschungsreisender, Globetrotter, Weltenbummler, Abenteurer, Weltreisender, Abenteuertourist, Entdeckungsreisender, **2.** Zigeuner, Nomade, Hobo, Landstreicher, Vagabund, Stromer, Streuner, Herumtreiber, Slacker, Vagant, Tramp, Tippelbruder, Trebegänger, Sandler, Berber, Penner, Pennbruder, Bettler, Bettelmann, Bettelbruder, Stadtstreicher; Nichtsesshafter, Obdachloser, Wohnungsloser.

1328 **Reiz** **1.** Reizung, Irritation, Stimulus, Stimulanz, Auslöser, Sinnesreiz, **2.** Anregung, Anreiz, Antrieb, Anziehung, Kitzel, Verlockung, Verführung, Versuchung, Betörung, Verzauberung, Bezauberung, **3.** Ausstrahlung, Charme, Flair, Fluidum, Appeal, Aura, Magie, Charisma, Attraktivität, Attraktion, Anziehungskraft, Magnetismus, Verführungszauber, Unwiderstehlichkeit, Zauber, Bann, Faszination, Strahlkraft, Präsenz.

1329 **reizen** **1.** aufreizen, anreizen, anfachen, anblasen, erregen, stimulieren, entflammen, anziehen, aufregen, begeistern, **2.** ärgern, herausfordern, anputzen, anmeckern, anrempeln, Streit vom Zaun brechen, anspitzen, wider den Stachel löcken, stacheln, aufstacheln, anstacheln, hetzen, Fehdehandschuh hinwerfen, provozieren, brüskieren, fordern, **3.** belästigen, anmachen, fixieren, anstarren, durchbohren, zu nahe treten, ansprechen, anquatschen, anquasseln, anbaggern, nachsteigen, **4.** anlocken, ködern, anfüttern.

1330 **reizvoll** anziehend, attraktiv, gewinnend, einnehmend, ansprechend, reizend, entzückend, bezaubernd, betörend, herzbetörend, faszinierend, magnetisch, elektrisierend, berückend, bannend, berauschend, entflammend, lockend, verlockend, sexy, begehrenswert, blendend, fotogen, telegen, hinreißend, bestechend, entwaffnend, bezwingend, unwiderstehlich, verführerisch, verwirrend, bestrickend.

1331 **relativ** verhältnismäßig, vergleichsweise, verglichen mit, im Vergleich/Verhältnis zu, mehr oder minder, ziemlich, leidlich, bedingt, entsprechend, bezüglich.

1332 **Religion** **1.** Konfession, Bekenntnis, Glaubensbekenntnis, Glaubenslehre, Weltanschauung, Glaubensrichtung, **2.** Glaube, Gläubigkeit, Religiosität, Gottesfürchtigkeit, Gottvertrauen, Frommheit.

1333 **Rente** **1.** Einkommen, Anteil, Ertrag, Zinsen, Gewinn, Dividende, Tantieme, arbeitsloses Einkommen, Pfründe, Sinekure, Apanage, **2.** Pension, Ruhegehalt, Ruhegeld, Vorruhegeld, Altersversorgung, Alterssicherung.

1334 **reservieren** buchen, sicherstellen, zurücklegen, zurückstellen, vorbehalten, offen halten, vormerken, belegen, freihalten, anzahlen, vorbestellen, die Hand legen auf, besetzen, blockieren.

1335 **Rest** **1.** Überbleibsel, Überrest, Brosamen, Krümel, Brotkrumen, Schlacke, Asche, Schnitzel, Stückchen, Stummel, Schniepel, Stumpf, Stümpfchen, Fetzen, Lappen, Stück, Neige, Schlückchen, **2.** Unerledigtes, Restbetrag, Fehlbetrag, Schuld; Restbestand, Restposten;

Restrisiko, **3.** Relikt, Restform, Fossil, Bruchstück, Rudiment, Rückstand, Kaffeesatz, Bodensatz, Residuum, **4.** Spreu, Hülsen, Spelze, Abfall, **5.** Zipfel, Ende, Endstück.

1336 **Reue** Bedauern, Schmerz, Gram, Einkehr, Scham; Reumütigkeit, Reuegefühl, Bußbereitschaft, Zerknirschung, Zerknirschtheit, Gewissensbisse, Gewissensangst, Gewissensnot, Gewissenspein, Schuldgefühle, Schuldbewusstsein, schlechtes Gewissen, Skrupel, Gewissensqual, Selbstekel, Selbstanklage, Selbstvorwurf, Selbstverurteilung, Selbstverdammung; Besserungswille, tätige Reue, Wiedergutmachungswille, Sühne.

1337 **reumütig** betreten, einsichtig, reuig, reuevoll, zerknirscht, beschämt, bußfertig, schuldbewusst, gefügig, guten Willens, windelweich.

1338 **Revolution 1.** Umwälzung, Umsturz, Bouleversement, Umbruch, Volkserhebung, Erhebung, Volksaufstand, Umwertung, Umschwung, Wende, Neubeginn, Stunde null, Erneuerung, Neuordnung, Neugestaltung, Umgestaltung, **2.** Kulturrevolution, industrielle/technische/wissenschaftliche/sexuelle/digitale/samtene Revolution.

1339 **riechen 1.** duften, Wohlgeruch/Duft ausströmen, Duftwolken verbreiten, **2.** stinken, Luft verpesten, muffeln, miefen, Gestank verbreiten, Umwelt verschmutzen, **3.** schnuppern, erschnuppern, schnüffeln, erschnüffeln, beschnüffeln, beriechen, beschnuppern, beschnobern, schnobern, wittern.

1340 **Riese** Hüne, Goliath, Gigant, Monstrum, Koloss, Titan, Zyklop; langer Lulatsch, Riesenkerl, Kaventsmann, Ungeheuer.

1341 **Ring 1.** Reif, Gürtel, Kreis, Kringel, Zirkel, Rund, Runde, Rundung; Peripherie, Ringstraße, Umlaufbahn, **2.** Boxring, Kampfplatz, Rundbahn, Ringbahn, Ringelspiel, Karussell, **3.** Fingerring, Nasenring; Freundschaftsring, Verlobungsring, Trauring, Ehering.

1342 **Rolle 1.** Besetzung, Casting; Figur, Partie, Part, Hauptrolle, Titelrolle, Titelpartie, Titelpart, Hauptfigur, Hauptdarsteller, Hauptperson, Protagonist, tragende/zentrale Rolle, Nebenrolle, Charge, Gastrolle, Statist, Kleindarsteller, stumme Rolle, **2.** Spule, Walze, Röllchen, Trommel, **3.** Überschlag, Purzelbaum, Looping.

1343 **Rückgang 1.** Niedergang, Abstieg, Sinkflug, Abnahme, Rückschritt, Rückschlag, Karriereknick, Nachlassen, Schwund, Verschlechterung, Abbau, Rückbau, Einbuße, Verlust, Verschlimmerung, rückläufige Entwicklung, Deregulierung, Krebsgang, Verfall, Rückfall, Atavismus, Rückbildung, **2.** Entartung, Dekadenz, Degeneration, Schwundstufe, Verfall, Verkümmerung, **3.** Verminderung, Verringerung, Minderung, Reduzierung, Reduktion, Dämpfung, Herabminderung, Prestigeverlust, Demontage, Selbstdemontage, Schmälerung, Aderlass, Fortfall, **4.** Abnahme, Gewichtsabnahme, Gewichtsverlust, Abmagerung, Abhagerung, Entfettung, Auszehrung, Kräfteverfall, **5.** Abschwung, Krise, Baisse, Depression, Geldentwertung, Entwertung, Inflation, Deflation, Kurssturz, Börsensturz, Börsenkrach, Börsencrash, **6.** Werteverlust, Werteverfall, Sittenverfall, Entmenschlichung, Enthumanisierung, Verrohung, Barbarisierung, **7.** Abkühlung, Temperaturrückgang, Wettersturz, Wärmeverlust, Klimasturz, Eiszeit, Kälteperiode, Vereisung, Vergletscherung, Klimakatastrophe, **8.** Ebbe, fallendes Wasser, Niederwasser, Niedrigwasser, **9.** Verkleinerung, Bonsai, Taschenformat, Miniformat, **10.** Abrüstung, Demilitarisierung.

1344 **Rückkehr 1.** Rückweg, Heimweg, Weg zurück, Heimreise, Rückreise, Nachhauseweg, Umkehr, Kehrtwende, Heimkehr, Rückkunft, **2.** Wiederkehr, Wiederkunft, Wiedererscheinen, Wiederauftreten, Rückfall, Rezidiv, Comeback, Wiederaufnahme, Reprise.

1345 **Rückseite** Kehrseite, Abseite, Hinterseite, Schattenseite, Rücken, Revers, Innenseite, Nachtseite; Hinterteil, Gesäß, Steiß, Po, Popo, Allerwertester, Pöter, Tokus, Arsch, Hintern.

1346 **Rücksicht** Rücksichtnahme, Aufmerksamkeit, Behutsamkeit, Schonung, Vorsicht, Berücksichtigung, Achtsamkeit, Fingerspitzengefühl.

1347 **rückwärts** entgegengesetzt, gegenläufig, nach hinten, hintenüber, rücklings, retour, zurück, back, umgekehrt, umgedreht, spiegelverkehrt.

1348 **Ruf 1.** Berufung, Beauftragung, Lehrauftrag, Auftrag, Einsetzung, Ernennung, Bestallung, **2.** Aufruf, Appell, Anruf, Weckruf, Zuruf, Telefonanruf, Fernruf, Rückruf, Warnruf, **3.** Leumund, Ruch, Ansehen.

1349 **rufen 1.** ausrufen, mit lauter Stimme sprechen, anrufen, aufrufen, zurufen, rufen nach, um Hilfe rufen, alarmieren, **2.** zusammenrufen, herbeirufen, heranrufen, herbeizitieren, zusammentrommeln, ausrufen lassen, **3.** berufen, bestallen.

1350 **Ruhe 1.** Stille, Lautlosigkeit, Schweigen, Stillschweigen, Stummheit, Funkstille, **2.** Gelas-

senheit, Beschaulichkeit, Muße, Besinnlichkeit, Ausgeglichenheit, Gleichmaß, Gleichgewicht, Seelenfriede, Gleichmut, Gefasstheit, Besonnenheit, Seelenruhe, Kontemplation, Gemütsruhe, Stoizismus, **3.** Unerschütterlichkeit, Sitzfleisch, Trägheit, Passivität, Inaktivität, Phlegma, Fatalismus, **4.** Windstille, Flaute, Reglosigkeit, Unbewegtheit, Bewegungslosigkeit, Stillstand.

1351 **ruhen 1.** rasten, relaxen, pausieren, Siesta halten, innehalten, einhalten, verweilen, ausruhen, abschlaffen, entspannen, Seele baumeln lassen, sich verschnaufen, zurückziehen, hinlegen, ausstrecken, langlegen, langmachen, niederlegen, es sich bequem machen; liegen, sich Ruhe gönnen; Hände in den Schoß legen, zur Ruhe kommen, abschalten, Atem holen/schöpfen, stillhalten, sich nicht regen; nichts tun, **2.** in sich ruhen, sich Zeit lassen/Zeit nehmen, nichts übereilen/überstürzen, kühlen Kopf/Ruhe/Nerven bewahren, etwas überschlafen, **3.** unterbrechen, erlöschen, ins Stocken geraten, aussetzen, auf Eis liegen, lahm liegen, brachliegen.

1352 **ruhig 1.** still, lautlos, leise, unhörbar, mäuschenstill, schweigend, ruhend, schlafend, bewegungslos, friedlich, klösterlich, **2.** geruhsam, bedächtig, bedachtsam, behutsam, gemach, nachdenklich, besinnlich, überlegt, abwägend, abwartend, geduldig, **3.** beherrscht, gelassen, entspannt, beruhigt, gefasst, gemessen, gesetzt, fatalistisch, klaglos, ausgeglichen, gleichmäßig, phlegmatisch, würdevoll, ohne Eile/Hast, zurückhaltend, seelenruhig, tiefenentspannt, ungerührt, unerschütterlich, stoisch, gleichmütig, **4.** kontemplativ, beschaulich, innerlich, versonnen, versunken, vertieft, träumerisch, verträumt, versponnen, in sich gekehrt, selbstvergessen, seinsvergessen, in Gedanken versunken, introvertiert, nach innen gerichtet, besinnlich, erbaulich, philosophisch, gedankenvoll, **5.** geistesgegenwärtig, kaltblütig, cool, beherrscht, **6.** ruhend, latent, verborgen, nicht in Erscheinung tretend, **7.** windstill, im Windschatten, reglos, regungslos, ohne Bewegung/einen Hauch, totenstill.

# S

1353 **sachlich 1.** objektiv, unparteiisch, neutral, vorurteilslos, vorurteilsfrei, unvoreingenommen, unbeeinflusst, unbefangen, unverblendet, uninteressiert, leidenschaftslos, emotionsfrei, **2.** klar, real, nüchtern, logisch, rational, verstandesmäßig, realistisch, prosaisch, poesielos, unpersönlich, unpoetisch, trocken, pragmatisch, sachbezogen, sachorientiert, praktisch orientiert.

1354 **saftig 1.** fruchtig, fleischig, feucht, saftstrotzend, safttriefend, erfrischend, prall, voll, üppig, strotzend, satt, **2.** stark, unanständig, deftig, derb, **3.** hoch, übersteigert, unverschämt, gepfeffert, gesalzen, ordentlich, fest.

1355 **Saison** Jahreszeit, Hauptbetriebszeit, Erntezeit, Reisezeit, Hauptreisezeit, Hochkonjunktur, Hauptgeschäftszeit, Konzertsaison, Theatersaison, Ballsaison, Veranstaltungssaison, Spielzeit.

1356 **sammeln (sich) 1.** einsammeln, zusammenlesen, aufsammeln, aufheben, aufklauben, zusammenbringen, zusammentragen, Sammlung anlegen, kompilieren, **2.** scheffeln, anhäufen, ansammeln, zusammenraffen, zusammenkratzen, zusammenscharren, zusammenschleppen; stapeln, aufstapeln, stauen, lagern, einlagern, häufen, türmen, massieren, horten, schichten, aufschichten, akkumulieren, aufeinanderschichten, aufeinandersetzen, bündeln, schachteln, **3.** zentralisieren, konzentrieren, zusammenfassen, zusammenführen, zusammenziehen, **4.** speichern, eingeben, erfassen, aufnehmen, magazinieren, katalogisieren, bibliographieren, mikrofotografieren, auf Band nehmen, **5.** zu sich kommen, sich fassen; zur Ruhe kommen, sich konzentrieren; Gedanken sammeln/zusammenhalten.

1357 **Sammlung 1.** Ansammlung, Kollektion, Auslese, Ernte, Lese, Anhäufung, Hortung, Vorrat, Auswahl, Schatz, **2.** Bildersammlung, Gemäldesammlung, Kuriositätensammlung, Wunderkammer, Raritätensammlung, Kunstsammlung, Schatzhaus, Schatzkammer, Privatsammlung, Büchersammlung, Bibliothek, Plattensammlung, Museum, Kunsthalle, Pinakothek, Galerie, Glyptothek, Videothek, Mediathek, Bestiarium, **3.** Sammelwerk, Anthologie, Blütenlese, Brevier, Kodex, Almanach, Album, Auswahlband, Digest, Sammelband, Sampler, Mixtape, CD-ROM, **4.** Aufnahme, Erfassung, Datenerfassung, Speicherung, Archivierung, Datensammlung, Datensatz, Datenbank, **5.** Konzentration, innere Sammlung/Vorbereitung, **6.** Spendenaktion, Hilfsaktion.

1358 **Sänger(in) 1.** Bass, Bariton, Tenor, Kammertenor, Kastrat, Countertenor; Opernsänger, Operettensänger, Kammersänger, Konzertsänger, Chorsänger, Schlagersänger, Röhre, Rocksänger, Bluessänger, Popsänger; Chansonnier, Barde, Liedermacher, Songwriter, Singer-Songwriter, Balladensänger, Moritatensänger, Bänkelsänger, Troubadour; Vokalkünstler, Vokalist, **2.** Alt, Sopran, Mezzosopran, Opernsängerin, Chansonnette, Troubadourin, Soubrette.

1359 **satt 1.** gesättigt, pappsatt, genudelt, vollgegessen, vollgestopft, vollgefressen, überfressen, **2.** befriedigt, zufrieden, saturiert, zufriedengestellt, wunschlos, **3.** tief, voll, warm, kräftig, intensiv, leuchtend, **4.** leid, über, verleidet, vermiest, überdrüssig, angewidert, angeekelt, angeödet, gelangweilt, müde, **5.** viel, ausreichend.

1360 **sauber 1.** gewaschen, blank, gereinigt, geputzt, gesäubert, gescheuert, frisch gewaschen, fleckenlos, fusselfrei, blitzblank, peinlich/porentief sauber, hygienisch, keimfrei, steril, pieksauber, besenrein, wie geleckt, schmuck, proper, tipptopp, wie aus dem Ei gepellt, picobello, **2.** rein, unvermischt, rückstandsfrei, schadstofffrei, emissionsfrei, naturrein, schier, unversetzt, pur, klar, lauter, ungetrübt, unverfälscht, geklärt, destilliert, geläutert, raffiniert, schlackenlos, bar, hochkarätig, lupenrein; stubenrein, **3.** drogenfrei, clean, nüchtern, ausgenüchtert, trocken, stocktrocken, alkoholfrei, **4.** unschädlich, umweltfreundlich.

1361 **Sauberkeit 1.** Fleckenlosigkeit, Reinheit, Reinlichkeit, Gepflegtheit, Frische, Hygiene, **2.** Naturreinheit, Unverfälschtheit, Ungetrübtheit, Echtheit.

1362 **säubern (sich) 1.** rein machen, reinigen, putzen, sauber machen, stöbern, Hausputz halten, fegen, kehren, abfegen, abkehren, scheuern, schrubben, aufwaschen, aufwischen, aufnehmen, wischen, abstauben, Staub wischen, staubsaugen, entstauben, **2.** bürsten, ausbürsten, abbürsten, reiben, abreiben, ausputzen, auswischen, wegwischen, abwischen, abwa-

schen, entflecken; ausschütteln, ausschwenken, ausklopfen, klopfen; wichsen, bohnern, blank reiben, **3.** waschen, einseifen, abseifen, baden, Bad nehmen, duschen, brausen, abbrausen; abwaschen, Geschirr spülen, spülen, abspülen, Wäsche waschen/machen, **4.** jäten, roden, Unkraut entfernen, auszupfen, ausziehen, **5.** desinfizieren, entkeimen, keimfrei machen; entschlacken, purgieren, entseuchen, entgiften, dekontaminieren.

1363 **Schaden 1.** Beeinträchtigung, Nachteil, Verlust, Einbuße, Schwund, Abbruch, Abgang, Ausfall, Wegfall, Panne, Unfall, Defekt, Pech, Bruch, Sachschaden, Schädigung, Beschädigung, Gesundheitsschädigung; Pleite, Misserfolg, **2.** Benachteiligung, Diskriminierung, Zurücksetzung, Missachtung.

1364 **schaden (sich) 1.** Schaden zufügen, Unheil anrichten, schädigen, beeinträchtigen, benachteiligen, diskriminieren, zurücksetzen, in den Schatten stellen, hemmen, überrumpeln, sabotieren, Verluste beibringen, Wasser abgraben, etwas antun, Böses/Arges zufügen, sich in den Weg stellen; eins auswischen, bösen Streich spielen, Strick drehen, ins Unglück/in Misskredit bringen, Ruf schädigen, Suppe versalzen, Bein stellen, zu Fall bringen, austricksen, ausbooten, **2.** bekümmern, betrüben, Schmerz bereiten, Sorgen machen, Leid zufügen/antun, Herz brechen, verletzen, verwunden, **3.** sich verletzen; zu Schaden kommen, sich schädigen, **4.** Schaden erleiden, Pech haben, ins offene Messer laufen, Zeche bezahlen, den Kürzeren ziehen, zu kurz kommen, Nachsehen haben, Arschkarte ziehen, schlecht wegkommen, zurückgesetzt/benachteiligt/beeinträchtigt werden, nicht zum Zuge kommen, vom Regen in die Traufe kommen, sich in die Nesseln setzen, den Mund/die Pfoten/die Finger verbrennen, ins eigene Fleisch schneiden; ins Fettnäpfchen treten, Porzellan zerschlagen, in Misskredit/ein schiefes Licht geraten, guten Ruf verlieren/verspielen, sich im Licht stehen, eine Suppe einbrocken; in ein Wespennest stechen, gegen sich einnehmen, sich unbeliebt/unmöglich machen; in Ungnade fallen, es verderben, sich sein eigenes Grab schaufeln; alles aufs Spiel setzen, **5.** zum Schaden gereichen, sich ungünstig/nachteilig/negativ auswirken; nachteilig/schädlich sein, krank machen, in Mitleidenschaft ziehen, ruinieren.

1365 **Scham 1.** Schamgefühl, Schamhaftigkeit, Scheu, Schüchternheit; Schamesröte, Reue, **2.** Schamhügel, Venushügel, Pubes, Schamgegend, Genitalien.

1366 **schämen, sich 1.** Scham empfinden, in Verlegenheit geraten, Augen niederschlagen, sich genieren, fremdschämen; erröten, rot werden, erglühen; verlegen/schüchtern sein; sich zieren; fremdeln, sich winden, nötigen lassen, anstellen, haben; Geschichten machen, **2.** zu schüchtern sein, sich scheuen; nicht den Mut/die Stirn haben, sich nicht trauen.

1367 **Schande 1.** Schmach, Makel, Unehre, Schimpf, Blamage, Gesichtsverlust, Beschämung, Bloßstellung, Desavouierung, Skandal, Misskredit, übler Leumund, üble Nachrede, Verruf, Kompromittierung, Missachtung, Demütigung, **2.** Schändung, Entweihung, Entwürdigung, Frevel, Schandfleck, Schandmal, dunkler Punkt, Eklat, Skandal, Brandmarkung.

1368 **scharf 1.** schneidend, geschliffen, gewetzt, geschärft, spitz, spitzig, gezackt, gezähnt, schartig, dornig, stachelig, eckig, kantig, scharfkantig, **2.** rau, kalt, durchdringend, harsch, grimmig, **3.** gehässig, beleidigend, polemisch, zynisch, zugespitzt, überscharf, überspitzt, penetrant, ätzend, bissig, beißend, schonungslos, **4.** schrill, spitz, befehlend, schneidend, barsch, kategorisch; durchbohrend, stechend, **5.** klar, deutlich, gut zu erkennen, tiefenscharf, **6.** geil, lüstern.

1369 **schärfen 1.** wetzen, abziehen, schleifen, dengeln, spitzen, anspitzen, feilen, **2.** sich verschärfen, verschlimmern, verschlechtern, zuspitzen; zu einer Entscheidung drängen, ernst werden, eskalieren, **3.** Blick schärfen/üben/schulen/verbessern.

1370 **schätzen 1.** aufschauen, achten, ehren, anerkennen, bewundern, verehren, hochhalten, hohe Meinung haben, hochachten, zu würdigen wissen, hohen Begriff haben, große Stücke auf jmdn. halten, für wertvoll halten, **2.** bewerten, werten, prüfen, begutachten, quantifizieren, evaluieren, beurteilen, einschätzen, taxieren, abschätzen, überschlagen, abwägen, wägen, veranschlagen, ermessen, erachten, ansetzen, auswerten, kalkulieren, über den Daumen peilen, durchspielen, hochrechnen, vermuten, annehmen.

1371 **schäumen 1.** gären, brodeln, brausen, kochen, sieden, wallen, sprudeln, zischen, rauschen, gischten, branden, perlen, moussieren, prickeln, Schaum bilden, Gischt aufwerfen, **2.** aufbrausen, wüten, sich aufregen.

1372 **Schauplatz** **1.** Bühne, Forum, Szenarium, Szenerie, Arena, Amphitheater, Center-Court, Stadion, Manege, Podium, Platz, Spielplatz, Kampfplatz, Tatort, Ring, Rennbahn, Ort der Handlung/des Geschehens, **2.** Drehort, Set, Szene, Spielort, Location.

1373 **Schauspiel** **1.** Bühnenstück, Bühnenwerk, Spiel, Theaterstück, Stück, Lehrstück, Festspiel, Mysterienspiel, Passionsspiel, Drama, Komödie, Tragödie, **2.** Anblick, Vorgang, Ereignis, Spektakel, Vorfall.

1374 **Scheide** **1.** Vagina, Vulva, Scham, Schoß; Muschi, Pussi, Möse, Ritze, Schnecke, Schlitz, Fotze, Loch, Fut, Dose, Feige, Pflaume, Maus, Kätzchen, Katze, **2.** Wasserscheide, Scheidewand, Grenzlinie, Scheidemünze, Schwertscheide, **3.** Etui, Futteral, Behälter.

1375 **scheinbar** angeblich, vorgeblich, fiktiv, fingiert, pro forma, zum Schein, vorgetäuscht, trügerisch, täuschend, fragwürdig, fälschlich, vorgegeben, vermeintlich, irrtümlich, virtuell.

1376 **scheinen** **1.** aussehen, vorkommen, daherkommen, Anschein haben, erscheinen, dünken, wirken, anmuten, sich anfühlen, ausnehmen, geben, darstellen; blenden, täuschen, Anschein erwecken, Schein/Dekorum wahren, so tun als ob, **2.** leuchten, strahlen, brennen, flackern, lodern, glühen, gluten, blinken, aufblitzen, blitzen, wetterleuchten, aufscheinen, flimmern, glitzern, funkeln, glänzen, gleißen, schimmern, schillern, glimmen, flirren, flittern, spielen, spiegeln, erglänzen, aufleuchten, aufzucken, erstrahlen, erglühen, ausstrahlen, aussenden, ausströmen, abstrahlen, verbreiten, **3.** durchscheinen, durchschimmern, Licht durchlassen, **4.** phosphoreszieren, fluoreszieren, changieren, glimmern, schillern, moirieren, flammen.

1377 **Scheinwelt** Simulation, Bildschirmwelt, virtuelle/fiktionale Realität, Virtual Reality, digitale Welt, Virtual Vision, Cyberspace.

1378 **scheitern** **1.** fehlschlagen, misslingen, missglücken, danebengehen, schief gehen, auffliegen, zuschanden werden, in die Brüche/Binsen gehen, zunichtemachen, sich zerschlagen; zusammenkrachen, verunglücken, missraten, platzen, missfallen, durchfallen, **2.** Pech haben, Ziel verfehlen, versagen, Fiasko erleiden, zu nichts/auf keinen grünen Zweig kommen, straucheln, stolpern, Vermögen verlieren, zu Fall kommen, baden gehen, ins Unglück rennen, stranden, Schiffbruch erleiden, zerbrechen an, untergehen, abstürzen, sein Waterloo erleben, **3.** unterliegen, erliegen, zu Boden gehen, kapitulieren, Handtuch werfen, auf verlorenem Posten kämpfen, weiße Flagge aufziehen, **4.** hereinfallen, auf den Leim/ins Garn/in die Schlinge gehen, **5.** abblitzen, abfahren, Korb bekommen, sich eine Abfuhr holen; sitzen gelassen/versetzt/abgewiesen werden, aufsitzen, auflaufen, **6.** in den Wind reden, tauben Ohren predigen, auf Granit beißen, sich die Zähne ausbeißen; verkannt/nicht verstanden werden, auf Unverständnis stoßen.

1379 **Schelm** **1.** Schalk, Schäker, Spaßmacher, Spaßvogel, Witzbold, Type, Possenreißer, Faxenmacher, lustiger Kauz, Eulenspiegel, Münchhausen, Komiker, Knallcharge, Comedian, Clown, Buffo, Pikaro, Hanswurst, Kasperle, Harlekin, Bajazzo, Wurstel, **2.** Schlingel, Schlawiner, Racker, Strolch, Strick, Frechdachs, Keckling, Lauser, Wildfang, Lausejunge, Lausebengel, Lausbub.

1380 **Schelte** **1.** Schimpfe, Zornausbruch, Donnerwetter, Anschnauzer, Abreibung, Anpfiff, Ungewitter, Scheltworte, Schimpfworte, Zigarre, Krach, Gebelfer, Gebell, Gekeife, Schimpferei, Schimpfkanonade, Anschiss, Gardinenpredigt, Kapuzinerpredigt, Moralpredigt, Sermon, Standpauke, Philippika, Epistel, Lektion, Strafpredigt, **2.** Anwurf, Vorwurf, Anschuldigung, Vorhaltung, Rüge, Rüffel, Maßregelung, Zurechtweisung, Tadel, Ordnungsruf, Monitum, Verweis, Mahnung.

1381 **Scheusal** Vogelscheuche, Monstrum, Monster, Monstrosität, Popanz, Schreckgespenst, Ungetüm, Untier, Ungeheuer, Ausgeburt, Spottgeburt, Ekel, Gräuel, Widerling, Hurensohn, Biest, Kotzbrocken, Brechmittel, Miststück, Rabenaas, Mistkerl.

1382 **Schicht** **1.** Überzug, Belag, Film, Hülle, **2.** Dienst, Arbeitszeit, Turnus, Arbeitsschicht, Nachtschicht, Tagesschicht, Teilschicht, Doppelschicht, **3.** Gesellschaftsschicht, soziale Schicht, Bevölkerungsschicht; Unterschicht, Mittelschicht, Oberschicht, Kaste, Stand, Klasse.

1383 **schicken** **1.** senden, entsenden, delegieren, abordnen, **2.** befördern, spedieren, transportieren, verfrachten, verladen, verschiffen, umschlagen, **3.** liefern, zuführen, überführen, zustellen, zuschicken, zusenden, ausfahren, bringen, zugehen lassen, zuleiten, abliefern, ausliefern, übermitteln, beliefern, **4.** einstecken, einwerfen, expedieren, abschicken,

wegschicken, aufgeben, zur Post geben, absenden, versenden, verschicken, zustellen.

1384 **Schicksal** **1.** Geschick, Fatum, Los, Bestimmung, Fügung, Schickung, Verhängnis, Kismet, Moira, Tyche, Parzen, **2.** Providenz, Vorsehung, Prädestination, Vorherbestimmtheit, höhere Gewalt, Notwendigkeit, Sterne, Zufall, Kontingenz, Zusammentreffen von Umständen, Koinzidenz der Fälle, Gunst/Ungunst der Verhältnisse, Tücke des Geschicks, Self-fulfilling Prophecy.

1385 **schicksalhaft** vorbestimmt, vorherbestimmt, prädestiniert, schicksalsträchtig, schicksalsbedingt, verfügt, zubestimmt, unwiderruflich, unentrinnbar.

1386 **schimpfen** **1.** schelten, tadeln, zanken, brummen, knottern, raunzen, motzen, knurren, murren, kollern; anschnauzen, anfahren, ausschelten, ausschimpfen, auszanken, aufs Dach steigen, Abreibung erteilen, beschimpfen, unsachlich werden, an den Karren fahren, grob kommen, anfauchen, anzischen, anpfeifen, anranzen, verdonnern, eins draufgeben, Marsch blasen, ins Gebet nehmen, Kopf waschen, Hühnchen rupfen, anblasen, anherrschen, eins auf die Nase geben, vom Leder ziehen, Theater/Szene machen, den Text lesen, **2.** toben, explodieren, platzen, bersten, schreien, fauchen, schnauben, poltern, schnauzen, giften, zischen, donnern, wettern, wüten, bellen, kläffen, keifen, geifern, niederbrüllen, zetern, rasen, donnerwettern, fluchen, lästern, touretten.

1387 **schlafen** **1.** schlafen/ins Bett gehen, sich ins Bett legen; zu Bett gehen, sich zur Ruhe begeben, sich aufs Ohr hauen/legen, in die Klappe/ins Nest gehen, **2.** einschlafen, einnicken, entschlummern, in Schlaf fallen/sinken, dämmern, duseln, nicken, dösen, schlummern, pennen, pofen, ratzen, knacken, schnarchen, sägen, im Schlaf liegen, fest/tief schlafen, **3.** nicht aufpassen, mit den Gedanken woanders sein, träumen; unaufmerksam/nicht bei der Sache sein, **4.** schlafen legen, zu Bett bringen, ins Bett legen, hinlegen, betten.

1388 **Schlag** **1.** Ohrfeige, Nasenstüber, Backenstreich, Backpfeife, Maulschelle, Watsche, Dachtel, Kopfnuss, Katzenkopf; Streich, Hieb, Haken, Stoß, Klaps; Hiebe, Kloppe, Prügel, Haue, Senge, Tracht Prügel, Abreibung, Dresche, Keile, Schläge; Treffer, Schwinger, Boxhieb, Kinnhaken, **2.** Schlägerei, Balgerei, Boxerei, Gerangel, Klopperei, Gekloppe, Handgemenge, Keilerei, Holzerei, Prügelei, Rauferei, Handgreiflichkeit, Tätlichkeit, **3.** Blitzschlag, Blitz aus heiterem Himmel, Donnerschlag, Schicksalsschlag, **4.** Gehirnschlag, Schlaganfall, Schlagfluss, Apoplexie.

1389 **schlagen (sich)** **1.** hauen, prügeln, verwalken, durchhauen, durchwichsen, traktieren, verhauen, Tracht Prügel verabreichen, durchbläuen, Fell gerben, zausen, verbimsen, bimsen, beuteln, übers Knie legen, Hosen stramm ziehen, verwamsen, versohlen, verdreschen; Klaps geben, patschen, eins hintendrauf geben, eins verpassen/überziehen, ohrfeigen, eine langen/herunterhauen/knallen, **2.** handgreiflich/handgemein/tätlich werden, zu Leibe gehen, Schlägerei beginnen, sich raufen; holzen, keilen, boxen, zusammenschlagen, niederschlagen, zu Boden schlagen, unterkriegen, überwältigen, zur Strecke bringen, niederwerfen, niederzwingen, bezwingen, zu Boden strecken, kleinkriegen, ausknocken, knock-out schlagen, durch Knock-out besiegen, obsiegen, auspunkten, besiegen, **3.** überrunden, ausstechen, überbieten, punkten, Punkte machen, übertreffen, toppen, überflügeln, Rang ablaufen, überholen, überragen, übertrumpfen, hinter sich lassen, zurücklassen, abhängen, in den Schatten stellen, in die Tasche stecken, an die Wand drücken/spielen, besser/überlegen sein, **4.** fällen, umlegen, schlägern, umschlagen, umhauen, abholzen, abschlagen, entwalden.

1390 **schlagend** drastisch, erdrückend, unwiderleglich, frappant, verblüffend, überraschend, beweiskräftig, evident, stringent, handgreiflich, stichhaltig, triftig, schlagkräftig, durchschlagend, schlüssig, logisch, zwingend, unabweislich, wohl begründet, unbezweifelbar, überzeugend, suggestiv, eindringlich, hieb- und stichfest, abgesichert, materialsatt, bestechend, wasserdicht.

1391 **schlau** **1.** gerissen, gerieben, gewieft, clever, gewitzigt, helle, gefinkelt, fuchsschlau, plietsch, ausgeschlafen, durchtrieben, mit allen Wassern gewaschen, füchsisch, vigilant, verschlagen, listig, pfiffig, verschmitzt, findig, bauernschlau, abgefeimt, raffiniert, schlitzohrig, smart, mit allen Hunden gehetzt, trickreich, tricky, ausgepicht, fintenreich, ausgekocht, gewitzt, **2.** siebengescheit, oberschlau, überschlau, neunmalklug, obergescheit, superklug, superschlau.

1392 **schlecht** **1.** wertlos, ungenügend, nichts wert,

minderwertig, nichts dran, unbrauchbar, unverwendbar, nutzlos, drittklassig, letztklassig, spottschlecht, unter aller Kritik/Kanone, gering, nichtig, zu nichts zu brauchen; miserabel, lausig, keinen roten Heller/Pfifferling wert, spottet jeder Beschreibung, beschissen, katastrophal, desaströs, saumäßig, grottenschlecht, verheerend, mies, flau, mau, mäßig, dürftig, nicht das Gelbe vom Ei, **2.** misslungen, missraten, verfehlt, verpatzt, missglückt, verkorkst, versaut, ungeraten, schiefgegangen, schiefgelaufen; schlecht sitzend, nicht passend, schlecht gearbeitet, zu eng, zu weit, vermurkst, vergeigt, **3.** schlecht geworden, verdorben, gammelig, angefault, verschimmelt, schimmelig, lumelig, ranzig, stichig, gekippt, vergoren, angesäuert, sauer geworden, wurmstichig, wurmig, madig, faul, faulig, angebrannt, verkohlt, verbrannt, ungenießbar, **4.** schlimm, übel, arg, unheilvoll, bedenklich, gefährlich; infiziert, verseucht, vergiftet, verstrahlt, kontaminiert, **5.** gemein, niedrig, nichtswürdig, verwerflich, ehrlos, unehrenhaft, schimpflich, schofel, würdelos, perfide, fies, schandbar, abscheulich, ruchlos, miserabel, jämmerlich, schurkig, schuftig, kriminell, verbrecherisch, niederträchtig, hundsgemein, böse, schändlich, verächtlich, verabscheuenswert, verderbt, erbärmlich, verdammenswert, ungeheuerlich, unerhört, schreit zum Himmel; fragwürdig, nicht einwandfrei, ehrenrührig, charakterlos, **6.** ungültig, entwertet, verfallen, abgewertet, außer Kurs, abgelaufen, ausgelaufen, gegenstandslos, hinfällig, verjährt, null und nichtig.

1393 **Schlechtigkeit** Gemeinheit, Intriganz, Verderbtheit, Verdorbenheit, Verworfenheit, Perfidie, Gewissenlosigkeit, Niedertracht, Nichtswürdigkeit, Verruchtheit, Verderbnis, Verkommenheit, Schuftigkeit, Schurkerei, Verächtlichkeit, Nichtsnutzigkeit, Schändlichkeit, Schandbarkeit, Sittenlosigkeit, Würdelosigkeit, Unmoral.

1394 **schließen** **1.** zumachen, zuziehen, zuschlagen, zuklappen, zuknallen, zuwerfen, ins Schloss werfen, zuballern, zuhalten, den Schlüssel umdrehen, abschließen, zuschließen, verschließen, zusperren, absperren, versperren, verstellen, blockieren, zuriegeln, abriegeln, verriegeln, verrammeln, vergittern, verbarrikadieren, **2.** verkorken, stöpseln, zustöpseln, verkapseln, zudrücken, Deckel schließen, verschrauben, zuschrauben, zubinden, zukleben, verkleben, zudrehen, abdrehen, zuknöpfen, zuhaken, zustopfen, verstopfen, versiegeln, plombieren, **3.** folgern, Schluss ziehen, zu dem Schluss kommen, zusammenfassen, Folgerung/Fazit ziehen, zurückführen auf, erklären mit, erkennen, entwickeln, ableiten, urteilen, entnehmen, ersehen, herleiten, deduzieren, derivieren, nachweisen, feststellen, finden, argumentieren, kombinieren, verknüpfen, in Beziehung bringen, resümieren, rekapitulieren, **4.** abblenden, abdunkeln, Vorhang schließen/zuziehen, Fenster verhängen/zuhängen, verdunkeln, die Läden schließen, finster machen, **5.** sich schließen; zufallen, ins Schloss fallen, einschnappen, zuschnappen, zuschlagen, einrasten.

1395 **Schluss** **1.** Ende, Abschluss, Vollendung, Schließung, Beendigung, Abbruch, Ausgang, Auslauf, Mündung, Delta; Ausläufer, letzter Teil, Schwanz, Schwanzende, Schlussteil, Endstück, Verfallsdatum, **2.** Nachwort, Schlusswort, Zusammenfassung, Rückblick, Abgesang, Epilog, Abschlussbericht, Ausklang, Schlussakkord, Schwanengesang, Nachspiel; Kehraus, guter Ausgang, Happyend; Schlusspunkt, Nullpunkt, Endpunkt, Schlussakt, Schlusslicht, Torschluss, Endstation, Aus, Rote Karte, Matthäi am Letzten; Nachhut, Rüste, Neige, Finale, Schlusssatz, Koda, Endstadium, Ende, Exitus, Totentanz, Danse macabre, **3.** Folgerung, Schlussfolgerung, Rückschluss, Denkergebnis, Konsequenz, Ableitung, Deduktion, Konklusion, Analogieschluss, Syllogismus, **4.** Quintessenz, Nutzanwendung, Ergebnis, Fazit, Moral, **5.** Endkampf, Spurt, Endspurt, Finish, Endspiel, Endrunde, Schlussrunde.

1396 **schmeicheln** schönreden, süßreden, Süßholz raspeln, schleimen, flattieren, beweihräuchern, Weihrauch streuen, hofieren, einwickeln, einseifen, lobhudeln, um den Bart gehen, bauchpinseln, Schleppe tragen, zu Gefallen reden, scharwenzeln, nachlaufen, schöntun, liebedienern, katzbuckeln; sich einschmeicheln, anbiedern, anwanzen, ranschmeißen, einschleimen; insinuieren, umwerben, umschmeicheln, umbuhlen, sich lieb Kind machen; kriechen, Kotau machen, heucheln.

1397 **Schmeichler** **1.** Augendiener, Lobredner, Schönredner, Apologet, Schöntuer, Hofmacher, Claque, Claqueur, Courschneider, Heuchler, Bauchpinsler, Gleisner, Leisetreter,

Schranze, Wasserträger, Kofferträger, Kriecher, Sklavenseele, Schneeschleicher, Liebediener, Süßholzraspler, Nachbeter, Ohrenbläser, Zuträger, Kreatur; Schmeichlerin, Schmeichelkatze, **2.** Schmarotzer, Parasit, Schädling, Zecke, Nutznießer, Nassauer, Schnorrer, Abstauber, Vasall, Satellit.

1398 **Schmerz 1.** Leid, Kummer, Gram, Harm, Weh, Seelenschmerz, Jammer, Herzeleid, Herzweh, **2.** Schmerzen, Schmerzempfinden, Schmerzgefühl, Leiden, Beschwerden, Pein, Pfahl im Fleisch, Qual, Marter, Folter, Plage, Tortur, Peinigung, Quälerei, Nervenprobe, Höllenpein, Höllenritt, Höllentrip, Höllenqualen, Martyrium, Tantalusqualen, Hölle, Inferno, Weltuntergang.

1399 **schmerzen 1.** wehtun, Schmerzen verursachen, brennen, bohren, beißen, stechen, pochen, ziehen, ziepen, schneiden, durch Mark und Bein gehen, quälen, zusetzen, piesacken, traktieren, martern, **2.** leidtun, Kummer machen, Sorgen bereiten, bereuen, reuen, bedrücken, zu schaffen machen, Gewissensbisse verursachen.

1400 **schmückend** verschönernd, hebend, putzend, zierend, ziervoll, dekorativ, malerisch, wirkungsvoll.

1401 **Schmutz 1.** Dreck, Unrat, Unflat, Staub, Matsch, Schlamm, Morast, Mist, Müll, Sumpf, Schmutzlache, Pfuhl, Schmiere, Schlieren, Schmutzstreifen, **2.** Verunreinigung, Verschmutzung, Schweinerei, Sauerei, Flecken, Verfleckung, Verdreckung, Kleckse, Gesudel, Sudelei, **3.** Schund, Schundliteratur, Regenbogenpresse, Unterschichtenfernsehen.

1402 **Schmutzfink** Schmierfink, Dreckspatz, Ferkel, Schweinigel, Schwein, Saubartel, Sau, Saubär, Säunickel, Wutz, Drecksau, Schlunze, Schlamper, Schlampe.

1403 **schmutzig 1.** unhygienisch, unsauber, ungewaschen, dreckig, schmuddelig, ungepflegt, liederlich, schweißig, verschwitzt, durchgeschwitzt; verunreinigt, befleckt, besudelt, beschmutzt, verschmutzt, verdreckt, verfleckt, fleckig, schmierig, verkrustet, versifft, verstaubt, staubig, staubüberzogen, rußig, verrußt, rußbedeckt; sandig, erdig; speckig, fettig, ölig, voll Fettflecken; schlammig, kotig, matschig, lehmig, morastig, glitschig, sudelig, sumpfig, grundlos, **2.** unanständig, anstößig.

1404 **schneiden (sich) 1.** zerkleinern, zerschneiden, in Stücke schneiden, tranchieren, aufschneiden, zerteilen, zerlegen, zerstückeln, teilen, abschneiden, abtrennen, absäbeln, herunterschneiden, schnippeln, schnipseln, absägen, **2.** kürzen, Teile entfernen, auf die richtige Länge / in die richtige Form bringen, cutten, **3.** schnitzen, schnitzeln, fitzen, spänen; kerben, einkerben, einschneiden, zacken, auszacken, **4.** verletzen, beschneiden, verwunden, pieken, stechen, **5.** verleugnen, meiden, aus dem Weg gehen, übersehen, hindurchschauen, nicht sehen wollen, wegsehen, übergehen, überhören, nicht hinhören/zuhören, ignorieren, boykottieren, keine Notiz nehmen, hinwegsehen, hinweggehen, links liegen lassen, verpönen, verfemen, umgehen, abrücken, wie Luft behandeln, keines Wortes würdigen, brüskieren, kalte Schulter zeigen, nicht beachten, nicht zur Kenntnis nehmen, missachten, totschweigen, nicht mehr kennen, sich abwenden; Rücken zuwenden, **6.** sich kreuzen, treffen; zusammentreffen, sich begegnen, **7.** sich schaden, ins eigene Fleisch schneiden.

1405 **schnell 1.** rasch, geschwind, flink, flugs, wieselig, behände, hurtig, eilig, rapid, blitzschnell, blitzartig, fix, affenartig, flott, zügig, schwungvoll, mit Schwung, im Geschwindschritt/Galopp/Schweinsgalopp, fluchtartig, mit einem Sprung, Tempo, rasant, rasend, stürmisch, prompt, wie der Wind/aus der Pistole geschossen, mit Volldampf/Karacho/Blaulicht/Vollgas/Hochdruck, holterdiepolter, im Laufschritt, in fliegender Hast/höchster Eile, wie ein Wiesel/Lauffeuer, in Windeseile, schnellstens, auf dem schnellsten Weg, ehestens, schleunigst, **2.** augenblicklich, stante pede, gleich, eilends, sofort, unverweilt, ungesäumt, im selben Augenblick, stehenden Fußes, so bald wie möglich, recht bald, möglichst umgehend, überstürzt, im Nu, stracks, spornstreichs, auf der Stelle, eilfertig, handkehrum, im Handumdrehen.

1406 **schon** bereits, längst, früher als erwartet/gedacht, schon lange, seit langem, allbereits.

1407 **schön 1.** entzückend, reizend, ästhetisch, klassisch, formvollendet, ebenmäßig, harmonisch, wunderschön, stilvoll, geschmackvoll, bildschön, herrlich, vollendet, makellos, unvergleichlich, strahlend, blendend, traumhaft, wunderbar, zauberhaft, wundervoll, märchenhaft, göttlich, göttergleich, reizvoll, **2.** gut gewachsen, wohlgestaltet, wohlbeschaffen, wohlproportioniert, gut gebaut, stattlich, wohlgeformt, blendende Figur, **3.** wolkenlos, heiter.

1408 **schonen (sich)** **1.** sorgsam behandeln, hüten, hegen, nicht strapazieren, pfleglich behandeln, **2.** verschonen, bewahren/behüten vor, ersparen, mit Samthandschuhen anfassen, **3.** Milde walten lassen, es gnädig machen, Auge zudrücken, durch die Finger sehen, fünf gerade sein lassen, Nachsicht üben, nicht entgelten lassen, **4.** sich pflegen; langsam treten, kurztreten, kürzertreten, auf seine Gesundheit achten, Anstrengungen vermeiden.

1409 **Schönheit** **1.** Liebreiz, Wohlgestalt, Anmut, Ebenmaß, Harmonie, **2.** Eleganz, Stil, Noblesse, Chic, Feinheit, Vornehmheit, Formvollendung, Erlesenheit, Pracht, Herrlichkeit, **3.** Schöne, Beauté, Venus, Helena, Engel, Superweib, Superfrau, Traumfrau, Klasseweib, Rasseweib, Prachtexemplar, flotte Biene, süßes Mädel, steiler Zahn, heißer Feger, Zuckerpuppe, Sahneschnitte, Wuchtbrumme, Granate; Dorfschönheit, Dorfschöne, Naturschönheit, **4.** Topgirl, Schaufrau, Model, Covergirl, Fotomodell, Werbeschönheit, **5.** Beau, Adonis, Paris, Coverboy, Dressman; Schönling.

1410 **schöpferisch** schaffend, genial, gestaltend, bildend, produktiv, gestaltungskräftig, geistesmächtig, erfinderisch, einfallsreich, ideenreich, originell, eigenwüchsig, ingeniös, dichterisch, poetisch, musisch, gestalterisch, fruchtbar, kreativ, phantasievoll, kongenial, innovativ.

1411 **Schöpfung** **1.** Genesis, Erschaffung der Welt, Schöpfungsakt, **2.** Werk, Kunstwerk, Opus, Œuvre, Kreation.

1412 **schräg** **1.** quer, diagonal, transversal, kursiv, überquer, übereck, **2.** geneigt, abfallend, abschüssig, abgedacht, sich senkend/neigend; abböschend, abgeschrägt, **3.** steigend, ansteigend, steil, aufsteigend, abfallend, **4.** querbeet, mittendurch, querfeldein, **5.** schräge, ausgefallen, befremdlich, misstönend.

1413 **Schrank** Kasten, Kleiderschrank, Wohnzimmerschrank, Schrankwand, Vertiko, Sekretär, Buffet, Sideboard, Glasschrank, Vitrine, Hängeschrank, Geschirrschrank, Schapp, Anrichte; Küchenschrank, Küchenbuffet, Vorratsschrank, Spind; Eisschrank, Kühlschrank, Tiefkühlschrank, Bücherschrank, Kommode, Truhe.

1414 **Schranke** Sperre, Barriere, Absperrung, Hürde, Zaun, Gitter, Gatter, Geländer, Reling, Brüstung; Bahnschranke, Verkehrsschranke, Grenze.

1415 **schrecklich** **1.** grässlich, fürchterlich, katastrophal, desaströs, furchtbar, zum Kotzen, entsetzlich, grauenhaft, albtraumartig, grauslich, grauenvoll, verheerend, vernichtend, schauderhaft, schreckensvoll, abschreckend, drohend, dräuend, ängstigend, beängstigend, schaudervoll, Schauder erregend, Grauen erregend, Furcht erregend, Horror, horribel, **2.** schauerlich, grusig, schaurig, geisterhaft, gespenstig, grausig, unheimlich, gothic, haarsträubend, zum Fürchten, gruselig, spukhaft, nicht geheuer, finster, düster, ein Graus, angstbesetzt, Angst erregend.

1416 **schreiben** **1.** zu Papier bringen, aufschreiben, niederschreiben, niederlegen, schriftlich fixieren, zur Feder greifen; notieren, aufzeichnen, festhalten, eingeben, eintippen, erfassen, vermerken, Notiz machen, eintragen, einschreiben, verzeichnen, **2.** aufsetzen, konzipieren, Skript schreiben, ins Unreine schreiben, **3.** formulieren, verfassen, abfassen, ausarbeiten, texten, in Worte fassen, **4.** pinseln, malen, kritzeln, schmieren, klecksen, sudeln, krakeln, tippen, hämmern; runterhauen, runterschreiben, runterschmieren.

1417 **Schrift** **1.** Schreibschrift, Druckschrift, Blockschrift, Schrifttypen, Schriftzeichen; Handschrift, Schriftzüge, Klaue, Pfote, Gekrakel, Gekritzel, Geschmiere, **2.** Zeichensystem, Bilderschrift, Gegenstandsschrift, Wortschrift, Silbenschrift, Buchstabenschrift, Alphabet, Lautschrift, Umschrift, Transkription; Schönschrift, Kalligraphie.

1418 **Schriftsteller** Autor, Verfasser, Dichter, Spracharbeiter, Sprachkünstler, Poeta doctus, Sprachartist, Poet, Literat, Homme de Lettres, Mann der Feder, Femme de Lettres, Prosaschriftsteller, Prosaist, Erzähler, Narrator, Epiker, Romancier, Romanschriftsteller, Novellist, Essayist, Lyriker, Dramatiker, Stückeschreiber, Dramendichter, Theaterdichter, Theaterautor; Drehbuchautor, Drehbuchschreiber, Serienautor, Journalist, Skriptautor, Skriptschreiber, Scripter; Tagesschriftsteller, Texter, Blogger, Glossenschreiber, Feuilletonist, Schreiberling, Dichterling, Vielschreiber, Verseklopfer, Verseschmied.

1419 **Schuft** **1.** Schelm, Schlitzohr, Bube, Spitzbube, Haderlump, Halunke, Natter, Gauner, Filou, Schubiack, Subjekt, Windbeutel, Hallodri, Holdrio, Bruder Liederlich/Lustig, **2.** Finsterling, Galgenvogel, fieser Finger, Bösewicht, Lump, Schurke, Bandit, Ganove, Falschspieler, Betrüger, **3.** Heckenschütze, Meuchel-

mörder, Mordbube, Mordbrenner, Aufwiegler, Verräter, Judas, Denunziant, Spitzel, Blockwart; Natternbrut, Natterngezücht.

1420 **Schuld** **1.** Makel, Fehltritt, Verfehlung, Verstoß, Unrecht, Verschulden, Schuldigkeit, Kerbholz, Sündenregister, **2.** Verpflichtung, Schulden, Verbindlichkeit, Rückstand, Passiva, Belastung, Verschuldung, Schuldenlast, Restanten, Überschuldung, **3.** Schuldgefühle, Schuldbewusstsein, Schuldkomplex.

1421 **schulden** **1.** in der Schuld stehen, zu zahlen haben, im Rückstand/schuldig sein, in Verzug geraten, in der Kreide stehen, Schulden haben, in den roten Zahlen/verschuldet sein, auf Pump leben; Schuldner/Debitor/Kreditnehmer sein, **2.** verdanken, verpflichtet sein, zu danken haben, **3.** sich schuldig/verantwortlich fühlen, schuldig bekennen, etwas zuschulden kommen lassen, schuldig machen; Schuld auf sich laden, Schuld haben, schuld sein, verschuldet haben, verantwortlich sein, zu verantworten haben, geradestehen müssen, es gewesen sein/getan haben, auf dem Kerbholz haben.

1422 **schuldig** **1.** rückständig, in der Kreide, im Verzug, zahlungspflichtig, im Rückstand, restant, verschuldet, überschuldet, mit Schulden überlastet, **2.** schuld, schuldbeladen, Dreck am Stecken, Leiche im Keller, in Schuld verstrickt, schuldhaft, mitschuldig, belastet, straffällig, schuldig gesprochen, verurteilt, schuldbewusst.

1423 **Schule** **1.** Lehranstalt, Erziehungsstätte, Bildungsstätte, Bildungsanstalt; Volksschule, Hauptschule, Gesamtschule, Realschule, Gymnasium, College, Ganztagsschule, Schulversuch; Penne, Quetsche; Zwergschule, Klippschule, **2.** Schulgebäude, Schulhaus, Schulkomplex, **3.** Richtung, Strömung, Stall, Lehre.

1424 **Schüler** **1.** Pennäler, Schulkind, Abc-Schütze, Schulanfänger, Erstklässler, Hauptschüler, Oberschüler, Gymnasiast, Abiturient, Prüfling, Absolvent, **2.** Hörer, Student, Studierender, Hochschüler, **3.** Jünger, Adept, Fan, Gefolgsmann, Nachfolger, Anhänger, **4.** Lehrling, Stift, Auszubildender (Azubi), Volontär, Praktikant, Anlernling, Hospitant, Debütant, Trainee.

1425 **Schutz** **1.** Bedeckung, Abdeckung, Verdeckung, Verhüllung, Beschichtung, Lackierung, Täfelung, **2.** Überwurf, Überzug, Überdachung, Hülle, Husse, Schutzhülle, Sesselschoner, Ärmelschoner, Überzieher, Überdecke, Plane, Kappe, **3.** Bewachung, Aufsicht, Deckung, Abschirmung, Flankenschutz, Feuerschutz; Knautschzone, Airbag, Sicherheitsgurt, Blitzableiter, **4.** Geborgenheit, Sicherheit, Geborgenheitsgefühl, Fürsorge, Obhut, Protektion, Zuflucht, Patronage, Beschützung, Beschirmung, Arche, Arche Noah, Asyl, Barke, Hafen, Hut, Hort, **5.** Prophylaxe, Vorsorge, Vorbeugung, Impfung, Verhütung; Antibabypille, Pille, Pille danach, Spirale, Gummi, Gummischutz, Kondom, Präservativ, Präser, Pariser, Verhüterli, Safer Sex, **6.** Alarmanlage, Alarmglocke, Bewegungsmelder, Rauchmelder; Antivirenprogramm, Virenschutz, Firewall, Kopierschutz, Datenschutz.

1426 **schützen (sich)** **1.** decken, bedecken, zudecken, einhüllen, einmummeln, umhüllen, einpacken, abdecken, überdecken, überdachen, einwickeln, pampern, abfedern, abpolstern, schirmen, wahren, bewahren, sichern, unter Dach/in Sicherheit bringen, eintüten, bergen; decken gegen, abwenden von, breiten über, ausbreiten, beschirmen, behüten, bewachen, wachen über, beschützen, bewahren vor, fernhalten, **2.** feien, sichern, flankieren, unter die Fittiche nehmen, Hand halten über, gutes Wort einlegen, protegieren, **3.** verteidigen, Partei ergreifen, entlasten, Lanze brechen, beispringen, parieren, auffangen, Rücken decken, **4.** sich unterstellen, decken; in Deckung gehen, Deckung nehmen, **5.** vorbauen, vorbeugen, Prophylaxe betreiben, impfen, verhüten, imprägnieren.

1427 **Schützling** Schutzbefohlener, Protegé, Liebling, Günstling, Schoßkind, Kronprinz, Favorit; Haltekind, Pflegling, Ziehkind, Pflegesohn, Pflegetochter, Pflegekind, Mündel; Klient, Mandant.

1428 **schwach** **1.** kraftlos, marklos, saftlos, blutarm, blutlos, blutleer, anämisch, zittrig, schwachnervig, schwächlich, schlapp, lahm, lendenlahm, pflaumenweich, knochenlos, matt, schlaff, verzärtelt, verweichlicht, wehleidig, kläglich, weichlich, weichmütig, **2.** labil, anfällig, angeknackst, kränklich, hinfällig, entkräftet, schwach auf den Beinen, klapprig, gebrechlich, erschöpft, **3.** charakterlos, willenlos, haltlos, rückgratlos, butterweich, weich, lasch, energielos, führungsschwach, entscheidungsschwach, willensschwach, widerstandslos, unselbständig, wankelmütig, willfährig, nachgiebig, gefügig, verführbar, **4.** unterernährt, ab-

gezehrt, ausgehungert, ausgezehrt, abgemagert, entkräftet, altersschwach, **5.** machtlos, entmachtet, ohnmächtig, beraubt, unterlegen, drittklassig.

1429 **Schwäche** **1.** Schwachheit, Marklosigkeit, Kraftlosigkeit, Widerstandslosigkeit, Verführbarkeit, Labilität, innerer Schweinehund, Willensschwäche, Entscheidungsschwäche, Entschlusslosigkeit, Energielosigkeit, Willenlosigkeit, Willfährigkeit, Rückgratlosigkeit, Wankelmut, Unentschlossenheit, Unentschiedenheit, Weichheit, **2.** Blutleere, Blutarmut, Bleichsucht, Blutlosigkeit, **3.** Ohnmacht, Autoritätsverlust, Machtlosigkeit, Ohnmachtsgefühl, Einflusslosigkeit, Führungsschwäche, **4.** Faible, Hang, Neigung.

1430 **schwächen** beeinträchtigen, entkräften, erschöpfen, lähmen, lahmlegen, paralysieren, aufreiben, entwaffnen, entmutigen, demotivieren, demoralisieren, untergraben, verweichlichen, verzärteln, verhätscheln; zehren, ermüden.

1431 **schwanken** **1.** wanken, wackeln, taumeln, torkeln, kippeln, Schlagseite haben, unsicher auf den Beinen sein; pendeln, rollen, schlingern, dümpeln, wogen, schaukeln, tanzen, **2.** unschlüssig sein, zögern, sich nicht entschließen können; zaudern, zweifeln, mit sich ringen, wankend, schwankend werden, ins Schwimmen geraten.

1432 **Schwätzer(in)** Schwadroneur, Wichtigtuer, Neuigkeitskrämer, Zungendrescher, Alleswisser, Klugschwätzer, Klugscheißer, Quasselstrippe, Flüstertüte, Kannegießer, Biertischpolitiker, Wirtshausputschist, Fabulant, Gernegroß, Angeber, Aufschneider, Renommist, Großtuer, Prahlhans, Bramarbas, Großmaul, Papiertiger, Möchtegern, Flachlandtiroler, Wannabe, Radikalinski, Revoluzzer, Dauerredner, Vielschwätzer, Redelöwe, Wortemacher, Dampfplauderer, Phrasendrescher, Blender, Maulheld, Schreihals, Schaumschläger, Phonie, Windbeutel, Bildungsprotz, Tiefschwätzer; Klatschbase, Klatschweib, Waschweib, Schwatzbase, Klatschmaul, Plaudertasche, böse Zunge, Tratschtüte, Labertante.

1433 **schweben** **1.** fliegen, sich tragen lassen; segeln, gleiten, treiben, getragen werden, kreisen, sich wiegen; rütteln, flattern, streichen, schaukeln, wirbeln, schwirren, umherschwirren, **2.** schwimmen, treiben, flottieren, driften, obenauf schwimmen, dahintreiben, **3.** fraglich sein.

1434 **schweigen** **1.** nicht sprechen, stumm bleiben, nichts entgegnen/erwidern, verstummen, sich ausschweigen; Mund/Klappe/Schnauze/Fresse/Schnabel/Maul halten, keinen Ton herausbringen, **2.** Schweigen bewahren, dichthalten, für sich behalten, geheim halten, nichts sagen, seine Zunge im Zaum halten, stillschweigen, sich in Schweigen hüllen; keinen Laut von sich geben, nichts verraten, kein Wort verlieren, schweigen wie eine Auster/ein Grab.

1435 **schweigsam** **1.** schweigend, stumm, still, wortlos, sprachlos, wortkarg, muffig, muffelig, wortarm, nicht gesprächig, mundfaul, wortfaul, einsilbig, verschlossen, zurückhaltend, zugeknöpft, reserviert, nicht mitteilsam, verschwiegen, diskret, **2.** ohne Worte, unausgesprochen, stillschweigend, ungesagt, mimisch, pantomimisch, nonverbal, gestisch.

1436 **schwer** **1.** erdrückend, lastend, schwer wiegend, gewichtig, massig, bleiern, bleischwer, wuchtig, gewaltig, kaum zu heben/bewegen, **2.** beschwerlich, anstrengend, ermattend, aufreibend, ermüdend, mühevoll, mühsam, erschöpfend, betäubend, niederschmetternd, schwer erträglich; erschwerend, gravierend, schwerwiegend, belastend.

1437 **schwierig** **1.** kompliziert, verwickelt, verzwickt, verzwackt, kraus, vertrackt, intrikat, verworren, verteufelt, umständlich, unübersichtlich, ergebnisoffen, unklar, verwirrend, **2.** tiefsinnig, schwer zugänglich, kaum zu begreifen, schwer, komplex, verflochten, verschlungen, beziehungsreich, vielschichtig, verzweigt, schwer verständlich, problematisch, schwer zu entziffern, diffizil, heikel, knifflig, widerhaarig, figgelinsch, subtil, dornig, **3.** schwer zu behandeln, unzugänglich, unansprechbar, nicht pflegeleicht.

1438 **schwimmen** **1.** driften, flottieren; baden, tauchen, kraulen, planschen, **2.** ins Schwimmen geraten, zögern.

1439 **schwingen** **1.** werfen, schleudern, schmeißen, pfeffern, schmettern, zuwerfen; schwenken, ausschwenken, ausschütteln, **2.** pendeln, wedeln, winken, hin und her schwingen, baumeln, hängen, sich wiegen; bammeln, flattern, schlenkern, schaukeln, wogen, **3.** schwänzeln, wackeln, wedeln, fächeln, **4.** vibrieren, mitschwingen, pulsieren, oszillieren, fluktuieren, hin und her bewegen.

1440 **Schwingung** Pendelbewegung, Schwingen, Oszillieren, Schwankung, Fluktuation, Wellenbewegung, Vibration; Swing, Schwingungen, Vibrations.

1441 **schwitzen** **1.** in Schweiß/ins Schwitzen geraten, schmoren, braten, dampfen, sieden, kochen, transpirieren, durchschwitzen, ausschwitzen, ausdünsten, fließen, **2.** beschlagen, anlaufen.

1442 **Schwung** **1.** Drall, Stoß, Stups, Schub, Anlauf, Wucht, Schuss, Fahrt, **2.** Brio, Elan, Schmiss, Feuer, Biss, Begeisterung, Dynamik, Drive, Antrieb, Verve, Pep, Leben, Impuls, Impetus, Temperament, Lebhaftigkeit, Beweglichkeit, Initiative, Unternehmungsgeist.

1443 **Seele** **1.** Psyche, Innenleben, Inneres, Unterbewusstsein, das Unbewusste, Seelenleben, Gefühlswelten, **2.** Seele der Organisation/des Betriebs, gute Seele.

1444 **Seemann** Matrose, Maat, Steuermann, Lotse, Janmaat, Moses, Schiffsjunge, Schiffsmann, Sailor, Bootsmann, Kapitän, Smutje, Seefahrer, Seenomade, Blaujacke, Fahrensmann, Mariner, Nautiker, Navigator, Schifffahrtskundiger, Küstenfahrer, Kanalschiffer, Schiffsfahrer, Schiffer, Skipper, Kanute, Paddler, Segler, Ruderer, Schipper, Seebär, fliegender Holländer, Popeye.

1445 **Segen** **1.** Segnung, Benediktion, Segensspruch, Segenswunsch, **2.** Gnade, Gunst, Heil, Fülle, Lohn, Glück, Wohl, Seelenheil, **3.** Absegnung, Zustimmung, Erlaubnis, Einverständnis, Einwilligung, Plazet.

1446 **segnen** **1.** aussegnen, benedeien, Segen spenden/sprechen, dem Himmel empfehlen, weihen, **2.** begnaden, auszeichnen, begaben, beglücken, beschenken, versehen.

1447 **sehen** bemerken, erblicken, erschauen, schauen, blicken, gewahren, wahrnehmen, vor Augen haben, ansichtig werden, erspähen, erkennen, sichten, registrieren, konstatieren, entdecken, finden, gewahr werden, ausmachen, innewerden, spitzen, äugen, lugen, spähen, gucken, ansehen, beobachten; den Dingen ins Gesicht sehen.

1448 **sehr** **1.** gewaltig, heftig, happig, mächtig, enorm, äußerst, in hohem Maß, erdrutschartig, eminent, zutiefst, hochgradig, weitgehend, mordsmäßig, mörderisch, höllisch, horrend, teuflisch, tierisch, wahnsinnig, bis über die Ohren/zur Halskrause, volle Kanne, bass, stark, höchst, höchlich, beachtlich, bannig, damisch, sakrisch, extra, erstaunlich, weidlich, erheblich, ganz besonders, ausnehmend, überaus, richtiggehend, ungeheuer, ungemein, unsäglich; diebisch, schrecklich, sündhaft, verteufelt, verflucht, namenlos, unsagbar, mega, ultra, total, irre, abgründig, hyper, unbeschreiblich, unendlich, unaussprechlich, empfindlich, fühlbar, schmerzlich, arg, **2.** höchstens, längstens, größtmöglich, optimal, maximal.

1449 **selbstbewusst** sicher, selbstsicher, von sich überzeugt, seines Wertes sicher, stolz, selbstgewiss, selbstkritisch.

1450 **Selbstbewusstsein** **1.** Selbstvergewisserung, Selbsterkenntnis, Selbstkritik, **2.** Selbstvertrauen, Selbstsicherheit, Selbstwertgefühl, Selbstachtung, Stolz, Selbständigkeit.

1451 **Selbstsucht** Egoismus, Eigennützigkeit, Eigennutz, Ichsucht, Eigensucht, Ichbezogenheit, Egotrip, Selbstliebe, Selbstbesessenheit, Selbstherrlichkeit, Selbstverliebtheit, Selbstvergötterung, Narzissmus, Egozentrik, Nabelschau, Egotismus, Eigenlob, Selbstbeweihräucherung; Selbstinszenierung, Selbststilisierung, Selbstvermarktung.

1452 **selbstsüchtig** selbstisch, egoistisch, ichsüchtig, eigennützig, eigensüchtig, vorteilsüchtig, rücksichtslos, kaltschnäuzig, mit Ellbogen, durchsetzerisch, unsozial, unkollegial, berechnend, nur auf den eigenen Vorteil bedacht, geht über Leichen; ichbezogen, selbstbezogen, egozentrisch, selbstherrlich, solipsistisch, autistisch, monoman, egoman, selbstbesessen, narzisstisch, selbstverliebt.

1453 **selten** **1.** rar, dünn gesät, kostbar, gesucht, ungewöhnlich, unalltäglich, ungebräuchlich, unüblich, kaum vorkommend, vereinzelt, sporadisch, ausgefallen, außergewöhnlich, besonders, **2.** im Ausnahmefall, ausnahmsweise, kaum, nur manchmal, fast gar nicht, ab und zu, spärlich, nur gelegentlich, hie und da, alle Jubeljahre.

1454 **Sexualdelikt** geschlechtliche Unterdrückung, sexuelle Belästigung, Zudringlichkeit, sexuelles Vergehen, sexuelle Nötigung, Misshandlung, Ausbeutung, sexueller Missbrauch, Kindesmissbrauch, Unzucht mit Abhängigen, Vergewaltigung, Stuprum, Zwangsprostitution, Kinderprostitution, Mädchenhandel, Frauenhandel.

1455 **sicher** **1.** zutreffend, ganz sicher, todsicher, bombensicher, zweifelsfrei, gewiss, höchstwahrscheinlich, vorprogrammiert, wie das Amen in der Kirche, hundertprozentig, hundertpro, stimmt, nicht daran zu zweifeln, nicht zu leugnen, unleugbar, **2.** gefahrlos, ungefährlich, gesichert, ungefährdet, risikolos, risikofrei, unbedenklich; etabliert, unkündbar, in si-

cherer Stellung, in Lebensstellung, krisenfest, **3.** geborgen, geschützt, beschirmt, behütet, beschützt, betreut, gepampert, bewacht, bewahrt, unbedroht, gefeit, gut aufgehoben; in Sicherheit, gerettet, davongekommen, außer Gefahr, in trockenen Tüchern, **4.** beglaubigt, beurkundet, urkundlich, besiegelt, verbrieft, schwarz auf weiß, beweisbar, garantiert, eidesstattlich, beschworen, amtlich, offiziell; unanfechtbar, unanzweifelbar, unwiderleglich, unstreitig, unbestreitbar, unbestritten, beweiskräftig, begründet, bewiesen, stichhaltig, nachgewiesen, gesichert, erwiesen, verlässlich, aus sicherer Quelle/gut unterrichteten Kreisen, unwidersprochen, unwidersprechlich, unangefochten, nachweislich, hieb- und stichfest, niet- und nagelfest, bekanntlich, offenkundig, erfahrungsgemäß, erprobt, empirisch, experimentell bewiesen, wie jeder weiß, **5.** feststehend, unverrückbar, unwiderruflich, unabänderlich, vertraglich, vertragsgemäß, patentiert, beschlossen, abgemacht, **6.** unangreifbar, unverwundbar, unverletzlich, windgeschützt, feuersicher, erdbebensicher, kugelsicher, bulletproof; unerschütterlich, unerschüttert, unbeirrbar, unbeirrt, entschieden, entschlossen, **7.** gesichert, gespeichert, unverlierbar, unlöschbar, **8.** taktfest, taktsicher, auftrittsicher, sattelfest, sicher auf dem Parkett.

1456 **Sicherheit 1.** Sicherung, Schutz, Sekurität, **2.** Gewissheit, Bestimmtheit, Überzeugung, Überzeugtheit, Unwiderlegbarkeit, Stichhaltigkeit, Nachvollziehbarkeit, Glaubhaftigkeit, Verlässlichkeit, Echtheit, Klarheit, **3.** Garantie, Gewähr, Gewährleistung, Bürgschaft, Visum, Affidavit, Pfand, Unterpfand, Faustpfand, **4.** sicheres Auftreten/Benehmen, Gewandtheit, Geschliffenheit, Stilsicherheit, Souveränität, Selbstbewusstsein, Selbstsicherheit.

1457 **sichern (sich) 1.** fundieren, fundamentieren, untermauern, konsolidieren, unterbauen, stützen, abstützen, unterlegen, unterstellen, tragen, halten, **2.** sicherstellen, garantieren, patentieren, gewährleisten, sich verbürgen, zusichern, decken, **3.** sich schützen, absichern; Deckung/Unterstützung verschaffen; sich anschnallen, festschnallen, anseilen, **4.** absperren, abriegeln, beschranken, **5.** einschließen, unter Verschluss bringen, wegsperren, wegschließen.

1458 **siegen 1.** Nase vorn haben, Sieg davontragen/erringen, durchs Ziel gehen, gewinnen, Spiel/Rennen machen/gewinnen, ans Ruder kommen, triumphieren, **2.** überrennen, niederringen, übermannen, überwältigen, Oberhand gewinnen, zur Strecke bringen, in die Knie zwingen, niederwerfen, besiegen, bezwingen, obsiegen, mattsetzen.

1459 **Sieger 1.** Bezwinger, Eroberer, Triumphator; Gewinner, Erster, Finalist, Spitzenkandidat, Frontrunner, Spitzenreiter, Primus, Bester, Tabellenführer, Preisträger, Preisgekrönter; Olympiasieger, Champion, Nummer eins, Weltmeister, Held, Heroe, Hero, Recke, Heros, **2.** Besatzung, Besatzungsmacht, Besatzer, Siegermacht.

1460 **singen 1.** summen, trällern, dudeln, leiern, Lied anstimmen, vortragen, erschallen lassen, intonieren, psalmodieren, tremolieren; einstimmen, einfallen, mitsingen, **2.** schmettern, schreien, grölen, plärren, jubilieren, trillern, jodeln, **3.** pfeifen, zwitschern, tirilieren, tschilpen, flöten, schlagen, zirpen, piepen, keckern, quinkelieren, ziepen, **4.** ausplaudern, verraten.

1461 **sinnlich 1.** mit den Sinnen erfahrbar, sensuell, sensualistisch, wahrnehmbar, spürbar, tastbar, fühlbar, sichtbar, hörbar, **2.** genussfreudig, genussfähig, sinnenhaft, lustbetont, genießerisch, schwelgerisch, sinnenfreudig, hedonistisch, **3.** erotisch, leidenschaftlich, lüstern.

1462 **Sinnlichkeit** Sinnenlust, Sinnenfreude, Eros, Genussfähigkeit, Genussfreudigkeit, Hedonismus; Erotik, Fleischeslust, Fleischlichkeit, Sexualität, Lüsternheit, Lust.

1463 **sinnvoll 1.** angebracht, angemessen, vernünftig, ratsam, anzuraten, geraten, **2.** bedeutsam, inhaltsreich, inhaltsschwer, erfüllt, tief, vielsagend, sinnreich, beziehungsvoll, beziehungsreich, **3.** systematisch, planmäßig, planvoll, wohlerwogen, geplant, proaktiv, überlegt, organisch, folgerichtig, geordnet, methodisch, einheitlich, zielführend, vorbedacht, wohl überlegt, durchdacht, sinnig.

1464 **sitzen 1.** sich setzen, hinsetzen, niederlassen; Platz nehmen, auf einen Stuhl fallen, **2.** im Gefängnis sein, einsitzen, brummen, absitzen, festsitzen, hinter Gittern/Stacheldraht/gefangen sein, **3.** dasitzen, hängen, kleben, dahocken, kauern, hocken, thronen, **4.** passen, keine Falten werfen, stimmen, guten Sitz/gute Passform haben, wie angegossen sitzen.

1465 **Sitzmöbel 1.** Sitzgelegenheit, Stuhl, Küchenstuhl, Polsterstuhl, Gartenstuhl, Armstuhl,

Klappstuhl, Drehstuhl, Hocker, Schemel, **2.** Sessel, Ohrensessel, Schaukelstuhl, Polstermöbel, Garnitur, Sofa, Couch, Kanapee, Chaiselongue, Ottomane, Diwan; Bank, Sitzbank, Eckbank.

1466 **Sklave 1.** Galeerensklave, Helot, Paria, Leibeigener, Fronknecht, Höriger, Fröner, Knecht, Verdingbub, Untertan, Untergebener, Unfreier, Gemeiner, Abhängiger, Willenloser, Odaliske, **2.** Masochist, Bettsklave, Liebessklave.

1467 **Skulptur** Statue, Plastik, Bildwerk, Figur, Standbild, Bildsäule, Büste, Torso, Herme, Statuette, Figurine.

1468 **so** derart, derartig, solchermaßen, dergestalt, dermaßen, ebenso, genauso, in diesem Ausmaß/Umfang, in dieser Form/Weise, mit diesen Worten, gleichermaßen, folgendermaßen, wie folgt, ergo, -like, à la, so … wie; gleichwie, also, nun, denn, so oder so, wie auch immer.

1469 **Sorge** Kummer, Bürde, schlaflose Nächte, Sorgenlast, Kümmernisse, Bekümmernis, Besorgtheit, Besorgnis, Bedenken, Beklemmung, Beklommenheit, Bangigkeit, Ungewissheit, Unsicherheit, Angst, Befürchtung, Beunruhigung, Zweifel; Bemutterung, Obsorge, Pflege.

1470 **Sorgfalt 1.** Sorgfältigkeit, Sorgsamkeit, Genauigkeit, Gründlichkeit, Präzision, Schärfe, Exaktheit, Akkuratesse, Bestimmtheit, Deutlichkeit, Akribie, Gewissenhaftigkeit, Abbildungstreue, **2.** Achtsamkeit, Behutsamkeit, Obacht, Aufmerksamkeit, Besonnenheit, Bedachtsamkeit, Bedacht, Umsicht.

1471 **sorgfältig 1.** behutsam, schonungsvoll, schonend, sorgfältig, achtsam, bedachtsam, wohl überlegt, sorglich, fürsorglich, besorgt, pfleglich, mit Bedacht, wachsam, aufmerksam, zuverlässig, peinlich, akkurat, exakt, gründlich, akribisch, genau, **2.** umsichtig, sorgsam, präemptiv, überlegt, vorsorglich, mit Vorbedacht, wohl vorbereitet, von langer Hand, bedacht, gewissenhaft, weislich, wohlerwogen, vorausschauend, beschützend, bergend, beschützerisch, overprotecting.

1472 **Soße** Lake, Beize, Marinade, Tunke, Brühe; Salatsoße, Mayonnaise, Dressing, Stippe, Dip, Bratensaft, Fond, Saft.

1473 **Spannung 1.** Erwartung, Gespanntheit, Interesse, Neugier, Erregung, Gespanntsein, Lampenfieber, Vorfreude, Ungeduld, gespannte Erwartung, Aufregung, Hochspannung, Nervenkitzel, Dramatik, Action, Suspense, **2.** Spannungen, Knatsch, gespanntes Verhältnis, Anspannung, Druck, Verstimmung, Disharmonie, Ärger.

1474 **sparen 1.** beiseitelegen, auf die hohe Kante legen, ersparen, erübrigen, ansparen, zurücklegen, zusammenbringen, zusammenscharren, zusammenraffen, aufsparen, anhäufen, hamstern, horten, Rücklagen bilden, **2.** knausern, geizen, filzen, knapsen, abknapsen, sich vom Munde absparen; Daumen draufhalten, knapp halten, kurz halten, kargen, zwacken, knickern, **3.** haushalten, zusammenhalten, rechnen, wirtschaften, einteilen, rationieren, zirkeln, **4.** sich einschränken, bescheiden, beschränken, arrangieren, anpassen, schicken; zurechtkommen; kürzertreten, kurztreten, einsparen, schrumpfen, runterfahren, tiefer hängen, absparen, abzwacken, sich begnügen, zufriedengeben, behelfen; Brotkorb höher hängen, Gürtel/Riemen enger schnallen, Pflöcke zurückstecken, vorliebnehmen, verschlanken, abspecken, kürzen.

1475 **sparsam 1.** haushälterisch, mäßig; kleinlich, filzig, knauserig, geizig, knickrig, schäbig, schofel, **2.** verbrauchsgünstig, wirtschaftlich, ökonomisch, rationell, lean, Energie sparend, umweltfreundlich.

1476 **Sparsamkeit** Wirtschaftlichkeit, Ökonomie, genaues Rechnen, Einteilen, Kleinlichkeit, Knauserei, Pfennigfuchserei, Knickerigkeit, Knauserigkeit, Geiz.

1477 **spät 1.** verspätet, unpünktlich, säumig, saumselig, im Rückstand/Verzug, überfällig, zu spät, fünf nach zwölf, **2.** höchste Zeit, keine Zeit zu verlieren, in letzter Minute, kurz vor Toresschluss, fünf vor zwölf, im letzten Augenblick, auf den letzten Drücker, höchste Eisenbahn, **3.** nach Jahren/langer Zeit/Jahr und Tag, postum, nach dem Tod, **4.** zu später/vorgerückter Stunde, ziemlich spät, am späten Abend, spätabends, zu nachtschlafender Zeit, nachts.

1478 **später 1.** danach, darauf, nachmalig, nachmals, hinterher, hernach, nach, anschließend, im Anschluss, hierauf, nachher, dann, hiernach, noch nicht, von … ab, seit, seitdem, seither, **2.** künftig, in Zukunft, späterhin, fernerhin, zu einem späteren Zeitpunkt, fortan, dereinst, eines Tages, ein andermal, über kurz oder lang, früher oder später, fortab, zukünftig, hinfort, von jetzt an, **3.** angehend, zukünftig, kommend, in spe.

1479 **Speicher 1.** Dachboden, Dachkammer, Abstellraum, Rumpelkammer, **2.** Depot, Lager-

haus, Magazin, Warenlager, Stapelplatz, Arsenal, Zeughaus; Schober, Stadel, Silo, Schuppen, Scheuer, Scheune, Schatzkammer, Hamsterkiste, **3.** Archiv, Bildarchiv, Tonarchiv, Filmarchiv, Kinemathek, **4.** Speichermedium, Speicherzelle, Computerspeicher, Festplatte, Diskette, Sampler, Zip-Diskette, CD, CD-ROM, DVD, Blu-Ray Disc; Speicherstick, Stick, USB-Stick.

1480 **Spezialität 1.** Interessengebiet, Domäne, Sondergebiet, Spezialgebiet, Revier, Fachgebiet, Kernkompetenz, Fachrichtung, Fachbereich, Fachgeschäft, Fachhandel, Sparte, **2.** Steckenpferd, Liebhaberei, Hobby, Faible, Flitz, Lieblingsbeschäftigung, Stärke, **3.** Leibgericht, Leibspeise, Hausgericht, Hausmachergericht, Hausmannskost, Leib- und Magengericht, Leckerbissen, **4.** Eigentümlichkeit, Kuriosität, Besonderheit, Eigenart, Spezifikum.

1481 **spiegeln (sich) 1.** in den Spiegel sehen, sich betrachten, ansehen, prüfen, **2.** wiedergeben, reflektieren, zurückwerfen, widerspiegeln, zeigen, **3.** glänzen, gleißen, blenden, **4.** widerhallen, nachhallen, nachklingen, echoen.

1482 **spielen 1.** Theater spielen, schauspielen, auftreten, Rolle spielen, kreieren, Partie singen; erscheinen als, personifizieren, Leben verleihen, lebendig machen, figurieren, abgeben, geben, verkörpern, mimen, darstellen, agieren, doubeln, **2.** aufführen, vorführen, inszenieren, einstudieren, Regie führen, auf die Bühne bringen, geben, zeigen, herausbringen, in Szene setzen, über die Bretter gehen lassen, **3.** musizieren, aufspielen, klimpern, begleiten, blasen, pfeifen, flöten, trompeten, posaunen, geigen, harfen, trommeln, pauken, Klavier spielen, konzertieren, Konzert geben, **4.** liebäugeln mit, denken an, kokettieren mit, **5.** losen, Los ziehen, werfen, tippen, wetten, würfeln, zocken, daddeln, Karten spielen, karteln, Glücksspiele machen, hasardieren, vom Spielteufel besessen sein, **6.** improvisieren, extemporieren, aus dem Stegreif spielen, **7.** abspielen, laufen lassen, auflegen, **8.** auskämpfen, austragen, veranstalten, durchführen, **9.** abgeben, abspielen, passen, weitergeben, zuspielen, agieren.

1483 **Sport** Gymnastik, Körperübung, Leibesübung, Körpererziehung, Körperertüchtigung, Körperkultur; Leistungssport, Profisport, Massensport, Modesport.

1484 **Sportler** Spieler, Wettkämpfer, Sporttreibender, Athlet, Leichtathlet, Turner, Schwerathlet, Amateursportler, Sportsmann, Amateur, Berufssportler, Berufsspieler, Profi, Spitzensportler, Meistersportler, Sportskanone, Olympiateilnehmer, Champion, Crack, Youngster.

1485 **sportlich 1.** sportiv, kräftig, gewandt, trainiert, fit, in Form/Hochform, athletisch, durchtrainiert, olympiaverdächtig, drahtig, sehnig, muskulös, knackig, smart, kernig, **2.** salopp, casual, zweckmäßig, bequem, leger, wetterfest.

1486 **Spott 1.** Neckerei, Ulk, Spaß, Schabernack, **2.** Stichelei, Gestichel, Spitze, Anspielung, Uzerei, Hänselei, Frotzelei, Gejökel, Spötterei, Hechelei, **3.** Schadenfreude, Hohn, Hohngelächter, Ironie, Galgenhumor, Süffisanz, Witzelsucht, Sarkasmus, Zynismus, beißender Spott, Malice, Bissigkeit, Bosheit, boshafte Anspielung, Bemerkung, Hieb, Nadelstich, Seitenhieb, Sottise, Verspottung, Verarsche, Verhöhnung, **4.** Karikatur, Spottbild, Scherzzeichnung, Persiflage, Satire, schwarzer Humor, Parodie, Travestie, Groteske, Pasquill, **5.** Spitzname, Spottname, Scherzname, Neckname.

1487 **spotten 1.** aufziehen, hochnehmen, anspielen, sticheln, uzen, anpflaumen, verhohnepipeln, verulken, necken, auf den Arm nehmen, hecheln, frotzeln, jökeln, foppen, hänseln, flachsen, narren, zum Besten halten, Streich spielen, an der Nase herumführen, spötteln, sich mokieren; witzeln, sich lustig machen; spaßen, Scherz/Spott treiben, sich belustigen über; zum Narren halten, auf die Schippe nehmen, belächeln, bespötteln, am Narrenseil führen, nasführen, veralbern, veräppeln, verärmeln, verarschen, **2.** höhnen, verhöhnen, verspotten, verlachen, Schnippchen schlagen, sich ins Fäustchen lachen; auslachen, lächerlich machen, der Lächerlichkeit preisgeben, hohnlachen, **3.** karikieren, verzerren, verzeichnen, persiflieren, ins Lächerliche ziehen, ironisieren, parodieren, travestieren.

1488 **spöttisch 1.** anzüglich, ironisch, sarkastisch, witzelsüchtig, sardonisch, zynisch, beißend, kaustisch, satirisch, bissig, spitz, maliziös, mokant, höhnisch, ätzend, scharf, verletzend, schneidend, mit spitzer Zunge, scharfzüngig, spitzzüngig, süffisant, spottsüchtig, **2.** neckend, schmunzelnd, frotzelnd, im Scherz, scherzhaft, im Spaß, spaßeshalber, parodistisch, satirisch, komisch, kabarettistisch, grotesk, **3.** ironisierend, als Zitat, campy.

1489 **Sprache 1.** Sprachvermögen, Sprachkompe-

tenz, sprachliches Handeln, Sprachbewusstsein, Sprechhandlung, Sprechakt, sprachliche Kommunikation; Sprechfähigkeit, Stimme, Laut, Zunge, **2.** Wortschatz, Sprachschatz, Vokabular, Zeichensystem, Terminologie; Diktion, Redeweise, Vortragsweise, Sprechweise, Ausdrucksweise, Stilistik, Sprechstil, Sprachgebrauch, Sprachverwendung, Darstellungsweise, Sprachgefühl, Sprachfeeling, Sprachintuition; Aussprache, Tonfall, Timbre, Artikulierung, Artikulation, Intonation, Klang, Betonung, **3.** Sprachgewandtheit, Rednergabe, Redegabe, Zungenfertigkeit, Suada, Redekunst, Redefluss, Dialektik, Rhetorik, Beredsamkeit, Beredtheit, Eloquenz, Sprechbegabung, Formulierungsgeschick; Sprachspiel, **4.** Schriftsprache, Hochsprache, Literatursprache, Bühnensprache, Kanzleistil; Alltagssprache, Umgangssprache, Volkssprache, Idiom; Landessprache, Muttersprache, Fremdsprache, Esperanto, Lingua franca; Dialekt, Mundart, Platt, Jargon, Slang, Soziolekt, Pidgin, Ruhrdeutsch, Kiezdeutsch, Regiolekt, Emigranto, Kanak Sprak, Idiolekt, Sexlekt, Gossensprache, Vulgärsprache, Fäkalsprache, Koprolalie, Rotwelsch, Kauderwelsch, Gaunersprache, Szenesprache, Milieusprache, Insidersprache, Jugendsprache, Cyberslang, Neudeutsch, No-Deutsch, **5.** Fachsprache, Funktiolekt, Nomenklatur, mathematische/künstliche Sprache, Codiersprache, Programmiersprache, Computersprache, Quellcode, Maschinensprache, synthetische Sprache, Welthilfssprachen.

1490 **sprechen 1.** reden, sagen, äußern, verbalisieren, artikulieren, zum Ausdruck bringen, Ausdruck geben, bezeichnen, nennen, aussprechen, erwähnen, **2.** Sprache handhaben, Worte setzen/wählen, Schweigen brechen, anheben, laut werden/verlauten lassen, vortragen, meinen, sagen wollen, kommunizieren, **3.** schwatzen, schwätzen, Herz auf der Zunge tragen, plaudern, schnattern, plappern, labern, sülzen, palavern, volllabern, zutexten, besoffen reden, durcheinanderreden, daherreden, vom Stapel lassen, leiern, Blech/dummes Zeug reden, verzapfen, faseln, schwafeln; klug reden/schwätzen, gackern, babbeln, quasseln, ohne Punkt und Komma reden, monologisieren, tratschen, quatschen, sprudeln, sprühen, heraussprudeln, ausstoßen, herausstoßen; kauderwelschen, radebrechen, näseln, brabbeln, lallen, blubbern, nuscheln.

1491 **spröde 1.** mürbe, krachig, knusprig, kross, knackig, ofenfrisch, rösch, krosch, bissfest, **2.** brüchig, gläsern, unelastisch, zerbrechlich, splitterig, trocken, fettarm, rissig, rau, aufgesprungen, schilfrig, schrundig, strohig, altbacken, krümelig, bröckelig, bröselig, **3.** abweisend, zurückhaltend, unzugänglich, prüde, süßsauer, herb, zickig, zimperlich, geziert, genant, tuntig, altjüngferlich.

1492 **Sprung 1.** Riss, Spalt, Bruchstelle, Knick, Knacks, Haarriss, Craquelé, Einriss, Ritz, Hautriss, Kratzer, Schrunde, Schramme, **2.** Satz, Absprung, Hopser, Hüpfer, Luftsprung, Hechtsprung, Kopfsprung, Kaskade, Salto, Salto mortale, Todessprung.

1493 **Spur 1.** Fährte, Fußspur, Fußstapfen, Tritt, Geläuf, Abdruck, Fingerabdruck; Leuchtspur, Reifenspur, Furche, Kielwasser, Rauchfahne, **2.** Zeichen, Indiz, Anflug, Beweis, Beleg, Anhaltspunkt, **3.** Schienen, Schienenstrang, Geleise; Trasse, Trassierung, Linie, Linienführung, Loipe.

1494 **spürbar** merklich, einschneidend, tiefgehend, gravierend, fühlbar, ernstlich, schmerzlich, empfindlich, bemerkbar, wahrnehmbar, sichtbar, hörbar, erkennbar, greifbar, sichtlich, zusehends, deutlich, nachhaltig, erheblich, beträchtlich, beachtlich.

1495 **Stadt 1.** Ort, Ortschaft, Gemeinde; Städtchen, Kleinstadt, Landstadt, Provinzstadt, Kreisstadt, Residenzstadt, Residenz, Universitätsstadt, Stadtstaat, Großstadt, Hauptstadt, Kapitale, Metropole, Weltstadt, Megacity, **2.** Dorf, Kaff; Moloch, Asphaltschluchten, Steinschluchten, Pflaster, **3.** Stadtgebiet, Stadtteil, Stadtviertel, Viertel, Siedlung, Gegend, Wohngegend, Quartier, Kiez, City, Zentrum, Altstadt, Fußgängerzone, Innenstadt, Wohnblock, Block, Häuserviertel, Straßenzug; Kunstmeile, Museumsinsel, Kulturmeile, **4.** Randgebiet, Vorstadt, Stadtrand, Peripherie, Suburb, Trabantenstadt, Wohnstadt, Bürostadt, Schlafstadt; Slum, Favela, Zeltstadt, Elendsviertel; Villenviertel, Speckgürtel, Ballungsraum, **5.** Stadtverwaltung, Stadtregierung, Verwaltung.

1496 **Star 1.** Sternchen, Starlet, Diva, Vedette, Primaballerina, Primadonna, Göttin, Filmstar, Filmheld, Rockstar, Popstar, Rockheroe, Topmodel, Schaufrau, Medienstar, Megastar, Champion, Matador, Crack, Ass, Kultfigur, Ikone, Mythos, Topstar, Superstar, **2.** Berühmtheit, Mittelpunkt, Prominente(r); Grö-

ße, Koryphäe, Meister, Kapazität, **3.** Skandalnudel, Publicity Junkie.

1497 **Stärke 1.** Können, Vermögen, Kraft, Macht; Heftigkeit, Härte, **2.** Widerstandskraft, Resistenz, Widerstandsfähigkeit, Belastbarkeit, Tragfähigkeit, Zähigkeit, Zählebigkeit, **3.** Umfang, Durchmesser, Dicke, Grad, Kaliber, Intensität, Konzentration, **4.** Kapazität, Fassungsvermögen, Aufnahmefähigkeit, Speichervermögen, Speicherkapazität, Byte, **5.** starke Seite, besondere Begabung, Inselbegabung, Talent, Spezialität, **6.** Stärkemittel, Imprägnierung.

1498 **stärken (sich) 1.** sich kräftigen; etwas zu sich nehmen, sich wappnen, stählen, ertüchtigen, abhärten; trainieren, **2.** aufrichten, ermuntern, ermutigen, Rücken stärken; erquicken, laben, beleben, ergötzen, erfrischen, **3.** härten, stützen, festigen, steifen, verdichten, erhärten, verstärken, versteifen, stabilisieren, konsolidieren.

1499 **Stärkung 1.** Erfrischung, Imbiss, Erquickung, Belebung, Labung, **2.** Trost, Zuspruch, Aufrichtung, Ermunterung, Ermutigung, Erbauung, **3.** Festigung, Bekräftigung, Konsolidierung, Stabilisierung, Verstärkung, Untermauerung, Stählung, Absicherung, **4.** Kräftigung, Erholung, Erstarkung, Abhärtung.

1500 **starr 1.** steif, reglos, bewegungslos, unbeweglich, unveränderlich, tot, leblos, vereist, gefroren, hart, brettsteif, unempfindlich, herzlos, unduldsam, kalt, eisig, stumpf, taub, ungerührt, unbewegt, wächsern, stier, versteinert, maskenhaft, marmorn, stocksteif, **2.** stur, unflexibel, unnachgiebig, uneinsichtig, verbohrt, verrannt, eisern, gepanzert, autoritär, intransigent, rigide, unbelehrbar, borniert, starrsinnig, verknöchert, altersstarr, sklerotisch, spastisch, hartköpfig, monomanisch, obsessiv, **3.** erstaunt, verwundert, perplex, bass erstaunt, verdutzt, sprachlos, ertappt, erwischt, touché, überrumpelt, verdonnert, befremdet, staunend, platt, verblüfft, fassungslos, wie vom Blitz getroffen, wie eine Salzsäule, angewurzelt, schreckensstarr, erstarrt, stier, überrascht, vom Donner gerührt, regungslos, erschreckt, erschrocken, entsetzt, bestürzt, betroffen, betreten, verwirrt, verstört, wie vor den Kopf geschlagen, aus dem Lot, von der Rolle, durcheinander, ganz stumm, entgeistert, erschlagen, geschmissen, baff, stutzig, konsterniert, geschockt, verdattert, unverwandt, **4.** fanatisch, unbeeinflussbar, einseitig, verbissen, uneinsichtig, verblendet, blind, von Vorurteilen besessen, ideologisch, dogmatisch, doktrinär, fundamentalistisch.

1501 **statt** anstatt, an Stelle von, für, stellvertretend, gegen, Ersatz für, als, an … statt, pro loco, im Gegenzug/Austausch.

1502 **stattlich 1.** ansehnlich, imposant, kräftig, gewichtig, imponierend, repräsentabel, herrschaftlich, Achtung gebietend, eindrucksvoll, pompös, stolz, kapital, **2.** füllig, korpulent, vollschlank, rundlich, üppig, umfänglich, junonisch, **3.** erklecklich, erheblich, beträchtlich.

1503 **stehen 1.** dastehen, aufrecht/auf den Beinen stehen, sich befinden; basieren, fußen; stehen müssen, **2.** sich erheben; lehnen, ragen, aufragen, sich auftürmen; hochragen, **3.** anhalten, halten, stoppen, verharren, stocken, stillstehen, **4.** anstehen, kleiden, passen zu, geeignet sein für, zu Gesicht stehen, schmeicheln, verschönern, **5.** stehen zu, vertreten, verteidigen, Farbe bekennen, dazu stehen.

1504 **steigen 1.** ansteigen, bergauf führen; hochsteigen, schäumen, überschäumen, überlaufen, **2.** bergauf gehen, aufsteigen, aufwärts gehen, besteigen, klettern, erklettern, erklimmen, klimmen, kraxeln, hochsteigen, **3.** aufsteigen, abheben, sich hochschrauben, in die Luft schwingen, emporheben, **4.** anziehen, sich erhöhen, verteuern; hochgehen, wachsen, hinaufgehen, hinaufschnellen, sich heben; eskalieren, explodieren.

1505 **steigern (sich) 1.** sich zuspitzen, verschärfen, verschlimmern, verschlechtern, erhöhen; eskalieren, **2.** mehr leisten, zulegen, sich verbessern, **3.** sich mehren, vermehren, summieren, ansammeln, anhäufen, vervielfältigen, potenzieren, vervielfachen, verdoppeln, verdreifachen; anschwellen, sich läppern, häufen, anstauen, auftürmen, zusammenläppern; zunehmen, anwachsen, auflaufen, wuchern, eins zum anderen kommen.

1506 **Steigerung 1.** Erhöhung, Hebung, Anhebung, Aufbesserung, Aufschwung, Aufstieg, Zulage, Zuschlag, **2.** Aufschlag, Verteuerung, Teuerung, Preiserhöhung, Preissteigerung, Inflation, Überteuerung, Preistreiberei, Kostenexplosion, **3.** Ausbreitung, Vergrößerung, Erweiterung, Vermehrung, Hinzugewinn, Wachstum, Zunahme, Ausweitung, Zuwachs, Anwachsen, Anschwellen, Potenzierung, Crescendo, Vervielfältigung, Vervielfachung, **4.** Förderung, Belebung, Stimulierung, Ankurbelung, Aktivierung, Besserung, Verbesserung,

Intensivierung, Verstärkung, Entwicklung, Weiterentwicklung, Entfaltung, Fortschritt, Progression, **5.** Zuspitzung, Skandalisierung, Verschlechterung, Verschlimmerung, Verschärfung, Eskalation.

1507 **stellen (sich) 1.** hinstellen, abstellen, niederstellen, zu Boden lassen, absetzen, hinsetzen; aufstellen, platzieren, postieren, stationieren, **2.** in die Enge treiben, sich vorknöpfen; zum Geständnis bringen, auf den Kopf zusagen, zur Rechenschaft ziehen, Aufklärung verlangen, in den Weg treten, aufgreifen, fassen, ergreifen, **3.** antreten, parieren, standhalten; kandidieren, sich aufstellen lassen, zur Wahl stellen, bewerben, mitbewerben; konkurrieren, rivalisieren, sich messen, einlassen; bereit sein, **4.** Geständnis ablegen, zugeben, sich bezichtigen, melden, ausliefern, **5.** sich aufstellen, aufrichten; zu Berge stehen, sich sträuben, aufplustern.

1508 **sterben 1.** entschlafen, verlöschen, erlöschen, verscheiden, heimgehen, hinübergehen, ausatmen, aushauchen, Geist aufgeben, aus dem Leben scheiden, Welt verlassen, Augen schließen, das Zeitliche segnen, zu Staub werden, abscheiden, hinscheiden, einschlafen, erblassen, versterben, ableben, abberufen werden, **2.** ins Gras beißen, ins Grab sinken, zu Tode kommen, Löffel abgeben, in die ewigen Jagdgründe eingehen, sich zu seinen Vätern versammeln; dahingehen, vergehen, enden, verröcheln, **3.** dran glauben müssen, über die Klinge springen, über den Jordan gehen, eingehen, krepieren, verenden, absterben, zugrunde gehen, verrecken, abkratzen, abnibbeln, hopsgehen, verderben, verhungern, verdursten, verschmachten, ersticken, verbluten, erfrieren, ertrinken, **4.** fallen, bleiben, dahinraffen, verunglücken, verunfallen, umkommen, nicht wiederkommen, draufgehen, Hals/Genick brechen, etwas zustoßen/passieren, **5.** hingerichtet/ermordet/umgebracht werden.

1509 **Stern** Planet, Fixstern, Himmelskörper, Erdtrabant, Mond, Sonne, Himmelslicht, Gestirn; Sternenhimmel, Sternenzelt, Firmament, Milchstraße, Galaxis, Galaxie, Sternsystem, Sternbilder, Sternschnuppe, Meteorit, Meteor, Nordlicht, Polarlicht.

1510 **Steuer 1.** Steuerrad, Lenker, Lenkrad, Volant, Lenkstange, Steuerknüppel, Ruder, Leitwerk, **2.** Besteuerung, Abgabe, Taxe, Kontribution, Akzise; Lohnsteuer, Gewerbesteuer, Mehrwertsteuer, Umsatzsteuer; Zehnt, Zoll; Versteuerung, Veranlagung, **3.** Finanzamt, Steuerbehörde.

1511 **steuern 1.** führen, fahren, lenken, chauffieren, lotsen, **2.** zielen, tendieren, anpeilen, richten, ansteuern, **3.** gegensteuern, entgegenwirken, unterbinden, verhindern.

1512 **Stiel 1.** Stängel, Schaft, Halm, Stamm, Rohr, **2.** Griff, Handgriff, **3.** Strunk, Stubben, Stumpen, Stumpf, Stummel.

1513 **Stil 1.** Art, Ausdrucksweise, Ausdrucksform, Gepräge, Duktus, Diktion, Schreibweise, Schreibe, Technik, Arbeitsweise, Linienführung, Pinselstrich, **2.** Kunstform, Kunstrichtung, Bauart, Manier, Grundform, Bauform, Baustil, Zeitstil, Epochenstil, Individualstil, **3.** Lebensweise, Lebensstil, Lebensform, Existenzform, Lebenszuschnitt, **4.** Selbstdarstellung, Verhalten, Habitus, Haltung, Look, Outfit, Styling.

1514 **Stillstand** Stockung, Halt, Unterbrechung, Stau, Stop and go, Stauung, Pause, Einhalt, Ende, Stopp, Baisse, Nullpunkt, toter Punkt, Gefrierpunkt, Stagnation; Sauregurkenzeit, Flaute.

1515 **Stimmung 1.** Laune, Verfassung, Gemütszustand, Gefühlslage, Tonlage, Gemütsbeschaffenheit, Seelenlage, Seelenverfassung, Gemütsverfassung, Gemütsstimmung, Grundgefühl, Grundstimmung, Grundströmung, Orgelton, Gestimmtheit, Disposition, Tagesform, Disponiertheit, Aufgelegtsein, Mood, **2.** Lust, Neigung, Anwandlung, Regung, Wallung, Einfall, Kaprice, Affekt, Grille, Laune, Exzentrizität, Marotte, Kateridee.

1516 **Stock 1.** Blumenstock, Topfpflanze, Pflanzenstamm, Wurzelstock, Strauch, Blumenstumpf, Stubben, Stucken, **2.** Rute, Prügel, Keule, Knute, Klopfer, Knüttel, Knüppel, Rohrstock, Gerte, Peitsche, Schläger; Stecken, Stab, Stange, Latte; Stütze, Krücke, Gehhilfe, Gehstock, Spazierstock, **3.** Grundstock, Basis, Grundlage, Grundmasse, Grundkapital, Stammkapital, Kapitalgrundstock, **4.** Vorrat, Bestand, Speicher, Lager, **5.** Holzschnittform, Holzschnitt, **6.** Stockwerk, Etage, Geschoss; Untergeschoss, Souterrain, Erdgeschoss, Zwischengeschoss, Mezzanin, Beletage, Dachgeschoss.

1517 **stocken 1.** innehalten, sich unterbrechen; aussetzen, streiken, abbrechen, anhalten, stehen bleiben, nicht weiterkommen, hängen bleiben, nicht vorwärts kommen, eingekeilt sein, aufgehalten werden, nicht vom Fleck kommen; haften, kleben, festkleben, festhängen,

festsitzen, nicht loskommen, sich nicht lösen können, verhaken, verklemmen; sitzen bleiben, kleben bleiben, hocken, kein Ende finden, **2.** stottern, stammeln, drucksen, nicht weiterwissen, Faden verlieren, ins Stocken geraten, schwimmen, verstummen, erlahmen, **3.** an die Substanz/ans Eingemachte gehen, Substanz angreifen, von der Substanz zehren, sich nicht weiterentwickeln; zurückbleiben, keine Fortschritte machen, auf der Strecke bleiben, Ziel nicht erreichen, sich festfahren; aufgeschmissen/ratlos sein, **4.** stehen, stagnieren, versiegen, versanden, versumpfen, versickern.

1518 **Stoff** **1.** Materie, Masse, Substanz, Ding, Element, **2.** Material, Stofflichkeit, Mittel, Baustoff, Baumaterial, Rohstoff, Grundstoff, Rohmaterial, Rohling, Werkstoff, Bodenschätze, **3.** Gewebe, Gewirk, Geflecht, Gespinst, Tuch, Flor, Baumwolle, Textil, Leinwand, Leinen, Seide, Wolle, Samt, Tüll, Filz, **4.** Sujet, Thema, Fabel, **5.** Droge, Rauschgift.

1519 **stören** **1.** ablenken, zerstreuen, unterbrechen, behelligen, lästig fallen, aufhalten, inkommodieren, genieren; zuwiderlaufen, unpassend sein, verquer kommen, hinderlich sein, ungelegen kommen, belästigen; im Weg stehen, ins Gehege/in die Quere kommen; sich breit machen; bedrängen, sich aufdrängen; Tür einrennen, hereinplatzen, bombardieren, löchern, **2.** durchkreuzen, zwischenfunken, quer schießen, quer treiben, dazwischenreden, ins Wort fallen, reinreden, nicht ausreden lassen; sich einmengen, einmischen; seine Nase in alles stecken, **3.** sabotieren, lahm legen, blockieren, hindern.

1520 **Störenfried** Eindringling, Ruhestörer, Unruhestifter, Quälgeist, Plagegeist, Krakeeler, Querulant, Provokateur, Landplage, Nervensäge, Nervtüte.

1521 **Störung** Unterbrechung, Aufenthalt, Zwischenfall, Ablenkung, Belästigung, Behelligung, Abhaltung, Behinderung, Panne, Defekt, Verhinderung, Verzögerung, Erschwerung, Einmischung, Intervention.

1522 **Stoß** Ruck, Rucker, Erschütterung, Beben, Anprall, Aufprall, Aufschlag, Einschlag, Anstoß, Schub, Stupser, Stups, Stips, Schlag, Tritt, Fußtritt, Puff, Rippenstoß, Rempelei.

1523 **stoßen** schubsen, puffen, knuffen, Puff versetzen, anstoßen, stupsen, anrempeln, rucken, rütteln, rappeln, erschüttern, schütteln, ins Wanken bringen, umschmeißen, umstoßen, umwerfen, zu Boden werfen, über den Haufen rennen, zusammenstoßen, zusammenprallen; treten, vor sich her stoßen, dribbeln, kicken.

1524 **Straße** Gasse, Allee, Promenade, Boulevard, Ringstraße, Prachtstraße, Damm, Einbahnstraße, Sackgasse, Nebenstraße, Seitenstraße; Hauptstraße, Geschäftsstraße, Verkehrsader; Bürgersteig, Trottoir, Gehweg, Fahrweg, Fahrbahn, Fahrstraße, Fahrdamm; Landstraße, Chaussee, Heerstraße, Bundesstraße, Schnellstraße, Autobahn, Highway, Zubringerstraße, Auffahrt, Ausfahrt.

1525 **streben** **1.** anstreben, ausgehen/reflektieren/aus sein/abzielen/hinauswollen auf, erstreben, wollen, eifern, sich angelegen sein lassen; zu erreichen suchen, sich zum Ziel setzen; drängen nach, tendieren, trachten, fahnden, angeln, gieren, lechzen, süchteln, alles dransetzen, sich reißen um, **2.** aufstreben, vorwärts streben; hoch hinauswollen, nach den Sternen greifen.

1526 **Streber** Musterknabe, Klassenprimus, Ehrgeizling, Perfektionist, Primus, Radfahrer, Karrierist, Stellenjäger, Postenjäger.

1527 **strecken (sich)** **1.** wachsen, größer werden, aufschießen, **2.** dehnen, ausdehnen, vergrößern, weiten, verlängern, ausweiten, weiter/länger machen, längen, Saum herauslassen, lang ziehen, straffen, recken, spannen, ziehen, zerren, reißen, **3.** sich erstrecken, ausbreiten, dehnen, hinziehen, **4.** entspannen, abspannen, sich recken, dehnen, rekeln; stretchen.

1528 **Streik** Arbeitsniederlegung, Arbeitseinstellung, Ausstand, Arbeitskampf, Warnstreik, Bummelstreik, Solidaritätsstreik, Generalstreik.

1529 **streiken** **1.** Arbeit niederlegen/verweigern/einstellen, in Streik/Ausstand treten, **2.** versagen, stocken.

1530 **Streit** **1.** Auseinandersetzung, Unstimmigkeit, Kontroverse, Entzweiung, Meinungsverschiedenheit, Zwietracht, Unfriede, Uneinigkeit, Zwiespalt, böses Blut, Disharmonie, Reiberei, Reibung, Missklang, Dissonanz, Stunk, Zoff, Gezerre, Verzwistung, Konflikt, Spannungen, Zerwürfnis, Differenzen, Zwistigkeit, Zwist, Querele, Knatsch, Hader, Zänkerei, Misshelligkeit, **2.** Krach, Szene, Disput, Debatte, Wortstreit, Zank, Kabbelei, Reibungen, Krakeel, Wortwechsel, Wortgefecht, Reiberei, Streiterei, Streitgespräch, Scharmützel, Renkontre, Zusammenstoß, Zusammenprall, Konfrontation, Auftritt, Strauß, Händel, Streitigkeit, Gefecht, Kampf; Streit um Worte, Streit um des

Kaisers Bart, Gezänk, Polemik, Federkrieg, Hin und Her, Tauziehen, zähes Ringen, Nervenkrieg, Schlammschlacht, **3.** Ehekrach, Ehekrieg, Geschlechterkrieg, Rosenkrieg.

1531 **streiten (sich)** **1.** entzweien; sich überwerfen, verfeinden; auseinanderkommen, aneinandergeraten, in den Haaren liegen, zanken, hadern, zwittern, erzürnen, befehden, bekriegen; kabbeln, flachsen, anbinden, sich anlegen mit; über Kreuz kommen, sich reiben; schimpfen, **2.** sich auseinandersetzen; polemisieren, rechten, Streit anfangen, sich in die Haare kriegen, in die Wolle geraten; Strauß ausfechten, zusammenstoßen, zusammenprallen, krachen, sich verzanken, fetzen, verkrachen, beknirschen, überwerfen; debattieren, disputieren, die Klinge führen, erörtern, prozessieren.

1532 **streng** **1.** fest, konsequent, straff, entschieden, bündig, strikt, bestimmt, barsch, schroff, eisern, unwidersprechlich, hart, gestreng, rigoros, teutonisch, ex cathedra, autoritativ, scharf, kompromisslos, unnachgiebig, unerbittlich; strenggläubig, orthodox, amtskirchlich, rechtgläubig, **2.** asketisch, enthaltsam, puritanisch, sittenstreng, sittenrichterlich, **3.** autoritär, inquisitorisch, apodiktisch, gebieterisch, herrisch, herrscherlich, diktatorisch, drakonisch, spartanisch, despotisch, tyrannisch, disziplinarisch.

1533 **Strenge** **1.** Festigkeit, Konsequenz, Entschiedenheit, Ernst, Energie, Bestimmtheit, Nachdruck, Unnachgiebigkeit; Härte, Unnachsichtigkeit, Ungnädigkeit, Gnadenlosigkeit, Mitleidlosigkeit, Striktheit, Ungerührtheit, Unbedingtheit, Schonungslosigkeit, Rigorismus, Rigidität, Unerbittlichkeit, Kompromisslosigkeit; Strenggläubigkeit, Rechtgläubigkeit, Orthodoxie, **2.** Schärfe, Schroffheit, Barschheit, Herbheit, Kühle, Unzugänglichkeit, Unnahbarkeit, Verschlossenheit, **3.** Steifheit, Prüderie, Zimperlichkeit, **4.** Sittenstrenge, Verständnislosigkeit, Humorlosigkeit.

1534 **Strömung** **1.** Richtung, Neigung, Bewegung, Trend, Tenor, Tendenz, Kurs, Welle, Mode, Schule, Stil, **2.** Dünung, Zug, Sog, Flut, Schwall, Brandung, Gischt, Brecher, Sturzwelle, Woge, Welle, Drift, Trift, Strudel, Wirbel.

1535 **Struktur** Bau, Gefüge, Aufbau, Gliederung, Konstruktion, Beschaffenheit, Komposition, Zusammensetzung, Lagerung, Schichtung, Organisation, Bauweise, Grammatik, Gestaltung; Textur, Gewebe, Maserung, Faserung, Raster.

1536 **Stück** **1.** Ende, Strecke, Endchen, Ecke, Teil, Bahn, **2.** Fetzen, Lappen, Zipfel, Schnipsel, Flicken, Stückchen, Fetzchen, Eckchen, Streifen, Abschnitt, Rest, Bruchstück, Scherbe, Splitter, **3.** Schnitte, Scheibe, Tranche, Fladen, Brocken, Bissen, Happen, **4.** Exemplar, Ausfertigung, **5.** Theaterstück, Bühnenwerk, **6.** Scheit, Klotz, Trumm, Oschi, Brocken, Kaventsmann, Kloben, Span, Spreißel, **7.** Zettel, Blatt, Coupon, Bogen, Seite, Wisch; Buchseite, Papierbogen, Briefbogen, Pagina.

1537 **stumpf** **1.** unscharf, abgestumpft, abgenutzt, schartig, **2.** glanzlos, matt, fahl, mattiert, beschlagen, gebrochen, **3.** unempfindlich, unempfänglich, phantasielos, phlegmatisch, lethargisch, schlafmützig, indolent, dumpf, taub, abgestumpft, reduziert, **4.** teilnahmslos, ungerührt, gleichgültig, herzlos, unlebendig, unansprechbar, unzugänglich, verständnislos, **5.** abgebrüht, stoisch, wurstig, unerschütterlich.

1538 **stunden** aufschieben, anstehen lassen, befristen, terminieren, Aufschub gewähren, Frist verlängern, prolongieren.

1539 **Sturm** **1.** Windsbraut, Sturmwind, Orkan, Taifun, Tornado, Hurrikan, Wirbelsturm, Windhose, Trombe, Zyklon, Schneesturm, Blizzard, Sandsturm, **2.** Andrang, Ansturm, Run, Vorstoß, Feldzug, Offensive.

1540 **stützen (sich)** **1.** Halt geben, unterfassen, stabilisieren, unterfangen, untermauern, verstreben, fundieren, festigen, abstützen, **2.** helfen, aufhelfen, unterstützen, auf die Beine stellen; sich gegenlehnen, abstützen, anlehnen; Arm nehmen, sich aufstützen; bauen auf, sich verlassen auf, halten an, beziehen/berufen auf.

1541 **Stutzer** Elegant, Bella Figura, Dandy, Gent, Geck, Lackel, Fant, Modenarr, Stenz, Fatzke, Graf Koks, Mod, Popper, Gigerl, Affe, Laffe, Zierbengel, Modepuppe, Lackaffe, Schönling, Schnösel, Promenadenhengst.

1542 **Subkultur** **1.** Sonderkultur, Nebenkultur, zweite Kultur, schichtspezifische/altersspezifische Kultur, Gruppenkultur, Szenekultur, Szene, Soziotop, Nische, Meile, Alternativkultur, Parallelkultur, Alternativszene, Gegenkultur, Protestbewegung, **2.** Beatniks, Beat Generation, Gammler, Hippies, Flower-Power, Popgeneration, Jugendszene, Autonome, Punk, Raver, Poppers, Mods, Computerfreaks, Netsurfer, Nerds, Technologiemönche.

1543 **Sublimation** Vergeistigung, Verinnerlichung, Überhöhung, Sublimierung; Kompensation, Verdrängung, Verschiebung, Übertragung.

1544 **sublimieren** **1.** vergeistigen, verfeinern, veredeln, entmaterialisieren, spiritualisieren, hochstilisieren, ins Erhabene steigern, **2.** kompensieren, unterdrücken, verdrängen.

1545 **Substanz** Wesen, Materie, Stoff; Kern, Gehalt, Sinn, Bedeutung, Inhalt, Mark, Hauptsache, Inbegriff, das Wesentliche/Bleibende, Essenz, Wesenheit, Sosein.

1546 **suchen** **1.** forschen, fahnden, Ausschau halten, sich umsehen/umschauen nach; um sich blicken, hinter sich schauen, sich umdrehen; in alle Richtungen schauen, ausschauen, spähen, sich umtun; ermitteln, recherchieren, nachforschen, einer Sache nachgehen; nachspüren, nachgraben, graben, wühlen, kramen, das Unterste zuoberst kehren, herumsuchen, nesteln, stöbern, durchsuchen, durchflöhen, durchkämmen, absuchen, surfen, browsen, durchstöbern; Haussuchung machen, Razzia veranstalten, filzen, visitieren, **2.** auf der Suche sein, nachjagen, verfolgen, hinterher sein, angeln, fischen nach, Netze auswerfen, tauchen, gründeln, **3.** spüren, tasten, tappen, Fühler ausstrecken, Witterung nehmen, **4.** nachschlagen, durchsuchen, surfen, googeln, heraussuchen, aufsuchen, sich durchklicken.

1547 **Sucht** **1.** Gewöhnung, Abhängigkeit, Süchtigkeit, Verfallensein, Hörigkeit, Trieb, Manie, Besessenheit, **2.** Suchtmittelabhängigkeit, Drogenabhängigkeit, Tablettenabhängigkeit, Alkoholabhängigkeit, **3.** Alkoholismus, Trunksucht, Alkoholsucht, Nikotinsucht, Drogensucht, Schlafmittelabhängigkeit, Abhängigkeit von Stimulanzien, **4.** Arbeitssucht, Konsumsucht, Wettsucht, Spielsucht, Fresssucht, Magersucht, Bulimie, Computersucht.

1548 **Sumpf** **1.** Moor, Morast, Ried, Bruch, Marsch, Fenn, Rohr; Modder, Schlamm, Matsch, Lehm, Pfuhl, Schmutz, Gosse, Dreck, Siff, Schlick, Brühe, **2.** Filz, Klüngel.

1549 **System** **1.** strukturiertes Ganzes, Zusammenhang, Regelhaftigkeit, Einheit, **2.** Systematik, Vorgehensweise, Methode, Methodik, Didaktik, Planmäßigkeit, Programm, Ordnungsprinzip, **3.** Lehrgebäude, Denkmodell, Gedankengebäude, **4.** Wirtschaftsform, Regierungsform, Gesellschaftsform, **5.** Netz, Netzwerk, digitales System.

# T

1550 **tadeln** **1.** aussetzen, beanstanden, einwenden, reklamieren, ausstellen, monieren, bemängeln, mäkeln, missbilligen, nörgeln, meckern, kritteln, ankreiden, **2.** rügen, rüffeln, schulmeistern, schurigeln, Vorhaltungen machen, räsonieren, verweisen, abkanzeln, runterputzen, zurechtweisen, zusammenstauchen, zusammenfalten, zusammenscheißen, herunterputzen, Zigarre erteilen, vorwerfen, maßregeln, zur Ordnung rufen, Rüge/Tadel erteilen, Leviten lesen, Lektion erteilen, ins Gericht gehen, Mores lehren, Gardinenpredigt halten.

1551 **taktisch** **1.** planvoll, überlegt, klug, berechnet, wohl vorbereitet, vorbedacht, zweckhaft, zweckvoll, strategisch, logistisch, methodisch, **2.** diplomatisch, geschickt, schlau, clever, smart, berechnend, gerissen, raffiniert, gewieft, glatt, aalglatt, glattzüngig, machiavellistisch, doppelzüngig.

1552 **taktlos** indiskret, aufdringlich, indezent, neugierig, instinktlos, unhöflich, pietätlos, rücksichtslos, unangebracht, ungebührlich, unschicklich, deplatziert, ungehörig, unpassend, geschmacklos, plump.

1553 **tätig** **1.** fleißig, emsig, schaffig, unermüdlich, nimmermüde, rührig, rastlos, unverdrossen, umtriebig, immer auf dem Posten, **2.** aktiv, in Aktion, rege, agil, unternehmend, unternehmungslustig, energisch, betriebsam, rührig, geschäftig, tüchtig, regsam, tatkräftig, **3.** arbeitend, berufstätig, erwerbstätig, werktätig, **4.** beschäftigt, viel beschäftigt, voll beschäftigt, in Anspruch genommen, beansprucht, ausgelastet, ausgebucht.

1554 **Tatsache** **1.** Faktum, Fakt, Tatbestand, Sachlage, Gegebenheit, Gewissheit, Sachverhalt, Umstand, vollendete Tatsache, Fait accompli, **2.** Tatsächlichkeit, Faktizität, Wirklichkeit, Realität.

1555 **Täuschung** **1.** Irreführung, Täuschungsmanöver, Verwirrspiel, Spiegelfechterei, Deckmantel, Tarnung, Lug, Trug, Bluff, Faceliftung, Theaterdonner, Farce, Fake, Falschmeldung, Zeitungsente, Ente, Tatarenmeldung, Luftnummer, Übertölpelung, Ablenkungsmanöver, Überlistung, Vorwand, Ausrede, Verstellung, Scharlatanerie, Katz-und-Maus-Spiel, Schwindel, List, Trick, Betrug; Lippenbekenntnis, Kuckucksei, Krokodilstränen, Nebenschauplatz, Briefkastenfirma, Strohfirma, Scheinfirma, Scheinehe, Josephsehe, Etikettenschwindel, Analogkäse, **2.** Schein, Anschein, Mogelpackung, Vorspiegelung, Vortäuschung, Ghostwriting, Playback, Teleprompter, Fiktion, Mystifikation; Kulisse, Attrappe, Leerpackung, Schaupackung, Dummy, Testpuppe, Fassade, Dekorum, Augentäuschung, Trompe-l'Œil, Cameo, Augentrug, Kippfigur, Sinnestäuschung, potemkinsches Dorf, Parallelwelt, Staffage, Camouflage, Rollentausch, Maske, Maskierung, Larve, Larvierung, Verhüllung, Verpuppung, Verlarvung, Kostümierung, Verkleidung, Rollenprosa, Maskerade, Narrenkleid, Mummenschanz, Schminke, Tünche, Verstellung, Verstellungskunst, **3.** Fastnacht, Fasnacht, Fasching, Karneval, Halloween, Mardi gras, **4.** Verheimlichung, Verdunkelung, Nebelkerzen, Verfälschung, Verzeichnung, Verdrehung, Verzerrung, Entstellung, Verschleierung, Beschönigung, Übertreibung, Überzeichnung, Desinformation.

1556 **Tausendsassa** Allroundtalent, Multitalent, Joker, Hansdampf, Hansdampf in allen Gassen, Allerweltskerl, Teufelskerl, Allroundman, Superman, Masterplaner, Meister des Universums, Global Player.

1557 **Teil** **1.** Bruchteil, Anteil, Etwas, Portion, Brocken, Teilgebiet, Parzelle, Strecke, Teilstrecke, Etappe, Segment, Sektor; Abschnitt, Kapitel, Absatz, Passage, Passus, Ausschnitt, Auszug, Exzerpt, Partie, Stelle, Vers, Strophe, **2.** Bruchstück, Rest, Stück, Teilstück, Torso, Fragment, Trakt, Flügel, Seitenteil, Rudiment, **3.** Bestandteil, Komponente, Ingredienz, Detail, Einzelheit, Element, Teilchen, Zelle, Partikel, Molekül, Atom, Quant, Quark, **4.** Wange, Backe, Flanke.

1558 **teilen (sich)** **1.** in Stücke schneiden, zerteilen, zerschneiden, zersägen, durchsägen, zerhauen, zerlegen, zerstückeln, tranchieren, splittern, auseinandernehmen, zergliedern, sezieren, abschneiden, abtrennen, spalten; unterteilen, gliedern, fächern, auffächern, rubrizieren; zerschnipseln, atomisieren, **2.** zuteilen, zumessen, bemessen, zusprechen, einteilen, aufteilen, verteilen, austeilen, ausgeben, parzellieren, abteilen, abzweigen, dosieren, abwiegen, rationieren, kontingentieren, **3.** Kräfte teilen, sich in Stücke reißen; zersplittern, sich aufspalten; zwei Herren dienen, allen gerecht

werden wollen, sich verzetteln; auf zwei Hochzeiten tanzen, **4.** halbieren, hälften, zweiteilen, brüderlich teilen, **5.** sich gabeln, verästeln, verzweigen.

1559 **Teilnahme 1.** Anteilnahme, Empathie, Beistand, Interesse, Sinn für, innere Beteiligung, Rührung, Ergriffenheit, Mitgefühl, Mitempfinden, Mitleid, Mitfreude, **2.** Anwesenheit, Beteiligung, Mitwirkung, Mitarbeit, Mithilfe, Partizipation, Teilhaberschaft, Mitgliedschaft.

1560 **teilnehmen 1.** sich beteiligen; beteiligt sein, partizipieren, einsteigen; sich einklinken, reinschwingen; teilhaben, mitbenutzen, Hand im Spiel haben, mitmischen, mitbestimmen, vertreten sein, Anteil haben, dazugehören, Stimme haben, mitreden können, **2.** dabei/anwesend sein, miterleben, mitmachen, mittun, mit von der Partie sein, mitmischen, mitwirken, mitziehen, mitarbeiten, mithalten, mithören, dabeistehen, beiwohnen, zugegen sein, **3.** mitfühlen, nachfühlen, nachempfinden, interessiert sein, mitempfinden, bemitleiden, bedauern, mitleiden, mittrauern, Anteil nehmen; Beileid aussprechen, Mitgefühl bekunden, kondolieren, **4.** beglückwünschen, gratulieren, sich mitfreuen.

1561 **teilnehmend 1.** anteilnehmend, mitfühlend, mitempfindend, sympathetisch, empathisch, teilnahmsvoll, mitleidend, mitleidig, gerührt, ergriffen, **2.** teilhaftig, beteiligt, interessiert, engagiert, betroffen, mitbetroffen, einbezogen, mitbeteiligt, hineinverwickelt, involviert.

1562 **Teilnehmer 1.** Anwesende, Besucher, Zuschauer, Zuhörer, Publikum, Hörer, Zuhörerschaft, Hörerschaft, Auditorium, **2.** Beteiligte, Interessenten, Mitwirkende, Mitglieder, Mitspieler, Gesprächsteilnehmer, Diskussionsteilnehmer, Kursteilnehmer, Mitfahrer.

1563 **teils** teilweise, zum Teil, partiell, nicht ganz, fallweise, einerseits, einesteils, auf der einen Seite, halb und halb, teils … teils, nicht unbedingt, auszugsweise, strichweise, streckenweise, durchwachsen.

1564 **Telefon** Fernsprecher, Apparat, Handy, Mobile, Bildtelefon, Mobiltelefon, Kartentelefon, Smartphone, iPhone; Strippe.

1565 **telefonieren** anrufen, anklingeln, durchklingeln, anläuten, fernsprechen, durchrufen, an der Strippe hängen, skypen.

1566 **Tendenz 1.** Neigung, Disposition, Hang, Richtung, Strömung, Zug, Zeitgeist, Trend, **2.** Einschlag, Ausrichtung, Orientierung, Anlage, Präferenz.

1567 **tendenziös** einseitig, gefärbt, voreingenommen, parteilich, parteiisch, einäugig, befangen, zweckbestimmt, unsachlich, entstellt, verdreht, verzerrt, eingefärbt.

1568 **Teppich** Läufer, Brücke, Matte, Perser, Vorleger, Bettvorlage, Flokati; Bodenbelag, Auslegeware, Teppichboden; Wandteppich, Bildteppich, Gobelin, Wandbehang.

1569 **Termin** Zeitpunkt, Stichtag, Fälligkeitstag, Deadline, Jour fixe, Zahlungstag, Liefertag, Gerichtstermin, Date.

1570 **teuer** kostspielig, aufwendig, gepfeffert, gesalzen, unerschwinglich, geht ins Geld, kommt teuer, unbezahlbar; lieb und teuer, wichtig.

1571 **Teufel** Satan, Höllenfürst, Luzifer, Beelzebub, Urian, Mephisto, Versucher, Verderber, Widersacher, Verführer, böser Geist, Krampus, Gottseibeiuns, der Leibhaftige, die alte Schlange, Dämon, Inkubus, Sukkubus, Diabolus, Fürst der Finsternis, Antichrist, Scheitan, gefallener Engel, Behemoth, Leviathan; Deibel, Deubel, Deiwel.

1572 **Text** Wortlaut, Korpus, Textbestand, Partitur, Zeichensystem; Geschriebenes, Gedrucktes, Schriftwerk, literarischer Text, Sachtext, Gebrauchstext, Werbetext, Liedtext, Lyrics, Rollentext, Bildtext, Fließtext.

1573 **Theater 1.** Bühne, Schaubühne, Wanderbühne, Spielstätte, Schmiere, Straßentheater, Kleinkunstbühne, Kabarett; Theateraufführung, Stück, Vorstellung, Spiel, Performance, Körpertheater, Rollenspiel, Replay, Reenactment, Nachstellung, Sketch, Stegreifspiel, Improvisationstheater, Impro, Sprechtheater, Tanztheater, **2.** Schauspielhaus, Festspielhaus, Opernhaus, Skala; Musentempel, **3.** Gehabe, Verstellung, Heuchelei.

1574 **Ticket** Fahrschein, Fahrausweis, Fahrkarte, Bahncard, Bordkarte, Flugschein; Eintrittskarte, Billett, Entree, Eintrittspreis, Eintrittsgeld, Karte.

1575 **tief 1.** tief liegend, in der Tiefe, am Boden, im Keller, tief/weit unten, **2.** grundlos, bodenlos, klaftertief, abgründig, abgrundtief.

1576 **tiefgründig** tief schürfend, tiefsinnig, faustisch, grüblerisch, selbstquälerisch, skrupulös; gedankenreich, vielsagend, feinsinnig, differenziert, profund, gedankenschwer, philosophisch, spekulativ, hintersinnig, hintergründig, unergründlich.

1577 **Tisch** Küchentisch, Esstisch, Speisetisch, Tafel, Schreibtisch, Arbeitstisch, Sekretär, Pult,

Tischchen, Beistelltisch, Anrichte, Toilettentisch, Frisiertisch.

1578 **Tod** **1.** Ende, Sterben, Exitus, Abgang, ewiger Schlaf, Todesschlaf, Hingang, Heimgang, Hinscheiden, Erbleichen, Abnibbeln, Abkratzen, Verrecken, Hinschied, Ableben, Verscheiden, Erblassen, Entschlafen, Erlöschen, Lebensende, Abberufung, **2.** Todesfall, Verlust, Trauerfall, Sterbefall, **3.** Gevatter Tod, Freund Hein, Todesengel, Schnitter Tod, Knochenmann, Sensenmann.

1579 **Toilette** **1.** Klosett, Klo, WC, Lokus, Tö, Abort, Abtritt, Örtchen, Null-Null, Kabinett, Häuschen, Pissoir, Latrine, Donnerbalken, Scheißhaus, **2.** Sichankleiden, Sichfrisieren, Sichzurechtmachen; Abendgarderobe, Gala, Staat, in vollem Ornat.

1580 **Ton** **1.** Laut, Klang, Schall, Sound, **2.** Klangfarbe, Klangart, Timbre, Betonung, Intonation, Modulation, Tonart, Färbung, Kolorit, **3.** Umgangston, Umgangsform, Ton, der die Musik macht, **4.** Tonfall, Stimmlage, Stimmfärbung, **5.** Klangwirkung, Klangverhältnisse, Akustik, Schallwirkung, Resonanz, **6.** Mergel, Kaolin, Lehm, Tonerde.

1581 **tönen** **1.** ertönen, erklingen, schwingen, lauten, schallen, hallen, erschallen, ans Ohr dringen, sich vernehmen lassen, **2.** läuten, klingeln, schellen, bimmeln, anschlagen, scheppern, klirren, schrillen; klappern, klötern, brummen, summen, surren, sirren, schwirren, schnarren, quietschen, piepsen, schreien, kreischen, grillen; ticken, tacken; klatschen, knistern, rascheln, prasseln, zischen, brutzeln, **3.** blöken, bähen, mähen, muhen, wiehern, quaken, quarren, quieken, quieksen, röhren, schnurren, krähen, knirschen, zischen, fauchen, schnalzen, schnippen, gackern, schnattern, gurren, kollern, **4.** dröhnen, rauschen, tosen, gischten, branden, brodeln, sieden, gurgeln, gluckern, glucksen, murmeln, blubbern, schwappen, strudeln, quirlen, **5.** klingen, sich anhören; vorkommen wie, den Eindruck erwecken.

1582 **tot** **1.** gestorben, verstorben, dahin, abgeschieden, heimgegangen, dahingegangen, verschieden, entseelt, verblichen, gefallen, geblieben, mausetot, hinüber, abgekratzt, krepiert, draufgegangen, hin, **2.** unbelebt, anorganisch, unbeseelt, leblos, ausgestorben, leer, öde; ausgebrannt, erloschen, aus, ausgegangen; empfindungslos, fühllos, abgestorben.

1583 **töten (sich)** **1.** umbringen, ermorden, morden; erschlagen, totschlagen, keulen, umlegen, zusammenschießen, niederschießen, abknallen, abstechen, erdolchen, erstechen, erdrosseln, erwürgen, ertränken, ersäufen, vergiften, überfahren, steinigen, lynchen, niedermetzeln, abschlachten; kaltmachen, meucheln, unter die Erde bringen, über die Klinge springen lassen, Lebenslicht ausblasen, Garaus machen, zur Strecke/um die Ecke bringen, aus dem Weg schaffen, Rest geben, abmurksen, killen, liquidieren, beseitigen, massakrieren, vernichten, exterminieren, **2.** hinrichten, erschießen, an die Wand stellen, exekutieren, füsilieren, standrechtlich erschießen, enthaupten, guillotinieren, hängen, erhängen, aufknüpfen, vergasen, **3.** schlachten, erlegen, schießen, abschießen, **4.** abtöten, sterilisieren, keimfrei machen, ausrotten, austilgen, **5.** sich umbringen; Selbstmord/Suizid begehen, seinem Leben ein Ende/Schluss machen, von eigener Hand sterben, Hand an sich legen, sich entleiben, das Leben nehmen, etwas antun; Freitod wählen.

1584 **Tötung** **1.** Ermordung, Mord, Tötungsdelikt, Bluttat, Mordtat, Meuchelmord, Attentat, **2.** Todesstrafe, Hinrichtung, Exekution, Erschießung; Schlachten, Schächten, **3.** Freitod, Selbstmord, Suizid, Selbsttötung.

1585 **tragen** **1.** befördern, transportieren, mit sich führen, mitführen, bei sich haben; schleppen, sich aufladen; auf dem Rücken/huckepack tragen, auf die Schulter nehmen, schultern, **2.** anhaben, anziehen, aufziehen, aufsetzen, aufhaben, umhaben, am Leibe/auf dem Kopf haben, spazieren führen, sich bewegen in, kleiden mit, **3.** ertragen, aushalten, auf sich nehmen, leiden, durchstehen, erdulden, schwer tragen an, zu tragen/Päckchen zu tragen haben, **4.** Frucht bringen, ergeben, einbringen, nützen, bringen, **5.** schwanger/in Umständen/trächtig sein, hoffen, erwarten, guter Hoffnung sein.

1586 **Transport** **1.** Beförderung, Verschickung, Verfrachtung, Verladung, Umladung, Versand, Spedition, Versendung, Verschiffung, Zustellung, Lieferung, Ablieferung, Auslieferung, Übermittlung, Überführung, Zuleitung, Weiterleitung, Expedierung, Expedition, **2.** Fracht, Fuhre, Ladung, Last, Tracht, Sendung, Schub, Fahrt, Lieferung.

1587 **träumen** **1.** Traum/Traumgesichte haben, **2.** phantasieren, in den Wolken schweben, sich wünschen, ausmalen; Luftschlösser bauen,

hoffen, sich Illusionen machen, **3.** nicht bei der Sache / woanders / abwesend / in Gedanken versunken sein, mit halbem Ohr zuhören.

1588 **Traurigkeit** Freudlosigkeit, Mutlosigkeit, Niedergeschlagenheit, Tief, Trübsinnigkeit, Trübseligkeit, Bekümmertheit, Seelenlähmung, Kümmernis, Betrübnis, Betrübtheit, Wehmut, Elegie, Wehmütigkeit, Weltschmerz, Tristesse, Verdüsterung, Verschattung, Depression, Düsterkeit, Trübsal, Schmerz, Kummer, Gram, Leid, Trauer, Blues, Melancholie, Schwermut, Trostlosigkeit, Ungetrostheit, Verzweiflung, Hoffnungslosigkeit, Lebensüberdruss, Weltekel, Untergangsstimmung.

1589 **treffen (sich)** **1.** sich verabreden, begegnen, wiedersehen, sehen; zusammenkommen, sich versammeln, gesellen; zusammentreffen, zusammentreten, tagen, konferieren, meeten, **2.** aufeinandertreffen, zusammenstoßen, zusammenprallen, kollidieren, aufeinanderstoßen, **3.** ins Schwarze/Nagel auf den Kopf treffen, richtigliegen; zutreffen, stimmen, sich als richtig erweisen, **4.** antreffen, zu Hause finden, nicht verfehlen, Glück haben, **5.** einmünden, einströmen, zufließen, zusammenströmen, zusammenlaufen, zusammenfließen, sich vereinigen, **6.** kränken, verletzen, **7.** sich fügen; passen, zupasskommen, gelegen kommen, hinhauen, in Ordnung gehen.

1590 **Treffen** **1.** Begegnung, Zusammenkunft, Wiedersehen, Beisammensein, Verabredung, Rendezvous, Date, Besprechung, Termin, **2.** Sitzung, Tagung, Versammlung, Zusammentritt, Meeting, Konferenz, Kongress, Kolloquium, Symposium, Workshop, Synode, Konklave, Konzil; Parteitag, Delegiertenkonferenz, Ideenkonferenz, Brainstorming, **3.** Treffpunkt, Treff, Hot Spot, Schnittpunkt, Knotenpunkt, Überschneidung, Kreuzung, Zusammenfluss, Einmündung, Mündung, **4.** Telefonkonferenz, Telekonferenz, Computerkonferenz, Videokonferenz.

1591 **trennen (sich)** **1.** scheiden, auseinandergehen, Abschied nehmen, Valet sagen, sich verabschieden; weggehen, auseinanderlaufen, absplittern; sich loslösen, losmachen, lösen, lossagen, überwerfen; Brücken hinter sich abbrechen, voneinandergehen, davonziehen, fortgehen, Tischtuch zerschneiden, sich scheiden lassen; Ehe auflösen, sich losreißen; aufgeben, verlassen, brechen, abbrechen, Schluss machen, Schlussstrich ziehen, **2.** entzweien, auseinanderdividieren, auseinanderbringen, abspalten, absondern, sondern, spalten, zersetzen, separieren, aufspalten, sprengen, Keil treiben zwischen, voneinanderreißen, auseinanderreißen, Zwietracht säen, Verbindung unterbrechen, stören; unterbrechen, abschalten, abbrechen, abkoppeln, entflechten, dezentralisieren, aufteilen, aufgliedern, **3.** entmischen, aussortieren, verlesen, Spreu vom Weizen trennen, Auswahl treffen; entfernen, wegnehmen, **4.** auftrennen, zertrennen, aufschneiden, abbinden, abschnüren, Nabelschnur durchtrennen, abnabeln, durchschneiden, durchschlagen, zerhauen, durchhauen, **5.** aufdröseln, spleißen, spalten.

1592 **Trennung** **1.** Abschied, Scheiden, Auseinandergehen, Lösung, Lockerung, Entzweiung, Entfremdung, Distanzierung, Loslösung, Zwiespalt, Abgrund, Graben, Bruch, Uneinigkeit, Streit, Spaltung, Schisma, Schlussstrich, Scheidung, Abbruch, **2.** Sonderung, Aufspaltung, Dezentralisation, Separierung, Separation, Aufgliederung, Auffächerung, Unterteilung, Halbierung, Zweiteilung, **3.** Teilung, Zerteilung, Zerlegung, Tranchieren; Abtrennung, Abnabelung, Abspaltung, Sezession, Zersplitterung, Zerstückelung, Durchtrennung, **4.** Log-out, Beendigung einer Sitzung, **5.** Timesharing, Jobsharing.

1593 **Trick** Kunstgriff, Kunststück, Kniff, Pfiff, Dreh, Finesse, Bluff, Masche, List.

1594 **Trieb** **1.** Instinkt, Naturtrieb, Naturantrieb, Triebhaftigkeit, Geschlechtstrieb, **2.** Reis, Spross, Schössling, Ableger, Ansatz.

1595 **triebhaft** **1.** triebmäßig, triebgemäß, tierisch, instinktbedingt, animalisch, instinktiv, **2.** gejagt, gehetzt, rastlos, fiebernd.

1596 **trinken** **1.** schlucken, Durst löschen, Glas leeren, Durst stillen, sich erquicken, laben, erfrischen; die Kehle anfeuchten, **2.** schlürfen, kippen, nippen, austrinken, hinunterstürzen, zu sich nehmen, anstoßen, genehmigen, heben, kümmeln, picheln, zechen, bechern, schnapsen, hinter die Binde gießen, einen schmettern /heben, süffeln, tanken, saufen, sich betrinken.

1597 **Trinker** Zecher, Schnapsdrossel, Schnapsbruder, Schluckspecht, Zechbruder, Saufbruder, Saufkumpan, Saufbold, Sumpfhuhn, Liederjan, Liedrian, Süffel, Süffler, Süffling, Pichler, Trunkenbold, Säufer, Quartalssäufer, Gewohnheitstrinker, Alkoholiker, Alkoholkranker, Alki, Suffkopp, Potator.

1598 **trocken** **1.** entwässert, durstig, ausgetrocknet,

arid, ausgedörrt, dehydriert, pelzig, verdorrt, dürr, welk, verwelkt, staubtrocken, pulvertrocken, hart, altbacken, furztrocken, knochentrocken, verschmachtet, vertrocknet, zusammengeschrumpft, eingeschrumpft, eingeschnurrt, verhutzelt, hutzelig, verholzt, holzig; sandig, staubig, staubbedeckt; gedörrt, getrocknet, **2.** ungeschmiert, unbelegt, ohne Getränk, **3.** langweilig, nüchtern, ledern, akademisch, geistesschwer, überfrachtet, kopflastig, lebensfern, praxisfern, steril, saftlos, **4.** regenlos, regenarm, niederschlagsarm, wasserarm, **5.** nüchtern, alkoholfrei, abstinent, **6.** dry, herb.

1599 **trocknen 1.** abwischen, abreiben, abtrocknen, trockenreiben, frottieren, abrubbeln, föhnen, **2.** absorbieren, einsaugen, aufsaugen, versickern, ablaufen, verdunsten, trocken werden; erhärten, hart/fest werden, austrocknen, abtropfen lassen, Wasser entziehen, dehydrieren, entwässern, **3.** dörren, darren, konservieren, rösten, **4.** trockenlegen, entsumpfen, entwässern, drainieren, ableiten, **5.** vertrocknen, eintrocknen, verschmachten, vergehen, eingehen, verdorren, veröden, versteppen, versanden, ausdörren, **6.** welken, gilben, verwelken, abblühen, verblühen, kümmern, verkümmern, eintrocknen, schrumpfen, verschrumpeln, verhutzeln, zusammenschrumpfen, zusammengehen, zusammenfallen, absterben.

1600 **Trost** Ermutigung, Ermunterung, Zuspruch, Aufrichtung, Tröstung, Trostworte, Linderung, Stärkung, Aufmunterung, Erheiterung, Hilfe, Lichtblick, Balsam, Labsal, Beruhigung.

1601 **trösten (sich) 1.** ermuntern, ermutigen, aufmuntern, aufheitern, aufhellen, Mut zusprechen, Trost spenden, zureden, aufrichten, aufbauen, lindern, beschwichtigen, mäßigen, stillen, helfen, Tränen trocknen, Balsam auf die Wunde träufeln, besänftigen, beruhigen, **2.** sich ablenken; wiederaufleben, Mut schöpfen.

1602 **tröstlich** lindernd, besänftigend, mildernd, erleichternd, befreiend, erlösend, ermutigend, ermunternd, erquickend, belebend, stärkend, entspannend, hilfreich, trostreich, trostvoll, Trost bringend, aufrichtend, wärmend.

1603 **trotz 1.** obwohl, obgleich, obschon, wenngleich, wiewohl, wenn auch, ungeachtet, unbeschadet, **2.** trotzdem, dennoch, doch, gleichwohl, trotz allem, dessen ungeachtet, nichtsdestoweniger, nichtsdestotrotz.

1604 **Trotz** Trotzreaktion, Widerspenstigkeit, Widerborstigkeit, Bockigkeit, Bockbeinigkeit, Eigenwilligkeit, Renitenz, Halsstarre.

1605 **Turm 1.** Ausguck, Auslug, Warte, Aussichtsturm, Kirchturm, Glockenturm, Campanile, Minarett, Wachturm, Funkturm, Fernsehturm, **2.** Kompaktanlage, Hi-Fi-Turm.

# U

1606 **üben** wiederholen, sich aneignen, beibringen, einprägen, antrainieren; memorieren, pauken; auswendig lernen, proben, durchproben, probieren, einstudieren, einüben, bimsen, schulen, stucken, ochsen, büffeln, trainieren, trimmen, dressieren, drillen, exerzieren, abrichten, schleifen.

1607 **überall 1.** allerorten, allerwege, allerenden, allenthalben, allerwärts, nah und fern, weit und breit, im ganzen Land, kreuz und quer, an allen Enden, landauf, landab, wo auch immer, auf der ganzen Welt/Schritt und Tritt, wo man hinguckt, generell, allgegenwärtig, omnipräsent, **2.** rundum, ringsum, ringsumher, rundherum, rings.

1608 **Überblick 1.** Übersicht, Rundschau, Schau, Gesamtschau, Zusammenschau, Zusammenfassung, Aufriss, Querschnitt, Synopse, Inhaltsangabe, Auszug, Abriss, Thesen, Extrakt, Quintessenz, Resümee, Abstract, Briefing, Rubrum, Klappentext, **2.** Rückblick, Rückschau, Retrospektive, Retro, Werkschau, Rekapitulation, **3.** hohe Warte, Beherrschung, Verständnis.

1609 **Überbringer 1.** Bote, Dienstmann, Laufbursche, Austräger, Postbote, Briefträger, Eilbote, reitender Bote, Zusteller, Lieferant, **2.** Abgesandter, Emissär, Geschäftsträger, Kurier, Herold, Melder, Läufer, **3.** Unglücksbote, Unheilbringer, Hiobsbote.

1610 **übereinstimmen 1.** sich decken; zusammenfallen, zusammengehen, zusammentreffen, auf denselben Tag fallen, zusammenpassen, kongruieren, zusammenstimmen, sich entsprechen, reimen; korrespondieren, parallel laufen, **2.** einig sein, einig/konform gehen, gleichliegen, gleicher Meinung sein, Auffassung teilen, dasselbe meinen, beipflichten, harmonieren, konvergieren, **3.** ähneln, gleichen, gleichsehen, sich ähnlich sehen; aussehen wie, erinnern/gemahnen an, nachschlagen, nachgeraten, arten nach.

1611 **übereinstimmend 1.** zusammenfallend, konvergierend, kongruent, korrespondierend, kompatibel, **2.** konform, entsprechend, stimmig, gleichgeordnet, harmonisch, einhellig, einmütig, einheitlich, miteinander, eines Sinnes, geeint.

1612 **Übereinstimmung 1.** Gleichheit, Identität, Deckungsgleichheit, Schnittmenge, Deckung, Tautologie, Kongruenz, Kompatibilität, Gleichartigkeit, Parallelismus, Parallelität, Gleichlauf, **2.** Zusammenfall, Koinzidenz, Zusammentreffen, Zwillingsgeschehen, Duplizität, Doppelereignis, Gleichzeitigkeit, **3.** Gleichwertigkeit, Gleichrangigkeit, Ebenbürtigkeit, Parität, Konkurrenzfähigkeit, Wettbewerbsfähigkeit, Gleichrang, Gleichstand, Patt, Remis; Gleichberechtigung, Gleichstellung, Vollwertigkeit, Konvertierbarkeit, Austauschbarkeit, Auswechselbarkeit, **4.** Gleichklang, Gleichtakt, Gleichmaß, Harmonie, Entsprechung, Korrespondenz, Stimmigkeit, Kongenialität, **5.** Konsens, Konvergenz, Identifikation, Ausrichtung, Normierung, Nivellierung, Uniformierung, Konformität, Gleichschritt, Gleichschaltung, Sprachregelung, Political Correctness, **6.** Sinngleichheit, Pleonasmus; Sinnähnlichkeit, Synonym, Sinnverwandtschaft.

1613 **übergeben** verabfolgen, aushändigen, geben, abgeben, abliefern, zustellen, überreichen, ausliefern, überbringen, übermitteln, überstellen, übertragen; weiterleiten, weitergeben.

1614 **überlaufen 1.** überquellen, überfließen, überschäumen, überschwappen, übersprudeln, überborden, über die Ufer treten, überfluten, überströmen, ausufern, voll Wasser laufen, hereinbrechen über, überschwemmen, unter Wasser setzen, wegschwemmen, mitreißen, ertränken, ersäufen, **2.** überwechseln, übergeben, übertreten, konvertieren, desertieren, abfallen.

1615 **Übermaß 1.** Zuviel, Überfülle, Unmenge, Unmaß, Überdosis, Überhang, Unmasse, Unzahl, Überschuss, Redundanz, Überreife, Überproduktion, Überangebot, Überfluss, Übersteigerung, Überhitzung, Reizüberflutung, Überwucherung, Gigantismus, Ausuferung, Auswuchs, **2.** Zügellosigkeit, Maßlosigkeit, Haltlosigkeit, Hemmungslosigkeit, Ungehemmtheit, Übertreibung, Unmäßigkeit, Ausschweifung, Unersättlichkeit, Orgie, Suada, Exzess, Overkill.

1616 **überraschen 1.** verblüffen, in Erstaunen setzen, Freude bereiten, frappieren, bestürzen, konsternieren, Sprache verschlagen, befremden, aus der Fassung bringen, vom Hocker/vom Stuhl hauen, verwirren, verdutzen, erstaunen, verwundern, auffallen, **2.** ertappen, erwischen, abfassen, überrumpeln, auf den Kopf zusagen, in flagranti erwischen, stellen,

überführen, auf frischer Tat erwischen, **3.** unerwartet kommen, ins Haus fallen, hereinplatzen, hereinschneien, vor der Tür stehen, unangemeldet erscheinen, auftauchen, dastehen, überfallen.

1617 **übertragen 1.** überantworten, delegieren, beauftragen, vergeben, auslagern, outsourcen, zuweisen, zuschreiben, anvertrauen; überliefern, weiterreichen, weitergeben, **2.** vererben, hinterlassen, vermachen, abtreten, übereignen, zum Erben einsetzen, überschreiben, überlassen, testieren, bedenken mit, verschreiben, **3.** infizieren, anstecken, **4.** senden, ausstrahlen, über den Sender geben, beamen, bringen, aussenden, übermitteln, **5.** projizieren, transponieren, transkribieren, **6.** telegraphieren, kabeln, funken, drahten, fernschreiben, tickern, morsen, telefonieren, faxen, telefaxen, Daten übertragen, mailen, simsen, **7.** übersetzen, chiffrieren, kodieren, verschlüsseln, kryptieren, **8.** umspulen, überspielen, kopieren, scannen.

1618 **übertreiben 1.** überspannen, übersteigen, überspitzen, überreißen, überziehen, übersteigern, überbetonen, zu viel Gewicht beilegen, zu wichtig nehmen; überladen, überorganisieren, aufblähen, aufplustern, überdrehen, überreagieren, zum Äußersten kommen lassen, auf die Spitze treiben, **2.** überschätzen, überhöhen, zu hoch veranschlagen, falsch einschätzen, idealisieren, **3.** überhäufen, überschütten, des Guten zu viel tun, sich überschlagen; das Maß überschreiten, es zu weit treiben, zu weit gehen, **4.** dramatisieren, theatralisieren, hochspielen, aus einer Mücke einen Elefanten machen, aufbauschen, ausschmücken, dick auftragen, große Worte/großes Aufheben/Bohei machen; chargieren, dem Affen Zucker geben, überdeutlich machen, übertrieben darstellen, **5.** aufdonnern, aufputzen, überladen, behängen, auftakeln, protzen.

1619 **Übertreibung 1.** Übersteigerung, Überspanntheit, Exaltiertheit, Outriertheit, Schwulst, Bombast, Pathetik, Melodramatik, Überschwang, Überschwänglichkeit; Geschnörkel, Schnörkelei, Theatralik, Getue, Gewese, Künstlichkeit, Tuerei, Überreaktion, Overstatement, **2.** Windmacherei, Sensationsmache, Dramatisierung, Panikmache, **3.** Aufblähung, Aufgeblähtheit, aufgeblasene Verwaltung, Wasserkopf.

1620 **übertrieben 1.** übermäßig, unmäßig, zu viel, maßlos, ausschweifend, unersättlich, exzessiv, nimmersatt, verschwenderisch, extravagant, aufgebläht, allzu viel, exorbitant, unverhältnismäßig, über Gebühr, unnötig, uferlos, übermenschlich, extrem, too much, allzu sehr, over, **2.** überbetont, überspitzt, krass, überspeigert, überspannt, exaltiert, verstiegen, outriert, geschmäcklerisch, manieriert, manieristisch, inszeniert, künstlich, überhitzt, überhöht, überzogen, überrissen, hypertroph, **3.** aufgedonnert, aufgeputzt, überladen, aufgetakelt, hochgetakelt, stutzerhaft, geckenhaft, dandyhaft, gigerlhaft, affektiert, aufgemotzt, aufgebrezelt, overdressed, overstyled, **4.** krankhaft, krampfig, verbissen, gewaltsam, angestrengt, überanstrengt, **5.** überschwänglich, deklamatorisch, hochtönend, bombastisch, geschraubt, ziseliert, gedrechselt, geschwurbelt, gewollt, überkandidelt, superlativistisch, theatralisch, **6.** überschätzt, verklärt, überhöht, zu hoch gegriffen.

1621 **überwiegend** vorwiegend, vorherrschend, hervorstechend, hauptsächlich, vorzugsweise, vornehmlich, in erster Linie, größtenteils, mehr als die Hälfte, in der Mehrzahl, in hohem Maße, mehrheitlich, meistens.

1622 **überzeugen (sich) 1.** bekehren, bereden, bewegen, bestimmen, überreden, einsichtig machen, eines Besseren belehren, umstimmen, herumkriegen, gewinnen, zur Einsicht bringen, bearbeiten, bequatschen, vollquatschen, zuballern, beschwatzen, einwickeln, breitschlagen, erweichen, mitreißen, weich machen, einnehmen für, missionieren, **2.** sich vergewissern; überprüfen, sich versichern; nachsehen, kontrollieren, **3.** sich bewähren; keinen Zweifel zulassen, durchschlagen, sich durchsetzen; Erfolg haben; glaubwürdig/stichhaltig/überzeugend sein, Vertrauen genießen, Anklang/Glauben finden.

1623 **übrig (sein) 1.** verbleibend, noch vorhanden/da, übrig geblieben, verblieben, überzählig, zurückbleibend, restlich, unverkauft, unverkäuflich, Ladenhüter, unverwendet, unverwendbar, lästig, zu viel, überflüssig, redundant, überschüssig, über, übrig gelassen, **2.** mehr als genug, sattsam, reichlich, üppig, vollauf, entbehrlich, **3.** übrig lassen, übrig haben, überbehalten, stehenlassen, dalassen, zurücklassen.

1624 **Übung** Einübung, Schulung, Fingerübung, Denkübung, Patterndrill, Training, Drill, Schliff, Dressur, Abrichtung; Manöver, Probe.

1625 **Ufer** Saum, Gestade, Küste, Kante, Rand, Strand, Uferstreifen, Kai, befestigtes Ufer, Anlegestelle.

1626 **Umfang** Stärke, Dicke, Größe, Ausdehnung, Ausmaß, Volumen, Körperumfang.

1627 **Umfrage** Befragung, Erhebung, Interview, Survey, Enquete; Meinungsumfrage, Publikumsumfrage, Teleskopie, Leserumfrage, Hörerumfrage, Zuschauerumfrage, Wählerumfrage, Politbarometer.

1628 **umgeben 1.** umziehen, einfassen, rahmen, säumen, rändern, umranden, umspannen, bekränzen, **2.** umranken, umrahmen, umwinden, einrahmen, **3.** Umgebung bilden, umliegen, nah liegen, **4.** einzäunen, einfrieden, einfriedigen, umgrenzen, eingrenzen, einhegen, abstecken, umreißen, begrenzen, abgrenzen, umzäunen, umziehen, abzäunen, absperren, **5.** umkreisen, einkreisen, umzingeln, einkesseln, einschließen, umringen, umdrängen.

1629 **umgehen 1.** sich drücken; meiden, vermeiden, ausweichen, nicht dranwollen, sich entziehen; aus dem Wege gehen, sich verleugnen lassen, **2.** umgehen mit, Umgang haben/pflegen, verkehren, in Verbindung stehen, Beziehungen unterhalten, sich beschäftigen/abgeben mit, **3.** spuken, geistern, gespenstern, irrlichtern, nicht mit rechten Dingen zugehen/geheuer sein, rumoren, erscheinen, herumschleichen, herumgeistern, **4.** umlaufen, kursieren, in Umlauf/in aller Munde/Tagesgespräch sein, Runde machen, unter die Leute kommen, sich wie ein Lauffeuer verbreiten.

1630 **umsonst 1.** gratis, franko, unberechnet, unentgeltlich, kostenlos, für lau, zum Nulltarif; unverdient, ohne eigenes Verdienst, zugefallen, geschenkt, gebührenfrei, zollfrei, steuerfrei, um Gotteslohn, unbezahlt, ehrenhalber, ehrenamtlich, freiwillig, **2.** vergeblich, nutzlos.

1631 **Umwelt 1.** Außenwelt, Umgebung, Peristase, natürlicher Lebensraum, **2.** Lebenssphäre, soziales Umfeld, Umfeld, Milieu, kultureller Lebensraum, Lebensbereich, Lebenskreis, Mitwelt, Leute, **3.** Umweltfaktoren, ökologische Faktoren, Mutter Natur.

1632 **umweltfreundlich 1.** umweltgerecht, umweltverträglich, umweltschonend, ökologisch, abbaubar, Energie sparend, **2.** abgasarm, schadstoffarm, emissionsarm, emissionsreduziert, schadstoffreduziert.

1633 **unangenehm 1.** misslich, peinlich, schwierig, ärgerlich, fatal, dumm, betrüblich, haarig, blöde, ungelegen, verdrießlich, lästig, leidig, beschwerlich, beschämend, blamabel, unbequem, unbehaglich, ungemütlich, unwohnlich, **2.** unerträglich, unzumutbar, untragbar, unmöglich, unerfreulich, unerquicklich, ungemütlich, unerwünscht, unlieb, unliebsam, unwillkommen, **3.** unsympathisch, unleidlich, unausstehlich, zuwider, widrig, odiös, missliebig, antipathisch, ätzend, verhasst, widerwärtig, abstoßend, missfällig, Dorn im Auge, Stein des Anstoßes, Pfahl im Fleisch, Zankapfel, unbeliebt, ungenießbar.

1634 **unaufmerksam 1.** zerstreut, unkonzentriert, abgelenkt, nicht bei der Sache, abwesend, geistesabwesend, entrückt, verträumt, träumerisch, in den Wolken, verdöst, gedankenverloren, vertieft, versunken, verspielt, schläfrig, dösig, verschlafen, im Tran, unbeteiligt, uninteressiert, nachlässig, konfus, vergesslich, fahrig, zerfahren, schusselig, tüterig, kopflos, **2.** gedankenlos, unüberlegt, unbesonnen, unvorsichtig, unbedacht, unachtsam, achtlos, gleichgültig, blind, unhöflich, rücksichtslos.

1635 **unbedeutend** belanglos, untergeordnet, nachgeordnet, zweitrangig, sekundär, unmaßgeblich, nichtig, minder, geringfügig, minimal, kaum, nebensächlich, beiläufig, unbeträchtlich, unwichtig, peripher, unerheblich, bedeutungslos, nicht der Rede wert, abseitig, fern liegend, nicht entscheidend/ausschlaggebend, irrelevant, klein, Peanuts, gleichgültig, unwesentlich, gegenstandslos, nichts sagend, dürftig, ausdruckslos, farblos, fade, leer, Schall und Rauch, unbedarft, unscheinbar, unansehnlich, mickrig.

1636 **unbedingt 1.** bedingungslos, unabdingbar, auf jeden Fall, auf alle Fälle, koste es, was es wolle, unter allen Umständen, auf Biegen oder Brechen, schlechterdings, allerdings, durchaus, par force, absolut, partout, um jeden Preis, komme, was da wolle, notfalls mit Gewalt, schlechthin, ohne weiteres, wie auch immer, vorbehaltlos, uneingeschränkt, ohne Vorbehalt/Einschränkung, voraussetzungslos, unabhängig von, unweigerlich, fraglos, unbesehen, unumschränkt, **2.** ausgemacht, eingefleischt, ausgesprochen, unbekehrbar, konsequent, bis zum bitteren Ende.

1637 **unbekannt 1.** namenlos, anonym, No-Name, ungenannt, unentdeckt, unerkannt, inkognito, übersehen, unbeachtet, verkannt, unbeschriebenes Blatt, unbedeutend, ungedruckt, unveröffentlicht, übergangen, **2.** fremd, nie gesehen /gehört/begegnet.

1638 **uneben** **1.** hügelig, gebirgig, wellig, bergig, höckrig, bucklig, felsig, zerklüftet, **2.** holperig, hubbelig, rumpelig, schotterig; grobkörnig, narbig, borkig, schorfig, grindig, gerieft, gefurcht, gerillt, gekerbt, rissig, schrundig, zackig, gezackt, gezähnt, **3.** knollig, klumpig, bollig, knorrig, **4.** unegal, ungleich lang, zipfelig.

1639 **uneigennützig** mitmenschlich, altruistisch, unegoistisch, hilfsbereit, karitativ, sozial, sozial engagiert, idealistisch, selbstlos, wohltätig, mildtätig, gemeinnützig, gütig, barmherzig, hochherzig, gebefreudig, großmütig, erbarmend, mitleidig, mitfühlend, opferbereit, opferwillig, aufopferungsvoll, entsagungsvoll.

1640 **Uneigennützigkeit** Nächstenliebe, Mitmenschlichkeit, Altruismus, Hilfsbereitschaft, Fürsorglichkeit, Fürsorge, Selbstlosigkeit, Großzügigkeit, Freigebigkeit, Großmut, Edelmut, Gemeinsinn, Edelsinn, Hochherzigkeit, Gemeinnützigkeit, Wohltätigkeit, Mildtätigkeit, Opferbereitschaft, Opfermut, Aufopferungsfähigkeit, Selbstaufopferung.

1641 **unempfindlich** **1.** gefühllos, stumpf, passiv, abgestumpft, apathisch, unempfänglich, herzensträge, gleichgültig, dickfellig, **2.** empfindungslos, taub, abgestorben, fühllos, eingeschlafen, betäubt, narkotisiert, bewusstlos, ohnmächtig, besinnungslos, somnambul, in Trance, hypnotisiert, gedopt.

1642 **Unempfindlichkeit** **1.** Gefühllosigkeit, Stumpfheit, Sturheit, Dickfelligkeit, Unempfänglichkeit, Unbeeindruckbarkeit, **2.** Gleichgültigkeit, Neutralität, Uninteressiertheit, Teilnahmslosigkeit, Ungerührtheit, Kühle, Kälte, Phlegma, Passivität, Indolenz, Indifferenz, Indifferentismus, Kaltschnäuzigkeit, Leidenschaftslosigkeit, Coolness, Unerschütterlichkeit, Hartherzigkeit, Wurstigkeit, Undank, Desinteresse, **3.** Betäubung, Narkose, Rausch, Schlaf, Ohnmacht, Bewusstlosigkeit, Trance, Entrückung, Hypnose, Somnambulismus, **4.** Lethargie, Apathie, Gefühlskälte, Frigidität, Froschblut, Frostigkeit, Gefühlsarmut, Seelenblindheit, Unbewusstheit, Dumpfheit, Stumpfheit, Primitivität, **5.** Starrheit, Starre, Steifheit, Erstarrung, Stupor, Schockstarre, Schreckstarre, Schrecklähmung, Kataplexie, Duldungsstarre.

1643 **unendlich** **1.** unbegrenzt, unermesslich, unzählbar, zahllos, unerschöpflich, unerschöpft, grenzenlos, schrankenlos, unbeschränkt, ohne Grenze, unlimitiert, **2.** endlos, ohne Ende, Open End, unaufhörlich, ewig, nicht endend, bis ins Unendliche, und so fort, bis ins Aschgraue, nicht enden wollend, auf immer, bis in alle Ewigkeit, unabsehbar, äonenlang, bis zum Abwinken.

1644 **Unendlichkeit** Unbegrenztheit, Unbeschränktheit, Endlosigkeit, Unerschöpflichkeit, Unermesslichkeit, Zeitlosigkeit, Unvergänglichkeit, Unveränderlichkeit, Unzerstörbarkeit, Unsterblichkeit, Grenzenlosigkeit, Ewigkeit, Äon, Endlosschleife.

1645 **unentschieden** **1.** unentschlossen, unschlüssig, von Zweifeln geplagt, hin und her gerissen, zweifelnd, schwankend, inkonsequent, wankend, zaudernd, im Zweifel, mit gemischten Gefühlen, am Scheideweg, ausweichend, halbherzig, hinhaltend, zögernd, verschleppend, dilatorisch, zuwartend, halb und halb, heute so, morgen so, zwiespältig, ambivalent, variabel, veränderlich, labil, entschlusslos, **2.** punktgleich, patt, remis, ausgeglichen, **3.** fließend, ineinander übergehend, gleitend, transitorisch, im Übergang, an der Schwelle, offen, in der Schwebe, fraglich, nicht festgelegt, eindeutig, schwebend, über sich hinausweisend, **4.** nichts Halbes und nichts Ganzes, nicht Fisch noch Fleisch.

1646 **Unfall** Unglücksfall, Unglück, Verkehrsunfall, Verkehrsunglück, Betriebsunfall, Bruchlandung, Karambolage, Entgleisung, Kollision, Massenkarambolage, Zusammenstoß, Zusammenprall, Frontalzusammenstoß; Schiffbruch, Havarie, Average, Störfall, GAU.

1647 **unfrei** **1.** willenlos, getrieben, hörig, triebhaft, zwanghaft, fixiert auf, abhängig, unselbständig, süchtig, angefixt, verfallen, **2.** gefangen, hinter Gittern, verhaftet, der Freiheit beraubt, im Kerker, in Gewahrsam, gefangen genommen, eingesperrt, hinter schwedischen Gardinen/Schloss und Riegel, auf Nummer sicher, interniert, festgesetzt, eingelocht, eingebuchtet, **3.** gehandikapt, festgenagelt, verstrickt, an der Leine, unter der Fuchtel/dem Pantoffel, gefesselt, geknechtet, untertan, geknebelt, in Banden, unter der Knute, leibeigen, versklavt.

1648 **unfreiwillig** **1.** unbeabsichtigt, unabsichtlich, ungeplant, aus Versehen, versehentlich, reflexhaft, unbewusst, ungewollt, unwillkürlich, von selbst, irgendwie, **2.** ungern, der Not gehorchend, wider Willen, widerwillig, unwillig, nolens volens, notgedrungen, gezwungenermaßen, pflichtschuldigst, zwangsweise, wohl oder übel, widerstrebend, im Schlepptau, ge-

gen die Überzeugung, unter Druck, zähneknirschend, lustlos, nicht jmds. Ding, mit Todesverachtung.

1649 **unfruchtbar** **1.** unergiebig, brachliegend, ungenutzt, öde, karg, dürr, trocken, brach, unrentabel, nutzlos, nicht lohnend, kümmerlich, dürftig, ohne Ertrag, bringt nichts, ertragsunfähig, **2.** unschöpferisch, unproduktiv, ohne Einfälle, einfallslos, phantasielos, unkreativ, ideenlos, schematisch, ohne Phantasie, nach Schema F, unoriginell, aus zweiter Hand, nachschaffend, nachgestaltend, nachahmend, nachschöpferisch, reproduktiv, epigonenhaft, epigonal, plagiatorisch, **3.** zeugungsunfähig, impotent, steril, infertil, kastriert.

1650 **ungefähr** **1.** fast, beinahe, nahezu, annähernd, nach Augenmaß, abgerundet, bald, gegen, ca., circa, grob gerechnet/geschätzt, Pi mal Daumen, über den Daumen gepeilt, schätzungsweise, approximativ, annäherungsweise, rund, etwa, praktisch, sagen wir, vielleicht, aufgerundet, stark, gut, gar, schier, um ein Haar, um Haaresbreite/Fadensbreite, **2.** etwa, dem Sinne nach, sinngemäß, nicht wörtlich, sinnentsprechend, analog, **3.** ungenau, allgemein, verschwommen, dehnbar, schwammig, diffus, unpräzise, verwaschen, vage, schemenhaft.

1651 **ungenügend** **1.** mangelhaft, unbefriedigend, unvollständig, unzulänglich, lückenhaft, unzureichend, knapp, kaum ausreichend, Tropfen auf einem heißen Stein, notdürftig, unvollkommen, nicht zufriedenstellend, defizitär, schwach, ungeeignet, unbrauchbar, insuffizient, dürftig, spärlich, beschissen, miserabel, **2.** unfähig, inkompetent, unvermögend, außerstande, untüchtig, beschränkt, begrenzt.

1652 **ungerecht** parteiisch, mutwillig, voreingenommen, stiefmütterlich, einseitig, befangen, unobjektiv, unsachlich, unbillig, undankbar, mit zweierlei Maß, unfair, unsportlich, unkameradschaftlich; unredlich, unreell, unsauber.

1653 **ungeschickt (sein)** **1.** linkisch, unbeholfen, zwei linke Hände, unpraktisch, umständlich, stoffelig, tollpatschig, tapsig, täppisch, ungewandt, staksig, tölpelhaft, peinlich, **2.** Pferd am Schwanz aufzäumen, mit der Tür ins Haus fallen, zweiten Schritt vor dem ersten tun, es dumm anfangen, sich dumm anstellen, in Verlegenheit bringen.

1654 **Unglück** Unheil, Verhängnis, Verderb, Unsegen, Unstern, Geißel, Kreuz, Plage, Prüfung, Last, Bürde, Ungemach, Unbilden, Widrigkeit, Missgeschick, Fatum, Fatalität, Debakel, Desaster; Hiobsbotschaft, Schrecknis, Schreckensbotschaft, Schreckensnachricht; Schicksalsschlag, harter Schlag, Fluch; Krankheit, Siechtum, Misere, Krebs, Krebsübel, Krebsgeschwür, Elend, Übel, Seuche, Landplage, Verderben, Vernichtung, Scherbenhaufen, Absturz, Untergang; Pech, unglückliche Fügung, Künstlerpech, Missgriff, Malheur; Drama, Tragödie, Trauerspiel, Tragik.

1655 **unglücklich** **1.** traurig, leidend, leidtragend, leidvoll, betrübt, deprimiert, schmerzerfüllt, ungetrost, trostlos, todunglücklich, todtraurig, kreuzunglücklich, untröstlich, hoffnungslos, in Sack und Asche, schmerzbewegt, wehmütig, fassungslos, desolat, verzweifelt, gebrochen, verzagt, elend, melancholisch, schwermütig, depressiv, elegisch, überdrüssig, lustlos, freudlos, bedrückt, bekümmert, nicht gut drauf, geknickt, enttäuscht, frustriert, gefrustet, heimgesucht, gebeutelt, getroffen, mutlos, entmutigt, down, im Keller, gebeugt, schwer geprüft, niedergebeugt, kummervoll, gramgebeugt, geschlagen, zerrissen, selbstzerstörerisch, zerquält, gramerfüllt, vergrämt, verhärmt, sorgenvoll, **2.** weinend, schluchzend, tränenüberströmt, in Tränen, mit Tränen in den Augen, tränenden Auges, händeringend, mit Leichenbittermiene, **3.** bedauernswert, bedauerlich, bejammernswert, bemitleidenswert, liebebedürftig, anlehnungsbedürftig, beklagenswert, Mitleid erregend, kläglich, erbärmlich, erbarmungswürdig, leidvoll, freudeleer, freudearm, umschattet, unfroh, **4.** schmerzlich, hart, betrüblich, erschütternd, arg, qualvoll, verhängnisvoll, fatal, schicksalhaft, tragisch, katastrophal, schlimm, unglückselig, unselig, **5.** entmutigend, enttäuschend, schade, jammerschade, niederdrückend, niederschmetternd, hoffnungslos, niederziehend, aussichtslos, ausweglos, schwarz, dunkel, düster, verdüstert, sinister, **6.** betrogen, getäuscht, hintergangen, hereingelegt; gehörnt, sitzengelassen, im Stich gelassen.

1656 **ungünstig** **1.** ungelegen, lästig, störend, inopportun, widrig, entgegen, unzeitig, zur Unzeit, im falschen Augenblick, **2.** unpassend, unratsam, unangebracht, ungeeignet, undienlich, unhandlich, unzweckmäßig, ungeschickt, unbrauchbar, unverwendbar, sperrig, platzraubend, unpraktisch, unvorteilhaft, unbequem, unangemessen, **3.** nachteilig, abträglich, untunlich, misslich; schädlich, hinderlich, hem-

mend, ungesund, gesundheitswidrig, unbekömmlich, unverdaulich, unzuträglich, **4.** aufwendig, unrationell, unwirtschaftlich, unökonomisch, unrentabel, unökologisch.

1657 **unhöflich 1.** ungalant, unfreundlich, unaufmerksam, ungefällig, unliebenswürdig, kurz angebunden, unwirsch, muffig, schroff, abweisend, ungastlich, barsch, harsch, brüsk, unzart, rücksichtslos, **2.** flegelhaft, ungezogen, schnippisch, grob, lümmelhaft, unmanierlich, ungehobelt, ungeschliffen, rüde, krude, unverschämt, patzig, pampig, ruppig, respektlos, grantig, unflätig, **3.** unpassend, ungehörig, unmöglich, taktlos, ungebührlich, unangebracht, unangemessen, unschicklich, verfehlt, deplatziert, fehl am Platz, ungalant, unritterlich, kein Gentleman.

1658 **Unkenntnis** Unwissenheit, Ahnungslosigkeit, Unbelehrtheit, Bildungslücke, Nichtbegreifen, Unverständnis, Erfahrungsmangel, Wissensmangel, Ungebildetheit, Bildungsferne, Unvertrautheit, Unerfahrenheit, Ungeübtheit, Ungeschultheit, Unbelesenheit, böhmische Dörfer, Unverstand, Ignoranz, Borniertheit, Banausenhaftigkeit, Unaufgeklärtheit, Aberglaube.

1659 **unmittelbar 1.** direkt, aus erster Hand/Quelle, **2.** geradeaus, der Nase nach, ohne Umweg, in Luftlinie, umweglos, geradlinig, straight, stracks, schnurstracks, querfeldein, quer durch; durchgehend, ohne Unterbrechung/ Aufenthalt / Verzögerung / Zwischenstation, ohne weiteres / Zögern / Zaudern, spornstreichs, **3.** bar, in barer Münze, cash, auf die Hand, **4.** mündlich, wörtlich, verbal, in direkter Rede, persönlich, original, **5.** live, direkt übertragen, zugeschaltet, keine Konserve.

1660 **unmöglich** undenkbar, unausführbar, undurchführbar, unerreichbar, aussichtslos, hoffnungslos, ausgeschlossen, unrealistisch, undiskutabel, unerfüllbar, nicht durchführbar / machbar / praktikabel / drin, unrealisierbar, nicht zu machen, wie verhext, geht/will nicht, geht sich nicht aus, nicht daran zu denken, kommt nicht in Frage, unter keinen Umständen, nie und nimmer, bestimmt nicht, keinesfalls, no-go, geht gar nicht, nö ne, nicht umsetzbar, eher nicht, schwerlich, wohl kaum, kaum, nicht wirklich, wohl nicht, zu keiner Zeit, weder jetzt noch später, am Nimmerleinstag; unannehmbar, nicht zu ändern, unüberwindlich, aporetisch, ausweglos, no future, no exit, huis-clos.

1661 **Unmöglichkeit** Undenkbarkeit, Unüberwindlichkeit, Undurchführbarkeit, Unlösbarkeit, Hoffnungslosigkeit, Nadel im Heuhaufen, Ausweglosigkeit, Aporie, Quadratur des Kreises, Perpetuum mobile, Ding der Unmöglichkeit.

1662 **unnötig** entbehrlich, überflüssig, überzählig, abkömmlich, ersetzbar, ersetzlich; hinfällig, nicht mehr nötig, wertlos, Eulen nach Athen, überflüssig wie ein Kropf, vergeblich.

1663 **unordentlich 1.** nachlässig, schlampig, ungeordnet, unaufgeräumt, durcheinander, wirr, verworren, verheddert, verwurstelt, das Unterste zuoberst, chaotisch, nichts zu finden, wüst, **2.** unsystematisch, unorganisiert, unmethodisch, regellos, systemlos, wie es kommt, ziellos, planlos, ungeplant, aufs Geratewohl, auf gut Glück, ins Blaue, **3.** turbulent, tumultuarisch, drunter und drüber.

1664 **Unordnung 1.** Chaos, Labyrinth, Irrgarten, Wirrwarr, Gewirr, Wirrsal, Tohuwabohu, Achterbahn, Hin und Her, Wust, Konfusion, Desorganisation, Zickzackkurs, Planlosigkeit, Systemlosigkeit, Ziellosigkeit, **2.** Durcheinander, Schlamperei, Unordentlichkeit, Kuddelmuddel, Pallawatsch, Kladderadatsch, Salat, Tohuwabohu, Schnurrmurr, Ramasuri, Wust, Lotterwirtschaft, Saustall, Mischmasch, Gehudel, Nachlässigkeit, Vernachlässigung, Liederlichkeit, Lotterleben, **3.** Verwirrung, Verfilzung, Gestrüpp, Verwicklung, Verwerfung, Schieflage, Unwucht, Ungleichgewicht, Verworrenheit, **4.** Tumult, Getümmel, Ausschreitung, Panik, Massenhysterie, Hexenkessel, Medienhysterie.

1665 **Unrecht 1.** Unterlassung, Versäumnis, Gerechtigkeitslücke, Unbill, Verfehlung, Kavaliersdelikt, Ungerechtigkeit, Fehltritt, Sünde, Sündenfall, Versündigung, Entgleisung, Übergriff, Willkür, Gemeinheit, **2.** Vergehen, Delikt, Rechtsbeugung, Rechtsverdrehung, Rechtsbruch, Unrechtmäßigkeit, Rechtswidrigkeit, Rechtsverletzung, Gesetzwidrigkeit, Ungesetzlichkeit, Gesetzesübertretung, kriminelle Handlung, Illegalität, Illegitimität.

1666 **unreif 1.** unausgereift, noch nicht reif, sauer, halb reif, unausgegoren, verfrüht, **2.** grün, nicht trocken hinter den Ohren, halb gar, kindhaft, kindisch, bübchenhaft, infantil, pubertär, halbwüchsig, unmündig, unausgewachsen, unfertig, embryonal, unentwickelt, unerwachsen.

1667 **unruhig 1.** rastlos, ruhelos, schlaflos, ohne

Schlaf, ungeduldig, nervös, zappelig, hibbelig, friedlos, quecksilbrig, wuselig, wirbelig, kein Sitzfleisch, Hummeln im Hintern, auf Nadeln, auf glühenden Kohlen, hektisch, fieberhaft, auf dem Sprung, in Eile, eilig, unstet, zerfahren, hyperaktiv, manisch, umgetrieben, dynamisch, **2.** flackernd, flackrig, zuckend, hin und her springend, Discolicht, **3.** Quirl, Quecksilber, Energiebündel, Wirbelwind, Zappelphilipp, Flippie.

1668 **unschuldig 1.** schuldlos, nicht schuldig, ohne Schuld, schuldfrei, unverschuldet, ohne eigenes Verschulden, frei von Schuld, **2.** straflos, straffrei, freigesprochen, amnestiert, **3.** unverdorben, kindlich, naiv.

1669 **unsicher 1.** unverbürgt, unbestätigt, nicht belegt, geschätzt, gefühlt, dahingestellt, offen, unerwiesen, unbewiesen, unbeweisbar, bestreitbar, fraglich, widerlegbar, umstritten, strittig, **2.** unabgesichert, riskant, schutzlos, gewagt, unversorgt, von der Hand in den Mund, ohne festes Einkommen, freischwebend, **3.** sagenumwoben, legendenumwoben, legendär, sagenhaft, mythisch, **4.** unsicher auf den Beinen, haltlos, schwankend, wankend, torkelnd, wackelig, taumelnd, taumelig, mit Schlagseite, **5.** gehemmt, unfrei, verklemmt, scheu, schüchtern, ohne Selbstbewusstsein, verunsichert, **6.** gefährlich, nicht geheuer.

1670 **Unsinn 1.** Unfug, Nonsens, Quatsch, Blech, Schmarren, Stuss, Senf, Zinnober, Humbug, Makulatur, Kohl, Kauderwelsch, Schmonzes, Krampf, Mist, Müll, Bockmist, Bullshit, Kokolores, Fisimatenten, Albernheit, Faxen, Faselei, Farce, Getue, Narretei, dummes Zeug, Flausen, Possen, Alfanzerei, Larifari, Schnickschnack, Mumpitz, Narrheit, Verrücktheit, Unsinnigkeit, Widersinn, Ungereimtheit, Tollheit, Kinderei, Unklugheit, **2.** Schwank, Streich, Schelmenstück, Schabernack, Ulk, Spaß, Klamauk, Eulenspiegelei, Jux, Allotria, Lausbüberei, Disziplinlosigkeit, Dummejungenstreich, Donquichotterie, Schwabenstreich, Schelmenstreich, Schildbürgerstreich, **3.** dummer Streich, Dummheit, Torheit, Eselei, Eskapade, Jugendsünde, Verrücktheit, Affentheater, Blödsinn, Kateridee, Schnapsidee, Kapriolen, Wahnsinn, Wahnwitz, Aberwitz, Irrenanstalt, Irrenhaus, Klapsmühle, Klapse, Narrenhaus, Tollhaus.

1671 **untätig 1.** müßig, inaktiv, träge, bequem, faul, schläfrig, unlustig, kein/null Bock, tatenlos, bummelig, saumselig, trödelig, denkfaul, gedankenträge, schlafmützig, arbeitsscheu, **2.** inaktiv, passiv, phlegmatisch, abwartend, zuwartend, meditativ, mußevoll, entspannt.

1672 **Untätigkeit 1.** Müßiggang, Nichtstun, Lotterleben, Zeitvergeudung, Zeitverschwendung, Drohnendasein, Arbeitsscheu, Tagedieberei, Drückebergerei, Bummelei, Trödelei, Faulheit, Trägheit, Bequemlichkeit, **2.** Muße, Meditation, Kontemplation, Otium, Dolcefarniente, Inaktivität, Passivität, Tatenlosigkeit, Phlegma, Lethargie.

1673 **unten 1.** in der Tiefe, drunten, am Grunde, zuunterst, untendrunter, auf dem Boden/der Erde, **2.** parterre, ebenerdig, zu ebener Erde, im Erdgeschoss/Souterrain/Keller, **3.** unterprivilegiert, marginalisiert, am unteren Ende der Pyramide, **4.** unter, unterhalb, darunter, unter der Oberfläche, gesunken, versunken, untergegangen.

1674 **Unterbrechung 1.** Abbruch, Aussetzen, Störung, Funkloch, Interruption, Einschnitt, Zäsur, Interpunktion, Absatz, Hiatus, Unterbruch, Lücke, Pause, Rast, Halbzeit, Denkpause, Schrecksekunde, Ruhepause; Halt, Station, Stopp, Zwischenlandung, **2.** Episode, Zwischenspiel, Zwischenfall, Intermezzo, Intermedium, Intervall, Zwischenzeit, Interim, Interimszustand, Provisorium, **3.** Zwischenfrage, Interpellation, Zwischenruf, Zwischenbemerkung, Einwurf.

1675 **unterdrücken 1.** klein halten, niederhalten, unten/am Boden halten, nicht aufkommen lassen, lähmen, ducken, unterbuttern, unterbügeln, behindern, paralysieren, knechten, knuten, versklaven, Fuß auf den Nacken setzen, unter das Joch beugen, unterjochen, terrorisieren, tyrannisieren, **2.** ersticken, auslöschen, dämpfen, **3.** verhalten, zurückhalten, nicht merken lassen, verbergen, verstecken, hinunterschlucken, abtöten, Zähne zusammenbeißen, sich beherrschen, zusammennehmen; verdrängen, **4.** beherrschen, bevormunden, gängeln, bestimmen, Heft aus der Hand nehmen, entmündigen, entrechten, unter Kuratel stellen, tyrannisieren, kujonieren.

1676 **Unterhalt 1.** Lebensunterhalt, Auskommen, tägliches Brot, Lebensnotwendiges, Haushaltungskosten, Lebenshaltungskosten, Aufwendungen, **2.** Alimente, Unterhaltszahlungen, Apanage.

1677 **unterhalten (sich) 1.** erhalten, ernähren, durchfüttern, durchbringen, versorgen, instand halten, aufrechterhalten, bewahren; be-

treiben, schmeißen, deichseln, durchziehen, in Gang halten, bewirtschaften, innehaben, lenken, leiten, führen, verantwortlich sein, **2.** Gesellschaft leisten, Zeit vertreiben, zerstreuen, amüsieren, berieseln, bespaßen, belustigen, ablenken, erheitern, aufmuntern, auf andere Gedanken bringen, **3.** Gespräche führen, sich austauschen, unterreden, besprechen, erzählen; diskutieren, Konversation machen, plaudern, schwatzen, klönen, quatschen, ratschen, palavern, parlieren, **4.** sich vergnügen; Spaß haben / machen, scherzen, spaßen, Quatsch machen, Unsinn reden, müllen, witzeln, blödeln, kalbern, herumalbern, Dummheiten machen, ulken, kalauern, **5.** tanzen, schwofen, abhotten.

1678 **Unterhalter** **1.** Entertainer, Animateur, Conférencier, Moderator, Talkmaster, Showmaster, Quizmaster, Showkoch, Ansager, Alleinunterhalter, Kabarettist, Diseuse, Reiseanimateur, Discjockey, Deejay, DJ, Dejane, DJane, Newsjockey, **2.** Stimmungsmacher, Knalltüte, Ulknudel, Stimmungskanone, Betriebsnudel, Spaßmacher, Pausenclown, Spaßvogel, Jeck, Hallodri, bunter Hund.

1679 **Unterhaltung** **1.** Gespräch, Plauderei, Gedankenaustausch, Geplauder, Konversation, Meinungsaustausch, Zwiesprache, Dialog, Diskussion, Besprechung, Aussprache; Schwatz, Schwätzchen, Plausch, Smalltalk, Talk, Parlando, Chat, **2.** Amüsement, Vergnügen, Pläsier, Entertainment, Infotainment, Zeitvertreib, Berieselung, Lustbarkeit, Spaß, Zerstreuung, Abwechslung, Ablenkung, Belustigung, Erheiterung, Fidelität, Gaudi, Betrieb, Trubel, Wirbel, Bohei, Remmidemmi, Rummel, Geselligkeit, Highlife, Halligalli, **3.** Spaß, Witz, Brüller, Scherz, Drolerie, Drolligkeit, Jux, Faxen, Fez, Ulk, Jokus, **4.** Witze, Anekdote, witzige Bemerkung, Witzwort, Aperçu, Bonmot, Wortspiel, Gag, Kalauer, Flachwitz, **5.** Spiel, Ratespiel, Brettspiel, Psychospiel, Wettspiel, Telespiel, Computerspiel, Cyberspiel, **6.** Theater, Kino, Tingeltangel, Fernsehen, TV, **7.** Show, Varieté, Tingeltangel, Revue, Striptease, Unterhaltungsshow, Spieleshow, Gameshow, Quizsendung, Quizshow, Gewinnshow, Talkshow, Kochshow, Verkaufsshow, Lateshow, Rockshow, Peepshow, Erotikshow, Promishow, Reality-Show, Liveshow.

1680 **unternehmen** **1.** anfangen, beginnen, angreifen, anpacken, anfassen, in die Hand nehmen, auf die Beine stellen, betreiben, drangehen, sich dranmachen; aufziehen, organisieren, vorgehen, managen, gründen, ins Werk setzen, aufbauen, schaffen, tätigen, veranstalten, **2.** handeln, Hand anlegen, aktiv werden, tun, sich einschalten; in Aktion treten, funktionieren, an die Arbeit gehen, in Gang setzen, Initiative ergreifen, in die Wege leiten.

1681 **Unternehmen** **1.** Betrieb, Firma, Geschäft, Gesellschaft, Konzern, **2.** Tat, Werk, Leistung, Unternehmung, Handlung, Aktion, Akt, Operation, Transaktion, **3.** Unterfangen, Coup, Handstreich, Husarenstück, Meisterstreich, Meisterstück, Bravourstück, Kunststück, Geniestreich.

1682 **Unternehmer** **1.** Fabrikant, Hersteller, Produzent, Producer, Industrieller, Geschäftsmann, Kapitalist, Wirtschaftstreibender; Tarifpartner, Arbeitgeber, Brötchengeber, **2.** Großindustrieller, Industriemagnat, Industriekapitän, Finanzmagnat, Großaktionär, Großbankier, Börsenmagnat, Marktführer, Medienzar, Mogul, **3.** Bonze, Geldaristokrat, Krösus, Nabob, Plutokrat, Tycoon, Magnat.

1683 **unterscheiden (sich)** **1.** auseinanderhalten, auseinanderkennen, Unterschied machen, differenzieren, selegieren, **2.** kontrastieren, abstecken, differieren, divergieren, abheben von, abweichen, abstechen, sich abheben.

1684 **Unterschied** Verschiedenheit, Differenz, Divergenz, Kontrast, Andersartigkeit, Unterschiedlichkeit, Heterogenität, Abweichung, Ungleichheit, Unähnlichkeit, Abstand, Intervall, Tonschritt, Distanz, Gefälle, Kluft, Diskrepanz.

1685 **Unterwelt** **1.** Gangstertum, Gangstermilieu, Verbrecherwelt, Milieu, Halbwelt, Mafia, Camorra, Geheimbund, Syndikat, **2.** Schattenreich, Schattenwelt, Geisterwelt, Hades, Orkus, Totenreich, Abyssos, Tartarus, Hölle, Inferno.

1686 **unterwürfig** **1.** devot, ergeben, demütig, fügsam, dienstwillig, servil, subaltern, inferior, untertänig, **2.** domestikenhaft, duckmäuserisch, kriecherisch, lakaienhaft, kniefällig, fußfällig, sklavisch, knechtisch, liebedienerisch, gesinnungslos, ohne Stolz, speichelleckerisch, hündisch.

1687 **unverbesserlich** unbelehrbar, einsichtslos, beratungsresistent, unzugänglich, eingefleischt, abgebrüht, verstockt, verhärtet, hartgesotten, halsstarrig, unbekehrbar, unbußfertig, verblendet, hoffnungsloser Fall, Hopfen und Malz verloren, rückfällig.

1688 **unverständlich 1.** unbegreiflich, unerfindlich, unerklärlich, unfasslich, ungreifbar, unbestimmbar, unerklärbar, nicht zu verstehen, unlesbar, schwer zu entziffern, unleserlich, missverständlich, rätselhaft, Buch mit sieben Siegeln, höhere Mathematik, schwierig, hieroglyphenhaft, spanisch, böhmisch, **2.** undeutlich, unklar, nebelhaft, nebulös, schleierhaft, verhüllt, undurchsichtig, undurchdringlich, undefinierbar, unfassbar, unwägbar, unbestimmbar, unartikuliert, wirr, dunkel, unaufgeklärt, schattenhaft, unscharf, unbestimmt, vage, ungenau, andeutungsweise, schemenhaft, dubios, zu hoch, **3.** sinnlos, sinnwidrig, töricht, verrückt, abwegig, unvernünftig, beziehungslos, ungereimt, widersinnig, unsinnig, toll, absurd, abstrus, hanebüchen, **4.** überempirisch, übersinnlich, übernatürlich, überwirklich, metaphysisch, transzendent, unergründlich, unerkennbar, unerklärbar, unausforschlich, unnennbar, unaussprechlich, mysteriös, mystisch, unberechenbar; himmlisch, überirdisch, jenseitig, göttlich, numinos, **5.** unheimlich, unirdisch, verwunschen, geisterhaft, gespenstisch, spukhaft, dämonisch.

1689 **Unvollkommenheit 1.** Unzulänglichkeit, Ungenügen, Insuffizienz, Schwäche, Fehlbarkeit, **2.** Unvollständigkeit, Kinderkrankheit, Lückenhaftigkeit, Mängel, Fehlerhaftigkeit, Schadhaftigkeit, Stückwerk, Minderwertigkeit, Halbheit, Unabgeschlossenheit.

1690 **unvollständig 1.** unvollendet, unbeendet, unfertig, nicht abgeschlossen, halb fertig, ergänzungsbedürftig, bruchstückhaft, rhapsodisch, torsohaft, rudimentär, fragmentarisch, abgebrochen, lückenhaft, schadhaft, minderwertig, beschädigt, defizitär, defekt, **2.** unvollkommen, fehlerhaft, fehlbar, mangelhaft, unzulänglich, nur gebrochen, nicht fließend, ungenau, ungenügend, schülerhaft, **3.** halb gar, ungar, nicht durchgebacken.

1691 **unvorbereitet 1.** unausgerüstet, unausgestattet, unerfahren, unversehen, **2.** unbedacht, unüberlegt, unorganisiert, ungeplant, planlos, sorglos, gedankenlos, **3.** auf Anhieb, aus dem Stegreif, ex tempore, frei, frisch drauflos, aus dem Handgelenk/Kopf/Gedächtnis, improvisiert, auswendig, prima vista, vom Blatt, freihändig, ohne Vorlage/Noten, **4.** blindlings, automatisch, ohne Nachdenken, wild drauflos, auf gut Glück, von ungefähr, reflexartig.

1692 **unwissend 1.** unkundig, ungeschult, ununterrichtet, unbelehrt, unbelesen, unbeleckt, nichts wissend, unbeschlagen, unvertraut, uneingeweiht, ahnungslos, unaufgeklärt, uninformiert, unberaten, überfragt, unverständig, ungeübt, ungelernt, ungelehrt, unbekannt mit, keine Ahnung, schimmerlos, desorientiert, falsch unterrichtet, keinen Dunst, **2.** ungebildet, bildungsfern, illiterat, unerfahren, unbewandert, unbedarft, ignorant.

1693 **unzufrieden** unbefriedigt, unausgefüllt, leer, missvergnügt, missmutig; geknickt, sauertöpfisch, mäkelig, verdrießlich, verdrossen, griesgrämig, brummig, miesepetrig, missgelaunt, schlecht drauf, ungenießbar, verbittert, eingeschnappt, übelnehmerisch, zu kurz gekommen.

1694 **unzuverlässig 1.** unbeständig, wankelmütig, wechselhaft, wetterwendisch, leicht verführbar, unstet, unberechenbar, launenhaft, launisch, labil, flatterhaft, heute so, morgen so, hin und her gerissen, unsicherer Kantonist, **2.** unverlässlich, ungenau, unkorrekt, pflichtvergessen, unaufrichtig, vergesslich, unpünktlich, unglaubwürdig, nimmt den Mund voll.

1695 **Unzuverlässigkeit 1.** Unbeständigkeit, Wankelmut, Wechselhaftigkeit, Launenhaftigkeit, Launischkeit, Labilität, Flatterhaftigkeit, Unstetigkeit, Unberechenbarkeit, **2.** Unkorrektheit, Ungenauigkeit, Flüchtigkeit, Vergesslichkeit, Unpünktlichkeit, Unglaubwürdigkeit, Strohfeuer, Feuerwerk, Indiskretion, Unaufrichtigkeit, Unlauterkeit, Säumigkeit, Unverlässlichkeit, **3.** Opportunismus, Illoyalität, Wetterwendischkeit, Verführbarkeit, Beeinflussbarkeit.

1696 **Urteil 1.** Standpunkt, Position, Werte, Ansicht, Dafürhalten, Meinung, Stellungnahme, Beurteilung, Ermessen, Entscheidung, Stimme, Gutachten, Begutachtung, Votum, Würdigung, Kritik, These, Diktum, Spruch, Note, Zensur, Prädikat, Wertung, Bewertung, Werturteil, Schätzung, Einschätzung, Befund, Feststellung, **2.** Urteilskraft, Klarsicht, Weitblick, Scharfsicht, **3.** Entscheidung, Urteilsspruch, Rechtsspruch, Richterspruch, Gerichtsentscheid, Schiedsspruch, Verurteilung, Aburteilung, Verdikt.

1697 **urteilen 1.** sich ein Urteil bilden; zu einem Urteil gelangen, befinden über, eintaxieren, beurteilen, bewerten, Stellung nehmen, begutachten, würdigen, werten, besprechen, rezensieren, kritisieren, zensieren, benoten, abschätzen, ermessen, **2.** Urteil fällen/sprechen, erachten, richten, verurteilen, aburteilen, ver-

donnern, verknacken, Stab brechen, entscheiden, befinden, Recht sprechen, zu Gericht sitzen, bemessen, **3.** unterscheiden, auseinanderhalten, auseinanderkennen.

1698 **utopisch** ausgedacht, konstruiert, erträumt, visionär, unverwirklichbar, unmöglich, unrealistisch, wirklichkeitsübersteigend.

# V

1699 **Variation** **1.** Abänderung, Abwandlung, Modifizierung, Modulation, Abweichung, Abstufung, **2.** Variante, Varietät, Besonderheit, Sonderfall, Abart, Lesart, Spielart, Version, Modifikation.

1700 **Vater** **1.** Elternteil, leiblicher Vater, Erzeuger, allein erziehender Vater, Pflegevater, Stiefvater, Ziehvater, Adoptivvater, Schwiegervater, Bezugsperson, Erziehungsberechtigter, **2.** Papa, Papi, Paps, Vati, Daddy, alter Herr, Alter, Supporter, **3.** geistiger Vater, Stifter, Gründer, Begründer, Initiator.

1701 **verallgemeinern** generalisieren, übertragen, abstrahieren, formalisieren, typisieren, schematisieren, verabsolutieren, pauschalisieren.

1702 **Verallgemeinerung** Generalisierung, Übertragung, Abstrahierung, Abstraktion, Simplifizierung, Simplifikation, Vereinfachung, Schematisierung, Normierung, Typisierung, Formalisierung, Verabsolutierung, Pauschalisierung.

1703 **veraltet** unmodern, altmodisch, aus der Mode, passé, out, überholt, überlebt, altbacken, angestockt, abgestanden, angejahrt, grottig, rückständig, zeitfremd, gestrig, vorgestrig, ewiggestrig, verstaubt, aus der Mottenkiste, anachronistisch, obsolet, hinterwäldlerisch, kalter Kaffee, Auslaufmodell, Schnee von gestern, megaout, abgetan, nicht mehr gefragt, altfränkisch, tümelnd, altväterisch, verzopft, unzeitgemäß, altertümlich, antiquiert, reaktionär, vorsintflutlich, antediluvianisch.

1704 **verändern (sich)** **1.** ändern, abändern, umarbeiten, umwandeln, umändern, wenden, umdrehen; umformen, abwandeln, modifizieren, variieren, modulieren, Tonart wechseln, umschneiden, umtexten, umschreiben, ummodeln, umschmelzen, verwandeln, rückbauen, deregulieren, abbauen, umgestalten, anders machen, auf den Kopf stellen, das Unterste zuoberst kehren, aus den Angeln heben, umkrempeln, umstülpen, umbilden, reformieren, umstoßen, umwerfen, umstürzen, boulversieren, revolutionieren, umorganisieren, umstrukturieren, umprogrammieren, umfunktionieren; veränderlich sein, sich ändern; anders werden, umschlagen, sich wenden, bessern, verschlechtern; umsetzen, verpflanzen; verlagern, umbesetzen, neu besetzen, umwidmen, umdeklarieren, übertragen, transponieren; umwerten, umdeuten, ummünzen, anderen Sinn geben, uminterpretieren, umdefinieren, umformulieren, reformulieren, anders sehen, Blickwinkel ändern; einschränken, relativieren, begrenzen, **2.** umräumen, verrücken, umstellen, verschieben, versetzen, **3.** Stellung/Beruf wechseln, umsatteln, umschulen, umsteigen, **4.** mutieren, pubertieren, **5.** sich wandeln, ändern, häuten; anderen Sinnes werden, sich entfalten, entwickeln, anders besinnen; umdenken, sich umstellen; umschalten, Register wechseln, sich verwirklichen, finden, verlieren, neu erfinden; wieder geboren werden, **6.** sein Aussehen ändern, sich runderneuern, umstylen.

1705 **Veränderung** **1.** Änderung, Verwandlung, Abänderung, Umarbeitung, Umformung, Morphing, Umbildung, Umbau, Reform, Umorganisation, Umgestaltung, Rückbau, Deregulierung, Abbau, Umstrukturierung, Modifikation, Neuerung, **2.** Wandel, Wandlung, Umwandlung, Wendung, Wende, Gezeitenwechsel, Umschlag, Umschwung, Revolution, Schwenk, Verlagerung, Umkehr, Umkehrung, Schwankung, Fluktuation, Wechsel, Schwanken, Hin und Her, Auf und Ab, Ebbe und Flut, Jo-Jo, Ups and Downs, Umstellung, Übergang, Umbruch, **3.** Sinneswandel, Sinnesänderung, Häutung, Umstellung, Entfaltung, Reifung, Selbsterkundung, Selbstfindung, Verwirklichung, **4.** Lebenswende, Lebenskrise, Selbstverlust, Ummünzung, Umdeutung, Uminterpretation, Umwertung.

1706 **veranlassen** **1.** anregen, initiieren, induzieren, verursachen, bewirken, zeitigen, herbeiführen, heraufbeschwören, auslösen, triggern, hervorbringen, heraufrufen, hervorrufen, verschulden, anstiften, erzeugen, ins Leben rufen, nach sich ziehen, mit sich bringen, zur Folge haben, evozieren, **2.** in Gang setzen, ankurbeln, anlassen, anleiern, starten, einschalten, anklicken, anwerfen; managen, in die Wege leiten, zustande bringen, in die Gänge kriegen, anzetteln, einfädeln, in Bewegung bringen.

1707 **veranstalten** **1.** arrangieren, anordnen, einrichten, aufziehen, geben, unternehmen, ausrichten, durchführen, verwirklichen, vollziehen, abhalten, bringen, **2.** inszenieren, organisieren, stattfinden lassen, ins Werk/in Szene setzen, auf die Beine stellen, über die Bühne

gehen lassen, fertigbringen, bewerkstelligen, managen.

1708 **Veranstaltung** **1.** Ausrichtung, Abhaltung, Abwicklung, Durchführung, Arrangement, Verwirklichung, Organisierung, **2.** Aufführung, Vorführung, Darbietung, Nummer, Auftritt, Vorstellung, Performance, Session, Konzert, Matinee, Soiree, Lesung, **3.** Ereignis, Festlichkeit, Festivität, Festival, Festspiele, Festwochen, Kulturereignis, Schau, Turnier, Großveranstaltung, Spektakel, Event.

1709 **verarbeiten** **1.** aufnehmen, verkraften, bewältigen, verschmerzen, verwinden, überwinden, hinwegkommen über, sich abfinden; aufarbeiten, sich auseinandersetzen, fertig werden mit, wegstecken, verdauen, sich fassen; zu sich kommen, Abstand gewinnen, Gras wachsen lassen über, **2.** durchdenken, sich aneignen, zu eigen machen; rezipieren, **3.** bearbeiten, entwickeln, weiterverarbeiten, verwerten.

1710 **verbergen (sich)** **1.** verheimlichen, tarnen, kaschieren, verhehlen, vorenthalten, unter den Teppich kehren, zudecken, verdecken, verstecken, dem Blick entziehen, vertuschen, vernebeln, verschleiern, geheim halten, verschweigen, für sich behalten, unerwähnt lassen, mit Schweigen übergehen, totschweigen, verdrängen, überspielen, hinweggehen über, nicht merken lassen, im Unklaren lassen, seinen Mund halten, **2.** maskieren, verkleiden, kostümieren, verlarven, vermummen, verbrämen, verhüllen, mystifizieren, **3.** wegschließen, einschließen, wegstecken, einstecken, **4.** sich verstecken, verkriechen, verschanzen, verbarrikadieren, verborgen halten; untertauchen, abtauchen, in den Untergrund gehen, von der Bildfläche / spurlos / in der Versenkung verschwinden, nicht aufzufinden sein, sich in nichts auflösen.

1711 **verbessern (sich)** **1.** bearbeiten, kultivieren, überarbeiten, korrigieren, aufhübschen, verfeinern, verschönern, hochstilisieren, glätten, nachbessern, nachsteuern, nachschieben, nachlegen, intensivieren, retuschieren, verschlimmbessern; sich schminken, hübschen, anmalen, auftakeln; kriegsbemalen, **2.** entfalten, veredeln, kultivieren, heben, vertiefen, bereichern, optimieren, steigern, erhöhen, fördern, befördern, vorwärts bringen, mehren, vermehren, hecken, entwickeln, ausbauen, erweitern, weiterentwickeln, verstärken, vorwärts treiben, forcieren, weiterbringen, vervollkommnen, anheben, hinaufschrauben, aufwerten, gentrifizieren, updaten, upgraden, **3.** weiterhelfen, besser stellen, Gehalt erhöhen, zulegen, aufbessern, **4.** versüßen, vergolden, verzuckern, angenehmer machen, **5.** anreichern, düngen, jauchen, kompostieren, meliorieren, **6.** aufsteigen, avancieren.

1712 **Verbesserung** **1.** Korrektur, Überarbeitung, Ausbesserung, Richtigstellung, Fortentwicklung, Korrektiv, Retusche, Berichtigung, Nachbesserung, Update, Klarstellung, **2.** Veredelung, Kultivierung, Verfeinerung, Optimierung, Vervollkommnung, Bereicherung, Verschönerung, Aufwertung, Gentrifizierung, Upgrade, Upgrading, Aufbesserung, **3.** Anreicherung, Bodenverbesserung, Melioration.

1713 **verbinden (sich)** **1.** Verbindung knüpfen, Beziehung herstellen, Brücke schlagen, sich befreunden, anfreunden, zugesellen, einlassen, engagieren, verbrüdern; fraternisieren, zueinander finden, zusammenwachsen, **2.** vereinigen, amalgamieren, vereinen, paaren, koppeln, knüpfen, schlingen, knoten, verkoppeln, verkuppeln, zusammenkoppeln, zusammenbringen, verquicken, zusammenfügen, montieren, zusammenbauen, zusammenführen, in Verbindung bringen, verschränken, zusammenlegen, verketten, verkabeln, durchstellen, zuschalten, verlinken, online gehen, einloggen; vernetzen, verkitten, zusammensetzen, verknoten, verschlingen, verknüpfen, aneinanderfügen, kombinieren, verzahnen, verzapfen, vernieten, verfugen, verschmelzen, zusammenschmieden, verschweißen, zusammenkleben, zusammenflechten, zusammenketten, zusammenwerfen, verweben, überbrücken, überspannen, überleiten, **3.** zusammenarbeiten, zusammenwirken, Team bilden, sich zusammentun, zusammenschließen, einigen, vereinigen, verbünden; fusionieren, verflechten, assoziieren, integrieren, unieren, kooperieren, netzwerken, konföderieren, liieren, paktieren, koalieren, angliedern, beitreten, eintreten, Mitglied werden, **4.** verschwören, konspirieren, verstricken, Komplott schmieden, **5.** sich verloben, verheiraten, vermählen; Ehe schließen, heiraten, freien.

1714 **Verbindung** **1.** Kontakt, Verknüpfung, Verkabelung, Vernetzung, Login, Einloggen, Verkoppelung, Koppelung, Verkettung, Ligatur, Verflechtung, Verzahnung, Verquickung, Verschlingung, Verschmelzung; Zusammensetzung, Kombination, Aggregat, Mischung, Synthese, Band, Nexus, Schiene, Brücke, Zusam-

menhang, Junktim, Relation; Verflochtenheit, Verbundenheit, Integration, Inklusion, Zusammengehörigkeit, Schulterschluss, Brückenschlag, **2.** Assoziation, Gedankenverbindung, roter Faden, Referenz, Bezug, Anknüpfungspunkt, Anschlussstelle, Schnittstelle, Berührungspunkt; Gedankenbrücke, Eselsbrücke, **3.** Bindungen, Gemeinsamkeiten, Schnittmenge, Verbindungen, Beziehungen, Connections, Kanäle, Draht, Netzwerk, Network, Vitamin B, richtiges Parteibuch, **4.** Studentenverbindung, Burschenschaft, Corps, Landsmannschaft, Loge, Bruderschaft, Kongregation, Orden, **5.** Beziehung, Verhältnis, Bindung, Einbindung, Partnerschaft, Lebensgemeinschaft, Verlobung, Verlöbnis, Ehe, Ehebund, Vermählung, Eheschließung, **6.** Vereinigung, Assoziierung, Zusammenschluss, Koalition, Listenverbindung, Fraktion, Liga, Bund, Bündnis, Allianz, Pakt, Entente, Föderation, Union, Fusion, Fusionierung, Kartellierung, Kartell, Konzern, Syndikat, Trust, Elefantenhochzeit.

1715 **verborgen 1.** unmerklich, unsichtbar, unbemerkt, unerkannt, unkenntlich, verhüllt, unter der Oberfläche, untergründig, latent, unterschwellig, subkutan, verkappt, verhohlen, verdeckt, versteckt, verkleidet, maskiert, verlarvt, vermummt, **2.** esoterisch, okkult, nur für Eingeweihte, nicht mitteilbar.

1716 **Verbot 1.** Untersagung, Interdikt, Zensur, Verwehrung, Einspruch, Verweigerung, Versagung, Relegation, Widerspruch, Veto, Tabu, Bann, Beschwörung, Beschwörungsformel, **2.** Platzverweis, Hausverbot, Hausarrest, Ausgangsverbot, Fahrverbot, Parkverbot, Sperrstunde, Prohibition.

1717 **verboten** untersagt, unerlaubt, off limits, verwehrt, gesetzwidrig, ungesetzlich, illegal, vorschriftswidrig, rechtswidrig, strafbar, strafwürdig, ordnungswidrig, verfassungswidrig, illegitim, widerrechtlich, unbefugt, unrechtmäßig, wild, unberechtigt, ungerechtfertigt, unzulässig, frevelhaft, verpönt, unstatthaft, tabuisiert, tabu, unaussprechbar, unantastbar, sakrosankt, indiziert, im Giftschrank.

1718 **Verbrauch 1.** Konsum, Konsumtion, Verzehr, Bedarf, **2.** Schwund, Verlust, Abgang, Abnahme, Verringerung, Verminderung, Schmälerung, Einbuße, Verschleiß, Abnutzung, Abrieb, Materialermüdung, Ermüdungsbruch.

1719 **verbrauchen (sich) 1.** verwenden, brauchen, konsumieren, verzehren, aufbrauchen, verbuttern, verbraten, verwirtschaften, verkonsumieren, kleinkriegen, aufzehren, aufwenden, ausgeben, hineinstecken, verschlingen, fressen, beanspruchen, benötigen, schlucken, **2.** sich verausgaben, überanstrengen; alles hergeben, das Letzte aus sich herausholen, sich übernehmen, **3.** verschleißen, abschaben, verschaben, abbrauchen, aufreiben, zerreiben, mitnehmen, abwetzen, verwetzen, abtragen, abtreten, ablatschen, auftragen, strapazieren; erschöpfen, beeinträchtigen, herunterbringen, zehren, auslaugen, abstumpfen; verwohnen, abnutzen, abwohnen; schleißen, abscheuern, reißen, dünn werden, schädigen, **4.** nachlassen, sich vermindern; abbröckeln, kleiner werden, sich verringern; abbrechen, **5.** verwischen, undeutlich machen, verwaschen, entfärben, ausbleichen, verschleifen.

1720 **Verbrechen** Delikt, Straftat, Strafdelikt, Freveltat, Übeltat, Missetat, Untat, Schandtat, Frevel, Entsetzenstat, Bluttat, Gräueltat; Raub, schwerer Diebstahl, Datenklau, Skimming, Gewalttat, Gewaltverbrechen, Kapitalverbrechen, Wirtschaftsverbrechen, Umweltverbrechen, Sexualverbrechen, Totschlag, Mord, Raubmord, Lynchmord, Fememord, Lynchjustiz, Menschenraub, Menschenhandel, Kidnapping, Hijacking, Kriegsverbrechen, Verbrechen wider die Menschlichkeit.

1721 **Verbrecher 1.** Delinquent, Straffälliger, Straftäter, Schuldiger, Täter, Krimineller, Übeltäter, Missetäter, Rechtsbrecher, Gesetzesbrecher, **2.** Einbrecher, Hacker, Räuber, Bankräuber; Entführer, Kidnapper, Luftpirat; Sexualverbrecher, Triebtäter, Mörder, Raubmörder, Killer, Totschläger, Gewalttäter, Gewaltverbrecher, Schwerverbrecher, Kriegsverbrecher, Massenmörder, Kapitalverbrecher, Umweltverbrecher, White-Collar-Verbrecher, Schreibtischtäter.

1722 **verbreiten 1.** ausdehnen, ausströmen, ausbreiten, verströmen, weitersagen, ausstreuen, in Umlauf setzen, weiterleiten, bekannt geben, wissen lassen, ausposaunen, veröffentlichen, unter die Leute bringen, **2.** senden, übertragen.

1723 **verbunden 1.** befreundet, vereinigt, zusammengehörig, einig, vertraut, zugehörig, eingebunden, verbunden, verbündet, vereint, alliiert, im Bündnis, verbrüdert, untrennbar, verschworen, komplizenhaft, verschwörerisch, solidarisch, liiert, verbandelt, Schulter an Schulter, Seite an Seite, geeinigt, föderiert, organisiert, assoziiert, **2.** gekoppelt, geschaltet,

gestöpselt, kommunizierend, korrespondierend, zusammengeschlossen, zusammengezogen, verkabelt, verdrahtet, online, eingeloggt, vernetzt, multimedial, **3.** verflochten, verzahnt, verknüpft, verschlungen, verschmolzen, zusammengesetzt, zusammenhängend.

1724 **verderben 1.** verkommen, umkommen, draufgehen, ranzig werden, gären, angehen, sich zersetzen; faulen, verfaulen, verwesen, vermodern, modern, vergammeln, schimmeln, verschimmeln, anbrennen, verkohlen, **2.** veröden, verrotten, versauern, rosten, korrodieren, durchrosten, verrosten, einrosten, oxidieren, Patina bilden, Grünspan ansetzen; denaturieren, verfallen, zerfallen, **3.** herunterkommen, absinken, degenerieren, absteigen, abgleiten, absacken, abrutschen, abstürzen, verkommen, unter die Räder kommen, versacken, vor die Hunde gehen, an den Bettelstab/ auf den Hund kommen, verludern, verlumpen, versumpfen, verelenden, verlottern; verwahrlosen, verarmen, depravieren, verkümmern, verslumen, verwildern, verrohen, untergehen, scheitern, zugrunde gehen; versimpeln, verdummen, verblöden, **4.** vergeigen, vergällen, verschludern, vermasseln, vermurksen, verkorksen, verpatzen, versauen, verpfuschen, verhunzen, versaubeuteln, ungenießbar machen, versalzen, **5.** negativ beeinflussen, auf die schiefe Bahn bringen, schlechten Einfluss ausüben, hinabziehen, herabziehen, hinunterziehen, herunterziehen, korrumpieren, versauen, zugrunde richten, ins Verderben reißen, **6.** verhindern, hindern.

1725 **verdeutlichen 1.** präzisieren, veranschaulichen, herausarbeiten, konkretisieren, auf den Punkt kommen, betonen, hervorheben, pointieren, herausheben, deutlich machen, verstärken, umreißen, konturieren, profilieren, unterstreichen, akzentuieren, klarmachen, offenbaren, orientieren, aufzeigen, herausstellen, **2.** zur Sache kommen, Standpunkt klarmachen, Flötentöne beibringen, Tacheles / Fraktur / deutsch reden, Bescheid stoßen, kein Blatt vor den Mund nehmen, Kind beim Namen nennen, Katze aus dem Sack lassen, deutlich werden, Star stechen, reinen Wein einschenken, beibringen, beibiegen, stecken, aufklären, Maske fallen lassen, Flagge zeigen, **3.** Bezug nehmen, sich beziehen auf; zurückkommen/ zurückgreifen auf, verknüpfen mit, ableiten, in Verbindung bringen, ausholen, Vorgeschichte berichten, rückblenden, zurückblenden.

1726 **verdienen 1.** erwerben, erarbeiten, einnehmen, bekommen, gewinnen, erwirtschaften, erlösen, erringen, bezahlt bekommen, Einnahmen haben, erhalten, kriegen, einstreichen, beziehen, profitieren, herausbekommen, absahnen, abkassieren, scheffeln, Kasse / Geld machen, abzocken, **2.** zukommen, zustehen, gebühren, beanspruchen können, Anrecht haben, erwarten dürfen, wert/ angemessen sein.

1727 **Verdienst 1.** Einnahme, Einkommen, Einkünfte, Bezüge, Lohn, Entgelt, Entlohnung, Gehalt, Fixum, Pauschale, Abgeltung, Abfindung, Vergütung, Gage, Provision, Bezahlung, Besoldung, Honorar, Sold, Salär, Heuer, **2.** Profit, Ertrag, Erlös, Zins, Gewinn, Ausbeute, Rendite, Überschuss, Surplus, Spanne, Schnitt, Marge, Reibach, **3.** Verdienste, Meriten, Werk, Tat, Leistung, Ruhmestitel, Ruhmestat, Großtat.

1728 **verdienstvoll** anerkennenswert, lobenswert, löblich, hoch anzurechnen, dankenswert, ehrenvoll, ehrend, beifallswürdig, achtbar, beachtlich, rühmenswert, rühmlich.

1729 **verdrängen 1.** wegschieben, wegdrängen, abdrängen, zurückdrängen, wegdrücken, in den Hintergrund drängen, beiseiteschieben, beiseitedrängen, beiseitestoßen, zur Seite schieben; an die Wand drängen, aus dem Feld schlagen, verbeißen; kaltstellen, schaden, kündigen, **2.** ignorieren, unterdrücken, niederhalten, ersticken, abwehren, ins Unbewusste abschieben, aus dem Bewusstsein bannen, nicht wahrhaben wollen, überspielen, umlenken, sublimieren, kompensieren, scheinbegründen, rationalisieren.

1730 **verehren 1.** achten, bewundern, anstaunen, respektieren, anerkennen, estimieren, schätzen, aufsehen zu, aufschauen, aufblicken, emporsehen, hochblicken, hoch schätzen, wertachten, werthalten, wertschätzen, hochhalten, heilig halten, hohe Meinung haben, große Stücke halten auf, hoch achten, Achtung erweisen, zollen, ehrfürchtig sein, lieben, huldigen, zu Füßen liegen, auf Händen tragen, **2.** anhimmeln, anschwärmen, umschmeicheln, umwerben, umschwärmen, in den Himmel heben, anbeten, verhimmeln, vergöttern, fetischisieren, idolisieren, Kult machen um, **3.** Denkmal setzen, verewigen.

1731 **vereinbaren** abmachen, statuieren, ausmachen, abkaspern, auskaspern, auskungeln, ausschnapsen, übereinkommen, verabreden, absprechen, festlegen, festsetzen, notieren, festmachen, festklopfen, festschreiben, unter-

schreiben, besiegeln, akkordieren, verbleiben, fixieren, Vertrag schließen; sich verständigen; Kompromiss schließen, Zugeständnisse machen, tiefer hängen, aushandeln, sich abstimmen, vergleichen, entgegenkommen, einigen; einig werden, sich arrangieren; Lösung finden, auf einen Nenner bringen, sich zusammenraufen; abkarten, heimlich ausmachen; abschließen, handelseinig werden, beschließen, abgrenzen, terminieren, befristen, begrenzen, limitieren, einschränken, abstecken, eingrenzen.

1732 **Vereinbarung** **1.** Abkommen, Abmachung, Übereinkunft, Übereinkommen, Arrangement, Abrede, Absprache, Agreement, Beschluss, Entscheidung, Entschließung, Entschluss, Fixierung, Festschreibung, Festsetzung, Notierung, Festlegung, Einigung, Klärung, Verständigung; Kompromiss, Zwischenlösung, Interim, Entgegenkommen, Vergleich, Zugeständnis, Konsens, kleinster gemeinsamer Nenner, Schmalspurkonsens, **2.** Vertrag, Kontrakt, Abschluss, Konvention, Bündnis, Pakt, Konkordat, Bindung, Verpflichtung, Versprechen.

1733 **vereinfachen** vereinheitlichen, standardisieren, nivellieren, keinen Unterschied machen, alles in einen Topf werfen, über einen Kamm scheren, normieren, formalisieren, schematisieren, typen, schablonisieren, uniformieren, gleichmachen, simplifizieren, versimpeln, popularisieren, banalisieren, verflachen, vergröbern, verwässern, Geist austreiben, vulgarisieren.

1734 **Vereinfachung** Vereinheitlichung, Begradigung, Nivellierung, Angleichung, Gleichmacherei; Normung, Standardisierung, Typung, Eichung; Normierung, Präzisierung, Mechanisierung, Schematisierung, Schablonisierung, Simplifizierung, Typisierung, Banalisierung, Verflachung, Popularisierung, Verwässerung, Vergröberung, Vulgarisierung.

1735 **verfälschen** **1.** entstellen, verzerren, verdrehen, verzeichnen, überzeichnen, umkehren, ummünzen, hineininterpretieren, hineinlegen, pervertieren, projizieren, hineinsehen, klittern, abfälschen, **2.** verdünnen, versetzen, verschneiden, verlängern, strecken, denaturieren, verwässern, zusammenschütten, zusammenwerfen, panschen, **3.** umdeklarieren, falsch deklarieren, falsch/nicht auszeichnen.

1736 **verfolgen** **1.** nachgehen, nachjagen, nachsetzen, nachspringen, nachlaufen, nachsprengen, hinterhersetzen, hetzen, jagen, treiben, bedrängen, beschleichen, anschleichen, jmds. Spuren verfolgen, mit den Augen verfolgen, beschatten, auf den Fersen bleiben, **2.** fortsetzen, fortführen, anknüpfen, fortfahren, weiterverfolgen, dran sein, dranbleiben, weiterspinnen, weiterführen, nicht ablassen, beibehalten, sich nicht irremachen lassen, **3.** nachlaufen, nachrennen, hinterherrennen, sich an den Rockzipfel hängen; auf Schritt und Tritt folgen, nachstellen, nachsteigen, stalken.

1737 **verführen** verlocken, verleiten, in Versuchung bringen; locken, buhlen, ködern, kirren, versuchen, balzen, gurren, Avancen machen, schöntun, kokettieren, flirten, anspitzen, plänkeln, schäkern, liebäugeln, scharmieren, scharmutzieren, hofieren, Hof machen, umwerben, bezaubern, charmieren, bezirzen, berücken, betören, faszinieren, umgarnen, antörnen, Kopf verdrehen, anmachen, aufreißen, anfixen, anstechen, anbaggern, angraben, scharfmachen, aufgeilen, reizen.

1738 **Verführer(in)** **1.** Don Juan, Casanova, Schürzenjäger, Witwentröster, Witwenschüttler, Womanizer, Frauenheld, Herzensbrecher, Weiberheld, Lebemann, Schwerenöter, Salonlöwe, Partylöwe, Frauentyp, Frauenjäger, Blaubart, Ladykiller, Satyr, Faun, Lustgreis, Lustmolch, Bock, Hengst, Lüstling; Amateur de Femmes, Homme à Femmes, Lady's Man, Charming Boy, Everybody's Darling, Belami, Gigolo, Poussierstängel, Playboy, Libertin, Roué, Lustknabe, Sexmaniac, **2.** Weibchen, Lolita, Kokette, Playgirl, Playmate, Femme fatale, Kurtisane, Animierdame, Vamp, Sirene, Circe.

1739 **vergangen** vorbei, gelaufen, gewesen, zu Ende, abgeschlossen, aus, vorüber, um, dahin, tot, passé, ex, alles Asche, out, long ago, überholt, verflossen, einstig, vorig, einstmalig, früher, damalig, gestrig, ehemalig, entschwunden, erloschen, versunken, abgesunken, vergessen, verweht, zurückliegend, lange her, fern, unvordenklich, verjährt, überwunden, verschmerzt, geschichtlich, historisch, unwiederbringlich, vorangegangen, vorhergegangen, vorausgegangen, abgelebt, verpasst, zu spät.

1740 **Vergangenheit** Urzeit, Vorzeit, Frühzeit, Altertum, Antike, Urgeschichte, Vorgeschichte, Frühgeschichte, Antediluvium, Steinzeit, graue Vorzeit, Prähistorie, Geschichte, Historie; Gestern, Einst, vergangene/gewesene Zeiten, Vorleben.

1741 **vergänglich** endlich, begrenzt, irdisch, wie Spreu im Winde, wandelbar, zeitgebunden, an den Tag gebunden, vorübergehend, ohne Bestand, auf tönernen Füßen, kurzlebig, schnelllebig, temporär, zeitweilig, episodenhaft, nicht von Dauer, sterblich, flüchtig, volatil, unbeständig.

1742 **Vergänglichkeit** **1.** Endlichkeit, Flüchtigkeit, Begrenztheit, Unbeständigkeit, Weltgetriebe, Zeitlichkeit, Zeitgebundenheit, Kurzlebigkeit, Verfallsdatum, Sterblichkeit, Vanitas, **2.** Schaum, Gischt, Traum, Schnee, Seifenblase, Schall und Rauch, Staub und Asche, Verdunstung, Schmelze, Verflüssigung, Vergehen, Verflüchtigung.

1743 **vergeblich** vergebens, umsonst, bachab, missglückt, misslungen, danebengegangen, dumm gelaufen, gescheitert, ergebnislos, resultatlos, illusorisch, eingebildet, trügerisch, verfehlt, ungenutzt, verschwendet, verpufft, nutzlos, ins Leere gehend, unnütz, fruchtlos, erfolglos, für nichts und wieder nichts, unwirksam, wirkungslos, unverrichteter Dinge, für die Katz, zwecklos, sinnlos, aussichtslos, müßig, unsinnig, pro nihilo.

1744 **Vergeblichkeit** Fass der Danaiden, Nutzlosigkeit, Erfolglosigkeit, Fruchtlosigkeit, Sinnlosigkeit, Wirkungslosigkeit, Fass ohne Boden, Schlag ins Wasser, verlorene Liebesmüh, Sisyphusarbeit, Pyrrhussieg, Kampf gegen Windmühlenflügel, Hornberger Schießen.

1745 **vergehen (sich)** **1.** entschwinden, verschwinden, enteilen, verlaufen, verrinnen, dahingehen, dahineilen, verfliegen, verrauschen, entweichen, zu Ende gehen, verstreichen, vorübergehen, vorbeigehen, hinschwinden, zum Schatten werden, ablaufen, aufhören, sich verflüchtigen; verwehen, dahinfliegen, dahinschwinden; versickern, sich verlaufen, in nichts auflösen; dahinschmelzen, wegschmelzen, **2.** verkommen, verwittern, sich zersetzen; zerfallen, verfallen, einstürzen, zusammenstürzen, zusammenkrachen, zusammenbrechen, einfallen, einkrachen, auseinanderfallen, zerbröckeln, abbröckeln, **3.** verlöschen, verlodern, erlöschen, erkalten, verglimmen, verglühen; nachlassen, abklingen; verklingen, verschwimmen, zerflattern, ersterben; verpuffen, verrauschen, **4.** verdunsten, verfliegen, verdampfen, sich verflüchtigen, auflösen; schwinden, verriechen, verduften, schal werden, **5.** verbrennen, abbrennen, niederbrennen, in Flammen/Rauch aufgehen, zu Asche werden, verkohlen, **6.** veralten, abkommen, unmodern werden, aus der Mode kommen, überaltern, sich überleben, **7.** verfallen, ungültig werden, verjähren, Wert verlieren, außer Kurs geraten, **8.** widerrechtlich handeln, gegen Gesetze verstoßen, mit dem Gesetz in Konflikt kommen, sich etwas zuschulden kommen lassen; etwas anrichten, unrecht tun, verstoßen gegen, fehlen, sich strafbar machen; straffällig werden, Verbrechen begehen, sein Unwesen treiben, etwas verbrechen, sich versündigen, schuldig machen; zuwiderhandeln, Pflicht verletzen, Wort brechen.

1746 **vergelten** **1.** rächen, ahnden, abrechnen mit, mit gleicher Münze zahlen, zur Kasse bitten, Rache nehmen, heimzahlen, Rechnung begleichen, entgelten/fühlen lassen, wettmachen, quittieren, Quittung erteilen, sich Genugtuung verschaffen; büßen lassen, Spieß umdrehen, Antwort nicht schuldig bleiben, **2.** abstrafen, Denkzettel verpassen, bestrafen, nachtreten, eins drauf setzen, heimleuchten, zu fühlen geben, es jmdm. besorgen, **3.** belohnen, lohnen, danken, erwidern, sich revanchieren, erkenntlich zeigen; gutmachen, entschädigen, vergüten, anrechnen, zugutehalten, rückvergüten.

1747 **Vergeltung** **1.** Rache, Revanche, Abrechnung, Ahndung, Nemesis, Heimzahlung, Quittung, Denkzettel, Lehre, Gegenschlag, Vergeltungsschlag, Rachefeldzug, Blutrache, Feme, Repressalie, Retourkutsche, wie du mir, so ich dir, Auge um Auge, **2.** Strafe, Bestrafung, Strafaktion, Strafmaßnahme, Sanktion, Sühne, **3.** Dank, Erkenntlichkeit, Genugtuung.

1748 **vergessen (sich)** **1.** sich nicht mehr erinnern, nicht entsinnen; verschwitzen, verbummeln, verschlafen, verdrängen, verschlampen, verschusseln, entfallen, nicht daran denken, aus dem Gedächtnis verlieren, nicht behalten, verlernen, **2.** liegen lassen, verlieren, stehen/sitzen/warten lassen, versetzen, Verabredung/Versprechen nicht einhalten, **3.** nicht wissen, was man tut, sich unüberlegt verhalten; entgleisen, aus der Rolle fallen, sich vorbeibenehmen; Fauxpas begehen, handgreiflich werden, aus der Fassung geraten.

1749 **Vergleich** **1.** Gegenüberstellung, Konfrontation, Gegeneinanderhalten, Kontrastierung, Abgleich, **2.** Gleichnis, bildlicher Ausdruck, Metapher, Bild, Analogie, **3.** Ausgleich, Versöhnung, Kompromiss, Verständigung, Übereinkunft, Beilegung; Deal, Kuhhandel, fauler Kompromiss.

1750 **vergleichen (sich)** **1.** nebeneinanderhalten, nebeneinanderstellen, kollationieren, kontrapunktieren, abstimmen, abgleichen, dagegenhalten, gegenüberstellen, konfrontieren, kontrastieren, aneinander messen, prüfen an, Parallelen ziehen, auf eine Stufe stellen, Vergleich ziehen, gegeneinander abwägen, **2.** sich gütlich einigen; Ausgleich/Vergleich finden, **3.** sich messen; mit jmdm. konkurrieren.

1751 **vergraben (sich)** **1.** eingraben, begraben, einbuddeln, verbuddeln, einscharren, zudecken, zuschütten, verbergen, verscharren, versenken, verstecken, **2.** nichts hören und sehen, für niemanden zu sprechen sein, sich abschließen, versenken; in Klausur gehen, sich abkapseln, absondern.

1752 **verhaften** aufgreifen, fangen, festnehmen, ergreifen, hoppnehmen, stellen, dingfest machen, überwältigen, schnappen, greifen, hochnehmen, kaschen, habhaft werden, abführen, festsetzen, arretieren, sistieren, inhaftieren, einstecken, einbuchten, einlochen, einsperren, gefangen nehmen, einkerkern, in Gewahrsam nehmen, gefangen setzen, hinter Schloss und Riegel bringen.

1753 **verhalten, sich** **1.** sich benehmen, betragen, geben, gebärden, gebaren, gehaben; reagieren, verfahren; sich aufführen, gerieren, anstellen; auftreten, **2.** stehen, bestellt sein, Bewandtnis haben.

1754 **Verhalten** **1.** Benehmen, Betragen, Reaktion, Verhaltensweise, Konduite, Führung, Gebaren, Aufführung, Gehabe, Handlungsweise, Verhaltensmuster, Pattern, Einstellung, **2.** Manieren, Formen, Umgangsformen, Gewandtheit, Pli, Stil, Benimm, Knigge, Imagepflege, **3.** Haltung, Attitüde, Allüren, Pose, Air, Stellung, Positur, Gebärden.

1755 **Verkauf** **1.** Abgabe, Ausgabe, Auslieferung, Handel, Umsatz, Veräußerung, Realisation, Absatz, Vertrieb, Versand, Versandverkauf, Internetverkauf, **2.** Ausverkauf, Schlussverkauf, Sale, Räumungsverkauf, Totalausverkauf, **3.** Versteigerung, Gant, Vergantung, Auktion.

1756 **verkaufen (sich)** **1.** absetzen, abgeben, veräußern, realisieren, vertreiben, handeln mit, umsetzen, abstoßen, an den Mann bringen, überlassen, zu Geld machen, feilbieten, anbieten, auf den Markt bringen; versteigern, verganten, auktionieren, unter den Hammer bringen, kommerzialisieren, **2.** verkitschen, verkloppen, verticken, verditschen, verschachern, versilbern, verscherbeln, verscheuern, verhökern; hausieren, andrehen, aufreden, aufschwatzen, **3.** ausverkaufen, räumen, verramschen, verschleudern, losschlagen, abstoßen, Lager räumen, **4.** abgehen, gehen, weggehen, gefragt sein, sich einführen; einschlagen, gefallen, Abnehmer/Publikum/reißenden Absatz finden, sich absetzen lassen, **5.** sich kaufen lassen; bestechlich sein, sich prostituieren.

1757 **Verlangen** **1.** Wollen, Wünschen, Streben, Trachten, Drängen, Begehren, Begehrlichkeit, Neigung, Trieb, Drang, Sucht, Hang, Lust, Gelüst, Gier; Appetit, Esslust, Hunger, Heißhunger, Naschhaftigkeit, Bärenhunger, Kohldampf; Gefräßigkeit, Fressbegierde, Fressgier, Fresssucht, Unersättlichkeit; Durst, trockene Kehle, Brand; Libido, Lüsternheit, **2.** Wunsch, Begehr, Belieben, Bestreben, Bestrebung, Bitte, Anliegen, Anspruch, Wunschzettel, Ansinnen, Forderung, Anruf, Appell, Ansuchen, Ersuchen, Sehnen, Sehnsucht, Weh, Nostalgie, Heimweh, Maladie suisse, Fernweh, **3.** Besitzgier, Habgier, Habsucht, Geldgier, Raffgier, Gewinnsucht.

1758 **verlegen** **1.** scheu, zaghaft, zage, schüchtern, befangen, gehemmt, blockiert, ängstlich, unsicher, unfrei, geniert, genant, gschamig, geschämig, steif, gezwungen, verkrampft, verklemmt, hilflos, ratlos, **2.** verwirrt, verschämt, betreten, bedeppert, verschüchtert, eingeschüchtert, beschämt, kleinlaut, blamiert, peinlich berührt, schamrot, wie ein begossener Pudel.

1759 **Verlegenheit** **1.** Ratlosigkeit, Unschlüssigkeit, Bedrängnis, Zwiespalt, Unentschiedenheit, Unentschlossenheit, Handlungsdruck, Erklärungsnot, Notlage, Geldverlegenheit, Schwierigkeit, Klemme, Zwickmühle, Sackgasse, Dilemma, Konflikt, Erklärungsbedarf, Gesprächsbedarf, Zwangslage, Bredouille, Klippe, Engpass, Kalamität, Schwulität, Gefahrenpunkt, Komplikation, harte Nuss, Problem, Tinte, Patsche, Schlamassel, Pech, Pechsträhne, **2.** Schüchternheit, Scheu, Angst, Komplex, Befangenheit, Unsicherheit, Minderwertigkeitsgefühle, Hemmungen, Beißhemmung, Bisshemmung, Schuldgefühle, Bammel, Nervosität, Verschämtheit, Genierlichkeit, **3.** Beschämung, Blamage, Peinlichkeit, roter Kopf, Malheur, Gehemmtheit, Hemmung, Verwirrtheit, Unbeholfenheit, Befangenheit, Betretenheit, Ungeschicklichkeit, Hilflosigkeit, Eckigkeit, Steifheit, Ungewandtheit, Ungeschick, **4.**

Verkrampfung, Verkrampftheit, Verklemmtheit, Sperre.

1760 **verleumden** bezichtigen, beschuldigen, anschwärzen, schlechtmachen, verdächtigen, unterstellen, unterschieben, denunzieren, zeihen, verunglimpfen, anhängen, nachsagen, andichten, diffamieren, diskreditieren, miesmachen, heruntermachen, übel nachreden, verlästern, die Ehre abschneiden, böswillig behaupten, am Zeuge flicken, verteufeln, diabolisieren, verschreien, verunehren, lästern, unmöglich machen, verketzern, herziehen über, in den Schmutz ziehen, kein gutes Haar lassen, begeifern, schmähen, herabsetzen, in Verruf bringen.

1761 **Verleumdung** üble Nachrede, Verunglimpfung, Rufschädigung, Herabwürdigung, Beleidigung, Bezichtigung, Diffamierung, Herabsetzung, Diskreditierung, böswillige Unterstellung, Schmähung, Ehrabschneidung, Rufmord, Netzhetze, Shitstorm, Netmobbing, Internetmobbing, Verlästerung, Medisance, Verteufelung, Verketzerung, Brunnenvergiftung.

1762 **verliebt** angetan, zugetan, gewogen, hold, ins Herz geschlossen, entzückt, schwärmerisch, hingerissen, besessen, vernarrt, verschossen, leidenschaftlich, ergriffen, entflammt, entbrannt, vergafft, verknallt, amourös, betört, verhext, verzaubert, bezirzt, außer sich, nicht bei Sinnen, im siebten Himmel, auf Wolke sieben, liebestoll.

1763 **verlieren** **1.** einbüßen, abhandenkommen, verlustig gehen, verkramen, verjankern, verschusseln, verbummeln, verschustern, verbaseln, verlegen, verschlampen, versieben, verschludern, verlorengehen, wegkommen, hopsgehen, flötengehen, los sein, verschüttgehen, kommen um, loswerden, **2.** verscherzen, verwirken, Nachsehen haben, zubuttern, Verlust erleiden, zulegen, draufzahlen, zuzahlen, verspielen, beim Spiel verlieren, zusetzen, ins Hintertreffen geraten, Einbuße erleiden, Haare lassen, in den Mond gucken, in den Schornstein schreiben, hereinfallen, aufsitzen, Zeche bezahlen, verlorengeben; an Ansehen verlieren, in Misskredit geraten, in schlechten Ruf kommen, **3.** unterliegen, scheitern.

1764 **vermitteln** **1.** Wort einlegen, fürbitten, sich verwenden, ins Mittel legen; fürsprechen, intervenieren, befürworten, sich einschalten; dolmetschen, klären, schlichten, bereinigen, ausgleichen, versöhnen, **2.** ansagen, moderieren, schalten, verbinden, Kontakt herstellen, **3.** begreiflich/verständlich machen, erklären, interpretieren, entfalten, darlegen, verstehen/erkennen lassen, rüberbringen.

1765 **Vermittler** **1.** Mittelsmann, Mittler, Mittlerrolle, Hehler, Verbindungsmann, Gewährsmann, Kontaktperson, Makler, Unterhändler, Scherpa, Mediator, Kommunikator, Krisenmanager, Troubleshooter, Go-between, Medium, Moderator, Zwischenhändler, Zwischenträger, Bindeglied, **2.** Dolmetscher, Übersetzer, Sprachmittler, Operator, Dragoman.

1766 **Vermittlung** **1.** Mitwirkung, Mithilfe, Fürbitte, Fürsprache, Intervention, Einsatz, Einschaltung, Hilfe, Vermittlungsstelle, Agentur, Telefonvermittlung, Operator, **2.** Übersetzung, Übertragung, Interpretation, Erklärung, Erläuterung.

1767 **vermuten** **1.** glauben, meinen, schätzen, denken, annehmen, als gegeben betrachten, Fall setzen, dafürhalten, dünken, vorkommen, wähnen, für möglich halten, Meinung hegen, Vermutungen anstellen; zuschreiben, beilegen, andichten, **2.** mutmaßen, nicht sicher sein, voraussehen, kommen sehen, vorausahnen, schwanen, dunkeln, vorschweben, erahnen, Verdacht schöpfen, verdächtigen, präsumieren, unterstellen, Braten riechen, Wind bekommen, sich an fünf Fingern abzählen; ahnen, Lunte riechen.

1768 **vernünftig** **1.** vernunftbegabt, verständig, einsichtig, einsichtsvoll, Vernunftgründen zugänglich, überlegt, umsichtig, besonnen, bedächtig, ernüchtert, Schluss mit lustig, **2.** hell, klug, aufgeklärt, vorurteilslos, aufgeschlossen, gescheit, klarsichtig, nicht auf den Kopf gefallen, **3.** logisch, analytisch, rational, verstandesmäßig, begrifflich, klar, einleuchtend, schlüssig, folgerichtig, vernunftgemäß, mit Hand und Fuß, **4.** intellektuell, geistig, mental, gedanklich, bewusst, reflektiert, kritisch, mit Bewusstsein, bei klarem Verstand, wach, illusionsfrei, sachlich, realistisch, realitätsbewusst, nüchtern, verstandesbetont, vernunftbetont, wirklichkeitsnah, welthaltig, lebensnah, lebensklug, selbstkritisch, urteilsfähig, urteilssicher.

1769 **veröffentlichen** **1.** verlegen, herausgeben, herausbringen, drucken, auflegen, publizieren, edieren, vertreiben, auf den Markt/ins Internet bringen, ins Netz stellen, facebooken, bloggen, twittern, **2.** verbreiten, öffentlich machen, kundmachen, in Umlauf setzen, unter die Leute bringen, ausrufen, ausschellen, aus-

hängen, ausschreiben, plakatieren, proklamieren, bekannt geben, bekannt/publik machen, verkünden, offenbaren, verlautbaren lassen, senden.

1770 **Veröffentlichung** **1.** Publikation, Ausgabe, Neuerscheinung, Druckwerk, Buch, **2.** Herausgabe, Edition, Erscheinen, Druck, Abdruck, Auflage, Drucklegung, Sendung.

1771 **verpflichtet** **1.** gehalten, genötigt, gezwungen; haftbar, haftpflichtig, ersatzpflichtig, schadenspflichtig, gebührenpflichtig, in jmds. Schuld, zu Dank verpflichtet, **2.** gebunden, im Wort, eingebunden, festgelegt, versprochen, in festen Händen, nicht mehr frei.

1772 **verraten** verpetzen, petzen, sich verplappern; Indiskretion begehen, aus der Schule plaudern, ausplaudern, austrompeten, ausposaunen, herauslassen, angeben, auspacken, nicht hinterm Berge halten, hinterbringen, Katze aus dem Sack lassen; hochgehen lassen, vernadern, verpfeifen, anzeigen, denunzieren, Verrat begehen.

1773 **verrückt** **1.** närrisch, durchgedreht, übergeschnappt, toll, weich in der Birne, wunderlich, spinnig, durch den Wind, wirr, verwirrt, im falschen Film, nicht ganz dicht, Schraube los, nicht richtig im Oberstübchen, gestört, nicht recht gescheit, nicht bei Sinnen/Trost, unzurechnungsfähig, verdreht, neben der Spur, nicht alle Tassen im Schrank, meschugge, neben der Kappe, ein Rad ab, bescheuert, behämmert, bekloppt, durchgeknallt, gaga, jeck, mall, crazy, deppert, krisch, beknackt, überdreht, aus dem Häuschen, kopflos, überspannt, überkandidelt, schräge, schrill, irre, abgedreht, ausgeflippt, **2.** geisteskrank, geistesgestört, wahnsinnig, anstaltsreif, umnachtet, debil, irrsinnig, idiotisch, blöde, irr, psychopathisch, **3.** absurd, wahnwitzig, hirnverbrannt, aberwitzig, hirnrissig, hirnwütig.

1774 **Verrücktheit** **1.** Knall, Knacks, Klaps, Sparren, Vogel, Meise, Stich, Rappel, Tick, Dachschaden, Macke, Schatten, Webfehler, **2.** Schnapsidee, Kateridee, Spleen, Flitz, Grille, Mucken, Flausen, verrückter Einfall, **3.** Bewusstseinsstörung, Geistesgestörtheit, Geisteskrankheit.

1775 **versagen (sich)** **1.** abschlagen, ablehnen, ausschlagen, nicht erlauben/gestatten, verneinen, negieren, abwinken, verweigern, verwehren, frustrieren, vorenthalten, entziehen, aberkennen, absprechen, abstreiten, streitig machen, **2.** verbieten, untersagen, unterbinden, **3.** aussetzen, stocken, streiken, blockieren, erlahmen, aushaken, nicht mehr funktionieren/laufen, wegbleiben, Geist aufgeben, stillstehen; nichts mehr hergeben, eintrocknen, versiegen; nicht mehr können, Nerven verlieren, abgehängt werden, zurückbleiben, nicht weiterkönnen, schlappmachen, **4.** klebenbleiben, durchfallen, sitzenbleiben, zurückbleiben, nicht mitkommen, Anschluss verpassen, Klassenziel nicht erreichen, nicht versetzt werden, Ehrenrunde drehen, nicht bestehen, zurückfallen, sich nicht bewähren; enttäuschen, vermissen lassen, vertändeln, in den Sand setzen, **5.** sich entziehen; absagen, wegbleiben, aufsagen, sich distanzieren, drücken, dünnmachen; mauern, dichtmachen, **6.** abstillen, entwöhnen, absetzen, **7.** verzichten, entsagen, sich abgewöhnen.

1776 **Versagen** **1.** Versäumnis, Unterlassung, Vergessen, Versehen, Unachtsamkeit, Vernachlässigung, Saumseligkeit, Fahrlässigkeit, Pflichtvergessenheit, Unzulänglichkeit, **2.** Panne, Lücke, Fehler, Mangel, Ausfall, technischer Defekt, Blockade, Ladehemmung, **3.** Nervenkrise, Kollaps.

1777 **Versager** Nichtsnutz, Tunichtgut, Früchtchen, Taugenichts, Flasche, Anfänger, Lusche, taube Nuss, verkrachte Existenz, Blindgänger, Spätzünder, Niete, Nulpe, Null, Krücke, Pfeife, Träne, Pflaume, Trottel, Penner, Sandler, Nichtskönner, schwarzes Schaf, Schnarchzapfen, Verlierer, Loser, Verlierertyp.

1778 **versäumen** **1.** verpassen, lassen, sich schenken, entgehen lassen; unterlassen, verbummeln, vertrödeln, verstreichen lassen, schwänzen, verschlampen, verschleppen, verzögern, verabsäumen, bleiben / sein / entgehen / vorübergehen lassen, auf die lange Bank schieben, **2.** verschlafen, verschwitzen, verpennen, zu spät kommen, sich verspäten, verfehlen, verpassen; aneinander vorbeigehen.

1779 **verschieden** **1.** anders, andersartig, diskrepant, von anderer Art; verändert, verwandelt, umgebaut, umgewandelt, nicht wiederzuerkennen, völlig verändert; wie umgewandelt, neugeboren, anderer/neuer Mensch; unegal, ungleich, artfremd, artverschieden, unähnlich, unterschiedlich, verschiedenartig, uneinheitlich, heteronom, different, divergent, disparat, wandlungsfähig, wandelbar, ungleichmäßig, wechselnd, gegensätzlich, **2.** abwechslungsreich, bunt, bilderreich, ereignisreich, mannigfaltig, mannigfach, vielgestaltig, vielförmig, multikulturell, zusammengewürfelt, gemischt,

vermischt, variantenreich, verschiedengestaltig, polymorph, heterogen, vielschichtig, facettenreich, vielfältig; vielstimmig, mehrstimmig, polyphon; verschiedenerlei, allerhand, allerlei; beweglich, schillernd, variabel, teils ... teils, **3.** abweichend, irregulär, regelwidrig, normwidrig, divergierend, unkonventionell, unorthodox, querdenkerisch.

1780 **Verschluss 1.** Deckel, Stöpsel, Stopfen, Pfropfen, Korken, Zapfen, Pflock, Klappe, Platte, Schraubdeckel, Hahn, Spund, **2.** Riegel, Schloss, Haken, Knopf, Knebel, Schlinge, Öse, Schnalle, Schließe, Knoten, Reißverschluss, Band, Klettband, Verschlussband, Banderole, Verschlussmarke, Verschlussstreifen, Siegel, Plombe, Verriegelung, **3.** Verstopfung, Thrombose, Embolie, Verengung, Darmverschluss, Ileus.

1781 **verschwenden 1.** in Saus und Braus leben, über die Stränge schlagen, die Sau rauslassen, lockeres Leben führen, über seine Verhältnisse leben, in die Vollen gehen, auf großem Fuß leben, zum Schornstein hinausjagen, Geld zum Fenster hinauswerfen/auf den Kopf hauen, Perlen vor die Säue werfen, **2.** vergeuden, vertun, verschleudern, verwirtschaften, vertändeln, versaufen, verfressen, verbraten, verjuxen, verbumfiedeln, verjuchheien, verballern, verbrettern, verbuttern, verläppern, verplempern, verpulvern, vertrödeln, verspielen, verprassen, verjubeln, durchbringen.

1782 **versichern (sich) 1.** beteuern, bekräftigen, betonen, Hand drauf geben, Hand ins Feuer legen, Brief und Siegel geben, beharren, dabei bleiben, erhärten, **2.** versprechen, zusichern, zusagen, geloben, sein Wort geben, sich verbürgen, stark machen; auf seinen Eid nehmen, Stein und Bein schwören, darauf wetten, beschwören, beeiden, garantieren, verbriefen, bescheinigen, verbürgen, beglaubigen, **3.** sich vergewissern; sichergehen, Versicherung abschließen, sich absichern, rückversichern; etwas in petto haben, auf Nummer sicher gehen.

1783 **Versicherung 1.** Behauptung, Beteuerung, Versprechen, Zusicherung, Zusage, Absichtserklärung, Gelöbnis, Schwur, Eid, Wort, Kaufmannswort, Ehrenwort, **2.** Sicherung, Deckung, Vorsorge, Vorbedacht, Schutz, Rückversicherung, Rückendeckung, Vorsichtsmaßnahme, Sicherheitsvorkehrung, Sicherheitsmaßnahme, Assekuranz.

1784 **versorgen (sich) 1.** sich eindecken, versehen mit; kaufen, horten, speichern, hamstern, vorsorgen, bunkern, **2.** pflegen, betreuen, umsorgen, hüten, behüten, warten, in Obhut/Pflege nehmen, hegen, aufpassen, sich kümmern, bekümmern, jmds. annehmen; besorgt sein um, sorgen für, bemuttern, bevatern, begönnern, **3.** verpflegen, ausstaffieren, ausstatten, verproviantieren, mit Proviant versehen, verköstigen; unterhalten, aufkommen für, für den Lebensunterhalt aufkommen, jmdn. aushalten, **4.** beschicken, bestellen, beliefern.

1785 **Verstand 1.** Urteilskraft, Urteilsvermögen, Urteilsfähigkeit, Denkvermögen, Denkfähigkeit, Denkkraft, Geist, Vernunft, Geisteskraft, Logos, Ratio, Räson, diskursives Denken, Erkenntnisvermögen, Erkenntniskraft, Kognition, Begriffsvermögen, Abstraktionsvermögen, Abstraktionsfähigkeit, Bewusstsein, Bewusstheit, Durchdringungsfähigkeit, Intellekt, **2.** Intelligenz, Geistesgaben, Auffassungsgabe, Aneignungsfähigkeit, Unterscheidungsvermögen, Differenzierungsvermögen, Beobachtungsgabe, Kombinationsgabe, Klugheit, Scharfsinn, Scharfblick, Gescheitheit, Kritikfähigkeit, Lernfähigkeit, Fassungsvermögen, Fassungskraft, Verständigkeit, Klarsicht, klarer Verstand, Verständnis, gesunder Menschenverstand, Common Sense, Nüchternheit, Realistik, Sachlichkeit, Vernünftigkeit, Wirklichkeitssinn; Hirn, Grips, graue Zellen, Köpfchen, Oberstübchen, Grütze, Kopf, Mutterwitz, Esprit.

1786 **verständlich 1.** einsichtig, begreiflich, erklärlich, einleuchtend, überzeugend, plausibel, evident, sinnfällig, augenfällig, vorstellbar, denkbar, glaubhaft, fasslich, fassbar, nachvollziehbar, klar, einsehbar, allgemein verständlich, verstehbar, transparent, vermittelbar, lernbar, erlernbar, einfach, unkompliziert, eingängig, populär, **2.** naheliegend, auf der Hand liegend, mit Händen zu greifen, **3.** entschuldbar, verzeihlich, normal, begreiflich, nachfühlbar, zu rechtfertigen, zu verstehen, einzusehen; aus guten Gründen, verständlicherweise, begreiflicherweise, selbstverständlich, versteht sich.

1787 **Verständlichkeit** Verstehbarkeit, Fasslichkeit, Anschaulichkeit, Durchschaubarkeit, Allgemeinverständlichkeit, Sinnfälligkeit, Augenfälligkeit, Plausibilität, Transparenz, Unkompliziertheit, Nachvollziehbarkeit, Vermittelbarkeit, Klarheit.

1788 **Verständnis 1.** Einfühlungsvermögen, Einfühlungsgabe, Empathie, Anteilnahme, Feeling,

Sensorium, Einfühlung, Feingefühl, Sachverständnis, Sinn, Antenne, Witterung für, **2.** Kennerschaft, Sachverstand, Durchblick, Überblick, Durchdringung, **3.** Großherzigkeit, Weitherzigkeit, Toleranz.

1789 **verstehen (sich)** **1.** hören, vernehmen, zur Kenntnis nehmen, realisieren, mitkriegen, mitbekommen, **2.** erkennen, einsehen, klar sehen, wiedererkennen, erfassen, bewusst werden, zu Bewusstsein/zu der Erkenntnis kommen, zur Einsicht gelangen, begreifen, fassen, lernen, kapieren, schnallen, schalten, checken, raffen, blicken, peilen, durchsteigen, durchdringen, eindringen, sich klar werden; klug/schlau werden aus, ergründen, mitkommen, folgen, nachvollziehen können, Einblick gewinnen, durchfinden, dahinterkommen, herausfinden, herausbekommen, auf den Trichter kommen, zusammenreimen, überblicken, verarbeiten, verdauen, durchschauen, ins Bewusstsein dringen, fressen, sich zu eigen machen; intus haben, firm/sattelfest sein, Dreh heraushaben; einleuchten, dämmern, aufgehen, funken, eingehen, **3.** nachfühlen, nachempfinden, mitfühlen, sich einfühlen; gerecht werden, sich hineindenken, in jmdn. versetzen; mitschwingen, **4.** sich verstehen auf, auskennen; kennen, beherrschen, übersehen, überschauen, durchblicken, Durchblick haben, Zusammenhänge sehen, mitreden können, auf dem Laufenden/informiert/sachverständig/im Bild/beschlagen/bewandert sein, wissen, wie der Hase läuft, Bescheid wissen, sich zurechtfinden, **5.** einsehen, beherzigen, sich zu Herzen nehmen; eine Lehre ziehen, sich zuziehen, gesagt sein lassen; Vernunft annehmen, zur Einsicht/Räson kommen, **6.** sich verständigen; kommunizieren, eingespielt sein, übereinstimmen, harmonieren, zusammenklingen, zusammenstimmen, zusammenpassen, sich vertragen; sympathisieren, gut stehen/können/auskommen, einander ergänzen, zu nehmen wissen, behandeln können, **7.** dekodieren, entschlüsseln, entziffern, dechiffrieren.

1790 **Versuch** **1.** Probe, Experiment, Test, Analyse, **2.** Kostprobe, Schnupperangebot, Testmuster, Testfahrt, Testlauf, Testphase, Versuchsballon, Pilotfilm, Preview, **3.** Zerreißprobe, Kraftprobe, Crashtest, Machtprobe, **4.** Versuchsstadium, Vorläufigkeit, Spielcharakter, Sandkastenspiel, Tastversuche, Werdestatus, **5.** Blindprobe, Blindverkostung, Blindversuch.

1791 **versuchen** **1.** probieren, ausprobieren, kosten, durchprobieren, austesten, prüfen, Versuch machen, erproben, reinschmecken, **2.** experimentieren, forschen, Versuche anstellen, riskieren, wagen, manövrieren, laborieren, sein Heil versuchen, tasten, sondieren, testen, analysieren, tüfteln, austüfteln, ausklügeln, ausknobeln, ausklamüsern.

1792 **verteilen (sich)** **1.** ausgeben, austeilen, umverteilen, distribuieren, zuteilen, zumessen, verabfolgen, zusprechen, zubilligen, zuerkennen, aushändigen, verabreichen, aufteilen, umlegen, ausschütten, auslosen, **2.** streuen, säen, ausschleudern, ausstreuen, aussäen, auswerfen, verstreuen, herumstreuen, **3.** sich aufteilen, ausbreiten, verlaufen; zerstreuen, auseinanderlaufen, auseinandergehen, ausschwärmen.

1793 **Verteilung** Austeilung, Distribution, Ausgabe, Zuteilung, Aufteilung, Umverteilung, Gewinnverteilung, Auslosung, Ausschüttung, Zuerkennung, Aushändigung.

1794 **Vertiefung** **1.** Eindruck, Delle, Mulde, Grube, Trichter, Krater, Kuhle, Loch; Falte, Spalte, Einschnitt, Graben, Senkung, Senke, Tal, Furche; Höhle, Grotte, Höhlung, Ausschachtung, Ausmaß, Schacht, Stollen, Schlucht, Schlund, Kluft, Tiefe, **2.** Einbuchtung, Nische, Bucht, Bai, Fjord, Golf, Meerbusen, **3.** Kerbe, Scharte, Rille, Rinne, Riefe, Fuge, Einkerbung, **4.** Steigerung, Fundierung, tieferes Eindringen, Versunkenheit.

1795 **vertrauen** **1.** Vertrauen haben, sich verlassen auf; für zuverlässig halten, glauben, Zutrauen haben, jmdm. trauen, Vertrauen schenken, sich stützen auf, jmdm. anvertrauen; bauen/zählen/setzen auf, **2.** etwas anvertrauen, in Verwahr/in Obhut/zu treuen Händen geben.

1796 **Vertrauen** Zutrauen, Zuversicht, Grundvertrauen, Lebensvertrauen, Urvertrauen, Selbstvertrauen, Optimismus, Glaube.

1797 **vertraulich** intim, diskret, unter uns, entre nous, intra muros, privatissime, unter vier Augen/dem Siegel der Verschwiegenheit, privatim, intern, nur für den Hausgebrauch, nichts für fremde Ohren.

1798 **vertraut** **1.** wohlbekannt, intim, befreundet, familiär, freundschaftlich, innig verbunden, nahestehend, eng, kameradschaftlich, innig, herzlich, schwesterlich, traulich, **2.** geläufig, bekannt, gewohnt, heimatlich, altgewohnt, heimisch, alltäglich, altvertraut, wohlvertraut.

1799 **vertreiben** **1.** verscheuchen, in die Flucht

schlagen, wegscheuchen, hinausjagen, herausjagen, verdrängen, verstoßen, räumen, scheuchen, forttreiben, verjagen, zerstreuen, auseinandertreiben, versprengen, wegjagen, wegtreiben, wegstoßen, ausweisen, exilieren, ansiedeln, aussiedeln, einsiedeln, umsiedeln, umsetzen, verpflanzen, abschieben, ausschaffen, austreiben, evakuieren, entwurzeln, verbannen, expatriieren, repatriieren, deportieren, abtransportieren, zwangsumsiedeln, verschicken, verschleppen, verbringen, **2.** vergrämen, verärgern, hinausekeln, vergraulen, **3.** verkaufen, handeln mit.

1800 **Vertreibung** Ausweisung, Evakuierung, Räumung, Verbannung, Austreibung, Ausbürgerung, Verschickung, Verbringung, Verschleppung, Exil, Exilierung, Verstoßung, Abschiebung, Ausschaffung, Landesverweis, Zwangsumsiedlung, Expatriierung, Repatriierung, Deportation, An-/Aus-/Ein-/Umsiedlung.

1801 **vertreten 1.** ersetzen, aushelfen, beispringen, einspringen, in die Bresche springen, stellvertreten, doubeln, an die Stelle treten, nachrücken, vorstellen, repräsentieren, stehen für, verkörpern, figurieren als, **2.** verfechten, fürsprechen, sich einsetzen, verwenden, engagieren für; eintreten für, verteidigen, rechtfertigen, stehen zu, Stellung beziehen, Farbe bekennen, einstehen.

1802 **Vertreter 1.** Reisender, Verkäufer, Hausierer, Kommissionär, Handelsvertreter, Handelsreisender, Reisevertreter, Werber, Agent, **2.** Verteidiger, Fürsprecher, Sachwalter, Stellvertreter, Vize, Prokurator, Treuhänder, Vormund; Platzhalter, Bevollmächtigter, Prokurist, Statthalter, Gouverneur, Verweser, Satrap, Büttel, Scherge, **3.** Delegierter, Abgeordneter, Emissär, Deputierter, Volksvertreter, Parlamentarier, Repräsentant, Funktionär, Interessenvertreter, Sprecher, Wortführer, Galionsfigur, Exponent, Flaggschiff, Verfechter, Anwalt, Fürsprecher, Aushängeschild, **4.** Vertretung, Ersatzmann, Reservist, Aushilfskraft, Libero, Auswechselspieler, Springer, **5.** Sündenbock, Prügelknabe, Prellbock, Puffer, Lückenbüßer, Blitzableiter, Pappkamerad, Strohmann, Zählkandidat, Buhmann.

1803 **Vertretung** Abordnung, Delegation, Deputation; Gesandtschaft, Botschaft, Auslandsvertretung, Handelsvertretung, Außenstelle, Agentur, Prokura, Repräsentation, Ersatz, Zweitbesetzung, Aushilfe, Stellvertretung, Repräsentanz, Geschäftsstelle.

1804 **verunreinigen** beschmutzen, anpatzen, verschmutzen, besudeln, verdrecken, eindrecken, zumüllen, verschmieren, beflecken, verflecken, verschütten, bespritzen, bekleckern, kleckern, sudeln, einsauen, schweinigeln, besabbern, verschwitzen, durchschwitzen, schmutzig/dreckig machen, anschmutzen, trüben; bekritzeln, beschmieren; verkleben, beschlabbern, verkleistern; stauben, schmutzen, einstauben; Umwelt verschmutzen, vergiften, kontaminieren, verseuchen, verstrahlen.

1805 **verurteilen 1.** aburteilen, Urteil fällen/sprechen, Stab brechen, verdonnern, verknacken, schuldig sprechen, für schuldig erklären, Strafe verhängen, mit einer Strafe belegen, **2.** ablehnen, verwerfen, schlecht kritisieren, zerreißen, heruntermachen, zerpflücken, niedermachen, abmeiern, zerrupfen, kein gutes Haar lassen, in der Luft zerreißen, verreißen, vernichtend beurteilen, verdammen; zischen, auszischen, buhen, ausbuhen.

1806 **vervielfältigen** vermehren, vervielfachen, abschreiben, abtippen, abziehen, hektographieren, durchpausen, abzeichnen, reproduzieren, drucken, abdrucken, nachdrucken, fotokopieren, faxen, ablichten, überspielen, kopieren, brennen, runterladen, klonen.

1807 **Vervielfältigung 1.** Druck, Abdruck, Probedruck, Fahnenabzug, Fahne, Abguss, Abzug, **2.** Kopie, Abschrift, Durchschlag, Zweitschrift, Duplikat, Potenz, Doppel, Dublette, Klon, Hektographie, Lichtpause, Reproduktion, Ablichtung, Überspielung, **3.** Vervielfachung, Potenzierung, Vermehrung, Multiplikation, Verdoppelung, Tautologie.

1808 **verwandt 1.** blutsverwandt, angeheiratet, verschwistert, verschwägert, versippt, stammverwandt, von gleicher Abstammung, zur Familie gehörig, **2.** ähnlich, artverwandt, geistesverwandt, wahlverwandt, kongenial, affin.

1809 **Verwandtschaft 1.** Abstammungsgruppe, Blutsverwandtschaft, Familie, Anhang, Haus, Geschlecht, Schlag, Sippe, Anverwandte, Ahnen, Vorfahren, Altvordere, Angehörige, Nachkommen, Verwandte, Verwandtenkreis, Parentel, Sippschaft, Clan, Mischpoke, **2.** Ähnlichkeit, Wahlverwandtschaft, Geistesverwandtschaft, Seelenverwandtschaft, Kongenialität, Affinität.

1810 **verwirklichen 1.** realisieren, in die Tat umsetzen, wahr machen, ausführen, umsetzen, durchführen, zustande/zuwege bringen, ins Werk/in Szene setzen, hinkriegen, schmei-

ßen, praktizieren, tun, **2.** sich bewahrheiten, erfüllen; Wahrheit/Wirklichkeit werden, eintreffen, zutreffen, geschehen, in Erfüllung gehen, **3.** sich verwirklichen, verändern.

1811 **verwirren (sich)** **1.** derangieren, in Unordnung bringen, verknäueln, verheddern, durcheinanderwerfen, verwühlen, zerwühlen, zerraufen, verwickeln, verfilzen, verhuddeln, verwursteln, zerzausen, verstricken, Verwirrung stiften, das Unterste zuoberst kehren, durcheinanderbringen, **2.** in Verlegenheit bringen, beirren, kopfscheu machen, verstören, desorientieren, kirre machen, aus der Ruhe/aus dem Konzept bringen, beunruhigen, aus dem Text bringen, verunsichern, irremachen, irritieren, verdutzen, verblüffen, aus der Fassung bringen, **3.** in Verlegenheit geraten, stottern, stocken, stammeln, sich versprechen, verfangen, verstricken; Faden verlieren, nicht wissen, wo einem der Kopf steht, sich verhaspeln, verheddern, in Widersprüche verwickeln; durcheinandergeraten, Fassung verlieren.

1812 **verwöhnen** **1.** verziehen, verkorksen, verweichlichen, verpimpeln, in Watte packen, verzärteln, verhätscheln, überbehüten, **2.** auf Händen tragen, reich beschenken, anbeten, überschütten/überschwemmen mit, auf Rosen betten, jeden Wunsch erfüllen/von den Augen ablesen, Zucker in den Arsch blasen.

1813 **Verzeichnis** **1.** Aufstellung, Zusammenstellung, Liste, Tabelle, Übersicht, Katalog, Inventar, Register, Index, Auflistung, Matrikel, **2.** Plan, Tafel, schwarzes Brett, Brett, Pinnwand, Aushang, Anschlag, **3.** Kartei, Katalog, Kartothek, Nomenklatur, **4.** Ordner, Aktenordner, Datei, File, digitaler Ordner.

1814 **Verzicht** **1.** Abtretung, Aufgabe, Zedierung, Übertragung, Überlassung, Entäußerung, Verzichtleistung, **2.** Askese, Abstinenz, Enthaltsamkeit, Hingabe, Entsagung, Bescheidung, Opfer, Resignation.

1815 **verzichten** **1.** aufgeben, lassen, drangeben, hergeben, opfern, entsagen, resignieren, zurückrudern, sich abfinden; hinnehmen, Kirche im Dorf lassen, sich zufriedengeben, bescheiden, hineinschicken, ergeben; zurückstecken, zurückstehen, **2.** sich enthalten, verkneifen, verbeißen, versagen, zu Grabe tragen, begraben, entschlagen, entäußern, lossagen, trennen von, abgewöhnen; ablegen, sich frei machen; abstreifen, abschwören, sich begeben, ersparen, schenken.

1816 **verzögern (sich)** **1.** aufschieben, verschleppen, retardieren, vertagen, verschieben, verlegen, umlegen, zurückstellen, hinziehen, verschlampen, säumen, zögern, zaudern, hinauszögern, auf Eis legen, hinausschieben, entschleunigen, verlangsamen, verbummeln, vertrödeln, **2.** hinhalten, aufhalten, hemmen, hintanhalten, anstehen lassen, vertrösten, **3.** sich verspäten; zu spät kommen, aufgehalten werden, unpünktlich sein, Zeit überschreiten, im Rückstand/in Verzug sein, verziehen, sich hinziehen; kein Ende finden, zurückbleiben, nachklappen, nachhinken, hängen, nachzotteln, bummeln, trödeln, säumen, trendeln, hinterherkommen, es nicht gebacken kriegen.

1817 **Verzögerung** **1.** Rückstand, Ausstand, Verzug, Verspätung, Zeitverlust, Aufschub, Moratorium, Frist, Retardation, **2.** Saumseligkeit, Verschleppung, Verlangsamung, Zeitlupe, Slow Motion, Entschleunigung, Bummelei, Trödelei, Vertagung, Verschiebung, Vertröstung, **3.** Galgenfrist, Bedenkzeit, Atempause, Gnadenfrist, Bewährungsfrist, Strafaufschub, Probezeit, Prüfungszeit, Wartezeit, Schlange, Warteschleife, Karenzzeit, Schonzeit, Schonfrist, Stundung.

1818 **verzweifeln** **1.** verzagen, Mut verlieren, mutlos werden, Kopf/Mut sinken lassen, keinen Ausweg sehen, schwarzsehen, Hoffnung aufgeben/fahren lassen, Ohren hängen lassen, Flinte ins Korn werfen, nicht mehr weiterwissen, aufgeben, Hoffnungen begraben, **2.** sich festfahren, hilflos fühlen; ratlos dastehen, auf Grund fahren, nicht vor- noch zurückkommen, in eine Sackgasse geraten, nicht aus noch ein wissen, mit seinem Latein am Ende sein, Hände ringen, Haare raufen, heulendes Elend kriegen, alles hinwerfen/hinschmeißen.

1819 **viel** **1.** allerhand, eine Menge, reichlich, üppig, vollauf, eine Masse/Stange, mehr als genug, massenhaft, en masse, überreichlich, übergenug, satt, bis zum Abwinken, massig, eimerweise, haufenweise, übersät mit, fuderweise, sturzflutartig, wie ein Maschinengewehr, uferlos, unerschöpflich, wie Sand am Meer, beträchtlich, erheblich, zuhauf, erklecklich, zu Hunderten/Tausenden, es prasselt nur so, es regnet/hagelt, scheffelweise, schockweise, dutzendweise, zu Dutzenden, klotzig, knüppeldick, dicke, zahllos, in Hülle und Fülle; gerüttelt Maß, noch und nöcher, en gros, im Großen, in großen Mengen/großem Umfang, serienweise, in Serie, serienmäßig, reihenweise, **2.** vieles, manches, einiges, vielerlei, mancher-

lei, alles Mögliche, Verschiedenes, allerlei, mehrerlei, Sonstiges, anderes, mehreres, nicht wenig, etliches, dies und das, **3.** bei weitem, um ein Erhebliches / Erkleckliches, weitgehend; kein Pappenstiel, keine Kleinigkeit.

1820 **Vieldeutigkeit** Doppelbedeutung, Polysemie, Doppelsinnigkeit, Doppelsinn, Doppelgesicht, Januskȫpfigkeit, Doppelgestalt, Ambiguität, Doppeldeutigkeit, Zweideutigkeit, Zweiwertigkeit, Vieldeutigkeit, Mehrdeutigkeit, Missverständlichkeit, Uneindeutigkeit, Kontextabhängigkeit.

1821 **viele** manche, mehrere, etliche, etwelche, dieser und jener, verschiedene, nicht wenige, eine beachtliche Anzahl, ziemlich viele, zahlreiche, ungezählte, unzählige, zahllose, Unmenge, Gros, unzählbare, scharenweise, diverse, gewisse, welche; zu Dutzenden, in großer Zahl, in hellen Scharen; wie Sand am Meer, Heer von, Hunderte, Tausende, Mengen, Massen.

1822 **Vielfalt 1.** Vielgestaltigkeit, Reichtum, Abwechslung, Wechsel, Farbigkeit, Formenreichtum, Mannigfaltigkeit, Verschiedenartigkeit, Pluralität, Multikultur, Multikulti, Vielförmigkeit, Reichhaltigkeit, Vielheit, Buntheit, Rausch, Vielerlei, Variationsbreite, Breite, Bandbreite, Vielfältigkeit, Allerlei, Auswahl, Fülle, Menge, Masse, **2.** Spektrum, Repertoire, Sinfonie, Palette, Bogen, Strauß, Klaviatur, Tableau, Skala, Gemischtwarenladen, Kaleidoskop.

1823 **Viereck** Rechteck, Parallelogramm, Quadrat, Geviert, Karree, Raute, Rhombus, Trapez.

1824 **voll 1.** gefüllt, zum Überlaufen, randvoll, gestopft / gerüttelt voll, ausgefüllt, vollgepfropft, **2.** gedrängt, gestopft, besetzt, belegt, dicht besetzt, komplett, ausverkauft, überfüllt, übervoll, voll bis auf den letzten Platz, gesteckt / gerappelt voll, rappelvoll, bumsvoll, zum Platzen / Bersten, wimmeln von, platzen vor, überlaufen, **3.** bevölkert, volkreich, dicht besiedelt, dicht bevölkert, übervölkert, überbelegt, menschenwimmelnd, wimmelnd, wuselnd, verkehrsreich, belebt, übersät, gespickt, dicht gesteckt; rund, kreisförmig, ringförmig, scheibenförmig, eirund, gerundet, geschlossen, kugelrund, **4.** warm, tönend, klingend, tragend, wohllautend, tief, dunkel, sonor, intensiv, kräftig, klangvoll, satt, voller Sound, **5.** betrunken, volltrunken, zu.

1825 **vollenden** abschließen, beschließen, fertig machen / stellen, runden, abrunden, unter Dach bringen, beenden, erledigen, zu Ende bringen, aus der Hand legen, ans Ziel kommen, das Werk krönen, es schaffen, wuppen, bewältigen, leisten, erfüllen, austragen, bewerkstelligen, erreichen, sich entledigen; ausführen, vollbringen, zu Ende führen, zum Abschluss / unter Dach und Fach bringen, letzte Hand anlegen, letzten Schliff / richtigen Pfiff geben, Glanzlichter aufsetzen, perfektionieren.

1826 **vollkommen 1.** vollständig, vollendet, fertig, unfehlbar, unangreifbar, unanfechtbar, druckreif, ausgereift, fehlerlos, fehlerfrei, lupenrein, makellos, unübertroffen, einwandfrei, rund, perfekt, komplett, aus einem Guss, nahtlos, astrein, tadellos, untadelig, vollwertig, beispielhaft, wie aus dem Bilderbuch, ideal, mustergültig, mit allen Vorzügen, das Beste, **2.** sicher, geläufig, gewandt, ohne Stocken, fließend, flüssig, im Schlaf, firm, routiniert, geübt, virtuos, High-End-…, zum Vorzeigen, erstklassig, musterhaft, bravourös, meisterlich, formvollendet, auf der Höhe, **3.** umfassend, allseitig, total, umspannend, universal, enzyklopädisch, erschöpfend, global, weltumspannend, mondial.

1827 **Vollkommenheit** Perfektion, Vollendung, Reife, Fehlerlosigkeit, Untadeligkeit, Beispielhaftigkeit, Reinheit, Vorbildlichkeit, Makellosigkeit, Unübertrefflichkeit, Unangreifbarkeit, Unfehlbarkeit, Mustergültigkeit, Heiligkeit.

1828 **Vollzug** Ausführung, Durchführung, Vollziehung, Vollführung; Eintreibung, Einzug, Inkasso, Pfändung, Vollstreckung.

1829 **voraussetzen** bedingen, erfordern, zugrunde liegen, dahinterstecken, verursachen, begründen, Ursache sein.

1830 **Voraussetzung** Annahme, Vermutung, Bedingung, Kondition, Prämisse, Hypothese, Vorgabe, Einschränkung, Klausel, Vorbehalt, Vorbedingung, Grundlage.

1831 **vorbereiten (sich) 1.** bereitlegen, bereitstellen, bereithalten, zurechtlegen, zurechtmachen, zurechtstellen, ordnen, herrichten, richten, einrichten, rüsten, bereiten, bahnen, zurüsten, Voraussetzung schaffen, in die Lage versetzen, **2.** präparieren, vorsorgen, vorarbeiten; vorglühen, sich einstellen auf, bereitmachen, einstimmen, anschicken; Vorkehrungen treffen, Anstalten machen, in Stellung gehen, vorsehen, aufbereiten, ansetzen; organisieren; vorfertigen, vorfabrizieren, **3.** wappnen, befähigen, aufzäumen, ausbilden, ausrüsten, **4.** in-

stallieren, einrichten, laden, hochladen, programmieren, **5.** anbahnen, vorfühlen, einfädeln, in die Wege leiten, lancieren, anspinnen, ankurbeln, ventilieren, Fühlung nehmen, Verbindung knüpfen, Anlauf nehmen, vorbesprechen, **6.** zubereiten, kochen, anmachen, anrichten, **7.** bewaffnen, aufrüsten.

1832 **Vorbereitung** **1.** Vorarbeit, Planung, Vorkehrung, Vorsorge, Anbahnung, Zubereitung, Einstimmung, Vorbesprechung, Ankurbelung, Einrichtung, Bereitstellung, Zurüstung, Ausrüstung, Count-down, **2.** Kriegsvorbereitung, Aufrüstung, Bewaffnung, Militarisierung.

1833 **Vorderseite** **1.** Vorderteil, Fassade, Schauseite, Hauptansicht, Vorderansicht, Straßenseite, Frontseite, Front, Stirnseite, Vordergiebel, Giebeldreieck; Butterseite, Sonnenseite, **2.** Titelblatt, Titelseite, Frontispiz, Cover.

1834 **vorerst** vorab, zunächst, fürs Erste, vorderhand, momentan, augenblicklich, zurzeit, gegenwärtig, vorläufig; jetzt, heute, für die nächste Zeit, einstweilen, bis auf weiteres, bis auf Widerruf, provisorisch, vorübergehend.

1835 **vorhanden** **1.** vorrätig, am Lager, käuflich, verkäuflich, veräußerlich, lieferbar, zu haben, vorliegend, auf Lager, zu Gebot, feil, erhältlich; bereit, bei der Hand, greifbar, parat, disponibel, verfügbar, zur Disposition, zuhanden, zur Verfügung, griffbereit, **2.** existent, existierend, wirklich, faktisch, real, präsent.

1836 **Vorhersage** Voraussage, Prognose, Horoskop, Prophezeiung, Mantik, Orakel, Auspizien, Prophetie, Offenbarung, Vorgesicht, Vorausahnung, Verheißung, Weissagung, Wahrsagung.

1837 **vorn** **1.** an der Spitze, zuvorderst, führend, leitend, nicht zu schlagen/überholen, am Kopf, oben, obenan, an erster Stelle, am Steuer/Ruder, als Erster, Nase vorn, zuerst, voran, vornweg, vorneweg, vornedran, vorne, uneinholbar, vor Ort, an der Front, im Alltag, operativ, in der Praxis; obenauf, droben, über allem, **2.** von vorn, frontal, en face, stirnseitig.

1838 **vornehm** aus gutem Stall/guter Familie, nobel, ladylike, gentlemanlike, kultiviert.

1839 **Vorraum** **1.** Flur, Gang, Korridor, Hausflur, **2.** Diele, Garderobe, Vorzimmer, Entree, Vestibül, Vorhalle, **3.** Wandelhalle, Wandelgang, Foyer, Lobby.

1840 **Vorschlag** Angebot, Anregung, Rat, Ratschlag, Offerte, Empfehlung, Antrag.

1841 **vorschlagen** **1.** Vorschlag machen, antragen, unterbreiten, herantragen, nahelegen, offerieren, anheimstellen, zu bedenken geben, **2.** auffordern, raten, in die Waagschale werfen, geltend machen, **3.** Thema anschneiden, aufgreifen, aufwerfen, vorbringen, zur Sprache bringen, aufrollen, aufs Tapet bringen, zur Diskussion stellen.

1842 **vorsichtig** **1.** behutsam, achtsam, sorglich, sorgfältig, schonungsvoll, rücksichtsvoll, sorgsam, gewissenhaft, bedächtig, bedachtsam, wie auf Eiern, wie ein rohes Ei, auf Zehenspitzen, mit Samthandschuhen, **2.** abwägend, diplomatisch, wohl überlegt, wohlerwogen, bedacht, schonend, besonnen, vorausschauend, **3.** ängstlich, wachsam, misstrauisch, auf der Hut / dem Quivive, sicherheitshalber, vorsichtshalber, um sicherzugehen, unsicher, zögerlich, **4.** vorbeugend, prophylaktisch, präventiv.

1843 **vorstellen (sich)** **1.** präsentieren, vorführen, einführen, bekannt machen, introducen, zusammenbringen, **2.** sich ausdenken; imaginieren, sich ausmalen, vor Augen führen, eine Vorstellung machen, einen Begriff/ein Bild machen; vorschweben, erdichten, aussinnen.

1844 **Vorstellung** **1.** Bekanntmachung, Introducing, Einführung, Präsentation, **2.** Anschauung, Imagination, Begriff, Ahnung, Bild, Denkbild, Idee, **3.** Veranstaltung, Vorführung, Darbietung, Nummer; Theater, Kino.

1845 **vortäuschen** simulieren, markieren, mimen, figurieren, schauspielern, Theater spielen, schattenboxen, hochstapeln, Türken bauen, türken, Versteck spielen, sich verstellen; so tun als ob, fingieren, machen auf, vorgeben, vorspiegeln, vorzaubern, sich den Anschein geben, nur so tun; blenden, vormachen, täuschen, vorschützen, bluffen, X für ein U vormachen, narren, vorgaukeln, aufs Glatteis führen, blauen Dunst vormachen, in Sicherheit wiegen.

1846 **Vorteil** **1.** Vorsprung, Oberhand, Oberwasser, Überlegenheit, Trumpf, Alleinstellungsmerkmal, Ass, Wettbewerbsvorteil, Konkurrenzvorteil, Marktnische, Plus, Heimspiel, **2.** Vergünstigung, Verbilligung, Gewinn, Profit, Nutzen, Wert, Ertrag.

1847 **Vortrag** Bericht, Rapport, Referat, Elaborat, Diskussionsbeitrag, Rede, Ansprache, Vorlesung, Kolleg, Präsentation, Lesung; Dichterlesung, Rezitation, Parlando, Deklamation, Predigt, Kanzelrede; Monolog, Selbstgespräch.

1848 **vortragen** **1.** vorsprechen, deklamieren, rezitieren, aufsagen, Vortrag / Rede / Ansprache halten, dozieren, lesen, referieren, vorlesen,

ablesen, wiedergeben, zitieren, szenisch vortragen, spielen, skandieren, **2.** hersagen, herunterbeten, leiern, herunterleiern, herleiern, vorleiern, abspulen, herunterhaspeln, herunterrattern, herunterschnurren, mechanisch hersagen.

1849 **vorübergehend** **1.** manchmal, nicht immer, zeitweise, zeitweilig, ab und zu, gelegentlich, zuweilen, bisweilen, temporär, unregelmäßig, saisonbedingt, von Fall zu Fall, auf kurze Zeit, zuzeiten, sporadisch, dann und wann, hin und wieder, mitunter, von Zeit zu Zeit, hier und da, vereinzelt, stoßweise, anfallweise, periodisch, **2.** probeweise, versuchsweise, provisorisch, interimistisch, zwischenzeitlich, kommissarisch, vertretungsweise, auf Probe, behelfsweise, aushilfsweise, **3.** vorläufig, zunächst, einstweilig, begrenzt, terminiert, auf Zeit, stundenweise, tageweise, halbtags, episodisch, episodenhaft, temporär, nebenbei, nebenher, außer der Reihe, unregelmäßig, **4.** leihweise, als Leihgabe, auf Pump, **5.** reversibel, umkehrbar, revidierbar, rückgängig zu machen, reparabel.

1850 **Vorurteil** Befangenheit, Eingenommenheit, Voreingenommenheit, Denkschablone, vorgefasste Meinung, Stereotyp, Pauschalurteil, Klischee, Ressentiment, Aversion, Animosität, Degout, Präjudiz, Negativsymbol, Vorverurteilung, Scheuklappen.

1851 **vorwärts** weiter, geradeaus, fürbass, immerzu, unermüdlich, fort, marsch, ab, avanti, weiter im Text, voran, los.

1852 **vorwerfen** Vorwürfe machen, vorhalten, Schuld geben, anlasten, schmälen, ankreiden, anhängen, zur Last legen, belasten, anschuldigen, beschuldigen, verdächtigen, unterstellen, unterschieben, verantwortlich machen, in die Schuhe schieben, zeihen, bezichtigen, auftischen, vortragen, vorrechnen, aufrechnen, aufs Brot schmieren, unter die Nase halten, tadeln.

1853 **vorzeitig** **1.** zu früh, verfrüht, früher als erwartet; im Voraus, vorsorglich, vorwegnehmend, vorauseilend, auf lange Sicht, in weiser Voraussicht, vorher, **2.** übereilt, überstürzt, unausgereift, überhastet, vorschnell, voreilig, unzeitig, unausgegoren, unüberlegt; altklug, frühreif, prämatur, verfrüht auftretend, praecox.

1854 **Vorzug** **1.** Vorrang, Vorrecht, Präferenz, Priorität, Primat, Vorrangstellung, Privileg, Bevorzugung, Bevorrechtung, Prädominanz, Präzedenz, Begünstigung, Artenschutz, Ausnahme, **2.** Qualität, gute Eigenschaft, schöner Zug, Vorteil, Plus, Schokoladenseite.

# W

1855 **Waffe** **1.** Hiebwaffe, Stichwaffe, Schusswaffe, Mine, Zündsatz, Sprengsatz, Brandsatz, Granate, Bombe, Kernwaffen, Drohne, Wunderwaffe, chemische/biologische Waffen, **2.** Bewaffnung, Aufrüstung, Hochrüstung, Rüstungsspirale, Overkill.

1856 **wagen** **1.** riskieren, hasardieren, spekulieren, aufs Spiel setzen, es darauf ankommen lassen, alles auf eine Karte setzen, sein Glück versuchen, va banque spielen, Wagnis eingehen, mit dem Feuer spielen, **2.** sich aussetzen, exponieren, gefährden; Gefahr laufen, drauflosgehen, sich heranwagen, stellen; heißes Eisen anfassen, sich in die Höhle des Löwen wagen, **3.** sich erlauben, unterfangen, erkecken, anmaßen, erfrechen, erdreisten, vermessen, trauen, getrauen, ein Herz fassen, einfallen lassen, unterstehen, herausnehmen; Stirn haben.

1857 **Wagnis** Risiko, Drahtseilakt, Blindflug, Blind Date, Wagestück, Mutprobe, russisches Roulette, Abenteuer, Survivaltraining, Extremurlaub, Testflug, Vabanquespiel, Glücksspiel, Experiment; Husarenritt, Hängepartie, Zitterpartie, Gratwanderung, Grenzerfahrung.

1858 **Wahl** **1.** Auswahl, Alternative, Variante, Entscheidung, Belieben, Gutdünken, Wunsch, **2.** Abstimmung, Hammelsprung, Kampfabstimmung, Votum, Option, Stimmabgabe, Wahlgang, Urnengang, Plebiszit, Volksabstimmung, Volksentscheid, **3.** Nominierung, Ernennung, Berufung.

1859 **wählen** **1.** aussuchen, Wahl treffen, vorziehen, sich entscheiden für; auswählen, erküren, küren, kiesen, **2.** nennen, ernennen, aufstellen, zur Wahl stellen, nominieren, auf die Wahlliste setzen, **3.** von seinem Stimmrecht Gebrauch machen, zur Wahl gehen, Stimme abgeben, stimmen, abstimmen, optieren, votieren, **4.** anwählen, Nummer wählen.

1860 **wahr** richtig, zutreffend, der Wahrheit entsprechend, wahrheitsgetreu, wahrlich, nicht zu bezweifeln, unanzweifelbar, belegt, bewiesen, nachweislich, nachgewiesen, ungelogen, geschworen, beeidet, sicher; tatsächlich, in Wirklichkeit/Wahrheit; etwas Wahres dran, fürwahr, ein Körnchen Wahrheit.

1861 **während** dieweil, als, solange, indem, indes, gleichzeitig, unterdessen, inzwischen, einstweilen, zugleich, mittlerweile, indessen, währenddessen, zwischendurch, binnen, innerhalb, zeit, im Laufe/in der Zeit von, nicht später als, in der Zwischenzeit, zwischenzeitlich, interimistisch, zwischenhinein, im Verlauf.

1862 **Wahrheit** Wirklichkeit, Gewissheit, Realität; Richtigkeit, Tatsachenwahrheit, Tatsächlichkeit.

1863 **wahrnehmen** **1.** hören, sehen, erblicken, vernehmen, merken, fühlen, spüren, wittern, riechen, perzipieren, beobachten; gewahr werden, innewerden, mitbekommen, gewahren, bemerken, auffallen, vom Gesicht ablesen, erkennen, registrieren, herausfinden, **2.** Gras wachsen/Flöhe husten hören, Braten/Lunte riechen.

1864 **Wahrnehmung** **1.** Perzeption, Eindruck, Empfinden, Entdeckung, Beobachtung, Sinneseindruck, Erfassen, Aufnehmen, **2.** Sinnesempfindung, Wahrnehmungsvermögen, Sensorium, Geruchsvermögen, Geruchssinn, Tastsinn, Hautempfindung, Hörvermögen, Sehvermögen, Geschmacksvermögen.

1865 **Wald** Hain, Forst, Holz, Gehölz, Tann, Loh, Busch, Waldgebiet; Laubwald, Nadelwald, Mischwald, Schonung, Baumschule.

1866 **waldig** bewaldet, waldreich, baumbestanden, bewachsen, belaubt, dicht belaubt.

1867 **wandern** spazieren gehen, Wanderung/Ausflug machen, laufen, marschieren, tippeln, schreiten, stiefeln, stromern, ziehen, walzen, pilgern, trekken, walken.

1868 **warm** **1.** handwarm, lau, lind, bacherlwarm, überschlagen, mild, mollig, behaglich, wärmend, gemütlich, heimelig, temperiert, vorgewärmt, durchwärmt, geheizt, **2.** heiß, glühend, brennend, feurig, glutig, schwül, drückend, überheizt, brütend, bullig, feuchtwarm, dumpf, tropisch, subtropisch, sommerlich, sonnig, südlich, siedend, kochend, flammend, brüllend, wie in einem Backofen, knallheiß, **3.** erhitzt, schwitzend, schweißtriefend, schweißgebadet.

1869 **Wärme** **1.** Erwärmung, Hitze, Siedehitze, Gluthitze, Bruthitze, Schwüle, Bullenhitze, tropische Temperaturen, Affenhitze, Sonnenglut, Weißglut, **2.** Geborgenheit, Warmherzigkeit.

1870 **wärmen (sich)** **1.** anzünden, anfachen, anmachen, vorglühen, temperieren, anwärmen, überschlagen, heizen, aufwärmen, erwärmen,

erhitzen, einheizen, feuern, warm machen, **2.** warm halten, isolieren, Wärme dämmen; sich warm anziehen, warm laufen, aufwärmen.

1871 **warnen** alarmieren, vorwarnen, wecken, aufschrecken, mahnen, abraten, Wink geben, verwarnen, drohen.

1872 **Warnung** Alarm, Warnruf, Warnschuss, Schreckschuss, Schuss vor den Bug, Unkenruf, Kassandraruf, Menetekel, Warnzeichen, Warnschild, Warnsignal; Verwarnung, Zurechtweisung, Wink, Drohung, Mahnung, Denkzettel.

1873 **warten 1.** erwarten, zuwarten, harren, verharren, zögern; sich gedulden, Zeit lassen, aussitzen, abwarten; ausharren, herumstehen, herumsitzen; auf glühenden Kohlen sitzen, lauern, **2.** anstehen, sich anstellen; Schlange stehen.

1874 **Wärter** Hüter, Heger, Wächter, Waldhüter; Wachmann, Wachposten, Aufseher, Aufpasser, Aufsichtsperson, Bewacher, Beschließer, Türsteher, Türstopper, Monitor; Nachtwache, Nachtportier, Leibwächter, Gorilla, Bodyguard, Garde; Bahnwärter, Schrankenwärter; Medienwächter.

1875 **warum** weswegen, weshalb, wozu, wofür, wieso, aus welchem Grund, zu welchem Zweck.

1876 **Wäsche** Textilien, Weißzeug, Weißwaren, Hauswäsche, Wäscheausstattung, Bettwäsche, Tischwäsche, Leibwäsche.

1877 **Wasser 1.** Flüssigkeit, Nass, nasses Element, Regen, Niederschlag, Feuchte, Feuchtigkeit, Nässe, **2.** Gewässer, Süßwasser, Trinkwasser, Flusswasser, Salzwasser, Meereswasser; Gänsewein, $H_2O$.

1878 **Wasserfall 1.** Gießbach, Wildbach, Wildwasser, Katarakt, Kaskade, Stromschnelle, Wirbel, Strudel, **2.** Redeschwall, Wortkaskade.

1879 **Wechsel 1.** Abwechslung, Rotation, Turnus, Tausch; Austausch, Umtausch, Auswechslung, Wachablösung, Stühlerücken, Ablösung, Revirement, Rochade, Wendemanöver, Sesselrücken, Umbesetzung, Stellungswechsel, **2.** Konversion, Parteiwechsel, Partnerwechsel, Klimawechsel.

1880 **wechseln 1.** einwechseln, umwechseln, eintauschen, kleinmachen, umtauschen; tauschen, austauschen, vertauschen, Besitzer wechseln, wandern, in andere Hände übergehen; Thema/Programm wechseln, zappen, umschalten, hin und her schalten, surfen, online unterwegs sein, **2.** abwechseln, ablösen, alternieren, umbesetzen, sich abwechseln; umschichtig tun, Platz tauschen, an jmds. Stelle treten; umstellen, auswechseln, ersetzen, erneuern; sich verändern; fluktuieren, umschlagen.

1881 **Wechselseitigkeit** Wechselbeziehung, Interaktion, Wechselwirkung, Gegenseitigkeit, Interdependenz, Korrelation, Reziprozität, Mehrfachbezug.

1882 **wecken 1.** aufwecken, wach/munter machen, wachrütteln, aufrütteln, aufschrecken, aufstören, alarmieren, **2.** auslösen, provozieren, wachrufen.

1883 **weg 1.** fort, abwesend, anderswo, anderwärts, aushäusig, auswärts, ausgezogen, abgemeldet, verzogen; verreist, entflohen, flüchtig, auf und davon, über alle Berge, von dannen, von hinnen, spurlos verschwunden, wie vom Erdboden verschluckt, unauffindbar, entflogen, geflohen, geflüchtet, entwichen, ausgebrochen, verschollen; abgängig, verloren, vermisst, perdu, verschüttgegangen, abhanden, futsch, hin, dahin, up and away, **2.** ausgegangen, ausverkauft, vergriffen, ausgebucht; vergessen, verschwitzt, ausgelassen, weggelassen, **3.** vertan, vergeudet, verspielt, verschwendet, verloren, zerronnen, durchgebracht, los.

1884 **Weg 1.** Pfad, Steg, Spur, Fährte, Steig, Feldweg, Waldweg, Fußweg, Wanderweg, Trampelpfad, Kletterpfad, Radweg; Kreuzweg, Scheideweg, Holzweg, **2.** Piste, Rennstrecke, Rennbahn, Aschenbahn; Startbahn, Landebahn, **3.** Strecke, Route, Reiseweg, Marsch, Kurs, Lauf, Fahrt, Gang, Runde, **4.** Seeweg, Landweg, Luftweg.

1885 **wegen** aufgrund, halber, anlässlich, bedingt durch, in Zusammenhang mit, laut, infolge, kraft, hinsichtlich, zwecks, durch, ob, um … willen.

1886 **weiblich** weiblichen Geschlechts, feminin, fraulich, female.

1887 **weich 1.** daunenweich, schmiegsam, nachgiebig, formbar, knetbar, schmierbar, streichfähig, streichzart, soft, butterweich, **2.** anpassungsfähig, beeinflussbar, nachgiebig, weichherzig, nah ans Wasser gebaut, **3.** zart, seidig, seiden, seidenweich, seidenglatt, samtweich, samtig, wollig, flauschig, flockig, flaumig, mollig, kuschelig, flaumweich, **4.** wabbelig, schwabbelig, quabbelig, quallig, gallertartig, lappig, breiig, labberig, schlabberig, schwammig, quatschig, zerlaufen, zerflossen, gelöst,

aufgelöst, zergangen, breitgelaufen, **5.** überzart, verwöhnt, verzärtelt, lasch, schlaff, verweichlicht.

1888 **weit** **1.** ausgedehnt, breit, geräumig, ausladend, weitläufig, weiträumig, endlos, uferlos, grenzenlos, unbegrenzt, unübersehbar, weltenweit, weit gestreckt, lang gestreckt, weit gespannt, weit gesteckt, **2.** fern, entfernt, weit weg, jottwede, j. w. d., unerreichbar, am Ende der Welt, meilenweit, in weiter Ferne, außer Sehweite, **3.** von weitem/fern/weither, aus der Ferne/großer Entfernung, **4.** weit fallend, faltig, glockig.

1889 **Welt** **1.** Erde, Erdball, Globus, Erdkreis, Erdkugel, Planet, Blauer Planet; Kontinent, Erdteile, Weltteile, **2.** Weltall, Weltraum, Kosmos, All, Universum, Schöpfung, Weltgebäude, Makrokosmos, Mikrokosmos, **3.** Diesseits.

1890 **wenig** **1.** gering, ein bisschen, nicht viel, Tropfen auf den heißen Stein, magere Ausbeute, etwas, verschwindend, jämmerlich, kläglich, spärlich, minimal, geringfügig, unbeträchtlich, nicht nennenswert, Fingerhut voll, nicht der Rede wert, für den hohlen Zahn, unerheblich, unbedeutend, Hauch/Spur von, **2.** wenige, ein paar, nicht viele, nur einige, kaum welche, Einzelne, der eine und der andere, Hand voll, Versprengte, Vereinzelte, **3.** wenigstens, mindestens, zum Mindesten, zumindest, geringstenfalls, das Mindeste.

1891 **wenn** **1.** falls, für den Fall, im Fall, angenommen, sooft, wann immer, gegebenenfalls, sosehr auch, **2.** dieweil, solange, während, wofern, vorausgesetzt, je nachdem, in der Annahme, sobald, sowie, ehe.

1892 **werben** **1.** inserieren, anzeigen, Anzeige schalten, annoncieren, Reklame machen, Werbetrommel rühren, propagieren, bearbeiten, animieren, ködern, einflüstern, alle Register ziehen, trommeln, agitieren, predigen, **2.** anhalten/buhlen um, **3.** akquirieren, Kunden werben, promoten, anwerben, bewerben.

1893 **Werber** Freier, Bewerber, Verehrer, Buhle; Kundenfänger, Trommler, Akquisiteur, Promoter, Agent.

1894 **Werbung** **1.** Reklame, Propaganda, Mundpropaganda; Advertising, Public Relations, PR, Promotion, Publicity, Öffentlichkeitsarbeit, Kontaktpflege, Akquisition, Kundenwerbung, Marketing, **2.** Werbefeldzug, Reklamefeldzug, Ballyhoo, Propagandafeldzug, Reklameschlacht, Relaunch, Imagepflege, Markenpflege, Imageoffensive, Hype, **3.** Werbemittel, Leuchtreklame, Billboard, Prospekt, Werbebrief, Mailing, Werbeschrift, Werbebeigabe, Gadget, Gratisprobe, Give-away, Werbebeilage, Wurfsendung, Handzettel, Folder, Flyer, Faltblatt, Zettel, Spam, Cold Call; Demokassette, Demovideo, Demo, Werbefernsehen, Werbefunk, Werbeblock, Werbefilm, Werbespot, Jingle, Spot, Commercial, Trailer, Teaser, Pilotfilm, Werbevorführung; Werbeslogan, Werbeschlagwort, Slogan, Werbetext, Logo, Display, Akronym, Eyecatcher, Werbefigur, Werbeschönheit, Covergirl, **4.** Werbeagentur, Advertising Agency, Werbeabteilung, Werbeagent, Merchandiser, Werbetexter, Werbegraphiker, Werbegestalter, Artdirector, Kontakter, Mediaman, Build-upper, **5.** Umwerbung, Beeinflussung, Bearbeitung, Feldgeschrei, Trommelfeuer, Bedarfsweckung, Bedarfslenkung, Absatzförderung, Verkaufsförderung, Merchandising, Schleichwerbung, Produktplatzierung, Kundenfang, Lockangebot, Quengelware, Verbundwerbung, Abwerbung, Headhunting.

1895 **Wert** **1.** Qualität, Güte, Nutzen, Bedeutung, Gehalt; Kostbarkeit, Vermögen, Besitz, **2.** Äquivalent, Gegenwert, Tauschwert, Marktwert, Kurs, Gebrauchswert, Realwert, Verkehrswert.

1896 **wichtig** **1.** wesentlich, ernst, dringend, dringlich, akut, brisant, lebenswichtig, notwendig, unentbehrlich, elementar, unerlässlich, unumgänglich, triftig, entscheidend, drängend, ausschlaggebend, bestimmend, signifikant, schwerwiegend, gravierend, inhaltsschwer, vordringlich, weit tragend, folgenschwer, folgenreich, einschneidend, gewichtig, **2.** beachtlich, bedeutend, weltbewegend, welterschütternd, belangvoll, relevant, respektabel, vorrangig, zentral, Lebensfrage, Hauptsache, bedeutsam, wertvoll, beachtenswert, bemerkenswert, bedeutungsvoll, aktuell, gegenwartsnah, brennend, groß, heiß, bewegend, denkwürdig, **3.** maßgebend, normativ, prominent, einflussreich, tonangebend, im Vordergrund, Jahrhundertereignis, epochal, Epoche machend.

1897 **Widerstand** **1.** Reibung, Hemmung, Gegenwirkung, Gegendruck, Gegenkraft, **2.** Widerspruch, Weigerung, Protest, Aufschrei, Sturm der Entrüstung, Verwahrung, Abwehr, Gegenwehr, Gegenstoß, Verteidigung, Selbstverteidigung, Defensive, Rückzugsgefecht, Opposition, Resistenz, Gehorsamsverweigerung, Auf-

lehnung, ziviler Ungehorsam, **3.** Untergrund, Widerstandsnest.

1898 **wie 1.** als ob, gleichsam, sozusagen, gewissermaßen, nicht anders als, **2.** auf welche Weise, in welcher Form, **3.** beschaffen, geartet, veranlagt, geformt, gebaut, gewachsen, geprägt, gemacht, aufgebaut, organisiert, **4.** gleichwie, vergleichbar, ähnlich, nicht viel anders, fast dasselbe.

1899 **wieder** von neuem, abermals, erneut, nochmals, noch einmal, da capo, wiederum, wieder einmal, wiederholt, immer wieder, neuerdings, aufs Neue, neuerlich, von vorne, wiederkehrend.

1900 **wiederholen (sich) 1.** nachsprechen, nachlesen, auffrischen, repetieren, rekapitulieren, üben, **2.** noch einmal/wieder tun, rückfällig werden, nicht lassen können, in denselben Fehler verfallen, nichts dazugelernt haben; von vorn anfangen, wieder beginnen, **3.** wieder aufnehmen/aufgreifen/aufrollen, zurückkommen auf, aufrühren, neu inszenieren/einstudieren, in Serie spielen; nachdrucken, neu auflegen, **4.** wiederkäuen.

1901 **Wiederholung** Repetition, Rekapitulation, Training, Übung, Auffrischung, Erneuerung; Neueinstudierung, Nachdruck, Neudruck, Neuauflage; Aufguss, Sequel, Dakapo, Wiederauftreten, Rezidiv; Wiederholungszwang, Déjà-vu-Erlebnis; Refrain, Basso continuo, Leitmotiv.

1902 **wild 1.** ungezähmt, nicht domestiziert, ungebändigt, unbändig, ungebärdig, unbezwinglich, unbezähmbar, unlenkbar, zügellos, ungezügelt, unbeherrscht, heftig, wütend, zornig, unzähmbar, außer Kontrolle, frei, entfesselt, unbehindert, unbeschränkt, ungehemmt, unbeherrschbar, ungesichert, hemmungslos, unregulierbar; rasend, tobend, furios, zähnefletschend, martialisch, **2.** unerschlossen, ungerodet, ungelichtet, wüst, unwegsam, unzugänglich, unbewohnt, unwirtlich, menschenleer, unkultiviert, unzivilisiert, **3.** wild wachsend/wuchernd, wildwüchsig, **4.** schäumend, kochend, siedend, wallend, quirlend, strudelnd, quellend, gurgelnd, reißend.

1903 **Wille 1.** Absicht, Entschluss, Vorsatz, Trachten, Bestreben, Vorhaben, Plan, Wollen, Willensäußerung, Willenserklärung, **2.** Willenskraft, Willensstärke, Entschlossenheit, Entschiedenheit, Tatkraft, Entschlusskraft, Entschlussfähigkeit.

1904 **willkommen** gern gesehen, freudig begrüßt, erwünscht, angenehm, wohlgelitten, genehm, wie gerufen, passend, recht, gelegen, begrüßenswert, wünschenswert.

1905 **willkürlich 1.** eigenmächtig, nach Gutdünken, eigenwillig, subjektiv, wahllos, zufällig, unsystematisch, beliebig, mutwillig, unbedenklich, **2.** herrisch, selbstherrlich, despotisch, diktatorisch, tyrannisch.

1906 **Wind 1.** Brise, Bö, Zephir, Lüftchen, Hauch, Föhn, Zug, Durchzug, Zugluft, Zugwind, Fahrtwind, Sog, Luftwirbel, steife Brise, Sturm, **2.** Furz, Bums, Pupser, Pups, Pup, Winde, Flatulenz.

1907 **wirken 1.** fungieren, arbeiten, agieren, amtieren, vollbringen, zustande bringen, **2.** beeindrucken, ausstrahlen, durchschlagen, stechen, verfangen, einschlagen, zünden, greifen, fruchten, nützen, helfen, anschlagen, **3.** nachwirken, nachbeben, nachzittern, fortzeugen, **4.** sich auswirken; bewirken, erzeugen, heraufrufen, veranlassen, hervorrufen, auslösen, anmuten.

1908 **wirklich 1.** real, faktisch, de facto, existent, bestehend, gegeben, vorhanden, **2.** körperlich, dinghaft, körperhaft, physisch, stofflich, fassbar, greifbar, konkret, materiell, substantiell, leibhaftig, in Fleisch und Blut, **3.** effektiv, tatsächlich, in der Tat, bestimmt, unbestreitbar, sicher, gewiss, wahrlich, wahrhaft, veritabel, wahrhaftig, fürwahr, beileibe, mit Sicherheit, sage und schreibe.

1909 **wirksam 1.** probat, nützlich, tauglich, funktionell, effizient, effektiv, synergetisch, **2.** drastisch, durchgreifend, schlagkräftig, zugkräftig, durchschlagend, radikal, nachhaltig, durchdringend, intensiv, wirkungsvoll, wirkungskalkuliert, werbewirksam, effektvoll, reißerisch, marktschreierisch, knallig, dick aufgetragen, laut, aufdringlich, schrill, dekorativ, plakativ, eindrucksvoll, ausdrucksstark, suggestiv, überzeugend, wirkmächtig, glänzend, glanzvoll, mitreißend, zündend, tief greifend, weit reichend.

1910 **Wirkung 1.** Effekt, Auswirkung, Wirksamkeit, Werbewirksamkeit, Durchschlagskraft, Effizienz, Synergie, Nachhaltigkeit, **2.** Ergebnis, Erfolg, Niederschlag, Spur, Ausfluss, Auswirkung, Folge, Eindruck, Nachwirkung, Widerhall, Resonanz.

1911 **wirr 1.** verworren, durcheinander, verdreht, ungeordnet, verheddert, verwirrt, verfilzt, vermengt, verknotet, verknäuelt, drunter und drüber, kunterbunt, chaotisch, **2.** desorien-

tiert, konfus, wuschig, durch den Wind, verwirrt, fahrig, unkonzentriert, benommen, rammdösig, irritiert, wie vor den Kopf geschlagen, panisch, kopflos, außer sich, aus dem Gleichgewicht, ratlos, neben der Spur, außer Fassung, zerfahren, schusselig, kraus, **3.** schlaftrunken, duselig, schwindelig, betäubt, verstört, bestürzt, kopfscheu, **4.** unzusammenhängend, unüberschaubar, unübersichtlich, zusammenhanglos, verwirrend.

1912 **Wirt** **1.** Gastwirt, Gastronom, Hotelier, Schankwirt, Kneipier, Kneipenwirt, Hauswirt, **2.** Organismus, Primärwirt, Zwischenwirt, Endwirt.

1913 **wissen** Kenntnis haben, kennen, über Wissen verfügen, beherrschen, überblicken, intus/auf der Pfanne haben, loshaben, draufhaben, beschlagen sein, sich auskennen; Bescheid wissen, im Bilde/firm/zu Hause sein, sich bewusst sein, verstehen auf.

1914 **Wissen** **1.** Kenntnis, Kunde, Einblick, Einsicht, Bewusstsein, Beschlagenheit, Verständnis, Vertrautheit, Gewissheit, Erkenntnis, Kennerschaft, Sicherheit, **2.** geistiges Kapital, Bildung, Wissenschaft, Gelehrsamkeit, Gelehrtheit, Buchwissen, Wissenskanon, **3.** Fachwissen, Branchenkenntnis, Sachkenntnis, Sachverstand, Know-how.

1915 **Wissenschaftler** Forscher, Naturwissenschaftler, Geisteswissenschaftler, Akademiker, Studierter, Gelehrter, Intellektueller, Geistesarbeiter.

1916 **Wohnung** **1.** Quartier, Behausung, Unterkunft, Bleibe, Logis, Dach über dem Kopf, **2.** Zimmerflucht, Suite, Appartement, Apartment, Einzimmerwohnung, Kleinwohnung, Garçonnière, Loft, Flat, Mansardenwohnung, Dachwohnung, Dachgeschoss, Penthaus; Mietwohnung, Eigentumswohnung, **3.** Sitz, Wohnsitz, Wohnort, Aufenthaltsort, Standort, Domizil, Anschrift.

1917 **wölben (sich)** **1.** schwellen, anschwellen, sich verdicken; aufschwellen, hervortreten, buckeln, wulsten, herauswachsen, sich runden; ausladen, aufblähen, aufquellen, blähen, auftreiben, beulen, aufgehen, aufblasen, aufschwemmen, **2.** überhängen, kragen, überstehen, vorstehen, abstehen, vortreten, herausragen, überragen, vorspringen, vorragen, hervorragen, herausstehen.

1918 **Wölbung** **1.** Wulst, Buckel, Erhebung, Höcker, Erhöhung, Auswuchs, Beule, Schwellung, Verdickung, Wucherung, **2.** Bogen, Arkaden, Bogengang, **3.** Rundung, Halbkugel, Apsis, Kuppel, Rotunde, Rundbau, Gewölbe.

1919 **wollen** **1.** beabsichtigen, vorhaben, sich vornehmen; intendieren, willens/gewillt sein, zu tun gedenken, bezwecken, anstreben, ausgehen auf, trachten nach, hinsteuern, abzielen, sinnen, hinzielen, es anlegen auf, sich in den Kopf setzen; Lust haben zu, **2.** bestehen/beharren auf, sich kaprizieren; nicht lockerlassen, ablassen, sich verbeißen, festbeißen, verbohren, auf die Hinterbeine stellen; Kopf durchsetzen, mit dem Kopf durch die Wand gehen, ertrotzen.

1920 **Wunde** Verletzung, Blessur, Verwundung, Läsion, Stich, Schnitt, Riss, Biss, Einschuss, Kratzer, Wehwehchen, Schramme, Schmarre, Schrunde, Quetschung, Prellung, Zerrung, Verrenkung, Verstauchung, Bruch, Fraktur, Verbrennung, Brandwunde.

1921 **wundern (sich)** **1.** staunen, sich verwundern; seinen Augen nicht trauen, nicht fassen können, kopfstehen, Mund und Nase aufsperren, aus allen Wolken fallen, große Augen machen, sich sattsehen; keine Worte finden, Hände über dem Kopf zusammenschlagen, nicht für möglich halten, **2.** verwundern, wundernehmen, in Erstaunen setzen, erstaunen, Atem/Sprache verschlagen, überwältigen, betäuben, blenden, aus der Fassung bringen, **3.** starren, anstarren, bestaunen, anstaunen, stutzen, stutzig werden, scheuen, sonderbar finden.

1922 **Würde** **1.** Format, Haltung, Stolz, Unnahbarkeit, Erhabenheit, Hoheit, Vornehmheit, Dignität, Grandezza, Majestät, Gravität, **2.** Weihe, Ehre, Rang, Ehrwürdigkeit, Würdigkeit, **3.** Menschenrecht, Grundrecht.

1923 **würdig** **1.** würdevoll, hoheitsvoll, königlich, erlaucht, weihevoll, ehrwürdig, Respekt erheischend, Achtung gebietend, erhaben, unnahbar, **2.** gravitätisch, gewichtig, gemessen, getragen, majestätisch.

1924 **würzen** **1.** pfeffern, salzen, abschmecken, verfeinern, süßen, zuckern, versüßen, parfümieren, aromatisieren, **2.** Pointen setzen, interessant erzählen.

# Z

1925 **zäh** **1.** beharrlich, ausdauernd, bohrend, widerstandsfähig, hartnäckig, verbissen, stur, unnachgiebig, zielbewusst, erbittert, insistierend, investigativ, **2.** dickflüssig, konsistent, zähflüssig, sämig, breiig, kleistrig, seifig, talgig, teigig, speckig, **3.** klebrig, harzig, leimig, haftend, pappig, klebend, selbstklebend, gummiert, **4.** ledern, sehnig, drahtig.

1926 **zählen** **1.** rechnen, zusammenzählen, zusammenrechnen, durchzählen, abzählen, nachrechnen, an den Fingern abzählen; summieren, aufrechnen, ausrechnen; zuzählen, addieren, abziehen, subtrahieren, malnehmen, multiplizieren, teilen, dividieren, ins Quadrat erheben, radizieren, potenzieren; abrechnen, berechnen, aufzählen; nummerieren, paginieren, **2.** einschließen, mitzählen, dazurechnen, einrechnen, mitrechnen, einbegreifen, berücksichtigen, miterwägen, **3.** dazuzählen, dazugehören, darunter fallen, mit betroffen sein.

1927 **Zahlung** **1.** Bezahlung, Begleichung, Saldierung, Entrichtung, Tilgung, **2.** Vergütung, Honorierung, Entlohnung, **3.** Abzahlung, Rate, Abtragung, Ratenzahlung, Abschlagszahlung, Abfindung, **4.** Barzahlung, Auszahlung, Scheck, Überweisung.

1928 **zart** **1.** fein gesponnen, fein, feinfädig, duftig, locker, leicht, ätherisch, dünn, zartgliedrig, blumenhaft, blütenhaft, durchsichtig, schleierdünn, elfenhaft, feenhaft, spinnwebfein, zerbrechlich, verletzlich, durchscheinend, diaphan, eierschalendünn, blütenzart, filigran, subtil, glatt, weich, jung, samten, seidig, **2.** sanft, leise, schonend, mild, sacht, behutsam, gelinde, schonungsvoll.

1929 **Zauber** **1.** Hokuspokus, Gaukelwerk, Gaukelei, Gaukelspiel, Taschenspielerei, Zauberkunst, Zauberkraft, **2.** Amulett, Talisman, Fetisch, Maskottchen, Glückspfennig, Glücksbringer, Glückszeichen, Liebestrank, Zaubermittel, Zauberformel, Zauberspruch, Zaubertier, Bannspruch, Abrakadabra, Hexeneinmaleins, **3.** Zauberei, Magie, Teufelswerk, Zauberwesen, Hexerei, schwarze Kunst.

1930 **Zeichen** **1.** Symbol, Sinnbild, Metapher, Allegorie, Parabel, Personifikation, Verkörperung, **2.** Wink, Geste, Tipp, Gebärde, Chiffre, Sigel, Signum, Signet, Marke, Markierung, Kürzel, Abkürzung, Kennzeichen, Lebenszeichen, Wahrzeichen, Erkennungszeichen, Statussymbol; Anzeichen, Symptom, Syndrom, Krisenzeichen, Krankheitszeichen, Merkmal, Mal, Stigma, **3.** Vorzeichen, Vorbote, Hinweis, Indiz, Omen, Menetekel, **4.** Fahne, Flagge, Wimpel, Standarte, Banner, Feldzeichen, Stander, Emblem; Signal, Warnzeichen, Fanal, **5.** binäres Zeichen, Bit.

1931 **zeigen (sich)** **1.** weisen, hinweisen, hinzeigen, hindeuten, vorverweisen, deuten, Zeichen geben, signalisieren, Wink geben, gestikulieren, zuwinken, winken, nicken, zunicken, kopfschütteln, Achseln zucken, blinzeln, zwinkern, auf den Fuß treten, anstupsen, **2.** herzeigen, vorzeigen, vorweisen, vor Augen führen, präsentieren, vorstellen, vorführen, demonstrieren, vorlegen, zur Schau tragen, **3.** bezeigen, aufweisen, aufzeigen, anzeigen, bekunden, spüren, merken lassen, offenbaren, sichtbar machen, Flagge zeigen, **4.** beweisen, nachweisen, liefern, überführen, belegen, verifizieren, dokumentieren, **5.** Finger strecken, Hand heben, sich zu Wort melden, melden, **6.** sich bieten; erscheinen, auftauchen, aufscheinen, sichtbar werden, ins Auge springen; sich ergeben, finden, herausstellen, erweisen, bewahrheiten, als richtig erweisen; klar werden, zutage treten, sich abzeichnen, von selbst verstehen.

1932 **Zeit** **1.** Tempus, Chronos; Zeitspanne, Dauer, Zeitdauer, Weile, Zeitraum, Semester, Phase, Zeitabschnitt, Periode, Frist; Äon, Epoche, Zeitalter, Ära, Dekade; Zeitpunkt, Augenblick, Moment, Tag, Stunde; günstiger Augenblick, Sternstunde, Kairos, **2.** Einheitszeit, Echtzeit, Realtime; Weltzeit, Atomzeit, GPS-Zeit, **3.** Zeitmesser, Chronometer, Uhr.

1933 **zergliedern** **1.** analysieren, scheiden, auflösen, aufteilen, trennen, detaillieren, aufgliedern, differenzieren, spezifizieren, spezialisieren, einzeln aufführen, dekomponieren, dekonstruieren, aufschlüsseln, im Einzelnen darlegen, in einzelne Schritte zerlegen, operationalisieren, auseinandernehmen, desintegrieren, dezentralisieren, parzellieren, fragmentieren, **2.** zerteilen, zerfasern, zerreden, tranchieren, obduzieren, sezieren, ausschlachten.

1934 **zerkleinern** mahlen, zermahlen, pulverisieren, zermalmen, zerquetschen, schroten, zerstoßen, zerstampfen, verschroten, zerklopfen, zerschlagen, verquirlen, verrühren; zerrupfen,

zerknicken, brechen, raffeln, schaben, reiben, zerreiben, raspeln, schnitzeln, stoßen, durchdrücken, durchseihen, durchdrehen, passieren, durchschlagen, sieben, zerspalten, klein schlagen, hacken, spalten, zerhacken, stampfen, zerdrücken, zerpflücken, zerkrümeln, zerbröseln, zerbröckeln, zerschneiden, klein schneiden.

1935 **zerkleinert** pulverisiert, pulvrig, staubfein, pulverförmig, mehlig, zerrieben, gerieben, gemahlen, verquirlt, zerstoßen, zerhackt, gestoßen, gestampft, zermatscht, zerquetscht, geschrotet.

1936 **zerstören (sich)** **1.** verderben, ruinieren, zugrunde richten, herunterwirtschaften, untergraben, zunichtemachen, vereiteln, zuschanden machen, plattmachen, zerrütten, bankrottrichten, an den Bettelstab bringen, erledigen, vernichten, ans Messer liefern, zu Fall bringen, ins Verderben stürzen, **2.** ausrotten, aufreiben, vertilgen, austilgen, beseitigen, auslöschen, ausmerzen, eliminieren, **3.** kaputtmachen, destruieren, demolieren, kurz und klein schlagen, zerstückeln, zerbrechen, zerschmeißen, zerschmettern, zerteppern, zerschlagen, in Stücke brechen, zertrümmern, zusammenschlagen, entzweibrechen, einschmeißen, einwerfen, zuschanden fahren, zu Bruch fahren, Bruch machen, unbrauchbar machen, **4.** kaputtgehen, aus der Hand/zu Boden fallen, in Scherben gehen, zerbrechen, zersplittern, zerschellen, in Stücke brechen, zerspellen, aus dem Leim gehen, **5.** verbrennen, versengen, in Brand stecken, niederbrennen, abbrennen, abfackeln, in Schutt und Asche legen, einäschern, in die Luft jagen, zerbomben, **6.** zerfetzen, zerfleddern, zerlesen, zerreißen, in Stücke/in Fetzen reißen, zerfleischen, **7.** abbrechen, niederreißen, abrasieren, einreißen, abreißen, umreißen, abtragen, niederlegen, schleifen, in Trümmer legen, dem Erdboden gleichmachen, atomisieren, einebnen, **8.** vernichten, niedermetzeln, niederwalzen, niedermähen, verwüsten, verheeren; zerdrücken, zermalmen, zerstampfen, einstampfen, zerhacken; zernagen, zerfressen, durchlöchern, **9.** versenken, torpedieren, **10.** vergiften, verseuchen, kontaminieren, **11.** sich ruinieren, zugrunde richten; zugrunde gehen, bankrottgehen, Bankrott/Pleite machen, fallieren, zusammenbrechen, zusammenkrachen, in Konkurs gehen, zuschanden werden, untergehen.

1937 **Zerstörung** **1.** Vernichtung, Destruktion, Austilgung, Annihilierung, Ausrottung; Zertrümmerung, Verwüstung, Verbrennung, Verheerung, Flurschaden, Katastrophe, Apokalypse; Untergang, Pleite, Zusammenbruch, Niederbruch, Ruin, Bankrott; Sprengung, Zusammensturz, Abbruch; Kahlschlag, Kahlfraß, Atomschlag; Supergau, Ökozid; Weltuntergang, Titanensturz, Götterdämmerung, **2.** Zerstückelung, Zerteilung, Zerfaserung, Auflösung, Zersetzung, Zerfall.

1938 **Zeugnis** **1.** Attest, Diplom, Zertifikat, Beglaubigung, Bescheinigung, Dokument, Patent, Urkunde, Meisterbrief, Beweismittel, Asservat, **2.** Aussage, Zeugenaussage, Angabe, Geständnis, Eid, Schwur.

1939 **ziehen** **1.** schleppen, schleifen, zerren, ins Schlepptau nehmen, treideln, gienen, hinter sich herziehen; an sich ziehen, **2.** dehnen, recken, strecken, spannen, anspannen, reißen; rupfen, zupfen, zausen, ziepen, **3.** hochziehen, herausziehen, zücken, heraufziehen, **4.** lutschen, saugen, lecken, schlecken, schlotzen, aussaugen, zuzeln, auslutschen, einsaugen.

1940 **Ziel** **1.** Zweck, Absicht, Bestimmung, Endzweck, Zielsetzung, Sinn, **2.** Ende, Endpunkt, Bestimmungsort, Reiseziel, Zielort, Destination, Schlusspunkt, Abschluss, Endstation, **3.** Wunsch, Herzenswunsch, Wunschziel, Lebensziel, **4.** Zielpunkt, Zielscheibe, Schießscheibe.

1941 **zielen** **1.** peilen, anvisieren, visieren, ins Auge fassen, aufs Korn nehmen, anlegen, **2.** steuern, ansteuern, lenken, lotsen, anpeilen, zusteuern auf, anfliegen, **3.** hinauswollen, anstreben, abzielen.

1942 **ziemlich** einigermaßen, ausreichend, befriedigend, erträglich, leidlich, passabel, annähernd, ganz, glimpflich, schlecht und recht, so eben, halbwegs, ungefähr, bis zu einem gewissen Grade, recht, nicht wenig, ansehnlich, erklecklich, beachtlich, beträchtlich.

1943 **zittern** **1.** beben, schlottern, schlackern, bibbern, mit den Zähnen klappern, schnattern, schauern, schaudern, schüttern, erschauern, zusammenfahren, zucken, durchzucken, **2.** erbeben, erzittern, vibrieren, erschüttert werden, hin und her schwanken, wackeln, **3.** bangen.

1944 **zögern** zaudern, schwanken, zagen, sich bedenken; Bedenken tragen, mit sich kämpfen, unschlüssig, unentschlossen sein, drucksen, herumdrucksen, säumen, abwarten, zuwarten, aufschieben, auf die lange Bank schieben.

1945 **Zoo** zoologischer Garten, Tierpark, Menagerie, Tiergehege, Wildpark, Tiergarten, Gehege, Freigehege.

1946 **Zucht 1.** Aufzucht, Haltung, Züchtung, Neuzüchtung, Zuchtwahl, Herauszüchtung, **2.** Zähmung, Domestizierung, Dressur, Disziplinierung, Drillen, Abrichtung, **3.** Kreuzung, Vermischung, Bastardierung, Design, Genmanipulation.

1947 **züchten 1.** veredeln, kreuzen, pfropfen, okulieren, aufpfropfen, aufsetzen, kultivieren, auf Flaschen ziehen, heranziehen, herauszüchten, rückzüchten, genetisch manipulieren, **2.** zähmen, bändigen, abrichten, dressieren, domestizieren, gefügig machen, zureiten, drillen, disziplinieren.

1948 **zufällig 1.** per Zufall, aleatorisch, kontingent, arbiträr, von selbst, irgendwie, unmotiviert, blindlings, unbeabsichtigt, unfreiwillig, **2.** wahllos, von ungefähr, beliebig, aufs Geratewohl, auf gut Glück.

1949 **Zufriedenheit** Befriedigung, Erfüllung der Wünsche, Genugtuung, Behagen, Wohlbefinden, Wohlbehagen; Wohlgefallen, Selbstbescheidung, Wunschlosigkeit, Selbstgenügsamkeit.

1950 **Zuhälter** Louis, Loddel, Lude, Maquereau, Beschützer, Bordellbesitzer, Strizzi; Kuppler, Schlepper, Mädchenhändler, Frauenhändler; Kupplerin, Koberin, Kuppelmutter, Puffmutter.

1951 **Zukunft** Folgezeit, Nachher, Morgen, kommende Zeit, Futurum, künftige Zeiten, Nachwelt.

1952 **Zulage** Zuschlag, Gratifikation, Prämie, Sonderzulage; Weihnachtsgeld, Urlaubsgeld, Leistungsprämie, Treueprämie.

1953 **zunehmend** wachsend, immer mehr, ansteigend, steigend, im Steigen begriffen, sich rundend, füllend, mehrend, steigernd, erhöhend; progressiv; auffrischend, stärker werdend, deutlich sichtbar.

1954 **zürnen 1.** grollen, nachtragen, schmollen, tückschen, hadern, anrechnen, ankreiden, verargen, verübeln, übelnehmen, auf dem Kieker haben, übel vermerken, verdenken, krummnehmen, in den falschen Hals bekommen, **2.** trotzen, mucken, murren, grämeln, grummeln, maulen, muffeln, bocken, muckschen, sich stemmen, sträuben, stängeln, sperren.

1955 **zurückhaltend 1.** reserviert, still, unauffällig, verhalten, schwer zugänglich, schweigsam, herb, verschwiegen, wortkarg, einsilbig, zugeknöpft, kontaktscheu, **2.** respektvoll, pietätvoll, taktvoll, diskret, unaufdringlich, dezent, abwartend, zurückgenommen.

1956 **Zurückhaltung 1.** Distanz, Reserve, Reserviertheit, Respekt, Scheu, Pietät, **2.** Takt, Verhaltenheit, Diskretion, Feinheit, Dezenz, Unaufdringlichkeit, Zartgefühl, **3.** Wortkargheit, Einsilbigkeit, Schweigsamkeit, Verschwiegenheit, Verschlossenheit, Zugeknöpftheit, Unzugänglichkeit.

1957 **zusammen** miteinander, vereinigt, verbunden, Arm in Arm, gemeinsam, vereint, Hand in Hand, Schulter an Schulter, Seite an Seite, ein Herz und eine Seele, selbander, zweisam, mitsammen, gemeinschaftlich, beieinander, beisammen, ungetrennt, ungeteilt, untrennbar, unzertrennlich, eins, ineinander, verschmolzen, geschlossen, verbrüdert, kollektiv, solidarisch, einträchtig, unisono, in corpore.

1958 **Zusammenarbeit** Partnerarbeit, Teamarbeit, Teamwork, Kooperation, Koproduktion, Gemeinschaftsarbeit, Jointventure, konzertierte Aktion, Kollaboration.

1959 **zusammenbrechen 1.** zusammenklappen, zusammensacken, in sich zusammenfallen, schlappmachen, absacken, ohnmächtig werden, Besinnung verlieren, in Ohnmacht fallen, Kollaps erleiden, kollabieren, **2.** einstürzen, umfallen.

1960 **zusammenhalten 1.** zusammenstehen, an einem Strang ziehen, einig sein, zueinander halten, sich solidarisieren, solidarisch erklären; Solidarität üben; aneinander hängen, verbunden sein/bleiben, zusammengehören, Treue halten, zu jmdm. halten, stehen/halten zu, **2.** zusammenwohnen, zusammenleben, zusammenziehen, unter einem Dach leben, **3.** gemeinsame Sache machen, unter einer Decke stecken.

1961 **Zustand** Verfassung, Befund, Istzustand, Gestalt, Natur, Beschaffenheit; Befinden, Befindlichkeit, Allgemeinbefinden, Konstitution, Gestimmtheit, Stimmung, Ergehen, Status, Lage, Situation, Status quo, Stadium.

1962 **zuständig 1.** maßgebend, maßgeblich, kompetent, bestimmend, ausschlaggebend, **2.** befugt, berechtigt, verpflichtet, betraut, autorisiert, verantwortlich, bevollmächtigt.

1963 **Zuständigkeit 1.** Kompetenz, Ressort, Maßgeblichkeit, Verantwortlichkeit, Berechtigung, Befugnis, Verpflichtung, Vollmacht, Ermächtigung, **2.** Wohnsitz, Gerichtsstand.

1964 **zustimmen** **1.** einräumen, zugestehen, zubilligen, **2.** bejahen, beipflichten, gutheißen, einwilligen, akklamieren, abnicken, absegnen, durchwinken, einstimmen, beistimmen, in dieselbe Kerbe hauen, ins gleiche Horn stoßen, Partei ergreifen, sich auf jmds. Seite schlagen; sekundieren, billigen, annehmen, akzeptieren, ratifizieren.

1965 **zustimmend** beipflichtend, beifällig, bekräftigend, anerkennend, einverstanden, positiv, bejahend, affirmativ, einverständig, augenzwinkernd.

1966 **zuverlässig** **1.** fair, loyal, solide, ehrlich, beständig, gleich bleibend, unbeirrbar, aufrecht, charakterfest, treu, unverbrüchlich, unerschütterlich, unwandelbar, standfest, anhänglich, treue Seele, altgedient, vertrauenswürdig, glaubwürdig, Vertrauen erweckend, unbestechlich, getreu, getreulich, treu ergeben, ergeben, linientreu, kritiklos, unkritisch, **2.** gewissenhaft, sorgfältig, pflichttreu, verlässlich, gründlich, genau, ordentlich, ausdauernd, beharrlich, beständig, konservativ, pflichtbewusst, **3.** verbürgt, sicher, bezeugt, unverdächtig, glaubhaft.

1967 **Zwang** **1.** Druck, Gewalt, Pression, Repression, Nötigung, Diktat, Psychoterror, Gruppendruck, Gruppenzwang, Terrorisierung, Mobbing, Cybermobbing, Bedrückung, Bedrängung, Zwangsmaßnahme, Brachialgewalt, Zwangsmittel, Repressalie, Sanktion, Druckmittel, Machtmittel; Zwangsbindung, Zwangsfixierung; Kandare, Daumenschrauben, härtere Gangart, Zügel, Fron, Joch, Korsett, Knechtschaft, Unfreiheit, Zwangsarbeit, Sklaverei, **2.** Konsumzwang, Konsumterror.

1968 **zweckmäßig** **1.** brauchbar, geeignet, tauglich, verwendbar, passend, patent, zweckentsprechend, zweckdienlich, sachdienlich, nützlich, dienlich, zweckvoll, praktisch, praktikabel, benutzbar, bespielbar, handlich, handgerecht, griffig, angepasst, benutzerfreundlich, **2.** rationell, planvoll, wohl durchdacht, wohl überlegt, sinnreich, sinnvoll, adäquat, opportun, durchkonstruiert, ausgeklügelt, ausgefeilt; wirtschaftlich, ökonomisch, sparsam, Material sparend, effizient, wirkungsvoll, zweckgerichtet, stromlinienförmig, schnittig, windschlüpfig, seetüchtig, **3.** angezeigt, geraten, tunlich, ratsam, zu empfehlen, angebracht, empfehlenswert.

1969 **Zweifel** **1.** Bedenken, Bedenklichkeit, Skrupel, Unsicherheit, Zwiespalt, Zwiespältigkeit, Zerrissenheit, Ungewissheit, Unentschiedenheit, Unschlüssigkeit, Konflikt, Zaudern, Zögern, Schwanken, innerer Widerstreit, gemischte Gefühle, Ambivalenz, Hassliebe, Doublebind, Gewissenskonflikt, Gewissensfrage, Zweifelsfrage, **2.** Verdacht, Soupçon, Argwohn, Ahnung, Vermutung, Misstrauen, Befürchtung, Skepsis, Unterstellung, Eifersucht, Verdächtigung, Generalverdacht, **3.** Entweder-oder, Hin und Her, Tauziehen, Dunkelziffer, Wenn und Aber, Pro und Contra, Für und Wider, Vor- und Nachteil, Scheideweg.

1970 **zweifelhaft** **1.** fraglich, mit Fragezeichen, ungewiss, unsicher, unbestimmt, anfechtbar, fragwürdig, dubios, ominös, faul, oberfaul, bedenklich, mehrdeutig, verdächtig, **2.** doppelsinnig, doppeldeutig, vieldeutig, dehnbar, interpretationsoffen, kontextabhängig, kontextuell, zweideutig, strittig, problematisch, vielsagend, verfänglich, suspekt, mulmig, undurchsichtig, nebulös, undurchschaubar, dunkel, **3.** obskur, zwielichtig, fadenscheinig, halbseiden, übel beleumundet, anrüchig, berüchtigt, skandalumwittert.

1971 **zweifeln** bezweifeln, anzweifeln, in Zweifel ziehen, Bedenken hegen, in Frage stellen, wanken, schwanken, unsicher sein, wankend/unsicher/irre werden, Verdacht schöpfen, verdächtigen, argwöhnen, misstrauen.

1972 **Zweig** **1.** Nebenstelle, Zweigstelle, Tochter, Tochterfirma, Filiale, Handelsniederlassung, Ladenkette, **2.** Branche, Abteilung, Gebiet, Sektion, Bereich, Sektor, Dezernat, Fakultät, Sparte, **3.** Ast, Arm, Spross, Nebenarm, Seitenarm, Seitenlinie, **4.** Tochtergeschwulst, Metastase, Absiedlung.

1973 **Zweiheit** **1.** Doppelheit, Duplizität, Zweimaligkeit, Zweizahl, Dual, Doppelstellung, Doppelgesicht, Doppelgestalt, Doppelgänger, Zwiegestalt, **2.** Gespann, Paar, Pärchen, Ehepaar, Joch, Zwilling, Duett, Duo, Einheit, **3.** Dualität, Polarität, Dualismus.

1974 **zwiespältig** gespalten, zerspalten, mit sich uneins, ambivalent, innerlich zerrissen, hin und her gerissen, von Zweifeln geplagt, mit sich zerfallen, unentschlossen, ratlos, unentschieden, unschlüssig.

1975 **zwingen** **1.** bedrängen, drohen, nötigen, Druck ausüben, pressen zu, gefügig machen, Willen aufzwingen, oktroyieren, diktieren, majorisieren, niederstimmen, mundtot machen, **2.** erpressen, festnageln, knebeln, zusetzen, drankriegen, erzwingen, abpressen, unter

Druck setzen, Messer an die Kehle setzen, keine Wahl lassen, Pistole auf die Brust setzen, an die Kandare nehmen, terrorisieren, tyrannisieren, **3.** zusammenzwingen, aneinanderketten, aneinanderfesseln, zusammenschmieden.

1976 **zwingend 1.** stichhaltig, unwiderstehlich, unausweichlich, eindringlich, bestechend, triftig, schlagend, stringent, **2.** bindend, verpflichtend, obligatorisch, verbindlich, **3.** schicksalhaft, unabwendbar.

1977 **Zwischenfall 1.** Ereignis, Vorfall, Geschehnis, Vorkommnis, Affäre, Fall, Sache, Begebenheit, Widerfahrnis, Störfall, Störung, **2.** Episode, Zwischenspiel, Intermezzo, Wendung, Abenteuer.

# Register

3-D 1256
3-D-Film 616›3
68er 697›2
08/15 675›3

## A

A bis Z, von 676›2
à la 1468
a priori 796
A und O 820
aalen, sich 521›3
aalglatt 580›4; 741›2; 1551›2
Aas 953›1; 968›2
Aas, kein 1183
Aasgeier 1270
aasig 458›2
ab 27; 1125›2; 1851
ab und zu 923›1; 1453›2; 1849›1
abändern 22›4; 1704›1
Abänderung 1699›1; 1705›1
abarbeiten 150›3; 530›1
abarbeiten, sich 91›3; 536›2
Abart 1699›2
abartig 1232
abbalgen 1061›10
Abbau 153›1; 451›1; 994›2; 1343›1; 1705›1
abbaubar 1632›1
abbauen 993›2; 1002›3; 1144›4; 1191›3; 1704›1
abbeißen 563›4
abbeizen 481›1
abbekommen 234›1; 519›1
abberufen 993›2
abberufen werden 1508›1
Abberufung 994›2; 1578›1
abbestellen 121›2
Abbestellung 119›3
abbetteln 313›2
abbezahlen 34; 150›3
abbiegen 28›1; 170›1; 259›1
Abbiegung 29›2; 999
Abbild 306›2
**abbilden 1**
Abbildung 306›2; 359›1
Abbildungstreue 1470›1
abbinden 1591›4
Abbitte 499›1
abbitten 343; 498›1
abblasen 472›1
abblassen 1144›3
abblättern 1061›10
abbleiben 210›3
abblenden 1394›4
abblitzen 1378›5
abblitzen lassen 30›4
abblocken 854›3
abblühen 1599›6
abböschend 1412›2
abbrauchen 1719›3
abbrausen 1362›3
abbrechen 121›2; 262; 327›2; 439›1; 472›1; 543; 808›1; 1517›1; 1591›1; 1591›2; 1719›4; 1936›7
abbrechen, Brücken hinter sich 1591›1
abbrechen, Schwangerschaft 25
abbrechen, Spitze 259›1
abbrechen, Zelte 472›1; 482›2
abbremsen 22›2
abbrennen 328›4; 1745›5; 1936›5
abbringen 854›1
abbringen von 15
abbröckeln 327›1; 1061›7; 1719›4; 1745›2
Abbruch 26; 1363›1; 1395›1; 1592›1; 1674›1; 1937›1
abbruchreif 1127›1
abbrühen 952›2
abbügeln 854›3
abbürsten 1362›2
abbüßen 343
Abc 335›2
abcashen 1163›2
Abc-Schütze 933›1; 1424›1
abdachen 6›1
Abdachung 5›4
abdämpfen 259›1
abdanken 993›1
Abdankung 994›1
abdecken 198; 302›4; 481›3; 490; 1426›1
Abdecker 159›3
Abdeckung 1425›1
Abderit 403›5
abdichten 540›2
abdienen 150›3
abdrängen 1729›1
abdrehen 22›2; 393›6; 1394›2
Abdrift 29›2
abdriften 28›2
abdrosseln 22›2
Abdruck 1493›1; 1770›2; 1807›1
abdrucken 1806
abdrücken 302›3; 445›2; 915›4
abdrücken, Luft 400›2
abdunkeln 1394›4
abebben 1144›1
Abend 406›1
Abend werden 407›1
Abend, am späten 1477›4
Abendblatt 1266›2
Abendbrot 1075›7
Abendessen 1075›7
abendfüllend 1008›3
Abendgarderobe 1579›2
Abendgebet 681
Abendland 565›1

abendländisch 565▸2
abendlich 405▸1
Abendluft 1063▸3
abends 405▸1
Abendstunde 406▸1
Abendzeitung 1266▸2
Abenteuer 1050▸4; 1857; 1977▸2
abenteuerlich 118▸1; 687▸2; 1032▸2
Abenteuerlust 475▸1; 1033▸1
abenteuerlustig 1032▸2
abenteuern 1326▸2
Abenteuertourist 1327▸1
Abenteuerurlaub 575▸2
**Abenteurer 2**; 1327▸1
**aber 3**
**Aberglaube 4**; 1658
aberkennen 1163▸3; 1775▸1
abermals 1899
Aberration 29▸2
Aberwitz 1670▸3
aberwitzig 24; 1773▸3
abessen 563▸4
abfackeln 328▸4; 1936▸5
abfahrbereit 608▸2
abfahren 482▸3; 1378▸5
abfahren auf 217▸2
abfahren lassen 30▸4
Abfahrt 483▸3
**Abfall 5**; 1335▸4
**abfallen 6**; 12▸1; 536▸2; 1614▸2
abfallen gegen 6▸4
abfallend 1412▸2; 1412▸3
Abfallhaufen 5▸3
abfällig 31▸2
abfälschen 28▸1; 1735▸1
abfangen 259▸1; 585▸2
abfangen, Angriff 554▸2
abfassen 585▸2; 617▸2; 1163▸2; 1416▸3; 1616▸2
abfedern 259▸1; 595▸3; 1426▸1
abfegen 1362▸1
abfeiern 150▸3
abfeilen 766▸3
abfertigen 30▸1; 201▸2; 530▸2
Abfertigung 32▸1; 202▸2; 532▸1
abfeuern 59▸2
abfilmen 1▸2
abfinden 494▸2
abfinden, sich 1035▸2; 1709▸1; 1815▸1
Abfindung 495▸3; 1727▸1; 1927▸3
abflachen 6▸1
abflauen 1144▸1
abflauend 13
abfliegen 482▸3
abfließen 10▸1; 1025▸5
abfließen lassen 11▸2
Abflug 483▸3
Abfluss 1210▸6
Abfolge 628▸1; 739▸2; 1324▸1
abfordern 193▸1
abformen 1▸2
abfragen 637▸2; 1279▸1
abfrühstücken 530▸1
Abfuhr 32▸1; 1111
abführen 302▸1; 1061▸6; 1752
abführend 754▸4
Abführung 7
abfüllen 671▸1; 1025▸4
Abfüllung 1026
abfüttern 673▸1; 673▸2
**Abgabe 7**; 119▸5; 1510▸2; 1755▸1
Abgang 483▸3; 994▸1; 1363▸1; 1578▸1; 1718▸2
abgängig 1883▸1
Abgas 5▸3
abgasarm 1632▸2
Abgase 155▸4
abgearbeitet 531▸5; 1125▸2
abgebaut 103
abgeben 154; 680▸4; 1482▸1; 1482▸9; 1613; 1756▸1
abgeben mit, sich 264▸2; 1629▸2
abgeben, Löffel 1508▸2
abgeben, sich 101▸1
abgeben, sich mit 1629▸2
abgeben, Stimme 1859▸3
abgeblasen 531▸4
abgeblüht 43▸2
abgebrannt 106▸1
abgebraucht 180; 263▸1
abgebrochen 531▸4; 1690▸1
abgebrüht 513▸1; 911▸4; 1537▸5; 1687
Abgebrühtheit 740▸2
abgedacht 1412▸2
abgedankt 43▸6
abgedichtet 378▸1
abgedreht 1773▸1
abgedroschen 180
Abgedroschenheit 181▸1
abgefahren 43▸4
abgefeimt 1391▸1
abgefiedelt 847▸2
abgefuckt 847▸2
abgegrenzt 942▸4
abgegriffen 43▸3; 180; 263▸1
abgehackt 1000▸1; 1010▸3
abgehalftert 43▸6
abgehängt werden 1775▸3
abgehärtet 754▸1; 976▸1
abgehärtet, nicht 468▸2
abgehen 28▸1; 214▸3; 489▸3; 596▸2; 954▸4; 993▸1; 1061▸7; 1756▸4
abgehen lassen, sich nichts 722
abgehen von 1014▸2
abgehen, gut 712▸1
abgehetzt 1125▸2
abgehoben 1256
abgekackt 263▸3
abgekämpft 1125▸2
abgekartet 831▸1
abgekaut 1012▸2
abgeklärt 1323▸4
abgekratzt 1582▸1
abgekühlt 911▸1
abgekürzt 1000▸3
abgelagert 1323▸1
abgelaufen 43▸4; 1392▸6
abgelebt 43▸2; 1739
abgelegen 447▸3
Abgelegenheit 448▸2
abgeleitet 1119▸1
abgelenkt 1634▸1
abgeliebt 263▸1
abgeliefert 531▸1
abgelten 150▸3; 343; 494▸2
Abgeltung 495▸1; 1727▸1
abgelutscht 180
abgemacht 531▸1; 1455▸5
abgemagert 408▸2; 847▸3; 1428▸4
abgemattet 1125▸2
abgemeldet 531▸4; 1883▸1
abgeneigt 31▸3
abgeneigt sein, nicht 1122▸1
abgenudelt 1012▸2
abgenutzt 43▸3; 180; 263▸1; 1537▸1
Abgeordneter 1802▸3
abgepackt 728▸1
abgepackt, nicht 1060▸3
abgerechnet 160▸1; 765▸4
abgerichtet 702
abgerissen 106▸2; 847▸1; 1010▸3
abgerundet 1650▸1

abgesagt werden 596›3
Abgesandter 385›1; 1609›2
Abgesang 1395›2
abgeschabt 43›3
abgeschieden 447›3; 1582›1
Abgeschiedenheit 448›2
abgeschlafft 1125›2
abgeschlagen 1125›2
abgeschliffen 263›1
abgeschlossen 378›1; 447›1; 531›1; 608›1; 742›1; 1739
abgeschlossen, nicht 1690›1
Abgeschlossenheit 448›1
abgeschmackt 180; 938
Abgeschmacktheit 181›1
abgeschnitten 447›1; 1000›1
abgeschrägt 1412›2
abgesehen von 160›1
abgesichert 1390
abgesondert 447›2; 454›2
abgespact 1226›2
abgespannt 1125›2
abgesprengt 454›1
abgestanden 180; 404›1; 571›1; 1703
abgestiegen 847›1
abgestimmt 816›1; 816›3
Abgestimmtheit 815›2
abgestorben 43›2; 1582›2; 1641›2
abgestoßen 263›1
abgestuft werden 21›3
abgestumpft 1537›1; 1537›3; 1641›1
abgestürzt 263›3
abgesunken 1739
abgetakelt 847›4
abgetan 531›1; 765›4; 1703
abgetragen 43›4
abgetrennt 447›1; 454›1
abgewertet 1392›6
abgewertet werden 21›3
abgewetzt 43›3; 263›1
abgewiesen werden 1378›5
abgewinnen 758›2
abgewinnen, etwas 1122›1
abgewinnen, Geschmack 688›1; 1122›1
abgewirtschaftet 847›4
abgewogen 728›1; 816›1; 816›3
Abgewogenheit 815›2
abgewöhnen, sich 1775›7; 1815›2
Abgewöhnung 509›1
abgezehrt 408›2; 847›3; 1037›1; 1428›4
abgezogen 571›2; 876
abgießen 1025›2
Abglanz 524›4
Abgleich 1749›1
abgleichen 1750›1
abgleiten 28›2; 1724›3
Abgott 871›2
Abgötterei 783
abgöttisch 826›2
abgraben, Wasser 854›3; 1364›1
abgrasen 10›4; 563›6
abgreifen 1163›2
abgrenzen 525›2; 854›1; 1628›4; 1731
Abgrenzung 526›3; 787›1
Abgrund 855›4; 1592›1
abgründig 405›4; 1448›1; 1575›2
abgrundtief 1575›2
abgucken 878›1
Abgunst 1164
abgünstig 1166
Abguss 1807›1
abhacken 1002›1
Abhagerung 1343›4
abhaken 530›1
abhalftern 211›6; 993›2
abhalten 439›2; 854›1; 1707›1
abhalten, Lesung 1045›2
abhalten, Sitzung 275›3
Abhaltung 1521; 1708›1
abhampeln, sich 91›2
abhandeln 196›1; 222›3; 275›2; 812›3
abhanden 1883›1
abhandengekommen, der Welt 447›2
abhandenkommen 1763›1
**Abhandlung 8**
Abhang 5›4
abhängen 12›2; 521›1; 993›2; 1389›3
**abhängen von 9**
abhängig 853›1; 1647›1
abhängig machen von 193›1
abhängig machen, sich 9›2; 64›2
abhängig sein von 9›1
Abhängiger 1466›1
Abhängigkeit 204; 1547›1
Abhängigkeit von Stimulanzien 1547›3
abhärmen, sich 62›2; 1035›4
abhärten, sich 1498›1
abhärtend 754›3
Abhärtung 1499›4
abhauen 481›1; 482›1; 622›1; 1002›1
abhäuten 1061›10
abheben 520›2; 824›1; 1504›3
abheben auf 217›2; 858
abheben von 1683›2
abheben, sich 117; 963›2; 1683›2
abheften 530›1
abheilen 720›2; 828›1
abhelfen 22›4; 834›4
abhetzen, sich 536›2; 848›2
abheuern 993›2
Abhilfe 851›2
abhobeln 766›3
abhold 31›3
abholen 273›2
abholzen 1389›4
abhorchen 245›2
abhören 245›2; 1279›1
abhotten 1677›5
Abhub 5›1
abhusten 154
abirren 28›2; 28›3; 898›1
Abirrung 29›3
Abitur 1280›1
Abiturient 1424›1
abjagen 19; 1163›2
abjagen, sich 536›2; 848›2
abkämmen 10›4
abkanzeln 1550›2
abkapseln, sich 17›2; 1751›2
Abkapselung 448›1
abkarten 291›2; 1731
abkaspern 1731
abkassieren 1163›2; 1726›1
abkauen 563›6
abkaufen 767›2; 921›2
abkaufen, Schneid 396›3
Abkehr 5›5
abkehren 1362›1
abkehren, sich 20›1; 482›1
abklappern 10›4
abklären 943›1
Abklatsch 1137›1
abklatschen 878›2
abklingen 472›2; 720›2; 1144›1; 1745›3

abknallen 1583›1
abknappen 898›2
abknapsen 1474›2
abknicken 327›1
abknöpfen 313›2
abkochen 291›1; 519›2
abkommen 12›1; 28›2; 1745›6
Abkommen 1732›1
abkommen von 1014›2
abkommen, vom Kurs 28›1
abkommen, vom Thema 28›3
abkommen, vom Weg 596›4; 898›1
abkömmlich 1662
Abkömmling 933›2
abkoppeln 1591›2
abkratzen 481›1; 1508›3
Abkratzen 1578›1
abkriegen 234›1; 512›2; 519›1
abkriegen, etwas 527
abkühlen 259›1; 504; 548›2; 990›1; 1144›2
abkühlen, sich 259›2
Abkühlung 1087›2; 1343›7
Abkunft 843›1
abkupfern 878›2
abkürzen 1002›1
Abkürzung 29›2; 1930›2
abladen 1025›1
abladen, Kummer 1203›3
Ablage 532›2; 568›1
ablagern 943›3; 1179›6
Ablagerung 1181›3
Ablass 781›1; 1210›6
ablassen 11›2; 1025›2; 1919›2
ablassen von 121›3; 1014›2
ablassen von, nicht 224›1
ablassen, Dampf 259›2; 491›1
ablassen, nicht 1736›2
ablatschen 10›4; 1719›3
Ablauf 628›1; 739›2; 1210›6; 1278›2
Ablauf, im historischen 349
**ablaufen 10**; 214›3; 472›2; 1599›2; 1745›1
ablaufen lassen 11›2
ablaufen, Rang 1389›3
ablaugen 481›1
ableben 1508›1
Ableben 1578›1
ablegen 173›4; 530›1; 1815›2
ablegen, falsches Zeugnis 1067
ablegen, Geständnis 1203›3; 1507›4
ablegen, Rechenschaft 491›4
Ableger 1594›2
ablehnen 30›2; 194; 818›1; 1775›1; 1805›2
ablehnen, blind 818›2
ablehnend 31›1
Ablehnung 14›1; 32›2; 984›2; 1111
ableisten 34; 150›3
Ableistung 1041›1
**ableiten 11**; 1394›3; 1599›4; 1725›3
Ableitung 29›1; 1395›3
ablenken 11›1; 170›2; 1519›1; 1677›2
ablenken, sich 1601›2
ablenkend 75›2
Ablenkung 76›3; 1521; 1679›2
Ablenkungsmanöver 1555›1
ablesen 1848›1
ablesen, jeden Wunsch von den Augen 1812›2
ablesen, vom Gesicht 1863›1
ableuchten 239›1
ableugnen 1046›1
ablichten 1›2; 1806
Ablichtung 1807›2
abliefern 1383›3; 1613
Ablieferung 532›2; 1586›1
ablisten 19; 291›1
ablocken 19
ablösen 12›2; 150›2; 302›4; 494›2; 543; 629›4; 1061›1; 1880›2
ablösen, sich 482›5
Ablösung 149›3; 1879›1
abluchsen 19; 291›1
abmachen 12›2; 496›1; 543; 1731
Abmachung 1732›1
abmagern 12›1
Abmagerung 1343›4
Abmagerungskur 377›1
abmahnen 15; 1076›3
Abmahnung 1077›1
abmalen 1›2
Abmarsch 483›3
abmarschbereit 608›2
abmarschieren 482›2
abmeiern 1805›2
abmelden 121›2; 498›5
Abmeldung 119›3
abmessen 612›3
Abmessung 1084›2
abmildern 259›1; 838›3
Abmilderung 1087›2
abmühen, sich 91›3
abmurksen 1583›1
abmustern 993›2
abnabeln 1591›4
abnabeln, sich 211›4; 1061›5
Abnabelung 1592›3
abnagen 563›4
Abnahme 920; 1343›1; 1343›4; 1718›2
abnehmbar 1060›3
**abnehmen 12**; 279›2; 543; 758›2; 767›2; 921›2; 1144›1; 1163›2
abnehmen, Arbeit 491›1
abnehmen, Glied 1213
abnehmen, Hut 799›1
Abnehmen, im 13
**abnehmend 13**
Abnehmer 922; 995›1
**Abneigung 14**
abnibbeln 1508›3
Abnibbeln 1578›1
abnicken 1964›2
abnorm 1232
Abnormität 422›3
abnötigen 313›2
abnutzen 262; 1719›3
abnutzen, sich 1144›1
Abnutzung 1718›2
Abonnement 135›1
Abonnent 922
Abonnenten 995›3
abonnieren 279›2; 808›3
abordnen 1383›1
Abordnung 1803
Aborigines 295
Abort 26; 1579›1
abortieren 25
Abortus 26
abperlen 10›1
abpfeifen 472›1
abpflücken 543
abpinseln 1›2
abplatzen 1061›7
abpolstern 259›1; 1426›1
abprallen 595›1
abpressen 1975›2
abprüfen 1279›1
abqualifizieren 506›2; 838›1
Abqualifizierung 23›2

abrackern, sich 91›3; 536›2
Abrakadabra 1929›2
abrasieren 481›1; 1936›7
**abraten 15**; 1871
Abraum 5›1
abräumen 481›3
abrauschen 622›1
abreagieren, sich 211›3; 259›2
abrechnen 491›4; 1926›1
abrechnen mit 1746›1
Abrechnung 149›2; 492›3; 1311›1; 1747›1
Abrede 1732›1
abregen, sich 259›2
abreiben 481›1; 1321›3; 1362›2; 1599›1
Abreibung 1380›1; 1388›1
Abreise 483›3
abreisen 482›3
abreißen 472›2; 481›1; 506›1; 1061›7; 1936›7
abrichten 1606; 1947›2
Abrichtung 1624; 1946›2
Abrieb 1718›2
abriegeln 854›4; 1394›1; 1457›4
abringen 313›2; 758›2
abringen, sich 91›3
abrinnen 10›1
Abriss 1027; 1608›1
abrollen 10›2; 214›3
abrubbeln 1599›1
abrücken 482›2; 1404›5
abrücken von 622›2
abrücken, von jmdm. 482›5
Abruf, auf 203
abrufbereit 252›2
abrunden 516›1; 766›3; 1825
Abrundung 517›1
abrupt 1000›2; 1258
abrüsten 259›3
Abrüstung 1343›10
abrutschen 28›2; 578›1; 774›1; 1724›3
absäbeln 1404›1
absacken 28›2; 578›2; 1724›3; 1959›1
Absage 32›2; 499›3; 1111
absagen 30›2; 498›5; 554›1; 1775›5
absägen 993›2; 1404›1
absahnen 152›3; 1726›1
Absahner 1270
absatteln 211›6
Absatz 1142; 1557›1; 1674›1; 1755›1
Absatzförderung 1894›5
Absatzforschung 1082
Absatzgebiet 1081›2
Absatzmarkt 1081›2
absaugen 481›1
abschaben 481›1; 1719›3
abschaffen 22›4; 122›4; 481›4
Abschaffung 483›2
abschälen 1061›10
abschalten 22›2; 521›1; 1059›1; 1351›1; 1591›2
abschätzen 1132›2; 1370›2; 1697›1
abschätzig 31›2
Abschätzigkeit 1110
Abschaum 5›1; 750
abschäumen 943›3
abscheiden 154; 1508›1
Abscheidung 155›1
Abscheu 14›2
abscheuern 1719›3
abscheulich 458›1; 819›1; 1392›5
abschicken 1383›4
Abschiebehaft 689›1
abschieben 171›1; 1799›1
abschieben, ins Unbewusste 1729›2
Abschiebung 1800
Abschied 483›3; 798›1; 994›1; 1592›1
abschießen 530›3; 993›2; 1583›3
abschießen, Vogel 172›2; 758›2
abschildern 1›1
abschilfern 1061›7
abschinden, sich 536›2
Abschirmung 1425›3
abschlachten 1583›1
Abschlachtung 1085
abschlaffen 521›1; 1351›1
abschlagen 30›2; 1002›1; 1389›4; 1775›1
abschlägig 31›3
Abschlagszahlung 1927›3
abschleifen 196›2; 766›3
abschleifen, sich 72›2
abschließen 472›1; 530›1; 1394›1; 1731; 1825
abschließen mit 327›2
abschließen, sich 1751›2
abschließen, Versicherung 1782›3
abschließend 474›1
Abschließung 448›1
Abschluss 532›2; 811›2; 1395›1; 1732›2; 1940›2
Abschluss, zum 474›1
Abschlussbericht 1395›2
Abschlussprüfung 1280›1
abschmecken 972›2; 1924›1
abschmeicheln 313›2
abschmettern 854›3
abschmieren 578›2
abschminken, sich 121›3
abschnappen 585›2
abschneiden 854›4; 1002›1; 1404›1; 1558›1
abschneiden, die Ehre 1760
Abschnitt 1536›2; 1557›1
Abschnitten, in 1010›2
abschnittsweise 1010›2
abschnüren 400›2; 854›4; 1591›4
Abschnürung 855›3
abschöpfen, Rahm 758›2
abschrauben 1061›1
abschrecken 854›1; 990›1
abschreckend 458›1; 817›3; 819›1; 1415›1
abschreiben 121›3; 498›5; 878›2; 1806
Abschreiber 1136
abschreiten 612›3; 700›1
Abschrift 967›1; 1807›2
abschüssig 1412›2
Abschüssigkeit 5›4
abschütteln 30›1; 481›1
abschütteln, Joch 211›4
abschütteln, Knechtschaft 211›4
abschütten 1025›2
abschwächen 259›1; 838›3; 1144›1
Abschwächung 1087›2
abschwatzen 291›1; 313›2
abschweifen 28›3
Abschweifung 29›4
abschwellen 1144›1
abschwenken 20›1
Abschwenkung 29›4
abschwindeln 291›1
abschwirren 482›1
abschwören 6›5; 254; 1815›2
Abschwung 983›3; 1343›5
absegnen 1964›2
Absegnung 1445›3

absehbar 942›4
absehen 1014›2
absehen von 121›3; 151›2
abseifen 1362›3
abseilen 1179›5
abseilen, sich 20›1; 482›1; 622›1
Abseite 1054›2; 1345
abseitig 447›3; 1635
Abseitigkeit 422›4; 448›2
abseits 447›3
Absence 33›3
absenden 1383›4
absent sein 596›1
absentieren, sich 622›1
abservieren 993›2
absetzen 22›1; 993›2; 1507›1; 1756›1; 1775›6
absetzen lassen, sich 1756›4
absetzen, sich 622›1; 1179›6
Absetzung 994›2
absichern 208›2
absichern, sich 1457›3; 1782›3
Absicherung 1499›3
Absicht 1253›1; 1903›1; 1940›1
Absicht, mit 16
Absicht, unbewusste 856›2
**absichtlich 16**
Absichtserklärung 1783›1
absichtsvoll 16
Absiedlung 1972›4
absinken 6›1; 578›2; 1144›1; 1724›3
absitzen 1464›2
absolut 676›3; 1072›3; 1636›1
Absolution 643›4; 781›1
Absolutismus 844›3
Absolvent 1424›1
absolvieren 530›1
Absolvierung 532›1
absonderlich 118›2
Absonderlichkeit 422›4
**absondern 17**; 154; 1591›2
**absondern, sich 17**; 1751›2
**Absonderung 18**; 155›1; 448›1
absorbieren 126›3; 193›2; 264›3; 1599›2
abspalten 1591›2
Abspaltung 1592›3
Abspann 517›2
abspannen 1527›4
Abspannung 537›1
absparen 1474›4
absparen, sich 1215›1
absparen, sich vom Munde 1474›2
abspecken 1474›4
abspeisen 30›4
**abspenstig machen 19**
absperren 17›1; 854›4; 1394›1; 1457›4; 1628›4
Absperrung 855›3; 855›4; 1414
abspielen 1482›7; 1482›9
abspielen, sich 10›2; 214›2
Abspielgerät 730
abspinnen 1144›4
absplittern 327›1; 1591›1
Absprache 1732›1
absprechen 275›1; 1731; 1775›1
absprechend 1241
**abspringen** 6›5; **20**; 1061›7
abspritzen 954›4
Absprung 1492›2
abspulen 1848›2
abspülen 1362›3
Abstammung 684›2; 843›1
Abstammung, von gleicher 1808›1
Abstammungsgruppe 1809›1
Abstammungsreihe 1053›4
Abstand 483›1; 495›3; 1684
Abständen, in gleichen 1318›1
abständig 43›2
Abständigkeit 44›4
abstatten 302›4
abstatten, Bericht 257
abstatten, Besuch 281›1
abstatten, Dank 355›1
abstauben 1163›2; 1362›1
Abstauber 1397›2
abstechen 117; 963›2; 1583›1; 1683›2
Abstecher 29›2; 575›1
abstecken 1628›4; 1683›2; 1731
abstehen 1917›2
abstehen von 1014›2
**absteigen 21**; 281›2; 1724›3
**abstellen 22**; 1507›1
Abstellraum 1479›1
abstempeln 506›1; 928›3
absterben 1508›3; 1599›6
absterbend 43›2
abstieben 482›1; 520›2
Abstieg 1343›1
abstillen 1775›6
abstimmen 496›1; 1221›2; 1750›1; 1859›3
abstimmen, aufeinander 72›1
abstimmen, sich 1731
Abstimmung 1858›2
abstinent 931; 1598›5
Abstinenz 932; 1814›2
abstoppen 22›2
abstoßen 30›1; 459›1; 1756›1; 1756›3
abstoßen, sich die Hörner 512›2
abstoßend 458›1; 819›1; 1633›3
abstottern 34; 150›3
Abstract 1608›1
abstrafen 1746›2
abstrahieren 1701
abstrahieren von 151›2
Abstrahierung 1702
abstrahlen 1376›2
abstrakt 876
Abstraktion 875›1; 1702
Abstraktionsfähigkeit 1785›1
Abstraktionsvermögen 1785›1
abstrampeln, sich 91›2
abstreichen 1002›2
abstreifen 173›4; 481›1; 1815›2
abstreifen, Eierschalen 507›1
abstreifen, Fesseln 211›4
abstreiten 1046›1; 1775›1
Abstrich 451›1
Abstriche machen 1002›2
abstrus 24; 1688›3
abstufen 506›2
**Abstufung 23**; 1699›1
abstumpfen 1719›3
Absturz 577›1; 1654
abstürzen 578›1; 1378›2; 1724›3
abstützen 1457›1; 1540›1
abstützen, sich 1540›2
absuchen 1546›1
Absud 564›2
**absurd 24**; 1688›3; 1773›3
abtakeln 993›2
abtasten 261›1
abtauchen 17›2; 170›2; 1710›4
abtauen 1061›2
Abtei 949
Abteil 1304›1
abteilen 17›1; 1558›2
Abteilung 440›2; 797›1; 1972›2
Abteilungsleiter 1042›2
abtippen 1806
Abtönung 23›1
abtörnen 493

abtöten 1583▸4; 1675▸3
abtöten, Gefühle 283▸2
abtragen 34; 150▸3; 262; 302▸4; 481▸3; 1719▸3; 1936▸7
abträglich 1656▸3
Abtragung 149▸3; 1927▸3
abtransportieren 171▸1; 1799▸1
**abtreiben 25**
abtreiben, Frucht 25
**Abtreibung 26**
abtrennen 17▸1; 165▸1; 1002▸1; 1061▸1; 1213; 1404▸1; 1558▸1
Abtrennung 1592▸3
abtreten 993▸1; 1215▸1; 1617▸2; 1719▸3
Abtretung 1814▸1
Abtrift 29▸2
Abtritt 1579▸1
abtrocknen 1599▸1
abtropfen 10▸1
abtropfen lassen 1599▸2
abtrünnig 930
abtrünnig werden 6▸5
Abtrünniger 375; 929
Abtrünnigkeit 5▸5
abtun 121▸3; 530▸1
abtupfen 481▸1
aburteilen 1697▸2; 1805▸1
Aburteilung 1696▸3
Abusus 153▸2
abverlangen 193▸1
abwägen 369▸2; 1279▸1; 1370▸2
abwägen, gegeneinander 1750▸1
abwägend 1352▸2; 1842▸2
Abwägung 1316
abwälzen 211▸1
abwandeln 294▸3; 1704▸1
abwandern 20▸1
Abwanderung 1103
Abwandlung 1699▸1
abwarten 1873▸1; 1944
abwartend 769▸2; 1352▸2; 1671▸2; 1955▸2
**abwärts 27**
abwaschen 1362▸2; 1362▸3
Abwasser 5▸3
Abwässer 155▸4
abwechseln 1880▸2
abwechseln, sich 1880▸2
abwechselnd 693
Abwechslung 1679▸2; 1822▸1; 1879▸1
Abwechslung, ohne 768▸2; 1012▸2
abwechslungsreich 75▸1; 1779▸2
Abweg 29▸2; 899▸1
abwegig 24; 118▸2; 1688▸3
Abwehr 14▸1; 32▸1; 1897▸2
abwehren 30▸1; 854▸3; 915▸3; 1729▸2
abwehrend 31▸3
abwehrfähig 880▸1
Abwehrkräfte, ohne 468▸2
**abweichen 28**; 963▸2; 1683▸2
abweichen, voneinander 28▸4
abweichend 118▸2; 930; 1779▸3
Abweichler 929
abweichlerisch 930
**Abweichung 29**; 1684; 1699▸1
abweiden 563▸6
**abweisen 30**
**abweisend 31**; 1000▸2; 1491▸3; 1657▸1
**Abweisung 32**
abwenden von 1426▸1
abwenden, sich 20▸1; 459▸1; 482▸1; 1404▸5
abwenden, sich nicht 64▸3
abwerben 19
Abwerbung 1894▸5
abwerfen 173▸4; 1191▸1
abwerfen, Ballast 491▸1
abwerten 506▸2
abwertend 31▸2; 1241
Abwertung 23▸2
abwesend 1634▸1; 1883▸1
abwesend sein 1587▸3
**Abwesenheit 33**
abwetzen 262; 1719▸3
abwickeln 530▸1; 993▸2
Abwicklung 532▸1; 1708▸1
abwiegeln 30▸4; 493; 854▸3
abwiegen 612▸3; 1558▸2
abwimmeln 30▸4
abwinkeln 294▸1
abwinken 30▸4; 1775▸1
Abwinken, bis zum 1643▸2; 1819▸1
abwirtschaften 1144▸4
abwischen 481▸1; 1362▸2; 1599▸1
abwohnen 150▸3; 1719▸3
Abyssos 1685▸2
**abzahlen 34**; 150▸3
abzählen 1926▸1
abzählen, an den Fingern 1926▸1
abzählen, sich an fünf Fingern 1767▸2
Abzahlung 149▸3; 1927▸3
abzapfen 1025▸4
abzäumen 211▸6
abzäunen 1628▸4
Abzeichen 927▸3
abzeichnen 1▸2; 277▸3; 530▸2; 1806
abzeichnen, sich 954▸1; 1152▸2; 1931▸6
Abziehbild 181▸1; 1137▸1
abziehen 19; 235▸4; 439▸2; 482▸2; 622▸1; 915▸4; 1002▸2; 1025▸4; 1369▸1; 1806; 1926▸1
abziehen, Show 1264▸1
abzielen 1254▸2; 1919▸1; 1941▸3
abzielen auf 858; 1525▸1
abzischen 622▸1
Abzocke 290
abzocken 152▸3; 291▸1; 1163▸2; 1726▸1
Abzocker 1270
Abzug 146▸3; 306▸3; 483▸3; 483▸4; 1807▸1
abzüglich 160▸1
abzupfen 543
abzusehen, kein Ende 879▸1
abzusehen, nicht 1008▸2
abzwacken 1002▸3; 1474▸4
Abzweig 29▸2
abzweigen 28▸1; 1558▸2
Abzweigung 29▸2
abzwicken 1002▸1
abzwingen 758▸2
Access 125▸4
Accessoires 1286▸2
Account 125▸4
Accrochage 168▸2
Ach und Krach, mit 1086▸2
Achillesferse 597▸2
Achse 1114▸6
Achse, auf 391▸2
Achselzucken 1110
achselzuckend 769▸4
Acht 689▸1; 994▸3
Acht lassen, außer 151▸1
achtbar 85▸2; 326▸2; 1728
achten 191▸1; 418▸1; 1370▸1; 1730▸1
ächten 171▸1

achten auf 127›2; 245›1; 870
achten, auf seine Gesundheit 1408›4
achten, auf sich 1244›5
achten, gering 1109›1; 1109›2
achten, hoch 1730›1
achten, nicht 1109›1
Achterbahn 1664›1
achtern 474›3
achtgeben 127›1; 191›1
achtgeben auf 127›2; 245›1; 870
Achtgroschenjunge 246›2
achthaben 191›1
achthaben auf 245›1
achtlos 1634›2
Achtlosigkeit 1033›2; 1146
achtsam 1471›1; 1842›1
achtsam sein 127›4
Achtsamkeit 1346; 1470›2
**Achtung 35**; 713›3
Ächtung 994›3
Achtung gebietend 788›3; 882; 1502›1; 1923›1
ächzen 114; 941›3
Acid 1306
Acker 791›3
Acker machen, sich vom 482›1
Ackergaul 1242
Ackerland 791›3
ackern 91›3; 784›1
Action 1473›1
ad acta 531›1
ad hoc 768›3
ad libitum 240
Adam Riese, nach 42
Adam und Eva, seit 879›4
Adamskostüm, im 1149›1
Adaptation 73›2
adaptieren 72›1
Adaption 73›2
adäquat 310›2; 501›1; 1968›2
Addel 155›3
adden 516›1
addieren 1926›1
**Adel 36**
Adel, niederer 36›2
adeln 172›1; 418›1
Adelskaste 36›2
Adelsstand 36›2
Adept 1424›3
Ader 574
Ader, künstlerische 1248
Ader, leichte 1032›2
Aderlass 1343›3
Adhäsion 975›2
Adipositas 670›2
Adlatus 835›2
Adleraugen 140
Adlernase 1156
Administration 228›1; 1198
adoleszent 906›1
Adoleszenz 905›1
Adonis 1409›5
adoptieren 1163›6
Adoptiveltern 461
Adoptivkind 933›2
Adoptivmutter 1135›1
Adoptivvater 1700›1
Adresse 927›2
adressieren 928›2
adrett 624; 866
adversativ 692›3
Advertising 1894›1
Advertising Agency 1894›4
Advokat 909›2
Affäre 577›2; 1050›4; 1977›1
Affe 1305›1; 1541
Affekt 546›1; 546›4; 1515›2
affektgeladen 320›1
Affekthandlung 546›5
affektiert 456›2; 762; 1620›3
Affektiertheit 457›1
affektiv 470; 545›2
Affektivität 690›1
affenartig 1405›1
Affenhitze 1869›1
Affenliebe 1050›1
Affentempo 425›2
Affentheater 1670›3
Affidavit 340›2; 1456›3
affig 456›1; 762
Affigkeit 457›1
affin 464›1; 768›4; 1808›2
Affinität 1809›2
Affirmation 278›5
affirmativ 1965
affirmieren 277›2
Affront 60›1; 238; 840›1
Afrikaner 589
Afroamerikaner 589
Agenda 1253›1
Agens 791›1
Agent 246›2; 813›3; 1802›1; 1893
Agentur 1180›2; 1766›1; 1803
Aggregat 1083›1; 1714›1
Aggression 60›1
**aggressiv 37**; 603; 687›5
Aggressivität 827
Aggressor 602›1
agieren 812›1; 1482›1; 1482›9; 1907›1
agil 299›1; 476; 741›2; 1021›2; 1553›2
Agilität 475›1
Agitation 365
Agitator 364
agitatorisch 366
agitieren 848›3; 1892›1
Agonie 914›5
Agraffe 1286›5
Agrarier 187›1
Agreement 1732›1
Agronom 187›1
ahnden 1746›1
Ahndung 1747›1
ähneln 1610›3
ahnen 665›1; 1273; 1767›2
Ahnen 1809›1
ahnen, nichts Gutes 552›3
Ahnenreihe 1053›4
ähnlich 501›1; 768›4; 771; 1808›2; 1898›4
Ähnlichkeit 502›2; 1809›2
Ahnung 553›1; 690›2; 1844›2; 1969›2
Ahnung, keine 1692›1
ahnungslos 1154; 1692›1
Ahnungslosigkeit 1658
Ahnungsvermögen 465›4
ahnungsvoll 464›6; 1272
Air 158; 1754›3
Airbag 1425›3
Airbus 576›7
Aircondition 1063›2
Akademiker 1915
akademisch 996; 1012›1; 1598›3
Akklamation 229
akklamieren 1964›2
akklimatisieren, sich 72›2
Akklimatisierung 73›2
Akkord 815›1
Akkordarbeit 100›3
akkordieren 1731
akkumulieren 1356›2
akkurat 719›1; 1471›1
Akkuratesse 1470›1
akquirieren 273›1; 1892›3
Akquisiteur 1893
Akquisition 1894›1

Akribie 1470›1
akribisch 719›1; 1471›1
Akrobat 110›2
Akronym 1894›3
Akt 139›2; 1050›3; 1681›2
Akte 278›2
Akten, zu den 531›1
Aktenmappe 867›8
Aktenordner 1813›4
Akteur 358
Aktie 270›3
Aktienhändler 813›2
Aktion 1089; 1681›2
Aktion, in 1553›2
Aktion, konzertierte 1958
Aktionsgruppe 797›7
Aktionsradius 434›3
aktiv 421; 476; 1553›2
aktiv werden 1680›2
Aktiva 270›3
aktivieren 74›2; 389›2; 523›1; 538›2; 540›4
Aktivierung 1506›4
Aktivität 475›1
aktualisieren 516›1; 540›3
Aktualisierung 541›1
Aktualität 200›3; 1174›1
aktuell 696›2; 1121›2; 1896›2
Akustik 1580›5
akut 696›2; 1896›1
Akzent 1139
akzentuieren 1725›1
akzentuiert 1140›1
akzeptabel 1123›1; 1192›4
Akzeptanz 35
akzeptieren 1964›2
akzeptieren, nicht 30›3
akzeptiert 531›1
Akzise 1510›2
alabasterfarben 590›1
alabasterhaft 408›1
Alarm 852; 1872
Alarmanlage 1425›6
Alarmglocke 1425›6
alarmieren 1349›1; 1871; 1882›1
Alb 704›3; 1015›2
Albdruck 61›2; 1015›2
albern 401›3
Albernheit 1670›1
Albtraum 61›2
albtraumartig 1415›1
Album 1357›3
aleatorisch 1948›1
alert 624; 866; 1021›3
Alfanzerei 290; 1670›1
alias 424›2
Alibi 499›2
Alimentation 539›1
Alimente 1676›2
Alki 1597
Alkoholabhängigkeit 1547›2
Alkoholentzug 509›2
alkoholfrei 1360›3; 1598›5
Alkoholika 756›2
Alkoholiker 395›1; 1597
alkoholisiert 248›1
Alkoholismus 1547›3
Alkoholkranker 1597
Alkoholsucht 1547›3
All 1889›2
Allah 782›2
allbereits 1406
alldieweil 3
**alle 38**; 1023›1
alle miteinander 38›2
alle Welt 38›1
Allee 1524
Allegorie 306›5; 1930›1
allegorisch 308›2; 1260›1
allegorisieren 357›5
Allegorisierung 359›2
allein 3; 156; 447›1; 454›1; 1189
allein stehend 454›2
allein, für sich 272›1
Alleinerbe 510›3
Alleinherrschaft 844›3
Alleinherrscher 846
alleinig 156
Alleinrecht 1313›4
Alleinsein 448›1
Alleinstellungsmerkmal 1846›1
Alleinunterhalter 1678›1
allem, trotz 1603›2
allem, über 1837›1
allem, vor 52›1; 272›1
allemal 735›2
allenfalls 1123›3
allenthalben 1607›1
Allerbarmer 782›1
**allerdings** 3; **39**; 1636›1
allerenden 1607›1
allerfeinst 551
Allergie 469›1
allergisch 468›2
allerhand 129›2; 1779›2; 1819›1
allerlei 1779›2; 1819›2
Allerlei 1822›1
Allerlei, buntes 1108›3
allerliebst 70›2; 866
Allerneuste, das 1120›1
allerorten 1607›1
allerwärts 1607›1
allerwege 1607›1
Allerweltsgeschmack 1120›1
Allerweltskerl 1556
Allerwertester 1345
alles 676›3
alles in allem 40›5; 48; 450; 676›3
alles oder nichts 692›4
alles tun 91›2
allesamt 38›1; 742›4
Alleswisser 1432
allewege 879›1
allezeit 879›2
allgegenwärtig 1607›1
allgemach 1010›2
**allgemein 40**; 675›1; 893; 964›1; 1650›3
Allgemeinbefinden 1961
Allgemeinbefinden, gutes 755
Allgemeinbegriffe 793›4
Allgemeinen tun, im 1244›2
Allgemeinen, im 40›5
Allgemeinheit 295; 1207›1
Allgemeinverständlichkeit 1787
Allgewalt 1071›1
allgewaltig 1072›3
Allgütiger 782›1
Allianz 1714›6
alliiert 1723›1
all-inclusive 450
alljährlich 879›2
Allmacht 1071›1
allmächtig 1072›3
Allmächtiger 782›1
allmählich 1010›2
Allotria 1670›2
Allroundman 1556
Allroundtalent 1556
allseitig 40›4; 1826›3
**Alltag 41**; 1009
Alltag, grauer 41›2
Alltag, im 1837›1
alltäglich 180; 675›1; 964›1; 1086›2; 1798›2
alltäglich, nicht 118›1; 1226›2
Alltäglichkeit 41›2; 181›1; 1009
Alltagssprache 1489›4

Alltagstrott 41›2
allumfassend 40›4
Allüren 1754›3
Allusion 80›1
Allwissender 782›1
allzu menschlich 1099›2
allzu schön 938
allzu sehr 1620›1
allzu viel 1620›1
Alma Mater 1135›3
Almanach 169›4; 1294›2; 1357›3
Almauftrieb 289›4
Almosen 674›1
Alphabet 335›2; 1417›2
Alphamännchen 1070
Alphatier 668›8; 1070
als 68›1; 416; 1501; 1861
als ob 53; 771; 1898›1
alsbald 178
**also 42**; 1468
**alt 43**; 584›2
Alt 1358›2
Alt und Jung 38›1
Altan 179
altbacken 1491›2; 1598›1; 1703
altbewährt 297
Alte 1230›4
alte Dame 1135›2
alteingesessen 225›1
Alteisen 5›2
älteln 1144›4
Altenheim 830›2
Altenteil 44›3
**Alter 44**; 1230›4; 1700›2
Alter, biblisches 44›1
alterieren, sich 105›2
alterierend 129›2
alteriert 320›1; 545›1
altern 1144›4
Alternative 1858›1
Alternative haben, keine 1130
Alternativer 159›4
Alternativkultur 1542›1
Alternativszene 1542›1
alternd 13
alternieren 1880›2
alternierend 693
Alters, ehrwürdigen 43›5
Alters, gesegneten 43›1
alters, seit 879›4
Alters, vorgerückten 43›1
Altersheim 830›2
altersschwach 1037›2; 1428›4
Alterssicherung 1333›2
altersstarr 1500›2
Altersversorgung 1333›2
altersweise 1323›4
Altertum 971›1; 1740
altertümlich 43›5; 1703
Älteste 1073›1
Ältester 907›1
altfränkisch 1703
altgedient 43›6; 297; 1966›1
Altgedienter 44›2
altgewohnt 964›1; 1798›2
althergebracht 675›1
Altherrenanmache 659›1
Altherrenwitz 659›1
altjüngferlich 1491›3
Altkleider 5›2
altklug 1853›2
Altlast 5›1
Altlasten 510›1
ältlich 43›1
Altmaterial 5›2
altmodisch 1703
Altpapier 5›2
Altruismus 1640
altruistisch 1099›1; 1639
Altstadt 1495›3
altväterisch 1703
altvertraut 1798›2
Altvordere 1809›1
Altwaren 5›2
Altweibergeschwätz 734›2
**Altweibersommer 45**
Alzheimer 706
am Krieg teilnehmen 915›5
amalgamieren 1713›2
Amant 711
Amateur 382›1; 998›2; 1484
Amateur de Femmes 1738›1
amateurhaft 383›2
Amateurhaftigkeit 384
Amateursportler 1484
Ambassadeur 385›1
Ambiente 1296›2
Ambiguität 1820
Ambition 81›2
ambitioniert 83›2; 419
Ambitioniertheit 420›1
ambivalent 1645›1; 1974
Ambivalenz 1969›1
Ambrosia 974
ambulant 299›2
Ambulatorium 978
Amen in der Kirche, wie das 1455›1
Amigo 649
amikal 651›3
Amme 1135›1
Ammenmärchen 1066›4
Amnestie 781›1
amnestieren 498›2
amnestiert 1668›2
Amoklauf 1085
amön 70›1
Amoral 752
amoralisch 751
Amoralität 752
amorph 631›1
amortisieren 150›2
amortisieren, sich 1191›1
Amour bleu 862
Amour fou 1050›4
Amouren 1050›4
amourös 1762
Ampel 1007›1
Amphetamin 1306
Amphitheater 1372›1
amputieren 1213
Amt 119›1; 228›1; 381›1
Ämterhäufung 950
amtieren 101›2; 1907›1
amtlich 748›1; 1208›1; 1455›4
amtlich, nicht 1239›3
Amtsanmaßung 1066›2
Amtsgebäude 228›2
Amtsgeheimnis 699›2
amtskirchlich 1532›1
Amtsperson 192
Amtspflicht 381›1
Amtsschimmel 632›1; 1234›1
Amtssitz 228›2
Amtsstube 228›2
Amtstracht 946›2
Amtsträger 192
Amtsübergabe 436›2
Amulett 1929›2
amüsant 75›1; 745›1; 832›2
Amuse-Gueule 1075›3
Amüsement 1679›2
amüsieren 74›4; 1677›2
amüsieren, sich 648›1
Amüsierlokal 678›1
amüsiert 832›3
an ... statt 1501
an sich 424›1
an und für sich 424›1

anachronistisch 1703
anakreontisch 832▸5
analog 501▸1; 768▸4; 1650▸2
Analogie 1749▸2
Analogieschluss 1395▸3
Analogkäse 1555▸1
**Analyse** 8▸1; **46**; 634▸2; 1790▸1
analysieren 1791▸2; 1933▸1
analytisch 1768▸3
anämisch 1428▸1
Anamnese 636▸1
Anarcho 929
anästhesiert 284▸1; 285
anästhetisieren 283▸1
Anatomie 968▸1
anatomisch 1223▸1
anbaggern 1329▸3; 1737
anbahnen 1831▸5
Anbahnung 50▸2; 436▸1; 1832▸1
Anbau 517▸4; 560▸4
anbauen 196▸3; 516▸1; 557▸5
Anbeginn 50▸1
**anbei 47**
anbeißen 217▸2
Anbeißen, zum 99▸3
anbelangen 287
anbelangt, was ... 48
anberaumen 71▸2
anbeten 313▸3; 1051▸2; 1730▸2;
1812▸2
**Anbetracht (in) 48**
anbetreffen 287
Anbetung 1050▸2
anbetungswürdig 148▸3
anbiedern, sich 1396
Anbiederung 1057▸5
**anbieten 49**; 305; 466▸1; 486▸1;
680▸1; 1756▸1
**anbieten, sich 49**; 1274
Anbieter 813▸1
anbinden 311▸1; 1531▸1
anblasen 848▸3; 1329▸1; 1386▸1
Anblick 158; 164▸1; 306▸1; 749▸2;
1373▸2
anblicken 79▸2
anbohren 784▸1
anbraten 323▸1
anbräunen 587▸4
anbrechen 51▸2; 1209▸2
anbrennen 328▸2; 1724▸1
anbringen 208▸1
Anbringung 209▸1
Anbruch 50▸1
Ancien Régime 1309▸2
Andacht 599▸1; 681
andächtig 124▸1
Andachtsraum 935▸2
andauern 362▸2
andauernd 363▸1; 879▸1
andenken 261▸4; 1254▸1
Andenken 524▸3
Andenkenkitsch 937▸1
andere, der 1138▸1
anderen, zum 116▸3
anderer 1779▸1
anderer, kein 1189
andererseits 3
anderes 1819▸2
anderes, nichts 1189
andermal, ein 1478▸2
ändern 1704▸1
ändern, Blickwinkel 1704▸1
ändern, Kurs 28▸1
ändern, nicht zu 1660
ändern, Richtung 28▸1
ändern, sein Aussehen 1704▸6
ändern, sich 1704▸1; 1704▸5
andern, vor allem 272▸1
andernfalls 1201
anders 118▸2; 645▸1; 1779▸1
anders können, nicht 1130
anders machen 1704▸1
anders werden 1704▸1
anders, jedes Mal 883▸2
anders, nicht viel 1898▸4
anders, völlig 692▸3
andersartig 1779▸1
Andersartigkeit 1684
Andersdenkender 929
andersfarbig 588▸3
andersgläubig 930
Andersgläubiger 929
andersrum 863
anderswo 391▸2; 1883▸1
Änderung 541▸1; 1705▸1
änderungswillig 464▸2
anderwärts 1883▸1
andeuten 753; 858
Andeutung 80▸1; 857▸2; 948▸2
andeutungsweise 1119▸2;
1688▸2
andichten 1760; 1767▸1
Andrang 1539▸2
andrehen 291▸1; 1756▸2
andrehen, Licht 239▸1
androgyn 388
androhen 396▸3
Androhung 397▸1; 840▸1
anecken 89▸4
aneignen 1163▸3
aneignen, sich 512▸1; 1044▸1;
1606; 1709▸2
Aneignungsfähigkeit 1785▸2
aneinanderfesseln 1975▸3
aneinanderfügen 1713▸2
aneinandergeraten 1531▸1
aneinanderketten 1975▸3
Aneinanderreihung 1324▸1
Anekdote 556▸2; 1679▸4
anekdotisch 1000▸5
anekeln 459▸1
anempfehlen 74▸1; 206; 213;
538▸1; 1300▸1
anempfunden 938
Anerbieten 467
anerbieten, sich 49▸4
anerkannt 57; 241▸3; 250▸2;
260▸2; 297; 778▸2; 964▸1
anerkannt, gesetzlich 748▸4
anerkennen 277▸5; 491▸2;
1058▸1; 1370▸1; 1730▸1
anerkennen, nicht 194
anerkennen, Verdienste 1058▸2
anerkennend 800▸2; 1965
anerkennenswert 1728
Anerkennung 35; 229; 278▸3;
278▸5; 354▸1; 515▸1; 529▸1;
529▸3; 984▸3; 1057▸1
anerziehen 760▸2
Anerziehung 73▸3
anfachen 848▸3; 1329▸1; 1870▸1
anfahren 242▸2; 1386▸1
Anfahrt 67▸1
Anfall 1290▸2
anfallen 59▸2; 527
anfällig 468▸2; 1037▸1; 1428▸2
Anfälligkeit 469▸1
anfallweise 1849▸1
**Anfang 50**; 1291▸2
Anfang an, von 768▸3; 879▸4
Anfang bis Ende, von 676▸2
Anfang machen 51▸3; 435▸2
**anfangen 51**; 433▸3; 503▸1;
544▸1; 954▸2; 1680▸1
anfangen, es dumm 1653▸2
anfangen, etwas Neues 453▸2
anfangen, Streit 1531▸2
anfangen, von vorn 1900▸2
Anfänger 382▸2; 1777

anfänglich 52▸1
**anfangs 52**
Anfangsgründe 793▸4
anfassen 261▸1; 1680▸1
anfassen, heißes Eisen 1856▸2
anfassen, mit 834▸1
anfassen, mit Samthandschuhen 1408▸2
Anfassen, zum 1021▸1
Anfasser 809▸1
anfauchen 1386▸1
anfechtbar 1268▸1; 1970▸1
anfechten 915▸3; 1046▸1
anfechten lassen, sich nicht 770
Anfechtung 555▸2
anfeinden 59▸3; 818▸2; 915▸3
Anfeindung 238
anfertigen 101▸4; 557▸3
anfertigen, Büste 357▸1
anfertigen, Plastik 1▸2; 357▸1
Anfertigung 560▸2
anfetzen 74▸4
anfeuchten 614▸1
anfeuchten, die Kehle 1596▸1
anfeuern 74▸2; 217▸1
anfixen 1737
anflehen 313▸1
anfliegen 59▸2; 433▸1; 527; 1179▸4; 1941▸2
Anflug 230; 948▸2; 1188; 1493▸2
anfordern 195; 279▸1
Anforderung 81▸3; 840▸3
Anfrage 93▸1; 636▸1
anfragen 313▸1; 637▸1
anfreunden, sich 72▸2; 1152▸4; 1713▸1
anfügen 516▸2
anfühlen 261▸1
anfühlen, sich 1376▸1
anführen 291▸1; 666▸2; 1169▸2
Anführer 668▸2; 1252▸2
anfüllen 671▸1
anfunkeln 396▸3
anfüttern 1329▸4
Angabe 95▸2; 457▸1; 613▸1; 1938▸2
Angaben zur Person 927▸2
angängig 1123▸1
angeben 71▸1; 428▸3; 941▸1; 1115▸2; 1169▸2; 1264▸1; 1772
angeben, Ton 666▸2
Angeber 1432
Angeberei 457▸1
angeberisch 456▸2
angebetet 1049▸2
Angebetete 710
Angebinde 674▸2
**angeblich 53**; 78; 1375
angebogen 47
**angeboren 54**
Angebot 467; 1840
Angebot machen 49▸2
angebracht 501▸1; 1463▸1; 1968▸3
angebrannt 1392▸3
angebunden, kurz 31▸1; 1000▸2; 1657▸1
angedeihen lassen 680▸2
Angedenken 524▸1
angedeutet 1194▸3
angeekelt 1359▸4
angefallen werden 527
angefault 1392▸3
angefixt 1647▸1
angeflogen 1258
angefressen 320▸2
angegoren 841▸1
angegossen, wie 719▸6
angegraut 43▸1
angegriffen 1037▸1
angeheftet 47
angeheiratet 1808▸1
angeheitert 248▸1
angehen 51▸1; 59▸2; 261▸2; 287; 313▸1; 507▸2; 726▸1; 915▸3; 1724▸1
angehen gegen 854▸1
angehen, um Geld 319▸1
angehend 288; 1478▸3
angehören 804▸1
Angehörige 1809▸1
angeht, was ... 48
angeht, was das 288
angejahrt 1703
**Angeklagter 55**
angeknackst 263▸1; 1428▸2
angekränkelt 1037▸1
angekratzt 1037▸1
Angel 209▸2; 1055▸1
angelaufen 316▸2
angelegen sein lassen, sich 91▸2; 191▸1; 215▸1; 1525▸1
Angelegenheit 119▸1; 577▸2; 636▸4; 694▸2
angelegentlich 1140▸2
angeln 585▸3; 758▸2; 1525▸1; 1546▸2
Angelpunkt 820; 1114▸6
angemessen 85▸1; 310▸2; 501▸1; 732▸2; 1312▸3; 1463▸1
angemessen sein 87▸2; 500▸1; 1726▸2
**angenehm 56**; 765▸5; 778▸3; 866; 1049▸1; 1170▸1; 1904
angenehm sein 688▸1
angenehmer machen 1711▸4
angenommen 531▸1; 579; 1891▸1
angeödet 1359▸4
angeödet sein 1011▸2
angeordnet 748▸5
angepasst 339▸3; 1968▸1
Angepasstheit 73▸2
angeregt 832▸1
angereichert 888▸5
angerichtet 608▸4
angerostet 263▸1
angesagt 1121▸2
angesäuert 841▸1; 1392▸3
angesäuselt 248▸1
angeschlagen 263▸1; 1037▸1
angeschrieben, gut 241▸1
angeschwollen 379▸2
**angesehen 57**; 1072▸2
Angesicht 749▸1
Angesicht zu Angesicht, von 1239▸2
angesichts 48
angespannt 63▸1; 124▸1; 545▸1; 888▸2
**angestammt 58**
Angestellter 102
Angestellter, leitender 669▸1
angestockt 1703
angestrahlt 836▸4
angestrengt 888▸2; 1620▸4
angetan 1762
angetan haben, es jmdm. 688▸1
angetan sein 1051▸1; 1122▸1
Angetraute 1230▸4
Angetrauter 1230▸4
angetrunken 248▸1
angewidert 1359▸4
angewiesen sein auf 9▸1; 325
angewiesen, auf andere 853▸1
angewöhnen, sich 760▸2
angewurzelt 1500▸3
angezählt 1037▸1

angezeigt 800▸1; 1192▸3; 1968▸3
angezogen 608▸2
angleichen 72▸1; 150▸1
angleichen, sich 72▸2
Angleichung 73▸1; 149▸1; 1734
angliedern 1713▸3
anglimmen 328▸2
anglotzen 79▸2
angraben 1737
**angreifen 59**; 128▸4; 915▸5; 1228▸1; 1680▸1
angreifen, Substanz 1517▸3
angreifend 129▸1
Angreifer 602▸1
angreiferisch 37▸1
angrenzen 261▸3
angrenzend 1150▸2
**Angriff 60**
Angriffsfläche 469▸1
Angriffslust 827
angriffslustig 37▸1; 687▸5
**Angst 61**; 1469; 1759▸2
Angst haben 62▸1
Angst machen 396▸1
angst und bange 63▸2
Angst vor der Angst 61▸6
Angstbeißer 601
angstbesessen 63▸2
angstbesetzt 1415▸2
ängsten 62▸1; 396▸1
angsterfüllt 63▸1
angstfrei 642▸2
angstgepeinigt 63▸2
Angsthase 601
**ängstigen 62**; 128▸2; 396▸1
**ängstigen, sich 62**
ängstigend 1288▸3; 1415▸1
**ängstlich 63**; 1758▸1; 1842▸3
ängstlich sein 127▸4
Ängstlichkeit 61▸3
Angstneurose 718
Angstträume 61▸2
angstvoll 63▸1
angucken 79▸1
anhaben 1585▸2
anhaben können, nichts 770
anhaben, Hosen 666▸2
anhaben, Spendierhosen 444▸2
Anhalt 807▸2
anhalten 22▸2; 362▸2; 808▸1; 1076▸2; 1503▸3; 1517▸1
anhalten um 243▸2; 1892▸2
anhalten, Atem 62▸1
anhaltend 363▸1; 879▸1
Anhaltspunkt 1493▸2
Anhaltspunkt, ohne 794
anhand von 1119▸3
Anhang 65▸4; 517▸2; 1809▸1
anhangen 64▸1
**anhängen 64**; 1760; 1852
anhängen, sich 629▸1
**Anhänger 65**; 998▸1; 1424▸3
Anhängerschaft 65▸4
anhängig 1202▸3
anhänglich 1966▸1
Anhänglichkeit 1050▸1
Anhängsel 517▸2
anhäufen 1356▸2; 1474▸1
anhäufen, sich 1505▸3
Anhäufung 670▸1; 1357▸1
anheben 51▸1; 122▸2; 433▸3; 503▸1; 824▸1; 1490▸2; 1711▸2
Anhebung 1506▸1
anheften 208▸1; 516▸2
anheimeln 688▸2
anheimelnd 716
anheimfallen 234▸1
anheimgeben 528▸1
anheimstellen 528▸1; 1841▸1
anheischig machen, sich 49▸4; 486▸1
anheizen 74▸2; 848▸3
anherrschen 1386▸1
anheuern 264▸1
Anhieb, auf 1691▸3
anhimmeln 1051▸2; 1730▸2
Anhöhe 255▸1
anhören 865▸2
anhören, sich 1581▸5
animalisch 1595▸1
Animateur 1678▸1
Animationsfilm 616▸3
animativ 75▸3
Animierdame 1738▸2
animieren 74▸2; 466▸1; 538▸2; 1892▸1
animierend 75▸3
animiert 248▸1
animos 603
Animosität 14▸1; 469▸2; 604; 1850
ankämpfen gegen 854▸1; 915▸3
Ankauf 920
ankaufen 921▸2
Anker 807▸2
ankern 1179▸4
anketten 208▸1; 311▸1
Anklage 940▸1
anklagen 941▸1
Ankläger 909▸2
anklammern 208▸1
anklammern, sich 64▸2
Anklang 411▸2; 1057▸1
Anklang finden 688▸2
ankleben 208▸1
ankleiden 97▸1
anklicken 51▸3; 261▸4; 1706▸2
anklingeln 1565
anklingen 523▸4
anklingend 771
anklingend an 768▸4
anklopfen 281▸1
anknacksen 262
anknipsen 88▸3
anknipsen, Licht 239▸1
anknüpfen 1736▸2
Anknüpfungspunkt 1714▸2
**ankommen 66**; 954▸2
ankommen auf 9▸4
ankommen lassen, es darauf 1856▸1
Ankömmling 282▸1
ankotzen 459▸1
ankratzen 262
ankreiden 1550▸1; 1852; 1954▸1
ankreuzen 928▸3
ankündigen 275▸2; 435▸2; 1115▸2
ankündigen, sich 954▸1
Ankündigung 96▸1; 857▸1; 1117
**Ankunft 67**; 462▸1; 462▸2
ankurbeln 51▸3; 88▸3; 1706▸2; 1831▸5
Ankurbelung 50▸2; 1506▸4; 1832▸1
anlächeln 1004▸1
Anlage 344; 449▸1; 517▸3; 574; 677; 730; 1167▸2; 1222▸1; 1566▸2
Anlage, als 47
Anlagen 446▸1
anlangen 66▸1; 261▸1
anlangend 288
Anlass 791▸1
Anlass, aus 68▸1
Anlass, entscheidender 791▸1
Anlass, offizieller 462▸2
anlassen 88▸3; 1706▸2
**anlässlich 68**; 1885
anlasten 235▸4; 1852

Anlauf 50›2; 1442›1
anlaufen 51›1; 614›3; 1441›2
anlaufen lassen 51›3
anläuten 1565
anlegen 516›2; 544›1; 673›1; 808›1; 1179›4; 1191›2; 1254›1; 1941›1
anlegen auf, es 1919›1
anlegen mit, sich 1531›1
anlegen, Gurt 208›1
anlegen, Hand 834›2; 1680›2
anlegen, Kleider 97›1
anlegen, letzte Hand 196›2; 1825
anlegen, Sammlung 1356›1
anlegen, Staat 1287›2
anlegen, Zügel 854›1
Anlegestelle 331›1; 1625
anlehnen, sich 123›1; 878›2; 1540›2
Anlehnung 807›2
anlehnungsbedürftig 853›1; 1655›3
anleiern 1706›2
Anleihe 270›3; 356; 981; 1137›1
anleimen 291›1
anleiten 435›5; 666›1; 1029›2
anleiten, pädagogisch 561
Anleiter 1030›2
Anleitung 95›1; 562›2; 668›5; 1028›1
anlernen 1029›2
Anlernling 1424›4
anlesen 1045›1
anleuchten 239›1
anliegen 87›1; 261›3; 516›5
Anliegen 1757›2
Anliegen sein 215›1
anliegend 47; 1150›2
anliegend, eng 477›3
Anlieger 1138›2
anlocken 1329›4
anlügen 1067
Anmache 659›1; 840›1
anmachen 74›3; 74›4; 208›1; 217›1; 1329›3; 1737; 1831›6; 1870›1
anmachen, Licht 239›1
anmahnen 194; 1076›3
Anmahnung 1077›1
anmalen 587›2
anmalen, sich 1711›1
Anmarsch 60›1; 67›1
Anmarsch sein, im 1152›1
Anmarsch, im 1150›3
anmarschieren 66›1; 1152›1
anmaßen, sich 193›1; 428›3; 1856›3
anmaßend 83›2; 456›2
Anmaßung 457›1; 641›2
anmeckern 1329›2
anmelden 1115›2
anmelden, sich 1152›2
Anmeldung 125›4; 462›3
Anmeldungsbüro 462›3
anmerken 161›1
anmerken lassen, sich 161›3
anmerken lassen, sich nichts 226
Anmerkung 163›2; 517›2
anmoderieren 435›2
anmontieren 208›1
**Anmut 69**; 605›1; 1409›1
anmuten 157; 1376›1; 1907›4
**anmutig 70**
anmutlos 1259›1
Anmutung 158; 749›2
annageln 208›1
annähern, sich 72›2; 1152›4
annähernd 1650›1; 1942
Annäherung 962›2
annäherungsweise 1650›1
Annahme 205›1; 462›1; 553›1; 961›3; 1095›3; 1830
Annahme, in der 1891›2
Annahme, in der irrigen 900
Annalen 524›3
annehmbar 1123›1
annehmen 126›2; 428›1; 463›1; 552›1; 767›2; 960›2; 1094; 1163›4; 1370›2; 1767›1; 1964›2
annehmen, als Kind 1163›6
annehmen, Form 503›4
annehmen, Formen 144›4
annehmen, Gestalt 503›4
annehmen, Gewohnheit 760›2
annehmen, Haltung 701›1
annehmen, sich jmds. 1784›2
annehmen, Vernunft 1044›4; 1789›5
Annehmlichkeit 247›1; 727›1
annektieren 1163›3
Annex 517›2
Annihilierung 1937›1
Anniversar 903
anno dazumal 663›1
Annonce 96›1
annoncieren 49›2; 1115›2; 1892›1
annullieren 121›2; 122›4
annulliert 531›4
Annullierung 119›3; 483›2
anöden 1011›1
Anomalie 29›5
anonym 831›2; 1637›1
Anonymus 1176›2
**anordnen 71**; 496›1; 1221›2; 1224›1; 1707›1
Anordnung 135›2; 207›1; 630›1; 776; 1089; 1222›1
anorganisch 1582›2
anormal 1232
anpacken 51›3; 222›1; 834›1; 1228›3; 1680›1
**anpassen 72**; 516›6; 1279›2
**anpassen, sich 72**; 500›2; 1474›4
**Anpassung 73**
anpassungsfähig 299›1; 741›2; 1887›2
Anpassungsfähigkeit 621›2
anpatzen 1804
anpeilen 79›2; 1511›2; 1941›2
anpfeifen 51›3; 1386›1
Anpfiff 50›2; 1380›1
anpflanzen 557›5
Anpflanzung 560›4; 677
anpflaumen 1487›1
anpflocken 311›1
anpinnen 208›1
anpinseln 587›2
anpöbeln 838›1
Anprall 1522
anprallen 89›1
anprangern 317›2
anpreisen 49›1; 466›1; 1058›1
Anpreisung 467; 1057›2
anprobieren 1279›2
anpumpen 319›1
anputzen 1329›2
anquasseln 1329›3
anquatschen 1329›3
anrainen 261›3
Anrainer 1138›2
anranzen 1386›1
anraten 74›1; 466›1; 538›1; 1076›1; 1300›1
Anraten 467
anrechnen 150›4; 191›2; 249›1; 1746›3; 1954›1

anrechnen, hoch 355▸2
Anrecht 81▸1; 1313▸1
Anrecht haben 1726▸2
Anrede 927▸4
anreden 1169▸1
**anregen 74**; 217▸1; 538▸2; 891▸1; 1300▸1; 1706▸1
**anregend 75**; 99▸1; 108; 889▸1
Anreger 1252▸2
**Anregung 76**; 1328▸2; 1840
anreichen 680▸1
anreichern 1711▸5
Anreicherung 1712▸3
Anreise 67▸1
anreisen 1152▸1
anreißen 1209▸2
Anreiz 76▸2; 791▸1; 953▸1; 1328▸2
anreizen 1329▸1
anrempeln 89▸3; 1329▸2; 1523
Anrempelung 840▸1
Anrichte 1413; 1577
anrichten 49▸3; 1831▸6
anrichten, etwas 88▸4; 1745▸8
anrichten, Unheil 1364▸1
anrollen 66▸1; 89▸2; 1152▸1
anrollend 1150▸3
anrüchig 90▸5; 1970▸3
anrücken 1152▸1
Anruf 1077▸3; 1348▸2; 1757▸2
anrufen 1349▸1; 1565
anrufen, Gesetz 941▸2
Anrufung 681
anrühren 261▸1; 261▸2
ansagen 71▸1; 1115▸2; 1764▸2
Ansager 1678▸1
ansammeln 1356▸2
ansammeln, sich 1505▸3
Ansammlung 670▸1; 1357▸1
ansässig 225▸1
ansässig sein 1019▸2
Ansatz 793▸2; 1594▸2
Ansatzpunkt 793▸2
ansaufen, sich einen 283▸3
anschaffen 273▸2; 921▸1; 1274
Anschaffung 920
anschauen 79▸1; 245▸1
**anschaulich 77**; 251▸3; 1260▸1
anschaulich machen 525▸3
Anschaulichkeit 586▸2; 944▸1; 1787
Anschauung 220; 373; 1095▸1; 1844▸2
Anschauung, eigene 514▸1
Anschauungsvermögen 1248
Anschauungsweise 373
Anschein 158; 1193▸3; 1555▸2
Anschein haben 157; 1376▸1
Anschein nach, dem 78
anscheinen 239▸1
**anscheinend** 53; **78**
anschicken, sich 51▸3; 1831▸2
Anschiss 1380▸1
Anschlag 60▸1; 96▸3; 115; 857▸1; 1813▸2
anschlagen 208▸1; 234▸2; 242▸1; 262; 1581▸2; 1907▸2
anschlagen, Lache 1004▸2
anschleichen 1736▸1
anschleppen 273▸1
anschließen 261▸3
anschließen, sich 64▸4; 218▸1; 629▸1; 1224▸3
anschließend 1478▸1
Anschluss 962▸1; 962▸2
Anschluss, im 1478▸1
Anschlussstelle 1714▸2
anschmachten 1051▸2
Anschmeißer 1216
anschmieden 208▸1
anschmiegen, sich 72▸2
anschmiegend 1049▸3
anschmiegsam 1049▸3
anschmieren 291▸1
anschmutzen 1804
anschnallen 208▸1
anschnallen, sich 1457▸3
anschnauzen 1386▸1
Anschnauzer 1380▸1
anschneiden 1209▸2
anschneiden, Thema 1841▸3
anschrauben 208▸1
anschreiben 235▸4; 319▸2
Anschrift 927▸2; 1916▸3
anschuldigen 941▸1; 1852
Anschuldigung 940▸1; 1380▸2
anschwärmen 1051▸2; 1730▸2
anschwärzen 945▸1; 1760
anschwellen 144▸2; 1292; 1505▸3; 1917▸1
Anschwellen 1506▸3
anschwemmen 1152▸3
**ansehen 79**; 1447
Ansehen 200▸2; 713▸2; 749▸2; 1348▸3
Ansehen der Person, ohne 732▸1
ansehen, mit 512▸1
**ansehen, sich 79**; 1481▸1
ansehen, sich die Welt 1326▸1
ansehnlich 788▸2; 1322▸2; 1502▸1; 1942
anseilen, sich 1457▸3
ansengen 328▸4
ansetzen 51▸1; 71▸2; 516▸8; 1370▸2; 1831▸2
ansetzen, Grünspan 1724▸2
ansetzen, Hebel 51▸3
Ansicht 306▸1; 749▸2; 1095▸1; 1696▸1
ansichtig werden 1447
ansiedeln 1179▸1; 1799▸1
Ansiedlung 1180▸1; 1800
Ansinnen 1757▸2
Ansitz 84▸3
anspannen 193▸3; 1939▸2
anspannen, sich 91▸3
Anspannung 546▸1; 1015▸2; 1473▸2
ansparen 1474▸1
anspielen 858; 1487▸1
**Anspielung 80**; 659▸1; 857▸2; 1486▸2
Anspielung machen 858
Anspielung, boshafte 1486▸3
anspinnen 51▸3; 1831▸5
anspitzen 74▸1; 389▸2; 538▸2; 1329▸2; 1369▸1; 1737
Ansporn 76▸2; 791▸1
anspornen 74▸2; 538▸1; 1076▸2
Ansprache 798▸3; 1847
Ansprache, ohne 447▸1
ansprechbar 464▸1; 745▸1
ansprechbar, nicht 817▸2
Ansprechbarkeit 465▸2
ansprechen 313▸1; 688▸2; 1169▸1; 1308; 1329▸3
ansprechend 98▸1; 99▸1; 108; 651▸2; 866; 1170▸1; 1330
anspringen auf 1308
**Anspruch 81**; 840▸3; 1313▸1; 1757▸2
Anspruch haben auf 193▸1
**anspruchslos 82**
Anspruchslosigkeit 432▸1
**anspruchsvoll 83**
anspülen 1152▸3
anstacheln 74▸2; 848▸3; 1329▸2
Anstalt 446▸3; 830▸2
Anstalten machen 51▸3; 1831▸2

anstaltsreif 1773›2
**Anstand 84**
Anstände 984›2
**anständig 85**; 326›2; 801›1; 1220›3
Anständigkeit 84›2
Anstandsbesuch 280›2
anstandshalber 501›1
**anstandslos 86**; 735›1
anstandswidrig 90›1
anstarren 79›2; 1329›3; 1921›3
anstatt 1501
anstauen, sich 1505›3
anstaunen 1730›1; 1921›3
anstechen 1209›2; 1737
anstecken 74›2; 208›1; 1617›3
anstecken, sich 527
ansteckend 687›5
Ansteckung 979›1
**anstehen 87**; 1503›4; 1873›2
anstehen lassen 1538; 1816›2
anstehend 1202›3
ansteigen 144›2; 1504›1
Ansteigen 134›2
ansteigend 1412›3; 1953
**anstellen 88**; 264›1
anstellen, Berechnung 249›1
anstellen, Ermittlungen 533
anstellen, etwas 88›4
anstellen, Nachforschungen 533
anstellen, sich 87›3; 804›3; 1366›1; 1753›1; 1873›2
anstellen, sich dumm 898›3; 1653›2
anstellen, Untersuchungen 633
anstellen, Ventilator 990›2
anstellen, Vermutungen 1767›1
anstellen, Versuche 1791›2
Anstellerei 457›1
anstellig 573›1; 741›1
Anstelligkeit 740›1
Anstellung 100›2
Anstellung, ohne 103
ansteuern 1152›3; 1511›2; 1941›2
Anstich 50›2
Anstieg 134›2
anstieren 79›2
anstiften 206; 848›3; 1706›1
Anstifter 364; 894›2
Anstiftung 365; 434›1
anstimmen, Gelächter 1004›2
anstimmen, Lied 1460›1
anstinken 194
Anstoß 76›1; 791›1; 1522
**anstoßen 88**›3; **89**; 261›3; 538›1; 1523; 1596›2
**anstößig 90**; 1403›2
Anstößigkeit 659›1
anstrahlen 239›1; 1004›1
anstreben 215›1; 1254›2; 1525›1; 1919›1; 1941›3
anstreichen 587›3; 928›3
Anstreicher 1078›2
**anstrengen 91**; 193›3; 536›1
anstrengen, Prozess 941›2
**anstrengen, sich 91**; 243›2
anstrengend 1016›1; 1436›2
Anstrengung 914›1; 1015›2
Anstrich 158; 586›1
anstückeln 516›8
anstupsen 261›4; 1931›1
Ansturm 1539›2
anstürmen 89›2
ansuchen 301; 313›1
Ansuchen 93›1; 1757›2
ansuchen um 243›2
Ansucher 94›3
Antagonismus 691›2
antagonistisch 692›4
antanzen 66›1
antasten 261›1
antediluvianisch 1703
Antediluvium 1740
Anteil 1097›1; 1290›2; 1333›1; 1557›1
Anteil haben 1560›1
Anteilnahme 890; 1559›1; 1788›1
anteilnehmend 1561›1
Antenne 465›1; 690›3; 1788›1
Anthologie 169›4; 1357›3
Antibabypille 1425›5
antichambrieren 206
Antichrist 1571
anticken 261›4
antidogmatisch 930
Antiheld 159›2
antik 43›5
Antike 1740
Antilope, wie eine 1031›5
Antipathie 14›1
antipathisch 1633›3
Antipode 697›1
antippen 261›4; 637›1; 858
antiquarisch 43›5
antiquiert 1703
Antiquität 971›1
antireligiös 31›4
Antithese 555›2
antithetisch 692›3
Antivirenprogramm 1425›6
**antizipieren 92**
Antlitz 749›1
antörnen 74›3; 217›1; 1737
**Antrag 93**; 467; 1840
antragen 49›1; 1841›1
antragen, Amt 279›6
antragen, Stellung 279›6
Antragsteller 94›3
antrainieren, sich 1606
antreffen 1589›4
antreiben 74›2; 389›2; 538›1; 1076›2; 1152›3
antreten 66›1; 138›3; 954›2; 1507›3
Antreten 67›1
antreten, Erbe 511
antreten, Erbschaft 511
antreten, Hinterlassenschaft 511
antreten, Reise 482›3
Antrieb 76›1; 791›1; 1328›2; 1442›2
Antrieb, aus eigenem 644
Antriebslosigkeit 1009
antriebsschwach 1010›1
antrinken, sich einen Rausch 283›3
Antritt 50›1; 67›1
Antrittsbesuch 280›2; 436›1
Antrittsvorlesung 50›2
antun, etwas 1364›1
antun, Leid 1364›2
antun, sich etwas 1583›5
antun, sich Zwang 226
antuschen 587›2
Antwort 555›1; 1309›1
antworten 554›1; 1308
anvertrauen 1617›1
anvertrauen, etwas 1795›2
anvertrauen, Geheimnis 1203›3
anvertrauen, sich jmdm. 1795›1
anverwandeln 126›3
anverwandeln, sich 72›2; 760›2
Anverwandlung 73›2
Anverwandte 1809›1
anvisieren 1941›1
anwachsen 144›2; 507›2; 1505›3
Anwachsen 145›1; 1506›3

anwählen 1859▸4
Anwalt 909▸2; 1802▸3
Anwalt machen, sich zum 91▸2
anwandeln 433▸1
Anwandlung 1515▸2
anwanzen, sich 1396
anwärmen 1870▸1
**Anwärter 94**; 510▸3
Anwartschaft 81▸1
anwehen 433▸1
anweisen 71▸1; 302▸4; 1029▸2
**Anweisung 95**; 135▸2; 207▸1; 562▸2; 1028▸1
anwendbar 1123▸1
Anwendbarkeit 713▸4
anwenden 152▸1; 244
Anwendung 153▸1; 202▸1
anwendungsfähig 1123▸1
Anwendungssoftware 350▸1
anwerben 1892▸3
anwerfen 1706▸2
Anwesen 821▸1
anwesend 696▸3; 850
anwesend sein 1560▸2
anwesend, nicht 596▸1
Anwesende 1562▸1
Anwesender 282▸3
Anwesenheit 567; 695▸2; 1559▸2
Anwesenheit von, in 696▸3
anwidern 459▸1
Anwohner 1138▸2
Anwurf 1380▸2
Anzahl 1097▸1; 1290▸2; 1324▸1
Anzahl, eine beachtliche 1821
anzahlen 1334
anzapfen 319▸1; 1209▸2
Anzeichen 927▸1; 1930▸2
anzeichnen 928▸3
**Anzeige 96**; 467; 940▸1
anzeigen 49▸2; 941▸1; 1115▸2; 1772; 1892▸1; 1931▸3
anzeigen, sich 1152▸2
Anzeigetafel 96▸2
anzetteln 1706▸2
**anziehen 97**; 208▸1; 426▸2; 1329▸1; 1504▸4; 1585▸2
anziehen, Blicke 117
anziehen, Schraube 410
anziehen, sich warm 1870▸2
anziehen, Tempo 389▸3
**anziehend 98**; 1330
Anziehung 975▸2; 1328▸2
Anziehungskraft 975▸2; 1328▸3
Anziehungspunkt 1074
anzischen 1386▸1
Anzug sein, im 66▸1; 396▸4; 954▸1
Anzug, im 1150▸3
anzüglich 90▸1; 237▸1; 1239▸5; 1488▸1
Anzüglichkeit 80▸2; 659▸1
anzünden 1870▸1
anzünden, Licht 239▸1
anzunehmen 78; 860▸1
anzunehmen, nicht 923▸2
anzuraten 800▸1; 1463▸1
anzurechnen, hoch 1728
anzusehen sein 157
anzusehen, nett 866
anzuzweifeln, kaum 860▸1
anzweifeln 1971
Äon 1644; 1932▸1
äonenlang 1643▸2
Apanage 1333▸1; 1676▸2
apart 272▸3; 454▸1; 1172▸3; 1226▸2
Apartheid 387▸2
Apartment 1916▸2
Apathie 1642▸4
apathisch 404▸4; 769▸3; 1641▸1
Aperçu 1679▸4
Aperitif 436▸1
Äpfel 342
Aphorismus 372▸3
aphoristisch 1000▸5
Aplomb 1139
apodiktisch 1532▸3
Apokalypse 1937▸1
Apologet 1397▸1
apologetisch 580▸6
Apologie 492▸2
Apoplexie 1388▸4
aporetisch 1660
Aporie 1661
Apostasie 5▸5
Apostat 929
apostatisch 930
apostrophieren 1169▸1
Apotheose 35
App 350▸1; 517▸3
Apparat 607▸1; 730; 1083▸1; 1198; 1564
Apparatur 167▸1; 730
Appartement 1916▸2
Appeal 953▸2; 1328▸3
Appeasement 149▸4
Appell 852; 1077▸3; 1348▸2; 1757▸2
appellieren 1076▸3
Appendix 517▸9
Appetit 1068▸1; 1757▸1
Appetit haben 869▸1
Appetit haben auf 215▸2
appetitanregend 99▸1; 108
Appetitanreger 1075▸3
Appetithappen 1075▸3
**appetitlich 99**
applanieren 150▸1
Applanierung 149▸1
applaudieren 945▸2
Applaus 229; 411▸2
Applikation 209▸1
Approbation 529▸2
approbieren 277▸5; 528▸2
approximativ 1650▸1
Apriori 795▸2
apropos 1162▸1
Apsis 1918▸3
Aquädukt 331▸1
Aquaplaning 765▸6
Aquarell 306▸2
aquarellieren 357▸1
Aquarellist 1078▸1
äquivalent 772
Äquivalent 502▸1; 547▸2; 1895▸2
Ära 1932▸1
Arabeske 1131▸1
**Arbeit 100**; 381▸1; 1022▸2
Arbeit, ohne 103
Arbeit, schriftliche 8▸2
**arbeiten 101**; 700▸3; 812▸1; 1040▸1; 1907▸1
arbeiten an 264▸2
arbeiten, als Prostituierte(r) 1274
arbeiten, an sich 507▸5
arbeiten, daran 530▸1
arbeiten, schlecht 1247
arbeiten, schwer 91▸3
Arbeiten, wissenschaftliches 634▸2
arbeitend 1553▸3
Arbeiter 102
Arbeitgeber 1682▸1
**Arbeitnehmer 102**
arbeitsam 619
Arbeitsanfall 289▸2
Arbeitsbereich 120
Arbeitseifer 420▸2

Arbeitseinstellung 1528
arbeitsfähig 754›5
Arbeitsfeld 120
Arbeitsfreude 420›2
arbeitsfreudig 619
Arbeitsgebiet 120; 568›2; 682›4
Arbeitsgemeinschaft 797›2
Arbeitsgerät 730
Arbeitsgruppe 797›2
Arbeitskampf 1528
Arbeitskraft 102; 975›1
Arbeitslager 1006›4
Arbeitslampe 1007›1
Arbeitsleistung 975›1; 1041›1; 1190›3
**arbeitslos 103**
Arbeitslust 420›2
Arbeitsmarkt 1081›2
Arbeitsniederlegung 1528
Arbeitspause 522›1
Arbeitsplatz 100›2
Arbeitsplatz, ohne 103
arbeitsscheu 1671›1
Arbeitsscheu 1672›1
Arbeitsschicht 1382›2
Arbeitsstätte 289›1
Arbeitssucht 1547›4
Arbeitstag 41›1
Arbeitstisch 1577
arbeitsunfähig 1037›1
Arbeitsverhältnis 100›2
Arbeitsvermögen 975›1; 1269›2
Arbeitsweise 1513›1
Arbeitswut 420›2
Arbeitszeit 1382›2
arbiträr 240; 1948›1
archaisch 43›5
Arche 1425›4
Arche Noah 1425›4
Archetyp 1131›4
Archipel 886
Architekt 189; 668›6
Archiv 1479›3
Archivierung 1357›4
Areal 618›3; 682›2; 792
areligiös 31›4
Arena 1372›1
arg 321›1; 1392›4; 1448›1; 1655›4
Arg 581›1
Arg, ohne 1154
**Ärger 104**; 1113; 1473›2
ärgerlich 129›2; 320›1; 1016›1; 1238›1; 1633›1
**ärgern** 89›4; **105**; 128›1; 1237›2; 1329›2
**ärgern, sich 105**
Ärgernis 104›3
Arglist 581›1; 895
arglistig 16; 321›2; 580›4
arglos 431›2; 1154
Arglosigkeit 432›2
Argument 791›2
Argumentation 791›2
argumentieren 498›3; 1394›3
Argwohn 1969›2
argwöhnen 1971
arid 1598›1
Arie 736›2
Aristokratie 36›2
arithmetisch 719›5
Arkaden 1918›2
Arkadien 1229
arkadisch 832›5
Arkanum 699›1
**arm 106**
Arm 775›1; 1972›3
Arm in Arm 1957
Armee 1097›3; 1106›2
Ärmelaufschlag 1286›9
Ärmelschoner 1425›2
Armeslänge 1151›1
Armlehne 807›5
Armleuchter 403›4; 1007›2
ärmlich 106›2; 951›2
Ärmlichkeit 1185›1
armselig 106›2
Armseligkeit 1185›1
Armstuhl 1465›1
Armut 1185›1
Armutszeugnis 597›5
**Aroma 107**; 743›3
**aromatisch** 99›2; **108**
aromatisieren 1924›1
Arrangement 776; 1128›2; 1708›1; 1732›1
Arrangeur 1129›1
arrangieren 753; 1221›3; 1707›1
arrangieren, sich 1474›4; 1731
Arrest 265; 689›1
arretieren 612›1; 1752
Arrival 67›1
arriviert 778›2
Arrivierten, die 1196›2
arrogant 456›2
Arroganz 457›1
Ars amandi 1050›2
Arsch 403›4; 1345
arschkalt 911›1
Arschkarte ziehen 1364›4
Arschkriecher 1216
Arschloch 403›4
Arsenal 1006›2; 1479›2
**Art 109**; 344; 630›1; 1289›2; 1513›1
Art und Weise 109›3
Art, von anderer 1779›1
Artdirector 1894›4
arte legis 996
Artefakt 1041›2
arteigen 768›4
arten nach 1610›3
Artenschutz 1854›1
artfremd 1779›1
artgleich 768›4
artifiziell 997
artig 326›1; 861; 1170›2
Artigkeit 84›1; 487›2
Artikel 8›1; 559
Artikulation 1489›2
artikulieren 161›2; 1490›1
artikuliert 376›2; 942›2
Artikulierung 1489›2
**Artist 110**
artverschieden 1779›1
artverwandt 768›4; 1808›2
**Arznei 111**; 1093›2
Arzneimittel 111›1; 1093›2; 1118›4
**Arzt 112**
Arztbesuch 280›1
Asche 709›3; 1335›1
Asche werden, zu 1745›5
Asche, alles 1739
Aschenbahn 682›3; 1884›2
Aschenputtel 159›1
Aschgraue, bis ins 1643›2
äsen 563›6
aseptisch 571›2
asexuell 571›2
Askese 1087›1; 1814›2
asketisch 1532›2
Aspekt 460›5; 1095›2
asphaltieren 177›1; 766›1
Asphaltschluchten 1495›2
Aspirant 94›2
Ass 515›4; 1496›1; 1846›1
Assekuranz 1783›2
Asservat 1938›1
Assessor 94›2; 1030›1

assig 404‣3
assimilieren, sich 72‣2
Assimilierung 73‣2
Assistent 835‣2
Assistenz 851‣1
assistieren 834‣2
assortieren 1221‣2
assortiert 147‣3
assortiert, wohl 1322‣2
Assoziation 1316; 1714‣2
assoziieren 1713‣3
assoziieren, sich 1224‣3
assoziiert 1723‣1
Assoziierung 1714‣6
Ast 1972‣3
asten 91‣3
Ästhet 110‣3; 723‣1; 998‣1
ästhetisch 991‣2; 1407‣1
Ästhetizismus 605‣2
astrein 412‣2; 1826‣1
Astrologe 1271
Astronautik 575‣4
astronomisch 788‣2
Asyl 1425‣4
Asylant 1102
Asylsuchender 1102
Atavismus 1343‣1
**Atelier 113**
Atem 1020‣3; 1063‣4
atemberaubend 889‣1
atemlos 545‣1
Atemluft 1063‣4
Atemnot 478‣2
Atempause 522‣1; 1817‣3
Atemzug, im selben 773
atheistisch 31‣4
Äther 1063‣1
ätherisch 1031‣3; 1065‣2; 1928‣1
Athlet 110‣2; 977; 1484
athletisch 976‣1; 1485‣1
**atmen 114**; 314‣1; 1019‣1
atmen, tief 114
Atmosphäre 1063‣1; 1296‣2
Atoll 886
Atom 190‣2; 1557‣3
Atomenergie 475‣2
atomisieren 1558‣1; 1936‣7
Atomkrieg 982‣2
Atomschlag 1937‣1
Atomstreitkraft 1106‣2
Atomzeit 1932‣2
Attaché 385‣1
Attachement 517‣3
Attacke 60‣1
attackieren 59‣2
attackierend 37‣1
**Attentat 115**; 1085; 1584‣1
Attest 278‣1; 499‣3; 1938‣1
attestieren 277‣1
Attitüde 1754‣3
Attraktion 763‣5; 953‣2; 1074; 1328‣3
attraktiv 1330
Attraktivität 890; 953‣2; 1328‣3
Attrappe 1137‣1; 1555‣2
Attrappe, als 316‣3
Attribut 927‣1
atzen 673‣1
ätzen 105‣1; 445‣2; 786; 904‣1
ätzend 458‣1; 819‣1; 841‣2; 1368‣3; 1488‣1; 1633‣3
Atzung 539‣1
**auch 116**
auch das noch 1168
Audienz 462‣2
Audiokassette 919‣2
Auditorium 282‣4; 1562‣1
Aue 618‣1
auf 859‣1; 1202‣1
auf Platte 391‣3
auf sich haben 199‣1
Auf und Ab 1705‣2
auf und davon 1883‣1
aufarbeiten 540‣1; 1143; 1709‣1
Aufarbeitung 541‣1
aufatmen 521‣1
Aufbau 508‣2; 560‣3; 630‣1; 776; 961‣1; 1222‣1; 1535
aufbauen 296‣1; 507‣3; 960‣1; 1224‣1; 1601‣1; 1680‣1
aufbauen, wieder 540‣1
aufbauend 754‣3
aufbäumen, sich 123‣2
aufbauschen 1618‣4
aufbegehren 123‣2; 128‣5
aufbereiten 196‣4; 1831‣2
aufbessern 1711‣3
Aufbesserung 1506‣1; 1712‣2
aufbewahren 122‣1
aufbieten, alles 91‣2
Aufbietung 449‣2
aufbinden 311‣7
aufbinden, Bären 1067
aufblähen 1618‣1; 1917‣1
aufblähen, sich 1264‣1
Aufblähung 1619‣3
aufblasen 1917‣1
aufblasen, sich 1264‣1
aufblenden 239‣1
aufblicken 824‣2; 1730‣1
aufblitzen 433‣1; 1376‣2
aufblühen 540‣5; 1209‣3
aufbrauchen 1719‣1
aufbrausen 105‣2; 1371‣2
aufbrausend 826‣3
aufbrechen 482‣1; 482‣2; 503‣2; 1209‣1
aufbrechen, gewaltsam 1209‣1
aufbrechen, Tür 430‣1
aufbringen 105‣1; 128‣1; 138‣1; 273‣1; 758‣2; 848‣3
Aufbruch 483‣3
Aufbruchswille 465‣2
aufbruchswillig 464‣2
aufbrühen 952‣2
aufbrummen 71‣1; 121‣4
aufbürden 235‣1
aufdecken 317‣3; 1203‣1; 1300‣3
aufdecken, Karten 1203‣3
aufdecken, sich 211‣7
Aufdeckung 1204‣1
aufdonnern 1618‣5
aufdonnern, sich 1287‣2
aufdrängen, sich 1519‣1
aufdrehen 88‣3; 393‣3
aufdringlich 118‣1; 1016‣3; 1552; 1909‣2
aufdröseln 1061‣3; 1591‣5
Aufdruck 927‣3; 1131‣1
aufdrucken 928‣4
aufdrücken 1209‣2
aufdrücken, Stempel 928‣4
aufeinander 454‣1
aufeinander folgend 349
Aufeinanderfolge 628‣1; 1324‣1
aufeinanderschichten 1356‣2
aufeinandersetzen 1356‣2
aufeinanderstoßen 1589‣2
aufeinandertreffen 1589‣2
Aufenthalt 807‣6; 1521
Aufenthalt, ohne 1659‣2
Aufenthaltsort 1916‣3
auferlegen 71‣1; 235‣2
auferstehen 540‣5
Auferstehung 541‣2
aufessen 1025‣3
aufessen, Suppe 1035‣2
auffächern 1558‣1
Auffächerung 1592‣2

auffahren 105▸2
auffahrend 826▸3
Auffahrt 517▸8; 1524
**auffallen** 89▸4; **117**; 172▸2; 881; 1616▸1; 1863▸1
auffallen, nicht 72▸2; 1231▸2
**auffallend** **118**; 272▸2; 550
auffällig 118▸1
auffangen 259▸1; 585▸1; 1426▸3
Auffassung 1095▸1
Auffassungsgabe 621▸2; 1785▸2
auffassungsschnell 620▸2; 887▸1
auffinden 617▸1
Auffindung 672▸1
aufflackern 141▸1; 328▸2
aufflammen 141▸1; 328▸2
auffliegen 1257▸3; 1378▸1
auffordern 279▸3; 313▸1; 444▸1; 1841▸2
auffordern zu 466▸1
Aufforderung 467
Aufforderung zum Tanz 840▸1
Aufforderung, wiederholte 1077▸1
aufforsten 540▸1
Aufforstung 541▸1
auffressen 536▸1
auffrischen 523▸1; 540▸1; 540▸4; 1900▸1
auffrischen, Farbe 587▸1
auffrischend 1065▸1; 1953
Auffrischung 541▸1; 1901
aufführen 557▸4; 1169▸2; 1482▸2
aufführen, einzeln 1933▸1
aufführen, sich 1753▸1
Aufführung 1708▸2; 1754▸1
auffüllen 516▸1; 671▸1
Auffüllung 517▸7
**Aufgabe** 100▸2; **119**; 135▸3; 381▸1; 483▸4; 636▸4; 1178▸1; 1814▸1
aufgabeln 617▸2
Aufgabenbereich 120; 682▸4
**Aufgabengebiet** **120**
Aufgabenkomplex 120
Aufgabenkreis 120
Aufgang 134▸3
aufgebaut 1898▸3
**aufgeben** **121**; 327▸2; 472▸1; 1014▸2; 1383▸4; 1591▸1; 1815▸1; 1818▸1
aufgeben, Anzeige 49▸2
aufgeben, einander 482▸5
aufgeben, Geist 1508▸1; 1775▸3
aufgeben, Hoffnung 121▸3; 1818▸1
aufgeben, Land 482▸4
aufgeben, nicht 64▸3; 224▸2
aufgeben, sich 64▸2
aufgeben, Stellung 993▸1
aufgeben, Wohnung 173▸1
aufgebläht 379▸2; 1620▸1
Aufgeblähtheit 1619▸3
aufgeblasen 379▸2; 456▸2
Aufgeblasenheit 457▸1
Aufgebot 96▸3; 449▸2
aufgebracht 320▸1
Aufgebrachtheit 104▸2
aufgebraucht 1023▸1
aufgebrezelt 1620▸3
aufgedonnert 1620▸3
aufgedreht 832▸3
aufgedunsen 379▸2
aufgefrischt 1172▸4
aufgehalten werden 1517▸1; 1816▸3
aufgeheizt 545▸1
aufgehen 51▸2; 503▸2; 520▸2; 1209▸3; 1292; 1789▸2; 1917▸1
aufgehen in 1215▸1
aufgehen, in Flammen 1745▸5
aufgehen, in Rauch 1745▸5
aufgehen, Licht 433▸1
aufgehoben, gut 1455▸3
aufgeilen 1737
aufgeilend 90▸3
aufgeklärt 642▸3; 1768▸2
aufgekratzt 545▸3; 832▸3
aufgeladen 545▸1
aufgelegt 573▸2
aufgelegt, gut 832▸3
aufgelegt, nicht 1037▸1
Aufgelegtsein 1515▸1
aufgelockert 642▸2; 1031▸3
aufgelöst 545▸3; 1157▸5; 1887▸4
aufgemotzt 1620▸3
aufgeputzt 1620▸3
aufgeräumt 728▸1; 832▸3; 1220▸1
Aufgeräumtheit 647▸1
aufgeregt 63▸1; 545▸1
Aufgeregtheit 546▸1
aufgerichtet 729▸1
aufgerichtet, hoch 729▸1
aufgerieben 1125▸2
aufgerundet 1650▸1
aufgeschlossen 464▸2; 745▸1; 892▸1; 1021▸2; 1116; 1768▸2
Aufgeschlossenheit 465▸2; 746▸1
aufgeschmissen 531▸2; 853▸2
aufgeschmissen sein 1517▸3
aufgeschossen 788▸1
aufgeschwemmt 379▸2
aufgesprungen 1302▸4; 1491▸2
aufgestanden, mit dem linken Fuß zuerst 1112
aufgestellt, gut 778▸2
aufgetakelt 1620▸3
aufgetaut 642▸2; 1157▸5
aufgeteilt 728▸3
aufgetragen 608▸4
aufgetragen, dick 1909▸2
aufgetrieben 379▸2
aufgewärmt 180
aufgeweckt 887▸1; 1021▸2
aufgeworfen 379▸4
aufgewühlt 63▸1; 545▸2
aufgießen 952▸2
aufgliedern 1591▸2; 1933▸1
Aufgliederung 46; 776; 1592▸2
aufgraben 784▸1
aufgreifen 122▸2; 126▸4; 585▸2; 1507▸2; 1752; 1841▸3
aufgreifen, wieder 1900▸3
aufgrund 48; 68▸1; 1885
Aufguss 564▸2; 1137▸1; 1901
aufhaben 1585▸2
aufhaken 1061▸4
aufhalsen 235▸2
aufhalten 854▸1; 1209▸1; 1519▸1; 1816▸2
aufhalten, sich 210▸3; 1019▸2
aufhängen 208▸1
**aufheben** 22▸4; 121▸1; **122**; 481▸4; 506▸1; 824▸1; 1059▸2; 1356▸1
Aufheben machen, großes 1618▸4
aufheben, Hand 277▸2
Aufhebung 483▸2
aufheitern 943▸4; 1601▸1
aufheiternd 75▸1
aufheizen 74▸2; 848▸3
aufhelfen 1540▸2
aufhellen 943▸4; 1144▸3; 1203▸2; 1601▸1
aufhetzen 848▸3
aufhetzend 366
aufholen 1143

aufhorchen 127▸1; 865▸1; 891▸2
aufhören 439▸1; 472▸1; 472▸2; 1745▸1
aufhören, nicht 362▸2
aufhübschen 1711▸1
aufjagen 389▸2
aufkaufen 921▸2
aufkeimen 503▸2
aufklappen 1209▸2
aufklaren 943▸4
aufklären 317▸3; 498▸3; 525▸4; 533; 943▸1; 943▸4; 1115▸1; 1203▸2; 1725▸2
Aufklärer 370; 1252▸1
Aufklärung 526▸1; 534
aufklauben 122▸2; 543; 1356▸1
Aufkleber 927▸3
aufklinken 1209▸2
aufknacken 1209▸2
aufknöpfen 1209▸2
aufknoten 1209▸2
aufknüpfen 1209▸2; 1583▸2
aufkommen 409▸3; 503▸1; 503▸5; 521▸2; 720▸1; 954▸1
Aufkommen 50▸1; 522▸2
aufkommen für 302▸1; 1784▸3
aufkommen lassen, nicht 1675▸1
aufkommen, für den Lebensunterhalt 1784▸3
aufkreuzen 281▸1
aufkriegen 1209▸2
aufkündigen 121▸2; 993▸1
aufkündigen, Freundschaft 327▸2
auflachen, hell 1004▸2
aufladen 235▸1; 671▸2
aufladen, sich 1585▸1
Auflage 205▸2; 1245; 1770▸2
Auflage machen 71▸1
auflassen 121▸1
Auflassung 119▸2; 483▸2
Auflauf 1097▸3
auflaufen 66▸1; 1378▸5; 1505▸3
auflaufen lassen 30▸4; 854▸3
aufleben 521▸2; 540▸5
aufleben lassen 523▸1
auflegen 1482▸7; 1769▸1
auflegen, neu 1900▸3
auflegen, sich 123▸1
**auflehnen 123**
**auflehnen, sich 123**; 520▸5
Auflehnung 1897▸2
auflesen 122▸2; 543; 617▸1
aufleuchten 1376▸2
auflisten 612▸2
Auflistung 1813▸1
auflockern 197; 1061▸6
auflodern 328▸2
auflösen 121▸1; 472▸1; 1061▸3; 1300▸3; 1933▸1
auflösen, Ehe 1591▸1
auflösen, sich 1745▸4
auflösen, sich in nichts 1710▸4; 1745▸1
Auflösung 46; 518; 594; 672▸2; 1176▸1; 1937▸2
aufmachen 51▸3; 88▸3; 166▸2; 197; 544▸1; 1061▸4; 1209▸1
aufmachen, sich 482▸2
Aufmachung 167▸3; 953▸2; 1286▸2
Aufmachung, große 1281▸1
Aufmarsch 1324▸3
aufmarschieren 66▸1; 138▸3
aufmeißeln 1209▸2
aufmerken 127▸1
**aufmerksam 124**; 421; 488; 651▸1; 861; 888▸2; 892▸1; 1170▸1; 1471▸1
aufmerksam machen 89▸3; 858; 1203▸2
aufmerksam werden 891▸2
Aufmerksamkeit 465▸2; 487▸2; 674▸2; 890; 1346; 1470▸2
aufmischen 848▸3
aufmöbeln 74▸3; 538▸2
aufmotzen, sich 1287▸2
Aufmotzung 167▸3
aufmucken 123▸2
aufmuntern 74▸3; 538▸1; 1601▸1; 1677▸2
Aufmunterung 1600
aufmüpfig 423; 640▸1
**Aufnahme 125**; 306▸3; 462▸2; 1357▸4
Aufnahme machen 1▸2
aufnahmebereit 464▸1
Aufnahmebereitschaft 465▸2
aufnahmefähig 464▸1
Aufnahmefähigkeit 465▸2; 621▸2; 1497▸4
Aufnahmegerät 730
Aufnahmeleitung 1043▸1
aufnahmewillig 464▸1
**aufnehmen** 122▸2; **126**; 328▸6; 357▸1; 393▸8; 433▸3; 523▸2; 824▸1; 1356▸4; 1362▸1; 1709▸1
Aufnehmen 1864▸1
aufnehmen, Beziehung 1152▸4
aufnehmen, es mit jmdm. 915▸2
aufnehmen, Kampf 59▸1
aufnehmen, Kontakt 1152▸4
aufnehmen, Kredit 319▸1
aufnehmen, Verbindungen 435▸2
aufnehmen, wieder 1900▸3
aufopfern 1215▸1
aufopfern, sich 1215▸1
Aufopferungsfähigkeit 1640
aufopferungsvoll 1639
aufpacken 235▸1
aufpäppeln 138▸1; 673▸1
**aufpassen 127**; 245▸1; 870; 1784▸2
aufpassen, nicht 1387▸3
Aufpasser 246▸2; 1874
aufpeitschen 74▸3; 848▸3
aufpeitschend 75▸3; 129▸1
aufpfropfen 1947▸1
aufpiepen 1209▸1
aufplustern 1618▸1
aufplustern, sich 1264▸1; 1507▸5
aufpolieren 540▸1
aufpoliert 1172▸4
aufpoppen 1209▸3
aufprägen 445▸2; 928▸4
Aufprall 1522
aufprallen 89▸1
aufpulvern 74▸3
aufputschen 74▸3; 848▸3
aufputschend 75▸3
Aufputschmittel 1306
Aufputz 167▸3; 1286▸2
aufputzen 1618▸5
aufquellen 1292; 1917▸1
aufraffen, sich 496▸2; 520▸2
aufragen 1503▸2
aufragend 859▸3
aufrappeln, sich 496▸2
aufrauen 1321▸4
aufräumen 481▸2; 1221▸1
aufräumen mit 481▸4
aufrechnen 150▸4; 1852; 1926▸1
aufrecht 130; 326▸2; 729▸1; 1966▸1
aufrecht stehen 1503▸1
aufrechterhalten 224▸1; 1677▸1

Aufrechterhaltung 1243▸2
aufreden 206; 1756▸2
**aufregen** 74▸3; **128**; 217▸1; 261▸5; 1228▸1; 1329▸1
**aufregen, sich 128**; 1371▸2
**aufregend** 75▸3; **129**; 889▸1
aufregend, nicht 1086▸2
Aufregung 61▸2; 546▸1; 1473▸1
aufreiben 536▸1; 1321▸4; 1430; 1719▸3; 1936▸2
aufreiben, sich 91▸3
aufreibend 129▸2; 1436▸2
aufreißen 1209▸1; 1254▸3; 1737
aufreißen, alte Wunden 1237▸3
aufreißen, Fresse 1264▸2
aufreißen, Maul 1264▸2
aufreizen 848▸3; 1329▸1
aufreizend 37▸1; 75▸3; 129▸2; 366; 839
Aufreizung 365
aufrichten 538▸2; 557▸4; 1498▸2; 1601▸1
aufrichten, sich 520▸1; 1507▸5
aufrichtend 1602
**aufrichtig** 85▸3; **130**; 542▸1
Aufrichtigkeit 432▸1; 1205▸1
Aufrichtung 560▸3; 1499▸2; 1600
Aufriss 1253▸2; 1608▸1
aufrollen 393▸2; 1209▸2; 1841▸3
aufrollen, sich 393▸3
aufrollen, wieder 1900▸3
aufrücken 175
Aufruf 852; 1077▸3; 1348▸2
aufrufen 1349▸1
Aufruhr 133▸3
Aufruhr, innerer 546▸4
aufrühren 848▸3; 1228▸1; 1900▸3
aufrunden 516▸2
aufrüsten 1831▸7
Aufrüstung 1832▸2; 1855▸2
aufrütteln 74▸2; 538▸2; 1228▸1; 1882▸1
aufrüttelnd 129▸1
Aufsage 119▸3
aufsagen 121▸2; 1775▸5; 1848▸1
aufsagen lassen 1279▸1
aufsammeln 122▸2; 617▸1; 1356▸1
aufsässig 423
Aufsatz 8▸2
aufsaugen 126▸3; 1599▸2
aufschauen 824▸2; 1370▸1; 1730▸1
aufscheinen 1376▸2; 1931▸6
aufscheuchen 389▸2
aufschichten 1356▸2
aufschieben 1538; 1816▸1; 1944
aufschießen 520▸2; 1527▸1
Aufschlag 1286▸9; 1506▸2; 1522
aufschlagen 66▸1
aufschlagen, Augen 824▸2
aufschlagen, Zelte 1179▸1
aufschließen 1209▸1
aufschlitzen 1209▸2
Aufschluss 526▸1
aufschlüsseln 1933▸1
aufschlussreich 236▸1; 889▸2
aufschnappen 512▸3; 585▸1; 865▸1
aufschnappen, etwas 527
aufschneiden 428▸3; 1209▸2; 1264▸1; 1404▸1; 1591▸4
Aufschneider 1432
Aufschneiderei 457▸1
aufschnüren 1209▸2
aufschrammen 1321▸4
aufschrauben 1061▸1; 1209▸2
aufschrecken 62▸1; 1871; 1882▸1
Aufschrei 940▸2; 1897▸2
aufschreiben 1416▸1
Aufschub 1817▸1
aufschürfen 1321▸4
aufschütteln 1061▸6
aufschwatzen 206; 1756▸2
aufschwellen 1917▸1
aufschwemmen 1917▸1
aufschwingen, sich 496▸2; 520▸2
**Aufschwung 131**; 522▸2; 1506▸1
aufsehen 824▸2
Aufsehen 549
aufsehen zu 1730▸1
Aufsehen, ohne 831▸1
Aufseher 1874
aufsetzen 1179▸4; 1254▸3; 1416▸2; 1585▸2; 1947▸1
aufsetzen, Dämpfer 493
aufsetzen, Glanzlichter 1825
aufsetzen, Hörner 291▸3
aufsetzen, sich 520▸1
**Aufsicht 132**; 1043▸2; 1425▸3
Aufsichtsperson 1874
aufsitzen 1378▸5; 1763▸2
aufspalten 1591▸2
aufspalten, sich 1558▸3
Aufspaltung 1592▸2
aufsparen 122▸1; 1474▸1
aufspeichern 122▸1
aufsperren 1209▸1
aufsperren, Mund und Nase 1921▸1
aufspielen 1482▸3
aufspielen, sich 428▸3; 1264▸1
aufspießen 208▸1
aufspringen 453▸1; 1209▸3
aufspüren 617▸1
aufstacheln 848▸3; 1329▸2
**Aufstand 133**
Aufständischer 916▸5
aufstapeln 1356▸2
aufstechen 1209▸1
aufstecken 121▸3; 472▸1; 824▸1
aufstecken, Licht 525▸4
aufstehen 123▸2; 520▸1
aufstehen, wieder 521▸2
aufsteigen 175; 520▸2; 1504▸2; 1504▸3; 1711▸6
aufsteigend 1412▸3
aufstellen 22▸3; 1221▸3; 1507▸1; 1859▸2
aufstellen lassen, sich 1507▸3
aufstellen, sich 138▸3; 1507▸5
Aufstellung 776; 1813▸1
aufstieben 520▸2
**Aufstieg 134**; 508▸1; 515▸1; 1506▸1
aufstöbern 617▸1
aufstocken 144▸1; 516▸1
aufstören 1882▸1
aufstoßen 89▸1; 1209▸1
aufstreben 1525▸2
aufstützen, sich 123▸1; 1540▸2
aufsuchen 281▸1; 1546▸4
auftakeln 1618▸5
auftakeln, sich 1287▸2; 1711▸1
Auftakt 50▸1
auftanken 521▸3; 671▸1
auftauchen 66▸1; 503▸3; 520▸3; 954▸2; 1616▸3; 1931▸6
auftauchen, wieder 523▸1
auftauen 1061▸2
aufteilen 1221▸2; 1558▸2; 1591▸2; 1792▸1; 1933▸1
aufteilen, sich 1792▸3
Aufteilung 776; 1793
auftischen 49▸3; 201▸2; 1852
**Auftrag** 119▸1; **135**; 207▸1; 1348▸1
auftragen 49▸3; 201▸2; 279▸1; 1719▸3

auftragen, andere Farbe 587▸1
auftragen, dick 1618▸4
Auftraggeber 995▸1
auftreiben 273▸1; 617▸1; 1224▸2; 1917▸1
auftrennen 1591▸4
auftreten 66▸1; 357▸4; 954▸2; 1264▸1; 1482▸1; 1753▸1
Auftreten 67▸1
Auftreten, sicheres 1456▸4
auftretend, verfrüht 1853▸2
Auftrieb 76▸2; 131; 289▸2
Auftritt 67▸1; 139▸2; 359▸3; 1530▸2; 1708▸2
Auftritt, beim ersten 52▸3
auftrittsicher 1455▸8
auftun 617▸1; 1209▸1
auftun, sich 1209▸3
auftürmen, sich 1503▸2; 1505▸3
aufwachsen 507▸1
aufwallen 952▸1
Aufwallung 104▸2; 142▸2; 546▸4
**Aufwand 136**; 449▸2; 1281▸1
Aufwand, ohne 431▸3
Aufwandsentschädigung 495▸3
aufwärmen 1870▸1
aufwärmen, alte Geschichten 1011▸1
aufwärmen, sich 1870▸2
Aufwartefrau 823▸2
aufwarten 49▸3; 201▸2
**aufwärts 137**
Aufwärtsentwicklung 131; 635
Aufwartung 202▸2; 280▸1
Aufwartung machen 281▸1
aufwaschen 1362▸1
aufwecken 1882▸1
aufweichen 1061▸2
aufweisen 804▸1; 1931▸3
aufwenden 302▸1; 1719▸1
aufwendig 1263; 1570; 1656▸4
Aufwendung 449▸2
Aufwendungen 136▸1; 973▸1; 1676▸1
aufwerfen 1841▸3
aufwerfen, Gischt 1371▸1
aufwerten 1711▸2
Aufwertung 1712▸2
aufwickeln 393▸2
aufwiegeln 848▸3
Aufwiegelung 365
aufwiegen 150▸4; 494▸1
Aufwiegler 364; 1267▸3; 1419▸3
aufwieglerisch 366
aufwinden 393▸2
aufwirbeln 393▸1
aufwirbeln, Staub 117; 128▸3; 945▸1
aufwischen 1362▸1
aufwühlen 261▸5; 1228▸1
aufwühlend 129▸1
aufzählen 1169▸2; 1926▸1
aufzäumen 1831▸3
aufzäumen, Pferd am Schwanz 898▸3; 1653▸2
aufzehren 563▸1; 1719▸1
aufzehren, Kräfte 536▸1
aufzeichnen 126▸5; 328▸6; 1416▸1
Aufzeichnung 125▸1; 1182▸1
Aufzeichnungen 174
aufzeigen 525▸1; 1725▸1; 1931▸3
**aufziehen 138**; 1152▸2; 1487▸1; 1585▸2; 1680▸1; 1707▸1
aufziehen, weiße Flagge 1378▸3
Aufzucht 562▸1; 1946▸1
aufzucken 1376▸2
aufzufinden sein, nicht 1710▸4
**Aufzug 139**; 167▸3; 576▸9; 946▸1
aufzuwiegen, nicht mit Gold 148▸1; 970
aufzwingen, Willen 1975▸1
Augapfel 140; 710; 971▸3
Auge haben auf, ein 870
Auge in Auge 692▸2
Auge um Auge 1747▸1
**Augen 140**
äugen 245▸2; 1447
Augen haben, vor 1447
Augen lassen, nicht aus den 79▸2; 245▸1
Augen machen, große 1921▸1
Augen, mit verbundenen 316▸1
Augen, unter vier 1239▸3; 1797
Augen, vor aller 1206▸1
Augenblick 695▸1; 948▸3; 1932▸1
Augenblick zum andern, von einem 1258
Augenblick, auf einen 1000▸4
Augenblick, günstiger 1932▸1
Augenblick, im 696▸1
Augenblick, im falschen 1656▸1
Augenblick, im letzten 474▸2; 1477▸2
Augenblick, im selben 773; 1405▸2
Augenblick, jeden 178
augenblicklich 696▸1; 768▸3; 1405▸2; 1834
Augendiener 1397▸1
Augendienerei 1057▸4
augenfällig 77▸1; 942▸3; 1786▸1
Augenfälligkeit 1787
Augenglas 764▸3
Augengläser 764▸3
Augenhöhe, in 772
Augenlicht, ohne 316▸1
augenlos 316▸1
Augenmaß, nach 1650▸1
Augenmerk 890
Augenschein 158; 944▸1
augenscheinlich 78
Augenschmaus 727▸1
Augentäuschung 1555▸2
Augentrug 1555▸2
Augenweide 727▸1
Augenwischerei 290; 877▸3
Augenzeuge 246▸1; 258▸2; 336
Augenzeuge sein 512▸1
Augenzeugenbericht 256▸3
Augenzeugenschaft 514▸1
augenzwinkernd 1965
Auges, offenen 124▸1
Auges, tränenden 1655▸2
Augur 1271
Auktion 1755▸3
auktionieren 1756▸1
Au-pair-Mädchen 823▸3
Aura 1328▸3
Aureole 829
aus 1023▸1; 1582▸2; 1739
Aus 1395▸2
aus sein auf 1525▸1
ausarbeiten 196▸1; 507▸3; 753; 1416▸3
Ausarbeitung 223▸1
ausarten 144▸4
ausatmen 114; 1508▸1
ausbaden 343
ausbaggern 784▸1
ausbalancieren 150▸5
ausbalanciert 816▸3
ausbaldowern 617▸1
Ausbau 508▸2; 517▸1
ausbauen 144▸1; 369▸4; 507▸3; 516▸1; 1224▸1; 1711▸2
ausbedingen, sich 193▸1

ausbeißen, sich die Zähne 1378›6
ausbessern 540›1
Ausbesserung 541›1; 1712›1
Ausbeute 515›5; 518; 672›1; 1190›1; 1727›2
Ausbeute, magere 1890›1
ausbeuten 152›2; 1191›3
Ausbeuter 1270
Ausbeutung 153›2; 1454
ausbezahlen 302›2
ausbieten 49›1
ausbilden 1029›2; 1831›3
ausbilden, sich 1044›2
Ausbilder 1030›2
Ausbildung 95›1; 562›2; 1028›2
ausbitten, sich 193›1; 313›1
ausblasen 1059›1
ausblasen, Lebenslicht 1583›1
ausbleiben 596›1
Ausbleiben 33›1
ausbleiben, nicht 214›2
ausbleichen 1144›3; 1719›5
ausblenden 151›1
Ausblick 164›1
ausbluten 1025›5
ausbohren 784›1
ausbooten 993›2; 1364›1
**ausbrechen** 20›1; **141**; 328›2; 503›2; 622›1
ausbrechen, in Gelächter 1004›2
ausbrechen, in Tränen 941›3
ausbreiten 144›1; 1426›1; 1722›1
ausbreiten, sich 144›4; 161›1; 1527›3; 1792›3
Ausbreitung 145›1; 785; 1506›3
ausbremsen 808›1; 854›3
ausbringen, Hoch 89›6
ausbringen, Toast 89›6
**Ausbruch** 50›1; **142**
ausbrüten 557›6; 679›2; 960›2; 1254›3
ausbrüten, etwas 527
ausbuddeln 784›2
ausbügeln 259›1; 766›2; 943›1
ausbuhen 1805›2
ausbürgern 171›1
Ausbürgerung 1800
ausbürsten 1362›2
ausbüxen 622›1
Ausdauer 611›4; 685›1
**ausdauernd 143**; 619; 1925›1; 1966›2
**ausdehnen 144**; 1527›2; 1722›1
**ausdehnen, sich 144**
**Ausdehnung 145**; 618›2; 789›1; 1084›2; 1626
ausdenken 369›2
ausdenken, sich 960›2; 1843›2
ausdeuten 525›3
Ausdeutung 526›2
ausdiskutieren 943›1
ausdörren 1599›5
ausdrehen 1059›1
**Ausdruck 146**; 220; 630›2; 749›2; 967›1
Ausdruck, bildlicher 1749›2
ausdrücken 161›2; 199›1; 400›2; 1059›1
ausdrücken, Dank 355›1
ausdrücklich 16; 272›1; 376›2; 1140›2
Ausdrucksform 1513›1
ausdruckslos 571›2; 1012›2; 1635
Ausdruckslosigkeit 591
ausdrucksstark 77›2; 888›3; 1909›2
ausdrucksvoll 77›2; 888›3; 1021›4; 1140›2
Ausdrucksweise 1489›2; 1513›1
ausdünnen 1002›2
ausdünsten 154; 1441›1
Ausdünstung 155›1
auseinanderbrechen 327›1
auseinanderbringen 1591›2
auseinanderdividieren 1591›2
auseinanderfallen 1061›2; 1745›2
auseinandergehen 482›5; 963›2; 1591›1; 1792›3
Auseinandergehen 1592›1
auseinanderhalten 1683›1; 1697›3
auseinanderkennen 1683›1; 1697›3
auseinanderkommen 1531›1
auseinanderlaufen 1061›2; 1591›1; 1792›3
auseinanderleben, sich 482›5
auseinanderlegen 525›1
Auseinanderlegung 526›1
auseinandernehmen 1558›1; 1933›1
auseinanderreißen 1591›2
auseinandersetzen 525›1
auseinandersetzen mit, sich 264›2
auseinandersetzen, sich 275›3; 1531›2; 1709›1
Auseinandersetzung 276›3; 914›2; 1530›1
Auseinandersetzung, bewaffnete 982›1
Auseinandersetzung, militärische 982›1
auseinandersetzungsfähig 976›5
auseinandersetzungsfreudig 917
auseinandersetzungsstark 917
auseinandertreiben 1799›1
auserkoren 147›2
ausersehen 147›2
auserwählt 147›2
Auserwählte 710
Auserwählter 711
ausessen 1025›3
ausfahren 482›3; 1383›3
Ausfahrt 483›3; 1210›1; 1524
Ausfall 33›1; 238; 1363›1; 1776›2
ausfallen 596›3
ausfallen, gut 712›1
ausfallend 237›1; 1239›5
ausfällig 237›1; 640›3
Ausfälligkeit 238
ausfechten, Strauß 1531›2
ausfeilen 196›2
ausfertigen 530›2
Ausfertigung 532›2; 566; 1536›4
ausfindig machen 533; 617›1; 1300›3
ausfliegen 1326›1
ausfließen 1025›5
ausflippen 128›5; 217›2
Ausflucht 499›2; 1066›2
Ausflüchte machen 170›2; 1018›2
Ausflug 575›1
Ausflug machen 1867
Ausflügler 1327›1
Ausfluss 155›1; 628›3; 1210›6; 1910›2
ausformen 753
Ausformung 109›1
ausforschen 245›3; 533; 633; 637›2
Ausforschung 534

ausfragen 637 ▸ 2
Ausfragerei 636 ▸ 1; 1173
Ausfuhr 811 ▸ 3
ausführbar 1123 ▸ 1
ausführen 196 ▸ 1; 222 ▸ 3; 268 ▸ 1; 525 ▸ 1; 530 ▸ 1; 812 ▸ 2; 1810 ▸ 1; 1825
ausführen, Befehl 701 ▸ 1
ausführlich 719 ▸ 4
Ausführung 163 ▸ 1; 223 ▸ 1; 359 ▸ 1; 526 ▸ 1; 532 ▸ 1; 1828
ausfüllen 212 ▸ 1; 219 ▸ 1; 530 ▸ 2; 540 ▸ 2; 671 ▸ 2
ausfüllend 778 ▸ 3
ausfüttern 673 ▸ 2
Ausgabe 1755 ▸ 1; 1770 ▸ 1; 1793
Ausgabe, erste 1225 ▸ 1
Ausgaben 136 ▸ 1; 973 ▸ 1
Ausgang 518; 1210 ▸ 1; 1395 ▸ 1
Ausgang, guter 1395 ▸ 2
Ausgangsbasis 793 ▸ 2
Ausgangslage 1005 ▸ 2
Ausgangspunkt 793 ▸ 2; 1291 ▸ 2
Ausgangsverbot 1716 ▸ 2
ausgearbeitet 1323 ▸ 3
ausgeben 302 ▸ 1; 1558 ▸ 2; 1719 ▸ 1; 1792 ▸ 1
ausgeben als 224 ▸ 1
ausgeben, einen 444 ▸ 2
ausgeben, sich als 1067
ausgebessert 728 ▸ 1
ausgebeten haben, sich 193 ▸ 1
ausgebildet 513 ▸ 1
ausgeblichen 590 ▸ 1
ausgeblutet 847 ▸ 2
ausgebrannt 847 ▸ 2; 1023 ▸ 5; 1582 ▸ 2
ausgebrochen 1883 ▸ 1
ausgebrütet 683 ▸ 2
ausgebucht 1553 ▸ 4; 1883 ▸ 2
ausgebufft 513 ▸ 1; 569 ▸ 2
Ausgebürgerter 1102
Ausgeburt 184; 1381
ausgedacht 1698
ausgedehnt 788 ▸ 2; 1008 ▸ 1; 1888 ▸ 1
ausgedient 43 ▸ 6
Ausgedienter 44 ▸ 2
ausgedörrt 817 ▸ 1; 1598 ▸ 1
ausgefallen 118 ▸ 1; 550; 1412 ▸ 5; 1453 ▸ 1
ausgefallen, gut 801 ▸ 2
ausgefeilt 1323 ▸ 3; 1968 ▸ 2
ausgefertigt 531 ▸ 1
ausgeflippt 1773 ▸ 1
Ausgeflippter 159 ▸ 4
ausgeflogen 1023 ▸ 2
ausgefranst 1302 ▸ 2
ausgeführt 531 ▸ 1; 608 ▸ 1
ausgefüllt 1824 ▸ 1
ausgegangen 1582 ▸ 2; 1883 ▸ 2
ausgeglichen 765 ▸ 4; 816 ▸ 3; 1352 ▸ 3; 1645 ▸ 2
Ausgeglichenheit 815 ▸ 2; 1350 ▸ 2
ausgegossen 1023 ▸ 1
ausgehen 472 ▸ 2; 482 ▸ 1; 1144 ▸ 3
ausgehen auf 1525 ▸ 1; 1919 ▸ 1
ausgehen, gnädig 712 ▸ 1
ausgehen, gut 712 ▸ 1
ausgehungert 216 ▸ 2; 1428 ▸ 4
ausgeklügelt 414 ▸ 1; 1323 ▸ 3; 1968 ▸ 2
ausgekocht 1391 ▸ 1
ausgekrochen 683 ▸ 2
ausgelassen 832 ▸ 3; 1883 ▸ 2
Ausgelassenheit 647 ▸ 4
ausgelastet 1553 ▸ 4
ausgelaufen 1392 ▸ 6
ausgelaugt 1023 ▸ 5
ausgeleiert 43 ▸ 3; 180
ausgelichtet 951 ▸ 1
ausgeliefert 853 ▸ 3; 1314
ausgelobt 148 ▸ 2
ausgelutscht 1023 ▸ 5
ausgemacht 531 ▸ 1; 1636 ▸ 2
ausgemergelt 408 ▸ 2; 847 ▸ 3
ausgenommen 160 ▸ 1
ausgenüchtert 1360 ▸ 3
ausgepicht 1391 ▸ 1
ausgepowert 1023 ▸ 5; 1125 ▸ 1
ausgeprägt 346 ▸ 2
ausgepresst 1023 ▸ 5
ausgepumpt 1023 ▸ 5; 1125 ▸ 2
ausgepunktet 531 ▸ 3
ausgerechnet 1168
ausgereift 1323 ▸ 3; 1826 ▸ 1
ausgesaugt 1023 ▸ 5
ausgeschaltet 103
ausgeschieden 103
ausgeschlafen 1021 ▸ 2; 1391 ▸ 1
ausgeschlossen 447 ▸ 1; 531 ▸ 3; 1314; 1660
ausgeschlossen, nicht 1123 ▸ 1
ausgeschüttet 1023 ▸ 1
ausgesetzt 853 ▸ 4
ausgesetzt, dem Wind 1065 ▸ 3
ausgesogen 1023 ▸ 5
ausgesprochen 346 ▸ 2; 376 ▸ 2; 1636 ▸ 2
ausgestalten 516 ▸ 1; 753; 1224 ▸ 1
ausgestanden 608 ▸ 1
ausgestattet 250 ▸ 2
ausgestattet sein 804 ▸ 1
ausgestorben 1023 ▸ 2; 1582 ▸ 2
ausgestorben, wie 447 ▸ 3
ausgestoßen 447 ▸ 1; 531 ▸ 3; 1314
Ausgestoßener 159 ▸ 3
**ausgesucht 147**; 414 ▸ 1
ausgetrocknet 817 ▸ 1; 1598 ▸ 1
ausgetrunken 1023 ▸ 1
ausgewachsen 1323 ▸ 2
ausgewählt 147 ▸ 1
Ausgewiesener 1102
ausgewildert 642 ▸ 5
ausgewogen 732 ▸ 1; 816 ▸ 3
Ausgewogenheit 815 ▸ 2
ausgewrungen 1023 ▸ 5
ausgezählt 531 ▸ 3
ausgezehrt 1428 ▸ 4
**ausgezeichnet 148**; 788 ▸ 4
ausgezogen 1149 ▸ 1; 1883 ▸ 1
ausgiebig 1322 ▸ 4
ausgießen 1025 ▸ 2
**Ausgleich 149**; 495 ▸ 1; 653 ▸ 1; 1749 ▸ 3
**ausgleichen 150**; 259 ▸ 1; 302 ▸ 4; 343; 438; 1059 ▸ 2; 1764 ▸ 1
ausgleichend 655 ▸ 1
Ausgleichung 149 ▸ 1
ausgleiten 578 ▸ 1
ausgliedern 165 ▸ 4
ausgraben 617 ▸ 1; 784 ▸ 2
Ausgrabung 672 ▸ 1
ausgreifen 426 ▸ 1
ausgrenzen 1109 ▸ 1
ausgrenzend 386
Ausgrenzung 387 ▸ 1; 1110
Ausguck 1605 ▸ 1
Ausguss 1210 ▸ 6; 1210 ▸ 7
aushaken 1775 ▸ 3
aushalten 224 ▸ 2; 519 ▸ 3; 1035 ▸ 1; 1585 ▸ 3
aushalten, jmdn. 1784 ▸ 3
aushalten, Vergleich nicht 6 ▸ 4
aushandeln 1731
aushandeln, heimlich 291 ▸ 2
aushändigen 680 ▸ 1; 1613; 1792 ▸ 1
Aushändigung 1793
Aushang 96 ▸ 3; 1813 ▸ 2
aushängen 49 ▸ 1; 1115 ▸ 4; 1769 ▸ 2

Aushängeschild 763▸5; 927▸3; 1802▸3
ausharren 224▸2; 1873▸1
aushauchen 1508▸1
aushauen 753
aushäusig 1883▸1
aushebeln 854▸3
ausheben 455▸2; 784▸1
Aushebung 207▸2
aushecken 369▸2; 557▸6
ausheilen 521▸2; 720▸2; 828▸1
aushelfen 319▸2; 834▸1; 1801▸1
Aushilfe 835▸2; 851▸1; 1803
Aushilfskraft 1802▸4
aushilfsweise 1849▸2
aushöhlen 536▸1; 784▸1
ausholen 637▸2; 1725▸3
ausholzen 1002▸2
aushorchen 637▸2
Aushorcher 246▸2
auskämpfen 1482▸8
auskaspern 1731
auskennen, sich 513▸2; 925▸2; 1789▸4; 1913
ausklammern 151▸2
ausklamüsern 1300▸3; 1791▸2
Ausklang 1395▸2
auskleiden 173▸4; 198; 673▸2
Auskleidung 867▸3
ausklingen 472▸2
ausklopfen 1362▸2
ausklügeln 369▸2; 960▸2; 1791▸2
auskneifen 141▸3; 622▸1
ausknipsen 1059▸1
ausknobeln 1791▸2
ausknocken 1389▸2
auskochen 519▸2; 1254▸3
auskommen 489▸2; 622▸1; 726▸2
Auskommen 442; 1022▸1; 1676▸1
Auskommen haben 726▸2
auskommen können, nicht ohne 325
auskommen, gut 1789▸6
auskömmlich 339▸1; 725
auskosten, voll 722
auskratzen 622▸1; 1025▸3
auskriechen 507▸1
auskühlen 548▸2; 990▸1; 1144▸2
auskundschaften 533
Auskunft 1117
auskungeln 1731
auskurieren 720▸1
auslachen 317▸2; 1487▸2
ausladen 1025▸1; 1917▸1
ausladend 379▸4; 1888▸1
Ausladung 1026
Auslage 168▸1
Auslagen 136▸1; 973▸1
auslagern 1617▸1
Auslagerung 119▸2
Ausland 646▸1
Ausland, im 645▸3
ausländisch 645▸1
Auslandskorrespondent 258▸1
Auslandsmarkt 1081▸2
Auslandsvertretung 1803
auslangen 726▸1
Auslass 1210▸1
**auslassen 151**
auslassen über, sich 275▸2
auslassen, sich 161▸1
Auslassung 163▸1; 330; 597▸2; 984▸1
Auslastung 153▸1
Auslauf 1304▸2; 1395▸1
auslaufen 10▸3; 472▸2; 482▸3; 1025▸5; 1144▸3
auslaufend 13
Ausläufer 1395▸1
Auslaufmodell 1703
auslaugen 1719▸3
Auslaugung 153▸2
ausleben, sich 722
ausleeren 1025▸2
auslegen 49▸1; 198; 239▸2; 319▸2; 525▸3; 673▸2
auslegen, falsch 898▸4
Auslegeware 1568
Auslegung 359▸2; 526▸2
ausleihen 319▸2
ausleiten 472▸1
Auslese 169▸1; 1357▸1
auslesen 165▸1
ausleuchten 239▸1
auslichten 1002▸2
ausliefern 1383▸3; 1613
ausliefern, sich 9▸2; 1507▸4
Auslieferung 119▸5; 1586▸1; 1755▸1
auslöffeln 1025▸3
auslöffeln, Brei 1035▸2
auslöffeln, Suppe 343
ausloggen 1061▸1
auslöschen 1059▸1; 1675▸2; 1936▸2
auslosen 1792▸1
auslösen 89▸5; 1706▸1; 1882▸2; 1907▸4
Auslöser 791▸1; 1328▸1
Auslosung 1793
ausloten 612▸3; 633
Auslotung 613▸2
auslüften 1064
Auslug 1605▸1
auslutschen 1939▸4
ausmachen 22▸2; 490; 617▸1; 972▸1; 1059▸1; 1447; 1731
ausmachen, etwas 199▸2; 311▸3
ausmachen, heimlich 1731
ausmalen 197; 268▸1; 525▸3; 587▸3
ausmalen, sich 1587▸2; 1843▸2
ausmanövrieren 993▸2
Ausmaß 145▸2; 785; 1084▸2; 1097▸1; 1626; 1794▸1
Ausmaß, in diesem 1468
ausmerzen 1936▸2
ausmessen 612▸3
Ausmessung 613▸2
ausmisten 1221▸1
ausmitteln 1279▸1
ausmünden 472▸2
ausmustern 165▸2; 993▸2
Ausnahme 422▸3; 1854▸1
Ausnahme machen 151▸2
Ausnahme von, mit 160▸1
Ausnahme, alle ohne 38▸1
Ausnahme, ohne 441▸2; 676▸3
Ausnahmefall 422▸3
Ausnahmefall, im 923▸1; 1453▸2
ausnahmslos 38▸2; 441▸2
ausnahmsweise 1453▸2
ausnehmen 151▸2; 152▸2
ausnehmen, sich 157; 1376▸1
ausnehmend 162▸1; 551; 1448▸1
ausnüchtern 521▸2
**ausnutzen 152**; 244; 1191▸3
**Ausnutzung 153**
auspacken 1025▸1; 1209▸2; 1772
auspeitschen 1237▸7
auspendeln 472▸2
Auspfiff 1111
ausphantasieren 268▸1
Auspizien 1836
ausplaudern 945▸1; 1460▸4; 1772
ausplündern 152▸2
Ausplünderung 153▸2
ausposaunen 945▸1; 1722▸1; 1772

auspowern 152‣2
Auspowerung 153‣2
Ausprägung 630‣2
auspreisen 172‣3
auspressen 152‣2; 400‣2; 637‣2
ausprobieren 1279‣2; 1791‣1
Auspuff 1210‣6
auspumpen 152‣2; 536‣1; 1025‣4
auspunkten 1389‣2
auspusten 1059‣1
Ausputz 1286‣2
ausputzen 1287‣1; 1362‣2
ausquartieren 171‣1
ausquetschen 152‣2; 637‣2; 1025‣4
ausradieren 1059‣3
ausrangieren 165‣2
ausrasten 128‣5
ausrauben 1163‣3
ausräumen 481‣4; 1025‣1
Ausräumung 1026
ausrechnen 249‣1; 1926‣1
Ausrede 499‣2; 1555‣1
ausreden 15; 493
ausreden lassen, nicht 1519‣2
ausreichen 726‣1
ausreichend 339‣1; 725; 1086‣2; 1359‣5; 1942
ausreichend, kaum 1651‣1
Ausreise 483‣3
ausreißen 173‣2; 622‣1
Ausreißer 2
ausrichten 279‣4; 1115‣1; 1221‣3; 1707‣1
Ausrichtung 1566‣2; 1612‣5; 1708‣1
ausrinnen 1025‣5
ausrotten 1583‣4; 1936‣2
Ausrottung 1937‣1
ausrücken 482‣2
ausrufen 1115‣4; 1349‣1; 1769‣2
ausrufen lassen 1349‣2
ausruhen 439‣1; 521‣1; 1351‣1
ausrupfen 173‣2
ausrüsten 166‣1; 535‣2; 1831‣3
Ausrüstung 167‣1; 730; 1832‣1
ausrutschen 578‣1; 774‣1
Ausrutscher 597‣4
Aussaat 560‣4
aussäen 557‣5; 1792‣2
Aussage 163‣1; 613‣1; 1095‣4; 1938‣2
aussagekräftig 882
aussagen 199‣1; 257; 1115‣2
aussaugen 152‣2; 1939‣4
ausschachten 784‣1
Ausschachtung 1794‣1
ausschaffen 1799‣1
Ausschaffung 1800
ausschalten 22‣2; 993‣2
Ausschaltung 994‣2
Ausschank 678‣1
ausschauen 157; 1546‣1
**ausscheiden 154**; 993‣1
Ausscheiden 994‣1
ausscheiden, aus dem Dienst 993‣1
**Ausscheidung** 18‣3; **155**
Ausscheidungswettkampf 958‣1
ausschellen 1115‣4; 1769‣2
ausschelten 1386‣1
ausschenken 49‣3
ausscheren 20‣1; 117; 141‣3
ausschiffen 1025‣1
Ausschiffung 1026
ausschildern 525‣5; 928‣3
ausschimpfen 1386‣1
ausschirren 211‣6
ausschlachten 152‣2; 1933‣2
Ausschlachtung 153‣1
ausschlafen 521‣1
ausschlagen 30‣3; 503‣2; 1775‣1
ausschlaggebend 1896‣1; 1962‣1
ausschlaggebend, nicht 1635
Ausschlaggebende, das 820
ausschleichen 472‣1
ausschleudern 1792‣2
ausschließen 17‣1; 151‣2; 993‣3
ausschließen, sich 17‣2
ausschließend, einander 692‣4
**ausschließlich 156**; 1189
ausschlüpfen 507‣1
Ausschluss 994‣3
Ausschluss der Öffentlichkeit, unter 831‣1
ausschmücken 166‣2; 166‣4; 197; 266; 1287‣1; 1618‣4
Ausschmückung 167‣3; 267; 1286‣2
ausschnapsen 1731
Ausschnitt 315; 342; 1557‣1
ausschnüffeln 245‣2
ausschöpfen 1025‣2
Ausschöpfung 153‣1
ausschreiben 49‣1; 530‣2; 1115‣4; 1769‣2
ausschreiben, Belohnung 305
Ausschreibung 96‣1; 467
ausschreiten 426‣1; 612‣3; 700‣2
Ausschreitung 1664‣4
Ausschuss 5‣2; 797‣2; 908‣1; 1246; 1299‣2
ausschütteln 1362‣2; 1439‣1
ausschütten 1025‣2; 1792‣1
ausschütten, Herz 211‣3; 941‣3; 1203‣3
ausschütten, sich vor Lachen 1004‣2
Ausschüttung 1793
ausschwärmen 1792‣3
ausschweifend 724; 1088‣3; 1620‣1
Ausschweifung 1615‣2
ausschweigen, sich 1434‣1
ausschwemmen 943‣3
ausschwenken 1362‣2; 1439‣1
ausschwitzen 154; 1441‣1
aussegnen 1446‣1
**aussehen 157**; 1376‣1
**Aussehen** 109‣1; **158**; 749‣2
aussehen wie 1610‣3
außen 391‣4; 1194‣1
außen vor lassen 151‣1
Außenansicht 1193‣2
Außenbeziehung 1050‣4
aussenden 1376‣2; 1617‣4
Außenhandel 811‣3
Außenseite 1193‣1
**Außenseiter 159**
Außenstehender 159‣2
Außenstelle 1180‣2; 1803
Außenwelt 1631‣1
**außer 160**
außer sich 320‣1; 545‣3; 1762; 1911‣2
außer wenn 160‣2
außerdem 116‣3; 450
außerdienstlich 1239‣3
Äußeres 158; 167‣3; 1193‣2
außergewöhnlich 162‣1; 1453‣1
außerhalb 391‣2
außerhalb, von 645‣2
äußerlich 391‣4; 1194‣1
Äußerlichkeit 632‣1; 1195
**äußern 161**; 1490‣1
äußern, Wunsch 313‣1

**außerordentlich** 148›1; **162**
außerplanmäßig 162›2
äußerst 1448›1
außerstande 1651›2
Äußersten, bis zum 1295
**Äußerung 163**; 1095›4
äußerungswillig 1116
aussetzen 194; 439›1; 481›1; 521›1; 680›2; 808›1; 1351›3; 1517›1; 1550›1; 1775›3
Aussetzen 1674›1
aussetzen, Belohnung 305
aussetzen, sich 9›2; 1856›2
**Aussicht 164**; 306›1; 553›3; 1124
Aussicht haben auf 552›1
Aussichten 164›2
aussichtslos 1655›5; 1660; 1743
aussichtsreich 778›2; 800›1
Aussichtsturm 1605›1
aussickern 1025›5
aussiedeln 171›1; 1799›1
Aussiedler 1102
Aussiedlung 1800
aussinnen 1843›2
aussitzen 1873›1
aussöhnen 259›1
Aussöhnung 653›1
**aussondern 165**
Aussonderung 155›1
aussortieren 165›1; 1591›3
ausspähen 245›2; 245›3
ausspannen 19; 211›6; 521›1; 1163›3
Ausspannung 522›1
aussparen 151›1; 1014›3
aussperren 17›1; 993›3
ausspielen, Trumpf 758›2
ausspinnen 268›1
ausspionieren 245›3
Aussprache 276›2; 1489›2; 1679›1
aussprechen 161›2; 1490›1
aussprechen, Beileid 1560›3
aussprechen, Dank 355›1
aussprechen, sich 211›3; 1203›3
aussprengen 945›1
Ausspruch 163›2
ausspucken 154; 302›3
ausstaffieren 166›1; 1784›3
Ausstaffierung 167›3
Ausstand 1528; 1817›1
**ausstatten 166**; 197; 1784›3
**Ausstattung** 136›2; **167**; 446›2; 897›1; 1286›2
ausstechen 1389›3
ausstehen 87›1; 954›1; 1035›1
ausstehen können, nicht 818›1
ausstehen, viel 1035›4
ausstehend 1202›3
aussteigen 20›1; 141›3
Aussteiger 2; 159›4
ausstellen 22›2; 49›1; 194; 530›2; 1550›1
ausstellen, sich ein Armutszeugnis 317›1
**Ausstellung 168**
aussterben 472›2
Aussteuer 167›4
aussteuern 166›1; 1221›3
Ausstieg 1210›1
ausstopfen 519›4; 671›2
Ausstoß 1041›1
ausstoßen 154; 171›1; 993›3; 1490›3
ausstoßen, Dampfwolken 1303
ausstoßen, Rauchwolken 352
ausstoßen, Schreie 1013›1
ausstrahlen 1376›2; 1617›4; 1907›2
Ausstrahlung 1328›3
ausstrecken, Fühler 1546›3
ausstrecken, sich 1351›1
ausstreichen 766›2
ausstreuen 945›1; 1722›1; 1792›2
ausströmen 154; 472›2; 1025›5; 1376›2; 1722›1
ausströmen, Duft 1339›1
ausströmen, Wohlgeruch 1339›1
aussuchen 1859›1
Austausch 1879›1
Austausch, im 1501
austauschbar 768›1
Austauschbarkeit 1612›3
austauschen 540›1; 1880›1
austauschen, Briefe 969›1
austauschen, sich 275›3; 1677›3
Austauschstoff 547›2
austeilen 554›2; 680›2; 1558›2; 1792›1
Austeilung 1793
austesten 1279›3; 1791›1
austilgen 1583›4; 1936›2
Austilgung 1937›1
austragen 945›1; 1482›8; 1825
austragen, Wettkampf 915›2
Austräger 1609›1
austreiben 1799›1
austreiben, Geist 1733
Austreibung 1800
austreten 503›3; 993›1; 1025›5
austricksen 291›1; 1364›1
austrinken 1025›3; 1596›2
Austritt 994›1
austrocknen 1599›2
austrompeten 1772
austüfteln 633; 1791›2
ausüben, Amt 101›2
ausüben, Beruf 101›2
ausüben, Druck 396›3; 400›2; 1975›1
ausüben, Einfluss 206
ausüben, Herrschaft 845›1
ausüben, Macht 845›1
ausüben, schlechten Einfluss 1724›5
Ausübung 100›1
ausufern 1614›1
Ausuferung 1615›1
Ausverkauf 1755›2
ausverkaufen 1025›1; 1756›3
ausverkauft 1023›1; 1824›2; 1883›2
ausverkauft, immer 241›3
Auswachsen, zum 129›2; 1012›1
**Auswahl 169**; 1294›2; 1357›1; 1822›1; 1858›1
Auswahl, große 1322›2
Auswahlband 1357›3
auswählen 496›2; 1859›1
Auswahlmannschaft 169›3
auswalzen 144›3
Auswanderer 1102
auswandern 173›1; 482›4
Auswanderung 1103
auswärts 391›2; 1883›1
auswärts, von 645›2
Auswechselbarkeit 1612›3
auswechseln 540›1; 1880›2
Auswechselspieler 547›4; 1802›4
Auswechslung 1879›1
Ausweg 851›2
ausweglos 1655›5; 1660
Ausweglosigkeit 1661
**ausweichen 170**; 489›2; 622›2; 1629›1
ausweichend 1645›1

Ausweichstelle 29 ▸ 2
ausweiden 152 ▸ 2
Ausweis 278 ▸ 1
**ausweisen 171**; 1799 ▸ 1
**ausweisen, sich 171**
Ausweisung 1800
ausweiten 144 ▸ 1; 1527 ▸ 2
ausweiten, sich 144 ▸ 4
Ausweitung 145 ▸ 1; 1506 ▸ 3
auswendig 391 ▸ 4; 1691 ▸ 3
auswerfen 154; 1792 ▸ 2
auswerfen, Netze 1546 ▸ 2
auswerten 244; 1191 ▸ 3; 1370 ▸ 2
Auswertung 153 ▸ 1; 1280 ▸ 4
auswetzen, Scharte 494 ▸ 1
auswickeln 1209 ▸ 2
auswiegen 612 ▸ 3
auswildern 211 ▸ 6
auswirken, sich 629 ▸ 2; 1907 ▸ 4
auswirken, sich nachteilig 1364 ▸ 5
auswirken, sich negativ 1364 ▸ 5
auswirken, sich ungünstig 1364 ▸ 5
Auswirkung 628 ▸ 3; 1910 ▸ 1; 1910 ▸ 2
auswischen 1059 ▸ 3; 1362 ▸ 2
auswischen, eins 1364 ▸ 1
Auswringen, zum 1157 ▸ 1
Auswuchs 1615 ▸ 1; 1918 ▸ 1
Auswurf 155 ▸ 1
auszacken 1404 ▸ 3
auszahlen 302 ▸ 2
auszahlen, sich 1191 ▸ 1
Auszahlung 1927 ▸ 4
auszanken 1386 ▸ 1
Auszehrung 1343 ▸ 4
**auszeichnen 172**; 418 ▸ 1; 1058 ▸ 2; 1446 ▸ 2
auszeichnen, falsch 1735 ▸ 3
auszeichnen, nicht 1735 ▸ 3
**auszeichnen, sich 172**
Auszeichnung 417 ▸ 2; 1057 ▸ 2; 1265 ▸ 4
Auszeit 522 ▸ 4
Ausziehbett 293
**ausziehen 173**; 1362 ▸ 4
**ausziehen, sich 173**
auszischen 1805 ▸ 2
Auszubildender (Azubi) 1424 ▸ 4
Auszug 483 ▸ 3; 483 ▸ 5; 564 ▸ 2; 1557 ▸ 1; 1608 ▸ 1
Auszug machen 173 ▸ 3
auszugsweise 1563
auszuhalten 1123 ▸ 2
auszupfen 173 ▸ 2; 1362 ▸ 4
auszuschließen, nicht 1123 ▸ 3
auszusetzen haben 194
auszustehen haben 512 ▸ 2
authentisch 412 ▸ 1; 1161 ▸ 1
autistisch 1452
Auto 576 ▸ 2
Autobahn 1524
**Autobiographie 174**
Autobus 576 ▸ 4
autochthon 58 ▸ 2
Autochthone 295
Autodidakt 382 ▸ 1
autodidaktisch 383 ▸ 2
Autogramm 278 ▸ 4
Autokennzeichen 927 ▸ 2
Autokino 934
Autokrat 846
Autokratie 844 ▸ 3
Automat 730
automatisch 1091 ▸ 1; 1186 ▸ 2; 1691 ▸ 4
automatisieren 1301
Automatismus 1187 ▸ 1
Automobil 576 ▸ 2
autonom 642 ▸ 1
autonom werden 211 ▸ 4
Autonome 1542 ▸ 2
Autonomie 643 ▸ 1
Autor 1418
Autorenfilm 616 ▸ 3
autorisieren 528 ▸ 2
autorisiert 250 ▸ 2; 1962 ▸ 2
Autorisierung 529 ▸ 2
autoritär 1500 ▸ 2; 1532 ▸ 3
Autorität 570; 713 ▸ 1
autoritativ 569 ▸ 2; 1072 ▸ 2; 1532 ▸ 1
autoritätsfixiert 702
Autoritätsgläubigkeit 986
autoritätshörig 702
Autoritätsverlust 1429 ▸ 3
Autostrich 1277
Avancen machen 1737
**avancieren 175**; 1711 ▸ 6
Avantgardist 1252 ▸ 2
avantgardistisch 667 ▸ 2
avanti 1851
Average 1646
Aversion 14 ▸ 1; 1850
avisieren 1254 ▸ 1
Axiom 795 ▸ 2
Axt im Haus 741 ▸ 1
aye, aye 39
Azubi 1424 ▸ 4

# B

Baalsdienst 783
babbeln 1490‣3
Babuschka 1135‣2
Baby 933‣1
Babybauch 670‣2
Babysitter 823‣3
Bacchanal 708
bacchantisch 724
Bach 757‣1; 1291‣1
bachab 1743
Bachelorarbeit 8‣2
bacherlwarm 1868‣1
back 1347
backbord 1054‣1
Backe 1557‣4
backen 323‣1
Backenbart 185
Backenstreich 1388‣1
Backfisch 1073‣2
Background 514‣2; 856‣1
Backofen, wie in einem 1868‣2
Backpfeife 1388‣1
**Bad 176**; 1325‣3
Bad in der Menge 229
Badeanstalt 176‣2
baden 1244‣4; 1362‣3; 1438‣1
Baden 176‣5
baden gehen 1378‣2
Badeort 176‣3
Bader 658
Badestube 176‣1
Badezimmer 176‣1
Baedeker 668‣5
baff 1500‣3
Bagage 750; 797‣5
Bagatelle 948‣1
bagatellisieren 266; 838‣3
Bagatellisierung 267
baggern 784‣1
Baggersee 757‣2
bähen 1581‣3
Bahn 1536‣1
Bahn, freie 642‣5; 1304‣2
bahnbrechend 667‣2
Bahnbrecher 1252‣2
Bahnbus 576‣4
Bahncard 1574
**bahnen 177**; 766‣1; 1831‣1
Bahnhof 807‣6
Bahnhof, großer 417‣2
Bahnlinie 1053‣3
Bahnnetz 1171‣2
Bahnschranke 1414
Bahnübergang 331‣1
Bahnwärter 1874
Bai 1794‣2
Baisse 983‣3; 1343‣5; 1514
Bajazzo 1379‣1
Bakkarat 780
Bakschisch 434‣2; 674‣1
Bakterien 980
Balance 149‣5
balancieren 150‣5
**bald 178**; 662; 1650‣1
bald wie möglich, so 427‣3; 1405‣2
bald, recht 427‣3; 1405‣2
Baldanders 292‣1
Bälde, in 178
baldigst 178
Balg 867‣2
Balgerei 1388‣2
Balken 807‣3
Balkenwerk 807‣4
**Balkon 179**; 342; 1297‣2
Ball 746‣2; 989‣1
ballaballa 401‣1
Balladensänger 1358‣1
Ballast 1015‣1
Ballast abwerfen 491‣1
ballen 389‣1
Ballen 1290‣1
ballern 1013‣3
Balletttruppe 797‣3
Ballon 576‣7; 965‣1
Ballsaison 1355
Ballungsraum 1495‣4
Ballyhoo 1894‣2
Balsam 564‣2; 1600
balsamisch 108
balzen 1737
Bambino 907‣2
Bammel 61‣4; 1759‣2
bammeln 1439‣2
**banal 180**; 310‣3; 938; 1023‣3
banalisieren 506‣3; 1733
Banalisierung 1734
**Banalität 181**; 1195; 1251‣1
Banause 382‣2
banausenhaft 339‣3; 383‣2
Banausenhaftigkeit 1658
Band 334‣1; 566; 797‣4; 1286‣6; 1714‣1; 1780‣2
Bandagen, mit harten 817‣1
Bandaufnahme 125‣1; 1182‣2
Bandbreite 1822‣1
Bändchen 1286‣6
Bande 797‣5
Bande, über die 1119‣2
Banden, in 1647‣3
Bandenchef 668‣2
Bandenführer 668‣2
Banderole 526‣4; 1780‣2
bändigen 1947‣2
bändigen, sich 226
Bändiger 1030‣4
Bandit 1419‣2
Bandleader 1042‣2
bange 63‣1
Bange machen 396‣1
bangen 62‣1; 1943‣3
Bangen 61‣1
bangend 63‣1
Bangigkeit 61‣2; 1469
bänglich 63‣1
Bänglichkeit 61‣3
Bangnis 61‣2
**Bank 182**; 1465‣2
Bank, durch die 40‣5; 676‣2
Bänkelsang 736‣2
Bänkelsänger 1358‣1
Banker 738
Bankett 1075‣10
Bankhaus 182‣2
Banknote 709‣1
Bankomat 918‣2
Bankräuber 1721‣2
bankrott 531‣2
**Bankrott 183**; 1111; 1937‣1
Bankrott machen 1936‣11
bankrottgehen 1936‣11
bankrottrichten 1936‣1
Bankschalter 918‣2
Bann 689‣1; 994‣3; 1328‣3; 1716‣1
Bann, im 892‣1
bannen 303‣1; 891‣1
bannen, aus dem Bewusstsein 1729‣2
bannen, Gefahr 489‣4
bannend 1330
Banner 1930‣4
bannig 1448‣1

Bannkreis 682‣1
Bannspruch 1929‣2
bar 160‣1; 1360‣2; 1659‣3
Bar 678‣1
Bär 977
Bär los, der 832‣3
Baracke 821‣1
**Barbar 184**
Barbarei 333
barbarisch 332
Barbarisierung 1343‣6
bärbeißig 1000‣2
Barbier 658
barbieren 1244‣5
barbusig 1149‣2
Barde 1358‣1
Bären aufbinden 1067
Bärendienst 899‣2
Bärenhäuter 593
Bärenhunger 1757‣1
bärenstark 976‣1
Barett 966
barfuß 1149‣2
barfüßig 1149‣2
Bargeld 709‣1
bargeldlos 1119‣4
Bariton 1358‣1
Barkasse 576‣6
Barke 576‣6; 1425‣4
barmherzig 1639
Barmherzigkeit 781‣1
Barmusiker 1129‣2
barock 987‣1; 1249‣3
Barras 1106‣2
Barriere 855‣4; 1414
Barrikade 209‣4
barsch 31‣1; 374‣2; 1000‣2; 1368‣4; 1532‣1; 1657‣1
Barschaft 270‣3
Barschheit 641‣3; 1533‣2
**Bart 185**
Bärtchen 185
bärtig 1302‣2
Bartscherer 658
Bartwisch 269‣1
Barvermögen 270‣3
Barzahlung 1927‣4
Basar 1081‣1
basieren 1503‣1
basieren auf 9‣3
Basis 793‣1; 793‣2; 807‣2; 1227‣3; 1296‣2; 1516‣3
basisdemokratisch 367
Baskenmütze 966
bass 1448‣1
Bass 1358‣1
bass erstaunt 1500‣3
Bassin 757‣3
Bassist 1129‣2
Basso continuo 1901
basta 473; 725
Bastard 868
bastardieren 1107‣3
Bastardierung 1946‣3
Bastei 209‣4
Bastelarbeit 810‣2
Bastelbogen 1131‣4
**basteln 186**
Bastion 209‣4
Batman 835‣1
Batterie 1290‣1
Batzen 948‣1
Batzenware 5‣2
Bau 158; 560‣3; 630‣1; 689‣2; 776; 821‣1; 961‣1; 1535
Bau, im 52‣2
Bau, vom 513‣1; 569‣2
Bauart 1513‣2
Baubaracke 821‣1
Baubude 821‣1
Bauch 670‣2
bauchfrei 1149‣2
bauchig 379‣4
Bauchlandung 1111
bauchpinseln 1396
Bauchpinsler 1397‣1
Bauchredner 110‣2
Baude 821‣1
Bauelement 190‣1; 348‣2
bauen 177‣1; 557‣4
bauen auf 552‣1; 1540‣2; 1795‣1
bauen, goldene Brücken 486‣1
bauen, Luftschlösser 428‣2; 1587‣2
bauen, Türken 1845
**Bauer 187**; 403‣5; 1267‣1
bäuerisch 374‣3
bäuerlich 374‣3
Bauernfänger 292‣2
Bauernfängerei 290
**Bauernhof 188**
Bauernopfer 1214‣1
bauernschlau 1391‣1
Bauernschläue 1055‣1
baufällig 43‣3; 987‣3
Bauform 1513‣2
Baugrund 792
Bauherr 189
Bauhütte 821‣1
Baukünstler 189
Bauland 792
Baulichkeit 821‣1
Baumaschinen 576‣5
Baumaterial 1518‣2
baumbestanden 1866
**Baumeister 189**
baumeln 1439‣2
baumeln lassen, Seele 1351‣1
baumelnd 1060‣4
Baumgarten 677
baumlang 1008‣2
baumlos 910‣2
Baumschule 677; 1865
baumstark 976‣1
Baumwolle 1518‣3
Bauplan 776; 1253‣2
Bauplaner 189
Bauplatz 792
Bausch und Bogen, in 40‣5; 450; 676‣2
bauschig 584‣1
Bauschutt 5‣1
Baustein 190‣1
Baustelle 120
Baustil 1513‣2
Baustoff 1518‣2
**Bauteil 190**; 460‣3
Bauträger 189
Bauweise 630‣1; 1535
Bauwerk 821‣1
Bazillen 980
beabsichtigen 1254‣1; 1919‣1
beabsichtigt 16
**beachten 191**; 439‣3
beachten, nicht 489‣1; 1404‣5
beachtenswert 889‣2; 1896‣2
beachtet werden 117
beachtlich 889‣2; 1448‣1; 1494; 1728; 1896‣2; 1942
Beachtung 35
beackern 196‣3; 196‣5
beamen 1617‣4
Beamtenschaft 228‣1
**Beamter 192**
beängstigen 128‣2
beängstigend 687‣1; 1415‣1
Beängstigung 397‣1
**beanspruchen** 91‣1; **193**; 215‣1; 235‣2; 243‣1; 1719‣1

beanspruchen können 87▸2; 193▸1; 1726▸2
beansprucht 1553▸4
**beanstanden 194**; 1550▸1
Beanstandung 984▸2
**beantragen 195**
beantworten 554▸1
Beantwortung 555▸1
**bearbeiten 196**; 206; 273▸3; 1622▸1; 1709▸3; 1711▸1; 1892▸1
Bearbeitung 223▸1; 1894▸5
Beat Generation 1542▸2
Beatnik 159▸4
Beatniks 1542▸2
Beau 1409▸5
Beau Monde 1196▸3
beaufsichtigen 127▸2; 870
Beaufsichtigung 132▸1
beauftragen 279▸1; 1617▸1
beauftragt 250▸2
Beauftragung 135▸3; 1348▸1
beäugen 79▸1
Beauté 1409▸3
bebauen 196▸3; 557▸5
Bebauung 560▸4
beben 62▸1; 595▸1; 1943▸1
Beben 1160▸1; 1522
bebend 63▸1; 545▸1
**bebildern 197**
bebildert 588▸2
Bebilderung 306▸4
Becher 764▸1
bechern 1596▸2
Becken 221; 757▸3
Beckmesser 985▸2; 1234▸1
Beckmesserei 984▸4
bedacht 887▸2; 1255▸1; 1471▸2; 1842▸2
Bedacht 1470▸2
bedacht, auf Gewinn 955
Bedacht, mit 16; 1471▸1
bedacht, nur auf den eigenen Vorteil 1452
bedächtig 1010▸1; 1352▸2; 1768▸1; 1842▸1
bedachtsam 1352▸2; 1471▸1; 1842▸1
Bedachtsamkeit 1470▸2
bedanken, sich 355▸1
Bedarf 1142; 1718▸1
Bedarf haben 325
Bedarf, bei 203
Bedarfsanalyse 1082
Bedarfsforschung 1082
Bedarfslenkung 1894▸5
Bedarfsweckung 1894▸5
bedauerlich 1038; 1655▸3
bedauerlicherweise 1038
bedauern 254; 498▸1; 1560▸3
Bedauern 1336
Bedauern, zu jmds. 1038
bedauernswert 1655▸3
**bedecken 198**; 1426▸1
bedecken, sich mit Wolken 407▸2
bedeckt 405▸2
Bedeckung 1425▸1
bedenken 191▸2; 369▸2
Bedenken 1469; 1969▸1
bedenken mit 680▸2; 1617▸2
Bedenken, ohne 86
bedenken, sich 1944
bedenkenlos 1032▸1
Bedenkenlosigkeit 986
Bedenkenträger 985▸1
bedenklich 542▸4; 687▸5; 1238▸2; 1392▸4; 1970▸1
Bedenklichkeit 61▸3; 1969▸1
Bedenkzeit 1817▸3
bedeppert 1758▸2
**bedeuten 199**; 858
bedeuten haben, zu 199▸1
bedeutend 260▸2; 788▸2; 788▸4; 1896▸2
bedeutsam 598▸1; 889▸2; 1140▸1; 1463▸2; 1896▸2
Bedeutsamkeit 200▸3; 1139
**Bedeutung 200**; 713▸1; 789▸2; 1545; 1895▸1
Bedeutung haben 199▸1
Bedeutungsfeld 200▸4
bedeutungsgleich 768▸4
bedeutungslos 769▸5; 947▸2; 1023▸3; 1635
Bedeutungslosigkeit 948▸1
bedeutungsvoll 308▸2; 889▸2; 1049▸2; 1140▸2; 1896▸2
bedichten 418▸1
**bedienen 201**; 273▸3
bedienen, sich 244
bediensten 88▸1
Bedienstete 823▸1
Bediensteter 102; 192
**Bedienung 202**; 223▸1
Bedienungsanleitung 95▸2
bedingen 1829
**bedingt 203**; 1331
bedingt durch 48; 1885
bedingt sein durch 9▸3
**Bedingtheit 204**
**Bedingung 205**; 451▸3; 856▸3; 1187▸1; 1830
Bedingung machen, zur 193▸1
Bedingungen 1005▸3
bedingungslos 1295; 1636▸1
bedrängen 196▸5; 313▸1; 389▸4; 848▸1; 1076▸1; 1237▸1; 1519▸1; 1736▸1; 1975▸1
Bedrängnis 478▸1; 1185▸2; 1759▸1
Bedrängnis, in 399; 853▸2
bedrängt 477▸1
Bedrängung 1967▸1
bedrohen 396▸2
bedrohend 1288▸3
bedrohlich 542▸4; 687▸1; 1288▸3
bedroht 687▸4
Bedrohung 397▸1
bedrucken 928▸4; 1132▸1
bedrücken 235▸5; 493; 1399▸2
bedrückend 404▸2; 1288▸3
bedrückt 1177▸1; 1655▸1
Bedrücktheit 1113
Bedrückung 1015▸2; 1967▸1
bedürfen 325
Bedürfnis 1142
bedürfnisarm 82▸1
bedürfnislos 82▸1
bedürftig 106▸1
Bedürftigkeit 1185▸1
beduseln, sich 283▸3
beduselt 248▸1
beehren 281▸1; 418▸1
beeiden 1782▸2
beeidet 1208▸1; 1860
beeilen, sich 426▸2
beeindruckbar 464▸3
beeindrucken 881; 1907▸2
beeindruckend 882
beeindruckt 545▸2
beeinflussbar 464▸3; 1887▸2
Beeinflussbarkeit 1695▸3
**beeinflussen** 196▸5; **206**; 538▸1
beeinflussen, negativ 1724▸5
beeinflusst 545▸2
Beeinflussung 434▸1; 1894▸5
beeinträchtigen 493; 1109▸1; 1364▸1; 1430; 1719▸3
beeinträchtigt 263▸2
beeinträchtigt werden 1364▸4

Beeinträchtigung 855 ▸5; 1110; 1363 ▸1
Beelzebub 1571
beenden 472 ▸1; 1825
beendet 608 ▸1
beendigen 472 ▸1; 530 ▸1
Beendigung 532 ▸1; 1395 ▸1
Beendigung einer Sitzung 1592 ▸4
beengen 235 ▸5; 400 ▸2; 854 ▸2
beengt 477 ▸1; 951 ▸2
Beengtheit 478 ▸1
Beengung 478 ▸2
beerben 511
beerdigen 121 ▸3; 231 ▸1
Beerdigung 232 ▸1
befähigen 535 ▸2; 1831 ▸3
befähigt 573 ▸1; 887 ▸1
Befähigung 574
Befähigungsnachweis 467
befahrbar 1202 ▸1
befahren 244
befallen 527
befallen sein von 1035 ▸3
befallen von 1037 ▸1
befangen 63 ▸2; 452 ▸1; 1567; 1652; 1758 ▸1
Befangenheit 478 ▸5; 1759 ▸2; 1759 ▸3; 1850
befassen mit, sich 79 ▸1; 264 ▸2
befassen, sich 101 ▸1; 196 ▸1
befehden 915 ▸3; 1531 ▸1
**Befehl** 135 ▸3; **207**
befehlen 845 ▸1
befehlend 476; 1368 ▸4
befehligen 845 ▸1
Befehlsgewalt 207 ▸1
befehlsgewohnt 702
Befehlston, im 476
befeinden 915 ▸3
**befestigen 208**
befestigt 610
**Befestigung 209**
Befestigungsanlage 209 ▸4
Befestigungswerk 209 ▸4
befeuchten 614 ▸1
befeuern 74 ▸2; 217 ▸1
befinden 71 ▸1; 1697 ▸2
Befinden 1961
befinden über 1697 ▸1
**befinden, sich 210**; 1503 ▸1
Befindlichkeit 1961
befingern 261 ▸1
beflaggen 138 ▸2; 1287 ▸1
beflecken 1804
befleckt 1403 ▸1
befleißigen, sich 91 ▸2
beflissen 421; 488; 702
Beflissenheit 253; 420 ▸1
beflügeln 74 ▸2; 217 ▸1
beflügelnd 75 ▸3
beflügelt 778 ▸1; 832 ▸1
befolgen 191 ▸2; 439 ▸3; 701 ▸1; 865 ▸3
befördern 298 ▸3; 1383 ▸2; 1585 ▸1; 1711 ▸2
Beförderung 134 ▸1; 300 ▸2; 1586 ▸1
beforschen 633
befrachten 235 ▸1; 671 ▸2
befragen 637 ▸2; 1279 ▸1
Befragung 636 ▸1; 1280 ▸1; 1627
**befreien 211**; 834 ▸4
**befreien, sich 211**
befreiend 754 ▸4; 1602
befreit 642 ▸5
Befreiung 529 ▸3; 643 ▸4
befremden 1616 ▸1
Befremden 549
befremdend 272 ▸2; 550
befremdet 1500 ▸3
befremdlich 118 ▸2; 272 ▸2; 550; 645 ▸1; 1412 ▸5
Befremdung 549
befreunden, sich 1152 ▸4; 1713 ▸1
befreundet 651 ▸3; 1723 ▸1; 1798 ▸1
befreundet sein mit 925 ▸1
befrieden 259 ▸1
befriedend 655 ▸1
befriedet 655 ▸2
**befriedigen 212**; 219 ▸1; 726 ▸1
**befriedigen, sich 212**
befriedigen, sich selbst 212 ▸2
befriedigend 56 ▸2; 725; 778 ▸3; 1942
befriedigt 1359 ▸2
Befriedigung 1949
Befriedigung, innere 777 ▸2
Befriedung 149 ▸4; 653 ▸1; 1087 ▸2
befristen 1538; 1731
befruchten 557 ▸2
befugen 528 ▸2
Befugnis 81 ▸1; 529 ▸2; 1313 ▸1; 1963 ▸1
befugt 250 ▸2; 1962 ▸2
befugt sein 959 ▸2
befühlen 261 ▸1
Befund 613 ▸1; 1696 ▸1; 1961
befunden 239 ▸2
befürchten 62 ▸2; 552 ▸3
Befürchtung 61 ▸3; 1469; 1969 ▸2
**befürworten 213**; 296 ▸1; 466 ▸1; 1764 ▸1
Befürwortung 467
begaben 1446 ▸2
begabt 573 ▸1; 887 ▸1
Begabung 574; 674 ▸4; 781 ▸2
Begabung, besondere 1497 ▸5
Begabung, technische 740 ▸1
begaffen 79 ▸2
begatten 557 ▸2
begaunern 291 ▸1
**begeben, sich 214**; 1815 ▸2
begeben, sich nach 700 ▸1
begeben, sich zur Ruhe 1387 ▸1
Begebenheit 577 ▸2; 739 ▸1; 1977 ▸1
Begebnis 577 ▸2; 739 ▸1
begegnen 214 ▸2
begegnen, sich 1404 ▸6; 1589 ▸1
begegnet sein mit 925 ▸1
begegnet, nie 1637 ▸2
Begegnung 514 ▸1; 1590 ▸1
begehbar 1202 ▸1
begehen 244; 700 ▸1
begehen, Einbruch 430 ▸1
begehen, Fauxpas 89 ▸4; 1748 ▸3
begehen, Hausfriedensbruch 430 ▸1
begehen, Indiskretion 1772
begehen, Selbstmord 1583 ▸5
begehen, Suizid 1583 ▸5
begehen, Verbrechen 1745 ▸8
begehen, Verrat 1772
Begehr 1757 ▸2
**begehren 215**; 325
Begehren 1050 ▸2; 1068 ▸3; 1757 ▸1
begehrenswert 1330
**begehrlich 216**; 1069
Begehrlichkeit 1068 ▸1; 1757 ▸1
begehrt 241 ▸2; 675 ▸2
Begehung 1280 ▸2
begeifern 1760
**begeistern** 74 ▸2; **217**; 303 ▸1; 1228 ▸1; 1329 ▸1
**begeistern, sich 217**; 722; 891 ▸2
begeisternd 75 ▸3
begeistert 248 ▸2; 545 ▸3; 874 ▸1

Begeisterung 546▸3; 615▸4; 1442▸2
begeisterungsfähig 464▸1
Begeisterungsfähigkeit 465▸2
Begierde 1068▸3
begierig 216▸1; 1069
begießen 614▸1
Begine 1184
Beginn 50▸1
Beginn, zu 52▸1
beginnen 51▸1; 433▸3; 503▸1; 544▸1; 1680▸1
beginnen, Schlägerei 1389▸2
beginnen, wieder 1900▸2
beglänzen 239▸1
beglaubigen 277▸1; 528▸2; 1782▸2
beglaubigt 250▸2; 1455▸4
Beglaubigung 278▸2; 1938▸1
begleichen 150▸2; 302▸1; 302▸4
begleichen, Rechnung 1746▸1
Begleichung 149▸2; 1927▸1
**begleiten 218**; 1482▸3
Begleiter 65▸2; 649; 835▸1
Begleiter, ständiger 711
Begleiterin 650
Begleiterin, ständige 710
Begleiterscheinung 517▸6
Begleitung 835▸1
Begleitwort 517▸2
**beglücken 219**; 648▸1; 1446▸2
beglücken mit 680▸2
beglückend 778▸3
beglückt 778▸1
Beglücktheit 777▸2
Beglückung 647▸2; 777▸2
beglückwünschen 1560▸4
begnaden 1446▸2
begnadet 573▸1
begnadigen 498▸2
Begnadigung 781▸1
Begnadung 721▸2; 781▸2
begnügen, sich 1474▸4
begönnern 296▸1; 1784▸2
begossen 1157▸4
begraben 231▸1; 1751▸1; 1815▸2
begraben sein 231▸2
begraben, Hoffnungen 1818▸1
begraben, Kriegsbeil 259▸3
Begräbnis 232▸1
Begräbnis erster Klasse 1111
Begräbnisstätte 654
begradigen 150▸1; 1221▸3
Begradigung 149▸1; 1734
begrapschen 261▸1
begreifen 1789▸2
begreifen, kaum zu 1437▸2
begreiflich 431▸1; 1786▸1; 1786▸3
begreiflich machen 1764▸3
begreiflicherweise 1786▸3
begrenzen 854▸1; 1628▸4; 1704▸1; 1731
begrenzt 203; 474▸4; 477▸1; 477▸2; 1651▸2; 1741; 1849▸3
Begrenztheit 1742▸1
Begrenzung 451▸1; 1087▸2
**Begriff** 146▸1; **220**; 875▸1; 1844▸2
Begriff haben, hohen 1370▸1
Begriff machen, sich einen 1843▸2
Begriff sein, im 51▸3
Begriff, im 252▸3
Begriff, schwer von 401▸1
begriffen, im Steigen 1953
begriffen, im Werden 52▸2
begrifflich 876; 1768▸3
Begriffsbildung 526▸3
begriffsklauberisch 1236▸2
begriffsstutzig 401▸1
Begriffsstutzigkeit 402▸1
Begriffsvermögen 1785▸1
begründen 51▸3; 498▸3; 525▸4; 1829
Begründer 1700▸3
Begründerin 1135▸3
begründet 1455▸4
begründet, wohl 1390
Begründung 50▸2; 499▸1; 791▸2; 1311▸2
begrüßen 213; 463▸2; 688▸1; 799▸1
begrüßenswert 1904
begrüßt, freudig 1904
Begrüßung 125▸3; 462▸2; 798▸1
begucken 79▸1
begünstigen 177▸2; 296▸1; 486▸1
begünstigt 778▸2
begünstigt, vom Glück 778▸2
Begünstigter 779
Begünstigung 851▸1; 1854▸1
begutachten 275▸2; 972▸2; 1370▸2; 1697▸1
Begutachter 908▸2
Begutachtung 1280▸2; 1696▸1
begütert 1322▸1
begütigen 259▸1
Begütigung 1087▸2
behaart 1302▸2
behaftet mit 1037▸1
behaftet sein mit 1035▸3
behagen 500▸1; 648▸1; 688▸1
Behagen 647▸2; 727▸1; 1949
behaglich 716; 1868▸1
Behaglichkeit 247▸1
behalten 122▸1; 523▸2; 808▸2
behalten sein, leicht zu 445▸3
behalten, für sich 1434▸2; 1710▸1
behalten, im Auge 127▸2; 191▸1; 245▸1
behalten, nicht 1748▸1
**Behälter 221**; 1374▸3
Behältnis 221
behämmert 401▸1; 1773▸1
behänd 887▸1
behände 421; 1031▸5; 1405▸1
**behandeln** 196▸1; **222**; 275▸1; 275▸2
behandeln können 1789▸6
behandeln, gesondert 165▸3
behandeln, pfleglich 1244▸1; 1408▸1
behandeln, schändlich 1109▸2
behandeln, schlecht 1237▸1
behandeln, schwer zu 1437▸3
behandeln, sorgsam 1408▸1
behandeln, ungerecht 1109▸1
behandeln, von oben herab 1109▸1
behandeln, wie Luft 1404▸5
**Behandlung** 202▸2; **223**
Behandlungsbedürftiger 1233
Behang 867▸3
behängen 198; 1618▸5
beharren 1782▸1
beharren auf 224▸1; 1919▸2
beharrlich 143; 1925▸1; 1966▸2
Beharrlichkeit 611▸3; 685▸1
Beharrungsvermögen 611▸3
behauen 753
**behaupten 224**
behaupten, böswillig 1760
behaupten, Feld 224▸2; 409▸5
behaupten, Gegenteil 554▸2
**behaupten, sich 224**
Behauptung 795▸2; 1095▸4; 1783▸1
behaust 225▸2
Behausung 1916▸1

beheben 22▸4; 122▸4; 481▸4; 828▸2; 943▸1
beheben, Schäden 540▸1
**beheimatet 225**
Behelf 547▸1
behelfen, sich 1474▸4
behelfsweise 1849▸2
behelligen 1519▸1
behelligen, jmdn. 389▸5
Behelligung 840▸1; 1521
Behemoth 1571
beherbergen 126▸1
beherrschbar 702
beherrschen 845▸1; 959▸1; 1675▸4; 1789▸4; 1913
**beherrschen, sich 226**; 1675▸3
beherrschend 667▸2; 1072▸1
beherrscht 1086▸1; 1352▸3; 1352▸5
Beherrschtheit 227▸1
**Beherrschung 227**; 609; 1084▸1; 1087▸1; 1608▸3
beherzigen 191▸2; 1044▸4; 1789▸5
beherzigenswert 148▸3
beherzt 917; 1134▸1
Beherztheit 1133
behexen 303▸1
behilflich sein 834▸2
behindern 854▸2; 1675▸1
behindert 263▸2
Behinderung 855▸5; 1521
**Behörde 228**; 1198
behördlich 748▸1; 1208▸1
behumpsen 291▸1
behüten 1426▸1; 1784▸2
behüten vor 1408▸2
behütet 1455▸3
behutsam 1104▸1; 1352▸2; 1471▸1; 1842▸1; 1928▸2
Behutsamkeit 1346; 1470▸2
bei 68▸1
bei sich haben 1585▸1
beibehalten 1736▸2
beibiegen 1203▸2; 1725▸2
Beiboot 576▸6
beibringen 273▸1; 445▸1; 858; 1029▸1; 1203▸2; 1725▸2
beibringen, Flötentöne 1725▸2
beibringen, sich 1606
beibringen, Verluste 1364▸1
Beichte 1204▸2
beichten 1203▸3
beiderseits 693
beidhändig 388
beidrehen 393▸6
beidseitig 388
beieinander 1957
beieinander, eng 1150▸2
beieinander, gut 754▸1
Beifahrer 1327▸1
**Beifall 229**; 515▸3; 529▸1; 984▸3; 1057▸1
Beifall klatschen 945▸2
Beifall, nicht enden wollender 229
Beifall, tosender 229
beifallen 433▸1
beifällig 1965
Beifallklatschen 229
Beifallsbekundung 229
Beifallssturm 229
beifallswürdig 1728
beifolgend 47
beifügen 516▸2; 1107▸2
Beifügung 517▸3
Beigabe 1108▸2
beigeben 516▸2; 680▸2; 1107▸2
beigeben, Bilder 197
beigeben, klein 486▸2; 701▸2
beigefügt 47
beigepackt 47
beigeschlossen 47
**Beigeschmack 230**
beigesellen, sich 218▸1; 629▸1
beihelfen 834▸3
Beihilfe 517▸3; 851▸1
Beiklang 230
beikommen lassen, sich 369▸2
Beilager 1050▸3
beiläufig 1162▸1; 1635
Beiläufigkeit 948▸1
beilegen 259▸1; 516▸2; 943▸1; 1767▸1
beilegen, Gewicht 215▸1
beilegen, zu viel Gewicht 1618▸1
Beilegung 1749▸3
beileibe 1908▸3
beiliegen 516▸5; 1051▸3
beiliegend 47
beimengen 1107▸2
beimessen, Wert 215▸1
beimischen 1107▸2
Beimischung 1108▸2
Bein 775▸1
Bein stellen 1364▸1
Bein, kein 1183
beinahe 1650▸1
Beinbruch, kein 769▸5
Beine machen 389▸2
Beinen sein, unsicher auf den 1431▸1
Beinen sein, wieder auf den 720▸1
Beinen, unsicher auf den 1669▸4
beinhalten 199▸1; 222▸3; 490
beinhart 817▸3
beiordnen 279▸6
Beipack 517▸3
beipacken 516▸2
Beipackzettel 95▸2
beipflichten 1610▸2; 1964▸2
beipflichtend 1965
Beirat 908▸1; 1299▸2
beirren 291▸1; 1811▸2
beisammen 1957
Beisammensein 746▸2; 1590▸1
Beischlaf 1050▸3
beischlafen 1051▸3
Beischläferin 710
beischließen 516▸2
Beisein, im 696▸3
beiseitebringen 1163▸2
beiseitedrängen 1729▸1
beiseitelegen 165▸1; 472▸1; 1474▸1
beiseiteräumen 1221▸1
beiseiteschaffen 291▸1
beiseiteschieben 1729▸1
beiseitestoßen 1729▸1
beiseitetun 17▸1
**beisetzen 231**
**Beisetzung 232**
**Beispiel 233**; 871▸1; 1131▸2
beispielgebend 148▸3
beispielhaft 148▸3; 1826▸1
Beispielhaftigkeit 1827
beispiellos 148▸3; 162▸1
beispringen 486▸1; 491▸1; 834▸1; 1426▸3; 1801▸1
beißen 328▸3; 904▸1; 1237▸3; 1399▸1
beißen haben, nichts zu 869▸1
beißen, auf Granit 1378▸6
beißen, in den sauren Apfel 1130
beißen, ins Gras 1508▸2

beißend 841›2; 888›1; 1288›1; 1368›3; 1488›1
beißend, sich 692›1
Beißhemmung 1759›2
Beißzange 269›2
Beistand 835›1; 851›1; 1559›1
beistehen 222›2; 834›1
Beistelltisch 1577
beisteuern 680›2; 834›3
beistimmen 1964›2
Beistück 517›3
Beitrag 7; 8›1; 163›1; 851›1
beitragen 834›3
beitreiben 455›1
beitreten 1224›3; 1713›3
Beitrittskandidat 94›2
Beiwagen 65›1
Beiwerk 167›3; 948›1
beiwohnen 1051›3; 1560›2
Beize 1472
beizeiten 1285›1
beizen 328›3; 519›2; 587›2
bejahen 277›2; 1964›2
bejahend 800›2; 1219; 1965
bejahrt 43›1
Bejahrtheit 44›1
Bejahung 278›5
bejammern 941›4
bejammernswert 1655›3
bejubeln 418›1; 945›2
bejubelt 57; 241›1
bekämpfen 554›2; 854›1; 915›3
bekannt 241›2; 260›1; 297; 675›1; 1798›2
bekannt machen 1115›3; 1769›2; 1843›1
bekannt sein mit 925›1
bekannt werden 409›3; 503›5; 954›3
bekannt, wohl 964›1
Bekannte 710
Bekannter 711
Bekanntgabe 1117
Bekanntheit 713›3; 1207›3
bekanntlich 1455›4
Bekanntmachung 96›1; 857›1; 1844›1
Bekanntschaft gemacht haben 925›1
bekehren 1622›1
Bekehrung 443›1
bekennen 1203›3
bekennen, Farbe 1503›5; 1801›2
bekennen, sich schuldig 254; 1421›3
bekennend 660
Bekenner 873›1; 929
Bekenntnis 1204›2; 1332›1
bekifft 248›2
beklagen 254; 941›1
beklagen, sich 194
beklagen, sich über 941›3
beklagenswert 106›2; 1655›3
Beklagter 55
beklatschen 945›2
bekleben 198
bekleckern 1804
bekleiden 97›1; 198; 673›2
Bekleidung 946›1
beklemmend 404›2; 477›1; 1288›3
Beklemmung 61›2; 478›2; 1113; 1469
beklommen 63›1; 477›1
beklommen sein 62›2
Beklommenheit 61›2; 478›2; 1113; 1469
beklopfen 261›1
bekloppt 1773›1
beknackt 401›1; 1773›1
beknirschen, sich 1531›2
**bekommen 234**; 463›1; 519›1; 1726›1
bekommen, Baby 679›1
bekommen, bezahlt 1726›1
bekommen, Entschädigung 494›3
bekommen, erzählt 865›1
bekommen, Gänsehaut 656›1
bekommen, geschenkt 234›1; 519›1
bekommen, geschickt 519›1
bekommen, in den falschen Hals 1954›1
bekommen, in die falsche Kehle 320›2
bekommen, Junge 679›2
bekommen, Kind 679›1
bekommen, Korb 1378›5
bekommen, Lust 891›2
bekommen, Panik 62›1
bekommen, Schrecken 62›1
bekommen, sich in die Hand 226
bekommen, Wind 1767›2
bekommen, zu spüren 512›2
bekommen, Zuschlag 234›1
bekömmlich 754›3; 1031›3; 1104›3
beköstigen 49›3
bekrabbeln 261›1
bekräftigen 208›3; 277›5; 540›4; 1782›1
bekräftigend 1965
Bekräftigung 278›3; 1095›4; 1499›3
bekränzen 1287›1; 1628›1
bekriegen 915›3; 1531›1
bekritteln 194
bekritzeln 268›3; 1804
bekümmern 1237›2; 1364›2
bekümmern, sich 1784›2
Bekümmernis 1469
bekümmert 63›1; 1655›1
Bekümmertheit 1588
bekunden 161›3; 1115›2; 1931›3
bekunden, Dank 355›1
bekunden, Mitgefühl 1560›3
Bekundung 163›3
belächeln 1487›1
beladen 235›1; 1177›1
Belag 616›1; 1382›1
belagern 854›4
Belagerung 855›3
Belami 711; 1738›1
belämmert 401›1
Belang 200›2
Belang sein, von 199›2
Belange 577›2
belangen 941›1
belanglos 769›5; 947›2; 1012›2; 1635
Belanglosigkeit 948›1
belangvoll 1896›2
belassen 1014›2
belastbar 976›1
Belastbarkeit 807›1; 1497›2
**belasten** 193›3; **235**; 400›1; 1852
belastend 1016›1; 1288›3; 1436›2
belastend, nicht 754›3
belastet 1177›1; 1422›2
belästigen 1237›1; 1329›3; 1519›1
belästigen, jmdn. 389›5
Belästigung 840›1; 1521
Belästigung, sexuelle 1454
Belästigungen 104›3
Belastung 104›3; 1015›1; 1245; 1420›2
Belastungen 973›1

Belastungsprobe 1280›3
belaubt 1866
belaubt, dicht 1866
belauern 245›2
belaufen, sich auf 972›1
belauschen 245›2; 865›2
beleben 74›2; 74›3; 409›4; 538›2; 1498›2
beleben, neu 540›4
belebend 75›1; 1602
belebt 1021›1; 1223›1; 1824›3
belebt, neu 1172›4
Belebung 76›2; 522›1; 1499›1; 1506›4
Beleg 233; 278›2; 613›1; 1291›3; 1493›2
belegen 166›3; 198; 612›2; 1334; 1931›4
belegen bei 1044›2
belegen, mit Beschlag 193›2
belegen, mit einer Strafe 1805›1
belegen, mit Granaten 59›2
Belegschaft 797›2
belegt 404›5; 1302›3; 1824›2; 1860
belegt, nicht 1669›1
Belehnung 981
belehren 943›5; 1029›1
belehren, eines Besseren 943›5; 1622›1
**belehrend 236**
Belehrung 95›1; 562›2; 1028›1; 1299›1
beleibt 379›1
Beleibtheit 670›2
beleidigen 838›1; 1237›2
**beleidigend 237**; 1239›5; 1368›3
beleidigt 320›2
beleidigt, leicht 468›3
**Beleidigung 238**; 1761
beleihen 319›1; 319›2
Beleihung 356; 981
belesen 926; 991›2
Beletage 1516›6
**beleuchten 239**; 525›3
beleuchtend 236›1
beleuchtet 836›4
Beleuchtung 359›1
Beleuchtung, helle 1047›1
Beleuchtungskörper 1007›1
beleumdet, übel 90›5
beleumundet, übel 1970›3
belfern 242›1
belichten 239›1
belieben 500›1; 688›1
Belieben 1757›2; 1858›1
Belieben, nach 240
belieben, wie 312›2
**beliebig 240**; 1905›1; 1948›2
Beliebigkeit 986
**beliebt 241**; 675›2
beliebt, wie es 240
Beliebtheit 713›3
beliefern 201›2; 1383›3; 1784›4
Bella Figura 1541
**bellen 242**; 1386›2
Bellen 731›4
Belletristik 1056
Bellizist 364
bellizistisch 37›1
Bello 868
belobigen 1058›1
belobigt 148›2
Belobigung 1057›2
belohnen 494›1; 1746›3
Belohnung 495›1; 674›2
belüften 1064
Belüftung 1063›2
belügen 1067
belustigen 74›4; 1677›2
belustigen, sich 600›2; 648›1
belustigen, sich über 1487›1
belustigend 75›2; 832›2
belustigt 832›3
Belustigung 647›1; 1679›2
bemächtigen, sich 1163›3; 1228›3
bemäkeln 194
bemalen 587›3; 1132›1
bemalt 588›2
Bemalung 586›1
bemängeln 194; 1550›1
Bemängelung 984›2
bemannen 166›3
Bemannung 797›9
bemänteln 266
Bemäntelung 267
bemeistern 959›1
bemeistern, sich 226
bemerkbar 376›1; 1494
bemerkbar machen, sich 954›1
bemerken 161›1; 665›1; 1447; 1863›1
bemerken, am Rande 161›1
bemerken, nicht 489›1
bemerkenswert 162›1; 272›2; 550; 889›2; 1896›2
bemerkt werden 117
bemerkt werden, nicht 1231›2
bemerkt, nebenbei 1162›1
Bemerkung 163›2; 857›2; 1486›3
Bemerkung, witzige 1679›4
bemessen 249›1; 612›3; 1558›2; 1697›2
Bemessung 1290›2
bemitleiden 1560›3
bemitleidenswert 1655›3
bemittelt 1322›1
bemogeln 291›1
bemoost 43›2
**bemühen** 193›3; **243**
Bemühen 914›1
**bemühen, sich 243**
bemühen, sich um 301
bemüht 421
Bemühung 914›1; 1015›2
bemustern 1132›1
bemuttern 1244›1; 1784›2
Bemutterung 1243›1; 1469
benachbart 1150›2
benachrichtigen 279›4; 1115›1
Benachrichtigung 330; 1117
benachteiligen 291›1; 1109›1; 1364›1
benachteiligend 386
benachteiligt werden 1364›4
Benachteiligter 1214›2
Benachteiligung 387›1; 855›5; 1110; 1363›2
benamsen 928›5; 1169›1
benebelt 248›1
benedeien 1446›1
Benediktion 1445›1
Benehmen 84›1; 1754›1
benehmen, sich 1753›1
Benehmen, sicheres 1456›4
beneiden 1165
beneidenswert 778›2
benennen 161›2; 928›5; 1169›1
Benennung 146›1; 220; 927›2
benetzen 614›1
benetzt 1157›4
Bengel 907›2; 1267›1
benigne 1104›4
Benimm 1754›2
Benimmbuch 1027
Benjamin 907›1

benommen 404 ▸ 4; 1911 ▸ 2
benoten 1697 ▸ 1
benötigen 325; 596 ▸ 2; 1719 ▸ 1
benutzbar 1968 ▸ 1
**benutzen 244**; 325
benutzerfreundlich 1968 ▸ 1
Benutzerprofil 927 ▸ 2
benutzt werden 380 ▸ 2
Benutzung 153 ▸ 1
Benutzungsvorschrift 95 ▸ 2
Benzin 475 ▸ 2
Benziner 576 ▸ 2
**beobachten** 127 ▸ 2; **245**; 1447; 1863 ▸ 1
**Beobachter 246**
Beobachtung 132 ▸ 1; 514 ▸ 1; 1864 ▸ 1
Beobachtungsgabe 465 ▸ 1; 1785 ▸ 2
beordern 71 ▸ 1; 279 ▸ 3
bepacken 235 ▸ 1; 671 ▸ 2
bepackt 1177 ▸ 1
bepflanzen 196 ▸ 3
Bepflanzung 560 ▸ 4
bepflastern 198
bequatschen 1622 ▸ 1
bequem 56 ▸ 1; 631 ▸ 3; 716; 1031 ▸ 2; 1145 ▸ 2; 1485 ▸ 2; 1671 ▸ 1
bequem machen, es sich 1179 ▸ 2; 1351 ▸ 1
bequemen, sich 486 ▸ 1; 528 ▸ 4
**Bequemlichkeit 247**; 1146; 1672 ▸ 1
berappeln, sich 521 ▸ 2
berappen 302 ▸ 3
beraten 275 ▸ 1; 834 ▸ 2; 1300 ▸ 1
beraten, sich 275 ▸ 3
Berater 835 ▸ 1
Beraterstab 797 ▸ 2
beratschlagen 275 ▸ 1
Beratschlagung 276 ▸ 1
Beratung 276 ▸ 1; 851 ▸ 1; 1299 ▸ 3
beratungsresistent 401 ▸ 1; 1687
berauben 1163 ▸ 3
beraubt 1428 ▸ 5
beraubt, der Freiheit 1647 ▸ 2
berauschen 217 ▸ 1; 303 ▸ 1
berauschen, sich 283 ▸ 3
berauschend 284 ▸ 1; 1330
berauschend, nicht 1086 ▸ 2
**berauscht 248**; 285; 545 ▸ 3
Berauschtheit 1305 ▸ 1
Berber 1327 ▸ 2
berechenbar 942 ▸ 4
**berechnen** 235 ▸ 4; **249**; 369 ▸ 2; 1926 ▸ 1
berechnend 805; 1452; 1551 ▸ 2
berechnet 1255 ▸ 1; 1551 ▸ 1
Berechnung 553 ▸ 2; 740 ▸ 2; 1316
berechtigen 528 ▸ 2
**berechtigt 250**; 310 ▸ 2; 748 ▸ 4; 1962 ▸ 2
berechtigt sein 959 ▸ 2
Berechtigung 81 ▸ 1; 529 ▸ 2; 1313 ▸ 1; 1963 ▸ 1
bereden 206; 275 ▸ 1; 538 ▸ 1; 1622 ▸ 1
beredsam 251 ▸ 1
Beredsamkeit 1489 ▸ 3
**beredt 251**
Beredtheit 1489 ▸ 3
Beredung 276 ▸ 1
Bereich 618 ▸ 3; 682 ▸ 1; 1972 ▸ 2
Bereich des Möglichen, im 1123 ▸ 3
Bereich, persönlicher 821 ▸ 2
bereichern 516 ▸ 1; 1711 ▸ 2
bereichern, sich 758 ▸ 1
Bereicherung 508 ▸ 2; 517 ▸ 1; 1712 ▸ 2
bereift 911 ▸ 1
bereinigen 150 ▸ 4; 259 ▸ 1; 302 ▸ 4; 943 ▸ 1; 1764 ▸ 1
bereinigt 655 ▸ 2
Bereinigung 149 ▸ 4
**bereit 252**; 608 ▸ 2; 1835 ▸ 1
bereit sein 486 ▸ 1; 528 ▸ 4; 1507 ▸ 3
bereiten 557 ▸ 3; 1831 ▸ 1
bereiten, den Weg 435 ▸ 1
bereiten, Freude 219 ▸ 1; 1616 ▸ 1
bereiten, Ovationen 945 ▸ 2
bereiten, Schmerz 1364 ▸ 2
bereiten, Sorgen 1399 ▸ 2
bereiten, Unannehmlichkeiten 105 ▸ 1
bereitfinden, sich 528 ▸ 4
bereithalten 1831 ▸ 1
bereitlegen 1831 ▸ 1
bereitmachen, sich 1831 ▸ 2
bereits 1406
**Bereitschaft 253**
Bereitschaft, in 252 ▸ 2; 608 ▸ 3
bereitstehen 834 ▸ 1
bereitstellen 273 ▸ 1; 1831 ▸ 1
Bereitstellung 1832 ▸ 1
bereitwillig 252 ▸ 1; 488; 651 ▸ 1; 735 ▸ 1
Bereitwilligkeit 253
berennen 59 ▸ 2
**bereuen 254**; 1399 ▸ 2
**Berg 255**; 670 ▸ 1; 1097 ▸ 2
bergab 27
bergauf 137
Bergbahn 576 ▸ 4
Bergbesteigung 134 ▸ 2
Berge, über alle 1883 ▸ 1
bergen 490; 1426 ▸ 1
bergend 1471 ▸ 2
Bergfahrt 134 ▸ 2; 137
Berghang 5 ▸ 4
bergig 1638 ▸ 1
Bergkegel 255 ▸ 1
Bergkette 255 ▸ 2
Berglehne 5 ▸ 4
Bergrutsch 1160 ▸ 1
Bergseite 5 ▸ 4
Bergung 851 ▸ 2
Bergwanderung 134 ▸ 2
**Bericht** 8 ▸ 1; **256**; 1117; 1847
**berichten 257**; 1115 ▸ 1
berichten, Vorgeschichte 1725 ▸ 3
**Berichterstatter 258**
Berichterstattung 256 ▸ 1; 1117
berichtigen 943 ▸ 5
Berichtigung 1712 ▸ 1
beriechen 1339 ▸ 3
berieseln 614 ▸ 1; 1677 ▸ 2
Berieselung 1679 ▸ 2
Berserker 184
bersten 141 ▸ 1; 327 ▸ 1; 1209 ▸ 3; 1257 ▸ 1; 1386 ▸ 2
Bersten, zum 1824 ▸ 2
berüchtigt 260 ▸ 1; 1970 ▸ 3
berücken 303 ▸ 1; 1737
berückend 1330
berücksichtigen 191 ▸ 2; 1926 ▸ 2
berücksichtigen, mit 191 ▸ 2
Berücksichtigung 1346
Beruf 100 ▸ 2; 119 ▸ 1; 1022 ▸ 2
berufen 147 ▸ 2; 279 ▸ 6; 303 ▸ 2; 1349 ▸ 3
berufen, sich auf 1540 ▸ 2
beruflich 569 ▸ 1
Berufs wegen, von 569 ▸ 2
Berufsheer 1106 ▸ 2
Berufssoldat 1106 ▸ 1
Berufsspieler 1484

Berufssportler 1484
berufstätig 1553 ▸ 3
Berufung 135 ▸ 3; 721 ▸ 2; 940 ▸ 1; 1348 ▸ 1; 1858 ▸ 3
beruhen auf 9 ▸ 3
beruhen lassen, auf sich 770; 1014 ▸ 2
beruhend, auf einer Idee 876
**beruhigen 259**; 854 ▸ 1; 1601 ▸ 1
**beruhigen, sich 259**
beruhigend 56 ▸ 2
beruhigt 1352 ▸ 3
Beruhigung 1087 ▸ 2; 1600
**berühmt 260**; 788 ▸ 4
Berühmtheit 200 ▸ 2; 1207 ▸ 3; 1496 ▸ 2
**berühren 261**; 287; 1228 ▸ 1
berühren, flüchtig 261 ▸ 4
berühren, nicht 770
berühren, sich 261 ▸ 3
berühren, unangenehm 105 ▸ 2
berühren, wunden Punkt 1237 ▸ 6
berührend, sich mit 768 ▸ 4
berührt 545 ▸ 2
berührt, peinlich 1758 ▸ 2
Berührung 962 ▸ 1
Berührungsangst 61 ▸ 3
Berührungspunkt 1714 ▸ 2
besabbern 1804
besäen 557 ▸ 5
besagen 199 ▸ 1
besaitet, zart 468 ▸ 3
besamen 557 ▸ 2
besänftigen 259 ▸ 1; 1601 ▸ 1
besänftigend 1602
Besänftigung 1087 ▸ 2
Besatz 1286 ▸ 2
Besatzer 1459 ▸ 2
Besatzung 797 ▸ 9; 1459 ▸ 2
Besatzungsmacht 1459 ▸ 2
Besäufnis 708; 1305 ▸ 1
besäuseln, sich 283 ▸ 3
**beschädigen 262**
**beschädigt 263**; 1690 ▸ 1
Beschädigung 1363 ▸ 1
beschaffen 201 ▸ 2; 273 ▸ 1; 921 ▸ 1; 1224 ▸ 2; 1898 ▸ 3
beschaffen, Informationen 533
beschaffen, sich 758 ▸ 2
beschaffen, wohl 414 ▸ 1
Beschaffenheit 109 ▸ 1; 630 ▸ 1; 1289 ▸ 1; 1535; 1961
Beschaffenheit, natürliche 1159 ▸ 1
Beschaffung 274 ▸ 1
Beschaffungsnetz 851 ▸ 1
Beschaffungsstrich 1277
Beschaffungssystem 851 ▸ 1
**beschäftigen** 88 ▸ 1; **264**
beschäftigen mit, sich 79 ▸ 1; 101 ▸ 1; 1629 ▸ 2
**beschäftigen, sich 264**
beschäftigen, sich mit 1629 ▸ 2
beschäftigt 1553 ▸ 4
beschäftigt, viel 1553 ▸ 4
beschäftigt, voll 1553 ▸ 4
Beschäftigter im öffentlichen Dienst 192
Beschäftigung 100 ▸ 2
beschäftigungslos 103
beschämen 317 ▸ 2; 838 ▸ 1; 1237 ▸ 6
beschämend 237 ▸ 2; 1238 ▸ 1; 1633 ▸ 1
beschämt 1337; 1758 ▸ 2
Beschämung 1367 ▸ 1; 1759 ▸ 3
beschatten 245 ▸ 2; 407 ▸ 2; 1736 ▸ 1
Beschau 1280 ▸ 2
beschauen 79 ▸ 1
beschauen, sich 79 ▸ 3
beschaulich 1352 ▸ 4
Beschaulichkeit 443 ▸ 1; 1350 ▸ 2
Beschauung 1280 ▸ 2
Bescheid 163 ▸ 1; 555 ▸ 1; 1117
Bescheid geben 554 ▸ 1
bescheiden 82 ▸ 1; 279 ▸ 3; 431 ▸ 3; 477 ▸ 1; 554 ▸ 1; 1086 ▸ 2
bescheiden, abschlägig 30 ▸ 2
bescheiden, sich 1474 ▸ 4; 1815 ▸ 1
Bescheidung 1814 ▸ 2
bescheinen 239 ▸ 1
bescheinigen 277 ▸ 1; 1782 ▸ 2
bescheinigt 250 ▸ 2
Bescheinigung 278 ▸ 1; 278 ▸ 2; 1938 ▸ 1
bescheißen 291 ▸ 1
beschenken 219 ▸ 3; 680 ▸ 2; 1446 ▸ 2
beschenken, reich 1812 ▸ 2
bescheren 680 ▸ 2
Bescherung 628 ▸ 3; 674 ▸ 2
bescheuert 401 ▸ 1; 1773 ▸ 1
beschichten 198
Beschichtung 1425 ▸ 1
beschicken 671 ▸ 1; 1784 ▸ 4
beschickert 248 ▸ 1
beschießen 59 ▸ 2
beschildern 172 ▸ 3; 928 ▸ 2; 928 ▸ 3
beschimpfen 1386 ▸ 1
Beschimpfung 238
beschirmen 870; 1426 ▸ 1
Beschirmer 835 ▸ 1
beschirmt 1455 ▸ 3
Beschirmung 1425 ▸ 4
Beschiss 290
beschissen 1392 ▸ 1; 1651 ▸ 1
beschlabbern 1804
beschlafen 1051 ▸ 3
Beschlag 1286 ▸ 2
beschlagen 316 ▸ 2; 513 ▸ 1; 614 ▸ 3; 926; 1287 ▸ 1; 1441 ▸ 2; 1537 ▸ 2
beschlagen sein 959 ▸ 1; 1789 ▸ 4; 1913
Beschlagenheit 514 ▸ 2; 1914 ▸ 1
**Beschlagnahme 265**
beschlagnahmen 455 ▸ 1
beschleichen 433 ▸ 1; 1736 ▸ 1
beschleunigen 389 ▸ 3; 426 ▸ 2
Beschleunigung 425 ▸ 4
beschließen 496 ▸ 1; 1254 ▸ 1; 1731; 1825
Beschließer 132 ▸ 2; 1874
beschlossen 473; 1455 ▸ 5
Beschluss 497 ▸ 1; 1732 ▸ 1
beschmieren 268 ▸ 3; 1804
beschmutzen 1804
beschmutzt 1403 ▸ 1
beschneiden 1002 ▸ 1; 1002 ▸ 3; 1404 ▸ 4
beschnitten 1000 ▸ 1
beschnobern 1339 ▸ 3
beschnüffeln 245 ▸ 2; 1339 ▸ 3
beschnuppern 1339 ▸ 3
**beschönigen 266**; 587 ▸ 5; 1067
beschönigt 580 ▸ 6
**Beschönigung 267**; 1555 ▸ 4
beschranken 1457 ▸ 4
beschränken 854 ▸ 1; 1002 ▸ 3
beschränken, sich 311 ▸ 5; 1474 ▸ 4
beschränkt 203; 401 ▸ 1; 477 ▸ 2; 951 ▸ 2; 1651 ▸ 2
beschränkt, auf eine Seite 452 ▸ 2
Beschränktheit 402 ▸ 1; 478 ▸ 5
Beschränkung 205 ▸ 1; 451 ▸ 1
**beschreiben** 257; **268**; 357 ▸ 1; 928 ▸ 1
Beschreibung 8 ▸ 1; 256 ▸ 1; 359 ▸ 1
beschreien 303 ▸ 2

beschreiten 700▸1
beschreiten, Rechtsweg 941▸2
beschriften 525▸5; 928▸2
Beschriftung 526▸4
beschuldigen 235▸5; 941▸1; 1760; 1852
Beschuldigter 55
Beschuldigung 940▸1
beschummeln 291▸1
Beschuss 60▸1
Beschuss, unter 1268▸1
beschützen 870; 1426▸1
beschützend 1471▸2
Beschützer 835▸1; 1950
beschützerisch 1471▸2
beschützt 1455▸3
Beschützung 1425▸4
beschwatzen 206; 1622▸1
Beschwer 1015▸2; 1185▸2
Beschwerde 940▸1; 1036▸1
Beschwerden 979▸1; 1398▸2
beschweren 235▸5; 400▸1
beschweren, sich 194; 941▸1
beschwerlich 1016▸1; 1436▸2; 1633▸1
Beschwerlichkeit 1015▸2
beschwert 1177▸1
Beschwerung 1015▸1
beschwichtigen 259▸1; 1601▸1
Beschwichtigung 149▸4; 1087▸2
beschwindeln 291▸1; 1067
beschwingen 74▸2
beschwingt 70▸2; 778▸1; 832▸1; 1031▸3
beschwipst 248▸1
beschworen 1208▸1; 1455▸4
beschwören 303▸2; 313▸1; 1076▸1; 1782▸2
beschwörend 1140▸2
Beschwörung 1077▸1; 1716▸1
Beschwörungsformel 1716▸1
beseelen 74▸2; 409▸4
beseelt 1021▸1
Beseeltheit 1020▸6
Beseelung 1020▸3
besehen 79▸1
besehen, bei Licht 719▸5
beseitigen 22▸4; 481▸1; 530▸1; 828▸2; 1583▸1; 1936▸2
Beseitigung 483▸2
beseligen 219▸1; 648▸1
beseligend 778▸3
beseligt 778▸1
Beseligung 777▸2
**Besen 269**
besendern 928▸3
besenrein 655▸2; 1360▸1
Besenschänke 678▸1
Besenwirtschaft 678▸1
besessen 826▸2; 1088▸3; 1762
besessen sein, vom Spielteufel 1482▸5
besessen, von Vorurteilen 1500▸4
Besessenheit 546▸3; 827; 1050▸2; 1547▸1
besetzen 59▸2; 264▸3; 1334
besetzen, neu 1704▸1
besetzt 1824▸2
besetzt, dicht 1824▸2
Besetzung 368▸1; 1342▸1
besichtigen 79▸1
Besichtigung 280▸1; 1280▸2
besiedelt, dicht 1824▸3
besiegbar 1123▸2
besiegeln 496▸1; 1731
besiegelt 473; 531▸1; 1208▸3; 1455▸4
besiegen 1389▸2; 1458▸2
besiegen, durch Knock-out 1389▸2
besiegen, sich selbst 226
besiegt 531▸3
besingen 418▸1
besinnen, sich 369▸3; 523▸1
besinnen, sich anders 1704▸5
besinnlich 1352▸2; 1352▸4
Besinnlichkeit 443▸1; 1350▸2
Besinnung 443▸1
besinnungslos 285; 1641▸2
**Besitz 270**; 1895▸1
Besitz, ererbter 510▸1
besitzen 804▸1; 808▸2
besitzen, Frechheit 1040▸3
besitzen, Geltung 199▸3
besitzen, Herrschaft 845▸1
besitzen, keinen roten Heller 479
besitzen, Macht 845▸1
besitzend 1322▸1
**Besitzer 271**; 809▸3
Besitzer, künftiger 94▸1
besitzergreifend 1016▸3
Besitzgier 1757▸3
besitzgierig 805
besitzlos 106▸1
Besitzstand 270▸1
besitzsüchtig 805
Besitztum 270▸1
besoffen 248▸1
besolden 302▸2
Besoldung 1727▸1
Besonderheit 422▸2; 422▸3; 927▸1; 1480▸4; 1699▸2
**besonders** 118▸1; 162▸1; **272**; 454▸1; 883▸1; 889▸2; 1226▸1; 1453▸1
besonders, ganz 1448▸1
besonders, nicht 1086▸2
besonnen 219▸2; 239▸1; 887▸2; 1768▸1; 1842▸2
Besonnenheit 1350▸2; 1470▸2
besonnt 778▸2; 836▸3
**besorgen** 201▸2; **273**; 530▸1; 1163▸2; 1224▸2
besorgen, es jmdm. 1746▸2
besorgen, sein Haus 279▸5
Besorgnis 61▸3; 1469
besorgniserregend 542▸4; 687▸1
besorgt 63▸1; 545▸1; 1471▸1
besorgt sein 62▸2
besorgt sein um 1784▸2
Besorgtheit 1469
**Besorgung 274**; 381▸2; 532▸1
Besorgung machen 273▸2
bespannen 198
bespaßen 1677▸2
bespiegeln, sich 79▸3
bespielbar 1968▸1
bespielen 244
bespitzeln 245▸2
bespötteln 1487▸1
**besprechen 275**; 303▸2; 1697▸1
**besprechen, sich 275**; 1677▸3
**Besprechung** 8▸1; **276**; 984▸1; 1590▸1; 1679▸1
besprengen 614▸1
bespritzen 614▸1; 1804
besprühen 614▸1
besser 3
besser als nichts 725
besser sein 1389▸3
besser stellen 1711▸3
besser werden 720▸2; 758▸3
bessern, sich 720▸2; 1704▸1
Besserung 522▸2; 1506▸4
Besserungswille 1336
Besserwisser 382▸2; 1234▸1

Besserwisserei 984‣4
besserwisserisch 1236‣2
Besserwissertum 1235‣2
Best of 169‣1
bestallen 88‣1; 279‣6; 1349‣3
Bestallung 135‣3; 436‣2; 1348‣1
Bestand 360‣2; 793‣3; 897‣1; 1006‣2; 1516‣4
Bestand haben 362‣1
Bestand, ohne 1741
beständig 143; 363‣1; 412‣2; 879‣1; 1966‣1; 1966‣2
Beständigkeit 360‣2; 611‣3
Bestandsliste 897‣2
Bestandsmasse 897‣1
Bestandsverzeichnis 897‣2
Bestandteil 460‣3; 1557‣3
bestärken 277‣4; 538‣2; 1300‣1
Bestärkung 278‣5
**bestätigen 277**; 491‣2; 538‣2; 554‣1
bestätigen, sich 943‣6
bestätigt 250‣2
**Bestätigung 278**; 492‣3; 529‣3
bestatten 231‣1
Bestattung 232‣1
bestäuben 557‣2
bestaunen 1921‣3
Beste, das 551; 1826‣1
bestechen 921‣3
bestechend 1330; 1390; 1976‣1
bestechlich 751
bestechlich sein 1756‣5
Bestechlichkeit 752
Bestechung 434‣2
Bestechungsgeld 434‣2
bestehen 224‣2; 1019‣1
Bestehen 567
bestehen auf 193‣1; 224‣1; 1919‣2
bestehen aus 490
bestehen, nicht 1775‣4
bestehend 363‣1; 1908‣1
bestehlen 1163‣2
besteigen 453‣1; 1051‣3; 1504‣2
Besteigung 134‣2
**bestellen** 88‣1; 195; **279**; 557‣5; 1115‣1; 1784‣4
bestellen, sein Haus 279‣5
Besteller 922; 995‣1
bestellt 250‣2
bestellt sein 1753‣2
Bestellung 135‣1; 560‣4
Besten, vom 551
bestens 148‣1; 801‣2
Bester 1459‣1
besteuern 235‣4
Besteuerung 1510‣2
bestialisch 332
Bestialität 333
Bestiarium 1357‣2
Bestie 184
bestimmbar 464‣3
bestimmen 71‣1; 279‣6; 496‣1; 525‣2; 612‣2; 845‣2; 1169‣2; 1622‣1; 1675‣4
bestimmend 1896‣1; 1962‣1
bestimmt 345‣2; 476; 1140‣1; 1532‣1; 1908‣3
bestimmt nicht 1660
bestimmt sein durch 9‣3
bestimmt, für die Öffentlichkeit 1206‣1
Bestimmtheit 1139; 1456‣2; 1470‣1; 1533‣1
Bestimmung 119‣1; 205‣2; 207‣1; 526‣3; 747‣1; 1089; 1317‣1; 1384‣1; 1940‣1
Bestimmungsort 1940‣2
Bestleistung 763‣3
bestrafen 1746‣2
Bestrafung 1747‣2
bestrahlen 239‣1
bestrahlt 836‣4
Bestrahlung 111‣2
Bestreben 420‣1; 1757‣2; 1903‣1
bestrebt 421
Bestrebung 1757‣2
bestreitbar 1669‣1
bestreiten 554‣2; 915‣3; 1046‣1
bestreiten, Lebensunterhalt 519‣3
bestricken 303‣1
bestrickend 1330
Bestseller 515‣4; 763‣3
bestücken 166‣1
Bestückung 167‣1
bestürmen 59‣2; 313‣1; 389‣4
bestürzen 1616‣1
bestürzend 550
bestürzt 1500‣3; 1911‣3
Bestürzung 61‣2; 549
**Besuch 280**; 282‣1; 443‣2
Besuch machen 281‣1
**besuchen** 244; **281**
besuchen, häufig 281‣3
besuchen, Schule 1044‣1
**Besucher 282**; 995‣3; 1327‣1; 1562‣1
besucht 241‣3
besucht, häufig 241‣3
besudeln 1804
besudelt 1403‣1
betagt 43‣1
betanken 671‣1
betasten 261‣1
betätigen 201‣1
betätigen, sich 101‣1
Betätigung 100‣1; 202‣1
Betätigungsdrang 420‣1
betatschen 261‣1
**betäuben 283**; 1921‣2
**betäuben, sich 283**
**betäubend 284**; 1436‣2
**betäubt 285**; 404‣4; 1641‣2; 1911‣3
Betäubung 549; 1642‣3
Betäubungsmittel 1306
betauen 614‣1
betaut 1157‣4
**beteiligen 286**
beteiligen, am Gewinn 286
beteiligen, sich 453‣2; 1560‣1
beteiligt 892‣1; 1561‣2
beteiligt sein 1560‣1
Beteiligte 1562‣2
Beteiligung 695‣2; 890; 1559‣2
Beteiligung, innere 1559‣1
beten 313‣3
beteuern 224‣1; 1782‣1
Beteuerung 163‣3; 1095‣4; 1783‣1
betiteln 928‣5; 1169‣1
Betitelung 927‣2
betonen 224‣1; 1725‣1; 1782‣1
Betonkopf 403‣1
betont 1140‣1
Betonung 1139; 1489‣2; 1580‣2
betören 291‣1; 303‣1; 688‣2; 1737
betörend 1330
betört 545‣3; 1762
Betörung 1328‣2
Betracht, in 48
betrachten 79‣1; 245‣1; 369‣2
betrachten, als gegeben 1767‣1
betrachten, kritisch 1132‣2
betrachten, sich 79‣3; 1481‣1
betrachten, von allen Seiten 275‣1; 369‣2

Betrachter 246▸1
betrachtet, aus der Nähe 719▸5
betrachtet, bei Licht 424▸1
beträchtlich 788▸2; 1322▸2; 1494; 1502▸3; 1819▸1; 1942
Betrachtung 8▸1; 1316
Betrag 1265▸1
betragen 972▸1
Betragen 84▸1; 1754▸1
betragen, sich 1753▸1
betrauen 88▸1
betrauern 941▸4
beträufeln 614▸1
beträufelt 1157▸4
betraut 1962▸2
betraut mit 250▸2
Betreff, in 288
**betreffen** 261▸2; **287**
**betreffend 288**; 501▸4
betreffs 288
betreiben 201▸1; 273▸3; 1677▸1; 1680▸1
Betreiben 76▸1
betreiben, etwas 101▸1
betreiben, Kult mit 64▸1
betreiben, Prophylaxe 1426▸5
betreiben, Prostitution 1274
betreiben, Selbstdemontage 317▸1
betreiben, Understatement 838▸2
Betreibung 202▸1
betressen 1287▸1
betretbar 1202▸1
betreten 700▸1; 1337; 1500▸3; 1758▸2
Betreten 67▸1
Betretenheit 1759▸3
betreuen 222▸2; 273▸3; 870; 1244▸1; 1784▸2
betreut 1455▸3
Betreuung 202▸2; 223▸2; 274▸2; 1243▸1
**Betrieb 289**; 737▸1; 1679▸2; 1681▸1
Betrieb, außer 742▸1
betriebsam 421; 476; 1021▸2; 1553▸2
Betriebsamkeit 289▸2; 420▸1
Betriebsangehöriger 102
betriebsblind 452▸1
Betriebsblindheit 402▸1
Betriebsgeheimnis 699▸2
Betriebsleiter 1042▸2
Betriebsnudel 1678▸2
Betriebssystem 350▸1
Betriebsunfall 1646
betrifft 288
betrifft, was ... 48
betrinken, sich 283▸3; 1596▸2
betroffen 1500▸3; 1561▸2
betroffen machen 1076▸1
betroffen sein, mit 1926▸3
betroffen, nicht 769▸2
Betroffener 1214▸2
Betroffenheit 549
Betroffenheitskitsch 937▸3
betrogen 1655▸6
betrüben 235▸5; 362▸4; 1364▸2
betrüblich 1288▸2; 1633▸1; 1655▸4
Betrübnis 1588
betrübt 1655▸1
Betrübtheit 1588
**Betrug 290**; 1555▸1
**betrügen 291**
betrügen, sich 428▸2; 898▸5
**Betrüger 292**; 1419▸2
Betrügerei 290
betrunken 248▸1; 1824▸5
Betrunkenheit 1305▸1
Betsaal 935▸2
**Bett 293**; 1006▸3
Bett, französisches 293
Bettbezug 867▸9
Bettcouch 293
Bettel 5▸1
bettelarm 106▸1
Bettelbrief 93▸2
Bettelbruder 1327▸2
Bettelmann 1327▸2
Bettelmönch 936▸2
betteln 313▸1
betten 1387▸4
betten, auf Rosen 1812▸2
betten, zur letzten Ruhe 231▸1
Bettgenosse 711
Bettgenossin 710
Bettgeschichte 1050▸4
Betthupferl 495▸3
bettlägerig 1037▸2
Bettlägeriger 1233
Bettlägerigkeit 979▸1
Bettler 1327▸2
bettreif 1125▸1
Bettschatz 710
bettschwer 1125▸1
Bettsklave 1466▸2
Bettstatt 293
Bettstelle 293
Bettvorlage 1568
Bettwäsche 1876
betucht 1322▸1
betulich 326▸3; 1010▸1; 1236▸1
betun 1244▸1
betupfen 261▸1
betuppen 291▸1
betütert 248▸1
Beuge 1290▸1
Beugehaft 689▸1
**beugen 294**; 400▸3; 838▸1
beugen, Nacken 701▸2
beugen, Recht 291▸5
beugen, sich 1035▸2
beugen, sich über 294▸1
beugen, unter das Joch 1675▸1
Beugung 999
Beule 1918▸1
beulen 1917▸1
beunruhigen 128▸2; 396▸1; 1811▸2
beunruhigend 129▸1; 542▸4; 687▸1; 1268▸2
beunruhigt 545▸1
Beunruhigung 61▸2; 397▸1; 546▸1; 1469
beurkunden 277▸1; 928▸3
beurkundet 1455▸4
beurlauben 211▸2
beurlauben, sich 466▸3
beurteilen 275▸2; 1370▸2; 1697▸1
beurteilen, richtig 732▸3
beurteilen, vernichtend 1805▸2
Beurteiler 985▸1
Beurteilung 984▸1; 1266▸3; 1696▸1
Beute 515▸5
Beutel 221; 867▸8; 918▸3
beuteln 1389▸1
Beutelschneider 292▸2; 1270
bevatern 1784▸2
bevölkert 1824▸3
bevölkert, dicht 1824▸3
**Bevölkerung 295**
Bevölkerungsschicht 1382▸3
bevollmächtigen 528▸2
bevollmächtigt 250▸2; 1962▸2
Bevollmächtigter 1042▸2; 1802▸2

Bevollmächtigung 436▸2; 529▸2
bevor 416
bevor, noch 416
bevormunden 1675▸4
Bevormundung 1043▸2
bevorrechten 296▸3
bevorrechtet 250▸2
Bevorrechtung 1854▸1
bevorschussen 319▸2
bevorstehen 396▸4; 954▸1; 1152▸2
bevorstehend 1150▸3
**bevorzugen 296**; 1122▸1
Bevorzugung 1854▸1
bewachen 127▸2; 870; 1426▸1
Bewacher 1874
bewachsen 198; 1866
bewacht 1455▸3
Bewachung 132▸1; 1425▸3
bewaffnen 166▸3; 1831▸7
bewaffnet 37▸2
Bewaffnung 1832▸2; 1855▸2
bewahren 122▸1; 1244▸3; 1426▸1; 1677▸1
bewahren vor 1408▸2; 1426▸1
bewahren, Andenken 523▸3
bewahren, Contenance 226
bewahren, Fassung 226
bewahren, Haltung 226
bewahren, kühlen Kopf 1351▸2
bewahren, Nerven 1351▸2
bewahren, Ruhe 226; 1351▸2
bewahren, Schweigen 1434▸2
bewähren, sich 224▸2; 1622▸3
bewähren, sich nicht 1775▸4
bewahren, vor dem Verfall 519▸2
bewahrheiten, sich 943▸6; 1810▸2; 1931▸6
bewahrt 1455▸3
**bewährt 297**; 513▸1
Bewahrung 1243▸2
Bewährung, auf 203
Bewährungsfrist 1817▸3
bewaldet 1866
bewältigen 712▸1; 1709▸1; 1825
Bewältigung 515▸1
bewandert 513▸1; 926
bewandert sein 1789▸4
Bewandtnis 200▸1
Bewandtnis haben 1753▸2
bewässern 614▸2
bewässert 1157▸4
**bewegen** 206; 261▸2; **298**; 1228▸1; 1622▸1
bewegen, hin und her 1439▸4
bewegen, kaum zu 1436▸1
**bewegen, sich 298**
bewegen, sich in 1585▸2
bewegen, sich lautlos 774▸1
bewegend 129▸1; 598▸2; 1896▸2
Beweggrund 791▸1
**beweglich** 70▸2; **299**; 476; 741▸2; 1021▸2; 1060▸3; 1779▸2
beweglich, schwer 1259▸1
Beweglichkeit 621▸2; 643▸3; 1442▸2
bewegt 545▸2; 1065▸1
Bewegtheit 546▸2
**Bewegung 300**; 1028▸4; 1534▸1
Bewegung, feministische 606
Bewegung, ohne 1352▸7
Bewegung, politische 300▸5
Bewegungsfreiheit 643▸1; 1304▸2
bewegungslos 1352▸1; 1500▸1
Bewegungslosigkeit 1350▸4
Bewegungsmelder 1425▸6
beweihräuchern 1396
beweinen 941▸4
Beweinung 940▸2
Beweis 278▸6; 1493▸2
beweisbar 1455▸4
beweisen 1931▸4
beweisen, Identität 171▸2
beweisen, Unschuld 491▸3
Beweisführung 368▸2; 613▸1; 791▸2
Beweiskraft 944▸2
beweiskräftig 1390; 1455▸4
Beweismittel 1938▸1
Bewenden 532▸2
bewenden lassen 1014▸2
bewerben 1892▸3
**bewerben, sich 301**; 1507▸3
bewerben, sich um 215▸1
Bewerber 94▸2; 1893
Bewerbung 93▸1; 467
bewerfen 198
bewerkstelligen 530▸1; 712▸1; 1040▸1; 1707▸2; 1825
Bewerkstelligung 532▸1
bewerten 1370▸2; 1697▸1
Bewertung 1696▸1
bewiesen 1455▸4; 1860
bewiesen, experimentell 1455▸4
bewilligen 500▸2; 528▸1
bewilligt 250▸1
Bewilligung 529▸1; 529▸2
bewillkommnen 463▸2
bewirken 1040▸1; 1706▸1; 1907▸4
bewirten 49▸3; 201▸2; 444▸1
bewirtschaften 196▸3; 557▸5; 1677▸1
Bewirtung 202▸2
Bewohner 295
Bewohnerschaft 295
bewölken, sich 396▸4; 407▸2
Bewölkung 406▸2
Bewunderer 65▸5; 998▸1
bewundern 1051▸2; 1370▸1; 1730▸1
bewundernswert 148▸3; 550
bewundert 241▸1
Bewunderung 1057▸1
bewunderungswürdig 550
Bewurf 867▸3
bewusst 16; 1255▸1; 1768▸4
bewusst sein, sich 1913
bewusst werden 1789▸2
bewusst werden, sich 665▸1
Bewusstheit 1785▸1
bewusstlos 285; 1641▸2
Bewusstlosigkeit 1642▸3
Bewusstsein 704▸1; 1095▸1; 1785▸1; 1914▸1
Bewusstsein, in vollem 16
Bewusstsein, mit 1768▸4
bewusstseinsgespalten 705
bewusstseinsgestört 705
Bewusstseinsindustrie 992▸3
Bewusstseinslücke 33▸3
Bewusstseinsspaltung 706
Bewusstseinsstörung 706; 1774▸3
bezahlbar 310▸1; 1123▸2
**bezahlen** 150▸2; **302**
bezahlen sein, zu 87▸1
bezahlen, Zeche 1364▸4; 1763▸2
bezahlt 531▸1; 765▸4
bezahlt machen, sich 1191▸1
Bezahlung 149▸3; 1727▸1; 1927▸1
bezähmen, sich 226
**bezaubern** 219▸1; **303**; 688▸2; 1737
bezaubernd 70▸1; 1330
bezaubert 545▸3

Bezauberung 546›3; 1328›2
bezechen, sich 283›3
bezecht 248›1
bezeichnen 161›2; 172›3; 928›1; 1169›1; 1490›1
bezeichnend 346›1
Bezeichnung 146›1; 220; 526›4
bezeigen 161›3; 1931›3
bezeigen, Dank 355›1
Bezeigung 163›3
bezeugen 161›3; 277›1; 1115›2
bezeugt 1966›3
Bezeugung 163›3
bezichtigen 59›3; 941›1; 1760; 1852
bezichtigen, sich 1507›4
Bezichtigung 940›1; 1761
beziehbar 728›1
beziehen 198; 279›2; 808›3; 921›2; 1726›1
beziehen, auf sich 898›4
beziehen, aus dem Ausland 435›1
beziehen, sich 407›2
beziehen, sich auf 9›4; 287; 1540›2; 1725›3
beziehen, sich mit Eis 656›2
beziehen, Stellung 1801›2
beziehen, Wohnung 455›3
Bezieher 922; 995›3
Beziehung 331›3; 962›2; 1050›4; 1084›4; 1714›5
Beziehung, in dieser 501›3
Beziehungen 467; 1714›3
Beziehungskiste 1050›4
Beziehungsknatsch 1052
Beziehungskrise 1052
beziehungslos 447›1; 1688›3
Beziehungslosigkeit 448›1
beziehungsreich 1437›2; 1463›2
beziehungsvoll 1463›2
beziehungsweise 1201
beziffern 928›3
beziffern auf 972›1
Bezirk 682›1
bezirzen 303›1; 1737
bezirzt 1762
bezogen 405›2
Bezug 920; 1714›2
Bezug auf, in 48; 288
Bezug nehmen 1725›3
Bezüge 1727›1
bezüglich 288; 1331
Bezüglichkeit 204
Bezugsperson 1135›1; 1700›1
Bezugspersonen 461
Bezugsquelle 1291›3
Bezugsrahmen 1296›3
bezwecken 1254›2; 1919›1
bezweckt 16
bezweifeln 1971
bezweifeln, nicht zu 1860
bezwingbar 1123›2
bezwingen 303›1; 1389›2; 1458›2
bezwingen, sich 226
bezwingend 1330
Bezwinger 1459›1
bibbern 656›1; 1943›1
bibbernd 911›2
Bibel 163›4; 334›4
bibelfest 660
Bibelots 937›1
bibliographieren 1356›4
Bibliomane 998›3
Bibliophile 998›3
**Bibliothek 304**; 1357›2
Bibliothek, digitale 304
bieder 326›3; 339›3
Biedermann 338›3
Biedersinn 84›2
biegen 294›1; 393›4
Biegen oder Brechen, auf 1295; 1636›1
biegen, gerade 766›2
biegen, sich vor Lachen 1004›2
biegsam 620›1
Biegung 413›1; 999
Biegung machen 28›1
Biene 1073›2
Biene, flotte 1409›3
Bienenfleiß 420›2
bienenfleißig 619
Biennale 168›2
Bierbauch 670›2
Biergarten 678›1
Bierlokal 678›1
Biertischpolitiker 1432
Biest 184; 1381
**bieten** 214›2; **305**; 680›1
bieten haben, zu 305
bieten, Anblick 157
bieten, Gelegenheit 535›2
bieten, Hand 799›1
bieten, Paroli 123›2
bieten, sich 1931›6
bieten, Sicherheit 337›2
Big Business 737›1
Bigamist 292›2
bigott 477›2; 580›4
Bigotterie 478›5; 581›2
Bijouterie 1286›1
Bike 576›2
Bilanz 518; 1311›1
bilateral 388
**Bild** 125›1; 139›2; 220; **306**; 875›1; 1749›2; 1844›2
Bild machen 1›2
Bild machen, sich ein 1843›2
Bild sein, im 1789›4
Bild, im 308›2
Bildarchiv 1479›3
Bildbeigaben 306›4
Bilde sein, im 1913
Bilde, im 513›1
bilden 557›6; 561; 753
bilden, Begriff 525›2
bilden, Bodensatz 1179›6
bilden, Eisblumen 656›2
bilden, Eisdecke 656›2
bilden, Eisschollen 656›2
bilden, Gegengewicht 150›5
bilden, Gegensatz 963›2
bilden, Kontrast 963›2
bilden, Organisation 1224›3
bilden, Patina 1724›2
bilden, Rücklagen 1474›1
bilden, Schaum 1371›1
bilden, Schicht 1179›6
bilden, sich 503›1; 1044›2
bilden, sich ein Urteil 1697›1
bilden, Team 1713›3
bilden, Umgebung 1628›3
bildend 236›1; 1410
bildend, Einheit 1223›2
Bilderanbetung 783
Bilderbuch, wie aus dem 1826›1
bilderreich 1260›1; 1779›2
Bildersammlung 1357›2
Bilderschrift 335›2; 1417›2
Bilderstürmer 916›5
Bildfolge 616›2
Bildgeschichte 556›2
bildgewaltig 882; 1322›2
bildhaft 77›1; 308›1
Bildhaftigkeit 586›2
**Bildhauer 307**
bildhauerisch 1256

bildhauern 753
bildhübsch 866
Bildjournalist 258›1
bildkräftig 882
**bildlich 308**
Bildner 307
Bildnis 306›2
Bildprogramm 306›5
Bildröhre 309
bildsam 464›3
Bildsäule 1467
**Bildschirm 309**
Bildschirm, digitaler 309
Bildschirmwelt 877›4; 1377
Bildschmuck 306›4
bildschön 1407›1
Bildstreifen 616›2
Bildtelefon 1564
Bildteppich 1568
Bildtext 1572
Bildung 562›1; 562›2; 1914›2
Bildungsanstalt 1423›1
Bildungsbürger 338›1
bildungsfern 1692›2
Bildungsferne 1658
Bildungsgang 1028›2
Bildungslücke 1658
Bildungsprotz 1432
Bildungsreise 575›2
Bildungsstätte 1423›1
Bildunterschrift 517›2; 526›4
Bildunterschriften machen 525›5
Bildwerk 1467
Billboard 1894›3
Billett 330; 1574
**billig** 180; **310**; 501›1; 800›3
billigen 213; 277›2; 491›2; 1122›1; 1964›2
Billigung 529›1; 1057›1
Bimbes 709›3
bimmeln 1581›2
Bimmeln 731›2
bimsen 1044›1; 1389›1; 1606
binär 692›4
Bindeband 1286›6
Bindeglied 1765›1
Bindekraft 807›1
Bindemittel 209›3
**binden** 208›1; **311**
binden, auf die Seele 1076›2
binden, Hände 854›2
binden, nicht 1014›1
**binden, sich 311**
bindend 748›5; 1976›2
Binder 1286›7
Bindfaden 572›1
Bindung 1714›5; 1732›2
Bindungen 1714›3
bingo 801›3
Bingo 780
binnen 885›1; 1861
Binnengewässer 757›2
Binnenmarkt 1081›2
Binsenwahrheit 181›1; 1251›1
Binsenweisheit 181›1; 1251›1
Biographie 174
biologisch 754›3; 1161›1
Biotop 677
Birett 966
Birne 965›1
Birne, weich in der 1773›1
Birnen 342
bis auf 160›1
bisexuell 388
bisher 663›2
bislang 663›2
Biss 1442›2; 1920
Bisschen 948›2
bisschen, ein 1890›1
bisschen, kein 1175›1
Bissen 948›2; 1075›8; 1536›3
bissfest 1491›1
Bisshemmung 1759›2
bissig 31›2; 687›5; 1368›3; 1488›1
Bissigkeit 641›3; 1486›3
Bistro 678›1
bisweilen 1849›1
Bit 1930›5
**bitte 312**
Bitte 93›1; 1757›2
bitte schön 312›1
bitte sehr 312›1
Bitte um Vergebung 499›1
bitte, wie 312›2
**bitten 313**
Bitten 681
bitten, kniefällig 313›1
bitten, um Aufschluss 637›1
bitten, um Verzeihung 498›1
bitten, zu kommen 444›1
bitten, zu sich 444›1
bitten, zur Kasse 1746›1
bittend 1140›2
bitter 841›2; 1147; 1177›1; 1288›2
bitterernst 542›4
bitterkalt 911›1
Bitterkeit 604; 1113
Bitternis 1113
Bittgebet 681
Bittgesuch 93›2
Bittschreiben 93›2
Bittschrift 93›2
Bittsteller 94›3
bitzeln 328›3; 904›1
Biwak 1006›1
bizarr 24; 1226›2; 1249›3
Blabla 734›2
Black-out 33›3
blaffen 242›1
blähen 1917›1
blaken 1303
blamabel 1238›1; 1633›1
Blamage 1111; 1367›1; 1759›3
blamieren, sich 317›1
blamiert 1758›2
blamiert, unsterblich 531›3
blanchieren 952›2
blank 106›1; 765›2; 836›2; 1360›1
blanko 86; 1202›5
Blankoscheck 643›3
Blankovollmacht 529›2
Blase 797›5; 950; 983›3
**blasen 314**; 990›2; 1482›3
blasen lassen, ins Röhrchen 1279›3
blasen, jmdm. einen 314›3
blasen, Marsch 1386›1
blasen, Zucker in den Arsch 1812›2
blasen, zur Jagd 848›3
blasiert 83›2; 456›2; 769›4
Blasiertheit 457›1
Blasmusiker 1129›2
Blasphemie 625
blass 590›1; 1012›2
blass werden 536›2
Blässe 591
blässlich 1012›2
Blatt 1536›7
Blatt, unbeschriebenes 1637›1
Blatt, vom 1691›3
blättern 1045›1
Blätterwald 1266›2
Blattmacher 258›1
blau 248›1
blauäugig 1154
Blauäugigkeit 986

Blaubart 1738‣1
Blaue, ins 1663‣2
bläuen 587‣1
Blauer Planet 1889‣1
Blaujacke 1444
Blaulicht, mit 1405‣1
blaumachen 600‣3
Blaupause 1253‣2
Blaustrumpf 370; 639
Blech 1670‣1
blechen 302‣3
blechern 404‣5
Bleibe 821‣2; 830‣1; 1916‣1
Bleibe, ohne 391‣3
bleiben 210‣3; 362‣1; 1179‣2; 1508‣4
bleiben bei 224‣1
bleiben lassen 1014‣2; 1778‣1
bleiben, gleich 362‣1
bleiben, im Bett 521‣1
bleibend 361‣1; 363‣1
bleibend, gleich 1966‣1
Bleibende, das 1545
bleich 590‣1; 1037‣1
bleichen 1144‣3
Bleichheit 591
Bleichsucht 1429‣2
bleiern 1012‣1; 1125‣1; 1436‣1
bleischwer 1436‣1
Blende 867‣6
blenden 291‣1; 303‣1; 881; 1376‣1; 1481‣3; 1845; 1921‣2
blendend 836‣2; 1249‣1; 1330; 1407‣1
Blender 292‣2; 1432
Blendwerk 877‣2
Blessur 1920
Blick 140; 164‣1
Blick, auf den ersten 768‣3
blickdicht 378‣1
blicken 1447; 1789‣2
blicken lassen, sich 281‣1
blicken, um sich 1546‣1
blickend, klar 887‣2
blickend, weit 887‣2
Blickfang 953‣2; 1074
**Blickfeld 315**
blicklos 316‣1
Blickpunkt 1095‣2
Blickwinkel 1095‣2
**blind 316**; 1088‣3; 1500‣4; 1634‣2
Blind Date 1857
Blinddarm 517‣9
Blindenheim 830‣2
Blindenhund 668‣8
blinder Passagier 1327‣1
Blindflug 1857
Blindgänger 1777
Blindgläubigkeit 986
Blindheit 986
blindlings 1032‣1; 1691‣4; 1948‣1
Blindprobe 1790‣5
Blindverkostung 1790‣5
Blindversuch 1790‣5
blinken 1376‣2
blinkend 765‣2
blinzeln 1931‣1
Blitz aus heiterem Himmel 1388‣3
Blitzableiter 1425‣3; 1802‣5
blitzartig 1258; 1405‣1
blitzblank 1360‣1
blitzen 1376‣2
blitzend 836‣2
blitzgescheit 887‣1
Blitzkarriere 134‣1
Blitzschlag 1388‣3
blitzschnell 1405‣1
Blizzard 1539‣1
Block 33‣3; 797‣1; 1290‣1; 1495‣3
Blockade 33‣3; 855‣4; 1776‣2
Blockbuster 1074
Blockhaus 821‣1
blockieren 612‣1; 854‣4; 1334; 1394‣1; 1519‣3; 1775‣3
blockiert 1758‣1
Blockschrift 1417‣1
Blockwart 1419‣3
blöde 401‣1; 1633‣1; 1773‣2
blödeln 1677‣4
Blödheit 402‣1
Blödian 403‣2
Blödmann 403‣2
Blödsinn 1670‣3
Blog 524‣3; 1117
bloggen 1115‣5; 1769‣1
Blogger 1418
blöken 1581‣3
blond 836‣6
bloß 1149‣1
Blöße 597‣5; 1048
bloßgestellt 531‣3
bloßlegen 1203‣1
bloßliegen 211‣7
**bloßstellen 317**
**bloßstellen, sich 317**
Bloßstellung 1367‣1
bloßstrampeln, sich 211‣7
Blowjob 1050‣3
blubbern 1490‣3; 1581‣4
Blues 1588
Bluessänger 1358‣1
Bluff 1555‣1; 1593
bluffen 291‣1; 1845
Bluffer 292‣2
blühen 503‣2; 1282‣2
blühend 657‣1; 754‣1; 906‣3
Blume 107
Blume, durch die 1119‣2
Blumen 1131‣5
blümen 1132‣1
blumenhaft 1928‣1
Blumenstock 1516‣1
Blumenstumpf 1516‣1
blumig 99‣2; 108
Blu-Ray Disc 1479‣4
Blut machen, böses 848‣3
Blut, böses 1530‣1
Blut, im 54
Blut, leichtes 1033‣1
blutarm 571‣2; 1428‣1
Blutarmut 1429‣2
Blutbad 1085
Blutdurst 333
blutdurstig 332
Blüte 131; 1225‣3; 1281‣2
bluten 302‣3; 1025‣5
Blüten 709‣4; 1131‣5
bluten lassen 152‣2
blütenhaft 1928‣1
Blütenlese 1357‣3
blütenweiß 836‣2
blütenzart 1928‣1
Blütezeit 763‣4
blutgierig 332
Bluthund 184
blutjung 906‣1
blutleer 590‣1; 1428‣1
Blutleere 1429‣2
blutlos 590‣1; 1428‣1
Blutlosigkeit 1429‣2
Blutrache 1747‣1
Blutreinigungskur 1325‣4
blutrünstig 332
Blutsauger 1270
Blutsbruder 649
Blutsbrüderschaft 652‣1

blutsverwandt 1808›1
Blutsverwandtschaft 1809›1
Bluttat 115; 1584›1; 1720
Blutvergießen 982›1
blutvoll 77›1; 976›1
Blutwäsche 1325›4
Blutzeuge 1214›2
Blutzoll 1214›3
Bö 1906›1
Boardcase 867›8
Bobby 1261›1
Bock 597›1; 1068›1; 1738›1
Bock zum Gärtner machen 898›5
Bock, kein 1671›1
Bock, null 1112; 1671›1
bockbeinig 423
Bockbeinigkeit 1604
bocken 1954›2
bockig 423
Bockigkeit 1604
Bockmist 1670›1
Boden 791›3; 793›1
Boden lassen, zu 1507›1
Boden unter den Füßen, ohne 874›2
Boden, am 531›3; 1575›1
Boden, auf dem 1673›1
Boden, zu 27
Bodenakrobat 110›2
Bodenbelag 1568
Bodenfalte 255›1
Bodenkrieg 982›1
bodenlos 129›2; 1575›2
Bodenlosigkeit 641›3
Bodensatz 5›1; 750; 1181›3; 1335›3
Bodenschätze 1518›2
bodenständig 58›2
Bodenverbesserung 1712›3
Body 968›1
Bodybuilder 977
Bodyguard 1874
Bogen 867›1; 999; 1536›7; 1822›2; 1918›2
Bogen machen 170›1
Bogenbrücke 331›1
Bogengang 1918›2
Bohei 1679›2
Bohei machen 1618›4
Bohemien 2
Bohle 329›1
böhmisch 1688›1
böhmische Dörfer 1658
Bohne, blaue 989›2
Bohne, nicht die 1175›1
Bohnenstange 408›3
bohnern 766›3; 1362›2
bohren 313›1; 389›4; 637›2; 784›1; 1237›3; 1399›1
bohrend 1288›1; 1925›1
Bohrinsel 886
böig 1065›1
Boje 927›3
böllern 1013›3
bollig 1259›1; 1638›3
Bollwerk 209›4
Bolzen 209›2
bombardieren 59›2; 389›4; 1519›1
Bombast 1251›2; 1619›1
bombastisch 1620›5
Bombe 549; 1074; 1855›1
Bombenanschlag 115
Bombenerfolg 515›3; 763›3
Bombenkerl 977
Bombenkritik 984›3
bombensicher 1455›1
Bommel 1286›4
Bon 348›1
bona fide 1154
Bonheur 777›1
Bonhomie 84›1; 432›2
Bonhomme 338›3
Bonität 713›2
Bonmot 1679›4
Bonsai 1343›9
Bonze 1682›3
Booklet 334›2
Boom 131; 1142
boomen 507›4
Boot 576›6
Bootleg 967›2
Bootsmann 1444
Bord 329›2
Bord, an 696›3
**Bordell 318**
Bordellbesitzer 1950
Borderline 706
Bordkarte 1574
Bordüre 1286›4
Borg 356
**borgen 319**
Borke 867›2
borkig 1638›2
Born 1291›1
borniert 339›3; 401›1; 477›2; 1500›2
Borniertheit 402›1; 478›5; 1658
Börse 918›3; 1081›1; 1081›2
Börsencrash 1343›5
Börsenkrach 1343›5
Börsenmagnat 1682›2
Börsenmakler 813›2
Börsenspekulant 813›2
Börsensturz 1343›5
Börsianer 738; 813›2
Borsten 803›1
borstig 1302›2
Borte 1286›4
bösartig 321›1; 687›5
Bösartigkeit 322
Böschung 5›4
**böse 320**; 321›1; 819›3; 1392›5
böse machen 105›1
böse werden 105›2
Bösewicht 1419›2
**boshaft 321**
Boshaftigkeit 322
**Bosheit 322**; 1486›3
bosseln 186
böswillig 16; 237›1; 321›1
Böswilligkeit 322
Bote 1609›1
Bote, reitender 1609›1
Botengang 274›2
Botenlohn 674›1
botmäßig 702
Botmäßigkeit 703›1
Botschaft 163›3; 1803
Botschaft, frohe 163›4
Botschafter 385›1
Bottich 221
Bottleneck 983›2
Boudoir 1304›1
Boulevard 1524
Boulevardkomödie 956
Boulevardpresse 1266›2
Bouleversement 1338›1
bouleversieren 1704›1
bourgeois 339›2
Bourgeois 338›1
Bourgeoisie 338›2
Boutique 737›2
boxen 915›2; 1389›2
Boxerei 1388›2
Boxhieb 1388›1
Boxkampf 914›3
Boxring 1341›2

Boy 823▸4
Boyfriend 711
Boygroup 797▸4
Boykott 368▸1
boykottieren 854▸3; 1404▸5
boykottiert 531▸3
brabbeln 1490▸3
brach 1199▸1; 1649▸1
Brachialgewalt 1967▸1
Brachland 1200▸4
brachliegen 1351▸3
brachliegend 1649▸1
Brahma 782▸2
Brainstorming 1590▸2
Brain-Trust 797▸2
Bramarbas 1432
bramarbasieren 1264▸2
Branche 1972▸2
Branchenkenntnis 1914▸3
Branchenklatsch 734▸1
Brand 546▸4; 615▸2; 1757▸1
branden 89▸2; 1371▸1; 1581▸4
brandgefährlich 687▸5
brandheiß 1121▸2
Brandmal 927▸5
brandmarken 171▸1; 317▸2
Brandmarkung 1367▸2
brandneu 1172▸1
Brandopfer 1214▸3
Brandrede 365; 984▸3
Brandsatz 1855▸1
Brandung 761; 1534▸2
Brandwunde 1920
bräsig 640▸3
**braten 323**; 952▸2; 1441▸1
braten, in der Sonne 323▸2
Bratensaft 1472
**Brauch 324**; 1317▸2
brauchbar 573▸1; 1192▸1; 1968▸1
brauchbar sein 1191▸1
Brauchbarkeit 1190▸4
**brauchen** 244; **325**; 596▸2; 1719▸1
brauchen, zu nichts zu 1392▸1
Brauchtum 324▸1
brauen 952▸2
braun 405▸6
braun werden 587▸4
bräunen 323▸1; 407▸3; 587▸1; 587▸4
Brauner 1242
braunhaarig 405▸6
bräunlich 405▸6
Brausekopf 1267▸3
brausen 314▸1; 1362▸3; 1371▸1
Brausen 731▸2
Braut 710; 1230▸4
Braut Christi 1184
Bräutigam 1230▸4
**brav 326**; 702; 1170▸2
Bravheit 703▸1
Bravour 763▸7; 1133
bravourös 1134▸1; 1826▸2
Bravourstück 1681▸3
Break 522▸1
**brechen 327**; 1591▸1; 1934
brechen mit 6▸5; 327▸2
brechen, das Eis 1152▸4
brechen, Frieden 59▸2
brechen, Genick 1508▸4
brechen, Hals 1508▸4
brechen, Herz 1364▸2
brechen, in Stücke 327▸1; 1936▸3; 1936▸4
brechen, Lanze 213; 498▸3; 1426▸3
brechen, Schweigen 1203▸3; 1490▸2
brechen, Stab 1697▸2; 1805▸1
brechen, Streit vom Zaun 1329▸2
brechen, übers Knie 426▸4
brechen, Wort 1745▸8
Brecher 1534▸2
Brechmittel 1381
Bredouille 1759▸1
breiig 631▸1; 1887▸4; 1925▸2
breit 248▸1; 719▸4; 976▸3; 1888▸1
breit machen, sich 1519▸1
breitbeinig 456▸2
Breitbeinigkeit 457▸1
Breite 145▸2; 1822▸1
Breiten 682▸2
breiten über 1426▸1
breiter werden 144▸2
breitgelaufen 1887▸4
breitschlagen 1622▸1
breitschlagen lassen, sich 486▸2
breitschultrig 976▸3
breittreten 144▸3; 506▸3
Bremse 855▸1
bremsen 22▸2; 854▸1
**brennen** 126▸5; **328**; 426▸3; 904▸1; 1376▸2; 1399▸1; 1806
brennen auf 215▸1
brennen, auf den Nägeln 426▸3
brennen, lichterloh 328▸2
brennen, Schnaps 328▸5
brennend 427▸3; 841▸2; 1288▸1; 1868▸2; 1896▸2
Brenner 833; 913▸3
Brennpunkt 1114▸6
brenzlig 687▸1
Bresche 1062▸1; 1210▸3
**Brett 329**; 1813▸2
Brett vor dem Kopf 401▸1
Brett, schwarzes 96▸3; 1813▸2
brettern 426▸1
Brettl-Lied 736▸2
Brettspiel 1679▸5
brettsteif 1500▸1
Brevier 1357▸3
**Brief 330**; 1262▸3
Brief und Siegel 278▸2; 531▸1
Brief, im 47
Brief, offener 526▸5
Briefbogen 1536▸7
briefen 257; 1115▸1
Briefing 95▸2; 1608▸1
Briefkastenfirma 1555▸1
Briefkontakt 962▸3
brieflich 1119▸4
Briefsendung 1262▸2
Brieftasche 918▸3
Briefträger 1609▸1
Briefumschlag 867▸4
Briefwechsel 962▸3
brillant 148▸1; 1249▸1
Brillanten 971▸2
Brille 547▸3; 764▸3
Brille, rosa 267; 1217
Brillenschlange 370
brillieren 1264▸1; 1282▸1
Brimborium 1281▸2; 1286▸3
bringen 1040▸1; 1383▸3; 1585▸4; 1617▸4; 1707▸1
bringen, an den Bettelstab 1936▸1
bringen, an den Mann 1756▸1
bringen, an den Tag 1203▸1
bringen, an sich 758▸2; 1163▸2
bringen, ans Licht 1203▸1
bringen, auf andere Gedanken 1677▸2
bringen, auf den Markt 49▸1; 435▸1; 1756▸1; 1769▸1
bringen, auf die Bühne 1482▸2
bringen, auf die Fährte 858

bringen, auf die Leinwand 196▸6
bringen, auf die Palme 105▸1
bringen, auf die richtige Länge 1404▸2
bringen, auf die schiefe Bahn 1724▸5
bringen, auf die Spur 858
bringen, auf einen Nenner 1731
bringen, auf Touren 389▸2
bringen, auf Trab 389▸2
bringen, auf Vordermann 410
bringen, aufs Tapet 1841▸3
bringen, aus dem Konzept 1811▸2
bringen, aus dem Text 1811▸2
bringen, aus der Fassung 1616▸1; 1811▸2; 1921▸2
bringen, aus der Ruhe 1811▸2
bringen, Ertrag 1191▸1
bringen, es weit 175; 712▸2
bringen, es zu etwas 712▸2
bringen, Frucht 1585▸4
bringen, Gefahr 396▸2
bringen, Gewinn 1191▸1
bringen, hinter Schloss und Riegel 1752
bringen, hinter sich 530▸1
bringen, in aller Munde 945▸1
bringen, in Anschlag 191▸2
bringen, in Bewegung 88▸3; 389▸2; 1706▸2
bringen, in Beziehung 1394▸3
bringen, in die richtige Form 1404▸2
bringen, in die Scheuer 543
bringen, in Dramenform 196▸6
bringen, in Einklang 259▸1
bringen, in Erfahrung 512▸3; 533
bringen, in Fahrt 128▸1
bringen, in Form 753
bringen, in Harnisch 105▸1
bringen, in Misskredit 1364▸1
bringen, in Ordnung 481▸4; 1221▸1
bringen, in Rage 105▸1
bringen, in Schuss 1221▸1
bringen, in Schwung 74▸3; 389▸2
bringen, in seine Gewalt 484
bringen, in Sicherheit 1426▸1
bringen, in Stellung 1221▸2
bringen, in Unordnung 1811▸1
bringen, in Verbindung 1713▸2; 1725▸3
bringen, in Verlegenheit 1237▸6; 1653▸2; 1811▸2
bringen, in Verruf 1760
bringen, in Versuchung 1737
bringen, ins Gleichgewicht 150▸5
bringen, ins Internet 1769▸1
bringen, ins Lot 150▸5; 259▸1
bringen, ins Reine 943▸1
bringen, ins Rollen 51▸3
bringen, ins Unglück 1364▸1
bringen, ins Wanken 1523
bringen, Licht in 1203▸2
bringen, mit sich 1706▸1
bringen, nahe 525▸4
bringen, näher 1152▸4
bringen, nicht aus der Ruhe zu 769▸4
bringen, Nutzen 1191▸1
bringen, Opfer 1215▸1
bringen, Schäfchen ins Trockene 1191▸2
bringen, um den Verstand 303▸1
bringen, um die Ecke 1583▸1
bringen, unter Dach 1426▸1; 1825
bringen, unter Dach und Fach 1825
bringen, unter den Hammer 1756▸1
bringen, unter die Erde 231▸1; 1583▸1
bringen, unter die Leute 1115▸3; 1722▸1; 1769▸2
bringen, unter einen Hut 259▸1
bringen, unter Verschluss 1457▸5
bringen, Vorteil 1191▸1
bringen, vorwärts 1711▸2
bringen, Zinsen 1191▸1
bringen, zu Bett 1387▸4
bringen, zu Ende 530▸1; 1825
bringen, zu Fall 854▸3; 1364▸1; 1936▸1
bringen, zu Papier 1416▸1
bringen, zu Tal 1179▸5
bringen, zum Abschluss 1825
bringen, zum Ausdruck 161▸3; 1490▸1
bringen, zum Geständnis 1507▸2
bringen, zum Lachen 648▸1
bringen, zum Schmelzen 151▸3
bringen, zum Stehen 22▸2
bringen, zur Besinnung 259▸1; 1076▸3
bringen, zur Einsicht 1622▸1
bringen, zur Raserei 105▸1
bringen, zur Räson 1076▸3
bringen, zur Sprache 161▸1; 1841▸3
bringen, zur Strecke 585▸3; 1389▸2; 1458▸2; 1583▸1
bringen, zustande 712▸1; 1706▸2; 1810▸1
bringen, zuwege 712▸1; 1810▸1
bringend, Gewinn 1192▸2
bringend, Segen 778▸2
bringend, Trost 1602
Bringer 515▸4
bringt nichts 1649▸1
Brio 1442▸2
brisant 427▸3; 687▸3; 1896▸1
Brisanz 397▸2; 475▸3
Brise 1906▸1
Brise, steife 1906▸1
bröckelig 1491▸2
bröckeln 327▸1; 1061▸7
brocken 327▸1
Brocken 948▸2; 1097▸2; 1536▸3; 1536▸6; 1557▸1
Brockhaus 1027
brodeln 352; 952▸1; 1371▸1; 1581▸4
Brodem 351▸2
Broker 813▸2
Bronn 1291▸1
Brosamen 674▸1; 1335▸1
Brosche 1286▸5
broschieren 311▸7
Broschur 334▸2
Broschüre 334▸2; 825▸2
bröselig 1127▸2; 1491▸2
Brot, tägliches 1022▸2; 1676▸1
Brötchengeber 1682▸1
Broterwerb 100▸2
Brotkrumen 1335▸1
brotlos 103
Brotmesser 1101
Brotneid 1164
Brotzeit 1075▸2
browsen 1546▸1
Browserfenster 1210▸9

Bruch 5 ▸ 5; 582 ▸ 1; 1363 ▸ 1; 1548 ▸ 1; 1592 ▸ 1; 1920
Bruch machen 1936 ▸ 3
Bruchbude 1304 ▸ 1
brüchig 1060 ▸ 1; 1127 ▸ 1; 1491 ▸ 2
Bruchlandung 1111; 1646
Bruchstelle 1492 ▸ 1
Bruchstück 1335 ▸ 3; 1536 ▸ 2; 1557 ▸ 2
bruchstückhaft 263 ▸ 1; 1690 ▸ 1
Bruchteil 948 ▸ 2; 1557 ▸ 1
**Brücke 331**; 1568; 1714 ▸ 1
Brückenkopf 209 ▸ 4
Brückenschlag 1714 ▸ 1
Bruder Leichtfuß 2
Bruder Liederlich 1419 ▸ 1
Bruder Lustig 1419 ▸ 1
brüderlich 651 ▸ 3; 806
Brüderlichkeit 442; 652 ▸ 2
Bruderschaft 1714 ▸ 4
Brüderschaft 652 ▸ 1
Brühe 1472; 1548 ▸ 1
brühen 952 ▸ 2
brühwarm 768 ▸ 3
brüllen 1013 ▸ 1
Brüllen 731 ▸ 3
brüllen vor Lachen 1004 ▸ 2
brüllend 1868 ▸ 2
Brüller 515 ▸ 4; 1679 ▸ 3
brummeln 627
brummen 507 ▸ 4; 1386 ▸ 1; 1464 ▸ 2; 1581 ▸ 2
Brummen 731 ▸ 2
Brummer 576 ▸ 3
Brummi 576 ▸ 3
brummig 1693
Brunch 1075 ▸ 2
brunchen 563 ▸ 2
brünett 405 ▸ 6
Brunnen 1291 ▸ 1
Brunnenvergifter 364
Brunnenvergiftung 1761
Brunst 1068 ▸ 3
brünstig 1069
brüsk 31 ▸ 1; 1000 ▸ 2; 1657 ▸ 1
brüskieren 1329 ▸ 2; 1404 ▸ 5
Brüskierung 840 ▸ 1; 1110
Brust 342
Brust, in der 885 ▸ 3
Brustbild 306 ▸ 2
Brüste 342
brüsten, sich 1264 ▸ 1
Brusttuch 1286 ▸ 7
Brüstung 1414
brut 841 ▸ 3
Brut 750
**brutal 332**
**Brutalität 333**
Brutalo 1267 ▸ 2
brüten 369 ▸ 2; 679 ▸ 2
brütend 1868 ▸ 2
Brutherd 842 ▸ 3
Bruthitze 1869 ▸ 1
Brutpflege 562 ▸ 1
Brutstätte 842 ▸ 3
brutzeln 323 ▸ 1; 1581 ▸ 2
Bub 907 ▸ 2
bübchenhaft 1666 ▸ 2
Bube 187 ▸ 4; 1419 ▸ 1
Bubi 907 ▸ 2
**Buch 334**; 1056; 1770 ▸ 1
Buch der Bücher 334 ▸ 4
Buch mit sieben Siegeln 1688 ▸ 1
Buch, Heiliges 334 ▸ 4
buchen 279 ▸ 2; 1334
buchen, als Schuld 235 ▸ 4
Bücherbestand 304
Bücherbrett 329 ▸ 2
Bücherei 304
Bücherfreund 998 ▸ 3
Büchergestell 329 ▸ 2
Bücherliebhaber 998 ▸ 3
Büchernarr 998 ▸ 3
Büchersammler 998 ▸ 3
Büchersammlung 304; 1357 ▸ 2
Bücherschrank 1413
Bücherwurm 159 ▸ 1; 998 ▸ 3
Buchhülle 867 ▸ 4
Büchlein 825 ▸ 2
Buchmaler 1078 ▸ 1
buchmäßig 719 ▸ 5
Buchschmuck 306 ▸ 4
Büchse 221
Buchseite 1536 ▸ 7
**Buchstabe 335**
Buchstaben nach, dem 719 ▸ 5
buchstabengetreu 719 ▸ 4
Buchstabenschrift 1417 ▸ 2
buchstabieren 1045 ▸ 1
buchstäblich 719 ▸ 4
Bucht 1794 ▸ 2
Buchung 135 ▸ 1
Buchwissen 1914 ▸ 2
Buckel 255 ▸ 1; 1918 ▸ 1
buckeln 101 ▸ 3; 824 ▸ 1; 1917 ▸ 1
bucklig 987 ▸ 2; 1638 ▸ 1
Bückling 798 ▸ 2
Bückling machen 799 ▸ 1
Büdchen 737 ▸ 4
buddeln 784 ▸ 1
Buddha 782 ▸ 2
Buddy 649
Bude 737 ▸ 4; 821 ▸ 1; 1304 ▸ 1
Budenzauber 746 ▸ 2
Budget 822 ▸ 2; 1253 ▸ 3
büffeln 1044 ▸ 1; 1606
Buffet 1413
Buffo 1379 ▸ 1
Bug 413 ▸ 2
Bügelfalte 582 ▸ 1
bügeln 766 ▸ 2
bugsieren 666 ▸ 2
buhen 1805 ▸ 2
Buhle 710; 711; 1893
buhlen 215 ▸ 2; 243 ▸ 2; 1737
buhlen um 1892 ▸ 2
buhlerisch 1069
Buhmann 1802 ▸ 5
Bühne 1372 ▸ 1; 1573 ▸ 1
Bühnenbild 167 ▸ 2
Bühnenkünstler 358
Bühnensprache 1489 ▸ 4
Bühnenstück 1373 ▸ 1
Bühnenwerk 1373 ▸ 1; 1536 ▸ 5
Build-upper 1894 ▸ 4
Bukanier 2
Bukett 107; 341 ▸ 2
bukolisch 832 ▸ 5
Bulimie 1547 ▸ 4
Bulle 977; 1261 ▸ 1
Bullenhitze 1869 ▸ 1
bullern 1013 ▸ 3
Bulletin 256 ▸ 1
bulletproof 1455 ▸ 6
bullig 379 ▸ 1; 976 ▸ 3; 1868 ▸ 2
Bullshit 734 ▸ 2; 1670 ▸ 1
Bumerang 899 ▸ 2
Bummelant 593
Bummelei 1672 ▸ 1; 1817 ▸ 2
bummelig 1671 ▸ 1
bummeln 592; 600 ▸ 2; 700 ▸ 2; 1816 ▸ 3
Bummelstreik 368 ▸ 1; 1528
Bummler 593
Bums 731 ▸ 3; 1906 ▸ 2
bumsen 1051 ▸ 3
Bumslokal 678 ▸ 1
bumsvoll 1824 ▸ 2

Bund 300‣5; 341‣2; 1106‣2; 1714‣6
Bunde, im 441‣1
Bündel 341‣2; 867‣8; 1290‣1
bündeln 311‣4; 1228‣2; 1356‣2
Bundesgenosse 649
Bundesheer 1106‣2
Bundesstraße 1524
bündig 476; 1000‣2; 1532‣1
Bündigkeit 1001‣1; 1139
Bündnis 1714‣6; 1732‣2
Bündnis, im 1723‣1
Bungalow 821‣1
Bunker 209‣4; 689‣2
bunkern 1784‣1
bunt 77‣1; 588‣1; 1021‣4; 1779‣2
bunt, zu 129‣2; 1016‣3
bunter Hund 1678‣2
buntfarbig 588‣1
Buntheit 586‣1; 1822‣1
buntscheckig 588‣1
Bürde 1015‣1; 1469; 1654
Burg 209‣4; 821‣1
**Bürge 336**
**bürgen** 311‣3; **337**
**Bürger 338**
Bürgerinitiative 797‣7
Bürgerkrieg 982‣2
**bürgerlich 339**; 728‣2
Bürgerrecht 1313‣3
Bürgersteig 1524
Bürgertum 338‣2
Bürgerwehr 1106‣2
**Bürgschaft 340**; 1456‣3
burlesk 832‣4
Burleske 956
burned out 1023‣5
Burner 515‣4
Burn-out 537‣1
Büro 228‣2; 737‣3
Bürokrat 1234‣1
Bürokratie 228‣1
bürokratisch 1236‣1
Bürostadt 1495‣4
Bursche 907‣2
Burschenschaft 1714‣4
burschikos 631‣3; 640‣1
bürsten 1051‣3; 1321‣1; 1362‣2
Bus 576‣4
**Busch 341**; 1865
Büschel 341‣2
Buschen 341‣2
Buschwerk 341‣1
**Busen 342**
busenfrei 1149‣2
Busenfreundin 650
Busenfreundschaft 652‣1
Busentuch 1286‣7
Business 737‣1; 811‣2
Businessman 738
Buslinie 1053‣3
Bußbereitschaft 1336
Buße tun 343
**büßen 343**
büßen lassen 1746‣1
bußfertig 1337
Bußprediger 1234‣2
Büste 342; 1467
Butch 864
Butler 823‣4
Büttel 1802‣2
Butterbrot, für ein 310‣1
Butterfahrt 575‣1
Buttermesser 1101
Butterseite 777‣2; 1833‣1
butterweich 1127‣2; 1428‣3; 1887‣1
Byte 1497‣4

# C

ca. 1650›1
Cachenez 1286›7
Caddie 576›1
Cafard 14›2
Café 678›1
Callboy 1276
Callgirl 1275
Camcorder 913›2
Cameo 1555›2
Camkamera 913›2
Camorra 1685›1
Camouflage 1555›2
Camp 1006›1
Campanile 1605›1
campy 1488›3
canceln 121›2
Canossagang 238
Canto 736›2
Cantus 736›2
Caravan 576›2
Cartoon 306›2; 556›2
Casanova 1738›1
Cäsar 846
Cäsarenwahn 457›2
cash 1659›3
Cast 797›9
Casting 1342›1
casual 1485›2
cathedra, ex 1532›1
Caudillo 846
Causa 577›2
Causeur 924
CD 1479›4
CD-ROM 1357›3; 1479›4
Cellist 1129›2
Center 1114›3
Center-Court 1372›1
Centrecourt 682›3
CEO 669›1; 1042›2
Chaiselongue 1465›2
Chalet 821›1
Challenge 840›1
Chamäleon 1216
Champion 1459›1; 1484; 1496›1
Chance 164›2; 553›3; 1124
changieren 1376›4
changierend 715›2
Channel 1171›4
Chanson 736›2
Chansonnette 1358›2
Chansonnier 1358›1
Chaos 1664›1
Chaot 403›3
chaotisch 1663›1; 1911›1
**Charakter** 109›1; **344**; 630›2
Charakterbildung 344
**charakterfest** **345**; 1966›1
Charakterfestigkeit 611›3
charakterisieren 268›1; 928›1
Charakterisierung 359›1; 927›2
Charakteristik 927›2
Charakteristikum 422›2; 460›5; 927›1
**charakteristisch** **346**; 376›2
**charakterlos** **347**; 571›2; 751; 1392›5; 1428›3
Charakterlosigkeit 752
charakterschwach 347
charakterstark 345›1
Charakterstärke 611›3
charaktervoll 345›1
Charakterzug 422›2
Charge 1297›1; 1342›1
chargieren 671›1; 1618›4
Charisma 713›3; 1328›3
Charismatiker 668›6
Charité 978
Charivari 1108›3
charmant 70›1; 75›2
Charme 69; 1328›3
Charmeur 924
charmieren 303›1; 1737
Charming Boy 1738›1
Chart 1298
Chartermaschine 576›7
chartern 88›1
Chassis 1296›1
Chat 1117; 1679›1
chatten 1115›5
chauffieren 1511›1
Chaussee 1524
Chauvi 1070
Chauvinismus 1158›2
Chauvinist 1070
Check 1280›2
checken 1279›1; 1789›2
Chef 1042›2
Chefankläger 1234›1
Chefarzt 1042›2
Chefetage 1043›1
Chefsache 820
Chefsessel 1043›1
Chemie 442
chemisch 997
chevaleresk 861
Chic 1409›2
Chiffre 927›5; 1930›2
chiffrieren 1617›7
chillen 521›1
chillig 56›2
Chimäre 1176›3
**Chip** 190›1; **348**
chippen 928›3
Chippy 395›1
chirurgisch 719›2
chloroformieren 283›1
Choleriker 1267›3
cholerisch 826›3
Chor 797›3
Choral 736›2
Choreographie 776
Chörlein 179
Chorleiter 1042›2
Chorsänger 1358›1
Chronik 524›3
chronisch 363›1
Chronist 258›2
Chronologie 628›1; 739›2
**chronologisch** **349**
Chronometer 1932›3
Chronos 1932›1
Chuzpe 641›2
Cicerone 668›4
Cicisbeo 711
Cinemax 934
circa 1650›1
Circe 1738›2
Citoyen 338›1
City 1495›3
Claim 1313›1
Clan 797›6; 950; 1809›1
Claque 1397›1
Claqueur 1216; 1397›1
clean 1360›3
clever 741›2; 887›1; 1391›1; 1551›2
Cleverness 740›2
Clinch 398›3; 914›3
clinchen 400›2
Clique 797›6; 950
Cliquenwirtschaft 950
Clito 939
Close-up 125›1; 306›3
Clou 763›5

Clown 110›2; 1379›1
Cluster 1097›1
Coach 1030›2
coachen 666›1; 1029›2
Coaching 1028›1
Cocktail 1108›1
Cocktailparty 746›2
Codewort 927›5
Codeziffer 927›5
Codiersprache 1489›5
Coiffeur 658
Cold Call 1894›3
Collage 306›2
College 1423›1
coloured 588›3
Combo 797›4
Comeback 1344›2
Comedian 1379›1
Comedy 956
Comic 306›2; 556›2
Coming-out 1204›1
commercial 955
Commercial 1894›3
Commitment 1245
committen 311›3
Common Sense 1785›2
Community 1171›4
Compagnie 797›3
**Computer 350**
Computerausdruck 146›3
Computerfreaks 1542›2
computerisieren 1301
Computerkonferenz 1590›4
Computerspeicher 1479›4
Computerspiel 1679›5
Computersprache 1489›5
Computersucht 1547›4
con amore 421
Concierge 823›5
Conditio sine qua non 205›1
Conférencier 1678›1
Connaisseur 723›1
Connections 1714›3
Consulting 1299›3
Container 221
Contenance 227›1
Continuity 392
Controlling 1280›2
cool 642›2; 911›3; 1352›5
Coolness 1642›2
Cop 1261›1
Copyright 1313›1
coram publico 1206›1
Cordon sanitaire 209›4
Corporate Identity 992›3
Corps 1714›4
corriger la fortune 291›1
Couch 1465›2
Couch-Potato 593
Couleur 109›2; 586›1
Count-down 1832›1
Counterpart 697›1
Countertenor 1358›1
Countrysong 736›2
Coup 515›2; 1681›3
Coup d'État 133›2
Coupé 576›2
Coupon 348›1; 1536›7
Cour 462›2
Courage 1133
couragiert 917; 1134›1
Courmacher 924
Courschneider 924; 1397›1
Cover 867›4; 1833›2
Coverboy 1409›5
Covergirl 1409›4; 1894›3
Crack 1306; 1484; 1496›1
Craquelé 1492›1
Crashkurs 1028›2
Crashtest 1790›3
crazy 1773›1
Credit 713›2
Creme 1196›2
Crescendo 1506›3
Crew 797›9
Cross-over 1108›4
Crowdfunding 851›1
Crux 1015›2
Cup 958›2; 1265›4
cutten 1404›2
Cyberattacke 115
Cyberkrieg 982›2
Cybermobbing 1967›1
Cybersex 1050›4
Cyberslang 1489›4
Cyberspace 877›4; 1377
Cyberspiel 1679›5
Cyberwar 982›2
cyborgen 1213

# D

da 696▸3; 850
da capo 1899
da gewesen, noch nie 1172▸2
da sein 1019▸1
da sein, nicht 596▸1
dabei 3; 124▸1; 252▸3; 696▸3; 892▸1; 1021▸2
dabei bleiben 1782▸1
dabei sein 127▸1; 512▸1; 1560▸2
dabei, dicht 1150▸2
dabei, hart 1150▸2
Dabeisein 695▸2
dabeistehen 1560▸2
d'accord 801▸3
Dach 821▸2; 965▸1
Dach über dem Kopf 1916▸1
Dach über dem Kopf, ohne 391▸3
Dach und Fach, unter 608▸1
Dach, unter 531▸1
Dachboden 1479▸1
Dachgeschoss 1516▸6; 1916▸2
Dachkammer 1304▸1; 1479▸1
Dachs, junger 907▸2
Dachschaden 706; 1774▸1
Dachtel 1388▸1
Dachwohnung 1916▸2
dackelbeinig 987▸5
daddeln 1482▸5
Daddy 1700▸2
dadurch 1119▸3
dafür sein 213
dafürhalten 1094; 1767▸1
Dafürhalten 1095▸1; 1696▸1
dafürstehen 337▸1
dagegen 3
dagegenhalten 554▸2; 1750▸1
daheim 225▸1
Daheim 821▸2; 842▸2
daher 42
daherkommen 1376▸1
daherreden 1490▸3
dahin 1582▸1; 1739; 1883▸1
dahineilen 1745▸1
dahinfliegen 1745▸1
dahingegangen 1582▸1
dahingehen 1508▸2; 1745▸1
dahingestellt 1202▸3; 1669▸1
dahinleben 1019▸1
dahinraffen 1508▸4
dahinschmelzen 1745▸1
dahinschwinden 1745▸1
dahinter, nichts 1023▸3; 1194▸2
dahinterklemmen, sich 91▸2; 390
dahinterkommen 512▸3; 1061▸3; 1300▸3; 1789▸2
dahintermachen, sich 390
dahintersetzen, Druck 389▸2
dahinterstecken 1829
dahintreiben 1433▸2
dahinvegetieren 869▸1
dahocken 1464▸3
Dakapo 1901
Dakaporufe 229
Daktylogramm 927▸5
dalassen 1623▸3
Dalbe 209▸2
daliegen 210▸1
damalig 1739
damals 663▸1
Dame 638
Dame, alte 1135▸2
Dame, junge 1073▸2
Damenhumor 659▸1
Damenkränzchen 797▸8
damisch 1448▸1
dämlich 401▸1
Dämlichkeit 402▸1
Damm 209▸4; 1524
Damm, auf dem 754▸1
Damm, nicht auf dem 1037▸1
dämmen, Wärme 1870▸2
dämmerig 405▸1
dämmern 51▸2; 407▸1; 433▸1; 1387▸2; 1789▸2
Dämmerstunde 406▸1
Dämmerung 50▸3; 406▸1
dämmerungsaktiv 1021▸2
Damoklesschwert 397▸2
Dämon 704▸3; 721▸2; 1571
Dämonenglaube 4
Dämonenkult 783
dämonisch 405▸4; 1688▸5
**Dampf 351**; 475▸1; 1181▸1
Dampf machen 389▸2
Dampfbad 176▸4
**dampfen 352**; 952▸1; 1303; 1441▸1
dämpfen 259▸1; 493; 766▸2; 854▸1; 952▸2; 1675▸2
dämpfen, Stimme 627
Dampfer 576▸6
Dämpfer 505; 1087▸2
dämpfig 404▸2; 1157▸3
Dampfplauderer 1432
Dampfross 576▸4
Dämpfung 1087▸2; 1343▸3
danach 1478▸1
Dandy 1541
dandyhaft 456▸1; 1620▸3
daneben 116▸3; 1150▸1
danebengegangen 580▸1; 1743
danebengehen 1378▸1
danebenhauen 898▸3
danebenschießen 596▸4; 898▸3
danebentreten 596▸5; 898▸2
dank 68▸2; 1119▸3
Dank 354▸1; 495▸1; 1747▸3
Dank sagen 355▸1
Dankadresse 354▸1
**dankbar 353**; 661; 1192▸2
dankbar sein 355▸2
**Dankbarkeit 354**
Dankbarkeitsgefühl 354▸1
**danken** 313▸3; **355**; 494▸1; 1746▸3
danken haben, zu 355▸2; 1421▸2
dankenswert 1192▸1; 1728
dankerfüllt 353▸1
Dankgebet 681
Danksagung 354▸1
Dankschreiben 354▸1
dann 1478▸1
dann und wann 1849▸1
dannen, von 1883▸1
Danse macabre 1395▸2
dappeln 700▸2
darangeben 1215▸1
darauf 1478▸1
darben 479; 869▸1
darbieten 49▸3; 305; 357▸4; 680▸3
Darbietung 1708▸2; 1844▸3
darbringen 680▸3
darin 885▸1
darlegen 222▸3; 239▸2; 525▸1; 1764▸3
darlegen, im Einzelnen 1933▸1
Darlegung 163▸1; 223▸1; 359▸1; 368▸2; 526▸1; 613▸1
**Darlehen 356**; 981
Darlehenskasse 182▸2
Darling 710

Darling, Everybody's 779; 1738›1
Därme 437
Darmverschluss 1780›3
darniederliegen 1035›3
darreichen 49›3; 680›1
darren 1599›3
**darstellen** 1›1; 199›1; 239›2; 268›1; **357**; 525›1; 928›1; 1482›1
darstellen, bildlich 357›5; 525›3
darstellen, etwas 199›3
darstellen, falsch 1067
darstellen, in Ziffern 357›2
darstellen, indirekt 357›5
**darstellen, sich 357**; 1376›1
darstellen, übertrieben 1618›4
darstellen, zeichenhaft 357›5
**Darsteller 358**
**Darstellung** 306›2; **359**; 526›2; 556›1
Darstellungskraft 1269›1
Darstellungsweise 1489›2
dartun 1115›2
darüber 288
darüber hinaus 116›3
darum 42
darunter 1673›4
das heißt 1155
Dasein 567; 1020›1
Daseinsform 567
daseinsfreudig 832›1
Daseinskampf 1020›5
daselbst 850
dasitzen 1464›3
dasselbe 768›1
dasselbe, fast 1898›4
dasselbe, immer 41›2
dastehen 1503›1; 1616›3
dastehen, ratlos 1818›2
Date 1569; 1590›1
Datei 1813›4
Daten 927›2
Datenautobahn 1171›3
Datenbank 182›3; 1357›4
Datenbrille 764›3
Datenerfassung 1357›4
Datenhighway 1171›3
Datenklau 1720
Datenkrake 246›2; 1270
Datensammlung 1357›4
Datensatz 1357›4
Datenschutz 1425›6
Datenschützer 246›2
Datenverarbeitungsanlage, elektronische 350›1
datieren 928›2
dato, bis 663›2
Datscha 821›1
**Dauer 360**; 1932›1
Dauer, auf 879›2
Dauer, nicht von 1741
Daueraufregung 546›1
Dauerbezieher 995›3
Dauerbrenner 360›4
Dauerempörung 546›1
Dauererfolg 360›4
Dauergast 282›1
Dauerglotzer 593
**dauerhaft 361**
dauerhaft machen 519›2
Dauerkäufer 922
Dauerkritiker 985›2
Dauermieter 995›3
**dauern 362**
**dauernd 363**; 879›1
dauernd, lang 1008›3
Dauerredner 1432
Dauerwellen 803›1
Däumchen drehen 592; 1011›2
Daumenkino 934
Daumenschrauben 1967›1
Däumling 907›2
daunenweich 1887›1
davon 288
davongehen 482›1; 622›1
davongekommen 1455›3
davonkommen 489›4
davonlassen, Finger 30›3; 1014›2
davonlaufen 622›1
davonmachen, sich 622›1
davonschleichen 622›1
davontragen 234›3; 1163›2
davontragen, Sieg 1458›1
davonziehen 1591›1
dawiderreden 554›2
dazu 47; 116›3; 288
dazu stehen 337›1; 1503›5
dazugehören 516›5; 1560›1; 1926›3
dazugelernt haben, nichts 1900›2
dazulernen 507›5; 1044›2
dazurechnen 1926›2
dazutun 834›3
dazuzählen 1926›3
dazwischen 806
dazwischenfahren 438
dazwischenreden 1519›2
dazwischentreten 438; 854›3
de facto 1908›1
de jure 748›3
de luxe 414›1; 551
Deadline 1569
Deal 737›6; 811›2; 1749›3
dealen 812›2
Dealer 1307
Debakel 1111; 1654
Debatte 1530›2
debattieren 275›3; 1531›2
debil 401›1; 1773›2
debitieren 235›4
Debitor sein 1421›1
Debüt 50›2; 436›1
Debüt, beim 52›3
Debütant 1424›4
debütieren 51›3
dechiffrieren 943›2; 1061›3; 1789›7
Deckbett 867›9
Decke 867›9; 1193›1
Deckel 867›4; 1780›1
deckeln 400›3; 854›1
decken 150›2; 337›2; 557›2; 1426›1; 1457›2
decken gegen 1426›1
decken, Bedarf 726›1
decken, Rücken 1426›3
decken, sich 1426›4; 1610›1
Deckenlicht 1007›1
Deckmantel 1555›1
Deckmantel, unter dem 53
Deckname 1283
Deckung 149›2; 340›1; 1425›3; 1612›1; 1783›2
deckungsgleich 768›1
Deckungsgleichheit 1612›1
decouragieren 493
Dedikation 674›3
dedizieren 680›3
Deduktion 1395›3
deduzieren 1394›3
Deejay 1678›1
deeskalieren 259›3
Defätist 1240
defätistisch 1241
defekt 263›1; 1690›1
Defekt 597›2; 1363›1; 1521
Defekt, technischer 1776›2

defensiv 655‣2
Defensive 1897‣2
defilieren 1231‣1
definieren 525‣2; 612‣2; 928‣1
Definition 220; 526‣3
definitiv 473
Defizit 1062‣3
defizitär 1651‣1; 1690‣1
Deflation 1343‣5
deformieren 262
deformiert 263‣1
Defraudant 292‣2
deftig 374‣2; 1153; 1354‣2
Degeneration 1343‣2
degenerieren 1724‣3
Degout 14‣1; 1850
degoutant 458‣1
degoutieren 459‣1
degradieren 506‣2; 838‣1
degradiert 531‣3
degradiert werden 21‣3
degustieren 972‣2
dehnbar 620‣1; 1650‣3; 1970‣2
Dehnbarkeit 621‣1
dehnen 1527‣2; 1939‣2
dehnen, sich 1527‣3; 1527‣4
dehydrieren 1599‣2
dehydriert 1598‣1
Deibel 1571
Deich 209‣4
deichseln 712‣1; 1040‣1; 1221‣3; 1224‣2; 1677‣1
Deiwel 1571
Dejane 1678‣1
Déjà-vu-Erlebnis 1901
Dekade 1932‣1
dekadent 468‣3
Dekadenz 469‣1; 605‣2; 1343‣2
Dekalog 747‣1; 747‣2
dekantieren 1025‣2
Deklamation 359‣3; 1251‣2; 1847
deklamatorisch 251‣2; 1620‣5
deklamieren 1848‣1
Deklaration 526‣5
deklarieren 525‣5
deklarieren, falsch 1735‣3
deklassiert 847‣1
deklinieren 294‣3
dekodieren 943‣2; 1061‣3; 1789‣7
Dekolleté 342
dekomponieren 1933‣1
Dekomposition 46
dekonstruieren 1933‣1
Dekonstruktion 46
dekontaminieren 1362‣5
Dekor 167‣3; 1131‣1
Dekoration 1286‣2
dekorativ 1400; 1909‣2
dekorieren 166‣2; 172‣1; 418‣1; 1058‣2; 1287‣1
Dekorum 84‣1; 167‣3; 1555‣2
Dekret 95‣2; 207‣1
dekretieren 71‣1
dekupieren 1002‣1
dekuvrieren 1203‣1
Delegation 1803
delegieren 1383‣1; 1617‣1
Delegiertenkonferenz 1590‣2
Delegierter 1802‣3
delektieren, sich 648‣1; 722
delikat 99‣2; 468‣1
Delikatesse 465‣3; 974
Delikt 1665‣2; 1720
Delinquent 1721‣1
Delirium 1305‣1
deliziös 99‣2
Delkredere 340‣2
Delle 1794‣1
delphisch 405‣4
Delta 1395‣1
**Demagoge 364**
**Demagogie 365**
**demagogisch 366**
Demand 1142
Demarche 555‣2
Demarkationslinie 787‣1
demaskieren 317‣3
Demaskierung 1204‣1
dement 43‣2; 705; 1037‣2
Dementi 944‣4
dementieren 943‣5; 1046‣2
dementsprechend 42; 501‣3
Demenz 706
Demeter 782‣3
demgemäß 42
Demilitarisierung 1343‣10
demissionieren 993‣1
Demissionierung 994‣1
Demiurg 782‣1
demnach 42
demnächst 178
Demo 368‣1; 1894‣3
demobilisieren 259‣3
Demokassette 1894‣3
**demokratisch 367**; 1206‣2
demolieren 262; 1936‣3
Demonstrant 697‣2
**Demonstration** 163‣3; **368**; 526‣1
demonstrativ 16; 839; 1140‣1
demonstrieren 525‣1; 1931‣2
Demontage 1343‣3
demontieren 838‣1
demoralisieren 493; 1430
demotivieren 493; 1430
Demovideo 1894‣3
Demut 703‣2
demütig 686‣2; 702; 1686‣1
demütigen 838‣1
demütigen, sich 701‣3
demütigend 237‣2
Demütigung 238; 1367‣1
demzufolge 42
denaturieren 1724‣2; 1735‣2
denaturiert 1232
dengeln 1369‣1
Denkanstoß 76‣1
Denkarbeit 1316
Denkart 373
Denkaufgabe 119‣4
denkbar 860‣1; 1123‣1; 1786‣1
denkbar sein 959‣1
denkbar, kaum 923‣2
Denkbild 871‣3; 1844‣2
Denke 373
**denken 369**; 767‣1; 1094; 1767‣1
Denken 704‣1; 1316
denken an 523‣2; 1482‣4
Denken, diskursives 1785‣1
denken, nicht daran 1748‣1
denken, nicht daran zu 1660
Denken, positives 1217
denken, schöpferisch 433‣2
Denken, schöpferisches 1248
denkend, frei 642‣3
denkend, negativ 1241
denkend, positiv 1219
**Denker 370**
Denkergebnis 1395‣3
Denkfähigkeit 704‣1; 1785‣1
denkfaul 1671‣1
Denkfaulheit 986
Denkfehler 597‣1; 899‣1
Denkfigur 233; 875‣1
Denkhilfe 851‣3
Denkkraft 1785‣1
**Denkmal 371**
Denkmodell 875‣1; 1549‣3

Denkmöglichkeit 875›1
Denkmuster 373
Denkpause 1674›1
Denkprozess 1316
Denkschablone 1850
Denkschrift 93›2
Denkspiel 119›4
Denksportaufgabe 119›4
**Denkspruch 372**
Denkstein 371
Denkübung 1624
Denkungsart 373
Denkvermögen 704›1; 1785›1
**Denkweise** 344; **373**
denkwürdig 1896›2
Denkwürdigkeiten 174
Denkzeichen 524›3
Denkzettel 1028›3; 1747›1; 1872
Denkzwerg 403›2
denn 48; 68›2; 1155; 1468
dennoch 3; 1197; 1603›2
Denunziant 1419›3
denunziatorisch 580›4
denunzieren 1760; 1772
Dependance 1180›2
Depesche 330
deplatziert 1552; 1657›3
deponieren 22›3
Deportation 1800
Deportationslager 1006›4
deportieren 171›1; 1799›1
Depot 1479›2
Depp 403›2
deppert 1773›1
depravieren 1724›3
depraviert 847›1
Depression 718; 983›3; 1343›5; 1588
Depression, manische 718
depressiv 717; 1177›1; 1655›1
deprimieren 493
deprimiert 1177›1; 1655›1
Deputat 1290›2
Deputation 1803
Deputierter 1802›3
derangieren 1811›1
derangiert 1145›4
derart 1468
derartig 1468
**derb 374**; 1259›1; 1354›2
Derbheit 641›2
deregulieren 1704›1
Deregulierung 1343›1; 1705›1
dereinst 663›1; 1478›2
dergestalt 1468
derivieren 1394›3
dermaßen 1468
Dernier Cri 1120›1; 1174›1
derzeit 663›1; 696›1
derzeitig 696›1
Desaster 1111; 1654
desaströs 1392›1; 1415›1
desavouieren 317›2
desavouieren, sich 317›1
Desavouierung 1367›1
**Deserteur 375**
desertieren 20›1; 1614›2
desgleichen 116›1
Desiderat 1062›3
Design 167›3; 1946›3
Designer 558
Designerdroge 1306
designieren 279›6
desillusionieren 504
Desillusionierung 505; 1087›2
desinfizieren 1362›5
Desinformation 1066›1; 1555›4
desinformieren 1067
desintegrieren 1933›1
Desinteresse 1642›2
desinteressiert 769›4
desolat 447›1; 1012›2; 1199›1; 1655›1
Desorganisation 1664›1
desorientieren 1811›2
desorientiert 1692›1; 1911›2
Desperado 2
desperat 853›2
Despot 846
Despotie 844›3
despotisch 1532›3; 1905›2
Despotismus 844›3
dessen ungeachtet 1603›2
Dessert 1075›5
Dessin 1131›1
Destille 678›1
destillieren 328›5
destilliert 1360›2
Destination 1940›2
destruieren 1936›3
Destruktion 1937›1
destruktiv 37›1
deswegen 42
Deszendent 933›2
Deszendenz 843›1
Detail 460›3; 1557›3
Detailbesessenheit 1235›2
Detailgeschäft 737›2
detaillieren 1933›1
detailliert 454›4; 719›4
detailversessen 719›1
Detailversessenheit 1235›2
Detective 1261›1
Detektiv 246›2
Determination 526›3
determinieren 525›2
Determiniertheit 204
Detonation 142›1; 731›3
detonieren 141›1; 1013›3
Deubel 1571
Deus ex Machina 835›1
Deut 857›2; 948›1
Deut, keinen 1175›1
deuteln 369›2
deuten 239›2; 525›3; 858; 1931›1
Deuter 1271
Deutler 985›2; 1234›1
**deutlich** 77›2; 374›2; **376**; 942›2; 1017; 1140›1; 1368›5; 1494
deutlich machen 1725›1
deutlich werden 1725›2
Deutlichkeit 944›1; 1470›1
Deutsch, auf 1202›2
Deutung 359›2; 526›2
Deutungshoheit 1071›1
Deutungsmonopol 1071›1
Deutungsmuster, kulturelles 992›1
deviant 1232
Devianz 29›5
Deviation 29›2
Devise 372›2
Devisen 270›3
devot 1686›1
Devotion 703›2
Devotionalie 971›1
Dez 965›1
dezent 991›3; 1955›2
Dezentralisation 1592›2
dezentralisieren 1591›2; 1933›1
Dezenz 605›2; 1956›2
Dezernat 1972›2
dezidiert 476; 1140›1
dezimieren 1002›2
Dezision 497›1
dezisionistisch 692›4
Dia 306›3
diabolisch 321›1
diabolisieren 1760

Diabolus 1571
Diagnose 613‣1
Diagnostik 223‣2
diagnostizieren 222‣2; 612‣2
diagonal 1194‣3; 1412‣1
Diagonale 1053‣1
Diagramm 306‣2
Dialekt 1489‣4
Dialektik 1489‣3
Dialog 276‣2; 1679‣1
Dialyse 1325‣4
Diamanten 971‣2
diametral 692‣4
Diana 639
diaphan 408‣1; 1928‣1
Diapositiv 306‣3; 616‣2
Diarium 524‣3
**Diät 377**
Diäten 136‣1; 495‣3
Diätkost 377‣2
Dibbuk 704‣3
Dichotomie 691‣2
dichotomisch 692‣4
**dicht 378**; 742‣1; 1260‣1
dicht bei dicht 378‣2
dicht machen 540‣2
dicht, nicht ganz 1773‣1
Dichte 611‣1
dichten 268‣2
Dichter 1418
Dichterfürst 668‣7
dichterisch 1260‣1; 1410
Dichterlesung 1847
Dichterling 1418
dichthalten 1434‣2
dichthalten, nicht 945‣1
Dichtkunst 1056
dichtmachen 121‣1; 1775‣5
dichtmaschig 378‣2
Dichtung 1056
**dick 379**
Dick 775‣2
dicke 1819‣1
Dicke 670‣2; 1497‣3; 1626
dickfellig 1641‣1
Dickfelligkeit 1642‣1
dickflüssig 1925‣2
dickhaben, es 1034‣2
Dickicht 341‣1
dickköpfig 423
dickleibig 379‣1
Dickleibigkeit 670‣2
dicklich 379‣1
Dickschädel 1267‣3
dicktun 428‣3; 1264‣1
Didaktik 1549‣2
didaktisch 236‣2
diebisch 1448‣1
Diebstahl, geistiger 1137‣1
Diebstahl, schwerer 1720
Diele 329‣1; 1839‣2
**dienen** 64‣1; 212‣1; **380**; 1191‣1
dienen als 380‣2
dienen, zwei Herren 1558‣3
Diener 798‣2; 823‣4; 835‣2
Diener machen 799‣1
dienern 799‣1
Dienerschaft 823‣1
dienlich 1192‣1; 1968‣1
dienlich sein 1191‣1
**Dienst 381**; 1382‣2
Dienst nach Vorschrift 368‣1
Dienst quittieren 993‣1
Dienst, außer 43‣6
Dienst, immer im 619
Dienstbereich 434‣3
Dienstbote 823‣4
Dienstboten 823‣1
Dienstbotenklatsch 734‣2
Diensteifer 487‣2
diensteifrig 488
Diensten, zu 488
Dienstgrad 1297‣1
Dienstleistung 202‣2; 381‣2; 851‣1
dienstlich 1208‣1
Dienstmädchen 823‣2
Dienstmagd 823‣2
Dienstmann 1609‣1
Dienstpersonal 823‣1
Dienstrang 1297‣1
Dienstreise 575‣2
Dienststelle 228‣1
Dienststellenleiter 1042‣2
Dienstweg 632‣1
dienstwillig 488; 702; 1686‣1
Dienstzimmer 228‣2
dies und das 1108‣3; 1819‣2
diesbezüglich 288; 501‣3
Diesel 576‣2
dieser und jener 1821
dieserhalb 288
diesig 405‣2
Diesigkeit 351‣2
Diesseits 1889‣3
dieweil 773; 1861; 1891‣2
diffamieren 838‣1; 1760
diffamierend 237‣2; 386
Diffamierung 238; 387‣1; 1761
different 1779‣1
Differenz 1684
Differenzen 1530‣1
differenzieren 1683‣1; 1933‣1
differenziert 83‣1; 414‣1; 728‣3; 991‣3; 1576
Differenziertheit 605‣2
Differenzierung 776
Differenzierungsvermögen 1785‣2
differieren 963‣2; 1683‣2
diffizil 1238‣2; 1437‣2
diffus 405‣3; 1650‣3
Digest 1357‣3
digital 692‣4
digitalisieren 357‣2
Digitalkamera 913‣2
Dignität 1922‣1
Diktat 207‣1; 747‣1; 1967‣1
Diktator 846
diktatorisch 1532‣3; 1905‣2
Diktatur 844‣3
diktieren 71‣1; 1975‣1
diktieren, in die Feder 834‣5
Diktion 1489‣2; 1513‣1
Diktum 95‣2; 1696‣1
dilatorisch 1645‣1
Dilemma 983‣2; 1759‣1
**Dilettant 382**; 998‣2
**dilettantisch 383**
**Dilettantismus 384**
dilettieren 1247
Dimension 145‣2; 789‣1; 1084‣2
Diner 1075‣4
Ding 566; 694‣1; 1518‣1
Ding der Unmöglichkeit 1661
Ding, jmds. 1167‣2
Ding, junges 1073‣2
Ding, nicht jmds. 1648‣2
Dinge sein, guter 648‣2
Dinge, guter 832‣3
Dinge, unverrichteter 1743
dingen 88‣1
Dingen, über den 769‣1
Dingen, vor allen 272‣1
dingfest machen 1752
dinghaft 1908‣2
dinieren 563‣2
Dinner 1075‣7

dionysisch 545▸3
Dip 1472
Diplom 278▸1; 1938▸1
Diplomarbeit 8▸2
**Diplomat 385**
Diplomatie 740▸2
diplomatisch 741▸2; 1551▸2; 1842▸2
diplomieren 172▸1
Director's Cut 518
direkt 1202▸2; 1239▸2; 1659▸1
Direktion 1043▸1
Direktive 95▸2; 135▸2; 207▸1
Direktor 1042▸2
Direktorium 1043▸1
Dirigent 1042▸2
dirigieren 666▸2
dirigierend 667▸1
Dirn 1073▸2
Dirne 1275
Dirnenwesen 1277
Discjockey 1678▸1
Discokugel 1007▸1
Discolicht 1667▸2
Discomusik 1128▸3
Discounter 737▸5
Discountladen 737▸5
Diseuse 1678▸1
Disharmonie 1473▸2; 1530▸1
disharmonisch 692▸1
disjunktiv 692▸4
Diskette 1479▸4
Disko 678▸2
diskreditieren 838▸1; 1760
diskreditieren, sich 317▸1
Diskreditierung 387▸1; 1761
diskrepant 1779▸1
Diskrepanz 29▸5; 1684
diskret 831▸1; 1435▸1; 1797; 1955▸2
Diskretion 1956▸2
diskriminieren 1109▸1; 1364▸1
**diskriminierend** 237▸2; **386**
**Diskriminierung** 238; **387**; 1110; 1363▸2
Diskurs 276▸2
Diskurs, öffentlicher 1207▸1
Diskussion 276▸3; 1679▸1
Diskussionsbeitrag 1847
Diskussionsgegenstand 694▸2
Diskussionsgrundlage 793▸5
Diskussionsleiter 1042▸2
Diskussionsteilnehmer 1562▸2
diskutabel 1123▸1
diskutieren 275▸3; 1677▸3
Disneyland 937▸1; 1137▸1
disparat 1779▸1
Dispens 529▸1; 781▸1
dispensieren 211▸2
dispensiert 642▸5
Dispensierung 529▸1
Dispersion 1108▸4
Display 96▸2; 309; 1894▸3
disponibel 252▸2; 608▸3; 1835▸1
Disponibilität 253
disponieren 71▸2; 1221▸3
disponiert 464▸1; 468▸2; 573▸2
Disponiertheit 1515▸1
Disposition 253; 344; 469▸1; 776; 1222▸1; 1515▸1; 1566▸1
Disposition, zur 252▸2; 608▸3; 1835▸1
Disput 276▸3; 1530▸2
disputieren 275▸3; 1531▸2
Disputierer 1234▸1
disqualifizieren 506▸2; 993▸3
disqualifiziert 531▸3
disqualifiziert werden 21▸3
Dissertation 8▸2
dissident 930
Dissident 697▸2; 929
dissidentisch 930
Dissidenz 29▸5
Dissolution 46
dissonant 819▸2
Dissonanz 1530▸1
Distanz 483▸1; 1684; 1956▸1
distanzieren, sich 20▸1; 482▸5; 1775▸5
distanziert 31▸1
Distanzierung 1592▸1
distanzlos 477▸2
Distanzlosigkeit 478▸5
distinguiert 991▸3
Distinktion 605▸1
distribuieren 1792▸1
Distribution 1793
Distrikt 682▸1
Disziplin 227▸1; 568▸2
disziplinarisch 1532▸3
disziplinieren 1947▸2
disziplinieren, sich 226
Disziplinierung 1946▸2
disziplinlos 1088▸2
Disziplinlosigkeit 1670▸2
dithyrambisch 545▸3
dito 116▸1
Diva 1496▸1
divergent 1779▸1
Divergenz 29▸5; 1684
divergieren 28▸4; 963▸2; 1683▸2
divergierend 1779▸3
diverse 1821
Dividende 1333▸1
dividieren 1926▸1
Divinationsgabe 465▸4
divinatorisch 464▸6; 896; 1272
Diwan 1465▸2
DJ 1678▸1
DJane 1678▸1
Djanna 1229
DNA 510▸5
doch 3; 1603▸2
Dödel 403▸2; 775▸2
Dogma 747▸2; 795▸2; 1028▸4
dogmatisch 1500▸4
doktern 1247
Doktor 112
Doktorarbeit 8▸2
Doktrin 795▸2; 1028▸4
doktrinär 1500▸4
Doktrinär 364
Dokument 1938▸1
Dokumentarfilm 616▸3
Dokumentation 8▸1; 256▸3
dokumentieren 126▸5; 1931▸4
Dolcefarniente 1672▸2
Dolch 1101
Dolchstoß 115
Dollpunkt 636▸4
dolmetschen 525▸1; 1764▸1
Dolmetscher 1765▸2
Dom 935▸2
Domäne 120; 188; 1480▸1
Domestiken 823▸1
domestikenhaft 1686▸2
domestizieren 1947▸2
domestiziert 702
domestiziert, nicht 1902▸1
Domestizierung 1946▸2
Domina 639; 1030▸4; 1275
dominant 667▸1; 1072▸1
Dominanz 844▸2; 1071▸1
dominieren 666▸2; 845▸2
Domizil 821▸2; 1916▸3
Dompteur 110▸2; 1030▸4
Don Juan 1738▸1
Donnerbalken 1579▸1
Donnergepolter 731▸3

donnern 1013▸2; 1386▸2
Donnern 731▸2
Donnerschlag 731▸3; 1388▸3
Donnerwetter 1380▸1
donnerwettern 1386▸2
Donquichotterie 872▸2; 1670▸2
doof 401▸1
doofe Nuss 403▸2
Doofheit 402▸1
Dope 1306
dopen 74▸3
Doppel 1807▸2
Doppelbedeutung 1820
Doppelbett 293
doppeldeutig 1970▸2
Doppeldeutigkeit 1820
Doppelereignis 1612▸2
Doppelgänger 1973▸1
doppelgeschlechtig 388
Doppelgesicht 1820; 1973▸1
Doppelgestalt 1820; 1973▸1
Doppelhaushälfte 821▸1
Doppelheit 1973▸1
doppelköpfig 388
Doppelmoral 581▸2
Doppelpack, im 388
Doppelschicht 1382▸2
doppelseitig 388
Doppelsinn 1820
doppelsinnig 1970▸2
Doppelsinnigkeit 80▸2; 1820
Doppelspiel 581▸1
Doppelstellung 1973▸1
Doppelstrategie 581▸1
**doppelt 388**
doppelzüngig 580▸4; 1551▸2
Doppelzüngigkeit 581▸1
Dorado 1229
Dorf 1227▸1; 1495▸2
Dorf, potemkinsches 1555▸2
Dörfer, böhmische 1658
Dorfschöne 1409▸3
Dorfschönheit 1409▸3
Dorftrottel 403▸5
Dorn 209▸2
Dorn im Auge 1633▸3
Dorn im Auge sein 818▸1
dornenlos 778▸2
dornig 1368▸1; 1437▸2
dörren 1599▸3
Dösbaddel 403▸2
Dose 221; 1374▸1
dösen 1387▸2
dosieren 612▸3; 1558▸2
Dosierung 23▸1
dösig 1125▸1; 1634▸1
Dosis 1290▸2
Dosis, homöopathische 948▸2
Döskopp 403▸1
Dossier 256▸1
Dotation 674▸2
dotieren 680▸2
doubeln 1482▸1; 1801▸1
Double 547▸4
Doublebind 1969▸1
Douceur 674▸1
down 1177▸1; 1655▸1
Download 125▸1
downloaden 126▸5
downlowen 521▸1
Doyen 668▸6
Dozent 1030▸1
dozieren 1029▸1; 1848▸1
dozierend 236▸2
Drachen 269▸2
Drachensaat 840▸2
Dragee 111▸2
Dragoman 1765▸2
Dragoner 269▸2
Draht 1043▸3; 1714▸3
Draht, auf 1021▸3
drahten 1617▸6
Drahtesel 576▸2
drahtig 976▸1; 1485▸1; 1925▸4
Drahtseilakt 1857
Drahtverhau 855▸4
Drahtzieher 668▸6; 894▸2
drainieren 1599▸4
drakonisch 332; 817▸3; 1532▸3
drall 374▸1; 379▸1
Drall 394▸2; 1442▸1
Drama 1056; 1373▸1; 1654
Dramatik 1473▸1
Dramatiker 1418
dramatisch 129▸1; 1260▸1
dramatisieren 196▸6; 1618▸4
Dramatisierung 1619▸2
Dramendichter 1418
dran sein 1736▸2
dran sein, gut 804▸2
dran, gut 754▸1
dran, nichts 1392▸1
dranbleiben 1736▸2
Drang 1757▸1
drangeben 1815▸1
drangehen 51▸3; 1680▸1
drängeln 389▸1
**drängen** 74▸2; **389**; 426▸3; 538▸1; 1076▸2
Drängen 1757▸1
drängen auf 389▸4
drängen nach 215▸2; 1525▸1
drängen, an die Wand 1729▸1
drängen, in den Hintergrund 1729▸1
**drängen, sich 389**
drängen, sich nach 389▸4
drängen, zu einer Entscheidung 1369▸2
drängend 427▸3; 1896▸1
Drangsal 1185▸2
drangsalieren 1237▸1
drangvoll 477▸1
**dranhalten, sich** 91▸3; **390**
dranhängen 629▸1
drankommen 629▸4
drankriegen 1975▸2
dranmachen, sich 1680▸1
dransetzen, alles 1525▸1
dranwollen, nicht 400▸4; 1629▸1
Draperie 167▸3
drapieren 166▸2
drastisch 374▸2; 1390; 1909▸2
dräuen 396▸4
dräuend 1415▸1
drauf 248▸2
drauf und dran 178; 252▸3
Draufgänger 916▸2
draufgängerisch 476; 640▸1; 917; 1134▸2
draufgeben, eins 1386▸1
draufgegangen 1582▸1
draufgehen 1508▸4; 1724▸1
draufhaben 959▸1; 1913
draufhalten, Daumen 1474▸2
drauflos, frisch 1691▸3
drauflos, wild 1691▸4
drauflosgehen 1856▸2
draufmachen, einen 600▸2
draufstoßen 858
draufzahlen 516▸2; 1763▸2
**draußen 391**
drechseln 753
Dreck 5▸1; 155▸2; 948▸1; 1401▸1; 1548▸1
Dreck am Stecken 1422▸2

dreckig 90›4; 1403›1
dreckig machen 1804
Drecksau 1402
Dreckspatz 1402
Dreh 125›1; 1593
Dreh- und Angelpunkt 820
**Drehbuch 392**
Drehbuchautor 1418
Drehbuchschreiber 1418
**drehen 393**; 712›1
drehen und wenden 369›2
drehen und wenden, sich 170›2; 1018›2
drehen, am Rad 128›5
drehen, Däumchen 592; 1011›2
drehen, Ehrenrunde 1775›4
drehen, Film 393›8
**drehen, sich 393**
drehen, sich auf die andere Seite 393›7
drehen, sich um 222›3; 287
drehen, Strick 1364›1
Drehort 1227›2; 1372›2
Drehpunkt 820
Drehstuhl 1465›1
**Drehung 394**; 999
dreieinig 441›1
Dreikäsehoch 907›2
dreingeben 121›3
dreinhauen 59›2; 915›5
dreinschlagen 59›2; 915›5
dreist 640›3
Dreistigkeit 641›2
Dreitagebart 185
Dresche 1388›1
dreschen, leeres Stroh 1264›2
dreschen, Phrasen 1264›2
Dress 946›1
Dresscode 324›3
Dresseur 110›2
dressieren 1606; 1947›2
Dressing 1472
Dressman 358; 1409›5
Dressur 1624; 1946›2
dribbeln 1523
Drift 1534›2
driften 1433›2; 1438›1
Drill 1624
drillen 393›2; 1606; 1947›2
Drillen 1946›2
drin 885›1
drin sein 959›1
drin, nicht 1660
dringen, an die Öffentlichkeit 409›3
dringen, ans Ohr 1581›1
dringen, ins Bewusstsein 1789›2
dringend 427›3; 1186›1; 1896›1
dringlich 427›3; 1140›2; 1186›1; 1896›1
dringlich sein 426›3
Dringlichkeit 200›3
Drink 756›1
drinnen 885›1
drinstecken 1035›4
drippeln 623; 1320
Dritte, über 1119›2
Dritte-Welt-Laden 737›2
drittklassig 1392›1; 1428›5
Drive 1442›2
Drive-in-Kino 934
droben 859›1; 1837›1
Droge 111›1; 1093›2; 1306; 1518›5
dröge 571›2; 1012›2
Drogen, unter 248›2
**Drogenabhängiger 395**
Drogenabhängigkeit 1547›2
Drogenentzug 509›2
drogenfrei 1360›3
Drogenhändler 1307
Drogenrausch 1305›2
Drogenstrich 1277
Drogensucht 1547›3
**drohen 396**; 1871; 1975›1
drohen, mit Krieg 396›3
drohend 687›1; 1415›1
Drohgebärde 397›1
Drohkulisse 397›2
Drohne 593; 1855›1
dröhnen 1013›2; 1581›4
Dröhnen 731›2; 731›3
dröhnend 1017
Drohnendasein 1672›1
Dröhnung 1306
**Drohung 397**; 840›1; 1872
Drohwort 625
Drolerie 1679›3
drollig 832›3
Drolligkeit 1679›3
Drop-out 159›4
Droschke 576›1
drosseln 22›2; 854›1; 1002›3
Drosselung 451›1; 855›2
drüben 692›2
**Druck** 397›1; **398**; 1015›1; 1015›2; 1473›2; 1770›2; 1807›1; 1967›1
Druck sein, immer im 848›2
Druck, erster 1225›1
**Druck, im 399**; 853›2
Druck, ohne 644
Druck, unter 399; 1648›2
Drückeberger 593; 601
Drückebergerei 1672›1
drucken 1769›1; 1806
**drücken** 235›5; 283›4; 389›1; **400**; 506›2
drücken, an die Wand 1389›3
drücken, auf die Tube 389›3
drücken, breit 400›2
drücken, Hand 799›1
drücken, in die Hand 680›2
drücken, platt 400›2
drücken, Preis 812›3
drücken, Schulbank 1044›1
drücken, sich 170›2; 400›4; 1629›1; 1775›5
drückend 404›2; 1016›1; 1868›2
Drücker 809›1
Drücker, auf den letzten 1477›2
Druckfehler 597›1
Drucklegung 1770›2
Druckmittel 1118›3; 1967›1
druckreif 1826›1
Drucksache 1262›3
Druckschrift 334›2; 1417›1
drucksen 1517›2; 1944
Druckvorlage 1182›1
Druckwerk 334›1; 1770›1
Druide 1271
drum herum reden 1018›2
Drum und Dran 167›3; 1005›3; 1286›2
Drummer 1129›2
drunten 1673›1
drunter und drüber 1663›3; 1911›1
dry 841›3; 1598›6
Dschungel 341›1
dual 388
Dual 1973›1
Dualismus 691›2; 1973›3
dualistisch 692›4
Dualität 1973›3
Dübel 209›2
dübeln 208›1
dubios 1268›2; 1688›2; 1970›1

Dublette 1807›2
Duce 846
ducken 400›3; 838›1; 1675›1
ducken, sich 701›2; 1035›2
Duckmäuser 601; 849
duckmäuserisch 1686›2
duckmäusern 701›1
Dudelei 736›1
dudeln 1460›1
Duden 1027
Duell 840›1; 914›2
Duellant 697›3
duellieren, sich 915›6
Duett 1973›2
Duft 107
duften 1339›1
duftend 99›1; 108
Duftgarten 677
duftig 1031›3; 1065›2; 1928›1
duftlos 571›1
Duftmarke 422›2
Duktus 109›3; 1513›1
dulden 528›1; 1035›1
dulden, keinen Aufschub 426›3
duldend 769›3
duldsam 1104›4
Duldsamkeit 1105
Duldung 529›1
Duldungsstarre 1642›5
Dulzinea 710
**dumm 401**; 1633›1
dumm gelaufen 1743
Dummbart 403›2
dummdreist 640›3
dumme Kuh 403›4
Dumme sein, der 1024
Dummejungenstreich 1670›2
Dummerjan 403›2
dummes Huhn 403›4
**Dummheit 402**; 1670›3
Dummheiten machen 1677›4
**Dummkopf** 187›3; **403**
Dummlack 403›2
dümmlich 401›1
Dummrian 403›2
dummstolz 456›2
Dummy 1555›2
dümpeln 1431›1
**dumpf 404**; 1537›3; 1868›2
Dumpfbacke 403›2
Dumpfheit 402›1; 1642›4
dumpfig 404›1
dun 248›1
Dung 155›3
düngen 1711›5
Dünger 155›3
**dunkel 405**; 1655›5; 1688›2; 1824›4; 1970›2
Dunkel 406›1; 699›1
Dünkel 457›1
dunkel werden 407›1
Dunkel, undurchdringliches 406›1
dunkelhaarig 405›6
dünkelhaft 83›2; 456›2; 837
dunkelhäutig 588›3
**Dunkelheit 406**
Dunkelmann 2
**dunkeln 407**; 1767›2
Dunkeln, im 405›5
Dunkelziffer 1969›3
dünken 1376›1; 1767›1
dünken, sich erhaben 428›3
**dünn** 310›3; **408**; 951›1; 1023›3; 1065›2; 1928›1
dünn werden 1061›8; 1719›3
dünner werden 12›1
dünnflüssig 408›4; 1157›5
dünnhäutig 468›1
Dünnhäutigkeit 469›3
dünnmachen, sich 482›1; 622›1; 1775›5
Dunst 351›2; 1181›1
Dunst, blauer 351›1; 1066›2
Dunst, keinen 1692›1
Dunst, leerer 1176›3
dunsten 352; 1303
dünsten 952›2
Dunstglocke 351›2
dunstig 405›2
Dünung 300›3; 1534›2
Duo 1973›2
düpieren 291›1
duplex 388
Duplikat 1807›2
Duplizität 1612›2; 1973›1
durabel 361›1
durch 608›1; 1119›3; 1125›2; 1885
durch und durch 676›2
durch, quer 1659›2
durchackern 196›2
durcharbeiten 196›2; 753; 1045›1
durchatmen 114
durchaus 1636›1
durchbeißen, sich 224›2
durchbekommen 409›5
durchbiegen, sich 578›2
durchbilden 753
durchblättern 1045›1
durchbläuen 1389›1
Durchblick 1788›2
Durchblick haben 1789›4
durchblicken 1789›4
durchblicken lassen 858
durchblutet 657›1
durchbohren 1209›1; 1329›3
durchbohrend 1368›4
durchboxen 409›5
durchboxen, sich 409›5
durchbrechen 327›1
durchbrennen 622›1
durchbringen 409›5; 1677›1; 1781›2
durchbringen, sich 519›3
Durchbruch 515›1
durchdacht 728›3; 1255›1; 1323›3; 1463›3
durchdacht, wohl 1968›2
durchdenken 369›1; 1709›2
durchdiskutieren 943›1
durchdrehen 128›5; 1934
**durchdringen 409**; 1209›1; 1789›2
durchdringend 888›1; 1017; 1368›2; 1909›2
Durchdringung 1788›2
Durchdringungsfähigkeit 1785›1
durchdrücken 409›5; 1934
durcheinander 1500›3; 1663›1; 1911›1
Durcheinander 289›3; 1664›2
durcheinanderbringen 898›3; 1811›1
durcheinandergeraten 1811›3
durcheinanderreden 1490›3
durcheinanderwerfen 1811›1
durcheinanderwirken 1107›1
durchfahren 1293›2
Durchfahrt 1210›4
Durchfall 1111
durchfallen 1378›1; 1775›4
durchfechten 409›5
durchfeiern 600›2
durchfeuchten 409›1; 614›2
durchfinden 1789›2
durchfinden, sich 617›1

durchfließen 614›2
durchflöhen 1546›1
durchfluten 614›2
durchformen 753
durchforschen 633
durchfroren 911›2
durchführbar 1123›1
durchführbar, nicht 1660
Durchführbarkeit 1124
durchführen 530›1; 1482›8; 1707›1; 1810›1
durchführen, planmäßig 1224›1
Durchführung 532›1; 1041›1; 1708›1; 1828
durchfurcht 584›2
durchfüttern 519›3; 1677›1
Durchgabe 1117
Durchgang 1210›4; 1280›2
durchgängig 40›5
durchgebacken 608›4
durchgebacken, nicht 1690›3
durchgeben 1115›3
durchgebracht 1883›3
durchgedreht 1125›2; 1773›1
durchgehen 1045›1; 1279›1
durchgehen lassen 498›4; 528›1
durchgehend 1659›2
durchgeknallt 1773›1
durchgeschwitzt 1403›1
durchgestanden 608›1
durchgestylt 624
**durchgreifen 410**
durchgreifend 1909›2
durchhalten 224›2
Durchhalten 360›3
Durchhaltevermögen 685›1
durchhängen 536›2; 578›2; 1035›4
durchhauen 1389›1; 1591›4
durchhecheln 945›1
durchhelfen 519›3
durchkämmen 10›4; 1546›1
durchkämpfen, sich 224›2; 409›5
durchklicken, sich 1546›4
durchklingeln 1565
durchkneten 1107›1; 1321›3
durchkommen 489›4; 519›3; 1231›2
durchkonstruiert 1968›2
durchkreuzen 854›3; 1519›2
Durchkreuzung 505; 855›2
Durchlass 1210›4
durchlassen 409›2; 858
durchlassen, Licht 1376›3
durchlässig 263›1; 1060›2
durchlavieren, sich 1018›1
durchleben 512›1
durchlesen 1045›1
durchleuchten 633
durchlöchern 262; 1209›1; 1936›8
durchlöchert 263›1
durchlüften 1064
durchmachen 600›2; 1035›1
durchmanövrieren, sich 1 018›1
Durchmarsch 278›5
durchmarschieren 1293›1
Durchmesser 1053›1; 1497›3
durchmogeln, sich 1018›1
Durchnahme 223›1
durchnässen 409›1
durchnässt 1157›1
durchnehmen 222›3; 1029›1
durchorganisiert 1255›1
durchpauken 409›5
durchpausen 1›2; 1806
durchpeitschen 409›5
durchproben 1606
durchprobieren 972›2; 1791›1
durchpulsen 614›2
durchqueren 1293›1
durchrechnen 249›1; 1279›1
Durchreiche 1210›4
durchreisen 1293›1
Durchreisender 282›2; 1327›1
durchringen, sich 496›2
durchrinnen 614›2
durchrosten 1724›2
durchrufen 1565
Durchsage 1117
durchsagen 1115›3
durchsägen 1558›1
durchschaubar 1206›2
Durchschaubarkeit 1207›2; 1787
durchschauen 409›6; 1300›3; 1789›2
durchscheinen 1376›3
durchscheinend 408›1; 1928›1
durchscheuern 262
durchschiffen 1293›2
durchschimmern 1376›3
Durchschlag 1807›2
durchschlagen 1591›4; 1622›3; 1907›2; 1934
durchschlagen, sich 519›3; 1019›1
durchschlagend 1390; 1909›2
Durchschlagskraft 1910›1
durchschlängeln, sich 1018›1; 1231›2
durchschleichen, sich 1018›1
durchschlüpfen 1231›2
durchschneiden 1591›4
Durchschnitt 1294›1; 1317›3
durchschnittlich 675›1; 1086›2
Durchschnittswert 1294›1
durchschreiten 1293›1
Durchschuss 1062›1
durchschwärmen 600›2
durchschweifen 1293›1
durchschwitzen 1441›1; 1804
durchsehen 1279›1
durchsehen, flüchtig 1045›1
durchseihen 1934
durchsetzen 409›5; 430›3
durchsetzen, Kopf 1919›2
durchsetzen, sich 144›4; 224›2; 409›5; 1622›3
durchsetzerisch 1452
durchsetzungsfähig 1072›1
Durchsetzungsvermögen 475›1; 669›2
Durchsetzungswille 669›2
Durchsicht 1280›2
durchsichtig 408›1; 942›1; 1037›1; 1928›1
Durchsichtigkeit 944›1
durchsickern 409›3
durchspielen 1370›2
durchsprechen 222›3; 275›1
durchstarten 389›3
durchstechen 1209›1
durchstehen 224›2; 1035›1; 1585›3
Durchstehen 360›3
durchstehlen, sich 1018›1
durchsteigen 1789›2
durchstellen 1713›2
Durchstich 1210›8
durchstöbern 1546›1
Durchstoß 515›1
durchstoßen 409›5; 1209›1
durchstrahlen 219›2
durchstreichen 1059›3
durchstreifen 1293›1

durchströmen 614‣2
durchsuchen 1546‣1; 1546‣4
Durchsuchung 1280‣2
durchtauchen 170‣2
durchtrainiert 976‣1; 1485‣1
durchtränken 614‣2
durchtränken, sich 409‣1
durchtränkt 1157‣1
durchtrennen, Nabelschnur 1591‣4
Durchtrennung 1592‣3
Durchtrieb 1048
durchtrieben 1391‣1
Durchtriebenheit 740‣2
durchwachsen 1086‣2; 1563
durchwalken 1321‣3
durchwalten 219‣2
durchwandern 1293‣1
durchwärmen 219‣2
durchwärmt 1868‣1
durchweben 409‣4
durchweg 40‣5
durchweichen 409‣1
durchweicht 1157‣1
durchwetzen 262
durchwichsen 1389‣1
durchwinden, sich 1018‣1
durchwinken 1964‣2
durchwirken 219‣2; 409‣4
durchwitschen 489‣2; 1231‣2
durchzählen 1926‣1
durchzeichnen 1‣2
durchziehen 409‣4; 530‣1; 1293‣1; 1677‣1
durchzucken 433‣1; 1943‣1
Durchzug 1906‣1
Durchzug machen 1064
durchzwängeln, sich 1018‣1
dürfen 959‣2
dürftig 106‣2; 310‣3; 408‣3; 911‣3; 951‣2; 1392‣1; 1635; 1649‣1; 1651‣1
Dürftigkeit 1185‣1
dürr 408‣2; 1598‣1; 1649‣1
Dürre 1200‣1
Durst 1757‣1
dürsten 215‣2; 479
dürstend 216‣1
durstig 1598‣1
durstlöschend 754‣4
durststillend 754‣4
Durststrecke 855‣2
Dusche 176‣1; 505; 1087‣2; 1181‣1; 1325‣3
duschen 1362‣3
Düse 1210‣3
Dusel 777‣1; 1305‣1
Dusel haben 712‣2
duselig 1911‣3
duseln 1387‣2
düsen 426‣1
Düsenjäger 576‣7
Düsenklipper 576‣7
Dussel 403‣2
düster 405‣1; 405‣7; 1241; 1415‣2; 1655‣5
Düsterkeit 406‣1; 1588
Dutzenden, zu 1819‣1; 1821
Dutzendware 1317‣3
dutzendweise 1819‣1
DVD 616‣2; 1479‣4
Dyke 864
Dynamik 475‣1; 1442‣2
dynamisch 476; 1021‣3; 1667‣1
Dynast 846
Dynastie 1053‣4
D-Zug 576‣4

# E

Ebbe 761; 1343›8
Ebbe in der Kasse 1185›1
Ebbe und Flut 1705›2
eben 729›2; 765›1; 1003
eben noch 951›2
eben, gerade 1086›2
Ebenbild 502›2
ebenbürtig 772
Ebenbürtigkeit 1612›3
Ebene 618›1; 1227›3; 1296›2
Ebene, auf höchster 859›4
Ebene, schiefe 5›4
ebenerdig 1673›2
ebenfalls 116›1
Ebenmaß 815›2; 1409›1
ebenmäßig 816›3; 1407›1
Ebenmäßigkeit 815›2
ebenso 116›1; 768›1; 1468
ebnen 177›1; 766›1
ebnen, Weg 296›1; 535›2
E-Book 334›2
**Echo** 229; **411**
echoen 1481›4
**echt** 130; 346›1; 346›2; 361›1; **412**; 1161›1
echt, täuschend 580›3
Echtheit 1289›2; 1361›2; 1456›2
Echtprodukt 1225›2
Echtzeit 1932›2
Eck 413›2
Eckbank 182›1; 1465›2
Eckchen 948›2; 1536›2
**Ecke** **413**; 682›2; 1227›2; 1536›1
Ecke, um die 1150›2
Eckensteher 593
eckig 408›2; 817›1; 1259›1; 1368›1
Eckigkeit 1759›3
Eckkneipe 678›1
Eckpfeiler 807›3
Eckpunkt 205›1
Eckstein 807›2
Ecstasy 1306
**edel** 147›1; **414**; 970
Edelkitsch 937›1
Edelmetall 971›2
Edelmut 1640
edelmütig 414›3
Edelrost 1181›3
Edelschuppen 678›1
Edelsinn 1640
Edelsteine 971›2
Eden 1229
edieren 1769›1
Edikt 207›1; 747›1
Edition 1770›2
Editorial 436›1
Edukation 562›1
EDV 350›1
Effekt 515›5; 1190›3; 1309›1; 1910›1
Effekten 270›3
Effektenhandel 811›3
Effekthascherei 457›1
effektiv 1908›3; 1909›1
effektvoll 1909›2
Effet 394›2
effizient 1909›1; 1968›2
Effizienz 1910›1
egal 769›5
egalisieren 150›1
Egalisierung 149›1
Egghead 370
Egoismus 1451
**Egoist** **415**
egoistisch 1452
egoman 1452
Egomane 415
Egoshooter 1070
Egotismus 1451
Egotist 415
Egotrip 1451
Egozentrik 1451
Egozentriker 415
egozentrisch 1452
eh und je, seit 879›4
**ehe** **416**; 1891›2
Ehe 1714›5
ehebrechen 291›3
Ehebund 1714›5
ehedem 663›1
Ehefrau 638; 1230›4
Ehegespons 1230›4
Ehehälfte 1230›4
Ehekrach 1530›3
Ehekrieg 1530›3
Eheleute 1230›4
Eheliebste 1230›4
ehemalig 1739
ehemals 663›1
Ehemann 1230›4
Ehepaar 1230›4; 1973›2
Ehepartner 1230›4
eher 663›1
eher nicht 1660
Ehering 1341›3
ehern 817›1
Eheschließung 1714›5
ehestens 1405›1
Ehetragödie 1052
Ehrabschneidung 1761
ehrbar 326›2
**Ehre** **417**; 1922›2
Ehre machen 418›2
**ehren** 172›1; **418**; 945›2; 1370›1
ehrenamtlich 1630›1
Ehrenbezeigung 417›2; 798›3
ehrend 1728
Ehrengabe 417›2
Ehrengeleit 417›2
ehrenhaft 85›3
ehrenhalber 1630›1
Ehrenmal 371
Ehrenmann 924
Ehrenrettung 492›2
ehrenrührig 237›2; 1392›5
Ehrensache 1245
Ehrentag 903
ehrenvoll 1728
ehrenwert 326›2
Ehrenwort 1783›1
Ehrenzeichen 417›2
Ehrerbietung 35
Ehrfurcht 35
ehrfürchtig sein 1730›1
Ehrgefühl 417›1
Ehrgeiz 81›2; 420›1
**ehrgeizig** **419**
ehrgeizig, krankhaft 419
Ehrgeizling 1526
ehrlich 85›3; 130; 1966›1
Ehrlichkeit 1205›1
Ehrliebe 417›1
ehrlos 347; 1392›5
ehrpusselig 326›3
ehrsam 85›2
ehrsüchtig 419
Ehrung 417›2; 1057›2
ehrverletzend 237›2
Ehrverletzung 238
ehrwürdig 788›3; 1923›1
Ehrwürdigkeit 1922›2
Ei 50›1

Ei dem andern, wie ein 768›1
Ei, wie ein rohes 1842›1
Eiche 611›6
eichen 612›3
Eichung 1734
Eid 1783›1; 1938›2
Eidbruch 1066›3
eidesstattlich 1455›4
eidetisch 77›1; 308›1
Eidos 875›1
Eier 709›3
Eiern, wie auf 1842›1
Eierschale 590›1
eierschalendünn 1928›1
**Eifer 420**; 449›2; 487›1; 827
Eiferer 873›2; 1267›3
eifern 389›4; 1525›1
eifernd 826›2; 917
Eifersucht 1164; 1969›2
eifersüchtig 1166
eifersüchtig sein 1165
eifervoll 826›2
**eifrig** 419; **421**; 1021›2; 1140›2
eigen 454›1; 1226›1
eigen haben, zu 804›1
eigen machen, sich zu 523›2; 760›2; 1709›2; 1789›2
**Eigenart** 344; **422**; 630›2; 1480›4
Eigenart, kulturelle 992›1
Eigenart, schöpferische 1269›1
eigenartig 272›2; 346›1; 889›2; 1172›3; 1226›1
Eigenbrötler 159›1
eigenbrötlerisch 118›2
Eigendynamik 422›5
eigengeprägt 1226›1
eigengesetzlich 412›1
Eigengesetzlichkeit 422›5
eigenhändig 1239›2
Eigenheim 821›2
Eigenheit 422›2
Eigenlob 457›1; 1451
eigenmächtig 1905›1
Eigenname 927›4
Eigennutz 1451
eigennützig 1452
Eigennützigkeit 1451
Eigenruhm 457›1
eigens 16; 156; 272›1
Eigenschaft 422›2; 1289›1
Eigenschaft, gute 1854›2
**eigensinnig 423**
eigenstaatlich 642›1
eigenständig 272›3; 412›1
Eigensucht 1451
eigensüchtig 1452
**eigentlich 424**; 796
Eigentor 899›2
Eigentum 270›1
Eigentümer 271
eigentümlich 118›2; 346›1; 1226›1
Eigentümlichkeit 344; 422›2; 927›1; 1480›4
Eigentumswohnung 1916›2
eigenverantwortlich 642›1
Eigenverantwortlichkeit 643›1
eigenwillig 272›3; 1905›1
Eigenwilligkeit 1604
eigenwüchsig 412›1; 1410
eignen 804›1
eignen zu, sich 380›2
Eigner 271; 809›3
Eignung 574
Eiland 886
Eilbote 1609›1
**Eile 425**
Eile sein, in 426›2
Eile, in 399; 427›1; 1667›1
Eile, in höchster 1405›1
Eile, ohne 1352›3
**eilen 426**; 700›2; 848›2
**eilen, sich 426**
eilends 427›2; 1405›2
eilfertig 427›2; 1405›2
Eilfertigkeit 425›3
**eilig 427**; 1405›1; 1667›1
eilig sein 426›3
Eiltempo 425›2
Eilzug 576›4
Eimer, im 531›2
eimerweise 1819›1
ein für alle Mal 473
einander 693
einarbeiten 516›6; 1029›2
einarbeiten, sich 760›2
Einarbeitung 73›3
einäschern 231›1; 1936›5
Einäscherung 232›2
einatmen 114
einäugig 1567
Einbahnstraße 1524
einbalsamieren 519›4
einbalsamiert 361›3
Einband 867›4
Einbau 517›4
einbauen 516›6
Einbaum 576›6
einbegreifen 490; 1926›2
einbehalten 439›2
einbekennen 1203›3
einberufen 455›2
Einberufung 207›2
einbetten 516›6
einbeziehen 126›2; 191›2; 286; 490
einbezogen 1561›2
einbiegen 583›2
**einbilden, sich 428**
einbilden, sich etwas 428›3
Einbildung 457›1; 877›1
Einbildungskraft 1248
einbinden 311›7
Einbindung 1714›5
einblasen 206; 858
einbläuen 445›1
einblenden 516›6
Einblendung 517›4
Einblick 1914›1
einbrechen 430›1
Einbrecher 1721›2
einbringen 543; 1191›1; 1585›4
einbringen, Antrag 195
einbringlich 661; 1192›2
einbrocken, sich eine Suppe 1364›4
Einbruch der Nacht 406›1
einbuchten 1752
Einbuchtung 1794›2
einbuddeln 1751›1
einbürgern 126›6
einbürgern, sich 144›4; 760›1
**Einbürgerung** 125›5; **429**
Einbuße 1343›1; 1363›1; 1718›2
einbüßen 1024; 1763›1
eindämmen 854›1
eindampfen 1002›4
eindecken, sich 921›1; 1784›1
eindeutig 90›1; 942›2; 1645›3
Eindeutigkeit 659›1; 944›1
eindicken 311›6; 548›1; 1002›4
eindimensional 452›1
eindrängen, auf jmdn. 389›5
eindrängen, sich 430›2
eindrecken 1804
eindrehen 393›3
**eindringen** 409›1; **430**; 1789›2
eindringen, gewaltsam 430›1
Eindringen, tieferes 1794›4

eindringlich 888▸4; 1140▸2; 1390; 1976▸1
Eindringlichkeit 1139
Eindringling 1520
Eindruck 690▸2; 1794▸1; 1864▸1; 1910▸2
Eindruck haben 428▸1; 665▸1
Eindruck machen 688▸2; 881; 1228▸1
eindrücken 445▸2; 1209▸1
eindrücklich 1140▸2
eindrucksfähig 464▸1
Eindrucksfähigkeit 465▸2
eindrucksvoll 882; 1502▸1; 1909▸2
eindübeln 208▸1
eindünsten 519▸2
eine oder das andere, das 692▸4
eine und der andere, der 1890▸2
einebnen 150▸1; 1936▸7
Einebnung 149▸1
einengen 235▸5; 1002▸3
Einengung 451▸2; 478▸1; 855▸2
einer den anderen 693
einer für den andern 693
einer nach dem andern 454▸1; 1010▸2
einer wie der andere 768▸1
einer, nicht 1183
einerlei 769▸5
Einerlei 1009; 1319▸2
Einerlei, ewiges 41▸2
einerseits 1563
einesteils 1563
**einfach 431**; 675▸1; 942▸1; 1031▸2; 1031▸4; 1786▸1
einfach gestrickt 431▸2
**Einfachheit 432**
einfädeln 1706▸2; 1831▸5
einfahren 543
einfahren, sich 760▸1
Einfahrt 1210▸1
Einfall 60▸1; 76▸1; 875▸2; 1515▸2
Einfall der Dunkelheit 406▸1
Einfall, verrückter 1774▸2
Einfälle 1248
Einfälle haben 433▸2
Einfälle, ohne 1649▸2
**einfallen** 12▸1; 59▸2; **433**; 578▸2; 954▸2; 1460▸1; 1745▸2
einfallen lassen, sich 369▸2; 1856▸3
einfallen lassen, sich etwas 433▸2
einfallen, wieder 523▸1
einfallslos 180; 1649▸2
Einfallslosigkeit 181▸1
einfallsreich 75▸2; 573▸1; 1226▸1; 1410
Einfallsreichtum 704▸2; 1248
Einfalt 402▸2; 432▸2
einfältig 326▸3; 401▸2; 431▸2; 1154
Einfältigkeit 402▸2
Einfaltspinsel 403▸5
Einfamilienhaus 821▸1
einfangen 585▸2
einfangen, etwas 527
einfangen, sich 234▸3
einfärben 587▸1
einfassen 1628▸1
Einfassung 1296▸1
einfetten 766▸4
einfinden, sich 64▸4; 66▸1; 281▸1; 954▸2
einflechten 161▸1; 433▸3
einflicken 516▸6
einfliegen 66▸1; 1179▸4
einfließen lassen 161▸1; 433▸3
einflößen 206; 673▸1
einflößen, Abscheu 459▸1
einflößen, Achtung 881
**Einfluss 434**; 713▸1; 1071▸3
Einflussbereich 434▸3
Einflussgebiet 434▸3
Einflusslosigkeit 1429▸3
Einflussnahme 434▸1
einflussreich 1072▸2; 1896▸3
Einflusssphäre 434▸3
Einflüsterer 894▸1
einflüstern 206; 858; 1892▸1
Einflüsterung 895
einfordern 193▸1; 455▸1
einförmig 768▸2; 1199▸3
Einförmigkeit 1009; 1200▸2; 1319▸2
einfrieden 1628▸4
einfriedigen 1628▸4
einfrieren 519▸2
einfügen 161▸1; 433▸3; 516▸6
einfügen, sich 72▸2
Einfügung 73▸2
einfühlen, sich 1789▸3
einfühlend 896
einfühlsam 464▸5
Einfühlsamkeit 465▸3
Einfühlung 1788▸1
Einfühlungsgabe 1248; 1788▸1
Einfühlungsvermögen 690▸1; 1788▸1
Einfuhr 811▸3
**einführen** 51▸3; **435**; 525▸4; 760▸1; 812▸2; 1029▸2; 1843▸1
**einführen, sich 435**; 1756▸4
**Einführung** 95▸1; **436**; 526▸1; 1028▸1; 1844▸1
einfüllen 671▸1
einfüttern 673▸3
Eingabe 93▸1
Eingabe machen 195
Eingabefeld 1210▸9
Eingang 462▸1; 1210▸1; 1262▸2
eingängig 431▸1; 1786▸1
Eingängigkeit 432▸3
eingangs 52▸1
eingearbeitet 513▸1
eingeben 673▸1; 673▸3; 1356▸4; 1416▸1
eingeben, Daten 673▸3
eingeben, Gedanken 74▸1
eingebildet 83▸2; 456▸2; 580▸3; 794; 1743
eingebildet sein 428▸3
Eingebildetheit 457▸1
Eingebildetsein 457▸1
eingeboren 58▸1
eingebuchtet 1647▸2
eingebunden 1723▸1; 1771▸2
Eingebundensein 1245
Eingebung 875▸2
eingebürgert 675▸1
eingedenk sein 523▸3
eingeengt 477▸1; 951▸2
eingefahren 675▸1; 964▸1
eingefallen 263▸3; 1037▸1
eingefärbt 1567
eingefleischt 1636▸2; 1687
eingeführt 297; 675▸2
eingeführt, gut 241▸2
eingeführt, nicht 645▸2
eingegeben 896
eingehalten 584▸1
eingehen 1144▸3; 1508▸3; 1599▸5; 1789▸2
eingehen auf 554▸1
eingehen auf, nicht näher 858

eingehen, Beziehung 311▸3
eingehen, Bindung 311▸3
eingehen, Handel 311▸3
eingehen, in die ewigen Jagdgründe 1508▸2
eingehen, Wagnis 1856▸1
eingehend 719▸4
eingekeilt 477▸1
eingekeilt sein 1517▸1
eingekleidet 1119▸2
eingeklemmt 477▸1
eingekraust 584▸1
eingelocht 1647▸2
eingeloggt 1723▸2
eingemacht 361▸2
Eingemachte, das 820
eingemeinden 758▸1
eingenommen 1049▸2
eingenommen sein 1051▸1
eingenommen sein, von sich 428▸3
eingenommen, von sich 456▸2
Eingenommenheit 1850
eingepackt 728▸1
eingepfercht 477▸1
eingepökelt 361▸2
eingeräumt 728▸1
eingerechnet 450
eingerechnet, alles 676▸3
eingerostet 43▸3
eingeschlafen 1641▸2
eingeschlossen 47; 450
eingeschnappt 320▸2; 1693
eingeschnurrt 1598▸1
eingeschränkt 203; 477▸1
Eingeschränktheit 204
eingeschrumpft 1598▸1
eingeschüchtert 1758▸2
eingeschweißt 361▸2; 742▸2
eingesessen 225▸1
eingesperrt 1647▸2
eingespielt 675▸1
eingespielt sein 1789▸6
Eingeständnis 1204▸2
eingestehen 1203▸3
eingestürzt 263▸3
eingeweckt 361▸2
**Eingeweide 437**
eingeweiht 926
Eingeweihte, nur für 1715▸2
Eingeweihter 1030▸3
eingewöhnen, sich 72▸2
Eingewöhnung 73▸3
eingezogen 447▸2
eingezogen werden 380▸1
Eingezogenheit 448▸1
eingießen 671▸1
eingipsen 208▸1
eingleisig 452▸1
eingliedern 126▸2; 1221▸2
eingraben 445▸2; 786; 1751▸1
eingravieren 786
**eingreifen** 25; **438**
eingrenzen 525▸2; 854▸1; 1628▸4; 1731
Eingrenzung 526▸3
Eingriff 26
eingrooven, sich 760▸2
einhaken 438; 554▸2
Einhalt 1514
**einhalten 439**; 583▸2; 808▸1; 1351▸1
einhalten, Verabredung nicht 1748▸2
einhalten, Versprechen nicht 1748▸2
einhämmern 445▸1
einhandeln, sich 234▸3
einhändigen 680▸1
einhauen auf 59▸2
einhegen 1628▸4
einheimisch 58▸1; 225▸1
einheimsen 543; 758▸1
**Einheit 440**; 797▸11; 1549▸1; 1973▸2
Einheit, gedankliche 220
Einheit, innere 440▸3
Einheit, paramilitärische 1106▸2
einheitlich 441▸2; 742▸4; 768▸2; 1463▸3; 1611▸2
Einheitlichkeit 440▸1
Einheitszeit 1932▸2
einheizen 396▸3; 1870▸1
einhelfen 834▸5
Einhelfer 835▸3
einhellig 441▸1; 1611▸2
Einhelligkeit 442
einholen 273▸2; 585▸2; 921▸1; 1143
Einholen 274▸1
einhüllen 198; 1228▸2; 1426▸1
**einig 441**; 742▸4; 1723▸1
einig sein 1610▸2; 1960▸1
einig werden 1731
einige, nur 1890▸2
einigeln, sich 17▸2
einigen 259▸1
einigen können, sich nicht 28▸4
einigen, sich 1713▸3; 1731
einigen, sich gütlich 1750▸2
einigend 441▸1
einigermaßen 1086▸2; 1942
einiges 1819▸2
**Einigkeit 442**
Einigung 1732▸1
einimpfen 206; 445▸1
einjagen, Schrecken 396▸1
einkalkulieren 191▸2; 249▸1
einkalkuliert 16
Einkauf 274▸1; 920
einkaufen 273▸2; 921▸1
Einkaufsbummel machen 921▸1
Einkaufspreis 1265▸3
Einkaufszentrum 737▸5
**Einkehr** 280▸1; **443**; 1336
einkehren 21▸2; 281▸1
einkeilen 389▸1
einkerben 1404▸3
Einkerbung 1794▸3
einkerkern 1752
einkesseln 854▸4; 1628▸5
Einkesselung 855▸3
einklagen 193▸1; 455▸1; 941▸2
einklammern 928▸3
Einklang 442; 815▸1
einkleiden 357▸5
Einkleidung 167▸3; 359▸2
einklinken, sich 438; 1560▸1
einknicken 327▸1; 701▸2
einkochen 519▸2; 1002▸4
Einkommen 1333▸1; 1727▸1
einkommen um 195; 301; 313▸1
Einkommen, arbeitsloses 1333▸1
Einkommen, ohne 106▸1
Einkommen, ohne festes 1669▸2
Einkommensquelle 1022▸2
einkommensschwach 106▸1
einkommensstark 1322▸1
einkrachen 1745▸2
einkreisen 854▸4; 1628▸5
Einkreisung 855▸3
einkringeln 928▸3
Einkünfte 1727▸1
**einladen 444**

einladen zu 466›1
einladend 99›1
Einladung 746›2
Einlage 449›1; 517›3
einlagern 122›1; 1356›2
Einlass 1210›2
einlassen 516›6; 1209›1
einlassen, sich 1507›3; 1713›1
einlassen, sich auf 217›2; 264›2
einlassen, sich mit 1152›4
einlassen, sich nicht 1014›2
einlässlich 719›4
Einlassung 163›2
Einlauf 1262›2
einlaufen 66›1; 1144›3; 1179›4
Einlaufen 67›1
einleben, sich 72›2
einlegen 519›2
einlegen, gutes Wort 296›1; 1426›2
einlegen, Veto 554›2
einlegen, Wort 206; 1764›1
einleiten 435›2
einleitend 52›1
Einleitung 436›1
einlenken 701›2
einleuchten 1789›2
einleuchtend 431›1; 942›3; 1768›3; 1786›1
einlochen 1752
einlöffeln 673›1
einloggen 1713›2
Einloggen 1714›1
einlösen 302›4
Einlösung 149›2
einlullen 259›4
einmachen 519›2
einmal 663›1
einmal tun, noch 1900›2
einmal, auf 1258
einmal, noch 1899
einmal, wieder 1899
einmalig 148›1; 162›1; 1226›2
Einmaligkeit 422›3
Einmarsch 60›1
einmarschieren 59›2
einmeißeln 928›4
einmengen, sich 1519›2
einmieten, sich 455›3
einmischen, sich 438; 1519›2
Einmischung 1521
einmotten 519›2
einmummeln 1426›1
einmünden 472›2; 1589›5
Einmündung 1590›3
einmütig 441›1; 1611›2
Einnahme 1727›1
Einnahme, zusätzliche 517›3
Einnahmen haben 1726›1
einnehmen 455›1; 688›2; 758›1; 1163›5; 1726›1
einnehmen für 1622›1
einnehmen, gegen sich 1364›4
einnehmend 70›1; 98›1; 651›2; 1170›1; 1330
einnicken 1387›2
einnisten, sich 430›2; 1179›1
Einöde 448›2; 1200›4
einölen 766›4
einordnen 516›6; 1221›2
einordnen, sich 72›2
Einordnung 73›2
einpacken 472›1; 1228›2; 1426›1
einpassen 516›6
einpauken 445›1; 1029›1
einpeitschen 445›1
Einpeitscher 364
einpendeln 259›1
einpflegen 516›6
einpinseln 766›4
einplanen 191›2
einpökeln 519›2
**einprägen 445**
**einprägen, sich** 117; **445**; 523›2; 1044›1; 1606
einprägsam 77›2
einpressen 445›2
einprügeln 445›1
einpuppen, sich 17›2
einquartieren 126›1
Einquartierung 443›2
einrahmen 1628›2
Einrahmung 1296›1
einrangieren 516›6; 1221›2
einrasten 1394›5
einräuchern 1303
einräumen 528›1; 1964›1
einräumen, Vorrechte 296›3
Einräumung 529›2
einrechnen 1926›2
Einrede 163›2; 555›2
einreden 206
einreden, sich 428›1
einreiben 766›4
einreichen, Antrag 195
einreichen, Gesuch 195
einreichen, Klage 941›1
einreihen 516›6; 583›2; 1221›2
einreihen, sich 72›2
Einreihung 125›2
einreißen 760›1; 1209›1; 1936›7
einrenken 259›1; 943›1
einrennen, Tür 1519›1
einrichten 535›1; 544›1; 753; 1221›3; 1224›1; 1707›1; 1831›1; 1831›4
einrichten, für die Bühne 196›6
einrichten, sich 72›2; 166›4; 455›3
einrichten, Wohnung 166›4
**Einrichtung** 167›2; **446**; 897›1; 1222›2; 1832›1
Einrichtungsgegenstände 446›2
Einriss 1492›1
einritzen 786
einrollen 393›2
einrosten 1144›4; 1724›2
einrücken 380›1; 455›2
eins 1957
eins a 551
eins zu eins 501›1
eins, alles 769›5
eins, mit 1258
Eins, wie eine 729›1
einsacken 578›2; 758›1; 1163›2
einsagen 834›5
Einsager 835›3
einsalzen 519›2
**einsam 447**; 1199›1
einsamer Wolf 159›2
**Einsamkeit 448**
einsammeln 455›1; 543; 1356›1
**Einsatz** 420›1; **449**; 1286›8; 1766›1
einsatzbereit 252›2
einsauen 1804
einsaugen 126›3; 1599›2; 1939›4
einschalten 88›3; 433›3; 516›6; 1706›2
einschalten, Licht 239›1
einschalten, sich 438; 1680›2; 1764›1
Einschaltung 1766›1
einschärfen 445›1; 1076›2
einscharren 1751›1
einschätzen 1370›2
einschätzen, falsch 1618›2

einschätzen, höher 296▸2
Einschätzung 1696▸1
einschenken 49▸3; 671▸1
einschenken, reinen Wein 1203▸3; 1725▸2
einschicken 49▸1
einschieben 516▸6
Einschiebsel 517▸4
einschiffen, sich 453▸1
Einschiffung 483▸3
einschlafen 472▸2; 1387▸2; 1508▸1
Einschlafen, zum 1012▸1
einschläfern 259▸4; 283▸1; 1011▸1
einschläfernd 284▸1; 1012▸1
Einschlag 515▸4; 582▸1; 731▸3; 1188; 1522; 1566▸2
einschlagen 435▸1; 688▸2; 1209▸1; 1228▸2; 1756▸4; 1907▸2
einschlagen, Weg 700▸1
einschlägig 569▸1
einschleichen, sich 430▸2
einschleimen, sich 1396
einschleppen 435▸3
einschleusen 196▸4; 296▸1; 430▸3; 435▸3
einschließen 122▸1; 490; 854▸4; 1457▸5; 1628▸5; 1710▸3; 1926▸2
**einschließlich** 116▸2; **450**
Einschluss 517▸3
einschmeicheln, sich 430▸2; 445▸3; 1396
einschmeißen 1936▸3
einschmieren 766▸4
einschmuggeln 435▸3
einschmuggeln, sich 430▸2
einschnappen 105▸3; 1394▸5
einschneiden 786; 1404▸3
einschneidend 376▸1; 1494; 1896▸1
Einschnitt 1674▸1; 1794▸1
einschnüren 400▸2
Einschnürung 478▸4
einschränken 1002▸3; 1704▸1; 1731
einschränken, sich 1474▸4
**Einschränkung** 204; 205▸1; **451**; 855▸2; 1830
Einschränkung, mit 203
Einschränkung, ohne 1636▸1
einschreiben 126▸2; 1416▸1
Einschreiben 1262▸3
einschreiten 438
Einschub 449▸3; 517▸4
einschüchtern 396▸3; 493; 881
einschüchternd 31▸1; 882
Einschüchterung 397▸1
einschulen 126▸2
Einschuss 1188; 1920
einschütten 671▸1
einschweben 1179▸4
einschweißen 519▸2
Einsegnung 232▸1
einsehbar 1786▸1
Einsehbarkeit 1207▸2
einsehen 1789▸2; 1789▸5
Einsehen haben 528▸1
einseifen 291▸1; 1362▸3; 1396
**einseitig** **452**; 1500▸4; 1567; 1652
Einseitigkeit 478▸5
einsenden 49▸1
einsenken 1179▸5
einsetzen 51▸1; 88▸1; 264▸1; 279▸6; 433▸3; 516▸8
einsetzen, rücksichtslos 1215▸3
einsetzen, sich 91▸2; 213; 498▸3; 915▸1; 1801▸2
einsetzen, sinnlos 1215▸3
einsetzen, Stücke 540▸2
einsetzen, zum Erben 1617▸2
Einsetzung 436▸2; 1348▸1
Einsicht 514▸1; 1914▸1
einsichtig 942▸3; 1337; 1768▸1; 1786▸1
einsichtig machen 1622▸1
Einsichtigkeit 944▸2
einsichtslos 1687
einsichtsvoll 1768▸1
einsickern 409▸1
Einsiedelei 949
einsiedeln 1799▸1
Einsiedler 159▸2; 936▸2
einsiedlerisch 447▸2
Einsiedlerleben 448▸1
Einsiedlung 1800
einsilbig 1435▸1; 1955▸1
Einsilbigkeit 1956▸3
einsinken 578▸2
einsitzen 1464▸2
einspannen 193▸3
einspännig 454▸3
einsparen 1002▸3; 1474▸4
einsparen, Personal 1301
Einsparung 451▸1
einspeichern 126▸5; 673▸3
einspeisen 126▸5; 673▸3
einsperren 1752
Einsperrung 18▸1
einspielen, sich 760▸1
einspielen, sich auf 72▸2
einspinnen, sich 17▸2
einsprengen 614▸1
Einsprengsel 517▸4
einspringen 834▸1; 1801▸1
einspritzen 614▸1
Einspruch 163▸2; 555▸2; 940▸1; 984▸2; 1716▸1
einst 663▸1
Einst 1740
einstampfen 1936▸8
Einstand 50▸2
Einstandspflicht 340▸2
einstauben 1804
einstecken 758▸2; 1035▸2; 1163▸2; 1383▸4; 1710▸3; 1752
einstehen 311▸3; 337▸1; 1801▸2
einstehen für 343; 915▸1
**einsteigen** 51▸1; 430▸1; **453**; 1560▸1
einstellen 22▸3; 88▸1; 121▸1; 264▸1; 472▸1; 1221▸3
einstellen, Arbeit 1529▸1
einstellen, sich 66▸1; 214▸2; 954▸2
einstellen, sich auf 72▸2; 1831▸2
einstellen, sich wieder 523▸1
Einstellung 119▸2; 373; 436▸2; 1095▸1; 1754▸1
Einstellung zum Leben 1020▸4
Einstellungen 927▸2
Einstieg 1210▸1
einstig 663▸1; 1739
einstimmen 218▸2; 1460▸1; 1964▸2
einstimmen, sich 1831▸2
einstimmig 441▸2; 676▸3
Einstimmung 1832▸1
einstmalig 1739
einstmals 663▸1
einstreichen 758▸1; 1163▸2; 1726▸1
einstreuen 433▸3
einströmen 516▸7; 1589▸5
einströmen lassen 516▸7
einstudieren 1482▸2; 1606
einstudieren, neu 1900▸3
einstufen 516▸6
einstürmen auf 59▸2
einstürmen, auf jmdn. 389▸5

einstürzen 1745‣2; 1959‣2
einstweilen 1834; 1861
einstweilig 1849‣3
eintauchen 1179‣5
eintauschen 1880‣1
eintaxieren 1697‣1
einteilen 1221‣2; 1474‣3; 1558‣2
Einteilen 1476
Einteilung 776; 1222‣1
eintippen 673‣3; 1416‣1
eintönig 768‣2; 1012‣1; 1199‣1
Eintönigkeit 41‣2; 1009; 1200‣2; 1319‣2
Eintracht 442; 652‣2; 653‣1
einträchtig 441‣1; 1957
eintragen 126‣2; 1191‣1; 1416‣1
einträglich 661; 1192‣2
Eintragung 125‣2
eintreffen 66‣1; 954‣2; 1810‣2
Eintreffen 67‣1; 462‣1
eintreiben 455‣1
Eintreibung 1828
eintreten 66‣1; 214‣2; 954‣1; 1224‣3; 1713‣3
eintreten für 213; 915‣1; 1801‣2
eintrichtern 445‣1; 673‣1; 1029‣1
eintrichtern, sich 1044‣1
Eintritt 50‣1; 67‣1; 1210‣2
Eintrittsgeld 1574
Eintrittskarte 1574
Eintrittspreis 1574
eintrocknen 1599‣5; 1599‣6; 1775‣3
eintrommeln 445‣1
eintrüben, sich 407‣2
Eintrübung 406‣2
eintrudeln 66‣1
eintüten 530‣1; 1228‣2; 1426‣1
einüben 1606
Einübung 1624
einverleiben, sich 126‣3; 563‣1; 758‣2
Einvernehmen 442; 529‣1
Einvernehmen, im 441‣1
einvernehmlich 441‣1
einverstanden 441‣1; 608‣1; 735‣2; 1965
einverständig 441‣1; 1965
Einverständnis 442; 529‣1; 1445‣3
Einwand 163‣2; 555‣2; 984‣2
Einwanderer 1102
einwandern 1179‣1
Einwanderung 1103
einwandfrei 85‣2; 676‣1; 1312‣1; 1826‣1
einwandfrei, nicht 1392‣5
einweben 516‣6
einwechseln 1880‣1
einwecken 519‣2
einweichen 614‣2; 1061‣2
einweihen 525‣4; 544‣2; 1203‣3
Einweihung 50‣2
einweisen 435‣5; 666‣2; 1029‣2
Einweisung 95‣1; 436‣2
einwenden 15; 194; 554‣2; 1550‣1
Einwendung 984‣2
einwerfen 161‣1; 433‣3; 1383‣4; 1936‣3
einwickeln 206; 291‣1; 1228‣2; 1396; 1426‣1; 1622‣1
einwiegen 259‣4
einwilligen 528‣1; 1964‣2
Einwilligung 529‣1; 1445‣3
einwirken 206; 561
Einwirkung 434‣1
Einwohner 295; 338‣5
Einwohnerschaft 295
Einwurf 163‣2; 517‣4; 555‣2; 1674‣3
einwurzeln 507‣2; 1179‣1
einzäunen 1628‣4
Einzelarbeit 810‣1
Einzelgänger 159‣2
Einzelhaft 18‣1
Einzelhandel 811‣3
Einzelhändler 738
Einzelheit 460‣3; 1557‣3
Einzelheiten, mit allen 719‣4
**einzeln 454**; 1010‣2; 1060‣3
Einzelne 1890‣2
Einzelne, der 1098‣2
Einzelnen, im 454‣4
einzelstehend 454‣2
Einzelstück 566; 810‣1; 971‣1
**einziehen** 66‣1; **455**; 481‣4; 506‣1; 1179‣1
einziehen, Erkundigungen 533
einziehen, Luft 114
einziehen, Schwanz 701‣1
Einziehung 265
einzig 156; 883‣1
Einzigartigkeit 422‣3
Einziger 711
Einziger, kein 1183
Einzigkeit 422‣3
Einzimmerwohnung 1916‣2
Einzug 67‣1; 265; 1828
Einzugsgebiet 682‣1
einzusehen 1786‣3
einzuwenden, nichts 608‣1
einzwängen 389‣1; 400‣2
eirund 1824‣3
Eis 912‣1
Eis werden, zu 548‣2
Eiscafé 678‣1
Eisdiele 678‣1
Eisen, heißes 397‣2; 687‣3
Eisenbahn 576‣4
Eisenbahn, höchste 1477‣2
Eisenbahnfähre 576‣6
Eisenfresser 364
eisern 817‣3; 1500‣2; 1532‣1
eiserne Ration 547‣1; 1006‣2
eiserne Reserve 270‣4
eisig 31‣1; 817‣2; 911‣1; 1500‣1
eiskalt 817‣2; 911‣1
Eisschrank 1413
Eiszeit 1343‣7
**eitel 456**; 1023‣3
**Eitelkeit 457**
Eiter 155‣1
ejakulieren 954‣4
Ekel 14‣2; 1009; 1113; 1381
ekelerregend 458‣1
**ekelhaft 458**; 819‣1
**ekeln 459**
**ekeln, sich 459**
Ekelschranke 787‣2
Eklat 549; 1367‣2
eklatant 118‣1; 942‣3
Eklektiker 1136
eklektisch 180
Eklektizismus 181‣1; 1108‣4
eklig 458‣1
Ekstase 546‣4; 1050‣2
ekstatisch 545‣3
ektomieren 1213
Elaborat 8‣1; 937‣2; 1847
Elan 475‣1; 1020‣6; 1442‣2
Élan vital 475‣1; 1020‣6
elastisch 299‣1; 620‣1
Elastizität 621‣1
Elefant im Porzellanladen 403‣3; 1259‣1
Elefanten machen, aus einer Mücke einen 1618‣4
Elefantenhochzeit 1714‣6
elegant 414‣2; 991‣3

Elegant 1541
Eleganz 743›1; 1409›2
Elegie 1588
elegisch 1655›1
Elektrische 576›4
elektrisieren 74›2; 217›1
elektrisierend 129›1; 1330
elektrisiert 1021›2
Elektroauto 576›2
Elektroherd 842›1
Elektronengehirn 350›1
**Element** 190›1; **460**; 1518›1; 1557›3
Element, nasses 1877›1
elementar 431›1; 1161›2; 1896›1
Elementarbegriffe 793›4
Elementarkenntnisse 793›4
Elementartechniken 793›4
Elementarteilchen 190›2
Elemente 460›2
elend 106›2; 408›2; 847›1; 1037›1; 1655›1
Elend 1015›2; 1185›1; 1654
Elendsviertel 1495›4
Elevation 134›2
Elevator 576›9
Elf 797›9
Elfenbeinturm 448›1
elfenhaft 1928›1
eliminieren 481›1; 1936›2
Eliminierung 483›2
elitär 83›2
Elite 169›1
Elitetruppe 169›3
Elixier 564›2
Ellbogen, mit 1452
ellenlang 1008›2
Eloge 1057›3
eloquent 251›1; 741›2
Eloquenz 1489›3
**Eltern 461**
Eltern, nicht von schlechten 801›2
Elternpaar 461
Elternteil 461; 1135›1; 1700›1
elysisch 778›3
Elysium 1229
E-Mail 330; 1262›4
Emanzipation 606; 643›2
emanzipieren, sich 211›4; 1061›5
emanzipiert 642›1
Emballage 167›3
Embargo 265
Emblem 927›3; 1930›4
emblematisch 148›3
Embolie 1780›3
Embonpoint 670›2
embryonal 52›2; 1666›2
Embryonalstadium 50›1
emeritieren 993›4
emeritiert 43›6
Emeritierung 994›1
Emigrant 1102
Emigranto 1489›4
Emigration, in der 645›3
emigrieren 482›4
eminent 162›1; 1448›1
Eminenz, graue 894›2
Emir 846
Emissär 1609›2; 1802›3
emissionsarm 1632›2
emissionsfrei 1360›2
emissionsreduziert 1632›2
Emotion 546›2; 690›1
emotional 470; 885›3
emotionalisiert 545›2
Emotionalität 471; 690›1
emotionell 470; 896
emotionsfrei 1353›1
Empathie 465›3; 690›1; 1559›1; 1788›1
empathisch 1561›1
**Empfang** 125›3; **462**; 746›2; 798›1
**empfangen** 126›1; 234›1; **463**; 519›1
empfangen, nicht 30›4
**empfänglich 464**
**Empfänglichkeit 465**
Empfangsbestätigung 278›2
Empfangsbüro 462›3
Empfangsdame 202›3
Empfangsgerät 607›1
**empfehlen** 49›1; 206; 213; **466**; 1058›1; 1300›1
empfehlen, dem Himmel 1446›1
**empfehlen, sich 466**
empfehlen, zu 1968›3
empfehlenswert 297; 800›1; 1192›3; 1968›3
**Empfehlung 467**; 798›1; 1057›2; 1299›1; 1840
Empfindelei 469›2
empfinden 665›1
Empfinden 690›1; 1864›1
empfinden, Abneigung 818›1
empfinden, Abscheu 459›1
Empfinden, ästhetisches 743›1
empfinden, Feindschaft 818›2
empfinden, Feindseligkeit 818›2
empfinden, Groll 818›2
empfinden, Hass 818›2
empfinden, Rachsucht 818›2
empfinden, Ressentiment 818›2
empfinden, Reue 254
empfinden, Scham 1366›1
**empfindlich 468**; 1448›1; 1494
**Empfindlichkeit 469**; 690›3
**empfindsam 470**
**Empfindsamkeit 471**
Empfindung 690›1
Empfindungsfähigkeit 690›1
empfindungslos 1582›2; 1641›2
empfindungsreich 470
Empfindungsvermögen 690›1
Emphase 475›1; 1139
emphatisch 1140›2
Empirie 514›1
empirisch 1455›4
empor 137
Empore 1297›2
empören, sich 123›2; 128›5
empörend 129›2
Empörer 916›5
emporheben, sich 1504›3
emporkommen 175
Emporkommen 134›1
emporragend 859›3
emporsehen 1730›1
emporsteigen 175
emporstilisieren 1058›1
empört 320›1
Empörung 104›2
emsig 421; 619; 1553›1
Emsigkeit 420›2
Emulsion 111›2
Emulsionsschicht 616›1
E-Musik 1128›3
en détail 454›4
en face 1837›2
en gros 1819›1
en masse 1819›1
en passant 1162›1
en suite 1010›2
en vogue 241›1

encouragieren 74▸2
Endabnehmer 922
Endbetrag 518
Endchen 1536▸1
Ende 1335▸5; 1395▸1; 1395▸2; 1514; 1536▸1; 1578▸1; 1940▸2
Ende der Durchsage 725
Ende der Pyramide, am unteren 1673▸3
Ende der Welt, am 1888▸2
Ende haben 472▸2
Ende machen 472▸1
Ende machen, seinem Leben ein 1583▸5
Ende sein, am 121▸3
Ende sein, zu 472▸2
Ende vom Lied 628▸3
Ende, am 474▸3; 531▸2; 1125▸2
Ende, bis zum bitteren 1636▸2
Ende, ohne 879▸1; 1643▸2
Ende, zu 608▸1; 1739
endemisch 58▸1; 225▸1
**enden 472**; 1508▸2
enden wollend, nicht 1643▸2
Enden, an allen 1607▸1
endend, nicht 1643▸2
Endergebnis 518
Endfassung 518
**endgültig 473**
endigen 472▸2
Endkampf 1395▸5
endlagern 165▸3; 481▸1
Endlagerung 483▸2
**endlich 474**; 1741
Endlichkeit 1742▸1
endlos 879▸1; 1008▸2; 1643▸2; 1888▸1
Endlosigkeit 1644
Endlosschleife 1644
endogen 885▸3
Endpreis 1265▸3
Endpunkt 1395▸2; 1940▸2
Endrunde 1395▸5
Endspiel 1395▸5
Endspurt 425▸4; 1395▸5
Endstadium 1395▸2
Endstand 518
Endstation 1395▸2; 1940▸2
Endstück 1335▸5; 1395▸1
Endsumme 518
Endwirt 1912▸2
Endzweck 1940▸1
**Energie 475**; 975▸1; 1533▸1
Energie sparend 1475▸2; 1632▸1
Energiebündel 1667▸3
energiegeladen 476
energielos 1428▸3
Energielosigkeit 1429▸1
Energien, pflanzliche 475▸2
**energisch 476**; 1140▸1; 1553▸2
energisch werden 410
enervieren 105▸1
**eng** 339▸3; 378▸2; **477**; 951▸2; 1798▸1
eng werden 426▸3; 671▸3
eng, zu 1392▸2
Engagement 449▸2; 872▸1
engagieren 88▸1; 264▸1
engagieren für, sich 1801▸2
engagieren, sich 91▸2; 915▸1; 1713▸1
engagiert 421; 917; 1561▸2
engagiert, sozial 1639
**Enge 478**
Engel 639; 1409▸3
Engel in der Not 835▸1
Engel, gefallener 1571
Engel, guter 835▸1
Engel, rettender 835▸1
Engelsgeduld 685▸2
engführen 400▸2; 854▸1
Engführung 451▸2
engherzig 477▸2; 1236▸3
Engherzigkeit 478▸5
engmaschig 477▸1
Engpass 478▸4; 983▸2; 1759▸1
Engroshandel 811▸3
Engrospreis 1265▸3
engstirnig 339▸3; 477▸2; 1236▸3
Engstirnigkeit 181▸2; 478▸5
Enigma 699▸1
Ennui 14▸2; 1009
ennuyieren 1011▸1
enorm 162▸1; 882; 1322▸2; 1448▸1
Enquete 1627
Ensemble 797▸3
Entartung 1343▸2
entäußern, sich 1215▸1; 1815▸2
Entäußerung 1814▸1
**entbehren 479**; 869▸1
entbehren können, nicht 325
entbehren müssen 489▸3
entbehrlich 1623▸2; 1662
Entbehrung 1185▸1
entbinden 211▸2; 679▸1
Entbindung 67▸2; 643▸4; 684▸1
entbittern 259▸1
entblättern 481▸1
entblättert 910▸2; 1149▸1
entblöden, sich nicht 528▸3
entblößen 173▸4; 1203▸1
entblößen, sich 173▸4; 211▸7
entblößt 1149▸1
entbrannt 1762
entbrannt sein für 1051▸2
entbrennen 141▸1; 215▸2; 328▸2; 1051▸2
entbunden 642▸5
entbunden werden 679▸1
entdecken 512▸3; 617▸1; 1203▸1; 1447
entdecken, neu zu 1172▸5
entdecken, Neuland 617▸1
entdecken, sich 1203▸3
Entdecker 1252▸2
Entdeckung 672▸1; 1174▸1; 1204▸1; 1864▸1
Entdeckungsreise 575▸2
Entdeckungsreisender 1327▸1
Entdramatisierung 1087▸2
Ente 1066▸4; 1555▸1
Ente, lahme 593
entehren 506▸4
enteignen 1163▸3
**Enteignung 480**
enteilen 482▸1; 1745▸1
Entente 1714▸6
entern 758▸2
Entertainer 1678▸1
Entertainment 1679▸2
entfallen 6▸2; 1748▸1
entfalten 144▸1; 507▸3; 525▸1; 1209▸2; 1711▸2; 1764▸3
entfalten, Pracht 1282▸1
entfalten, sich 1209▸3; 1704▸5
Entfaltung 145▸1; 359▸1; 508▸1; 526▸1; 1506▸4; 1705▸3
entfärben 1144▸3; 1719▸5
entfärbt 590▸1
Entfärbung 591
**entfernen** 12▸2; 173▸2; **481**; 993▸3; 1061▸1; 1213; 1591▸3
**entfernen, sich 482**
entfernen, sich voneinander 482▸5
entfernen, Teile 1404▸2
entfernen, Unkraut 1362▸4
entfernt 447▸3; 1888▸2
entfernt, gleich weit 806

entfernt, weit 1168
**Entfernung 483**
Entfernung, aus großer 1888 ▸ 3
entfesseln 211 ▸ 3
entfesselt 1902 ▸ 1
Entfettung 1343 ▸ 4
entflammen 74 ▸ 2; 217 ▸ 1; 1329 ▸ 1
entflammend 75 ▸ 3; 1330
entflammt 1762
entflechten 1591 ▸ 2
entflecken 1362 ▸ 2
entfliegen 622 ▸ 1
entfliehen 503 ▸ 3; 622 ▸ 1
entflogen 1883 ▸ 1
entflohen 1883 ▸ 1
entfremden 19
entfremden, sich 482 ▸ 5
Entfremdung 1592 ▸ 1
entfristen 1061 ▸ 4
entfrosten 1061 ▸ 2
**entführen 484**; 1163 ▸ 2
Entführer 1721 ▸ 2
**Entführung 485**
entgegen 1656 ▸ 1
entgegenarbeiten 854 ▸ 2
entgegengehen 463 ▸ 2; 1152 ▸ 1
entgegengesetzt 692 ▸ 4; 1347
entgegenhalten 554 ▸ 2
entgegenjubeln 418 ▸ 1
**entgegenkommen 486**; 500 ▸ 2
**Entgegenkommen** 253; 381 ▸ 2; **487**; 1732 ▸ 1
entgegenkommen, sich 1731
**entgegenkommend** 252 ▸ 1; **488**; 651 ▸ 1
Entgegennahme 462 ▸ 1
entgegennehmen 463 ▸ 1; 1163 ▸ 4
entgegensehen 552 ▸ 1
entgegensetzen 554 ▸ 2
entgegensetzen, Widerstand 123 ▸ 2
entgegenstehen 963 ▸ 2
entgegenstellen 123 ▸ 2; 554 ▸ 2; 963 ▸ 1
entgegenstellen, sich 224 ▸ 3
Entgegenstellung 555 ▸ 2
entgegenstrecken 680 ▸ 1
entgegentreten 123 ▸ 2; 854 ▸ 2
entgegenwirken 854 ▸ 3; 1511 ▸ 3
entgegnen 433 ▸ 3; 554 ▸ 2
entgegnen, nichts 1434 ▸ 1
Entgegnung 555 ▸ 2
**entgehen 489**
entgehen lassen 1778 ▸ 1
entgehen lassen, sich 121 ▸ 3; 1778 ▸ 1
entgehen, der Gefahr 489 ▸ 4
entgeistert 1500 ▸ 3
Entgelt 1265 ▸ 1; 1727 ▸ 1
entgelten 343
entgelten lassen 1746 ▸ 1
entgelten lassen, nicht 1408 ▸ 3
Entgeltung 495 ▸ 1
entgiften 259 ▸ 1; 1362 ▸ 5
entgleisen 128 ▸ 5; 1748 ▸ 3
Entgleisung 29 ▸ 3; 597 ▸ 4; 1646; 1665 ▸ 1
entgleiten 28 ▸ 2
entgräten 1061 ▸ 10
enthaaren 481 ▸ 1
**enthalten 490**
enthalten, sich 226; 869 ▸ 3; 1815 ▸ 2
enthaltsam 931; 1532 ▸ 2
Enthaltsamkeit 932; 1814 ▸ 2
enthaupten 1583 ▸ 2
entheben 211 ▸ 2
entheben, der Ämter 993 ▸ 2
Enthebung 994 ▸ 3
enthemmen 211 ▸ 3
enthemmt 826 ▸ 2; 1088 ▸ 3
enthoben 642 ▸ 5
enthüllen 317 ▸ 3; 544 ▸ 2; 1115 ▸ 2; 1203 ▸ 1
Enthüllung 672 ▸ 1; 1204 ▸ 1
enthülsen 1061 ▸ 10
Enthumanisierung 1343 ▸ 6
enthusiasmieren 217 ▸ 1
enthusiasmiert 545 ▸ 3
Enthusiasmus 420 ▸ 1; 546 ▸ 3; 872 ▸ 1
Enthusiast 873 ▸ 1
enthusiastisch 545 ▸ 3; 874 ▸ 1
entkeimen 1362 ▸ 5
entkernen 784 ▸ 1
entkleiden 173 ▸ 4
entkleidet 1149 ▸ 1
entknoten 1209 ▸ 2
entkommen 489 ▸ 2
Entkommen 142 ▸ 3
entkorken 1209 ▸ 2
entkräften 536 ▸ 1; 554 ▸ 2; 1430
entkräftet 1125 ▸ 2; 1428 ▸ 2; 1428 ▸ 4
Entkräftung 537 ▸ 1; 555 ▸ 2
entkrampfen 1061 ▸ 6
entladen 211 ▸ 3; 1025 ▸ 1
entladen, sich 141 ▸ 1
Entladung 142 ▸ 1
entlang 1150 ▸ 1
entlarven 317 ▸ 3; 1203 ▸ 1
Entlarvung 1204 ▸ 1
entlassen 103; 993 ▸ 2
Entlassung 643 ▸ 4; 994 ▸ 2
**entlasten** 150 ▸ 4; 211 ▸ 2; **491**; 498 ▸ 3; 834 ▸ 2; 1426 ▸ 3
**entlasten, sich 491**
entlastet 642 ▸ 5
**Entlastung** 149 ▸ 3; **492**; 851 ▸ 1; 1311 ▸ 2
Entlastungsbescheinigung 492 ▸ 2
Entlastungszeugnis 492 ▸ 2
entlauben 481 ▸ 1
entlaubt 910 ▸ 2
entlaufen 622 ▸ 1
entledigen, sich 211 ▸ 1; 481 ▸ 2; 530 ▸ 1; 1825
entledigen, sich der Kleider 173 ▸ 4
entledigen, sich einer Schuld 302 ▸ 4
Entledigung 643 ▸ 4
entleeren 11 ▸ 2; 1025 ▸ 2
entleert 1023 ▸ 1
Entleerung 1026; 1325 ▸ 4
entlegen 447 ▸ 3
Entlegenheit 448 ▸ 2
entlehnen 319 ▸ 1; 878 ▸ 2
Entlehnung 356; 1137 ▸ 1
entleiben, sich 1583 ▸ 5
entleihen 319 ▸ 1
Entleihung 356
entlocken 637 ▸ 2
entlohnen 302 ▸ 2
Entlohnung 1727 ▸ 1; 1927 ▸ 2
entlüften 1064
entmachten 993 ▸ 2
entmachtet 1428 ▸ 5
entmaterialisieren 1544 ▸ 1
Entmenschlichung 1343 ▸ 6
entmenscht 332
entmilitarisieren 259 ▸ 3
entmischen 1591 ▸ 3
entmündigen 1675 ▸ 4
Entmündigung 1043 ▸ 2
**entmutigen 493**; 504; 1430
entmutigen lassen, sich nicht 224 ▸ 2
entmutigend 1655 ▸ 5

entmutigt 1177›1; 1655›1
entmystifizieren 317›3
entmythologisieren 317›3
entnehmen 512›3; 865›1; 1163›5; 1394›3
entnerven 105›1
entnervend 129›2
entnervt 847›3; 1125›2
Entourage 65›4
entpflichten 211›2
entpressen 400›2
entpuppen, sich 317›1; 943›6
entquellen 503›3
entraten 479
entraten können, nicht 325
enträtseln 943›2; 1061›3; 1300›3
entre nous 1797
entrechten 1675›4
entrechtet 1314
Entrechteter 159›3
Entree 1075›3; 1574; 1839›2
Entrefilet 8›1
entreißen 1163›2; 1163›3
entrichten 302›1
Entrichtung 1927›1
entriegeln 211›3
entrinnen 489›2; 622›1
entrinnen, dem Tod 489›4
entrollen 1209›2
entropisch 58›1
entrückt 248›2; 545›3; 1634›1
Entrücktheit 546›3
Entrückung 33›2; 546›3; 1642›3
entrümpeln 481›2
Entrümpelung 483›2
entrunzeln 766›2
entrüsten, sich 128›5
entrüstet 320›1
Entrüstung 104›1
entsaften 400›2
entsagen 1775›7; 1815›1
entsagend 931
Entsagung 932; 1814›2
entsagungsvoll 1639
Entsatz 851›2
**entschädigen** 212›1; 343; **494**; 1746›3
entschädigt werden 494›3
**Entschädigung 495**
entschärfen 259›1
**entscheiden 496**; 1697›2
**entscheiden, sich 496**
entscheiden, sich für 1859›1
entscheidend 1896›1
entscheidend, nicht 1635
Entscheidende, das 820
Entscheider 669›1
Entscheidung 497›1; 1089; 1696›1; 1696›3; 1732›1; 1858›1
Entscheidungsfrage 636›2
Entscheidungsfreiheit 643›1
Entscheidungsmacht 1071›1
entscheidungsschwach 1428›3
Entscheidungsschwäche 1429›1
entscheidungsstark 476
entschieden 345›2; 473; 476; 531›1; 542›1; 1455›6; 1532›1
Entschiedenheit 475›1; 1139; 1533›1; 1903›2
entschlacken 1362›5
Entschlackung 1325›4
entschlafen 1508›1
Entschlafen 1578›1
entschlagen, sich 1815›2
entschleiern 317›3; 1203›1
Entschleierung 1204›1
entschleunigen 22›2; 1816›1
Entschleunigung 1817›2
entschließen können, sich nicht 1431›2
entschließen, sich 496›2
Entschließung 497›1; 1732›1
entschlossen 252›1; 345›2; 476; 1455›6
Entschlossenheit 475›1; 1903›2
entschlummern 1387›2
entschlüpfen 489›2; 622›1
**Entschluss 497**; 1732›1; 1903›1
entschlüsseln 1061›3; 1300›3; 1789›7
Entschlussfähigkeit 1903›2
Entschlusskraft 475›1; 1903›2
entschlusslos 1645›1
Entschlusslosigkeit 1429›1
entschuldbar 1786›3
**entschuldigen 498**
**entschuldigen, sich 498**
**Entschuldigung** 492›2; **499**
Entschuldigung schreiben 498›5
Entschuldigungsschreiben 499›3
Entschuldung 149›3
entschweben 482›1
entschwinden 1745›1
entschwunden 1739
entseelt 1582›1
entsenden 1383›1
Entsendung 135›3
entsetzen 62›1; 211›5
Entsetzen 61›1
Entsetzenstat 1720
entsetzlich 819›1; 1415›1
entsetzt 63›1; 1500›3
entseuchen 1362›5
entsichern 1061›9
entsichert 687›1
entsiegeln 943›2; 1061›3
entsinnen, sich 433›1; 523›1
entsinnen, sich nicht 1748›1
entsorgen 165›3; 481›1
Entsorgung 483›2
entspannen 211›3; 259›1; 521›1; 1351›1; 1527›4
entspannen, sich 259›2
entspannend 56›2; 1602
entspannt 642›2; 1352›3; 1671›2
Entspannung 149›4; 522›1; 653›1
entspinnen, sich 51›1
**entsprechen 500**; 688›1
entsprechen, Anforderungen 212›1
entsprechen, sich 1610›1
**entsprechend** 310›2; **501**; 768›4; 771; 772; 1331; 1611›2
entsprechend, dem Gesetz 748›2
entsprechend, der Mode 1121›1
entsprechend, der Wahrheit 1860
entsprechend, einander 816›2
**Entsprechung 502**; 1612›4
entsprießen 503›2
entspringen 503›3
entstauben 1362›1
**entstehen** 51›2; **503**
entstehen lassen 557›1
Entstehen, im 52›2
Entstehung 50›1
entstellen 262; 1067; 1735›1
entstellt 263›2; 452›1; 580›2; 1567
Entstellung 1066›1; 1555›4
entstört 252›2
entströmen 503›3; 1025›5
entsumpfen 1599›4
enttarnen 317›3; 617›2

**enttäuschen 504**; 1775›4
enttäuschend 1655›5
enttäuscht 1177›1; 1655›1
**Enttäuschung 505**
entthronen 993›2
Entthronung 994›2
entwachsen, den Kinderschuhen 507›1
entwaffnen 259›3; 1430
entwaffnend 1330
Entwaffnung 1178›1
entwalden 1389›4
Entwarnung 653›1
entwässern 519›2; 1599›2; 1599›4
entwässert 1598›1
entweder ... oder 692›4; 1201
Entweder-oder 1969›3
entweichen 28›2; 1025›5; 1745›1
Entweichen 142›3
entweihen 506›4
Entweihung 1367›2
entwenden 1163›2
entwerfen 753; 960›1; 1254›3
entwerfen, Bild 268›1
Entwerfer 189; 558
**entwerten** 121›2; 262; 481›4; **506**; 838›1
entwertet 1392›6
Entwertung 1343›5
entwichen 1883›1
**entwickeln 507**; 525›1; 1394›3; 1709›3; 1711›2
entwickeln, Rauchfahne 1303
**entwickeln, sich** 144›2; 503›4; **507**; 758›3; 1704›5
entwickelt 991›1; 1323›2
entwickelt, voll 1323›2
**Entwicklung 508**; 635; 739›2; 1278›2; 1506›4
Entwicklung, in der 52›2
Entwicklung, kontinuierliche 360›2
Entwicklung, rückläufige 1343›1
Entwicklungsgang 508›3
Entwicklungsgeschichte 508›4
Entwicklungsjahre 905›1
Entwicklungsphase 508›3
Entwicklungsprozess 508›3; 1278›3
Entwicklungsstand 508›3
Entwicklungsstufe 508›3
entwidmen 121›1
entwinden 1163›3
entwinden, sich 211›1
entwirren 943›1
entwischen 489›2; 622›1
entwöhnen 1775›6
Entwöhnung 509›1
entwölken 943›4
entwürdigen 506›4; 838›1
entwürdigen, sich 317›1
entwürdigend 237›2
Entwürdigung 238; 1367›2
Entwurf 306›2; 810›1; 875›1; 961›2; 1131›3; 1253›2
Entwurf, im 52›2
entwurzeln 173›2; 1799›1
entwurzelt 447›1
entzaubern 504
Entzauberung 505
entziehen 1163›3; 1775›1
entziehen, dem Blick 1710›1
entziehen, sich 17›2; 170›2; 400›4; 622›2; 1629›1; 1775›5
entziehen, Wasser 519›2; 1599›2
Entziehung 509›1
entzifferbar 942›4
entziffern 943›2; 1045›1; 1061›3; 1789›7
entziffern, schwer zu 1437›2; 1688›1
entzücken 217›1; 219›1; 303›1; 648›1; 688›2
Entzücken 546›3; 647›2; 727›1; 777›2
entzückend 1330; 1407›1
entzückt 545›3; 1762
Entzückung 546›3
**Entzug 509**
Entzug, auf 1037›5
entzünden 74›2; 217›1
entzünden, sich 328›2
entzündet 379›3
entzündlich 687›1
entzwei 263›3
entzweibrechen 1936›3
entzweien 1531›1; 1591›2
entzweigehen 327›1
entzweit 692›1
Entzweiung 1530›1; 1592›1
Enzyklika 256›2
Enzyklopädie 1027
enzyklopädisch 1826›3
Epidemie 979›2
epidemisch 687›5
epigonal 180; 1649›2
Epigone 1136
epigonenhaft 180; 1649›2
Epigonenhaftigkeit 181›1
Epigramm 372›1
epigrammatisch 1000›5
Epiker 1418
Epikureer 723›1
epikureisch 724
Epilog 1395›2
Epiphänomen 517›6
episch 719›4; 1260›1
Episode 1050›4; 1674›2; 1977›2
episodenhaft 1741; 1849›3
episodisch 1849›3
Epistel 330; 1380›1
Epizentrum 820
epochal 162›1; 1896›3
Epoche 1932›1
Epoche machend 162›1; 1896›3
Epochenstil 1513›2
Epopöe 556›2
Epos 556›2; 1056
Equipe 797›9
equipieren 166›1
Equipierung 167›1
Equipment 167›1
erachten 1094; 1370›2; 1697›2
Erachten 1095›1
erahnen 1767›2
erarbeiten 557›3; 758›2; 1726›1
Erbanlagen 510›5
erbarmen 362›4
Erbarmen 781›1
erbarmen, sich 834›1
erbarmend 1639
erbärmlich 106›2; 347; 1392›5; 1655›3
erbarmungslos 332; 817›3
Erbarmungslosigkeit 333
erbarmungswürdig 1037›1; 1655›3
erbauen 557›4; 648›1
erbauen, sich 722
Erbauer 189
erbaulich 1352›4
erbaut, neu 1172›1
Erbauung 599›1; 1499›2
Erbberechtigter 510›3
**Erbe** 94›1; **510**; 933›2
Erbe, kulturelles 992›1

erbeben 62›1; 1943›2
Erbeben 61›1
**erben** 234›1; **511**
erbeuten 585›3; 758›2
Erbfeind 602›1
Erbgut 510›5
erbitten 313›1
erbittern 105›1; 128›1
erbitternd 129›2
erbittert 320›1; 1925›1
Erbitterung 104›1
erblassen 62›1; 1508›1
Erblassen 1578›1
erblassen, vor Neid 1165
erbleichen 62›1
Erbleichen 1578›1
erblich 54
erblicken 617›1; 1447; 1863›1
erblicken, Licht der Welt 66›2
erblindet 316›1
Erbmasse 510›1
erbosen 105›1
erbosen, sich 105›2
erbost 320›1
Erbostheit 104›1
erbötig 252›1; 488
Erbötigkeit 253
erbrechen 327›3; 1209›1
erbringen 1191›1
Erbschaft 510›1
Erbschaft machen 511
erbschleichen 249›2; 1067
Erbschleicher 292›2; 849
Erbsenzähler 707; 1234›1
Erbstück 524›3
Erbteil 510›1
Erdball 989›1; 1889›1
Erdbeben 1160›1
erdbebensicher 1455›6
erdbestatten 231›1
Erdbestattung 232›2
Erdbewohner 1098›1
Erdboden 791›3
Erde 791›3; 1889›1
Erde, auf der 1673›1
Erde, zu ebener 1673›2
Erdenbürger 1098›1
Erdendasein 1020›1
Erdenferne 448›2
Erdengast 1098›1
erdenken 557›6
erdenklich 1123›1
Erdenleben 1020›1
Erdentage 1020›1
Erdenwinkel 448›2
erdgeboren 1099›2
Erdgeschöpf 1098›1
Erdgeschoss 1516›6
Erdgeschoss, im 1673›2
erdichten 557›6; 960›2; 1067; 1843›2
Erdichtung 560›3; 1066›4
erdig 1403›1
Erdkreis 1889›1
Erdkugel 989›1; 1889›1
Erdoberfläche 1193›4
erdolchen 1583›1
Erdreich 791›3
erdreisten, sich 1856›3
erdrosseln 1583›1
Erdrücken 255›1
erdrückend 1390; 1436›1
Erdrutsch 515›1; 983›1
erdrutschartig 1448›1
Erdstoß 1160›1
Erdteile 1889›1
Erdtrabant 1509
erdulden 1035›1; 1585›3
erdwärts 27
ereifern, sich 128›5
ereignen, sich 214›2
Ereignis 577›2; 739›1; 1373›2; 1708›3; 1977›1
Ereignis, freudiges 67›2; 684›1
Ereignis, großes 739›3
Ereigniskette 1278›2
ereignislos 1012›1
Ereignislosigkeit 1009
ereignisreich 1779›2
Eremitendasein 448›1
Eremitin 1184
ererbt 54
erfahrbar, mit den Sinnen 1461›1
**erfahren 512**; 569›2; 865›1; 1323›4
**erfahren (sein) 513**
erfahren, am eigenen Leibe 512›2
**Erfahrung 514**; 1028›3
Erfahrungen machen 512›1
erfahrungsgemäß 1455›4
Erfahrungsmangel 1658
Erfahrungsraum 1304›2
Erfahrungswert 514›2
erfassen 585›2; 1163›1; 1356›4; 1416›1; 1789›2
Erfassen 1864›1
erfassend, das Wesentliche 887›1
Erfassung 125›2; 1357›4
erfinden 557›6; 960›2; 1067
erfinden, sich neu 1704›5
Erfinder 370; 558
erfinderisch 1226›1; 1410
Erfindung 560›3; 961›2; 1066›4; 1174›1
Erfindungsgabe 721›2; 1248; 1269›1
erflehen 313›1
**Erfolg** 134›1; **515**; 777›1; 1041›1; 1910›2
Erfolg haben 175; 688›2; 712›2; 1622›3
erfolgen 214›2; 629›2
erfolglos 1743
Erfolglosigkeit 1744
erfolgreich 778›2
erfolgreich sein 712›2
Erfolgsmensch 779
Erfolgsstory 515›2
erfolgsverwöhnt 778›2
erfolgversprechend 800›1
erforderlich 1186›1
erfordern 972›1; 1829
Erfordernis 1187›1
erforschen 617›1; 633
Erforschung 534; 1280›2
erfragen 637›1
erfrechen, sich 1856›3
erfreuen 212›1; 219›1; 648›1; 688›2
erfreuen, sich 722
erfreulich 56›2; 778›3; 866; 1049›1
erfreulicherweise 778›4
erfreut 832›1
erfrieren 1508›3
erfrischen 74›3; 540›5; 1498›2
erfrischen, sich 1596›1
erfrischend 56›2; 75›1; 1354›1
erfrischt 1172›4
Erfrischung 522›1; 974; 1075›8; 1499›1
Erfrischungsgetränk 756›3
erfühlen 665›1
erfüllbar 1123›2

erfüllen 212▸1; 219▸1; 302▸4; 486▸2; 530▸1; 1040▸1; 1825
erfüllen, jeden Wunsch 1812▸2
erfüllen, mit Sinn 219▸2
erfüllen, sich 1810▸2
erfüllen, Zweck 1191▸1
erfüllend 778▸3
erfüllt 531▸1; 545▸3; 778▸1; 1463▸2
erfüllt sein 217▸2
Erfüllung 149▸2; 515▸1; 532▸2; 777▸2
Erfüllung der Wünsche 1949
Erfüllungsgehilfe 957
erfunden 580▸2; 794
erfunden, frei 794
erfunden, hat das Pulver nicht 401▸1
**ergänzen 516**
ergänzen, einander 1789▸6
**ergänzen, sich 516**
ergänzend 47
**Ergänzung 517**
ergänzungsbedürftig 1690▸1
ergattern 234▸1; 758▸2
ergeben 629▸2; 686▸2; 702; 769▸3; 972▸1; 1191▸1; 1585▸4; 1686▸1; 1966▸1
ergeben aus, sich 9▸4
ergeben sein, treu 64▸1
ergeben, sich 214▸2; 503▸4; 617▸3; 701▸2; 943▸6; 1815▸1; 1931▸6
ergeben, treu 1966▸1
Ergebenheit 35; 703▸1
**Ergebnis 518**; 559; 613▸1; 628▸3; 1041▸1; 1395▸4; 1910▸2
ergebnislos 1743
ergebnisoffen 1437▸1
Ergebung 685▸2; 703▸2; 1178▸1
ergehen 210▸2
Ergehen 1961
ergehen lassen, Gnade vor Recht 498▸4
ergehen lassen, über sich 1035▸2
ergehen, sich 700▸2
ergiebig 353▸2; 661; 1192▸2; 1322▸3
Ergiebigkeit 1269▸2
ergießen, sich 472▸2; 623; 1025▸5
erglänzen 1376▸2
erglühen 217▸2; 1051▸2; 1366▸1; 1376▸2
ergo 42; 1468
ergötzen 219▸1; 648▸1; 1498▸2
Ergötzen 647▸2; 727▸1
ergötzen, sich 600▸2; 722
ergötzlich 56▸2; 832▸2
ergrauen 1144▸4
ergraut 43▸1
ergreifen 261▸2; 1163▸1; 1228▸1; 1507▸2; 1752
ergreifen, Besitz 1163▸1
ergreifen, Chance 1191▸2
ergreifen, Flucht 622▸1
ergreifen, Gegenmaßnahmen 854▸3
ergreifen, Gelegenheit 244
ergreifen, Initiative 51▸3; 1680▸2
ergreifen, Partei 1426▸3; 1964▸2
ergreifen, Wort 161▸1
ergreifen, Zügel 666▸2
ergreifend 129▸1
ergriffen 545▸2; 1561▸1; 1762
Ergriffenheit 300▸6; 546▸2; 599▸1; 1559▸1
ergrimmen 105▸1
ergründen 533; 617▸1; 633; 1300▸3; 1789▸2
Erguss 142▸1
erhaben 414▸1; 598▸1; 788▸3; 882; 1256; 1923▸1
Erhabenheit 599▸1; 789▸2; 1922▸1
Erhalt 462▸1; 1243▸2
**erhalten** 122▸1; 234▸1; 463▸1; **519**; 1677▸1; 1726▸1
erhalten bleiben 6▸2
erhalten, Kenntnis 512▸3
**erhalten, sich** 362▸1; **519**
erhältlich 1835▸1
Erhaltung 1243▸2
erhandeln 921▸2
erhängen 1583▸2
erharren 552▸2
erhärten 208▸2; 277▸5; 1498▸3; 1599▸2; 1782▸1
Erhärtung 278▸3
erhaschen 585▸2; 758▸2
**erheben** 217▸1; 455▸1; **520**; 648▸1
erheben, Anspruch 193▸1
erheben, Augen 824▸2
erheben, Daten 633
erheben, Einspruch 194; 554▸2; 915▸3; 1046▸1
erheben, Glas 89▸6
erheben, ins Quadrat 1926▸1
erheben, Protest 123▸2
**erheben, sich** 51▸2; 123▸2; **520**; 1503▸2
erheben, sich über den Horizont 520▸3
erhebend 598▸2
erheblich 788▸2; 1448▸1; 1494; 1502▸3; 1819▸1
Erhebliches, um ein 1819▸3
Erheblichkeit 200▸3
Erhebung 133▸1; 134▸2; 255▸1; 599▸1; 634▸2; 1338▸1; 1627; 1918▸1
erheiraten 758▸2
erheischend, Respekt 1923▸1
erheitern 74▸4; 648▸1; 1677▸2
erheiternd 75▸1; 832▸2
erheitert 832▸3
Erheiterung 647▸1; 1600; 1679▸2
erhellen 219▸2; 239▸1; 525▸4; 943▸1
erhellend 236▸1
erhellt 836▸4
erhitzen 952▸1; 1870▸1
erhitzen, sich 128▸5; 217▸2
erhitzt 545▸3; 1868▸3
Erhobenheit 546▸3
erhoffen 552▸2
erhoffen, sich 428▸1
erhöhen 144▸1; 172▸1; 418▸1; 1711▸2
erhöhen, Gehalt 1711▸3
erhöhen, sich 1504▸4; 1505▸1
erhöhend, sich 1953
Erhöhung 255▸1; 1057▸3; 1506▸1; 1918▸1
**erholen, sich 521**; 720▸1
erholsam 56▸2
erholt 754▸2
**Erholung 522**; 1499▸4
Erholungszeit 522▸1
erhören 528▸1
Erhörung 529▸3
erigieren 520▸4
erinnerlich sein 523▸5
**erinnern 523**; 1076▸3
erinnern an 523▸4; 1610▸3
**erinnern, sich** 433▸1; **523**

erinnern, sich nicht mehr 1748 ▸ 1
erinnernd 768 ▸ 4; 771
**Erinnerung 524**; 1077 ▸ 1
Erinnerungen 174
Erinnerungsort 371
Erinnerungsstück 524 ▸ 3; 971 ▸ 1
Erinnerungstag 903
Erinnerungsvermögen 524 ▸ 1
erjagen 585 ▸ 3; 758 ▸ 2
erkalten 472 ▸ 2; 548 ▸ 2; 1144 ▸ 2; 1745 ▸ 3
erkalten lassen 990 ▸ 1
erkälten, sich 527
erkaltet 911 ▸ 1
erkämpfen 758 ▸ 2
erkaufen 758 ▸ 2
erkecken, sich 1856 ▸ 3
erkennbar 942 ▸ 4; 1494
erkennbar, klar 376 ▸ 2
erkennen 512 ▸ 3; 1394 ▸ 3; 1447; 1789 ▸ 2; 1863 ▸ 1
erkennen lassen 1764 ▸ 3
erkennen, gut zu 1368 ▸ 5
erkenntlich 353 ▸ 1
Erkenntlichkeit 354 ▸ 1; 1747 ▸ 3
Erkenntnis 514 ▸ 1; 1914 ▸ 1
Erkenntnisdrang 1173
Erkenntnisinteresse 1173
Erkenntniskraft 1785 ▸ 1
Erkenntnisvermögen 1785 ▸ 1
Erkennungswort 927 ▸ 5
Erkennungszeichen 927 ▸ 5; 1930 ▸ 2
Erker 179
**erklären** 161 ▸ 1; 239 ▸ 2; 268 ▸ 1; 498 ▸ 3; **525**; 1029 ▸ 2; 1764 ▸ 3
erklären mit 1394 ▸ 3
erklären, für gültig 277 ▸ 5
erklären, für nichtig 121 ▸ 2
erklären, für schuldig 1805 ▸ 1
erklären, für ungültig 121 ▸ 2
erklären, für wahr 224 ▸ 1
erklären, Rücktritt 993 ▸ 1
erklären, sich bereit 49 ▸ 4
erklären, sich einverstanden 528 ▸ 1
erklären, sich solidarisch 1960 ▸ 1
erklärlich 1786 ▸ 1
**Erklärung** 163 ▸ 1; 499 ▸ 1; **526**; 613 ▸ 1; 1766 ▸ 2
Erklärungsbedarf 1759 ▸ 1
Erklärungsnot 1759 ▸ 1
erklecklich 1502 ▸ 3; 1819 ▸ 1; 1942
Erkleckliches, um ein 1819 ▸ 3
erklettern 1504 ▸ 2
erklimmen 520 ▸ 3; 1504 ▸ 2
erklingen 1581 ▸ 1
erklingen lassen, Gläser 89 ▸ 6
erkoren 147 ▸ 2
**erkranken 527**
erkrankt 1037 ▸ 1
erkrankt, lebensgefährlich 1037 ▸ 1
erkrankt, schwer 1037 ▸ 1
Erkrankung 979 ▸ 1
erkunden 533; 617 ▸ 1; 633
erkundigen, sich 637 ▸ 1
Erkundigung 534; 636 ▸ 1
Erkundung 534
erkünstelt 762
erküren 1859 ▸ 1
erlahmen 536 ▸ 2; 1144 ▸ 1; 1517 ▸ 2; 1775 ▸ 3
erlangen 234 ▸ 1; 519 ▸ 1; 758 ▸ 2
Erlass 207 ▸ 1; 747 ▸ 1
erlassen 71 ▸ 1; 1059 ▸ 2
erlassen, Strafe 498 ▸ 2
**erlauben 528**
erlauben, nicht 1775 ▸ 1
**erlauben, sich** 193 ▸ 1; **528**; 1040 ▸ 2; 1856 ▸ 3
**Erlaubnis 529**; 1445 ▸ 3
Erlaubnis haben 959 ▸ 2
erlaubt 250 ▸ 1; 748 ▸ 4
erlaubt sein 959 ▸ 2
erlaucht 1923 ▸ 1
erlauschen 865 ▸ 1
erläutern 525 ▸ 1
Erläuterung 8 ▸ 1; 517 ▸ 2; 526 ▸ 1; 1766 ▸ 2
erleben 512 ▸ 1; 665 ▸ 1
erleben, Schmerzliches 1035 ▸ 4
erleben, sein Waterloo 1378 ▸ 2
Erlebnis 514 ▸ 1
Erlebnisbericht 256 ▸ 3
Erlebniscenter 737 ▸ 5
Erlebnishunger 475 ▸ 1
erlebnishungrig 216 ▸ 3
Erlebnispark 289 ▸ 4
Erlebniswelt 737 ▸ 5
Erlebniszone 737 ▸ 5
**erledigen** 472 ▸ 1; **530**; 1825; 1936 ▸ 1
erledigen sein, zu 87 ▸ 1; 1254 ▸ 1
erledigen, Drecksarbeit 1215 ▸ 2
**erledigt 531**; 608 ▸ 1; 765 ▸ 4; 1125 ▸ 2
**Erledigung** 274 ▸ 1; **532**
erlegen 585 ▸ 3; 1583 ▸ 3
erleichtern 177 ▸ 2; 211 ▸ 3; 491 ▸ 1; 1061 ▸ 6
erleichtern, sich 491 ▸ 1
erleichternd 1602
erleichtert 642 ▸ 5
Erleichterung 492 ▸ 1; 851 ▸ 1
erleiden 234 ▸ 3; 512 ▸ 2; 1035 ▸ 1
erleiden, Einbuße 1763 ▸ 2
erleiden, Fiasko 1378 ▸ 2
erleiden, Kollaps 1959 ▸ 1
erleiden, Schaden 1364 ▸ 4
erleiden, Schiffbruch 1378 ▸ 2
erleiden, Schock 62 ▸ 1
erleiden, Verlust 1763 ▸ 2
erlernbar 1786 ▸ 1
erlernen 1044 ▸ 1
erlesen 99 ▸ 2; 147 ▸ 1; 414 ▸ 1; 970; 991 ▸ 3
Erlesenheit 605 ▸ 1; 1409 ▸ 2
erleuchten 219 ▸ 2; 239 ▸ 1; 943 ▸ 1
erleuchtet 836 ▸ 4
Erleuchtung 875 ▸ 2; 1047 ▸ 1
erliegen 1378 ▸ 3
erlogen 580 ▸ 2
Erlös 1727 ▸ 2
erloschen 1582 ▸ 2; 1739
erlöschen 472 ▸ 2; 1144 ▸ 4; 1351 ▸ 3; 1508 ▸ 1; 1745 ▸ 3
Erlöschen 1578 ▸ 1
erlösen 211 ▸ 1; 455 ▸ 1; 1726 ▸ 1
erlösend 1602
Erlöser 668 ▸ 6; 835 ▸ 1
erlöst 642 ▸ 5
Erlösung 643 ▸ 4
ermächtigen 528 ▸ 2
Ermächtigung 529 ▸ 2; 1963 ▸ 1
ermahnen 1076 ▸ 1
Ermahnung 1077 ▸ 1
ermangeln 479
ermannen, sich 496 ▸ 2
ermäßigen 1144 ▸ 5
ermäßigt 310 ▸ 1
ermatten 536 ▸ 2; 1144 ▸ 1
ermattend 1436 ▸ 2
Ermattung 537 ▸ 1
ermessen 369 ▸ 2; 1370 ▸ 2; 1697 ▸ 1
Ermessen 1095 ▸ 1; 1696 ▸ 1
Ermessen, nach eigenem 240

Ermessen, nach menschlichem 78
**ermitteln** 512›3; **533**; 1546›1
Ermittler 246›2
**Ermittlung** 46; **534**
**ermöglichen** 305; **535**
ermorden 1583›1
ermordet werden 1508›5
Ermordung 1584›1
**ermüden** 235›2; **536**; 1011›1; 1430
ermüden, nicht 390
ermüdend 1012›1; 1016›1; 1436›2
ermüdet 1125›1
**Ermüdung** **537**
Ermüdungsbruch 1718›2
**ermuntern** 74›2; 277›4; **538**; 1300›1; 1498›2; 1601›1
ermunternd 75›1; 1602
Ermunterung 76›2; 278›5; 1299›1; 1499›2; 1600
ermutigen 74›2; 277›4; 538›2; 1498›2; 1601›1
ermutigend 1602
Ermutigung 76›2; 278›5; 1299›1; 1499›2; 1600
ernähren 1677›1
ernähren, sich 519›3; 563›1
ernährt, gut 754›1
**Ernährung** **539**
ernennen 88›1; 279›6; 1859›2
Ernennung 436›2; 1348›1; 1858›3
**erneuern** **540**; 1880›2
erneuern, Farbe 587›1
**erneuern, sich** 516›3; **540**
erneuert 1172›4
**Erneuerung** **541**; 1338›1; 1901
erneuerungsbedürftig 847›4
erneut 1899
erniedrigen 838›1
erniedrigen, sich 701›3
erniedrigend 237›2
Erniedrigung 238
**ernst** 345›2; **542**; 687›5; 1896›1
Ernst 200›3; 599›1; 1139; 1533›1
Ernst machen 410
ernst nehmen 191›1
ernst werden 1369›2
Ernst, im 542›3
Ernstes, allen 542›3
Ernstfall 397›2
ernsthaft 542›1
ernstlich 542›4; 1140›2; 1494
Ernte 1357›1
erntefrisch 657›2
**ernten** 12›2; **543**; 758›2
ernten, Lorbeeren 172›2
erntereif 1323›1
Erntezeit 1355
ernüchtern 259›1; 504
ernüchtert 1768›1
Ernüchterung 505; 1087›2
Eroberer 1459›1
erobern 758›2
Eroberung 1050›4
**eröffnen** 51›3; 305; 435›2; **544**; 1115›2; 1203›2
eröffnen, Feuer 59›2
eröffnen, Geschäft 1179›3
eröffnen, Praxis 1179›3
eröffnet 1202›1
Eröffnung 50›2; 1117; 1204›1
Eröffnungstag 903
erörtern 222›3; 275›1; 1531›2
Erörterung 8›1; 223›1; 276›1
Eros 1050›2; 1462
Eroscenter 318
Erosion 1200›3
Erotik 1050›2; 1462
Erotikshow 1679›7
erotisch 1461›3
erotisierend 90›3
erotisiert 1069
erotoman 1069
Erotomanie 1068›3
erpicht 216›1; 421; 805; 1069
erpicht sein 215›1
erpressen 396›3; 1975›2
Erpresser 292›1
Erpressung 397›1
erproben 1279›3; 1791›1
erprobt 297; 513›1; 1455›4
Erprobung 1280›3
erquicken 74›4; 521›1; 540›5; 648›1; 1498›2
erquicken, sich 1596›1
erquickend 56›2; 1602
Erquickung 522›1; 1499›1
erraffen 758›2
erraten 1061›3; 1300›3
errechnen 249›1
erregbar 826›3
Erregbarkeit 469›2; 546›1; 827
erregen 74›3; 128›1; 1329›1
erregen, Anteilnahme 891›1
erregen, Ärgernis 89›4; 128›3
erregen, Aufsehen 117; 128›3; 172›2; 881
erregen, Befremden 89›4
erregen, Ekel 459›1
erregen, Missfallen 89›4
erregen, Mitleid 362›4; 1228›1
erregen, Staunen 881
erregen, Übelkeit 459›1
erregend 75›3; 129›1
erregend, Angst 1415›2
erregend, Anstoß 90›6
erregend, Ärgernis 90›6; 1016›2
erregend, Aufsehen 118›1; 162›1; 550
erregend, Furcht 1415›1
erregend, Grauen 1415›1
erregend, Mitleid 1655›3
erregend, Schauder 1415›1
erregend, Schwindel 687›2; 1249›1
Erreger 980
**erregt** **545**; 1069
Erregtheit 546›1; 1068›3
**Erregung** 61›2; 104›2; 300›6; **546**; 1473›1
Erregungsbereitschaft 546›1
Erregungswelle 546›1
erreichbar 1123›2
Erreichbarkeit 1151›1
erreichen 234›1; 409›5; 758›2; 1825
erreichen, Klassenziel nicht 1775›4
erreichen, Ziel 66›1; 409›5; 954›2
erreichen, Ziel nicht 1517›3
erreichen, zu 696›3
Erretter 835›1
Errettung 643›4
errichten 51›3; 557›4; 960›1
Errichtung 560›3
erringen 758›2; 1726›1
erringen, Sieg 1458›1
erröten 1366›1
Errungenschaft 1174›1
**Ersatz** 495›2; **547**; 1137›1; 1803
Ersatz für 1501
Ersatzmann 547›4; 1802›4
Ersatzmittel 547›2
ersatzpflichtig 1771›1
Ersatzstoff 547›2
ersäufen 1583›1; 1614›1

erschaffen 557‣1; 753
Erschaffung 560‣1
Erschaffung der Welt 1411‣1
erschallen 1581‣1
erschallen lassen 1460‣1
erschauen 1447
erschauern 62‣1; 656‣1; 1943‣1
erscheinen 66‣1; 503‣2; 503‣3; 954‣2; 954‣3; 1376‣1; 1629‣3; 1931‣6
Erscheinen 67‣1; 1770‣2
erscheinen als 1482‣1
erscheinen, auf der Bildfläche 66‣1
erscheinen, ratsam 466‣2
erscheinen, unangemeldet 1616‣3
Erscheinung 109‣1; 158; 306‣1; 704‣3; 875‣1; 877‣2; 1193‣2
Erscheinungsbild 158
Erscheinungsform 109‣1
erschießen 1583‣2
erschießen, standrechtlich 1583‣2
Erschießung 1584‣2
erschlaffen 536‣2; 1011‣2; 1144‣1
Erschlaffung 537‣1
erschlagen 1125‣2; 1500‣3; 1583‣1
erschleichen 1067
erschleichen, einen Vorteil 291‣1
erschließen 544‣3; 1029‣1
erschließen, sich 1209‣3
erschließen, wirtschaftlich 544‣3
erschlossen 991‣1
erschnüffeln 1339‣3
erschnuppern 1339‣3
erschöpfen 536‣1; 1430; 1719‣3
erschöpfen, sich 91‣3
erschöpfend 719‣4; 1436‣2; 1826‣3
erschöpft 608‣6; 1125‣2; 1428‣2
Erschöpfung 537‣1
erschossen 1125‣2
erschrecken 62‣1; 128‣2; 396‣1
Erschrecken 61‣1
erschreckend 550
erschreckt 1500‣3
erschrocken 1500‣3
erschüttern 261‣2; 1228‣1; 1523
erschütternd 129‣1; 1655‣4
erschüttert 545‣2
erschüttert werden 1943‣2
Erschütterung 546‣2; 1522
erschweren 854‣3
erschwerend 1436‣2
Erschwernis 855‣2
Erschwerung 855‣2; 1521
erschwinglich 310‣1
ersehen 1394‣3
ersehnen 215‣1
ersetzbar 1662
ersetzen 380‣2; 494‣1; 1801‣1; 1880‣2
ersetzlich 1662
ersichtlich 942‣4
ersinnen 557‣6; 960‣2; 1254‣3
erspähen 1447
ersparen 1408‣2; 1474‣1
ersparen, sich 489‣2; 1815‣2
Ersparnisse 270‣4
Erspartes 270‣4
ersprießlich 661; 1192‣2
erspüren 665‣1
erst 474‣2
erstarken 521‣2
Erstarkung 1499‣4
erstarren 656‣2
**erstarren (lassen) 548**
erstarren, zur Salzsäule 62‣1
erstarrt 911‣1; 1500‣3
Erstarrung 549; 912‣1; 1642‣5
erstatten 150‣2; 302‣4
erstatten, Anzeige 941‣1
erstatten, Bericht 257
Erstattung 495‣2
Erstaufführung 50‣2
erstaunen 1616‣1; 1921‣2
**Erstaunen 549**
**erstaunlich** 118‣1; **550**; 1448‣1
erstaunt 1500‣3
erstaunt, bass 1500‣3
Erstausgabe 1225‣1
Erstbezug 50‣2
Erstdruck 1174‣2; 1225‣1
Erste, fürs 1834
erstechen 1583‣1
erstehen 503‣1; 921‣1
Erstehung 920
ersteigern 921‣2
Ersteigung 134‣2
erstellen 557‣3
Erstellung 560‣3
Erster 1459‣1
Erster, als 1837‣1
ersterben 472‣2; 1745‣3
Erstes, als 52‣1
ersticken 400‣2; 854‣1; 1059‣1; 1508‣3; 1675‣2; 1729‣2
ersticken, Gefühle im Keim 283‣2
erstickend 404‣2
erstickt 404‣5; 1039
**erstklassig** 147‣1; 414‣1; **551**; 1826‣2
Erstklässler 1424‣1
erstmalig 52‣3; 1172‣2
erstrahlen 1376‣2
erstrangig 551
erstreben 215‣1; 1254‣2; 1525‣1
erstrebenswert 778‣2; 1192‣3
erstrecken, sich 144‣2; 210‣1; 1527‣3
erstrecken, sich auf 287
erstreiten 758‣2
Erstschlag 982‣1
Erstschrift 1225‣1
erstürmen 758‣2
Erstveröffentlichung 1174‣2
ersuchen 193‣1; 279‣3; 313‣1
Ersuchen 1757‣2
ertappen 617‣2; 1616‣2
ertappt 1500‣3
erteilen, Abfuhr 30‣4
erteilen, Abreibung 1386‣1
erteilen, Approbation 528‣2
erteilen, Auftrag 279‣1
erteilen, Lektion 1550‣2
erteilen, Prokura 528‣2
erteilen, Quittung 1746‣1
erteilen, Rüge 1550‣2
erteilen, Tadel 1550‣2
erteilen, Vollmacht 528‣2
erteilen, Zigarre 1550‣2
ertönen 1581‣1
Ertrag 515‣5; 1190‣1; 1333‣1; 1727‣2; 1846‣2
Ertrag, ohne 1649‣1
ertragen 1035‣1; 1585‣3
erträglich 1086‣2; 1123‣2; 1942
erträglich, schwer 1436‣2
ertragreich 661; 1192‣2; 1322‣3
Ertragsfähigkeit 1269‣2
Ertragskraft 1269‣2
ertragsunfähig 1649‣1
ertränken 1583‣1; 1614‣1
erträumen 552‣2

erträumen, sich 215▸1; 428▸1
erträumt 1698
ertrinken 1508▸3
ertrotzen 409▸5; 1919▸2
ertüchtigen 535▸2
ertüchtigen, sich 1498▸1
erübrigen 1474▸1
eruieren 617▸1
Eruption 142▸1; 1160▸3
erwachen 51▸2
Erwachen 50▸3
erwachen, wieder 523▸1
erwachsen 503▸4; 1323▸2
erwägen 275▸1; 369▸2; 1254▸1
erwägen sein, zu 466▸2
erwägen, Für und Wider 369▸2
erwägen, zu 1123▸1
erwägenswert 1123▸1
Erwägung 1316
erwählt 147▸2
erwähnen 261▸4; 858; 1169▸2; 1490▸1
erwähnen, lobend 1058▸1
erwähnen, nicht 151▸1
erwähnenswert 889▸2
Erwähnung 163▸1
Erwähnung, lobende 984▸3
erwärmen 217▸1; 219▸2; 1870▸1
erwärmen, sich 891▸2
Erwärmung 1869▸1
**erwarten 552**; 1585▸5; 1873▸1
erwarten dürfen 1726▸2
erwarten sein, zu 87▸1; 954▸1; 1152▸1
erwarten, Kind 463▸3
erwarten, zu 860▸1; 942▸4
**Erwartung 553**; 1473▸1
Erwartung, gespannte 1473▸1
Erwartungsangst 61▸6
erwartungsgemäß 1255▸2
erwartungsvoll 892▸1
erwecken, Anschein 1376▸1
erwecken, Beifall 688▸2
erwecken, Bewunderung 881
erwecken, den Eindruck 1581▸5
erwecken, Eindruck 157
erwecken, Interesse 891▸1
erweckend, Vertrauen 1966▸1
Erwecker 668▸6
Erweckung 76▸2
erweichen 1622▸1
erweichen, nicht zu 817▸2
Erweis 163▸3; 278▸6
erweisen 161▸3
erweisen, Achtung 1730▸1
erweisen, Gefälligkeit 486▸1
erweisen, letzte Ehre 231▸1
erweisen, sich 943▸6; 1931▸6
erweisen, sich als richtig 1589▸3; 1931▸6
erweisen, sich dankbar 355▸1
erweitern 144▸1; 1711▸2
erweitern, Kenntnisse 1044▸2
Erweiterung 145▸1; 508▸2; 517▸1; 1506▸3
Erwerb 920
Erwerb, ohne 103
erwerben 758▸2; 921▸1; 1726▸1
erwerben, Kenntnisse 1044▸1
erwerben, Verdienste 1040▸1
erwerbsfähig 754▸5
Erwerbsfähigkeit 755
erwerbslos 103
Erwerbsmittel 1022▸2
erwerbstätig 1553▸3
erwerbstätig sein 101▸2
Erwerbstätigkeit 100▸2
Erwerbung 920
**erwidern 554**; 1308; 1746▸3
erwidern, nichts 1434▸1
**Erwiderung 555**; 1309▸1
erwiesen 1455▸4
erwirken 758▸2
erwirtschaften 758▸1; 1726▸1
erwischen 585▸2; 617▸2; 758▸2; 1616▸2
erwischen, auf frischer Tat 1616▸2
erwischen, etwas 527
erwischen, in flagranti 1616▸2
erwischt 1500▸3
erwünscht 56▸1; 735▸2; 860▸2; 1049▸1; 1904
erwürgen 1583▸1
erzählen 257; 268▸2
erzählen, interessant 1924▸2
erzählen, sich 1677▸3
erzählenswert 889▸2
Erzähler 258▸2; 1418
erzählerisch 1260▸1
**Erzählung 556**
erzen 817▸1
**erzeugen 557**; 1706▸1; 1907▸4
**Erzeuger 558**; 1700▸1
**Erzeugnis 559**
**Erzeugung 560**
Erzfeind 602▸1
**erziehen 561**
Erzieher 1030▸1
Erzieherin 1030▸1
erzieherisch 236▸2
**Erziehung** 84▸1; **562**
Erziehungsanstalt 830▸2
Erziehungsberechtigte 461; 1135▸1
Erziehungsberechtigter 1700▸1
Erziehungsstätte 1423▸1
erzielbar 1123▸1
erzielen 543; 758▸2
erzielen, Gewinn 758▸1
erzittern 1943▸2
Erzittern 61▸1
erzürnen 105▸1; 1531▸1
erzürnen, sich 128▸5
erzwingen 409▸5; 758▸2; 1975▸2
es sei denn, dass 160▸2
es war einmal 416; 663▸1
Eselei 1670▸3
Eselsbrücke 851▸3; 1714▸2
Eselsgeduld 685▸2
Eselsohr 582▸1
Eskalation 983▸1; 1506▸5
eskalieren 1369▸2; 1504▸4; 1505▸1
Eskamoteur 110▸2
Eskapade 1050▸4; 1670▸3
Eskapismus 142▸3
Eskorte 417▸2
eskortieren 218▸1
Esoterik 698
esoterisch 1715▸2
Esperanto 1489▸4
Esplanade 682▸3
Esprit 704▸2; 1785▸2
Esprit, mit 991▸3
Essay 8▸1
Essayist 1418
essbar 608▸4
**essen 563**
Essen 746▸2; 1075▸1
essen haben, nichts zu 869▸1
Essen machen 952▸3
Essen und Trinken 539▸1
essen wie ein Scheunendrescher 563▸1
essen, geräuschvoll 563▸5
essen, jmds. Brot 9▸1
essen, Reste 1215▸2
essen, schnell 563▸4

essen, zu viel 563‣1
Essential 564‣1
**Essenz 564**; 1545
essigsauer 841‣1
Esskultur 727‣3
Esslust 1757‣1
esslustig 216‣2
Esstisch 1075‣10; 1577
Esswaren 539‣2
Establishment 1196‣2
estimieren 1730‣1
etablieren 51‣3; 544‣1
etablieren, sich 1179‣3
etabliert 339‣2; 1455‣2
Etablierung 50‣2
Etablissement 318; 678‣1
Etage 1516‣6
Etagenheizung 833
Etagenkellner 202‣3
Etagere 329‣2
Etappe 1557‣1
Etappen, in 1010‣2
Etat 822‣2; 1253‣3
Ethik 84‣2
ethisch 85‣2
Ethnie 295
Ethnozentrismus 1158‣1
Ethos 373; 759
Etikett 927‣3
Etikette 84‣1; 324‣3
Etikettenschwindel 1555‣1
etikettieren 525‣5; 928‣2
etliche 1821
etliches 1819‣2
Etui 221; 867‣8; 1374‣3
etwa 771; 1650‣1; 1650‣2
etwas 1890‣1
Etwas 694‣1; 1557‣1
etwas aus jmdm. machen, sich 1051‣1
etwas machen, sich aus 1122‣1
etwas tun 101‣1
etwelche 1821
Eulen nach Athen 1662
Eulenspiegel 1379‣1
Eulenspiegelei 1670‣2
euphemisieren 266
Euphemismus 267
euphemistisch 580‣6
Euphorie 777‣2
euphorisch 545‣3; 778‣1
euphorisieren 219‣1
Eurogeld 709‣1
**Europa 565**
europäisch 565‣2
Euter 342
Eva 638
Evakostüm, im 1149‣1
evakuieren 171‣1; 1799‣1
Evakuierung 1800
Evaluation 1280‣4
evaluieren 1279‣1; 1370‣2
Evangelium 163‣4
evaporieren 519‣2
Evastochter 638
Evenement 739‣1
Event 739‣3; 1708‣3
Eventualität 1124
eventuell 203; 1123‣3
Evergreen 360‣4; 515‣4; 736‣2
Everybody's Darling 779; 1738‣1
evident 942‣3; 1390; 1786‣1
Evidenz 944‣1
Evolution 508‣4
evozieren 1706‣1
ewig 879‣1; 1008‣3; 1643‣2
ewiggestrig 1703
Ewigkeit 1644
Ewigkeit, bis in alle 1643‣2
Ewigkeit, eine 1008‣3
Ewigkeit, in alle 879‣1
ex 663‣1; 1739
Ex 1230‣5
ex cathedra 1532‣1
ex tempore 1691‣3
ex trinken 1025‣3
exakt 719‣1; 1285‣1; 1471‣1
Exaktheit 1470‣1
exaltiert 545‣3; 1088‣3; 1620‣2
Exaltiertheit 546‣3; 1619‣1
Examen 1280‣1
examinieren 637‣2; 1279‣1
Exegese 359‣2
exekutieren 1583‣2
Exekution 1584‣2
Exekutive 844‣1
Exempel 233
Exempel statuieren 410
**Exemplar 566**; 1536‣4
exemplarisch 148‣3; 817‣3
exemplifizieren 525‣1
exerzieren 1606
Exfrau 1230‣5
exhibitionieren, sich 357‣3
exhumieren 784‣2
Exil 1800
Exilant 1102
exilieren 171‣1; 1799‣1
exiliert 1314
Exilierter 1102
Exilierung 1800
existent 1835‣2; 1908‣1
**Existenz 567**; 1020‣1; 1022‣1
Existenz, verkrachte 1777
Existenzform 1020‣4; 1513‣3
Existenzkampf 1020‣5
Existenzniveau 1020‣4
existieren 1019‣1
existieren, nebeneinander 1019‣3
existierend 1835‣2
Exitus 1395‣2; 1578‣1
exklusiv 742‣3; 991‣3
exklusive 160‣1
Exklusivität 605‣1
Exkommunikation 994‣3
exkommunizieren 171‣1
Exkremente 155‣2
Exkulpation 492‣2
exkulpieren 491‣3; 498‣2
Exkurs 29‣4; 517‣4
Exkursion 575‣2
exlex 1314
Exmann 1230‣5
Exodus 483‣3
exogen 391‣4
exorbitant 162‣1; 1620‣1
Exotik 646‣1
exotisch 550; 645‣1
expandieren 144‣1
Expansion 145‣1
Expansionskraft 398‣1
expansiv 37‣1; 476
expatriieren 1799‣1
Expatriierung 1800
expedieren 1383‣4
Expedierung 1586‣1
Expedition 575‣2; 1586‣1
Expektoration 155‣1
Experiment 514‣1; 634‣2; 1790‣1; 1857
Experimentalfilm 616‣3
experimentieren 633; 1791‣2
Experimentierfreude 1248
experimentierfreudig 573‣1
Experte 570
Expertengruppe 797‣2; 1299‣2
Explikation 526‣1
explizieren 525‣1

explizit 1140›1
explodieren 128›5; 141›1; 1257›1; 1386›2; 1504›4
Exploitation 153›2
exploitieren 152›2
explorieren 633
Explosion 142›1; 731›3
explosiv 687›1; 826›3
Explosivkraft 475›3
Expo 168›2
Exponent 1802›3
exponieren, sich 1856›2
exponiert 687›4
Export 811›3
Exporteur 738
exportieren 812›2
Exposé 8›1; 1253›2
Exposition 168›2
express 427›3
expressis verbis 1140›1
expressiv 77›1
Expropriation 480
expropriieren 1163›3
exquisit 99›2; 147›1; 414›1
extemporieren 1482›6
extensiv 1008›1
Exterieur 1193›2
exterminieren 1583›1
exterritorial 391›2
extra 16; 116›3; 272›1; 454›1; 1448›1
extra brut 841›3
extra dry 841›3
Extraausgaben 136›1
extrahieren 173›2
Extrakt 564›2; 1608›1
Extraktion 483›2
extraordinär 162›1
Extras 517›3
extravagant 118›2; 1620›1
extravertiert 745›2
Extravertiertheit 746›1
extrem 1295; 1620›1
extremistisch 1088›3; 1295
Extremität 775›1
Extremurlaub 1857
extrovertiert 745›2
Extrovertiertheit 746›1
exzellent 99›2; 147›1; 148›1
Exzentriker 159›1
exzentrisch 118›2
Exzentrizität 422›4; 1515›2
exzeptionell 162›1
exzerpieren 173›3
Exzerpt 1557›1
Exzess 1615›2
exzessiv 1088›3; 1620›1
Eyecatcher 953›2; 1894›3

# F

Fabel 556▸2; 694▸3; 1518▸4
Fabelei 1066▸4
fabelhaft 1249▸1
fabeln 268▸2; 1067
Fabrik 289▸1
Fabrikant 1682▸1
Fabrikarbeit 100▸3
Fabrikat 559
Fabrikation 560▸2
Fabrikmarke 927▸3
fabrikmäßig 1091▸1
fabrikneu 1172▸1
fabrizieren 557▸3
Fabulant 1432
fabulieren 268▸2; 1067
face to face 692▸2
Facebook 1171▸4
facebooken 1115▸5; 1769▸1
Facebookseite 96▸3
Faceliftung 1555▸1
facettenreich 1779▸2
**Fach** 329▸2; **568**
Fach, vom 513▸1; 569▸2
Facharbeit 100▸3
Fachausbildung 1028▸2
Fachausdruck 146▸1
Fachbereich 1480▸1
Fachbuch 1027
fächeln 314▸1; 990▸2; 1439▸3
fächern 990▸2; 1221▸2; 1558▸1
Fachgebiet 568▸2; 1480▸1
fachgemäß 569▸1
fachgerecht 569▸1; 814▸1
Fachgeschäft 737▸2; 1480▸1
Fachgröße 570
Fachhandel 1480▸1
Fachidiotie 451▸2
Fachkraft 570
fachkundig 569▸1
**fachlich 569**
**Fachmann 570**
fachmännisch 569▸1; 996
Fachpresse 1266▸2
Fachrichtung 1480▸1
Fachsprache 1489▸5
fachübergreifend 40▸3
Fachwissen 1914▸3
fackeln, nicht lange 410
Fackelzug 368▸1
**fad** 401▸3; **571**; 590▸2; 1012▸1
fade 1635
**Faden 572**
Faden, roter 795▸1; 820; 1714▸2
Fadenkreuz, im 1114▸5
Fadensbreite, um 1650▸1
fadenscheinig 43▸3; 1970▸3
Fadensommer 45
Fadheit 591; 1009; 1200▸2
Fading-out 509▸1
Fag 864
**fähig** 513▸1; **573**
fähig sein 959▸1
**Fähigkeit** 227▸2; **574**; 609; 975▸1
Fähigkeiten 574
fahl 590▸1; 1537▸2
fahnden 533; 1525▸1; 1546▸1
Fahnder 246▸2
Fahndung 534; 901
Fahne 146▸3; 1807▸1; 1930▸4
Fahnen, mit fliegenden 545▸3
Fahnenabzug 1807▸1
Fahnenflüchtiger 375
Fahrausweis 1574
Fahrbahn 1524
Fährboot 576▸6
Fahrdamm 1524
Fähre 576▸6
fahren 298▸4; 1511▸1
fahren lassen 121▸3
fahren lassen, Hoffnung 1818▸1
fahren nach 214▸1
fahren, an den Karren 1386▸1
fahren, auf Grund 1818▸2
fahren, in die Parade 854▸2
fahren, mit dem Schiff 298▸4
fahren, Rad 298▸4
fahren, zu Bruch 1936▸3
fahren, zu Tal 21▸1
fahren, zuschanden 1936▸3
Fahrensmann 1444
Fahrgast 1327▸1
Fahrgestell 158; 1296▸1
fahrig 1145▸1; 1634▸1; 1911▸2
Fahrigkeit 1033▸2
Fahrkarte 1574
fahrlässig 1032▸1
Fahrlässigkeit 1033▸2; 1776▸1
Fährnis 397▸2
fahrplanmäßig 1285▸1
Fahrrad 576▸2
Fahrschein 1574
Fahrstraße 1524
Fahrstuhl 139▸1; 576▸9
**Fahrt** 425▸2; 475▸1; **575**; 1442▸1; 1586▸2; 1884▸3
Fahrt ins Blaue 575▸1
Fahrt, auf 391▸2
Fahrt, gewinnen an 389▸3; 426▸2
Fahrt, in 320▸1; 545▸3; 1021▸2
Fährte 1493▸1; 1884▸1
Fährte sein, auf der falschen 898▸5
Fährte, falsche 597▸3; 899▸1
Fahrtunterbrechung 807▸6
Fahrtwind 1906▸1
Fahrverbot 1716▸2
Fahrwasser 460▸4
Fahrweg 1524
**Fahrzeug 576**
Fahrzeugführer 668▸3
Fahrzeuglenker 668▸3
Faible 1050▸1; 1167▸2; 1429▸4; 1480▸2
fair 85▸3; 732▸1; 1966▸1
Fairness 84▸2; 733
Fairplay 84▸2
Fait accompli 1554▸1
Fäkalien 155▸2
Fäkalsprache 1489▸4
Fake 1555▸1
Fakir 110▸2
Faksimile 1137▸1
Fakt 1554▸1
faktisch 1835▸2; 1908▸1
Faktizität 1554▸2
Faktor 460▸1; 789▸1
Faktor sein 199▸3
Faktoren, ökologische 1631▸3
Faktotum 835▸2
Faktum 694▸2; 1554▸1
fakturieren 249▸1
Fakultät 1972▸2
fakultativ 240
falb 590▸1
Falbe 1242
Falbel 582▸1
falben 1144▸3
Falke 364
Falkenaugen 140
**Fall 577**; 636▸4; 1977▸1
Fall für sich 422▸3
Fall zu Fall, von 203; 1849▸1

Fall, auf jeden 1636▸1
Fall, auf keinen 1168
Fall, freier 577▸1
Fall, für den 579; 1891▸1
Fall, gesetzt den 579
Fall, hoffnungsloser 1687
Fall, im 1891▸1
Fall, klarer 942▸2
Fall, nicht in jedem 203
Falle 293; 1055▸1
Fälle, auf alle 1636▸1
Falle, im 579
**fallen** 6▸1; **578**; 1508▸4
fällen 1389▸4
fallen lassen 20▸1; 121▸3
fallen lassen, Maske 317▸1; 1725▸2
fallen lassen, Wort 858
fallen, auf den Wecker 105▸1
fallen, auf denselben Tag 1610▸1
fallen, auf die Nase 578▸1
fallen, auf die Nerven 105▸1
fallen, auf einen Stuhl 1464▸1
fallen, aus allen Wolken 1921▸1
fallen, aus dem Rahmen 28▸1; 117
fallen, aus der Hand 1936▸4
fallen, aus der Rolle 1748▸3
fallen, darunter 1926▸3
fallen, in den Arm 854▸2
fallen, in Ohnmacht 1959▸1
fallen, in Schlaf 1387▸2
fallen, in Ungnade 1364▸4
fallen, ins Auge 117
fallen, ins Gewicht 199▸2
fallen, ins Haus 1616▸3
fallen, ins Schloss 1394▸5
fallen, ins Wasser 596▸3
fallen, ins Wort 433▸3; 1519▸2
fallen, lästig 1034▸2; 1519▸1
fallen, leicht 959▸3
fallen, mit der Tür ins Haus 1653▸2
fallen, schwer 536▸1
fällen, Urteil 1697▸2; 1805▸1
fallen, vom Fleisch 12▸1
fallen, zu Boden 6▸3; 578▸1; 1936▸4
fallen, zur Last 235▸3
fallend 13
fallend, aus dem Rahmen 118▸1; 272▸2
fallend, in die Augen 118▸1
fallend, weit 1888▸4
Fallensteller 902▸1
Fallgrube 1055▸1
fallieren 1936▸11
fällig 1202▸4
fällig sein 87▸1
Fälligkeitstag 1569
Falliment 183
Fall-out 155▸4; 1181▸3
fallrecht 729▸2
Fallreep 1042▸1
**falls** 203; **579**; 1891▸1
Fallstrick 1055▸1
fallweise 1563
**falsch** 321▸1; **580**
Falsch 581▸1
falsch spielen 291▸1; 1247
Falsch, ohne 130; 801▸1
Falschaussage 1066▸3
fälschen 878▸3
Fälscher 292▸1; 1136
Falschgeld 709▸4; 1137▸2
**Falschheit** 322; **581**
Falschinformation 1066▸1
fälschlich 900; 1375
fälschlicherweise 900
Falschmeldung 1066▸4; 1555▸1
Falschmünzer 292▸1
Falschmünzerei 1137▸2
Falschspieler 292▸2; 1419▸2
Fälschung 290; 967▸3; 1137▸2
Falsifikat 1137▸2
Faltblatt 1894▸3
Faltboot 576▸6
**Falte** **582**; 1794▸1
Falte, strenge 582▸2
fälteln 583▸2
**falten** **583**
Falten 582▸2
faltenlos 719▸6
faltenreich 584▸1; 584▸2
Faltenwurf 582▸1
**faltig** 43▸2; **584**; 1888▸4
Falz 582▸1
falzen 583▸2
Fama 734▸1
familiär 642▸2; 716; 1798▸1
Familiarität 1151▸2
Familie 109▸2; 797▸10; 843▸1; 1809▸1
Familie, aus guter 1838
Familien, die ersten 1196▸2
Familienname 927▸4
famos 148▸1; 573▸1
Famulus 835▸2
Fan 65▸5; 1424▸3
Fan sein 64▸1
Fanal 1930▸4
Fanatiker 364; 873▸2; 1267▸3
fanatisch 366; 826▸2; 1295; 1500▸4
fanatisieren 848▸3
Fanatismus 365; 478▸5
Fang 515▸5
**fangen** **585**; 1752
fangen, etwas 527
fangen, Feuer 217▸2; 1051▸2
fangen, Fische 585▸3
Fangfrage 636▸2
Fangnetz 1171▸1
Fanklub 65▸4
Fant 1541
**Farbe** **586**
Farbe, künstliche 586▸3
farbecht 361▸1
Färbemittel 586▸3
**färben** 266; **587**
farbenblind 316▸1
farbenfreudig 588▸1
farbenfroh 588▸1
Farbenpracht 586▸1
farbenprächtig 588▸1
farbenprangend 588▸1
farbenreich 588▸1
Farbensinn 743▸1
Farbenspiel 586▸1
Farbfernseher 607▸1
Farbgebung 586▸1
**farbig** 77▸1; **588**; 976▸4; 1021▸4
**Farbiger** **589**
Farbigkeit 586▸2; 1822▸1
Farbkopie 967▸1
**farblos** **590**; 1012▸2; 1635
**Farblosigkeit** **591**; 1200▸2
Farbstoff 586▸3
Färbung 586▸1; 1580▸2
Farce 956; 1555▸1; 1670▸1
Farm 188
Farmer 187▸1
Fasching 1555▸3
Faselei 734▸2; 1670▸1
faseln 1490▸3
Faser 572▸3
faserig 1060▸2
fasern 1061▸8

Faserung 1535
Fashion 1120▸1
fashionable 1121▸1
Fasnacht 1555▸3
Fass der Danaiden 1744
Fass ohne Boden 1744
Fassade 749▸1; 1193▸2; 1555▸2; 1833▸1
fassbar 1021▸1; 1786▸1; 1908▸2
Fassbarkeit 944▸1
fassen 490; 585▸1; 1163▸1; 1507▸2; 1789▸2
fassen können, nicht 1921▸1
fassen, am Portepee 1076▸3
fassen, beim Schopfe 244
fassen, Entschluss 496▸2
fassen, Fuß 72▸2; 1179▸1
fassen, in Worte 161▸2; 1416▸3
fassen, ins Auge 245▸1; 1254▸1; 1279▸1; 1941▸1
fassen, sich 226; 259▸2; 1356▸5; 1709▸1
fassen, sich ein Herz 496▸2; 1856▸3
fassen, Vorsatz 1254▸1
fasslich 431▸1; 1786▸1
Fasslichkeit 432▸3; 1787
Fasson 630▸3
fassonieren 753
Fassonschnitt 803▸2
Fassung 209▸2; 227▸1; 1296▸1
Fassung, außer 1911▸2
Fassungskraft 1785▸2
fassungslos 1500▸3; 1655▸1
Fassungslosigkeit 549
Fassungsvermögen 1497▸4; 1785▸2
fast 1650▸1
fasten 869▸3
Fasten 377▸1
Fastendiät 377▸1
Fastenkur 377▸1
Fastfood 768▸2; 1075▸8
Fastfood, geistiges 1023▸3
Fastnacht 1555▸3
Faszikel 825▸2
Faszination 546▸3; 1328▸3
faszinieren 97▸3; 303▸1; 688▸2; 881; 1737
faszinierend 889▸1; 1330
fasziniert 545▸3; 892▸1
Faszinosum 1074
Fata Morgana 877▸2
fatal 1238▸1; 1633▸1; 1655▸4
Fatalismus 1350▸3
fatalistisch 1352▸3
Fatalität 1654
Fatum 1384▸1; 1654
Fatzke 1541
fauchen 314▸1; 1386▸2; 1581▸3
faul 263▸1; 1145▸2; 1392▸3; 1671▸1; 1970▸1
faul sein 521▸3; 592
Fäule 594
faulen 1724▸1
**faulenzen 592**; 600▸3
**Faulenzer 593**
fauler Hund 593
fauler Strick 593
Faulheit 247▸2; 1672▸1
faulig 458▸2; 1392▸3
**Fäulnis 594**
Faulpelz 593
Faultier 593
Faun 1738▸1
Fauna 1159▸2
faunisch 1069
Faust, auf eigene 642▸1; 644
Faust, mit eiserner 332
faustdick 374▸2
faustisch 1576
Faustpfand 1456▸3
Faustregel 1317▸2
Faustskizze 306▸2; 1253▸2
Fauxpas 597▸4
Fauxpas begehen 89▸4; 1748▸3
Favela 1495▸4
favorisieren 296▸2
Favorit 779; 1427
Favoritin 710
Fax 330; 967▸1
faxen 1617▸6; 1806
Faxen 1670▸1; 1679▸3
Faxenmacher 1379▸1
Fazilitäten 167▸2
Fazit 518; 628▸3; 1395▸4
Feature 8▸1
fechten 915▸6
Feder, spitze 31▸2
Feder, wie eine 1031▸5
Federfuchser 1234▸1
Federgewicht 1031▸1
Federkraft 621▸1
Federkrieg 1530▸2
federleicht 1031▸1; 1031▸5
Federlesens machen, kein 410
**federn 595**
federnd 620▸1
Federstrich, mit einem 86; 1000▸3
Fee 639; 704▸4
Feedback 1309▸1
Feeling 465▸1; 690▸3; 1788▸1
feenhaft 408▸2; 1928▸1
fegen 426▸1; 1362▸1
Feger 269▸1
Feger, heißer 1409▸3
Fehde 604; 914▸2
Fehde, in 692▸1
Fehdehandschuh 840▸1
fehl am Platz 1657▸3
Fehl, ohne 414▸1
fehlbar 1690▸2
Fehlbarkeit 1689▸1
Fehlbesetzung 899▸1
Fehlbetrag 1335▸2
Fehleinschätzung 899▸1
**fehlen** 87▸1; 489▸3; **596**; 1745▸8
Fehlen 33▸1
**Fehler 597**; 899▸1; 1776▸2
Fehler machen 898▸3
fehlerfrei 1826▸1
fehlerhaft 263▸1; 580▸1; 1690▸2
Fehlerhaftigkeit 1689▸2
fehlerlos 676▸1; 719▸1; 1312▸1; 1826▸1
Fehlerlosigkeit 1827
Fehlgeburt 26
fehlgehen 898▸1
fehlgreifen 898▸3
Fehlgriff 597▸3; 899▸1
Fehlkonstruktion 1246
Fehlleistung 597▸3; 899▸1
Fehlpass 597▸3
Fehlschlag 505; 1111
fehlschlagen 1378▸1
Fehlschluss 597▸3; 899▸1
Fehlspekulation 597▸3
fehlspekulieren 898▸5
Fehlstart 597▸3
fehltreten 596▸5; 898▸2
Fehltritt 1420▸1; 1665▸1
Fehlurteil 597▸3; 899▸1
Fehlzeit 33▸1
Fehlzündung 597▸3
feien 1426▸2
Feier 599▸2; 746▸2
Feierabend machen 472▸1
**feierlich 598**; 788▸3; 1208▸2

**Feierlichkeit 599**
**feiern** 418 ▸ 1; 521 ▸ 1; 592; **600**; 945 ▸ 2
feiern, Urständ 540 ▸ 5
Feierstunde 599 ▸ 2
Feiertag 522 ▸ 4
feige 63 ▸ 2
Feige 1374 ▸ 1
Feigheit 61 ▸ 4
**Feigling 601**
feil 751; 1835 ▸ 1
feilbieten 49 ▸ 1; 1756 ▸ 1
feilen 196 ▸ 2; 766 ▸ 3; 1321 ▸ 2; 1369 ▸ 1
feilschen 812 ▸ 3
fein 99 ▸ 2; 408 ▸ 1; 414 ▸ 1; 468 ▸ 1; 1127 ▸ 2; 1928 ▸ 1
fein machen, sich 1287 ▸ 2
Feinarbeit 1289 ▸ 3
**Feind 602**; 697 ▸ 3
**feindlich 603**
Feindlichkeit 604
Feindschaft 604
feindselig 603
**Feindseligkeit** 14 ▸ 1; **604**
feine Küche 727 ▸ 3
feinfädig 1928 ▸ 1
feinfühlig 464 ▸ 4; 470
Feinfühligkeit 471
Feingefühl 465 ▸ 3; 1788 ▸ 1
feingliedrig 408 ▸ 2
**Feinheit** 69; 469 ▸ 3; **605**; 1409 ▸ 2; 1956 ▸ 2
feinkörnig 719 ▸ 3
Feinkost 974
feinnervig 464 ▸ 4; 468 ▸ 1
Feinnervigkeit 469 ▸ 2
Feinschmecker 723 ▸ 2
Feinschmeckerei 727 ▸ 3; 988
feinschmeckerisch 724
Feinsinn 465 ▸ 3; 605 ▸ 1
feinsinnig 464 ▸ 4; 991 ▸ 2; 1576
Feinsliebchen 710
Feinsten, vom 551
feist 379 ▸ 1
feixen 1004 ▸ 1
Feld 682 ▸ 2; 682 ▸ 3; 791 ▸ 3; 1159 ▸ 2
Feld, freies 1304 ▸ 2
Feldbett 293
Feldgeschrei 1894 ▸ 5
Feldlager 1006 ▸ 1
Feldschlacht 982 ▸ 1
Feldstecher 764 ▸ 4
Feldwebel 269 ▸ 2
Feldweg 1884 ▸ 1
Feldzeichen 1930 ▸ 4
Feldzug 982 ▸ 1; 1539 ▸ 2
Fell 867 ▸ 2
fellationieren 314 ▸ 3
fellieren 314 ▸ 3
Fellowtraveller 65 ▸ 2
Fels 255 ▸ 2; 611 ▸ 6
felsenhart 817 ▸ 1
felsig 1199 ▸ 1; 1638 ▸ 1
female 1886
Feme 1747 ▸ 1
Fememord 115; 1720
feminin 1886
**Feminismus 606**
Femme de Lettres 1418
Femme fatale 1738 ▸ 2
Fenn 1548 ▸ 1
Fenster 140; 1210 ▸ 5
Fensterglas 764 ▸ 2
Fensterladen 867 ▸ 6
Fensterscheibe 764 ▸ 2
Ferien 522 ▸ 1
Ferien machen 521 ▸ 1
Feriengast 1327 ▸ 1
Ferienhaus 821 ▸ 1
Ferienlager 1006 ▸ 1
Ferienzeit 522 ▸ 1
Ferkel 1402
fern 1739; 1888 ▸ 2
fern liegend 1635
fern, von 1888 ▸ 3
fernbleiben 596 ▸ 1
Fernbleiben 33 ▸ 1
Fernblick 164 ▸ 1
Ferne 483 ▸ 1; 646 ▸ 1
Ferne, aus der 1888 ▸ 3
Ferne, in weiter 1888 ▸ 2
ferner 116 ▸ 1; 450
fernerhin 116 ▸ 1; 1478 ▸ 2
Fernglas 764 ▸ 4
fernhalten 854 ▸ 1; 1426 ▸ 1
fernhalten, sich 17 ▸ 2; 596 ▸ 1; 622 ▸ 2
Fernheizung 833
Fernkopie 967 ▸ 1
Fernlaster 576 ▸ 3
fernlenken 206
Fernrohr 764 ▸ 4
Fernruf 1348 ▸ 2
fernschreiben 1617 ▸ 6
Fernschreibnetz 1171 ▸ 3
Fernsehanstalt 607 ▸ 2
Fernsehapparat 607 ▸ 1
Fernsehempfänger 607 ▸ 1
**Fernsehen 607**; 1092; 1679 ▸ 6
Fernsehen, digitales 607 ▸ 2
Fernsehen, öffentlich-rechtliches 607 ▸ 2
Fernsehen, privates 607 ▸ 2
Fernseher 607 ▸ 1
Fernsehfilm 616 ▸ 3
Fernsehkamera 913 ▸ 2
Fernsehprogramm 607 ▸ 3
Fernsehturm 1605 ▸ 1
Fernsicht 164 ▸ 1
fernsprechen 1565
Fernsprecher 1564
fernsteuern 206
Fernstudium 1028 ▸ 2
Fernweh 1757 ▸ 2
Fersen bleiben, auf den 1736 ▸ 1
**fertig** 252 ▸ 2; 531 ▸ 1; 531 ▸ 2; **608**; 1125 ▸ 2; 1323 ▸ 3; 1826 ▸ 1
fertig machen 530 ▸ 1; 1825
fertig machen, sich 97 ▸ 1
fertig stellen 530 ▸ 1; 1825
fertig werden 712 ▸ 1; 726 ▸ 2
fertig werden mit 530 ▸ 1; 1709 ▸ 1
fertig, halb 1690 ▸ 1
Fertigbauweise 1131 ▸ 4
fertigbringen 712 ▸ 1; 1040 ▸ 1; 1707 ▸ 2
fertigen 557 ▸ 3
Fertiger 558
Fertighaus 821 ▸ 1
**Fertigkeit 609**
fertigmachen 536 ▸ 1
Fertigung 560 ▸ 2
Fertigungskosten 973 ▸ 2
Fertigware 1120 ▸ 2
fertigwerden 954 ▸ 4
fertil 661
Fertilität 1269 ▸ 2
Fes 966
fesch 624; 866
Fessel 855 ▸ 1
fesseln 97 ▸ 3; 311 ▸ 1; 854 ▸ 3; 891 ▸ 1; 1228 ▸ 1
fesselnd 889 ▸ 1
**fest** 143; 345 ▸ 1; 476; 531 ▸ 1; **610**; 817 ▸ 1; 1354 ▸ 3; 1532 ▸ 1
Fest 746 ▸ 2
fest sitzend 719 ▸ 6

fest werden 548 ▸1; 1599 ▸2
Fest, ein 735 ▸2
Festakt 599 ▸2
festbeißen, sich 1919 ▸2
Festbeleuchtung 1047 ▸2
festbinden 311 ▸1
feste 1220 ▸3
Feste 209 ▸4
festen 600 ▸1
Festessen 727 ▸2; 1075 ▸10
festfahren, sich 1517 ▸3; 1818 ▸2
festgefahren 853 ▸2
festgelegt 1771 ▸2
festgelegt, nicht 1645 ▸3
festgemacht 610
festgenagelt 1647 ▸3
festgeschraubt 610
festgesetzt 1647 ▸2
festgezurrt 610
festhalten 612 ▸2; 808 ▸2; 1163 ▸1; 1228 ▸3; 1416 ▸1
festhalten an 224 ▸1
festhängen 1517 ▸1
festigen 208 ▸2; 277 ▸5; 1498 ▸3; 1540 ▸1
**Festigkeit 611**; 807 ▸1; 1139; 1533 ▸1
Festigung 1499 ▸3
Festival 1708 ▸3
Festivität 462 ▸2; 746 ▸2; 1708 ▸3
festkleben 208 ▸1; 1517 ▸1
festklopfen 1731
festlegen 71 ▸2; 208 ▸3; 311 ▸2; 496 ▸1; 525 ▸2; 612 ▸2; 1731
festlegen, sich 311 ▸3
festlegen, sich nicht 170 ▸2; 1018 ▸1
Festlegung 451 ▸2; 497 ▸1; 526 ▸3; 1732 ▸1
festlich 598 ▸2
Festlichkeit 599 ▸1; 746 ▸2; 1708 ▸3
festmachen 208 ▸1; 612 ▸1; 1731
festmachen, etwas 311 ▸3
Festmahl 1075 ▸10
festnageln 311 ▸2; 1975 ▸2
Festnahme 689 ▸1
festnehmen 1752
Festplatte 1479 ▸4
festschnallen 208 ▸1
festschnallen, sich 1457 ▸3
festschrauben 208 ▸1
festschreiben 1731
Festschreibung 1732 ▸1
festsetzen 71 ▸2; 612 ▸2; 1731; 1752
festsetzen, Preis 172 ▸3
festsetzen, sich 430 ▸2; 1179 ▸1
Festsetzung 205 ▸2; 1732 ▸1
festsitzen 1464 ▸2; 1517 ▸1
Festspiel 1373 ▸1
Festspiele 1708 ▸3
Festspielhaus 1573 ▸2
feststecken 208 ▸1
feststehend 768 ▸2; 1455 ▸5
**feststellen** 161 ▸1; **612**; 1394 ▸3
**Feststellung** 163 ▸1; **613**; 1280 ▸2; 1696 ▸1
Festtag 522 ▸4
Festtage 522 ▸4
festtäglich 598 ▸2
Festung 209 ▸4
Festungswall 209 ▸4
Festversammlung 599 ▸2
Festwochen 1708 ▸3
festzurren 208 ▸1
festzustellen, leicht 376 ▸2
Fete 746 ▸2
Fete machen 600 ▸1
feten 600 ▸1
Fetisch 871 ▸2; 1929 ▸2
fetischisieren 1730 ▸2
Fetischismus 783
fett 248 ▸1; 379 ▸1; 661; 1153
fettarm 1031 ▸3; 1491 ▸2
fetten 766 ▸4
Fettflecken, voll 1403 ▸1
fettig 765 ▸6; 1403 ▸1
Fettlebe 670 ▸1
fettleibig 379 ▸1
Fettleibigkeit 670 ▸2
Fettnäpfchen 1055 ▸1
Fettwanst 670 ▸2
Fetzchen 1536 ▸2
Fetzen 5 ▸1; 1335 ▸1; 1536 ▸2
fetzen, sich 1531 ▸2
feucht 404 ▸1; 1069; 1157 ▸3; 1354 ▸1
feucht werden 614 ▸3
Feuchte 1877 ▸1
**feuchten 614**; 1320
feuchtfröhlich 832 ▸3
Feuchtigkeit 1181 ▸1; 1877 ▸1
feuchtkalt 911 ▸1; 1157 ▸3
feuchtwarm 404 ▸2; 1868 ▸2
feudal 1322 ▸4
Feudaladel 36 ▸2
Feudalaristokratie 36 ▸2
**Feuer** 475 ▸1; 546 ▸4; **615**; 827; 1047 ▸2; 1442 ▸2
Feuer fangen 217 ▸2; 1051 ▸2
Feuer und Flamme 545 ▸3
Feuer und Flamme sein 217 ▸2; 1122 ▸1
Feuer und Wasser 692 ▸4
Feuerbestattung 232 ▸2
Feuereifer 420 ▸2
Feuergarbe 615 ▸3
feuergefährlich 687 ▸1
Feuergefecht 982 ▸1
feuern 915 ▸4; 993 ▸2; 1013 ▸3; 1870 ▸1
Feuerprobe 1280 ▸3
Feuersbrunst 615 ▸2
Feuerschlucker 110 ▸2
Feuerschutz 1425 ▸3
feuersicher 1455 ▸6
Feuerstelle 842 ▸1
Feuerstoß 615 ▸3
Feuertaufe 50 ▸2
Feuerung 833
Feuerwehr 851 ▸2
Feuerwerk 1047 ▸2; 1695 ▸2
Feuilleton 8 ▸1
Feuilletonist 258 ▸1; 1418
feurig 545 ▸3; 826 ▸2; 1868 ▸2
Fex 65 ▸5
Fez 1679 ▸3
Fiaker 576 ▸1
Fiasko 183; 1111
Fibel 1027; 1286 ▸5
Fiber 572 ▸3
Fick 1050 ▸3
ficken 1051 ▸3
fide, bona 1154
fidel 745 ▸1; 832 ▸3
Fidelität 647 ▸1; 1679 ▸2
Fieber 546 ▸4; 1068 ▸3
fieberhaft 427 ▸2; 1667 ▸1
fiebern 215 ▸2; 1035 ▸3
fiebernd 1595 ▸2
Fiebertraum 877 ▸1
Fieberwahn 877 ▸1
fiebrig 545 ▸1; 1037 ▸1
Fieldresearch 1082
Fieldwork 1082
Fiepen 731 ▸2
fies 1392 ▸5
fieselig 408 ▸3
Fiffi 868
fifty-fifty 806

Figaro 658
figgelinsch 1437‣2
Fight 914‣3
fighten 915‣1; 915‣2
Fighter 916‣2
Figur 158; 630‣4; 744‣2; 1251‣3; 1342‣1; 1467
Figur machen, gute 881
Figur machen, keine gute 317‣1
Figur, blendende 1407‣2
Figur, gute 1053‣5
figural 308‣2
figurativ 308‣2
figurieren 1482‣1; 1845
figurieren als 1801‣1
Figurine 1467
figürlich 77‣1; 308‣2
Fiktion 877‣4; 961‣3; 1555‣2
fiktiv 1260‣2; 1375
File 1813‣4
Filetarbeit 810‣2
Filia 1073‣1
Filiale 1180‣2; 1972‣1
Filibuster 2
filigran 408‣1; 1928‣1
Filius 907‣1
**Film 616**; 1092; 1382‣1
Film, im falschen 1773‣1
Filmapparat 913‣2
Filmarchiv 1479‣3
Filmatelier 113
Filmband 616‣2
Filmbühne 934
filmen 126‣5; 393‣8
Filmheld 1496‣1
Filmkamera 913‣2
Filmkritiker 258‣1; 985‣1
Filmmanuskript 392
Filmmaterial 616‣2
Filmmusik 1128‣3
Filmpalast 934
Filmrolle 616‣2
Filmschauspieler 358
Filmstar 1496‣1
Filmstreifen 616‣2
Filmstudio 113
Filmtheater 934
Filou 292‣1; 385‣2; 894‣1; 1419‣1
filterlos 1202‣2
filtern 943‣3
filtrieren 943‣3
Filz 707; 950; 1518‣3; 1548‣2
filzen 1163‣2; 1279‣1; 1474‣2; 1546‣1
Filzhut 966
filzig 805; 1475‣1
Filzokratie 950
Fimmel 422‣4
final 473
Finale 425‣4; 1395‣2
Finalist 1459‣1
Finanzamt 1510‣3
Finanzen 822‣2
Finanzhyäne 1270
Finanzier 835‣1; 1090
finanzieren 34; 273‣1; 302‣4; 319‣2; 519‣3
Finanzierungsplan 1253‣3
finanzkräftig 1322‣1
Finanzmagnat 1682‣2
Finanzmarkt 1081‣2
Finanzplan 822‣2
finanzschwach 106‣1
finanzstark 1322‣1
finassieren 1018‣1
Findelkind 933‣2
**finden** 585‣2; **617**; 767‣1; 1094; 1300‣3; 1394‣3; 1447
finden an, Gefallen 760‣2; 1122‣1
finden an, Geschmack 1122‣1
finden sein, zu 210‣3
finden, Abnehmer 1756‣4
finden, Anklang 688‣2; 1622‣3
finden, Ausgleich 1750‣2
finden, Beifall 688‣2
finden, Gefallen 688‣1
finden, Geschmack 688‣1
finden, Glauben 1622‣3
finden, Haar in der Suppe 194
finden, jmdn. sympathisch 1051‣1
finden, kein Ende 144‣3; 1517‣1; 1816‣3
finden, keine Ruhe 848‣2
finden, keine Worte 1921‣1
finden, keinen Kompromiss 28‣4
finden, Lösung 943‣2; 1061‣3; 1731
finden, nicht in Ordnung 194
finden, nichts zu 1663‣1
finden, Publikum 1756‣4
finden, reißenden Absatz 1756‣4
finden, sein Grab 231‣2
**finden, sich 617**; 1704‣5; 1931‣6
finden, sich bereit 486‣1
finden, sonderbar 1921‣3
finden, unsympathisch 818‣1
finden, Vergleich 1750‣2
finden, zu Hause 1589‣4
finden, zueinander 1152‣4; 1713‣1
Finderlohn 495‣3
findig 573‣1; 741‣2; 887‣1; 1391‣1
findig sein 959‣3
Findigkeit 740‣2
Finesse 605‣2; 1593
Finger 775‣1
Finger am Puls haben 390
Finger machen, lange 1163‣2
Finger, fieser 1419‣2
Finger, schlimmer 1267‣3
Fingerabdruck 927‣5; 1493‣1
fingerfertig 741‣1
Fingerfertigkeit 609; 740‣1
Fingerhakeln 914‣1
Fingerhut 948‣2
Fingerhut voll 1890‣1
Fingerring 1341‣3
Fingerspitzengefühl 465‣3; 743‣1; 1346
Fingerübung 1624
Fingerzeig 851‣3; 857‣2
fingieren 1067; 1845
fingiert 316‣3; 580‣3; 1375
Finish 425‣4; 763‣7; 1395‣5
finster 405‣1; 1415‣2
finster machen 1394‣4
finster werden 407‣1
Finsterling 1419‣2
finstern 407‣1
Finstern, im 405‣5
Finsternis 406‣1
Finsternis, ägyptische 406‣1
Finte 1055‣1
fintenreich 1391‣1
fipsig 408‣3
Firewall 1425‣6
Firlefanz 937‣1; 1286‣3
firm 513‣1; 573‣1; 926; 1826‣2
firm sein 1789‣2; 1913
Firma 737‣1; 1681‣1
Firmament 1509
firmen 435‣4
Firmenberatung 1299‣3
firmieren 928‣3

Firmung 436‣2
firnissen 766‣3
First 763‣1
Fisch noch Fleisch, nicht 769‣4; 1645‣4
Fisch, kleiner 948‣1
Fischblut 1250
fischblütig 769‣4; 911‣3
fischen 585‣3
fischen nach 1546‣2
fischen, im Trüben 291‣1
Fischernetz 1171‣1
Fisimatenten 1670‣1
fispeln 627
fisseln 1320
fit 513‣1; 754‣1; 976‣1; 1021‣3; 1485‣1
Fitness 755
fitten 500‣3
fitzen 1404‣3
fix 299‣1; 531‣1; 610; 887‣1; 1405‣1
fix und fertig 608‣2
fixen 283‣4
Fixer 395‣1; 813‣2
fixieren 79‣2; 208‣1; 612‣1; 1329‣3; 1731
fixieren, schriftlich 1416‣1
fixiert 610
fixiert auf 1647‣1
Fixierung 1732‣1
Fixigkeit 425‣2
Fixkosten 973‣2
Fixstern 1509
Fixum 1727‣1
Fjord 1794‣2
flach 180; 765‣1; 947‣3; 1194‣2
**Fläche 618**; 682‣2
Flächenbrand 615‣2
Flächenmaß 1084‣2
Flachfernseher 607‣1
Flachheit 181‣1; 618‣2
flächig 765‣1
Flächigkeit 618‣2
Flachkopf 403‣1
Flachland 618‣1
Flachlandtiroler 1432
flachlegen 1051‣3
flachsen 1487‣1; 1531‣1
Flachsinn 402‣1
flachsinnig 401‣1
Flachwichser 403‣4
Flachwitz 1679‣4
flackern 328‣1; 1376‣2
flackernd 1667‣2
flackrig 1667‣2
Fladen 1536‣3
Flagge 1930‣4
flaggen 138‣2
Flaggschiff 1802‣3
flagrant 942‣3
flagranti, in 1258
Flair 158; 1328‣3
flamboyant 715‣1
Flamme 615‣1; 710
flammen 328‣1; 1376‣4
flämmen 328‣4
flammend 1021‣5; 1868‣2
Flammenmeer 615‣2
Flaneur 246‣1; 593
flanieren 700‣2
Flanke 1557‣4
Flankenschutz 1425‣3
flankieren 1426‣2
Flappe 1126
flapsig 401‣3; 640‣2
Flapsigkeit 641‣1
Flasche 221; 1777
Flaschenzug 139‣1
Flash 1305‣2
Flat 1916‣2
flatterhaft 1032‣1; 1694‣1
Flatterhaftigkeit 1033‣1; 1695‣1
Flatterie 1057‣4
flattern 314‣1; 1433‣1; 1439‣2
flatternd 1021‣5
flattieren 1396
Flatulenz 155‣2; 1906‣2
flau 571‣1; 1037‣1; 1392‣1
Flaum 185
Flaumfeder, wie eine 1031‣5
flaumig 1031‣3; 1887‣3
flaumweich 1887‣3
flauschig 1887‣3
Flausen 1066‣4; 1251‣2; 1670‣1; 1774‣2
Flaute 1350‣4; 1514
fläzen 521‣3
flechten 101‣4
Flechtwerk 1171‣1
Fleck 1227‣2
Fleck, blinder 1062‣3
Flecken 1401‣2
fleckenlos 1360‣1
Fleckenlosigkeit 1361‣1
fleckig 263‣1; 1403‣1
Flegel 1267‣1
Flegelei 641‣3
flegelhaft 640‣3; 1657‣2
Flegeljahre 905‣1
flegeln 521‣3
flehen 313‣1
Flehen 681
flehend 1140‣2
flehentlich 1140‣2
Fleisch und Blut 933‣2
Fleisch und Blut, in 1908‣2
Fleischeslust 1068‣3; 1462
fleischig 379‣1; 1354‣1
Fleischlichkeit 1462
Fleiß 420‣2
Fleiß, mit 16
**fleißig 619**; 1553‣1
flektieren 294‣3
**flexibel** 299‣1; **620**; 741‣2
**Flexibilität 621**
Flic 1261‣1
flicken 540‣2
Flicken 1536‣2
flicken, am Zeuge 1760
Flickschusterei 1246
Flickwerk 547‣1; 1246
Fliege 185; 1286‣7
fliegen 426‣1; 774‣3; 1433‣1
fliegen nach 214‣1
fliegen, aus der Kurve 128‣5
fliegend 1021‣5
Fliegengewicht 1031‣1
Flieger 576‣7
**fliehen** 141‣3; **622**
**fließen 623**; 1441‣1
fließend 408‣4; 1645‣3; 1826‣2
fließend, nicht 1690‣2
Fließtext 1572
Flimmer 1047‣2
Flimmerkiste 607‣1
flimmern 1376‣2
flink 421; 1405‣1
Flinkheit 425‣2
Flinte ins Korn werfen 121‣3; 1818‣1
Flippie 1667‣3
flirren 1376‣2
Flirt 962‣2; 1050‣4
flirten 1737
flispern 627
Flittchen 1275
Flitter 1286‣3
flittern 1376‣2

Flitterwochen 777›2; 962›2
Flitz 422›4; 1480›2; 1774›2
flitzen 426›1
Flitzer 576›2
Flocke, wie eine 1031›5
flocken 548›3
Flocken 709›3
flockig 1031›3; 1887›3
Flöhe husten hören 1863›2
Flohmarkt 1081›1
Flokati 1568
Flop 1111
Flor 1518›3
Flora 1159›2
floral 715›1
florieren 507›4
Floskel 1251›1
floskelhaft 180
Floß 576›6
flöten 627; 1460›3; 1482›3
Flöten 731›5
flötengehen 1763›1
Flötist 1129›2
**flott 624**; 866; 1021›3; 1405›1
Flotte 576›6
Flottenverband 576›6
flottieren 1433›2; 1438›1
Flottille 576›6
flottmachen 540›1
Flower-Power 1542›2
**Fluch 625**; 1654
Fluch und Segen 692›4
**fluchen 626**; 1386›2
Flucht 142›3
fluchtartig 427›2; 1405›1
flüchten 622›1
flüchtig 1000›4; 1031›3; 1065›2; 1145›1; 1194›3; 1741; 1883›1
Flüchtigkeit 1001›2; 1033›2; 1146; 1695›2; 1742›1
Flüchtling 1102
fluderig 1145›1
Flug 575›1
Flügel 1557›2
flügellahm 1177›2
flügge 1323›2
Flughafen 807›6
Flugkapitän 668›3
flugs 427›2; 1285›2; 1405›1
Flugschein 1574
Flugzeug 576›7
Flugzeugentführung 485
Fluidum 1328›3
Fluktuation 300›2; 1440; 1705›2
fluktuieren 1439›4; 1880›2
Flunkerei 1066›2
flunkern 1067
fluoreszieren 1376›4
fluppen 1303
Flur 791›3; 1159›2; 1839›1
Flurbereinigung 1048
Flurschaden 1937›1
Fluse 572›3
flusig 1145›1
Fluss 628›1; 757›1
Fluss, im 1202›3
flussabwärts 27
Flussarm 517›5
Flussaue 618›1
Flussgöttin 704›4
flüssig 1157›5; 1322›1; 1826›2
flüssig machen 273›1
Flüssigkeit 756›1; 1877›1
Flussinsel 886
Flusswasser 1877›2
**flüstern 627**
Flüstern 731›2
flüsternd 1039
Flüstertüte 1432
Flut 670›1; 761; 1534›2
fluten 623
Flutlicht 1007›1; 1047›2
flutschen 712›1; 774›1
Flyer 1894›3
Föderation 1714›6
föderiert 1723›1
Fohlen 1242
Föhn 1906›1
föhnen 1599›1
föhnig 404›2
Fokus 1114›6
fokussieren, sich 369›4
fokussiert 124›1
Folder 1894›3
**Folge** 517›3; **628**; 1309›1; 1324›1; 1910›2
Folge haben, zur 629›2; 1706›1
Folge, in steter 1318›1
Folgekosten 973›2
**folgen 629**; 701›1; 1789›2
folgen auf 629›4
folgen, auf Schritt und Tritt 1736›3
folgend, aufeinander 349
Folgenden, im 1141›1
folgendermaßen 1155; 1468
folgenlos 765›5
folgenreich 1896›1
folgenschwer 1896›1
folgerichtig 942›3; 1312›2; 1463›3; 1768›3
Folgerichtigkeit 944›2
folgern 11›3; 1394›3
Folgerung 1395›3
folgewidrig 24; 580›5
Folgewirkung 628›3
Folgezeit 1951
folglich 42
folgsam 326›1; 702
Folgsamkeit 703›1
folgt, wie 1468
Foliant 334›1
Folie 856›1; 1296›2
Folter 333; 1398›2
Folterknecht 184
foltern 1237›7
foltern, psychisch 1237›7
folternd 1288›1
Folterung 333
Fond 856›1; 1472
Fonds 793›3
foppen 138›4; 291›1; 1487›1
Fopperei 80›1
forcieren 389›3; 1711›2
forciert 826›2
Förderer 835›1; 998›1; 1090
förderlich 1192›1
fordern 193›1; 215›1; 1329›2
fördern 177›2; 296›1; 561; 1711›2
fördern, zutage 784›2; 1203›2
Forderung 81›3; 840›3; 1757›2
Förderung 153›1; 562›1; 851›1; 1506›4
**Form** 109›1; 158; 324›3; **630**; 875›1; 1131›4
Form wegen, der 501›1
Form, in 754›1; 976›1; 1485›1
Form, in aller 1208›2
Form, in dieser 1468
Form, in gedrängter 1000›3
Form, in welcher 1898›2
formal 1208›2
Formalie 632›1
formalisieren 1701; 1733
Formalisierung 1702
Formalität 632›1
Format 630›4; 789›1; 1297›1; 1922›1
formatieren 1221›2

Formation 440›1; 630›1
formbar 620›1; 1256; 1887›1
Formbarkeit 621›2
Formblatt 632›2
Formel 146›1; 1251›1
formelhaft 180; 675›3; 768›2; 964›1
formell 964›2; 1208›2
formen 557›6; 561; 753; 960›1
Formen 1754›2
formen, sich 503›1; 503›4
Formenreichtum 1822›1
Formfehler 597›4
Formgebung 630›2
Formgefühl 743›1
formidabel 148›1
formieren 753; 1221›3
formieren, sich 138›3
Forminhalt 884›1
Formkram 632›1
förmlich 964›2; 1208›2
Förmlichkeit 324›3; 632›1
Förmlichkeit, ohne 642›2
**formlos 631**; 642›2
**Formsache 632**
Formsinn 743›1
formstabil 610
Formular 632›2
Formular, ohne 631›3
formulieren 161›2; 1416›3
Formulierung 146›1
Formulierungsgeschick 1489›3
Formung 434›1; 562›1; 630›2
formvollendet 1260›1; 1407›1; 1826›2
Formvollendung 1409›2
forsch 476; 1134›1
**forschen 633**; 1546›1; 1791›2
forschend 892›1
Forscher 370; 1915
Forschergeist 890
Forschertrieb 1173
**Forschung 634**
Forschung, empirische 634›2
Forschung, freie 634›3
Forschungsgegenstand 636›4
Forschungslücke 1062›3
Forschungsreise 575›2
Forschungsreisender 1327›1
Forschungstrieb 890
Forst 1865
Förster 902›1
fort 1851; 1883›1
Fort 209›4
fort und fort 879›2
fort, in einem 879›1
fortab 1478›2
fortan 1478›2
Fortbestand 360›2
fortbestehen 362›3
Fortbestehen 360›2
fortbewegen, sich 700›1
Fortbewegung 300›2
Fortbewegungsmittel 576›1
fortbilden, sich 507›5; 1044›2
fortbleiben 596›1
Fortdauer 360›2
fortdauern 362›2
fortdauernd 363›1; 879›1
fortentwickeln 507›3
Fortentwicklung 635; 1712›1
fortfahren 1736›2
Fortfall 1343›3
fortfallen 6›2; 596›3
fortführen 1736›2
Fortführung 510›2
Fortgang 360›2; 508›1; 628›1; 635; 739›2; 1278›2
Fortgang, lückenloser 360›2
fortgeben 680›4
fortgehen 362›2; 482›1; 1591›1
Fortgehen 483›3
fortgesetzt 879›1
Fortifikation 209›4
fortissimo 1017
fortjagen 993›2
fortkommen 507›4
Fortkommen 134›1
fortlassen 151›1; 1014›1
fortlaufen 622›1
fortlaufend 879›1
fortleben 362›3
fortmachen, sich 482›1
fortpflanzungsfähig 661
fortschaffen 481›2; 484
fortschicken 993›2
fortschleppen 481›1
**Fortschritt** 131; 508›1; **635**; 1506›4
Fortschritte machen, keine 1517›3
Fortschrittler 1218; 1252›1
fortschrittlich 667›2
Fortschrittsglaube 1217
fortschrittsgläubig 1219
Fortschrittsgläubigkeit 1217
fortsetzen 126›4; 1736›2
Fortsetzung 517›3; 628›2
fortstehlen, sich 622›1
forttreiben 1799›1
Fortuna 515›1; 777›1
Fortune 515›1
fortwähren 362›2
fortwährend 879›1
fortwerfen 481›2
fortwirken 362›3
fortzeugen 1907›3
fortziehen 173›1
Forum 1081›1; 1171›4; 1207›1; 1227›3; 1296›2; 1372›1
fossil 43›5
Fossil 44›2; 1335›3
Foto 125›1; 306›3
Fotoapparat 913›1
Fotoatelier 113
fotogen 1330
Fotografie 306›3
fotografieren 1›2; 126›5
Fotokopie 967›1
fotokopieren 1806
Fotokopierer 913›3
Fotomodell 358; 1409›4
Fotostudio 113
Fotze 1374›1
Foyer 1839›3
Fracht 1015›1; 1586›2
Frachter 576›6
**Frage** 93›1; 119›4; 577›2; **636**; 694›2
Frage, brennende 636›2
Frage, keine 942›3
Frage, ohne 39
Frage, rhetorische 636›2
Fragebogen 632›2
Fragelust 1173
**fragen** 313›1; **637**
fragen, Löcher in den Bauch 637›2
fragen, sich 369›2
fragen, um Rat 637›1
fragend 892›1
Fragerei 636›1
Fragestellung 636›4
Fragezeichen, mit 1970›1
fragil 468›1
fraglich 1202›3; 1645›3; 1669›1; 1970›1
fraglich sein 1433›3
fraglos 1636›1

Fragment 1557 ▸2
fragmentarisch 1690 ▸1
fragmentieren 1933 ▸1
fragwürdig 90 ▸5; 687 ▸4; 1268 ▸1; 1375; 1392 ▸5; 1970 ▸1
Fraktion 797 ▸1; 1714 ▸6
Fraktur 1920
Fraktur reden 1725 ▸2
frank 642 ▸2
frank und frei 1202 ▸2
frankieren 1228 ▸4
franko 1630 ▸1
fransig 1302 ▸2
frappant 118 ▸1; 550; 1390
frappieren 990 ▸1; 1616 ▸1
Frappiertheit 549
Fraß 1075 ▸1
fraternisieren 1713 ▸1
Fratz 1073 ▸2
Fratze 749 ▸1
fratzenhaft 819 ▸1
**Frau 638**; 1230 ▸4
Frau, allein stehende 638
Frau, böse 269 ▸2
Frau, weise 1271
Frauchen 1230 ▸4
Frauenautonomie 606
Frauenbefreiung 606
Frauenbewegung 606
**Frauenbilder 639**
Frauenfaden 45
Frauenhandel 1454
Frauenhändler 1950
Frauenhaus 830 ▸2
Frauenheld 1738 ▸1
Frauenjäger 1738 ▸1
Frauenpolitik 606
Frauenrechtsbewegung 606
Frauentyp 1738 ▸1
Frauenwitz 659 ▸1
Frauenzimmer 638
fraulich 1886
Freak 159 ▸4
Freak-out 1305 ▸2
**frech 640**; 1060 ▸5
Frechdachs 1379 ▸2
**Frechheit 641**
Frechheit besitzen 1040 ▸3
free lance 642 ▸6
Fregatte 576 ▸6
**frei** 90 ▸3; 454 ▸3; **642**; 1023 ▸4; 1202 ▸5; 1691 ▸3; 1902 ▸1
frei kopierbar 642 ▸7
frei lassen 151 ▸1; 1014 ▸3
frei machen 177 ▸1; 481 ▸3; 1061 ▸4
frei machen, sich 173 ▸4; 1815 ▸2
frei stehend 454 ▸2
frei veränderbar 642 ▸7
frei von der Leber weg 642 ▸2
frei von Schuld 1668 ▸1
frei zugänglich 642 ▸7
frei, dichterisch 1260 ▸2
frei, nicht mehr 1771 ▸2
Freibad 176 ▸2
freiberuflich 642 ▸6
Freibeuter 2
Freibrief 529 ▸3; 1313 ▸4
Freidenker 1252 ▸1
freidenkerisch 642 ▸3
Freie lassen, ins 1209 ▸1
freien 1713 ▸5
Freien, im 391 ▸1
Freier 94 ▸2; 1893
freier Fall 577 ▸1
Freigabe 529 ▸1
freigeben 211 ▸2; 1014 ▸1
freigebig 745 ▸3; 790 ▸1
Freigebigkeit 1640
freigegeben 1202 ▸1
Freigehege 1945
Freigeist 1252 ▸1
freigeistig 642 ▸3
freigesprochen 1668 ▸2
freigestellt 642 ▸5
freihalten 444 ▸2; 1334
freihalten, sich den Rücken 1018 ▸1
freihändig 1134 ▸2; 1691 ▸3
**Freiheit** 529 ▸3; **643**
Freiheit, künstlerische 643 ▸1
freiheitlich 367
Freiheitsberaubung 485; 689 ▸1
Freiheitsdurst 643 ▸2
Freiheitsentzug 689 ▸1
Freiheitskampf 914 ▸4
Freiheitsliebe 643 ▸2
Freiheitsstrafe 689 ▸1
Freiheitsverlangen 643 ▸2
freiheraus 942 ▸2; 1202 ▸2
freikämpfen 211 ▸5
freikommen 211 ▸1
Freikorps 1106 ▸2
freilassen 211 ▸2; 1014 ▸1
Freilassung 643 ▸4
freilegen 481 ▸3; 617 ▸1
Freilegung 672 ▸1
freilich 3; 39; 735 ▸2
freimachen 211 ▸1; 1228 ▸4
freimachen, sich 211 ▸4
Freimut 432 ▸1; 643 ▸3; 1205 ▸1
freimütig 642 ▸2; 1116; 1202 ▸2
Freimütigkeit 643 ▸3; 1205 ▸1
freipressen 211 ▸5
Freischärler 1106 ▸2
freischwebend 1669 ▸2
freischwimmen, sich 211 ▸4
Freisemester 522 ▸4
freisprechen 498 ▸2
freistehen 959 ▸2
freistehend 240
freistellen 211 ▸2; 528 ▸1; 993 ▸2
Freistellung 529 ▸1; 994 ▸1
Freistil 29 ▸5
Freitisch 674 ▸1
Freitod 1584 ▸3
Freitreppe 134 ▸3
**freiwillig 644**; 1630 ▸1
Freiwilligkeit 475 ▸1
Freizeit 522 ▸1
Freizeitpark 289 ▸4
freizügig 90 ▸2
Freizügigkeit, sexuelle 659 ▸2
**fremd** 447 ▸1; **645**; 1637 ▸2
fremd werden, einander 482 ▸5
fremdartig 645 ▸1
**Fremde 646**
Fremde, in der 645 ▸3
fremdeln 1366 ▸1
fremdenfeindlich 603
Fremdenführer 668 ▸4
Fremdenphobie 1158 ▸2
Fremder 282 ▸2; 1327 ▸1
fremdgehen 291 ▸3
Fremdheit 448 ▸1
fremdländisch 645 ▸1
Fremdlinge 646 ▸2
fremdschämen, sich 1366 ▸1
Fremdsprache 1489 ▸4
frenetisch 545 ▸3; 826 ▸2
frequentieren 244; 281 ▸3
frequentiert 241 ▸3
Freskenmaler 1078 ▸1
Fresko 306 ▸2
Fressalien 539 ▸2
Fressbegierde 1757 ▸1
Fresse 749 ▸1; 1126
fressen 563 ▸6; 1045 ▸1; 1719 ▸1; 1789 ▸2
Fressen 1075 ▸1

fressen, kahl 563›6
Fresser 723›3
Fresserei 708
Fressgelage 708
Fressgier 1757›1
Fresssucht 1547›4; 1757›1
Fresstempel 678›1
**Freude 647**; 777›2
Freude machen 648›1
Freude, mit 735›2
freudearm 1655›3
freudeleer 1655›3
Freudenfest 746›2
Freudengeheul 647›3
Freudenhaus 318
Freudenmädchen 1275
Freudenschrei 647›3
Freudentaumel 647›3
freudestrahlend 832›1
freudevoll 778›1
freudig 735›1; 778›1; 832›1
Freudigkeit 647›1
freudlos 447›1; 1177›1; 1655›1
Freudlosigkeit 1588
**freuen 648**; 688›2
**freuen, sich 648**
freuen, sich an 804›1
freuen, sich auf 552›1
freuen, sich wie ein Schneekönig 648›2
**Freund 649**; 711
Freund Hein 1578›3
Freund und Feind 38›1
Freund, guter 649
Freundeskreis 797›1
**Freundin 650**; 710
**freundlich** 488; **651**; 836›3; 861; 1170›1
freundlich sein, so 486›1
freundlicherweise 312›1
Freundlichkeit 487›2
freundlichst 312›1
**Freundschaft 652**
freundschaftlich 651›3; 1798›1
Freundschaftsbande 652›1
Freundschaftsdienst 381›2
Freundschaftsring 1341›3
Frevel 1367›2; 1720
frevelhaft 1717
Freveltat 1720
Friede 442
**Frieden 653**
Friedensliebe 653›2
Friedenspfeife rauchen 259›3
friedensstiftend 655›1
friedfertig 655›1; 686›1
Friedfertigkeit 653›2
**Friedhof 654**
**friedlich** 441›1; **655**; 1352›1
Friedlichkeit 653›2
friedliebend 655›1
friedlos 1667›1
Friedlosigkeit 425›1
friedsam 655›1
friedvoll 655›1
friemeln 186
**frieren** 548›2; **656**
frierend 911›2
frigid 911›3
Frigidität 1642›4
fringsen 1163›2
**frisch** 77›1; 588›1; **657**; 754›1; 866; 906›3; 911›1; 1021›4; 1065›1; 1172›1; 1302›5
frisch gebacken 1172›1
frisch gewachsen 1360›1
Frische 586›2; 755; 912›1; 1361›1
frischen 679›2
Frischluft 1063›3
frischweg 768›3
Frischzellenkur 541›2
Friseuse 658
frisieren 266; 1244›5
Frisiertisch 1577
**Frisör(in) 658**
Frist 360›1; 1817›1; 1932›1
fristen, Leben 479; 519›3
fristgemäß 1285›1
fristlos 1258
Frisur 803›2
frivol 90›1; 1032›2
**Frivolität 659**
froh 832›1
froh gestimmt 832›1
froh machen 648›1
frohgemut 832›1
fröhlich 832›1; 1031›4
fröhlich sein 648›2
Fröhlichkeit 647›1
frohlocken 648›2
Frohlocken 647›3
Frohmut 647›1
frohmütig 832›1
Frohnatur 1218
Frohsinn 647›1
**fromm 660**
Frömmelei 478›5; 581›2
frommen 1191›1
Frommheit 1332›2
Frömmler 849
frömmlerisch 477›2; 580›4
Fron 100›4; 1015›2; 1967›1
Fronde 697›2
Frondeur 697›2
frönen 722
frönen, dem Alkohol 283›3
fronen, sich 536›2
Fröner 1466›1
Fronknecht 1466›1
Front 1324›3; 1833›1
Front machen 123›2
Front, an der 1837›1
frontal 1837›2
Frontalzusammenstoß 1646
Fronteinsatz 449›4
Frontispiz 1833›2
Frontmann 916›2; 1042›2
Frontrunner 1459›1
Frontseite 1833›1
Frontstellung 604
Froschaugen 140
Froschblut 1250; 1642›4
froschblütig 769›4; 911›3
Froschperspektive 478›5
Frost 912›1
fröstelig 911›1
frösteln 656›1
fröstelnd 911›2
frosten 519›2
frostig 31›1; 911›1
Frostigkeit 1642›4
frostklirrend 911›1
frottieren 1321›1; 1599›1
Frotzelei 1486›2
frotzeln 1487›1
frotzelnd 1488›2
Frucht 515›5; 518; 628›3
**fruchtbar** 353›2; **661**; 778›2; 1192›1; 1410
Fruchtbarkeit 670›1; 1269›2
fruchtbringend 661
Früchtchen 1777
Früchte 1190›1
fruchten 1191›1; 1907›2
fruchtig 1354›1
fruchtlos 1743
Fruchtlosigkeit 1744
frugal 82›1; 431›3
Frugalität 432›4

**früh 662**
früh bis spät, von 879›1
früh, zu 1853›1
Frühadapter 1252›2
Frühchen 933›1
Frühe 50›3
Frühe, in aller 662
**früher** 416; **663**; 1739
früher als erwartet 1406; 1853›1
früher als gedacht 1406
früher oder später 1202›7; 1478›2
Frühgeschichte 1740
Frühherbst 45
**Frühjahr 664**
Frühjahrsputz 1325›3
Frühlicht 50›3
Frühling 664
Frühlingslüftchen 1063›3
frühmorgens 662
frühreif 1853›2
Frühschoppen 1075›2
Frühstück 1075›2
frühstücken 563›2
Frühstunde 50›3
Frühzeit 1740
frühzeitig 662; 1285›1
Frust 505
frusten 493; 504
Frustration 505
frustrieren 493; 504; 1775›1
frustriert 1655›1
Frustrierung 505
Fuchs 385›2; 1242
fuchsen 105›1
fuchsig 320›1
füchsisch 1391›1
fuchsschlau 1391›1
fuchsteufelswild 320›1
Fuchtel 269›2
Fuchtel haben, unter der 845›1
Fuchtel, unter der 1647›3
fuchtig 320›1
Fuder 1290›1
fuderweise 1819›1
Fuffziger, falscher 292›1; 849
Fug und Recht, mit 250›1; 748›4
Fuge 209›2; 1210›3; 1794›3
fügen, sich 72›2; 214›2; 701›1; 1035›2; 1589›7
fügsam 686›2; 702; 1686›1
Fügsamkeit 685›2; 703›1
Fügung 1384›1
Fügung, günstige 777›1
Fügung, unglückliche 1654
fühlbar 376›1; 1448›1; 1461›1; 1494
**fühlen 665**; 1863›1
fühlen lassen 161›3; 1746›1
fühlen nach 261›1
fühlen, auf den Zahn 1279›3
fühlen, Schmerzen 1035›1
fühlen, sich 210›2
fühlen, sich bemüßigt 1130
fühlen, sich glücklich 778›5
fühlen, sich hilflos 1818›2
fühlen, sich hingezogen 1051›1; 1122›2
fühlen, sich schuldig 1421›3
fühlen, sich verantwortlich 1130; 1421›3
fühlen, sich verpflichtet 1130
fühlen, sich zugehörig 64›1
fühlend, zart 464›5
Fühler 465›1
Fühligkeit 471
fühllos 1091›3; 1582›2; 1641›2
Fühlungnahme 962›2
Fuhre 1290›1; 1586›2
**führen** 201›1; 218›2; **666**; 845›1; 1511›1; 1677›1
führen zu 629›2
führen, ad absurdum 554›2
führen, am Narrenseil 1487›1
führen, aufs Glatteis 291›4; 1845
führen, bergauf 1504›1
führen, Beschwerde 941›2
führen, das große Wort 666›2
führen, die Klinge 1531›2
führen, Gespräche 1677›3
führen, Gründe ins Feld 498›3
führen, hinters Licht 291›1
führen, im Schilde 1254›1
führen, Klage 941›2
führen, Krieg 915›5
führen, Leben 1019›1
führen, lockeres Leben 1781›1
führen, mit sich 1585›1
führen, Namen 1169›3
führen, Regie 1482›2
führen, sich vor Augen 1843›2
führen, spazieren 1585›2
führen, vor Augen 525›3; 1931›2
führen, Vorsitz 666›1
führen, zu Ende 1825
**führend** 551; **667**; 1837›1
**Führer 668**; 846; 1252›2
Führung 202›1; 227›3; 1043›1; 1754›1
Führung haben, politische 845›1
**Führungskraft 669**
Führungslicht 1007›1
führungsschwach 1428›3
Führungsschwäche 1429›3
Führungsstab 669›1
**Fülle 670**; 884›2; 1097›2; 1281›2; 1445›2; 1822›1
**füllen** 235›1; 540›2; **671**
Füllen 907›2; 1242
füllen, sich 671›3
füllend 1153
füllend, sich 1953
Füllhorn 777›1
füllig 379›1; 1502›2
Fülligkeit 670›2
Füllmasse 884›2
Füllsel 517›2; 884›2
Füllung 884›2
fulminant 162›1
Fummel 946›1
fummeln 186
Fun 647›1
**Fund 672**
Fundament 793›1; 807›2
fundamental 796
Fundamentalismus 365
Fundamentalist 364
fundamentalistisch 366; 1295; 1500›4
fundamentieren 1457›1
Fundgegenstand 672›1
Fundgrube 889›2; 1291›3
fundieren 369›4; 1457›1; 1540›1
fundiert 719›3; 926
Fundierung 791›2; 1794›4
fündig werden 617›1
Fundort 1291›3
Fundraising 851›1
Fundsache 672›1
Fundstelle 1291›3
Fundstück 672›1
Fundus 793›3; 897›1
fünf nach zwölf 1477›1
fünf vor zwölf 1477›2
Fünfuhrtee 1075›6
fungieren 1907›1

fungieren als 101 ▸ 2
Funke 615 ▸ 1; 875 ▸ 2; 1047 ▸ 2
funkeln 1376 ▸ 2
funkelnagelneu 1172 ▸ 1
funkelnd 836 ▸ 2; 1021 ▸ 4
funken 712 ▸ 1; 1617 ▸ 6; 1789 ▸ 2
Funkloch 1674 ▸ 1
Funknetz 1171 ▸ 3
Funkstille 1350 ▸ 1
Funktiolekt 1489 ▸ 5
Funktion 119 ▸ 1; 381 ▸ 1
funktionalisieren 152 ▸ 3
Funktionalisierung 153 ▸ 3
Funktionär 1802 ▸ 3
funktionell 1909 ▸ 1
funktionieren 700 ▸ 3; 712 ▸ 1; 1040 ▸ 1; 1680 ▸ 2
funktionieren, nicht mehr 1775 ▸ 3
funktionsfähig 252 ▸ 2
Funktionsmusik 1128 ▸ 3
funktionsunfähig 263 ▸ 3
Funkturm 1605 ▸ 1
für 1501
für lau 1630 ▸ 1
für möglich halten 1767 ▸ 1
für sich 447 ▸ 2; 454 ▸ 1
für und für 879 ▸ 2
Für und Wider 1969 ▸ 3
fürbass 1851
Fürbitte 467; 681; 1766 ▸ 1
fürbitten 313 ▸ 1; 1764 ▸ 1
Furche 582 ▸ 2; 1493 ▸ 1; 1794 ▸ 1
furchen 583 ▸ 3; 784 ▸ 1
Furcht 61 ▸ 1
Furcht haben vor 62 ▸ 2
furchtbar 819 ▸ 1; 1415 ▸ 1
fürchten 62 ▸ 1; 552 ▸ 3; 622 ▸ 2
Fürchten, zum 1415 ▸ 2
fürchterlich 1415 ▸ 1
furchtlos 1134 ▸ 1
Furchtlosigkeit 1133
furchtsam 63 ▸ 1
Furchtsamkeit 61 ▸ 3
fürderhin 116 ▸ 1
Furie 269 ▸ 2; 639
furios 320 ▸ 1; 1902 ▸ 1
Furnier 867 ▸ 3
furnieren 198
Furor 104 ▸ 2
Furore machen 117
Fürsorge 1243 ▸ 1; 1425 ▸ 4; 1640
fürsorglich 1471 ▸ 1
Fürsorglichkeit 1640
Fürsprache 467; 1766 ▸ 1
fürsprechen 498 ▸ 3; 1764 ▸ 1; 1801 ▸ 2
Fürsprecher 1090; 1802 ▸ 2; 1802 ▸ 3
Fürst 846
Fürst der Finsternis 1571
fürstlich 1322 ▸ 4
Furt 1210 ▸ 4
fürwahr 1860; 1908 ▸ 3
Furz 1906 ▸ 2
furztrocken 1012 ▸ 1; 1598 ▸ 1
füsilieren 1583 ▸ 2
Fusion 1108 ▸ 4; 1714 ▸ 6
fusionieren 1713 ▸ 3
Fusionierung 1714 ▸ 6
Fuß 793 ▸ 1
Fuß fassen 72 ▸ 2; 1179 ▸ 1
Fuß, auf gespanntem 692 ▸ 1
Fußangel 1055 ▸ 1
Fußballplatz 682 ▸ 3
Füße, eingeschlafene 571 ▸ 1
Fussel 572 ▸ 3
fusselfrei 1360 ▸ 1
fusselig 1302 ▸ 2
fusseln 1061 ▸ 8
fußen 1503 ▸ 1
fußen auf 9 ▸ 3
Füßen, auf tönernen 1741
Fußes, stehenden 768 ▸ 3; 1285 ▸ 2; 1405 ▸ 2
Fußfall 798 ▸ 2
fußfällig 1686 ▸ 2
Fußgängerzone 1495 ▸ 3
Fußnote 517 ▸ 2
Fußsoldat 1106 ▸ 1
Fußspitzen, auf 1039
Fußspur 1493 ▸ 1
Fußstapfen 1493 ▸ 1
Fußstütze 807 ▸ 5
Fußtritt 1522
Fußweg 1884 ▸ 1
Fut 1374 ▸ 1
futsch 1883 ▸ 1
Futter 867 ▸ 3
Futter, gut im 379 ▸ 1
Futteral 221; 867 ▸ 8; 1374 ▸ 3
futtern 563 ▸ 1
**füttern 673**
Futterneid 1164
futterneidisch 1166
Fütterung 539 ▸ 1; 867 ▸ 3
Futurum 1951

# G

**Gabe** 574; **674**; 1214▸1; 1290▸2
Gabe, milde 674▸1
Gabelfrühstück 1075▸2
gabeln, sich 1558▸5
Gabelung 29▸2; 999
Gaben, prophetische 465▸4
Gabenopfer 1214▸3
Gabenverteilung 674▸2
gackern 1490▸3; 1581▸3
Gadget 1894▸3
Gaffer 246▸1
Gag 1679▸4
gaga 1773▸1
Gage 1727▸1
gähnen 1209▸4
gähnend 1125▸1; 1202▸1
Gala 599▸2; 1281▸1; 1579▸2
Galaabend 599▸2
galamäßig 598▸2
Galan 711; 924
galant 861
Galanterie 487▸2
Galanummer 763▸5; 1074
Galaxie 1509
Galaxis 1509
Galeere 576▸6
Galeerensklave 1466▸1
Galerie 1297▸2; 1357▸2
Galgenfrist 1817▸3
Galgenhumor 1486▸3
Galgenvogel 1419▸2
Galionsfigur 1802▸3
gallebitter 841▸2
gallertartig 1887▸4
gallig 320▸2; 321▸1; 841▸2
Galopp 300▸1; 425▸2
galoppieren 426▸1
Gambit 1055▸1
Gameshow 1679▸7
Gamin 1267▸1
gammelig 1392▸3
gammeln 592
Gammler 1542▸2
Gang 274▸2; 300▸1; 628▸1; 739▸2; 797▸5; 1278▸2; 1839▸1; 1884▸3
gang und gäbe 675▸1; 964▸1
Gangart 300▸1
Gangart, härtere 1967▸1
gangbar 675▸2; 1123▸1
gangbar machen 177▸1
Gänge 1075▸9
Gängelband 1043▸2
Gängelei 1043▸2
gängeln 1675▸4
Gängelung 1043▸2
**gängig** 40▸1; 241▸2; 297; **675**
Gangster 292▸1
Gangstermilieu 1685▸1
Gangstertum 1685▸1
Gangway 331▸1
Ganove 1419▸2
Gans 403▸4
Gans, dumme 403▸4
Gänsehaut bekommen 656▸1
Gänsemarsch 1324▸3
Gänsemarsch, im 1010▸2
Gänsewein 1877▸2
Gant 1755▸3
**ganz** **676**; 1942
ganz und gar 676▸2
ganz unten 531▸2
ganz, nicht 1563
Ganze, das 38▸1
Ganzen, im 40▸5
Ganzes 440▸1
Ganzes, strukturiertes 1549▸1
Ganzheit 440▸1
ganzheitlich 676▸1
ganzjährig 363▸3
gänzlich 676▸2
Ganztagsschule 1423▸1
Gap 1062▸3
gar 608▸4; 1650▸1
gar werden lassen 952▸2
gar, halb 1666▸2; 1690▸3
Garant 336
Garantie 340▸1; 1456▸3
garantieren 337▸1; 1457▸2; 1782▸2
garantiert 1455▸4
Garaus machen 1583▸1
Garbe 341▸2
Garçonnière 1916▸2
Garde 1874
Garderobe 946▸1; 1839▸2
Gardine 867▸6
Gardinen, hinter schwedischen 1647▸2
Gardinen, schwedische 689▸2
Gardinenpredigt 1077▸4; 1380▸1
garen 323▸1; 952▸2
gären 1371▸1; 1724▸1
Garn 572▸2; 1055▸1
garnieren 166▸2; 1287▸1
Garnierung 167▸3; 1286▸2
Garnitur 1286▸2; 1324▸2; 1465▸2
garstig 321▸1; 819▸1
Garstigkeit 322
**Garten** **677**
Garten Eden 1229
Garten Gottes 1229
Garten, botanischer 677
Garten, englischer 677
Garten, zoologischer 1945
Gartenbank 182▸1
Gartenfest 746▸2
Gartenstuhl 1465▸1
Gartenwirtschaft 678▸1
Gärung 546▸4; 594
Gas 475▸2
Gas geben 389▸3
gasförmig 1065▸2
Gasheizung 833
Gasherd 842▸1
Gaslampe 1007▸1
Gasse 1524
Gasse, hohle 478▸4
Gassenhauer 736▸2
Gassenjunge 1267▸1
Gast 282▸1
Gäste 280▸2; 995▸3
Gästehaus 678▸2
gastfrei 745▸3
Gastfreiheit 746▸3
Gastfreund 282▸1
gastfreundlich 745▸3
Gastfreundlichkeit 746▸3
Gastfreundschaft 746▸3
**Gasthaus** **678**
Gasthof 678▸1
Gasthörer 282▸3
gastlich 745▸3
Gastlichkeit 746▸3
Gastmahl 1075▸10
Gastrolle 280▸2; 1342▸1
Gastronom 1912▸1
Gastronomie 727▸3; 988
Gastrosophie 727▸3
Gastspiel 280▸2
Gaststätte 678▸1
Gastwirt 1912▸1
Gatte 1230▸4

Gatter 1414
Gatterich 1230▸4
Gattin 1230▸4
Gattung 109▸2
GAU 1646
Gaudi 647▸4; 1679▸2
Gaukelei 1929▸1
Gaukelspiel 877▸2; 1929▸1
Gaukelwerk 1929▸1
Gaukler 110▸2
Gaul 1242
Gaumen 743▸2
Gaumen, feiner 723▸2
Gaumenfreude 974
Gaumenkitzel 727▸1; 974
Gauner 292▸1; 1419▸1
Gaunerei 290
Gaunersprache 1489▸4
gay 863
Gay 864
Gazelle, wie eine 1031▸5
gazellenhaft 70▸2
geachtet 57
geächtet 531▸3; 1314
Geächteter 159▸3
Geacker 1015▸2
geädert 715▸1
gearbeitet, schlecht 1392▸2
geartet 573▸1; 1898▸3
geästelt 987▸6
Gebabbel 734▸2
gebacken, frisch 1172▸1
gebacken, neu 1172▸1
gebahnt 765▸1
gebändigt 1086▸1
gebannt 545▸3; 892▸1; 1314
Gebärde 146▸2; 857▸2; 1930▸2
Gebärden 1754▸3
gebärden, sich 1753▸1
Gebärdenspiel 146▸2
Gebärdensprache 146▸2
Gebaren 1754▸1
**gebären 679**
gebaren, sich 1753▸1
Gebäude 821▸1
gebaut 1898▸3
gebaut, gut 1407▸2
gebaut, nah ans Wasser 1887▸2
gebaut, schlecht 819▸1
gebefreudig 790▸1; 1639
Gebeine 968▸2
Gebelfer 1380▸1
Gebell 731▸4; 1380▸1
**geben** 305; 319▸2; **680**; 1029▸1; 1482▸1; 1482▸2; 1613; 1707▸1
geben, Abschied 993▸2
geben, anderen Namen 928▸5
geben, anderen Sinn 1704▸1
geben, Antrieb 74▸2; 88▸3
geben, Arbeit 88▸1
geben, Aufschluss 554▸1
geben, Ausdruck 1490▸1
geben, Auskunft 1115▸1
geben, bekannt 1115▸3; 1722▸1; 1769▸2
geben, Bescheid 554▸1; 1115▸1
geben, Beschreibung 268▸1
geben, Brief und Siegel 337▸1; 1782▸1
geben, Brust 673▸1
geben, dem Affen Zucker 1618▸4
geben, der Wahrheit die Ehre 1203▸3
geben, eins auf die Nase 1386▸1
geben, eins hintendrauf 1389▸1
geben, Einverständnis 528▸1
geben, etwas von sich 161▸1
geben, falsches Bild 1067
geben, Farbe 587▸1
geben, Fersengeld 622▸1
geben, Fest 600▸1
geben, Flasche 673▸1
geben, Form 753
geben, frei 1061▸4
geben, Futter 673▸1
geben, Gas 389▸3
geben, Geleit 218▸1
geben, Genugtuung 343
geben, Glanz 766▸3
geben, Halt 1540▸1
geben, Hand 799▸1
geben, Hand drauf 1782▸1
geben, Hilfestellung 834▸1
geben, Hinweis 858
geben, Impuls 74▸2
geben, in Auftrag 279▸1
geben, in Obhut 1795▸2
geben, in Verwahr 22▸3; 1795▸2
geben, keine Ruhe 389▸4; 1237▸1
geben, keinen Laut von sich 1434▸2
geben, Kick 538▸2
geben, Klaps 1389▸1
geben, Kontra 123▸2; 554▸2
geben, Konzert 1482▸3
geben, Korb 30▸4
geben, Laufpass 327▸2; 993▸2
geben, Laut 242▸1
geben, letzten Schliff 516▸1; 1825
geben, letztes Geleit 231▸1
geben, Mitgift 166▸1
geben, Nachricht 1115▸1
geben, Note 1279▸1
geben, Obacht 127▸1
geben, Okay 528▸1
geben, Pfand 337▸2
geben, Quartier 126▸1
geben, Rat 1300▸1
geben, Rest 1583▸1
geben, richtigen Pfiff 1825
geben, Rippenstoß 1076▸3
geben, Schuld 941▸1; 1852
geben, sein Bestes 91▸2
geben, sein Wort 311▸3; 1782▸2
geben, seinem Affen Zucker 486▸2
geben, sich 812▸1; 1376▸1; 1753▸1
geben, sich den Anschein 1845
geben, sich ein Air 428▸3; 1264▸1
geben, sich ein Ansehen 428▸3
geben, sich eine Blöße 317▸1
geben, sich einen Ruck 496▸2
geben, sich jmdm. in die Hand 9▸2
geben, sich Mühe 91▸2
geben, Skonto 1144▸5
geben, Sporen 389▸3
geben, über den Sender 1617▸4
geben, Unterschrift 277▸3
geben, verloren 121▸3
geben, von sich 327▸3
geben, Vorzug 296▸2
geben, Widerworte 554▸2
geben, Wink 858; 1871; 1931▸1
geben, Zeichen 1203▸2; 1308; 1931▸1
geben, zu bedenken 15; 1841▸1
geben, zu denken 264▸3
geben, zu essen 673▸1
geben, zu fressen 673▸1
geben, zu fühlen 1746▸2
geben, zu spüren 161▸3
geben, zu treuen Händen 1795▸2
geben, zu trinken 673▸1

geben, zu verstehen 858
geben, zum Besten 268 ▸ 2
geben, zur Post 1383 ▸ 4
Geber 835 ▸ 1
**Gebet 681**
gebeugt 987 ▸ 2; 1655 ▸ 1
gebeutelt 1655 ▸ 1
**Gebiet** 618 ▸ 3; **682**; 694 ▸ 2; 1972 ▸ 2
gebieten 71 ▸ 1; 845 ▸ 1
gebieten, Einhalt 438; 854 ▸ 3
gebieten, Halt 854 ▸ 2
gebietend, Achtung 788 ▸ 3; 882; 1502 ▸ 1; 1923 ▸ 1
Gebieter 846
gebieterisch 1532 ▸ 3
Gebilde 694 ▸ 1
gebildet 926; 991 ▸ 2
gebilligt 531 ▸ 1
Gebimmel 731 ▸ 2
Gebinde 341 ▸ 2
Gebirge 255 ▸ 2
gebirgig 1638 ▸ 1
Gebirgsmassiv 255 ▸ 2
Gebirgszug 255 ▸ 2
geblendet 316 ▸ 1
geblieben 1582 ▸ 1
geblümt 715 ▸ 1
Geblüt 36 ▸ 2; 684 ▸ 2
gebogen 987 ▸ 1
gebohnert 765 ▸ 2
gebongt 531 ▸ 1; 801 ▸ 3
**geboren 683**
geboren werden 66 ▸ 2
geboren werden, wieder 1704 ▸ 5
geboren zu 573 ▸ 1
geborgen 225 ▸ 2; 1455 ▸ 3
Geborgenheit 1425 ▸ 4; 1869 ▸ 2
Geborgenheitsgefühl 1425 ▸ 4
Gebot 207 ▸ 1; 747 ▸ 1; 1187 ▸ 2; 1245
Gebot der Stunde 1187 ▸ 2
Gebot, inneres 759
Gebot, zu 1835 ▸ 1
geboten 501 ▸ 1; 1186 ▸ 1; 1192 ▸ 3
gebracht werden 954 ▸ 3
gebrandmarkt 531 ▸ 3
Gebräu 756 ▸ 1; 1108 ▸ 1
Gebrauch 153 ▸ 1; 223 ▸ 1
Gebrauch haben, im 325
Gebrauch machen von 244
Gebrauch machen, von seinem Stimmrecht 1859 ▸ 3
Gebräuche 324 ▸ 1
gebrauchen 244; 325
gebrauchen können 325
gebrauchen sein, zu 380 ▸ 2
gebrauchen, Ellenbogen 389 ▸ 1
gebrauchen, Verstand 369 ▸ 1
gebrauchen, zu 1192 ▸ 1
gebräuchlich 297; 675 ▸ 1; 964 ▸ 1
Gebrauchsanleitung 95 ▸ 2
Gebrauchsanweisung 95 ▸ 2
Gebrauchsgut 559
Gebrauchstext 1572
Gebrauchswert 1895 ▸ 2
gebraucht 43 ▸ 4
Gebrauchtes 5 ▸ 2
Gebrause 731 ▸ 2
gebrechen 596 ▸ 2
Gebrechen 979 ▸ 1
gebrechlich 1037 ▸ 2; 1428 ▸ 2
Gebrechlichkeit 979 ▸ 1
gebremst 1010 ▸ 1; 1086 ▸ 1
Gebresten 979 ▸ 1
gebrochen 263 ▸ 1; 531 ▸ 2; 847 ▸ 2; 1537 ▸ 2; 1655 ▸ 1
gebrochen, nur 1690 ▸ 2
Gebrüll 731 ▸ 3
Gebrumm 731 ▸ 2
gebügelt 765 ▸ 7
Gebühr 7; 1265 ▸ 2
Gebühr, nach 501 ▸ 1
Gebühr, über 1620 ▸ 1
gebühren 87 ▸ 2; 1726 ▸ 2
gebührend 310 ▸ 2; 501 ▸ 1; 732 ▸ 2
gebührenfrei 1630 ▸ 1
gebührenpflichtig 1771 ▸ 1
gebunden 1771 ▸ 2
gebunden sein an 9 ▸ 3
gebunden, an den Tag 1741
gebunden, an die Person 1239 ▸ 4
gebunden, nicht an die Person 299 ▸ 2
**Geburt** 50 ▸ 1; 67 ▸ 2; **684**; 843 ▸ 1
Geburt her, von 54
Geburt, von 683 ▸ 1
gebürtig 683 ▸ 1
Geburtsadel 36 ▸ 2
Geburtsakt 684 ▸ 1
Geburtstag 903
Geburtstagsfest 746 ▸ 2
Gebüsch 341 ▸ 1
Geck 1541
geckenhaft 456 ▸ 1; 1620 ▸ 3
gedacht 876
Gedächtnis 524 ▸ 1
Gedächtnis haben, im 523 ▸ 5
Gedächtnis, aus dem 1691 ▸ 3
Gedächtnisfeier 903
Gedächtnishilfe 851 ▸ 3
Gedächtniskraft 524 ▸ 1
Gedächtnisleistung 524 ▸ 1
Gedächtnislücke 33 ▸ 3
Gedächtnismal 371
Gedächtnisrede 524 ▸ 2
Gedächtnisschwäche 33 ▸ 3
Gedächtnisschwund 33 ▸ 3
Gedächtnisstörung 33 ▸ 3
Gedächtnisstütze 851 ▸ 3
gedämpft 404 ▸ 5; 1039
Gedanke 76 ▸ 1; 200 ▸ 1; 875 ▸ 1; 1095 ▸ 3; 1316
Gedanke daran, kein 1168
Gedanken machen, sich 62 ▸ 2; 369 ▸ 1
Gedankenarbeit 1316
gedankenarm 180
Gedankenarmut 181 ▸ 1; 402 ▸ 1
Gedankenaufriss 1253 ▸ 2
Gedankenaustausch 276 ▸ 2; 1679 ▸ 1
Gedankenblitz 875 ▸ 2
Gedankenbrücke 1714 ▸ 2
Gedankenflucht 33 ▸ 2
Gedankenfolge 1316
Gedankenfreiheit 643 ▸ 1
Gedankenfülle 1316
Gedankengang 1316
Gedankengebäude 1549 ▸ 3
Gedankenleser 1271
gedankenlos 401 ▸ 2; 1032 ▸ 1; 1091 ▸ 2; 1194 ▸ 2; 1634 ▸ 2; 1691 ▸ 2
Gedankenlosigkeit 33 ▸ 2; 402 ▸ 2
gedankenreich 1576
gedankenschwer 1576
Gedankenspiel 1253 ▸ 2
Gedankensplitter 372 ▸ 3
Gedankentiefe 1316
gedankenträge 1671 ▸ 1
Gedankenübertragung 962 ▸ 1
Gedankenverbindung 1714 ▸ 2
Gedankenverknüpfung 1316
gedankenverloren 1634 ▸ 1
gedankenvoll 1352 ▸ 4
gedanklich 876; 1768 ▸ 4
Gedärm 437
Gedeck 1324 ▸ 2
gedehnt 1008 ▸ 1

Gedeih und Verderb, auf 676 ▸ 2; 1295
gedeihen 507 ▸ 1
Gedeihen 508 ▸ 1; 515 ▸ 1; 777 ▸ 1
gedeihlich 661; 754 ▸ 3; 778 ▸ 2; 800 ▸ 1; 1192 ▸ 1
gedenken 523 ▸ 3
Gedenken 524 ▸ 1
gedenken, zu tun 1254 ▸ 1; 1919 ▸ 1
Gedenkfeier 524 ▸ 2; 903
Gedenkrede 524 ▸ 2
Gedenkstätte 371
Gedenkstein 371
Gedenktag 903
gediegen 85 ▸ 3; 412 ▸ 2
Gedöns machen 804 ▸ 3
gedopt 248 ▸ 2; 1641 ▸ 2
gedörrt 1598 ▸ 1
Gedränge 289 ▸ 3; 478 ▸ 3
gedrängt 378 ▸ 2; 427 ▸ 1; 1000 ▸ 3; 1824 ▸ 2
gedrängt, dicht 477 ▸ 1
Gedrängtheit 478 ▸ 1; 478 ▸ 3; 1001 ▸ 1
gedrechselt 1620 ▸ 5
Gedröhn 731 ▸ 2
gedrückt 1177 ▸ 1
gedruckt werden 954 ▸ 3
Gedrucktes 1572
gedrungen 976 ▸ 3
Gedudel 736 ▸ 1
**Geduld 685**
gedulden, sich 1873 ▸ 1
**geduldig** 143; **686**; 1352 ▸ 2
Geduldsprobe 104 ▸ 3; 1280 ▸ 3
geehrt 57
geeignet 501 ▸ 1; 513 ▸ 1; 573 ▸ 1; 800 ▸ 3; 1192 ▸ 1; 1968 ▸ 1
geeignet sein 500 ▸ 3
geeignet sein für 1503 ▸ 4
geeinigt 1723 ▸ 1
geeint 1611 ▸ 2
Gefach 568 ▸ 1
Gefahr 397 ▸ 2; 983 ▸ 1
Gefahr, außer 1455 ▸ 3
Gefahr, in 687 ▸ 4
gefährden 396 ▸ 2
gefährden, sich 1856 ▸ 2
gefährdet 468 ▸ 1; 687 ▸ 4
Gefährdung 397 ▸ 2
Gefahrenpunkt 1759 ▸ 1
**gefährlich 687**; 1392 ▸ 4; 1669 ▸ 6
gefährlich werden 396 ▸ 2
Gefährlichkeit 397 ▸ 2
gefahrlos 1104 ▸ 2; 1455 ▸ 2
Gefährt 576 ▸ 1
Gefährte 65 ▸ 2; 649
Gefährtenschaft 652 ▸ 1
Gefährtin 650
gefahrvoll 687 ▸ 1
gefakt 580 ▸ 3
Gefälle 5 ▸ 4; 1684
**gefallen** 212 ▸ 1; 435 ▸ 1; 500 ▸ 1; 648 ▸ 1; **688**; 1122 ▸ 1; 1582 ▸ 1; 1756 ▸ 4
Gefallen 381 ▸ 2; 487 ▸ 1; 647 ▸ 2
gefallen lassen, sich 528 ▸ 1; 701 ▸ 2; 1035 ▸ 2
gefallen lassen, sich etwas nicht 123 ▸ 2
Gefallen tun 486 ▸ 1
gefallen, nicht auf den Kopf 887 ▸ 1; 1768 ▸ 2
gefallen, nicht auf den Mund 251 ▸ 1
gefallen, vom Fleisch 408 ▸ 3
gefällig 326 ▸ 1; 488; 651 ▸ 1; 866; 1170 ▸ 1
gefällig sein 486 ▸ 1
Gefälligkeit 381 ▸ 2; 487 ▸ 1; 851 ▸ 1
gefälligst 312 ▸ 1
Gefallsucht 457 ▸ 1
gefallsüchtig 456 ▸ 1
gefälscht 580 ▸ 3
gefältelt 584 ▸ 1
gefaltet 584 ▸ 1; 728 ▸ 1
gefangen 1647 ▸ 2
gefangen nehmen 891 ▸ 1; 1752
gefangen sein 1464 ▸ 2
gefangen setzen 1752
Gefangenenlager 689 ▸ 2; 1006 ▸ 4
Gefangennahme 689 ▸ 1
**Gefangenschaft 689**
Gefängnis 689 ▸ 2
Gefängnis sein, im 1464 ▸ 2
Gefängniswärter 132 ▸ 2
gefärbt 1567
Gefasel 734 ▸ 2
Gefäß 221
gefasst 1352 ▸ 3
gefasst machen, sich auf 552 ▸ 3
Gefasstheit 227 ▸ 1; 1350 ▸ 2
Gefecht 914 ▸ 2; 982 ▸ 1; 1530 ▸ 2
gefegt, leer 1023 ▸ 2
gefeiert 57; 260 ▸ 2
gefeit 880 ▸ 1; 1455 ▸ 3
gefesselt 892 ▸ 1; 1647 ▸ 3
gefestigt 1323 ▸ 4
gefettet 765 ▸ 6
Gefilde 682 ▸ 2
Gefilde der Seligen 1229
gefinkelt 1391 ▸ 1
geflammt 715 ▸ 1
Geflecht 1171 ▸ 1; 1518 ▸ 3
gefleckt 715 ▸ 1
geflickt 728 ▸ 1; 1172 ▸ 4
Geflimmer 1047 ▸ 2
geflissentlich 16
geflohen 1883 ▸ 1
geflüchtet 1883 ▸ 1
Geflunker 1066 ▸ 2; 1251 ▸ 2
geflunkert 580 ▸ 2
Geflüster 731 ▸ 2; 734 ▸ 1
Gefolge 65 ▸ 4
Gefolge haben, im 629 ▸ 2
Gefolgschaft 65 ▸ 4
Gefolgsmann 65 ▸ 2; 1424 ▸ 3
geformt 414 ▸ 2; 1260 ▸ 1; 1323 ▸ 4; 1898 ▸ 3
gefragt 241 ▸ 2; 675 ▸ 2
gefragt sein 1756 ▸ 4
gefragt, nicht mehr 1703
gefräßig 216 ▸ 2
Gefräßigkeit 1757 ▸ 1
gefressen haben 818 ▸ 1
gefressen, Weisheit mit Löffeln 1236 ▸ 2
Gefrett 104 ▸ 3
gefrieren 548 ▸ 2; 656 ▸ 2
Gefrierpunkt 1514
gefroren 911 ▸ 1; 1500 ▸ 1
gefrustet 1655 ▸ 1
Gefüge 630 ▸ 1; 776; 1222 ▸ 1; 1535
gefügig 702; 1337; 1428 ▸ 3
gefügig machen 1947 ▸ 2; 1975 ▸ 1
Gefügigkeit 703 ▸ 1
gefügt, fest 378 ▸ 2
**Gefühl** 465 ▸ 3; **690**
Gefühl haben, das 665 ▸ 2
Gefühl haben, im 665 ▸ 1
Gefühle haben 665 ▸ 1
Gefühle unterdrücken 283 ▸ 2
Gefühle verdrängen 283 ▸ 2
Gefühle, gemischte 1969 ▸ 1
Gefühlen, mit gemischten 1645 ▸ 1
gefühlig 468 ▸ 3; 470
Gefühligkeit 471

gefühllos 285; 332; 404›4; 769›4; 817›2; 911›3; 1641›1
Gefühllosigkeit 333; 1642›1
gefühlsarm 911›3
Gefühlsarmut 1642›4
Gefühlsausbruch 827
gefühlsbestimmt 470
gefühlsbetont 470
Gefühlsbetontheit 471
Gefühlsduselei 471
gefühlsecht 412›1
Gefühlshaushalt 690›4
gefühlskalt 817›2; 911›3
Gefühlskälte 912›2; 1642›4
Gefühlsklebrigkeit 471
Gefühlslage 1515›1
gefühlsmäßig 885›3; 896
gefühlsreich 470
gefühlsselig 470
Gefühlsseligkeit 471
Gefühlsspannung 546›1
Gefühlstiefe 471
gefühlsverlogen 938
Gefühlsverlogenheit 937›3
Gefühlsverwandtschaft 1050›1
gefühlswarm 1049›4
Gefühlswelten 1443›1
gefühlt 1669›1
gefühlvoll 470; 1260›2
gefüllt 1824›1
Gefunkel 1047›2
gefurcht 43›2; 1638›2
gegabelt 987›6
gegeben 1908›1
gegebenenfalls 579; 1123›3; 1891›1
Gegebenheit 577›2; 1554›1
Gegebenheiten 1005›3
gegen 1501; 1650›1
Gegenargument 555›2
Gegenaufklärung 1309›2
Gegenäußerung 555›2
Gegenbehauptung 555›2
Gegenbewegung 1309›2
Gegenbeweis 555›2
Gegenbild 502›2
Gegend 682›2; 1495›3
Gegendruck 1309›1; 1897›1
Gegeneinanderhalten 1749›1
Gegenfrage 636›2
Gegengabe 495›1
Gegengewicht 149›5
Gegenhall 411›1
Gegenkandidat 697›3
Gegenkraft 1897›1
Gegenkultur 1542›1
gegenläufig 692›3; 1347
Gegenläufigkeit 691›1
gegenlehnen, sich 1540›2
Gegenleistung 354›1; 495›1
gegenlesen 1279›1
Gegenliebe 411›2
Gegenpart 697›1
Gegenpol 149›5
Gegenrede 163›2; 555›2
Gegenrevolution 1309›2
**Gegensatz 691**
**gegensätzlich** 24; **692**; 1779›1
Gegensätzlichkeit 691›1
Gegenschein 502›2
Gegenschlag 1309›1; 1747›1
Gegenseite, auf der 692›1
**gegenseitig 693**
Gegenseitigkeit 1881
Gegenspieler 697›1
**Gegenstand 694**
Gegenstand haben, zum 222›3
Gegenstand, gefundener 672›1
gegenständlich 77›1
gegenstandslos 1392›6; 1635
Gegenstandsschrift 1417›2
gegensteuern 1511›3
Gegenstimme 555›2
Gegenstoß 1309›1; 1897›2
gegenstoßen 89›1
Gegenströmung 1309›1
Gegenstück 502›1
Gegenteil 691›1
Gegenteil, im 3; 1168
gegenteilig 692›3
gegenüber 48; 692›2
Gegenüber 1138›3
gegenübersehen, sich 617›3
gegenüberstellen 554›2; 963›1; 1750›1
Gegenüberstellung 1749›1
Gegenverhalten 1309›1
Gegenvorschlag 555›2
**Gegenwart 695**
Gegenwart von, in 696›3
**gegenwärtig 696**; 729›3; 1834
gegenwärtig haben 523›5
gegenwärtig sein 523›5
gegenwartsnah 696›2; 1896›2
Gegenwehr 1897›2
Gegenwert 502›1; 1265›1; 1895›2
Gegenwirkung 1309›1; 1897›1
Gegenwort 555›2
gegenzeichnen 277›3
Gegenzug 1309›1
Gegenzug, im 1501
gegerbt 584›2
geglänzt 765›2
gegliedert 728›3
gegliedert, wohl 728›3
geglückt 801›2
**Gegner** 602›1; **697**
gegnerisch 603
Gegnerschaft 604; 958›1
gegoren 841›1
gegriffen, aus der Luft 580›2; 794
gegriffen, zu hoch 1620›6
Gehabe 457›1; 1573›3; 1754›1
gehaben, sich 1753›1
Gehalt 200›1; 820; 884›1; 1545; 1727›1; 1895›1
gehalten 1771›1
gehalten sein 1130
gehaltlos 571›1; 1023›3
Gehaltsempfänger 102
gehaltvoll 1153; 1322›3
gehandikapt 263›2; 1647›3
Gehänge 341›2
geharnischt 1140›1
gehässig 237›1; 321›1; 1368›3
Gehässigkeit 80›1; 322; 581›1
gehäuft 1211
Gehäuse 949; 1304›1
Gehege 1945
geheilt 754›2
geheilt werden 521›2; 720›1
geheim 831›2
geheim halten 1434›2; 1710›1
Geheimbund 699›3; 1685›1
geheimbündlerisch 831›1
Geheimdienst 699›3
geheimdienstlich 831›2
Geheimgesellschaft 699›3
Geheimkult 698
**Geheimlehre 698**
**Geheimnis** 406›3; **699**
Geheimnis lüften 317›3
Geheimnis, offenes 260›1; 734›1
geheimnisumwittert 405›4
geheimnisvoll 405›4
Geheimtipp 857›2

Geheimwissenschaft 698
Geheimzahl 927▸5
Geheimzeichen 927▸5
Geheiß 135▸2; 207▸1
geheizt 1868▸1
gehemmt 1177▸1; 1669▸5; 1758▸1
Gehemmtheit 1759▸3
**gehen** 210▸2; 298▸1; 435▸1; 482▸1; **700**; 726▸1; 993▸1; 1756▸4
gehen lassen 1014▸1
gehen lassen, sich 521▸3
gehen lassen, sich durch den Kopf 369▸2
gehen lassen, sich nicht 226
gehen lassen, über die Bretter 1482▸2
gehen lassen, über die Bühne 1707▸2
gehen mit, bergab 1144▸1
gehen nach 214▸1
gehen um 222▸3; 287
gehen, abwärts 21▸1
gehen, an Bord 453▸1
gehen, an den Kragen 396▸2
gehen, an den Leib 396▸2
gehen, an der Spitze 666▸2
gehen, an die Arbeit 1680▸2
gehen, an die Decke 105▸2
gehen, an die Nieren 128▸4
gehen, an die Substanz 1517▸3
gehen, ans Eingemachte 1517▸3
gehen, ans Leben 396▸2
gehen, auf den Geist 105▸1
gehen, auf den Grund 533; 633
gehen, auf den Leim 1378▸4
gehen, auf den Strich 1274
gehen, auf die Barrikaden 123▸2
gehen, auf die Knochen 536▸1
gehen, auf die Reise 1326▸1
gehen, auf die Wanderschaft 173▸1
gehen, auf Distanz 482▸5
gehen, auf große Fahrt 1326▸1
gehen, auf leisen Sohlen 774▸1
gehen, auf Nummer sicher 127▸4; 1782▸3
gehen, auf Reisen 482▸3
gehen, auf Tuchfühlung 1152▸4
gehen, auf und davon 622▸1
gehen, auf Wolken 778▸5
gehen, aufwärts 1504▸2
gehen, aus dem Leim 1936▸4
gehen, aus dem Weg 170▸1; 1404▸5
gehen, aus dem Wege 489▸2; 622▸2; 1629▸1
gehen, baden 1378▸2
gehen, bergab 21▸1
gehen, bergauf 1504▸2
gehen, durch die Lappen 489▸2
gehen, durch Mark und Bein 1228▸1; 1399▸1
gehen, durchs Ziel 1458▸1
gehen, eigene Wege 1061▸5
gehen, einig 1610▸2
gehen, gegen den Strich 459▸1
gehen, gut 507▸4
gehen, hin und her 700▸1
gehen, in Deckung 1426▸4
gehen, in den Untergrund 1710▸4
gehen, in die Binsen 1378▸1
gehen, in die Brüche 327▸1; 472▸2; 1378▸1
gehen, in die Falle 898▸3
gehen, in die Hocke 294▸2
gehen, in die innere Emigration 17▸2
gehen, in die Klappe 1387▸1
gehen, in die Luft 105▸2
gehen, in die Offensive 59▸1
gehen, in die Schlinge 1378▸4
gehen, in die Vollen 91▸2; 722; 1781▸1
gehen, in Erfüllung 1810▸2
gehen, in Klausur 1751▸2
gehen, in Konkurs 1936▸11
gehen, in Ordnung 1589▸7
gehen, in Pension 993▸1
gehen, in Rente 993▸1
gehen, in Sack und Asche 254
gehen, in Scherben 1936▸4
gehen, in sich 254; 369▸3
gehen, in Stellung 1831▸2
gehen, ins Bett 1051▸3; 1387▸1
gehen, ins Detail 144▸3
gehen, ins Freie 700▸2
gehen, ins Garn 1378▸4
gehen, ins Gericht 1550▸2
gehen, ins Nest 1387▸1
gehen, ins Netz 898▸3
gehen, ins Ohr 445▸3
gehen, konform 1610▸2
gehen, mit dem Kopf durch die Wand 1919▸2
gehen, mit sich zu Rate 369▸3
gehen, nach Canossa 701▸3
gehen, nach Hause 472▸1
gehen, online 1713▸2
gehen, schief 1378▸1
gehen, schlafen 1387▸1
gehen, schlecht 1035▸3
gehen, schwanger mit 264▸2
gehen, Shopping 921▸1
gehen, spazieren 298▸1; 700▸2; 1867
gehen, stiften 622▸1
gehen, über den Jordan 1508▸3
gehen, über die Bühne 214▸3
gehen, um den Bart 1396
gehen, um Kopf und Kragen 396▸2
gehen, verlustig 1763▸1
gehen, von dannen 482▸1
gehen, von der Hand 712▸1
gehen, vonstatten 214▸3
gehen, vor Anker 1179▸1
gehen, vor die Hunde 1724▸3
gehen, vor sich 214▸3
gehen, zu Bett 1387▸1
gehen, zu Boden 578▸1; 1378▸3
gehen, zu Ende 472▸2; 1745▸1
gehen, zu Fuß 700▸1
gehen, zu Herzen 261▸2; 1228▸1
gehen, zu Leibe 59▸2; 1389▸2
gehen, zu Tal 21▸1
gehen, zu weit 1618▸3
gehen, zu Werke 812▸1
gehen, zugrunde 1508▸3; 1724▸3; 1936▸11
gehen, zur Hand 834▸1
gehen, zur Konkurrenz 20▸1
gehen, zur Kosmetikerin 1244▸5
gehen, zur Neige 472▸2
gehen, zur Seite 170▸1
gehen, zur Wahl 1859▸3
gehend, auf den Grund 1295
gehend, genau 719▸1
gehend, ins Leere 1743
Gehetze 425▸1
gehetzt 427▸1; 1595▸2
gehetzt, mit allen Hunden 1391▸1
geheuchelt 580▸4
geheuer sein, nicht 1629▸3

geheuer, nicht 687›1; 1268›2; 1415›2; 1669›6
Geheul 940›2
Gehhilfe 1516›2
Gehilfe 835›2; 957
gehirnamputiert 401›1
Gehirnschlag 1388›4
gehoben 545›3; 598›1; 991›2
Gehöft 188
Gehölz 341›1; 1865
**gehorchen** 500›2; **701**; 865›3
gehorchend, der Not 1648›2
gehören 804›1
gehören, sich 87›2
gehörig 85›1; 501›1; 1220›3
gehörig, zur Familie 1808›1
gehörnt 1655›6
**gehorsam** 326›1; **702**
**Gehorsam 703**
Gehorsam, blinder 703›2
Gehorsamsverweigerung 1897›2
gehört, nie 1637›2
gehört, wie es sich 728›2
Gehstock 1516›2
geht an 1086›2
geht gar nicht 1660
geht ins Geld 1570
geht nicht 1660
geht sich nicht aus 1660
geht über Leichen 332; 1452
geht und steht, wie er 768›3
geht, es 725
Gehudel 1664›2
gehüpft wie gesprungen 769›5
Gehweg 1524
geifern 1386›2
geigen 1482›3
Geiger 1129›2
geil 1069; 1249›1; 1368›6
geil auf 216›1
Geilheit 1068›3
geimpft 880›1
Geisel 336; 1214›2
Geißel 184; 1654
**Geist 704**; 1785›1
Geist, böser 1571
Geist, der stets verneint 1240
Geist, guter 835›1
Geisterfahrer 704›3
Geisterglaube 4
geisterhaft 590›1; 1415›2; 1688›5
geistern 774›1; 1629›3
Geisterseher 1271
Geisterwelt 1685›2
geistesabwesend 1634›1
Geistesabwesenheit 33›2
Geistesarbeiter 370; 1915
geistesarm 180; 401›1
Geistesarmut 181›1; 402›1
Geistesblitz 875›2
Geistesfunke 875›2
Geistesgaben 1785›2
Geistesgegenwart 704›2
geistesgegenwärtig 124›1; 1352›5
geistesgestört 705; 1773›2
Geistesgestörtheit 706; 1774›3
Geistesgröße 721›1; 789›2
Geisteshaltung 373
Geisteskraft 1785›1
**geisteskrank 705**; 1037›4; 1773›2
**Geisteskrankheit 706**; 1774›3
geistesmächtig 1410
Geistesschärfe 944›3
geistesschlicht 401›1
geistesschwach 401›1
Geistesschwäche 402›1
geistesschwer 1598›3
Geistesstörung 706
geistesumnachtet 705
geistesverwandt 768›4; 816›2; 1808›2
Geistesverwandtschaft 1809›2
Geisteswissenschaftler 1915
geistig 876; 1768›4
Geistlicher 936›1
geistlos 180
Geistlosigkeit 181›1; 402›1
geistreich 75›2; 1226›3
geisttötend 180; 1012›1
geistvoll 75›2
Geiz 1476
Geizdrache 707
geizen 1474›2
**Geizhals 707**
geizig 1475›1
Geizknochen 707
Geizkragen 707
Gejage 425›1
gejagt 427›1; 1595›2
gejagt, von Furien 63›2
Gejagtheit 425›1
Gejammer 940›2
Gejauchze 647›3
Gejökel 1486›2
gekappt 1000›1
gekauft, fertig 608›5
gekauft, gern 241›2; 675›2
gekehrt, in sich 1352›4
Gekeife 1380›1
gekerbt 1638›2
gekippt 841›1; 1392›3
Gekläffe 731›4
Geklapper 731›2
geklärt 942›1; 1360›2
gekleidet, gleich 768›2
Geklirr 731›2
geklont 768›1
Gekloppe 1388›2
Geknatter 731›2
geknebelt 1647›3
geknechtet 1647›3
geknickt 263›1; 1177›1; 1655›1; 1693
gekocht 608›4
gekommen, auf den Hund 847›1
gekommen, vorwärts 778›2
gekommen, zu kurz 1693
gekommen, zur Welt 683›2
gekonnt 569›1; 996
gekoppelt 1723›2
Gekrakel 1417›1
gekränkt 320›2
Gekränktheit 104›1
gekräuselt 584›1; 987›4
gekreuzt 388
Gekritzel 1417›1
Gekröse 437
gekrümmt 987›1
gekündigt 103
gekünstelt 762
gekürzt 1000›1
Gelaber 734›2
Gelächter 647›3; 731›2
geladen 320›1; 687›1
geladen sein 105›2
geladen, schwer 248›1
Geladener 282›1
**Gelage 708**
gelähmt 1037›2
Gelände 682›2; 792
Gelände, verimintes 840›2
Geländer 1414
Geländewagen 576›2
gelangen in 430›4
gelangen, ans Ziel 66›1; 712›2

gelangen, zu einem Urteil 1697 ▸ 1
gelangen, zur Einsicht 1789 ▸ 2
gelangweilt 769 ▸ 4; 1359 ▸ 4
Gelass 1304 ▸ 1
gelassen 686 ▸ 1; 1352 ▸ 3
gelassen, im Stich 1655 ▸ 6
Gelassenheit 227 ▸ 1; 685 ▸ 1; 1350 ▸ 2
Geläuf 1493 ▸ 1
gelaufen 1739
geläufig 260 ▸ 1; 675 ▸ 1; 1798 ▸ 2; 1826 ▸ 2
Geläufigkeit 740 ▸ 1
gelaunt 573 ▸ 2
gelaunt, gut 832 ▸ 3
gelaunt, schlecht 1112
geläutert 942 ▸ 1; 1360 ▸ 2
Gelbe vom Ei, nicht das 1392 ▸ 1
**Geld 709**
Geld machen 758 ▸ 1; 1726 ▸ 1
Geld machen, zu 1756 ▸ 1
Geld wie Heu 1322 ▸ 1
Geld wie Heu haben 804 ▸ 2
Geld, ohne 106 ▸ 1
Geldadel 1196 ▸ 2
Geldaristokrat 1682 ▸ 3
Geldbehälter 918 ▸ 1
Geldbeutel 918 ▸ 3
Geldentwertung 1343 ▸ 5
Geldgeber 1090
geldgeil 805
Geldgier 1757 ▸ 3
geldgierig 805
Geldinstitut 182 ▸ 2
Geldkapital 270 ▸ 3
Geldkassette 919 ▸ 1
Geldkasten 918 ▸ 1
Geldklemme 1185 ▸ 1
Geldladen 918 ▸ 1
Geldmittel 270 ▸ 3; 1118 ▸ 1
Geldschein 709 ▸ 1
Geldschrank 918 ▸ 1
Geldsorgen 1185 ▸ 1
Geldverlegenheit 1185 ▸ 1; 1759 ▸ 1
Geldwert 1265 ▸ 1
geleckt, wie 1360 ▸ 1
geleert 1023 ▸ 1
gelegen 56 ▸ 1; 800 ▸ 1; 1904
gelegen kommen 688 ▸ 1; 1589 ▸ 7
gelegen sein 210 ▸ 1
gelegen, hoch 1065 ▸ 3
Gelegenheit 553 ▸ 3; 1124
Gelegenheit, bei 68 ▸ 1
Gelegenheit, bei dieser 1162 ▸ 1
Gelegenheitskauf 920
Gelegenheitsraucher sein 1303
gelegentlich 68 ▸ 1; 923 ▸ 1; 1849 ▸ 1
gelegentlich, nur 1453 ▸ 2
gelegt, in die Wiege 54
gelegt, in Falten 584 ▸ 1
gelehrig 464 ▸ 3
Gelehrsamkeit 1914 ▸ 2
gelehrt 926
Gelehrter 370; 1915
Gelehrtheit 1914 ▸ 2
Geleise 1493 ▸ 3
Geleit 417 ▸ 2
geleiten 218 ▸ 1
Geleitmännchen 649
Geleitwort 436 ▸ 1
Geleitzug 576 ▸ 6
Gelenk 209 ▸ 2
gelenkig 299 ▸ 1; 620 ▸ 2
Gelenkigkeit 621 ▸ 2
gelenkt 1255 ▸ 1
gelernt 513 ▸ 1; 569 ▸ 1; 996
Gelichter 750
gelichtet 408 ▸ 3; 951 ▸ 1
geliebt 1049 ▸ 2
**Geliebte 710**
**Geliebter 711**
geliefert 531 ▸ 2
gelieren 548 ▸ 1
gelinde 686 ▸ 1; 1104 ▸ 1; 1928 ▸ 2
**gelingen 712**
Gelingen 515 ▸ 1; 777 ▸ 1
Gelispel 731 ▸ 2
gellen 1013 ▸ 1
gellend 1017
geloben 1782 ▸ 2
Gelöbnis 1783 ▸ 1
Gelobtes Land 1229
gelockert 642 ▸ 2; 1060 ▸ 1
gelockt 987 ▸ 4
gelogen 580 ▸ 2
gelöscht 531 ▸ 4; 765 ▸ 4
gelöst 642 ▸ 2; 1887 ▸ 4
gelten 199 ▸ 4
gelten lassen 277 ▸ 4; 486 ▸ 1; 528 ▸ 1
geltend machen 1841 ▸ 2
geltend machen, Ansprüche 193 ▸ 1
geltend, für alle 40 ▸ 2
**Geltung** 200 ▸ 2; **713**
Geltung, bedingte 204
Geltungsbedürfnis 457 ▸ 2
geltungsbedürftig 419
Geltungsbereich 434 ▸ 3
Geltungsdrang 457 ▸ 2
Geltungssucht 457 ▸ 2
geltungssüchtig 419
gelüftet 1065 ▸ 3
Gelump 750
gelungen 801 ▸ 2; 832 ▸ 4
Gelüst 1068 ▸ 1; 1757 ▸ 1
gelüsten nach 215 ▸ 2
gemach 686 ▸ 1; 1010 ▸ 1; 1352 ▸ 2
Gemach 1304 ▸ 1
gemächlich 1010 ▸ 1
gemacht 735 ▸ 2; 762; 778 ▸ 2; 1898 ▸ 3
Gemächt 775 ▸ 2
gemacht, gut 801 ▸ 2; 1312 ▸ 1
gemacht, wie 501 ▸ 1
Gemahl 1230 ▸ 4
gemahlen 1935
Gemahlin 1230 ▸ 4
gemahnen 523 ▸ 4
gemahnen an 1610 ▸ 3
gemahnend 771
Gemälde 306 ▸ 2
Gemäldesammlung 1357 ▸ 2
gemalt 588 ▸ 2
gemangelt 765 ▸ 7
Gemarkung 682 ▸ 2
gemasert 715 ▸ 1
gemäß 85 ▸ 1; 501 ▸ 1; 772
gemäß sein 500 ▸ 1
gemäßigt 1086 ▸ 1
gemästet 379 ▸ 1
Gemecker 984 ▸ 4
gemein 40 ▸ 4; 90 ▸ 4; 321 ▸ 1; 347; 675 ▸ 1; 819 ▸ 3; 1392 ▸ 5
Gemeinde 65 ▸ 4; 797 ▸ 1; 935 ▸ 5; 1495 ▸ 1
Gemeiner 1466 ▸ 1
gemeingefährlich 687 ▸ 5
Gemeinheit 322; 1393; 1665 ▸ 1
gemeinhin 40 ▸ 5
gemeinmachen, sich 838 ▸ 2
gemeinnützig 1639
Gemeinnützigkeit 1640
Gemeinplatz 181 ▸ 1; 1251 ▸ 1
gemeinplätzig 180
Gemeinplätzigkeit 181 ▸ 1
gemeinsam 441 ▸ 2; 773; 1957
Gemeinsamkeiten 1714 ▸ 3

**Gemeinschaft 714**
gemeinschaftlich 441▸2; 1957
Gemeinschaftsarbeit 1958
Gemeinsinn 1640
gemeint, ernst 542▸3
gemeint, gut 651▸2
Gemenge 1108▸1
Gemengelage 1108▸4
gemessen 598▸1; 1010▸1; 1086▸1; 1352▸3; 1923▸2
Gemessenheit 599▸1
Gemetzel 982▸1; 1085
Gemisch 1108▸1
gemischt 1779▸2
Gemischtwarenladen 737▸2; 1822▸2
gemogelt, instand 1172▸4
Gemunkel 734▸1
Gemurmel 731▸2
Gemüse, junges 905▸2
Gemüsegarten 677
**gemustert 715**
Gemüt 465▸3; 690▸1
Gemüt, im 885▸3
**gemütlich 716**; 1010▸1; 1868▸1
Gemütlichkeit 247▸1
gemütlos 332
gemütsarm 911▸3
Gemütsart 344
Gemütsbeschaffenheit 1515▸1
Gemütsbewegung 546▸1
Gemütserregung 546▸1
gemütskalt 911▸3
**gemütskrank 717**; 1037▸4
**Gemütskrankheit 718**
Gemütsmensch 1250
Gemütsruhe 1350▸2
Gemütsstimmung 1515▸1
Gemütstiefe 471
Gemütsverfassung 1515▸1
Gemütszustand 1515▸1
gemütvoll 464▸5; 470; 1049▸4
Gen 510▸5
Genabdruck 927▸5
genannt werden 1169▸3
genannt, auch ... 424▸2
genannt, so 424▸2
genant 1491▸3; 1758▸1
genarbt 715▸1
genäschig 216▸2; 724
**genau** 376▸2; **719**; 1220▸2; 1285▸1; 1471▸1; 1966▸2
genau gehend 719▸1
genau wie 501▸1
genau, ganz 454▸4
genau, peinlich 1236▸1
Genauigkeit 1470▸1
genauso 116▸1; 768▸1; 1468
Genbank 182▸3
genbedingt 54
Gendarm 1261▸1
Gendarmerie 1261▸2
genehm 56▸1; 1904
genehm sein 688▸1
genehmigen 12▸4; 500▸2; 528▸1; 1596▸2
genehmigen, sich 1040▸2
genehmigt 250▸1
Genehmigung 529▸2
geneigt 252▸1; 488; 735▸1; 1049▸2; 1412▸2
geneigt sein 528▸4
Geneigtheit 1050▸1; 1167▸1
Genen, in den 54
Generalbass 795▸1
Generalbeichte 1204▸2
Generaldirektor 1042▸2
generalisieren 1701
Generalisierung 1702
Generalmusikdirektor 1042▸2
Generalstreik 1528
Generalverdacht 1969▸2
Generation X 905▸2
Generation, junge 905▸2
generell 40▸4; 40▸5; 1607▸1
generieren 557▸1
Generierung 560▸2
Generikum 1137▸1
generös 745▸3; 790▸1
Genese 508▸4
**genesen** 521▸2; **720**; 754▸2
genesen sein 720▸1
Genesis 1411▸1
Genesung 522▸2
genial 1410
Genialität 721▸2
**Genie** 704▸2; **721**; 1269▸1
genieren 1519▸1
genieren, sich 804▸3; 1366▸1
genierlich 1238▸1
Genierlichkeit 1759▸2
geniert 1758▸1
genießbar 608▸4; 1086▸2
**genießen** 648▸1; **722**; 804▸1
genießen, Achtung 199▸3
genießen, Leben 722
genießen, Vertrauen 1622▸3
genießend, Immunität 880▸2
**Genießer 723**
**genießerisch 724**; 1461▸2
Geniestreich 1681▸3
Genital 939
Genitalien 1365▸2
Genius 704▸2; 721▸1
Genmanipulation 1946▸3
Genom 510▸5
genommen, gefangen 1647▸2
genommen, genau 424▸1; 719▸5
genommen, in Anspruch 1553▸4
genommen, streng 424▸1
genommen, unter die Lupe 719▸5
genoppt 715▸1
Genörgel 984▸4
Genosse 649
Genossenschaft 1222▸2
Genossin 650
genötigt 1771▸1
genötigt sein 1130
Genozid 1085
Genre 109▸2
genrehaft 866
Gent 1541
Gentleman 924; 1079
Gentleman, kein 1657▸3
gentlemanlike 861; 1838
gentrifizieren 1711▸2
Gentrifizierung 1712▸2
genudelt 1359▸1
**genug 725**
genug haben 105▸2; 726▸2; 1034▸2
genug sein lassen 726▸2
genug, kaum 951▸2
genug, mehr als 725; 1322▸1; 1623▸2; 1819▸1
Genüge, zur 725
**genügen** 212▸1; 500▸1; **726**
genügend 725; 1086▸2
genugsam 725
genügsam 82▸1
Genügsamkeit 354▸2
genugtun 212▸1
Genugtuung 495▸2; 1747▸3; 1949
genuin 58▸3; 412▸1; 1161▸1
**Genuss** 647▸2; **727**; 1068▸2
Genüsse, kulinarische 974
Genüsse, lukullische 974

genussfähig 724; 1461▸2
Genussfähigkeit 1462
Genussfreude 1068▸2
genussfreudig 1032▸2; 1461▸2
Genussfreudigkeit 1462
genüsslich 724
Genüssling 723▸1
Genussmensch 723▸1
genussreich 56▸2
genusssüchtig 216▸2
geöffnet 1202▸1
geölt 765▸6
**geordnet** 339▸1; **728**; 1220▸1; 1463▸3
geordnet, zeitlich 349
gepaart 388
Gepäck 1015▸1
gepackt 545▸2; 728▸1
gepampert 1455▸3
Gepansche 1108▸1
gepanzert 1500▸2
gepeilt, über den Daumen 1650▸1
gepeinigt 1037▸3
gepellt, wie aus dem Ei 1360▸1
gepfeffert 841▸2; 859▸5; 1354▸3; 1570
Gepflegtheit 1361▸1
Gepflogenheit 324▸2; 1317▸2
geplagt, von Zweifeln 1645▸1; 1974
Geplänkel 1050▸4
geplant 16; 1463▸3
geplant, wie 1255▸2
Geplapper 731▸2; 734▸2
Geplätscher 731▸2; 734▸2
geplatzt 263▸3; 531▸2
Geplauder 734▸2; 1679▸1
gepökelt 841▸2
gepolstert, gut 379▸1
Gepolter 731▸2
Gepräge 109▸1; 136▸2; 158; 630▸2; 1513▸1
geprägt 414▸2; 1256; 1260▸1; 1323▸4; 1898▸3
Gepränge 1281▸1
Geprassel 731▸2
gepresst 378▸2
gepriesen 241▸1
geprüft, schwer 1655▸1
gepünktelt 715▸1
gepunktet 715▸1
geputzt 1360▸1
gequält 762; 1037▸3
Gequassel 734▸2
Gequengel 940▸2
gequetscht 378▸2
Gequietsche 731▸2
**gerade** 130; **729**; 765▸1; 1003
Gerade 1053▸1
gerade noch 951▸2
gerade sein lassen, fünf 498▸4; 528▸1; 1247; 1408▸3
geradeaus 1659▸2; 1851
geradebiegen 943▸1
geradeheraus 942▸2; 1202▸2
geradestehen 337▸1
geradestehen für 343
geradestehen müssen 1421▸3
geradezu 1202▸2
Geradheit 1205▸1
geradlinig 729▸2; 1659▸2
Geradlinigkeit 432▸1
gerafft 1000▸3
Gerangel 1388▸2
gerappelt voll 1824▸2
Geraschel 731▸2
Gerase 425▸2
Gerassel 731▸2
**Gerät** 167▸1; **730**; 1118▸1
geraten 507▸1; 712▸1; 800▸1; 1192▸3; 1463▸1; 1968▸3
geraten, aus dem Häuschen 105▸2; 648▸2
geraten, aus der Fassung 1748▸3
geraten, außer Kurs 1745▸7
geraten, außer sich 217▸2
geraten, gut 801▸2
geraten, in Aufruhr 123▸2
geraten, in Brand 328▸2
geraten, in ein schiefes Licht 1364▸4
geraten, in eine Sackgasse 1818▸2
geraten, in Erregung 128▸5
geraten, in Harnisch 105▸2
geraten, in Misskredit 1364▸4; 1763▸2
geraten, in Schweiß 1441▸1
geraten, in Verlegenheit 1366▸1; 1811▸3
geraten, in Verzug 1421▸1
geraten, in Wallung 128▸5
geraten, ins Hintertreffen 1763▸2
geraten, ins Schleudern 578▸1
geraten, ins Schwimmen 1431▸2; 1438▸2
geraten, ins Schwitzen 1441▸1
geraten, ins Stocken 1351▸3; 1517▸2
geraten, ins Trudeln 578▸2
geraten, kurz 947▸1
geraten, sich in die Wolle 1531▸2
Geratewohl, aufs 1663▸2; 1948▸2
Gerätschaft 730
geräumig 788▸2; 1888▸1
Geräumigkeit 789▸1
geräumt 1023▸1
Geraune 731▸2; 734▸1
**Geräusch 731**
Gerausche 731▸2
Geräuschkulisse 856▸1
geräuschlos 1039
geräuschvoll 1017
gerben, Fell 1389▸1
gerechnet, grob 1650▸1
gerecht 345▸1
**gerecht (sein) 732**
gerecht werden 959▸1; 1789▸3
gerecht werden wollen, allen 1558▸3
gerecht werden, jmdm. 732▸3
gerecht, in allen Sätteln 513▸1
gerechtfertigt 501▸1; 732▸2
**Gerechtigkeit 733**; 1313▸2
gerechtigkeitsliebend 732▸1
Gerechtigkeitslücke 1665▸1
Gerechtigkeitssinn 465▸1
**Gerede 734**; 1251▸2
geregelt 531▸1; 728▸1
gereichen, zum Schaden 1364▸5
gereichen, zur Ehre 418▸2
gereift 513▸1; 1323▸1; 1323▸3
gereinigt 942▸1; 1360▸1
gereist, weit 513▸1
gereizt 320▸1
Gereiztheit 104▸1
gerettet 1455▸3
gereuen 254
Gericht 909▸1; 1075▸1
gerichtet 531▸3; 608▸2; 728▸1; 1172▸4
gerichtet, nach innen 1352▸4
gerichtlich vorgehen 941▸2

Gerichtsbarkeit 909 ▸ 1
Gerichtsentscheid 1696 ▸ 3
Gerichtssache 1278 ▸ 1
Gerichtsstand 1963 ▸ 2
Gerichtstermin 1569
Gerichtsverfahren 1278 ▸ 1
Gerichtsverhandlung 1278 ▸ 1
Gerichtswesen 909 ▸ 1
gerieben 1391 ▸ 1; 1935
gerieben, dünn 263 ▸ 1
gerieft 1638 ▸ 2
gerieren, sich 804 ▸ 3; 1753 ▸ 1
Geriesel 731 ▸ 2
gerillt 1638 ▸ 2
gering 947 ▸ 2; 1392 ▸ 1; 1890 ▸ 1
gering schätzen 1109 ▸ 1
geringfügig 947 ▸ 2; 1635; 1890 ▸ 1
Geringfügigkeit 948 ▸ 1
geringschätzig 31 ▸ 2
Geringschätzung 1110
Geringste, nicht das 1175 ▸ 1
Geringsten, nicht im 1168
geringstenfalls 1890 ▸ 3
gerinnen 548 ▸ 1
Gerippe 807 ▸ 4
gerissen 1391 ▸ 1; 1551 ▸ 2
Gerissenheit 740 ▸ 2
**gern** 86; 252 ▸ 1; 312 ▸ 1; 644; **735**
gern haben 1122 ▸ 1
gern haben, jmdn. 1051 ▸ 1
gern tun 486 ▸ 1
gern, liebend 735 ▸ 2
Gernegroß 1432
gernhaben können 770
Gerte 1516 ▸ 2
gertenschlank 408 ▸ 2
Geruch 107
geruchlos 571 ▸ 1
Geruchsorgan 1156
Geruchssinn 1864 ▸ 2
Geruchsvermögen 1864 ▸ 2
Gerücht 734 ▸ 1
Gerüchteküche 734 ▸ 2
Gerüchtemacherei 734 ▸ 2
gerüchteweise 1119 ▸ 2
gerüchtweise 78
gerufen, wie 1904
geruhen 528 ▸ 4
gerühmt 57
gerührt 545 ▸ 2; 1561 ▸ 1
gerührt, leicht 470
gerührt, vom Donner 1500 ▸ 3
geruhsam 1010 ▸ 1; 1352 ▸ 2
Gerumpel 731 ▸ 2
Gerümpel 5 ▸ 1; 5 ▸ 2
gerundet 379 ▸ 4; 1824 ▸ 3
Gerüst 807 ▸ 4; 961 ▸ 1
gerüstet 573 ▸ 3; 608 ▸ 2
gerüttelt voll 1824 ▸ 1
gesagt – getan 768 ▸ 3
gesagt sein lassen, sich 1044 ▸ 4; 1789 ▸ 5
gesagt, genau 1155
gesalzen 859 ▸ 5; 1354 ▸ 3; 1570
gesammelt 124 ▸ 1; 147 ▸ 3; 888 ▸ 2
Gesamtergebnis 518
Gesamtheit 38 ▸ 1; 440 ▸ 1; 1207 ▸ 1
Gesamtschau 1608 ▸ 1
Gesamtschule 1423 ▸ 1
Gesamtwerk 1041 ▸ 1
Gesandter 385 ▸ 1
Gesandtschaft 1803
**Gesang** 731 ▸ 5; **736**
Gesangsstück 736 ▸ 2
Gesäß 1345
gesät, dünn 408 ▸ 3; 951 ▸ 1; 1453 ▸ 1
gesättigt 888 ▸ 5; 1359 ▸ 1
gesäubert 728 ▸ 1; 1360 ▸ 1
geschädigt 263 ▸ 2
Geschädigter 1214 ▸ 2
geschaffen werden 503 ▸ 1
geschaffen zu 573 ▸ 1
geschafft 608 ▸ 1; 1125 ▸ 2
**Geschäft** 289 ▸ 1; **737**; 811 ▸ 2; 1681 ▸ 1
Geschäfte machen 812 ▸ 2
Geschäftemacher 738
geschäftig 421; 619; 1021 ▸ 2; 1553 ▸ 2
Geschäftigkeit 289 ▸ 2; 420 ▸ 1
geschäftlich 955
Geschäftsaufgabe 183
Geschäftsfreund 649
Geschäftsführer 1042 ▸ 2
Geschäftsführung 1043 ▸ 1
Geschäftsgeheimnis 699 ▸ 2
Geschäftsleben 811 ▸ 1
Geschäftsleitung 1043 ▸ 1
Geschäftslokal 737 ▸ 3
**Geschäftsmann 738**; 1682 ▸ 1
Geschäftspartner 1230 ▸ 1
Geschäftsreise 575 ▸ 2
Geschäftsstelle 737 ▸ 3; 1180 ▸ 2; 1803
Geschäftsstraße 1524
Geschäftsträger 385 ▸ 1; 1609 ▸ 2
geschäftstüchtig 476
Geschäftsverkehr 811 ▸ 1
Geschäftswelt 737 ▸ 1
geschaltet 1723 ▸ 2
geschämig 1758 ▸ 1
geschärft 1368 ▸ 1
geschätzt 57; 241 ▸ 1; 1049 ▸ 2; 1669 ▸ 1
geschätzt werden 199 ▸ 3
geschätzt, grob 1650 ▸ 1
geschätzt, hoch 57; 1049 ▸ 2
gescheckt 715 ▸ 1
geschehen 10 ▸ 2; 214 ▸ 2; 954 ▸ 1; 1810 ▸ 2
**Geschehen 739**; 1278 ▸ 2
geschehen lassen 528 ▸ 1; 1014 ▸ 1
geschehen, gern 312 ▸ 1
geschehen, nicht 596 ▸ 3
Geschehnis 739 ▸ 1; 1977 ▸ 1
Gescheide 437
gescheit 887 ▸ 1; 926; 1768 ▸ 2
gescheit, nicht recht 1773 ▸ 1
gescheitert 531 ▸ 2; 1743
Gescheitheit 1785 ▸ 2
Geschenk 674 ▸ 2
Geschenk des Himmels 777 ▸ 1
geschenkt 1630 ▸ 1
geschenkt, fast 310 ▸ 1
geschert 1259 ▸ 2
gescheuert 1360 ▸ 1
Geschichte 556 ▸ 2; 739 ▸ 1; 1740
Geschichten machen 804 ▸ 3; 1366 ▸ 1
geschichtlich 1739
Geschichtsklitterung 1066 ▸ 5
Geschichtsschreiber 258 ▸ 2
Geschick 609; 740 ▸ 1; 1384 ▸ 1
**Geschicklichkeit** 609; **740**
Geschicklichkeitskünstler 110 ▸ 2
**geschickt** 299 ▸ 1; 573 ▸ 1; **741**; 1551 ▸ 2
Geschicktheit 740 ▸ 1
geschieden 454 ▸ 3
Geschirrschrank 1413
geschlagen 531 ▸ 2; 531 ▸ 3; 1655 ▸ 1
geschlagen, mit Blindheit 316 ▸ 1
geschlagen, über einen Leisten 768 ▸ 2
geschlagen, vernichtend 531 ▸ 3
geschlagen, wie vor den Kopf 1500 ▸ 3; 1911 ▸ 2

Geschlecht 109‣2; 775‣2; 1053‣4; 1809‣1
Geschlecht, schwaches 639
Geschlechterfolge 1053‣4
Geschlechterkrieg 1530‣3
Geschlechts, männlichen 1080
Geschlechts, weiblichen 1886
Geschlechtsakt 1050‣3
geschlechtsreif 661; 1323‣2
Geschlechtsteil 775‣2
Geschlechtsteil, weibliches 939
Geschlechtstrieb 1594‣1
Geschlechtsverkehr 1050‣3
geschliffen 741‣2; 765‣2; 1368‣1
Geschliffenheit 1456‣4
Geschlinge 437
**geschlossen** 441‣2; 676‣1; **742**; 1824‣3; 1957
geschlossen, ins Herz 1762
Geschlossenheit 440‣1
geschlüpft 683‣2
**Geschmack** 107; **743**
Geschmack, nach jmds. 688‣1
Geschmack, von erlesenem 83‣1
Geschmack, von gewähltem 83‣1
Geschmack, von gutem 83‣1
Geschmäckle 230
geschmäcklerisch 1620‣2
geschmacklos 90‣4; 571‣1; 631‣2; 1552
Geschmacklosigkeit 659‣3; 937‣1
Geschmackssinn 743‣2
Geschmacksverirrung 937‣1
Geschmacksvermögen 1864‣2
geschmackvoll 991‣2; 1407‣1
geschmeichelt 148‣2
Geschmeide 971‣2; 1286‣1
geschmeidig 70‣2; 299‣1; 620‣2; 741‣2
Geschmeidigkeit 621‣2
Geschmeiß 750
Geschmiere 1417‣1
geschmiert 765‣6
geschmiert, wie 765‣5
geschmissen 1500‣3
geschmolzen 1157‣5
Geschnatter 734‣2
geschniegelt 624
geschnitten 531‣3
geschnitten, wie aus dem Gesicht 768‣1
Geschnörkel 1619‣1
geschockt 1500‣3
geschönt 580‣6
**Geschöpf** 65‣3; **744**; 1098‣1
geschoren 910‣1
Geschoss 989‣2; 1516‣6
geschossen, wie aus der Pistole 1258; 1405‣1
geschraubt 762; 1620‣5
Geschrei 731‣3; 940‣2
Geschrei machen 1013‣1
geschrieben, groß 1140‣2
geschrieben, wie auf den Leib 501‣1
Geschriebenes 1572
geschrotet 1935
geschult 513‣1; 573‣3; 926; 996
Geschützstand 209‣4
geschützt 225‣2; 880‣1; 1455‣3
geschwächt 847‣3
Geschwader 440‣2
Geschwafel 734‣2
Geschwätz 181‣1; 734‣2; 1251‣2
geschwätzig 251‣2; 1116
Geschwätzigkeit 1205‣2
geschweift 987‣1
geschwind 1405‣1
Geschwindigkeit 425‣2
Geschwindschritt 425‣2
Geschwindschritt, im 1405‣1
geschwollen 379‣3
Geschwollenheit 457‣1
geschworen 1860
Geschworene 908‣2
Geschworenengericht 908‣1
geschwungen 987‣1
Geschwurbel 734‣2
geschwurbelt 1620‣5
gesegnet 778‣2
gesegnet, mit Glücksgütern 1322‣1
gesehen, gern 1904
gesehen, nie 1637‣2
gesehen, noch nie 1172‣2
Geseier 734‣2
gesellen, sich 1589‣1
**gesellig 745**
**Geselligkeit** 280‣2; **746**; 1679‣2
Gesellschaft 280‣2; 462‣2; 737‣1; 746‣2; 797‣1; 1222‣2; 1681‣1
Gesellschaft leisten 218‣1
Gesellschaft, bürgerliche 338‣2
Gesellschaft, die 1207‣1
Gesellschaft, die ganze 38‣2
Gesellschaft, die gute 1196‣2
Gesellschaft, die vornehme 1196‣2
Gesellschaft, feine 1196‣2
Gesellschaft, geschlossene 699‣3
Gesellschaft, in geschlossener 831‣1
Gesellschafter 1230‣1
Gesellschafterin 823‣2
gesellschaftlich 1208‣2
Gesellschaftsform 1549‣4
gesellschaftskritisch 1054‣3
Gesellschaftslöwe 924
Gesellschaftsreise 575‣1
Gesellschaftsschicht 1382‣3
**Gesetz 747**
Gesetz, nach dem 748‣3
Gesetzesbrecher 1721‣1
Gesetzeshüter 1261‣1
Gesetzesübertretung 1665‣2
gesetzlich 748‣1
**gesetzmäßig 748**; 1186‣2
Gesetzmäßigkeit 747‣2; 1187‣3; 1313‣2
gesetzt 542‣1; 1323‣4; 1352‣3
gesetzwidrig 1717
Gesetzwidrigkeit 1665‣2
gesichert 1455‣2; 1455‣4; 1455‣7
**Gesicht 749**; 877‣2; 1193‣2
Gesicht machen 161‣3
Gesicht, zweites 465‣4
Gesichtsausdruck 146‣2
Gesichtserker 1156
Gesichtsfarbe 586‣1
Gesichtsfeld 315
Gesichtskreis 315
gesichtslos 571‣2
Gesichtspunkt 1095‣2
Gesichtsverlust 1367‣1
Gesichtswinkel 315
Gesichtszüge 146‣2; 749‣1
Gesims 413‣2
Gesinde 823‣1
**Gesindel 750**
Gesinge 736‣1
gesinnt, gleich 441‣1
gesinnt, gut 651‣2; 1049‣2
gesinnt, übel 321‣1

Gesinnung 373
Gesinnungsgenosse 65▸2
**gesinnungslos** 347; **751**; 1686▸2
**Gesinnungslosigkeit 752**
Gesinnungslump 1216
gesittet 85▸2
Gesocks 750
Gesöff 756▸1
gesondert 272▸1; 454▸1
gesonnen 252▸1; 573▸2
gespalten 454▸1; 1974
Gespann 1230▸4; 1973▸2
gespannt 892▸1
gespannt sein auf 552▸1
gespannt, weit 1888▸1
Gespanntheit 890; 1173; 1473▸1
Gespanntsein 1473▸1
gespeichert 1455▸7
Gespenst 704▸3
Gespensterfurcht 61▸2
Gespensterglaube 4
gespenstern 1629▸3
Gespensterseher 1271
gespenstig 1415▸2
gespenstisch 1688▸5
gespickt 1824▸3
Gespiele 649; 711
Gespielin 650; 710
Gespinst 1518▸3
gesponnen 24
gesponnen, fein 1928▸1
Gespött machen, sich zum 317▸1
Gespött machen, zum 317▸2
Gespräch 276▸2; 1679▸1
gesprächig 251▸2; 745▸2; 1116
gesprächig, nicht 1435▸1
Gesprächigkeit 1205▸2
Gesprächsbedarf 1759▸1
Gesprächsgegenstand 694▸2
Gesprächsgruppe 797▸2
Gesprächspartner 1230▸2
Gesprächsrunde 797▸2
Gesprächsstoff 694▸2
Gesprächsteilnehmer 1562▸2
Gesprächsthema 694▸2
gesprächsweise 1239▸2
gespreizt 456▸2; 762
Gespreiztheit 457▸1
gesprenkelt 715▸1
gesprochen, aus der Seele 441▸1
gesprochen, schuldig 1422▸2
Gespür 690▸3
Gespür, feines 465▸1
Gestade 1625
gestaffelt 728▸3
Gestalt 109▸1; 158; 630▸1; 875▸1; 968▸1; 1961
**gestalten** 196▸1; 268▸2; 557▸6; **753**
gestalten, neu 540▸1
Gestalten, schöpferisches 1248
gestaltend 1410
Gestalter 189
gestalterisch 1410
gestaltet 1260▸1
gestaltlos 631▸1
Gestaltung 167▸3; 359▸3; 630▸2; 1535
Gestaltungsfreude 1269▸1
Gestaltungskraft 1269▸1
gestaltungskräftig 1410
Gestaltungstrieb 1269▸1
Gestaltungsvermögen 1269▸1
gestampft 1935
geständig sein 1203▸3
Geständnis 1204▸2; 1938▸2
Gestank 107
gestapelt 728▸1
gestatten 528▸1
gestatten, nicht 1775▸1
gestatten, sich 528▸3; 1040▸2
gestattet 250▸1; 748▸4
gestattet sein 959▸2
Geste 857▸2; 1930▸2
Gesteck 341▸2
gesteckt voll 378▸2; 1824▸2
gesteckt, dicht 1824▸3
gesteckt, weit 1888▸1
gestehen 1203▸3
Gesteine 1159▸2
Gestell 329▸2
Gestellungsbefehl 207▸2
gestelzt 762
gestempelt 1208▸3
Gestern 1740
Gestichel 1486▸2
Gestiebe 300▸3
gestiefelt und gespornt 608▸2
Gestik 146▸2
Gestikulation 146▸2
gestikulieren 1931▸1
gestimmt 573▸2
gestimmt, froh 832▸1
gestimmt, gleich 441▸1; 816▸1
Gestimmtheit 1515▸1; 1961
Gestirn 1509
gestisch 1435▸2
Gestöber 300▸3
gestopft 728▸1; 1824▸2
gestopft voll 1824▸1
gestöpselt 1723▸2
gestorben 531▸4; 1582▸1
gestört 1773▸1
gestört, psychisch 717
gestört, seelisch 717
gestoßen 1935
gestrafft 729▸1; 1000▸3
gestrandet 531▸2
Gesträuch 341▸1
gestreckt 1008▸1
gestreckt, lang 1008▸1; 1888▸1
gestreckt, weit 1888▸1
Gestrecktheit 618▸2
gestreift 715▸1
gestreng 542▸2; 1532▸1
gestrichen 531▸4; 588▸2; 765▸4
gestrickt, einfach 431▸2
gestrig 1703; 1739
gestromt 715▸1
Gestrüpp 341▸1; 1664▸3
gestutzt 1000▸1
gestylt 624
Gesuch 93▸1
gesucht 241▸2; 675▸2; 762; 1453▸1
Gesudel 1401▸2
Gesülze 734▸2; 1057▸4
Gesumm 731▸2
Gesums 734▸2
**gesund** 374▸1; 657▸1; **754**
gesund machen 828▸2
gesund sein, wieder 720▸1
gesund werden 521▸2; 720▸1; 828▸1
Gesundbrunnen 522▸2
gesunden 521▸2; 720▸1
gesundet 754▸2
**Gesundheit 755**
Gesundheit, bei guter 754▸1
gesundheitsförderlich 754▸3
Gesundheitspflege 1243▸3
Gesundheitsschädigung 1363▸1
gesundheitswidrig 1656▸3
gesundstoßen, sich 758▸1
Gesundung 522▸2; 755
gesunken 1673▸4
Getäfel 867▸3
getan 531▸1; 608▸1

getan haben, es 1421▸3
Getändel 1050▸4
getäuscht 1655▸6
getaut 1157▸5
geteilt 454▸1
getigert 715▸1
getilgt 765▸4
getönt 588▸2
Getöse 731▸2; 731▸3
getragen 43▸4; 598▸1; 1039; 1923▸2
getragen werden 1433▸1
getragen werden von 9▸3
Getragenes 5▸2
Getragenheit 599▸1
**Getränk 756**
Getränk, ohne 1598▸2
Getränke, harte 756▸2
getrauen, sich 1856▸3
getrennt 454▸1; 692▸1
getrennt lebend 454▸3
getreten, auf den Fuß 320▸2
getreten, auf den Schlips 320▸2
getreu 501▸1; 1966▸1
Getreuer 65▸2; 649
getreulich 1966▸1
Getriebe 289▸3
getrieben 1088▸3; 1256; 1647▸1
Getriebenheit 425▸1
getrocknet 1598▸1
getroffen 320▸2; 801▸2; 801▸3; 1177▸1; 1655▸1
getroffen, gut 801▸2
getroffen, ins Schwarze 801▸2
getroffen, nicht 580▸1
getroffen, wie vom Blitz 1500▸3
getrübt 405▸2
getrüffelt 83▸1
Getue 457▸1; 1619▸1; 1670▸1
Getümmel 289▸3; 1097▸3; 1664▸4
getüncht 588▸2
getüpfelt 715▸1
getupft 715▸1
Getuschel 731▸2; 734▸1
geübt 513▸1; 573▸3; 741▸2; 1826▸2
Geübtheit 740▸1
Gevatter Tod 1578▸3
Geviert 1823
gewachsen 1898▸3
gewachsen sein 224▸2; 959▸1
gewachsen, ans Herz 1049▸2
gewachsen, dem Leben nicht 853▸1
gewachsen, gerade 729▸1
gewachsen, gut 1407▸2
gewachsen, hoch 788▸1
gewachst 765▸2
gewagt 90▸3; 687▸2; 1669▸2
gewählt 147▸1; 414▸1; 991▸3
gewählt, selbst 644
Gewähltheit 605▸1
Gewähr 340▸1; 1456▸3
gewahr werden 665▸1; 1447; 1863▸1
Gewähr, ohne 1202▸6
gewahren 617▸1; 1447; 1863▸1
gewähren lassen 1014▸1
gewähren, Aufschub 1538
gewähren, Preisnachlass 1144▸5
gewähren, Zutritt 463▸2
gewährleisten 305; 337▸1; 1457▸2
Gewährleistung 340▸2; 1456▸3
Gewahrsam 689▸1
Gewahrsam, in 1647▸2
Gewährsmann 336; 1765▸1
Gewährung 529▸3
Gewalt 227▸3; 844▸1; 1967▸1
Gewalt haben, sich in der 226
Gewalt, höhere 1384▸2
Gewalt, notfalls mit 1636▸1
gewaltbereit 37▸1
Gewaltbereitschaft 827
gewaltfrei 655▸2
Gewaltfreiheit 653▸2
Gewalthaber 846
Gewaltherrschaft 844▸3
gewaltig 379▸1; 788▸1; 826▸1; 1322▸2; 1436▸1; 1448▸1
Gewaltkur 223▸2
gewaltlos 655▸2
Gewaltlosigkeit 653▸2
Gewaltmarsch 914▸1
Gewaltmensch 184
Gewaltorgie 1085
gewaltsam 826▸2; 1620▸4
Gewaltsamkeit 827
Gewaltstreich 115
Gewalttat 1720
Gewalttäter 1721▸2
gewalttätig 37▸1; 332
Gewalttätigkeit 333; 827
Gewalttour 914▸1
Gewaltverbrechen 1720
Gewaltverbrecher 1721▸2
Gewaltverzicht 653▸1
gewalzt 765▸1
Gewand 946▸1
gewandt 299▸1; 513▸1; 573▸1; 741▸2; 861; 1485▸1; 1826▸2
Gewandtheit 609; 740▸1; 1456▸4; 1754▸2
Gewandung 946▸1
gewappnet 573▸3
gewärtigen 552▸1
gewärtigen sein, zu 954▸1
Gewäsch 734▸2
gewaschen 1360▸1
gewaschen, frisch 1360▸1
gewaschen, mit allen Wassern 513▸1; 741▸2; 1391▸1
**Gewässer 757**; 1159▸2; 1877▸2
gewässert 715▸2
Gewebe 1171▸1; 1518▸3; 1535
geweckt 887▸1
Gewehrkugel 989▸2
gewellt 987▸4
Gewerbe der Welt, ältestes 1277
Gewerbe, horizontales 1277
Gewerbesteuer 1510▸2
Gewerbetreibender 738
gewerblich 955
gewerbsmäßig 955
Gewerkschaft 1222▸2
Gewese 1619▸1
gewesen 1739
gewesen sein, es 1421▸3
gewesen, lange 663▸1
gewetzt 1368▸1
gewichst 765▸2
Gewicht 200▸2; 398▸2; 713▸1; 975▸2; 1015▸1; 1139
Gewicht haben 199▸2
Gewicht, nach 1060▸3
gewichtig 598▸1; 1072▸2; 1140▸1; 1436▸1; 1502▸1; 1896▸1; 1923▸2
Gewichtigkeit 200▸3
gewichtlos 1031▸1
Gewichtsabnahme 1343▸4
Gewichtsklasse 1084▸5
Gewichtsverlust 1343▸4
gewickelt sein, schief 898▸5
gewieft 513▸1; 1391▸1; 1551▸2
Gewieftheit 514▸2
gewillt 252▸1
gewillt sein 1919▸1
Gewimmel 289▸3; 1097▸3

Gewimmer 940 ▸ 2
Gewinde 341 ▸ 2; 999
Gewinn 737 ▸ 6; 1190 ▸ 1; 1265 ▸ 4; 1333 ▸ 1; 1727 ▸ 2; 1846 ▸ 2
**gewinnen** 97 ▸ 3; 543; 712 ▸ 2; **758**; 1458 ▸ 1; 1622 ▸ 1; 1726 ▸ 1
gewinnen, Abstand 1709 ▸ 1
gewinnen, an Fahrt 389 ▸ 3; 426 ▸ 2
gewinnen, an Wert 758 ▸ 3
gewinnen, Einblick 1789 ▸ 2
gewinnen, lieb 1051 ▸ 1
gewinnen, Oberhand 1458 ▸ 2
gewinnen, Rennen 1458 ▸ 1
gewinnen, sich lieb 1152 ▸ 4
gewinnen, Spiel 1458 ▸ 1
gewinnen, Terrain 409 ▸ 5
gewinnend 70 ▸ 1; 651 ▸ 1; 1330
Gewinner 779; 1459 ▸ 1
gewinnorientiert 955
Gewinnshow 1679 ▸ 7
Gewinnspanne 1190 ▸ 2
Gewinnspiel 780
Gewinnsucht 1757 ▸ 3
gewinnsüchtig 805
Gewinnung 153 ▸ 1
Gewinnverteilung 1793
Gewirk 1518 ▸ 3
Gewirr 289 ▸ 3; 1664 ▸ 1
gewiss 39; 735 ▸ 2; 1455 ▸ 1; 1908 ▸ 3
gewisse 1821
**Gewissen 759**
Gewissen, gutes 759
Gewissen, reines 759
Gewissen, schlechtes 759
gewissenhaft 719 ▸ 1; 1471 ▸ 2; 1842 ▸ 1; 1966 ▸ 2
Gewissenhaftigkeit 1470 ▸ 1
gewissenlos 347; 751
Gewissenlosigkeit 752; 1393
Gewissensangst 1336
Gewissensbisse 759; 1336
Gewissensbisse haben 254
Gewissensfrage 1969 ▸ 1
Gewissenskonflikt 1969 ▸ 1
Gewissensnot 1336
Gewissenspein 1336
Gewissensqual 1336
Gewissenssache 1245
gewissermaßen 40 ▸ 5; 53; 308 ▸ 3; 424 ▸ 2; 771; 1155; 1898 ▸ 1
Gewissheit 944 ▸ 1; 1095 ▸ 1; 1456 ▸ 2; 1554 ▸ 1; 1862; 1914 ▸ 1
Gewissheit, mit ziemlicher 78
Gewitter 1181 ▸ 1
gewittern 1013 ▸ 2
Gewitterregen 1181 ▸ 1
Gewitterwand 406 ▸ 2
Gewitterwolke 397 ▸ 2
Gewitterwolken 406 ▸ 2
gewittrig 404 ▸ 2
gewitzigt 513 ▸ 1; 1391 ▸ 1
gewitzt 513 ▸ 1; 887 ▸ 1; 1391 ▸ 1
Gewitztheit 514 ▸ 2; 740 ▸ 2
Gewoge 300 ▸ 3; 478 ▸ 3
gewogen 1049 ▸ 2; 1762
gewogen sein 1051 ▸ 1; 1122 ▸ 1
gewogen sein, nicht 818 ▸ 1
Gewogenheit 487 ▸ 1; 1050 ▸ 1
**gewöhnen 760**
**gewöhnen, sich 760**
gewöhnen, sich aneinander 72 ▸ 2; 760 ▸ 1
Gewohnheit 41 ▸ 2; 324 ▸ 2; 1317 ▸ 2
Gewohnheit haben, die 1244 ▸ 2
Gewohnheit machen, zur 760 ▸ 2
Gewohnheit werden 760 ▸ 1
Gewohnheit werden, zur 144 ▸ 4
gewohnheitsmäßig 363 ▸ 2; 675 ▸ 1; 1091 ▸ 2; 1318 ▸ 2
Gewohnheitsrecht 81 ▸ 1
Gewohnheitstrinker 1597
gewöhnlich 40 ▸ 5; 90 ▸ 4; 180; 675 ▸ 1
gewohnt 675 ▸ 1; 1798 ▸ 2
gewohnt sein 1244 ▸ 2
Gewöhnung 73 ▸ 3; 1547 ▸ 1
gewöhnungsbedürftig 1172 ▸ 2
Gewölbe 1918 ▸ 3
gewölbt 379 ▸ 4; 987 ▸ 1
Gewölk 351 ▸ 1
gewollt 16; 644; 762; 1620 ▸ 5
geworfen 683 ▸ 2
geworfen, aus der Bahn 847 ▸ 1
Gewühl 289 ▸ 3; 478 ▸ 3; 1097 ▸ 3
gewunden 762; 987 ▸ 1
gewünscht, wie 240; 501 ▸ 2
gewürfelt 715 ▸ 1
gewürzt 841 ▸ 2
Gewusel 289 ▸ 3
gezackt 1368 ▸ 1; 1638 ▸ 2
gezählt 719 ▸ 5
gezähmt 702
gezähnt 1368 ▸ 1; 1638 ▸ 2
Gezänk 1530 ▸ 2
gezeichnet 531 ▸ 3
**Gezeiten 761**
Gezeitenwechsel 1705 ▸ 2
Gezerre 1530 ▸ 1
Gezeter 731 ▸ 2
gezielt 16; 1255 ▸ 1
gezielt, wohl 719 ▸ 2
geziemend 501 ▸ 1
**geziert** 456 ▸ 1; **762**; 1491 ▸ 3
Geziertheit 457 ▸ 1
gezogen, lang 1008 ▸ 1
Gezücht 750
gezügelt 1086 ▸ 1
Gezwitscher 731 ▸ 5
gezwungen 762; 1758 ▸ 1; 1771 ▸ 1
gezwungen sein 1130
gezwungenermaßen 1648 ▸ 2
Gezwungenheit 457 ▸ 1
Ghetto 18 ▸ 1; 682 ▸ 1
Ghettoisierung 18 ▸ 1
Ghostwriting 1555 ▸ 2
gibbeln 1004 ▸ 2
gibt zu denken 889 ▸ 2
gickeln 1004 ▸ 2
gicksen 1004 ▸ 2
Giebel 763 ▸ 1
Giebeldreieck 1833 ▸ 1
gienen 1939 ▸ 1
Gieper 1068 ▸ 1
gieprig 1069
Gier 1068 ▸ 3; 1757 ▸ 1
gieren 215 ▸ 2; 869 ▸ 2; 1525 ▸ 1
gierig 216 ▸ 1; 1069
Gießbach 1878 ▸ 1
gießen 614 ▸ 1; 1320
gießen, hinter die Binde 1596 ▸ 2
gießen, Öl ins Feuer 848 ▸ 3
gießen, Wasser in den Wein 493
Gift und Galle 104 ▸ 2
giften 242 ▸ 2; 1386 ▸ 2
Giftgasanschlag 115
giftig 321 ▸ 1; 687 ▸ 5
Giftküche 734 ▸ 2
Giftmischer 894 ▸ 1
Giftmüll 5 ▸ 1
Giftnudel 269 ▸ 2
Giftschlange 269 ▸ 2
Giftschrank, im 1717
Giftspritze 269 ▸ 2
Gigant 1340
gigantesk 788 ▸ 1
gigantisch 788 ▸ 1

Gigantismus 1615▸1
Gigerl 1541
gigerlhaft 1620▸3
Gigolo 1738▸1
gilben 1144▸3; 1599▸6
Gilde 1222▸2
Gimpel 403▸3
gimpelhaft 401▸2
**Gipfel** 255▸2; 551; **763**; 871▸1
Gipfel, auf dem 859▸4
Gipfelkonferenz 763▸6
Gipfelpunkt 763▸2
Gipfelstürmer 916▸2
Gipfeltreffen 763▸6
Gips 1286▸10
gipsen 540▸2
Gipskopf 403▸1
Girl 1073▸2
Girlande 341▸2
Girlfriend 710
Girlie 1073▸2
Girobank 182▸2
Gischt 1534▸2; 1742▸2
gischten 1371▸1; 1581▸4
Gitarrist 1129▸2
Gitter 1414
Gittern sein, hinter 1464▸2
Gittern, hinter 1647▸2
Give-away 1894▸3
Gladiator 916▸4
Glamour 1281▸2
Glanz 136▸2; 713▸3; 1047▸2; 1281▸2
Glanz und Gloria 417▸2
glänzen 172▸2; 1264▸1; 1282▸1; 1376▸2; 1481▸3
glänzen, durch Abwesenheit 596▸1
glänzend 148▸1; 765▸2; 836▸2; 1263; 1909▸2
Glanzleistung 763▸3
glanzlos 316▸2; 1537▸2
Glanzlosigkeit 1200▸2
Glanznummer 763▸5; 1074
Glanzpunkt 763▸5; 1074
Glanzstück 763▸5
glanzvoll 1263; 1909▸2
Glanzzeit 763▸4
**Glas** 756▸1; **764**
Gläschen 756▸1; 764▸1
Gläser 764▸3
gläsern 942▸1; 1491▸2
Glasfenster 764▸2
glashell 942▸1
glasieren 766▸3
glasklar 942▸3
Glasnost 1207▸2
Glasscheibe 764▸2
Glasschrank 1413
Glast 1047▸2
**glatt** 431▸3; 580▸4; 741▸2; **765**; 1551▸2; 1928▸1
glatt machen 177▸1
glatt ziehen 766▸2
Glätte 740▸2
**glätten** 150▸1; 177▸1; 196▸2; **766**; 1711▸1
glätten, Wogen 259▸1
glattgehen 712▸1
glattweg 86
glattzüngig 1551▸2
glatzköpfig 910▸1
Glaube 553▸1; 1095▸1; 1332▸2; 1796
Glaube an das Gute 1217
Glaube an Ideale 872▸1
**glauben** 428▸1; **767**; 1094; 1767▸1; 1795▸1
glauben müssen, dran 1130; 1508▸3
Glauben, in gutem 1154
glauben, nicht zu 129▸2; 1249▸1
Glaubensbekenntnis 1332▸1
glaubensfest 660
Glaubensgemeinschaft 935▸1
Glaubenskrieg 982▸2
Glaubenslehre 1332▸1
Glaubensrichtung 1332▸1
Glaubenssatz 795▸2; 1028▸4
glaubenssicher 660
glaubensüberzeugt 660
glaubhaft 78; 1786▸1; 1966▸3
Glaubhaftigkeit 1456▸2
gläubig 660
gläubig sein 767▸1
Gläubigkeit 986; 1332▸2
glaubwürdig 1966▸1
glaubwürdig sein 1622▸3
**gleich** 178; 501▸1; **768**; 772; 1285▸2; 1405▸2
gleich, aufs Haar 768▸1
gleich, immer 768▸2
gleich, möglichst 427▸3
gleich, ungefähr 501▸1
gleichaltrig 768▸1
gleichartig 768▸4
gleichartig sein 500▸1
Gleichartigkeit 1612▸1
gleichbedeutend 768▸4
gleichberechtigt 772
Gleichberechtigung 643▸2; 1612▸3
Gleichberechtigungskampf 606
gleichen 500▸1; 1610▸3
gleichermaßen 116▸1; 1468
gleicherweise 116▸1
gleichfalls 116▸1
gleichförmig 768▸2; 1318▸2
Gleichförmigkeit 41▸2; 1009; 1319▸2
gleichgeordnet 1611▸2
gleichgeschlechtlich 863
Gleichgeschlechtlichkeit 862
gleichgesinnt 651▸3
Gleichgesinntheit 442
gleichgestellt 772
Gleichgewicht 149▸5; 815▸2; 1350▸2
Gleichgewicht, aus dem 1911▸2
Gleichgewicht, im 816▸1
gleichgewichtig 816▸1
**gleichgültig** **769**; 1537▸4; 1634▸2; 1635; 1641▸1
**gleichgültig lassen** **770**
gleichgültig lassen, nicht 261▸2
Gleichgültigkeit 1642▸2
Gleichheit 1612▸1
Gleichklang 442; 1612▸4
gleichkommen 500▸1; 1143
Gleichlauf 1612▸1
gleichliegen 1610▸2
gleichmachen 1733
gleichmachen, dem Erdboden 1936▸7
Gleichmacherei 1734
gleichmacherisch 768▸2
Gleichmaß 41▸2; 611▸4; 815▸2; 1319▸1; 1350▸2; 1612▸4
gleichmäßig 143; 816▸3; 879▸3; 1318▸1; 1352▸3
Gleichmäßigkeit 1319▸1
Gleichmut 685▸1; 1350▸2
gleichmütig 1352▸3
gleichnamig 768▸1
Gleichnis 306▸5; 1749▸2
Gleichnis, im 308▸2
gleichnishaft 308▸2
Gleichrang 1612▸3

gleichrangig 772
Gleichrangigkeit 1612›3
**gleichsam** 53; **771**; 1898›1
Gleichschaltung 1612›5
Gleichschritt 1612›5
gleichsehen 1610›3
gleichseitig 1318›3
gleichsinnig 768›4
Gleichstand 1612›3
gleichstehend 772
Gleichstellung 1612›3
Gleichstellungskampf 606
Gleichtakt 442; 1319›1; 1612›4
gleichtun 629›3
gleichviel 769›5
**gleichwertig 772**
gleichwertig sein 500›1
Gleichwertigkeit 1612›3
gleichwie 1468; 1898›4
gleichwohl 3; 1197; 1603›2
**gleichzeitig** 696›2; **773**; 1861
Gleichzeitigkeit 1612›2
gleichziehen 1143
gleichziehen, nicht 6›4
Gleisner 849; 1397›1
Gleisnerei 581›1
gleisnerisch 580›4
gleißen 1376›2; 1481›3
gleißend 836›2
**gleiten** 700›2; **774**; 1433›1
gleiten, abwärts 774›1
gleitend 1645›3
Gleitkettenfahrzeug 576›5
glibbrig 765›6
**Glied 775**
Glied, künstliches 547›3
Glied, männliches 775›2
gliedern 1221›2; 1224›1; 1558›1
**Gliederung 776**; 1222›1; 1535
glimmen 328›1; 1303; 1376›2
Glimmen 615›1
glimmern 1376›4
glimpflich 1942
glitschen 578›1; 774›1
glitschig 765›6; 1403›1
glitzern 1376›2
glitzernd 836›2
global 40›4; 893; 1826›3
Global Player 1556
globalisieren 144›1
Globalisierung 145›2
Globetrotter 1327›1
Globus 989›1; 1889›1
Glocken 342
glockenhell 836›5
glockenklar 836›5
glockenrein 836›5
Glockenschlag, mit dem 1285›1
Glockenturm 1605›1
glockig 1888›4
Glöckner 936›3
Glorie 713›3; 829
Glorienschein 829
glorifizieren 418›1
Glorifizierung 1057›3
Gloriole 829
glorios 1263
glorreich 1263
glosen 328›1
Glossar 1027
Glosse 517›2
Glossenschreiber 258›1; 1418
glossieren 275›2
Glotzaugen 140
Glotze 607›1
**Glück** 515›1; **777**; 1445›2
Glück haben 712›2; 1589›4
Glück haben, noch einmal 489›2
Glück, auf gut 1663›2; 1691›4; 1948›2
Glück, zum 778›4
glücken 712›1
gluckern 1581›4
**glücklich (sein) 778**
glücklich machen 648›1
glücklich sein 648›2
glücklich, wunschlos 82›2
glücklicherweise 778›4
Glücksbringer 1929›2
glückselig 778›1
glucksen 623; 1581›4
Glucksen 731›2
Glücksfall 515›2; 777›1
Glücksfund 672›1
Glücksgriff 777›1
Glücksjäger 2
Glückskarte 549
**Glückskind 779**
Glückspfennig 1929›2
Glückspilz 779
Glücksritter 2
Glückssache 777›1
**Glücksspiel 780**; 1857
Glücksspiele machen 1482›5
Glücksspieler 2
Glücksstern 777›1
Glückssträhne 777›1
glückstrahlend 778›1
Glückstraum 877›3
Glückszeichen 1929›2
glückverheißend 800›1
Glückwunsch 798›4
Glückwunschadresse 798›4
Glückwunschkarte 798›4
Glühbirne 1007›1
glühen 328›1; 648›2; 1051›2; 1376›2
glühend 545›3; 1868›2
Glupscher 140
Glut 546›4; 615›1; 827; 1047›2
gluten 328›1; 1376›2
Gluthitze 1869›1
glutig 1868›2
Glyptothek 1357›2
**Gnade** 574; 674›4; **781**; 802; 1445›2
Gnadenbrot 674›1
Gnadenerlass 781›1
Gnadenfrist 1817›3
Gnadengesuch 93›2
gnadenlos 817›3
Gnadenlosigkeit 1533›1
gnädig 778›2; 801›1; 837; 1104›4
gnädig machen, es 1408›3
gnädig sein 528›4
Gnädigkeit 1105
Gnädigsein 781›3
Gnom 704›4
Gobelin 867›3; 1568
Go-between 1765›1
Go-in 368›1
Gold 971›2
Gold wert 1192›1
goldblond 836›6
Goldfisch 1322›1
Goldgräber 2
goldig 866
Goldmarie 779
goldrichtig 1312›1
Golem 704›3
Golf 1794›2
Goliath 1340
Gondel 576›6
gondeln 298›4
gönnen 528›1; 680›2
gönnen, nicht 1165
gönnen, sich 1040›2
gönnen, sich etwas 722

gönnen, sich Ruhe 1351 ▸ 1
Gönner 998 ▸ 1; 1090
gönnerhaft 837
Gönnerhaftigkeit 781 ▸ 3
Goodwill 487 ▸ 1; 713 ▸ 2
Goody 974
googeln 1546 ▸ 4
Göre 1073 ▸ 2
Gorilla 1874
Gosche 1126
goschert 640 ▸ 3
Gospel 736 ▸ 2
Gosse 750; 1548 ▸ 1
Gossensprache 1489 ▸ 4
gothic 1415 ▸ 2
**Gott 782**
Gott sei Dank 778 ▸ 4
Gott, lieber 782 ▸ 1
Gotterbarmen, zum 106 ▸ 2
Götterdämmerung 1937 ▸ 1
Götterfunke 721 ▸ 2
Göttergatte 1230 ▸ 4
gottergeben 686 ▸ 2
göttergleich 1407 ▸ 1
Göttermahl 974
Göttertrank 974
Gottes, Wort 334 ▸ 4
Gottesacker 654
Gottesdienst 935 ▸ 3
gottesfürchtig 660
Gottesfürchtigkeit 1332 ▸ 2
Gottesgabe 781 ▸ 2
Gottesgeißel 184
Gotteshaus 935 ▸ 2
Gotteslästerung 625
Gotteslohn, um 1630 ▸ 1
Gottesstrafe 625
gottgefällig 660
gottgläubig 660
Gottheit 782 ▸ 1
Göttin 639; 1496 ▸ 1
göttlich 99 ▸ 2; 1407 ▸ 1; 1688 ▸ 4
gottlob 778 ▸ 4
gottlos 31 ▸ 4
Gottseibeiuns 1571
Gottvater 782 ▸ 1
gottverlassen 447 ▸ 3
Gottvertrauen 1332 ▸ 2
gottvoll 832 ▸ 4
Götze 782 ▸ 1; 871 ▸ 2
Götzendienerei 783
Götzendienst 783
**Götzenverehrung 783**
Gouache 306 ▸ 2
Gourmand 723 ▸ 3
Gourmet 723 ▸ 2
goutieren 688 ▸ 1
Gouvernante 823 ▸ 2
gouvernantenhaft 236 ▸ 2
Gouverneur 1802 ▸ 2
GPS-Zeit 1932 ▸ 2
Grab 654
**graben** 633; **784**; 1546 ▸ 1
Graben 855 ▸ 4; 1592 ▸ 1; 1794 ▸ 1
graben, Grube 291 ▸ 4
Gräberfeld 654
Grabesdunkel 406 ▸ 1
Grablegung 232 ▸ 1
Grabmonument 371
Grabstätte 654
Grabstein 371
**Grad 785**; 1297 ▸ 1; 1497 ▸ 3
Gradation 23 ▸ 1
Grade, bis zu einem gewissen 1942
gradlinig 431 ▸ 2
Gradmesser 1084 ▸ 3
graduell 1010 ▸ 2
gradweise 1010 ▸ 2
Graf Koks 1541
Graffito 306 ▸ 2
Gral 971 ▸ 3
Gram 1336; 1398 ▸ 1; 1588
grämeln 1954 ▸ 2
grämen, sich 1035 ▸ 4
gramerfüllt 1655 ▸ 1
gramgebeugt 1655 ▸ 1
grämlich 1112
Grammatik 1535
gramvoll 1288 ▸ 2
Gran 948 ▸ 2
Granate 989 ▸ 2; 1409 ▸ 3; 1855 ▸ 1
granatenvoll 248 ▸ 1
Grand Prix 958 ▸ 2
Grande Dame 638
Grandezza 789 ▸ 2; 1922 ▸ 1
grandios 788 ▸ 1
Grandseigneur 924
grantig 320 ▸ 1; 1112; 1657 ▸ 2
Graphik 306 ▸ 2
grapschen 585 ▸ 1; 1228 ▸ 3
Gras 1306
Gras wachsen hören 1863 ▸ 2
grasen 563 ▸ 6
grasen lassen 870
grassieren 144 ▸ 4
grässlich 458 ▸ 1; 1415 ▸ 1
Grat 763 ▸ 1
Gratifikation 674 ▸ 2; 1952
grätig 320 ▸ 1
gratinieren 323 ▸ 1
gratis 1630 ▸ 1
Gratisprobe 1894 ▸ 3
Gratulation 798 ▸ 4
Gratulationsbrief 798 ▸ 4
gratulieren 1560 ▸ 4
Gratwanderung 687 ▸ 4; 1857
grau 43 ▸ 1
grau in grau 590 ▸ 1
Gräuel 14 ▸ 2; 333; 1381
Gräueltat 333; 1720
grauen 51 ▸ 2; 62 ▸ 1
Grauen 61 ▸ 1
grauenhaft 1415 ▸ 1
grauenvoll 1415 ▸ 1
grauhaarig 43 ▸ 1
graulen 62 ▸ 1
gräulich 819 ▸ 1
Graupeln 1181 ▸ 2
Graus, ein 1415 ▸ 2
grausam 332; 1288 ▸ 2
Grausamkeit 333
grausen 62 ▸ 1
Grausen 61 ▸ 1
grausen, sich 459 ▸ 1
grausig 1415 ▸ 2
grauslich 819 ▸ 1; 1415 ▸ 1
**gravieren** 445 ▸ 2; **786**; 928 ▸ 4
gravierend 542 ▸ 4; 1436 ▸ 2; 1494; 1896 ▸ 1
Gravität 1922 ▸ 1
Gravitation 975 ▸ 2
gravitätisch 598 ▸ 3; 1923 ▸ 2
Grazie 69; 605 ▸ 1
grazil 70 ▸ 2; 408 ▸ 2
graziös 70 ▸ 2
greifbar 77 ▸ 2; 696 ▸ 3; 1021 ▸ 1; 1494; 1835 ▸ 1; 1908 ▸ 2
greifbar machen 525 ▸ 3
greifen 585 ▸ 1; 1163 ▸ 1; 1228 ▸ 3; 1752; 1907 ▸ 2
greifen, ans Herz 1228 ▸ 1
greifen, aus der Luft 1067
greifen, mit Händen zu 942 ▸ 3; 1786 ▸ 2
greifen, nach den Sternen 1525 ▸ 2
greifen, tief in die Tasche 444 ▸ 2

greifen, um sich 144▸4
greifen, unter die Arme 491▸1; 834▸1
greifen, zu den Waffen 915▸5
Greifen, zum 1150▸2
greifen, zur Feder 1416▸1
greifend, tief 1909▸2
Greifer 809▸1
Greifwerkzeug 809▸1
greinen 941▸3
greis 43▸1
Greis 44▸2
Greisenalter 44▸1
greisenhaft 43▸2
Greisenhaftigkeit 44▸4
Greisentum 44▸4
Greißler 813▸1
grell 588▸1; 1017
Gremium 908▸1; 1299▸2
**Grenze 787**; 1414
Grenze, grüne 787▸1
Grenze, ohne 1643▸1
grenzen an 261▸3
grenzenlos 1643▸1; 1888▸1
Grenzenlosigkeit 145▸2; 1644
Grenzerfahrung 1857
Grenzgänger 1252▸2
Grenzlinie 787▸1; 1053▸2; 1374▸2
grenzüberschreitend 893
Gretchenfrage 636▸2
grienen 1004▸1
Griesgram 1240
griesgrämig 1112; 1693
Griff 515▸2; 809▸1; 1512▸2
Griff haben, im 959▸1
griffbereit 608▸3; 1835▸1
griffig 1968▸1
Grille 422▸4; 1515▸2; 1774▸2
grillen 323▸1; 1581▸2
Grillparty 746▸2
grimassenhaft 819▸1
Grimm 104▸1
grimmig 320▸1; 1368▸2
grindig 1638▸2
grinsen 648▸2; 1004▸1
grinsend 651▸4; 832▸1
Grips 704▸2; 1785▸2
gripsen 1163▸2
grob 237▸1; 374▸2; 1259▸2; 1657▸2
grobfädig 1060▸2
grobgliedrig 1259▸1
Grobheit 641▸2
Grobian 1267▸1
grobkörnig 1638▸2
gröblich 374▸2
grobschlächtig 374▸1; 1259▸1
groggy 1125▸2
grölen 1460▸2
Groll 604; 1113
grollen 1013▸2; 1954▸1
Grollen 731▸2
grollend 320▸1; 1147
Groom 823▸4
Gros 1821
Gros, das 1097▸5
Groschen 709▸3
**groß** 260▸2; **788**; 1323▸2; 1896▸2
Groß und Klein 38▸1
Großaktionär 1682▸2
großartig 882
Großartigkeit 789▸2
Großaufnahme 306▸3
Großbankier 1682▸2
Großbehälter 221
Großbildkamera 913▸1
Großbourgeoisie 338▸2
Großbrand 615▸2
Großbürger 338▸1
großbürgerlich 339▸2
Großbürgertum 338▸2
großdenkend 790▸2
**Größe** 145▸2; 200▸3; 570; 630▸4; 785; **789**; 1084▸5; 1496▸2; 1626
Größe, unbekannte 1176▸2
Großen und Ganzen, im 40▸5
Großen, im 1819▸1
Größenordnung 145▸2; 785
Größenverhältnis 1084▸4
Größenwahn 457▸2
größenwahnsinnig 456▸2
größer werden 1527▸1
Großfamilie 797▸10
Großflächigkeit 789▸1
Großhandel 811▸3
Großhändler 738
Großherzigkeit 1788▸3
Großindustrieller 1682▸2
Großintellektueller 668▸7
Grossist 738
großjährig 1323▸2
Großkaufmann 738
Großkopferter 370
Großkritiker 668▸7
Großmacht 789▸3
großmächtig 788▸3; 1072▸3
Großmannssucht 457▸2
Großmaul 1432
großmäulig 456▸2
Großmäuligkeit 457▸1
Großmogul 846
Großmut 1640
großmütig 790▸2; 1639
Großmutter 1135▸2
Großrechner 350▸1
Großreich 789▸3
Großreinemachen 1325▸3
großschnäuzig 456▸2
Großschriftsteller 668▸7
großspurig 456▸2
Großspurigkeit 457▸1
Großstadt 1495▸1
Großtat 1041▸1; 1727▸3
größtenteils 1096; 1621
größtmöglich 1448▸2
Großtuer 1432
großtuerisch 456▸2
großtun 1264▸1
Großunternehmen 789▸3
Großveranstaltung 1708▸3
Großwetterlage 1005▸3
Großwildjagd 901
Großwildjäger 902▸1
großziehen 138▸1
**großzügig** 745▸3; **790**
Großzügigkeit 1640
grotesk 118▸2; 832▸4; 1249▸3; 1488▸2
Groteske 1486▸4
Grotte 1794▸1
grottenfalsch 580▸1
grottenschlecht 1392▸1
grottig 1703
Groupie 65▸5
Grube 1055▸1; 1794▸1
Grübelei 1316
grübeln 369▸2; 1300▸2
Grübeln 1316
grüblerisch 1576
Gruft 654
Grufti 44▸2
grummeln 1954▸2
grün 906▸2; 1666▸2
grün sein, nicht 818▸1
Grün, erstes 664
Grün, frisches 664
grün, nicht 31▸3
Grünanlage 677
**Grund 791**; 856▸1

Grund auf, von 676 ▸2; 719 ▸3; 1295
Grund und Boden 792
Grund, aus diesem 42
Grund, aus welchem 1875
Grund, ohne 794
Grund, tiefster 791 ▸1
grundanständig 85 ▸3
Grundbedingung 205 ▸1
Grundbegriffe 793 ▸4
**Grundbesitz** 270 ▸2; **792**
Grunde, am 1673 ▸1
Grunde, im 424 ▸1; 719 ▸5
grundehrlich 85 ▸3; 130
Grundeigentum 792
Grundeinstellung 373
gründeln 1546 ▸2
gründen 51 ▸3; 544 ▸1; 1680 ▸1
gründen auf, sich 9 ▸3
gründen in 9 ▸3
Gründen, aus guten 1786 ▸3
gründen, Geschäft 1179 ▸3
gründen, Hausstand 166 ▸4
Gründer 189; 558; 1700 ▸3
grundfalsch 580 ▸1
Grundfesten 793 ▸1
Grundform 1513 ▸2
Grundgedanke 564 ▸1; 795 ▸1; 875 ▸1
Grundgefühl 1515 ▸1
Grundgüte 802
Grundidee 795 ▸1
Grundkapital 1516 ▸3
Grundkonsens 992 ▸1
**Grundlage** **793**; 1516 ▸3; 1830
Grundlagenforschung 634 ▸3
Grundlagenwissen 793 ▸4
grundlegend 719 ▸3; 796
gründlich 719 ▸3; 888 ▸2; 1220 ▸3; 1295; 1471 ▸1; 1966 ▸2
Gründlichkeit 1470 ▸1
**grundlos** **794**; 1403 ▸1; 1575 ▸2
Grundmasse 1516 ▸3
Grundmotiv 795 ▸1
Grundpfeiler 807 ▸3
Grundprinzip 795 ▸1
Grundrecht 1313 ▸3; 1922 ▸3
Grundregel 795 ▸1
Grundriss 1253 ▸2
**Grundsatz** 747 ▸2; **795**; 1084 ▸3; 1317 ▸1
Grundsatzerklärung 526 ▸5
**grundsätzlich** 40 ▸2; **796**; 1295
Grundstein 793 ▸1
Grundsteinlegung 50 ▸2
Grundstimmung 1515 ▸1
Grundstock 793 ▸3; 1516 ▸3
Grundstoff 460 ▸1; 1518 ▸2
Grundströmung 1515 ▸1
Grundstück 792
grundstürzend 129 ▸1; 796
Grundüberzeugung 795 ▸1
Gründung 50 ▸2; 1180 ▸1
Gründungstag 903
Grundvertrauen 1796
Grundvorstellung 795 ▸1
Grünen, im 391 ▸1
Grünfläche 677
Grünschnabel 907 ▸2
Grünspan ansetzen 1724 ▸2
grüppchenweise 1010 ▸2
**Gruppe** 440 ▸2; 714 ▸3; **797**
Gruppendruck 1967 ▸1
Gruppenkultur 1542 ▸1
Gruppenleiter 1042 ▸2
Gruppenzwang 1967 ▸1
gruppieren 1221 ▸2
Gruppierung 776
gruselig 1415 ▸2
gruseln 62 ▸1
Gruseln 61 ▸2
grusig 1415 ▸2
**Gruß** **798**
Grußadresse 798 ▸4
Grußbotschaft 798 ▸4
**grüßen** **799**
Grußformel 798 ▸1
Grütze 704 ▸2; 1785 ▸2
Grützkopf 403 ▸1
gschamig 1758 ▸1
Gspusi 710
gucken 1447
gucken, in den Mond 1024; 1763 ▸2
gucken, in die Luft 1024
gucken, in die Röhre 1024
Gucker 140
Guckindieluft 2
Guckloch 1210 ▸3
Guerillakrieg 982 ▸2
Guerillero 916 ▸5
Guide 668 ▸5
guillotinieren 1583 ▸2
Gülle 155 ▸3
Gully 1210 ▸6
gültig 675 ▸4; 748 ▸5; 1208 ▸1
gültig sein 199 ▸4
gültig, allgemein 40 ▸2
Gültigkeit 713 ▸4
Gummi 1425 ▸5
gummiert 1925 ▸3
Gummischutz 1425 ▸5
Gunst 781 ▸3; 1050 ▸1; 1445 ▸2
Gunst der Verhältnisse 777 ▸1; 1384 ▸2
Gunstbezeigung 487 ▸2
**günstig** 56 ▸1; 310 ▸1; **800**
Günstling 711; 779; 1427
Günstling des Glücks 779
Günstlinge 65 ▸4
Günstlingswirtschaft 950
gurgeln 623; 1581 ▸4
gurgelnd 1902 ▸4
Gurke 593; 775 ▸2; 1156
Gurkentruppe 593
gurren 1581 ▸3; 1737
Gurt 809 ▸2
Gürtel 809 ▸2; 1341 ▸1
Gürtellinie, unter der 90 ▸1
Guru 668 ▸6; 1030 ▸3
Guss 1181 ▸1
Guss, aus einem 676 ▸1; 1826 ▸1
Gusto 743 ▸2
**gut** 99 ▸2; 412 ▸2; 735 ▸2; 754 ▸1; **801**; 1192 ▸1; 1312 ▸1; 1650 ▸1
Gut 188
gut gehen 507 ▸4
gut getroffen 801 ▸2
gut geworden 801 ▸2
gut haben, es 804 ▸2
gut können 1789 ▸6
gut stehen 1789 ▸6
gut zu haben 326 ▸1
gut, ebenso 772
Gutachten 984 ▸1; 1696 ▸1
gutartig 801 ▸1
gutbringen 150 ▸4
gutbürgerlich 339 ▸1
Gutdünken 1095 ▸1; 1858 ▸1
Gutdünken, nach 240; 1905 ▸1
**Güte** 781 ▸3; **802**; 1105; 1289 ▸2; 1895 ▸1
Güte des Geschicks 777 ▸1
Güte haben 486 ▸1
Güteklasse 1289 ▸2
Guten, des zu viel tun 1618 ▸3
Güteraustausch 811 ▸1
Güterverkehr 811 ▸1
Gütesiegel 927 ▸3

Gütezeichen 927 ▸ 3
gutgehen 712 ▸ 1
gutgehen lassen, es sich 592
gutgläubig 1154
Gutgläubigkeit 432 ▸ 2; 986
Guthaben 270 ▸ 4
gutheißen 213; 491 ▸ 2; 528 ▸ 1; 1964 ▸ 2
gutherzig 801 ▸ 1
gütig 801 ▸ 1; 1049 ▸ 4; 1104 ▸ 4; 1639
Gütigkeit 802
gütigst 312 ▸ 1
gütlich 655 ▸ 2
gütlich tun, sich 563 ▸ 3; 722
gutmachen 343; 1746 ▸ 3
gutmachen, Boden 150 ▸ 4
Gutmensch 873 ▸ 2
gutmütig 464 ▸ 5; 801 ▸ 1
Gutmütigkeit 469 ▸ 3; 802
gutsagen 311 ▸ 3; 337 ▸ 1
Gutsagung 340 ▸ 2
Gutsbesitzer 187 ▸ 1
Gutschein 348 ▸ 1
gutschreiben 150 ▸ 4; 491 ▸ 2
Gutschrift 492 ▸ 3
Gutsherr 187 ▸ 1
Gutshof 188
gutsprechen 337 ▸ 1
Guttat 1214 ▸ 1
guttun 234 ▸ 2
gutwillig 488
Gymnasiast 1424 ▸ 1
Gymnasium 1423 ▸ 1
Gymnastik 1483

# H

$H_2O$ 1877 ▸ 2
hä 312 ▸ 2
**Haar 803**
Haar lassen, kein gutes 1760; 1805 ▸ 2
Haar, aufs 719 ▸ 2
Haar, transplantiertes 803 ▸ 3
Haar, um ein 1650 ▸ 1
Haarband 1286 ▸ 6
Haardesigner 658
Haare lassen 1763 ▸ 2
Haarersatz 803 ▸ 3
Haaresbreite, um 951 ▸ 2; 1650 ▸ 1
haargenau 719 ▸ 1
haarig 1302 ▸ 2; 1633 ▸ 1
haarklein 719 ▸ 1
Haarkünstler 658
haarlos 765 ▸ 3; 910 ▸ 1
Haarnadelkurve 999
Haarnetz 1171 ▸ 1
Haarriss 1492 ▸ 1
haarscharf 719 ▸ 2
Haarschleife 1286 ▸ 6
Haarschneider 658
Haarschnitt 803 ▸ 2
Haarschopf 803 ▸ 1
Haarspalter 1234 ▸ 1
Haarspalterei 1235 ▸ 2
haarspalterisch 1236 ▸ 1
haarsträubend 1415 ▸ 2
Haarstylist 658
Haarteil 803 ▸ 3
Haartracht 803 ▸ 1; 803 ▸ 2
Hab und Gut 270 ▸ 2
Habe 270 ▸ 2
Habe, bewegliche 270 ▸ 2; 446 ▸ 2
**haben 804**
haben müssen 325
haben wollen 215 ▸ 2; 891 ▸ 4
haben wollen, für sich 193 ▸ 1
haben, in der Mache 530 ▸ 1
**haben, sich 804**; 1366 ▸ 1
haben, zu 1023 ▸ 4; 1835 ▸ 1
Habgier 1757 ▸ 3
**habgierig 805**
habhaft werden 1752
Habilitationsschrift 8 ▸ 2
Habitualisierung 73 ▸ 3
Habitué 282 ▸ 1
Habitus 158; 1513 ▸ 4
Habschaft 270 ▸ 2
Habseligkeiten 270 ▸ 2
Habsucht 1757 ▸ 3
habsüchtig 805
Häcke 678 ▸ 1
hacken 430 ▸ 1; 1934
Hacker 1721 ▸ 2
hackevoll 248 ▸ 1
Hackordnung 1298
Hader 604; 1530 ▸ 1
Haderlump 1419 ▸ 1
hadern 1531 ▸ 1; 1954 ▸ 1
hadersüchtig 37 ▸ 1
Hades 1685 ▸ 2
Hafen 1425 ▸ 4
Hafendamm 209 ▸ 4
Haft 689 ▸ 1
Haftanstalt 689 ▸ 2
haftbar 1771 ▸ 1
haftbar machen 941 ▸ 2
haften 311 ▸ 3; 337 ▸ 1; 1517 ▸ 1
haften, im Gedächtnis 117; 445 ▸ 3
haftend 1925 ▸ 3
haftpflichtig 1771 ▸ 1
Haftung 340 ▸ 1; 1245
Hagel 1181 ▸ 2
hageln 1320
hagelt, es 1819 ▸ 1
hager 408 ▸ 2
Hagestolz 1079
Hagiographie 267
Hagiographierung 1057 ▸ 3
Hahn 1780 ▸ 1
Hahn im Korb 779
Hahn kräht danach, kein 769 ▸ 5
Hahnrei machen, zum 291 ▸ 3
Haifischbecken 604
Hain 1865
Haircutter 658
Häkelgarn 572 ▸ 2
häkeln 101 ▸ 4
Haken 209 ▸ 2; 597 ▸ 2; 999; 1055 ▸ 1; 1388 ▸ 1; 1780 ▸ 2
Hakennase 1156
**halb 806**; 1194 ▸ 4
halb reif 1666 ▸ 1
halb und halb 806; 1563; 1645 ▸ 1
halbamtlich 1208 ▸ 1
Halbbildung 384
Halbblut 1242
Halbdunkel 406 ▸ 1
halber 68 ▸ 2; 1885
Halbes und nichts Ganzes, nichts 1086 ▸ 2; 1645 ▸ 4
halbgebildet 383 ▸ 2
Halbgebildeter 382 ▸ 2
Halbgott 782 ▸ 1
Halbheit 1246; 1689 ▸ 2
halbherzig 1645 ▸ 1
halbieren 1558 ▸ 4
halbiert 806
Halbierung 1592 ▸ 2
Halbkugel 1918 ▸ 3
halblaut 1039
halbpart 806
halbseiden 90 ▸ 1; 1970 ▸ 3
halbseitig 806
Halbstarker 1267 ▸ 1
halbtags 1849 ▸ 3
Halbtagsarbeit 100 ▸ 3
halbwegs 806; 1086 ▸ 2; 1942
Halbwelt 1685 ▸ 1
halbwüchsig 906 ▸ 1; 1666 ▸ 2
Halbwüchsige 905 ▸ 3
Halbzeit 1114 ▸ 4; 1674 ▸ 1
Halde 5 ▸ 4
Hälfte 1114 ▸ 4
Hälfte, bessere 1230 ▸ 4
Hälfte, mehr als die 1621
Hälfte, zur 806
hälften 1558 ▸ 4
Halfter 221
hälftig 806
Hall 411 ▸ 1; 731 ▸ 1
Halle 1304 ▸ 1
hallen 1013 ▸ 2; 1581 ▸ 1
Hallenbad 176 ▸ 2
hallend 1017
Hallig 886
Halligalli 1679 ▸ 2
Hallo, großes 798 ▸ 3
Hallodri 1419 ▸ 1; 1678 ▸ 2
Halloween 1555 ▸ 3
Halluzination 706; 877 ▸ 1
halluzinierend 705
Halluzinogen 1306
Halm 1512 ▸ 1
Hals 478 ▸ 4
Hals über Kopf 427 ▸ 3; 1258
Halsabschneider 292 ▸ 1; 1270
halsbrecherisch 687 ▸ 2
Halskrause, bis zur 1448 ▸ 1

Halsstarre 1604
halsstarrig 423; 1687
Halstuch 867▸5; 1286▸7
**Halt 807**; 1514; 1674▸1
Halt geben 1540▸1
haltbar 361▸1; 412▸2
haltbar gemacht 361▸2
haltbar machen 519▸2
Haltbarkeit 354▸2; 360▸3; 611▸1
Haltekind 1427
**halten** 22▸2; 279▸2; 585▸2; **808**; 1457▸1; 1503▸3
halten auf, große Stücke 1730▸1
halten können, das Lachen nicht 1004▸2
halten nach, Ausschau 552▸2
halten über, Hand 1426▸2
halten zu 1960▸1
halten, am Boden 400▸3; 1675▸1
halten, am Leben 519▸3
halten, an sich 226
halten, Ansprache 1848▸1
halten, auf sich 1244▸5
halten, Augen offen 245▸1
halten, Ausschau 1546▸1
halten, besetzt 808▸2
halten, Diät 869▸3
halten, Einkehr 254
halten, Fresse 1434▸1
halten, für erforderlich 1130
halten, für möglich 1094
halten, für nötig 1130
halten, für richtig 767▸2; 1094
halten, für sicher 552▸1
halten, für unabdingbar 1130
halten, für wahr 767▸2
halten, für wertlos 1109▸1
halten, für wertvoll 1370▸1
halten, für zuverlässig 1795▸1
halten, Fuß in der Tür 249▸2
halten, Gardinenpredigt 1550▸2
halten, geheim 1434▸2; 1710▸1
halten, Gleichgewicht 150▸5
halten, große Stücke auf jmdn. 1370▸1
halten, Hausputz 1362▸1
halten, heilig 1730▸1
halten, im Zaume 854▸1
halten, in Atem 193▸3; 235▸2
halten, in Gang 1677▸1
halten, in Ordnung 1244▸1
halten, in Quarantäne 17▸1
halten, in Reserve 122▸3
halten, instand 1244▸3; 1677▸1
halten, Klappe 1434▸1
halten, klein 1675▸1
halten, Kurs 439▸3
halten, kurz 1474▸2
halten, Maul 1434▸1
halten, Mund 1434▸1
halten, nicht 1014▸1
halten, nicht für möglich 1921▸1
halten, nicht hinterm Berge 1772
halten, nicht mehr Schritt 1144▸4
halten, offen 1209▸1; 1334
halten, Rede 1848▸1
halten, sauber 1244▸1
halten, Schnabel 1434▸1
halten, Schnauze 1434▸1
halten, seine Zunge im Zaum 1434▸2
halten, seinen Mund 1710▸1
halten, sich 362▸1
halten, sich abseits 17▸2
halten, sich an 439▸3; 1540▸2
halten, sich die Seiten 1004▸2
halten, sich für unwiderstehlich 428▸3
halten, sich für weiß was 428▸3
halten, sich im Hintergrund 17▸2
halten, sich schadlos 1191▸2
halten, sich tapfer 224▸2
halten, sich verborgen 1710▸4
halten, sich verbunden 64▸1
halten, sich zur Verfügung 834▸1
halten, Siesta 1351▸1
halten, Spitze 666▸2
halten, Treue 1960▸1
halten, unten 400▸3; 1675▸1
halten, unter die Nase 1852
halten, viel von sich 428▸3
halten, Vorlesung 1045▸2
halten, Vortrag 1848▸1
halten, Waage 150▸5
halten, Wacht 127▸3
halten, warm 1870▸2
halten, zu jmdm. 64▸3; 1960▸1
halten, zueinander 1960▸1
halten, Zügel in der Hand 666▸2
halten, zum Besten 1487▸1
halten, zum Narren 291▸1; 1487▸1
haltend, auf Ordnung 1220▸2
Haltepunkt 807▸6
**Halter** 271; **809**
Haltestelle 807▸6
Haltevorrichtung 809▸1
haltlos 347; 751; 1088▸3; 1428▸3; 1669▸4
Haltlosigkeit 752; 1615▸2
haltmachen 472▸1; 808▸1
Haltung 146▸2; 158; 227▸1; 373; 1513▸4; 1754▸3; 1922▸1; 1946▸1
haltungslos 347
Halunke 1419▸1
Häme 322
hämisch 321▸1
Hammelsprung 1858▸2
Hammer 641▸3; 775▸2; 1074
hämmern 1013▸2; 1416▸4
Hampelmann 601
Hamsterkiste 1479▸2
hamstern 1474▸1; 1784▸1
Hand 775▸1
Hand haben, sich in der 226
Hand im Spiel haben 1560▸1
Hand in den Mund, von der 106▸1; 1669▸2
Hand in Hand 1957
Hand lassen, freie 528▸1
Hand sein, in jmds. 9▸1
Hand und Fuß, mit 1768▸3
Hand und Handschuh, wie 719▸6
Hand voll 948▸2; 1890▸2
Hand, auf die 1659▸3
Hand, aus erster 1659▸1
Hand, aus zweiter 43▸4; 180; 1119▸2; 1649▸2
Hand, bei der 252▸2; 1835▸1
Hand, hinter vorgehaltener 1119▸2
Hand, Invisible 835▸1
Hand, linker 1054▸1
Hand, offene 790▸1
Hand, rechte 835▸2
Hand, rechter 1315▸1
Hand, sichere 740▸1
Hand, unter der 831▸1
Hand, von langer 1471▸2
Hand, zur 252▸2; 608▸3; 696▸3
**Handarbeit** 100▸3; **810**
handarbeiten 101▸4; 186

Handbesen 269‣1
Handbewegung 857‣2
Handbremse, mit angezogener 1086‣1
Handbuch 668‣5; 1027
Hände, zwei linke 1653‣1
Händedruck 798‣2
Händeklatschen 229
**Handel** 737‣6; **811**; 1755‣1
Händel 1530‣2
**handeln** 201‣1; **812**; 1680‣2
Handeln 100‣1
handeln mit 1756‣1; 1799‣3
handeln über 222‣3
handeln von 222‣3
handeln, sich um 287
Handeln, sprachliches 1489‣1
handeln, unbedacht 426‣4
handeln, vorschnell 426‣4
handeln, widerrechtlich 1745‣8
Handelsbeziehungen 811‣1
handelseinig 441‣1; 531‣1
handelseinig werden 1731
Handelsgesellschaft 737‣1
Handelsniederlassung 1972‣1
Handelsplatz 1081‣1
Handelsreisender 1802‣1
Händelsucht 827
händelsüchtig 37‣1
Handelsverkehr 811‣1
Handelsvertreter 813‣3; 1802‣1
Handelsvertretung 1803
Handelswert 1265‣1
Handelszeichen 927‣3
Handeltreibender 813‣1
Händen haben, in 804‣1
Händen, in festen 1771‣2
händeringend 1655‣2
Handfeger 269‣1
handfertig 741‣1
handfest 77‣2; 374‣1; 976‣1; 1153
handgearbeitet 814‣2
handgefertigt 814‣2
Handgeld 434‣2
Handgelenk, aus dem 1691‣3
handgemacht 814‣2
handgemein werden 1389‣2
Handgemenge 914‣2; 1388‣2
handgerecht 1968‣1
handgreiflich 37‣1; 77‣2; 942‣3; 1390
handgreiflich werden 1389‣2; 1748‣3
Handgreiflichkeit 1388‣2
Handgriff 809‣1; 1512‣2
Handhabe 1118‣2
handhaben 201‣1; 222‣1
handhaben, Sprache 1490‣2
Handhabung 202‣1; 223‣1
handhoch 947‣3
Handicap 855‣5
handicapen 854‣3
händisch 814‣2
Handkamera 913‣2
handkehrum 1405‣2
Handkoffer 867‣8
Handkuss 798‣2
Handlanger 835‣2; 957
**Händler** 738; **813**
Handleserin 1271
handlich 1968‣1
Handling 202‣1
Handlung 694‣3; 739‣1; 1089; 1681‣2
Handlung, kriegerische 982‣1
Handlung, kriminelle 1665‣2
Handlungsdruck 1759‣1
Handlungsfreiheit 643‣1
handlungsorientiert 476
Handlungsweise 1089; 1754‣1
Hand-out 793‣5
Handreichung 851‣1; 1027
handsam 702
Handschlag 798‣2
Handschrift 1225‣1; 1417‣1
Handskizze 306‣2
Handstreich 60‣1; 115; 133‣2; 1681‣3
Handtasche 867‣8
Handtuch werfen 121‣3; 1378‣3
Handumdrehen, im 1405‣2
handverlesen 147‣1
handwarm 1086‣3; 1868‣1
Handwerk 810‣1
handwerkern 186
**handwerklich 814**
handwerksmäßig 814‣1
Handy 1564
Handzeichen 857‣2
Handzettel 1894‣3
hanebüchen 129‣2; 1688‣3
Hang 5‣4; 1050‣1; 1068‣1; 1167‣1; 1167‣3; 1429‣4; 1566‣1; 1757‣1
Hängebrücke 331‣1
Hängelampe 1007‣1
hängen 1439‣2; 1464‣3; 1583‣2; 1816‣3
hängen bleiben 1517‣1
hängen lassen, Ohren 1818‣1
Hängen und Würgen, mit 951‣2
hängen, am seidenen Faden 396‣2
hängen, am Tropf 9‣2
hängen, an den Nagel 121‣3
hängen, an denNagel 472‣1
hängen, an der Strippe 1565
hängen, an die große Glocke 945‣1
hängen, an jmds. Lippen 891‣2
hängen, aneinander 1051‣1; 1960‣1
hängen, Brotkorb höher 1474‣4
hängen, sich an den Rockzipfel 1736‣3
hängen, tiefer 1474‣4; 1731
hangend 1060‣4
hängend 1060‣4
Hängepartie 687‣4; 951‣2; 1857
Hänger 33‣3; 65‣1
Hängeschrank 1413
Hang-over 1113
Hans im Glück 779
Hansdampf 1556
Hansdampf in allen Gassen 1556
Hänselei 80‣1; 1486‣2
hänseln 1487‣1
Hanswurst 110‣2; 1379‣1
hantieren 101‣3; 201‣1
hapern 596‣2
Häppchen 948‣2
Happen 948‣2; 1075‣8; 1536‣3
happig 129‣2; 859‣5; 1448‣1
happy 778‣1
Happy Few 1196‣3
Happyend 1395‣2
Hardcover 334‣2
Hardliner 364
Hardware 350‣1
Häretiker 929
häretisch 930
harfen 1482‣3
Harlekin 1379‣1
Harm 1398‣1
härmen, sich 1035‣4
harmlos 431‣2; 801‣1; 1104‣2; 1154

Harmlosigkeit 402›2; 432›2
**Harmonie** 442; 653›1; **815**; 1409›1; 1612›4
harmonieren 516›4; 1610›2; 1789›6
**harmonisch** 441›1; **816**; 1407›1; 1611›2
harmonisieren 72›1; 259›1
harmonisiert 816›1
Harmonisierung 73›1
Harpagon 707
harren 1873›1
harsch 374›2; 1368›2; 1657›1
Harsch 1181›2
**hart** 610; **817**; 826›1; 1500›1; 1532›1; 1598›1; 1655›4
hart bleiben 224›2
hart werden 1599›2
Härte 611›1; 827; 1497›1; 1533›1
harte Nuss 1759›1
Härtefall 1185›2
härten 1498›3
Hartgeld 709›1
hartgesotten 1687
hartherzig 817›2
Hartherzigkeit 1642›2
hartköpfig 423; 1500›2
hartleibig 817›2
hartnäckig 143; 423; 1925›1
Hartnäckigkeit 611›3
Haruspex 1271
harzig 1259›1; 1925›3
Hasardeur 2
hasardieren 1482›5; 1856›1
Hasardspiel 780
Hasardspieler 2
Hasch 1306
haschen 585›1
Hascher 395›1
Häscher 902›1
Haschisch 1306
Hase, alter 570
Hasenfuß 601
hasenfüßig 63›2
Hasenherz 601
hasenherzig 63›2
haspeln 393›2
Hass 604
**hassen 818**
hasserfüllt 603
**hässlich** 321›1; **819**
Hassliebe 1969›1
Hassprediger 364; 1267›3
Hasspredigt 365
Hast 289›2; 425›1
Hast, in fliegender 1405›1
Hast, ohne 1352›3
hasten 426›1; 848›2
hastig 427›1
hätscheln 1051›3
Hatz 60›2; 425›1; 901
Hau 706
Haube 966
Haubenlerche 1184
Hauch 351›2; 875›3; 948›2; 1063›4; 1188; 1906›1
Hauch von 1890›1
Hauch, kein 1175›1
Hauch, ohne einen 1352›7
hauchdünn 408›1
hauchen 114; 314›1; 627
Haudegen 916›2; 1267›2
Haue 1388›1
hauen 177›1; 1389›1
hauen, auf den Putz 428›3; 600›1
hauen, auf die Pauke 1264›1
hauen, aus dem Stein 753
hauen, Geld auf den Kopf 1781›1
hauen, in die Pfanne 854›3
hauen, in dieselbe Kerbe 1964›2
hauen, in Stein 1›2
hauen, sich aufs Ohr 1387›1
hauen, übers Ohr 291›1
hauen, vom Hocker 1616›1
hauen, vom Stuhl 1616›1
Häufchen Elend 1177›1
Haufen 797›5; 1097›2; 1290›1
häufen 1356›2
häufen, sich 144›2; 1505›3
haufenweise 1819›1
häufig 1211
Häufung 1097›1
Haupt 965›1
Haupt- und Staatsaktion 739›3
Hauptansicht 1833›1
Hauptattraktion 763›5; 1074
Hauptbetriebszeit 1355
Hauptdarsteller 1342›1
Häupten, zu 859›1
Haupterbe 510›3
Hauptfigur 1342›1
Hauptgedanke 795›1
Hauptgeschäftsführer 1042›2
Hauptgeschäftsstelle 1114›3
Hauptgeschäftszeit 763›4; 1355
Hauptgewinn 1265›4
Haupthaar 803›1
Häuptling 668›2
Hauptperson 1342›1
Hauptquartier 1043›1
Hauptreisezeit 1355
Hauptrolle 1342›1
Hauptrolle spielen 666›2
**Hauptsache 820**; 1545; 1896›2
Hauptsache, in der 272›1
hauptsächlich 272›1; 1621
Hauptschule 1423›1
Hauptschüler 1424›1
Hauptstadt 1495›1
Hauptstraße 1524
Hauptströmung 1120›1
Haupttreffer 1265›4
Hauptverkehrszeit 763›4
**Haus** 737›1; 797›10; **821**; 830›1; 843›1; 1053›4; 1809›1
Haus aus, von 54
Haus und Hof 270›2
Haus, im 885›1
Haus, offenes 746›3
Haus, öffentliches 318
Hausangestellte 823›1
Hausarbeit 8›2
Hausarrest 18›1; 689›1; 1716›2
Hausaufgaben 119›6
hausbacken 180; 326›3
Hausbesitz 270›2
Hausbesitzer 271
Hausbursche 823›4
Häuschen 821›1; 1579›1
Häuschen, aus dem 320›1; 1773›1
Hausdame 823›2
Hausdiener 823›4
Hausdrachen 269›2
Hause, zu 225›1
hausen 1019›2
Häuserbesetzung 368›1
Häuserviertel 1495›3
Hausflur 1839›1
Hausfrau 638; 1230›4
Hausfreund 711
Hausgarten 677
Hausgebrauch, nur für den 1797
Hausgehilfe 823›4
hausgemacht 814›2

Hausgemeinschaft 714 ▸ 2; 822 ▸ 1
Hausgenosse 1138 ▸ 2
Hausgerät 446 ▸ 2
Hausgericht 1480 ▸ 3
Hausgesinde 823 ▸ 1
Hausgräuel 937 ▸ 1
**Haushalt 822**
haushalten 1474 ▸ 3
Haushälterin 823 ▸ 2
haushälterisch 1475 ▸ 1
Haushaltsführung 822 ▸ 1
Haushaltsgehilfin 823 ▸ 2
Haushaltsgeld 709 ▸ 2
Haushaltshilfe 823 ▸ 2
Haushaltsplan 822 ▸ 2; 1253 ▸ 3
Haushaltung 822 ▸ 1
Haushaltungskosten 1022 ▸ 1; 1676 ▸ 1
Hausherr 1230 ▸ 4
Hausherrin 1230 ▸ 4
haushoch 788 ▸ 1; 859 ▸ 3
Haushund 868
hausieren 1756 ▸ 2
Hausierer 1802 ▸ 1
Hauslehrer 1030 ▸ 1
Hausmachergericht 1480 ▸ 3
Hausmädchen 823 ▸ 2
Hausmann 1079
Hausmannskost 1480 ▸ 3
Hausmeier 823 ▸ 5
Hausmeister 823 ▸ 5
Hausmittel 111 ▸ 1
**Hauspersonal 823**
Hauspostille 1117
Hausputz 1325 ▸ 3
Hausrat 446 ▸ 2
Hausse 131
Hausstand 822 ▸ 1
Haussuchung machen 1546 ▸ 1
Haustyrann 1070
Hausverbot 1716 ▸ 2
Hauswart 823 ▸ 5
Hauswäsche 1876
Hauswesen 822 ▸ 1
Hauswirt 1912 ▸ 1
Haut 867 ▸ 2; 1193 ▸ 1
Haut und Haar, mit 676 ▸ 2
Haut und Knochen 408 ▸ 3
Haute Couture 1120 ▸ 2
Haute Cuisine 727 ▸ 3
Hautempfindung 1864 ▸ 2
häuten 1061 ▸ 10
häuten, sich 1704 ▸ 5
hauteng 477 ▸ 3
Hautevolee 1196 ▸ 2
Hautgout 107
hautlos 468 ▸ 1
Hautriss 1492 ▸ 1
Häutung 1705 ▸ 3
Havarie 1646
Hazienda 188
Headhunter 1252 ▸ 2
Headhunting 1894 ▸ 5
Headline 927 ▸ 7
Hebel 809 ▸ 1
**heben 824**; 1596 ▸ 2; 1711 ▸ 2
heben, aus den Angeln 1 704 ▸ 1
heben, Blick 824 ▸ 2
heben, einen 1596 ▸ 2
heben, Hand 1931 ▸ 5
heben, in den Himmel 1730 ▸ 2
heben, kaum zu 1436 ▸ 1
heben, Lider 824 ▸ 2
heben, sich 520 ▸ 2; 1504 ▸ 4
hebend 1400
Hebewerk 139 ▸ 1
Hebung 1506 ▸ 1
Hechelei 1486 ▸ 2
hecheln 114; 1487 ▸ 1
Hechtsprung 1492 ▸ 2
Hecke 341 ▸ 1
hecken 1711 ▸ 2
Heckenschütze 1419 ▸ 3
Heckenwirtschaft 678 ▸ 1
Hedonismus 1462
Hedonist 723 ▸ 1
hedonistisch 1461 ▸ 2
Heer 1106 ▸ 2
Heer von 1821
Heeresgruppe 797 ▸ 11
Heeresverband 440 ▸ 2; 1106 ▸ 2
Heerführer 668 ▸ 2
Heerlager 1006 ▸ 1
Heerscharen 1097 ▸ 3
Heerschau 518
Heerstraße 1524
Hefe 750
**Heft** 809 ▸ 1; **825**
Heft in der Hand haben 666 ▸ 2; 845 ▸ 1
Heftchen 825 ▸ 2
heften 101 ▸ 4; 208 ▸ 1
heften, sich an die Fersen 629 ▸ 1
**heftig** 37 ▸ 1; **826**; 1448 ▸ 1; 1902 ▸ 1
heftig werden 105 ▸ 2
**Heftigkeit 827**; 1497 ▸ 1
Hege 1243 ▸ 1
Hegemon 846
hegemonial 1072 ▸ 1
Hegemonie 844 ▸ 2; 1071 ▸ 3
hegen 870; 1244 ▸ 1; 1408 ▸ 1; 1784 ▸ 2
hegen, Aversion 818 ▸ 1
hegen, Bedenken 1971
hegen, Gefühl 665 ▸ 1
hegen, Meinung 1767 ▸ 1
hegen, Sympathien 1051 ▸ 1
Heger 902 ▸ 1; 1874
Hehl machen, kein 1203 ▸ 3
hehlen 291 ▸ 2
Hehler 957; 1765 ▸ 1
hehr 788 ▸ 3
Heia 293
Heidenangst 61 ▸ 4
heikel 83 ▸ 1; 468 ▸ 1; 687 ▸ 1; 1238 ▸ 2; 1437 ▸ 2
heil 676 ▸ 1; 754 ▸ 2
Heil 1445 ▸ 2
heil werden 828 ▸ 1
Heiland 835 ▸ 1
Heilanstalt 978
Heilbad 176 ▸ 3
heilbar 1123 ▸ 2
Heilbehandlung 223 ▸ 2
**heilen** 720 ▸ 2; **828**
heilend 754 ▸ 4
Heiler 112
Heilfasten 377 ▸ 1
heilig 970
Heilige 639
Heilige Schrift 163 ▸ 4; 334 ▸ 4
heiligen 418 ▸ 1
Heiligengeschichtsschreibung 267
**Heiligenschein 829**
Heiliges Buch 334 ▸ 4
Heiligkeit 1827
heiligsprechen 418 ▸ 1
Heiligtum 971 ▸ 3
Heilkost 377 ▸ 2
heilkräftig 754 ▸ 4
Heilkunde 1093 ▸ 1
Heilkundiger 112
Heilkunst 1093 ▸ 1
Heilmethode 223 ▸ 2
Heilmittel 111 ▸ 1; 1093 ▸ 2
heilsam 754 ▸ 4; 1192 ▸ 3
Heilsbotschaft 163 ▸ 4

Heilsbringer 668›6
heilsgewiss 660
Heilslehre 163›4
Heilstätte 978
Heiltum 971›1
Heiltumfahrt 575›2
Heilung 522›2; 755
Heilwasser 756›3
**Heim** 821›2; **830**; 842›2
Heimarbeit 100›3; 810›2
Heimat 830›1; 843›1
heimatlich 1798›2
Heimatloser 1102
heimatverbunden 58›2
Heimatvertriebener 1102
heimbringen 218›1
Heimchen 639
heimelig 716; 1868›1
Heimeligkeit 247›1
heimfahren 218›1
Heimgang 1578›1
heimgegangen 1582›1
heimgehen 1508›1
heimgeleiten 218›1
heimgesucht 1655›1
heimgesucht werden 1035›4
heimisch 225›1; 1798›2
heimisch sein 1019›2
heimisch werden 72›2
Heimkehr 1344›1
Heimkino 607›1
heimleuchten 30›5; 1746›2
**heimlich 831**
Heimreise 1344›1
heimschicken 472›1
Heimspiel 515›4; 1846›1
Heimstätte 821›2
heimsuchen 281›1; 1237›2
Heimsuchung 280›2; 1036›1
Heimtücke 322; 581›1; 752
Heimtücker 894›1
heimtückisch 321›2; 687›5; 751
Heimweg 1344›1
Heimweh 1757›2
heimwerkern 186
heimzahlen 1746›1
Heimzahlung 1747›1
Heini 403›2
Heinzelmann 704›4
heiraten 1713›5
Heiratsantrag 93›1
Heiratsgut 167›4
Heiratsmarkt 1081›2
Heiratsschwindler 292›2
heischen 193›1; 215›1
heiser 404›5; 1302›3
heiß 687›3; 1069; 1868›2; 1896›2
heiß machen 74›2
heiß machen, Hölle 396›3
heißblütig 826›2
Heißblütigkeit 827
heißen 71›1; 199›1; 928›5; 1169›1; 1169›3
heißen, willkommen 126›1; 213; 463›2; 799›1
Heißhunger 1757›1
heißhungrig 216›2
heißmachen, Hölle 389›2
heißmangeln 766›2
Heißsporn 916›2
**heiter** 657›1; **832**; 942›1; 1407›3
heiter sein 648›2
Heiterkeit 647›1
Heizanlage 833
heizen 1870›1
Heizkessel 833
Heizkörper 833
**Heizung 833**
Heizvorrichtung 833
Hektik 289›2; 425›1
hektisch 545›1; 1667›1
Hektographie 1807›2
hektographieren 1806
Held 1459›1
Heldenepos 556›2
heldenhaft 1134›1
Heldenmut 1133
heldenmütig 917
Helena 1409›3
**helfen** 491›1; **834**; 1191›1; 1540›2; 1601›1; 1907›2
helfen, auf die Sprünge 858
helfen, in den Sattel 296›1
**helfen, sich 834**
helfen, sich selbst 834›6
helfend 754›4
**Helfer 835**
Helfershelfer 292›4; 957
Helikopter 576›7
**hell** 778›2; 832›6; **836**; 887›1; 942›1; 1768›2
hell machen 239›1
hell werden 51›2
hellblond 836›6
helle 620›2; 836›7; 1391›1
Heller 948›1
hellhörig 124›1; 464›4
Hellhörigkeit 465›1
Helligkeit 1047›1
hellsehen 1273
Hellseher 1271
hellseherisch 464›6; 1272
hellsichtig 464›6; 1272
hellwach 464›2
Helm 966
Helot 1466›1
Heman 1070
Hemdenmatz 933›1
hemdsärmelig 631›3
Hemdsärmeligkeit 641›2
hemmen 854›1; 1364›1; 1816›2
hemmend 1016›1; 1656›3
Hemmklotz 855›1
Hemmnis 855›2
Hemmschuh 855›1
Hemmung 855›2; 1759›3; 1897›1
Hemmungen 1759›2
Hemmungen, ohne 1116
hemmungslos 826›2; 1088›3; 1902›1
Hemmungslosigkeit 827; 1615›2
Hengst 1242; 1738›1
Henkel 809›1
Henker 159›3
herab 27
herab, von oben 837
herabblicken 1109›1
herabfallen 6›3; 578›1
herabgesetzt 310›1
herablassen, sich 528›4
**herablassend** 456›2; **837**
Herablassung 457›1
herabmindern 506›2
Herabminderung 1087›2; 1343›3
herabplumpsen 6›3
herabsehen auf 428›3
**herabsetzen** 317›2; 506›2; **838**; 1002›3; 1144›5; 1760
**herabsetzen, sich 838**
herabsetzend 237›2; 386
Herabsetzung 238; 1110; 1761
Herabsetzung, öffentliche 387›1
herabspringen 20›2
herabsteigen 21›1
herabwürdigen 838›1
Herabwürdigung 1761

herabziehen 1724‣5
heranbilden 561
heranbringen an 1115‣1
herangehen 1152‣1
herangehen an 51‣3
herangewachsen 1323‣2
heranholen 273‣1
herankommen 396‣4; 1152‣1
herannahen 954‣1; 1152‣1
herannehmen 193‣3
heranpirschen, sich 1152‣1
heranreichen an 261‣3
heranrufen 1349‣2
heranschaffen 273‣1
herantragen 1841‣1
herantreten 1152‣1
heranwachsen 507‣1
heranwachsend 906‣1
Heranwachsende 905‣3; 1073‣2
Heranwachsender 907‣2
heranwagen, sich 1856‣2
heranziehen 138‣1; 243‣1; 1947‣1
heranzoomen 1152‣5
heraufbeschwören 1706‣1
heraufkommen 51‣2
heraufrufen 523‣4; 1706‣1; 1907‣4
heraufziehen 396‣4; 1152‣2; 1939‣3
heraus 391‣5
heraus, aus sich 644
herausarbeiten 525‣3; 1725‣1
herausbekommen 512‣3; 758‣1; 1061‣3; 1300‣3; 1726‣1; 1789‣2
herausbilden, sich 503‣4
herausboxen 211‣5
herausbringen 633; 1061‣3; 1300‣3; 1482‣2; 1769‣1
herausbringen, keinen Ton 1434‣1
herausfiltern 165‣1
herausfinden 617‣1; 1061‣3; 1300‣3; 1789‣2; 1863‣1
herausfordern 1329‣2
**herausfordernd** 37‣1; **839**
**Herausforderung** 76‣2; 81‣3; **840**
Herausgabe 119‣5; 1770‣2
herausgeben 1769‣1
heraushaben, Dreh 959‣1; 1789‣2
heraushängen lassen 428‣3
heraushängen, zum Halse 1034‣2
heraushauen 211‣5
herausheben 1725‣1
herausheben, sich 172‣2; 963‣2
herausholen 637‣2; 758‣1
herausholen, das Letzte 152‣2; 389‣3
herausholen, das Letzte aus sich 1719‣2
herausjagen 1799‣1
herauskehren 1058‣1
herausklatschen 945‣2
herauskommen 409‣3; 503‣2; 954‣3
herauskriegen 1300‣3
herauskristallisieren, sich 503‣4
herauslassen 11‣2; 1209‣1; 1772
herauslassen, Saum 1527‣2
herauslaufen 1025‣5
herauslösen 165‣1; 1061‣1
herauslügen, sich 1018‣2
herausmachen, sich 507‣5
herausmeißeln 753
herausmogeln, sich 1018‣2
herausnehmen 1163‣5
herausnehmen, sich 528‣3; 1040‣3; 1856‣3
herauspicken 165‣1
herausplatzen 1004‣2
herausputzen 166‣2
herausputzen, sich 1287‣2
herausragen 172‣2; 1917‣2
herausreden, sich 1018‣2
herausrücken 302‣3; 680‣4
herausrücken, mit der Wahrheit 1203‣3
herausrufen 945‣2
herausschälen, sich 943‣6
herausschlagen 152‣3; 758‣1
herausschreiben 173‣3
herausschwindeln, sich 1018‣2
herausspringen 1191‣1
heraussprudeln 503‣3; 1490‣3
herausstehen 1917‣2
herausstehend 379‣4
herausstellen 49‣1; 239‣2; 1725‣1
herausstellen, sich 172‣2; 617‣3; 943‣6; 1931‣6
herausstoßen 1490‣3
herausstreichen 466‣1; 1058‣1
herausstreichen, sich 1264‣1
heraussuchen 1546‣4
heraustretend 1256
herauswachsen 1917‣1
herauswinden, sich 1018‣2
herausziehen 173‣2; 1939‣3
herauszüchten 1947‣1
Herauszüchtung 1946‣1
**herb** 31‣1; **841**; 1288‣2; 1491‣3; 1598‣6; 1955‣1
herbeieilen 1152‣1
herbeiführen 1706‣1
herbeikommen 954‣1
herbeilassen, sich 486‣1; 528‣4; 701‣2
herbeirufen 1349‣2
herbeischaffen 273‣1; 1224‣2
herbeisehnen 552‣2
herbeiwünschen 552‣2
herbeizaubern 273‣1
herbeizitieren 1349‣2
Herberge 678‣2; 830‣1
herbestellen 279‣3
Herbheit 1533‣2
herbitten 444‣1
herbstlich 13
**Herd 842**; 1114‣6
Herde 797‣5; 1097‣3
hereditär 54
herein 885‣2
hereinbrechen 214‣2
hereinbrechen über 1614‣1
hereinbringen 543
hereinfallen 898‣3; 1378‣4; 1763‣2
hereingelegt 1655‣6
hereinlassen 1209‣1
hereinlassen, Luft 1064
hereinlegen 291‣1
hereinplatzen 1519‣1; 1616‣3
hereinschauen 281‣1
hereinschneien 281‣1; 1616‣3
herfallen über 59‣2
herfallen, über das Essen 563‣1
Hergang 628‣1; 739‣2; 1278‣2
hergeben 680‣4; 1815‣1
hergeben, alles 1719‣2
hergeben, das Letzte 1215‣1
hergeben, nicht 808‣2
hergeben, nichts mehr 1775‣3
hergebracht 675‣1; 964‣1
hergehen 10‣2
hergerichtet 1172‣4

herhalten für 343
herhalten müssen 302‣3
Hering 408‣3
Heringe, wie die 378‣2
herkommen 954‣1
Herkommen 684‣2; 843‣1
herkömmlich 363‣2; 675‣1; 964‣1
Herkules 977
Herkulesarbeit 1015‣2
**Herkunft** 684‣2; **843**
Herkunft, von 683‣1
herleiern 1848‣2
herleiten 11‣3; 1394‣3
hermachen über, sich 59‣2; 563‣1
hermachen von, viel 215‣1
Hermaphrodit 1108‣5
Herme 1467
hermetisch 378‣1
hernach 1478‣1
hernehmen 235‣2
Hero 1459‣1
Heroe 1459‣1
Heroin 1306
heroisch 1134‣1
Heroismus 1133
Herold 1609‣2
Heros 1459‣1
Herr 271; 782‣1; 846; 1079
Herr der Schöpfung 1098‣1
Herr Zebaoth 782‣2
Herr, alter 44‣2; 1700‣2
Herr, eigener 642‣1
herrenlos 853‣4
Herrenreiter 1070
Herrenwitz 659‣1
Herrgott 782‣1
herrichten 166‣2; 1244‣5; 1831‣1
herrichten, sich 97‣1
herrichten, wieder 540‣1
herrisch 456‣2; 1532‣3; 1905‣2
herrlich 1263; 1407‣1
herrlich und in Freuden 1322‣4
Herrlichkeit 1281‣2; 1409‣2
**Herrschaft 844**; 1071‣3
Herrschaften, alte 461
herrschaftlich 1322‣4; 1502‣1
Herrschaftsapparat 844‣1
Herrschaftsbereich 434‣3
Herrschaftsgewalt 844‣1; 1071‣3
Herrschaftssystem 844‣1
**herrschen 845**
herrschend 667‣1
**Herrscher 846**
Herrscher, absoluter 846
herrscherlich 1532‣3
herrühren von 9‣4
hersagen 1848‣2
hersagen, mechanisch 1848‣2
herstellen 101‣4; 557‣3; 952‣3
herstellen, Beziehung 1713‣1
herstellen, Kontakt 1764‣2
Hersteller 558; 1682‣1
Herstellung 560‣2
Herstellung, industrielle 560‣2
Herstellungskosten 973‣2
herumalbern 1677‣4
herumdrehen, sich 393‣7
herumdrucksen 1944
herumfahren 1326‣1
herumfragen 637‣1
herumführen, an der Nase 1487‣1
herumgehen um 170‣1
herumgehen, im Kopf 264‣3
herumgeistern 1629‣3
herumgekommen 513‣1
herumgondeln 1326‣1
herumjagen 193‣3
herumkommen 726‣2; 945‣1; 1326‣1
herumkriegen 1622‣1
herumkutschieren 1326‣1
herumlaborieren 1035‣3
herumlungern 521‣3
herumpusseln 186
herumraten 1300‣2
herumrätseln 369‣2; 1300‣2
herumschlagen, sich mit dem Gedanken 369‣2
herumschleichen 1629‣3
herumschwenken 393‣1
herumsitzen 1873‣1
herumsprechen, sich 409‣3; 945‣1
herumstehen 1873‣1
herumstreifen 700‣2
herumstreuen 1792‣2
herumsuchen 1546‣1
herumtragen 945‣1
herumtragen, mit sich 264‣2
Herumtreiber 1327‣2
herumzicken 804‣3
herunter 27
herunterbeten 1848‣2
herunterbringen 1719‣3
herunterfallen 6‣3
heruntergehen 1144‣5
**heruntergekommen** 106‣2; **847**
heruntergewirtschaftet 847‣4
herunterhandeln 812‣3
herunterhaspeln 1848‣2
herunterhauen, eine 1389‣1
herunterholen 543
herunterkommen 1724‣3
herunterladen 126‣5
herunterleiern 1848‣2
heruntermachen 317‣2; 1760; 1805‣2
herunternehmen 12‣2; 543
herunterputzen 1550‣2
herunterrattern 1848‣2
herunterreißen 481‣1
herunterreißen, Maske 317‣3
herunterschneiden 1404‣1
herunterschnurren 1848‣2
herunterspielen 266
heruntersteigen 21‣1
herunterwirtschaften 1936‣1
herunterziehen 1724‣5
hervorbrechen 503‣2
hervorbringen 557‣1; 1706‣1
hervorgehen 503‣4
hervorheben 239‣2; 1725‣1
Hervorhebung 1139
hervorkommen 503‣2
hervorragen 1917‣2
hervorragend 148‣1; 788‣4
hervorrufen 557‣1; 1706‣1; 1907‣4
hervorsprudeln 503‣3
hervorstechen 172‣2
hervorstechend 162‣1; 1621
hervortreten 172‣2; 503‣3; 954‣3; 1917‣1
hervortretend 1256
hervortun, sich 172‣2
Herz 465‣3; 690‣1; 1114‣1; 1133
Herz ausschütten 211‣3; 941‣3; 1203‣3
Herz brechen 1364‣2
Herz und eine Seele, ein 441‣1; 1957
Herz und Nieren, auf 719‣3
herzbetörend 1330
herzbewegend 598‣2
Herzblatt 710

Herzblut 1020›3
herzbrechend 1288›2
herzeigen 1931›2
Herzeleid 1052; 1398›1
herzen 1051›3
Herzen, im 885›3
Herzen, nach dem 56›2
Herzen, nach jmds. 688›1
Herzen, von 735›2
Herzensbrecher 1738›1
Herzensdame 710
Herzensergießung 1204›2
Herzensfreude 647›2
Herzensfreund 649
Herzensfreundin 650
herzensgut 801›1
Herzensgüte 802
herzensklug 887›2
Herzenslust, nach 240; 1220›3
herzenstief 470
herzensträge 1641›1
herzenswarm 1049›4
Herzenswärme 802
Herzenswunsch 877›3; 1940›3
herzerfreuend 778›3
herzerhebend 598›2
Herzflimmern 546›1
herzhaft 976›1; 1153; 1220›3
herziehen über 1760
herziehen, hinter sich 1939›1
herzig 866
Herzkammer 820
Herzklopfen 61›2; 546›1
Herzklopfen, mit 545›1
herzlich 651›1; 1049›4; 1798›1
herzlos 817›2; 911›4; 1500›1; 1537›4
Herzschmerz 1052
Herzseite, auf der 1054›1
Herzstück 820; 1114›1
Herzweh 1052; 1398›1
herzzerreißend 1288›2
Hetäre 1275
heterogen 645›1; 1779›2
Heterogenität 1684
heteronom 1779›1
Hetze 365; 425›1; 901
**hetzen** 193›3; 389›2; 426›1; 536›1; **848**; 1329›2; 1736›1
Hetzer 364
Hetzerei 425›1
hetzerisch 366
Hetzjagd 60›2; 425›1; 901
Hetzpropaganda 365
Heu 709›3; 1306
Heuchelei 581›1; 1573›3
heucheln 1067; 1396
**Heuchler 849**; 1397›1
heuchlerisch 580›4
heuer 696›1
Heuer 1727›1
heuern 88›1
heulen 242›1; 314›1; 941›3
Heulen 731›2
Heuler 515›4
Heuriger 678›1
Heuschrecke 1270
heute 696›1; 1834
Heute 695›1
heute auf morgen, von 1258
heute oder morgen 178
heute so, morgen so 1645›1; 1694›1
heute, von 1121›2
heutig 696›2
heutzutage 696›1; 696›2
Hexe 269›2; 639
hexen 303›2
Hexeneinmaleins 1929›2
Hexenglaube 4
Hexenjagd 365; 984›3
Hexenkessel 289›3; 1664›4
Hexer 1271
Hexerei 698; 1929›3
Hiatus 1674›1
hibbelig 1667›1
hie und da 1453›2
Hieb 80›1; 706; 1388›1; 1486›3
hieb- und stichfest 1390; 1455›4
Hiebe 1388›1
Hiebwaffe 1855›1
**hier** 696›3; **850**
hier und da 1849›1
Hierarchie 776; 1298
hierauf 1478›1
hierbei 47
hierdurch 1119›3
hierin 501›3
hiermit 47
hiernach 1478›1
Hieroglyphe 335›1
hieroglyphenhaft 1688›1
hierzulande 850
hiesig 58›1
hieven 138›2
Hi-Fi-Turm 1605›2
high 248›2; 778›1
High Fidelity 412›1
Highbrow 370
High-End-... 1826›2
Highlife 1679›2
Highlight 763›5
Highsnobiety 1196›3
Highsociety 1196›2
Highway 1524
hijacken 484
Hijacking 485; 1720
**Hilfe** 492›1; 823›2; 835›2; **851**; 1600; 1766›1
Hilfe von, mit 1119›3
hilfebedürftig 853›1
Hilfeleistung 381›2; 851›1
**Hilferuf 852**
Hilfestellung 851›1
**hilflos 853**; 1037›2; 1758›1
Hilflosigkeit 1759›3
hilfreich 488; 1192›1; 1602
Hilfsaktion 1357›6
Hilfsarbeiter 835›2
hilfsbedürftig 106›2; 853›1
Hilfsbedürftiger 1233
hilfsbereit 124›2; 488; 651›1; 1049›4; 1639
hilfsbereit sein 486›1
Hilfsbereitschaft 802; 1640
Hilfsmittel 547›2; 1118›1
Hilfsquelle 1118›1
Himmel, aus heiterem 1258
Himmel, im siebten 545›3; 778›1; 1762
Himmel, unter freiem 391›1
Himmelfaden 45
Himmelfahrt 134›2
Himmelfahrtsnase 1156
himmelhoch 859›3
Himmelreich 1229
himmelschreiend 129›2
Himmelskörper 1509
Himmelskugel 989›1
Himmelslicht 1509
Himmelsstrich 682›2
Himmelstürmer 873›1
himmelwärts 137
himmlisch 99›2; 778›3; 1688›4
hin 263›3; 1125›2; 1582›1; 1883›1
Hin und Her 276›3; 1530›2; 1664›1; 1705›2; 1969›3
hin und her gerissen 1645›1; 1694›1; 1974

hin und wieder 1849›1
hinab 27
hinabklettern 21›1
hinabkraxeln 21›1
hinablassen 1179›5
hinabsinken 21›1; 578›2
hinabsteigen 21›1
hinabziehen 1724›5
hinan 137
hinauf 137
hinaufgehen 1504›4
hinaufschnellen 1504›4
hinaufschrauben 1711›2
hinaus 391›5
hinausekeln 993›2; 1799›2
hinausjagen 1799›1
hinausjagen, zum Schornstein 1781›1
hinauslassen 1209›1
hinausschieben 1816›1
hinausweisend, über sich 1645›3
hinauswerfen 30›5; 993›2
hinauswerfen, Geld zum Fenster 1781›1
hinauswollen 1941›3
hinauswollen auf 1525›1
hinauswollen, hoch 1525›2
hinauszögern 1816›1
hinbegeben, sich 214›1
hinbekommen 712›1
hinbiegen 1221›1
hinblättern 302›3
Hinblick, im 48
hinbringen, Leben 1019›1
hinderlich 1016›1; 1656›3
hinderlich sein 1519›1
**hindern 854**; 1519›3; 1724›6
**Hindernis 855**
hindeuten 858; 1931›1
hindurchschauen 1404›5
hindurchwinden, sich 1018›1
hinein 885›2
hineinbeißen 563›4
hineindenken, sich 1789›3
hineindringen 430›4
hineinfressen, in sich 1035›4
hineinfuchsen, sich 760›2
hineininterpretieren 1735›1
hineinknien, sich 264›2; 369›4
hineinlachen, in sich 1004›1
hineinlegen 1735›1
hineinpressen 671›2
hineinpumpen 519›3; 834›3
hineinschauen 1045›1
hineinschicken, sich 1815›1
hineinsehen 1735›1
hineinstecken 1719›1
hineinsteigen 453›1
hineinstellen 516›6; 1221›2
hineinverwickelt 1561›2
hinfallen 6›3; 578›1
hinfällig 1037›2; 1392›6; 1428›2; 1662
hinfällig werden 1144›4
Hinfälligkeit 979›1
hinfliegen 578›1
hinfort 1478›2
Hingabe 1814›2
Hingabe, mit 421
Hingang 1578›1
hingeben 1215›1
hingeben, sich 380›3; 1215›1
hingebungsvoll 421
hingegen 3
hingehaucht 1194›3
hingehen lassen 528›1
hingehen, oft 281›3
hingehören 500›3
hingekommen sein 1019›2
hingerichtet werden 1508›5
hingerissen 545›3; 778›1; 1762
hingerissen sein 217›2
hingetupft 1194›3
hingeworfen 1194›3
hingezogen 1049›2
hinhalten 170›2; 680›1; 1816›2
hinhalten, Buckel 343
hinhalten, Kehle 121›3
hinhalten, Kopf 337›2; 343
hinhaltend 1645›1
hinhauen 712›1; 1589›7
hinhocken, sich 294›2
hinhören 865›2
hinhören, nicht 1404›5
hinken 700›2
hinknallen 578›1
hinkommen 726›2
hinkriegen 712›1; 1221›3; 1810›1
hinlänglich 725; 1086›2
hinlegen 302›3; 472›1; 1387›4
hinlegen, sich 1351›1
hinlenken auf 74›1
hinmorden 915›3
Hinnahme 73›2; 529›1
hinnehmen 528›1; 701›2; 1035›2; 1815›1
hinneigen zu 1122›2
hinnen, von 1883›1
hinpurzeln 578›1
hinreichen 680›1; 726›1
hinreichend 725
hinreißen 217›1; 303›1; 688›2
hinreißend 1330
hinrichten 1583›2
Hinrichtung 1584›2
hinscheiden 1508›1
Hinscheiden 1578›1
hinschieben 680›1
Hinschied 1578›1
hinschlachten 915›3
hinschlagen 578›1
hinschlagen, der Länge nach 578›1
hinschlagen, lang 578›1
hinschmeißen, alles 1818›2
hinschwinden 12›1; 1745›1
hinsehen 245›1
hinsehen, nicht 1231›3
hinsetzen 1507›1
hinsetzen, sich 1179›2; 1464›1
Hinsicht, in jeder 676›2
hinsichtlich 48; 288; 1885
hinstellen 22›1; 224›1; 557›4; 1507›1
hinstellen, sich 520›1
hinsteuern 1254›2; 1919›1
hinstrecken 680›1
hintanhalten 1816›2
hintansetzen 1109›1
Hintansetzung 1110
hintanstellen 1109›1
hinten 474›3
hinten, nach 1347
hintenherum 831›1; 1119›2
hintennach 1148
hintenrum 321›2
hintenüber 1347
hintenüberfallen 578›1
hinter sich lassen 1389›3
Hinterausgang 1210›1
Hinterbliebener 94›1; 510›3; 1214›2
hinterbringen 945›1; 1115›3; 1772
hinterfotzig 321›2
Hinterfotzigkeit 581›1
hinterfragen 369›2; 633
hintergangen 1655›6

Hintergedanke 856 ▸ 2; 1253 ▸ 1
Hintergedanken, ohne 130
hintergehen 291 ▸ 1
hintergehen, jmdn. 291 ▸ 3
Hintergehung 290
**Hintergrund** 843 ▸ 1; **856**; 1296 ▸ 2
hintergründig 308 ▸ 2; 405 ▸ 4; 1576
Hintergrundmusik 856 ▸ 1; 1128 ▸ 3
Hinterhalt 1055 ▸ 1
hinterhältig 321 ▸ 2; 580 ▸ 4; 751
Hinterhältigkeit 322; 581 ▸ 1; 752
Hinterhand haben, in der 122 ▸ 3
hinterher 1148; 1478 ▸ 1
hinterher sein 390; 1546 ▸ 2
hinterherkommen 629 ▸ 1; 1816 ▸ 3
hinterherrennen 1736 ▸ 3
hinterhersetzen 1736 ▸ 1
hinterhertrotten 629 ▸ 1
hinterherzockeln 629 ▸ 1
hinterlassen 279 ▸ 4; 1115 ▸ 4; 1617 ▸ 2
hinterlassen, Lücke 596 ▸ 1
hinterlassen, Spur 445 ▸ 2
Hinterlassenschaft 510 ▸ 1
hinterlegen 22 ▸ 3; 337 ▸ 2; 1115 ▸ 4
Hinterlegung 340 ▸ 2
Hinterlist 581 ▸ 1
hinterlistig 321 ▸ 2
Hintermann 65 ▸ 2; 1138 ▸ 3
Hintern 1345
hinterrücks 321 ▸ 2; 831 ▸ 1
Hinterseite 1345
Hintersinn 200 ▸ 4; 230
hintersinnig 1576
Hinterteil 1345
hintertreiben 854 ▸ 3
Hintertreibung 855 ▸ 2
hintertückisch 321 ▸ 2
Hintertür 1210 ▸ 1
Hintertürchen 851 ▸ 2
Hinterwäldler 338 ▸ 3; 403 ▸ 5
hinterwäldlerisch 1154; 1703
Hinterwitz 1055 ▸ 1
hinterziehen 291 ▸ 1
Hinterziehung 290
hintupfen 753
hinüber 1582 ▸ 1
hinüberführen 1293 ▸ 3
hinübergehen 1508 ▸ 1
hinübergelangen 1293 ▸ 2
hinunter 27
hinuntergehen 21 ▸ 1
hinunterlassen 1179 ▸ 5
hinunterschlingen 563 ▸ 1
hinunterschlucken 563 ▸ 4; 1035 ▸ 2; 1675 ▸ 3
hinunterspringen 20 ▸ 2
hinuntersteigen 21 ▸ 1
hinunterstürzen 1025 ▸ 3; 1596 ▸ 2
hinunterziehen 1724 ▸ 5
hinwegfegen 481 ▸ 1
hinweggehen 1404 ▸ 5
hinweggehen über 1710 ▸ 1
hinwegkommen über 1709 ▸ 1
hinwegkommen über, nicht 1035 ▸ 4
hinwegsehen 1404 ▸ 5
**Hinweis** 467; **857**; 1299 ▸ 1; 1930 ▸ 3
**hinweisen** **858**; 1115 ▸ 1; 1300 ▸ 1; 1931 ▸ 1
hinweisen auf 466 ▸ 1
hinwerfen 993 ▸ 1
hinwerfen, alles 1818 ▸ 2
hinwerfen, Fehdehandschuh 1329 ▸ 2
hinwerfen, Kram 472 ▸ 1
Hinz und Kunz 38 ▸ 2
hinzeigen 1931 ▸ 1
hinziehen 144 ▸ 3; 1816 ▸ 1
hinziehen, sich 362 ▸ 2; 1527 ▸ 3; 1816 ▸ 3
hinziehend, sich 1008 ▸ 3
hinzielen 1254 ▸ 2; 1919 ▸ 1
hinzufügen 516 ▸ 1
Hinzufügung 517 ▸ 1
Hinzugewinn 1506 ▸ 3
hinzusetzen 516 ▸ 1
hinzutun 516 ▸ 1
hinzuziehen 243 ▸ 1
Hiobsbote 1609 ▸ 3
Hiobsbotschaft 1654
hip 1121 ▸ 1
Hippie 159 ▸ 4
Hippies 1542 ▸ 2
Hirn 704 ▸ 2; 1785 ▸ 2
Hirngespinst 877 ▸ 1; 1066 ▸ 4
Hirni 403 ▸ 2
Hirnkasten 965 ▸ 1
hirnlos 401 ▸ 1
hirnrissig 1773 ▸ 3
Hirnschädel 965 ▸ 1
hirnverbrannt 24; 1773 ▸ 3
hirnwütig 1773 ▸ 3
Hirte 835 ▸ 1
Hirtenbrief 256 ▸ 2
hissen 138 ▸ 2
Historie 1740
Historiker 258 ▸ 2
historisch 1739
Hit 515 ▸ 4; 736 ▸ 2; 1074
hitchhiken 1326 ▸ 2
Hitlerbärtchen 185
Hitze 1869 ▸ 1
hitzig 826 ▸ 2; 917
Hitzkopf 1267 ▸ 3
hitzköpfig 826 ▸ 3
Hitzköpfigkeit 827
Hobby 460 ▸ 4; 1167 ▸ 2; 1480 ▸ 2
Hobbymalerei 810 ▸ 2
hobeln 766 ▸ 3; 1321 ▸ 2
hobeln, glatt 766 ▸ 3
Hobo 1327 ▸ 2
**hoch** 788 ▸ 1; **859**; 1017; 1354 ▸ 3
Hoch 131; 398 ▸ 4; 798 ▸ 3
hoch gelegen 1065 ▸ 3
hoch geschätzt 57; 1049 ▸ 2
hoch gewachsen 788 ▸ 1
hoch motiviert 421
hoch schätzen 1730 ▸ 1
hoch sensibel 468 ▸ 3
hoch stehend 788 ▸ 4
hoch, zu 1688 ▸ 2
hochachten 1370 ▸ 1
Hochachtung 35; 713 ▸ 3
Hochadel 36 ▸ 2
hochanständig 85 ▸ 3
hocharbeiten, sich 175
Hocharistokratie 36 ▸ 2
hochauflösend 376 ▸ 2
Hochbahn 576 ▸ 4
hochbetagt 43 ▸ 1
Hochbetrieb 289 ▸ 2
hochbinden 824 ▸ 1
hochblicken 824 ▸ 2; 1730 ▸ 1
hochbringen 105 ▸ 1; 128 ▸ 1
Hochburg 1114 ▸ 3
Hochdruck 425 ▸ 1
Hochdruck, mit 1405 ▸ 1
Hochdruckgebiet 398 ▸ 4
Hochebene 618 ▸ 1
hocherfreulich 778 ▸ 3
hochexplosiv 687 ▸ 3
hochfahrend 83 ▸ 2
hochfliegend 419; 874 ▸ 1
Hochflut 761
Hochform, in 1485 ▸ 1

Hochgebirge 255›2
Hochgefühl 546›3
hochgehen 141›1; 1257›1; 1504›4
hochgehen lassen 1772
hochgehen, Wände 105›2; 1257›2
Hochgenuss 727›2; 974
Hochgeschwindigkeitsnetz 1171›3
hochgespannt 788›5
hochgestellt 859›2
hochgestimmt 545›3; 778›1
hochgestochen 83›2; 762
hochgetakelt 1620›3
hochgiftig 687›5
hochgradig 1448›1
hochhalten 418›1; 1370›1; 1730›1
Hochhaus 821›1
hochheben 122›2; 824›1
hochherzig 414›3; 1639
Hochherzigkeit 1640
hochjagen 389›2
hochjagen, Wände 105›1
hochjubeln 1058›1
hochkarätig 412›2; 1360›2
hochkochen 74›2
hochkommen 175; 520›3
Hochkonjunktur 131; 1355
hochkriegen, den Arsch 496›2
hochladen 1831›4
hochleben lassen, jmdn. 89›6
höchlich 1448›1
hochmodern 1121›2
Hochmut 457›1
hochmütig 456›2
Hochmütigkeit 457›1
hochnäsig 83›2
hochnehmen 291›1; 824›1; 1487›1; 1752
hochnotpeinlich 1238›1
hochpäppeln 673›1
Hochplateau 618›1
hochprozentig 888›5
hochragen 1503›2
hochragend 859›3
hochrangig 859›2
hochrappeln, sich 496›2; 520›2
hochrechnen 1370›2
Hochruf 798›3
Hochrüstung 1855›2
Hochschätzung 35
hochschießen 520›2
hochschnellen 520›2
hochschrauben, sich 1504›3
Hochschüler 1424›2
Hochschullehrer 1030›1
Hochseilakrobat 110›2
Hochsitz 84›3
Hochspannung 546›1; 1473›1
hochspielen 1618›4
Hochsprache 1489›4
hochspringen 595›1
höchst 1448›1
Hochstand 84›3
Hochstapelei 290; 1066›2
hochstapeln 1067; 1845
Hochstapler 2; 292›2
hochstehend 859›2
hochsteigen 520›3; 1504›1; 1504›2
höchstens 1189; 1448›2
Höchster 782›1
hochstilisieren 1544›1; 1711›1
Hochstimmung 546›4; 647›3; 777›2
Höchstleistung 551; 763›3
Höchstmaß 763›3
höchstpersönlich 1239›2
Höchststand 763›3
Höchststrafe 763›3
Höchststufe 763›3
höchstwahrscheinlich 1455›1
Höchstwert 763›3
hochtönend 1620›5
hochtrabend 83›2
Hochwasser 1160›2
hochwertig 970
hochwinden 138›2
hochwirbeln 393›1
hochwüchsig 788›1
hochziehen 138›2; 1939›3
Hochziel 871›1
hocken 294›2; 1464›3; 1517›1
Hocker 1465›1
Höcker 255›1; 1918›1
höckrig 1638›1
Hof 188
Hof machen 1737
Hofberichterstattung 267
Hoffart 457›1
hoffärtig 456›2
hoffen 463›3; 1585›5; 1587›2
hoffen auf 552›2
**hoffentlich 860**
Hoffnung 553›1; 807›2; 1217
Hoffnung sein, guter 1585›5
Hoffnung, gescheiterte 505
Hoffnungen begraben 1818›1
Hoffnungsanker 553›3
Hoffnungsfreude 1217
hoffnungslos 853›2; 1241; 1655›1; 1655›5; 1660
Hoffnungslosigkeit 1588; 1661
Hoffnungsträger 871›1
hoffnungsvoll 800›1
Hofhund 868
hofieren 1396; 1737
**höflich** 124›2; 488; 651›1; **861**; 1170›1
höflich sein 486›1
Höflichkeit 84›1; 487›2
Höflichkeitsbesuch 280›2
Hofmacher 1397›1
Hofmeister 1030›1
Hofschranze 1216
Hofstaat 65›4
Hofstatt 188
Höhe 145›2; 763›1
Höhe der Zeit, auf der 1121›2
Höhe, auf der 513›1; 754›1; 832›3; 1021›3; 1826›2
Höhe, auf gleicher 772
Höhe, in der 859›1
Hoheit 36›1; 789›2; 1922›1
Hoheitsgebiet 682›1
Hoheitsgewalt 844›1
hoheitsvoll 837; 1923›1
Höhenflug 546›4
Höhenkoller 457›1
Höhenlage 1297›1
Höhenrausch 1305›2
Höhenrücken 255›1
Höhenzug 255›2
Hohepriester 668›6
Höhepunkt 763›2; 871›1; 983›1
Höherentwicklung 635
höhergestellt 859›2
hohl 180; 404›5; 1023›3
Höhle 1794›1
höhlen 784›1
Hohlkopf 403›1
Hohlmaß 1084›2
Hohlraum 1062›1
Höhlung 1794›1
hohlwangig 1037›1
Hohlweg 478›4
Hohn 1486›3
höhnen 1487›2
Hohngelächter 1486›3

höhnisch 321▸1; 1488▸1
hohnlachen 1487▸2
Höker 813▸1
Hokuspokus 1929▸1
hold 70▸1; 1049▸2; 1762
Holdrio 1419▸1
holdselig 70▸1
Holdseligkeit 69
holen 273▸2
holen, Atem 114; 1351▸1
holen, Kastanien aus dem Feuer 1215▸2
holen, Luft 114
holen, sich 234▸3
holen, sich eine Abfuhr 1378▸5
holen, tief Luft 496▸2
Holländer, fliegender 1444
Hölle 1398▸2; 1685▸2
Hölle machen, Leben zur 1237▸1
Höllenfürst 1571
Höllenlärm 731▸3
Höllenpein 1398▸2
Höllenqualen 1398▸2
Höllenritt 1398▸2
Höllentrip 1398▸2
höllisch 1288▸1; 1448▸1
Holm 886
Holocaust 1085
holographisch 1256
holperig 1302▸1; 1638▸2
holprig 1010▸3
Holster 221
holterdiepolter 427▸3; 1405▸1
Holz 1865
Holzbank 182▸1
holzen 1389▸2
Holzerei 1388▸2
hölzern 817▸1; 1259▸1
holzig 1598▸1
Holzkopf 403▸1
Holzschnitt 306▸2; 1516▸5
Holzschnittform 1516▸5
Holzschnitzer 307
Holzweg 29▸3; 597▸3; 899▸1; 1884▸1
Holzweg sein, auf dem 898▸5
Homburg 966
Homecomputer 350▸2
Homepage 96▸3
Hommage 417▸2
Homme à Femmes 1738▸1
Homme de Lettres 1418
Homo 864
Homo sapiens 1098▸1
Homoerotik 862
homoerotisch 863
Homogenität 440▸1
homophil 863
Homophilie 862
**Homosexualität 862**
**homosexuell 863**
**Homosexuelle(r) 864**
honett 85▸2
Honigmond 777▸2
Honneurs 417▸2; 798▸3
Honorar 1727▸1
Honoratioren 1196▸2
honorieren 302▸2
Honorierung 1927▸2
honorig 85▸2
Hooligan 1267▸1
Hopfen und Malz verloren 1687
hoppnehmen 1752
hopsen 595▸2
Hopser 1492▸2
hopsgehen 1508▸3; 1763▸1
hörbar 1017; 1461▸1; 1494
hörbar, weithin 1017
horchen 127▸1; 865▸1
Horcher 1212
Horchposten 246▸2
Horde 797▸5
**hören** 512▸3; 701▸1; **865**; 1044▸2; 1789▸1; 1863▸1
hören auf, nicht 1109▸2
hören können, nicht mehr 1034▸2
hören und sehen, nichts 1751▸2
hören, Flöhe husten 1863▸2
hören, gern 688▸1
hören, Gras wachsen 1863▸2
hören, läuten 512▸3
Hörensagen, vom 1119▸5
Hörer 282▸3; 1424▸2; 1562▸1
Hörerschaft 282▸4; 1562▸1
Hörerumfrage 1627
Hörfehler 597▸1
hörig 1314; 1647▸1
hörig sein 9▸2
hörig sein, jmdm. 1051▸2
hörig werden 64▸2
Höriger 65▸3; 1466▸1
Hörigkeit 703▸2; 1547▸1
Horizont 315
Horizont, ohne 339▸3; 477▸2
horizontal 765▸1
Horizontale 1275
Horizontlinie 1053▸2
Hornberger Schießen 1744
Hörner aufsetzen 291▸3
Hornochse 403▸4
Hornvieh 403▸4
Hörorgan 1212
Horoskop 1836
horrend 162▸1; 859▸5; 1448▸1
horribel 1415▸1
Horror 61▸1; 1415▸1
Horror Vacui 61▸6
Horrortrip 61▸2; 1305▸2
Horsd'œuvre 1075▸3
Hort 830▸1; 1425▸4
horten 122▸1; 1356▸2; 1474▸1; 1784▸1
Hortung 1357▸1
Hörvermögen 1864▸2
Hörweite 1151▸1
Hörweite, in 1150▸2
Hose, tote 1012▸2
Hosen anhaben 666▸2
Hosenmatz 933▸1
Hosenscheißer 601
Hosenträger 809▸2
Hospital 978
Hospitant 1424▸4
Hospiz 678▸2; 830▸2
Hot Spot 1590▸3
Hotel 678▸2
Hotelier 1912▸1
Hotline 851▸2
Housekeeper 823▸2
Hovercraft 576▸6
hubbelig 1638▸2
**hübsch** 624; **866**
hübschen, sich 1711▸1
Hubschrauber 576▸7
huckepack tragen 1585▸1
Hudelei 1246
hudeln 1247
Huf 775▸1
Hüftbild 306▸2
Hüfthalter 809▸2
hüftsteif 1259▸1
Hügel 255▸1
hügelig 1302▸1; 1638▸1
Hügelland 255▸2
Huhn, dummes 403▸4
huis clos 1660
Huld 781▸3

huldigen 172▸1; 418▸1; 1051▸2; 1730▸1
Huldigung 417▸2; 1057▸2
huldreich 837
huldreich sein 528▸4
huldvoll 837
**Hülle** 167▸3; 221; **867**; 946▸1; 1193▸1; 1382▸1; 1425▸2
Hülle und Fülle, in 1322▸4; 1819▸1
Hülle, sterbliche 968▸2
hüllen, sich in Schweigen 1434▸2
hüllenlos 1149▸1
Hülse 867▸8
Hülsen 1335▸4
human 790▸2; 1099▸1
Human Touch 1100
Humanismus 1100
humanitär 1099▸1
Humanitas 1100
Humanität 1100
Humanmedizin 1093▸1
Humanum 1100
Humbug 1670▸1
humid 1157▸3
Hummeln im Hintern 1667▸1
Humor 647▸1
Humor, schwarzer 1486▸4
humorig 832▸2
humoristisch 832▸2
humorlos 477▸2; 542▸2
Humorlosigkeit 478▸5; 1533▸4
humorvoll 832▸2
**Hund 868**
Hund und Katze, wie 692▸1
Hund, bunter 1678▸2
Hund, fauler 593
Hunde, den Letzten beißen die 1024
hundeelend 1037▸1
Hundekälte 912▸1
hundemüde 1125▸1
hundertachtzig, auf 320▸1
Hunderte 1821
Hunderten, zu 1819▸1
hundertpro 1455▸1
hundertprozentig 346▸2; 676▸2; 1455▸1
Hundeschnauze, kalt wie eine 911▸3
hündisch 1686▸2
hundsgemein 321▸1; 1392▸5
hundsmiserabel 1037▸1
Hüne 1340
hünenhaft 788▸1
Hunger 1757▸1
Hunger haben 869▸1
Hungerkur 377▸1
Hungerkur machen 869▸3
**hungern** 479; **869**
hungern nach 215▸2
hungernd 106▸1; 216▸2
Hungersnot 1185▸2
Hungerstreik sein, im 869▸3
hungrig 216▸2
Hunter 902▸1
hupen 1013▸2
hupfen 595▸2
hüpfen 595▸2
Hüpfer 907▸2; 1492▸2
Hürde 855▸4; 1414
Hure 639; 1275
huren 1274
Hurensohn 1381
Hurerei 1277
Hurrapatriotismus 1158▸1
Hurrikan 1539▸1
hurtig 1405▸1
Husarenritt 1857
Husarenstück 515▸2; 1681▸3
huscheln 1247
huschen 426▸1; 774▸1
Husse 1425▸2
Hut 966; 1243▸1; 1425▸4
Hut lüften 799▸1
Hut, alter 324▸2
Hut, auf der 1842▸3
Hütchen 966
**hüten** 122▸1; **870**; 1244▸1; 1408▸1; 1784▸2
hüten, sich 127▸4
Hüter 1874
Hütte 821▸1
hutzelig 1598▸1
Hyäne 269▸2; 639
hybrid 388; 456▸2
Hybride 1108▸5
hybridisch 388
Hybris 457▸1
Hygiene 1243▸3; 1361▸1
hygienisch 1360▸1
hygroskopisch 98▸2
Hymne 736▸2; 1057▸3
hymnisch 545▸3
Hype 1074; 1894▸2
hyper 1448▸1
hyperaktiv 1667▸1
hyperkorrekt 1236▸1
Hypermacht 789▸3
hypersensibel 468▸3
hypertroph 1620▸2
Hypnose 434▸1; 1642▸3
hypnotisieren 206; 283▸1
hypnotisiert 1641▸2
Hypochonder 1240
Hypochondrie 61▸5
Hypothek 356; 981; 1015▸2
Hypothekenbank 182▸2
Hypothese 961▸3; 1028▸4; 1830
hypothetisch 1123▸1
hysterisch 717

# I

IC = Intercity-Zug 576›4
ICE = Intercity-Express 576›4
Ich 440›3
Ich, besseres 759
Ich-AG 159›2
ichbezogen 1452
Ichbezogenheit 1451
ichgestört 705
Ichideal 871›1
Ichmensch 415
ichschwach 853›1
ichstark 976›5
Ichstörung 706
Ichsucht 1451
ichsüchtig 1452
ideal 1260›2; 1826›1
**Ideal** 668›6; **871**
Idealbild 871›3
Ideale, voller 874›1
idealisieren 266; 1618›2
Idealisierung 267
**Idealismus 872**
**Idealist 873**
**idealistisch 874**; 1639
Idealtypus 871›1
Idealvorstellung 875›1
**Idee** 76›1; 220; 871›1; **875**; 948›2; 1844›2
Idee, fixe 422›4; 877›1
**ideell 876**
Ideen haben 433›2
Ideenflucht 33›2
Ideengeber 1252›2
Ideenklau 1137›1
Ideenkonferenz 1590›2
ideenlos 180; 1649›2
ideenreich 573›1; 1226›1; 1410
Ideenreichtum 1248
Identifikation 1612›5
Identifikationsfigur 668›6
Identifikationskarte 278›1
identifizieren 612›2
identifizieren, sich 171›2
identisch 768›1
Identität 440›3; 1612›1
Identitätsbescheinigung 278›1
Ideologe 873›2
Ideologie 373
ideologisch 452›1; 874›2; 876; 1500›4
Idiolekt 1489›4
Idiom 146›1; 1251›1; 1489›4
idiomatisch 412›1
Idiot 403›4
idiotensicher 431›1
Idiotie 706
idiotisch 705; 1773›2
Idol 871›2
Idolatrie 783
idolisieren 1730›2
Idolisierung 35
Idyll 1229
idyllisch 832›5; 1260›2
idyllisieren 266
Idyllisierung 267
ignorant 401›1; 1692›2
Ignorant 382›2; 403›2
Ignoranz 402›1; 1110; 1658
ignorieren 489›1; 1404›5; 1729›2
Ignorierung 1110
Ikone 668›6; 871›2; 1496›1
ikonisch 308›1
Ileus 1780›3
illegal 987›7; 1717
Illegalität 1665›2
illegitim 1717
Illegitimität 1665›2
illiberal 477›2
illiquide 531›2
Illiquidität 183
illiterat 1692›2
Illoyalität 1695›3
Illumination 1047›2
illuminieren 197; 239›1; 587›2; 1287›1
illuminiert 836›4
**Illusion 877**; 1176›3
Illusionen machen, sich 428›2; 1587›2
Illusionist 873›2
illusionsfrei 1768›4
illusorisch 580›3; 1743
illuster 260›2
Illustration 306›4; 359›1; 526›2
illustrativ 77›2
Illustrator 1078›1
illustrieren 197; 268›1; 525›3; 928›1
illustriert 588›2
Illustrierung 306›4; 359›1; 526›2
IM 246›2
im Galopp 1405›1
im Schweinsgalopp 1405›1
Image 713›2
Imageoffensive 1894›2
Imagepflege 1754›2; 1894›2
imaginär 876
Imagination 877›1; 1248; 1844›2
imaginieren 428›1; 1843›2
Imbiss 678›1; 1075›8; 1499›1
Imbissbude 678›1
Imitation 1137›1
Imitator 1136
**imitieren 878**
imitiert 580›3
immateriell 876
Immatrikulation 125›2
immatrikulieren 126›2
immens 162›1; 788›2
**immer** 363›1; **879**
immer mehr 1953
immer, auf 1008›3; 1643›2
immer, fast 1096
immer, für 879›2
immer, nicht 1849›1
immer, schon 879›4
immerdar 879›1
immerfort 879›1
immergrün 363›3
immerhin 3; 39
immerzu 879›1; 1851
Immigrant 1102
immobil 58›2
Immobilie 792
Immobilien 270›2
Immobilienhai 1270
Immobilienhändler 738
**immun 880**
immunisiert 880›2
Immunschwäche 469›1
Imperativ, kategorischer 759
Imperator 846
Imperium 789›3
impertinent 640›3
Impertinenz 641›2
Impetus 1442›2
impfen 206; 1426›5
Impfung 1425›5
implantieren 1213
implementieren 516›6
implizieren 490

impliziert 450
implizit 450
**imponieren 881**
**imponierend** 788›3; **882**; 1502›1
Imponiergehabe 457›2
Import 811›3
Importeur 738
importieren 435›1; 812›2
imposant 788›3; 882; 1502›1
impotent 1649›3
imprägnieren 1426›5
imprägniert 378›1
Imprägnierung 1497›6
Impression 690›2
Impro 1573›1
Improvisationstheater 1573›1
improvisieren 1482›6
improvisiert 1691›3
Impuls 76›1; 875›2; 1442›2
impulsiv 826›2; 1021›3
Impulsivität 475›1
imstande 573›1
imstande sein 959›1
in 241›1; 1121›2
in between 806
in corpore 1957
in den Sinn kommen 523›1
in petto haben, etwas 1782›3
in toto 676›2
in trockenen Tüchern 1455›3
inakkurat 1145›1
inaktiv 769›3; 1671›1; 1671›2
Inaktivität 1350›3; 1672›2
Inauguration 436›2
inaugurieren 435›4
Inbegriff 564›1; 820; 871›1; 1545
inbegriffen 450
Inbild 871›3
Inbrunst 1139
inbrünstig 1140›2
indem 773; 1861
In-den-Boden-Sinken, zum 1238›1
indes 3; 1861
indessen 3; 1861
Index 1813›1
indezent 1552
Indian Summer 45
indifferent 769›1
Indifferentismus 1642›2
Indifferenz 1642›2
indigen 58›1
indigniert 320›1
Indikator 927›1
indirekt 1119›1
indiskret 892›2; 1552
indiskret sein 891›3
Indiskretion 1695›2
indisponiert 1037›1
Indisposition 979›1
Individualist 159›1
Individualität 422›1; 1098›2
Individualstil 1513›2
**individuell** 272›3; **883**; 1239›1
Individuum 566; 1098›2
Indiz 1493›2; 1930›3
indiziert 1717
Indoktrination 365; 434›1
indoktrinieren 206
indolent 686›2; 769›3; 1537›3
Indolenz 685›2; 1642›2
Industrieforschung 634›3
Industriekapitän 1682›2
industriell 1091›1
Industrieller 1682›1
Industriemagnat 1682›2
induzieren 1706›1
ineinander 1957
ineinanderlegen 583›1
infam 321›1
Infamie 238; 322; 581›1
Infanterist 1106›1
infantil 906›2; 1154; 1666›2
Infekt 979›1
Infektion 979›1
infektiös 687›5
inferior 310›3; 947›2; 1686›1
infernalisch 321›1
Inferno 1398›2; 1685›2
infertil 1649›3
infiltrieren 206; 409›1; 430›3
infizieren 206; 1617›3
infizieren, sich 234›3
infiziert 1037›1; 1392›4
Inflation 1343›5; 1506›2
inflationär 180; 675›3
inflationieren 506›3
Info 1117
infolge 68›2; 1885
infolgedessen 42
Informant 246›2; 258›2; 957
Information 163›1; 526›1; 851›1; 1117
Information Highway 1171›3
informativ 236›1; 889›2
informeller Mitarbeiter 246›2
informieren 257; 834›2; 1115›1
informieren, sich 637›1; 1044›1
informiert 926
informiert sein 1789›4
Infotainment 1679›2
Infothek 304
ingeniös 1410
Ingenium 721›2
Ingredienz 1557›3
Ingrimm 104›2
ingrimmig 320›1
Ingroup 797›6
Inhaber 271
inhaftieren 1752
Inhaftierung 689›1
inhalieren 114
**Inhalt** 694›3; **884**; 1545
Inhaltsangabe 1608›1
inhaltslos 180; 1023›3
inhaltsreich 1322›3; 1463›2
inhaltsschwer 1463›2; 1896›1
Inhaltsverzeichnis 897›2
inhibieren 854›2
inhuman 332
Inhumanität 333
Ini 797›7
Initialstadium 50›1
Initiant 1252›2
Initiation 436›2
initiativ 667›2
Initiative 300›5; 475›1; 1442›2
Initiative, aus eigener 644
Initiativgruppe 797›7
Initiator 558; 1252›2; 1700›3
Initiatorin 1135›3
initiieren 51›3; 74›1; 89›5; 1706›1
Injektion 111›2
Injurie 238
Inkarnation 359›2
Inkasso 1828
Inklination 1167›3
Inklusion 1714›1
inklusive 116›2; 450
inkognito 831›2; 1637›1
inkommodieren 1519›1
inkompatibel 692›4
Inkompatibilität 691›2
inkompetent 1651›2
inkonsequent 580›5; 1645›1
inkorrekt 580›1
Inkubus 1571
Inkunabel 971›1; 1225›1

Inlandsmarkt 1081▸2
inliegend 47
inmitten 806; 1114▸5
innehaben 804▸1; 1677▸1
innehaben, Führung 666▸2
innehaben, Herrschaft 845▸1
innehaben, Macht 845▸1
innehalten 439▸1; 472▸1; 808▸1; 1351▸1; 1517▸1
**innen 885**; 1054▸2
Innenausstattung 167▸2
Innenleben 690▸4; 1443▸1
Innenseite 1345
Innenstadt 1495▸3
Innenwelt 690▸4
Innereien 437
Inneres 884▸2; 1443▸1
innerhalb 885▸1; 1861
innerlich 885▸3; 1352▸4
Innerlichkeit 471
Innern, im 885▸1
Innern, im tiefsten 885▸3
Innerste, das 1114▸1
innewerden 665▸1; 1447; 1863▸1
innewohnen 409▸4; 490
innewohnend 885▸3
innig 477▸4; 1049▸4; 1798▸1
innigst 1140▸2
Innovation 1174▸1
innovativ 889▸2; 1410
Innung 1222▸2
inoffiziell 831▸1
inopportun 1656▸1
Input 76▸1; 449▸1
Inquisition 636▸3
inquisitorisch 1532▸3
ins Gedächtnis rufen 523▸1
Insasse 1327▸1
insbesondere 272▸1
Inschrift 526▸4
**Insel 886**
Inselbegabung 1497▸5
Inselberg 255▸1
Inselgruppe 886
Inselkette 886
Inserat 96▸1; 467
inserieren 49▸2; 1892▸1
insgeheim 831▸1
insgesamt 676▸3
Insichgehen 443▸1
Insider 570
Insidersprache 1489▸4
Insignien 927▸2
insinuieren 1396
insistieren 389▸4
insistierend 143; 1925▸1
insofern 579
insolent 640▸3
Insolenz 641▸2
insolvent 531▸2
Insolvenz 183
Inspektion 1280▸2
Inspiration 76▸1; 875▸2
inspirieren 74▸2
inspirierend 75▸3
inspizieren 1132▸2; 1279▸1
Installation 446▸1
installieren 166▸1; 1224▸1; 1831▸4
installieren, sich 166▸4
Installierung 446▸1
instand 535▸2; 728▸1
instand gemogelt 1172▸4
instand halten 1244▸3; 1677▸1
instand mogeln 540▸1
Instandbesetzung 368▸1
Instandhaltung 1243▸2
inständig 1140▸2
Inständigkeit 1139
Instandsetzung 541▸1
Instanz 228▸1; 668▸6
Instanz, moralische 759
Instanzenweg 632▸1
Instinkt 465▸1; 690▸3; 1594▸1
instinktbedingt 1595▸1
instinktiv 896; 1595▸1
instinktlos 1552
Institution 446▸3; 1222▸2
instruieren 1029▸2
Instrukteur 1030▸2
Instruktion 95▸2; 207▸1; 1028▸1
instruktiv 236▸1; 889▸2
Instrument 730
instrumentalisieren 152▸3
Instrumentalisierung 153▸3
Instrumentalmusik 1128▸3
insuffizient 1651▸1
Insuffizienz 1689▸1
Insult 238
Insultation 238
Insurrektion 133▸1
inszenieren 166▸2; 1254▸3; 1264▸1; 1482▸2; 1707▸2
inszenieren, neu 1900▸3
inszenieren, sich 357▸3
inszeniert 1620▸2
intakt 676▸1
integer 85▸3; 345▸1
Integralität 440▸1
Integration 1714▸1
integrationsfähig, beruflich 754▸5
integrieren 286; 516▸1; 1713▸3
Integrität 84▸2; 611▸5
Intellekt 1785▸1
intellektuell 1768▸4
Intellektueller 370; 1915
**intelligent** 836▸7; **887**
Intelligenz 704▸1; 1785▸2
Intelligenzbestie 370
Intelligenzler 370
Intendant 1042▸2
Intendanz 1043▸1
intendieren 1254▸1; 1919▸1
intendiert 16
Intensität 785; 827; 1139; 1497▸3
**intensiv** 77▸1; 124▸1; 284▸2; 719▸3; 826▸1; **888**; 976▸4; 1140▸2; 1359▸3; 1824▸4; 1909▸2
intensivieren 369▸4; 1711▸1
Intensivierung 1506▸4
Intention 1253▸1
intentional 16
Interaktion 1881
Interdependenz 1881
Interdikt 1716▸1
interdisziplinär 40▸3
**interessant** 236▸1; **889**
**Interesse** 200▸3; **890**; 1142; 1167▸1; 1173; 1473▸1; 1559▸1
Interesse haben für 891▸2
Interesse, mit 735▸2
interesselos 769▸1
Interessen 577▸2
Interessengebiet 1480▸1
interessengeleitet 452▸1
Interessengemeinschaft 300▸5; 714▸2
Interessent 94▸2; 922
Interessenten 1562▸2
Interessenvertreter 1802▸3
Interessenvertretung 1222▸2
**interessieren 891**
**interessieren, sich 891**
interessieren, sich für nichts 1011▸2
**interessiert** 124▸1; 464▸2; 745▸2; **892**; 1021▸2; 1561▸2
interessiert sein 1560▸3
interessiert sein an 243▸2; 891▸2

Interieur 167 › 2; 446 › 2
Interim 1674 › 2; 1732 › 1
interimistisch 1849 › 2; 1861
Interimslösung 547 › 1
Interimszustand 1674 › 2
Intermedium 1674 › 2
Intermezzo 1674 › 2; 1977 › 2
intern 885 › 1; 1797
Internat 830 › 2
**international** 40 › 4; **893**
Internet 962 › 3; 1171 › 4
Internetforum 1171 › 4
Internetmob 750
Internetmobbing 1761
Internetportal 1210 › 9
Internetverkauf 1755 › 1
interniert 1647 › 2
Internierung 18 › 1
Internierungslager 1006 › 4
Interpellation 1674 › 3
Interpret 358; 1129 › 2
Interpretation 359 › 2; 526 › 2; 1766 › 2
interpretationsoffen 1970 › 2
interpretieren 239 › 2; 357 › 4; 525 › 3; 1764 › 3
Interpunktion 1674 › 1
Interruption 1674 › 1
Intersex 1108 › 5
Intervall 1128 › 1; 1319 › 1; 1674 › 2; 1684
intervenieren 438; 1764 › 1
Intervention 1521; 1766 › 1
Interview 1627
interviewen 637 › 2
Inthronisation 436 › 2
intim 1797; 1798 › 1
intim sein 1051 › 3
Intimität 1050 › 1
Intimus 649
Intimverkehr 1050 › 3
intolerant 477 › 2
Intoleranz 478 › 5
Intonation 1489 › 2; 1580 › 2
intonieren 1460 › 1
intra muros 1797
intransigent 1500 › 2
intrigant 321 › 1; 580 › 4
**Intrigant 894**
Intriganz 581 › 1; 1393
**Intrige 895**; 1055 › 2
Intrigenspiel 895
intrikat 1437 › 1
Intro 436 › 1
introducen 1843 › 1
Introducing 1844 › 1
Introduktion 436 › 1
introduzieren 435 › 2
introvertiert 1352 › 4
Intuition 465 › 1; 465 › 4; 875 › 2
intuitionssicher 464 › 4
**intuitiv 896**
intus haben 1789 › 2; 1913
Invektive 238
**Inventar** 446 › 2; **897**; 1813 › 1
investieren 1191 › 2
investigativ 817 › 3; 1925 › 1
Investition 449 › 1
Investitur 436 › 2
Investment 449 › 1
Investmentpapiere 270 › 3
Invisible Hand 835 › 1
involviert 1561 › 2
inwendig 885 › 3
inzwischen 773; 1861
iPhone 1564
i-Punkt 763 › 7
irdisch 474 › 4; 1099 › 2; 1741
irgendwann 1202 › 7
irgendwie 240; 1648 › 1; 1948 › 1
irisierend 715 › 2
Ironie 1486 › 3
Ironiker 985 › 2
ironisch 1488 › 1
ironisieren 1487 › 3
ironisierend 1488 › 3
irr 1773 › 2
irrational 470
Irrationalität 471
irre 1448 › 1; 1773 › 1
irre werden 1971
irreal 874 › 2
irreführen 291 › 1
irreführend 580 › 3
Irreführung 1555 › 1
irregehen 898 › 1
irregulär 1779 › 3
Irregularität 29 › 5
irrelevant 1635
irremachen 1811 › 2
irremachen lassen, sich nicht 1736 › 2
**irren 898**
**irren, sich 898**
Irrenanstalt 1670 › 3
Irrenhaus 1670 › 3
irreparabel 263 › 3; 473
irreversibel 473
Irrfahrt 597 › 3
Irrgarten 1664 › 1
Irrglaube 4
irrig 580 › 5; 900
irrigerweise 900
Irritation 549; 1328 › 1
irritieren 105 › 1; 904 › 1; 1811 › 2
irritierend 550
irritiert 1911 › 2
irrlichtern 1629 › 3
Irrsinn 706
irrsinnig 705; 1773 › 2
**Irrtum** 597 › 3; **899**
**irrtümlich** 580 › 2; **900**; 1375
Irrweg 29 › 3; 597 › 3; 899 › 1
irrwitzig 24
Isis 782 › 3
Isolation 18 › 1; 448 › 1
isolieren 17 › 1; 1870 › 2
isolieren, sich 17 › 2
isoliert 447 › 1
Isolierung 18 › 1; 448 › 1
ist doch so 42
Isthmus 478 › 4
Istzustand 1961
item 116 › 1
It-Girl 871 › 2

# J

j. w. d. 1888›2
ja 39
Jacht 576›6
Jacke wie Hose 769›5
Jäckel 403›2
Jackpot 777›1
**Jagd** 425›1; **901**
Jagdaufseher 902›1
Jagdfieber 420›1
Jagdhund 868
jagen 389›2; 426›1; 585›1; 848›1; 1736›1
jagen können mit 459›1
jagen, in die Luft 1936›5
jagen, ins Bockshorn 396›3
**Jäger 902**
Jägerei 901
Jägerlatein 1066›4
Jägersmann 902›1
jäh 1258
Jähe 5›4
Jahr und Tag, nach 1477›3
Jahr und Tag, vor 663›1
Jahr, das ganze 879›2
Jahr, jedes 879›2
jahraus 879›2
Jahre 44›1; 1008›3
Jahre, hohe 44›1
jahrein 879›2
jahrelang 1008›3
Jahren, bei 43›1
Jahren, hoch an 43›1
Jahren, jung an 906›1
Jahren, nach 1477›3
Jahresabschluss 1311›1
Jahresfest 903
Jahrestag 903
Jahreszeit 1355
Jahreszeit, kalte 912›1
Jahrgang 1289›2
Jahrgang, derselbe 768›1
Jahrhundertereignis 1896›3
Jahrmarkt 289›4; 1081›1
Jahrmarktskünstler 110›1
Jahwe 782›2
Jähzorn 827
jähzornig 826›3
Jalousie 867›6
Jammer 940›2; 1398›1
Jammerbild 601
Jammergeschrei 940›2
Jammerlappen 601
Jammerlaut 852
jämmerlich 106›2; 1392›5; 1890›1
jammern 941›3
Jammern 940›2
jammerschade 1038; 1655›5
Janmaat 1444
janusköpfig 388
Janusköpfigkeit 1820
jappen nach 215›2
japsen 114
Jargon 1489›4
Jasager 1216
jäten 1362›4
Jauche 155›3
jauchen 1711›5
jauchzen 648›2
Jauchzen 647›3
Jauchzer 647›3
jaulen 242›1; 941›3
Jause 1075›6
jawohl 39
Jawort 529›1
Jazz 1128›3
Jazzband 797›4
Jazzmusik 1128›3
je nachdem 203; 240; 1123›3; 1891›2
jeck 1773›1
Jeck 1678›2
jede 38›1
jede Stunde 879›2
jedenfalls 39
jeder 38›1
jedermann 38›1; 1097›6
jederzeit 879›2
jedoch 3
jedwede(r) 38›1
Jeep 576›2
jegliche 38›1
jeher, von 879›4
Jehova 782›2
Jemand 1098›2
jenseitig 1688›4
jenseits 692›2
Jenseits 1229
Jerusalem, himmlisches 1229
Jesuit 894›2
jesuitisch 1236›2
Jet 576›7
Jeton 348›1
Jetset 1196›3
jetten 426›1
jetzig 696›2
jetzt 696›2; 1003; 1834
Jetzt 695›1
jetzt an, von 1478›2
jetzt noch 696›1
jetzt oder nie 427›3
jetzt, bis 663›2
jetzt, eben 696›1
jetzt, erst 474›2
Jetztzeit 695›1
Jeunesse dorée 1196›3
Jieper 1068›1
jieprig 1069
Jingle 1894›3
jmd. sein 199›3
Job 100›2
Job, ohne 103
jobben 101›1
Jobber 813›2
Jobsharing 100›3; 1592›5
Joch 100›4; 1015›2; 1967›1; 1973›2
jodeln 1460›2
joggen 700›2
johlen 314›1; 1013›1
Johlen 731›3
Joint 1306
Jointventure 1958
Jo-Jo 1705›2
jökeln 1487›1
Joker 1556
Jokus 647›4; 1679›3
Jolle 576›6
Jongleur 110›2
jonglieren 1018›1
Jonny 775›2
Josephsehe 1555›1
Jota 948›1
jottwede 1888›2
Jour fixe 1569
Journaille 1266›1
Journalismus 1266›1
Journalist 258›1; 1418
Journalistenfrage 636›2
jovial 488; 651›1; 837
Jovialität 781›3
Jubel 229; 647›3
Jubeljahre, alle 923›1; 1453›2

jubeln 648‣2
Jubelruf 647‣3
Jubilar 44‣2
**Jubiläum 903**
jubilieren 648‣2; 1460‣2
Jubilieren 731‣5; 736‣1
juchzen 648‣2
Juchzer 647‣3
**jucken 904**
juckig 1069
Judas 1419‣3
**Jugend 905**
Jugend von heute 905‣2
Jugendalter 905‣1
Jugendfreund 649
Jugendfreundin 650
Jugendjahre 905‣1
jugendlich 657‣1; 906‣1
Jugendliche 905‣3; 1073‣2
Jugendsprache 1489‣4
Jugendsünde 1670‣3
Jugendszene 1542‣2
Jugendzeit 905‣1
Jumbo-Jet 576‣7
**jung** 657‣1; **906**; 1928‣1
Jungborn 522‣2
Jungbrunnen 522‣2
Jungchen 907‣2
**Junge 907**
jungen 679‣2
Jünger 65‣2; 1424‣3
Jungfernfahrt 50‣2
Jungfernrede 50‣2
jungfräulich 931; 1172‣5
Jungfräulichkeit 932
Junggeselle 1079
Junggesellin 638
Jüngling 907‣2
jüngst 1003
Jüngste 1073‣1
Jüngster 907‣1
Junior 907‣1
Junker 36‣2; 1070
Junkertum 36‣2
Junkie 395‣1
Junktim 1714‣1
Juno 639
junonisch 1502‣2
Jura 909‣3
Jurisdiktion 909‣1
Jurisprudenz 909‣3
Jurist 909‣2
Juristerei 909‣3
juristisch 748‣3
**Jury 908**
Jus 909‣3
just 1003; 1189
Justemilieu 149‣4
justieren 1221‣3
Justitiar 909‣2
**Justiz 909**
Justizirrtum 597‣3
juvenil 906‣1
Juwelen 971‣2; 1286‣1
Jux 647‣4; 1670‣2; 1679‣3
juxta 1150‣2

# K

k. o. 531›3; 1125›2
Kaaba 1114›1
Kabale 895; 1055›2
Kabarett 1573›1
Kabarettist 1678›1
kabarettistisch 1488›2
Kabäuschen 1304›1
Kabbala 698
Kabbelei 1530›2
kabbeln 1531›1
Kabel 1043›3
Kabelfernsehen 607›2
kabeln 1617›6
Kabinett 1304›1; 1579›1
Kabrio 576›2
Kabuff 1304›1
kacheln 426›1; 673›2
Kacke 155›2
kacken 154
Kadaver 953›1; 968›2
Kadavergehorsam 703›2
Kaddisch 681; 940›2
Kader 669›1
Kadi 909›1
Käfer 1073›2
Kaff 1495›2
Kaffee 756›3
Kaffee, kalter 1012›2; 1703
Kaffeefahrt 575›1
Kaffeehaus 678›1
Kaffeesatz 1335›3
Käfig 187›2; 689›2
kafkaesk 687›1
**kahl 910**; 1023›1; 1199›1
Kahlfraß 1937›1
Kahlheit 1200›1
kahlköpfig 910›1
Kahlschlag 1048; 1937›1
Kahn 293; 576›6; 689›2
Kai 1625
Kairos 1932›1
Kaiser 846
Kaiser-Wilhelm-Bart 185
Kajak 576›6
Kakao 756›3
kakophonisch 819›2
Kalamität 1111; 1759›1
Kalauer 1679›4
kalauern 1677›4
kalben 679›2
kalbern 1677›4
Kaldaunen 437
Kaleidoskop 1822›2
Kalender 524›3
Kalenderweisheit 372›1
Kalesche 576›1
Kaliber 109›2; 789›1; 1497›3
Kalif 846
Kalk 1181›3
Kalkschicht 1181›3
Kalkül 1253›3
Kalkulation 1253›3
kalkulieren 249›1; 1370›2
Kalligraphie 1417›2
kalorienreich 1153
**kalt** 31›1; 817›2; **911**; 1302›5; 1368›2; 1500›1
kalt bleiben 770
kalt lassen, nicht 261›2
kalt stellen 990›1
Kaltblut 1242
kaltblütig 1352›5
**Kälte 912**; 1642›2
Kältegrad 785
Kälteperiode 1343›7
Kalter Krieg 914›4
kaltherzig 911›3
Kaltherzigkeit 912›2
kaltlassen 770
kaltmachen 1583›1
kaltschnäuzig 911›4; 1452
Kaltschnäuzigkeit 641›3; 1642›2
kaltstellen 993›2; 1729›1
Kamarilla 65›4; 950
Kamellen, olle 1009
**Kamera 913**
Kamerad 65›2; 649
Kameraderie 652›1
Kameradin 650
Kameradschaft 652›1
kameradschaftlich 651›3; 1798›1
Kameradschaftlichkeit 652›2
Kamm 255›2; 763›1
Kammer 1304›1
Kammersänger 1358›1
Kammertenor 1358›1
Kampagne 368›1
Kämpe 65›2
**Kampf 914**; 958›1; 1530›2
Kampf gegen Windmühlenflügel 1744
Kampf um Marktanteile 958›3
Kampf um Märkte 958›3
Kampf, ohne 655›2
Kampfabstimmung 1858›2
Kampfansage 840›1
Kampfbahn 682›3
Kämpfe 133›1
Kampfeinsatz 449›4
**kämpfen 915**
kämpfen, auf verlorenem Posten 1378›3
kämpfen, mit sich 1944
**Kämpfer 916**
**kämpferisch** 37›1; 839; **917**
Kämpfernatur 916›2
kampfesfreudig 917
kampfesmutig 917
kampffähig 976›1
Kampfgenosse 65›2
Kampfgericht 908›1
Kampfgetümmel 982›1
Kampfhahn 916›2; 1267›2
Kampfhandlung 982›1
kampflos 655›2
Kampfplatz 1341›2; 1372›1
Kampfrichter 908›2
kampfunfähig 531›3
Kanaille 750
Kanak Sprak 1489›4
Kanal 757›1; 1210›8
Kanäle 1714›3
kanalisieren 1221›3
Kanalschiffer 1444
Kanapee 1465›2
Kandare 1967›1
Kandelaber 1007›2
Kandidat 94›2
kandidieren 301; 1507›3
kandieren 519›2
Kanister 221
kann sein 1123›3
Kanne, volle 1448›1
Kannegießer 1432
kannegießern 1264›2
kannibalisch 332
Kannibalismus 333
Kanon 736›2
Kanonade 60›1
Kanone 570
Kanone, unter aller 1392›1

Kanonenkugel 989▸2
Kanonenschuss 731▸3
kanonisch 748▸4
Kantate 736▸2
Kante 413▸2; 582▸1; 682▸2; 1625
kantig 817▸1; 1368▸1
Kantilene 736▸2; 1251▸3
Kantine 678▸1
Kantonist, unsicherer 1216; 1694▸1
Kantor 1042▸2
Kanu 576▸6
Kanute 1444
Kanzelrede 1847
Kanzelredner 936▸1
Kanzlei 737▸3
Kanzleistil 1489▸4
Kanzone 736▸2
Kaolin 1580▸6
Kapazität 570; 1496▸2; 1497▸4
Kapelle 797▸3; 935▸2
Kapellmeister 1042▸2
Kaper 2
kapern 19; 758▸2
Kaperung 265
kapieren 1789▸2
kapital 1502▸1
Kapital 270▸1
Kapital, flüssiges 270▸3
Kapital, geistiges 1914▸2
Kapitalanlage 449▸1
Kapitale 1495▸1
Kapitalgrundstock 1516▸3
Kapitalien 270▸3
Kapitalist 1682▸1
kapitalkräftig 1322▸1
Kapitalverbrechen 1720
Kapitalverbrecher 1721▸2
Kapitän 668▸1; 1444
Kapitel 1557▸1
Kapitulation 1178▸1
kapitulieren 121▸3; 1378▸3
Käppchen 966
Kappe 966; 1425▸2
Kappe, neben der 1773▸1
kappen 1002▸1
Kaprice 1515▸2
Kapriolen 1670▸3
kaprizieren, sich 1919▸2
kapriziös 272▸3; 423
Kapsel 221
Kaptur 265
kaputt 263▸3
kaputtgehen 327▸1; 1936▸4
kaputtlachen, sich 1004▸2
kaputtmachen 1936▸3
Kapuze 966
Kapuzinerpredigt 1380▸1
Karacho 425▸2
Karacho, mit 1405▸1
Karambolage 1646
Karawane 65▸4
kardätschen 1287▸3
Kardinalpunkt 820
Karenzzeit 1817▸3
karg 31▸1; 408▸3; 951▸1; 1000▸2; 1199▸1; 1649▸1
kargen 1474▸2
Kargheit 1200▸1
kärglich 106▸2; 951▸2
karieren 1132▸1
kariert 715▸1
Karikatur 1486▸4
karikieren 357▸5; 1487▸3
karikierend 308▸2
karitativ 1639
Karneval 1555▸3
Karo 1131▸5
Karosse 576▸1
Karre 576▸1
Karree 1823
Karriere 134▸1
Karriere machen 175
karrierebetont 419
karrierefixiert 419
Karrierefrau 638
karrieregeil 419
Karriereknick 1343▸1
karrieresüchtig 419
Karrierist 1526
karrieristisch 419
Karst 1200▸4
Kartause 949
Karte 1574
Kartei 1813▸3
Karteileiche 1176▸2
Kartell 1714▸6
Kartellierung 1714▸6
karteln 1482▸5
Karten spielen 1482▸5
Kartenlegerin 1271
Kartentelefon 1564
Kartoffel 1156
Kartoffelchip 348▸3
Kartoffelschnitzel 348▸3
Kartoffelstäbchen 348▸3
Kartografie 613▸2
kartografieren 612▸3
Kartothek 1813▸3
Karussell 1341▸2
Kaschemme 678▸1
kaschen 585▸2; 1752
kaschieren 1710▸1
Kaschmirkinder 1196▸3
Kasematte 209▸4
käseweiß 590▸1
käsig 590▸1
Kasino 678▸2
Kaskade 1492▸2; 1878▸1
Kasperle 1379▸1
Kassandra 1271
Kassandraruf 1872
**Kasse** 182▸2; **918**; 1311▸1
Kasse machen 1726▸1
Kasse, bei 1322▸1
Kassenautomat 918▸2
Kassengift 1111
Kassenknüller 1074
Kassenmagnet 763▸5; 1074
Kassenschalter 918▸2
Kassenschlager 1074
Kassensturz 1311▸1
Kassenzettel 278▸2
**Kassette 919**
Kassettenrecorder 730
kassieren 455▸1; 506▸1; 993▸2
Kästchen 919▸1
Kaste 1382▸3
Kastell 209▸4
Kasten 221; 821▸1; 1413
Kasten, im 608▸1
Kastrat 1358▸1
kastriert 1649▸3
kasuistisch 1236▸2
Kasus 577▸2
Katakombe 654
Katalog 1813▸1; 1813▸3
katalogisieren 1221▸2; 1356▸4
Kataplexie 1642▸5
Katarakt 1878▸1
katastrophal 1392▸1; 1415▸1; 1655▸4
Katastrophe 1937▸1
Kate 821▸1
Katechismus 1027
kategorial 876
Kategorie 109▸2; 220
kategorisch 817▸3; 1368▸4
Kater haben, moralischen 254

Kater, moralischer 1113
Kateridee 1515 ▸ 2; 1670 ▸ 3; 1774 ▸ 2
Katharsis 443 ▸ 1
Kathedrale 935 ▸ 2
Katz, für die 1743
katzbuckeln 1396
Kätzchen 1374 ▸ 1
Katze 1374 ▸ 1
Katze aus dem Sack lassen 1203 ▸ 3; 1725 ▸ 2; 1772
Katzelmacher 711
Katzenaugen 140
Katzenjammer 505; 1113
Katzenkopf 1388 ▸ 1
Katzenpfoten, auf 1039
Katzensprung 1150 ▸ 2
Katz-und-Maus-Spiel 1555 ▸ 1
Kauderwelsch 1489 ▸ 4; 1670 ▸ 1
kauderwelschen 1490 ▸ 3
kauen 563 ▸ 4
kauen an 264 ▸ 2; 369 ▸ 2
kauen, mit vollen Backen 563 ▸ 1
kauern 294 ▸ 2; 1464 ▸ 3
**Kauf** 274 ▸ 1; **920**
Kaufabschluss 920
Kaufbesessener 922
**kaufen** 273 ▸ 2; **921**; 1784 ▸ 1
kaufen lassen, sich 1756 ▸ 5
kaufen und verkaufen 812 ▸ 2
kaufen, auf Abschlag 34
kaufen, Katze im Sack 898 ▸ 5
kaufen, sich 1040 ▸ 2
**Käufer 922**; 995 ▸ 1
Käuferanalyse 1082
Käuferbefragung 1082
Käuferinteresse 1142
Käuferkreis 995 ▸ 1
Kaufhalle 737 ▸ 5
Kaufhaus 737 ▸ 5
Kaufinteresse 1142
kaufkräftig 1322 ▸ 1
Kaufladen 737 ▸ 2
käuflich 751; 1835 ▸ 1
Käuflichkeit 752
Kauflust 1142
kauflustig 216 ▸ 4
Kaufmann 738; 813 ▸ 1
kaufmännisch 955
Kaufmannswort 1783 ▸ 1
Kaufpreis 1265 ▸ 3
kaufversessen 216 ▸ 4
**kaum 923**; 1194 ▸ 3; 1453 ▸ 2; 1635; 1660
kaustisch 1488 ▸ 1
Kautel 451 ▸ 3
Kaution 340 ▸ 1
Kauz 159 ▸ 1; 1225 ▸ 3
Kauz, lustiger 1379 ▸ 1
kauzig 1249 ▸ 3
**Kavalier** 711; **924**
Kavaliersdelikt 1665 ▸ 1
Kaventsmann 1340; 1536 ▸ 6
keck 640 ▸ 1
keckern 1460 ▸ 3
Keckheit 641 ▸ 1
Keckling 1379 ▸ 2
Keepsmiling 224 ▸ 2
Kegel 255 ▸ 1
Kegelklub 797 ▸ 8
Kehle 478 ▸ 4
Kehle, aus voller 1017
Kehle, durstige 216 ▸ 2
Kehle, trockene 1757 ▸ 1
Kehraus 1395 ▸ 2
Kehraus machen 1025 ▸ 1
Kehre 999
kehren 1362 ▸ 1
kehren, das Unterste zuoberst 1546 ▸ 1; 1704 ▸ 1; 1811 ▸ 1
kehren, mit eisernem Besen 410
kehren, unter den Teppich 1710 ▸ 1
Kehricht 5 ▸ 1
Kehrseite 597 ▸ 2; 691 ▸ 1; 1345
kehrtmachen 393 ▸ 6; 482 ▸ 1
Kehrtwende 983 ▸ 1; 1344 ▸ 1
Kehrwisch 269 ▸ 1
keifen 1386 ▸ 2
Keifzange 269 ▸ 2
Keil 449 ▸ 3
Keile 1388 ▸ 1
keilen 389 ▸ 1; 1389 ▸ 2
Keilerei 1388 ▸ 2
Keilschrift 335 ▸ 2
Keim 50 ▸ 1
Keime 980
keimen 503 ▸ 2
keimfrei 571 ▸ 2; 1360 ▸ 1
keimfrei machen 519 ▸ 2; 1362 ▸ 5; 1583 ▸ 4
keimhaft 52 ▸ 2
keine Frage 942 ▸ 3
keiner 1183
keinerlei 1175 ▸ 1
keinesfalls 1168; 1660
keineswegs 1168
Keks 965 ▸ 1
Keller, im 1575 ▸ 1; 1655 ▸ 1; 1673 ▸ 2
kellerhaft 404 ▸ 1
Kellner 202 ▸ 3
Kellnerin 202 ▸ 3
Kemenate 1304 ▸ 1
**kennen 925**; 1789 ▸ 4; 1913
kennen lernen 512 ▸ 1
kennen lernen, sich 1152 ▸ 4
kennen, die Menschen 513 ▸ 2
kennen, nicht mehr 1404 ▸ 5
kennen, seinen Stil 97 ▸ 2
Kennenlernen 962 ▸ 2
Kenner 570; 723 ▸ 1
kennerhaft 569 ▸ 2; 724
kennerisch 83 ▸ 1
Kennerschaft 743 ▸ 1; 1788 ▸ 2; 1914 ▸ 1
Kennkarte 278 ▸ 1
kenntlich machen 928 ▸ 3
Kenntnis 1914 ▸ 1
Kenntnis haben 1913
**kenntnisreich 926**
Kennwort 927 ▸ 5
Kennzahl 927 ▸ 5
**Kennzeichen** 422 ▸ 2; **927**; 1930 ▸ 2
**kennzeichnen 928**
kennzeichnend 346 ▸ 1
Kennzeichnung 927 ▸ 2
Kennziffer 927 ▸ 5
kentern 578 ▸ 1
Kerbe 582 ▸ 2; 1794 ▸ 3
kerben 786; 1404 ▸ 3
Kerbholz 1420 ▸ 1
Kerbholz haben, auf dem 1421 ▸ 3
Kerker 689 ▸ 2
Kerker, im 1647 ▸ 2
Kerl 711; 1079
Kerl, ungehobelter 1267 ▸ 1
Kerlchen 907 ▸ 2
Kern 564 ▸ 1; 820; 884 ▸ 1; 1114 ▸ 6; 1545
Kern, im 1114 ▸ 5
Kernfamilie 797 ▸ 10
Kernfrage 636 ▸ 4
kerngesund 754 ▸ 1
kernig 374 ▸ 1; 976 ▸ 1; 1485 ▸ 1
Kernkompetenz 1480 ▸ 1
Kernproblem 636 ▸ 4
Kernpunkt 820
Kernschatten 406 ▸ 2

Kernspruch 372‣1
Kernstück 820
Kernthema 694‣2
Kernwaffen 1855‣1
kerzengerade 729‣1
Kerzenleuchter 1007‣2
Kerzenlicht 1047‣2
Kerzenschein 1047‣2
Kescher 1171‣1
keschern 585‣3
kess 640‣1; 1060‣5
Kessel 221
Kesselstein 1181‣3
Kesseltreiben 365
Kette 855‣1; 1324‣1
Kettenhund 868
Kettenraucher sein 1303
Kettenreaktion 628‣2
**Ketzer 929**
**ketzerisch** 839; **930**
keuchen 114
Keule 1516‣2
keulen 1583‣1
**keusch 931**
**Keuschheit 932**
Keyboarder 1129‣2
kichern 1004‣2
Kick 76‣2; 1305‣2
kicken 1523
Kiddies 905‣3
kidnappen 484
Kidnapper 1721‣2
Kidnapping 485; 1720
Kids 905‣3
Kiebitz 246‣2
kiebitzen 245‣2
Kieker 764‣4
Kieker haben, auf dem 1954‣1
Kielwasser 1493‣1
Kies 709‣3
kiesen 1859‣1
Kiez 1495‣3
Kiezdeutsch 1489‣4
Kif 1306
kiffen 283‣4; 1303
Kiffer 395‣1
Kiki 734‣2
killen 1583‣1
Killer 1721‣2
Killing Fields 1085
**Kind** 907‣2; **933**; 1073‣2
Kind machen, sich lieb 1396
Kind mehr, kein 1323‣2
Kind und Kegel 38‣1
Kind von Traurigkeit, kein 1031‣4
Kind, außereheliches 933‣2
Kind, uneheliches 933‣2
Kindbett 684‣1
Kinderbetreuer 823‣3
Kinderbett 293
Kinderei 1670‣1
Kinderfrau 823‣3
Kinderfräulein 823‣3
Kinderglaube 4
Kinderheim 830‣2
Kinderjahre 905‣1
Kinderkrankheit 1689‣2
kinderleicht 1031‣2
Kindermädchen 823‣3
Kinderprostitution 1454
Kinderschuhen entwachsen, den 507‣1
Kinderschuhen, aus den 1323‣2
Kindersegen 933‣2
Kinderspiel 948‣4; 1031‣2
Kinderstube 84‣1; 562‣1
Kindertage 905‣1
Kinderzeit 905‣1
Kindesalter 905‣1
Kindesbeinen an, von 879‣4
Kindesentführung 485
Kindesmissbrauch 1454
Kindesraub 485
kindhaft 431‣2; 906‣1; 1666‣2
Kindheit 905‣1
kindisch 24; 401‣3; 906‣2; 1666‣2
kindlich 431‣2; 906‣1; 1154; 1668‣3
Kindskopf 403‣1
Kinemathek 1479‣3
Kinkerlitzchen 937‣1; 1286‣3
Kinnbart 185
Kinnhaken 1388‣1
**Kino** 616‣3; **934**; 1679‣6; 1844‣3
Kinofilm 616‣3
Kintopp 934
Kiosk 737‣4
Kippe, auf der 687‣1
kippeln 1431‣1
kippen 578‣1; 854‣3; 1025‣3; 1596‣2
Kippfigur 1555‣2
**Kirche 935**
Kirche im Dorf lassen 1815‣1
Kirchenbann 994‣3
Kirchengemeinde 935‣5
Kirchenlied 736‣2
**Kirchenmann 936**
Kirchenmaus, arm wie eine 106‣1
Kirchhof 654
Kirchspiel 935‣5
Kirchturm 1605‣1
Kirchturmpolitiker 338‣3
kirre machen 1811‣2
kirren 1737
Kismet 1384‣1
Kiste 221; 293
**Kitsch 937**
**kitschig** 631‣2; **938**
Kitt 209‣3
Kittchen 689‣2
kitten 208‣1; 540‣2
Kitzel 1328‣2
kitzeln 328‣3; 904‣1; 1237‣4
**Kitzler 939**
kitzlig 1238‣2
Klacks 948‣2
Kladde 825‣1
Kladderadatsch 1664‣2
klaffen 1209‣4
kläffen 242‣1; 1386‣2
Kläffen 731‣4
klaffend 1202‣1
Kläffer 868
klaftertief 1575‣2
**Klage 940**
Klagegesang 940‣2
Klagelied 940‣2
**klagen** 194; **941**
klagen haben, nichts zu 804‣2
klagen haben, zu 1035‣1
klagen können, nicht 804‣2
klagen über 1035‣3
klagen, sein Leid 941‣3
klagend 1177‣2
Klagesache 1278‣1
Klageweg 1278‣1
kläglich 106‣2; 1428‣1; 1655‣3; 1890‣1
klaglos 686‣2; 1352‣3
Klamauk 1670‣2
klamm 911‣1
Klamm 478‣4
Klammer 209‣2; 809‣1
klammheimlich 831‣1
Klamotte 956

Klamotten 5‣2; 946‣1
klandestin 831‣1
Klang 731‣1; 1128‣1; 1489‣2; 1580‣1
Klangart 1580‣2
Klangfarbe 1580‣2
Klangkörper 968‣3
klanglos 404‣5
klangtreu 412‣1
Klangverhältnisse 1580‣5
klangvoll 1824‣4
Klangwirkung 1580‣5
Klappbett 293
Klappe 293; 1126; 1210‣6; 1780‣1
klappen 712‣1
Klappentext 1608‣1
klapperdürr 408‣2
klappern 1013‣2; 1581‣2
Klappern 731‣2
klappern, mit den Zähnen 656‣1; 1943‣1
Klappladen 867‣6
Klappmesser 1101
Klapprechner 350‣2
klapprig 43‣3; 1428‣2
Klappstuhl 1465‣1
Klaps 422‣4; 1388‣1; 1774‣1
Klapse 1670‣3
Klapsmühle 1670‣3
**klar** 39; 86; 376‣2; 836‣3; **942**; 1220‣1; 1312‣2; 1353‣2; 1360‣2; 1368‣5; 1768‣3; 1786‣1
klar blickend 887‣2
klar werden 1931‣6
klar werden, sich 1789‣2
**klären** 259‣1; 498‣3; 612‣2; **943**; 1221‣1; 1764‣1
**klären, sich 943**
klargehen 712‣1
**Klarheit** 432‣3; **944**; 1456‣2; 1787
Klarinettist 1129‣2
klarkriegen 712‣1; 943‣1
klarlegen 525‣1; 943‣1; 1203‣1
klarmachen 525‣1; 1725‣1
klarmachen, Standpunkt 1725‣2
Klarsicht 1696‣2; 1785‣2
klarsichtig 887‣2; 1768‣2
klarspülen 943‣3
klarstellen 943‣1
Klarstellung 944‣4; 1712‣1
Klärung 526‣1; 944‣4; 1325‣2; 1732‣1
Klasse 109‣2; 551; 1084‣5; 1289‣2; 1297‣1; 1382‣3
Klasse, besitzende 1196‣1
Klasse, große 551
Klasse, herrschende 1196‣1
Klasse, politische 1196‣1
Klassenarbeit 1280‣1
Klassenprimus 1526
Klasseweib 1409‣3
klassifizieren 1221‣2
klassifiziert 728‣3
klassisch 297; 1407‣1
Klatsch 734‣1
Klatschbase 1432
**klatschen 945**; 1581‣2
Klatschen 229; 731‣2
klatschen, Beifall 945‣2
Klatscherei 734‣1
Klatschgeschichte 734‣1
Klatschlust 1173
Klatschmaul 1432
klatschnass 1157‣1
klatschsüchtig 321‣1
Klatschweib 1432
Klaue 775‣1; 1417‣1
klauen 1163‣2
Klause 949; 1304‣1
Klausel 205‣1; 451‣3; 517‣2; 1830
Klausner 936‣2
Klausnerin 1184
Klaustrophobie 61‣6; 478‣2
klaustrophobisch 477‣1
Klausur 448‣1; 1280‣1
Klaviatur 1822‣2
Klavier spielen 1482‣3
Klavierspieler 1129‣2
kleben 208‣1; 1464‣3; 1517‣1
kleben bleiben 1517‣1
klebenbleiben 1775‣4
klebend 1925‣3
klebrig 1925‣3
Klebstoff 209‣3
kleckern 1804
kleckerweise 1010‣2
Klecks 948‣2
Kleckschen 948‣2
Kleckse 1401‣2
klecksen 1247; 1416‣4
Kleckser 1078‣2
Kleckserei 1246
Kleid 1193‣1
kleiden 1503‣4
kleiden, sich 97‣2
kleiden, sich mit 1585‣2
Kleider 946‣1
kleidernärrisch 456‣1
Kleiderordnung 324‣3
Kleiderpracht 1281‣1
Kleiderreinigung 1325‣1
Kleiderschrank 1413
kleidsam 800‣3
**Kleidung 946**
Kleidungsstücke 946‣1
**klein** 477‣1; 906‣1; **947**; 1000‣1; 1635
klein auf, von 879‣4
klein beigeben 486‣2; 701‣2
klein schneiden 1934
Kleinbahn 576‣4
Kleinbildkamera 913‣1
Kleinbourgeoisie 338‣2
Kleinbürger 338‣1
kleinbürgerlich 339‣2
Kleinbürgertum 338‣2
Kleinbus 576‣4
Kleindarsteller 1342‣1
Kleine 1073‣2
Kleiner 907‣2
kleiner werden 1719‣4
Kleines 933‣1
Kleines, über ein 178
Kleinfamilie 797‣10
kleinformatig 947‣1
Kleingedrucktes 451‣3
Kleingeist 338‣3
Kleingeld 709‣1
kleingläubig 63‣2
Kleingläubigkeit 61‣4
**Kleinigkeit** 875‣3; **948**
Kleinigkeit, keine 1819‣3
Kleinigkeitskrämer 1234‣1
kleinkariert 477‣2; 1236‣3
Kleinkind 933‣1
Klein-Klein 948‣1
Kleinkram 948‣1; 948‣4
kleinkrämerisch 1236‣3
kleinkriegen 1389‣2; 1719‣1
Kleinkunstbühne 1573‣1
kleinlaut 1758‣2
Kleinlebewesen 980
kleinleutemäßig 339‣3
kleinlich 339‣3; 477‣2; 1236‣1; 1236‣3; 1475‣1
kleinlich, nicht 790‣1
Kleinlichkeit 478‣5; 1476

Kleinlichkeitskrämerei 1235›1
kleinmachen 1880›1
kleinmachen, sich 838›2
Kleinmut 61›4
kleinmütig 63›2; 1177›2
Kleinod 971›1
kleinreden 266; 838›1
Kleinstadt 1495›1
Kleinstwagen 576›2
Kleinwagen 576›2
Kleinwohnung 1916›2
kleinwüchsig 947›1
Kleister 209›3
kleistern 208›1
kleistrig 1925›2
Klemme 809›1; 983›2; 1185›2; 1759›1
Klemme, in der 853›2
klemmen 1163›2
Klepper 1242
Kleriker 935›4; 936›1
Klerus 935›4
Klettband 1780›2
klettern 1504›2
Kletterpfad 1884›1
Klient 1233; 1427
Klientel 995›2
Klienten 995›2
Klima 1296›2
Klimaanlage 1063›2
Klimakatastrophe 1343›7
Klimasturz 1343›7
Klimawechsel 1879›2
Klimax 763›2
Klimbim 289›4; 1286›3
klimmen 1504›2
Klimmzug 914›1
klimpern 1247; 1482›3
Klinge 1101
klingeln 1581›2
Klingeln 731›2
klingen 1581›5
klingend 1824›4
klingend, falsch 819›2
klingend, hell 836›5
Klinik 978
Klinikum 978
Klinke 809›1
Klipp 809›1
klipp und klar 376›1; 942›2; 1202›2
Klippe 397›2; 1759›1
Klipper 576›6
Klippschule 1423›1
Klips 809›1
klirren 1013›2; 1581›2
Klirren 731›2
Klischee 1251›1; 1850
klischeehaft 938; 964›1
klischiert 938
Klitoris 939
Klitsche 188
klittern 266; 587›5; 1735›1
Klitterung 267; 1108›4
klitzeklein 947›1
Klo 1579›1
Kloben 1267›1; 1536›6
klobig 1259›1
Klon 1807›2
klonen 1806
klönen 1677›3
klopfen 1013›2; 1362›2
Klopfen 731›2
klopfen, auf den Busch 637›1
klopfen, Sprüche 1264›2
Klopfer 1516›2
Kloppe 1388›1
Klopperei 1388›2
Klosett 1579›1
**Kloster 949**
Klosterbruder 936›2
Klosterfrau 1184
klösterlich 447›2; 1352›1
klötern 1581›2
Klotz 821›1; 1097›2; 1267›1; 1536›6
klotzig 1259›1; 1819›1
Klub 797›1; 1222›2
Kluft 483›1; 855›4; 946›2; 1684; 1794›1
klug 800›1; 887›1; 926; 1192›3; 1255›1; 1551›1; 1768›2
klug werden aus 1789›2
Klugheit 704›2; 1785›2
Klugscheißer 1234›1; 1432
Klugschwätzer 1234›1; 1432
klumpen 548›3
Klumpen 1097›2
klumpig 1638›3
**Klüngel** 797›6; **950**; 1548›2
klüngeln 291›2; 296›1
Klunker 1286›1; 1286›4
knabbern 563›3
Knabe 907›2
Knabe, alter 44›2
knabenhaft 408›2
knacken 327›1; 1061›3; 1209›1; 1257›1; 1387›2
Knacker, alter 44›2
knackig 906›3; 1485›1; 1491›1
Knacknuss 119›4
Knackpunkt 636›4; 820
Knacks 706; 1492›1; 1774›1
knacksen 327›1
Knall 142›1; 731›3; 1774›1
Knall auf Fall 1258
knallbunt 588›1
Knallcharge 1379›1
Knalleffekt 763›5
knallen 1013›3; 1257›1
knallen, eine 1389›1
knalleng 477›3
Knaller 515›4
knallhart 817›2
knallheiß 1868›2
knallig 588›1; 1909›2
Knallkopf 403›1
Knalltüte 1678›2
**knapp** 408›3; 477›1; 477›3; 923›1; **951**; 1000›2; 1651›1
knapp halten 1474›2
knapp sein 596›2
knapp sitzend 477›3
knapp, nicht zu 1220›3
Knappheit 478›1; 1001›1; 1185›1
knapsen 1474›2
knarrend 1302›3
Knast 689›2
Knatsch 104›3; 1473›2; 1530›1
knatschen 941›3
knattern 1013›2
Knäuel 989›1
Knauf 809›1
Knauser 707
Knauserei 1476
knauserig 1475›1
Knauserigkeit 1476
knausern 1474›2
knautschen 583›3
Knautschzone 1425›3
Knebel 1780›2
Knebelbart 185
knebeln 854›1; 1975›2
Knebelung 855›2
Knecht 1466›1
knechten 845›1; 1675›1
knechtisch 1686›2
Knechtschaft 1967›1
kneifen 170›2; 400›4; 1237›4

Kneifzange 269▸2
Kneipe 678▸1
Kneipenwirt 1912▸1
Kneipier 1912▸1
knetbar 620▸1; 1256; 1887▸1
Knete 709▸3
kneten 753; 1107▸1
Knick 413▸1; 582▸1; 999; 1492▸1
knicken 327▸1; 493; 583▸2
Knicker 707
Knickerigkeit 1476
knickern 1474▸2
knickrig 1475▸1
Knicks 798▸2
knicksen 799▸1
Knickung 999
Knie 413▸2
Kniefall 798▸2
Kniefall machen 701▸3
kniefällig 1140▸2; 1686▸2
knieweich 63▸2
Kniff 582▸1; 1593
kniffen 583▸2
knifflig 1437▸2
Knigge 1027; 1754▸2
knipsen 1▸2; 506▸1; 928▸3
Knirps 907▸2
knirschen 1581▸3
Knirschen 731▸2
knistern 328▸1; 1581▸2
Knistern 731▸2
Knitter 582▸2
knitterarm 765▸7
knitterfrei 765▸7
knittern 583▸3
knittrig 43▸2; 584▸2
knobeln 369▸2; 1300▸2
Knochengerüst 807▸4; 968▸1
knochenlos 1428▸1
Knochenmann 1578▸3
knochentrocken 1598▸1
knochig 408▸2
knock-out 531▸3
Knollennase 1156
knollig 1638▸3
Knopf 809▸1; 1780▸2
knöpfen 208▸1
knorrig 1638▸3
knospen 503▸2
knoten 208▸1; 311▸4; 1713▸2
Knoten 1780▸2
Knotenpunkt 1114▸6; 1590▸3
knottern 1386▸1
Know-how 1914▸3
knuffen 1523
knülle 248▸1
knüllen 583▸3
Knüller 739▸3; 1074
Knüpfarbeit 810▸2
knüpfen 101▸4; 311▸4; 1713▸2
knüpfen, Beziehung 435▸2; 1152▸4
knüpfen, Verbindung 1713▸1; 1831▸5
Knüppel 775▸2; 1516▸2
knüppeldick 1819▸1
knüppelhart 817▸1
knurren 242▸1; 1386▸1
knurrig 1112
knuspern 563▸3
knusprig 866; 1491▸1
Knute 100▸4; 1516▸2
Knute, mit der 332
Knute, unter der 1647▸3
knuten 1675▸1
Knüttel 1516▸2
koalieren 1713▸3
Koalition 1714▸6
Koberin 1950
Kobold 704▸3
kobolzen 595▸2
kochecht 361▸1
köcheln 952▸1
**kochen** 105▸2; **952**; 1371▸1; 1441▸1; 1831▸6
kochen, gar 952▸2
kochend 1868▸2; 1902▸4
Kocher 842▸1
Köcher 867▸8
kochfest 361▸1
Kochgelegenheit 842▸1; 988
Kochherd 842▸1
Köchin 823▸2
Kochkunst 727▸3; 988
Kochkünstler 723▸2
Kochnische 988
Kochshow 1679▸7
Koda 1395▸2
kodderig 1037▸1
koddern 327▸3
**Köder** **953**; 1055▸1
ködern 585▸3; 1329▸4; 1737; 1892▸1
Kodex 1357▸3
kodieren 1617▸7
kodifizieren 1221▸2
Koffer 221; 867▸8
Kofferträger 1397▸1
Kofferwort 1108▸6
Kogge 576▸6
Kognition 1785▸1
Kohäsion 975▸2
Kohl 1670▸1
Kohldampf 1757▸1
Kohle 709▸3
Kohleheizung 833
Kohleherd 842▸1
kohlen 1067
Kohlen, auf glühenden 1667▸1
Kohlkopf 403▸1
kohlschwarz 405▸1
koinzident 773
Koinzidenz 1612▸2
Koinzidenz der Fälle 1384▸2
koitieren 1051▸3
Koitus 1050▸3
Koje 293
Kokain 1306
Kokarde 927▸3
kokett 456▸1
Kokette 1738▸2
Koketterie 457▸1
kokettieren 1737
kokettieren mit 1482▸4
Kokolores 1670▸1
Kokon 867▸2
Kokotte 1275
Koks 709▸3; 1306
Kokser 395▸1
Kolben 775▸2; 809▸1; 1156
kollabieren 1959▸1
Kollaborateur 375
Kollaboration 1958
Kollaps 1776▸3
Kollateralschaden 517▸6
kollationieren 1750▸1
Kolleg 1847
Kollegbuch 825▸1
Kollege 1230▸2
kollegial 651▸3
Kollegialität 652▸2
Kollegium 797▸2
Kollegmappe 867▸8
Kollektion 169▸2; 1120▸2; 1357▸1
kollektiv 1957
Kollektiv 714▸1; 797▸2
Kollektivierung 480
Kollektivität 714▸1
Koller 104▸2; 142▸2

kollern 1386 ▸ 1; 1581 ▸ 3
kollidieren 1589 ▸ 2
Kollision 1646
Kolloquium 1590 ▸ 2
Kolonne 440 ▸ 2; 1324 ▸ 3
kolorieren 587 ▸ 2
koloriert 588 ▸ 2
Kolorierung 586 ▸ 1
Kolorist 1078 ▸ 1
Kolorit 586 ▸ 1; 1580 ▸ 2
Koloss 1340
kolossal 788 ▸ 1
Kolportage 734 ▸ 2
kolportieren 1115 ▸ 3
Kolumbus 1252 ▸ 2
Kolumne 8 ▸ 1
Kolumnist 258 ▸ 1
kombattant 917
Kombattant 65 ▸ 2; 916 ▸ 1
Kombination 553 ▸ 2; 1324 ▸ 2; 1714 ▸ 1
Kombinationsgabe 1785 ▸ 2
kombinieren 369 ▸ 2; 1394 ▸ 3; 1713 ▸ 2
Kombüse 988
Komfort 247 ▸ 1
komfortabel 716
Komiker 1379 ▸ 1
komisch 118 ▸ 2; 832 ▸ 4; 1226 ▸ 3; 1488 ▸ 2
Komitee 908 ▸ 1; 1299 ▸ 2
kommandieren 71 ▸ 1; 845 ▸ 1
Kommanditist 1230 ▸ 1
Kommando 207 ▸ 1
Kommandozentrale 1043 ▸ 1
komme, was da wolle 1636 ▸ 1
**kommen** 66 ▸ 1; 433 ▸ 1; **954**; 1152 ▸ 1
Kommen 67 ▸ 1
kommen lassen 71 ▸ 1; 279 ▸ 1; 279 ▸ 3
kommen lassen, sich etwas zuschulden 1421 ▸ 3; 1745 ▸ 8
kommen lassen, zum Äußersten 1618 ▸ 1
kommen sehen 552 ▸ 3; 1767 ▸ 2
kommen um 1763 ▸ 1
Kommen und Gehen 289 ▸ 2
kommen von 9 ▸ 4
kommen, an den Bettelstab 1724 ▸ 3
kommen, an den Tag 409 ▸ 3
kommen, an die Oberfläche 520 ▸ 3
kommen, an die Reihe 629 ▸ 4
kommen, angestiefelt 66 ▸ 1
kommen, ans Licht 409 ▸ 3; 503 ▸ 3; 1203 ▸ 2
kommen, ans Ruder 1458 ▸ 1
kommen, ans Ziel 409 ▸ 5; 1825
kommen, auf den Gedanken 433 ▸ 1
kommen, auf den Geschmack 760 ▸ 2
kommen, auf den Hund 1724 ▸ 3
kommen, auf den Punkt 1725 ▸ 1
kommen, auf den Trichter 1789 ▸ 2
kommen, auf die Beine 720 ▸ 1
kommen, auf die Idee 433 ▸ 1
kommen, auf die Schliche 617 ▸ 2
kommen, auf die Spur 617 ▸ 2
kommen, auf einen Sprung 281 ▸ 1
kommen, auf keinen grünen Zweig 1378 ▸ 2
kommen, aus der Mode 1745 ▸ 6
kommen, eins zum anderen 1505 ▸ 3
kommen, gelegen 688 ▸ 1; 1589 ▸ 7
kommen, grob 1386 ▸ 1
kommen, in Berührung 1152 ▸ 4
kommen, in den Sinn 433 ▸ 1
kommen, in die Puschen 496 ▸ 2
kommen, in die Quere 1519 ▸ 1
kommen, in Fahrt 217 ▸ 2
kommen, in Gang 51 ▸ 2
kommen, in schlechten Ruf 1763 ▸ 2
kommen, in Sicht 520 ▸ 3
kommen, in Umstände 463 ▸ 3
kommen, ins Gehege 1519 ▸ 1
kommen, ins Gerede 89 ▸ 4
kommen, ins Gespräch 51 ▸ 3
kommen, ins Kindbett 679 ▸ 1
kommen, mit dem Gesetz in Konflikt 1745 ▸ 8
kommen, mit sich ins Reine 496 ▸ 2
kommen, näher 1152 ▸ 1
kommen, nicht 596 ▸ 1
kommen, nicht vom Fleck 1517 ▸ 1
kommen, nicht vorwärts 1517 ▸ 1
kommen, nicht zum Zuge 1364 ▸ 4
kommen, sich nahe 1152 ▸ 4
kommen, sich näher 1152 ▸ 4
kommen, über Kreuz 1531 ▸ 1
kommen, unerwartet 1616 ▸ 3
kommen, ungelegen 1519 ▸ 1
kommen, unter die Leute 1629 ▸ 4
kommen, unter die Räder 1724 ▸ 3
kommen, verquer 1519 ▸ 1
kommen, vom Hundertsten ins Tausendste 28 ▸ 3
kommen, vom Regen in die Traufe 1364 ▸ 4
kommen, von Hölzchen auf Stöckchen 28 ▸ 3
kommen, vorwärts 175; 507 ▸ 4; 712 ▸ 2
kommen, zu Besuch 281 ▸ 1
kommen, zu Bewusstsein 1789 ▸ 2
kommen, zu dem Schluss 1394 ▸ 3
kommen, zu der Erkenntnis 1789 ▸ 2
kommen, zu Ehren 175
kommen, zu etwas 712 ▸ 2
kommen, zu Fall 578 ▸ 1; 1378 ▸ 2
kommen, zu Geld 712 ▸ 2
kommen, zu kurz 1364 ▸ 4
kommen, zu nichts 1378 ▸ 2
kommen, zu Ohren 512 ▸ 3; 865 ▸ 1
kommen, zu Schaden 1364 ▸ 3
kommen, zu sich 226; 369 ▸ 3; 1356 ▸ 5; 1709 ▸ 1
kommen, zu spät 1778 ▸ 2; 1816 ▸ 3
kommen, zu Tode 1508 ▸ 2
kommen, zum Durchbruch 141 ▸ 1
kommen, zum Entschluss 496 ▸ 2
kommen, zum Erliegen 472 ▸ 2
kommen, zum Höhepunkt 954 ▸ 4
kommen, zum Orgasmus 954 ▸ 4
kommen, zum Stehen 808 ▸ 1
kommen, zum Stillstand 472 ▸ 2
kommen, zum Vorschein 503 ▸ 2; 954 ▸ 1; 1203 ▸ 2

kommen, zur Einsicht 1044›4; 1789›5
kommen, zur Räson 1789›5
kommen, zur Ruhe 259›2; 472›2; 1351›1; 1356›5
kommen, zur Sache 1725›2
kommen, zur Welt 66›2
kommen, zurande 712›1
kommen, zustande 503›4
kommend 1150›3; 1478›3
kommensurabel 768›4
Komment 324›3
Kommentar 163›1
kommentarlos 1039
Kommentator 258›1
kommentieren 239›2; 525›3
Kommentierung 526›2
Kommers 708
Kommerz 811›1
kommerzialisieren 435›1; 1756›1
**kommerziell 955**
Kommiss 1106›2
Kommissar 1261›1
Kommissariat 1261›2
kommissarisch 1849›2
Kommission 908›1; 1299›2
Kommissionär 1802›1
Kommisskopf 1106›1
kommod 56›1; 716
Kommode 1413
kommt nicht in Frage 1660
kommt teuer 1570
kommt vor 923›1
kommt, wie es 1663›2
kommun 675›1
Kommunikation 962›2
Kommunikation, nonverbale 146›2
Kommunikation, sprachliche 1489›1
Kommunikationsmedien 1092; 1207›4
kommunikativ 1116
Kommunikator 1765›1
Kommuniqué 256›1
kommunistisch 1054›3
Kommunität 714›1
kommunizieren 525›1; 1115›1; 1490›2; 1789›6
kommunizierend 1723›2
Komödiant 358
**Komödie 956**; 1373›1
Kompagnon 1230›1
kompakt 378›2; 976›3
Kompaktanlage 1605›2
Kompaktkamera 913›1
Kompanie 440›2
kompatibel 501›1; 1611›1
Kompatibilität 1612›1
Kompendium 1027; 1294›2
Kompensation 495›1; 1543
kompensieren 150›4; 343; 494›2; 1544›2; 1729›2
kompetent 926; 1962›1
Kompetenz 1963›1
Kompetenzbereich 120; 434›3
kompilieren 1356›1
komplementär 692›3
Komplementär 1230›1
komplett 676›1; 1824›2; 1826›1
komplettieren 516›1
Komplettierung 517›1
komplex 1437›2
Komplex 1222›1; 1759›2
Komplikation 855›2; 1759›1
Komplikationen, ohne 765›5
**Komplize 957**
komplizenhaft 1723›1
kompliziert 1437›1
Komplott 895; 1055›2
Komponente 190›1; 460›3; 1557›3
komponieren 753
Komponierung 776
Komponist 1129›1
Komposition 776; 1128›2; 1535
Kompositum 1108›6
kompostieren 1711›5
komprimieren 196›2; 1002›4
komprimiert 378›2; 1000›3
Komprimiertheit 1001›1
Kompromiss 149›4; 442; 653›1; 1732›1; 1749›3
Kompromiss, fauler 1749›3
kompromissbereit 655›1
kompromissbereit sein 486›1
kompromissbereit, nicht 603
kompromissfähig 655›1
kompromisslos 817›3; 1295; 1532›1
Kompromisslosigkeit 1533›1
kompromittieren, sich 317›1; 838›2
kompromittierend 31›2
kompromittiert 531›3
Kompromittierung 1367›1
kondensieren 519›2; 1002›4
Kondition 205›1; 1830
kondolieren 1560›3
Kondom 1425›5
Kondottiere 2
Konduite 1754›1
Konfektion 1120›2
Konferenz 1590›2
konferieren 275›3; 1589›1
Konfession 935›1; 1332›1
Konfessionen 174
Konfiguration 776
Konfirmation 436›2
konfirmieren 277›1; 435›4
Konfiskation 265
konfiszieren 455›1; 1163›3
Konfiszierung 265
Konflikt 914›1; 1530›1; 1759›1; 1969›1
Konflikt, bewaffneter 982›1
konfliktfähig 917; 976›5
konfliktfrei 655›2
konfliktfreudig 839
konföderieren 1713›3
konform 339›3; 441›1; 501›1; 768›1; 1611›2
Konformismus 73›2
Konformität 1612›5
Konfrontation 914›2; 1530›2; 1749›1
konfrontativ 692›1
konfrontieren 963›2; 1750›1
konfus 1634›1; 1911›2
Konfusion 1664›1
kongenial 768›4; 1410; 1808›2
Kongenialität 1612›4; 1809›2
kongenital 54
Konglomerat 1108›1
Kongregation 1714›4
Kongress 1590›2
kongruent 501›1; 1611›1
Kongruenz 1612›1
kongruieren 1610›1
König 846
königlich 1923›1
Königsmacher 894›2
Konjektur 517›1
konjugieren 294›3
Konjunktur 131
Konjunkturritter 1216
konkav 987›1
Konklave 1590›2

Konklusion 1395›3
Konkordat 1732›2
konkret 77›2; 1908›2
konkretisieren 525›3; 612›2; 1725›1
Konkretisierung 526›2
Konkurrent 94›2; 697›3
**Konkurrenz 958**
konkurrenzfähig 772
Konkurrenzfähigkeit 1612›3
Konkurrenzkampf 914›4; 958›3
konkurrenzlos 162›1; 551
Konkurrenzneid 1164
Konkurrenzvorteil 1846›1
konkurrieren 915›2; 1507›3
konkurrieren, mit jmdm. 1750›3
Konkurs 183; 1111
**können 959**
Können 227›2; 574; 609; 740›1; 975›1; 1497›1
Könner 570
Konnex 962›1
Konnotation 200›4
Konsekration 436›2
Konsens 442; 1612›5; 1732›1
konsequent 476; 1295; 1532›1; 1636›2
Konsequenz 611›3; 628›3; 1395›3; 1533›1
konservativ 339›3; 1315›2; 1966›2
Konserve, keine 1659›5
konservieren 519›2; 519›4; 1244›3; 1599›3
konserviert 361›2
Konservierung 1243›2
Konservierungsstoffe, ohne 1161›1
konsistent 1925›2
Konsistenz, ohne 408›4
Konsole 329›2
konsolidieren 208›2; 1457›1; 1498›3
Konsolidierung 1499›3
Konsorte 957
Konspiration 895; 1055›2
konspirieren 1713›4
konstant 143; 363›1; 879›3
Konstante 789›1
konstatieren 612›2; 1447
Konstatierung 613›1
Konstellation 577›2; 1005›3
konsternieren 1616›1
konsterniert 1500›3
konstituieren 51›3
Konstitution 1961
**konstruieren** 557›4; 753; **960**
konstruiert 1698
Konstrukt 961›3
Konstrukteur 189; 558
**Konstruktion** 560›3; 630›1; **961**; 1535
konstruktiv 1192›1
Konsul 385›1
Konsulent 909›2
Konsultation 276›1; 1299›3
konsultieren 637›1
Konsum 1718›1
Konsumansprüche 81›2
Konsument 922
konsumgeil 805
Konsumgut 559
konsumieren 1719›1
konsumiert 1023›1
Konsumkultur 992›3
konsumorientiert 216›4; 805
Konsumrausch 1305›1
Konsumrausch, im 216›4
Konsumsucht 1547›4
Konsumterror 1967›2
Konsumtion 1718›1
Konsumtrip 1305›1
konsumversessen 805
Konsumzwang 1967›2
**Kontakt 962**; 1714›1
Kontakt, ohne 447›1
Kontaktabzug 306›3
kontaktarm 447›1
Kontaktarmut 448›1
Kontaktaufnahme 962›2
Kontakter 1894›4
kontaktfähig 745›2
Kontaktfähigkeit 746›1
Kontaktfreude 746›1
kontaktfreudig 745›2; 1116
Kontakthof 318
Kontaktlinsen 547›3
kontaktlos 447›1
Kontaktperson 1765›1
Kontaktpflege 1894›1
kontaktscheu 447›1; 447›2; 1955›1
Kontaktscheu 448›1
kontaminieren 1804; 1936›10
kontaminiert 1392›4
Kontemplation 1350›2; 1672›2
kontemplativ 1352›4
kontemporär 696›2
Konter 555›2
Konterfei 306›2
konterfeien 1›2
konterkarieren 854›3
kontern 554›2; 1308
Konterrevolution 1309›2
Kontext 1296›3
kontextabhängig 1970›2
Kontextabhängigkeit 1820
kontextualisieren 525›3
Kontextualisierung 359›2; 526›2
kontextuell 1970›2
Kontinent 1889›1
kontingent 1948›1
Kontingent 1290›2
kontingentieren 1558›2
Kontingenz 1384›2
kontinuierlich 363›1
Kontinuität 360›2
Kontinuum 360›2
Kontor 737›3
Kontra geben 123›2; 554›2
Kontradiktion 691›2
kontradiktorisch 692›4
Kontrahent 697›1
Kontraindikation 691›2
kontraindikativ 692›4
Kontrakt 1732›2
kontraproduktiv 692›4
Kontraproduktivität 691›2
kontrapunktieren 1750›1
konträr 692›3
Kontrast 1684
**kontrastieren 963**; 1683›2; 1750›1
Kontrastierung 1749›1
kontrastiv 692›3
Kontribution 1510›2
Kontrolle 132›1; 1043›1; 1280›2
Kontrolle, außer 1902›1
Kontrolleur 132›2
kontrollierbar 1206›2
Kontrollierbarkeit 1207›2
kontrollieren 12›4; 1279›1; 1622›2
Kontrollzwang 1235›1
Kontroverse 276›3; 1530›1
Kontur 109›1; 158; 630›3; 1053›2
konturieren 1725›1

konturiert 376 ›2
Konvenienz 324 ›2
konvenieren 500 ›1; 688 ›1
Konvent 949
Konvention 324 ›2; 1317 ›2; 1732 ›2
**konventionell** 180; 675 ›1; **964**
Konvergenz 1612 ›5
konvergieren 969 ›2; 1610 ›2
konvergierend 1611 ›1
Konversation 1679 ›1
Konversation machen 1677 ›3
Konversationslexikon 1027
Konversion 1879 ›2
konvertierbar 772
Konvertierbarkeit 1612 ›3
konvertieren 20 ›1; 1614 ›2
konvex 987 ›1
Konvoi 576 ›6
konzedieren 486 ›1; 528 ›1; 528 ›2
Konzentrat 564 ›2
Konzentration 1357 ›5; 1497 ›3
Konzentrationslager 1006 ›4
konzentrieren 1002 ›4; 1356 ›3
konzentrieren, sich 369 ›4; 1356 ›5
konzentriert 124 ›1; 378 ›2; 888 ›2; 888 ›5; 892 ›1
Konzept 961 ›2; 1182 ›1; 1253 ›2
Konzept machen 1254 ›3
Konzeption 1253 ›2
Konzern 1681 ›1; 1714 ›6
Konzert 1708 ›2
konzertieren 1482 ›3
konzertiert 816 ›1
Konzertierung 776
Konzertmeister 1042 ›2
Konzertsaison 1355
Konzertsänger 1358 ›1
Konzession 487 ›1; 529 ›2
Konzessionen machen 701 ›2
Konzil 1590 ›2
konziliant 488; 651 ›1
Konzilianz 487 ›1
konzipieren 753; 1254 ›3; 1416 ›2
Konzipierung 1253 ›2
Kooperation 1958
kooperieren 1224 ›3; 1713 ›3
Koordination 776
koordinieren 1221 ›2; 1224 ›1
Koordinierung 776
**Kopf** 668 ›1; **965**; 1043 ›1; 1785 ›2
Kopf an Kopf 951 ›2
Kopf bis Fuß, von 676 ›2
Kopf haben, auf dem 1585 ›2
Kopf haben, im 523 ›5
Kopf stellen, auf den 1704 ›1
Kopf, am 1837 ›1
Kopf, aus dem 1691 ›3
Kopf, kluger 370
Kopf, kühler 1310
Kopf, nicht richtig im 705
Kopf, roter 1759 ›3
Kopfarbeit 100 ›3
Kopfarbeiter 370
**Kopfbedeckung 966**
Köpfchen 704 ›2; 1785 ›2
Köpfchen, mit 887 ›1
Kopfgeburt 876
Kopfgeld 1265 ›4
Kopfgeldjäger 2
Kopfhaar 803 ›1
Kopfhänger 1240
kopfhängerisch 1241
kopflastig 1598 ›3
kopflos 1634 ›1; 1773 ›1; 1911 ›2
Kopflosigkeit 33 ›2; 61 ›1; 425 ›3
Kopfnicker 1216
Kopfnuss 1388 ›1
kopfscheu 1911 ›3
kopfscheu machen 1811 ›2
kopfschütteln 1931 ›1
Kopfsprung 1492 ›2
kopfstehen 1921 ›1
Kopfstütze 807 ›5
Kopftuch 966
Kopfzerbrechen 1316
**Kopie** 146 ›3; **967**; 1137 ›1; 1807 ›2
kopierbar, frei 642 ›7
kopieren 1 ›3; 126 ›5; 328 ›6; 878 ›1; 1617 ›8; 1806
Kopierer 913 ›3
Kopierschutz 1425 ›6
Kopist 1078 ›1; 1136
koppeln 1713 ›2
Koppelung 1714 ›1
Koproduktion 1958
Koprolalie 1489 ›4
kopulieren 1051 ›3
Koran 334 ›4
Korb 32 ›1; 221; 1111
Korb geben 30 ›4
Körbchen 293
Korbe bekommen 1378 ›5
Kordel 572 ›1
kordial 651 ›1
Kordon 855 ›4
Korinthenkacker 1234 ›1
Korken 1780 ›1
Korn 948 ›2
Körnchen 948 ›2
Körnchen Wahrheit, ein 1860
Korona 797 ›5
**Körper** 694 ›1; **968**
Körper, toter 968 ›2
Körperbau 158; 968 ›1
Körperertüchtigung 1483
Körpererziehung 1483
Körperfülle 670 ›2
körperhaft 1256; 1908 ›2
Körperkraft 975 ›1
Körperkultur 1483
körperlich 1021 ›1; 1223 ›1; 1908 ›2
Körperlichkeit 586 ›2; 968 ›1
körperlos 1065 ›2
Körpermaß 789 ›1
Körperpflege 1243 ›3
Körperschaft 1222 ›2
Körpersignal 146 ›2
Körpersprache 146 ›2
Körperteil 775 ›1
Körpertheater 1573 ›1
Körperübung 1483
Körperumfang 1626
Korporation 1222 ›2
korpulent 379 ›1; 1502 ›2
Korpulenz 670 ›2
Korpus 968 ›1; 1572
Korpuskel 190 ›2
korrekt 85 ›3; 719 ›1; 964 ›2
Korrektiv 1712 ›1
Korrektor 132 ›3
Korrektur 1712 ›1
Korrekturabzug 146 ›3
Korrelat 502 ›1
Korrelation 1881
korrelativ 693
korrelieren 500 ›3
Korrespondent 258 ›1
Korrespondenz 962 ›3; 1612 ›4
**korrespondieren** 500 ›3; **969**; 1610 ›1
korrespondierend 501 ›1; 1611 ›1; 1723 ›2
Korridor 1839 ›1
korrigieren 196 ›2; 943 ›5; 1711 ›1
korrodieren 1724 ›2
korrumpieren 921 ›3; 1724 ›5

Korrumpierung 434›2
korrupt 347; 751
Korruptheit 752
Korruption 434›2
Korsar 2
Korsett 807›5; 1967›1
Korso 368›1; 1324›3
Koryphäe 570; 1496›2
kosen 1051›3
Kosen 1050›3
Kosename 927›4
Kosmetik 1243›3
kosmetisch 754›4
Kosmopolit 338›4
kosmopolitisch 339›4
Kosmos 1889›2
Kost 539›1
Kost, leichte 377›2
**kostbar** 414›1; **970**; 1453›1
**Kostbarkeit** **971**; 1895›1
Kostbarkeiten 1286›1
koste es, was es wolle 1636›1
**kosten** 563›3; **972**; 1791›1
**Kosten** **973**
kosten, Schweiß 536›1
Kostenaufstellung 81›3; 1253›3
Kostendämpfung 451›1
Kostenexplosion 1506›2
kostengünstig 310›1
kostenlos 1630›1
Kostenplan 1253›3
Kostenpunkt 973›1
Kostenvoranschlag 1253›3
köstlich 99›2; 108; 832›2; 832›4
**Köstlichkeit** **974**
Kostprobe 553›1; 948›2; 1790›2
kostspielig 1570
kostümieren 1710›2
Kostümierung 1555›2
Kostverächter, kein 723›2
Kot 155›2
Kotau 798›2
Kotau machen 1396
Köter 868
kotig 1403›1
Kotzbrocken 1381
kotzen 327›3
Kotzen, zum 1415›1
Krabbe 1073›2
krabbeln 774›2
Krach 104›3; 731›3; 1380›1; 1530›2
Krach machen 1013›1
krachen 327›1; 1013›2; 1257›1; 1531›2
Krachen 731›2
Kracher 515›4
Kracher, alter 44›2
krachig 1491›1
Krachmacher 1267›2
krächzen 941›3
krächzend 404›5; 1302›3
kraft 1119›3; 1885
**Kraft** 460›1; 475›1; 574; 823›2; 827; **975**; 1497›1
Kraft sein, in 199›4
Kraft, mit aller 826›1; 888›2
Kraft, mit halber 1086›1
Kraft, mit letzter 474›2
Kraft, schöpferische 721›2
Kraft, treibende 475›3; 791›1
Kraftakt 914›1
Kraftausdruck 625
Kräften, bei 754›2
Kräfteverfall 537›2; 1343›4
kräftezehrend 1288›3
Kraftfahrzeug 576›2
**kräftig** 108; 374›1; 826›1; 888›3; **976**; 1072›1; 1153; 1220›3; 1359›3; 1485›1; 1502›1; 1824›4
kräftigen, sich 521›1; 521›2; 720›3; 1498›1
kräftigend 754›3; 1153
Kräftigung 522›2; 1499›4
kraftlos 853›1; 1428›1
kraftlos werden 536›2; 1144›4
Kraftlosigkeit 1429›1
Kraftmeier 977
Kraftmeierei 457›1
kraftmeierisch 456›2
**Kraftmensch** **977**
Kraftpaket 977
Kraftprobe 1790›3
Kraftprotz 977
Kraftquelle 475›3
Kraftrad 576›2
Kraftstoff 475›2
kraftstrotzend 976›1
kraftvoll 476; 826›1; 976›1; 1072›1
Kraftwerk 475›3
Kraftwort 625
kragen 1917›2
krähen 1581›3
Krähenfüße 582›2
Krähwinkler 338›3
Krake 1270
Krakeel 731›3; 1530›2
krakeelen 1013›1
Krakeeler 1267›2; 1520
krakeln 1416›4
Kralle 775›1
Kram 5›1; 948›4
kramen 1546›1
Krämer 813›1
Krämerladen 737›2
Krämerseele 338›3; 707; 1234›1
Krampf 1670›1
krampfig 762; 1620›4
Krampus 1571
Kran 576›5
krank 853›1; 1037›1
krank machen 536›1; 1364›5
krank sein 1035›3
krank werden 527
krank, chronisch 1037›1
krank, psychisch 1037›4
krank, psychosomatisch 1037›4
krank, unheilbar 1037›1
krank, unrettbar 1037›1
kränkeln 12›1; 527; 1035›3
kranken 1035›3
kränken 235›5; 838›1; 1237›2; 1589›6
kränkend 237›1; 1288›2
**Krankenhaus** **978**
Krankenkasse 918›4
Krankenkost 377›2
Krankenlager 1006›3
Krankenversicherung 918›4
Kranker 1233
krankfeiern 600›3
krankhaft 1232; 1620›4
**Krankheit** **979**; 1036›1; 1654
Krankheitsangst 61›5
**Krankheitserreger** **980**
Krankheitswahn 61›5
Krankheitszeichen 1930›2
kranklachen, sich 1004›2
kränklich 1037›1; 1428›2
Krankmeldung 499›3
Kränkung 238
Kranz 341›2
Kränzchen 797›8
kränzen 172›1
krass 374›2; 1620›2
Krater 1794›1
Kratzbürste 269›2
kratzbürstig 31›1; 423

kratzen 786; 904‣2; 1321‣1
kratzen, Kurve 482‣1
Kratzer 1492‣1; 1920
Kratzfuß 798‣2
kratzig 841‣2; 1302‣3
krauchen 774‣2
kraulen 1438‣1
kraus 584‣1; 987‣4; 1437‣1; 1911‣2
Krause 582‣1
kräuseln 393‣3; 583‣2
Krauter 159‣1; 187‣1
Kräutlein Rührmichnichtan 468‣4
Krawall 731‣3
Krawalle 133‣3
Krawatte 1286‣7
kraxeln 1504‣2
Kreation 560‣3; 1120‣2; 1411‣2
kreativ 887‣1; 1410
Kreativität 721‣2; 1248
Kreatur 65‣3; 744‣1; 744‣2; 1397‣1
Krebs 1654
Krebsgang 1343‣1
Krebsgeschwür 1654
Krebsübel 1654
kredenzen 49‣3
**Kredit** 356; 713‣2; **981**
Kreditanstalt 182‣2
Kredithai 1270
kreditieren 319‣2
Kreditinstitut 182‣2
Kreditnehmer sein 1421‣1
Kredo 1095‣1
kregel 832‣3; 1021‣3
Kreide, in der 1422‣1
kreidebleich 590‣1
kreieren 557‣1; 753; 1482‣1
kreiert werden 503‣1
Kreis 682‣1; 797‣1; 1341‣1
kreischen 1013‣1; 1581‣2
Kreise 338‣2
Kreise, im engsten 1239‣3
kreiseln 393‣1
kreiselnd 1021‣5
kreisen 393‣1; 1433‣1
Kreisen, aus gut unterrichteten 1208‣1; 1455‣4
kreisförmig 1824‣3
Kreislauf 1319‣1
Kreismesser 1053‣1
Kreissäge 966
kreißen 679‣1
Kreisstadt 1495‣1
kremieren 231‣1
Krempel 5‣1
krepieren 1508‣3
krepiert 1582‣1
Kreszenz 1289‣2
Krethi und Plethi 38‣2
Kretin 403‣4
Kreuz 1015‣2; 1654
kreuz und quer 1607‣1
kreuzbrav 326‣2
kreuzen 1107‣3; 1293‣1; 1947‣1
kreuzen, sich 1404‣6
Kreuzfeuer 636‣3
Kreuzung 413‣1; 1590‣3; 1946‣3
kreuzunglücklich 1655‣1
Kreuzverhör 636‣3
Kreuzweg 1884‣1
kribbelig 545‣1
kribbeln 904‣1
kriechen 774‣2; 1396
kriechen, auf den Leim 898‣3
kriechen, zu Kreuze 701‣2
kriechend 1010‣1
Kriecher 1216; 1397‣1
kriecherisch 1686‣2
**Krieg 982**
Krieg der Sterne 982‣2
Krieg führen 915‣5
kriegen 234‣1; 519‣1; 585‣1; 915‣5; 1726‣1
kriegen, die Krise 105‣2
kriegen, es nicht gebacken 1816‣3
kriegen, heulendes Elend 1818‣2
kriegen, in den falschen Hals 105‣3
kriegen, in die Gänge 1706‣2
kriegen, sich in die Haare 1531‣2
kriegen, Ständer 520‣4
kriegen, zu fassen 585‣2
kriegen, zu viel 105‣2; 1257‣2
Krieger 916‣1
kriegerisch 37‣2
Kriegsbeil begraben 259‣3
kriegsbemalen 1711‣1
kriegsblind 452‣1
Kriegserklärung 840‣1
Kriegsführer 668‣2
Kriegsfuß, auf 603
Kriegsgefangenschaft 689‣2
Kriegsgewinnler 2; 1270
Kriegsgurgel 364
Kriegshandlung 982‣1
Kriegsherr 668‣2
kriegslüstern 37‣2
Kriegstreiber 364
kriegstreiberisch 37‣2
Kriegsverbrechen 1720
Kriegsverbrecher 1721‣2
kriegsversehrt 263‣2
Kriegsvorbereitung 1832‣2
Kriegszug 982‣1
Kriminalbeamter 1261‣1
Kriminaler 1261‣1
kriminell 1392‣5
Krimineller 1721‣1
Krimskrams 5‣2; 948‣4; 1286‣3
Kringel 1131‣5; 1341‣1
kringeln 393‣3
kringeln, sich 393‣3; 1004‣2
Krippe 830‣2
krisch 1773‣1
**Krise** 397‣2; **983**; 1343‣5
Krise, in einer 399
kriseln 396‣4
krisenfest 1455‣2
krisenhaft 687‣1
Krisenmanager 1765‣1
Krisenzeichen 1930‣2
Krisis 983‣1
Kristall 764‣1
kristallen 942‣1
Kristallglas 764‣1
kristallisieren 548‣3
Kristallleuchter 1007‣2
Kriterium 927‣1
**Kritik** 8‣1; 276‣4; **984**; 1266‣3; 1696‣1
Kritik, gute 984‣3
Kritik, unter aller 1392‣1
Kritikaster 985‣2; 1234‣1
Kritikastertum 984‣4
**Kritiker 985**
Kritikerpapst 668‣7
Kritikfähigkeit 1785‣2
kritiklos 316‣4; 401‣2; 431‣2; 1154; 1966‣1
**Kritiklosigkeit 986**
kritisch 31‣2; 83‣1; 542‣4; 687‣1; 1238‣2; 1268‣1; 1768‣4
kritisieren 194; 275‣2; 1697‣1
kritisieren, schlecht 1805‣2

Krittelei 984›4
krittelig 31›2; 236›2
kritteln 194; 1550›1
Krittler 985›2; 1234›1
kritzeln 1416›4
Krokodilstränen 1555›1
Krone 551; 763›1; 871›1
Krone der Schöpfung 1098›1
Krone, einen in der 248›1
krönen 172›1
krönen, das Werk 1825
Kronleuchter 1007›2
Kronprinz 94›2; 1427
Krönung 417›2; 763›5; 871›1
Kroppzeug 750
krosch 1491›1
Kröschen 1050›4
Krösken 1050›4
kross 1491›1
Krösus 1682›3
Kröte 1073›2
Kröten 709›3
Krücke 1516›2; 1777
krude 332; 374›2; 640›3; 1657›2
Krudität 641›2
Krug 678›1
Krume 791›3
Krümel 1284; 1335›1
krümelig 1127›2; 1491›2
krümeln 327›1
**krumm 987**
krummbeinig 987›5
krümmen 294›1; 393›4
krümmen, sich 393›4
krummlachen, sich 1004›2
krummnehmen 105›3; 1954›1
Krümmung 999
krumpelig 1145›4
krumpeln 583›3
krumplig 43›3
krüsch 83›1
Kruscht 5›1
Kruste 867›2
Krypta 654
kryptieren 1617›7
kryptisch 405›4
kübeln 327›3
**Küche 988**
Küche, feine 727›3
Küchenbuffet 1413
Küchenherd 842›1
Küchenhilfe 823›2
Küchenmesser 1101
Küchenschrank 1413
Küchenstuhl 1465›1
Küchentisch 1577
Kuckucksei 1555›1
Kuddelmuddel 1664›2
**Kugel 989**
Kugelfeuer 615›3
kugelig 379›4
kugeln 393›1
kugeln, sich 1004›2
kugelrund 379›1; 1824›3
kugelsicher 1455›6
Kugelwechsel 914›2
Kuh, dumme 403›4
Kuhaugen 140
Kuhhandel 1749›3
kühl 31›1; 769›1; 911›1; 911›3; 964›2; 1065›1
Kuhle 1794›1
Kühle 912›1; 1533›2; 1642›2
**kühlen 990**
kühlend 754›4
Kühlschrank 1413
kühn 917; 1134›1
Kühnheit 1133
Kujon 184
kujonieren 1237›1; 1675›4
Küken 1073›2
kulant 488; 790›1
Kulanz 487›1
kulinarisch 99›2; 724
Kulisse 856›1; 1555›2
Kulissen, hinter den 831›1
kullern 393›1; 623
Kulmination 763›2
Kulminationspunkt 763›2
Kult 324›3; 935›3; 1187›4
Kult machen um 1730›2
Kultfigur 871›2; 1496›1
Kultfilm 616›3
Kultgegenstand 971›3
Kulthandlung 599›2; 935›3
kultig 1121›1
kultivieren 196›3; 557›5; 1711›1; 1711›2; 1947›1
**kultiviert 991**; 1838
Kultivierung 1712›2
Kultobjekt 971›3
Kultstätte 935›2
**Kultur** 743›1; **992**
Kultur, altersspezifische 1542›1
Kultur, in einer anderen 645›3
Kultur, schichtspezifische 1542›1
Kultur, zweite 1542›1
Kulturbanause 184; 338›3
Kulturbeutel 867›8
Kulturen, andere 646›1
Kulturereignis 1708›3
Kulturkomplex 992›1
Kulturkreis 992›1
Kulturmeile 1495›3
Kulturproduktion 992›3
Kulturrevolution 1338›2
Kulturtechniken 793›4
kulturvoll 991›2
Kulturwerk 1041›2
Kultus 935›3
kümmeln 1596›2
Kümmelspalter 707; 1234›1
Kummer 1398›1; 1469; 1588
Kummer machen 1399›2
Kummer machen, sich 62›2
Kümmerer 924
kümmerlich 106›2; 951›2; 1649›1
Kümmerling 601
kümmern 1144›4; 1599›6
kümmern, sich 1784›2
kümmern, sich um 870
Kümmernis 1588
Kümmernisse 1469
kummervoll 1288›2; 1655›1
Kumpan 649; 957
Kumpanei 652›1
Kumpel 649
kumpelhaft 651›3
Kunde 922; 995›1; 1914›1
Kunde, frohe 163›4
Kundenberatung 1299›3
Kundendienst 202›4; 381›2
Kundenfang 1894›5
Kundenfänger 1893
Kundenkreis 995›1
Kundenprofilerstellung 1082
Kundenstamm 995›1
Kundenwerbung 1894›1
Künder 1271
Kundgabe 1117; 1204›1
kundgeben 1115›3
Kundgebung 368›1
kundig 513›1; 724; 926
**kündigen** 121›2; 700›4; **993**; 1729›1
Kundigkeit 514›2

**Kündigung** 119 ›3; **994**
kundmachen 1115 ›3; 1769 ›2
**Kundschaft** **995**
Kundschafter 246 ›2
kundtun 161 ›1; 1115 ›3; 1203 ›2
kundwerden 409 ›3
künftig 1478 ›2
Kungelrunde 797 ›6
Kunst, schwarze 1929 ›3
Kunstbanause 184
Kunstdichtung 1056
kunsteifrig 383 ›1
kunstempfänglich 991 ›2
Kunstexperte 998 ›1
Kunstfahrer 110 ›2
Kunstfehler 597 ›3
kunstfertig 741 ›1; 996
Kunstfertigkeit 609
Kunstform 1513 ›2
Kunstfreund 382 ›1; 998 ›1
Kunstgegenstand 1041 ›2
**kunstgerecht** 569 ›1; 814 ›1; **996**
Kunstgewerbe 810 ›1
Kunstgriff 1593
Kunsthaar 803 ›3
Kunsthalle 1357 ›2
Kunsthandwerk 810 ›1
Kunstjünger 382 ›1
Kunstkenner 998 ›1
Kunstkritiker 985 ›1
Künstler 110 ›3; 570
künstlerisch 991 ›2; 996; 1260 ›2
Künstlername 1283
Künstlerpech 1654
Künstlerwerkstatt 113
**künstlich** **997**; 1620 ›2
Künstlichkeit 1619 ›1
**Kunstliebhaber** **998**; 1090
Kunstlied 736 ›2
kunstlos 431 ›2
Kunstmaler 1078 ›1
Kunstmeile 1495 ›3
Kunstrichter 985 ›1
Kunstrichtung 1513 ›2
Kunstsammlung 1357 ›2
Kunstsinn 743 ›1
kunstsinnig 991 ›2
Kunststück 1593; 1681 ›3
Kunststück, kein 1031 ›2
kunstverliebt 383 ›1
kunstvernarrt 383 ›1
Kunstverstand 743 ›1
kunstverständig 991 ›2
Kunstverständnis 743 ›1
kunstvoll 996
Kunstwerk 1041 ›2; 1411 ›2
kunterbunt 588 ›1; 1911 ›1
Kupidität 1068 ›3
kupieren 1002 ›1
kupiert 1000 ›1
Kuppe 255 ›1; 763 ›1
Kuppel 1918 ›3
Kuppelmutter 1950
Kuppler 1950
Kupplerin 1950
Kur 522 ›1
Kur machen 720 ›3
kurant 675 ›4
Kuratel 1043 ›2
Kuratorium 908 ›1; 1299 ›2
Kurbad 176 ›3
Kurbel 809 ›1
kurbeln 393 ›2; 393 ›8
Kürbis 965 ›1
kuren 720 ›3
küren 1859 ›1
Kurgast 1327 ›1
Kurier 1609 ›2
kurieren 828 ›2
kurierend 754 ›4
kurios 118 ›2; 1249 ›3
Kuriosität 422 ›3; 1480 ›4
Kuriositätensammlung 1357 ›2
Kuriosum 422 ›3
Kurklinik 978
Kurort 176 ›3
Kurpfuscher 292 ›3; 382 ›2
Kurs 1028 ›2; 1534 ›1; 1884 ›3; 1895 ›2
Kurs, außer 1392 ›6
kursieren 1629 ›4
kursiv 1412 ›1
Kurssturz 1343 ›5
Kursteilnehmer 1562 ›2
Kursus 1028 ›2
Kurtisane 1738 ›2
**Kurve** 29 ›2; 394 ›1; **999**
kurven 393 ›4
kurvenreich 987 ›1
kurvig 987 ›1
**kurz** 474 ›1; **1000**
kurz geraten 947 ›1
kurz halten 1474 ›2
kurz oder lang, über 178; 1478 ›2
kurz und bündig 1000 ›3
Kurzatmigkeit 478 ›2
**Kürze** **1001**
Kürze, in 178
Kürze, in aller 1000 ›3
Kürzel 1930 ›2
kurzem, binnen 178
kurzem, seit 1003
kurzem, vor 1003
**kürzen** 196 ›2; **1002**; 1404 ›2; 1474 ›4
kurzerhand 86; 768 ›3
kürzertreten 1408 ›4; 1474 ›4
kurzfristig 178; 1000 ›4
Kurzgeschichte 556 ›2
kurzlebig 1000 ›4; 1741
Kurzlebigkeit 1001 ›2; 1742 ›1
**kürzlich** **1003**
Kurzschlusshandlung 546 ›5
kurzsichtig 477 ›2
kurztreten 1408 ›4; 1474 ›4
kurzum 86
Kürzung 451 ›1
kurzweg 86; 1000 ›3
Kurzweil 289 ›4
kurzweilig 832 ›2; 889 ›1
kurzzeitig 1000 ›4
kuschelig 1887 ›3
Kuschelkurs 1057 ›5
Kuschelpolitik 1057 ›5
kuschen 701 ›1
Kuss 798 ›2; 1050 ›3
küssen 1051 ›3
Kusshand, mit 735 ›2
Kussmund 1126
Küste 1625
Küstenfahrer 1444
Küster 835 ›2; 936 ›3
Kutsche 576 ›1
kutschieren 298 ›4
Kutte 946 ›2
Kuttenträger 936 ›2
Kutter 576 ›6
Kuvert 867 ›4
kuvertieren 1228 ›4
KV 864
KZ 1006 ›4

# L

La Ola 229
labberig 571▸1; 1887▸4
Labe 974
Label 927▸3; 1251▸1
laben 49▸3; 1498▸2
laben, sich 521▸1; 563▸3; 1596▸1
labern 1490▸3
Labertante 1432
labil 347; 468▸2; 1428▸2; 1645▸1; 1694▸1
Labilität 1429▸1; 1695▸1
Labor 737▸3
Labor, aus dem 997
Laboratorium 737▸3
laborieren 1791▸2
Labsal 727▸1; 1600
Labung 1499▸1
Labyrinth 1664▸1
Lache 647▸3; 757▸2
lächeln 648▸2; 1004▸1
Lächeln 647▸3
lächelnd 651▸4; 832▸1
lächelnd, kalt 911▸4
**lachen** 648▸2; **1004**
Lachen 647▸3; 731▸2
lachen haben, nichts zu 91▸4
lachen, aus vollem Halse 1004▸2
lachen, in den Bart 1004▸1
lachen, schallend 1004▸2
lachen, sich einen Ast 1004▸2
lachen, sich ins Fäustchen 1487▸2
lachen, sich scheckig 1004▸2
lachen, Tränen 1004▸2
Lachen, zum 832▸2
lachend 651▸4; 832▸1
lächerlich 24; 118▸2; 401▸3; 832▸4
lächerlich machen 1487▸2
lächerlich machen, sich 317▸1
Lächerlichkeit 422▸4; 948▸1
lächern 648▸1
Lachfalte 582▸2
lachhaft 24; 118▸2; 401▸3
Lachkabinett 168▸3
Lachlust 647▸3
Lachnummer 948▸1
Lachsalve 647▸3
Lackaffe 1541
Lackel 1541
lacken 198; 766▸3
lackieren 198; 587▸2; 766▸3
Lackierer 1078▸2
lackiert 765▸2
Lackierung 1425▸1
lackmeiern 291▸1
Lade 568▸1
Ladehemmung 1776▸2
laden 279▸3; 444▸1; 671▸2; 1831▸4
Laden 737▸2; 867▸6
laden, Schuld auf sich 1421▸3
Ladenbesitzer 738
Ladenhüter 5▸2; 1623▸1
Ladeninhaber 738
Ladenkasse 918▸1
Ladenkette 1972▸1
Ladenpreis 1265▸3
Ladenschwengel 813▸1
Ladenstraße 737▸5
lädieren 262
lädiert 263▸1
Ladung 1015▸1; 1586▸2
Lady 638; 1306
Ladykiller 1738▸1
ladylike 861; 1838
Lady's Man 1738▸1
Laffe 1541
**Lage 1005**; 1289▸2; 1290▸1; 1961
Lage sein, in der 959▸1
Lage, in der 573▸2
**Lager** 293; 797▸6; 897▸1; **1006**; 1516▸4
Lager haben, auf 804▸1
Lager, am 1835▸1
Lager, auf 1835▸1
Lager, im feindlichen 603
Lagerbestand 897▸1
Lagerhaus 1006▸2; 1479▸2
lagern 22▸3; 122▸1; 1356▸2
Lagerplatz 1006▸1
Lagerung 1535
lahm 1010▸1; 1012▸2; 1428▸1
lahm legen 854▸1; 1519▸3
Lahmarsch 593
lähmen 493; 1430; 1675▸1
lahmlegen 493; 1430
Lähmung 855▸2
Laie 382▸1
Laienarbeit 384
laienhaft 383▸2
Laienhaftigkeit 384
Laienrichter 908▸2
Laienschwester 1184
laizistisch 367
Lakai 1216
lakaienhaft 1686▸2
Lake 1472
lakonisch 1000▸2
Lakune 1062▸1
lallen 1490▸3
lamentieren 941▸3
Lamentieren 940▸2
Lamento 940▸2
laminieren 766▸3
lammfromm 326▸1; 686▸2
Lammsgeduld 685▸2
**Lampe 1007**
Lampenfieber 61▸2; 546▸1; 1473▸1
Lampion 1007▸1
lancieren 296▸1; 435▸1; 1831▸5
Land 791▸3; 1229
Land unter 1160▸2
Land, Gelobtes 1229
Land, im ganzen 1607▸1
Landadel 36▸2
Landarbeiter 187▸1
landauf, landab 1607▸1
Landbesitz 792
Landbewirtschafter 187▸1
Lände 331▸1
Landebahn 1884▸2
Landei 187▸3; 403▸5
landen 66▸1; 808▸1; 1179▸1
Landenge 478▸4
Länder, ferne 646▸1
Länder, unbekannte 646▸1
Länderei 792
Landes, außer 391▸2
Landesgrenze 787▸1
Landesherr 846
Landessitte 324▸1
Landessprache 1489▸4
Landesteil 682▸2
landesüblich 675▸1
Landesvater 846
Landesverweis 1800
Landgut 188
Landhaus 821▸1
landläufig 675▸1
ländlich 374▸3; 431▸3; 832▸5
Ländlichkeit 432▸4

Landmann 187›1
Landpartie 575›1
Landplage 750; 1520; 1654
Landplage werden, zur 144›4
Landpomeranze 403›5
Landregen 1181›1
Landschaft 682›2
Landschaft, unberührte 1159›2
Landser 1106›1
Landsknecht 1106›1
Landsmannschaft 1714›4
Landstadt 1495›1
Landstraße 1524
Landstreicher 1327›2
Landstrich 682›2
Landung 67›1
Landungsbrücke 331›1
Landungssteg 331›1
Landweg 1884›4
Landwirt 187›1
Landwirtschaftsbetrieb 188
**lang** 788›1; **1008**
lang dauernd 1008›3
lang ziehen 1527›2
lang, ungleich 1638›4
langatmig 719›4; 1012›1
lange 1008›3
Länge 145›2
lange her 663›1; 1739
lange her, noch nicht 1003
lange, nicht mehr 696›1
lange, schon 1406
langem, seit 1406
langen 726›1
längen 1527›2
langen, eine 1389›1
Längenmaß 1084›2
länger machen 151›4; 1527›2
**Langeweile 1009**
langfristig 1008›3
langjährig 1008›3
langlebig 361›1
Langlebigkeit 360›3
langlegen, sich 1351›1
länglich 1008›1
langmachen, sich 1351›1
Langmut 685›1
langmütig 686›1
längs 1150›1
**langsam 1010**
langsam treten 1408›4
Langschläfer 593
längst 1406
längstens 1448›2
langstielig 1008›1
**langweilen 1011**
**langweilen, sich 1011**
Langweiler 1234›1; 1250
**langweilig** 571›2; 590›2; **1012**; 1199›3; 1598›3
Langweiligkeit 591
langwierig 1008›3; 1016›3
Lanze brechen 213; 498›3; 1426›3
lapidar 1000›3
Lappalie 948›1
Lappen 5›1; 709›3; 1335›1; 1536›2
Läpperei 948›1
läppern, sich 1505›3
Lappie 350›2
lappig 1887›4
läppisch 401›3
Lapsus 597›4; 899›1
Laptop 350›2
Larifari 734›2; 1670›1
Lärm 731›3
Lärm machen 1013›1
**lärmen 1013**
lärmend 1017
larmoyant 1177›2
Lärmpegel 731›3
Larve 1555›2
Larvierung 1555›2
lasch 571›1; 769›4; 1428›3; 1887›5
Laser 1047›2
Lasershow 1047›2
lasieren 766›3
lasiert 765›2
Läsion 1920
**lassen** 327›2; **1014**; 1778›1; 1815›1
lassen können, nicht 1900›2
lassen, einander 482›5
lassen, offen 1209›1
lässig 631›3; 769›4; 1145›3
Lässigkeit 1146
**Last** 100›4; 398›2; **1015**; 1245; 1586›2; 1654
lasten 400›1
Lastenaufzug 139›1
Lastenausgleich 495›3
lastend 1436›1
Laster 576›3
Lästerei 734›1
Lästerer 985›2
lasterhaft 90›2
Lästermaul 985›2
lästern 626; 1386›2; 1760
Lästerung 625
Lästerzunge 985›2
**lästig 1016**; 1238›1; 1623›1; 1633›1; 1656›1
lästig fallen 1034›2; 1519›1
Lastwagen 576›3
lasziv 90›3; 1069
Laszivität 659›2; 1068›3
Latein am Ende sein, mit seinem 1818›2
Latein am Ende, mit dem 853›2
latent 1352›6; 1715›1
Laterne 1007›1
Lateshow 1679›7
Latifundien 188
Latin Lover 1070
Latrine 1579›1
Latrinenparole 734›2
latschen 700›2
Latte 329›1; 775›2; 1516›2
lau 1086›3; 1104›1; 1868›1
lau, für 1630›1
Laube 821›1
Laubsägearbeit 810›2
Laubwald 1865
Laudatio 1057›3
lauern 245›2; 1873›1
Lauf 300›1; 628›1; 739›2; 1278›2; 1884›3
Lauf lassen, freien 528›1; 1014›1
Lauf lassen, seinen Gefühlen freien 1203›3
Laufbahn 134›1
Laufbursche 1609›1
Laufe von, im 1861
laufen 426›1; 623; 700›2; 712›1; 1867
laufen lassen 1014›1; 1482›7
laufen nach 214›1
laufen, aus dem Ruder 28›1
laufen, Gefahr 1856›2
laufen, ins offene Messer 1364›4
laufen, leer 1025›5
laufen, nicht mehr 1775›3
laufen, parallel 1610›1
laufen, sich warm 1870›2
laufen, Sturm gegen 123›2
laufen, voll Wasser 1614›1

laufen, von Pontius zu Pilatus 91›2
laufend 408›4; 879›1
laufend, gleich 773
Laufenden sein, auf dem 1789›4
Läufer 331›2; 1568; 1609›2
Lauferei 289›2
Lauffeuer, wie ein 1405›1
läufig 1069
Laufkundschaft 995›1
Laufpass geben 327›2; 993›2
Laufschritt, im 1405›1
Laune 647›1; 1068›1; 1515›1; 1515›2
Laune, gute 647›1
Laune, schlechte 104›1; 1113
launenhaft 1694›1
Launenhaftigkeit 1695›1
launig 832›3
launisch 1694›1
Launischkeit 1695›1
Lausbub 1379›2
Lausbüberei 1670›2
lauschen 127›1; 865›1
Lauscher 246›2; 1212
lauschig 716
Lausebengel 1379›2
Lausejunge 1379›2
Lausekälte 912›1
Lauser 1379›2
lausig 1392›1
lausig kalt 911›1
**laut** 501›4; **1017**; 1885; 1909›2
Laut 731›1; 1489›1; 1580›1
laut werden 409›3; 503›5
laut werden lassen 1490›2
lauten 1169›3; 1581›1
läuten 1581›2
Läuten 731›2
lautend, gleich 768›1
lauter 85›3; 942›1; 1360›2
Lauterkeit 84›2
läutern 943›3
Läuterung 443›1; 1325›2
lauthals 1017
lautlos 1039; 1352›1
Lautlosigkeit 1350›1
Lautschrift 1417›2
lautstark 1017
Lautstärke 1084›5
Lautstärke, mit voller 1017
lauwarm 769›4; 1086›3
Lavallière 1286›7
**lavieren** 170›2; **1018**
Lawine 670›1
lax 769›4; 1032›2; 1145›3
Laxheit 1146
layouten 753
Lazarett 978
Leader 668›1
lean 1475›2
learning by doing 1044›3
leasen 921›2
Leasing 920
Lebemann 1738›1
**leben** 114; 210›3; **1019**
**Leben** 567; **1020**; 1442›2
Leben führen 1019›1
Leben haben, etwas vom 722
leben können, nicht ohne 9›1
Leben lang, ein 879›1
leben lernen 507›5
Leben sein, am 1019›1
leben von 519›3
leben, als Eremit 17›2
Leben, am 1021›1
leben, auf großem Fuß 1282›1; 1781›1
leben, auf Pump 1421›1
leben, einsam 17›2
leben, elend 479
leben, gut 804›2
leben, im Abseits 17›2
leben, im Elfenbeinturm 17›2
leben, im Luxus 1282›1
leben, im Schneckenhaus 17›2
leben, in Armut 479
leben, in den Tag 592
leben, in guten Verhältnissen 804›2
leben, in Saus und Braus 1781›1
leben, nebeneinander 1019›3
Leben, öffentliches 1207›1
leben, über seine Verhältnisse 1781›1
leben, unter einem Dach 1960›2
leben, von der Hand in den Mund 479
leben, zurückgezogen 17›2
Leben, zweites 755
lebend 1021›1
lebend, getrennt 454›3
**lebendig** 77›1; 299›1; 657›1; **1021**
lebendig machen 268›1; 1482›1
lebendig machen, Vergangenheit 523›1
lebendig sein 523›5; 1019›1
Lebendigkeit 586›2; 1020›6
Lebensabend 44›1
Lebensabschnitt 44›1
Lebensabschnittspartner 711; 1230›3
Lebensabschnittspartnerin 710
Lebensader 820
Lebensalter 44›1
Lebensansprüche 81›2
Lebensart 743›1
Lebensbahn 1020›2
Lebensbedingungen 1020›4
Lebensbeichte 174
lebensbejahend 1031›4; 1219
Lebensbejahung 1217
Lebensbereich 1296›2; 1631›2
Lebensbericht 174
Lebensbeschreibung 174
Lebensdauer 1020›1
Lebensdrang 1020›5
lebensecht 1021›4
Lebensende 1578›1
Lebensenergie 1020›6
Lebensentwurf 1020›4
lebenserfahren 513›1
Lebenserfahrung 514›2
Lebenserinnerungen 174
Lebensfaden 820; 1020›3
lebensfähig 976›1
lebensfern 1598›3
Lebensform 992›2; 1020›4; 1513›3
Lebensfrage 1896›2
lebensfremd 874›2
Lebensfreude 647›2; 1217
lebensfroh 832›1; 1031›4; 1219
Lebensfrühling 905›1
Lebensführung 1020›4
Lebensfülle 1020›6
Lebensfunke 1020›6
Lebensgefahr 397›2
Lebensgefahr, in 1037›1
lebensgefährlich 687›5
Lebensgefährte 711; 1230›3
Lebensgefährtin 710
Lebensgefühl 1020›4
Lebensgeister 1020›6
Lebensgemeinschaft 1714›5
Lebensgenuss 647›2
Lebensgeschichte 174; 1020›2

Lebensgestaltung 1020 ▸ 4
Lebensgewohnheit 1020 ▸ 4
lebensgierig 216 ▸ 3
Lebensgrundlage 1022 ▸ 2
Lebenshaltung 1020 ▸ 4
Lebenshaltungskosten 973 ▸ 1; 1022 ▸ 1; 1676 ▸ 1
Lebensherbst 44 ▸ 1
Lebenshöhe 1114 ▸ 4
lebenshungrig 216 ▸ 3
Lebensjahr 44 ▸ 1
lebensklug 513 ▸ 1; 1323 ▸ 4; 1768 ▸ 4
Lebensklugheit 514 ▸ 2
Lebenskraft 1020 ▸ 6
lebenskräftig 976 ▸ 1
Lebenskreis 1631 ▸ 2
Lebenskrise 1705 ▸ 4
lebenskundig 1323 ▸ 4
Lebenskünstler 2; 723 ▸ 1
Lebenslage 1005 ▸ 3; 1020 ▸ 4
lebenslang 1008 ▸ 3
lebenslänglich 879 ▸ 1; 1008 ▸ 3
Lebenslauf 174; 1020 ▸ 2
Lebenslicht 1020 ▸ 3
Lebenslust 647 ▸ 2; 1217
lebenslustig 832 ▸ 1; 1032 ▸ 2
Lebensmitte 1114 ▸ 4
Lebensmittel 539 ▸ 2
Lebensmorgen 905 ▸ 1
lebensmüde 1177 ▸ 1
lebensmüde sein 1034 ▸ 2
Lebensmut 1217
lebensnah 77 ▸ 2; 1768 ▸ 4
Lebensnähe 586 ▸ 2
Lebensneige 44 ▸ 1
Lebensnerv 1020 ▸ 6
lebensnotwendig 1186 ▸ 1
Lebensnotwendiges 1676 ▸ 1
Lebenspartner 1230 ▸ 3
Lebensplan 1020 ▸ 4
Lebenspraxis 514 ▸ 2
Lebensraum, kultureller 1631 ▸ 2
Lebensraum, natürlicher 1631 ▸ 1
Lebensreise 1020 ▸ 2
Lebensrückblick 174
Lebenssaft 1020 ▸ 3
Lebenssphäre 1296 ▸ 2; 1631 ▸ 2
Lebensstandard 1020 ▸ 4
Lebensstellung, in 1455 ▸ 2
Lebensstil 992 ▸ 2; 1020 ▸ 4; 1513 ▸ 3
Lebenstextur 174
Lebenstrabant 649
Lebenstrabantin 650
lebenstüchtig 573 ▸ 1
Lebensüberdruss 1588
lebensunfroh 1241
**Lebensunterhalt 1022**; 1676 ▸ 1
Lebensvertrauen 1217; 1796
lebensvoll 976 ▸ 2; 1021 ▸ 2
Lebensvollzug 1020 ▸ 2
Lebenswandel 1020 ▸ 4
Lebensweg 1020 ▸ 2
Lebensweise 1020 ▸ 4; 1513 ▸ 3
Lebensweisheit 372 ▸ 1
Lebenswende 1705 ▸ 4
lebenswichtig 1186 ▸ 1; 1896 ▸ 1
Lebenswünsche 81 ▸ 2
Lebenszeichen 1930 ▸ 2
Lebenszeit 1020 ▸ 1
Lebensziel 1940 ▸ 3
Lebenszuschnitt 1020 ▸ 4; 1513 ▸ 3
Lebenszuversicht 1217
Lebewesen 744 ▸ 1
Lebewohl 483 ▸ 3; 798 ▸ 1
Lebewohl sagen 482 ▸ 2
lebhaft 77 ▸ 1; 299 ▸ 1; 657 ▸ 1; 976 ▸ 4; 1021 ▸ 2
Lebhaftigkeit 1442 ▸ 2
leblos 1091 ▸ 3; 1500 ▸ 1; 1582 ▸ 2
Lebtag, mein 879 ▸ 4
lechzen 215 ▸ 2; 1525 ▸ 1
lechzend 216 ▸ 1
leck 263 ▸ 1
Leck 1210 ▸ 3
lecken 409 ▸ 2; 1939 ▸ 4
lecker 99 ▸ 2
Leckerbissen 974; 1480 ▸ 3
Leckerei 974
leckerhaft 216 ▸ 2
Leckermaul 723 ▸ 2
leckern 563 ▸ 3
LED-Birne 1007 ▸ 1
Leder 989 ▸ 1
ledern 1012 ▸ 1; 1598 ▸ 3; 1925 ▸ 4
ledig 454 ▸ 3
ledig, aller Bande 642 ▸ 5
lediglich 1189
**leer** 456 ▸ 3; 571 ▸ 1; 642 ▸ 4; 1012 ▸ 2; **1023**; 1199 ▸ 1; 1202 ▸ 5; 1582 ▸ 2; 1635; 1693
**leer ausgehen 1024**
leer stehend 1023 ▸ 4
leer werden 1025 ▸ 5
Leere 33 ▸ 1; 1176 ▸ 1
Leere, innere 1009
**leeren** 11 ▸ 2; **1025**
leeren, Glas 1596 ▸ 1
**leeren, sich 1025**
Leerlauf 1009
Leerpackung 1555 ▸ 2
Leerstelle 1062 ▸ 1
**Leerung** 483 ▸ 2; **1026**
legal 250 ▸ 1; 728 ▸ 2; 748 ▸ 2; 1312 ▸ 3
legalisieren 1221 ▸ 4
Legalität 1313 ▸ 2
Legat 385 ▸ 1; 510 ▸ 1
legen auf, die Hand 1334
legen auf, keinen Wert mehr 121 ▸ 2
legen auf, Wert 215 ▸ 1
legen, ad acta 472 ▸ 1
legen, an den Tag 161 ▸ 3
legen, ans Herz 213; 466 ▸ 1; 1076 ▸ 2
legen, auf die hohe Kante 1474 ▸ 1
legen, auf Eis 990 ▸ 1; 1816 ▸ 1
legen, aufs Kreuz 291 ▸ 4
legen, aus der Hand 1825
legen, Finger auf die Wunde 1237 ▸ 6
legen, Fußboden 198
legen, Grundstein 544 ▸ 1
legen, Hand an sich 1583 ▸ 5
legen, Hand ins Feuer 337 ▸ 1; 1782 ▸ 1
legen, Hände in den Schoß 592; 1351 ▸ 1
legen, Handwerk 854 ▸ 3
legen, in Schutt und Asche 1936 ▸ 5
legen, in Trümmer 1936 ▸ 7
legen, ins Bett 1387 ▸ 4
legen, lahm 854 ▸ 1; 1519 ▸ 3
legen, offen 1203 ▸ 1
legen, Parkett 198
legen, Rechnung 491 ▸ 4
legen, schlafen 1387 ▸ 4
legen, sich auf die faule Haut 592
legen, sich aufs Ohr 1387 ▸ 1
legen, sich ins Bett 1387 ▸ 1
legen, sich ins Geschirr 91 ▸ 3
legen, sich ins Mittel 438; 1764 ▸ 1
legen, sich ins Zeug 91 ▸ 2
legen, sich quer 123 ▸ 2
legen, Steine in den Weg 854 ▸ 2
legen, übers Knie 1389 ▸ 1

legen, zu den Akten 530 ▸ 1
legen, zur Last 941 ▸ 1; 1852
legen, zur Seite 472 ▸ 1
legendär 260 ▸ 2; 1669 ▸ 3
Legende 526 ▸ 4; 556 ▸ 2; 871 ▸ 2
Legendenbildung 1066 ▸ 5
legendenumwoben 1669 ▸ 3
leger 631 ▸ 3; 1145 ▸ 3; 1485 ▸ 2
legieren 311 ▸ 6; 1107 ▸ 2
Legierung 1108 ▸ 2
Legionär 1106 ▸ 1
Legionen 1097 ▸ 3
legitim 728 ▸ 2; 748 ▸ 4; 1312 ▸ 3
legitimieren 528 ▸ 2; 1221 ▸ 4
legitimieren, sich 171 ▸ 2
legitimiert 250 ▸ 2
Legitimität 1313 ▸ 2
Legoland 1137 ▸ 1
Lehm 1548 ▸ 1; 1580 ▸ 6
lehmig 1403 ▸ 1
Lehne 5 ▸ 4; 807 ▸ 5
lehnen 1503 ▸ 2
lehnen, sich 123 ▸ 1
Lehranstalt 1423 ▸ 1
Lehrauftrag 1348 ▸ 1
**Lehrbuch 1027**
**Lehre** 95 ▸ 1; **1028**; 1423 ▸ 3; 1747 ▸ 1
Lehre ziehen 1044 ▸ 4
Lehre, bittere 1028 ▸ 3
**lehren 1029**
lehren, Mores 1550 ▸ 2
**Lehrer 1030**
Lehrgang 1028 ▸ 2
Lehrgebäude 1028 ▸ 4; 1549 ▸ 3
lehrhaft 236 ▸ 2
Lehrjahre 1028 ▸ 2
Lehrkraft 1030 ▸ 1
Lehrling 1424 ▸ 4
Lehrmeinung 795 ▸ 2; 1028 ▸ 4
Lehrmeister 1030 ▸ 3
lehrreich 236 ▸ 1; 889 ▸ 2
Lehrsatz 795 ▸ 2; 1028 ▸ 4
Lehrstoff 119 ▸ 6
Lehrstück 1373 ▸ 1
Lehrwerk 1027
Lehrzeit 1028 ▸ 2
Leib 968 ▸ 1
Leib- und Magengericht 1480 ▸ 3
Leib und Seele, mit 676 ▸ 2
leibarm 408 ▸ 2
Leibarzt 112
Leibe haben, am 1585 ▸ 2
leibeigen 1314; 1647 ▸ 3
Leibeigener 1466 ▸ 1
Leibesfülle 670 ▸ 2
Leibesübung 1483
Leibgericht 1480 ▸ 3
leibhaftig 1021 ▸ 1; 1239 ▸ 2; 1908 ▸ 2
Leibhaftige, der 1571
leiblich 1099 ▸ 2; 1223 ▸ 1
Leiblichkeit 968 ▸ 1
Leibspeise 1480 ▸ 3
leibt und lebt, wie er 768 ▸ 1
Leibwächter 1874
Leibwäsche 1876
Leich 232 ▸ 1
Leiche 968 ▸ 2
Leiche im Keller 1422 ▸ 2
Leichenbegängnis 232 ▸ 1
Leichenbittermiene, mit 1655 ▸ 2
leichenblass 590 ▸ 1
Leichnam 968 ▸ 2
**leicht** 70 ▸ 2; 754 ▸ 3; **1031**; 1928 ▸ 1
leicht fallen 959 ▸ 3
leicht tun, sich 959 ▸ 3
Leichtathlet 1484
leichtblütig 1032 ▸ 2
**leichtfertig** 90 ▸ 2; **1032**
Leichtfertigkeit 1033 ▸ 2
Leichtfuß 2
leichtfüßig 70 ▸ 2; 299 ▸ 1; 1031 ▸ 5
Leichtgewicht 1031 ▸ 1
leichtgläubig 401 ▸ 2; 431 ▸ 2; 1154
Leichtgläubigkeit 402 ▸ 2; 432 ▸ 2; 986
leichtherzig 1031 ▸ 4
leichthin 1145 ▸ 1; 1162 ▸ 2; 1194 ▸ 2
Leichtigkeit 69; 643 ▸ 3; 1033 ▸ 1
leichtlebig 1032 ▸ 2
Leichtlebigkeit 1033 ▸ 1
**Leichtsinn 1033**
leichtsinnig 1032 ▸ 2
leid 1359 ▸ 4
Leid 1398 ▸ 1; 1588
**leid sein 1034**
leid sein, es 105 ▸ 2
leid werden 1034 ▸ 1
**leiden 1035**; 1585 ▸ 3
**Leiden** 979 ▸ 1; **1036**; 1398 ▸ 2
leiden an 1035 ▸ 3
leiden haben, zu 1035 ▸ 4
leiden können 1122 ▸ 1
Leiden, chronisches 979 ▸ 1
leiden, Mangel 479
leiden, Not 479; 869 ▸ 1
Leiden, süßes 1036 ▸ 2
Leiden, vergnügtes 1036 ▸ 2
**leidend** 769 ▸ 3; 853 ▸ 1; **1037**; 1655 ▸ 1
leidend, Not 106 ▸ 1
Leidender 1233
Leidenschaft 460 ▸ 4; 546 ▸ 4; 827; 1050 ▸ 2; 1068 ▸ 3
leidenschaftlich 421; 545 ▸ 3; 826 ▸ 2; 1069; 1461 ▸ 3; 1762
Leidenschaftlichkeit 827
leidenschaftslos 769 ▸ 1; 911 ▸ 3; 1353 ▸ 1
Leidenschaftslosigkeit 1642 ▸ 2
Leidensgenosse 649
Leidenskelch 1036 ▸ 1
Leidenslust 1036 ▸ 2
Leidensweg 1036 ▸ 1
**leider 1038**
leidig 1633 ▸ 1
leidlich 1086 ▸ 2; 1331; 1942
leidtragend 1655 ▸ 1
Leidtragender 1214 ▸ 2
leidtun 254; 362 ▸ 4; 1399 ▸ 2
leidvoll 1288 ▸ 2; 1655 ▸ 1; 1655 ▸ 3
Leidwesen, zu jmds. 1038
Leier 324 ▸ 2
Leier, alte 41 ▸ 2; 1009; 1012 ▸ 2
leiern 1460 ▸ 1; 1490 ▸ 3; 1848 ▸ 2
leiern, sich aus den Rippen 91 ▸ 3
Leihbibliothek 304
leihen 319 ▸ 1
Leihgabe, als 1849 ▸ 4
Leihmutter 1135 ▸ 1
leihweise 1849 ▸ 4
Leim 209 ▸ 3
leimen 208 ▸ 1; 291 ▸ 1; 540 ▸ 2
leimig 1925 ▸ 3
Leine 572 ▸ 1; 1043 ▸ 2
Leine ziehen 482 ▸ 1
Leine, an der 1647 ▸ 3
Leinen 1518 ▸ 3
Leinwand 1518 ▸ 3
**leise 1039**; 1352 ▸ 1; 1928 ▸ 2
leise machen 774 ▸ 1
Leisetreter 849; 1397 ▸ 1
Leiste 329 ▸ 1; 1296 ▸ 1
**leisten** 101 ▸ 3; **1040**; 1825
leisten, Abbitte 343; 498 ▸ 1
leisten, Arbeit 101 ▸ 1
leisten, Beistand 834 ▸ 1
leisten, Folge 191 ▸ 2; 439 ▸ 3; 701 ▸ 1

leisten, Gehorsam 701▸1
leisten, Gesellschaft 218▸1; 1677▸2
leisten, gute Dienste 380▸2; 1191▸1
leisten, Hilfe 834▸1
leisten, mehr 1505▸2
leisten, Militärdienst 380▸1
leisten, Schadenersatz 343; 494▸2
leisten, Service 201▸2
**leisten, sich 1040**
leisten, Verzicht 1215▸1
leisten, Wehrdienst 380▸1
leisten, Widerstand 123▸2; 224▸3; 915▸3
leisten, zu 1202▸4
**Leistung** 100▸1; **1041**; 1190▸3; 1681▸2; 1727▸3
leistungsbetont 419
leistungsfähig 573▸1; 976▸1
Leistungsfähigkeit 1269▸2
leistungsfixiert 419
Leistungsprämie 1952
Leistungssport 1483
Leistungsvermögen 975▸1; 1269▸2
leistungswillig 419
Leitartikler 258▸1
Leitbild 871▸1; 871▸2
Leitbulle 668▸8
Leite 5▸4
leiten 666▸1; 845▸1; 1677▸1
leiten, in die Wege 51▸3; 1680▸2; 1706▸2; 1831▸5
leitend 667▸1; 1837▸1
**Leiter** 669▸1; **1042**
Leitfaden 747▸1; 820; 1027
Leitgedanke 795▸1; 820
Leithund 668▸8; 868
Leitlinie 795▸1
Leitmedium 668▸6
Leitmotiv 795▸1; 1901
Leitsatz 372▸1; 795▸1
Leitspruch 372▸1
Leitstern 871▸1
Leittier 668▸8
**Leitung** 669▸1; 965▸2; **1043**
Leitung, lange 401▸1
Leitungsnetz 1171▸3
Leitwerk 1510▸1
Leitwolf 668▸8
Lektion 119▸6; 1028▸3; 1380▸1
Lektor 1030▸1
Lektüre 334▸3; 1056
Lemur 704▸3
lendenlahm 1428▸1
lenkbar 702
Lenkbarkeit 703▸1
lenken 623; 666▸1; 845▸1; 1511▸1; 1677▸1; 1941▸2
lenkend 667▸1
Lenker 1042▸2; 1510▸1
Lenkrad 1510▸1
lenksam 702
Lenkstange 1510▸1
Lenkung 202▸1; 434▸1; 1043▸1
lento 1010▸1
Lenz 664; 905▸1
Lenz machen, sich einen 592
Lenze 44▸1
lernbar 1786▸1
Lernbegierde 890
lernbegierig 892▸1
Lerneifer 890
lerneifrig 619
**lernen 1044**; 1789▸2
lernen von 878▸1
lernen, auswendig 1606
Lernen, computergestütztes 1044▸3
lernen, kennen 512▸1
lernen, leben 507▸5
lernen, sich kennen 1152▸4
lernfähig 299▸1; 887▸1
Lernfähigkeit 1785▸2
Lernprozess 1278▸3
Lernstoff 119▸6
Lesart 526▸2; 1699▸2
lesbar 942▸4
Lesbe 864
lesbisch 863
Lese 1357▸1
**lesen** 543; 808▸3; 1029▸1; **1045**; 1848▸1
lesen, den Text 1386▸1
lesen, diagonal 1045▸1
lesen, Leviten 1550▸2
lesenswert 889▸2
Leseratte 998▸3
leserlich 942▸4
Leserumfrage 1627
Lesestoff 334▸3; 1056
Lesezeichen 524▸3; 851▸3
Lesung 1708▸2; 1847
Lethargie 1642▸4; 1672▸2
lethargisch 404▸4; 769▸3; 1537▸3
Letter 335▸1
Letzt, zu guter 474▸1
letztens 1003
letzterdings 474▸1
letzthin 1003
letztklassig 1392▸1
letztlich 474▸1
Leuchtdiode 1007▸1
Leuchte 570; 1007▸1
leuchten 1282▸2; 1376▸2
Leuchten 615▸1; 1047▸2
leuchtend 588▸1; 836▸2; 976▸4; 1359▸3
Leuchter 1007▸2
leuchtkräftig 888▸3
Leuchtrakete 1047▸2
Leuchtreklame 1894▸3
Leuchtspur 1493▸1
**leugnen 1046**
leugnen, nicht zu 1455▸1
Leumund 713▸2; 1348▸3
Leumund, übler 1367▸1
Leute 1097▸6; 1631▸2
Leute, die 1207▸1
Leute, die reichen 1196▸2
Leute, junge 905▸2
leutescheu 447▸2
leutselig 745▸2; 837
Leutseligkeit 746▸1
Levantiner 292▸1
Leviathan 1571
Leviten lesen 1550▸2
Lex 747▸1
Lexikon 1027
Liaison 1050▸4
liberal 339▸4; 367; 642▸3
Liberaler 338▸4
Liberalität 643▸1
Libero 1802▸4
libertär 642▸3
Libertin 1738▸1
libidinös 90▸3; 1069
Libido 1068▸3; 1757▸1
licht 836▸1; 951▸1
**Licht** 615▸1; 1007▸1; **1047**
Licht, großes 570
Licht, schwindendes 406▸1
lichtarm 405▸3
Lichtbild 125▸1; 306▸3
Lichtblick 164▸2; 553▸3; 1600
Lichtdom 1047▸2
lichtecht 361▸1

Lichteffekt 1047 ▸ 2
lichten 1002 ▸ 2
lichten, Dunkel 1203 ▸ 1
lichten, sich 943 ▸ 4
Lichter 140
lichterfüllt 836 ▸ 1
Lichterkette 368 ▸ 1; 1047 ▸ 2
Lichtermeer 1047 ▸ 2
lichtfest 361 ▸ 1
Lichtgestalt 668 ▸ 6
Lichtinszenierung 1047 ▸ 2
Lichtkegel 1047 ▸ 2
lichtlos 405 ▸ 1
Lichtlosigkeit 406 ▸ 1
Lichtpause 1807 ▸ 2
Lichtperformance 1047 ▸ 2
Lichtquelle 1007 ▸ 1
Lichtreflex 1047 ▸ 2
Lichtschacht 1210 ▸ 5
Lichtschein 1047 ▸ 2
Lichtspiele 934
Lichtspielhaus 934
Lichtspieltheater 934
**Lichtung 1048**
lichtvoll 836 ▸ 1
**lieb** 56 ▸ 1; 297; 326 ▸ 1; 651 ▸ 2; **1049**
lieb geworden 1049 ▸ 2
lieb haben 1051 ▸ 1
lieb und teuer 970; 1570
liebäugeln 1737
liebäugeln mit 1482 ▸ 4
**Liebe 1050**
Liebe auf den ersten Blick 1050 ▸ 1
Liebe machen 1051 ▸ 3
Liebe, gleichgeschlechtliche 862
Liebe, körperliche 1050 ▸ 3
liebebedürftig 1655 ▸ 3
Liebediener 1397 ▸ 1
Liebedienerei 1057 ▸ 5
liebedienerisch 1686 ▸ 2
liebedienern 1396
liebeleer 911 ▸ 3
Liebelei 1050 ▸ 4
**lieben 1051**; 1122 ▸ 1; 1730 ▸ 1
lieben, sich 1051 ▸ 3
liebend gern 735 ▸ 2
liebenswert 866
liebenswürdig 70 ▸ 1; 488; 651 ▸ 1; 861; 1170 ▸ 1
liebenswürdigerweise 312 ▸ 1
Liebenswürdigkeit 487 ▸ 2; 802
Liebesbande 1050 ▸ 1
Liebesbeziehung 1050 ▸ 4
Liebesbund 1050 ▸ 4
Liebesdienerin 1275
Liebesdienst 381 ▸ 2
Liebesentzug 509 ▸ 2
liebesfähig 1049 ▸ 4
Liebesgabe 674 ▸ 1
Liebesgeschichte 1050 ▸ 4
Liebesglut 1050 ▸ 2
liebeshungrig 1069
**Liebeskummer 1052**
Liebeskunst 1050 ▸ 2
Liebesleben 1050 ▸ 4
Liebesleid 1052
Liebesmüh, verlorene 1744
Liebesnöte 1052
Liebespartner 1230 ▸ 3
Liebespein 1052
Liebesschmerz 1052
Liebessklave 1466 ▸ 2
Liebestat 1214 ▸ 1
liebestoll 1069; 1762
Liebestollheit 1068 ▸ 3
Liebestrank 1929 ▸ 2
Liebesvereinigung 1050 ▸ 3
Liebesvollzug 1050 ▸ 3
Liebeswut 1068 ▸ 3
liebevoll 1049 ▸ 4
Liebhaber 711; 998 ▸ 2
Liebhaber der Künste 382 ▸ 1
Liebhaberei 384; 1480 ▸ 2
Liebhaberin 710
liebkosen 1051 ▸ 3
Liebkosung 1050 ▸ 3
lieblich 70 ▸ 1
Lieblichkeit 69
Liebling 710; 779; 1427
Liebling der Götter 721 ▸ 1; 779
Lieblingsbeschäftigung 460 ▸ 4; 1480 ▸ 2
Lieblingsfeind 602 ▸ 1
lieblos 321 ▸ 1; 817 ▸ 2; 911 ▸ 3
Lieblosigkeit 322; 1146
Liebreiz 69; 1409 ▸ 1
liebreizend 70 ▸ 1
Liebschaft 1050 ▸ 4
Liebste 710
Liebster 711
Lied 736 ▸ 2
Lieddichtung 736 ▸ 2
Liederjan 1597
liederlich 90 ▸ 2; 1403 ▸ 1
Liederlichkeit 1664 ▸ 2
Liedermacher 1358 ▸ 1
Liedrian 1597
Liedtext 1572
Lieferant 1609 ▸ 1
lieferbar 1835 ▸ 1
liefern 530 ▸ 3; 1383 ▸ 3; 1931 ▸ 4
liefern, ans Messer 1936 ▸ 1
Liefertag 1569
Lieferung 1290 ▸ 1; 1586 ▸ 1; 1586 ▸ 2
Lieferwagen 576 ▸ 3
Liege 293
liegen 210 ▸ 1; 231 ▸ 2; 1351 ▸ 1
liegen an 9 ▸ 3
liegen bleiben 6 ▸ 2
liegen lassen 1748 ▸ 2
liegen lassen, links 1404 ▸ 5
liegen müssen 1035 ▸ 3
liegen, auf der faulen Haut 521 ▸ 3
liegen, auf der Lauer 245 ▸ 2
liegen, auf der Nase 1035 ▸ 3
liegen, auf der Tasche 235 ▸ 3
liegen, auf Eis 1351 ▸ 3
liegen, begraben 231 ▸ 2
liegen, darunter 6 ▸ 4
liegen, im Bett 521 ▸ 1
liegen, im Schlaf 1387 ▸ 2
liegen, in den Haaren 1531 ▸ 1
liegen, in den Ohren 196 ▸ 5; 313 ▸ 1; 389 ▸ 4
liegen, in der Luft 396 ▸ 4
liegen, in der Sonne 323 ▸ 2
liegen, in Wehen 679 ▸ 1
liegen, lahm 1351 ▸ 3
liegen, nah 1628 ▸ 3
liegen, offen 1203 ▸ 2
liegen, offen zutage 1203 ▸ 2
liegen, zu Füßen 1051 ▸ 2; 1730 ▸ 1
liegen, zugrunde 1829
liegend, auf der Hand 942 ▸ 3; 1786 ▸ 2
liegend, fern 1635
Liegenschaft 792
Liegenschaften 270 ▸ 2
Liegestatt 293; 1006 ▸ 3
Lieschen Müller 1097 ▸ 6
Lifestyle 992 ▸ 2
Lift 139 ▸ 1; 576 ▸ 9
liften 824 ▸ 1
Lifting 541 ▸ 2
Liga 1297 ▸ 1; 1714 ▸ 6
Ligatur 1714 ▸ 1

light 1031›3
Lightshow 1047›2
liieren 1713›3
liiert 1723›1
Limit 787›1
limitieren 1731
Limonade 756›3
Limousine 576›2
lind 1104›1; 1868›1
lindern 259›4; 1601›1
lindernd 754›4; 1602
Linderung 522›2; 1087›2; 1600
linear 729›2
Lingam 775›2
Lingua franca 1489›4
**Linie 1053**; 1306; 1324›1; 1493›3
Linie, in erster 52›1; 272›1; 1621
Linie, schlanke 1053›5
Linienflugzeug 576›7
Linienführung 1493›3; 1513›1
Linienrichter 908›2
linientreu 1966›1
Linientreuer 65›2
link 321›1
Link 857›1
Linken, zur 1054›1
linkisch 1653›1
**links 1054**
linksgerichtet 1054›3
linkshändig 1054›1
linksseitig 1054›1
linsen 245›2
Lippen 1126
Lippenbart 185
Lippenbekenntnis 581›1; 1555›1
Lippenpaar 1126
Liquidation 183
liquidieren 121›1; 1583›1
Liquidierung 119›2; 183
lispeln 627
Lispeln 731›2
**List** 895; **1055**; 1555›1; 1593
Liste 1813›1
Liste, auf der 252›2
listen 126›5; 612›2
Listenplatz 1297›1
Listenpreis 1265›3
Listenverbindung 1714›6
listig 1391›1
Listigkeit 740›2
literarisch 1260›1
Literat 1418
**Literatur** 334›3; **1056**
Literatur, schöne 1056
Literaturkritiker 985›1
Literatursprache 1489›4
Lithographie 306›2
Litze 1286›4
live 1659›5
Liveshow 1679›7
livriert 768›2
Lizenz 529›2; 1313›1
lizenzieren 528›2
Lizenzierung 529›2
LKW 576›3
**Lob** 229; 467; 984›3; **1057**
Lobby 1222›2; 1839›3
Lobbying 434›1
Lobbyismus 434›1
**loben** 313›3; 418›1; 466›1; **1058**
loben, über den grünen Klee 466›1; 1058›1
lobend 800›2
lobenswert 1728
Lobeshymne 1057›3
Lobgesang 1057›3
Lobhudelei 1057›4
lobhudeln 1396
löblich 1728
Loblied 1057›3
Loblied singen 1058›1
lobpreisen 313›3; 1058›1
Lobrede 1057›3
Lobredner 1397›1
lobsingen 1058›1
Location 1227›2; 1372›2
Loch 689›2; 1210›3; 1374›1; 1794›1
lochen 506›1; 928›3; 1209›1
löchern 313›1; 389›4; 637›2; 1519›1
löchrig 263›1
Lockangebot 1894›5
locken 97›3; 393›3; 1737
Locken 803›1
locken, auf die falsche Fährte 291›2
locken, in den Hinterhalt 291›4
löcken, wider den Stachel 1329›2
lockend 1330
locker 90›2; 642›2; 1031›3; 1032›2; 1060›1; 1060›4; 1127›2; 1928›1
lockerlassen 1014›1
lockerlassen, nicht 224›2; 1919›2
lockermachen 302›3
lockern 1061›4; 1061›6
Lockerung 1592›1
lockig 987›4
Lockmittel 953›1
Lockspeise 953›1
Lockspitzel 953›1
Lockvogel 953›1
Loddel 1950
lodern 328›1; 1376›2
lodernd 1021›5
Löffel 1212
Löffel abgeben 1508›2
löffeln 563›1
Loft 1916›2
Loge 1714›4
Loggia 179
Logierbesuch 282›1
logieren 281›2; 1019›2
Logik 944›2
Login 1714›1
Log-in 125›4
Logis 1916›1
logisch 39; 942›3; 1312›2; 1353›2; 1390; 1768›3
logischerweise 42
Logistik 1253›5
logistisch 1551›1
Logo 927›3; 1894›3
Log-on 125›4
Logorrhö 1205›2
Logos 704›1; 1785›1
Log-out 1592›4
Loh 1865
Lohe 615›1
lohen 328›1
Lohen 615›1
lohend 1021›5
Lohn 354›1; 495›1; 1445›2; 1727›1
Lohnabhängiger 102
Lohnarbeit 100›3
Lohnempfänger 102
lohnen 1746›3
löhnen 302›3
lohnen, Mühe 1191›1
lohnen, sich 1191›1
lohnend 353›2; 661; 889›2; 1192›2; 1322›3
lohnend, nicht 1649›1
Lohnsteuer 1510›2
Loipe 1493›3

lokal 203
Lokal 678▸1
Lokalbahn 576▸4
lokalisieren 612▸3; 854▸1
Lokalität 1227▸2
Lokalpatriotismus 1158▸1
Lokführer 668▸3
Loki 704▸3
Lokus 1579▸1
Lolita 639; 1738▸2
Loner 159▸2
Lonesome Cowboy 159▸2
long ago 1739
Longseller 360▸4
Look 158; 803▸2; 1120▸1; 1513▸4
Look, neuester 1120▸1
Looping 1342▸3
Lorbass 1267▸1
Lorbeeren 1057▸2
Lorbeeren ernten 172▸2
Lorgnette 764▸3
Lorgnon 764▸3
los 1851; 1883▸3
Los 1384▸1
los sein 1763▸1
los und ledig 642▸5; 765▸4
los, viel 832▸3
lösbar 1123▸1
losbinden 211▸1; 1061▸1
losbrechen 141▸1
**löschen** 150▸2; 1025▸1; **1059**
löschen, Daten 1059▸3
löschen, Durst 1596▸1
Löschung 483▸2; 1026
**lose** 90▸2; 1032▸2; **1060**
Lösegeld 149▸3
loseisen 19; 211▸1
losen 496▸1; 1482▸5
**lösen** 211▸3; 943▸2; **1061**; 1300▸3
lösen können 1061▸3
lösen können, sich nicht 1517▸1
**lösen, sich** 6▸3; **1061**; 1591▸1
lösend 754▸4
Loser 1777
losgehen 51▸1; 59▸2; 482▸1; 1061▸7; 1257▸1
losgehen, auf jmdn. 59▸1
Losgewinn 1265▸4
loshaben 959▸1; 1913
Loskauf 149▸3
loskommen 211▸1
loskommen, nicht 1517▸1
loslachen 1004▸2
loslassen 211▸1; 1014▸1
loslassen, nicht 64▸2; 264▸3; 808▸2
loslassend, nicht 889▸1
loslegen 51▸3
loslösen 211▸1; 1061▸1
loslösen, sich 1061▸5; 1591▸1
Loslösung 5▸5; 1592▸1
losmachen 12▸2; 211▸1; 1061▸1
losmachen, sich 482▸5; 1591▸1
losplatzen 141▸2; 1004▸2
losprusten 1004▸2
losreißen, sich 1591▸1
lossagen, sich 6▸5; 20▸1; 1591▸1; 1815▸2
Lossagung 5▸5
losschlagen 59▸2; 1756▸3
losschreien 141▸2
Lossprechung 643▸4
lossteuern, auf jmdn. 1152▸1
lostreten 89▸5
Losung 155▸2; 372▸2
Lösung 518; 672▸2; 1592▸1
Lösung, diplomatische 653▸1
Losungswort 927▸5
loswerden 211▸1; 530▸1; 1763▸1
losziehen 173▸1; 482▸3
Lot, aus dem 1500▸3
Lot, im 728▸1; 1220▸1
loten 612▸3
löten 208▸1; 540▸2
lotrecht 729▸2
Lotse 668▸6; 1444
lotsen 666▸2; 1511▸1; 1941▸2
lottelig 1060▸1
lotteln 521▸3
Lotterbube 593
Lotterie 780
lotterig 1145▸4
Lotterleben 1664▸2; 1672▸1
Lotterwirtschaft 1664▸2
Lotto 780
Lottogewinn 777▸1
Lotung 613▸2
Louis 1950
Lounge 1304▸1
Love-in 368▸1
Loveparade 368▸1
Lover 710; 711
Lovestory 1050▸4
Löwenanteil 1097▸5
löwenherzig 1134▸1
Löwenmut 1133
loyal 1966▸1
Loyalität 611▸5
LSD 1306
Luchsaugen 140
luchsen 245▸2
**Lücke** 33▸1; 597▸2; **1062**; 1210▸3; 1674▸1; 1776▸2
Lückenbüßer 1802▸5
lückenhaft 263▸1; 1651▸1; 1690▸1
Lückenhaftigkeit 1689▸2
lückenlos 676▸1
lucky 778▸2
Lude 1950
Luder 953▸1
Luder, dummes 403▸4
**Luft 1063**; 1304▸2
Luft machen, sich 128▸5; 491▸1
Luft, an der 391▸1
Luft, aus der 859▸1
Luft, dicke 104▸3; 397▸2; 687▸4; 1113
Luft, heiße 734▸2
Luft, hoch in der 859▸1
Luft, schlechte 404▸1
Luftaufnahme 306▸3
Luftbad 176▸4
lüftbar 1065▸3
Lüftchen 1906▸1
luftdicht 378▸1
**lüften 1064**
lüften, Geheimnis 317▸3
lüften, Hut 799▸1
Lufthülle 1063▸1
**luftig** 1031▸3; **1065**
Luftikus 2
Luftkissenbahn 576▸4
Luftkrieg 982▸1
Luftkurort 176▸3
Luftlinie, in 1659▸2
Luftloch 1210▸5
Luftnummer 1555▸1
Luftpirat 1721▸2
Luftschiff 576▸7
Luftschloss 877▸3
Luftschutzkeller 209▸4
Luftspiegelung 877▸2
Luftsprung 1492▸2
Luftstrom 1063▸2
Luftströmung 1063▸2
Lüftung 1063▸2
Luftveränderung 522▸1
Luftwechsel 522▸1
Luftweg 1884▸4

Luftwirbel 1906 ‣ 1
Luftzufuhr 1063 ‣ 2
Luftzug 1063 ‣ 2
Lug 1555 ‣ 1
Lug und Trug 1066 ‣ 4
**Lüge 1066**
Lüge, fromme 1066 ‣ 4
lugen 245 ‣ 2; 1447
**lügen 1067**
Lügenbeutel 849
Lügengestrüpp 1066 ‣ 2
Lügengewebe 1066 ‣ 2
lügenhaft 580 ‣ 2
Lügenmärchen 1066 ‣ 4
Lügenmaul 849
Lügner 849
lügnerisch 580 ‣ 2
Luke 1210 ‣ 3
lukrativ 1192 ‣ 2
Lukull 723 ‣ 2
lukullisch 724
Lulatsch, langer 1340
lumbecken 311 ‣ 7
lumelig 1392 ‣ 3
Lümmel 775 ‣ 2; 1267 ‣ 1
lümmelhaft 640 ‣ 3; 1657 ‣ 2
lümmeln 521 ‣ 3
Lump 1419 ‣ 2
Lumpazi 292 ‣ 1
Lumpen 5 ‣ 1
Lumpengesindel 750
Lumpenpack 750
lumpig 43 ‣ 3; 106 ‣ 2
Lunch 1075 ‣ 4
lunchen 563 ‣ 2
Lunge, grüne 677
lupenrein 412 ‣ 2; 1360 ‣ 2; 1826 ‣ 1
lupfen 824 ‣ 1
Lusche 1777
Luschi 601
**Lust** 647 ‣ 2; 727 ‣ 1; **1068**; 1167 ‣ 1; 1462; 1515 ‣ 2; 1757 ‣ 1
Lust haben auf 215 ‣ 2; 1122 ‣ 1
Lust haben zu 1919 ‣ 1
Lust und Liebe, mit 421
Lustbarkeit 289 ‣ 4; 1679 ‣ 2
lustbetont 1461 ‣ 2
Lüster 1007 ‣ 2
**lüstern** 216 ‣ 1; **1069**; 1368 ‣ 6; 1461 ‣ 3
Lüsternheit 1068 ‣ 3; 1462; 1757 ‣ 1
Lustgarten 677
Lustgefühl 1068 ‣ 2
Lustgreis 1738 ‣ 1
lustig 832 ‣ 2
lustig machen, sich 1487 ‣ 1
Lustigkeit 647 ‣ 1
Lustknabe 1276; 1738 ‣ 1
Lüstling 723 ‣ 3; 1738 ‣ 1
lustlos 1112; 1648 ‣ 2; 1655 ‣ 1
Lustlosigkeit 1113
Lustmolch 1738 ‣ 1
Lustpartie 575 ‣ 1
Lustreise 575 ‣ 1
Lustspiel 956
lustvoll 724
lustwandeln 700 ‣ 2
lutschen 1939 ‣ 4
lutschen, Schwanz 314 ‣ 3
lütt 947 ‣ 1
luxuriös 83 ‣ 1
Luxus 136 ‣ 2; 670 ‣ 1; 1281 ‣ 1
Luxusliner 576 ‣ 6
Luxussegment, im 414 ‣ 1
luzide 836 ‣ 1
Luzidität 944 ‣ 1
Luzifer 1571
lynchen 1583 ‣ 1
Lynchjustiz 1720
Lynchmord 1720
Lyrics 1572
Lyrik 1056
Lyriker 1418
lyrisch 470; 1260 ‣ 1

# M

mäandern 393▸4
Maat 1444
Machart 630▸3
machbar 1123▸1
machbar, nicht 1660
Machbarkeit 1124
machen 435▸1; 530▸1; 557▸3; 812▸1; 972▸1
machen auf 1845
machen lassen 279▸1
machen zu 72▸1
machen, sich 507▸1; 507▸5; 521▸2; 758▸3
Machenschaft 290; 895
Machenschaften 1055▸2
Macher 668▸6
machiavellistisch 1551▸2
Machination 895; 1055▸2
Machist 1070
**Macho 1070**
**Macht** 227▸3; 844▸1; **1071**; 1497▸1
Macht haben 959▸2
Macht sein, in jmds. 9▸1
Macht, bewaffnete 1106▸2
Macht, mit aller 826▸1
Machtausübung 1071▸1
Machtbefugnis 1071▸1
Machtbereich 434▸3
machtbesessen 419
Machtbesessenheit 1071▸2
Machtdrang 1071▸2
Machtgier 1071▸2
machtgierig 419
Machthaber 846
Machthunger 1071▸2
**mächtig** 788▸1; **1072**; 1153; 1448▸1
mächtig sein, einer Sache 959▸1
Machtkampf 914▸4
machtlos 853▸1; 1428▸5
Machtlosigkeit 1429▸3
Machtmittel 1118▸3; 1967▸1
Machtposition 1071▸1
Machtprobe 1280▸3; 1790▸3
Machtsphäre 434▸3
Machtspruch 207▸1
Machtstellung 1071▸1
Machtstreben 1071▸2
machtvoll 1072▸1
Machtwahn 1071▸2
Macke 422▸4; 597▸2; 1774▸1
Macker 711; 1070
Madame 638
**Mädchen** 823▸2; **1073**
Mädchen für alles 835▸2
Mädchenhandel 1454
Mädchenhändler 1950
Mädel 1073▸2
Mädel, süßes 1409▸3
Madeleine 524▸3
madig 1392▸3
madigmachen 493
Madonna 639
Madrigal 736▸2
Mafia 950; 1685▸1
Magazin 737▸2; 1006▸2; 1479▸2
magazinieren 1356▸4
mager 408▸2; 951▸2; 1031▸3
mager werden 12▸1
Magersucht 1547▸4
Magie 698; 1328▸3; 1929▸3
Magier 1271
magisch 405▸4
Magister 1030▸1
Magna Mater 782▸3
Magnat 1682▸3
**Magnet** 953▸2; **1074**
Magnetbahn 576▸4
magnetisch 98▸2; 1330
Magnetismus 1328▸3
mähen 543; 1581▸3
Mahl 1075▸10
mahlen 1934
**Mahlzeit 1075**
Mahnbrief 1077▸1
Mähne 803▸1
**mahnen 1076**; 1871
Mahner 1271
Mahnmal 371
**Mahnung** 1028▸3; **1077**; 1299▸1; 1380▸2; 1872
Mahnverfahren 1077▸1
Mahnwache 368▸1
Mahr 704▸3
Mähre 1242
Maienzeit 664
mailen 969▸1; 1115▸4; 1115▸5; 1617▸6
Mailing 1894▸3
Mainliner 395▸1
Mainstream 1120▸1
Majestät 789▸2; 1922▸1
majestätisch 598▸3; 788▸3; 882; 1923▸2
majorisieren 1975▸1
Majorität 1097▸5
Majuskel 335▸1
makaber 405▸7
Makel 597▸5; 1367▸1; 1420▸1
Mäkelei 984▸4
mäkelig 31▸2; 1693
makellos 1407▸1; 1826▸1
Makellosigkeit 1827
mäkeln 1550▸1
Makler 738; 1765▸1
Mäkler 985▸2
Makrokosmos 1889▸2
Makulatur 5▸2; 1670▸1
Mal 1930▸2
Mal, alle 879▸1
Mal, einige 1211
Mal, jedes 879▸2
Mal, unzählige 1211
Mal, zum ersten 52▸3
malade 1037▸1
Maladie 979▸1
Maladie suisse 1757▸2
Malaise 1185▸2
male 1080
Male, mit einem 1258
Male, viele 1211
Malediktion 625
malen 357▸1; 587▸2; 1416▸4
malen, in Öl 357▸1
**Maler 1078**
malerisch 77▸2; 832▸5; 1400
Malermeister 1078▸2
Malesche 979▸1
Maleschen 104▸3
Malheur 1654; 1759▸3
Malice 1486▸3
maliziös 321▸1; 1488▸1
mall 1773▸1
malnehmen 1926▸1
Maloche 100▸4; 1015▸2
malochen 91▸3; 101▸3
malträtieren 1237▸1
Mama 1135▸2
Mami 1135▸2
Mammae 342
Mammon 709▸3
mampfen 563▸1
Management 669▸1; 1043▸1

managen 1224 ▸ 1; 1680 ▸ 1; 1706 ▸ 2; 1707 ▸ 2
Manager 669 ▸ 1
manche 1821
mancherlei 1819 ▸ 2
manches 1819 ▸ 2
manchmal 923 ▸ 1; 1849 ▸ 1
manchmal, nur 1453 ▸ 2
Mandant 1427
Mandanten 995 ▸ 2
Mandarin 668 ▸ 7
Mandarine 1196 ▸ 2
Mandat 135 ▸ 3
Mandelaugen 140
Mandorla 829
Manege 682 ▸ 3; 1372 ▸ 1
Mangel 597 ▸ 5; 1185 ▸ 1; 1776 ▸ 2
Mängel 1689 ▸ 2
Mangel an Abwehrkraft 469 ▸ 1
mangelhaft 263 ▸ 1; 1651 ▸ 1; 1690 ▸ 2
mangeln 596 ▸ 2; 766 ▸ 2
mangels 160 ▸ 1
Maniac 1267 ▸ 3
manichäisch 692 ▸ 4
Manichäismus 691 ▸ 2
Manie 718; 1547 ▸ 1
Manier 109 ▸ 3; 630 ▸ 2; 1513 ▸ 2
Manieren 84 ▸ 1; 1754 ▸ 2
Manieren, schlechte 641 ▸ 2
manieriert 762; 1620 ▸ 2
manieristisch 1620 ▸ 2
manierlich 326 ▸ 1
manifest 942 ▸ 3
Manifest 526 ▸ 5
manifest werden 141 ▸ 1
Manifestation 368 ▸ 1; 1204 ▸ 1
manifestieren 161 ▸ 3
manifestieren, sich 1203 ▸ 2
maniküren 1244 ▸ 5
Manipulation 202 ▸ 1; 434 ▸ 1
manipulieren 201 ▸ 1; 206
manipulieren, genetisch 1947 ▸ 1
manisch 717; 1088 ▸ 3; 1667 ▸ 1
manisch-depressiv 717
Manitu 782 ▸ 2
Manko 597 ▸ 2
**Mann 1079**; 1230 ▸ 4
Mann an Bord, alle 38 ▸ 2
Mann auf der Straße 1097 ▸ 6
Mann der Feder 1418
Mann für Mann 38 ▸ 1
Mann sein lassen, den lieben Gott einen guten 592
Mann und Frau 1230 ▸ 4
Mann und Maus, mit 38 ▸ 2
Mann von Welt 1079
Mann, alle 38 ▸ 2
Mann, alleinstehender 1079
Mann, alter 44 ▸ 2
Mann, junger 907 ▸ 2
Mann, kleiner 1097 ▸ 6
Mann, wie ein 38 ▸ 2
Manna 974
Mannequin 358
Männerbündelei 652 ▸ 1; 950
Männerwitz 659 ▸ 1
mannhaft 976 ▸ 1; 1134 ▸ 1
Mannhaftigkeit 1133
mannigfach 1779 ▸ 2
mannigfaltig 1322 ▸ 2; 1779 ▸ 2
Mannigfaltigkeit 1822 ▸ 1
**männlich 1080**
Männlichkeitsfanatiker 1070
Männlichkeitsprotz 1070
Mannsbild 1079
Mannschaft 797 ▸ 9
Mannsperson 1079
mannstoll 1069
Mannweib 269 ▸ 2
Manöver 895; 1055 ▸ 2; 1089; 1624
Manöverkritik 1280 ▸ 4
manövrieren 1018 ▸ 1; 1791 ▸ 2
Manpower 1269 ▸ 2
Mansarde 1304 ▸ 1
Mansardenwohnung 1916 ▸ 2
manschen 1107 ▸ 1
Manschette 1286 ▸ 9
Manschetten haben vor 62 ▸ 2; 622 ▸ 2
Mantel 867 ▸ 3
Mantik 1836
Mantra 1251 ▸ 1
manuell 814 ▸ 2
Manufaktur 810 ▸ 1
Manuskript 1182 ▸ 1; 1225 ▸ 1
Mappe 221; 867 ▸ 8
Maquereau 1950
Märchen 556 ▸ 2
märchenhaft 1249 ▸ 1; 1407 ▸ 1
Märchenland 1229
Märchenwelt 1229
Mardi gras 1555 ▸ 3
Marge 1190 ▸ 2; 1727 ▸ 2
Marginal Man 159 ▸ 2
Marginalie 517 ▸ 2
marginalisiert 1673 ▸ 3
Marginalisierung 387 ▸ 1
Marginalität 948 ▸ 1
Marie 709 ▸ 3
Mariengarn 45
Marihuana 1306
Marinade 1472
Mariner 1444
marinieren 519 ▸ 2
mariniert 361 ▸ 2
Marionette 65 ▸ 3; 744 ▸ 2; 1216
Mark 564 ▸ 1; 820; 1545
markant 346 ▸ 2
Marke 927 ▸ 3; 1289 ▸ 2; 1930 ▸ 2
Markenpflege 1894 ▸ 2
Markenpiraterie 1137 ▸ 2
Markenzeichen 927 ▸ 3
markerschütternd 1017
Marketing 1894 ▸ 1
markieren 506 ▸ 1; 928 ▸ 3; 1845
Markierung 927 ▸ 3; 1930 ▸ 2
markig 976 ▸ 1
Markise 867 ▸ 6
marklos 1428 ▸ 1
Marklosigkeit 1429 ▸ 1
Markstein 515 ▸ 3
**Markt** 168 ▸ 2; 811 ▸ 1; **1081**
Markt, internationaler 1081 ▸ 2
Marktanalyse 1082
marktbeherrschend 1072 ▸ 1
Marktbeobachtung 1082
Marktbude 737 ▸ 4
**Marktforschung 1082**
Marktführer 668 ▸ 6; 1682 ▸ 2
marktgängig 675 ▸ 2
Markthalle 1081 ▸ 1
Marktnische 1846 ▸ 1
Marktplatz 1081 ▸ 1; 1114 ▸ 2
Marktpreis 1265 ▸ 3
marktschreierisch 1017; 1909 ▸ 2
Marktstand 737 ▸ 4
Marktwert 1265 ▸ 1; 1895 ▸ 2
marmoriert 715 ▸ 1
marmorn 817 ▸ 1; 1500 ▸ 1
marode 847 ▸ 4; 1037 ▸ 1; 1125 ▸ 2
Marotte 422 ▸ 4; 1515 ▸ 2
marsch 1851
Marsch 1548 ▸ 1; 1884 ▸ 3
Marsch blasen 1386 ▸ 1
marschieren 700 ▸ 2; 1867
Marter 333; 1036 ▸ 1; 1398 ▸ 2
martern 1237 ▸ 7; 1399 ▸ 1

marternd 1288 ›1
martialisch 1902 ›1
Märtyrer 1214 ›2
Martyrium 1036 ›1; 1398 ›2
Mary Jane 1306
Masche 1286 ›6; 1593
Maschennetz 1171 ›1
Maschenwerk 1171 ›1
**Maschine** 475 ›3; 576 ›7; 730; **1083**
maschinell 1091 ›1
Maschinengewehr, wie ein 1819 ›1
Maschinenlärm 731 ›3
maschinenmäßig 1091 ›1
Maschinensprache 1489 ›5
Maschinerie 1083 ›1
Maserung 1131 ›5; 1535
Maske 1210 ›9; 1555 ›2
maskenhaft 1500 ›1
Maskerade 1555 ›2
maskieren 1710 ›2
maskiert 1715 ›1
Maskierung 1555 ›2
Maskottchen 1929 ›2
maskulin 1080
Masochismus 1036 ›2
Masochist 1466 ›2
**Maß** 630 ›4; 785; **1084**; 1290 ›1; 1317 ›1
Maß und Ziel, ohne 1088 ›3
Maß, gerüttelt 1819 ›1
Maß, in hohem 1448 ›1
Maß, menschliches 1100
Maß, mit zweierlei 1652
Maß, ohne 1088 ›1
Massagesalon 318
**Massaker 1085**
massakrieren 1583 ›1
Maßarbeit 810 ›1; 1289 ›3
Masse 255 ›3; 670 ›1; 1097 ›2; 1518 ›1; 1822 ›1
Masse, breite 1097 ›6
Masse, eine 1819 ›1
Maße, in hohem 1621
Maßeinheit 1084 ›3
Massel 777 ›1
Massen 1821
Maßen, mit 1086 ›1
Maßen, über alle 162 ›1
Massenerhebung 133 ›1
Massengeschmack 1120 ›1
massenhaft 1819 ›1
Massenhysterie 1664 ›4
Massenkarambolage 1646
Massenkundgebung 368 ›1
Massenmedien 1092; 1207 ›4
Massenmord 1085
Massenmörder 1721 ›2
Massensport 1483
Massenvernichtung 1085
Massenvernichtungslager 1006 ›4
Massenversammlung 368 ›1
Masseteilchen 190 ›2
Maßgabe 205 ›2
maßgebend 569 ›2; 667 ›2; 1072 ›2; 1208 ›1; 1896 ›3; 1962 ›1
maßgeblich 1208 ›1; 1962 ›1
Maßgeblichkeit 713 ›1; 1963 ›1
Maßhalten 1087 ›1
massieren 206; 1321 ›3; 1356 ›2
massig 1259 ›1; 1436 ›1; 1819 ›1
**mäßig 1086**; 1392 ›1; 1475 ›1
mäßigen 259 ›1; 854 ›1; 1601 ›1
mäßigen, sich 226
Massigkeit 670 ›2
Mäßigkeit 1084 ›1
**Mäßigung 1087**
massiv 361 ›1; 378 ›2; 379 ›1; 826 ›1; 1140 ›1; 1259 ›2
Massivität 1139
**maßlos 1088**; 1620 ›1
Maßlosigkeit 1615 ›2
**Maßnahme** 747 ›1; **1089**
Maßregel 1089
maßregeln 1550 ›2
Maßregelung 1380 ›2
Maßstab 795 ›1; 871 ›1; 1084 ›3; 1317 ›1
maßstäblich 501 ›1
maßstabsgetreu 501 ›1
maßvoll 1086 ›1
Mast 807 ›3
mästen 673 ›1
Masterarbeit 8 ›2
Mastermind 668 ›7
Masterplan 1253 ›1
Masterplaner 1556
Mastkur 377 ›1
masturbieren 212 ›2
Matador 916 ›4; 1496 ›1
Match 958 ›2
Matchsack 867 ›8
Mater 1131 ›4
Material 730; 1118 ›1; 1518 ›2
Material sparend 1968 ›2
Materialermüdung 1718 ›2
materialgerecht 569 ›1; 814 ›1
Materialist 1310
materialistisch 805
materialsatt 1390
Materie 460 ›1; 1159 ›1; 1518 ›1; 1545
materiell 1908 ›2
Mathematik, höhere 1688 ›1
Matinee 1708 ›2
Matratze 1006 ›3
Mätresse 710
Matrikel 1813 ›1
Matrize 630 ›3
Matrone 638
Matrose 1444
Matsch 1401 ›1; 1548 ›1
matschig 1403 ›1
matt 316 ›2; 404 ›5; 571 ›1; 590 ›1; 1125 ›1; 1428 ›1; 1537 ›2
Matte 1568
Matthäi am Letzten 1395 ›2
Mattheit 1200 ›2
mattherzig 769 ›4
mattiert 1537 ›2
Mattigkeit 537 ›1
Mattscheibe 33 ›3; 309; 607 ›1
mattsetzen 1458 ›2
mau 571 ›1; 1037 ›1; 1392 ›1
Mauer 209 ›4
Mauerblümchen 159 ›1
Mauerkrone 763 ›1
mauern 400 ›4; 1775 ›5
Maul 1126
Mäulchen 1126
maulen 1954 ›2
Maulheld 1432
Maulschelle 1388 ›1
Maulwurf 246 ›2
maunzen 941 ›3
Maus 1374 ›1
Maus, aus die 473
Maus, graue 159 ›1
mausarm 106 ›1
mauscheln 291 ›1
Mauschelrunde 797 ›6
mäuschenstill 1039; 1352 ›1
Mäuse 709 ›3
mausen 1163 ›2
mausern, sich 507 ›1; 507 ›5
mausetot 1582 ›1
Mausoleum 654

Maut 7
maximal 1448‣2
Maxime 372‣3; 795‣1
Maximum 763‣3
Mayonnaise 1472
**Mäzen** 998‣1; **1090**
**mechanisch 1091**
mechanisieren 1301
mechanisiert 1091‣1
Mechanisierung 1734
Meckerei 984‣4
Meckerer 985‣2; 1234‣1
meckern 1550‣1
Medaille 927‣3; 1265‣4
medial 464‣6
Medialität 465‣4
Mediaman 1894‣4
Mediathek 1357‣2
Mediator 1765‣1
**Medien 1092**; 1266‣2
Medien, in allen 260‣1
Medien, in den 1206‣1
Medien, neue 1092
Medien, soziale 1171‣4
Medienereignis 739‣3
mediengeil 216‣4
Mediengeilheit 457‣1
Medienhype 1266‣3
Medienhysterie 1664‣4
Medienkultur 992‣3
Medienschelte 984‣3
Medienstar 1496‣1
Medienvertreter 258‣1
Medienwächter 246‣2; 1874
Medienzar 1682‣2
Medikament 111‣1; 1093‣2
Medikus 112
medioker 1086‣2
Medisance 1761
medisant 321‣1
Meditation 1672‣2
meditativ 1671‣2
meditieren 369‣2
Medium 1118‣1; 1765‣1
**Medizin** 111‣1; **1093**; 1118‣4
Mediziner 112
Medizinmann 112; 1271
Meer 757‣4
Meerbusen 1794‣2
Meeresbeben 1160‣1
Meeresluft 1063‣3
Meeresspiegel 1193‣4
Meereswasser 1877‣2
Meergöttin 704‣4
Meerjungfrau 704‣4
Meerweib 704‣4
meeten 1589‣1
Meeting 1590‣2
mega 1448‣1
Megacity 1495‣1
Megalomanie 1071‣2
megaout 1703
megaposh 414‣1
Megäre 269‣2; 639
Megastar 1496‣1
Mehl 1284
mehlig 1935
mehr oder minder 1331
mehrdeutig 1970‣1
Mehrdeutigkeit 1820
mehren 1711‣2
mehren, sich 1505‣3
mehrend, sich 1953
mehrere 1821
mehreres 1819‣2
mehrerlei 1819‣2
mehrfach 1211
Mehrfachbezug 1881
mehrfarbig 588‣1
Mehrheit 1097‣5
Mehrheit, schweigende 1097‣6
mehrheitlich 367; 1621
mehrheitsfähig 441‣1
mehrmals 1211
mehrstimmig 816‣1; 1779‣2
Mehrwert 1190‣2
Mehrwertsteuer 1510‣2
Mehrzahl 1097‣5
Mehrzahl der Fälle, in der 1096
Mehrzahl, in der 1621
meiden 170‣2; 622‣2; 1404‣5; 1629‣1
Meile 1542‣1
meilenlang 1008‣2
Meilenstein 515‣3; 739‣3; 1041‣2
meilenweit 1888‣2
Meineid 1066‣3
**meinen** 199‣1; 428‣1; 767‣1; **1094**; 1490‣2; 1767‣1
meinen, dasselbe 1610‣2
meinen, irrtümlich 428‣2
meinen, wie 312‣2
**Meinung 1095**; 1696‣1
Meinung haben, hohe 1370‣1; 1730‣1
Meinung sein, anderer 28‣4
Meinung sein, der 1094
Meinung sein, gleicher 1610‣2
Meinung, einer 441‣1
Meinung, öffentliche 1207‣1
Meinung, veröffentlichte 1207‣1
Meinung, vorgefasste 1850
Meinungsäußerung 1095‣4
Meinungsaustausch 276‣2; 1679‣1
Meinungsbildner 1207‣4
Meinungsforschung 634‣3
Meinungsfreiheit 643‣1
Meinungsführer 668‣6; 1207‣4
Meinungsindustrie 992‣3
Meinungslenker 1207‣4
Meinungsmacher 668‣6; 1207‣4
Meinungsträger 1207‣4
Meinungsumfrage 1627
Meinungsverschiedenheit 1530‣1
Meise 422‣4; 1774‣1
meißeln 753
meist 1096
meisten, weitaus am 1096
**meistens** 40‣5; **1096**; 1621
meistens tun 1244‣2
meistenteils 1096
Meister 570; 1030‣3; 1496‣2
Meister des Universums 1556
Meisterbrief 1938‣1
Meisterdenker 370; 668‣7
meisterhaft 148‣1; 569‣1
Meisterleistung 551; 763‣3; 1041‣2
meisterlich 1826‣2
meistern 959‣1
Meisterschaft 763‣7
Meistersportler 1484
Meisterstreich 515‣2; 1681‣3
Meisterstück 515‣2; 551; 1041‣2; 1681‣3
Meisterwerk 551; 1041‣2
Mekka 1074
Melancholie 718; 1588
melancholisch 717; 1241; 1655‣1
Melange 1108‣1
melden 242‣1; 257; 941‣1; 1115‣1
melden, sich 954‣2; 1507‣4; 1931‣5
melden, sich zu Wort 161‣1; 1931‣5

Melder 1609▸2
Meldung 256▸1; 940▸1; 1117
melieren 1107▸2
meliert 43▸1; 715▸1
Melioration 1712▸3
meliorieren 1711▸5
melken 152▸2; 1025▸4
Melodie 736▸2; 1128▸1
melodisch 816▸1
Melodram 937▸2
Melodramatik 1619▸1
melodramatisch 470
Melone 965▸1; 966
Melusine 704▸4
Memento 1077▸2
Memme 601
Memoiren 174
Memorabilia 174
Memorandum 93▸2
Memorial 371
memorieren 523▸2; 1044▸1; 1606
Menage à trois 1050▸4
Menagerie 1945
Menetekel 1077▸2; 1872; 1930▸3
**Menge** 255▸3; 670▸1; **1097**; 1290▸1; 1822▸1
Menge, eine 1819▸1
Menge, jede 1322▸4
mengen 1107▸1
Mengen 1821
Mengen, in großen 1819▸1
Mensa 678▸1
**Mensch 1098**
Mensch zu Mensch, von 1239▸2
Mensch, kein 1183
Mensch, neuer 1779▸1
Mensch, träger 1250
Menschenansammlung 478▸3; 1097▸3
Menschenfeind 602▸2
menschenfeindlich 603
menschenfreundlich 1099▸1
menschengerecht 1099▸1
Menschengeschlecht 1098▸1
Menschengewimmel 1097▸3
Menschenhandel 1720
Menschenhändler 292▸4
Menschenhasser 602▸2
Menschenkenner 385▸2
Menschenkenntnis 514▸2
Menschenkenntnis haben 513▸2
Menschenlawine 1097▸3
Menschenleben 1020▸3
menschenleer 447▸3; 1023▸2; 1902▸2
Menschenliebe 1100
menschenliebend 1099▸1
Menschenmenge 1097▸3
menschenmöglich 1123▸1
Menschenraub 485; 1720
Menschenrecht 1313▸3; 1922▸3
menschenscheu 447▸2
Menschenscheu 448▸1
menschenverachtend 332
Menschenverächter 602▸2; 1240
Menschenverachtung 333
Menschenverstand, gesunder 1785▸2
menschenwimmelnd 1824▸3
Menschenwürde 1100
menschenwürdig 1099▸1
Menschheit 1098▸1
**menschlich 1099**; 1239▸1
menschlich, allgemein 1099▸1
menschlich, allzu 1099▸2
**Menschlichkeit 1100**
Menstruation 1317▸4
mental 1768▸4
Mentalität 373
Mentor 1030▸1
Menü 1075▸9
Mephisto 1571
Merchandiser 1894▸4
Merchandising 1894▸5
Mergel 1580▸6
Meriten 1727▸3
merkantil 955
merken 512▸3; 665▸1; 1863▸1
merken lassen 161▸3; 1931▸3
merken lassen, nicht 1675▸3; 1710▸1
merken, sich 523▸2
Merkfähigkeit 524▸1
Merkhilfe 851▸3
merklich 376▸1; 1494
Merkmal 422▸2; 927▸1; 1930▸2
Merkspruch 372▸1; 851▸3
merkwürdig 118▸2; 550; 889▸2
Merkzeichen 524▸3
Merkzettel 524▸3
meschugge 1773▸1
Mesner 835▸2; 936▸3
Message 163▸3
Messe 168▸2; 678▸1; 1081▸1
messen 612▸3
messen, aneinander 1750▸1
messen, mit gleicher Elle 732▸3
messen, sich 1507▸3; 1750▸3
messen, sich mit jmdm. 915▸2
**Messer 1101**
messerscharf 719▸2
Messerspitze 948▸2
Messerwerfer 110▸2
Messias 668▸6; 835▸1
Messie 403▸3
Messopfer 1214▸3
Messung 613▸2
metaempirisch 876
metallen 817▸1
Metapher 306▸5; 1749▸2; 1930▸1
metaphorisch 308▸2; 1260▸1
metaphysisch 876; 1688▸4
Metastase 1972▸4
Meteor 1509
Meteorit 1509
meterlang 1008▸2
Methode 109▸3; 1118▸2; 1549▸2
Methodik 1549▸2
methodisch 728▸3; 1255▸1; 1463▸3; 1551▸1
Methusalem 44▸2
Metier 100▸2
Me-too-Produkt 1137▸1
Metro 576▸4
Metrolinie 1053▸3
Metropole 1495▸1
Metze 1275
Metzelei 1085
Meublement 446▸2
Meuchelmord 115; 1584▸1
Meuchelmörder 1419▸3
meucheln 1583▸1
meuchlings 321▸2; 831▸1
Meute 797▸5
Meuterer 916▸5
meutern 123▸2
Mezzanin 1516▸6
Mezzosopran 1358▸2
Michel 338▸3
mickrig 106▸2; 408▸3; 1635
Midlifecrisis 983▸2
Mief 107
miefen 1339▸2
miefig 108; 404▸1
Miene 146▸2; 749▸2
Miene machen 161▸3
Mienenspiel 146▸2

mies 1037›1; 1112; 1392›1
miesepetrig 1112; 1693
miesmachen 493; 1760
Miesmacher 1240
Miethai 1270
Mietling 835›2
Mietshaus 821›1
Mietskaserne 821›1
Mietwagen 576›2
Mietwohnung 1916›2
**Migrant 1102**
**Migration 1103**
Mikroben 980
Mikrocomputer 350›1
Mikrofiche 967›1
mikrofotografieren 1356›4
Mikrokopie 967›1
Mikrokosmos 1889›2
Mikroorganismen 980
Mikroprozessorchip 348›2
mikroskopisch 947›1
Mikrowelle 842›1
Mikrowellenherd 842›1
Milch 756›3
Milchbar 678›1
Milchbart 185; 907›2
Milchgesicht 907›2
milchig 405›2
Milchmädchenrechnung 597›3
Milchstraße 1509
**mild** 464›5; 1086›3; **1104**; 1868›1; 1928›2
**Milde** 469›3; 781›1; 802; **1105**
mildern 259›1
mildernd 754›4; 1602
Milderung 1087›2
mildherzig 1104›4
mildtätig 464›5; 1639
Mildtätigkeit 1640
Milieu 1296›2; 1631›2; 1685›1
Milieusprache 1489›4
militant 37›2; 917
Militanz 827
**Militär 1106**
Militäreinsatz 449›4
Militarisierung 1832›2
militaristisch 37›2
Militärputsch 133›2
Militärschlag 982›1
Miliz 1106›2
Millionengrab 1111
Mime 358
mimen 357›4; 1482›1; 1845
Mimik 146›2; 749›2
Mimikry 73›2; 1137›1
mimisch 1435›2
Mimose 468›4
mimosenhaft 468›3
Minarett 1605›1
Minaudrie 457›1
minder 947›2; 1635
minderbemittelt 401›1
Minderheit 1097›5
mindern 1002›3
mindern, Ansehen 506›2
mindern, im Wert 506›2
Minderung 451›1; 1343›3
minderwertig 310›3; 1392›1; 1690›1
Minderwertigkeit 1689›2
Minderwertigkeitsgefühle 1759›2
Minderzahl 1097›5
Mindeste, das 1890›3
Mindeste, nicht das 1175›1
Mindesten, nicht im 1168
Mindesten, zum 1890›3
mindestens 1890›3
Mine 1855›1
miniaturhaft 947›1
Minicomputer 350›2
Miniformat 1343›9
minimal 947›1; 1635; 1890›1
minimalinvasiv 719›2
minimalisieren 1002›2
minimieren 1002›2
Minimum 948›2
Minne 1050›2
Minorität 1097›5
Minus 597›2
Minusgrade 912›1
Minuskel 335›1
Minute 948›3
Minute, auf die 719›1; 1285›1
Minute, in letzter 474›2; 1477›2
minuziös 719›1
mir nichts, dir nichts 86; 1258
Mirakel 699›1
Misanthrop 602›2
**mischen 1107**
Mischling 868
Mischmasch 1108›1; 1664›2
Mischpoke 797›10; 950; 1809›1
**Mischung 1108**; 1714›1
Mischwald 1865
Mise 449›1
miserabel 1037›1; 1392›1; 1392›5; 1651›1
Misere 1185›1; 1654
**missachten 1109**; 1404›5
**Missachtung** 238; **1110**; 1363›2; 1367›1
Missbehagen 104›1; 1036›1; 1113
missbilligen 194; 1550›1
missbilligend 31›2
Missbilligung 984›2
Missbrauch 153›2
Missbrauch, sexueller 1454
missbrauchen 152›3
missbräuchlich 580›3
missdeuten 898›4
Missdeutung 597›3
missen können, nicht 325
**Misserfolg 1111**; 1178›2; 1363›1
Missetat 1720
Missetäter 1721›1
missfallen 459›1; 818›1; 1378›1
Missfallen 14›2; 104›1
missfällig 31›2; 1633›3
missgelaunt 1112; 1693
Missgeschick 104›3; 1654
missgestimmt 320›1; 1112
missglücken 1378›1
missglückt 1392›2; 1743
missgönnen 1165
Missgriff 597›3; 899›1; 1654
Missgunst 604; 1164
missgünstig 321›1; 1166
missgünstig sein 1165
misshandeln 1237›7
Misshandlung 333; 1454
Misshelligkeit 104›3; 1530›1
Mission 119›1; 135›3; 1245
missionieren 1076›3; 1622›1
Missklang 1530›1
Misskredit 1367›1
Misskredit, in 531›3
Misslaune 1113
misslaunig 1112
misslich 1016›2; 1238›1; 1633›1; 1656›3
Misslichkeit 1185›2
missliebig 1633›3
missliebig sein 818›1
misslingen 1257›3; 1378›1
misslungen 1392›2; 1743
Missmut 1113
**missmutig** 320›1; **1112**; 1693
missraten 1378›1; 1392›2

Missstand 1185 ▸ 2
**Missstimmung 1113**
Misston 1113
misstönend 1412 ▸ 5
misstönig 819 ▸ 2
misstrauen 1971
Misstrauen 1969 ▸ 2
misstrauisch 1842 ▸ 3
Missvergnügen 104 ▸ 1; 1113
missvergnügt 320 ▸ 1; 1112; 1693
missverständlich 1688 ▸ 1
Missverständlichkeit 1820
Missverständnis 597 ▸ 3; 899 ▸ 1
missverstehen 898 ▸ 4
missverstehen, sich 898 ▸ 4
misswillig 321 ▸ 1
Mist 5 ▸ 1; 155 ▸ 3; 1401 ▸ 1; 1670 ▸ 1
Mistkerl 1381
Miststück 1381
mit 116 ▸ 2; 450; 1119 ▸ 3
mit ansehen 512 ▸ 1
mit Kult betreiben 64 ▸ 1
Mitarbeit 1559 ▸ 2
mitarbeiten 834 ▸ 2; 1560 ▸ 2
Mitarbeiter 102
Mitarbeiter, freier 642 ▸ 6
mitbedenken 369 ▸ 2
mitbekommen 512 ▸ 3; 519 ▸ 1; 1789 ▸ 1; 1863 ▸ 1
mitbenutzen 1560 ▸ 1
mitbestimmen 1560 ▸ 1
mitbeteiligt 1561 ▸ 2
Mitbeteiligter 957
mitbetroffen 1561 ▸ 2
mitbetroffen sein 287
mitbewerben, sich 1507 ▸ 3
Mitbewerber 94 ▸ 2
Mitbewohner 1138 ▸ 2
mitbringen 273 ▸ 2; 680 ▸ 2
Mitbringsel 674 ▸ 2
Mitbürger 338 ▸ 5; 1138 ▸ 1
miteinander 1611 ▸ 2; 1957
Miteinander 714 ▸ 1
mitempfinden 1560 ▸ 3
Mitempfinden 1559 ▸ 1
mitempfindend 1561 ▸ 1
Miterbe 510 ▸ 3
miterleben 512 ▸ 1; 1560 ▸ 2
miterwägen 1926 ▸ 2
mitfahren 218 ▸ 1
Mitfahrer 1327 ▸ 1; 1562 ▸ 2
Mitfreude 1559 ▸ 1
mitfreuen, sich 1560 ▸ 4
mitfühlen 1560 ▸ 3; 1789 ▸ 3
mitfühlend 464 ▸ 5; 1049 ▸ 4; 1561 ▸ 1; 1639
mitführen 1585 ▸ 1
mitgeben 680 ▸ 2
Mitgefühl 465 ▸ 3; 469 ▸ 3; 1559 ▸ 1
mitgehen 218 ▸ 1; 629 ▸ 1
mitgehen lassen 1163 ▸ 2
mitgenommen 263 ▸ 1; 1037 ▸ 1; 1125 ▸ 2
mitgerechnet 450
mitgerissen werden 217 ▸ 2
Mitgift 167 ▸ 4
Mitgiftjäger 2; 292 ▸ 2
Mitglied 65 ▸ 2
Mitglied werden 1224 ▸ 3; 1713 ▸ 3
Mitglieder 1562 ▸ 2
Mitgliedschaft 1559 ▸ 2
mithalten 1560 ▸ 2
mithelfen 834 ▸ 2
Mithilfe 851 ▸ 1; 1559 ▸ 2; 1766 ▸ 1
mithin 42
mithören 1560 ▸ 2
Mitinhaber 1230 ▸ 1
Mitkämpfer 65 ▸ 2
mitkommen 218 ▸ 1; 629 ▸ 1; 1789 ▸ 2
mitkommen, nicht 1775 ▸ 4
mitkönnen, nicht mehr 1144 ▸ 4
mitkriegen 234 ▸ 1; 512 ▸ 3; 865 ▸ 1; 1789 ▸ 1
Mitläufer 65 ▸ 3; 957; 1216
mitlebend 696 ▸ 2
Mitleid 1559 ▸ 1
mitleiden 1560 ▸ 3
mitleidend 1561 ▸ 1
mitleidig 464 ▸ 5; 1561 ▸ 1; 1639
Mitleidlosigkeit 333; 1533 ▸ 1
mitleidsfähig 464 ▸ 5
Mitleidsfähigkeit 465 ▸ 3
mitleidslos 817 ▸ 2
mitmachen 453 ▸ 2; 512 ▸ 1; 834 ▸ 2; 1560 ▸ 2
mitmachen, nicht 400 ▸ 4
Mitmensch 1138 ▸ 1
mitmenschlich 1639
Mitmenschlichkeit 1640
Mitmieter 1138 ▸ 2
mitmischen 1560 ▸ 1; 1560 ▸ 2
mitnehmen 128 ▸ 4; 218 ▸ 1; 1163 ▸ 2; 1228 ▸ 1; 1719 ▸ 3
mitnichten 1168
mitrechnen 490; 1926 ▸ 2
mitreden 161 ▸ 1
mitreden können 1560 ▸ 1; 1789 ▸ 4
Mitreisender 1327 ▸ 1
mitreißen 217 ▸ 1; 1614 ▸ 1; 1622 ▸ 1
mitreißen lassen, sich 217 ▸ 2
mitreißend 476; 826 ▸ 2; 889 ▸ 1; 1909 ▸ 2
mitsammen 1957
mitschicken 516 ▸ 2
mitschneiden 126 ▸ 5
Mitschnitt 125 ▸ 1; 1182 ▸ 2
mitschreiben 126 ▸ 5
Mitschrift 1182 ▸ 2
mitschuldig 1422 ▸ 2
Mitschuldiger 957
mitschwingen 1439 ▸ 4; 1789 ▸ 3
Mitschwingen 411 ▸ 1
mitsingen 218 ▸ 2; 433 ▸ 3; 1460 ▸ 1
mitspielen 218 ▸ 2
mitspielen, übel 1237 ▸ 1
Mitspieler 1230 ▸ 2; 1562 ▸ 2
mitsprechen 161 ▸ 1
Mitstreiter 65 ▸ 2; 649
Mittag 1114 ▸ 4
Mittagessen 1075 ▸ 4
Mittagsbrot 1075 ▸ 4
Mittagsmahl 1075 ▸ 4
Mittagsruhe 522 ▸ 1
Mittagsschlaf 522 ▸ 3
Mittäter 957
**Mitte** 842 ▸ 3; **1114**
Mitte des Weges 1114 ▸ 4
Mitte, auf 1114 ▸ 5
Mitte, goldene 1114 ▸ 6
Mitte, in der 806
mitteilbar, nicht 1715 ▸ 2
**mitteilen** 257; 279 ▸ 4; 680 ▸ 2; **1115**
**mitteilsam 1116**
mitteilsam, nicht 1435 ▸ 1
Mitteilsamkeit 1205 ▸ 2
**Mitteilung** 256 ▸ 1; 330; 857 ▸ 1; **1117**; 1204 ▸ 1
mitteilungsbedürftig 1116
Mitteilungsblatt 1117
mittel 1086 ▸ 2
**Mittel** 111 ▸ 1; 1089; **1118**; 1294 ▸ 1; 1518 ▸ 2
Mittel und Wege 1118 ▸ 2
**mittelbar 1119**
Mittelding 1108 ▸ 5
Mitteleuropa 565 ▸ 1
mitteleuropäisch 565 ▸ 2

Mittelfeld, im 1114›5
Mittelgebirge 255›2
Mittelklasse 338›2
mittellos 106›1
Mittellosigkeit 1185›1
Mittelmaß 1294›1; 1317›3
mittelmäßig 1086›2
Mittelmäßigkeit 1317›3
Mitteln, mit friedlichen 655›2
mittelprächtig 1086›2
Mittelpunkt 820; 1114›6; 1496›2
Mittelpunkt, im 1114›5
mittels 1119›3
Mittelschicht 338›2; 1382›3
Mittelsmann 1765›1
Mittelstand 338›2
mittelständisch 339›2
Mittelstreifen 1114›4
Mittelweg 442; 1114›6
Mittelwert 1294›1
mittendrin 1114›5
mittendurch 1412›4
mitteninne 1114›5
mittenmang 1114›5
mittig 1114›5
Mittler 1765›1
Mittlerrolle 1765›1
mittlerweile 773; 1861
mittrauern 1560›3
mittun 1560›2
mitunter 1849›1
Mitverschworener 65›2
Mitwelt 1631›2
mitwirken 834›2; 1560›2
Mitwirkende 1562›2
Mitwirkung 695›2; 851›1; 1559›2; 1766›1
Mitwisser 957
mitzählen 490; 1926›2
mitziehen 1560›2
Mixed Media 1108›4
mixen 1107›1
Mixgetränk 1108›1
Mixtape 1357›3
Mixtum 1108›1
Mixtum compositum 1108›3
Mixtur 1108›1
Mneme 524›1
Mob 750
mobben 396›3; 1237›1
Mobbing 604; 1967›1
Möbel 897›1
mobil 299›1; 1021›2
mobil machen 455›2
Mobile 1564
Mobiliar 167›2; 446›2; 897›1
Mobilien 270›2; 446›2
mobilisieren 273›1; 455›2
Mobilisierung 449›2
Mobiltelefon 1564
möblieren 166›4
Möblierung 167›2; 446›2
Möchtegern 1432
Mod 1541
Modalität 109›3
Modder 1548›1
**Mode** 324›2; **1120**; 1534›1
Mode, aus der 1703
Mode, nach der 1121›1
modebewusst 1121›1
Model 358; 1131›4; 1409›4
Modell 233; 358; 630›3; 810›1; 1131›3
modellierbar 620›1
modellieren 753
Modellierer 307
modelliert 1256
modeln 753
Modenarr 1541
Modenschau 168›2
Modepuppe 1541
Moder 594
moderat 1086›1
Moderator 1678›1; 1765›1
moderieren 1764›2
**modern** 696›2; **1121**; 1724›1
modern, betont 1121›2
modernisieren 540›3
Modernisierung 541›1
modernistisch 1121›2
Modeschöpfer 558
Modeschöpfung 1120›2
Modesport 1483
modesüchtig 1121›1
modeunabhängig 361›1
Modevorführung 168›2
Modifikation 1699›2; 1705›1
modifizieren 1704›1
Modifizierung 1699›1
modisch 241›1; 1121›1
modrig 404›1; 1157›3
Mods 1542›2
Modul 190›1
Modulation 1580›2; 1699›1
modulieren 1704›1
Modus 109›3
Mofa 576›2
Mogelei 290
mogeln 291›1
mogeln, instand 540›1
Mogelpackung 290; 1555›2
**mögen** 688›1; **1122**
mögen können, nicht mehr 1034›2
mögen, jmdn. 1051›1
mögen, jmdn. leiden 1051›1
mögen, nicht 818›1
**möglich** **1123**
möglich machen 535›1
möglich machen, es 486›1
möglich sein 959›1
Mögliche, alles 1819›2
möglicherweise 1123›3
**Möglichkeit** 164›2; 553›3; 1118›2; **1124**
Möglichkeit haben 959›1
Möglichkeit, nach 1202›6
möglichst 312›1
Mogul 846; 1682›2
Mohr 589
Moira 1384›1
Moiré 1131›5
moirieren 1376›4
moiriert 715›2
mokant 1488›1
mokieren, sich 1487›1
Mole 209›4
Molekül 1557›3
molekular 947›1
Molesten 104›3; 1036›1
molestieren 105›1
Mollenkopf 1267›1
mollig 379›1; 716; 1868›1; 1887›3
Moloch 1495›2
Mom 1135›2
Moment 695›1; 948›3; 1932›1
Moment, im 696›1
momentan 696›1; 729›3; 1834
Momentaufnahme 306›3
Monade 440›1
Monarch 846
Monasterium 949
Monate 1008›3
Monatsregel 1317›4
Mönch 936›2
Mond 1509
mondän 991›3
mondial 1826›3
Mondkalb 403›2

mondsüchtig 285
Moneten 709›3
monieren 194; 1076›3; 1550›1
Monitor 309; 1874
Monitum 1077›1; 1380›2
Monogramm 927›2
Monographie 8›1
Monokel 764›3
monolateral 452›2
Monolog 1847
monologisch 251›2
monologisieren 1011›1; 1490›3
monoman 1452
monomanisch 1500›2
Monopol 789›3; 1313›4
monopolisieren 193›2
monoton 768›2; 1012›1; 1091›2; 1199›1
Monotonie 41›2; 1009; 1200›2; 1319›2
Monotype 971›1
Monster 1381
monströs 819›1
Monstrosität 1381
Monstrum 184; 1340; 1381
Montage 961›1
montieren 960›1; 1713›2
Montur 946›1
Monument 371
monumental 882
Monumentalität 789›2
Mood 1515›1
Moor 1548›1
Moorbad 176›4
moorig 1157›2
Moos 709›3
Moped 576›2
Möpse 342; 709›3
mopsen 1163›2
mopsen, sich 1011›2
Moral 84›2; 759; 1395›4
Moralapostel 1234›2
moralinsauer 477›2; 1236›3
moralisch 85›2
moralisieren 1076›3
moralisierend 477›2
Moralist 1234›2
Moralität 84›2
Moralprediger 1234›2
Moralpredigt 1077›4; 1380›1
Morast 1401›1; 1548›1
morastig 1403›1
Moratorium 1817›1
morbid 1127›2
Mord 1584›1; 1720
Mordanschlag 115
Mordbrenner 1419›3
Mordbube 184; 1419›3
morden 1583›1
Mörder 1721›2
Mördergrube machen, aus dem Herzen keine 1203›3
mörderisch 332; 1448›1
Mordgier 333
mordgierig 332
Mordkommando 1106›2
Mordlust 333
Mordseifer 420›2
mordsmäßig 1448›1
Mordtat 1584›1
Mores lehren 1550›2
Morgen 50›3; 1951
Morgen bis zum Abend, vom 879›1
Morgenblatt 1266›2
Morgengabe 167›4
Morgengebet 681
Morgengrauen 50›3
Morgengrauen, im 662
Morgenimbiss 1075›2
Morgenkaffee 1075›2
Morgenlicht 50›3
Morgenluft 1063›3
Morgenröte 50›3
morgens 662
Morgenzeitung 1266›2
Moritat 736›2
Moritatensänger 1358›1
Morosität 1113
Morphing 1705›1
morsch 43›3; 263›1; 1127›1
morsch werden 1061›7
morsen 1617›6
Mörtel 209›3; 1286›10
Mosaik 1108›3
Moschee 935›2
Möse 1374›1
Moses 1444
Motel 678›2
Motiv 694›2; 791›2; 1251›3
Motivation 791›2
motivieren 74›2; 498›3; 525›4; 538›2
motiviert 421
motiviert durch 48
motiviert, hoch 421
Motivierung 499›1; 791›2
Motor 475›3; 791›1; 1083›1
Motorboot 576›6
Motorrad 576›2; 1083›2
Motorroller 576›2
Mottenkiste, aus der 1703
Motto 372›2; 436›1; 795›1
motzen 1386›1
moussieren 1371›1
moussierend 75›2
Movens 791›1
Movie 616›3
MP3-Player 730
Mr. Nobody 1176›2
Mucke 422›4
mucken 1954›2
Mucken 1774›2
Mücken 709›3
Mucker 849
muckerisch 477›2
Muckertum 478›5
mucksch 423
muckschen 1954›2
**müde** 531›5; 608›6; **1125**; 1359›4
müde machen 536›1
müde sein 1034›2
müde werden 536›2
müde werden, nicht 390
Müdigkeit 537›1
Müdseligkeit 537›1
Muff 107
Muffel 1240
muffelig 1435›1
muffeln 1339›2; 1954›2
Muffensausen 61›4
muffig 108; 339›3; 404›1; 1435›1; 1657›1
mufflig 1000›2
Mühe 136›2; 1015›2
Mühe haben 91›4
Mühe machen 91›1; 536›1
Mühe und Not, mit 474›2; 1086›2
Mühe, mit 951›2
mühelos 431›1; 1031›2
muhen 1581›3
mühevoll 1016›1; 1436›2
Mühlstein 1015›2
Mühsal 1015›2; 1185›2
mühsam 1016›1; 1436›2
mühselig 1016›1
Mulde 1794›1
Müll 5›1; 1401›1; 1670›1

Müllabfuhr 483 ▸ 2
Mullah 936 ▸ 1
Mülldeponie 5 ▸ 3
müllen 1677 ▸ 4
Müller, Lieschen 1097 ▸ 6
Müllhalde 5 ▸ 3
Müllkippe 5 ▸ 3
mulmig 687 ▸ 4; 1238 ▸ 2; 1268 ▸ 2; 1970 ▸ 2
multiethnisch 893
Multikulti 1822 ▸ 1
Multikultur 1822 ▸ 1
multikulturell 1779 ▸ 2
Multimedia 350 ▸ 1; 1092
multimedial 1723 ▸ 2
multimediales Netz 1171 ▸ 4
multinational 893
multipel 1211
Multiplex 934
Multiplikation 1807 ▸ 3
multiplizieren 1926 ▸ 1
Multitalent 1556
Mumie 968 ▸ 2
mumifizieren 519 ▸ 4
mumifiziert 361 ▸ 3
Mumm 975 ▸ 1; 1133
Mumm in den Knochen 976 ▸ 1
mümmeln 563 ▸ 3
Mummenschanz 1555 ▸ 2
Mumpitz 1670 ▸ 1
Münchhausen 1379 ▸ 1
**Mund 1126**
Mund voll 948 ▸ 2
Mundart 1489 ▸ 4
Munde sein, in aller 945 ▸ 1; 1629 ▸ 4
Munde, in aller 260 ▸ 1
Mündel 933 ▸ 2; 1427
munden 688 ▸ 1
münden 472 ▸ 2
mundfaul 1000 ▸ 2; 1435 ▸ 1
Mundfaulheit 247 ▸ 2
mundfertig 251 ▸ 1
mundgerecht 608 ▸ 4
mündig 642 ▸ 1; 1323 ▸ 2
mündig werden lassen 561
Mündigkeitshilfe 562 ▸ 1
mündlich 1239 ▸ 2; 1659 ▸ 4
Mundpropaganda 1894 ▸ 1
mundtot machen 1975 ▸ 1
Mündung 1395 ▸ 1; 1590 ▸ 3
Mundvorrat 539 ▸ 1
mundwässernd 99 ▸ 1
Mundwerk 1126
Mundwerk, böses 321 ▸ 1
Munkelei 734 ▸ 2
munkeln 945 ▸ 1
Munkeln 734 ▸ 2
Münster 935 ▸ 2
munter 657 ▸ 1; 754 ▸ 1; 832 ▸ 1; 832 ▸ 3; 1021 ▸ 2
munter machen 1882 ▸ 1
Munterkeit 647 ▸ 1
Münze, in barer 1659 ▸ 3
Münzen 709 ▸ 1
mürb 1127 ▸ 2
**mürbe 1127**; 1491 ▸ 1
Murkel 704 ▸ 4
Murks 1246
murksen 1247
murmeln 627; 1581 ▸ 4
Murmeln 731 ▸ 2
murren 1386 ▸ 1; 1954 ▸ 2
mürrisch 1112
Murrkopf 1267 ▸ 1
Muschi 1374 ▸ 1
Muschkote 1106 ▸ 1
Muse 639
musealisieren 1221 ▸ 2
Musentempel 1573 ▸ 2
Museum 1357 ▸ 2
Museumsinsel 1495 ▸ 3
**Musik 1128**
Musik, elektronische 1128 ▸ 3
Musik, ernste 1128 ▸ 3
Musik, klassische 1128 ▸ 3
Musikant 1129 ▸ 2
**Musiker 1129**
Musikgruppe 797 ▸ 4
Musikkassette 919 ▸ 2
Musikkritiker 258 ▸ 1; 985 ▸ 1
Musikstück 1128 ▸ 2
Musikwerk 1128 ▸ 2
musisch 991 ▸ 2; 1260 ▸ 2; 1410
musizieren 1482 ▸ 3
Muskelkraft 975 ▸ 1
Muskelprotz 977
Muskelspiel 397 ▸ 1
Musketier 1106 ▸ 1
muskulös 976 ▸ 1; 1485 ▸ 1
Muss 1187 ▸ 2
Muße 522 ▸ 1; 1350 ▸ 2; 1672 ▸ 2
**müssen 1130**
Mußestunde 522 ▸ 1
mußevoll 1671 ▸ 2
müßig 1023 ▸ 3; 1671 ▸ 1; 1743
müßig sein 592
Müßiggang 1672 ▸ 1
Müßiggänger 593
müßiggehen 592
Must 1187 ▸ 4
**Muster** 566; 871 ▸ 1; **1131**
Muster, kulturelles 992 ▸ 1
Musterbeispiel 233; 871 ▸ 1
Musterbild 871 ▸ 3
Musterfall 233
mustergültig 148 ▸ 3; 1826 ▸ 1
Mustergültigkeit 1827
musterhaft 1826 ▸ 2
Musterknabe 1526
**mustern** 79 ▸ 1; **1132**
mustern, sich 79 ▸ 3
Mustersammlung 169 ▸ 2
Mustersendung 1131 ▸ 2
Musterstück 1131 ▸ 2
Musterung 1131 ▸ 1; 1280 ▸ 2
Must-have 1187 ▸ 4
Mustopf, aus dem 1154
**Mut 1133**
Mut haben, nicht den 1366 ▸ 2
Mut machen 538 ▸ 2
Mutes, guten 832 ▸ 3; 1219
mutieren 1704 ▸ 4
**mutig** 917; **1134**
mutlos 63 ▸ 2; 1177 ▸ 1; 1655 ▸ 1
mutlos werden 536 ▸ 2; 1818 ▸ 1
Mutlosigkeit 61 ▸ 4; 1588
mutmaßen 428 ▸ 1; 1094; 1767 ▸ 2
mutmaßlich 78; 860 ▸ 1
Mutmaßung 1095 ▸ 3
Mutprobe 1857
Muttchen 1135 ▸ 2
**Mutter 1135**
Mutter der Nation 1135 ▸ 3
Mutter Natur 1159 ▸ 2; 1631 ▸ 3
Mutter werden 679 ▸ 1
Mutter, allein erziehende 638; 1135 ▸ 1
Mutter, Große 782 ▸ 3
Mutter, leibliche 1135 ▸ 1
Mütterchen 1135 ▸ 2
Mütterlein 1135 ▸ 2
mütterlich 651 ▸ 3
Muttermal 927 ▸ 5
mutterseelenallein 447 ▸ 1
Muttersöhnchen 601
Muttersprache 1489 ▸ 4
Mutterwitz 1785 ▸ 2
Mutti 639; 1135 ▸ 2

mutuell 693
Mutwille 647 ▸ 4
mutwillig 16; 832 ▸ 3; 1652; 1905 ▸ 1
Mütze 966
Myriaden 1097 ▸ 3
MySpace 1171 ▸ 4
Mystagogie 698
Mysterienspiel 1373 ▸ 1
mysteriös 405 ▸ 4; 1688 ▸ 4
Mysterium 699 ▸ 1
Mystifikation 1555 ▸ 2
mystifizieren 1710 ▸ 2
mystisch 405 ▸ 4; 1688 ▸ 4
Mystizismus 4; 698
Mythenbildung 1066 ▸ 5
mythisch 1669 ▸ 3
Mythos 556 ▸ 2; 871 ▸ 2; 1187 ▸ 4; 1496 ▸ 1

# N

Nabel 1114‣6
Nabelschau 1451
Nabob 1682‣3
nach 501‣4; 1478‣1
nach Canossa gehen 701‣3
nach Hause gehen 472‣1
nach und nach 1010‣2
nach unten 27
nachäffen 878‣1
Nachäfferei 1137‣1
nachahmen 878‣1
nachahmend 1649‣2
nachahmenswert 148‣3
**Nachahmer 1136**
Nachahmerprodukt 1137‣1
**Nachahmung 1137**
nacharbeiten 1‣2; 1143
**Nachbar 1138**
nachbarlich 651‣2
Nachbarschaft 1138‣2; 1151‣2
nachbarschaftlich 1150‣4
nachbeben 1907‣3
Nachbeben 628‣3
Nachbereitung 1280‣4
nachbessern 516‣1; 1711‣1
Nachbesserung 1712‣1
nachbeten 878‣1
Nachbeter 65‣3; 1136; 1216; 1397‣1
nachbilden 1‣2; 878‣1
Nachbildung 1137‣1
nachbohren 389‣4; 633
nachdenken 369‣1
Nachdenken 1316
Nachdenken, ohne 1691‣4
nachdenklich 1352‣2
Nachdenklichkeit 443‣1
nachdrängen 389‣1
**Nachdruck** 1137‣1; **1139**; 1533‣1; 1901
Nachdruck, mit 1140‣1
nachdrucken 878‣3; 1806; 1900‣3
**nachdrücklich** 598‣1; 888‣4; **1140**
Nachdrücklichkeit 1139
nachdunkeln 407‣3
nacheifern 629‣3
nacheinander 454‣1; 1010‣2
Nacheinander 628‣1
nachempfinden 1560‣3; 1789‣3
Nachen 576‣6
nacherleben 523‣1
Nacherleben 524‣1
Nachfahren 933‣2
nachfassen 1279‣1
Nachfolge 510‣2; 628‣1
nachfolgen 64‣1; 511; 629‣3
**nachfolgend 1141**
Nachfolger 65‣2; 94‣1; 510‣3; 1424‣3
Nachfolger, designierter 94‣2
nachformen 1‣2; 878‣1
nachforschen 533; 633; 1546‣1
Nachforschung 534
**Nachfrage** 636‣1; 890; **1142**
nachfragen 637‣1
nachfühlbar 1786‣3
nachfühlen 1560‣3; 1789‣3
nachfüllen 516‣1; 671‣1
nachgeahmt 580‣3
nachgeben 486‣2; 701‣2
nachgehen 264‣3; 629‣1; 633; 1228‣1; 1736‣1
nachgehen, einer Beschäftigung 101‣2
nachgehen, einer Sache 1546‣1
nachgemacht 580‣3
nachgeordnet 947‣2; 1635
nachgeraten 1610‣3
Nachgeschmack 230
nachgestaltend 1649‣2
nachgewiesen 1455‣4; 1860
nachgeworfen 310‣1
nachgiebig 464‣5; 769‣3; 1428‣3; 1887‣1; 1887‣2
Nachgiebigkeit 621‣1; 1105
nachgießen 516‣1; 671‣1
Nachglanz 524‣4
nachgraben 633; 1546‣1
nachgrübeln 369‣2
Nachhall 411‣1
nachhallen 523‣5; 1481‣4
nachhaltig 361‣1; 888‣4; 1153; 1494; 1909‣2
Nachhaltigkeit 360‣2; 1910‣1
nachhängen, Gedanken 369‣3
Nachhauseweg 1344‣1
nachhelfen 296‣1; 389‣2; 834‣3
nachher 1141‣2; 1478‣1
Nachher 1951
Nachhilfe 290
Nachhinein, im 1148
nachhinken 1816‣3
**nachholen 1143**
Nachhut 1395‣2
nachjagen 848‣1; 1546‣2; 1736‣1
Nachklang 411‣1; 524‣4
Nachklapp 517‣2
nachklappen 1816‣3
nachklingen 523‣5; 1481‣4
Nachklingen 411‣1
Nachkomme 94‣1; 510‣3; 933‣2
nachkommen 201‣2; 500‣2; 629‣1
Nachkommen 1809‣1
nachkommen, Erwartungen 701‣1
nachkommen, nicht 6‣4
nachkommen, Wünschen 212‣1
Nachkommenschaft 933‣2
Nachlass 510‣1; 781‣1
**nachlassen** 536‣2; 720‣2; **1144**; 1719‣4; 1745‣3
Nachlassen 1343‣1
nachlassen, nicht 224‣2; 390
nachlassend 13
**nachlässig** 631‣3; 1032‣1; **1145**; 1634‣1; 1663‣1
**Nachlässigkeit** 247‣2; 1033‣2; **1146**; 1664‣2
nachlaufen 64‣2; 1396; 1736‣1; 1736‣3
Nachläufer 65‣2; 65‣3
nachleben 629‣3
nachlegen 1711‣1
nachlernen 1143
Nachlese 517‣2
nachlesen 543; 1279‣1; 1900‣1
nachliefern 516‣2
Nachlieferung 517‣3
nachmachen 878‣1
Nachmacherei 1137‣1
nachmalig 1478‣1
nachmals 1478‣1
nachmessen 1279‣1
Nachmittagskaffee 1075‣6
Nachnahme 1262‣3
Nachname 927‣4
nachordnen 1221‣2
nachordnen, sich 701‣1
nachplappern 878‣1
nachprüfen 1279‣1

Nachprüfung 1280›2
nachrechnen 1279›1; 1926›1
Nachrede, üble 1367›1; 1761
nachreden, übel 1760
nachrennen 1736›3
Nachricht 163›1; 330
nachrücken 511; 629›4; 1801›1
Nachruf 524›2
Nachruhm 524›4
nachrühmen 1058›1
nachsagen 1760
nachsagen, Gutes 1058›1
Nachsatz 517›2
nachschaffen 1›2
nachschaffend 1649›2
nachschicken 516›2
nachschieben 1711›1
Nachschlag 517›7
nachschlagen 1546›4; 1610›3
Nachschlagewerk 1027
nachschnüffeln 245›2
nachschöpferisch 1649›2
Nachschrift 517›2
Nachschub 517›7
nachschwätzen 878›1
Nachschwätzer 1136
nachsehen 498›2; 528›1; 1279›1; 1622›2
Nachsehen 505
Nachsehen haben 1024; 1364›4; 1763›2
nachsehen, jmdm. 245›1
nachsenden 516›2
Nachsendung 517›3
nachsetzen 848›1; 1736›1
Nachsicht 685›1; 781›1; 802
nachsichtig 686›1; 790›2; 1104›4
nachsinnen 369›2
Nachsinnen 1316
Nachsommer 45
Nachspann 517›2
Nachspeise 1075›5
Nachspiel 628›3; 1395›2
nachspionieren 245›2
nachsprechen 1900›1
nachsprengen 1736›1
nachspringen 1736›1
nachspüren 533; 633; 1546›1
nachstehend 1141›1
nachsteigen 1329›3; 1736›3
nachstellen 1736›3
Nachstellung 901; 1573›1
Nächstenliebe 1640
nächstens 178
Nächster 1138›1
nachsteuern 1711›1
nächstmöglich 427›3
nachstreben 629›3
nachsuchen 301; 313›1
Nacht 406›1
Nacht und Nebel, bei 831›1
Nacht werden 407›1
Nacht, schwarze 405›1
Nacht, sinkende 406›1
Nacht, über 178; 1258
nachtaktiv 1021›2
nachtblind 316›1
Nächte, schlaflose 1469
Nachteil 855›2; 855›5; 1363›1
Nachteil sein, im 6›4
nachteilig 1656›3
nachteilig sein 1364›5
nachten 407›1
nächtens 405›5
Nachtessen 1075›7
Nachtgebet 681
Nachtgespenst 704›3
Nachtglas 764›4
nächtig 405›1
nächtigen 281›2
Nachtisch 1075›5
Nachtlager 1006›3
nächtlich 405›5
Nachtlokal 678›1
Nachtluft 1063›3
Nachtmahl 1075›7
Nachtmahr 61›2
Nachtportier 1874
Nachtrag 517›2
nachtragen 516›1; 1954›1
**nachtragend 1147**
nachtragend, nicht 790›2
**nachträglich** 47; **1148**
nachtrauern 215›2; 941›4
nachträumen 523›1
nachtreten 1746›2
Nachtruhe 522›3
nachts 405›5; 1477›4
Nachtschicht 1382›2
Nachtseite 699›1; 1345
Nachtspeicherheizung 833
Nachttischlampe 1007›1
nachtun 629›3; 878›1
Nachtwache 1874
Nachtwächter 593; 1250
nachtwandlerisch 896
nachvollziehbar 1206›2; 1786›1
Nachvollziehbarkeit 1456›2; 1787
nachvollziehen können 1789›2
nachwachsen 516›3
Nachwehen 628›3; 1113
nachweinen 941›4
Nachweis 278›1; 278›6; 613›1
nachweisen 1394›3; 1931›4
nachweislich 1455›4; 1860
Nachwelt 1951
nachwiegen 1279›1
nachwirken 1907›3
Nachwirkung 628›3; 1910›2
Nachwort 517›2; 1395›2
Nachwuchs 905›2; 933›2
nachzahlen 516›2
nachzählen 1279›1
Nachzahlung 517›3
nachzeichnen 1›2; 268›1
nachziehen 1143
nachzittern 1907›3
nachzotteln 1816›3
nackert 1149›1
nackicht 1149›1
nackig 1149›1
**nackt** 910›2; **1149**
nacktbeinig 1149›2
nada 1175›1
Nadel im Heuhaufen 1661
Nadelarbeit 810›2
Nadeln, auf 1667›1
Nadelöhr 1210›3
Nadelstich 1486›3
Nadelwald 1865
Naderer 246›2
Nagel 209›2
Nagel auf den Kopf, den 719›2
Nägel mit Köpfen machen 410
nageln 208›1
nagelneu 1172›1
Nagelprobe 1280›3
nagen 563›4; 1237›3
nagen, am Herzen 254
nagen, am Hungertuch 479; 869›1
nagend 1288›1
**nah** 477›4; 1049›2; **1150**
nah noch fern, weder 1175›2
nah und fern 1607›1
nah, ganz 1150›2
**Nähe 1151**

nahe kommen, sich 1152 ▸ 4
nahe legen 313 ▸ 1; 858
nahe sein, der Erschöpfung 536 ▸ 2
Nähe, in der 1150 ▸ 2
nahebei 1150 ▸ 2
nahegehen 261 ▸ 2
nahelegen 74 ▸ 1; 313 ▸ 1; 858; 1300 ▸ 1; 1841 ▸ 1
naheliegend 1786 ▸ 2
nahen 66 ▸ 1; 396 ▸ 4; 954 ▸ 1; 1152 ▸ 1
nähen 101 ▸ 4
näher kommen 1152 ▸ 1
näher treten 1152 ▸ 1
Näherkommen 962 ▸ 2
**nähern, sich** 954 ▸ 1; **1152**
nähernd, sich 771; 1150 ▸ 3
nahestehend 1150 ▸ 4; 1798 ▸ 1
nahezu 1650 ▸ 1
Nähfaden 572 ▸ 2
Nährboden 793 ▸ 2
nähren 673 ▸ 1
**nahrhaft** 754 ▸ 3; **1153**
Nährmutter 1135 ▸ 3
nährstoffreich 1153
Nahrung 539 ▸ 1
Nahrungsaufnahme 539 ▸ 1
Nahrungsmittel 539 ▸ 2
Nahrungszufuhr 539 ▸ 1
nahtlos 676 ▸ 1; 1010 ▸ 4; 1826 ▸ 1
Nahtstelle 1210 ▸ 3
**naiv** 401 ▸ 2; 431 ▸ 2; **1154**; 1668 ▸ 3
Naivität 402 ▸ 2; 432 ▸ 2; 986
Naivling 403 ▸ 5
Najade 704 ▸ 4
Name 713 ▸ 2; 927 ▸ 4
Name, angenommener 1283
Name, falscher 1283
Namedropping 457 ▸ 1
Namen machen, sich einen 172 ▸ 2
Namen nach, dem 1119 ▸ 5
namenlos 162 ▸ 1; 1448 ▸ 1; 1637 ▸ 1
Namensgebung 927 ▸ 2
Namenstag 903
Namenszeichen 927 ▸ 2
Namenszug 927 ▸ 2
namentlich 272 ▸ 1
namhaft 57; 260 ▸ 1
**nämlich** 48; 68 ▸ 2; **1155**
Nänie 736 ▸ 2
narbig 715 ▸ 1; 1302 ▸ 2; 1638 ▸ 2
Narkose 1642 ▸ 3
Narkose, unter 285
Narkotikum 1306
narkotisch 284 ▸ 1
narkotisieren 283 ▸ 1
narkotisierend 284 ▸ 1
narkotisiert 285; 1641 ▸ 2
Narr 403 ▸ 4
Narration 556 ▸ 1
narrativ 1260 ▸ 1
Narrativ 359 ▸ 2
Narrator 1418
narren 1487 ▸ 1; 1845
Narrenfreiheit 643 ▸ 3
Narrenhaus 1670 ▸ 3
Narrenkleid 1555 ▸ 2
Narretei 1670 ▸ 1
Narrheit 1670 ▸ 1
Närrin 403 ▸ 4
närrisch 24; 118 ▸ 2; 832 ▸ 3; 1249 ▸ 3; 1773 ▸ 1
Narziss 415
Narzissmus 457 ▸ 1; 1451
narzisstisch 456 ▸ 2; 1452
naschen 563 ▸ 3; 972 ▸ 2
naschhaft 216 ▸ 2
Naschhaftigkeit 1757 ▸ 1
Naschkatze 723 ▸ 2
Naschwerk 974
**Nase** 413 ▸ 2; 690 ▸ 3; 743 ▸ 2; **1156**
Nase im Wind haben 390
Nase nach, der 1659 ▸ 2
Nase vorn 1837 ▸ 1
Nase, feine 465 ▸ 1; 690 ▸ 3
Nase, klassische 1156
Nase, vor der 1150 ▸ 2
näseln 1490 ▸ 3
Nasenfahrrad 764 ▸ 3
Nasenlänge, nur eine 951 ▸ 2
Nasenring 1341 ▸ 3
Nasenstüber 1388 ▸ 1
Naserümpfen 1110
naseweis 640 ▸ 2
Naseweisheit 641 ▸ 1; 1173
nasführen 1487 ▸ 1
naslang, alle 879 ▸ 3; 1211
**nass** **1157**
Nass 1877 ▸ 1
nass bis auf die Haut 1157 ▸ 1
nass machen 614 ▸ 1
nass werden 614 ▸ 3
Nassauer 1397 ▸ 2
nassauern 152 ▸ 3
Nässe 1181 ▸ 1; 1877 ▸ 1
nässen 614 ▸ 1; 623; 1320
nassforsch 640 ▸ 3
nasskalt 1157 ▸ 3
Nasszelle 176 ▸ 1
Nationalgefühl 1158 ▸ 1
Nationalisierung 429; 480
**Nationalismus** **1158**
Nationalität 843 ▸ 2
Nationalmannschaft 169 ▸ 3
Nationalpatriotismus 1158 ▸ 1
Nationalstolz 1158 ▸ 1
nativ 58 ▸ 1
Natter 1419 ▸ 1
Natternbrut 1419 ▸ 3
Natterngezücht 1419 ▸ 3
**Natur** 344; **1159**; 1961
Natur, in der 391 ▸ 1
Natur, nach der 1161 ▸ 4
natura, in 1239 ▸ 2
Naturalien 539 ▸ 2
naturalisieren 126 ▸ 6
Naturalisierung 429
naturalistisch 1161 ▸ 4
Naturantrieb 1594 ▸ 1
Naturapostel 159 ▸ 4
naturbelassen 1161 ▸ 1
Naturbursche 159 ▸ 4
Naturell 344
Naturfarbe 586 ▸ 3
naturfarben 590 ▸ 1
naturgegeben 54
naturgemäß 1161 ▸ 1
naturgetreu 1161 ▸ 4
Naturgewalten 460 ▸ 2
naturherb 841 ▸ 3
naturidentisch 997
**Naturkatastrophe** **1160**
Naturkind 159 ▸ 4
**natürlich** 39; 86; 412 ▸ 1; 431 ▸ 2; 675 ▸ 1; 735 ▸ 2; 754 ▸ 3; 1021 ▸ 4; 1154; **1161**
Natürlichkeit 432 ▸ 1; 643 ▸ 3
naturliebend 1161 ▸ 3
naturnah 1161 ▸ 3
Naturrecht 1313 ▸ 3
Naturreich 1159 ▸ 2
naturrein 1161 ▸ 1; 1360 ▸ 2
Naturreinheit 1361 ▸ 2
Naturschönheit 1409 ▸ 3
Naturtalent 779
Naturtrieb 1594 ▸ 1
naturverbunden 1161 ▸ 3
Naturverbundenheit 432 ▸ 4

Naturwissenschaftler 1915
Naturzustand, im 631▸1
Nautiker 1444
Navigator 1444
Nebel 351▸2; 1181▸1
Nebelbank 351▸2
nebelhaft 405▸3; 1688▸2
Nebelkerzen 1555▸4
nebeln 352; 1303
Nebelschwaden 351▸2
neben 1150▸1
Nebenabsicht 856▸2
nebenan 1150▸2
Nebenarm 517▸5; 1972▸3
Nebenausgaben 136▸1; 973▸1
Nebenbedeutung 200▸4; 230
Nebenbedingung 451▸3
**nebenbei** 47; **1162**; 1849▸3
Nebenbestimmung 451▸3
Nebenbuhler 697▸3
Nebenbuhlerschaft 958▸1
nebeneinander 1150▸1
nebeneinanderhalten 1750▸1
nebeneinanderstellen 1750▸1
Nebeneinkünfte 517▸3
Nebeneinnahme 517▸3
Nebenerscheinung 517▸6
Nebenfluss 517▸5
Nebengeschmack 230
nebenher 47; 1849▸3
Nebenklang 230
Nebenkosten 973▸1
Nebenkultur 1542▸1
nebenliegen 261▸3
nebenliegend 1150▸2
Nebenmann 1138▸3
Nebenrolle 1342▸1
Nebensache 948▸1
nebensächlich 947▸2; 1194▸1; 1635
Nebensächlichkeit 948▸1
Nebenschauplatz 1555▸1
Nebensinn 200▸4; 230
Nebenstelle 1180▸2; 1972▸1
Nebenstraße 1524
Nebenverdienst 517▸3
Nebenweg 29▸2
Nebenwirkung 517▸6
Nebenzweck 856▸2
neblig 405▸2
nebst 116▸2; 450
nebulos 405▸3
nebulös 1688▸2; 1970▸2
necken 1487▸1
neckend 1488▸2
Neckerei 80▸1; 1486▸1
neckisch 456▸1; 832▸3
Neckname 1486▸5
negativ 31▸3; 1241
Negativ 616▸2
Negativsymbol 1850
Neger 589
negieren 30▸3; 1775▸1
Negierung 32▸2
Negus 846
**nehmen** 88▸1; 279▸2; 921▸2; **1163**; 1228▸3
nehmen, Abschied 482▸2; 993▸1; 1591▸1
nehmen, Abstand 1014▸2
nehmen, an die Kandare 854▸1; 1975▸2
nehmen, an sich 1163▸1
nehmen, Anlauf 51▸3; 496▸2; 1831▸5
nehmen, Anstoß 194
nehmen, Anteil 1560▸3
nehmen, Arm 1540▸2
nehmen, auf Band 126▸5; 1356▸4
nehmen, auf den Arm 1487▸1
nehmen, auf die leichte Schulter 1109▸2
nehmen, auf die Schippe 1487▸1
nehmen, auf die Schulter 1585▸1
nehmen, auf seinen Eid 1782▸2
nehmen, auf sich 49▸4; 91▸2; 1585▸3
nehmen, aufs Korn 79▸2; 1941▸1
nehmen, Bad 1362▸3
nehmen, beim Schlafittchen 1228▸3
nehmen, beim Wickel 1228▸3
nehmen, beim Wort 311▸2
nehmen, Bezug 1725▸3
nehmen, Deckung 1426▸4
nehmen, den Mund voll 1264▸2
nehmen, Drogen 283▸4
nehmen, ein gutes Ende 712▸1
nehmen, Einfluss 206
nehmen, Ende 472▸2
nehmen, ernst 191▸1
nehmen, es mit der Wahrheit nicht genau 1067
nehmen, es nicht genau 1231▸3
nehmen, etwas zu sich 1498▸1
nehmen, Folgen auf sich 1035▸2
nehmen, Fühlung 51▸3; 1152▸4; 1831▸5
nehmen, für bare Münze 767▸2
nehmen, ganze Hand 152▸3
nehmen, gefangen 891▸1; 1752
Nehmen, hart im 976▸1
nehmen, Heft aus der Hand 1675▸4
nehmen, in Angriff 51▸3
nehmen, in Anspruch 91▸1; 193▸2
nehmen, in Augenschein 79▸1
nehmen, in Aussicht 1254▸1
nehmen, in Beschlag 243▸1; 264▸3
nehmen, in die Hand 51▸3; 261▸1; 1163▸1; 1680▸1
nehmen, in die Mangel 196▸5
nehmen, in die Zange 196▸5
nehmen, in Dienst 88▸1
nehmen, in Empfang 463▸1; 463▸2
nehmen, in Gebrauch 244
nehmen, in Gewahrsam 1752
nehmen, in Obhut 1784▸2
nehmen, in Pflege 1784▸2
nehmen, in Schutz 498▸3
nehmen, in Verwahr 122▸1
nehmen, ins Gebet 637▸2; 1386▸1
nehmen, ins Kreuzverhör 637▸2; 1279▸3
nehmen, ins Schlepptau 1939▸1
nehmen, kein Blatt vor den Mund 1725▸2
nehmen, kein Ende 362▸2
nehmen, keine Notiz 1404▸5
nehmen, Konsequenzen auf sich 343
nehmen, Kostprobe 972▸2
nehmen, Lust 493
nehmen, Nahrung zu sich 563▸1
nehmen, nicht ernst 1109▸1
nehmen, nicht für voll 1109▸1
nehmen, nicht zur Kenntnis 1404▸5
nehmen, Platz 1179▸2; 1464▸1
nehmen, Quartier 21▸2

nehmen, Rache 1746›1
nehmen, Rauschgift 283›4
nehmen, Reißaus 622›1
nehmen, Rücksicht auf 191›2
nehmen, Sache in die Hand 666›2
nehmen, schwer 1035›4
nehmen, seine Zuflucht zu 834›6
nehmen, seinen Hut 993›1
nehmen, seinen Lauf 214›3
nehmen, sich das Leben 1583›5
nehmen, sich die Freiheit 528›3
nehmen, sich in Acht 127›4
nehmen, sich Zeit 1351›2
nehmen, sich zu Herzen 254; 1789›5
nehmen, Stellung 1697›1
nehmen, unter Beschuss 59›2
nehmen, unter die Fittiche 535›2; 1426›2
nehmen, unter die Lupe 79›2; 633; 1279›1
nehmen, unter Eid 88›2
nehmen, unters Messer 1213
nehmen, Urlaub 521›1
nehmen, Verpflichtung auf sich 311›3
nehmen, Vorschuss 319›1
nehmen, wichtig 215›1
nehmen, Wind aus den Segeln 493
nehmen, Witterung 1546›3
nehmen, Wohnsitz 1179›1
nehmen, Wohnung 1179›1
nehmen, Wort 161›1
nehmen, zu Protokoll 126›5
nehmen, zu sich 1163›5; 1596›2
nehmen, zu wichtig 1618›1
nehmen, zum Teilhaber 286
nehmen, zum Thema 222›3
nehmen, zur Hand 1163›1
nehmen, zur Kenntnis 1789›1
**Neid** 604; **1164**
**neiden** **1165**
Neider 707
neiderfüllt 1166
Neidhammel 707
neidig 1166
**neidisch** **1166**
neidlos 790›1
neidvoll 1166
neidzerfressen 1166
Neige 5›4; 1335›1; 1395›2
Neige, bis zur 676›3
neigen 294›1; 1122›2
neigen, sich 6›1; 294›1; 472›2
neigend, sich 1412›2
**Neigung** 5›4; 1050›1; 1068›1; **1167**; 1429›4; 1515›2; 1534›1; 1566›1; 1757›1
Neigung haben 1051›1
**nein** **1168**
Nein 32›2
Neinsager 1240
Nekrolog 524›2
Nekropole 654
Nemesis 1747›1
**nennen** 928›5; **1169**; 1490›1; 1859›2
nennen, Kind beim Namen 1725›2
nennen, Ross und Reiter 1203›3
nennen, sein Eigen 804›1
nennenswert, nicht 947›2; 1890›1
Nenner, kleinster gemeinsamer 442; 1732›1
Neonlicht 1007›1
Nepotismus 950
Nepp 290
neppen 291›1
Nerds 1542›2
Nerv 820
nerven 105›1
Nervenbündel 468›4
nervend 129›2
Nervenkitzel 1473›1
nervenkrank 717
Nervenkrankheit 718
Nervenkrieg 1530›2
Nervenkrise 1776›3
nervenleidend 1037›4
Nervenprobe 104›3; 1280›3; 1398›2
Nervensäge 1520
nervenschwach 63›2; 468›3
Nervenschwäche 469›2
nervenzermürbend 129›2
nervös 63›1; 545›1; 1667›1
nervös machen 105›1
nervös werden 105›2
Nervosität 61›2; 546›1; 1759›2
nervtötend 1012›1
Nervtüte 1520
Nervus Rerum 820
Nest 293; 821›2; 842›3; 1291›2
nesteln 1546›1
Nestflucht 142›3
Nestflüchter 2; 1327›1
Nesthäkchen 933›1; 1073›1
Nesthocker 601; 1250
Nestor 44›2
Netbook 350›2; 524›3
Netiquette 84›1; 1027
Netmobbing 1761
Netsurfer 1542›2
**nett** 56›1; 124›2; 326›1; 488; 651›1; 866; **1170**
nett, ganz 1086›2
Nettigkeit 487›2
Nettoertrag 1190›2
Nettogewinn 1190›2
Nettopreis 1265›3
Network 1171›4; 1714›3
**Netz** 1055›1; **1171**; 1549›5
Netz, ohne 1134›2
Netz, soziales 1171›5
Netzcomputer 350›2
netzen 614›1
Netzhetze 1761
Netzwerk 1171›2; 1549›5; 1714›3
Netzwerk, soziales 1171›4
netzwerken 1713›3
Netzzugang 125›4
Netzzugriff 125›4
**neu** 645›2; 657›2; 742›2; 1121›1; **1172**; 1226›2
neu, wie 1172›4
neuartig 1172›3
Neuartiges 1174›1
Neuauflage 1901
Neubeginn 1338›1
Neubelebung 522›2; 541›2
Neubildung 1174›1
Neudeutsch 1489›4
Neudruck 1174›2; 1901
Neue, aufs 1899
Neueinstudierung 1901
neuem, von 1899
neuerdings 696›1; 1003; 1899
Neuerer 1252›1
neuerlich 696›1; 1003; 1899
Neuerscheinung 1174›2; 1770›1
Neuerung 1174›1; 1705›1
Neuerwerbung 1174›1
Neues 1174›1

Neufassung 541›3
neugeboren 683›2; 1172›1; 1779›1
neugeboren, wie 754›2; 1172›4
Neugeborenes 933›1
Neugeburt 522›2; 541›2
Neugestaltung 541›1; 1338›1
Neugier 890; 1173; 1473›1
**Neugierde 1173**
neugierig 892›2; 1552
neugierig sein 891›3
neugierig werden 891›2
**Neuheit 1174**
Neuigkeit 1174›1; 1174›2
Neuigkeitskrämer 1432
neulich 1003
Neuling 382›2
neumodisch 1121›2
neunmalklug 640›2; 1391›2
Neuordnung 1338›1
neureich 1322›1
Neurose 718
neurotisch 717
Neutöner 668›6
neutönerisch 667›2
neutral 732›1; 769›1; 1353›1
neutralisieren 150›5
Neutralisierung 149›4
Neutralität 733; 1642›2
Neutrum 591
Neuverfilmung 541›3
Neuwerdung 541›2
neuwertig 1172›1
neuzeitlich 1121›2
Neuzüchtung 1946›1
Newsgroup 1171›4
Newsjockey 1678›1
Nexus 1714›1
Nibelungentreue 611›5
nicht 1168
nicht anders als 1898›1
nicht doch 1168
nicht ganz 1563
nicht gesellschaftsfähig 90›1
nicht gut drauf 1655›1
nicht haben 479
nicht mehr können 536›2; 1775›3
nicht passend 1392›2
nicht selten 1211
nicht tun 1014›2
nicht wirklich 1660
nicht wissen, was man tut 1748›3
nicht wissen, wo einem der Kopf steht 1811›3
nicht zu machen 1660
nicht zufriedenstellend 1651›1
nicht, auch 1168
nicht, durchaus 1168
nicht, fast gar 1453›2
nicht, ganz und gar 1168
nicht, überhaupt 1168
Nichtachtung 1110
Nichtbeachtung 1110
Nichtbegreifen 1658
Nichtfachmann 382›1
nichtig 310›3; 456›3; 947›2; 1023›3; 1392›1; 1635
Nichtigkeit 948›1
Nichtkundiger 382›1
**nichts 1175**
**Nichts 1176**
nichts als 1189
nichts daraus machen, sich 1109›2
nichts haben 479
nichts mehr zu machen 531›1
nichts sagend 180; 310›3; 964›2; 1012›2; 1023›3; 1194›2; 1635
nichts tun 521›3; 592; 1351›1
nichts und wieder nichts, für 1743
nichts werden 472›2
nichts wert 1392›1
nichts zu machen 473
nichts zu tun haben 1011›2
nichts, fast 948›2
nichts, fast gar 923›1
nichts, gar 1175›1
nichts, nach 571›1
nichtsdestotrotz 1603›2
nichtsdestoweniger 3; 1603›2
Nichtsesshafter 1327›2
Nichtskönner 382›2; 1777
Nichtsnutz 1777
Nichtsnutzigkeit 1393
Nichtstuer 593
Nichtstun 522›1; 1672›1
nichtswürdig 1392›5
Nichtswürdigkeit 1393
Nichtwissen 402›1
nicken 277›2; 799›1; 1387›2; 1931›1
Nickerchen 522›3
nie und nimmer 1660
nie, so gut wie 923›1
nieder 947›3
niederbrennen 1745›5; 1936›5
Niederbruch 1937›1
niederbrüllen 1386›2
niederbücken, sich 294›2
niederdrücken 400›1; 493
niederdrückend 1655›5
Niedergang 1343›1
niedergebeugt 1655›1
niedergedrückt 1177›1
niedergehen 1179›4
niedergehend 13
**niedergeschlagen 1177**
Niedergeschlagenheit 1588
niedergeschmettert 1177›1
niedergleiten 1179›4
niederhalten 400›3; 1675›1; 1729›2
niederkommen 679›1
Niederkunft 67›2; 684›1
**Niederlage** 1111; **1178**
**niederlassen** 51›3; **1179**
**niederlassen, sich** 455›3; 544›1; **1179**; 1464›1
niederlassen, sich häuslich 1179›2
**Niederlassung** 50›2; **1180**
niederlegen 126›5; 472›1; 1416›1; 1936›7
niederlegen, Amt 993›1
niederlegen, Arbeit 1529›1
niederlegen, Posten 993›1
niederlegen, sich 1351›1
Niederlegung 119›2
niedermachen 915›3; 1805›2
niedermähen 1936›8
niedermetzeln 1583›1; 1936›8
niederreißen 1209›1; 1936›7
niederringen 1458›2
niederschießen 1583›1
**Niederschlag 1181**; 1877›1; 1910›2
niederschlagen 493; 1389›2
niederschlagen, Augen 1366›1
niederschlagen, sich 1179›6
niederschlagsarm 1598›4
niederschmettern 493
niederschmetternd 1436›2; 1655›5
niederschreiben 1416›1
**Niederschrift** 8›1; **1182**
niedersetzen 22›1

niedersinken 578 ▸2
niederstellen 22 ▸1; 1507 ▸1
niederstimmen 493; 1975 ▸1
niederstürzen 578 ▸1
Niedertracht 1393
niederträchtig 321 ▸1; 347; 1392 ▸5
Niederträchtigkeit 322
Niederung 618 ▸1
Niederwald 341 ▸1
niederwalzen 1936 ▸8
niederwärts 27
Niederwasser 1343 ▸8
niederwerfen 1389 ▸2; 1458 ▸2
niederziehen 506 ▸2; 838 ▸1
niederziehend 1655 ▸5
niederzwingen 1389 ▸2
niedlich 70 ▸2; 866
niedrig 947 ▸3; 1392 ▸5
Niedrigwasser 1343 ▸8
**niemand 1183**
Niemand 1176 ▸2
niemand als 1189
niemand sonst 1189
nieseln 1320
Nieselregen 1181 ▸1
Nießbrauch 153 ▸1
nießnutzen 244
niet- und nagelfest 1455 ▸4
Niete 1111; 1777
Nigger 589
Nightclub 678 ▸1
Nikotinentzug 509 ▸2
Nikotinsucht 1547 ▸3
Nimbus 713 ▸3; 829
Nimmerleinstag, am 1660
nimmermüde 619; 1553 ▸1
nimmersatt 216 ▸2; 1620 ▸1
Nimmersatt 723 ▸3
nimmt alles für bare Münze 401 ▸2
nimmt den Mund voll 1694 ▸2
Nimrod 902 ▸1
nippen 972 ▸2; 1596 ▸2
Nippes 937 ▸1
nirgends 1175 ▸2
nirgendwo 1175 ▸2
Nische 1542 ▸1; 1794 ▸2
Nischel 965 ▸1
Nischenprodukt 1225 ▸2
nisten 1019 ▸2; 1179 ▸1
Niveau 84 ▸1; 1289 ▸2; 1297 ▸1
niveaulos 938
niveauvoll 83 ▸1; 991 ▸2
nivellieren 150 ▸1; 766 ▸1; 1733
nivellierend 768 ▸2
Nivellierung 149 ▸1; 1612 ▸5; 1734
Nixe 704 ▸4
no exit 1660
no future 1660
nö ne 1660
nobel 414 ▸3; 790 ▸1; 1838
Nobilität 36 ▸2
nobilitieren 418 ▸1
Noblesse 36 ▸1; 605 ▸1; 1409 ▸2
Nobody 1176 ▸2
noch 116 ▸3
noch da 1623 ▸1
noch nicht 416; 1478 ▸1
noch und nöcher 1819 ▸1
noch vorhanden 1623 ▸1
nochmals 1899
No-Deutsch 1489 ▸4
no-go 1660
nolens volens 1648 ▸2
Nom de Guerre 1283
Nom de Plume 1283
Nomade 1327 ▸2
Nomenklatur 1489 ▸5; 1813 ▸3
Nomenklatura 844 ▸1; 1198
nominell 53
nominieren 1169 ▸2; 1859 ▸2
Nominierung 1858 ▸3
non plus ultra 551
No-Name 1637 ▸1
nonchalant 631 ▸3; 1145 ▸3
Nonkonformist 159 ▸4; 929
nonkonformistisch 930
**Nonne 1184**
Nonplusultra 763 ▸7
Nonsens 1670 ▸1
nonstop 879 ▸1
Nonvalenz 183
nonverbal 1435 ▸2
Nordeuropa 565 ▸1
nordeuropäisch 565 ▸2
Nordlicht 1509
Nörgelei 984 ▸4
nörgeln 194; 1550 ▸1
Nörgler 985 ▸2; 1234 ▸1
Norm 747 ▸2; 1084 ▸3; 1317 ▸1
normal 675 ▸1; 754 ▸1; 1786 ▸3
Normale, das 1317 ▸2
Normalfall 1317 ▸2
normalisieren 259 ▸1
Normalität 1317 ▸2
normativ 1896 ▸3
normen 612 ▸3
normieren 1733
Normierung 1612 ▸5; 1702; 1734
Normung 1734
normwidrig 1779 ▸3
Normwidrigkeit 29 ▸5
Norne 1271
Nostalgie 471; 1757 ▸2
nostalgisch 43 ▸5; 470
Nostrifikation 429
nostrifizieren 126 ▸6
**Not 1185**
Not leiden 479; 869 ▸1
Not leidend 106 ▸1
Not, in 106 ▸1; 853 ▸2
Not, mit knapper 951 ▸2
Notabeln 1196 ▸2
notabene 1162 ▸1
Notar 909 ▸2
notariell 1208 ▸3
Notat 1182 ▸1
Notausgang 1210 ▸1
Notbehelf 547 ▸1
Notbett 293
Notbremse 851 ▸2
notdürftig 951 ▸2; 1651 ▸1
Note 158; 422 ▸2; 1696 ▸1
Note, menschliche 1100
Notebook 350 ▸2
Nöten, in 399; 853 ▸2
Noten, ohne 1691 ▸3
Notfall 1185 ▸2
notfalls 579
notgedrungen 1648 ▸2
Notgroschen 270 ▸4
Nothelfer 835 ▸1
notieren 126 ▸5; 612 ▸2; 1416 ▸1; 1731
Notierung 1732 ▸1
nötig 1186 ▸1
nötig haben 325
nötig sein 596 ▸2
nötig, nicht mehr 1662
nötigen 49 ▸3; 311 ▸2; 389 ▸4; 1975 ▸1
nötigen lassen, sich 804 ▸3; 1366 ▸1
nötigenfalls 579
Nötigung 397 ▸1; 398 ▸3; 1967 ▸1
Nötigung, sexuelle 1454
Notiz machen 1416 ▸1
Notizen 1182 ▸1
Notizheft 825 ▸1

Notizzettel 524 ▸ 3
Notlage 1185 ▸ 2; 1759 ▸ 1
Notlage, in einer 399
Notlösung 547 ▸ 1
Notlüge 499 ▸ 2; 1066 ▸ 4
notorisch 1318 ▸ 1
Notruf 851 ▸ 2; 852
Notschrei 852
Notsignal 852
Notstand 397 ▸ 2; 1185 ▸ 2
nottun 596 ▸ 2
Notvorrat 547 ▸ 1
**notwendig 1186**; 1896 ▸ 1
notwendigerweise 1186 ▸ 2
**Notwendigkeit 1187**; 1245; 1384 ▸ 2
Notzeit 1185 ▸ 2
Nouveauté 1174 ▸ 1
Novelle 517 ▸ 2; 556 ▸ 2
Novellist 1418
Novität 1174 ▸ 1
Novum 1174 ▸ 1
Nu, im 427 ▸ 2; 1405 ▸ 2
**Nuance** 23 ▸ 1; 230; 948 ▸ 2; **1188**
nuanciert 1021 ▸ 4
Nuanciertheit 605 ▸ 2
Nuancierung 23 ▸ 1
nüchtern 180; 542 ▸ 1; 1012 ▸ 1; 1353 ▸ 2; 1360 ▸ 3; 1598 ▸ 3; 1598 ▸ 5; 1768 ▸ 4
Nüchternheit 944 ▸ 3; 1785 ▸ 2
nude 590 ▸ 1
Nudel 775 ▸ 2
nudeln 673 ▸ 1
Nukleus 1114 ▸ 6
null 1175 ▸ 1
Null 1176 ▸ 2; 1777
null und nichtig 1392 ▸ 6
nullachtfünfzehn 675 ▸ 3
Nullchecker 403 ▸ 2
Nulldiät 377 ▸ 1
Null-Null 1579 ▸ 1
Nullpunkt 1176 ▸ 1; 1395 ▸ 2; 1514
Nulltarif, zum 1630 ▸ 1
Nulpe 403 ▸ 2; 1777
Numen 782 ▸ 1
numinos 1688 ▸ 4
Nummer 566; 577 ▸ 2; 927 ▸ 6; 1050 ▸ 3; 1084 ▸ 5; 1708 ▸ 2; 1844 ▸ 3
Nummer eins 1459 ▸ 1
Nummer haben 199 ▸ 3
Nummer sicher 689 ▸ 2
Nummer sicher, auf 1647 ▸ 2
Nummer, große 570
nummerieren 928 ▸ 3; 1221 ▸ 2; 1926 ▸ 1
Nummernschild 927 ▸ 2
nun 696 ▸ 1; 1468
nun gerade 16
nunmehr 696 ▸ 1
Nuntius 385 ▸ 1
**nur** 3; 156; 923 ▸ 1; **1189**
nur eben 951 ▸ 2
nur so tun 1845
nuscheln 1490 ▸ 3
Nuss, doofe 403 ▸ 2
Nuss, harte 1759 ▸ 1
Nuss, in einer 148 ▸ 3
Nuss, taube 593; 1777
nussbraun 405 ▸ 6
Nutte 1275
Nutzanwendung 1395 ▸ 4
nutzbar machen 244; 544 ▸ 3
Nutzbarkeit 1190 ▸ 4
nutzbringend 1192 ▸ 2
nutze 1192 ▸ 1
nütze sein 1191 ▸ 1
nutzen 152 ▸ 1; 244; 1191 ▸ 2
**Nutzen** 153 ▸ 1; 890; **1190**; 1846 ▸ 2; 1895 ▸ 1
**nützen** 212 ▸ 1; 380 ▸ 2; **1191**; 1585 ▸ 4; 1907 ▸ 2
Nutzen sein, von 1191 ▸ 1
nutzen, Gelegenheit 1191 ▸ 2
Nutzgarten 677
**nützlich** 353 ▸ 2; 754 ▸ 4; **1192**; 1312 ▸ 4; 1909 ▸ 1; 1968 ▸ 1
nützlich machen, sich 834 ▸ 1
nützlich sein 1191 ▸ 1
Nützlichkeit 1190 ▸ 4
nutzlos 1392 ▸ 1; 1630 ▸ 2; 1649 ▸ 1; 1743
Nutzlosigkeit 1744
Nutznießer 779; 1397 ▸ 2
Nutznießung 153 ▸ 1
Nutzung 153 ▸ 1
Nymphe 704 ▸ 4
nymphoman 1069

# O

o. k. 801▸3
ob 68▸2; 1885
ob auch immer 1197
Obacht 1470▸2
Obdach 830▸1
obdachlos 391▸3; 847▸1
Obdachlosenheim 830▸2
Obdachloser 1327▸2
obduzieren 1933▸2
O-beinig 987▸5
Obelisk 371
oben 859▸1; 1837▸1
oben bis unten, von 676▸2
oben ohne 1149▸2
oben, ganz 859▸4
oben, nach 137
oben, von 859▸1
obenan 551; 1837▸1
obenan stellen 296▸2
obenauf 832▸3; 859▸4; 1837▸1
obendrein 116▸3
obenhin 1032▸1; 1145▸1; 1162▸2; 1194▸3
Ober 202▸3
oberaffengeil 1249▸1
Oberaufsicht 1043▸1; 1043▸2
oberfaul 1970▸1
**Oberfläche 1193**
Oberfläche, auf der 391▸4
Oberfläche, unter der 1673▸4; 1715▸1
**oberflächlich** 180; 310▸3; 1032▸1; **1194**
**Oberflächlichkeit** 1146; **1195**
obergescheit 1391▸2
Oberguru 668▸6
oberhalb 859▸1
Oberhand 1846▸1
Oberhand gewinnen 1458▸2
Oberhand haben 666▸2
Oberhaupt 668▸1
Oberin 1042▸2; 1135▸3
Oberkellner 202▸3
oberlehrerhaft 236▸2
Oberlicht 1210▸5
Oberlippenbart 185
Oberrichter 1234▸1
**Oberschicht 1196**; 1382▸3
oberschlau 1391▸2
Oberschüler 1424▸1
Oberstübchen 965▸1; 1785▸2
Oberstübchen, nicht richtig im 1773▸1
Oberwasser 1846▸1
Oberwasser haben 758▸2
**obgleich 1197**; 1603▸1
Obhut 1243▸1; 1425▸4
Objekt 694▸1
Objektangst 61▸6
objektiv 732▸1; 1353▸1
Objektivität 733
obliegen 1130
Obliegenheit 119▸1; 381▸1; 1245
obligat 1186▸1
Obligationen 270▸3
obligatorisch 748▸5; 1976▸2
Obligo 340▸1
Obolus 7; 674▸1
**Obrigkeit 1198**
obschon 1197; 1603▸1
observieren 245▸2
Obsession 546▸3
obsessiv 1500▸2
obsiegen 1389▸2; 1458▸2
obskur 405▸4; 1970▸3
Obskurität 406▸3
obsolet 1703
Obsorge 1469
Obstgarten 677
obstinat 423
obszön 90▸3
Obszönität 659▸2
Obus 576▸4
obwohl 1197; 1603▸1
obzwar 1197
ochsen 1044▸1; 1606
Odaliske 1275; 1466▸1
**öde** 180; 571▸1; 1012▸2; **1199**; 1302▸5; 1582▸2; 1649▸1
**Öde** 41▸2; 1009; **1200**; 1319▸2
Odem 1063▸4
öden, sich 1011▸2
**oder 1201**
oder aber 1201
oder auch 1201
Odeur 107
odiös 1633▸3
Odium 597▸5
Ödland 1200▸4
Odyssee 597▸3
Œuvre 1041▸1; 1411▸2
Ofen 842▸1
ofenfrisch 1491▸1
Ofenheizung 833
Ofenschirm 867▸7
ofenwarm 657▸2
Off 856▸1
off limits 742▸3; 1717
**offen** 130; 367; 431▸2; 464▸2; 642▸2; 642▸3; 642▸4; 892▸1; 1060▸3; 1116; 1154; **1202**; 1645▸3; 1669▸1
offen lassen 151▸1; 170▸2; 1014▸3
offen legen 1203▸1
offen stehen 87▸1; 1209▸4
offen stehend 1202▸4
offenbar 78; 942▸3
offenbar werden 1203▸2
**offenbaren** 161▸3; **1203**; 1725▸1; 1769▸2; 1931▸3
**offenbaren, sich 1203**
**Offenbarung 1204**; 1836
Offenbarungseid 183
**Offenheit** 432▸1; 465▸2; **1205**
offenherzig 1116; 1202▸2
Offenherzigkeit 1205▸1
offenkundig 942▸3; 1455▸4
Offenlegung 1204▸1
offensichtlich 942▸3
offensiv 37▸1
Offensive 60▸1; 1539▸2
**öffentlich 1206**; 1239▸3
öffentlich machen 1769▸2
öffentlich, nicht 742▸3
öffentliche Einrichtung 1222▸2
**Öffentlichkeit 1207**
Öffentlichkeit, in aller 1206▸1
Öffentlichkeitsarbeit 1894▸1
öffentlichkeitswirksam 260▸1
Öffentlichkeitswirksamkeit 200▸2
offerieren 49▸1; 305; 1841▸1
Offerte 467; 1840
**offiziell** 964▸2; **1208**; 1455▸4
Offizier 1106▸1
offiziös 1208▸1
**öffnen 1209**
öffnen, alle Schleusen 1203▸3
öffnen, Augen 1203▸2
öffnen, gewaltsam 1209▸1
**öffnen, sich 1209**
öffnen, Ventil 11▸2
**Öffnung 1210**

**oft 1211**
öfter 1211
Öfteren, des 1211
öfters 1211
oftmalig 1211
oftmals 1211
ohne 160▸1; 1149▸1
ohne, nicht 801▸2
ohnedem 116▸2
ohnedies 116▸2
ohnegleichen 162▸1
ohnehin 1162▸1
Ohnmacht 1429▸3; 1642▸3
ohnmächtig 853▸1; 1428▸5; 1641▸2
ohnmächtig werden 1959▸1
Ohnmachtsgefühl 1429▸3
**Ohr 1212**
Öhr 1210▸3
Ohr, feines 465▸1
Ohren, bis über die 1448▸1
Ohren, nicht trocken hinter den 1666▸2
Ohren, nichts für fremde 1797
ohrenbetäubend 1017
Ohrenbläser 1397▸1
Ohrenbläserei 895
Ohrenschmaus 727▸1
Ohrensessel 1465▸2
Ohrfeige 1388▸1
ohrfeigen 1389▸1
Ohrwaschel 1212
Ohrwurm 736▸2
okay 801▸3
okkult 405▸4; 1715▸2
Okkultismus 698
Ökobank 182▸2
Ökofreak 159▸4
ökologisch 1632▸1
Ökonomie 1476
ökonomisch 955; 1192▸2; 1475▸2; 1968▸2
Ökozid 1937▸1
oktroyieren 1975▸1
okulieren 1947▸1
Okzident 565▸1
okzidental 565▸2
Öl 475▸2
olber 1259▸1
Ölbild 306▸2
Oldtimer 576▸2
ölen 766▸4
Ölfilm 616▸1
Ölheizung 833
ölig 765▸6; 1403▸1
oll 43▸3
Öllampe 1007▸1
Olle 1230▸4
Oller 44▸2; 1230▸4
Ölofen 842▸1
Olymp 1229; 1297▸2
Olympiade 958▸2
Olympiasieger 1459▸1
Olympiateilnehmer 1484
olympiaverdächtig 1485▸1
olympisch 598▸2
Oma 1135▸2
Ombudsmann 908▸2
Omen 1930▸3
ominös 1970▸1
Omnibus 576▸4
omnipotent 1072▸3
Omnipotenz 1071▸1
omnipräsent 1607▸1
on demand 203
onanieren 212▸2
Ondit 53; 734▸1
One-Night-Stand 1050▸4
onkelhaft 837
online 1723▸2
online gehen 1713▸2
Online-Presse 1266▸2
Online-Shop 737▸2
online-shoppen 921▸1
Online-Shopping 920
Ontogenese 508▸3
opalisierend 715▸2
Open End 879▸1; 1643▸2
Oper, komische 956
Operation 1681▸2
operationalisieren 1933▸1
operativ 1123▸1; 1837▸1
Operator 1765▸2; 1766▸1
Operette 956
Operettensänger 1358▸1
**operieren** 812▸1; **1213**
Opernglas 764▸4
Operngucker 764▸4
Opernhaus 1573▸2
Opernsänger 1358▸1
Opernsängerin 1358▸2
**Opfer 1214**; 1814▸2
opferbereit 1639
Opferbereitschaft 872▸1; 1640
Opferdienst 1214▸3
Opfergabe 674▸1
Opferhandlung 1214▸3
Opfermut 1640
**opfern 1215**; 1815▸1
**opfern, sich 1215**
Opferung 1214▸3
opferwillig 1639
Opiat 1306
Opinio communis 795▸2
Opinionleader 1207▸4
Opponent 697▸1; 929
opponieren 123▸2
opportun 800▸1; 1968▸2
Opportunismus 752; 1695▸3
**Opportunist 1216**
opportunistisch 751
Opportunität 1124
Opposition 691▸1; 1897▸2
oppositionell 692▸3
Oppositioneller 697▸2
optieren 1859▸3
optimal 551; 1448▸2
optimieren 1711▸2
Optimierung 1712▸2
**Optimismus 1217**; 1796
**Optimist** 873▸1; **1218**
**optimistisch** 832▸1; 1031▸4; **1219**
Optimum 763▸3
Option 497▸1; 1858▸2
opulent 1322▸4
Opulenz 670▸1; 1281▸2
Opus 1041▸1; 1411▸2
Opus magnum 1041▸2
Orakel 1836
orakelhaft 405▸4; 1272
orakeln 1273
Orakelwesen 4
Orbitalstation 576▸10
Orchester 797▸3; 797▸4
Orchesterleiter 1042▸2
Orchestermusiker 1129▸2
orchestrieren 72▸1; 196▸6
Orchestrierung 815▸1
Orden 417▸2; 1714▸4
Ordensfrau 1184
Ordensmann 936▸2
Ordensschwester 1184
**ordentlich** 85▸3; 326▸2; 339▸1; 719▸1; 728▸2; **1220**; 1354▸3; 1966▸2
Order 207▸1; 747▸1
ordern 279▸1
ordinär 90▸4; 310▸3
Ordination 436▸2; 737▸3

**ordnen** 943 ▸1; **1221**; 1831 ▸1
Ordner 1813 ▸4
Ordner, digitaler 1813 ▸4
Ordnung 776; 944 ▸2; 1317 ▸1
Ordnung machen 481 ▸2
Ordnung, in 310 ▸2; 531 ▸1; 608 ▸1; 728 ▸1; 801 ▸2; 1220 ▸1; 1312 ▸1
Ordnung, zweiter 947 ▸2
Ordnungsfanatismus 1235 ▸1
ordnungsgemäß 728 ▸2; 748 ▸4; 1312 ▸2
Ordnungshüter 1261 ▸1
Ordnungsliebe 1235 ▸1
ordnungsliebend 1220 ▸2
ordnungsmäßig 728 ▸2
Ordnungsprinzip 1549 ▸2
Ordnungsruf 1077 ▸3; 1380 ▸2
Ordnungsversessenheit 1235 ▸1
Ordnungswahn 1235 ▸1
ordnungswidrig 1717
Organ 1222 ▸2
Organ für 465 ▸1
Organe, innere 437
**Organisation** 446 ▸3; 630 ▸1; **1222**; 1535
Organisator 1042 ▸2
**organisch** 728 ▸3; 1161 ▸1; **1223**; 1463 ▸3
**organisieren** 273 ▸1; 1163 ▸2; 1221 ▸1; **1224**; 1254 ▸3; 1680 ▸1; 1707 ▸2; 1831 ▸2
**organisieren, sich 1224**
organisiert 728 ▸3; 1723 ▸1; 1898 ▸3
Organisierung 1708 ▸1
Organismus 968 ▸1; 1912 ▸2
Organizer 524 ▸3
Orgasmus 763 ▸2
Orgelton 1515 ▸1
orgiastisch 545 ▸3; 1088 ▸3
Orgie 708; 1615 ▸2
orientieren 525 ▸4; 1029 ▸1; 1203 ▸2; 1725 ▸1
orientieren, sich an 629 ▸3
orientiert, praktisch 1353 ▸2
Orientierung 1566 ▸2
original 412 ▸1; 1161 ▸1; 1659 ▸4
**Original** 159 ▸1; **1225**; 1291 ▸3
Originalausgabe 1225 ▸1
originalgetreu 412 ▸1
Originalität 422 ▸2; 1248; 1269 ▸1
Originaltext 1225 ▸1
Originalton 1225 ▸1
**originell** 272 ▸3; 1172 ▸3; **1226**; 1410
Orkan 1539 ▸1
Orkus 1685 ▸2
Orlog 982 ▸1
Ornament 1131 ▸1; 1286 ▸2
Ornat 946 ▸2
Ornat, in vollem 1579 ▸2
Orplid 1229
**Ort** 1005 ▸1; **1227**; 1495 ▸1
Ort der Handlung 1372 ▸1
Ort des Geschehens 1372 ▸1
Ort und Stelle, an 1220 ▸1
Ort, an diesem 850
Ort, an keinem 1175 ▸2
Ort, vor 1837 ▸1
Örtchen 1579 ▸1
orten 612 ▸3
orthodox 660; 1532 ▸1
Orthodoxie 1533 ▸1
örtlich 203
Örtlichkeit 1227 ▸1
ortsansässig 225 ▸1
Ortschaft 1227 ▸1; 1495 ▸1
ortsfest 58 ▸2
ortsfremd 645 ▸2
ortsgebunden 58 ▸2
Ortsgrößen 1196 ▸2
Ortskaiser 94 ▸2
Ortsveränderung 300 ▸2; 483 ▸5
Ortswechsel 483 ▸5
Ortung 613 ▸2
Oschi 1536 ▸6
Öse 209 ▸2; 1210 ▸3; 1780 ▸2
ostentativ 16; 839; 1140 ▸1
Osteuropa 565 ▸1
osteuropäisch 565 ▸2
Oszillation 300 ▸4
oszillieren 1439 ▸4
Oszillieren 1440
Otium 1672 ▸2
Otterngezücht 750
Otto Normalverbraucher 1097 ▸6
Ottomane 1465 ▸2
Ötzis 461
out 1703; 1739
Outcast 159 ▸3
outdoors 391 ▸1
outen 1203 ▸1
outen, sich 1203 ▸3
Outfit 167 ▸3; 1513 ▸4
Outing 1204 ▸1
Outlaw 159 ▸3
Outlet 737 ▸2
Output 1041 ▸1
outriert 545 ▸1; 1088 ▸3; 1620 ▸2
Outriertheit 1619 ▸1
Outsider 159 ▸2
outsourcen 1617 ▸1
Outsourcing 119 ▸2
Ouvertüre 50 ▸2; 436 ▸1
Ovation 229; 417 ▸2
over 1620 ▸1
overdressed 1620 ▸3
Overkill 1615 ▸2; 1855 ▸2
overprotecting 1471 ▸2
Overstatement 1619 ▸1
overstyled 1620 ▸3
oxidieren 1724 ▸2
Ozean 757 ▸4
Ozeandampfer 576 ▸6
Ozeanriese 576 ▸6

# P

Paar 1230 ▸ 4; 1973 ▸ 2
paar, ein 1890 ▸ 2
paaren 1713 ▸ 2
paaren, sich 1051 ▸ 3
paarig 388
paarungsbereit 1069
paarweise 388
Pachulke 403 ▸ 3
Pack 750; 1290 ▸ 1
Päckchen 1262 ▸ 3
**packen** 59 ▸ 2; 74 ▸ 2; 217 ▸ 1; 585 ▸ 1; 671 ▸ 2; 891 ▸ 1; 1163 ▸ 1; **1228**
Packen 1015 ▸ 1; 1290 ▸ 1
packen, bei der Ehre 1076 ▸ 3
packen, beim Kragen 1228 ▸ 3
packen, Chance beim Schopfe 1191 ▸ 2
packen, in Watte 1812 ▸ 1
packen, Koffer 1228 ▸ 2
packend 129 ▸ 1; 598 ▸ 2; 889 ▸ 1
Packmaterial 867 ▸ 1
Packpapier 867 ▸ 1
Packung 1290 ▸ 1
Pädagoge 1030 ▸ 1
pädagogisch 236 ▸ 2
paddeln 298 ▸ 4
Paddler 1444
paffen 1303
Page 823 ▸ 4
Pagina 1536 ▸ 7
paginieren 928 ▸ 3; 1926 ▸ 1
Paket 1262 ▸ 3; 1290 ▸ 1
Pakt 1714 ▸ 6; 1732 ▸ 2
paktieren 1713 ▸ 3
Paladin 65 ▸ 2
Palais 821 ▸ 1
Palast 821 ▸ 1
Palastrevolution 133 ▸ 2
Palaver 276 ▸ 3; 734 ▸ 2
palavern 275 ▸ 3; 1490 ▸ 3; 1677 ▸ 3
palen 1061 ▸ 10
Palette 1294 ▸ 2; 1822 ▸ 2
paletti 765 ▸ 4
Palimpsest 699 ▸ 1
Pallawatsch 1664 ▸ 2
Pall-Mall 737 ▸ 5
pampern 1426 ▸ 1
Pamphlet 984 ▸ 3
pampig 640 ▸ 3; 1657 ▸ 2
Pampigkeit 641 ▸ 3
Panama 966
Paneel 867 ▸ 3
paneelieren 198; 673 ▸ 2
Panik 61 ▸ 1; 1664 ▸ 4
Panik bekommen 62 ▸ 1
Panikmache 1619 ▸ 2
panisch 63 ▸ 1; 1911 ▸ 2
panisieren 62 ▸ 1
Panne 1111; 1363 ▸ 1; 1521; 1776 ▸ 2
Pannenhilfe 851 ▸ 2
Panoptikum 168 ▸ 3
Panorama 164 ▸ 1; 306 ▸ 1
panschen 1735 ▸ 2
Panscherei 1108 ▸ 1
Pantheon 371; 654
Pantoffel, unter dem 1647 ▸ 3
Pantoffelheld 601
Pantoffelkino 607 ▸ 1
Pantomime 110 ▸ 2
pantomimisch 1435 ▸ 2
Panzer 867 ▸ 2
Panzerschrank 918 ▸ 1
Papa 1700 ▸ 2
papabile 1192 ▸ 4
Papagallo 1070
Papagei 1136
Paper 793 ▸ 5
Paperback 334 ▸ 2
Papi 1700 ▸ 2
Papier 867 ▸ 1
Papier, auf dem 719 ▸ 5
Papierbogen 1536 ▸ 7
Papiergeld 709 ▸ 1
Papierkram 632 ▸ 1
Papierkrieg 632 ▸ 1
Papiersack 867 ▸ 10
Papiertiger 1432
Pappdeckel 867 ▸ 1
Pappe 867 ▸ 1
päppeln 673 ▸ 1
pappen 208 ▸ 1
Pappenstiel 948 ▸ 1
Pappenstiel, für einen 310 ▸ 1
Pappenstiel, kein 1819 ▸ 3
pappig 631 ▸ 1; 1925 ▸ 3
Pappkamerad 1802 ▸ 5
pappsatt 1359 ▸ 1
Paps 1700 ▸ 2
Papst 668 ▸ 6
päpstelnd 1236 ▸ 2
par force 1636 ▸ 1
Parabel 306 ▸ 5; 556 ▸ 2; 1930 ▸ 1
parabolisch 308 ▸ 2
Parade 1281 ▸ 1
Paradebeispiel 233
paradieren 1264 ▸ 1; 1282 ▸ 1
**Paradies 1229**
paradiesisch 778 ▸ 3
Paradigma 233; 875 ▸ 1
paradox 24
Paragraph 747 ▸ 1
Paragraphen, nach den 748 ▸ 3
Paragraphenreiter 1234 ▸ 1
parallel 501 ▸ 1
Parallelaktion 1137 ▸ 1
Parallele 502 ▸ 1
Parallelismus 1612 ▸ 1
Parallelität 1612 ▸ 1
Parallelkultur 1542 ▸ 1
Parallelogramm 1823
Parallelwelt 1555 ▸ 2
paralysieren 1430; 1675 ▸ 1
Parameter 789 ▸ 1
Paranoia 706
paranoid 705
Paranoiker 601
paranoisch 705
Paraphe 278 ▸ 4
paraphieren 277 ▸ 3
Paraphierung 278 ▸ 4
Parasit 1397 ▸ 2
parat 252 ▸ 2; 608 ▸ 3; 1835 ▸ 1
Paravent 867 ▸ 7
Pärchen 1973 ▸ 2
pardon 312 ▸ 2
Pardon 492 ▸ 2; 781 ▸ 1
Parentel 1809 ▸ 1
Parenthese 517 ▸ 4
Parenthese, in 1162 ▸ 2
parenthetisch 1162 ▸ 2
Parfüm 107
parfümieren 1924 ▸ 1
Paria 159 ▸ 3; 1466 ▸ 1
parieren 701 ▸ 1; 1426 ▸ 3; 1507 ▸ 3
Paris 1409 ▸ 5
Pariser 1425 ▸ 5
Parität 1612 ▸ 3
paritätisch 772
Park 677
Parkanlage 677
parken 22 ▸ 3
parkettsicher 741 ▸ 2
Parklücke 1062 ▸ 2

Parkverbot 1716 ▸ 2
Parlamentarier 1802 ▸ 3
Parlando 1679 ▸ 1; 1847
parlieren 1677 ▸ 3
Parochie 935 ▸ 5
Parodie 1486 ▸ 4
parodieren 1487 ▸ 3
parodistisch 1488 ▸ 2
Paroli bieten 123 ▸ 2
Paroxysmus 546 ▸ 1
Part 1342 ▸ 1
Partei 1222 ▸ 2
Partei ergreifen 1426 ▸ 3; 1964 ▸ 2
Parteibuch, richtiges 1714 ▸ 3
Parteifreund 649
Parteigänger 65 ▸ 2
Parteigenosse 65 ▸ 2
parteiisch 452 ▸ 1; 1567; 1652
Parteiklüngel 950
parteilich 1567
Parteiprogramm 526 ▸ 5
Parteitag 1590 ▸ 2
Parteiwechsel 1879 ▸ 2
parterre 1673 ▸ 2
Partie 575 ▸ 1; 1290 ▸ 1; 1342 ▸ 1; 1557 ▸ 1
Partie sein, mit von der 1560 ▸ 2
Partie, gute 1322 ▸ 1
partiell 452 ▸ 2; 1563
Partikel 190 ▸ 1; 1557 ▸ 3
partikular 203
Partikulation 18 ▸ 2
Partisan 916 ▸ 5
Partisanenkrieg 982 ▸ 2
Partitur 1572
Partizipation 1559 ▸ 2
partizipieren 1560 ▸ 1
partizipieren lassen 286
**Partner** 711; **1230**
Partnerarbeit 1958
Partnerlook 768 ▸ 2
Partnerschaft 652 ▸ 1; 1714 ▸ 5
partnerschaftlich 772
Partnerwechsel 1879 ▸ 2
partout 1636 ▸ 1
Partouze 708
Partus 67 ▸ 2; 684 ▸ 1
Party 746 ▸ 2
Partylöwe 1738 ▸ 1
Parzelle 792; 1557 ▸ 1
parzellieren 1558 ▸ 2; 1933 ▸ 1
Parzen 1384 ▸ 1
Pascha 1070
Pasquill 1486 ▸ 4
Pass 278 ▸ 1; 1210 ▸ 4
passabel 1086 ▸ 2; 1942
Passage 575 ▸ 3; 737 ▸ 5; 1210 ▸ 4; 1251 ▸ 3; 1557 ▸ 1
Passagier 282 ▸ 2; 1327 ▸ 1
Passagier, blinder 1327 ▸ 1
Passagierflugzeug 576 ▸ 7
Passagierschiff 576 ▸ 6
passé 1703; 1739
passen 121 ▸ 3; 500 ▸ 3; 688 ▸ 1; 1464 ▸ 4; 1482 ▸ 9; 1589 ▸ 7
passen zu 1503 ▸ 4
passend 56 ▸ 1; 85 ▸ 1; 501 ▸ 1; 772; 800 ▸ 3; 1192 ▸ 1; 1904; 1968 ▸ 1
passend, genau 719 ▸ 6
passend, nicht 1392 ▸ 2
Passepartout 278 ▸ 1
Passerelle 331 ▸ 1
Passform haben, gute 1464 ▸ 4
passgenau 719 ▸ 6
**passieren** 10 ▸ 2; 214 ▸ 2; **1231**; 1934
passieren lassen 1231 ▸ 3
passieren lassen, Revue 523 ▸ 1
passieren, etwas 1508 ▸ 4
Passierschein 278 ▸ 1
Passion 460 ▸ 4; 546 ▸ 4; 1050 ▸ 2
passioniert 545 ▸ 3; 826 ▸ 2
Passionsspiel 1373 ▸ 1
passiv 769 ▸ 2; 1641 ▸ 1; 1671 ▸ 2
Passiva 1420 ▸ 2
Passivität 1350 ▸ 3; 1642 ▸ 2; 1672 ▸ 2
Passus 1557 ▸ 1
Passwort 927 ▸ 5
Pastell 306 ▸ 2
pasteurisieren 519 ▸ 2
Pastor 936 ▸ 1
pastoral 598 ▸ 3
Patchwork 1108 ▸ 3
Patchworkfamilie 797 ▸ 10
Pate 336
patent 573 ▸ 1; 1968 ▸ 1
Patent 278 ▸ 1; 1938 ▸ 1
patentieren 1457 ▸ 2
patentiert 1455 ▸ 5
Paternoster 139 ▸ 1; 576 ▸ 9
Pathetik 1619 ▸ 1
pathetisch 598 ▸ 3; 1140 ▸ 2
**pathologisch 1232**
Pathos 1139
Pathos, hohles 1251 ▸ 2
**Patient 1233**
Patienten 995 ▸ 2
Patina 1181 ▸ 3
Patriarch 44 ▸ 2
Patriotismus 1158 ▸ 1
Patriziat 36 ▸ 2
Patrizier 338 ▸ 1
Patron 1042 ▸ 2
Patronage 1425 ▸ 4
Patrone 989 ▸ 2
Patrouille 1280 ▸ 2
Patsche 1185 ▸ 2; 1759 ▸ 1
Patsche, in der 853 ▸ 2
patschen 1389 ▸ 1
patschnass 1157 ▸ 1
patt 1645 ▸ 2
Patt 1612 ▸ 3
Pattern 1754 ▸ 1
Patterndrill 1624
patzen 1247
Patzer 597 ▸ 1; 1246
patzig 640 ▸ 3; 1657 ▸ 2
Patzigkeit 641 ▸ 3
pauken 1029 ▸ 1; 1044 ▸ 1; 1482 ▸ 3; 1606
Pauker 1030 ▸ 1
pauschal 40 ▸ 5; 676 ▸ 3
Pauschale 1727 ▸ 1
pauschalisieren 1701
Pauschalisierung 1702
Pauschalurteil 1850
Pause 522 ▸ 1; 807 ▸ 6; 1514; 1674 ▸ 1
Pause machen 521 ▸ 1
Pausenclown 1678 ▸ 2
pausenlos 879 ▸ 1
pausieren 439 ▸ 1; 521 ▸ 1; 1351 ▸ 1
Pavillon 737 ▸ 4
Pay-TV 607 ▸ 2
Pazifismus 653 ▸ 2
pazifistisch 655 ▸ 1
PC 350 ▸ 2
PDA 524 ▸ 3
Peanuts 948 ▸ 1; 1635
Pech 1111; 1363 ▸ 1; 1654; 1759 ▸ 1
Pech haben 1364 ▸ 4; 1378 ▸ 2
pechschwarz 405 ▸ 1
Pechsträhne 1759 ▸ 1
Pechvogel 1214 ▸ 2
**Pedant 1234**
**Pedanterie 1235**
**pedantisch** 1012 ▸ 1; **1236**
Pedicab 576 ▸ 8
pediküren 1244 ▸ 5
peelen 766 ▸ 3
Peepshow 1679 ▸ 7

Peergroup 797›6
peilen 1789›2; 1941›1
peilen, über den Daumen 1370›2
Peilung 526›3
Pein 1036›1; 1398›2
**peinigen 1237**
**peinigen, sich 1237**
peinigend 1288›1
Peinigung 333; 1398›2
**peinlich** 719›1; **1238**; 1471›1; 1633›1; 1653›1
Peinlichkeit 1759›3
peinvoll 1288›2
Peitsche 1516›2
peitschen 1237›7
pejorativ 31›2
Pelemele 1108›3
Pelle 867›2
pellen 1061›10
Pelz 803›1; 867›2
pelzig 1598›1
Pelzjäger 902›1
Pendant 502›1
Pendelbewegung 300›4; 1440
pendeln 1431›1; 1439›2
Pendeln 300›4
penetrant 888›1; 1016›3; 1368›3
penetrieren 430›4
penibel 719›1; 1220›1; 1236›1
Penibilität 1235›1
Penis 775›2
Pennäler 1424›1
Pennbruder 1327›2
Penne 1423›1
pennen 1387›2
Penner 1327›2; 1777
Pension 44›3; 678›2; 1333›2
Pensionär 44›2
pensionieren 993›4
pensionieren lassen, sich 993›1
pensioniert 43›6
Pensionierung 44›3; 994›1
Pensum 119›6; 1290›2
Penthaus 1916›2
Penunze 709›3
Pep 1442›2
per 1119›3
Percussionist 1129›2
perdu 1883›1
perennierend 363›3
perfekt 531›1; 676›1; 1826›1
Perfektion 763›7; 1827
perfektionieren 516›1; 1825
Perfektionierung 517›1
Perfektionist 1526
perfektionistisch 719›1
perfide 321›1; 1392›5
Perfidie 581›1; 1393
perforieren 1209›1
Performance 713›2; 1041›1; 1573›1; 1708›2
Performanz 1041›1
pergamenten 43›2
Periode 1317›4; 1932›1
Periodikum 1266›2
periodisch 1318›1; 1849›1
periodisieren 1221›2
Periodizität 1319›1
Peripetie 983›1
peripher 1194›1; 1635
Peripherie 1341›1; 1495›4
Peristase 1631›1
Perle 823›2
perlen 623; 1371›1
Perlen 971›2
Perlen vor die Säue werfen 1781›1
perlend 75›2
perlmuttern 408›1
permanent 363›1; 879›1
Permanenz 360›2
Permission 529›2
Perpetuum mobile 1661
perplex 1500›3
Perser 1568
Persiflage 1486›4
persiflieren 357›5; 1487›3
persiflierend 308›2
Persilschein 492›2
Person 1098›2
Person, in 1239›2
Person, in eigener 1239›2
Person, männliche 1079
Person, weibliche 638
personabhängig 883›2
Personal 797›2
Personalausweis 278›1
Personalcomputer 350›2
Personalien 927›2
personaliter 1239›2
Personalunion, in 388
Personenaufzug 139›1
personenbezogen 883›2
Personenwagen 576›2
Personenzug 576›4
Personifikation 359›2; 1930›1
personifizieren 1482›1
Personifizierung 359›2
**persönlich** 237›1; 272›3; 883›1; **1239**; 1659›4
persönlich, nicht 1119›5
Persönlichkeit 344; 422›1; 1098›2
Persönlichkeit sein 199›3
Persönlichkeit, schöpferische 721›1
Persönlichkeitsentwicklung 562›1
persönlichkeitsgestört 705
Persönlichkeitsstörung 706
Perspektive 164›2; 1095›2
perspektivisch 1256
Perücke 547›3; 803›3
pervers 90›4; 332
Perversität 333; 659›3
pervertieren 1735›1
pervertiert 1232
Perzeption 1864›1
perzipieren 1863›1
pesen 426›1
Peseten 709›3
**Pessimist 1240**
**pessimistisch 1241**
pestilenzartig 458›2
Petent 94›3
Petitesse 948›1
Petition 93›2
petitionieren 195
petrifizieren 548›3
Petting 1050›3
petzen 1772
peu à peu 1010›2
Pfad 1884›1
Pfaffe 936›1
Pfahl 807›3
Pfahl im Fleisch 1398›2; 1633›3
Pfahlbürger 338›3
Pfand 340›1; 449›1; 1456›3
Pfandbrief 270›3
pfänden 455›1
Pfändung 265; 1828
Pfanne haben, auf der 1913
Pfarrer 936›1
Pfarrherr 936›1
pfeffern 1439›1; 1924›1
Pfeife 1777
pfeifen 1460›3; 1482›3
Pfeifen 736›1

pfeifen auf 1109·2
pfeifen, aus dem letzten Loch 121·3
Pfeifenkopf 403·1
Pfeil 927·3
Pfeiler 611·6; 807·3
Pfennigfuchser 707
Pfennigfuchserei 1476
pferchen 389·1
**Pferd 1242**
Pferdefuß 597·2
Pferdestehlen, zum 651·3
Pfiff 1593
Pfiff, mit 272·3
Pfifferling 948·1
pfiffig 832·3; 1391·1
Pfiffigkeit 740·2; 1055·1
Pfiffikus 385·2
pflanzen 557·5
Pflanzenstamm 1516·1
Pflanzenwelt 1159·2
Pflanzung 188; 677
Pflaster 1495·2
pflastern 177·1; 766·1
Pflaume 1374·1; 1777
pflaumenweich 1428·1
**Pflege 1243**; 1469
pflegebedürftig 853·1; 1037·2
Pflegebedürftiger 1233
Pflegeeltern 461
Pflegefall 1233
Pflegekind 933·2; 1427
pflegeleicht 56·1; 431·2
pflegeleicht, nicht 1437·3
Pflegemutter 1135·1
**pflegen** 557·5; 870; **1244**; 1784·2
pflegen, seine Macken 486·2
**pflegen, sich 1244**; 1408·4
pflegen, Umgang 1629·2
pflegen, zu tun 760·2; 1244·2
pflegend 754·4
Pfleger 835·2
Pflegerin 835·2
Pflegesohn 1427
Pflegetochter 1427
Pflegevater 1700·1
pfleglich 1471·1
Pflegling 1427
**Pflicht** 1187·2; **1245**
pflichtbewusst 1966·2
pflichtschuldigst 1648·2
Pflichtteil 510·1
pflichttreu 1966·2
pflichtvergessen 1694·2
Pflichtvergessenheit 1776·1
Pflock 209·2; 807·3; 1780·1
pflücken 12·2; 543
pflügen 784·1
Pforte 1210·1
Pförtner 823·5
Pfosten 807·3
Pfote 775·1; 1417·1
Pfriem 209·2
pfropfen 1947·1
Pfropfen 1780·1
Pfründe 1333·1
Pfuhl 155·3; 1401·1; 1548·1
**Pfusch 1246**
Pfuscharbeit 1246
**pfuschen 1247**
Pfuscher 382·2
Pfuscherei 1246
Pfütze 757·2
Phäake 723·1
Phalanx 1324·3
Phallus 775·2
Phänomen 694·1; 721·1
Phänomen, unerklärliches 699·1
phänomenal 162·1; 550
Phänotyp 1131·4
**Phantasie** 961·3; **1248**; 1269·1
Phantasie, ohne 1649·2
phantasiebegabt 1226·1
Phantasiebild 871·3
Phantasiegebilde 877·1
phantasielos 180; 1537·3; 1649·2
Phantasielosigkeit 181·1
phantasieren 369·2; 960·2; 1035·3; 1587·2
phantasievoll 1226·1; 1410
Phantasma 877·1
Phantasmagorie 877·1
phantasmagorisch 1249·2
Phantast 873·2
**phantastisch** 874·2; **1249**
Phantom 704·3
Phantomschmerz 877·1
Pharisäer 849
Pharisäertum 581·2
pharisäisch 580·4
Pharmakon 111·1; 1093·2
Pharmazeutikum 1093·2
Phase 1932·1
philanthropisch 1099·1
Philippika 1380·1
Philister 338·3; 1234·2
philisterhaft 339·3; 1236·3
Philistertum 1235·3
philiströs 339·3; 477·2; 1236·3
Philosoph 370
philosophieren 369·2
philosophisch 1352·4; 1576
Phlegma 1250; 1350·3; 1642·2; 1672·2
**Phlegmatiker 1250**
Phlegmatikus 1250
phlegmatisch 769·3; 1352·3; 1537·3; 1671·2
Phobie 61·6
Phobiker 601
phobisch 63·1
Phobophobie 61·6
Phonie 1432
phosphoreszieren 1376·4
**Phrase** 181·1; **1251**
Phrasendrescher 1432
Phrasendrescherei 734·2
phrasenhaft 180
phrasenlos 942·2
phrasieren 1221·2
Phrenesie 706
Phylogenese 508·4
Physiognomie 146·2; 749·1
Physis 968·1
physisch 1223·1; 1908·2
Pi mal Daumen 1650·1
pianissimo 1039
Pianist 1129·2
piano 1039
Piazza 1114·2
picheln 1596·2
Pichler 1597
picken 563·3
Pickerl 927·3
Picknick 1075·8
picknicken 563·2
picobello 1360·1
Pidgin 1489·4
Piedestal 793·1
piefig 477·2
pieken 1404·4
piekfein 414·1
pieksauber 1360·1
piepe 769·5
piepen 1460·3
Piepen 709·3
piepsen 627; 1581·2
Piepsen 731·2

piepsig 408›3
piesacken 1237›1; 1399›1
pieseln 154
Pietät 1956›1
pietätlos 1552
pietätvoll 1955›2
Pigmentierung 586›1
Pik 763›1
pikant 90›1; 99›2; 108; 841›2
Pikanterie 659›1; 974
Pikaro 1379›1
Pike auf, von der 719›3
pikieren 196›3
pikiert 320›2
Piktogramm 927›3
Pilaster 807›3
Pilger 1327›1
Pilgerfahrt 575›2
pilgern 1326›1; 1867
Pilgerreise 575›2
Pille 111›2; 1425›5
Pille danach 1425›5
Pille, bittere 505
Pilotfilm 1790›2; 1894›3
Pimmel 775›2
pimpern 1051›3
PIN 927›5
Pinakothek 1357›2
pingelig 719›1; 1236›1
pinkeln 154
pinnig 1236›1
Pinnwand 96›3; 1813›2
Pinsel 403›3
pinselig 1236›1
pinseln 587›2; 1416›4
Pinselstrich 1513›1
Pinsler 1078›2
Pinte 678›1
Pinzette 809›1
**Pionier 1252**
Pionierleistung 1174›1
Pionierprodukt 1174›1; 1225›2
Pipeline 1043›3
Pipeline, in der 252›2
Pipifax 734›2; 948›1
Pirat 2
Piraterie 290
Pirouette 394›1
Pirsch 901
pirschen 848›1
pischern 154
Pisse 155›1
pissen 154
Pissnelke 403›4
Pissoir 1579›1
Piste 1884›2
Pistolenkugel 989›2
pittoresk 77›2
Pizzeria 678›1
PKW 576›2
placken 1237›1
placken, sich 91›3; 536›2
Plackerei 1015›2
pladdern 1320
plädieren 498›3
plädieren für 213
Plage 104›3; 1015›2; 1036›1; 1398›2; 1654
Plagegeist 1520
plagen 536›1; 1237›1
plagen, sich 91›3; 1044›1
Plagiat 967›3; 1137›1
Plagiator 1136
plagiatorisch 1649›2
plagiieren 878›3
Plakat 96›3
plakatieren 1769›2
plakativ 1909›2
Plakette 348›1; 927›3
plan 765›1
**Plan** 668›5; 776; 875›1; 961›2; 1131›3; **1253**; 1813›2; 1903›1
Plan B 547›1
Plan machen 1254›1
Plan, nach 1255›1
Plane 1425›2
Plänemachen 1253›4
**planen** 960›1; 1224›1; **1254**
Planen 1253›4
Planer 669›1
Planet 1509; 1889›1
plangemäß 1255›2
planieren 177›1
Planke 329›1
Plänkelei 1050›4
plänkeln 1737
planlos 1663›2; 1691›2
Planlosigkeit 1664›1
**planmäßig** 728›3; **1255**; 1463›3
Planmäßigkeit 1549›2
planschen 1320; 1438›1
Planschkuh 403›4
Planspiel 1253›2
Plantage 188
Planung 1043›1; 1253›4; 1832›1
planvoll 1255›1; 1463›3; 1551›1; 1968›2
plapperhaft 251›2
plappern 1490›3
plapprig 1116
plärren 941›3; 1460›2
Pläsier 647›2; 1068›2; 1679›2
pläsierlich 832›2
plästern 1320
Plastik 1467
Plastikbeutel 867›10
Plastiker 307
Plastikgeld 709›1
Plastiktüte 867›10
**plastisch** 77›1; **1256**
Plastizität 586›2; 621›1
Plateau 618›1
Platin 971›2
platinblond 836›6
platonisch 931
plätschern 623; 1320
platt 180; 765›1; 938; 1500›3
Platt 1489›4
Plättchen 348›2
Platte 329›1; 842›1; 1780›1
Platte, auf 391›3
plätten 766›2
Plattensammlung 1357›2
Plattform 618›1; 793›1; 1171›4; 1207›1; 1227›3; 1296›2
Plattheit 181›1; 618›2; 937›1
Platting 810›2
Plattitüde 181›1; 1251›1
Plattkopf 403›1
plattmachen 854›3; 1936›1
Platz 100›2; 682›1; 682›3; 1227›2; 1297›1; 1304›2; 1372›1
Platz machen 170›1; 1025›1
Platz, alles am rechten 1220›1
Platz, unbesetzter 1062›2
Platz, voll bis auf den letzten 1824›2
Platzangst 61›6; 478›2
Platzanweisung 1297›1
Platze, am 696›3
**platzen** 1209›3; **1257**; 1378›1; 1386›2
platzen vor 1824›2
platzen, vor Neid 1165
Platzen, zum 1824›2
Platzhalter 1802›2
Platzhirsch 94›2
platzieren 22›3; 435›1; 1507›1

Platzierung 1297‣1
Platzmangel 478‣1
Platzmieter 995‣3
platzraubend 1656‣2
Platzregen 1181‣1
Platzverweis 1716‣2
Plauderei 1679‣1
Plauderer 924
plauderhaft 251‣2; 1116
Plauderhaftigkeit 1205‣2
plaudern 1490‣3; 1677‣3
plaudern, aus der Schule 1772
Plaudertasche 1432
Plausch 1679‣1
plausibel 1786‣1
Plausibilität 1787
Plautze 670‣2
Plauze 437
Playback 1555‣2
Playboy 1738‣1
Playgirl 1738‣2
Playmate 1738‣2
Play-off 958‣1
Plaza 1114‣2
Plazet 529‣1; 1445‣3
Plebiszit 1858‣2
Plebs 750
pleite 106‣1
Pleite 183; 505; 1111; 1363‣1; 1937‣1
Pleite machen 1936‣11
plemplem 705
Plenum 38‣1
Pleonasmus 1612‣6
Pli 1754‣2
plietsch 1391‣1
Plissee 582‣1
plissieren 583‣2
plissiert 584‣1
Plombe 927‣3; 1780‣2
plombieren 540‣2; 671‣1; 1394‣2
plombiert 742‣2
Plörre 756‣1
plörrig 571‣1
Plot 694‣3
plotten 357‣1
**plötzlich 1258**
pluderig 584‣1
Plumeau 867‣9
**plump** 819‣1; **1259**; 1552
Plumpheit 597‣4
Plumps 577‣1
plumpsen 578‣1
Plunder 5‣2
plündern 1163‣3
Pluralität 1822‣1
plus 116‣3; 450
Plus 1190‣2; 1846‣1; 1854‣2
plüschig 938
Plutokrat 1682‣3
Po 1345
Pöbel 750
Pöbelei 238
pöbelhaft 90‣4
Pöbelhaftigkeit 659‣3
pochen 1013‣2; 1399‣1
Pochen 731‣2
pochen auf 193‣1
Pocketkamera 913‣1
Podcast 730
Podium 1372‣1
Poesie 1056
poesielos 180; 1353‣2
Poet 1418
Poeta doctus 1418
**poetisch 1260**; 1410
pofen 1387‣2
Pogrom 365
Pointe 820
pointieren 239‣2; 1725‣1
pointiert 1140‣1
Pojatz 110‣2
Pokal 1265‣4
Poker 780
Pol 820
polar 692‣3; 911‣1
polarisiert 692‣3
Polarität 691‣1; 1973‣3
Polarlicht 1509
Polaroidkamera 913‣1
Polemik 238; 984‣3; 1530‣2
polemisch 31‣3; 1368‣3
polemisieren 1531‣2
Polente 1261‣2
Polier 1042‣2
polieren 766‣3
poliert 765‣2
Poliklinik 978
Politbarometer 1627
Politesse 132‣2
Politgangster 846
Political Correctness 1612‣5
Politik, feministische 606
Politiker 385‣2
Politikum 739‣3
politisieren 275‣3
**Polizei 1261**
Polizeibeamter 1261‣1
Polizeibehörde 1261‣2
Polizeihund 868
Polizeikräfte 1261‣2
Polizeirevier 1261‣2
Polizeiwache 1261‣2
Polizist 132‣2; 1261‣1
Poller 209‣2
Polstermöbel 1465‣2
polstern 595‣3; 673‣2
Polsterstuhl 1465‣1
Polsterung 867‣3
Polterer 1267‣2
poltern 1013‣1; 1386‣2
Poltern 731‣2
polternd 1017
polychrom 588‣1
polymorph 1779‣2
Polyp 1261‣1
polyphon 816‣1; 1779‣2
Polysemie 1820
polyvalent 367
Pomadenhengst 1070
pomadig 1010‣1
Pomp 136‣2; 1281‣1
pompös 1263; 1502‣1
Pony 1242
Popanz 1381
Pope 936‣1
Popeye 1444
Popgeneration 905‣2; 1542‣2
Popgruppe 797‣4
Popmusik 1128‣3
Popo 1345
poppen 1051‣3
Popper 1541
Poppers 1306; 1542‣2
poppig 588‣1
Popsänger 1358‣1
Popstar 1496‣1
populär 241‣1; 260‣1; 1786‣1
popularisieren 1733
Popularisierung 1734
Popularität 713‣3
Population 295
Populismus 365
Populist 364
populistisch 366
Pop-up 1210‣9
Pore 1210‣3
Pornographie 659‣2
pornographisch 90‣3
pornophil 1069

Pornophilie 1068‣3
porös 1060‣2
Portable 607‣1
Portal 1210‣1
Portemonnaie 918‣3
Portfolio 169‣2
Portier 823‣5
Portiere 867‣6
Portion 1290‣2; 1557‣1
portionenweise 1010‣2
Portokasse 270‣5
Porträt 306‣2
porträtieren 1‣2; 357‣1
Porträtist 1078‣1
posaunen 314‣2; 1482‣3
Posaunist 1129‣2
Pose 1754‣3
posh 414‣1
posieren 1264‣1
Position 100‣2; 1005‣1; 1095‣1; 1227‣3; 1297‣1; 1696‣1
positionieren 1221‣2
positiv 800‣2; 1031‣4; 1219; 1965
Positiv 616‣2
Positur 1754‣3
Posse 956
Possen 1670‣1
possenhaft 832‣4
Possenreißer 1379‣1
Possenspiel 956
possierlich 832‣4
**Post** 330; **1262**
Post, elektronische 962‣3; 1262‣4
Post, mit gleicher 47
Postament 793‣1
Postamt 1262‣1
Postbote 1609‣1
Postbus 576‣4
Postdienststelle 1262‣1
Posteingang 1262‣2
posten 1115‣5
Posten 100‣2; 1097‣1; 1261‣2; 1290‣1
Posten bleiben, auf dem 224‣2
Posten, auf dem 754‣1
Posten, immer auf dem 1553‣1
Postenjäger 1526
Poster 96‣3; 306‣3
Postgeheimnis 699‣2
Postgut 1262‣2
postieren 1221‣3; 1507‣1
Posting 1117
postmodern 1121‣2
Postsendung 1262‣2
Postskriptum 517‣2
Poststelle 1262‣1
Postulat 795‣2
postulieren 193‣1; 224‣1
postum 1477‣3
postwendend 768‣3; 1285‣2
Pot 1306
Potator 1597
potemkinsches Dorf 1555‣2
potent 1072‣2
Potentat 846
Potential 574; 975‣1; 1269‣2
Potentialität 1124
potentiell 1123‣1
Potenz 574; 975‣1; 1071‣1; 1269‣2; 1807‣2
potenziell 1123‣3
potenzieren 1926‣1
potenzieren, sich 1505‣3
Potenzierung 1506‣3; 1807‣3
Pöter 1345
Potpourri 1108‣3
potthässlich 819‣1
Poussierstängel 1738‣1
Power 475‣1; 975‣1
PR 1894‣1
Präambel 436‣1
Pracht 1281‣2; 1409‣2
Pracht, kalte 1281‣1
Prachtentfaltung 1281‣1
Prachtexemplar 971‣1; 1409‣3
**prächtig 1263**
Prachtstraße 1524
Prachtstück 971‣1
prachtvoll 1263
Prädestination 1384‣2
prädestiniert 1385
prädestiniert für 573‣1
Prädikat 1696‣1
prädisponiert 468‣2
Prädisposition 469‣1
prädominant 667‣1
Prädominanz 1854‣1
praecox 1853‣2
präemptiv 1471‣2
Präferenz 1566‣2; 1854‣1
prägen 445‣2; 753; 786; 928‣3
Pragmatiker 1218; 1310
pragmatisch 1353‣2
prägnant 77‣1; 346‣2; 376‣2; 719‣2; 1000‣3
Prägnanz 944‣2; 1001‣1
Prägung 562‣1; 630‣2
Prähistorie 1740
**prahlen 1264**
Prahlerei 457‣1
prahlerisch 456‣2
Prahlhans 1432
Präjudiz 1850
präjudizieren 92
praktikabel 1123‣1; 1968‣1
praktikabel, nicht 1660
Praktikant 1424‣4
Praktiken, magische 698
Praktiken, mystische 698
Praktiker 570
Praktikum 1028‣2
praktisch 56‣1; 573‣1; 741‣1; 1192‣1; 1650‣1; 1968‣1
praktizieren 1810‣1
Prälat 936‣1
Präliminarien 436‣1
prall 77‣2; 248‣1; 379‣1; 1021‣4; 1354‣1
prallen 595‣1
präludieren 435‣2
Präludium 436‣1
prämatur 1853‣2
Prämie 674‣2; 1952
prämiieren 172‣1
prämiiert 148‣2
Prämisse 205‣1; 856‣3; 1830
prangen 1282‣2
prangend 1263
Pranke 775‣1
Präparat 111‣1; 559; 1093‣2
präparieren 519‣2; 535‣2; 1831‣2
präparieren, sich 1044‣1
präpariert 361‣3
Präpotenz 641‣2
präsent 124‣1; 696‣3; 1835‣2
Präsent 674‣2
präsent sein 523‣5
Präsentation 8‣2; 1844‣1; 1847
präsentieren 799‣2; 1843‣1; 1931‣2
Präsenz 695‣2; 1328‣3
Präsenzbibliothek 304
Präser 1425‣5
Präservativ 1425‣5
Präsident 846
präsidieren 666‣1
prasseln 1320; 1581‣2
Prasseln 731‣2

prasselt nur so, es 1819›1
Prasser 723›3
Prasserei 708; 727›2
prasserisch 724; 1088›3
präsumieren 1767›2
Prätendent 94›2
prätendieren 193›1
prätentiös 83›2; 762
prävalent 667›1
präventiv 1842›4
Praxis 324›2; 514›2; 609; 737›3
Praxis, in der 1837›1
praxisfern 1598›3
praxisnah 77›2
Präzedenz 1854›1
Präzedenzfall 233
Präzeptor 1030›4
präzis 376›2; 719›2; 942›2; 1000›3
präzisieren 612›2; 1725›1
Präzisierung 1734
Präzision 1001›1; 1470›1
Präzisionsarbeit 1289›3
predigen 1076›3; 1892›1
predigen, tauben Ohren 1378›6
predigen, unermüdlich 445›1
Prediger 936›1
Predigt 1077›4; 1847
**Preis** 674›2; 1057›2; **1265**
Preis haben 972›1
Preis, um jeden 1636›1
Preisempfehlung 1265›3
preisen 313›3; 418›1; 466›1; 1058›1
preisen, sich glücklich 355›2; 778›5
Preiserhöhung 1506›2
Preisgabe 119›5
preisgeben 1215›1; 1215›3
preisgeben, der Lächerlichkeit 1487›2
preisgeben, sich 317›1
preisgegeben 853›3
preisgekrönt 148›2
Preisgekrönter 1459›1
Preisgericht 908›1
preisgünstig 310›1
preiskrönen 172›1
Preislage 1289›2
Preisrichter 908›2
Preisrichterkollegium 908›1
Preissteigerung 1506›2
Preisträger 1459›1
Preistreiberei 1506›2
preisverdächtig 148›2
preiswert 310›1; 800›3
preiswürdig 148›2
prekär 1238›2
Prellbock 1802›5
prellen 291›1; 1109›1
prellen, Zeche 291›4
Preller 292›2
Prellung 1920
Premiere 50›2
preschen 426›1
pressant 427›3
**Presse 1266**
Presse, gute 241›3
Presseecho 1266›3
Pressefreiheit 643›1
Pressemann 258›1
pressen 389›1; 400›2; 445›2
pressen zu 1975›1
Presserummel 1266›3
Pressesprecher 258›3
Pressestelle 258›3
Pressewesen 1266›1
pressieren 426›3
Pression 1967›1
Prestige 713›2
Prestigeverlust 1343›3
Prêt-à-porter 1120›2
Pretiosen 971›2; 1286›1
Preview 1790›2
priapeisch 90›1
prickeln 328›3; 904›1; 1371›1
prickelnd 75›2; 99›2; 841›2
Priester 936›1
Priesterschaft 935›4
Priesterstand 935›4
prima 148›1; 551; 801›3
prima vista 1691›3
Primaballerina 1496›1
Primadonna 1496›1
primär 52›1
Primärwirt 1912›2
Primat 1854›1
primitiv 310›3; 404›3; 431›3
Primitivität 432›4; 1642›4
**Primitivling 1267**
Primus 1459›1; 1526
Principessa 710
Printmedien 1092; 1266›2
Prinzessin auf der Erbse 468›4
Prinzip 747›2; 795›2; 1317›1
Prinzipal 668›6
prinzipiell 796
prinzipienlos 751
Prinzipienlosigkeit 752
Prinzipienreiter 1234›1
Priorität 1854›1
Prise 948›2
Prismenglas 764›4
Pritsche 293
privat 742›3; 1239›3
Privatbank 182›2
privatim 1239›3; 1797
privatisieren 17›2
privatissime 1797
Privatsammlung 1357›2
Privatsender 607›2
Privatsphäre 821›2
Privileg 529›2; 1313›4; 1854›1
privilegieren 296›3; 528›2
privilegiert 250›2
pro forma 1375
pro loco 1501
pro nihilo 1743
Pro und Contra 1969›3
proaktiv 476; 1192›1; 1463›3
probat 297; 1909›1
Probe 566; 1131›2; 1280›3; 1624; 1790›1
Probe, auf 1849›2
Probedruck 1807›1
Probelauf 1280›3
proben 1606
probeweise 1849›2
Probezeit 1817›3
probieren 972›2; 1279›2; 1606; 1791›1
Problem 119›4; 577›2; 636›4; 694›2; 1759›1
Problem, juristisches 1278›1
**problematisch 1268**; 1437›2; 1970›2
Problemlösung 634›2
Problemstellung 636›4; 694›2
Problemstoffe 5›1
Problemzone 469›1
Producer 1682›1
Produkt 515›5; 559; 1041›1
Produktanalyse 1082
Produktion 560›2
Produktionskosten 973›2
Produktionsprozess 1278›3
produktiv 661; 1410
**Produktivität 1269**
Produktivkraft 1269›2

Produktpiraterie 1137›2
Produktplatzierung 1894›5
Produzent 558; 1682›1
produzieren 101›3; 557›3
produzieren, sich 357›3
profan 180
profanieren 506›3
Profanierung 181›1
Profanität 181›1
Profession 100›2
professionell 569›2; 955
professionell, nicht 383›2
Professor 1030›1
professoral 236›2
Profi 570; 1484
Profikritiker 985›2
Profil 158; 422›1; 1053›2; 1294›1; 1297›1
profilieren 1725›1
profilieren, sich 172›2
profiliert 376›2
Profilierungssucht 457›2
profilierungssüchtig 419
Profilneurose 457›2
Profisport 1483
Profit 1190›1; 1727›2; 1846›2
Profit machen 758›1
profitabel 1192›2
**Profitgeier 1270**
profitieren 758›1; 1191›2; 1726›1
profitlich 805
profitorientiert 955
profund 719›3; 1576
Prognose 1836
Programm 350›1; 526›5; 1253›1; 1253›5; 1549›2
programmgemäß 1255›2
programmieren 206; 673›3; 1831›4
Programmiersprache 1489›5
programmmäßig 1255›1
Progress 635
Progression 635; 1506›4
progressistisch 667›2
progressiv 667›2; 1953
Prohibition 1716›2
Projekt 1253›1
Projektforschung 634›3
Projektgruppe 797›2
projektieren 1254›1
Projektil 989›2
Projektion 306›3
Projektmanagement 1043›1
Projektstudium 1028›2
projizieren 1›3; 1617›5; 1735›1
Proklamation 1117
proklamieren 1115›4; 1769›2
Prokura 529›2; 1803
Prokurator 1802›2
Prokurist 1042›2; 1802›2
Prolet 1267›1
Proll 1267›1
Prolo 1267›1
Prolog 436›1
prolongieren 1538
Promenade 1524
Promenadenhengst 1541
Promenadenmischung 868; 1108›1
promenieren 700›2
prominent 260›2; 788›4; 1896›3
Prominente(r) 1496›2
prominentengeil 216›4
Prominenz 200›2; 1196›3
Promis 1196›3
Promishow 1679›7
promoten 435›1; 1892›3
Promoter 1893
Promotion 1894›1
prompt 1285›2; 1405›1
Proms 1196›3
prononciert 1140›1
Propaganda 1894›1
Propagandafeldzug 1894›2
propagieren 435›1; 1892›1
proper 99›3; 866; 1360›1
**Prophet 1271**
Prophetie 1836
**prophetisch 1272**
**prophezeien** 92; **1273**
Prophezeiung 1836
prophylaktisch 1842›4
Prophylaxe 1425›5
Proportion 630›4; 815›2; 1084›4
proportional 501›1
Proportionen 743›1
prosaisch 180; 1353›2
Prosaist 1418
Prosaschriftsteller 1418
Proselyt 65›2
Prospekt 856›1; 1894›3
prosperieren 507›4
Prosperität 131
**prostituieren, sich** 317›1; **1274**; 1756›5
**Prostituierte 1275**
**Prostituierter 1276**
**Prostitution 1277**
Protagonist 1342›1
Protegé 1427
protegieren 177›2; 296›1; 535›2; 1426›2
Protektion 1425›4
Protektor 1090
Protest 1897›2
Protestaktion 368›1
Protestbewegung 1542›1
protestieren 30›3; 123›2; 554›2
Protestkundgebung 368›1
Protestler 697›2
Protestmarsch 368›1
Protestversammlung 368›1
Protestwähler 697›2
Prothese 547›3
Protokoll 324›3; 1182›2
protokollarisch 1208›3
protokollieren 126›5
Prototyp 1131›3
protzen 1264›1; 1618›5
Protzerei 457›1
protzig 1263; 1322›4
Provenienz 684›2; 843›1
Proviant 539›1
Providenz 1384›2
Provinzialität 478›5
provinziell 477›2
Provinzstadt 1495›1
Provision 1727›1
provisorisch 1834; 1849›2
Provisorium 547›1; 1674›2
provokant 37›1; 839
Provokateur 1520
Provokation 840›1
provokativ 37›1; 839
provokatorisch 839
provozieren 1329›2; 1882›2
provozierend 37›1; 839
Prozedur 1278›2
**Prozess** 508›1; 739›2; **1278**
Prozess machen 941›2
Prozess machen, kurzen 410
Prozesshansel 1267›2
prozessieren 941›2; 1531›2
Prozession 1324›3
prüde 326›3; 1491›3
Prüderie 1533›3

**prüfen** 12›4; 79›1; 275›1; 369›2; 637›2; 972›2; 1132›2; **1279**; 1370›2; 1791›1
prüfen an 1750›1
prüfen, auf Herz und Nieren 1279›1
prüfen, auf Tauglichkeit 1279›1
prüfen, sich 79›3; 1481›1
Prüfer 132›3; 908›2
Prüfling 1424›1
Prüfstand, auf dem 1268›1
Prüfstein 927›1
**Prüfung** 984›1; **1280**; 1654
Prüfungsausschuss 908›1
Prüfungskollegium 908›1
Prüfungszeit 1817›3
Prügel 775›2; 984›3; 1388›1; 1516›2
Prügelei 1388›2
Prügelknabe 1802›5
prügeln 1389›1
**Prunk** 136›2; **1281**
**prunken 1282**
prunkend 1263
prunkhaft 1263
prunklos 431›3
Prunkstück 971›1
prunksüchtig 456›1
prunkvoll 1263
prusten 114; 1004›2
Psalm 736›2
psalmodieren 1460›1
pseudo 938
Pseudofrage 636›2
pseudonym 831›2
**Pseudonym 1283**
Psyche 690›4; 1443›1
Psychedelikum 1306
psychedelisch 248›2
Psychiatrie 978
psychisch 885›3
Psychopathie 718
psychopathisch 717; 1773›2
Psychospiel 1679›5
Psychoterror 1967›1
psychotisch 717
pubertär 906›2; 1666›2
Pubertät 905›1
pubertieren 1704›4
Pubes 1365›2
Public Relations 1894›1
Publicity 1207›3; 1894›1
Publicity Junkie 395›2; 1496›3
publik 260›1; 1206›1
publik machen 1115›3; 1769›2
publik werden 409›3; 1257›3
Publikation 334›1; 1117; 1770›1
Publikum 282›4; 1207›1; 1562›1
Publikumsumfrage 1627
publizieren 1115›3; 1769›1
Publizierung 1117
Publizist 258›1
Publizität 1207›3
Puck 704›4
Pudel 155›3; 835›2
Pudel, wie ein begossener 1758›2
pudelnackt 1149›1
pudelnass 1157›1
Pudels Kern 820
pudelwohl 716; 754›1
Puder 1284
pudern 1051›3; 1244›4
Puff 318; 1522
puffen 1523
Puffer 1802›5
Puffmutter 1950
Pulk 797›5; 1097›3
pulsieren 1439›4
pulsierend 129›1
Pult 1577
**Pulver** 111›2; 709›3; **1284**
Pulverfass 687›3
pulverförmig 1935
pulverisieren 1934
pulverisiert 1935
Pulverschnee 1181›2
pulvertrocken 1598›1
pulvrig 1935
pummelig 379›1
Pump 356; 981
Pump, auf 1849›4
pumpen 319›1
pumpen, leer 1025›4
puncto, in 48; 288; 501›3
Punk 159›4; 1542›2
Punkt 694›2; 1005›1; 1227›2
Punkt für Punkt 454›4
Punkt machen 472›1; 854›3
Punkt und Komma, ohne 251›2; 879›1
Punkt, als letzten 474›1
Punkt, auf den 719›2
Punkt, dunkler 1367›2
Punkt, hochsensibler 840›2
Punkt, in diesem 501›3
Punkt, kritischer 636›4
Punkt, springender 564›1; 820
Punkt, strittiger 636›4
Punkt, toter 1514
Punkt, wunder 597›2
Pünktchen 1131›5
Punkte 1131›5
Punkte machen 1389›3
punkten 1389›3
punktgenau 719›2
punktgleich 1645›2
punktieren 928›3
**pünktlich** 719›1; **1285**
Punktstrahler 1007›1
Punktum 473
punktweise 454›4
Pup 1906›2
Puppe 744›2; 1073›2
puppig 762
Pups 1906›2
Pupser 1906›2
pur 412›2; 1360›2
purgieren 1362›5
Purgierung 1325›4
Purismus 872›2
Purist 873›2
puritanisch 1532›2
Purzel 907›2
Purzelbaum 1342›3
purzeln 578›1
Pusher 1307
pusseln 186
Pussi 1374›1
Puste 1063›4
pusten 314›1; 990›2
Pute 403›4
Putrefaktion 594
Putsch 133›2
Putschist 916›5
**Putz** 167›3; 946›1; 971›2; 1281›1; **1286**
**putzen** 166›2; **1287**; 1362›1
**putzen, sich 1287**
putzend 1400
Putzfrau 823›2
Putzhilfe 823›2
putzig 832›4; 947›1
Putzsucht 457›1
putzsüchtig 456›1
Puzzle 1108›3
pyramidal 788›1
Pyrrhussieg 899›2; 1744

# Q

quabbelig 1887›4
Quacksalber 292›3; 382›2
quacksalbern 1247
Quadrat 1823
Quadratschädel 403›1
Quadratur des Kreises 1661
quaken 1581›3
quäken 941›3
quäkend 1302›3
Qual 1015›2; 1398›2
Qualen 1036›1
quälen 235›5; 1237›7; 1399›1
quälen, sich 62›2; 91›3; 1035›4
**quälend 1288**
Quäler 184
Quälerei 333; 1398›2
Quälgeist 1520
Qualifikation 227›2; 574
qualifizieren 928›1
qualifizieren, sich 1044›1
qualifiziert 513›1; 569›2; 573›1; 976›1
**Qualität** 109›1; 422›2; **1289**; 1854›2; 1895›1
Qualität, erste 551
Qualitätsarbeit 1289›3
Qualitätsgefühl 743›1
Qualitätssicherung 1280›4
qualitätsvoll 361›1; 412›2
Qualitätsware 1289›3
quallig 1887›4
Qualm 351›1
qualmen 352; 1303
qualvoll 1288›2; 1655›4
Quant 1557›3
Quäntchen 948›2
quantifizieren 1370›2
Quantität 1097›1; 1290›2
**Quantum** 1097›1; **1290**
Quarantäne 18›1
Quark 948›1; 1557›3
quarren 1581›3
Quartalssäufer 1597
Quartier 1495›3; 1916›1
Quartiermacher 65›2
quarzen 1303
quasi 308›3; 771
quasselig 1116
quasseln 1490›3
Quasselstrippe 1432
Quaste 1286›4
Quatsch 1670›1
Quatsch machen 1677›4
Quatsch mit Soße 734›2
quatschen 945›1; 1490›3; 1677›3
Quatscherei 734›1
quatschig 1887›4
Quatschkopf 403›1
Quecksilber 1667›3
quecksilbrig 1021›3; 1667›1
Quell 1291›1
Quellcode 1489›5
**Quelle** 50›1; 757›1; **1291**
Quelle, aus erster 1659›1
Quelle, aus sicherer 1455›4
**quellen** 623; **1292**
quellend 1021›4; 1322›4; 1902›4
Quellengöttin 704›4
quelloffen 642›7
Quengelei 940›2
quengelig 1112
quengeln 194; 941›3
Quengelware 1894›5
Quengler 1234›1
quer 1194›3; 1412›1
quer schießen 1519›2
querbeet 1412›4
Querdenker 1252›2
querdenkerisch 464›2; 839; 1779›3
Querele 1530›1
**queren 1293**
querfeldein 1412›4; 1659›2
Querkopf 1267›3
querköpfig 423
querlesen 1045›1
**Querschnitt 1294**; 1608›1
Querulant 985›2; 1520
Querverweis 857›2
Quetsche 1423›1
quetschen 389›1; 400›2
Quetschung 1920
quick 1021›3
Quickie 1050›3
quicklebendig 1021›3
quieken 1581›3
quieksen 1581›3
quietschen 1581›2
Quietschen 731›2
quinkelieren 1460›3
Quinquilieren 731›5
Quintessenz 518; 564›1; 820; 1395›4; 1608›1
Quirl 1667›3
quirlen 1581›4
quirlend 1902›4
quirlig 1021›3
Quisling 375
Quisquilien 948›1
quitt 531›1; 765›4
quittieren 277›1; 1746›1
quittieren, Dienst 993›1
Quittung 278›2; 1747›1
Quivive sein, auf dem 390
Quivive, auf dem 124›1; 1842›3
Quiz 780
Quizmaster 1678›1
Quizsendung 1679›7
Quizshow 1679›7
Quodlibet 1108›3
Quote 1290›2
Quotenbringer 515›4
Quotenkiller 1111

# R

Rabatz 731 › 3
Rabauke 1267 › 2
Rabbi 936 › 1
Rabbiner 936 › 1
Rabe, weißer 422 › 3
Rabenaas 1381
rabenschwarz 405 › 1
rabiat 320 › 1; 332
Rabulist 1234 › 1
Rabulistik 1235 › 2
rabulistisch 1236 › 2
Race 958 › 2
Rache 1747 › 1
Rache nehmen 1746 › 1
rachedurstig 1147
Rachefeldzug 1747 › 1
rachegierig 1147
rächen 1746 › 1
Rachgier 604
Rachsucht 604
rachsüchtig 1147
Racker 1379 › 2
Rad 576 › 2
Rad ab, ein 1773 › 1
Rad fahren 298 › 4
Radau 731 › 3
Radau machen 1013 › 1
radebrechen 1490 › 3
radeln 298 › 4
Rädelsführer 668 › 2
Räderwerk 289 › 3
Radfahrer 1216; 1526
Radiator 833
Radierung 306 › 2
**radikal** 676 › 2; **1295**; 1909 › 2
Radikalinski 1432
Radikalität 827
Radius 315; 1053 › 1
radizieren 1926 › 1
Radweg 1884 › 1
raffeln 1321 › 2; 1934
raffen 583 › 2; 824 › 1; 1789 › 2
Raffgier 1757 › 3
raffgierig 805
Raffinement 605 › 2
Raffinesse 605 › 2; 740 › 2
raffinieren 196 › 4; 943 › 3
raffiniert 83 › 1; 99 › 2; 414 › 1; 1360 › 2; 1391 › 1; 1551 › 2
Raffinierung 1325 › 2
raffsüchtig 805
Ragazzo 1267 › 1
Rage 104 › 2
ragen 1503 › 2
ragend 729 › 2
Ragout 1108 › 3
rahmen 1628 › 1
**Rahmen** 856 › 1; **1296**
Rahmen, im 675 › 1
Rain 5 › 4
Rallye 958 › 2
Ramasuri 1664 › 2
Rambo 977
rammdösig 1911 › 2
rammelig 1069
rammeln 1051 › 3
rampengeil 419
Rampenlicht 1047 › 2; 1207 › 3
Rampenlicht, im 1206 › 1
Rampensau 916 › 2
ramponieren 262
ramponiert 263 › 1
Ramsch 5 › 2; 937 › 1
ramschen 921 › 2
Ranch 188
Rancher 187 › 1
Rand 787 › 1; 1126; 1625
Rand und Band, außer 832 › 3
Randale 133 › 3
randalieren 1013 › 1
Randalierer 1267 › 1
Randbemerkung 163 › 2; 517 › 2
Rande des Abgrunds, am 687 › 1
Rande, am 1125 › 2; 1162 › 1
rändern 1628 › 1
Randerscheinung 517 › 6
Randexistenz 159 › 2
Randfigur 517 › 6
Randgebiet 1495 › 4
Randnote 517 › 2
Randseiter 159 › 2
randvoll 1824 › 1
**Rang** 200 › 3; 713 › 1; 785; 1289 › 2; **1297**; 1922 › 2
Range 907 › 2
Rangerhöhung 134 › 1
**Rangfolge 1298**
ranggleich 772
rangieren 298 › 3
Rangordnung 1298
Rangstufe 1297 › 1
Rangtabelle 1298
ranhalten, sich 390
rank 729 › 1
rank und schlank 408 › 2
Ränke 895; 1055 › 2
Ränkeschmied 894 › 1
Ränkespiel 895
ränkesüchtig 321 › 1
Ranking 1298
Ranküne 604; 895
ranschmeißen, sich 1396
Ranzen 221; 670 › 2
ranzig 1392 › 3
ranzig werden 1724 › 1
rapid 1405 › 1
Rappe 1242
Rappel 142 › 2; 422 › 4; 1774 › 1
rappelig 705
rappeln 1013 › 2; 1523
rappelvoll 1824 › 2
Rapport 256 › 1; 1847
rapportieren 257
Raptus 142 › 2
rar 970; 1453 › 1
Rarissima 971 › 1
Rarität 971 › 1
Raritätensammlung 1357 › 2
rasant 1405 › 1
Rasanz 425 › 2
rasch 299 › 1; 1285 › 2; 1405 › 1
rasch machen 426 › 2
rascheln 314 › 1; 627; 1581 › 2
Rascheln 731 › 2
Raschheit 425 › 2
rasen 314 › 1; 426 › 1; 1386 › 2
Rasen 682 › 3
rasend 545 › 3; 826 › 3; 1405 › 1; 1902 › 1
rasend machen 105 › 1
Raserei 104 › 2; 142 › 2; 425 › 2; 827
rasieren 766 › 3; 1244 › 5
Räson 1785 › 1
räsonieren 1550 › 2
raspeln 1321 › 2; 1934
raspeln, Süßholz 1396
Rasse 109 › 2
Rassehund 868
Rasselbande 797 › 5
rasseln 114; 1013 › 2
Rasseln 731 › 2
rasseln, mit dem Säbel 396 › 3
Rassentrennung 387 › 2

Rasseweib 1409‣3
rassig 414‣1
Rassismus 387‣2; 1158‣2
rassistisch 386
Rast 521‣1; 522‣1; 1674‣1
rasten 521‣1; 1351‣1
Raster 1535
Rasthaus 678‣2
rastlos 421; 427‣1; 619; 1553‣1; 1595‣2; 1667‣1
Rastlosigkeit 425‣1
Raststätte 678‣2
**Rat** 76‣1; 95‣1; 467; 908‣1; **1299**; 1840
Rat geben 1300‣1
Rate 1290‣2; 1927‣3
**raten** 1061‣3; **1300**; 1841‣2
Raten, in 1010‣2
Ratenkauf 920
ratenweise 1010‣2
Ratenzahlung 1927‣3
Rater 985‣1
Ratespiel 1679‣5
Ratgeber 668‣5; 1027
ratifizieren 277‣3; 1964‣2
Ratifizierung 278‣4
Ratio 1785‣1
Ration 1290‣2
Ration, eiserne 547‣1; 1006‣2
rational 1255‣1; 1353‣2; 1768‣3
**rationalisieren 1301**; 1729‣2
Rationalisierung 451‣1
Rationalist 1310
rationell 1192‣2; 1475‣2; 1968‣2
rationieren 1474‣3; 1558‣2
rätlich 800‣1
ratlos 853‣2; 1758‣1; 1911‣2; 1974
ratlos sein 1517‣3
Ratlosigkeit 1759‣1
ratsam 800‣1; 1192‣3; 1463‣1; 1968‣3
ratschen 1677‣3
Ratschlag 1028‣3; 1299‣1; 1840
Ratschluss 497‣1
Rätsel 119‣4; 699‣1
rätselhaft 405‣4; 1688‣1
Rätselhaftigkeit 406‣3
rätseln 1300‣2
Ratsversammlung 1299‣2
Rattenfänger 292‣3
Rattennest 750
rattenscharf 1069
Rattenschwanz 628‣3
rattern 1013‣2
rattig 1069
ratzen 1387‣2
**rau** 374‣2; 817‣3; **1302**; 1368‣2; 1491‣2
Raub 1720
Raubbau 153‣2
Raubdruck 967‣2
Raubein 1267‣1
raubeinig 374‣2
Raubeinigkeit 641‣2
rauben 484; 1163‣2
rauben, Hoffnung 493
Räuber 1721‣2
Räuberhauptmann 668‣2
Räuberpistole 1066‣4
Raubkopie 967‣2
Raubmord 1720
Raubmörder 1721‣2
Rauch 351‣1
**rauchen** 352; **1303**
rauchen, Friedenspfeife 259‣3
Raucher sein 1303
räuchern 519‣2; 1303
Rauchfahne 351‣1; 1493‣1
Rauchmelder 1425‣6
Rauchwolken 351‣1
räudig 1302‣2
rauen 1321‣4
Raufbold 1267‣2
raufen, Haare 1818‣2
raufen, sich 1389‣2
Rauferei 1388‣2
Rauheit 1200‣1
**Raum** 682‣1; **1304**
Raum, gewerblicher 737‣3
Raum, im 885‣1
Raum, luftleerer 1176‣1
räumen 173‣1; 1025‣1; 1756‣3; 1799‣1
räumen lassen 171‣1
räumen, Feld 482‣2
räumen, Lager 1756‣3
räumen, Steine aus dem Weg 834‣1
Raumfähre 576‣10
Raumfahrt 575‣4
Raumfahrzeug 576‣10
Raumkapsel 576‣10
Raumknappheit 478‣1
Raumlaboratorium 576‣10
räumlich 1256
Räumlichkeit 1304‣1
Raummangel 478‣1
Raumnot 478‣1
Raumschiff 576‣10
Raumsonde 576‣10
Raumstation 576‣10
Räumung 483‣2; 1800
Räumungsverkauf 1755‣2
raunen 627; 945‣1
Raunen 734‣1
raunzen 1386‣1
raunzig 1069
Raupenfahrzeug 576‣5
Raureif 1181‣2
raus 391‣5
**Rausch** 546‣3; 1050‣2; **1305**; 1642‣3; 1822‣1
Rausch, im 248‣1
Rauschebart 185
rauschen 314‣1; 623; 1371‣1; 1581‣4
Rauschen 731‣2
Rauschen im Blätterwald 1266‣3
**Rauschgift 1306**; 1518‣5
Rauschgiftabhängiger 395‣1
**Rauschgifthändler 1307**
Rauschgiftsüchtiger 395‣1
rauschhaft 545‣3
Rauschmittel 1306
rauslassen, die Sau 1781‣1
rausmachen, sich 507‣5
Rausschleichen 509‣1
Rausschmiss 994‣3
Raute 1823
Raver 1542‣2
**reagieren 1308**; 1753‣1
**Reaktion** 628‣3; **1309**; 1754‣1
reaktionär 1703
real 1021‣1; 1353‣2; 1835‣2; 1908‣1
Realisation 1755‣1
realisierbar 1123‣1
realisieren 1756‣1; 1789‣1; 1810‣1
Realisierung 515‣5
Realismus 586‣2
**Realist 1310**
Realistik 1785‣2
realistisch 1353‣2; 1768‣4
Realität 1554‣2; 1862
Realität, fiktionale 1377
Realität, virtuelle 1377
realitätsbewusst 1768‣4
Realitätsblindheit 986

Realitätsverlust 986
Reality-Show 1679›7
Realo 1310
Realschule 1423›1
Realtime 1932›2
Realwert 1895›2
Rebell 916›5; 929
rebellieren 123›2
Rebellion 133›1
rebellisch 839; 930
Rechenautomat 350›1
Rechenfehler 597›1
Rechenmaschine 350›1
**Rechenschaft 1311**
Rechenschaftsbericht 256›3; 1311›2
Recherche 534
recherchieren 512›3; 533; 1546›1
rechnen 249›1; 1474›3; 1926›1
rechnen auf 249›2; 552›1
rechnen mit 552›1; 1094
Rechnen, genaues 1476
rechnen, sich 1191›1
Rechner 350›1
rechnerisch 719›5
Rechnung 81›3
Rechnung ohne den Wirt machen 898›3
Rechnungslegung 1311›1
**recht** 56›1; 1049›1; **1312**; 1904; 1942
**Recht** 81›1; 529›2; 747›1; **1313**
Recht haben auf 193›1
Recht haben auf, ein 87›2
recht machen, es 212›1
recht sein 688›1
recht und billig 310›2; 1312›3
Recht und Gesetz, nach 748›4
Recht, mit 748›4; 1312›3
Recht, positives 1313›3
Recht, zu 748›4
rechtdenkend 732›1
Rechteck 1823
rechten 1531›2
Rechten, zur 1315›1
rechtens 250›1; 748›4; 1312›3
rechtfertigen 498›3; 1801›2
rechtfertigen, sich 491›3
rechtfertigen, zu 1786›3
Rechtfertigung 492›2; 499›1; 1311›2
rechtgläubig 660; 1532›1
Rechtgläubigkeit 1533›1
Rechthaber 1234›1
Rechthaberei 1235›2
rechthaberisch 423; 1236›2
rechtlich 748›1; 1312›3
Rechtlichkeit 733
**rechtlos** 853›3; **1314**
Rechtloser 159›3
rechtmäßig 250›1; 501›1; 728›2; 748›4; 1312›3
rechtmäßig machen 1221›4
Rechtmäßigkeit 1313›2
**rechts 1315**
Rechts wegen, von 424›1; 748›4
Rechtsangelegenheit 1278›1
Rechtsanwalt 909›2
Rechtsbehörde 909›1
Rechtsbeistand 909›2
Rechtsberater 909›2
Rechtsbeugung 1665›2
Rechtsbrecher 1721›1
Rechtsbruch 1665›2
rechtschaffen 85›3; 326›2
Rechtschaffenheit 84›2
Rechtschreibfehler 597›1
Rechtsextremismus 1158›2
Rechtsfall 577›2; 1278›1
rechtsförmig 732›1; 748›4
Rechtsförmigkeit 733
Rechtsfrage 1278›1
Rechtsgelehrter 909›2
rechtsgültig 748›2
Rechtshandel 1278›1
rechtshändig 1315›1
rechtskräftig 748›2
Rechtskunde 909›3
rechtskundig 748›3
rechtslastig 1315›2
Rechtslehre 909›3
Rechtsnachfolger 94›2
Rechtspflege 909›1
Rechtspfleger 909›2
Rechtsprechung 909›1
Rechtssache 577›2; 1278›1
rechtsseitig 1315›1
Rechtsspruch 1696›3
rechtsstaatlich 367
Rechtsstreit 1278›1
rechtsverbindlich 748›2
Rechtsverdrehung 1665›2
Rechtsverfahren 1278›1
Rechtsverletzung 1665›2
Rechtsvertreter 909›2
Rechtsvorgang 1278›1
Rechtsweg 1278›1
Rechtswesen 909›1
rechtswidrig 987›7; 1717
Rechtswidrigkeit 1665›2
Rechtswissenschaft 909›3
rechtswissenschaftlich 748›3
rechtwinklig 729›2
rechtzeitig 1285›1
Recke 1459›1
recken 1527›2; 1939›2
recken, sich 1527›4
Recorder 730
recyceln 196›4
Recycling 153›1
Redakteur 258›1
Redaktion 223›1; 258›3
Redaktionsstab 258›3
Rede 1847
Rede, in direkter 1659›4
Redebeitrag 163›1
Redeblume 1251›2
Redefluss 1489›3
redefreudig 1116
Redegabe 1489›3
redegewaltig 251›2
redegewandt 251›1
Redekunst 1489›3
Redelöwe 1432
reden 161›1; 1490›1
reden lassen, mit sich 486›1
reden machen, von sich 89›4; 172›2
reden, besoffen 1490›3
reden, Blech 1490›3
reden, deutsch 1725›2
reden, drum herum 1018›2
reden, dummes Zeug 1490›3
reden, Fraktur 1725›2
reden, große Töne 1264›2
reden, in den Wind 1378›6
reden, ins Gewissen 1076›1
reden, klug 1490›3
reden, mit zwei Zungen 1067
reden, ohne Punkt und Komma 1490›3
reden, Tacheles 1725›2
reden, Unsinn 1677›4
reden, zu Gefallen 1396
Redensart 1251›1
redensartlich 180; 964›1
Rederei 734›1
Redeschwall 1878›2

Redeweise 1489 ▸ 2
Redewendung 146 ▸ 1; 1251 ▸ 1
redigieren 196 ▸ 2
redlich 130; 326 ▸ 2
Redlichkeit 84 ▸ 2
Redneck 1267 ▸ 1
Rednergabe 1489 ▸ 3
Redoute 209 ▸ 4
redselig 251 ▸ 2; 1116
Redseligkeit 1205 ▸ 2
Reduktion 451 ▸ 1; 1343 ▸ 3
redundant 180; 1012 ▸ 2; 1623 ▸ 1
Redundanz 181 ▸ 1; 1615 ▸ 1
reduzieren 838 ▸ 3; 1002 ▸ 2
reduzieren, Kosten 1301
reduziert 310 ▸ 1; 1537 ▸ 3
Reduzierung 451 ▸ 1; 1343 ▸ 3
Reede 209 ▸ 4
reell 85 ▸ 3; 310 ▸ 2; 412 ▸ 2; 1312 ▸ 2
Reenactment 1573 ▸ 1
Referat 8 ▸ 2; 120; 256 ▸ 1; 1847
Referent 258 ▸ 2
Referenz 1714 ▸ 2
Referenzen 467
referieren 257; 1115 ▸ 1; 1848 ▸ 1
Reff 269 ▸ 2
reflektieren 369 ▸ 1; 1481 ▸ 2
reflektieren auf 552 ▸ 1; 891 ▸ 4; 1525 ▸ 1
reflektiert 1768 ▸ 4
Reflex 1309 ▸ 1
reflexartig 1691 ▸ 4
reflexhaft 1648 ▸ 1
**Reflexion 1316**
Reflexionskraft 704 ▸ 1
Reform 1705 ▸ 1
Reformator 1252 ▸ 1
Reformeifer 465 ▸ 2
Reformer 1252 ▸ 1
reformerisch 464 ▸ 2
reformfreudig 464 ▸ 2
reformieren 540 ▸ 3; 1704 ▸ 1
reformorientiert 464 ▸ 2
reformulieren 1704 ▸ 1
Refrain 1901
Refugium 830 ▸ 1; 886
Regal 329 ▸ 2
Regatta 958 ▸ 2
rege 299 ▸ 1; 1021 ▸ 2; 1553 ▸ 2
**Regel** 324 ▸ 2; 747 ▸ 2; 1028 ▸ 3; **1317**
Regel, goldene 372 ▸ 1; 795 ▸ 1
Regel, in der 40 ▸ 5; 796
Regelblutung 1317 ▸ 4
regelgerecht 748 ▸ 4
Regelhaftigkeit 1549 ▸ 1
regellos 1088 ▸ 2; 1663 ▸ 2
**regelmäßig** 879 ▸ 3; **1318**
**Regelmäßigkeit** 41 ▸ 2; 611 ▸ 4; 747 ▸ 2; **1319**
regeln 943 ▸ 1; 1221 ▸ 1
Regeln der Kunst, nach allen 996
regelrecht 1312 ▸ 2
Regelung 1089
Regelungswut 1235 ▸ 1
Regelverstoß 29 ▸ 5
regelwidrig 1779 ▸ 3
Regelwidrigkeit 29 ▸ 5
Regen 1181 ▸ 1; 1877 ▸ 1
regen, sich 101 ▸ 3; 298 ▸ 1
regen, sich nicht 1351 ▸ 1
regenarm 1598 ▸ 4
Regenbogenpresse 1266 ▸ 2; 1401 ▸ 3
Regeneration 522 ▸ 1; 541 ▸ 2
regenerieren 521 ▸ 1
regenerieren, sich 516 ▸ 3; 521 ▸ 2
Regenfälle 1181 ▸ 1
regenlos 1598 ▸ 4
regenreich 1157 ▸ 3
Regent 846
Regentschaft 844 ▸ 1
Regie 844 ▸ 2; 1043 ▸ 1
Regie führen 1482 ▸ 2
regieren 845 ▸ 1
Regierung 1198
Regierungserklärung 526 ▸ 5
Regierungsfähigkeit 669 ▸ 2
Regierungsform 1549 ▸ 4
Regierungsgewalt 844 ▸ 1; 1071 ▸ 3
Regierungsvertreter 385 ▸ 1
Regierungswille 669 ▸ 2
Regime 844 ▸ 1
Regimekritiker 697 ▸ 2
Regiment 844 ▸ 2
Regiolekt 1489 ▸ 4
Region 682 ▸ 2
regional 203
Register 897 ▸ 2; 1813 ▸ 1
registrieren 612 ▸ 2; 1447; 1863 ▸ 1
Registrierkasse 918 ▸ 1
Registrierung 125 ▸ 2
Reglement 1317 ▸ 2
reglementieren 71 ▸ 1; 1221 ▸ 2
reglos 1352 ▸ 7; 1500 ▸ 1
Reglosigkeit 1350 ▸ 4
**regnen 1320**
regnerisch 405 ▸ 2; 1157 ▸ 3
regnet, es 1819 ▸ 1
regressiv 13
regsam 619; 1021 ▸ 2; 1553 ▸ 2
Regsamkeit 420 ▸ 1
regulär 675 ▸ 1; 1312 ▸ 3
regulieren 201 ▸ 1; 1221 ▸ 3
Regulierung 202 ▸ 1
Regung 300 ▸ 4; 1068 ▸ 1; 1167 ▸ 1; 1515 ▸ 2
regungslos 1352 ▸ 7; 1500 ▸ 3
Rehabilitation 492 ▸ 2; 522 ▸ 2
Rehabilitationsstätte 978
rehabilitieren 828 ▸ 2; 943 ▸ 5
rehabilitieren, sich 491 ▸ 3
rehabilitiert werden 720 ▸ 3
Rehabilitierung 492 ▸ 2
rehhaft 70 ▸ 2
Reibach 1727 ▸ 2
**reiben** 904 ▸ 2; **1321**; 1362 ▸ 2; 1934
reiben, blank 1362 ▸ 2
reiben, sich 1531 ▸ 1
reiben, wund 1321 ▸ 4
Reiberei 1530 ▸ 1; 1530 ▸ 2
Reibung 1530 ▸ 1; 1897 ▸ 1
Reibungen 1530 ▸ 2
reibungslos 765 ▸ 5
**reich 1322**
Reich 789 ▸ 3; 830 ▸ 1
reich werden 712 ▸ 2
Reiche 1196 ▸ 2
reichen 49 ▸ 3; 680 ▸ 1; 726 ▸ 1
reichen, Hand 799 ▸ 1
reichend, weit 788 ▸ 5; 1909 ▸ 2
reichhaltig 1322 ▸ 2
Reichhaltigkeit 1822 ▸ 1
reichlich 1322 ▸ 4; 1623 ▸ 2; 1819 ▸ 1
Reichswehr 1106 ▸ 2
reicht, es 725
Reichtum 670 ▸ 1; 1281 ▸ 2; 1822 ▸ 1
Reichtümer 270 ▸ 2
Reichweite 145 ▸ 2; 315; 682 ▸ 1; 1151 ▸ 1
**reif** 513 ▸ 1; **1323**
Reif 1181 ▸ 2; 1341 ▸ 1
reif für die Insel 1125 ▸ 2
reif, halb 1666 ▸ 1
reif, noch nicht 1666 ▸ 1
Reife 1827
reifen 507 ▸ 5
Reifen 508 ▸ 1

Reifenspur 1493›1
Reifeprüfung 1280›1
reiflich 719›3
Reifung 1705›3
**Reihe** 628›2; **1324**
Reihe sein, an der 87›1
Reihe, außer der 1849›3
Reihe, nach der 1010›2
reihen 101›4; 583›2
Reihenfolge 628›1; 1324›1
Reihenhaus 821›1
reihenweise 1819›1
reihern 327›3
Reihung 1324›1
reimen 500›3
reimen, sich 1610›1
rein 412›2; 414›1; 836›3; 885›2; 1360›2
rein machen 1362›1
reinbringen, Grund 1221›1
Reinemachen 1325›3
Reinemachfrau 823›2
Reinfall 505; 597›3; 1111
Reingewinn 1190›2
Reinheit 1361›1; 1827
reinigen 943›3; 1362›1
**Reinigung** 483›2; **1325**
Reinkarnation 541›2
Reinkultur, in 346›2; 676›2
Reinlichkeit 1361›1
reinreden 1519›2
reinschmecken 1791›1
reinschwingen, sich 1560›1
reinziehen, sich etwas 722
Reis 1594›2
Reise 575›1
Reise machen 1326›1
Reiseanimateur 1678›1
Reisebegleiter 1327›1
Reisebekanntschaft 1327›1
reisefertig 608›2
Reisefieber 61›2
Reiseführer 668›4
Reisegefährte 1327›1
Reisegenosse 1327›1
Reisekoffer 867›8
Reiseleiter 668›4
reiselustig 1021›2
**reisen** 298›4; **1326**
reisen nach 214›1
Reisen, auf 391›2
Reisende 646›2
**Reisender** 282›2; **1327**; 1802›1
Reisepass 278›1
Reisevertreter 1802›1
Reiseweg 1884›3
Reisezeit 1355
Reiseziel 1940›2
Reisigbesen 269›1
reißen 327›1; 1527›2; 1719›3; 1939›2
reißen, an sich 193›1; 1228›3
reißen, in Fetzen 1936›6
reißen, in Stücke 1936›6
reißen, ins Verderben 1724›5
reißen, sich am Riemen 226
reißen, sich in Stücke 1558›3
reißen, sich um 215›1; 1525›1
reißend 1902›4
Reißer 1074
reißerisch 1909›2
Reißleine 851›2
Reißverschluss 1780›2
reiten 298›4
reiten, Attacke gegen 59›2
reiten, Extratour 117
reitend, Paragraphen 1236›2
Reitpferd 1242
**Reiz** 69; 840›3; 890; **1328**
reizbar 826›3
reizbar, leicht 468›3
Reizbarkeit 469›2; 827
**reizen** 74›3; 97›3; 105›1; 328›3; 904›1; **1329**; 1737
reizend 70›1; 651›1; 866; 1330; 1407›1
Reizklima 397›2
reizlos 571›2; 590›2; 1012›2
Reizlosigkeit 591
Reizmittel 953›1
Reizthema 840›2
Reizüberflutung 1615›1
Reizung 1328›1
**reizvoll** 75›1; 98›1; 889›1; **1330**; 1407›1
Rekapitulation 1608›2; 1901
rekapitulieren 1394›3; 1900›1
rekeln, sich 521›3; 1527›4
Reklamation 984›2; 1077›1
Reklame 1894›1
Reklame machen 1892›1
Reklamefeldzug 1894›2
Reklameschlacht 1894›2
reklamieren 193›1; 194; 1076›3; 1550›1
rekognoszieren 633
rekompensieren 494›2
rekonstruieren 523›1; 525›1; 540›1
Rekonstruktion 541›1; 1137›1
Rekonvaleszenz 522›2
rekonvaleszieren 720›1
Rekord 763›3; 1041›1
Rekreation 522›1
Rekrut 1106›1
rekrutieren 455›2
Rektor 1042›2
Relation 1714›1
**relativ 1331**
relativieren 1704›1
Relativität 204
Relaunch 1894›2
relaxen 521›3; 1351›1
Relegation 1716›1
relevant 1896›2
Relevanz 200›3; 1297›3
Relief 306›2
reliefartig 1256
**Religion 1332**
Religionsgemeinschaft 935›1
religiös 660
Religiosität 1332›2
Relikt 1335›3
Reling 1414
Reliquie 971›1
Remake 541›3; 1137›1
Remake machen 196›6
Remedium 1093›2
Reminiszenz 524›1
remis 1645›2
Remis 1612›3
remittieren 30›2
Remix machen 196›6
Remmidemmi 1679›2
Rempelei 1522
Rendezvous 1590›1
Rendite 1190›2; 1727›2
Renegat 929
renitent 423
Renitenz 1604
Renkontre 1530›2
Rennbahn 1372›1; 1884›2
rennen 426›1; 700›2; 848›2
Rennen 958›2
Rennen machen 1458›1
rennen, ins Unglück 1378›2
rennen, über den Haufen 1523
Renner 515›4
Rennpferd 1242

Rennrad 576‣2
Rennstrecke 1884‣2
Rennwagen 576‣2
Renommee 713‣2
renommieren 1264‣1
Renommiersucht 457‣2
renommiert 57; 260‣1
Renommist 1432
renovieren 540‣1
renoviert 1172‣4
Renovierung 541‣1
rentabel 1192‣2
Rentabilität 1190‣1
**Rente 1333**
Rentenalter 44‣1
rentieren, sich 1191‣1
Rentner 44‣2
reorganisieren 540‣3
reparabel 1123‣2; 1849‣5
Reparationen 495‣3
Reparatur 541‣1
reparaturanfällig 263‣1
reparaturbedürftig 847‣4
reparieren 540‣1
repariert 728‣1
repatriieren 1799‣1
Repatriierung 1800
Repertoire 1822‣2
repetieren 1900‣1
Repetition 1901
Repetitorium 1027
Replay 1573‣1
Replik 555‣2; 967‣1
replizieren 554‣2
Report 8‣1; 256‣1
Reportage 8‣1; 256‣1
Reporter 258‣1
repräsentabel 1502‣1
Repräsentant 1802‣3
Repräsentanz 1803
Repräsentation 1803
repräsentativ 346‣1; 732‣1; 882
repräsentieren 1‣1; 199‣1; 357‣3; 1801‣1
Repressalie 1747‣1; 1967‣1
Repression 1967‣1
repressionsfrei 367
Reprise 1344‣2
Reproduktion 967‣1; 1137‣1; 1807‣2
reproduktiv 1649‣2
reproduzieren 1‣3; 1806
Reputation 713‣2
reputierlich 85‣2
requirieren 455‣1; 1163‣3
Research 1082
Reserve 793‣3; 1006‣2; 1956‣1
Reservemann 547‣4
Reserven 270‣4
**reservieren 1334**
reserviert 31‣1; 1435‣1; 1955‣1
Reserviertheit 1956‣1
Reservist 1802‣4
Reset 541‣1
resetten 540‣3
resezieren 1213
Residenz 1495‣1
Residenzstadt 1495‣1
residieren 1019‣2
Residuum 1335‣3
Resignation 685‣2; 1814‣2
resignieren 121‣3; 1035‣2; 1815‣1
resigniert 686‣2; 1177‣1
resistent 401‣1; 880‣1; 976‣1
Resistenz 611‣1; 1497‣2; 1897‣2
resistieren 224‣3
resolut 476
Resolutheit 475‣1
Resolution 497‣2
Resonanz 411‣1; 1580‣5; 1910‣2
Resonanzkörper 968‣3
resorbieren 126‣3
Respekt 35; 1956‣1
Respekt erheischend 1923‣1
respektabel 85‣2; 1896‣2
respektieren 191‣2; 1730‣1
respektiert 57
respektive 1201
respektlos 640‣1; 1657‣2
Respektlosigkeit 641‣1
respektvoll 1955‣2
respirieren 114
Ressentiment 14‣1; 604; 1850
ressentimentgeladen 1147
Ressort 120; 568‣2; 1963‣1
Ressortleiter 1042‣2
Ressourcen 270‣3
**Rest** 5‣1; **1335**; 1536‣2; 1557‣2
restant 1422‣1
Restanten 1420‣2
Restaurant 678‣1
Restauration 678‣1; 1309‣2
restaurativ 1315‣2
restaurieren 540‣1
restauriert 1172‣4
Restaurierung 541‣1
Restbestand 1335‣2
Restbetrag 1335‣2
Restform 1335‣3
restieren 6‣2; 87‣1
restituieren 494‣1
Restitution 495‣2
restlich 1623‣1
restlos 676‣3
Resto 678‣1
Restposten 1335‣2
Restriktion 451‣1
Restrisiko 1335‣2
Resultat 518; 613‣1; 628‣3
resultatlos 1743
resultieren aus 9‣4
Resümee 518; 1608‣1
resümieren 1394‣3
Retardation 1817‣1
retardieren 1816‣1
Retorte, aus der 997
retour 1347
Retourkutsche 555‣2; 1747‣1
retournieren 30‣2
retro 43‣5; 1121‣2
Retro 1608‣2
retrospektiv 1148
Retrospektive 1608‣2
retten 834‣4
retten, sich 489‣4
rettend 754‣4
Retter 835‣1
Rettung 851‣2
Rettungsinsel 886
Retusche 267; 1712‣1
retuschieren 266; 1711‣1
Retuschierung 267
**Reue 1336**; 1365‣1
Reue, tätige 1336
Reuegefühl 1336
reuen 254; 1399‣2
reuevoll 1337
reuig 1337
**reumütig 1337**
Reumütigkeit 1336
Reuse 1171‣1
reüssieren 175; 224‣2; 712‣2
Revanche 495‣1; 1747‣1
revanchieren, sich 494‣1; 1746‣3
Revenant 704‣4
Reverenz 35; 417‣2; 798‣2
Revers 1286‣9; 1345
reversibel 1849‣5

revidierbar 1849 ▸ 5
revidierbar, nicht 473
revidieren 943 ▸ 5; 1279 ▸ 1
Revier 682 ▸ 1; 1261 ▸ 2; 1480 ▸ 1
Revierbeißer 94 ▸ 2
Revirement 1879 ▸ 1
Revision 1280 ▸ 2
Revisor 132 ▸ 3
revitalisieren 540 ▸ 5
Revival 541 ▸ 2
Revolte 133 ▸ 1
revoltieren 123 ▸ 2; 520 ▸ 5
**Revolution 1338**; 1705 ▸ 2
Revolution, digitale 1338 ▸ 2
Revolution, industrielle 1338 ▸ 2
Revolution, samtene 1338 ▸ 2
Revolution, sexuelle 1338 ▸ 2
Revolution, technische 1338 ▸ 2
Revolution, wissenschaftliche 1338 ▸ 2
revolutionär 667 ▸ 2
Revolutionär 916 ▸ 5
revolutionieren 540 ▸ 3; 1704 ▸ 1
Revolutionskrieg 982 ▸ 2
Revoluzzer 1432
revozieren 1046 ▸ 2
Revue 1679 ▸ 7
Rezensent 985 ▸ 1
rezensieren 275 ▸ 2; 1697 ▸ 1
Rezension 276 ▸ 4; 984 ▸ 1; 1266 ▸ 3
rezent 841 ▸ 2
Rezept 95 ▸ 2
Rezeption 462 ▸ 3
rezeptiv 464 ▸ 3
Rezeptur 95 ▸ 2
Rezession 983 ▸ 3
rezessiv 13
Rezidiv 1344 ▸ 2; 1901
rezipieren 126 ▸ 3; 1709 ▸ 2
reziprok 693
Reziprozität 1881
Rezitation 1847
rezitieren 1848 ▸ 1
Rhapsodie 736 ▸ 2
rhapsodisch 1690 ▸ 1
Rhetorik 1489 ▸ 3
Rhinozeros 403 ▸ 4
Rhombus 1823
rhythmisch 1318 ▸ 1
Rhythmus 1084 ▸ 3; 1319 ▸ 1
richten 1221 ▸ 1; 1244 ▸ 5; 1511 ▸ 2; 1697 ▸ 2; 1831 ▸ 1
richten, Augenmerk auf 891 ▸ 3
richten, Blick gen Himmel 824 ▸ 2
richten, den Blick auf 79 ▸ 2
richten, es sich 712 ▸ 2
richten, gerade 1221 ▸ 1
richten, sich nach 191 ▸ 2; 439 ▸ 3; 629 ▸ 3
richten, sich zugrunde 1936 ▸ 11
richten, zugrunde 1724 ▸ 5; 1936 ▸ 1
Richter 909 ▸ 2
richterlich 748 ▸ 1
Richterspruch 1696 ▸ 3
richtig 569 ▸ 1; 800 ▸ 1; 1192 ▸ 3; 1220 ▸ 3; 1312 ▸ 2; 1860
richtig stellen 943 ▸ 1
richtiger 3
richtiggehend 1448 ▸ 1
Richtigkeit 1862
richtigliegen 1589 ▸ 3
Richtigstellung 163 ▸ 2; 944 ▸ 4; 1712 ▸ 1
Richtlinie 747 ▸ 1; 795 ▸ 1; 1089; 1317 ▸ 1
Richtmaß 795 ▸ 1; 1084 ▸ 3
Richtpreis 1265 ▸ 3
Richtsatz 795 ▸ 1
Richtschnur 747 ▸ 1; 795 ▸ 1; 1028 ▸ 3; 1084 ▸ 3; 1317 ▸ 1
Richtung 1028 ▸ 4; 1423 ▸ 3; 1534 ▸ 1; 1566 ▸ 1
Richtungsänderung 29 ▸ 2; 999
Richtungsanzeiger 927 ▸ 3
richtungweisend 667 ▸ 2
**riechen 1339**; 1863 ▸ 1
riechen können, nicht 818 ▸ 1
riechen nach 157
riechen, Braten 665 ▸ 1; 1767 ▸ 2; 1863 ▸ 2
riechen, Lunte 1767 ▸ 2; 1863 ▸ 2
Riecher 465 ▸ 1; 690 ▸ 3; 1156
Riechkolben 1156
Riechorgan 1156
Ried 1548 ▸ 1
Riefe 582 ▸ 2; 1794 ▸ 3
riefen 445 ▸ 2; 786
Riege 797 ▸ 9; 1324 ▸ 3
Riegel 1780 ▸ 2
Riemen 775 ▸ 2; 809 ▸ 2
**Riese 1340**
rieseln 623; 1320
Rieseln 731 ▸ 2
Riesenkerl 1340
Riesenmenge 1097 ▸ 3
riesig 162 ▸ 1; 788 ▸ 1; 1008 ▸ 2
riestern 540 ▸ 2
rigide 1500 ▸ 2
Rigidität 1533 ▸ 1
Rigorismus 1533 ▸ 1
rigoros 817 ▸ 3; 1532 ▸ 1
Rigorosum 1280 ▸ 1
Rikscha 576 ▸ 8
Rille 582 ▸ 2; 1794 ▸ 3
rillen 445 ▸ 2; 786
Rinde 867 ▸ 2
Rindvieh 403 ▸ 4
**Ring** 682 ▸ 3; 797 ▸ 1; 842 ▸ 3; **1341**; 1372 ▸ 1
Ringbahn 1341 ▸ 2
ringeln 393 ▸ 3; 1132 ▸ 1
Ringelspiel 1341 ▸ 2
ringen 915 ▸ 2
Ringen 914 ▸ 1
ringen um 915 ▸ 1
ringen, Hände 1818 ▸ 2
ringen, mit demTode 1035 ▸ 3
ringen, mit sich 369 ▸ 2; 1431 ▸ 2
ringen, nach Atem 114
Ringen, zähes 1530 ▸ 2
ringförmig 1824 ▸ 3
Ringkampf 914 ▸ 3
rings 1607 ▸ 2
Ringstraße 1341 ▸ 1; 1524
ringsum 1607 ▸ 2
ringsumher 1607 ▸ 2
Rinne 582 ▸ 2; 1210 ▸ 7; 1794 ▸ 3
rinnen 623; 1320
rinnend 408 ▸ 4
Rinnsal 757 ▸ 1
Rippenstoß 1077 ▸ 1; 1522
Risalit 179
Risiko 397 ▸ 2; 1857
risikobehaftet 687 ▸ 2
risikofrei 1455 ▸ 2
risikofreudig 1134 ▸ 2
risikolos 1455 ▸ 2
risikoreich 687 ▸ 2
riskant 687 ▸ 2; 1669 ▸ 2
riskieren 1791 ▸ 2; 1856 ▸ 1
riskieren, Lippe 528 ▸ 3
Riss 1131 ▸ 3; 1210 ▸ 3; 1253 ▸ 2; 1492 ▸ 1; 1920
rissig 1127 ▸ 1; 1302 ▸ 4; 1491 ▸ 2; 1638 ▸ 2
Ritter 916 ▸ 1; 924
ritterlich 85 ▸ 3; 414 ▸ 3; 861

Ritterlichkeit 487›2
Ritterschlag 436›2
Ritual 324›3; 935›3
Ritus 324›3; 935›3
Ritz 1210›3; 1492›1
Ritze 1062›1; 1374›1
ritzen 786
Rivale 697›3
rivalisieren 915›2; 1507›3
Rivalität 914›1; 958›1
Roadster 576›2
robben 774›2
Robe 946›2
robotern 101›3
robust 361›1; 374›1
Robustheit 611›1
Rochade 1879›1
rocher de bronze 345›2
Rockband 797›4
Rocker 1267›1
Rockheroe 1496›1
Rocksänger 1358›1
Rockshow 1679›7
Rockstar 1496›1
roden 173›2; 1362›4
Rodung 1048
roh 332; 631›1
Rohbau, im 52›2
Rohheit 333
Rohling 184; 1518›2
Rohmaterial 1518›2
Rohr 775›2; 1512›1; 1548›1
Rohr im Wind 1216
Rohr, schwankendes 1216
Röhre 221; 1358›1
röhren 1581›3
Rohrkrepierer 1111
Rohrleitung 1043›3
Rohrstock 1516›2
Rohstoff 1518›2
Rollback 1309›2
Röllchen 1342›2
**Rolle** 119›1; **1342**
Rolle spielen 357›4; 1482›1
Rolle, führende 844›2
Rolle, stumme 1342›1
Rolle, tragende 1342›1
Rolle, von der 1500›3
Rolle, zentrale 1342›1
rollen 393›1; 1013›2; 1431›1
rollen, sich 393›5
Rollenporträt 359›3
Rollenprosa 581›1; 1555›2
Rollenspiel 1573›1
Rollentausch 1555›2
Rollentext 1572
rollig 1069
Rollladen 867›6
Rollo 867›6
Roman 556›2
Romancier 1418
Romanschriftsteller 1418
Romantik 872›2
Romantiker 873›2
romantisch 470; 874›2; 1260›2
Romanze 1050›4
Romeo 711
Römernase 1156
Rondell 677
rösch 1491›1
Rosebud 524›3
Rosenkrieg 1530›3
rosig 657›1; 800›1
Rosinante 1242
Rosinen im Kopf haben 428›3
Ross 1242
Ross und Reiter 927›2
rossig 1069
Rosskur 223›2
rosten 1724›2
rösten 323›1; 1599›3
rostfrei 361›1
röstfrisch 657›2
rostig 263›1
rot 1054›3
rot sehen 105›2
rot werden 1366›1
Rotation 394›1; 1879›1
Rote Karte 1395›2
Rotel 678›2
röten 587›1
rotieren 105›2; 393›1
Rotlichtbezirk 318
Rotte 797›5
Rotunde 1918›3
Rotwelsch 1489›4
Rotz 155›1
rotzfrech 640›3
rotzig 640›3
Rotzlöffel 1267›1
Rotznase 1156; 1267›1
rotznäsig 640›3
Roué 1738›1
Roulette 780
Roulette, russisches 1857
Route 1884›3
Routine 514›2; 609
Routineangelegenheit 632›1
Routinier 570
routiniert 513›1; 569›2; 741›1; 1826›2
Rowdy 1267›1
rubbeln 1321›1
Rübe 965›1
Rubel 709›3
rüberbringen 858; 1764›3
Rubikon 787›1
rubrizieren 1221›2; 1558›1
Rubrum 1608›1
Ruch 1348›3
ruchbar werden 409›3
ruchlos 751; 1392›5
Ruchlosigkeit 752
Ruck 1522
ruckartig 1258
Rückäußerung 555›1
Rückbau 1343›1; 1705›1
rückbauen 1704›1
Rückbildung 1343›1
Rückblende 524›1
rückblenden 1725›3
rückblendend 1148
Rückblick 524›1; 1395›2; 1608›2
rückblickend 1148
rucken 1523
Rücken 1345
rücken, auf den Leib 59›2; 389›5
rücken, gerade 1221›1
rücken, näher 1152›4
Rückendeckung 1783›2
rückenfrei 1149›2
Rückenstärkung 278›5
Rückenwind 278›5
Rückenwind haben 758›2
Rucker 1522
rückerstatten 494›1
Rückerstattung 495›2
Rückfall 1343›1; 1344›2
rückfällig 1687
rückfällig werden 1900›2
Rückfrage 636›2
Rückgabe 495›2
**Rückgang** 451›1; **1343**
rückgängig machen 121›2
rückgängig zu machen 1849›5
rückgängig zu machen, nicht 473
Rückgrat 611›3; 807›4; 1114›6

Rückgrat, ohne 347
rückgratlos 347; 751; 1428›3
Rückgratlosigkeit 752; 1429›1
Rückhalt 807›2
rückhaltlos 1116
Rückhaltlosigkeit 1205›1
**Rückkehr 1344**
Rückkunft 1344›1
Rücklage 270›4; 793›3; 1006›2
Rücklagen 270›4
Rücklauf 394›1
rückläufig 13
rücklings 1347
Rückprall 1309›1
Rückreise 1344›1
Rückruf 1348›2
Rucksack 867›8
Rückschall 411›1
Rückschau 524›1; 1608›2
Rückschlag 1111; 1343›1
Rückschluss 1395›3
Rückschritt 1343›1
Rückschrittlichkeit 1309›2
**Rückseite** 1054›2; **1345**
**Rücksicht 1346**
Rücksicht auf, mit 48
rücksichtlich 48
Rücksichtnahme 1346
rücksichtslos 332; 817›3; 1295; 1452; 1552; 1634›2; 1657›1
Rücksichtslosigkeit 333
rücksichtsvoll 124›2; 861; 1842›1
Rückstand 5›1; 1335›3; 1420›2; 1817›1
Rückstand sein, im 1421›1; 1816›3
Rückstand, im 1422›1; 1477›1
rückständig 1422›1; 1703
rückstandsfrei 1360›2
Rückstoß 1309›1
Rücktritt 994›1
rückvergüten 494›2; 1746›3
Rückvergütung 495›2
rückversichern, sich 1782›3
Rückversicherung 1783›2
**rückwärts 1347**
Rückweg 1344›1
rückwirkend 1148
Rückwirkung 1309›1
Rückzahlung 149›3; 495›2
Rückzieher machen 701›2; 1046›2
rückzüchten 1947›1
Rückzug 483›4
Rückzugsgefecht 1897›2
rüde 374›2; 640›3; 1657›2
Rüde 868
Rudel 1097›3
Rudelführer 668›8
Ruder 1510›1
Ruder, am 1837›1
Ruderboot 576›6
Ruderer 1444
rudern 298›4
Rudiment 1335›3; 1557›2
rudimentär 1690›1
**Ruf** 135›3; 713›2; **1348**
Ruf haben 199›3
**rufen** 1169›1; **1349**
rufen nach 1349›1
rufen, ans Licht 557›1
rufen, ins Gedächtnis 1076›3
rufen, ins Leben 51›3; 1706›1
rufen, um Hilfe 1349›1
rufen, vor den Vorhang 945›2
rufen, zur Ordnung 1076›3; 1550›2
Rufer 1271
Rüffel 1380›2
rüffeln 1550›2
Rufmord 984›3; 1761
Rufname 927›4
Rufschädigung 1761
Rufweite 1151›1
Rufweite, in 1150›2
Rüge 1077›4; 1380›2
rügen 194; 1550›2
**Ruhe** 522›1; 653›1; **1350**
Ruhe haben, keine 426›2
Ruhe lassen, in 1014›1
Ruhe selbst, die 1250
Ruhe vor dem Sturm 983›1
ruhebedürftig 1125›1
Ruhebett 293
Ruhegehalt 1333›2
Ruhegeld 1333›2
ruhelos 545›1; 1667›1
Ruhelosigkeit 546›1
**ruhen** 521›1; **1351**
ruhen, in sich 1351›2
ruhend 1352›1; 1352›6
Ruhepause 522›1; 1674›1
Ruheplatz 1006›3
Ruhestand 44›3
Ruhestand, im 43›6
Ruhestätte 654
Ruhestätte haben, letzte 231›2
Ruhestätte, letzte 654
Ruhestörer 1520
Ruhetag 522›4
**ruhig** 1039; **1352**
Ruhm 515›3; 713›3
rühmen 418›1; 466›1; 1058›1
rühmen, sich 1264›1
rühmenswert 1728
Ruhmesblatt 1057›2
Ruhmestat 1727›3
Ruhmestitel 1727›3
ruhmgierig 419
rühmlich 148›2; 1728
ruhmredig 456›2
ruhmsüchtig 419
Ruhrdeutsch 1489›4
rühren 261›2; 1107›1; 1228›1
rühren an 858
rühren, sich 101›3; 298›1
rühren, Werbetrommel 1892›1
rühren, zu Tränen 1228›1
rührend 129›1
rührig 421; 476; 619; 1021›2; 1553›1; 1553›2
Rührigkeit 420›1
rührselig 470; 938
Rührseligkeit 471; 937›3
Rührstück 937›2
Rührung 300›6; 546›2; 1559›1
Ruin 183; 1937›1
ruinieren 1364›5; 1936›1
ruinieren, sich 1936›11
ruiniert 263›3; 531›2; 847›4
rumhängen 592
rumkommen 298›4
Rummel 289›4; 1679›2
Rumor 289›2; 731›3
rumoren 1013›1; 1629›3
rumpelig 1638›2
Rumpelkammer 1479›1
rumpeln 1013›2
rümpfen 583›3
rümpfen, Nase 1109›1
Run 515›3; 1142; 1305›2; 1539›2
rund 379›1; 676›1; 1650›1; 1824›3; 1826›1
Rund 1341›1
Rundbahn 1341›2
Rundbau 1918›3
Rundblick 164›1
Runde 797›1; 1290›1; 1341›1; 1884›3

Runde machen 1629 ▸ 4
runden 516 ▸ 1; 766 ▸ 3; 1825
runden, sich 1917 ▸ 1
rundend, sich 1953
runderneuern, sich 1704 ▸ 6
runderneuert 1172 ▸ 4
Runderneuerung 541 ▸ 1
Rundfunk 1092
Rundgang 1280 ▸ 2
rundheraus 1202 ▸ 2
rundherum 1607 ▸ 2
rundlich 379 ▸ 1; 1502 ▸ 2
Rundschau 164 ▸ 1; 1608 ▸ 1
Rundschreiben 256 ▸ 2
rundum 1607 ▸ 2
Rundung 1341 ▸ 1; 1918 ▸ 3
rundweg 942 ▸ 2; 1202 ▸ 2
Rune 335 ▸ 1; 582 ▸ 2
Running Gag 515 ▸ 4
runterbringen 493
runterfahren 1474 ▸ 4
runterhauen 1416 ▸ 4
runterholen, sich einen 212 ▸ 2
runterkommen 259 ▸ 2
runterladen 1806
runterputzen 1550 ▸ 2
runterreißen 493
runterschmieren 1416 ▸ 4
runterschreiben 1416 ▸ 4
Runzel 582 ▸ 2
runzeln 583 ▸ 3
runzlig 43 ▸ 2; 584 ▸ 2
Rüpel 1267 ▸ 1
Rüpelei 641 ▸ 2
rüpelhaft 640 ▸ 3
rupfen 152 ▸ 2; 1163 ▸ 3; 1939 ▸ 2
rupfen, Hühnchen 1386 ▸ 1
ruppig 1302 ▸ 2; 1657 ▸ 2
Rüsche 582 ▸ 1
Rushhour 763 ▸ 4
rußbedeckt 1403 ▸ 1
Rüssel 775 ▸ 2; 1156
rußig 1403 ▸ 1
russisches Roulette 1857
Rüste 1395 ▸ 2
rüsten 1831 ▸ 1
rüstig 754 ▸ 1; 976 ▸ 2
Rüstigkeit 755
rustikal 374 ▸ 3
Rüstungsspirale 1855 ▸ 2
Rute 775 ▸ 2; 1516 ▸ 2
Rutenbesen 269 ▸ 1
Rutsch 575 ▸ 1; 577 ▸ 1
Rutsch machen 1326 ▸ 1
rutschen 578 ▸ 1; 774 ▸ 1
rutschig 765 ▸ 6
rütteln 1013 ▸ 2; 1433 ▸ 1; 1523

# S

Saal 1304‣1
Saaltochter 202‣3
Saat 560‣4
Sabbat 522‣4
Sabbatjahr 522‣4
Säbelrasseln 397‣1
sabotieren 854‣3; 1364‣1; 1519‣3
Sacharin 937‣3
Sachbereich 120
sachbezogen 1353‣2
Sachbuch 1027
sachdienlich 1192‣1; 1968‣1
Sache 577‣2; 694‣1; 1977‣1
Sache machen, gemeinsame 286; 291‣2; 1960‣3
Sache sein, bei der 891‣2
Sache sein, nicht bei der 1387‣3; 1587‣3
Sache, bei der 124‣1
Sache, beschlossene 531‣1
Sache, nicht bei der 1634‣1
Sachen, in 288
Sachen, scharfe 756‣2
Sachgebiet 120; 568‣2
sachgemäß 569‣1; 1312‣2
sachgerecht 814‣1
Sachinhalt 884‣1
Sachkenner 570
Sachkenntnis 1914‣3
sachkundig 513‣1; 569‣1; 926
Sachlage 1005‣2; 1554‣1
**sachlich** 542‣1; 732‣1; **1353**; 1768‣4
Sachlichkeit 733; 1785‣2
sachorientiert 1353‣2
Sachschaden 1363‣1
Sachstand 1005‣2
sacht 1104‣1; 1928‣2
sachte 1010‣1
sachte tun 774‣1
Sachtext 1572
Sachtheit 1105
Sachverhalt 1005‣2; 1554‣1
Sachverstand 1788‣2; 1914‣3
sachverständig 513‣1; 569‣2
sachverständig sein 1789‣4
Sachverständiger 570
Sachverständnis 1788‣1
Sachwalter 1802‣2
Sachwerte 270‣2
Sack 221; 867‣8
Sack lassen, Katze aus dem 1203‣3; 1725‣2; 1772
Sack und Asche, in 1655‣1
Sack, fauler 593
Sackgasse 899‣1; 1524; 1759‣1
Sackgasse, in einer 853‣2
Sadismus 333
Sadist 184
sadistisch 332
säen 557‣5; 1792‣2
säen, Hass 848‣3
säen, Zwietracht 1591‣2
Safari 575‣2
Safe 918‣1
Safer Sex 1425‣5
Saft 756‣3; 1472
**saftig** 77‣2; 374‣2; 976‣4; 1021‣4; **1354**
saftlos 571‣1; 1428‣1; 1598‣3
saftstrotzend 1354‣1
safttriefend 1354‣1
Sage 556‣2
sage und schreibe 1908‣3
sagen 161‣1; 279‣4; 1115‣1; 1490‣1
sägen 1387‣2
Sagen haben 845‣1
sagen haben, sich nichts mehr zu 482‣5
sagen lassen, sich 865‣1
sagen lassen, sich nicht zweimal 1163‣4
sagen wir 1650‣1
sagen wollen 199‣1; 1490‣2
sagen, auf Wiedersehen 466‣3; 482‣2
sagen, Dank 355‣1
sagen, guten Tag 281‣1; 799‣1
sagen, hallo 799‣1
sagen, ins Ohr 627
sagen, ja und amen 528‣1
sagen, Lebewohl 482‣2
sagen, nein 30‣3
sagen, nichts 1434‣2
sagen, Unwahrheit 1067
sagen, Valet 1591‣1
sagend, nichts 180; 310‣3; 964‣2; 1012‣2; 1023‣3; 1194‣2; 1635
sagenhaft 1249‣1; 1669‣3
sagenumwoben 1669‣3
Sahne, erste 551
Sahnehäubchen 763‣7
Sahneschnitte 1409‣3
Sailor 1444
**Saison 1355**
saisonbedingt 203; 1849‣1
Sakrifizium 1214‣3
sakrisch 1448‣1
Sakristan 936‣3
sakrosankt 1717
Säkularisation 480
Salär 1727‣1
Salat 628‣3; 1664‣2
Salatsoße 1472
salbadern 1264‣2
Salbe 111‣2
salben 766‣4; 1244‣4
salbungsvoll 598‣3
saldieren 249‣1
Saldierung 1311‣1; 1927‣1
Sale 1755‣2
Salon 1304‣1
salonfähig 85‣1
salonfähig, nicht 90‣1
Salonlöwe 924; 1738‣1
salopp 631‣3; 642‣2; 716; 1145‣3; 1485‣2
Salto 1492‣2
Salto mortale 1492‣2
Salut 417‣2; 798‣3
salutieren 799‣2
Salve 615‣3
salvieren 498‣3
salvieren, sich 491‣3
salzen 1924‣1
salzig 841‣2
salzlos 571‣1
Salzsäule, wie eine 1500‣3
Salzwasser 1877‣2
Samariter 835‣1
Samen 50‣1
sämig 1925‣2
sämig machen 311‣6
Sammelband 1357‣3
Sammelbecken 1114‣3
Sammelbehälter 221
**sammeln** 122‣1; **1356**
sammeln, Daten 245‣3
sammeln, Gedanken 369‣3; 1356‣5
sammeln, neue Kräfte 521‣3
**sammeln, sich** 369‣3; **1356**

Sammelpunkt 1114›3
Sammelstelle 1114›3
Sammelsurium 1108›3
Sammelwerk 1357›3
Sammler 998›1; 1090
**Sammlung** 443›1; 1324›2; **1357**
Sammlung, innere 1357›5
Sample 1131›2
Sampler 1357›3; 1479›4
Samson 977
samt 116›2; 450
Samt 1518›3
samt und sonders 38›1; 676›2
Samtband 1286›6
samten 1928›1
Samthandschuhen, mit 1842›1
samtig 1887›3
sämtliche 38›1
Samtpfoten, auf 1039
samtweich 1887›3
Sanatorium 830›2; 978
Sand 1284
Sand am Meer, wie 1819›1; 1821
sandig 1403›1; 1598›1
Sandkastenliebe 649
Sandkastenspiel 1790›4
Sandler 1327›2; 1777
Sandsturm 1539›1
sanft 1104›1; 1928›2
Sänfte 576›8
Sanftheit 1105
Sanftmut 1105
sanftmütig 1104›4
Sanftmütigkeit 1105
Sang 736›2
Sänger 358
**Sänger(in) 1358**
sanieren 834›4
sanieren, sich 758›1
Sanktion 278›3; 1747›2; 1967›1
sanktionieren 277›5; 528›2
Sanktionierung 529›3
Sanktionsgewalt 1071›1
sans phrase 942›2
sapphisch 863
Sardinenbüchse, wie in der 378›2
sardonisch 321›1; 1488›1
Sarkasmus 1486›3
sarkastisch 1488›1
Satan 1571
satanisch 321›1
Satansgelichter 750
Satanskerl 916›2
Satellit 65›3; 1397›2
Satellitenaufnahme 306›3
satinieren 766›3
satiniert 765›2
Satire 1486›4
Satiriker 985›2
satirisch 1488›1; 1488›2
Satisfaktion 495›2
satisfaktionsfähig 772
Satrap 1802›2
**satt** 588›1; 725; 888›3; 976›4; 1354›1; **1359**; 1819›1; 1824›4
sattbekommen 1034›1
sattelfest 513›1; 926; 1455›8
sattelfest sein 959›1; 1789›2
satthaben, es 105›2; 1034›2
Sattheit 1009
sättigen 673›1
sättigen, sich 409›1; 563›1
sättigend 1153
sattsam 725; 1322›4; 1623›2
sattsehen, sich 1921›1
saturiert 82›2; 1359›2
Satyr 1738›1
Satz 1324›2; 1492›2
Satzung 747›1
Satzvorlage 1182›1
Sau 1402
Saubär 1402
Saubartel 1402
**sauber** 85›3; 99›3; 866; 942›1; **1360**
sauber machen 1221›1; 1287›4; 1362›1
sauber, peinlich 1360›1
sauber, porentief 1360›1
**Sauberkeit** 944›1; 1243›3; **1361**
Saubermann 1234›2
**säubern** 1287›4; **1362**
**säubern, sich 1362**
Säuberung 176›5; 483›2; 1325›3
saublöd 401›1
saudumm 401›1
sauer 320›2; 841›1; 1666›1
sauer geworden 1392›3
sauer machen 105›1
sauer werden 105›2
Sauerei 659›3; 1401›2
säuerlich 320›2; 841›1
sauertöpfisch 1112; 1693
Saufbold 1597
Saufbruder 1597
saufen 283›3; 1596›2
Säufer 1597
Sauferei 708
Saufgelage 708
Saufkumpan 1597
sauflustig 724
saugen 1939›4
säugen 673›1
saugfähig 1060›2
Säugling 933›1
säuisch 90›4
saukalt 911›1
Säule 371; 807›3
Säulenheiliger 159›2
Saum 1625
saumäßig 1392›1
säumen 1628›1; 1816›1; 1816›3; 1944
säumen, Straße 218›1
säumig 1145›2; 1477›1
Säumigkeit 1146; 1695›2
saumselig 1477›1; 1671›1
Saumseligkeit 1776›1; 1817›2
Säunickel 1402
Sauregurkenzeit 1514
Sause 746›2
säuseln 314›1; 627
sausen 314›1; 426›1
Sausen 731›2
sausen lassen 121›3
Saustall 1664›2
Saxophonist 1129›2
scannen 1617›8
Scanner 913›3
schaben 1321›2; 1934
Schabernack 1486›1; 1670›2
schäbig 43›3; 106›2; 263›1; 1475›1
schäbig werden 1061›8
Schablone 1131›4
schablonenhaft 768›2
schablonisieren 1733
Schablonisierung 1734
Schacherer 1270
schachern 812›3
Schachfigur 744›2
schachmatt 531›3; 1125›2
Schacht 1794›1
Schachtel 221
schachteln 1356›2
Schächten 1584›2
Schachzug 1055›1
schade 1038; 1655›5

Schädel 965›1
**schaden 1364**; 1729›1
**Schaden 1363**
**schaden, sich 1364**; 1404›7
Schadenersatz 495›3
Schadenfreude 581›1; 1486›3
schadenfroh 321›1
Schadensbegrenzung 1087›2
schadenspflichtig 1771›1
schadhaft 263›1; 1690›1
Schadhaftigkeit 1689›2
schädigen 1364›1; 1719›3
schädigen, Ruf 1364›1
schädigen, sich 1364›3
Schädigung 1363›1
schädlich 1656›3
schädlich sein 1364›5
Schädling 1397›2
schadstoffarm 1632›2
schadstofffrei 1360›2
schadstoffreduziert 1632›2
Schaf, dummes 403›4
Schaf, schwarzes 1777
Schäferstündchen 1050›4
schaffen 536›1; 557›1; 712›1; 753; 1040›1; 1680›1
Schaffen 100›1
schaffen machen, zu 91›1; 128›4; 254; 264›3; 1399›2
schaffen, Abhilfe 22›4; 834›4
schaffen, Ablauf 11›2
schaffen, aus dem Weg 1583›1
schaffen, aus der Welt 481›4; 943›1
schaffen, es 712›2; 1825
schaffen, etwas 101›1
schaffen, klare Bahn 943›1
schaffen, Ordnung 1221›1
schaffen, Platz 481›2
schaffen, Raum 1025›1
schaffen, Remedur 410; 1221›1
schaffen, vom Halse 211›1
schaffen, Voraussetzung 535›2; 1831›1
schaffend 1410
Schaffensdrang 1269›1
Schaffensfreude 1269›1
Schaffenskraft 1269›1
Schaffenslust 420›2; 1269›1
schaffig 619; 1553›1
Schafskopf 403›1
Schaft 809›1; 1512›1
Schäker 1379›1
Schäkerei 1050›4
schäkern 1737
schal 180; 571›1
Schal 1286›7
schal werden 1745›4
Schale 167›3; 221; 867›2; 946›1; 1193›1
schälen 1061›10
schälig 1069
Schalk 1379›1
schalkhaft 832›3
Schall 411›1; 731›1; 1580›1
Schall und Rauch 1023›3; 1635; 1742›2
schallen 1013›2; 1581›1
schallend 1017
Schallpegel 1084›5
Schallwirkung 1580›5
schalten 201›1; 1308; 1764›2; 1789›2
schalten, Anzeige 49›2; 1892›1
schalten, auf Stand-by 88›3
schalten, hin und her 1880›1
schalten, synchron 72›1
Schalter 1210›4
Schaltung 202›1
Schaluppe 576›6
**Scham** 1336; **1365**; 1374›1
Scham, ohne falsche 942›2
**schämen, sich** 254; **1366**
Schamesröte 1365›1
Schamgefühl 1365›1
Schamgegend 1365›2
Schamgrenze 787›2
Schamhaftigkeit 1365›1
Schamhügel 1365›2
schamlos 90›3; 751
Schamlosigkeit 659›2; 752
schamrot 1758›2
schandbar 237›2; 1392›5
Schandbarkeit 1393
**Schande 1367**
schänden 506›4
Schandfleck 1367›2
schändlich 237›2; 1392›5
Schändlichkeit 1393
Schandmal 1367›2
Schandtat 1720
Schändung 1367›2
Schankstube 678›1
Schankwirt 1912›1
Schanze 209›4
schanzen 784›1
Schapp 1413
Schar 440›2; 797›5
Schäre 886
Scharen 1097›3
Scharen, in hellen 1821
scharenweise 1821
**scharf** 31›2; 376›2; 841›2; 888›1; 1017; 1069; 1302›5; **1368**; 1488›1; 1532›1
scharf auf 216›1
scharf machend 90›3
scharf, nicht 1104›3
Scharfblick 1785›2
Schärfe 641›3; 944›1; 1139; 1470›1; 1533›2
**schärfen 1369**
schärfen, Blick 1369›3
scharfkantig 1368›1
scharfmachen 848›3; 1737
Scharfmacher 364
Scharfmacherei 365
scharfmacherisch 366
Scharfsicht 1696›2
scharfsichtig 887›2
Scharfsinn 704›2; 1785›2
scharfsinnig 887›1
scharfzüngig 1488›1
Scharlatan 292›3
Scharlatanerie 1555›1
scharmieren 1737
Scharmützel 982›1; 1530›2
scharmutzieren 1737
Scharnier 209›2
scharren 904›2; 1321›1
Scharte 1794›3
Scharte auswetzen 494›1
Scharteke 334›1
schartig 1368›1; 1537›1
scharwenzeln 1396
schassen 993›2
Schatten 65›2; 406›2; 1188; 1216; 1774›1
Schatten seiner selbst 847›3
Schatten werden, zum 1745›1
Schatten, nicht ein 1183
schattenboxen 1845
schattenhaft 1688›2
schattenlos 778›2
Schattenreich 1685›2
Schattenriss 1053›2
Schattenseite 597›2; 1345
Schattenwelt 1685›2
schattieren 587›2

Schattierung 23›1; 1188
schattig 405›2
Schatulle 919›1
Schatz 270›1; 710; 711; 971›1; 1357›1
Schatz, größter 971›3
Schatzbrief 270›3
**schätzen** 249›1; 1051›1; 1122›1; **1370**; 1730›1; 1767›1
schätzen, gering 1109›1; 1109›2
schätzen, hoch 1730›1
schätzen, sich glücklich 778›5
schätzenswert 148›2
Schatzhaus 1357›2
Schatzkammer 1357›2; 1479›2
Schatzsucher 2
Schätzung 1696›1
schätzungsweise 1650›1
Schau 168›2; 1608›1; 1708›3
Schaubild 306›2
Schaubude 737›4
Schaubühne 1573›1
Schauder 14›2; 61›1
schauderhaft 1415›1
schaudern 62›1; 656›1; 1943›1
schaudernd 911›2
schaudervoll 1415›1
schauen 1447
schauen, hinter sich 1546›1
schauen, in alle Richtungen 1546›1
schauen, zu tief ins Glas 283›3
schauend, weit 887›2
Schauer 61›1; 1181›1
schauerlich 819›1; 1415›2
schauern 1320; 1943›1
schaufeln 784›1
schaufeln, sich sein eigenes Grab 1364›4
Schaufenster 168›1
Schaufrau 1409›4; 1496›1
Schaukasten 168›1
schaukeln 712›1; 1431›1; 1433›1; 1439›2
Schaukelstuhl 1465›2
Schaulust 1173
schaulustig 892›2
Schaulustiger 246›1
Schaum 1742›2
**schäumen** 105›2; **1371**; 1504›1
schäumend 320›1; 1902›4
schaumgebremst 1086›1
schaumig 1031›3
Schaumschläger 1432
Schaumschlägerei 734›2
Schaupackung 1555›2
**Schauplatz 1372**
schaurig 405›7; 819›1; 1415›2
Schauseite 1833›1
**Schauspiel 1373**
schauspielen 1482›1
Schauspieler 358
schauspielern 1845
Schauspielhaus 1573›2
Schaustellung 1281›1
Schaustück 971›1
Scheck 1927›4
Scheck, per 1119›4
Schecke 1242
scheckig 263›1; 715›1
scheeläugig 1166
Scheelsucht 1164
scheelsüchtig 1166
Scheffel 1290›1
scheffeln 1356›2; 1726›1
scheffeln, Geld 758›1
scheffelweise 1322›4; 1819›1
scheibchenweise 1010›2
Scheibe 764›2; 1536›3
scheibenförmig 1824›3
Scheich 711; 846
**Scheide** 221; 787›1; **1374**
Scheidemünze 1374›2
scheiden 482›2; 1591›1; 1933›1
Scheiden 483›3; 1592›1
scheiden lassen, sich 1591›1
scheiden, aus dem Amt 993›1
scheiden, aus dem Leben 1508›1
Scheidewand 1374›2
Scheideweg 1884›1; 1969›3
Scheideweg, am 1645›1
Scheidung 1592›1
Schein 1047›2; 1193›3; 1555›2
Schein, zum 1375
**scheinbar** 78; **1375**
scheinbegründen 1729›2
Scheinehe 1555›1
**scheinen** 157; **1376**
scheinend 836›2
Scheinfirma 1555›1
Scheinfrage 636›2
scheinfromm 580›4
Scheingrund 499›2; 1066›2
scheinheilig 580›4
Scheinheiligkeit 581›2
Scheinsieg 899›2
**Scheinwelt** 877›4; **1377**
Scheinwerfer 1007›1
Scheiße 155›2
scheißegal 769›5
scheißen 154
scheißfreundlich 580›4
Scheißhaus 1579›1
Scheit 1536›6
Scheitan 1571
Scheitel 763›1; 1114›6
Scheitel bis zur Sohle, vom 676›2
Scheitelpunkt 763›2
**scheitern 1378**; 1724›3; 1763›3
Scheitern 1178›2
schellen 1581›2
Schellen 731›2
**Schelm 1379**; 1419›1
Schelmenstreich 1670›2
Schelmenstück 1670›2
schelmisch 832›3
**Schelte** 1077›4; **1380**
schelten 1386›1
Scheltworte 1380›1
Schema 1317›3
Schema F, nach 768›2; 1649›2
schematisch 768›2; 1649›2
schematisieren 1221›2; 1701; 1733
Schematisierung 1702; 1734
Schemel 1465›1
Schemen 704›3
schemenhaft 1650›3; 1688›2
Schenke 678›1
schenken 680›2; 1059›2
schenken lassen, sich 1163›4
schenken, Beachtung 191›2; 891›2
schenken, Gehör 865›2
schenken, Glauben 767›2
schenken, Leben 679›1
schenken, sich 1778›1; 1815›2
schenken, Vertrauen 1795›1
Schenkung 510›4
scheppern 1013›2; 1581›2
scheppernd 404›5
Scherbe 1536›2
Scherben 5›1
Scherben, in 263›3
Scherbenhaufen 1654
scheren 1287›3
scheren, den Teufel 770
scheren, sich nicht 770

scheren, über einen Kamm 1733
Schererei 104 ▸3
Scherereien machen 105 ▸1
Scherflein 674 ▸1
Scherge 1802 ▸2
Scherpa 1765 ▸1
Scherz 956; 1679 ▸3
Scherz, im 1488 ▸2
Scherz, kein 542 ▸3
scherzen 648 ▸2; 1677 ▸4
Scherzfrage 636 ▸2
scherzhaft 1488 ▸2
Scherzname 1486 ▸5
Scherzspiel 956
Scherzzeichnung 1486 ▸4
scheu 1669 ▸5; 1758 ▸1
Scheu 35; 1365 ▸1; 1759 ▸2; 1956 ▸1
Scheu, ohne 642 ▸2
scheuchen 389 ▸2; 848 ▸1; 1799 ▸1
scheuen 622 ▸2; 1921 ▸3
scheuen, keine Mühe 91 ▸2
scheuen, Menschen 17 ▸2
scheuen, sich 1366 ▸2
scheuen, sich nicht 528 ▸3
Scheuer 1479 ▸2
scheuern 1287 ▸4; 1321 ▸1; 1362 ▸1
Scheuklappen 478 ▸5; 1850
Scheune 1479 ▸2
**Scheusal** 184; **1381**
scheusälig 819 ▸1
scheußlich 458 ▸1; 819 ▸1
Scheußlichkeit 333
Schibboleth 927 ▸5
**Schicht** 1290 ▸1; **1382**
Schicht, soziale 1382 ▸3
schichten 1356 ▸2
Schichtung 1535
schick 624
Schick 743 ▸1
**schicken 1383**
schicken nach 279 ▸3
schicken, in die Verbannung 171 ▸1
schicken, in die Wüste 993 ▸2
schicken, sich 72 ▸2; 87 ▸2; 701 ▸2; 1035 ▸2; 1474 ▸4
schicker 248 ▸1
Schickeria 1196 ▸3
Schickimicki 1196 ▸3
schicklich 85 ▸1
Schicklichkeit 84 ▸2
**Schicksal** 1187 ▸3; **1384**
**schicksalhaft 1385**; 1655 ▸4; 1976 ▸3
schicksalsbedingt 1385
Schicksalsgöttin 1271
Schicksalskünderin 1271
Schicksalsschlag 1388 ▸3; 1654
schicksalsträchtig 1385
Schickung 1384 ▸1
schieben 291 ▸2; 298 ▸3; 389 ▸1
schieben, auf die lange Bank 1778 ▸1; 1944
schieben, auf ein totes Gleis 993 ▸2
schieben, eine Nummer 1051 ▸3
schieben, in den Mund 563 ▸4
schieben, in die Schuhe 1852
schieben, ruhige Kugel 592
schieben, sich in den Vordergrund 172 ▸2
schieben, sich nach vorn 409 ▸5
schieben, Wache 127 ▸3
schieben, zur Seite 1729 ▸1
Schieber 292 ▸1; 1270
Schieberei 950
Schiebung 290; 950
schiech 819 ▸1
schiedlich 655 ▸2
Schiedsgericht 908 ▸1
Schiedsmann 908 ▸2
Schiedsrichter 908 ▸2
Schiedsspruch 497 ▸2; 1696 ▸3
schief 580 ▸1; 987 ▸2
schief gehen 1378 ▸1
schief gewickelt sein 898 ▸5
schiefäugig 452 ▸1
Schiefe 5 ▸4
schiefgegangen 1392 ▸2
schiefgelaufen 580 ▸1; 1392 ▸2
schieflachen, sich 1004 ▸2
Schieflage 1664 ▸3
schiefliegen 898 ▸5
Schielaugen 140
schielen nach 1165
Schiene 807 ▸3; 1714 ▸1
Schienen 1493 ▸3
Schienennetz 1171 ▸2
Schienenstrang 1493 ▸3
schier 412 ▸2; 1360 ▸2; 1650 ▸1
schießen 915 ▸4; 921 ▸2; 1013 ▸3; 1583 ▸3
schießen, Bock 898 ▸3
schießen, durch den Kopf 433 ▸1
schießen, Eigentor 898 ▸5
schießen, ins Kraut 144 ▸4
schießen, quer 1519 ▸2
schießen, sich 915 ▸6
Schießen, zum 832 ▸4
Schießerei 982 ▸1
Schießklasse 1297 ▸1
Schießpulver 1284
Schießscheibe 1940 ▸4
Schiff 576 ▸6
Schiffbruch 1111; 1646
Schiffbrücke 331 ▸1
schiffen 1320
Schiffer 1444
Schifffahrtskundiger 1444
Schiffsfahrer 1444
Schiffsjunge 1444
Schiffskapitän 668 ▸3
Schiffsmann 1444
Schiffstaufe 50 ▸2
Schiffsverband 576 ▸6
Schikane 322
Schikanen 104 ▸3
schikanieren 1237 ▸1
schikanös 321 ▸1
Schild 927 ▸3
Schildbürger 338 ▸3
Schildbürgerstreich 1670 ▸2
schildern 268 ▸1; 928 ▸1
Schilderung 256 ▸1; 556 ▸1
Schildträger 65 ▸2
schilfrig 1491 ▸2
Schilift 576 ▸4
schillern 1376 ▸2; 1376 ▸4
schillernd 588 ▸1; 715 ▸2; 1779 ▸2
Schimäre 704 ▸3
Schimmel 594; 1242
schimmelig 404 ▸1; 1392 ▸3
schimmeln 1724 ▸1
Schimmer 1047 ▸2; 1188
schimmerlos 1692 ▸1
schimmern 1376 ▸2
schimmernd 765 ▸2; 836 ▸2
Schimpf 1367 ▸1
Schimpfe 1380 ▸1
**schimpfen** 242 ▸2; 626; **1386**; 1531 ▸1
Schimpferei 1380 ▸1
Schimpfkanonade 142 ▸2; 1380 ▸1
schimpflich 237 ▸2; 1392 ▸5
Schimpfwort 625
Schimpfworte 1380 ▸1

schinden 152▸3; 1237▸7
schinden, sich 91▸3
Schinder 159▸3
Schinderei 1015▸2
Schindmähre 1242
Schinken 334▸1
schippen 784▸1
Schipper 1444
Schiri 908▸2
Schirm 309
Schirm haben, auf dem 1254▸1
Schirm, auf dem 252▸2
schirmen 1426▸1
Schirmherr 1090
Schisma 1592▸1
Schiss 61▸4
Schisser 601
Schiwa 782▸2
schizophren 705
Schizophrenie 706
schlabberig 1060▸4; 1887▸4
Schlacht 982▸1; 1085
schlachten 1583▸3
Schlachten 1584▸2
Schlachtenbummler 65▸5
Schlächterei 1085
Schlachtopfer 1214▸3
schlachtreif 1323▸1
Schlachtross 44▸2
Schlacke 5▸1; 1335▸1
schlackenlos 1360▸2
schlackern 1943▸1
schlackernd 1060▸4
Schlackerschnee 1181▸2
Schlaf 522▸3; 1642▸3
Schlaf, ewiger 1578▸1
Schlaf, im 1031▸2; 1826▸2
Schlaf, ohne 1667▸1
Schlafbedürfnis 537▸1
schlafbedürftig 1125▸1
Schläfchen 522▸3
**schlafen 1387**
schlafen legen 1387▸4
schlafen, fest 1387▸2
schlafen, miteinander 1051▸3
schlafen, tief 1387▸2
schlafend 1352▸1
schlafend, mit offenen Augen 1125▸1
Schläfer 246▸2
schlaff 1060▸4; 1428▸1; 1887▸5
Schlaffheit 537▸1
Schlaffi 601
schlaflos 1667▸1
Schlaflosigkeit 546▸1
Schlafmittelabhängigkeit 1547▸3
Schlafmütze 593; 1250
schlafmützig 1537▸3; 1671▸1
Schlafplatz 1006▸3
schläfrig 1012▸2; 1125▸1; 1634▸1; 1671▸1
Schläfrigkeit 537▸1
Schlafstadt 1495▸4
Schlafstatt 1006▸3
Schlafstelle 293
Schlaftablette 593; 1250
schlaftrunken 1125▸1; 1911▸3
schlafwandlerisch 896
**Schlag** 109▸2; 731▸3; 1048; 1290▸1; **1388**; 1522; 1809▸1
Schlag ins Kontor 1111
Schlag ins Wasser 505; 1111; 1744
Schlag, auf einen 773
Schlag, harter 1654
Schlag, mit einem 1258
Schlagabtausch 914▸1
Schlaganfall 1388▸4
schlagartig 1258
Schlagbaum 787▸1
Schläge 1388▸1
**schlagen** 177▸1; 1107▸1; 1237▸7; **1389**; 1460▸3
Schlagen 731▸5
schlagen, an die Brust 254
schlagen, auf den Tisch 410
schlagen, aus dem Feld 1729▸1
schlagen, Bresche 211▸5
schlagen, Brücke 1713▸1
schlagen, in Bann 303▸1
schlagen, in den Wind 1109▸2
schlagen, in die Flucht 1799▸1
schlagen, klein 1934
schlagen, knock-out 1389▸2
schlagen, kurz und klein 1936▸3
schlagen, nicht zu 551; 1837▸1
schlagen, Schaum 1264▸2
schlagen, Schnippchen 1487▸2
**schlagen, sich** 915▸6; **1389**
schlagen, sich auf jmds. Seite 1964▸2
schlagen, sich durchs Leben 519▸3
schlagen, sich in die Büsche 622▸1
schlagen, sich wacker 224▸2
schlagen, über die Stränge 1781▸1
schlagen, Wunden 1237▸2
schlagen, Wurzeln 1179▸1
schlagen, zu Boden 1389▸2
schlagen, zwei Fliegen mit einer Klappe 712▸2
**schlagend** 719▸2; **1390**; 1976▸1
Schlager 736▸2; 1074
Schläger 1267▸2; 1516▸2
Schlägerei 1388▸2
schlägern 1389▸4
Schlagersänger 1358▸1
schlagfertig 251▸1
Schlagfertigkeit 704▸2
Schlagfluss 1388▸4
Schlagkraft 944▸2
schlagkräftig 573▸3; 976▸1; 1390; 1909▸2
Schlagschatten 406▸2
Schlagseite 248▸1
Schlagseite haben 1431▸1
Schlagseite, mit 1669▸4
Schlagwort 181▸1; 372▸2; 927▸5; 1251▸1
Schlagzeile 927▸7
Schlagzeilen machen 117
Schlagzeuger 1129▸2
Schlamassel 104▸3; 1759▸1
Schlamm 1401▸1; 1548▸1
schlammig 1403▸1
Schlammschlacht 984▸3; 1530▸2
Schlampe 1402
schlampen 1247
Schlamper 1402
Schlamperei 1664▸2
schlampig 1145▸4; 1663▸1
Schlange 1324▸3; 1817▸3
Schlange, die alte 1571
Schlange, falsche 849
schlängeln 393▸4
schlängeln, sich 393▸4
Schlangenbrut 750
Schlangenfraß 1075▸1
Schlangengrube 750
Schlangenlinie 999
Schlangenmensch 110▸2
schlank 408▸2; 729▸1
schlanke Linie 1053▸5
Schlankheit 1053▸5
Schlankheitskur 377▸1

schlankweg 86
schlapp 1125▸1; 1428▸1
Schlappe 1111
schlappmachen 536▸2; 1775▸3; 1959▸1
Schlappohren 1212
Schlappschwanz 601
Schlaraffe 723▸1
Schlaraffenland 1229
schlaraffisch 724
**schlau 1391**; 1551▸2
schlau machen, sich 1044▸1
schlau werden aus 1789▸2
Schlauberger 385▸2
Schlauch 867▸10; 1015▸2
Schlauch, auf dem 401▸1
schlauchen 152▸2; 235▸2; 536▸1
Schlauchleitung 1043▸3
Schläue 740▸2
Schlaufe 809▸2
Schlauheit 740▸2
Schlaukopf 385▸2
Schlaumeier 1234▸1
Schlawiner 1379▸2
**schlecht** 320▸3; 1037▸1; **1392**
schlecht drauf 1693
schlecht gehen 1035▸3
schlecht geworden 1392▸3
schlecht sitzend 1392▸2
schlecht stehen 396▸2
schlecht und recht 1086▸2; 1942
schlecht, nicht 801▸2
schlechter sein 6▸4
schlechterdings 1636▸1
schlechtes Gewissen 1336
schlechthin 1636▸1
**Schlechtigkeit 1393**
schlechtmachen 317▸2; 506▸2; 945▸1; 1760
schlechtmachen, sich 317▸1
Schlechtwetterzone 398▸4
schlecken 1939▸4
Schleckerei 974
schleckern 563▸3
schleckig 724
schleckrig 216▸2
schleichen 700▸2; 774▸1
schleichend 1010▸1; 1010▸4; 1039
Schleicher 849
Schleichhandel 290
Schleichhändler 292▸4
Schleichweg 29▸2
Schleichwegen, auf 831▸1; 1119▸2
Schleichwerbung 1894▸5
Schleier 351▸2
schleierdünn 1928▸1
schleierhaft 1688▸2
Schleife 999; 1286▸6
schleifen 196▸2; 766▸3; 774▸1; 1369▸1; 1606; 1936▸7; 1939▸1
schleifen lassen 1247
Schleim 155▸1
Schleimbeutel 1216
schleimen 1396
Schleimer 849
schleimig 765▸6
Schleimscheißer 1216
schleißen 1719▸3
Schlemihl 1214▸2
schlemmen 563▸1; 722
Schlemmer 723▸2
Schlemmerei 727▸2
schlemmerhaft 724
Schlemmerküche 727▸3
schlendern 700▸2
Schlendrian 324▸2
schlenkern 1439▸2
schleppen 1585▸1; 1939▸1
schleppend 1010▸1
Schlepper 292▸4; 576▸6; 1950
Schleppfahrzeug 576▸5
Schlepptau, im 1648▸2
Schleppzug 576▸6
schleudern 1439▸1
Schleuderware 5▸2
schleunigst 427▸3; 1405▸1
Schleuse 1210▸4
Schleuser 292▸4
Schliche 895
schlicht 82▸1; 431▸2; 675▸1
schlichten 259▸1; 1764▸1
Schlichtheit 432▸1
Schlichtung 149▸4
Schlick 1548▸1
Schlieren 1401▸1
Schließe 1780▸2
**schließen** 22▸2; 121▸1; 472▸1; **1394**
schließen, Augen 1508▸1
schließen, Bekanntschaft 1152▸4
schließen, Deckel 1394▸2
schließen, die Läden 1394▸4
schließen, Ehe 1713▸5
schließen, Freundschaft 1152▸4
schließen, Frieden 259▸3
schließen, ins Herz 1051▸1
schließen, kein Auge 62▸2
schließen, Kompromiss 1731
schließen, Lücke 516▸1
schließen, sich 1394▸5
schließen, Vertrag 311▸3; 1731
schließen, Vorhang 1394▸4
Schließfach 918▸1
schließlich 474▸1
schließlich und endlich 474▸1
Schließung 119▸2; 1395▸1
Schliff 84▸1; 562▸1; 1624
Schliff, letzter 763▸7
schlimm 320▸3; 687▸5; 1288▸2; 1392▸4; 1655▸4
schlimmer Finger 1267▸3
Schlinge 209▸2; 999; 1055▸1; 1780▸2
Schlingel 1379▸2
schlingen 563▸4; 1713▸2
schlingern 1431▸1
Schlips 1286▸7
Schlitten 576▸2
schlittern 774▸1
Schlitz 1210▸3; 1374▸1
Schlitzohr 849; 1419▸1
schlitzohrig 1391▸1
schlohweiß 43▸1
Schloss 821▸1; 1780▸2
Schloss und Riegel, hinter 1647▸2
schlotterig 1060▸1
schlottern 62▸1; 656▸1; 1943▸1
schlotternd 63▸2; 911▸2; 1060▸4
schlotzen 1939▸4
Schlucht 478▸4; 1794▸1
schluchzen 941▸3
schluchzend 1655▸2
Schluck 756▸1; 948▸2
Schlückchen 1335▸1
schlucken 563▸4; 1035▸2; 1596▸1; 1719▸1
Schluckspecht 1597
Schluderei 1246
schludern 1247
schludrig 1145▸1
Schludrigkeit 1146
Schluffi 601
Schlummer 522▸3
schlummern 1387▸2
Schlund 1794▸1

Schlunze 1402
schlunzig 1145›4
schlüpfen 507›1; 774›1
schlüpfen, in die Kleider 97›1
Schlupfloch 1210›1
schlüpfrig 90›1; 765›6
Schlüpfrigkeit 659›1
schlurfen 700›2
schlürfen 563›5; 1596›2
**Schluss** 531›1; **1395**
Schluss machen 472›1; 1583›5; 1591›1
Schluss machen mit 327›2
Schluss mit lustig 1768›1
Schluss, am 474›3
Schluss, zum guten 474›1
Schlussabrechnung 1311›1
Schlussakkord 1395›2
Schlussakt 1395›2
Schlüssel 672›2
Schlüsselfigur 668›6
Schlüsselgewalt 1043›1
Schlüssellochguckerei 1173
Schlüsselstellung 1043›1
Schlüsselwort 220
schlussendlich 474›1
Schlussfolgerung 1395›3
schlüssig 942›3; 1390; 1768›3
schlüssig werden, sich 496›2
Schlüssigkeit 944›2
Schlusslicht 1395›2
Schlusspunkt 1395›2; 1940›2
Schlussrechnung 1311›1
Schlussrunde 1395›5
Schlusssatz 1395›2
Schlussstrich 1592›1
Schlussteil 1395›1
Schlussverkauf 1755›2
Schlusswort 1395›2
Schmach 1367›1
schmachten 215›2; 869›2
schmachten nach 215›2
Schmachtfetzen 937›2
Schmachthappen 1075›3
schmächtig 408›3
Schmackes 1139
schmackhaft 99›2; 108
schmackhaft machen 206
Schmackhaftigkeit 107; 743›3
Schmäh 238
schmähen 838›1; 1760
schmählich 237›2
Schmährede 984›3
Schmähredner 985›2
Schmähung 238; 625; 984›3; 1761
schmal 408›2; 477›1
schmalbrüstig 951›2
schmälen 1852
schmälern 1002›2
Schmälerung 451›1; 1343›3; 1718›2
Schmalfilmkamera 913›2
schmallippig 1000›2
Schmalspurkonsens 442; 1732›1
schmalzig 938
Schmankerl 974
schmarotzen 152›3
Schmarotzer 980; 1397›2
Schmarre 1920
Schmarren 734›2; 937›2; 1670›1
schmatzen 563›5
Schmauch 351›1
schmauchen 1303
Schmaus 727›2; 1075›1
schmausen 563›3
Schmeckefuchs 723›1
schmecken 688›1; 972›2
schmecken lassen, es sich 722
Schmeckewöhlerchen 1075›3
Schmeichelei 1057›4
Schmeichelkatze 1397›1
**schmeicheln 1396**; 1503›4
**Schmeichler 1397**
Schmeichlerin 1397›1
schmeichlerisch 580›4
schmeißen 712›1; 1221›3; 1439›1; 1677›1; 1810›1
schmeißen, sich in Schale 1287›2
Schmelze 1742›2
schmelzen 151›3; 528›4; 1061›2
Schmerbauch 670›2
schmerbäuchig 379›1
**Schmerz** 1336; **1398**; 1588
schmerzbewegt 1655›1
Schmerzempfinden 1398›2
schmerzempfindlich 468›2
Schmerzempfindlichkeit 469›1
**schmerzen** 254; 328›3; 362›4; **1399**
Schmerzen 1036›1; 1398›2
Schmerzen haben 1035›1
schmerzend 1288›1
Schmerzensgeld 495›3
Schmerzensschrei 940›2
schmerzerfüllt 1655›1
schmerzfrei 285
Schmerzgefühl 1398›2
Schmerzgefühl, ohne 285
Schmerzgeplagter 1233
schmerzhaft 1288›1
schmerzlich 1448›1; 1494; 1655›4
schmerzlindernd 284›1
schmerzlos 285
schmerzmildernd 284›1
schmerzstillend 284›1
schmettern 314›2; 1013›1; 1439›1; 1460›2
Schmettern 731›5; 736›1
schmettern, einen 1596›2
schmieden 101›4
schmieden, Eisen 1191›2
schmieden, Komplott 1713›4
schmieden, Pläne 1254›1
schmiedend, Ränke 321›1
schmiegen, aneinander 1051›3
schmiegsam 1887›1
Schmiegsamkeit 621›2
schmierbar 1887›1
Schmiere 1401›1; 1573›1
schmieren 766›4; 921›3; 1247; 1416›4
schmieren, aufs Brot 1852
Schmierfilm 616›1
Schmierfink 1402
Schmiergeld 434›2
Schmierheft 825›1
schmierig 765›6; 1403›1
Schminke 1555›2
schminken 266; 1244›5
schminken, sich 1711›1
schmirgeln 766›3
Schmiss 1442›2
schmissig 1021›3
Schmöker 334›1
schmökern 1045›1
schmollen 1954›1
schmollend 320›1; 1147
Schmollmund 1126
Schmonzes 1670›1
Schmonzette 937›2
schmoren 323›1; 1441›1
Schmu 290
schmuck 624; 866; 1360›1
Schmuck 971›2; 1281›2; 1286›1
schmücken 166›2; 1287›1

schmücken, sich mit fremden Federn 878‣2
**schmückend 1400**
Schmuckform 1131‣1; 1286‣2
Schmuckgegenstände 971‣2
Schmuckkästchen 919‣1
schmucklos 431‣3
Schmucknadel 1286‣5
Schmucksachen 1286‣1
Schmuckschatulle 919‣1
Schmuckspange 1286‣5
Schmuckstücke 971‣2
Schmuckwaren 971‣2
schmuddelig 1403‣1
schmuen 291‣1
Schmuggel 290
schmuggeln 435‣3
Schmuggler 292‣4
schmunzeln 648‣2; 1004‣1
Schmunzeln 647‣3
schmunzelnd 651‣4; 832‣1; 1488‣2
schmurgeln 323‣1
Schmus 734‣2; 1057‣4; 1251‣2
Schmusekurs 1057‣5
schmusen 1051‣3
**Schmutz 1401**; 1548‣1
schmutzen 1804
**Schmutzfink 1402**
**schmutzig** 90‣4; 316‣2; **1403**
schmutzig machen 1804
Schmutzlache 1401‣1
Schmutzstreifen 1401‣1
Schnabel 413‣2; 1126
schnäbeln 1051‣3
schnabulieren 563‣3
Schnack 734‣2; 1251‣2
schnackseln 1051‣3
Schnalle 209‣2; 809‣1; 1286‣5; 1780‣2
schnallen 208‣1; 1789‣2
schnallen, Gürtel enger 1474‣4
schnallen, Riemen enger 1474‣4
schnalzen 1581‣3
Schnapp 515‣2; 920
Schnäppchen 920
schnappen 585‣1; 921‣2; 1163‣1; 1752
schnappen, Luft 521‣1
schnappen, nach Luft 114
Schnappschuss 125‣1; 306‣3
Schnapsbruder 1597
Schnapsdrossel 1597
schnapsen 1596‣2
Schnapsidee 1670‣3; 1774‣2
schnarchen 1387‣2
Schnarchhuhn 1250
Schnarchnase 593
Schnarchzapfen 1777
schnarren 1581‣2
schnarrend 404‣5
schnattern 1490‣3; 1581‣3; 1943‣1
schnauben 114; 314‣1; 1386‣2
schnaufen 114
Schnauzbart 185
Schnäuzchen 1126
Schnauze 749‣1; 1126
schnauzen 1386‣2
Schnecke 1250; 1374‣1
Schneckentempo, im 1010‣1
Schnee 1181‣2; 1306; 1742‣2
Schnee von gestern 1012‣2; 1703
schneebedeckt 911‣1
schneebleich 590‣1
Schneefall 1181‣2
Schneegebirge 255‣2
Schneegestöber 1181‣2
schneeig 590‣1; 836‣2
Schneeschleicher 849; 1397‣1
Schneesturm 1181‣2; 1539‣1
schneeweiß 590‣1
Schneid 475‣1; 1133
Schneid abkaufen 396‣3
Schneide 1101
Schneide, auf Messers 687‣1
**schneiden** 543; 1213; 1399‣1; **1404**
schneiden, in Stücke 1404‣1; 1558‣1
schneiden, klein 1934
**schneiden, sich** 898‣5; **1404**
schneiden, sich ins eigene Fleisch 1364‣4; 1404‣7
schneidend 1302‣5; 1368‣1; 1368‣4; 1488‣1
schneidern 101‣4
schneidig 476
schneien 1320
Schneise 1048
**schnell** 299‣1; 624; 1031‣5; 1285‣2; **1405**
schnell machen 426‣2
schnellen 595‣1
schneller werden 389‣3
schnellfertig 1032‣1
Schnelligkeit 425‣2
Schnellkraft 621‣1
schnelllebig 1741
Schnellschuss 425‣3
Schnellsegler 576‣6
schnellstens 427‣3; 1405‣1
Schnellstraße 1524
Schnickschnack 937‣1; 1670‣1
Schniedel 775‣2
schniegeln, sich 1287‣2
schnieke 624
Schniepel 775‣2; 1335‣1
schnippeln 1404‣1
schnippen 1581‣3
schnippisch 640‣2; 1657‣2
Schnipsel 1536‣2
schnipseln 1404‣1
Schnitt 515‣2; 630‣3; 803‣2; 1131‣3; 1190‣2; 1294‣1; 1727‣2; 1920
Schnitt machen 758‣1
Schnittbogen 1131‣3
Schnitte 1536‣3
Schnitter Tod 1578‣3
schnittig 414‣2; 624; 1968‣2
Schnittmenge 1097‣1; 1612‣1; 1714‣3
Schnittmuster 1131‣3
Schnittpunkt 413‣1; 1114‣6; 1590‣3
Schnittstelle 1714‣2
Schnittvorlage 1131‣3
Schnitzel 5‣1; 1335‣1
schnitzeln 1404‣3; 1934
schnitzen 753; 1404‣3
Schnitzer 307; 597‣1
schnobern 1339‣3
schnodderig 640‣3
schnöde 911‣4
Schnörkel 1286‣2
Schnörkelei 1619‣1
schnörkelig 987‣1
schnörkellos 431‣3
Schnorrer 1397‣2
Schnösel 1541
Schnüffelei 1173
schnüffeln 1339‣3
Schnüffler 246‣2
Schnulze 937‣2
schnulzig 938
schnuppe 769‣5
Schnupperangebot 1790‣2
schnuppern 1339‣3

Schnur 572▸1; 1324▸1
Schnürchen, wie am 765▸5
schnüren 311▸4; 400▸2
schnurgerade 729▸2
Schnürlregen 1181▸1
Schnurrbart 185
schnurren 1581▸3
schnurrig 832▸4; 1249▸3
Schnurrmurr 1664▸2
schnurstracks 1659▸2
schnurz 769▸5
Schnute 1126
Schober 1479▸2
Schock 61▸1; 549; 1290▸1
schockgefroren 911▸1
schockierend 90▸6; 550
schockmausern 62▸1
Schockstarre 1642▸5
schockweise 1819▸1
schofel 1392▸5; 1475▸1
Schokolade 756▸3
Schokoladenseite 1854▸2
Scholle 791▸3
**schon 1406**
**schön** 735▸2; 778▸3; 1312▸1; **1407**
schön machen, sich 1287▸2
schön, allzu 938
Schöne 1409▸3
**schonen** 1244▸1; **1408**
schönen 266
**schonen, sich 1408**
schonend 754▸3; 1104▸2; 1471▸1; 1842▸2; 1928▸2
Schoner 576▸6
schöner werden 758▸3
schönfärben 266
Schönfärberei 267
Schonfrist 1817▸3
Schöngeist 723▸1
schöngeistig 991▸2
**Schönheit** 1281▸2; **1409**
Schönheitsfehler 597▸2
Schönheitspflege 1243▸3
Schönheitssinn 743▸1
Schonkost 377▸2
Schönling 1409▸5; 1541
schönrechnen 266
Schönrechnerei 267
schönreden 266; 1396
Schönreden 267
Schönredner 849; 1397▸1
Schönschrift 1417▸2
Schöntuer 1397▸1
schöntun 1396; 1737
Schonung 677; 781▸1; 1105; 1346; 1865
schonungslos 332; 817▸3; 1368▸3
Schonungslosigkeit 333; 1533▸1
schonungsvoll 1104▸1; 1471▸1; 1842▸1; 1928▸2
Schönwetterzone 398▸4
schönzeichnen 266
Schönzeichnen 267
Schonzeit 1817▸3
Schopf 803▸1
schöpfen 671▸1
schöpfen, Atem 521▸1; 1351▸1
schöpfen, aus dem Vollen 804▸2
schöpfen, Luft 114
schöpfen, Mut 496▸2; 1601▸2
schöpfen, Verdacht 1767▸2; 1971
Schöpfer 782▸1
Schöpfergeist 721▸1
**schöpferisch** 1226▸1; 1260▸1; **1410**
Schöpferkraft 1248; 1269▸1
Schöpferlust 1269▸1
Schöpfertum 1269▸1
**Schöpfung** 560▸1; 1041▸1; **1411**; 1889▸2
Schöpfungsakt 1411▸1
schorfig 1302▸2; 1638▸2
Schoß 1374▸1
Schoßhund 779; 868
Schoßkind 601; 1427
Schössling 1594▸2
Schotter 709▸3
schotterig 1638▸2
**schräg 1412**
schräge 1412▸5; 1773▸1
Schräge 5▸4
Schramme 1492▸1; 1920
schrammen 1321▸4
**Schrank 1413**
**Schranke** 787▸1; 855▸4; **1414**
schrankenlos 1072▸3; 1088▸1; 1643▸1
Schrankenwärter 1874
Schrankwand 1413
Schranze 1397▸1
schrappen 1321▸2
Schraubdeckel 1780▸1
Schraube 209▸2
Schraube anziehen 410
Schraube los 1773▸1
Schraube ohne Ende 1015▸2
schrauben 208▸1
Schraubenwindung 999
Schrebergarten 677
Schreck 549
schrecken 396▸1
Schrecken 61▸1
Schrecken einjagen 396▸1
Schreckensbotschaft 1654
Schreckensherrschaft 844▸3
Schreckensnachricht 1654
Schreckensregiment 844▸3
schreckensstarr 1500▸3
schreckensvoll 1415▸1
Schreckgespenst 704▸3; 1381
schreckhaft 63▸1; 63▸2; 468▸3
Schrecklähmung 1642▸5
**schrecklich** 162▸1; **1415**; 1448▸1
Schrecknis 1654
Schreckschraube 269▸2
Schreckschuss 1872
Schrecksekunde 1674▸1
Schreckstarre 1642▸5
Schrei 940▸2
Schrei, letzter 1120▸1
Schreibe 1513▸1
**schreiben** 161▸1; **1416**
Schreiben 330
schreiben über 222▸3; 275▸2
schreiben, in den Kamin 1024
schreiben, in den Schornstein 1763▸2
schreiben, in den Wind 1024
schreiben, ins Gedächtnis 523▸2
schreiben, ins Stammbuch 1076▸2
schreiben, ins Unreine 1254▸3; 1416▸2
schreiben, sich hinter die Ohren 523▸2
schreiben, Skript 1416▸2
schreiben, Vorrede 435▸2
Schreiberling 1418
Schreibfehler 597▸1
Schreibheft 825▸1
Schreibschrift 1417▸1
Schreibtisch 1577
Schreibtischlampe 1007▸1
Schreibtischtäter 1721▸2
Schreibweise 1513▸1
schreien 941▸3; 1013▸1; 1386▸2; 1460▸2; 1581▸2

schreiend 588▸1; 1017
Schreihals 1432
schreinern 101▸4
schreit zum Himmel 1392▸5
schreiten 700▸2; 1867
schreiten, rückwärts 482▸1
Schrieb 330
**Schrift** 334▸2; **1417**
Schrift, Heilige 163▸4; 334▸4
Schriftgut 1056
Schriftkontakt 962▸3
Schriftleiter 258▸1
Schriftleitung 258▸3
schriftlich 1119▸4
Schriftsprache 1489▸4
**Schriftsteller 1418**
Schriftstück 278▸2
Schrifttum 1056
Schrifttypen 1417▸1
Schriftwechsel 962▸3
Schriftwerk 1572
Schriftzeichen 335▸1; 1417▸1
Schriftzüge 1417▸1
schrill 1017; 1368▸4; 1773▸1; 1909▸2
schrillen 314▸1; 1581▸2
Schritt 300▸1; 1089
Schritt für Schritt 1010▸2
Schritt tun, zweiten vor dem ersten 1653▸2
Schritt und Tritt, auf 1607▸1
Schrittmacher 1252▸2
Schritttempo, im 1010▸1
schrittweise 454▸4; 1010▸2
schroff 31▸1; 374▸2; 1000▸2; 1532▸1; 1657▸1
Schroffen 255▸2
Schroffheit 641▸3; 1533▸2
schröpfen 152▸2; 1163▸3
Schrot 1284
Schrot und Korn, von echtem 345▸2
schroten 1934
Schrott 5▸2
schrubben 1287▸4; 1321▸1; 1362▸1
Schrulle 422▸4
schrullig 118▸2; 1249▸3
Schrulligkeit 422▸4
schrumpelig 584▸2
schrumpfen 1144▸3; 1474▸4; 1599▸6
schrumplig 43▸2
Schrunde 1492▸1; 1920
schrundig 1302▸2; 1491▸2; 1638▸2
Schub 398▸1; 1290▸1; 1442▸1; 1522; 1586▸2
Schuber 867▸4
Schubfach 568▸1
Schubiack 1419▸1
Schubkasten 568▸1
Schubkraft 398▸1; 475▸3; 975▸2
Schublade 568▸1; 1251▸1
Schublade, allerunterste 90▸1
schubsen 389▸1; 1523
schüchtern 1669▸5; 1758▸1
schüchtern sein 1366▸1
schüchtern sein, zu 1366▸2
Schüchternheit 1365▸1; 1759▸2
schuckern 656▸1
schuckrig 911▸1
**Schuft 1419**
schuften 91▸3
Schufterei 1015▸2
schuftig 1392▸5
Schuftigkeit 1393
Schuhe und Strümpfe, ohne 1149▸2
Schulanfänger 1424▸1
Schularbeit 1280▸1
Schularbeiten 119▸6
Schularzt 112
Schulaufgaben 119▸6
Schulbank 182▸1
Schulbank drücken 1044▸1
Schulbeispiel 233
Schulbuch 1027
schuld 1422▸2
**Schuld** 1335▸2; **1420**
Schuld geben 941▸1; 1852
Schuld haben 1421▸3
schuld sein 1421▸3
Schuld, in jmds. 1771▸1
Schuld, ohne 1668▸1
Schuldbekenntnis 1204▸2
schuldbeladen 1422▸2
schuldbewusst 1337; 1422▸2
Schuldbewusstsein 1336; 1420▸3
**schulden 1421**
Schulden 1420▸2
Schulden haben 1421▸1
Schulden machen 319▸1
schulden, Dank 355▸2
schuldenfrei 765▸4
Schuldenlast 1420▸2
schuldfrei 1668▸1
Schuldgefühle 1336; 1420▸3; 1759▸2
schuldhaft 1422▸2
**schuldig 1422**
schuldig bleiben, Antwort nicht 1746▸1
schuldig bleiben, nichts 554▸2
schuldig gesprochen 1422▸2
schuldig machen, sich 1421▸3; 1745▸8
schuldig sein 1421▸1
schuldig, nicht 1668▸1
Schuldiger 1721▸1
Schuldigkeit 354▸1; 1245; 1420▸1
Schuldkomplex 1420▸3
schuldlos 1668▸1
Schuldner sein 1421▸1
**Schule** 1028▸4; **1423**; 1534▸1
schulen 535▸2; 1029▸2; 1606
schulen, Blick 1369▸3
schulen, sich 1044▸1
**Schüler 1424**
schülerhaft 1690▸2
Schulfreund 649
Schulfreundin 650
Schulfuchs 1234▸1
Schulgebäude 1423▸2
schulgerecht 996
Schulhaus 1423▸2
Schulheft 825▸1
Schulkind 933▸1; 1424▸1
Schulkomplex 1423▸2
Schullandheim 830▸2
Schullehrer 1030▸1
Schulleiter 1042▸2
Schulmann 1030▸1
schulmäßig 996
Schulmeinung 1028▸4
Schulmeister 1030▸1; 1234▸1
schulmeisterlich 236▸2; 1236▸1
schulmeistern 1550▸2
Schulter an Schulter 441▸2; 1723▸1; 1957
Schulter, leichte 1032▸2
schultern 712▸1; 824▸1; 1585▸1
Schulterschluss 1714▸1
Schultertuch 867▸5
Schulung 95▸1; 514▸2; 562▸2; 1028▸1; 1624
Schulversuch 1423▸1
Schummelei 290
schummeln 1247
schummerig 405▸1

schummern 407▸1
Schummerstunde 406▸1
Schund 937▸1; 1401▸3
Schundliteratur 1401▸3
schuppen 1061▸10
Schuppen 821▸1; 1479▸2
schuppig 1302▸2
schüren 848▸3
schürfen 784▸1
schürfend, tief 719▸3; 1576
schurigeln 1237▸1; 1550▸2
Schurke 1419▸2
Schurkerei 1393
schurkig 1392▸5
schurkisch 347
schürzen 824▸1
schürzen, Knoten 208▸1
Schürzenjäger 1738▸1
Schuss 731▸3; 948▸2; 1188; 1306; 1442▸1
Schuss vor den Bug 1872
schussbereit machen 1061▸9
Schüssel 221
schusselig 1634▸1; 1911▸2
Schusswaffe 1855▸1
schustern 1247
Schute 966
Schutt 5▸1; 1181▸1
schütteln 543; 1076▸3; 1107▸1; 1523
schütteln, aus dem Ärmel 959▸3
schütteln, Hand 799▸1
schütteln, sich 459▸1
schütten 614▸1; 1320
schütter 408▸3; 951▸1
schüttern 1943▸1
Schutthaufen 5▸3
**Schutz** 1243▸1; **1425**; 1456▸1; 1783▸2
schutzbedürftig 853▸1
Schutzbefohlener 1427
Schutzbehauptung 1066▸4
Schütze 916▸1
**schützen** 870; 1244▸3; **1426**
**schützen, sich** **1426**; 1457▸3
Schutzengel 835▸1
Schützengraben 209▸4
Schutzfilm 616▸1
Schutzgeist 835▸1
Schutzhaft 689▸1
Schutzheiliger 835▸1
Schutzhülle 1425▸2
**Schützling** **1427**
schutzlos 1314; 1669▸2
Schutzmann 1261▸1
Schutzmarke 927▸3
Schutzraum 209▸4
Schutzschicht 616▸1
Schutzzone 209▸4
schwabbelig 1887▸4
Schwabenstreich 1670▸2
**schwach** 310▸3; 408▸4; 853▸1; 1039; **1428**; 1651▸1
schwach auf den Beinen 1428▸2
**Schwäche** 597▸2; 597▸5; 979▸1; 1167▸2; **1429**; 1689▸1
Schwäche haben für 1051▸1
schwächeln 12▸1
**schwächen** 536▸1; **1430**
Schwachheit 1429▸1
schwachherzig 63▸2
Schwachkopf 403▸1
schwachköpfig 401▸1
schwächlich 468▸2; 1428▸1
Schwächlichkeit 469▸1
Schwächling 601
Schwachmat 403▸4
schwachmütig 63▸2
schwachnervig 1428▸1
Schwachpunkt 469▸1
schwachsinnig 705
Schwachstelle 469▸1
Schwächung 537▸1
Schwaden 351▸2
Schwadronade 734▸2
Schwadroneur 1432
schwafeln 1264▸2; 1490▸3
Schwall 1097▸3; 1534▸2
Schwamm drüber 531▸1
schwammig 379▸2; 1650▸3; 1887▸4
schwanen 552▸3; 665▸1; 1767▸2
Schwanengesang 1395▸2
Schwang, im 675▸1; 1121▸2
schwanger sein 1585▸5
schwanger werden 463▸3
schwängern 409▸1
Schwangerschaftsabbruch 26
Schwangerschaftsunterbrechung 26
schwank 620▸1
Schwank 956; 1670▸2
**schwanken** **1431**; 1944; 1971
Schwanken 1705▸2; 1969▸1
schwanken, hin und her 1943▸2
schwankend 1645▸1; 1669▸4
schwankend werden 1431▸2
schwankhaft 832▸4
Schwankung 1440; 1705▸2
Schwanz 775▸2; 1395▸1
Schwanz, am 474▸3
Schwanz, kein 1183
schwänzeln 1439▸3
schwänzen 600▸3; 1778▸1
Schwanzende 1395▸1
schwappen 1581▸4
Schwarm 797▸5; 871▸2; 1097▸3
schwärmen 217▸2; 600▸2
Schwärmer 873▸2
Schwärmerei 872▸2; 1050▸4
schwärmerisch 470; 545▸3; 874▸1; 1762
Schwarmgeist 873▸1
Schwarte 334▸1; 867▸2
schwarz 405▸1; 588▸3; 831▸1; 1315▸2; 1655▸5
schwarz auf weiß 1455▸4
Schwarzafrikaner 589
Schwarzamerikaner 589
Schwarzarbeit 100▸3; 290
schwarzarbeiten 1247
schwarze Kasse 270▸5
Schwarze, ins 719▸2
schwärzen 407▸3; 587▸1
Schwarzer 589
schwarzer Humor 1486▸4
schwarzes Schaf 1777
schwarzgallig 1112
schwarzgehen 1163▸3
Schwarzhandel 290
Schwarzhändler 292▸4
Schwarzkünstler 1271
schwärzlich 405▸6
schwarzmalen 493
Schwarzmaler 1240
Schwarzmarkt 290; 1081▸2
schwarzsehen 62▸2; 493; 1818▸1
Schwarzseher 1240
schwarzseherisch 1241
schwarz-weiß 692▸4
Schwarzweißgerät 607▸1
Schwatz 1679▸1
Schwatzbase 1432
Schwätzchen 1679▸1
schwatzen 945▸1; 1490▸3; 1677▸3
schwätzen 1490▸3
schwätzen, klug 1490▸3

**Schwätzer(in) 1432**
schwatzhaft 251‣2; 1116
Schwatzhaftigkeit 1205‣2
Schwatzsucht 1205‣2
Schwebe, in der 1202‣3; 1645‣3
Schwebebahn 576‣4
**schweben** 774‣3; **1433**
schweben, in den Wolken 1587‣2
schweben, in Lebensgefahr 1035‣3
schwebend 1021‣5; 1202‣3; 1645‣3
schweifen 700‣2
Schweigegeld 434‣2
Schweigeminute 524‣2
**schweigen 1434**
Schweigen 1350‣1
schweigen wie ein Grab 1434‣2
schweigen wie eine Auster 1434‣2
schweigend 1039; 1352‣1; 1435‣1
schweigende Mehrheit 1097‣6
**schweigsam** 1039; **1435**; 1955‣1
Schweigsamkeit 1956‣3
Schwein 777‣1; 1402
Schwein haben 712‣2
Schweinehund, innerer 1429‣1
Schweinerei 659‣3; 1401‣2
Schweinigel 1402
schweinigeln 1804
schweinisch 90‣4
Schweiß 155‣1
schweißen 101‣4
schweißgebadet 1868‣3
schweißig 1403‣1
schweißtreibend 754‣4
schweißtriefend 1868‣3
schwelen 328‣1; 1303
schwelgen 722
Schwelger 723‣1
Schwelgerei 708; 727‣2
schwelgerisch 724; 1088‣3; 1461‣2
Schwelle, an der 1645‣3
schwellen 1292; 1917‣1
schwellend 379‣4; 987‣1
Schwellung 1918‣1
Schwemme 678‣1
Schwengel 775‣2
Schwenk 1705‣2
schwenken 393‣1; 1439‣1
Schwenkung 29‣2; 999
**schwer** 1153; **1436**; 1437‣2
schwer fallen 536‣1
schwer haben 1035‣4
schwer tun, sich 536‣2
schwer vorstellbar 923‣2
schwer wiegen 400‣1
schwer wiegend 1436‣1
Schwerathlet 1484
Schwere 200‣3; 398‣2; 1015‣1
schwerelos 1031‣1
Schwerenöter 1738‣1
schwerfällig 1259‣1
Schwergewicht 570
Schwerkraft 398‣2; 975‣2
schwerlich 923‣1; 1660
Schwermut 1588
schwermütig 1655‣1
Schwerpunkt 820; 1114‣6
schwerreich 1322‣1
Schwerstarbeit 1015‣2
Schwertscheide 1374‣2
Schwertschlucker 110‣2
schwertun, sich 91‣4
Schwerverbrecher 1721‣2
schwerwiegend 1436‣2; 1896‣1
Schwester 864
schwesterlich 651‣3; 1798‣1
Schwiegereltern 461
Schwiegermutter 1135‣1
Schwiegersohn 907‣1
Schwiegertochter 1073‣1
Schwiegervater 1700‣1
schwielig 1302‣4
schwiemeln 600‣2
**schwierig** 1268‣1; **1437**; 1633‣1; 1688‣1
Schwierigkeit 119‣4; 983‣2; 1759‣1
Schwierigkeit, ohne 1031‣2
Schwierigkeit, ohne jede 86
Schwierigkeiten 104‣3
Schwierigkeiten machen 105‣1
Schwierigkeiten, in 399
Schwierigkeiten, ohne 431‣1
Schwimmbad 176‣2
**schwimmen** 1433‣2; **1438**; 1517‣2
schwimmen, gegen den Strom 123‣2
schwimmen, im Geld 804‣2
schwimmen, in Tränen 941‣3
schwimmen, obenauf 712‣2; 1433‣2
schwimmend 1157‣2
Schwindel 290; 1066‣2; 1555‣1
Schwindel erregend 687‣2; 1249‣1
Schwindelei 1066‣2
Schwindelhuber 849
schwindelig 1911‣3
schwindeln 291‣1; 1067
schwinden 1144‣1; 1745‣4
schwinden lassen 121‣3
schwindend 13
Schwindler 292‣1
schwindsüchtig 13
**schwingen** 595‣1; 1293‣3; **1439**; 1581‣1
Schwingen 300‣4; 1440
schwingen, hin und her 1439‣2
schwingen, sich in die Luft 1504‣3
schwingend 584‣1
Schwinger 1388‣1
**Schwingung** 300‣4; **1440**
Schwingungen 1440
Schwips 1305‣1
schwirren 393‣1; 426‣1; 1433‣1; 1581‣2
**schwitzen** 323‣2; **1441**
schwitzen, Blut 62‣1
schwitzend 1868‣3
schwofen 1677‣5
schwören lassen 88‣2
schwören, falsch 1067
schwören, Meineid 1067
schwören, Stein und Bein 1782‣2
schwul 863
schwül 404‣2; 1868‣2
Schwüle 1869‣1
Schwuler 864
Schwulität 1759‣1
Schwulitäten 104‣3
Schwulitäten, in 399
Schwulst 937‣1; 1251‣2; 1619‣1
schwülstig 938
Schwund 1343‣1; 1363‣1; 1718‣2
Schwundstufe 1343‣2
**Schwung** 300‣4; 475‣1; 621‣1; 1020‣6; 1139; **1442**
Schwung, in 1021‣2
Schwung, mit 1405‣1
Schwunglosigkeit 537‣1
schwungvoll 476; 826‣2; 1021‣3; 1405‣1
Schwur 1783‣1; 1938‣2

Science-Community 634▸1
Science-Fiction 1249▸2
Sci-Fi 1249▸2
Scoop 1074
Scout 1252▸2
Scratching 1128▸3
Screen 309
screenen 1279▸3
Screening 1280▸2
Scripter 1418
scrollen 393▸6
sec 841▸3
sechs Richtige 777▸1
secondhand 43▸4
Secondhandladen 737▸2
sedieren 259▸4
sedierend 284▸1
sediert 285
Sediment 1181▸3
sedimentieren 1179▸6
See 757▸2; 757▸4
Seebad 176▸3
Seebär 1444
Seebeben 1160▸1
seebestatten 231▸1
Seebestattung 232▸2
Seebrücke 331▸1
Seefahrer 1444
Seegang 300▸3
Seegöttin 704▸4
Seejungfer 704▸4
seekrank werden 459▸1
**Seele** 338▸5; 690▸4; 704▸1; 1114▸1; **1443**
Seele der Organisation 1443▸2
Seele des Betriebs 1443▸2
Seele, aus tiefster 1140▸2
Seele, gute 1443▸2
Seele, in der 885▸3
Seele, keine 1183
Seele, schöne 873▸2
Seele, treue 1966▸1
Seele, zarte 468▸4
Seelenblindheit 1642▸4
Seelenfenster 140
Seelenfriede 1350▸2
Seelengemeinschaft 1050▸1
Seelengröße 789▸2
seelengut 801▸1
Seelenheil 1445▸2
Seelenhirte 936▸1
seelenkrank 717
Seelenkrankheit 718
Seelenlage 1515▸1
Seelenlähmung 1588
Seelenleben 690▸4; 1443▸1
seelenlos 1091▸3
Seelenmassage 434▸1
Seelenruhe 1350▸2
seelenruhig 1352▸3
Seelenschmerz 1398▸1
Seelenstärke 789▸2
Seelenstriptease 1204▸2
seelentaub 401▸1
Seelentaubheit 402▸1
Seelenverfassung 1515▸1
seelenvergnügt 832▸3
seelenverwandt 441▸1
Seelenverwandtschaft 442; 1809▸2
seelenvoll 470
seelisch 885▸3
seelisch verwahrlost 847▸2
Seelsorger 936▸1
**Seemann 1444**
Seemannsgarn 1066▸4
Seenomade 1444
Seeräuber 2
seetüchtig 1968▸2
Seeweg 1884▸4
Segelflugzeug 576▸7
segeln 298▸4; 774▸3; 1433▸1
segeln, im Kielwasser 1191▸2
segeln, im Windschatten 1191▸2
segeln, vor dem Wind 390
Segelohren 1212
Segelschiff 576▸6
**Segen** 670▸1; 777▸1; 781▸2; **1445**
segensreich 661; 778▸2; 1192▸1
Segensspruch 1445▸1
Segenswunsch 1445▸1
Segler 1444
Segment 1557▸1
**segnen 1446**
segnen, das Zeitliche 1508▸1
Segnung 1445▸1
**sehen** 535▸1; **1447**; 1863▸1
sehen können, nicht 459▸1; 818▸1
sehen können, nicht mehr 1034▸2
sehen wollen, nicht 1046▸3; 1404▸5
sehen, anders 1704▸1
sehen, den Dingen ins Gesicht 1447
sehen, durch die Finger 498▸4; 1231▸3; 1408▸3
sehen, durch die rosa Brille 266
sehen, Gespenster 62▸2; 960▸2
sehen, in den Spiegel 1481▸1
sehen, keinen Ausweg 1818▸1
sehen, klar 1789▸2
sehen, kommen 552▸3; 1767▸2
sehen, rot 105▸2
sehen, Sache verschieden 28▸4
sehen, selbst 512▸1
sehen, sich 1589▸1
sehen, sich ähnlich 1610▸3
sehen, sich genötigt 1130
sehen, sich gezwungen 1130
sehen, Zusammenhänge 1789▸4
sehenswert 272▸2; 889▸2
Sehenswürdigkeit 422▸3
Seher 140; 1271
Sehergabe 465▸4
seherisch 1272
Sehhilfe 764▸3
Sehkraft, ohne 316▸1
Sehkreis 315
Sehnen 1757▸2
sehnen nach, sich 215▸2
sehnig 976▸1; 1485▸1; 1925▸4
sehnlich 1140▸2
Sehnsucht 1757▸2
Sehnsuchtsobjekt 524▸3
**sehr 1448**
sehr, allzu 1620▸1
Sehvermögen 1864▸2
Sehweite, außer 1888▸2
sei es, dass 1197
seichen 1320
seicht 180; 947▸3; 1194▸2
Seichtheit 181▸1
Seide 1518▸3
seiden 1887▸3
Seidenband 1286▸6
Seidenfaden 572▸2
seidenglatt 1887▸3
seidenweich 1887▸3
seidig 1887▸3; 1928▸1
Seifenblase 1742▸2
Seifenoper 956
seifig 765▸6; 1925▸2
seihen 943▸3
Seil 572▸1
Seilbahn 576▸4

Seilschaft 797 ‣ 6; 950
seiltanzen 1018 ‣ 1
Seiltänzer 110 ‣ 2
Seim 564 ‣ 2
sein 210 ‣ 1; 1019 ‣ 1
Sein 567; 1020 ‣ 1
sein lassen 1014 ‣ 2; 1778 ‣ 1
seinerzeit 663 ‣ 1
seinsvergessen 1352 ‣ 4
seismographisch 468 ‣ 1
seit 1478 ‣ 1
seit alters 879 ‣ 4
seitdem 1478 ‣ 1
Seite 422 ‣ 2; 1536 ‣ 7
Seite an Seite 1723 ‣ 1; 1957
Seite, auf der anderen 692 ‣ 2
Seite, auf der einen 1563
Seite, auf der linken 1054 ‣ 1
Seite, auf der rechten 1315 ‣ 1
Seite, starke 574; 1497 ‣ 5
Seitenarm 517 ‣ 5; 1972 ‣ 3
Seitenhieb 80 ‣ 1; 1486 ‣ 3
Seitenlinie 1972 ‣ 3
seitens 1119 ‣ 3
Seitensprung 1050 ‣ 4
Seitensprung machen 291 ‣ 3
Seitenstraße 1524
Seitenstück 502 ‣ 1
Seitenteil 1557 ‣ 2
Seitenweg 29 ‣ 2
Seitenzahl 927 ‣ 6
seither 1478 ‣ 1
seitlich 1150 ‣ 1
seitwärts 1150 ‣ 1
sekkant 1016 ‣ 3
sekkieren 1237 ‣ 1
Sekret 155 ‣ 1
Sekretär 1413; 1577
sekretieren 154
Sekretion 18 ‣ 3; 155 ‣ 1
Sekte 797 ‣ 6
Sektenführer 668 ‣ 6
Sektion 1972 ‣ 2
Sektor 1557 ‣ 1; 1972 ‣ 2
sekundär 1635
Sekunde 948 ‣ 3
sekundieren 834 ‣ 2; 1964 ‣ 2
Sekurität 1456 ‣ 1
Seladon 711
selbander 1957
selber 1239 ‣ 2
selber machen 186
selbst 116 ‣ 2; 1239 ‣ 2
Selbst 440 ‣ 3; 1098 ‣ 2
selbst wenn 1197
selbst, von 644; 1648 ‣ 1; 1948 ‣ 1
selbst, wie von 1091 ‣ 2
Selbstachtung 417 ‣ 1; 1450 ‣ 2
selbständig 272 ‣ 3; 642 ‣ 1
selbständig machen, sich 211 ‣ 4; 1061 ‣ 5
selbständig werden 211 ‣ 4
Selbständigkeit 643 ‣ 1; 1450 ‣ 2
Selbständigkeit, geistige 643 ‣ 1
Selbstanklage 1336
Selbstaufopferung 1640
Selbstbedienungsladen 737 ‣ 5
Selbstbefragung 174
Selbstbefreiung 643 ‣ 2
Selbstbeherrschung 227 ‣ 1; 1087 ‣ 1
Selbstbekenntnis 174; 1204 ‣ 2
Selbstbescheidung 1949
selbstbesessen 1452
Selbstbesessener 415
Selbstbesessenheit 1451
Selbstbesinnung 443 ‣ 1
Selbstbestimmung 643 ‣ 1
Selbstbestimmungsrecht 1313 ‣ 3
Selbstbetrug 290; 877 ‣ 3
Selbstbeweihräucherung 457 ‣ 1; 1451
**selbstbewusst 1449**
**Selbstbewusstsein 1450**; 1456 ‣ 4
Selbstbewusstsein, ohne 1669 ‣ 5
selbstbezogen 1452
Selbstbild 306 ‣ 2
Selbstbildnis 306 ‣ 2
Selbstbiographie 174
Selbstdarstellung 174; 1513 ‣ 4
Selbstdemontage 1343 ‣ 3
Selbstdisziplin 1087 ‣ 1
Selbstekel 1336
Selbstentwurf 1020 ‣ 4
Selbsterhaltungstrieb 1020 ‣ 5
Selbsterkenntnis 1450 ‣ 1
Selbsterkundung 1705 ‣ 3
selbsternannt 83 ‣ 2; 642 ‣ 1
Selbstfindung 443 ‣ 1; 1705 ‣ 3
selbstgefällig 456 ‣ 2; 837
Selbstgefälligkeit 457 ‣ 1
selbstgenügsam 82 ‣ 1
Selbstgenügsamkeit 1949
selbstgerecht 456 ‣ 2
Selbstgespräch 1847
selbstgewiss 1449
selbstherrlich 456 ‣ 2; 1452; 1905 ‣ 2
Selbstherrlichkeit 457 ‣ 1; 1451
Selbstinitiative 797 ‣ 7
Selbstinszenierung 1451
selbstisch 1452
selbstklebend 1925 ‣ 3
Selbstkosten 973 ‣ 2
Selbstkostenpreis 1265 ‣ 3
Selbstkritik 1450 ‣ 1
selbstkritisch 1449; 1768 ‣ 4
Selbstkundgabe 1204 ‣ 2
Selbstläufer 515 ‣ 4
Selbstliebe 1451
Selbstlob 457 ‣ 1
selbstlos 1639
Selbstlosigkeit 802; 1640
Selbstmord 1584 ‣ 3
Selbstmord begehen 1583 ‣ 5
selbstmörderisch 687 ‣ 2
Selbstoffenbarung 1204 ‣ 2
Selbstporträt 306 ‣ 2
selbstquälerisch 1576
selbstredend 39; 735 ‣ 2
selbstsicher 1449
Selbstsicherheit 1450 ‣ 2; 1456 ‣ 4
Selbststilisierung 1451
**Selbstsucht 1451**
**selbstsüchtig 1452**
Selbsttäuschung 877 ‣ 3
Selbsttötung 1584 ‣ 3
Selbstüberhebung 457 ‣ 1
Selbstüberwindung 227 ‣ 1
selbstverantwortlich 642 ‣ 1
Selbstverantwortung 643 ‣ 1
Selbstverdammung 1336
selbstvergessen 1352 ‣ 4
Selbstvergewisserung 1450 ‣ 1
Selbstvergötterung 1451
selbstverliebt 456 ‣ 2; 1452
Selbstverliebter 415
Selbstverliebtheit 457 ‣ 1; 1451
Selbstverlust 1705 ‣ 4
Selbstvermarktung 1451
selbstverständlich 86; 180; 675 ‣ 1; 735 ‣ 2; 1161 ‣ 2; 1786 ‣ 3
Selbstverständlichkeit 181 ‣ 1; 643 ‣ 3; 1187 ‣ 2
Selbstverständlichkeit werden, zur 760 ‣ 1
Selbstverteidigung 1897 ‣ 2
Selbstvertrauen 1450 ‣ 2; 1796

Selbstverurteilung 1336
Selbstverwirklichung 1020▸4
Selbstvorwurf 1336
Selbstwerdung 1020▸4
Selbstwertgefühl 1450▸2
selbstzerstörerisch 1655▸1
Selbstzeugnis 174
selchen 519▸2
selegieren 165▸1; 1683▸1
selektieren 165▸4
Selektion 169▸1
Self-fulfilling Prophecy 1384▸2
Self-Tracking 132▸1
selig 778▸1
Seligkeit 777▸2
**selten** 923▸1; 970; **1453**
selten, nicht 1211
Seltenheit 422▸3; 971▸1
seltsam 118▸2; 550; 889▸2; 1249▸3
Seltsamkeit 422▸3
Semantik 200▸1
Semester 1932▸1
Semesterarbeit 8▸2
Seminar 1028▸2
Sendbote 668▸6
Sendbrief 256▸2
Sendefolge 607▸3
senden 1383▸1; 1617▸4; 1722▸2; 1769▸2
senden, Grüße 799▸1
Sender, auf jedem 260▸1
Sender, öffentlicher 607▸2
Sendung 119▸1; 135▸3; 1262▸2; 1586▸2; 1770▸2
Senf 1670▸1
Senge 1388▸1
sengen 328▸4
senil 43▸2
Senilität 44▸4
Senior 44▸2
Seniorenheim 830▸2
Senke 1167▸3; 1794▸1
senken 294▸1; 838▸3; 1002▸3; 1144▸5; 1179▸5
senken, Niveau 506▸2
senken, sich 6▸1; 578▸2
senkend, sich 1412▸2
senkrecht 345▸1; 729▸2
Senkrechtstarter 576▸7; 779
Senkung 5▸4; 1087▸2; 1794▸1
Sensation 549; 739▸3; 1074
sensationell 162▸1
Sensationsjournalismus 1266▸1
Sensationslust 1173
sensationslüstern 892▸2
Sensationsmache 1619▸2
Sensationsmeldung 1074
Sensationsnummer 1074
Sensationspresse 1266▸2
Sense 725
Sensenmann 1578▸3
sensibel 468▸1; 470
Sensibilität 469▸2; 471; 690▸1
sensitiv 468▸1
Sensitivität 471
Sensorium 690▸3; 1788▸1; 1864▸2
sensualistisch 1461▸1
Sensualität 690▸1
sensuell 1461▸1
Sensus 690▸1
Sentenz 372▸2
Sentiment 690▸1
sentimental 470; 938
Sentimentalität 471; 937▸3
separat 272▸1; 454▸1
Separation 18▸1; 1592▸2
Separatismus 18▸2
Séparée 1304▸1
separieren 17▸1; 1591▸2
separieren, sich 17▸2
Separierung 18▸1; 1592▸2
Sequel 517▸3; 628▸2; 1901
Sequenz 628▸1; 1324▸1
Sequestration 265
Serendipität 517▸6
Serie 628▸2; 1324▸2
Serie, in 1819▸1
seriell 1091▸1
Serienautor 1418
serienmäßig 1091▸1; 1819▸1
Serienprodukt 559
Serienproduktion 560▸2
serienweise 1819▸1
seriös 85▸2; 542▸1
Seriosität 84▸2
Sermon 734▸2; 1077▸4; 1380▸1
Serpentine 999
Service 202▸2; 202▸4; 381▸2; 851▸1; 1324▸2
Serviceclub 797▸1
servieren 49▸3; 201▸2
Servieren 202▸2
Serviererin 202▸3
Servierfräulein 202▸3
serviert 608▸4
servil 1686▸1
Servilität 703▸2
Sessel 1465▸2
Sesselbahn 576▸4
Sesselfurzer 1234▸1
Sessellift 576▸4
Sesselrücken 1879▸1
Sesselschoner 1425▸2
sesshaft 58▸2; 225▸1
Session 1708▸2
Set 167▸2; 1324▸2; 1372▸2
setteln 1179▸3
Settlement 1180▸1
Set-up 446▸1
setzen 557▸5
setzen auf 552▸1; 1795▸1
setzen, alle Hebel in Bewegung 91▸2
setzen, alles auf eine Karte 1856▸1
setzen, alles aufs Spiel 1364▸4
setzen, an die Luft 30▸5; 993▸2
setzen, auf die Straße 993▸2
setzen, auf die Wahlliste 1859▸2
setzen, aufs Spiel 1856▸1
setzen, außer Gefecht 854▸3
setzen, außer Kraft 481▸4; 506▸1
setzen, außer Kurs 506▸1
setzen, den Stuhl vor die Tür 993▸2
setzen, Denkmal 1730▸3
setzen, Distanz 482▸5
setzen, einen Fuß vor den andern 700▸1
setzen, eins drauf 1746▸2
setzen, Ende 854▸3
setzen, Fall 960▸2; 1767▸1
setzen, Floh ins Ohr 206
setzen, Fuß auf den Nacken 1675▸1
setzen, gefangen 1752
setzen, Grenzen 854▸2
setzen, in den Sand 1775▸4
setzen, in die Welt 679▸1
setzen, in die Zeitung 49▸2
setzen, in Erstaunen 1616▸1; 1921▸2
setzen, in Gang 51▸3; 88▸3; 1680▸2; 1706▸2

setzen, in Kenntnis 1115 ▸ 1; 1203 ▸ 2
setzen, in Szene 196 ▸ 6; 1482 ▸ 2; 1707 ▸ 2; 1810 ▸ 1
setzen, in Umlauf 1115 ▸ 3; 1722 ▸ 1; 1769 ▸ 2
setzen, ins Bild 525 ▸ 4; 1115 ▸ 1; 1203 ▸ 2
setzen, ins Werk 1680 ▸ 1; 1707 ▸ 2; 1810 ▸ 1
setzen, instand 540 ▸ 1
setzen, kleiner 1002 ▸ 3
setzen, Messer an die Kehle 1975 ▸ 2
setzen, Pistole auf die Brust 396 ▸ 3; 1975 ▸ 2
setzen, Pointen 1924 ▸ 2
setzen, Priorität bei 296 ▸ 2
setzen, Schlusspunkt 472 ▸ 1
setzen, sich 1179 ▸ 2; 1464 ▸ 1
setzen, sich an einen Tisch 275 ▸ 3
setzen, sich auf den Hosenboden 1044 ▸ 1
setzen, sich in Bewegung 51 ▸ 3; 482 ▸ 1
setzen, sich in den Kopf 1919 ▸ 1
setzen, sich in die Nesseln 1364 ▸ 4
setzen, sich in Marsch 482 ▸ 2
setzen, sich in Positur 1264 ▸ 1
setzen, sich in Szene 1264 ▸ 1
setzen, sich zum Ziel 1525 ▸ 1
setzen, sich zur Wehr 224 ▸ 3; 915 ▸ 3
setzen, Stuhl vor die Tür 993 ▸ 2
setzen, unter Druck 196 ▸ 5; 389 ▸ 2; 396 ▸ 3; 1975 ▸ 2
setzen, unter Wasser 1614 ▸ 1
setzen, vor die Tür 993 ▸ 2
setzen, Worte 1490 ▸ 2
setzen, zum Ziel 1254 ▸ 1
Seuche 979 ▸ 2; 1654
seufzen 941 ▸ 3
Seufzer 940 ▸ 2
Sex 1050 ▸ 3
Sex haben 1051 ▸ 3
Sex, gewerbsmäßiger 1277
Sex, käuflicher 1277
sexbesessen 1069
Sexbesessenheit 1068 ▸ 3
Sexclub 318
sexhungrig 1069
Sexismus 238; 387 ▸ 2; 659 ▸ 3
Sexist 1070
sexistisch 90 ▸ 4; 237 ▸ 2; 386
Sexlekt 1489 ▸ 4
Sexmaniac 1738 ▸ 1
**Sexualdelikt 1454**
sexualisiert 1069
Sexualität 1462
Sexualverbrechen 1720
Sexualverbrecher 1721 ▸ 2
Sex-Worker 1276
sexy 1330
Sezession 18 ▸ 2; 797 ▸ 1; 1592 ▸ 3
Sezessionskrieg 982 ▸ 2
sezieren 633; 1558 ▸ 1; 1933 ▸ 2
Shakti 782 ▸ 3
Sheriff 1261 ▸ 1
Shit 1306
Shitstorm 984 ▸ 3; 1761
shocking 90 ▸ 6
Shootingstar 779
Shop 737 ▸ 2
Shopaholic 395 ▸ 2; 922
shoppen 921 ▸ 1
Shopping 920
Shopping-Center 737 ▸ 5
Short Story 556 ▸ 2
Show 1679 ▸ 7
Showdown 914 ▸ 2
Showkoch 1678 ▸ 1
Showmaster 1678 ▸ 1
Shuttle 576 ▸ 7
Sibylle 1271
Sichankleiden 1579 ▸ 2
**sicher** 225 ▸ 2; 339 ▸ 1; 513 ▸ 1; 926; 1449; **1455**; 1826 ▸ 2; 1860; 1908 ▸ 3; 1966 ▸ 3
sicher auf dem Parkett 1455 ▸ 8
sicher sein 552 ▸ 1
sicher sein, nicht 1767 ▸ 2
sicher, ganz 1455 ▸ 1
sicher, seines Wertes 1449
sichergehen 1782 ▸ 3
**Sicherheit** 340 ▸ 1; 514 ▸ 2; 1425 ▸ 4; **1456**; 1914 ▸ 1
Sicherheit, in 1455 ▸ 3
Sicherheit, mit 1908 ▸ 3
Sicherheitsgurt 1425 ▸ 3
sicherheitshalber 1842 ▸ 3
Sicherheitsmaßnahme 1783 ▸ 2
Sicherheitsnadel 209 ▸ 2
Sicherheitsvorkehrung 1783 ▸ 2
sicherlich 39; 78; 860 ▸ 1
**sichern** 122 ▸ 1; 208 ▸ 2; 337 ▸ 2; 1426 ▸ 1; 1426 ▸ 2; **1457**
**sichern, sich 1457**
sicherstellen 22 ▸ 3; 337 ▸ 2; 1334; 1457 ▸ 2
Sicherstellung 265
Sicherung 340 ▸ 2; 1456 ▸ 1; 1783 ▸ 2
sicherzugehen, um 1842 ▸ 3
Sichfrisieren 1579 ▸ 2
Sichfügen 685 ▸ 2
Sicht 164 ▸ 1; 944 ▸ 1
Sicht, auf lange 879 ▸ 1; 1853 ▸ 1
Sicht, in 178
sichtbar 942 ▸ 3; 1461 ▸ 1; 1494
sichtbar machen 525 ▸ 3; 1203 ▸ 1; 1931 ▸ 3
sichtbar werden 503 ▸ 3; 520 ▸ 3; 1931 ▸ 6
sichtbar, deutlich 1953
sichtbar, für jedermann 1206 ▸ 1
sichten 165 ▸ 1; 617 ▸ 1; 943 ▸ 3; 1447
sichtlich 118 ▸ 1; 1494
Sichtweite 315
Sichtweite, in 1150 ▸ 2
Sichzurechtmachen 1579 ▸ 2
sickern 623
Sideboard 1413
sieben 165 ▸ 1; 943 ▸ 3; 1934
Sieben, böse 269 ▸ 2
siebengescheit 640 ▸ 2; 1391 ▸ 2
Siebensachen 948 ▸ 4
siech 1037 ▸ 2
siechen 1035 ▸ 3
Siechtum 979 ▸ 1; 1654
Siedehitze 1869 ▸ 1
siedeln 1179 ▸ 1
sieden 105 ▸ 2; 952 ▸ 1; 1371 ▸ 1; 1441 ▸ 1; 1581 ▸ 4
siedend 320 ▸ 1; 1868 ▸ 2; 1902 ▸ 4
Siedepunkt 763 ▸ 2
Siedler 187 ▸ 1
Siedlung 1180 ▸ 1; 1495 ▸ 3
Siegel 278 ▸ 2; 927 ▸ 3; 1780 ▸ 2
Siegel der Verschwiegenheit, unter dem 1797
siegeln 928 ▸ 3
**siegen 1458**
**Sieger 1459**
Siegermacht 1459 ▸ 2
Siegespreis 515 ▸ 5; 1265 ▸ 4
sielen, sich 521 ▸ 3
Siesta 522 ▸ 1
Siff 1548 ▸ 1

Sigel 1930▸2
Sightseeing 280▸1
Signal 852; 1930▸4
signalisieren 858; 1115▸2; 1931▸1
Signatur 927▸2
signaturfähig 473
Signet 927▸3; 1930▸2
signieren 277▸1; 928▸3
signifikant 346▸1; 1896▸1
Signifikanz 200▸3
Signum 927▸3; 1930▸2
Silbe, keine 1175▸1
Silbenschrift 1417▸2
Silbenstecher 1234▸1
Silbenstecherei 1235▸2
silbenstecherisch 1236▸1
Silber 971▸2
Silberblick 140
Silbergeld 709▸1
silberhell 836▸5
Silberstreifen 553▸3
silbrig 836▸2
Silhouette 1053▸2
Silo 1479▸2
Simili 580▸3; 1137▸1
simmern 952▸1
simpel 310▸3; 326▸3; 675▸1
Simpel 403▸2
Simplifikation 1702
simplifizieren 1733
Simplifizierung 1702; 1734
Sims 413▸2; 1262▸4
simsen 1617▸6
Simulant 849
Simulation 877▸4; 1253▸2; 1377
simulieren 1067; 1254▸3; 1845
simuliert 580▸3
simultan 773
Sinekure 1333▸1
Sinfonie 1822▸2
**singen 1460**
Singen 731▸5; 736▸1
singen, in den Schlaf 259▸4
singen, Loblied 1058▸1
singen, Partie 1482▸1
Singerei 736▸1
Singer-Songwriter 1358▸1
Single 638; 1079
Singsang 736▸1
Sing-Sing 689▸2
singulär 162▸1; 883▸1
sinister 1655▸5
sinken 298▸2
sinken lassen, den Mut nicht 552▸2
sinken lassen, Kopf 1818▸1
sinken lassen, Mut 1818▸1
sinken, in Schlaf 1387▸2
sinken, ins Grab 1508▸2
sinkend 13
Sinkflug 1343▸1
Sinn 200▸1; 1167▸1; 1545; 1788▸1; 1940▸1
Sinn für 465▸1; 1559▸1
Sinn für Harmonie 743▸1
Sinn haben 199▸1
Sinn haben, im 1254▸1
Sinn wollen, nicht aus dem 264▸3
Sinn, ohne 1023▸3
Sinn, sechster 465▸4
Sinnähnlichkeit 1612▸6
Sinnbild 306▸5; 1930▸1
sinnbildlich 308▸2
Sinndeutung 359▸2
Sinne nach, dem 1650▸2
Sinne, feine 465▸1
Sinne, im strengen 719▸5
sinnen 369▸2; 1919▸1
Sinnen 1316
Sinnen, mit wachen 124▸1
Sinnen, nicht bei 1762; 1773▸1
Sinnen, von 826▸3
Sinnenfreude 727▸1; 1068▸2; 1462
sinnenfreudig 1461▸2
sinnenfroh 1032▸2
sinnenhaft 1461▸2
Sinnenlust 1068▸2; 1462
Sinnenrausch 1068▸2
Sinnenreiz 727▸1
Sinnentaumel 1068▸2
sinnentsprechend 1650▸2
Sinnes werden, anderen 1704▸5
Sinnes, eines 441▸1; 1611▸2
Sinnesänderung 443▸1; 1705▸3
Sinnesart 344; 373
Sinneseindruck 1864▸1
sinneseinig 441▸1
Sinnesempfindung 1864▸2
Sinnesreiz 1328▸1
Sinnestäuschung 877▸2; 1555▸2
sinnesverwandt 441▸1
Sinneswandel 1705▸3
Sinneswandlung 443▸1
sinnfällig 77▸1; 942▸3; 1786▸1
Sinnfälligkeit 1787
Sinngebung 359▸2
Sinngedicht 372▸1
sinngemäß 768▸4; 1650▸2
sinngleich 768▸4
Sinngleichheit 1612▸6
Sinnhorizont 200▸4
sinnieren 369▸2
sinnig 1463▸3
**sinnlich** 77▸2; 216▸1; 464▸1; 724; 1069; **1461**
**Sinnlichkeit** 465▸2; 1068▸3; **1462**
sinnlos 24; 401▸2; 1023▸3; 1688▸3; 1743
Sinnlosigkeit 1744
sinnreich 1463▸2; 1968▸2
Sinnspruch 372▸1
sinnverwandt 768▸4
Sinnverwandtschaft 1612▸6
sinnverwirrend 284▸1
**sinnvoll** 728▸3; 1192▸1; 1255▸1; **1463**; 1968▸2
sinnwidrig 24; 580▸5; 1688▸3
Sinnzusammenhang 1296▸3
Sinter 1181▸3
sintern 943▸3
Sippe 797▸6; 1809▸1
Sippschaft 797▸6; 950; 1809▸1
Sippschaft, die ganze 38▸2
Sirene 639; 704▸4; 852; 1738▸2
sirren 1581▸2
Sirup 564▸2
sistieren 1752
Sisyphusarbeit 1744
Sit-in 368▸1
Sitte 84▸2; 324▸2; 1317▸2
Sitten, gute 84▸1
sittenfest 85▸2
Sittenlosigkeit 1393
Sittenrichter 1234▸2
sittenrichterlich 1532▸2
sittenstreng 1532▸2
Sittenstrenge 1533▸4
Sittenverderber 184
Sittenverfall 1343▸6
Sittenwächter 1234▸2
sittig 85▸2
sittlich 85▸2
Sittlichkeit 84▸2
sittsam 85▸2
Sittsamkeit 84▸2
Situation 1005▸2; 1961

Situationsangst 61‣6
situiert, gut 1322‣1
situiert, wohl 1322‣1
Sitz 1114‣6; 1227‣2; 1916‣3
Sitz haben, guten 1464‣4
Sitz in, mit 225‣1
Sitzbank 182‣1; 1465‣2
**sitzen** 1019‣2; **1464**
sitzen bleiben 1517‣1
sitzen gelassen werden 1378‣5
sitzen lassen 1748‣2
sitzen, auf dem hohen Ross 428‣3
sitzen, auf dem Trocknen 479
sitzen, auf glühenden Kohlen 1873‣1
sitzen, im Fett 804‣2
sitzen, in der Wolle 804‣2
sitzen, wie angegossen 1464‣4
sitzen, zu Gericht 1697‣2
sitzenbleiben 1775‣4
sitzend, fest 719‣6
sitzend, knapp 477‣3
sitzend, schlecht 1392‣2
sitzengelassen 1655‣6
Sitzfleisch 685‣1; 1350‣3
Sitzfleisch, kein 1667‣1
Sitzgelegenheit 1465‣1
**Sitzmöbel 1465**
Sitzung 276‣1; 1590‣2
Sitzungsgeld 495‣3
Skala 1084‣3; 1573‣2; 1822‣2
Skalierung 1298
Skandal 549; 1367‣1; 1367‣2
Skandalisierung 1506‣5
Skandalnudel 1496‣3
skandalös 129‣2
skandalumwittert 1970‣3
skandieren 1848‣1
Skelett 807‣4; 968‣1
Skepsis 1969‣2
Sketch 1573‣1
Skimming 1720
Skipper 1444
Skizze 306‣2; 1253‣2
skizzenhaft 1000‣5; 1194‣3
skizzieren 357‣1; 753; 1254‣3
skizziert 1194‣3
**Sklave 1466**
Sklavenseele 1397‣1
Sklaverei 1967‣1
sklavisch 1686‣2
sklerotisch 1500‣2
Skribent 258‣1
Skript 392
Skriptautor 1418
Skriptschreiber 1418
Skrupel 1336; 1969‣1
skrupellos 347; 751
Skrupellosigkeit 752
skrupulös 1576
Skulpteur 307
**Skulptur 1467**
skurril 1249‣3
Skylab 576‣10
Skyline 1053‣2
skypen 1565
slacken 1326‣2
Slacker 1327‣2
Slalom 999
Slang 1489‣4
Sleeper 246‣2
Slogan 372‣2; 1251‣1; 1894‣3
Slow Motion 1817‣2
Slum 1495‣4
Small talk 1679‣1
smart 624; 741‣2; 887‣1; 1391‣1; 1485‣1; 1551‣2
Smartphone 350‣2; 1564
Smog 5‣3; 351‣2
SMS 330; 1262‣4
Smutje 1444
Snack 1075‣8
Snail-Mail 330
Snobismus 457‣1
snobistisch 83‣2; 456‣1
**so 1468**
so ... wie 1468
so eben 1942
so genannt 424‣2
so lala 1086‣2
so oder so 692‣4; 1201; 1468
so tun als ob 1376‣1; 1845
so weit 252‣2
Soap-Opera 956
sobald 579; 1891‣2
Social Media 1171‣4
Social Network 1171‣4
Sockel 793‣1
Socken machen, sich auf die 482‣1
soeben 1003
Sofa 1465‣2
sofern 579
sofort 252‣3; 427‣2; 768‣3; 1285‣2; 1405‣2
sofort, möglichst 427‣3
soft 1887‣1
Soft Skills 574
soften 266
Softie 601
Software 350‣1
Software, mobile 350‣1
Sog 1534‣2; 1906‣1
sogar 3; 116‣2
sogleich 768‣3
sohlen 540‣2
Sohlen, auf leisen 1039
Sohn 907‣1
Sohnemann 907‣1
Soiree 1708‣2
solange 773; 1861; 1891‣2
Solarauto 576‣2
Solarheizung 833
solchermaßen 1468
Sold 1727‣1
Soldat 916‣1; 1106‣1
Soldatenhauf 1106‣2
Soldateska 1106‣2
Söldner 1106‣1
Solebad 176‣4
solenn 598‣2
Solennität 599‣1
solid 339‣1; 361‣1; 412‣2
solidarisch 441‣2; 1723‣1; 1957
solidarisieren, sich 1960‣1
Solidarität 442
Solidaritätsstreik 1528
solide 85‣3; 1312‣2; 1966‣1
Solidität 611‣1
solipsistisch 1452
Solist 1129‣2
solitär 447‣2
Solitär 422‣3
Sollbestimmung 747‣1
Sollbruchstelle 469‣1
sollen 1130
Söller 179
solo 447‣1; 454‣3
solvent 1322‣1
Soma 968‣1
somatisch 1223‣1
somit 42
Sommelier 202‣3
Sommer wie Winter 879‣1
Sommerende 45
Sommerfaden 45
Sommerfrische 522‣1
Sommerfrischler 1327‣1

Sommergast 1327›1
Sommerhaus 821›1
sommerlich 1868›2
somnambul 1641›2
Somnambulismus 1642›3
sonder 160›1
sonderbar 118›2; 550
Sonderbündelei 18›2
Sondererlaubnis 529›3
Sonderfall 422›3; 1699›2
Sondergebiet 1480›1
Sondergenehmigung 529›3
sondergleichen 162›1; 551
Sonderheit, in 272›1
Sonderklasse 169›1; 422›3
Sonderkultur 1542›1
sonderlich 118›2
Sonderling 159›1; 1225›3
Sondermüll 5›1
sondern 3; 1591›2
Sonderrecht 529›3; 1313›4
Sonderstellung 422›3
Sonderung 1592›2
Sonderzulage 1952
sondieren 637›1; 1279›1; 1791›2
Sondierung 534; 1280›2
Song 736›2
Songwriter 1358›1
Sonne 1047›1; 1509
Sonne im Herzen 1217
sonnen, sich 323›2
Sonnenaufgang 50›3
Sonnenaufgang, bei 662
sonnenbaden 323›2
Sonnenenergie 475›2
Sonnenglut 1869›1
sonnenklar 942›3
Sonnenlicht 1047›1
sonnenlos 405›2
Sonnenschein 1047›1
Sonnenseite 777›2; 1833›1
Sonnenseite, auf der 778›2
Sonnenuntergang 406›1
sonnig 832›1; 836›3; 1868›2
Sonntag 522›4
sonntäglich 598›2
Sonntagskind 779
sonor 1824›4
Sonstiges 47; 1819›2
sooft 1891›1
Sophisterei 1235›2
sophisticated 75›2; 887›1
Sophistik 1235›2
sophistisch 1236›2
Sopran 1358›2
**Sorge** 61›3; 1015›2; 1243›1; **1469**
sorgen für 870; 1784›2
Sorgen machen 1364›2
Sorgen machen, sich 62›2
sorgen, sich 62›2
Sorgenfalte 582›2
sorgenfrei 778›2; 1322›1
Sorgenlast 1469
sorgenlos 778›2
sorgenvoll 63›1; 1655›1
**Sorgfalt 1470**
**sorgfältig** 719›1; 1471›1; **1471**; 1842›1; 1966›2
Sorgfältigkeit 1470›1
sorglich 1471›1; 1842›1
sorglos 1031›4; 1032›2; 1691›2
Sorglosigkeit 1033›1
sorgsam 719›1; 1104›1; 1471›2; 1842›1
Sorgsamkeit 1470›1
Sorte 109›2; 1289›2
sortieren 1221›2
Sortiment 169›2
sosehr auch 1891›1
Sosein 564›1; 1545
soso 1086›2
SOS-Ruf 852
**Soße 1472**
Sottise 1486›3
Soubrette 1358›2
Souffleur 835›3
soufflieren 206; 834›5
Souk 1081›1
Sound 1580›1
Sound, voller 1824›4
Soundsystem 1128›3
Soundtrack 1128›3
Soupçon 1969›2
Souper 1075›7
soupieren 563›2
Souterrain 1516›6
Souterrain, im 1673›2
Souvenir 524›3
souverän 513›1; 642›1
Souverän 846
souverän werden 211›4
Souveränität 514›2; 643›1; 1456›4
sowie 47; 116›1; 1891›2
sowohl 116›1
soziabel 745›2
Soziabilität 746›1
sozial 745›2; 1639
Sozialarbeiter 835›1
Sozialfürsorge 1171›5
Sozialhilfe 851›1
Sozialisation 562›1
sozialisieren 561
Sozialisierung 480; 562›1
sozialistisch 1054›3
sozialkritisch 1054›3
Sozietät 714›1
Soziolekt 1489›4
Soziotop 1542›1
Sozius 1230›1
sozusagen 40›5; 53; 308›3; 424›2; 771; 1155; 1898›1
Space 1062›1
Spacko 403›4
spähen 245›2; 1447; 1546›1
Späher 246›2
Spalier 807›4; 1324›3
Spalt 1062›1; 1492›1
Spalte 855›4; 1062›1; 1794›1
spalten 1558›1; 1591›2; 1591›5; 1934
Spaltpilze 980
Spaltung 1592›1
Spam 5›3; 1894›3
Span 948›2; 1536›6
Spänbrenner 707
spänen 1404›3
Spange 209›2; 809›1; 1286›5
spanisch 1688›1
Spanne 1727›2
spannen 766›2; 891›1; 1527›2; 1939›2
spannen auf 552›1
spannen, auf die Folter 1237›5
spannen, sich 1293›3
spannen, vor seinen Karren 152›3
spannen, vor seinen Wagen 152›3
spannend 129›1; 889›1
Spanner 246›1
Spannkraft 475›1; 621›1
**Spannung** 61›2; 398›1; 553›1; **1473**
Spannung, ohne 1012›2
Spannungen 104›3; 1473›2; 1530›1
spannungsgeladen 687›1
spannungslos 1012›1

spannungsreich 889 ▸1
Spannweite 145 ▸2
Sparbrief 270 ▸3
Sparbüchse 270 ▸5
**sparen 1474**
sparend, Energie 1475 ▸2; 1632 ▸1
sparend, Material 1968 ▸2
Spargel 775 ▸2
Spargroschen 270 ▸4
Sparguthaben 270 ▸4
Sparkasse 182 ▸2
Sparlampe 1007 ▸1
spärlich 408 ▸3; 951 ▸1; 1453 ▸2; 1651 ▸1; 1890 ▸1
Sparmaßnahme 451 ▸1
Sparpfennig 270 ▸4
Sparren 422 ▸4; 807 ▸3; 1774 ▸1
**sparsam** 82 ▸1; **1475**; 1968 ▸2
**Sparsamkeit 1476**
Sparschwein 270 ▸5
Sparstrumpf 270 ▸5
spartanisch 431 ▸3; 1532 ▸3
Sparte 568 ▸2; 1480 ▸1; 1972 ▸2
Spaß 647 ▸1; 1486 ▸1; 1670 ▸2; 1679 ▸2; 1679 ▸3
Spaß haben 1677 ▸4
Spaß machen 648 ▸1; 1677 ▸4
Spaß, im 1488 ▸2
Spaß, ohne 542 ▸3
Spaßbremse 1240
spaßen 648 ▸2; 1487 ▸1; 1677 ▸4
spaßeshalber 1488 ▸2
spaßhaft 832 ▸2
spaßig 832 ▸2
Spaßmacher 110 ▸2; 1379 ▸1; 1678 ▸2
Spaßvogel 1379 ▸1; 1678 ▸2
spastisch 1500 ▸2
**spät 1477**
spät, ziemlich 1477 ▸4
spät, zu 1477 ▸1; 1739
spätabends 1477 ▸4
**später** 1141 ▸2; **1478**
später als, nicht 1861
späterhin 1478 ▸2
Spätfolgen 628 ▸3
Spätschäden 628 ▸3
Spätsommer 45
Spatzenhirn 403 ▸2
Spätzünder 1777
spazieren 700 ▸2
spazieren führen 1585 ▸2
spazieren gehen 298 ▸1; 700 ▸2; 1867
Spazierfahrt 575 ▸1
Spaziergang machen 700 ▸2
Spazierstock 1516 ▸2
spe, in 1478 ▸3
Speckgürtel 1495 ▸4
speckig 765 ▸6; 1403 ▸1; 1925 ▸2
spedieren 1383 ▸2
Spedition 1586 ▸1
Speed 425 ▸2; 1306
Speichel 155 ▸1
Speichellecker 1216
speichelleckerisch 1686 ▸2
**Speicher** 1006 ▸2; **1479**; 1516 ▸4
Speicherkapazität 1497 ▸4
Speichermedium 1479 ▸4
speichern 122 ▸1; 543; 1356 ▸4; 1784 ▸1
Speicherstick 1479 ▸4
Speicherung 1357 ▸4
Speichervermögen 1497 ▸4
Speicherzelle 1479 ▸4
speien 327 ▸3
Speis(e) und Trank 539 ▸1
Speise 1075 ▸1
Speisefolge 1075 ▸9
Speisegaststätte 678 ▸1
Speisehaus 678 ▸1
Speisekammer 1006 ▸2
speisen 563 ▸2
Speiserestaurant 678 ▸1
Speisetisch 1075 ▸10; 1577
Speisewagen 678 ▸1
Spektakel 731 ▸3; 739 ▸3; 1281 ▸2; 1373 ▸2; 1708 ▸3
spektakeln 1013 ▸1
spektakulär 162 ▸1
Spektrum 1822 ▸2
Spektrum, im linken 1054 ▸3
Spektrum, im rechten 1315 ▸2
Spekulant 2; 1270
Spekulation 553 ▸2; 634 ▸2; 1316
spekulativ 876; 1576
spekulieren 369 ▸2; 1856 ▸1
spekulieren auf 249 ▸2; 552 ▸1; 891 ▸4
Spelunke 678 ▸1
Spelze 1335 ▸4
spendabel 745 ▸3; 790 ▸1
Spende 674 ▸2
spenden 219 ▸3; 680 ▸2
spenden, Beifall 945 ▸2
spenden, Lob 1058 ▸1
spenden, Segen 1446 ▸1
spenden, Trost 1601 ▸1
Spendenaktion 1357 ▸6
spendend, Kraft 754 ▸4; 1153
Spender 1090
Spenderorgan 547 ▸3
spendieren 444 ▸2
spendierfreudig 790 ▸1
Spendierhosen anhaben 444 ▸2
Sperenzien machen 804 ▸3
sperrangelweit 1202 ▸1
Sperre 33 ▸3; 855 ▸4; 1414; 1759 ▸4
sperren 612 ▸1; 854 ▸1
sperren, sich 1954 ▸2
Sperrfeuer 855 ▸4
sperrig 1656 ▸2
Sperrmüll 5 ▸1
Sperrstunde 1716 ▸2
Sperrung 265
Spesen 136 ▸1; 495 ▸3
Spezi 649
Spezialfall 422 ▸3
Spezialgebiet 568 ▸2; 1480 ▸1
spezialisieren 1933 ▸1
spezialisieren, sich 311 ▸5
Spezialisierung 451 ▸2
Spezialist 570
spezialistisch 569 ▸1
**Spezialität** 422 ▸2; 974; **1480**; 1497 ▸5
speziell 272 ▸1; 569 ▸1
Spezies 109 ▸2
Spezifikum 422 ▸2; 927 ▸1; 1480 ▸4
spezifisch 272 ▸2; 346 ▸1; 1226 ▸1
spezifizieren 1933 ▸1
Sphäre 682 ▸1; 1296 ▸2
Sphäre, öffentliche 1207 ▸1
Sphären, in höheren 874 ▸2
Sphinx 639
spicken 671 ▸2; 878 ▸2
Spider 576 ▸2
Spiegel 1286 ▸9
Spiegelbild 502 ▸2
spiegelbildlich 1318 ▸3
spiegelblank 765 ▸2
Spiegelfechterei 1555 ▸1
spiegelglatt 765 ▸6
spiegelgleich 1318 ▸3
**spiegeln** 1376 ▸2; **1481**
**spiegeln, sich 1481**
spiegelnd 765 ▸2

Spiegelreflexkamera 913 ▸ 1
Spiegelung 502 ▸ 2
spiegelverkehrt 1347
Spiel 359 ▸ 3; 1373 ▸ 1; 1573 ▸ 1; 1679 ▸ 5
Spiel machen 1458 ▸ 1
Spiel, abgekartetes 895; 1055 ▸ 2
Spiel, doppeltes 581 ▸ 1
Spiel, leichtes 948 ▸ 4
Spielart 1699 ▸ 2
Spielball 1216
Spielbank 678 ▸ 2
Spielcharakter 1790 ▸ 4
**spielen** 357 ▸ 4; 1376 ▸ 2; **1482**; 1848 ▸ 1
spielen, an die Wand 666 ▸ 2; 1389 ▸ 3
spielen, aus dem Stegreif 1482 ▸ 6
spielen, bösen Streich 1364 ▸ 1
spielen, den großen Zampano 1264 ▸ 1
spielen, erste Geige 666 ▸ 2
spielen, falsch 291 ▸ 1; 1247
spielen, Hauptrolle 666 ▸ 2
spielen, in Serie 1900 ▸ 3
spielen, Karten 1482 ▸ 5
spielen, Klavier 1482 ▸ 3
spielen, Meister 666 ▸ 2
spielen, mit dem Feuer 1856 ▸ 1
spielen, mit dem Gedanken 1254 ▸ 1
spielen, Rolle 357 ▸ 4; 1482 ▸ 1
spielen, Streich 1487 ▸ 1
spielen, Theater 1482 ▸ 1; 1845
spielen, va banque 1856 ▸ 1
spielen, Versteck 1845
spielend 1031 ▸ 2
Spieler 2; 1129 ▸ 2; 1484
Spielerei 384; 948 ▸ 4; 1050 ▸ 4; 1195
spielerisch 1032 ▸ 2; 1194 ▸ 4
Spieleshow 1679 ▸ 7
Spielfeld 682 ▸ 3
Spielfilm 616 ▸ 3
Spielfläche 682 ▸ 3
Spielfreude 1269 ▸ 1
Spielgefährte 649
Spielgefährtin 650
Spielgeld 449 ▸ 1
Spielhölle 678 ▸ 2
Spielkasino 678 ▸ 2
Spielleiter 1042 ▸ 2
Spielmacher 1042 ▸ 2
Spielort 1372 ▸ 2
Spielpartner 1230 ▸ 2
Spielplatz 682 ▸ 3; 1372 ▸ 1
Spielraum 1304 ▸ 2
Spielregel 1317 ▸ 2
Spielsachen 1286 ▸ 3
Spielstätte 1573 ▸ 1
Spielsucht 1547 ▸ 4
Spielverderber 1240
Spielwechsel 1114 ▸ 4
Spielwerk 1286 ▸ 3
Spielwitz 1248
Spielzeit 1355
Spielzeug 1286 ▸ 3
Spielzug 740 ▸ 2
Spießbürger 338 ▸ 3
spießbürgerlich 339 ▸ 3; 1236 ▸ 3
Spießbürgerlichkeit 181 ▸ 2; 1235 ▸ 3
spießen 208 ▸ 1
Spießer 338 ▸ 3
spießerhaft 339 ▸ 3
Spießertum 181 ▸ 2
Spießgeselle 957
spießig 180; 326 ▸ 3; 339 ▸ 3
Spießigkeit 181 ▸ 2
Spind 1413
spindeldürr 408 ▸ 2
Spindoktor 835 ▸ 1; 849
spinnefeind 603
spinnen 101 ▸ 4
spinnen, sein Garn 268 ▸ 2
Spinner 159 ▸ 1; 403 ▸ 4
spinnig 1773 ▸ 1
spinnwebfein 1928 ▸ 1
spinös 1236 ▸ 1
spintisieren 369 ▸ 2
Spion 246 ▸ 2
spionieren 245 ▸ 2
Spirale 999; 1425 ▸ 5
spiralig 987 ▸ 4
Spiritismus 698
Spiritual 736 ▸ 2
spiritualisieren 1544 ▸ 1
Spirituosen 756 ▸ 2
Spiritus 704 ▸ 1
Spiritus Rector 1252 ▸ 2
Spital 978
spitz 31 ▸ 1; 408 ▸ 2; 1017; 1069; 1368 ▸ 1; 1368 ▸ 4; 1488 ▸ 1
spitz auf 216 ▸ 1
Spitz auf Knopf 951 ▸ 2
Spitzbart 185
Spitzbube 1419 ▸ 1
spitzbübisch 832 ▸ 3
Spitze 80 ▸ 1; 413 ▸ 2; 551; 763 ▸ 1; 763 ▸ 3; 1043 ▸ 1; 1286 ▸ 8; 1486 ▸ 2
Spitze, an der 1837 ▸ 1
Spitzel 246 ▸ 2; 1419 ▸ 3
spitzen 245 ▸ 2; 1369 ▸ 1; 1447
Spitzen der Gesellschaft 1196 ▸ 2
spitzen, Ohren 127 ▸ 1; 865 ▸ 2
spitzen, sich 552 ▸ 1
spitzen, sich auf 249 ▸ 2
Spitzengeschwindigkeit 425 ▸ 2
Spitzenkandidat 1459 ▸ 1
Spitzenklasse 169 ▸ 1; 551
Spitzenkraft 669 ▸ 1
Spitzenleistung 551; 763 ▸ 3
Spitzenmanager 669 ▸ 1
Spitzenreiter 1459 ▸ 1
Spitzensportler 1484
spitzfindig 1236 ▸ 2
Spitzfindigkeit 1235 ▸ 2
spitzig 1368 ▸ 1
Spitzname 927 ▸ 4; 1486 ▸ 5
spitzzüngig 1488 ▸ 1
Splatter 5 ▸ 1
Spleen 422 ▸ 4; 1774 ▸ 2
spleenig 118 ▸ 2
Spleenigkeit 422 ▸ 4
spleißen 1591 ▸ 5
splendid 790 ▸ 1
Splitter 948 ▸ 2; 1536 ▸ 2
splitterfasernackt 1149 ▸ 1
splitterig 1491 ▸ 2
splittern 327 ▸ 1; 1257 ▸ 1; 1558 ▸ 1
splitternackt 1149 ▸ 1
Splitterrichter 1234 ▸ 1
Spökenkieker 1271
sponsern 834 ▸ 3
Sponsor 835 ▸ 1; 998 ▸ 1; 1090
Sponsoring 851 ▸ 1
spontan 644; 1258
Spontaneität 475 ▸ 1
Sponti 929
sporadisch 1453 ▸ 1; 1849 ▸ 1
spornstreichs 427 ▸ 2; 1405 ▸ 2; 1659 ▸ 2
**Sport 1483**
Sportflugzeug 576 ▸ 7
sportiv 1485 ▸ 1
**Sportler 1484**
**sportlich 1485**
Sportplatz 682 ▸ 3

Sportskanone 1484
Sportsmann 1484
Sporttreibender 1484
Sportwagen 576‣2
Spot 1007‣1; 1894‣3
Spotlight 1007‣1
**Spott 1486**
Spott, beißender 1486‣3
Spottbild 1486‣4
spottbillig 310‣1
spötteln 1487‣1
**spotten** 138‣4; **1487**
Spötter 985‣2
Spötterei 1486‣2
spottet jeder Beschreibung 1392‣1
Spottgeburt 1381
**spöttisch 1488**
Spottname 1486‣5
Spottpreis, zu einem 310‣1
spottschlecht 1392‣1
spottsüchtig 1488‣1
Spottvogel 985‣2
Spracharbeiter 1418
Sprachartist 1418
Sprachbewusstsein 1489‣1
**Sprache 1489**
Sprache, künstliche 1489‣5
Sprache, mathematische 1489‣5
Sprache, synthetische 1489‣5
Sprachfeeling 1489‣2
Sprachgebrauch 1489‣2
Sprachgefühl 1489‣2
sprachgewandt 251‣1
Sprachgewandtheit 1489‣3
Sprachintuition 1489‣2
Sprachkompetenz 1489‣1
Sprachkünstler 1418
Sprachkunstwerk 1056
sprachlos 1435‣1; 1500‣3
Sprachlosigkeit 549
Sprachmittler 1765‣2
Sprachregelung 1612‣5
Sprachschatz 1489‣2
Sprachschnitzer 597‣1
Sprachspiel 1489‣3
Sprachvermögen 1489‣1
Sprachverwendung 1489‣2
sprayen 614‣1
Sprechakt 1489‣1
Sprechbegabung 1489‣3
Sprechblase 1251‣2
**sprechen** 161‣1; **1490**
sprechen für 213
sprechen sein, für niemanden zu 1751‣2
sprechen, durch die Blume 858
sprechen, für die Galerie 1264‣2
sprechen, in Bildern 357‣5
sprechen, laut 1013‣1
sprechen, leise 627
sprechen, Machtwort 410; 438
sprechen, mit lauter Stimme 1349‣1
sprechen, nicht 1434‣1
sprechen, Recht 1697‣2
sprechen, schuldig 1805‣1
sprechen, Segen 1446‣1
sprechen, Urteil 1697‣2; 1805‣1
sprechen, zur Diskussion 161‣1
sprechend 77‣1; 251‣3
Sprecher 1802‣3
Sprechfähigkeit 1489‣1
Sprechhandlung 1489‣1
Sprechstil 1489‣2
Sprechtheater 1573‣1
Sprechweise 1489‣2
Spreißel 1536‣6
spreizen, sich 1264‣1
Sprengel 935‣5
sprengen 614‣1; 1209‣1; 1591‣2
Sprengkraft 397‣2; 475‣3
Sprengsatz 1855‣1
Sprengstoffanschlag 115
Sprengung 1937‣1
Sprenkel 1131‣5
sprenkeln 1132‣1
Spreu 1335‣4
Spreu im Winde, wie 1741
Sprichwort 372‣1
sprichwörtlich 346‣2
sprießen 503‣2
springen 20‣2; 327‣1; 595‣1; 1209‣3; 1257‣1
springen lassen 444‣2
springen lassen, über die Klinge 1583‣1
springen, in die Bresche 834‣1; 1801‣1
springen, ins Auge 1931‣6
springen, über die Klinge 1508‣3
springend, hin und her 1667‣2
Springer 1802‣4
Springflut 761; 1160‣2
Springinsfeld 2
sprinten 426‣2
Sprit 475‣2
spritzen 426‣1; 614‣1; 954‣4; 1320
Spritzer 948‣2
spritzig 75‣2; 1021‣4
Spritztour 575‣1
**spröde** 817‣1; 1302‣2; **1491**
Spross 907‣1; 933‣2; 1594‣2; 1972‣3
sprossen 503‣2
Sprössling 933‣2
Spruch 372‣2; 1696‣1
Spruchband 526‣4
Sprüche 1251‣2
spruchreif 531‣1
Sprudel 756‣3
sprudeln 623; 952‣1; 1371‣1; 1490‣3
sprudelnd 1021‣4; 1116
sprühen 614‣1; 1320; 1490‣3
sprühend 75‣2
Sprühregen 1181‣1
**Sprung** 1210‣3; **1492**
Sprung, auf dem 252‣3; 608‣2; 1667‣1
Sprung, auf einen 1000‣4
Sprung, mit einem 1405‣1
sprungbereit 37‣1
Sprünge machen 595‣2
sprunghaft 1032‣1
Spucke 155‣1
spucken 327‣3
spucken, große Töne 1264‣2
Spuk 704‣3
spuken 1629‣3
spukhaft 1415‣2; 1688‣5
Spule 1342‣2
spulen 393‣2
spülen 943‣3; 1362‣3
spülen, Geschirr 1362‣3
Spund 209‣2; 1780‣1
Spundloch 1210‣7
**Spur** 230; 875‣3; 948‣2; 1188; **1493**; 1884‣1; 1910‣2
Spur von 1890‣1
Spur, keine 1168
Spur, neben der 1773‣1; 1911‣2
Spur, nicht die 1175‣1
**spürbar** 376‣1; 1461‣1; **1494**
spuren 177‣1; 701‣1

spüren 665 ▸ 1; 1546 ▸ 3; 1863 ▸ 1; 1931 ▸ 3
Spurenelement 948 ▸ 2
Spurer 1252 ▸ 2
Spürhund 246 ▸ 2
spurlos 676 ▸ 1
Spürnase 246 ▸ 2; 690 ▸ 3
Spürsinn 465 ▸ 1; 690 ▸ 3
Spurt 425 ▸ 4; 1395 ▸ 5
spurten 426 ▸ 2
sputen, sich 426 ▸ 2
Sputum 155 ▸ 1
Staat 136 ▸ 2; 946 ▸ 1; 1198; 1281 ▸ 1; 1579 ▸ 2
Staat anlegen 1287 ▸ 2
Staat machen 1282 ▸ 1
staatenübergreifend 893
staatlich 748 ▸ 1; 1208 ▸ 1
Staatsangehörigkeit 843 ▸ 2
Staatsangehörigkeit, Verleihung der 429
Staatsanwalt 909 ▸ 2
Staatsbediensteter 192
Staatsbürger 338 ▸ 5
Staatsdiener 192
Staatsempfang 462 ▸ 2
Staatsgewalt 1071 ▸ 3; 1198
Staatsgrenze 787 ▸ 1
Staatshaushalt 822 ▸ 2
Staatsmacht 1071 ▸ 3
Staatsrepräsentant 385 ▸ 1
Staatsstreich 133 ▸ 2
Stab 669 ▸ 1; 797 ▸ 9; 1043 ▸ 1; 1299 ▸ 2; 1516 ▸ 2
Stab brechen 1697 ▸ 2; 1805 ▸ 1
stabil 361 ▸ 1; 412 ▸ 2; 610; 976 ▸ 1
stabil, psychisch 976 ▸ 5
stabilisieren 208 ▸ 2; 1498 ▸ 3; 1540 ▸ 1
Stabilisierung 1499 ▸ 3
Stabilität 611 ▸ 1
Stachel 791 ▸ 1
Stacheldraht sein, hinter 1464 ▸ 2
stachelig 31 ▸ 1; 1302 ▸ 2; 1368 ▸ 1
stacheln 848 ▸ 3; 1329 ▸ 2
Stadel 1479 ▸ 2
Stadion 682 ▸ 3; 1372 ▸ 1
Stadium 1961
**Stadt** 1227 ▸ 1; **1495**
stadtbekannt 260 ▸ 1
Stadtbücherei 304
Städtchen 1495 ▸ 1
Stadtfeste 209 ▸ 4
Stadtgebiet 1495 ▸ 3
Stadtgespräch 260 ▸ 1; 734 ▸ 1
Stadtguerilla 916 ▸ 3
Stadtpark 677
Stadtrand 1495 ▸ 4
Stadtregierung 1495 ▸ 5
Stadtstaat 1495 ▸ 1
Stadtstreicher 1327 ▸ 2
Stadtteil 1495 ▸ 3
Stadtverwaltung 1495 ▸ 5
Stadtviertel 1495 ▸ 3
Staffage 167 ▸ 3; 1555 ▸ 2
Staffel 440 ▸ 2; 797 ▸ 9; 1324 ▸ 3
staffeln 1221 ▸ 2
Staffelung 23 ▸ 1; 776
Stagnation 983 ▸ 3; 1514
stagnieren 1517 ▸ 4
stählen, sich 1498 ▸ 1
stählern 817 ▸ 1; 976 ▸ 1
stahlhart 817 ▸ 1; 976 ▸ 1
Stahlross 576 ▸ 2
Stählung 1499 ▸ 3
staksen 700 ▸ 2
staksig 1653 ▸ 1
stalken 1736 ▸ 3
Stall 843 ▸ 1; 1423 ▸ 3
Stall, aus gutem 1838
Stall, guter 414 ▸ 1
stallwarm 716
Stallwärme 247 ▸ 1
Stamm 109 ▸ 2; 797 ▸ 10; 1053 ▸ 4; 1512 ▸ 1
Stammbaum 843 ▸ 1
stammeln 1517 ▸ 2; 1811 ▸ 3
stammelnd 1010 ▸ 3
Stammesführer 668 ▸ 2
Stammeskrieger 668 ▸ 2
Stammgast 282 ▸ 1
Stammgast sein 281 ▸ 3
Stammgäste 995 ▸ 3
Stammhalter 907 ▸ 1; 933 ▸ 2
stämmig 976 ▸ 3
Stammkapital 1516 ▸ 3
Stammkunden 995 ▸ 1
Stammkundschaft 995 ▸ 1
Stammtisch 797 ▸ 8
Stammvater 44 ▸ 2; 558
stammverwandt 1808 ▸ 1
Stampede 142 ▸ 3
stampfen 700 ▸ 2; 1934
Stand 737 ▸ 4; 1005 ▸ 3; 1297 ▸ 1; 1382 ▸ 3
Stand der Dinge 1005 ▸ 2
Stand haben, schweren 91 ▸ 4
Stand, aktueller 1005 ▸ 2
Stand, auf dem neuesten 1121 ▸ 2
Standard 40 ▸ 1; 1084 ▸ 3; 1317 ▸ 2
standardisieren 1733
Standardisierung 1734
Standarte 1930 ▸ 4
Standbein 807 ▸ 2
Standbild 306 ▸ 3; 1467
stand-by 252 ▸ 2
Ständchen 798 ▸ 3
Stander 1930 ▸ 4
Ständer 329 ▸ 2
Ständer kriegen 520 ▸ 4
standesgemäß 501 ▸ 1
standfest 976 ▸ 1; 1966 ▸ 1
Standfestigkeit 611 ▸ 2; 611 ▸ 4
Standfoto 125 ▸ 1
standhaft 345 ▸ 1; 1134 ▸ 1
standhaft bleiben 224 ▸ 2
Standhaftigkeit 611 ▸ 5; 1133
standhalten 224 ▸ 2; 1507 ▸ 3
ständig 879 ▸ 1
Standing 713 ▸ 2
Standing Ovations 229
Standort 1005 ▸ 1; 1095 ▸ 2; 1227 ▸ 2; 1916 ▸ 3
Standort, geistiger 373
Standortbestimmung 526 ▸ 3
Standpauke 1380 ▸ 1
Standpunkt 1095 ▸ 2; 1227 ▸ 3; 1696 ▸ 1
Stange 807 ▸ 3; 1516 ▸ 2
Stange bleiben, bei der 224 ▸ 2
Stange, eine 1819 ▸ 1
Stange, von der 608 ▸ 5
Stängel 1512 ▸ 1
stängeln, sich 1954 ▸ 2
Stangenware 1120 ▸ 2
Stänker 1267 ▸ 2
stänkern 848 ▸ 3
stante pede 1405 ▸ 2
stanzen 445 ▸ 2; 786
Stapel 1290 ▸ 1
Stapel lassen, vom 51 ▸ 3; 161 ▸ 1; 1490 ▸ 3
Stapellauf 50 ▸ 2
stapeln 1356 ▸ 2
Stapelplatz 1479 ▸ 2
stapfen 700 ▸ 2
**Star** 871 ▸ 2; **1496**
Starallüren 457 ▸ 1

stark 374▸1; 379▸1; 573▸3; 788▸1; 826▸1; 888▸1; 917; 976▸1; 1072▸1; 1354▸2; 1448▸1; 1650▸1
stark machen, sich 915▸1; 1782▸2
stark, zu 284▸2
**Stärke** 611▸1; 785; 827; 975▸1; 1084▸5; 1480▸2; **1497**; 1626
Stärkemittel 1497▸6
**stärken** 208▸2; 538▸2; 766▸2; **1498**
stärken, Rücken 538▸2; 834▸1; 1498▸2
**stärken, sich** 521▸1; 563▸1; **1498**
stärkend 1602
stärker werden 144▸2
stärker werdend 1953
starkherzig 1134▸1
Starkregen 1181▸1
**Stärkung** 522▸2; 1075▸8; **1499**; 1600
Starlet 1496▸1
**starr** 610; 817▸1; 911▸1; 1295; **1500**
Starre 1642▸5
starren 1921▸3
Starrheit 1642▸5
Starrkopf 1267▸3
starrköpfig 423
starrsinnig 423; 1500▸2
Start 50▸2; 483▸3
Startbahn 1884▸2
startbereit 252▸2
starten 51▸3; 1706▸2
startklar 252▸2; 608▸2
Startseite 96▸3
Statement 526▸1; 613▸1
Station 807▸6; 1674▸1
Station machen 808▸1
stationär 58▸2
stationieren 1507▸1
statisch 610
Statist 1342▸1
**statt** **1501**
Statt 1227▸2
Stätte 1227▸2
stattfinden 10▸2; 214▸3
stattfinden lassen 1707▸2
stattfinden, nicht 596▸3
stattgeben 500▸2; 528▸1
statthaben 10▸2; 214▸3
statthaft 250▸1; 748▸4
Statthalter 1802▸2
**stattlich** 379▸1; 788▸1; 882; 1407▸2; **1502**
Statue 371; 1467
Statuette 1467
statuieren 1731
statuieren, Exempel 410
Statur 158; 968▸1
Status 1005▸3; 1961
Status quo 1961
Statussymbol 1930▸2
Statut 747▸1
Stau 855▸2; 1514
Staub 1284; 1401▸1
Staub und Asche 1742▸2
Staub werden, zu 1508▸1
staubbedeckt 1598▸1
Stäubchen 948▸2
Stäubchen, kein 1175▸1
Staube machen, sich aus dem 482▸1; 622▸1
stauben 1804
staubfein 1935
staubgeboren 1099▸2
staubig 1403▸1; 1598▸1
staubsaugen 1362▸1
staubtrocken 1012▸1; 1598▸1
staubüberzogen 1403▸1
stauchen 400▸2
Staudamm 209▸4
Staude 341▸1
stauen 1356▸2
staunen 1921▸1
Staunen 549
staunend 1500▸3
staunenswert 550
Stausee 757▸2
Stauung 855▸2; 1514
Steadyseller 360▸4
stechen 786; 904▸1; 1399▸1; 1404▸4; 1907▸2
stechen, in ein Wespennest 128▸3; 1364▸4
stechen, Star 1725▸2
stechend 888▸1; 1288▸1; 1368▸4
stechend, ins Auge 118▸1
Stecher 711
Steckbrief 927▸2
stecken 208▸1; 210▸3; 858; 1019▸2; 1203▸2; 1725▸2
Stecken 1516▸2
Stecken und Stab 649; 807▸2
stecken, im Dreck 1035▸4
stecken, in Brand 1936▸5
stecken, in den Mund 563▸4
stecken, in den Umschlag 1228▸4
stecken, in die Tasche 1389▸3
stecken, Kopf in den Sand 428▸2; 1046▸3
stecken, seine Nase in alles 891▸3; 1519▸2
stecken, unter einer Decke 291▸2; 1960▸3
Steckenpferd 1167▸2; 1480▸2
Steg 331▸1; 1884▸1
Stegreif, aus dem 1691▸3
Stegreifspiel 1573▸1
Stehaufmännchen 1218
Stehausschank 678▸1
**stehen** 210▸1; **1503**; 1517▸4; 1753▸2
stehen auf 1122▸1
stehen bleiben 808▸1; 1517▸1
stehen für 1801▸1
stehen lassen 1748▸2
stehen mit 210▸2
stehen müssen 1503▸1
stehen zu 1503▸5; 1801▸2; 1960▸1
stehen, an der Spitze 666▸2
stehen, an erster Stelle 666▸2
stehen, auf dem Standpunkt 1094
stehen, auf den Beinen 1503▸1
stehen, auf jmdn. 688▸1
stehen, aufrecht 1503▸1
stehen, dazu 337▸1; 1503▸5
stehen, gut 1789▸6
Stehen, im 1125▸1
stehen, im Dienst 101▸2
stehen, im Gegensatz 963▸2
stehen, im Weg 1519▸1
stehen, in Ansehen 199▸3
stehen, in Beziehung zu 9▸4
stehen, in Blüte 1282▸2
stehen, in Briefkontakt 969▸1
stehen, in Briefwechsel 969▸1
stehen, in der Kreide 1421▸1
stehen, in der Schuld 1421▸1
stehen, in Flammen 328▸2; 1051▸2
stehen, in jmds. Schuld 355▸2
stehen, in Schriftwechsel 969▸1
stehen, in Verbindung 1629▸2
stehen, ins Haus 396▸4
stehen, offen 87▸1; 1209▸4
stehen, Posten 127▸3
stehen, Rede 554▸1

stehen, Schlange 87 ▸3; 1873 ▸2
stehen, schlecht 396 ▸2
stehen, sich im Licht 1364 ▸4
stehen, Spalier 218 ▸1; 799 ▸2
stehen, über den Dingen 770
stehen, unter Druck 1130
stehen, vor dem Spiegel 79 ▸3
stehen, vor der Tür 1616 ▸3
stehen, vor einem Rätsel 1300 ▸2
stehen, Wache 127 ▸3
stehen, zu Berge 1507 ▸5
stehen, zu Gebote 804 ▸1
stehen, zu Gesicht 1503 ▸4
stehen, zu jmdm. 64 ▸3
stehen, zur Seite 834 ▸1
stehen, zur Verfügung 834 ▸1
stehend 675 ▸3; 729 ▸1
stehend, allein 454 ▸2
stehend, frei 454 ▸2
stehend, hoch 788 ▸4
stehend, im Raum 1202 ▸3
stehend, leer 1023 ▸4
stehend, offen 1202 ▸4
stehenlassen 1623 ▸3
Steher 344
Stehlampe 1007 ▸1
Stehleiter 1042 ▸1
stehlen 1163 ▸2
stehlen, dem lieben Gott die Zeit 592
steht aus 1202 ▸3
steht bevor 178
steht vor der Tür 178
steht zu erwarten 178
Stehvermögen 611 ▸3
steif 542 ▸2; 817 ▸1; 964 ▸2; 1259 ▸1; 1500 ▸1; 1758 ▸1
steif werden 548 ▸1
steifen 766 ▸2; 1498 ▸3
steifen, Nacken 538 ▸2
steifhalten, Nacken 224 ▸2
steifhalten, Ohren 224 ▸2
Steifheit 1533 ▸3; 1642 ▸5; 1759 ▸3
steifleinen 1012 ▸1
Steig 1884 ▸1
Steigbügelhalter 894 ▸2; 1216
**steigen** 298 ▸2; 520 ▸2; **1504**
steigen, aufs Dach 1386 ▸1
steigen, in die Arena 59 ▸1
steigend 1412 ▸3; 1953
**steigern** 369 ▸4; **1505**; 1711 ▸2
steigern, ins Erhabene 1544 ▸1
**steigern, sich 1505**
steigern, Tempo 389 ▸3; 426 ▸2
steigernd, sich 1953
**Steigerung** 508 ▸1; **1506**; 1794 ▸4
Steigung 134 ▸2
steil 687 ▸2; 729 ▸2; 1412 ▸3
Steile 5 ▸4
Steilflug 134 ▸1
Steilhang 5 ▸4
Steilvorlage 840 ▸3
Steilwandfahrer 110 ▸2
Stein des Anstoßes 1633 ▸3
Stein im Brett 241 ▸1
Stein, werden zu 548 ▸3
steinalt 43 ▸1
Steinbank 182 ▸1
Steinbruch 889 ▸2
steinern 31 ▸1; 817 ▸1
steinhart 817 ▸1
steinig 1199 ▸1; 1302 ▸1
steinigen 1583 ▸1
Steinmetz 307
steinreich 1322 ▸1
Steinschluchten 1495 ▸2
Steinwurf 1150 ▸2
Steinzeit 1740
Steiß 1345
Stele 371
Stellage 329 ▸2
Stelle 100 ▸2; 228 ▸1; 682 ▸1; 1227 ▸2; 1557 ▸1
Stelle von, an 1501
Stelle, an dieser 850
Stelle, an erster 1837 ▸1
Stelle, auf der 252 ▸3; 427 ▸2; 768 ▸3; 1405 ▸2
Stelle, offene 1062 ▸2
Stelle, schmale 478 ▸4
Stelle, schwache 597 ▸2
Stelle, unbesetzte 1062 ▸2
Stelle, wunde 597 ▸2
Stelle, zur 696 ▸3
**stellen 1507**; 1616 ▸2; 1752
stellen, an den Pranger 317 ▸2
stellen, an die Wand 1583 ▸2
stellen, Ansprüche 193 ▸1
stellen, Antrag 195
stellen, auf die Beine 712 ▸1; 1540 ▸2; 1680 ▸1; 1707 ▸2
stellen, auf die Probe 1279 ▸3
stellen, auf eine Stufe 1750 ▸1
stellen, Aufgabe 121 ▸4
stellen, Bein 1364 ▸1
stellen, besser 1711 ▸3
stellen, Bürgschaft 337 ▸1
stellen, fertig 530 ▸1; 1825
stellen, Frage 637 ▸1
stellen, in Abrede 1046 ▸1
stellen, in Aussicht 305; 1254 ▸1
stellen, in den Schatten 1364 ▸1; 1389 ▸3
stellen, in Frage 1971
stellen, in Gegensatz 963 ▸1
stellen, in Rechnung 191 ▸2
stellen, ins Netz 1769 ▸1
stellen, kalt 990 ▸1
stellen, Kaution 337 ▸2
stellen, Licht unter den Scheffel 838 ▸2
stellen, obenan 296 ▸2
stellen, Reichtum zur Schau 1282 ▸1
stellen, richtig 943 ▸1
**stellen, sich 1507**; 1856 ▸2
stellen, sich abseits 17 ▸2
stellen, sich auf die Füße 520 ▸1
stellen, sich auf die Hinterbeine 224 ▸3; 1919 ▸2
stellen, sich auf eigene Füße 211 ▸4
stellen, sich in den Weg 854 ▸2; 1364 ▸1
stellen, sich nicht 170 ▸2
stellen, sich zur Schau 357 ▸3
stellen, sich zur Verfügung 49 ▸4; 834 ▸1
stellen, sich zur Wahl 1507 ▸3
stellen, unter Kuratel 1675 ▸4
stellen, zu Boden 22 ▸1
stellen, zur Diskussion 1841 ▸3
stellen, zur Rede 637 ▸2
stellen, zur Schau 49 ▸1; 1264 ▸1
stellen, zur Verfügung 305; 680 ▸2
stellen, zur Wahl 1859 ▸2
Stellenjäger 1526
Stellenwert 200 ▸3; 1297 ▸3
Stellung 100 ▸2; 713 ▸1; 1005 ▸1; 1005 ▸3; 1297 ▸1; 1754 ▸3
Stellung haben 101 ▸2
Stellung, in leitender 859 ▸2
Stellung, in sicherer 1455 ▸2
Stellungnahme 163 ▸1; 984 ▸1; 1095 ▸4; 1696 ▸1
stellungslos 103
Stellungswechsel 1879 ▸1

stellvertreten 1801‣1
stellvertretend 1501
Stellvertreter 547‣4; 1802‣2
Stellvertretung 1803
stelzen 700‣2
stemmen 824‣1
stemmen, sich 1954‣2
Stempel 278‣4; 927‣3
stempeln 506‣1; 928‣3
stempelnd 103
Stenogramm 1182‣2
Stenogrammstil 1001‣1
stenographisch 1000‣3
Stenz 1541
Steppdecke 867‣9
Steppe 341‣1; 1200‣4
steppen 101‣4
Steppke 907‣2
Sterbefall 1578‣2
**sterben** 472‣2; 578‣3; **1508**
Sterben 1578‣1
sterben, von eigener Hand 1583‣5
sterbenskrank 1037‣1
sterbenslangweilig 1012‣1
sterbensmüde 1125‣1
Sterbenswörtchen, kein 1175‣1
sterblich 1099‣2; 1741
Sterblicher 1098‣1
Sterblicher, gewöhnlicher 1097‣6
Sterblichkeit 1742‣1
stereo 388
Stereoskopie 306‣3
stereoskopisch 1256
stereotyp 180; 675‣3; 768‣2
Stereotyp 1317‣2; 1850
steril 1012‣1; 1360‣1; 1598‣3; 1649‣3
sterilisieren 519‣2; 1583‣4
sterilisiert 361‣2
Sterilität 1200‣1
**Stern 1509**
Stern, guter 777‣1
Sternbilder 1509
Sternchen 1496‣1
Sterne 1384‣2
Sternenhimmel 1509
Sternenzelt 1509
sternhagelvoll 248‣1
Sternschnuppe 1509
Sternstunde 777‣1; 1932‣1
Sternsystem 1509
stet 143
Stete 611‣4
stetig 143
Stetigkeit 360‣2; 611‣4
stets 879‣1
stets und ständig 879‣1
**Steuer** 7; **1510**
Steuer in der Hand haben 845‣1
Steuer, am 1837‣1
steuerbar 702
Steuerbehörde 1510‣3
steuerbord 1315‣1
Steuerflucht 290
steuerfrei 1630‣1
Steuerhinterziehung 290
Steuerknüppel 1510‣1
Steuermann 1444
**steuern** 201‣1; 666‣2; 854‣1; **1511**; 1941‣2
Steuerprüfer 132‣3
Steuerrad 1510‣1
Steuerung 202‣1; 1043‣1
Steward 202‣3
Stewardess 202‣3
stibitzen 1163‣2
Stich 80‣1; 306‣2; 422‣4; 1188; 1774‣1; 1920
Stich lassen, im 20‣1
Stich lassen, nicht im 64‣3
Stichelei 80‣1; 1486‣2
sticheln 101‣4; 858; 1487‣1
stichhaltig 1390; 1455‣4; 1976‣1
stichhaltig sein 1622‣3
Stichhaltigkeit 1456‣2
stichig 841‣1; 1392‣3
Stichprobe 1280‣3
Stichtag 1569
Stichwaffe 1855‣1
Stichwahl 497‣1
Stichwort 927‣5
Stick 1479‣4
sticken 101‣4
Stickerei 1286‣8
Stickgarn 572‣2
stickig 404‣1
stieben 314‣1; 426‣1
stiefeln 700‣2; 1867
Stieffamilie 797‣10
Stiefkind 933‣2
Stiefmutter 1135‣1
stiefmütterlich 1652
Stiefvater 1700‣1
Stiege 134‣3
Stiegenhaus 134‣3
stiekum 831‣1
**Stiel** 809‣1; **1512**
Stielaugen 140
Stielbesen 269‣1
stier 1500‣1; 1500‣3
Stier 977
stierig 1069
Stierkämpfer 916‣4
Stiesel 403‣3
stieselig 1012‣1
Stift 209‣2; 949; 1424‣4
stiften 680‣2
stiften gehen 622‣1
stiften, Frieden 259‣1
stiften, Unfrieden 848‣3
stiften, Verwirrung 1811‣1
Stifter 1090; 1700‣3
Stifterin 1135‣3
Stiftung 674‣2
Stigma 1930‣2
stigmatisiert 531‣3
**Stil** 109‣3; 422‣1; 630‣2; 743‣1; 1409‣2; **1513**; 1534‣1; 1754‣2
Stil, klischierter 937‣1
Stilett 1101
Stilgefühl 743‣1
Stilgefühl, ohne 1259‣1
stilisieren 753
stilisieren, sich 357‣3
stilisiert 1260‣1
Stilist 110‣3
Stilistik 1489‣2
still 1039; 1352‣1; 1435‣1; 1955‣1
still und leise 831‣1
Stille 599‣1; 1350‣1
Stille, in aller 831‣1
stillen 673‣1; 1601‣1
stillen, Durst 1596‣1
stillen, Hunger 563‣1
Stillen, im 831‣1
stillhalten 1351‣1
stilllegen 22‣2; 121‣1
Stilllegung 119‣2
stillos 631‣2; 819‣1
Stillosigkeit 937‣1
stillschweigen 1434‣2
Stillschweigen 529‣1; 1350‣1
stillschweigend 1435‣2
**Stillstand** 807‣6; 1176‣1; 1350‣4; **1514**

stillstehen 439›1; 472›2; 1503›3; 1775›3
stillvergnügt 832›3
Stilmischung 1108›4
Stilsicherheit 1456›4
stilvoll 991›3; 1407›1
stilwidrig 631›2
Stilwidrigkeit 937›1
Stimmabgabe 1858›2
Stimmaufwand 1139
Stimme 1095›4; 1489›1; 1696›1
Stimme haben 1560›1
Stimme, innere 759
Stimme, mit einer 441›2
Stimme, mit gedämpfter 1039
stimmen 500›3; 1464›4; 1589›3; 1859›3
stimmen für 213
stimmen, fröhlich 74›4
Stimmengewirr 731›3
Stimmfärbung 1580›4
stimmig 816›1; 816›3; 1611›2
Stimmigkeit 815›1; 1612›4
Stimmlage 1580›4
Stimmrecht 1313›3
stimmt 1455›1
**Stimmung** 647›1; 1068›1; **1515**; 1961
Stimmung, ohne 1012›2
Stimmungskanone 1678›2
Stimmungsmacher 1678›2
stimmungsvoll 598›2
Stimulanz 1328›1
stimulieren 74›3; 538›2; 1329›1
stimulierend 75›3
stimulierend, sexuell 90›3
stimuliert 1069
Stimuliertheit 1068›3
Stimulierung 1506›4
Stimulus 1328›1
stinkbesoffen 248›1
stinken 105›1; 1339›2
stinkend 108; 458›2
stinkig 458›2
stinklangweilig 1012›1
stinknormal 675›1
stinkreich 1322›1
stinksauer 320›1
Stinkstiefel 1234›1
Stinkwut 104›2; 546›2
Stippe 1472
Stippvisite 280›2
Stips 1522
Stirn haben 1040›3; 1856›3
Stirn haben, nicht die 1366›2
Stirnseite 1833›1
stirnseitig 1837›2
stöbern 1045›1; 1362›1; 1546›1
**Stock** 793›3; 1006›2; **1516**
stockbesoffen 248›1
stockbetrunken 248›1
stockblind 316›1
stockdumm 401›1
stockdunkel 405›1
stöckeln 700›2
**stocken** 439›1; 808›1; 1503›3; **1517**; 1529›2; 1775›3; 1811›3
Stocken, ohne 1826›2
stockend 1010›1
stockfinster 405›1
stockfleckig 263›1
stockig 404›1
stocksauer 320›1
stocksteif 1500›1
stocktrocken 1360›3
Stockung 855›2; 1514
Stockwerk 1516›6
**Stoff** 460›1; 694›2; 756›1; 1159›1; 1306; **1518**; 1545
Stoffel 1267›1
stoffelig 1653›1
Stoffgebiet 694›2
stofflich 1908›2
Stofflichkeit 1518›2
Stoffwechselstörung 980
stöhnen 941›3
Stöhnen 940›2
Stoiker 1250
stoisch 686›2; 1352›3; 1537›5
Stoizismus 1350›2
Stollen 1794›1
stolpern 578›1; 1378›2
Stolperstein 855›2
stolz 1449; 1502›1
Stolz 417›1; 1450›2; 1922›1
Stolz, falscher 457›1
Stolz, ohne 1686›2
stolzieren 1264›1; 1282›1
stoned 248›2
stone-washed 715›2
Stop and go 1514
stopfen 540›2; 673›1
Stopfen 1780›1
Stopp 807›6; 1514; 1674›1
Stoppelbart 185
stoppelig 1302›2
Stoppeln 185
stoppen 22›2; 439›1; 808›1; 1503›3
Stoppstelle 807›6
Stöpsel 1780›1
stöpseln 1394›2
Store 867›6; 1006›2
**stören** 904›1; **1519**; 1591›2
stören, Nachtruhe 1013›1
störend 129›2; 1016›2; 1656›1
**Störenfried 1520**
Störfall 1646; 1977›1
stornieren 121›2
Stornierung 119›3
störrisch 423
**Störung** 983›2; 1036›1; **1521**; 1674›1; 1977›1
Störung, psychische 718
Störung, seelische 718
störungsfrei 765›5
Story 256›1; 556›2; 694›3
Storyboard 392
**Stoß** 398›1; 1290›1; 1388›1; 1442›1; **1522**
**stoßen** 89›1; 389›1; **1523**; 1934
stoßen auf 617›1
stoßen, auf Unverständnis 1378›6
stoßen, Bescheid 554›2; 1725›2
stoßen, in die Seite 89›3
stoßen, ins Elend 171›1
stoßen, ins gleiche Horn 1964›2
stoßen, mit der Nase darauf 858
stoßen, vor sich her 1523
Stoßgebet 681; 940›2
Stoßkraft 398›1; 975›2
Stoßseufzer 940›2
Stoßverkehr 763›4
stoßweise 1000›2; 1010›3; 1849›1
Stoßzeit 763›4
stottern 1517›2; 1811›3
stotternd 1010›3
strack 729›1
stracks 427›2; 768›3; 1285›2; 1405›2; 1659›2
Strafaktion 1747›2
Strafanstalt 689›2
Strafantrag 940›1
Strafaufschub 1817›3
strafbar 1717

strafbar machen, sich 1745 ▸ 8
Strafdelikt 1720
Strafe 1747 ▸ 2
strafen, Lügen 554 ▸ 2
strafen, mit Verachtung 1109 ▸ 2
Straferlass 781 ▸ 1
straff 610; 729 ▸ 1; 1532 ▸ 1
straffällig 1422 ▸ 2
straffällig werden 1745 ▸ 8
Straffälliger 1721 ▸ 1
straffen 766 ▸ 2; 1002 ▸ 4; 1527 ▸ 2
straffen, sich 496 ▸ 2
straffrei 1668 ▸ 2
straflos 1668 ▸ 2
Strafmaßnahme 1747 ▸ 2
Strafpredigt 1077 ▸ 4; 1380 ▸ 1
Strafprozess 1278 ▸ 1
Strafsache 1278 ▸ 1
Straftat 1720
Straftäter 1721 ▸ 1
Strafverfahren 1278 ▸ 1
Strafverfolgung 534
Strafvollzugsanstalt 689 ▸ 2
strafwürdig 1717
Strahl 1047 ▸ 2
Strahlemann 1218
strahlen 648 ▸ 2; 1004 ▸ 1; 1282 ▸ 2; 1376 ▸ 2
Strahlen 1047 ▸ 2
strählen 1287 ▸ 3
strahlend 651 ▸ 4; 765 ▸ 2; 836 ▸ 2; 1407 ▸ 1
Strahlenkranz 829
Strahler 833; 1007 ▸ 1
Strahlkraft 1047 ▸ 2; 1328 ▸ 3
Strahlung 1047 ▸ 2
Strähne 1290 ▸ 1
Strähnen 803 ▸ 1
strähnig 765 ▸ 3
straight 1659 ▸ 2
stramm 374 ▸ 1; 379 ▸ 1; 476; 477 ▸ 3; 610
strammstehen 701 ▸ 1; 799 ▸ 2
Strand 1625
stranden 1378 ▸ 2
Strandgut 5 ▸ 2
Strang 572 ▸ 1; 1290 ▸ 1
Strapaze 1015 ▸ 2
strapazieren 152 ▸ 2; 193 ▸ 3; 235 ▸ 2; 1719 ▸ 3
strapazieren, nicht 1408 ▸ 1
strapazierfähig 361 ▸ 1
Strapazierfähigkeit 611 ▸ 1
Strapazierung 153 ▸ 2
strapaziös 1016 ▸ 1
Straps 809 ▸ 2
**Straße** 750; **1524**
Straße, auf der 103
Straße, auf offener 1206 ▸ 1
Straßenbahn 576 ▸ 4
Straßenbahnlinie 1053 ▸ 3
Straßenfeger 515 ▸ 4; 1074
Straßenfest 746 ▸ 2
Straßenhändler 813 ▸ 1
Straßenjunge 1267 ▸ 1
Straßenkreuzer 576 ▸ 2
Straßenlärm 731 ▸ 3
Straßenmädchen 1275
Straßennetz 1171 ▸ 2
Straßenprostitution 1277
Straßenseite 1833 ▸ 1
Straßenstrich 1277
Straßentheater 1573 ▸ 1
Straßenwirtschaft 678 ▸ 1
Straßenzug 1495 ▸ 3
Stratege 385 ▸ 2
Strategie 740 ▸ 2; 1253 ▸ 4; 1253 ▸ 5
strategisch 741 ▸ 2; 1255 ▸ 1; 1551 ▸ 1
sträuben, sich 804 ▸ 3; 1507 ▸ 5; 1954 ▸ 2
Strauch 341 ▸ 1; 1516 ▸ 1
straucheln 578 ▸ 1; 1378 ▸ 2
Strauß 341 ▸ 2; 914 ▸ 2; 1530 ▸ 2; 1822 ▸ 2
Strauß ausfechten 1531 ▸ 2
Straußen 678 ▸ 1
**streben 1525**
Streben 420 ▸ 1; 1757 ▸ 1
streben, vorwärts 1525 ▸ 2
**Streber 1526**
streberhaft 419
strebsam 419; 421; 619
Strebsamkeit 420 ▸ 2
Strecke 483 ▸ 1; 1536 ▸ 1; 1557 ▸ 1; 1884 ▸ 3
Strecke bleiben, auf der 1517 ▸ 3
Strecke, auf halber 806
Strecke, halbe 1114 ▸ 4
**strecken 1527**; 1735 ▸ 2; 1939 ▸ 2
strecken, alle viere von sich 521 ▸ 3
strecken, Finger 1931 ▸ 5
**strecken, sich 1527**
strecken, Waffen 121 ▸ 3
strecken, zu Boden 1389 ▸ 2
Streckennetz 1171 ▸ 2
streckenweise 1563
Streetfighter 916 ▸ 3
Streetgang 916 ▸ 3
Streich 1388 ▸ 1; 1670 ▸ 2
Streich, dummer 1670 ▸ 3
Streicheleinheit 1057 ▸ 1
streicheln 1051 ▸ 3
streichen 121 ▸ 2; 587 ▸ 3; 1002 ▸ 3; 1059 ▸ 3; 1433 ▸ 1
streichen, glatt 177 ▸ 1; 766 ▸ 2
streichen, Segel 121 ▸ 3; 701 ▸ 2
Streicher 1129 ▸ 2
streichfähig 1887 ▸ 1
Streichkonzert 451 ▸ 1
Streichung 451 ▸ 1; 483 ▸ 2
streichzart 1887 ▸ 1
Streife 1280 ▸ 2
streifen 261 ▸ 4; 700 ▸ 2; 858; 1132 ▸ 1
Streifen 616 ▸ 2; 1131 ▸ 5; 1536 ▸ 2
Streifzug 575 ▸ 1
**Streik** 368 ▸ 1; **1528**
**streiken** 1517 ▸ 1; **1529**; 1775 ▸ 3
**Streit** 276 ▸ 3; 604; 914 ▸ 2; **1530**; 1592 ▸ 1
Streit um des Kaisers Bart 1530 ▸ 2
Streit um Worte 1530 ▸ 2
streitbar 37 ▸ 1; 839; 917
Streitbarkeit 827
**streiten 1531**
**streiten, sich 1531**
Streiter 916 ▸ 1
Streiterei 1530 ▸ 2
Streitfall 577 ▸ 2
Streitfrage 636 ▸ 2
Streitgespräch 276 ▸ 3; 1530 ▸ 2
Streithammel 1267 ▸ 2
streitig machen 1775 ▸ 1
Streitigkeit 1530 ▸ 2
Streitkraft 1106 ▸ 2
Streitlust 827
streitlüstern 37 ▸ 1
streitlustig 37 ▸ 1
Streitmacht 1106 ▸ 2
Streitmichel 1267 ▸ 2
Streitsache 1278 ▸ 1
Streitsucher 1267 ▸ 2
Streitsucht 827
streitsüchtig 37 ▸ 1
**streng** 542 ▸ 1; 817 ▸ 3; 888 ▸ 1; **1532**
streng, nicht 1104 ▸ 4
**Strenge** 1139; **1533**
strenggläubig 660; 1532 ▸ 1

Strenggläubigkeit 1533▸1
Stress 398▸3; 1015▸2
Stress, im 399
stressen 193▸3; 235▸2
stressgeplagt 1125▸2
stretchen 1527▸4
streuen 1792▸2
streuen, Sand in die Augen 291▸1
streuen, sich Asche aufs Haupt 254
streuen, Weihrauch 1396
Streulage 1108▸4
streunen 1326▸2
Streuner 1327▸2
Strich 1053▸1; 1277
Strich durch die Rechnung 505
Strich durch die Rechnung machen 854▸3
Strich in der Landschaft 408▸3
Strich und Faden, nach 1220▸3
Stricher 1276
Stricherin 1275
Strichjunge 1276
Strichmädchen 1275
Strichregen 1181▸1
strichweise 1563
Strick 572▸1; 1379▸2
Strick, fauler 593
stricken 101▸4
Strickgarn 572▸2
Strickleiter 1042▸1
Strickmuster 1131▸3
striegeln 1287▸3
strikt 476; 1532▸1
Striktheit 1533▸1
stringent 1390; 1976▸1
Strippe 572▸1; 1564
strippen 173▸4
Strippenzieher 668▸6; 894▸2
Striptease 1679▸7
Striptease machen 173▸4
Stripteaselokal 678▸1
strittig 1202▸3; 1268▸1; 1669▸1; 1970▸2
Strizzi 1950
Stroh, leeres 734▸2; 1251▸2
strohblond 836▸6
strohdumm 401▸1
Strohfeuer 1695▸2
Strohfirma 1555▸1
Strohhut 966
strohig 1491▸2
Strohkopf 403▸1
Strohmann 1802▸5
Strolch 1379▸2
strolchen 1326▸2
Strom 475▸2; 757▸1
stromabwärts 27
stromauf 137
strömen 623; 1320
strömend 1322▸4
Stromer 1327▸2
stromern 1326▸2; 1867
stromlinienförmig 741▸2; 1968▸2
Stromschnelle 1878▸1
**Strömung** 300▸5; 1028▸4; 1120▸1; 1423▸3; **1534**; 1566▸1
Strophe 1557▸1
Strophenlied 736▸2
strotzen 1282▸2
strotzend 754▸1; 1322▸4; 1354▸1
strubbelig 1145▸4
Strudel 300▸3; 394▸1; 1534▸2; 1878▸1
strudeln 393▸1; 1581▸4
strudelnd 1902▸4
**Struktur** 630▸1; 776; **1535**
strukturell 203
strukturieren 753; 1221▸2
strukturiert 728▸3
strullen 154
Strumpf 270▸5
Strunk 1512▸3
strunzdumm 401▸1
strunzen 1264▸1
struppig 1302▸2
Stubben 1512▸3; 1516▸1
Stube 1304▸1
Stubengelehrter 370
Stubenhocker 159▸1
Stubenmädchen 823▸2
stubenrein 85▸1; 1360▸2
stubenrein, nicht 90▸1
**Stück** 566; 1335▸1; 1373▸1; **1536**; 1557▸2; 1573▸1
Stück Land 792
Stück, antikes 971▸1
Stück, starkes 129▸2; 641▸3
Stückchen 948▸2; 1335▸1; 1536▸2
Stücke, seltene 971▸1
stückeln 516▸8
stucken 1606
Stucken 1516▸1
Stücken, aus freien 644
Stückeschreiber 1418
stückweise 1010▸2
Stückwerk 1246; 1689▸2
Student 1424▸2
Studentenverbindung 1714▸4
Studentenwohnheim 830▸2
Studie 8▸1; 46; 306▸2; 1253▸2
Studienrat 1030▸1
studieren 79▸1; 369▸2; 1044▸1; 1045▸1; 1132▸2
Studierender 1424▸2
studiert 926
Studierter 1915
Studio 113
Studiokamera 913▸2
Studium 1028▸2
Stufe 785; 1297▸1
Stufe, auf gleicher 772
Stufen 134▸3
Stufenfolge 1298
stufenweise 1010▸2
Stuhl 155▸2; 1465▸1
Stühlerücken 1879▸1
Stuhlgang 155▸2
Stulpe 1286▸9
stumm 1039; 1435▸1
stumm bleiben 1434▸1
stumm, ganz 1500▸3
Stummel 1335▸1; 1512▸3
Stummfilm 616▸3
Stummheit 1350▸1
Stumpen 1512▸3
Stümper 382▸2; 403▸4
Stümperei 1246
stümperhaft 383▸2
stümpern 1247
**stumpf** 316▸2; 404▸3; 769▸4; 1500▸1; **1537**; 1641▸1
Stumpf 1335▸1; 1512▸3
Stumpf und Stiel, mit 676▸2
Stümpfchen 1335▸1
Stumpfheit 1009; 1200▸2; 1642▸1; 1642▸4
Stumpfsinn 402▸1; 1009
stumpfsinnig 404▸3; 1012▸2
Stunde 1932▸1
Stunde null 1338▸1
Stunde, blaue 406▸1
Stunde, in elfter 474▸2
Stunde, schwere 684▸1
Stunde, zu später 1477▸4
Stunde, zu vorgerückter 1477▸4
Stunde, zur 696▸1

**stunden** 319‣2; **1538**
Stunden, alle 879‣2
Stundenfrau 823‣2
Stundenhotel 318
stundenlang 1008‣3
stundenweise 1849‣3
stündlich 178; 879‣2
Stundung 1817‣3
Stunk 1530‣1
Stunt 547‣4
Stuntman 547‣4
stupend 550
stupid 401‣1
Stupidität 402‣1
Stupor 1642‣5
Stuprum 1454
Stups 1442‣1; 1522
stupsen 89‣1; 1523
Stupser 1522
Stupsnase 1156
stur 423; 1500‣2; 1925‣1
Sturheit 402‣1; 478‣5; 1642‣1
**Sturm** 60‣1; **1539**; 1906‣1
Sturm der Entrüstung 1897‣2
stürmen 59‣2; 314‣1; 426‣1; 1209‣1
Stürmer 916‣2
Sturmflut 761
stürmisch 826‣2; 1065‣1; 1140‣2; 1302‣5; 1405‣1
Sturm-und-Drang-Zeit 905‣1
Sturmwind 1539‣1
Sturmwolken 406‣2
Sturz 133‣2; 577‣1
Sturz in die Tiefe 577‣1
sturzbetrunken 248‣1
stürzen 426‣1; 530‣3; 578‣1; 993‣2
stürzen, in die Tiefe 578‣1
stürzen, ins Verderben 1936‣1
stürzen, sich auf 59‣2
stürzen, sich in die Tiefe 20‣2
stürzen, sich in Unkosten 302‣3
stürzen, vom Sockel 993‣2
sturzflutartig 1819‣1
Sturzhelm 966
Sturzwelle 1534‣2
Stuss 1670‣1
Stute 1242
Stütze 807‣2; 823‣2; 835‣1; 1516‣2
Stütze, auf 103
stutzen 1002‣1; 1921‣3
**stützen** 208‣2; 834‣1; 1457‣1; 1498‣3; **1540**
**stützen, sich 1540**
stützen, sich auf 9‣3; 123‣1; 1795‣1
**Stutzer 1541**
stutzerhaft 456‣1; 1620‣3
stutzig 124‣1; 1500‣3
stutzig werden 1921‣3
Stützpunkt 807‣2
Stützwerk 807‣4
stylen 166‣2; 753
stylen, sich 1287‣2
Styling 167‣3; 630‣3; 803‣2; 1513‣4
stylish 1121‣1
sua sponte 644
Suada 1489‣3; 1615‣2
subaltern 1686‣1
Subjekt 1098‣2; 1419‣1
subjektiv 452‣1; 883‣1; 1239‣1; 1905‣1
**Subkultur 1542**
subkutan 1715‣1
sublim 414‣1; 991‣2
**Sublimation 1543**
**sublimieren** 943‣3; **1544**; 1729‣2
Sublimierung 1543
submikroskopisch 947‣1
Subordination 703‣2
Subsistenzmittel 1022‣2
subskribieren 279‣2
substantiell 1908‣2
**Substanz** 564‣1; 1159‣1; 1518‣1; **1545**
substanzlos 180; 1023‣3
Substanzlosigkeit 181‣1
Substitut 547‣2
Subtext 200‣4
subtil 83‣1; 414‣1; 1437‣2; 1928‣1
Subtilität 605‣1
subtrahieren 1002‣2; 1926‣1
subtropisch 1868‣2
Suburb 1495‣4
Subvention 851‣1
subventionieren 834‣3
Suche 534
Suche sein, auf der 1546‣2
**suchen 1546**
suchen sein, zu 210‣1
suchen, das Weite 622‣1
suchen, Gelegenheit 535‣1
suchen, seinen Vorteil 249‣2
suchen, sich anzugleichen 629‣3
suchen, Stellung 301
suchen, zu bekehren 1076‣3
suchen, zu bewegen 206; 538‣1; 1076‣1
suchen, zu bezwingen 915‣3
suchen, zu erreichen 1525‣1
suchen, zu verkaufen 49‣1
Sucherkamera 913‣1
Suchhund 246‣2
Suchmaschine 1027
Suchmeldung 927‣2
**Sucht 1547**; 1757‣1
süchteln 1525‣1
süchtig 1088‣3; 1647‣1
süchtig sein nach 9‣2
Süchtiger 395‣1
Süchtigkeit 1547‣1
Suchtmittel 1306
Suchtmittelabhängigkeit 1547‣2
Sudelbuch 825‣1
Sudelei 1246; 1401‣2
sudelig 1403‣1
sudeln 1247; 1416‣4; 1804
Südeuropa 565‣1
südeuropäisch 565‣2
südlich 1868‣2
Suff 1305‣1
Süffel 1597
süffeln 1596‣2
süffig 99‣2
süffisant 837; 1488‣1
Süffisanz 1486‣3
Suffkopp 1597
Süffler 1597
Süffling 1597
suggerieren 74‣1; 206
suggestibel 464‣3
Suggestion 434‣1
suggestiv 1390; 1909‣2
suhlen, sich 393‣5
Sühne 1336; 1747‣2
sühnen 343
Sühneopfer 1214‣3
sui generis 162‣1; 883‣1
Suite 1916‣2
Suizid 1584‣3
Suizid begehen 1583‣5
Sujet 694‣2; 1518‣4

Sukkubus 1571
sukzessiv 1010 ▸ 2
Sultan 846
sülzen 1490 ▸ 3
summarisch 1000 ▸ 3
Summe 518; 1265 ▸ 1
summen 1460 ▸ 1; 1581 ▸ 2
Summen 731 ▸ 2; 736 ▸ 1
summieren 1926 ▸ 1
summieren, sich 1505 ▸ 3
**Sumpf** 950; 1401 ▸ 1; **1548**
Sumpfhuhn 1597
sumpfig 1157 ▸ 2; 1403 ▸ 1
Sums 1251 ▸ 2
Sünde 1665 ▸ 1
Sündenbock 1802 ▸ 5
Sündenfall 1665 ▸ 1
Sündenregister 1420 ▸ 1
sündhaft 859 ▸ 5; 1448 ▸ 1
super 148 ▸ 1; 551; 801 ▸ 3; 1249 ▸ 1
Super-8-Kamera 913 ▸ 2
superb 99 ▸ 2; 147 ▸ 1
Superfrau 1409 ▸ 3
Supergau 1937 ▸ 1
superklug 1391 ▸ 2
Superlativ 763 ▸ 7
superlativistisch 1620 ▸ 5
Superlearning 1044 ▸ 3
Supermacht 789 ▸ 3
Superman 1556
Supermarkt 737 ▸ 5
superschlau 1391 ▸ 2
Superstar 1496 ▸ 1
Supervision 1280 ▸ 2
Superweib 1409 ▸ 3
supi 148 ▸ 1; 801 ▸ 3
Suppe auslöffeln 343
Supplement 517 ▸ 3
Supporter 461; 1700 ▸ 2
surfen 298 ▸ 4; 1546 ▸ 1; 1546 ▸ 4; 1880 ▸ 1
Surplus 1190 ▸ 2; 1727 ▸ 2
surreal 1249 ▸ 2
surrealistisch 1249 ▸ 2
surren 1581 ▸ 2
Surren 731 ▸ 2
Surrogat 547 ▸ 2; 1137 ▸ 1
Survey 1627
Survivaltraining 1857
suspekt 1970 ▸ 2
suspendieren 211 ▸ 2; 993 ▸ 4
suspendiert 642 ▸ 5
Suspendierung 994 ▸ 1
Suspense 1473 ▸ 1
süß 70 ▸ 2; 580 ▸ 4; 866
Süße 69; 107
süßen 1924 ▸ 1
Süßholz 1057 ▸ 4
Süßholz raspeln 1396
Süßholzraspler 1397 ▸ 1
Süßigkeit 107; 974
süßlich 580 ▸ 4; 938
Süßlichkeit 937 ▸ 3
süßreden 1396
süßsauer 841 ▸ 2; 1491 ▸ 3
Süßspeise 1075 ▸ 5
Süßwasser 1877 ▸ 2
Swing 1440
swingen 291 ▸ 3
Sybarit 723 ▸ 1
sybaritisch 724
Syllogismus 1395 ▸ 3
Symbol 306 ▸ 5; 1930 ▸ 1
Symbolfigur 871 ▸ 2
symbolisch 308 ▸ 2; 1260 ▸ 1
symbolisieren 357 ▸ 5
Symbolisierung 359 ▸ 2
Symbolsystem 992 ▸ 1
Symmetrie 1319 ▸ 1
symmetrisch 1318 ▸ 3
sympathetisch 1561 ▸ 1
Sympathie 442; 652 ▸ 2; 1050 ▸ 1; 1167 ▸ 1
Sympathisant 65 ▸ 2
sympathisch 56 ▸ 1; 1049 ▸ 2; 1170 ▸ 1
sympathisieren 64 ▸ 1; 1122 ▸ 2; 1789 ▸ 6
Symposium 1590 ▸ 2
Symptom 927 ▸ 1; 1930 ▸ 2
symptomatisch 346 ▸ 1
Synagoge 935 ▸ 2
synchron 773
synchronisieren 72 ▸ 1
Synchronisierung 73 ▸ 1
Syndikat 1685 ▸ 1; 1714 ▸ 6
Syndrom 1930 ▸ 2
synergetisch 1909 ▸ 1
Synergie 1269 ▸ 2; 1910 ▸ 1
Synkretismus 1108 ▸ 4
Synode 1590 ▸ 2
synonym 768 ▸ 4
Synonym 1612 ▸ 6
Synopse 1608 ▸ 1
Synthese 1714 ▸ 1
synthetisch 997
**System** 440 ▸ 1; 1222 ▸ 1; **1549**
System, digitales 1549 ▸ 5
System, totalitäres 844 ▸ 3
Systematik 1549 ▸ 2
systematisch 728 ▸ 3; 1255 ▸ 1; 1463 ▸ 3
systematisieren 1221 ▸ 2
systematisiert 728 ▸ 3
systemisch 676 ▸ 1
Systemkamera 913 ▸ 1
systemlos 1663 ▸ 2
Systemlosigkeit 1664 ▸ 1
Szenario 392; 1253 ▸ 2
Szenarium 1372 ▸ 1
Szene 139 ▸ 2; 1296 ▸ 2; 1372 ▸ 2; 1530 ▸ 2; 1542 ▸ 1
Szene machen 1386 ▸ 1
Szenekultur 1542 ▸ 1
Szenerie 1372 ▸ 1
Szenesprache 1489 ▸ 4

# T

Tabelle 1813›1
Tabellenführer 1459›1
Tabernakel 1114›1
Table d'hôte 1075›10
Tableau 1822›2
Tablet 350›2
Tablette 111›2; 1093›2
Tablettenabhängigkeit 1547›2
tabu 1717
Tabu 1716›1
tabuisiert 880›2; 1717
Tacheles reden 1725›2
tacken 1581›2
tackern 208›1
Tadel 1077›4; 1380›2
tadellos 85›2; 414›1; 1220›1; 1312›1; 1826›1
**tadeln** 194; 1386›1; **1550**; 1852
tadelnd 31›2
Tadelsucht 1235›2
tadelsüchtig 1236›2
Tafel 306›2; 618›1; 1075›10; 1577; 1813›2
Tafelfreuden 727›2
Tafelland 618›1
Tafelmesser 1101
tafeln 563›2
täfeln 198; 673›2
Tafelrunde 797›8
Tafelsilber 820
Täfelung 867›3; 1425›1
Tag 927›5; 1932›1
Tag für Tag 879›1
Tag machen, sich einen schönen 592
Tag und Nacht 692›4
Tag werden 51›2
Tag, bei 836›1
Tag, den ganzen 879›1
Tag, jeden 879›1
Tagblatt 1266›2
Tage 1317›4
Tage der Rosen 777›2
Tage, alle 879›1
Tage, dieser 178; 1003
Tage, ewig und drei 879›1
Tagebuch 524›3
Tagedieberei 1672›1
Tagegeld 136›1; 495›3
tagelang 1008›3
Tagelöhner 835›2
tagen 51›2; 275›3; 1589›1
Tages, eines 1202›7; 1478›2
Tagesanbruch 50›3
Tagesanbruch, bei 662
Tagesdecke 867›9
Tagesende 406›1
Tagesform 1515›1
Tagesgeschmack 1120›1
Tagesgespräch 739›3
Tagesgespräch sein 1629›4
Tageshelle 1047›1
Tageslicht 1047›1
Tageslicht, bei 836›1
Tagesordnungspunkt 694›2
Tagesschicht 1382›2
Tagesschriftsteller 258›1; 1418
Tageszeitung 1266›2
tageweise 1849›3
taggen 928›3
taghell 836›1
täglich 879›1
tagtäglich 879›1
Tagung 1590›2
Taifun 1539›1
Take 125›1
Take-off 131
Takt 84›1; 465›3; 1084›3; 1319›1; 1956›2
Takt, im 1318›1
Taktfehler 597›4
taktfest 1455›8
Taktgeber 1042›2
taktieren 1018›1
Taktik 740›2; 1253›4; 1253›5
Taktiker 385›2
**taktisch** 741›2; 1255›1; **1551**
**taktlos** 1239›5; 1259›2; **1552**; 1657›3
Taktlosigkeit 597›4; 641›3
taktmäßig 1318›1
taktsicher 1455›8
taktvoll 1955›2
Tal 1794›1
Tal, zu 27
Talent 574; 674›4; 1497›5
talentiert 573›1
talentlos 401›1
Talentsucher 1252›2
Taler 709›3
Talfahrt 27
talgig 1925›2
Talisman 1929›2
Talk 1679›1
Talkmaster 1678›1
Talkshow 1679›7
Talkum 1284
Talmi 937›1; 1137›1
talwärts 27
Tamtam 289›4; 1281›1; 1281›2
Tand 937›1
tändeln 1051›2
Tandem 576›2
Tangente 1053›1
tangieren 261›2
Tank 221
tanken 671›1; 1596›2
Tann 1865
Tantalusqualen 1398›2
Tante-Emma-Laden 737›2
Tantieme 1333›1
Tantiemen 136›1
Tanz 104›3; 746›2
Tanz auf dem Vulkan 983›1
Tanzdiele 678›2
tänzeln 700›2
tänzelnd 299›1
tanzen 393›1; 1431›1; 1677›5
tanzen, auf zwei Hochzeiten 1558›3
tanzen, aus der Reihe 28›1; 117
tanzen, nach der Pfeife 701›1
tanzen, nicht aus der Reihe 72›2
tanzend 1021›5
Tanzerei 746›2
Tanzlokal 678›2
Tanzmusik 1128›3
Tanzschuppen 678›2
Tanztheater 1573›1
Tanzvergnügen 746›2
Tape 919›2
Tapete 867›3
Tapetenwechsel 522›1
tapezieren 198; 540›1
Tapezierer 1078›2
tapfer 326›2; 1134›1
Tapferkeit 1133
tappeln 700›2
tappen 700›2; 1546›3
tappen, im Dunkeln 1300›2
täppisch 1653›1
Taps 403›3

tapsen 700›2
tapsig 1653›1
Tarif 1265›2
Tarifpartner 102; 1682›1
tarnen 1710›1
Tarnname 1283
Tarnung 1555›1
Tartarus 1685›2
Tartüff 849
Tarzan 977
Tasche 867›8; 918›3
Tasche, in der 252›2
Taschenbuch 334›2
Taschenformat 1343›9
Taschengeld 709›2
Taschenlampe 1007›1
Taschenmesser 1101
Taschenspieler 110›2
Taschenspielerei 1929›1
Taskforce 797›2
Tasse, trübe 403›2
Tassen im Schrank, nicht alle 1773›1
tastbar 1461›1
Taste 809›1
tasten 261›1; 665›1; 700›2; 1546›3; 1791›2
tasten nach 261›1
Tastsinn 1864›2
Tastversuche 1790›4
Tat 1041›1; 1089; 1681›2; 1727›3
Tat, auf frischer 1258
Tat, in der 39; 1908›3
Tatarenmeldung 1555›1
Tatbestand 577›2; 1005›2; 1554›1
Tatendrang 420›1; 475›1
Tatendurst 420›1; 475›1
tatendurstig 476; 1021›2
tatenlos 1671›1
Tatenlosigkeit 1672›2
Tatenlust 420›1
tatenlustig 476; 1021›2
Täter 1721›1
Täterprofil 927›2
**tätig** 421; 476; 619; **1553**
tätig sein 101›1; 812›1
tätigen 530›1; 1680›1
Tätigkeit 100›1
Tätigkeitsbereich 120
Tätigkeitsbericht 256›3; 1311›2
Tätigkeitsgebiet 120
Tätigung 532›1
Tatkraft 475›1; 615›4; 975›1; 1903›2
tatkräftig 476; 1553›2
tätlich 37›1
tätlich werden 1389›2
Tätlichkeit 1388›2
Tatmensch 916›2
Tatort 1372›1
tätowieren 928›4
Tätowierung 927›5
**Tatsache** 577›2; **1554**
Tatsache, vollendete 1554›1
Tatsachenbericht 256›3
Tatsachenwahrheit 1862
tatsächlich 39; 1860; 1908›3
Tatsächlichkeit 1554›2; 1862
tätscheln 1051›3
tatterig 43›2
Tatze 775›1
Tau 572›1; 1181›1
Tau und Tag, vor 662
taub 285; 1500›1; 1537›3; 1641›2
taube Nuss 593; 1777
tauchen 1179›5; 1438›1; 1546›2
tauen 1061›2
Taufe 436›2
taufen 435›4; 544›2; 928›5; 1169›1
Taufname 927›4
taufrisch 657›2
Taufzeuge 336
taugen zu 380›2
Taugenichts 593; 1777
tauglich 573›1; 976›1; 1192›1; 1909›1; 1968›1
Tauglichkeit 574
Tauglichkeitsprüfung 1280›2
tauig 1157›4
Taumel 546›4
taumelig 1669›4
taumeln 1431›1
taumelnd 1669›4
Tausch 811›2; 1879›1
tauschen 1880›1
täuschen 291›1; 1067; 1376›1; 1845
tauschen, Platz 1880›2
täuschen, sich 898›4
täuschend 1375
Tauschgeschäft 811›2
Tauschhandel 811›2
**Täuschung** 290; 899›1; **1555**
Täuschungsmanöver 1555›1
Tauschwert 1895›2
Tausende 1821
Tausenden, zu 1819›1
tausendfach 1211
**Tausendsassa 1556**
Tautologie 1612›1; 1807›3
Tauziehen 914›1; 1530›2; 1969›3
Taverne 678›1
Taxe 7; 576›2; 1265›2; 1510›2
Taxi 576›2
taxieren 79›1; 249›1; 1132›2; 1370›2
Tea 1306
Teach-in 368›1
Teahouse 678›1
Team 797›2
Teamarbeit 1958
Teamwork 1958
Teaser 1894›3
Technik 109›3; 609; 1513›1
technisch 1091›1
technisieren 1301
Technologiemönche 1542›2
Techtelmechtel 1050›4
Tee 756›3; 1075›6
TEE = Trans-Europa-Express 576›4
Teenager 905›3; 1073›2
Teenie 1073›2
Teenies 905›3
Teens 905›3
Teesalon 678›1
Teestube 678›1
Teich 757›2
teigig 1925›2
**Teil** 190›1; 1290›2; 1536›1; **1557**
Teil, größerer 1097›5
Teil, letzter 1395›1
Teil, zum 1563
Teil, zum überwiegenden 1096
Teilbetrag 1290›2
Teilchen 190›2; 1557›3
**teilen** 1215›1; 1404›1; **1558**; 1926›1
teilen, Auffassung 1610›2
teilen, brüderlich 1558›4
teilen, Kräfte 1558›3
**teilen, sich 1558**
Teilen, zu gleichen 806
Teilgebiet 1557›1
teilhaben 287; 1560›1
Teilhaber 1230›1
Teilhaberschaft 1559›2

teilhaftig 1561 ▸ 2
**Teilnahme** 695 ▸ 2; **1559**
teilnahmslos 404 ▸ 4; 769 ▸ 1; 1537 ▸ 4
Teilnahmslosigkeit 1642 ▸ 2
teilnahmsvoll 1561 ▸ 1
**teilnehmen 1560**
teilnehmen lassen 286
teilnehmen, nicht 400 ▸ 4
**teilnehmend 1561**
**Teilnehmer** 94 ▸ 2; 282 ▸ 3; **1562**
**teils 1563**
teils ... teils 1563; 1779 ▸ 2
Teilschicht 1382 ▸ 2
Teilstrecke 1557 ▸ 1
Teilstück 1557 ▸ 2
Teilung 1592 ▸ 3
teilweise 1563
Teilzeitarbeit 100 ▸ 3
Teint 586 ▸ 1
Telearbeit 100 ▸ 3
Telebrief 330
Telefax 967 ▸ 1
telefaxen 1617 ▸ 6
**Telefon 1564**
Telefonanruf 1348 ▸ 2
**telefonieren 1565**; 1617 ▸ 6
Telefonkonferenz 1590 ▸ 4
Telefonsex 1277
Telefonvermittlung 1766 ▸ 1
telegen 1330
Telegrammstil, im 1000 ▸ 3
telegraphieren 1617 ▸ 6
Telekolleg 1028 ▸ 2
Telekonferenz 1590 ▸ 4
Telekopie 967 ▸ 1
Teleprompter 1555 ▸ 2
Teleshopping 920
Teleskop 764 ▸ 4
Teleskopie 1627
Telespiel 1679 ▸ 5
Teletex 1171 ▸ 3
Teleworking 100 ▸ 3
tellereben 765 ▸ 1
Tempel 935 ▸ 2
Temperament 344; 475 ▸ 1; 615 ▸ 4; 827; 1442 ▸ 2
temperamentlos 911 ▸ 3
temperamentvoll 1021 ▸ 3
Temperatur 785
Temperatur, tiefe 912 ▸ 1
Temperaturen, tropische 1869 ▸ 1
Temperaturrückgang 1343 ▸ 7
temperieren 1870 ▸ 1
temperiert 1086 ▸ 3; 1868 ▸ 1
Tempo 425 ▸ 2; 1084 ▸ 3; 1405 ▸ 1
temporär 1741; 1849 ▸ 1; 1849 ▸ 3
Temposteigerung 425 ▸ 4
Tempus 1932 ▸ 1
**Tendenz** 1120 ▸ 1; 1167 ▸ 2; 1534 ▸ 1; **1566**
**tendenziös** 452 ▸ 1; **1567**
tendieren 1122 ▸ 2; 1511 ▸ 2; 1525 ▸ 1
Tennisplatz 682 ▸ 3
Tenno 846
Tenor 200 ▸ 4; 795 ▸ 1; 1358 ▸ 1; 1534 ▸ 1
Tension 398 ▸ 1
**Teppich** 331 ▸ 2; **1568**
Teppich bleiben, auf dem 226
Teppich, roter 417 ▸ 2
Teppichboden 1568
Term 220
**Termin** 276 ▸ 1; **1569**; 1590 ▸ 1
Terminal 462 ▸ 3
Termindruck, im 399
termingemäß 1285 ▸ 1
terminieren 1538; 1731
terminiert 1849 ▸ 3
Terminkalender 524 ▸ 3
Terminologie 1489 ▸ 2
Terminplaner 524 ▸ 3
Terminus 146 ▸ 1; 220
Terra incognita 1172 ▸ 5
Terrain 682 ▸ 2; 792
Terrasse 179
Terrassierung 23 ▸ 1
Territorium 682 ▸ 2
Terrorangriff 115
Terroranschlag 1085
Terrorherrschaft 844 ▸ 3
terrorisieren 396 ▸ 3; 1675 ▸ 1; 1975 ▸ 2
Terrorisierung 1967 ▸ 1
Terrorist 916 ▸ 5
Terrorregime 844 ▸ 3
Terz machen 128 ▸ 5
Test 1280 ▸ 1; 1790 ▸ 1
Testament 510 ▸ 4
testen 1279 ▸ 3; 1791 ▸ 2
Testfahrer 1252 ▸ 2
Testfahrt 1790 ▸ 2
Testflug 1857
testieren 277 ▸ 1; 1617 ▸ 2
Testlauf 1790 ▸ 2
Testmuster 1790 ▸ 2
Testphase 1790 ▸ 2
Testpilot 1252 ▸ 2
Testpuppe 1555 ▸ 2
Tête-à-tête 1050 ▸ 4
**teuer** 1049 ▸ 2; **1570**
teuer, nicht 310 ▸ 1
Teuerung 1506 ▸ 2
**Teufel 1571**
Teufelei 322
Teufelsbrut 750
Teufelsdienst 783
Teufelskerl 1556
Teufelswerk 1929 ▸ 3
teuflisch 321 ▸ 1; 1448 ▸ 1
teutonisch 1532 ▸ 1
**Text 1572**
Text, erklärender 526 ▸ 4
Text, literarischer 1572
Text, weiter im 1851
Textbestand 1572
Textbuch 392
texten 525 ▸ 5; 1416 ▸ 3
Texter 1418
Textil 1518 ▸ 3
textilfrei 1149 ▸ 1
Textilie 946 ▸ 1
Textilien 1876
Textur 630 ▸ 1; 1535
TGV = train à grande vitesse 576 ▸ 4
**Theater** 104 ▸ 3; 1281 ▸ 2; **1573**; 1679 ▸ 6; 1844 ▸ 3
Theater machen 804 ▸ 3; 1386 ▸ 1
Theateraufführung 1573 ▸ 1
Theaterautor 1418
Theatercoup 133 ▸ 2
Theaterdichter 1418
Theaterdonner 1555 ▸ 1
Theaterglas 764 ▸ 4
Theaterkritiker 258 ▸ 1; 985 ▸ 1
Theatersaison 1355
Theaterstück 1373 ▸ 1; 1536 ▸ 5
Theatralik 1619 ▸ 1
theatralisch 1620 ▸ 5
theatralisieren 1618 ▸ 4
Thema 636 ▸ 4; 694 ▸ 2; 884 ▸ 1; 1518 ▸ 4
Thema haben, zum 222 ▸ 3
thematisieren 222 ▸ 3
Thematisierung 223 ▸ 1
Themenflucht 33 ▸ 2
Themenpark 168 ▸ 2

Theorem 795›2; 1028›4
Theoretiker 370
theoretisch 796; 876
Theorie 1028›4
Theoriebildung 634›2
Therapeut 112
Therapeutikum 1093›2
Therapie 223›2
therapieren 222›2; 828›2
Thermalbad 176›4
Thesaurus 1027
These 795›2; 1028›4; 1696›1
Thesen 8›2; 1608›1
Think-Tank 797›2
Thora 334›4
Thread 1117
Thrombose 1780›3
thronen 1464›3
Thronfolger 94›2
Tick 422›4; 948›2; 1774›1
ticken 1581›2
Ticken 731›2
tickern 1617›6
**Ticket 1574**
Ticktack 731›2
Tiden 761
**tief** 405›4; 719›3; 888›4; 1359›3; 1463›2; **1575**; 1824›4
Tief 398›4; 983›3; 1113; 1588
tief liegend 1575›1
tief unten 1575›1
Tiefdruckgebiet 398›4
Tiefe 145›2; 200›3; 856›1; 1794›1
Tiefe, in der 1575›1; 1673›1
Tiefe, in die 27
Tiefe, ohne 1194›2
Tiefebene 618›1
tiefenentspannt 1352›3
tiefenscharf 719›3; 1368›5
tiefer hängen 1474›4; 1731
Tiefgang, ohne 180; 1194›2
tiefgefroren 911›1
tiefgehend 1494
tiefgekühlt 361›2; 911›1
tiefgreifend 1295
**tiefgründig 1576**
tiefkühlen 519›2
Tiefkühlschrank 1413
Tieflader 576›5
Tiefland 618›1
Tiefpunkt 983›1
tiefschwarz 405›1
Tiefschwätzer 1432
tiefsinnig 1437›2; 1576
Tier 184; 744›1
Tier, totes 968›2
Tierbändiger 110›2
Tiergarten 1945
Tiergehege 1945
tierisch 1448›1; 1595›1
Tierpark 1945
Tierwelt 1159›2
tilgen 34; 121›2; 150›2; 302›4; 1059›2
Tilgung 149›3; 483›2; 1927›1
Timbre 1489›2; 1580›2
timen 72›1; 1221›2
Timesharing 1592›5
Timing 73›1
Tingeltangel 1679›6; 1679›7
Tinktur 111›2; 564›2
Tinte 1759›1
Tinte, in der 399
tintenschwarz 405›1
Tip 674›1
Tipp 467; 857›2; 1299›1; 1930›2
Tipp geben 1300›1
Tippelbruder 1327›2
tippelig 1236›1
tippeln 1867
tippen 1300›2; 1416›4; 1482›5
Tippfehler 597›1
tipptopp 1360›1
Tiraden 1251›2
tirilieren 1460›3
Tirilieren 731›5; 736›1
**Tisch 1577**
Tisch machen, reinen 943›1
Tisch, am grünen 876
Tisch, vom 531›1
Tischchen 1577
tischfertig 608›4
Tischgast 282›1
Tischgebet 681
tischlern 101›4
Tischnachbar 1138›3
Tischwäsche 1876
Titan 1340
Titanensturz 1937›1
titanisch 788›1
Titel 334›1; 417›2; 927›4; 927›7; 1297›1
Titelblatt 1833›2
Titelpart 1342›1
Titelpartie 1342›1
Titelrolle 1342›1
Titelseite 1833›2
Titelverteidiger 94›2
Titelzeile 927›7
Titten 342
Titulatur 927›4
titulieren 928›5; 1169›1
Tö 1579›1
Toast 798›3
Toast ausbringen 89›6
toasten 323›1
toben 314›1; 1386›2
tobend 1902›1
Tobsuchtsanfall 142›2
Tochter 1073›1; 1972›1
Tochterfirma 1972›1
Tochtergeschwulst 1972›4
**Tod 1578**
Tod, nach dem 1477›3
todbringend 687›5
todernst 542›2
Todesengel 1578›3
Todesfahrer 110›2
Todesfall 1578›2
Todesgefahr 397›2
Todeskampf 914›5
Todeslager 1006›4
todesmutig 1134›2
Todesschlaf 1578›1
Todesschwadron 1106›2
Todessprung 1492›2
Todesstarre 912›1
Todesstrafe 1584›2
Todesverachtung, mit 1648›2
Todfeind 602›1
todgeweiht 1037›1
todkrank 1037›1
tödlich 687›5
todmüde 1125›1
todsicher 1455›1
todtraurig 1655›1
todunglücklich 1655›1
Tohuwabohu 1664›1; 1664›2
**Toilette** 167›3; **1579**
Toilette machen 97›1; 1287›2
Toilettentisch 1577
Token 348›1; 927›3
Tokus 1345
Töle 868
tolerant 642›3; 790›2
Toleranz 1788›3
Toleranzgrenze 787›2
Toleranzschwelle 787›2
tolerieren 528›1

tolerieren, sich 1019›3
toll 826›3; 1249›1; 1688›3; 1773›1
Tolle 803›1
Tollhaus 1670›3
Tollheit 647›4; 827; 1670›1
tollkühn 1134›2
Tollkühnheit 1133
Tollpatsch 403›3
tollpatschig 1653›1
Tölpel 403›3
tölpelhaft 1653›1
Tombola 780
**Ton** 586›1; 731›1; 1128›1; 1139; 1188; **1580**
Ton, der die Musik macht 1580›3
tonangebend 667›2; 1072›2; 1896›3
Tonarchiv 1479›3
Tonart 1580›2
Tonbandkassette 919›2
Tondichter 1129›1
Tondichtung 1128›2
Töne, falsche 938
**tönen** 587›2; 1013›2; 1264›2; **1581**
Tönen 736›1
tönend 1824›4
tönend, hell 836›5
Tonerde 1580›6
Tonfall 1489›2; 1580›4
Tonfall, im selben 768›2
Tonfilm 616›3
Tonfolge 1128›1
Tonkunst 1128›2
Tonkünstler 1129›1
Tonlage 1515›1
tonlos 1039
Tonne 221
tonnenweise 1322›4
Tonrelation 1128›1
Tonschöpfer 1129›1
Tonschöpfung 1128›2
Tonschritt 1684
Tonsetzer 1129›1
Tonträger 919›2
too much 1620›1
topaktuell 1121›2
Topf 221
Topfpflanze 1516›1
Topgirl 1409›4
topless 1149›2
Topmanager 669›1
Topmodel 1496›1
topp 801›3
toppen 1389›3
toppen, nicht zu 162›1
topsecret 831›2
Topspeed 425›2
Topstar 1496›1
Tor 403›4; 1210›1
Toreador 916›4
Torero 916›4
Toresschluss, kurz vor 474›2; 1477›2
Torheit 402›2; 1670›3
töricht 24; 401›2; 1688›3
Törin 403›4
torkeln 1431›1
torkelnd 1669›4
Törn 575›1
Tornado 1539›1
torpedieren 854›3; 1936›9
Torschluss 1395›2
Torso 1467; 1557›2
torsohaft 1690›1
Tort 238
Tortur 333; 1398›2
tosen 314›1; 1581›4
Tosen 731›2
**tot** 1091›3; 1500›1; **1582**; 1739
tot, halb 1125›1
total 676›1; 676›3; 1448›1; 1826›3
Totalausverkauf 1755›2
Totalität 440›1
**töten** 530›3; **1583**
töten, Nerv 105›1
**töten, sich 1583**
totenblass 590›1
Totenklage 940›2
Totenreich 1685›2
Totenstadt 654
totenstill 447›3; 1352›7
Totentanz 1395›2
Toter 968›2
toter Punkt 1514
Totgeburt 1111
totlachen, sich 1004›2
Toto 780
Totschlag 1720
totschlagen 1583›1
totschlagen, Zeit 592; 1011›2
Totschläger 1721›2
totschweigen 1404›5; 1710›1
**Tötung 1584**
Tötungsdelikt 1584›1
Touch 158; 1188
touché 1500›3
touchieren 261›4
tough 817›2
Toupet 547›3; 803›3
Tour 324›2; 394›1; 575›1
Tour de Force 914›1
Tour machen 1326›1
Tour, auf 391›2
Tour, in einer 879›1
Tour, krumme 290
touren 1326›1
Touren sein, immer auf 848›2
Touren, auf 1021›2
Touren, auf vollen 1021›2
touretten 1386›2
Tourist 282›2; 1327›1
Touristen 646›2
Tournee 575›2
Tournee machen 1326›1
Tournee, auf 391›2
tout le monde 38›2
Trab 300›1
Trabant 65›3
Trabantenstadt 1495›4
traben 426›1; 700›2
Traber 1242
Tracht 946›2; 1586›2
Tracht Prügel 1388›1
trachten 193›1; 1525›1
Trachten 1757›1; 1903›1
trachten nach 215›1; 1254›2; 1919›1
trachten, zu bekommen 243›2
trächtig sein 1585›5
Trademark 927›3
Trader 813›2
Tradition 324›1
Traditional 736›2
traditionalistisch 1315›2
traditionell 58›3; 363›2; 675›1
tragbar 800›3; 1123›2
träge 769›3; 1010›1; 1145›2; 1671›1
**tragen** 834›4; 1035›1; 1191›1; 1457›1; **1585**
tragen an, schwer 1585›3
tragen haben, Päckchen zu 1585›3
tragen haben, zu 1585›3
tragen lassen, sich 1433›1
tragen, auf dem Rücken 1585›1

tragen, auf Händen 1051 ▸ 2; 1730 ▸ 1; 1812 ▸ 2
tragen, Bedenken 1944
tragen, Folgen 343; 1035 ▸ 2
tragen, Frucht 1191 ▸ 1
tragen, Herz auf der Zunge 1490 ▸ 3
tragen, huckepack 1585 ▸ 1
tragen, Konsequenzen 1035 ▸ 2
tragen, Kosten 302 ▸ 1
tragen, Nase hoch 428 ▸ 3
tragen, Rechnung 191 ▸ 2
tragen, Scheuklappen 1046 ▸ 3
tragen, Schleppe 1396
tragen, sich mit dem Gedanken 1254 ▸ 1
tragen, zu Grabe 121 ▸ 3; 231 ▸ 1; 1815 ▸ 2
tragen, zum Jagen 389 ▸ 2
tragen, zur Schau 1931 ▸ 2
tragend 1824 ▸ 4
tragend, weit 1896 ▸ 1
Träger 807 ▸ 3; 809 ▸ 2
Tragesessel 576 ▸ 8
tragfähig 976 ▸ 1
Tragfähigkeit 1497 ▸ 2
Trägheit 247 ▸ 2; 1350 ▸ 3; 1672 ▸ 1
Tragik 1654
Tragikomödie 956
tragisch 1655 ▸ 4
Tragöde 358
Tragödie 1373 ▸ 1; 1654
Tragstuhl 576 ▸ 8
Tragstütze 807 ▸ 3
Tragweite 200 ▸ 3
Trailer 1894 ▸ 3
Trainee 1424 ▸ 4
Trainer 1030 ▸ 2
trainieren 1029 ▸ 2; 1498 ▸ 1; 1606
trainiert 741 ▸ 2; 976 ▸ 1; 1485 ▸ 1
Training 514 ▸ 2; 1028 ▸ 1; 1624; 1901
Trajekt 576 ▸ 6
Trakt 1557 ▸ 2
Traktat 8 ▸ 1
traktieren 196 ▸ 5; 1237 ▸ 1; 1389 ▸ 1; 1399 ▸ 1
Traktor 576 ▸ 5
Trallala 1286 ▸ 3
trällern 1460 ▸ 1
Tram 576 ▸ 4
Tramp 1327 ▸ 2
Trampel 403 ▸ 3
trampeln 700 ▸ 2
Trampelpfad 1884 ▸ 1
Trampeltier 403 ▸ 3
trampen 1326 ▸ 2
Tran 1305 ▸ 1
Tran, im 248 ▸ 1; 1634 ▸ 1
Trance 546 ▸ 3; 1642 ▸ 3
Trance, in 248 ▸ 2; 285; 1641 ▸ 2
Tranche 1536 ▸ 3
tranchieren 1404 ▸ 1; 1558 ▸ 1; 1933 ▸ 2
Tranchieren 1592 ▸ 3
Träne 1777
tränen 623
Tränen 940 ▸ 2
Tränen in den Augen, mit 1655 ▸ 2
Tränen, in 1655 ▸ 2
tränenselig 470
Tränenseligkeit 471; 937 ▸ 3
Tränenströme 940 ▸ 2
tränenüberströmt 1655 ▸ 2
Tranfunzel 593; 1250
tranig 1010 ▸ 1
Trank 756 ▸ 1
Tränke 757 ▸ 3
tränken 614 ▸ 1; 673 ▸ 1
tränken, sich 409 ▸ 1
Tranlampe 1007 ▸ 1
Transaktion 811 ▸ 2; 1681 ▸ 2
Transferleistung 851 ▸ 1
Transithandel 811 ▸ 3
transitorisch 1645 ▸ 3
transkribieren 1617 ▸ 5
Transkription 1417 ▸ 2
transnational 893
transparent 367; 942 ▸ 1; 1206 ▸ 2; 1786 ▸ 1
Transparenz 944 ▸ 1; 1207 ▸ 2; 1787
transpirieren 1441 ▸ 1
Transplantat 547 ▸ 3
transplantieren 1213
transponieren 1617 ▸ 5; 1704 ▸ 1
**Transport** 300 ▸ 2; **1586**
transportabel 299 ▸ 2
transportfähig machen 1228 ▸ 2
transportieren 298 ▸ 3; 1383 ▸ 2; 1585 ▸ 1
Transportmittel 576 ▸ 1
Transrapid 576 ▸ 4
Transuse 593; 1250
transversal 1412 ▸ 1
transzendent 1688 ▸ 4
Transzendenz 406 ▸ 3
Trantüte 593; 1250
Trapez 1823
Trapezkünstler 110 ▸ 2
trappeln 700 ▸ 2
Trapper 902 ▸ 1
Trara 289 ▸ 4
Trash 5 ▸ 1
trashig 938
Trasse 1493 ▸ 3
Trassierung 1493 ▸ 3
Tratsch 734 ▸ 1
tratschen 945 ▸ 1; 1490 ▸ 3
Tratschtüte 1432
Trattoria 678 ▸ 1
Traube 797 ▸ 5
trauen, jmdm. 1795 ▸ 1
trauen, seinen Augen nicht 1921 ▸ 1
trauen, sich 1856 ▸ 3
trauen, sich nicht 1366 ▸ 2
Trauer 1588
Trauerfall 1578 ▸ 2
trauern 941 ▸ 4; 1035 ▸ 4
Trauerspiel 1654
Traufe 1210 ▸ 7
träufeln 623
träufeln, Balsam auf die Wunde 1601 ▸ 1
träufen 1320
traulich 716; 1798 ▸ 1
Traulichkeit 247 ▸ 1
Traum 553 ▸ 1; 877 ▸ 3; 1742 ▸ 2
Traum haben 1587 ▸ 1
Traumbild 871 ▸ 3; 877 ▸ 1
**träumen** 1387 ▸ 3; **1587**
Träumer 873 ▸ 1
Träumerei 877 ▸ 3
träumerisch 874 ▸ 2; 1260 ▸ 2; 1352 ▸ 4; 1634 ▸ 1
Traumfrau 1409 ▸ 3
Traumgesicht 877 ▸ 1
Traumgesichte haben 1587 ▸ 1
traumhaft 1249 ▸ 2; 1407 ▸ 1
Trauminsel 886
Traumkarriere 134 ▸ 1
Traumland 1229
Traumtänzer 873 ▸ 1
Traumwelt 877 ▸ 1
traurig 1199 ▸ 1; 1288 ▸ 2; 1655 ▸ 1
**Traurigkeit 1588**
Trauring 1341 ▸ 3

traut 716
Traute 1133
Trautheit 247›1
Trauzeuge 336
Traveller 1327›1
traversieren 1293›1
Travestie 956; 1486›4
travestieren 1487›3
Treatment 392
Trebe, auf 847›1
Trebegänger 1327›2
Treff 1590›3
**treffen 1589**
**Treffen 1590**
Treffen auf höchster Ebene 763›6
treffen, Auswahl 165›1; 1591›3
treffen, Entscheidung 496›1
treffen, ins Herz 838›1
treffen, ins Mark 838›1
treffen, ins Schwarze 1589›3
treffen, Nagel auf den Kopf 1589›3
treffen, nicht 596›4
**treffen, sich** 1404›6; **1589**
treffen, Vorkehrungen 51›3; 1831›2
treffen, Wahl 496›2; 1859›1
treffend 719›2; 1226›3
Treffer 515›4; 1388›1
trefflich 148›2
Treffpunkt 1590›3
treffsicher 719›2; 741›1
Treffsicherheit 740›1
treiben 74›2; 389›2; 503›2; 848›1; 1076›2; 1433›1; 1433›2; 1736›1
Treiben 289›3
treiben, auf die Spitze 1618›1
treiben, Aufwand 1282›1
treiben, doppeltes Spiel 291›3
treiben, es 1051›3
treiben, es zu weit 1618›3
treiben, Handel 812›2
treiben, Hokuspokus 303›2
treiben, in die Enge 1507›2
treiben, Keil zwischen 1591›2
treiben, Kult mit 1058›1
treiben, Missbrauch 152›2
treiben, nach vorn 666›3
treiben, quer 1519›2
treiben, Raubbau 152›2
treiben, Scherz 1487›1
treiben, Schindluder 152›2; 1109›2
treiben, sein Unwesen 1745›8
treiben, Spott 1487›1
treiben, Vetternwirtschaft 291›2
treiben, vorwärts 389›2; 1711›2
Treiber 902›1
Treibjagd 901
Treibstoff 475›2
treideln 1939›1
trekken 1326›2; 1867
tremolieren 1460›1
Tremolo 471
Trend 1120›1; 1534›1; 1566›1
trendeln 1816›3
trendig 1121›1
Trendscout 1252›2
Trendsetter 668›6; 1252›2
trendsetting 1121›2
trendy 675›2; 1121›1
**trennen 1591**; 1933›1
**trennen, sich** 482›5; 1061›5; **1591**
trennen, sich von 327›2; 1815›2
trennen, Spreu vom Weizen 165›1; 1591›3
Trennlinie 787›1
trennscharf 376›2
**Trennung** 483›3; **1592**
Trennungsangst 1052
Trennungsschmerz 1052
Treppchen 1042›1
Treppe 134›3
Treppenhaus 134›3
Tresor 918›1
Tresse 1286›4
treten 700›2; 1237›7; 1523
treten, an die Öffentlichkeit 954›3
treten, an die Stelle 1801›1
treten, an jmds. Stelle 1880›2
treten, auf den Fuß 1931›1
treten, außer Kraft 10›3
treten, in Aktion 1680›2
treten, in Ausstand 1529›1
treten, in Beziehung 1152›4
treten, in den Ruhestand 993›1
treten, in den Weg 854›2; 1507›2
treten, in die Fußstapfen 629›3
treten, in Erscheinung 954›2
treten, in Streik 1529›1
treten, ins Dasein 503›1
treten, ins Fettnäpfchen 89›4; 1364›4
treten, langsam 1408›4
treten, mit Füßen 1109›2
treten, näher 1152›1
treten, über die Ufer 1614›1
treten, zu nahe 89›4; 1237›6; 1329›3
treten, zutage 954›1; 1203›2; 1931›6
tretend, nicht in Erscheinung 1352›6
Tretmine 1055›1
Tretmühle 41›2; 100›4; 1009
treu 1966›1
treu bleiben 64›3
treu und brav 1086›2
treudoof 1154
Treue 611›5
Treueprämie 1952
Treuhänder 1802›2
treuherzig 431›2; 1154
Treuherzigkeit 432›2
Treulosigkeit 752
Tribüne 1297›2
Tribut 7; 417›2; 1214›1
Trichter 1794›1
**Trick** 1055›1; 1555›1; **1593**
Trickkünstler 110›2
trickreich 1391›1
tricksen 291›1
Trickser 292›1
Trickster 704›3
tricky 1391›1
**Trieb** 1068›3; 1547›1; **1594**; 1757›1
Triebfeder 791›1
triebgemäß 1595›1
**triebhaft** 1069; **1595**; 1647›1
Triebhaftigkeit 1594›1
Triebkraft 475›3
triebmäßig 1595›1
Triebtäter 1721›2
Triebwagen 576›4
triefen 623; 1320
triefend 1157›1
Triefnase 1156
triezen 1237›1
trifft sich gut 56›1
Trift 1534›2
triftig 1390; 1896›1; 1976›1
Trigger 791›1
triggern 1706›1
trillern 1460›2

Trillern 736 ▸ 1
trimmen 1287 ▸ 3; 1606
**trinken** 1025 ▸ 3; **1596**
trinken, auf ex 1025 ▸ 3
trinken, auf jmds. Wohl 89 ▸ 6
trinken, Brüderschaft 1152 ▸ 4
trinken, ex 1025 ▸ 3
trinken, über den Durst 283 ▸ 3
**Trinker** 395 ▸ 1; **1597**
trinkfest 724
trinkfreudig 216 ▸ 2; 724
Trinkgefäß 764 ▸ 1
Trinkgelage 708
Trinkgeld 674 ▸ 1
Trinkglas 764 ▸ 1
Trinkspruch 798 ▸ 3
Trinkstube 678 ▸ 1
Trinkwasser 1877 ▸ 2
Trip 546 ▸ 4; 575 ▸ 1; 1305 ▸ 2; 1306
Trip machen 1326 ▸ 1
Trip, auf dem 248 ▸ 2
trippeln 700 ▸ 2
trist 1012 ▸ 2; 1199 ▸ 1
Tristesse 1588
Tritt 1042 ▸ 1; 1493 ▸ 1; 1522
Trittbrettfahrer 1216
Trittleiter 1042 ▸ 1
Triumph 515 ▸ 3
triumphal 1263
Triumphator 1459 ▸ 1
triumphieren 1458 ▸ 1
Trivia 937 ▸ 1
trivial 180; 310 ▸ 3
Trivialität 181 ▸ 1
Trivialliteratur 1056
**trocken** 542 ▸ 2; 817 ▸ 1; 841 ▸ 1; 841 ▸ 3; 1353 ▸ 2; 1360 ▸ 3; 1491 ▸ 2; **1598**; 1649 ▸ 1
trocken werden 1599 ▸ 2
Trockenheit 1200 ▸ 1
trockenlegen 1244 ▸ 4; 1599 ▸ 4
trockenreiben 1321 ▸ 3; 1599 ▸ 1
**trocknen 1599**
Trocknen, auf dem 853 ▸ 2
trocknen, Tränen 1601 ▸ 1
Troddel 1286 ▸ 4
Trödel 5 ▸ 2
Trödelei 1672 ▸ 1; 1817 ▸ 2
trödelig 1671 ▸ 1
trödeln 700 ▸ 2; 1816 ▸ 3
Trödler 737 ▸ 2; 813 ▸ 1
Troll 704 ▸ 4
trollen, sich 482 ▸ 1
Trombe 1539 ▸ 1
Trommel 1342 ▸ 2
Trommelfeuer 615 ▸ 3; 1894 ▸ 5
trommeln 1013 ▸ 2; 1482 ▸ 3; 1892 ▸ 1
Trommler 1129 ▸ 2; 1893
Trompe-l'Œil 1555 ▸ 2
trompeten 314 ▸ 2; 1482 ▸ 3
Trompeter 1129 ▸ 2
Trope 306 ▸ 5
Tropf 403 ▸ 2
tröpfeln 623; 1320
Tröpfeln 731 ▸ 2
tröpfelnd 454 ▸ 1; 1010 ▸ 2
tropfen 623
Tropfen 111 ▸ 2; 731 ▸ 2; 756 ▸ 1
Tropfen auf den heißen Stein 1890 ▸ 1
Tropfen auf einem heißen Stein 1651 ▸ 1
Tropfen, bis zum letzten 676 ▸ 3
Tropfen, guter 974
tropfenweise 1010 ▸ 2
tropfnass 1157 ▸ 1
Trophäe 515 ▸ 5; 1265 ▸ 4
tropisch 1868 ▸ 2
Tropus 306 ▸ 5
Tross 65 ▸ 4
Trosse 572 ▸ 1
**Trost** 1499 ▸ 2; **1600**
Trost, nicht bei 401 ▸ 1; 1773 ▸ 1
**trösten 1601**
**trösten, sich 1601**
**tröstlich 1602**
trostlos 1199 ▸ 1; 1241; 1655 ▸ 1
Trostlosigkeit 1588
Trostpflaster 495 ▸ 3
Trostpreis 495 ▸ 3; 1265 ▸ 4
trostreich 1602
Tröstung 1600
trostvoll 1602
Trostworte 1600
Trott 41 ▸ 2; 300 ▸ 1; 1009
Trott, im selben 768 ▸ 2
Trottel 403 ▸ 2; 1777
trotten 700 ▸ 2
Trottoir 1524
**trotz 1603**
**Trotz 1604**
Trotz, zum 16
trotzdem 3; 1197; 1603 ▸ 2
trotzen 1954 ▸ 2
trotzig 423
trotzköpfig 423
Trotzreaktion 1604
Troubadour 1358 ▸ 1
Troubadourin 1358 ▸ 2
Troubleshooter 1765 ▸ 1
Trouvaille 672 ▸ 1
trüb 405 ▸ 2
trübe 316 ▸ 2; 1241
Trubel 289 ▸ 3; 1679 ▸ 2
trüben 352; 493; 1804
trüben, Hoffnung 493
trüben, sich 407 ▸ 2
Trübsal 1588
trübselig 1177 ▸ 1
Trübseligkeit 1588
Trübsinn 1113
trübsinnig 1177 ▸ 1; 1241
Trübsinnigkeit 1588
Trübung 406 ▸ 2
Truck 576 ▸ 3
trudeln 393 ▸ 1; 578 ▸ 2
Trug 1066 ▸ 2; 1555 ▸ 1
Trugbild 877 ▸ 2
trügen 291 ▸ 1
trügerisch 580 ▸ 2; 580 ▸ 3; 1375; 1743
Trugschluss 597 ▸ 3; 899 ▸ 1
Truhe 1413
Trumm 1536 ▸ 6
Trümmer 5 ▸ 1
Trumpf 515 ▸ 4; 1846 ▸ 1
trumpfen 758 ▸ 2
Trunk 756 ▸ 1
trunken 248 ▸ 2; 545 ▸ 3
trunken machen 217 ▸ 1
Trunkenbold 1597
Trunkenheit 546 ▸ 4; 1305 ▸ 1
Trunksucht 1547 ▸ 3
Trupp 440 ▸ 2; 797 ▸ 5; 1324 ▸ 3
Truppe 440 ▸ 2; 797 ▸ 3; 1106 ▸ 2
Truppeneinheit 440 ▸ 2
truppweise 1010 ▸ 2
Trust 1714 ▸ 6
trutschig 326 ▸ 3
tschilpen 1460 ▸ 3
Tsunami 1160 ▸ 1
Tube 221
Tuch 867 ▸ 5; 1518 ▸ 3
Tuch sein, rotes 818 ▸ 1
Tüchern, in trockenen 1455 ▸ 3
Tuchfühlung, auf 1150 ▸ 2
tüchtig 326 ▸ 2; 476; 573 ▸ 1; 1220 ▸ 3; 1553 ▸ 2
Tüchtigkeit 475 ▸ 1; 574

Tücke 581›1; 1055›1
Tücke des Geschicks 1384›2
tuckern 1013›2
tückisch 321›2
tückschen 1954›1
Tuerei 457›1; 1619›1
tüftelig 1236›1
tüfteln 186; 1791›2
Tüftler 1234›1
Tugend 84›2
Tugendbold 1234›2
tugendhaft 326›2
Tugendterror 365
Tugendwächter 1234›2
Tugendwächterei 1235›3
Tüll 1518›3
Tülle 1210›7
tumb 1154
tümelnd 1703
tummeln, sich 101›3; 426›2
Tummelplatz 1304›2
Tümpel 757›2
Tumult 133›3; 1664›4
tumultuarisch 826›2; 1663›3
tun 101›1; 273›3; 530›1; 726›1; 812›1; 1040›1; 1680›2; 1810›1
Tun 100›1
Tun und Lassen 1020›4
tun, sich 214›2
Tünche 867›3; 1193›3; 1555›2
tünchen 587›3
Tüncher 1078›2
Tundra 1200›4
tunen 72›1
Tunichtgut 1777
Tunke 1472
tunlich 1968›3
tunlichst 312›1
Tunnel 1210›8
Tunnelblick 402›1
tuntig 1491›3
Tüpfchen 1131›5
Tüpfelchen auf dem i 763›7
tüpfeln 1132›1
Tupfen 1131›5
Tür 1210›1
Tür und Angel, zwischen 1000›4
Tür, nächste 1150›2
Turban 966
turbulent 826›2; 1663›3
Turbulenz 827
Turbulenzen 104›3
Türen, hinter verschlossenen 831›1
Türgriff 809›1
türken 291›1; 1845
turkey 1037›5
**Turm** 611›6; **1605**
türmen 141›3; 622›1; 1356›2
turmhoch 788›1; 859›3
turnen 298›1
Turner 1484
Turnier 958›2; 1708›3
Turnus 628›1; 1319›1; 1382›2; 1879›1
Turnus, im 693
turnusgemäß 1318›1
turnusmäßig 1318›1
Türöffner 674›2
Türsteher 1874
Türstopper 1874
turteln 1051›3
Tusch 798›3
tuscheln 627; 945›1
Tuscheln 731›2; 734›1
tuschen 587›2
Tusse 403›4
Tussi 403›4
Tüte 867›10; 1306
tuten 314›2
tüterig 1634›1
Tutor 1030›1
Tuttifrutti 1108›3
TV 607›1; 1679›6
TV-Gerät 607›1
Tweet 330; 1117
Twens 905›3
Twitter 1171›4
twittern 1115›5; 1769›1
Tyche 1384›1
Tycoon 1682›3
Typ 158; 344; 1079
Typ sein, jmds. 688›1
Type 335›1; 1225›3; 1379›1
typen 1733
typgemäß 346›1
Typgerecht 346›1
typisch 346›1
typisieren 1701
Typisierung 1702; 1734
Typung 1734
Typus 109›2
Tyrann 846
Tyrannei 844›3
tyrannisch 1532›3; 1905›2
tyrannisieren 1237›1; 1675›1; 1675›4; 1975›2

# U

U-Bahn 576 › 4
übel 320 › 3; 458 › 2; 687 › 5; 1037 › 1; 1392 › 4
Übel 979 › 1; 1036 › 1; 1654
übel mitspielen 1237 › 1
übel, nicht 801 › 2; 1086 › 2
Übel, notwendiges 1187 › 1
Übelbefinden 1036 › 1
Übelkeit 14 › 2
Übelkrähe 1240
übellaunig 1112
Übellaunigkeit 1113
übelmachend 458 › 1
übelnehmen 105 › 3; 1954 › 1
übelnehmerisch 1147; 1693
übelriechend 458 › 2
Übelstand 1185 › 2
Übeltat 1720
Übeltäter 1721 › 1
Übelwollen 322
übelwollend 321 › 1
**üben 1606**; 1900 › 1
üben, Blick 1369 › 3
üben, Nachsicht 498 › 4; 1408 › 3
üben, Solidarität 1960 › 1
über 859 › 1; 1119 › 3; 1359 › 4; 1623 › 1
über Dritte 1119 › 2
**überall 1607**
überaltern 1745 › 6
überaltert 43 › 2
Überalterung 44 › 4
überambitioniert 762
Überangebot 1615 › 1
überanstrengen 152 › 2; 235 › 2; 536 › 1
überanstrengen, sich 536 › 2; 1719 › 2
überanstrengt 1125 › 2; 1620 › 4
Überanstrengung 153 › 2; 537 › 2; 1015 › 2
überantworten 1617 › 1
überarbeiten 196 › 2; 1711 › 1
überarbeiten, sich 536 › 2
überarbeitet 1125 › 2
Überarbeitung 537 › 2; 1712 › 1
überaus 1448 › 1
überbacken 323 › 1
überbehalten 1623 › 3
überbehüten 1812 › 1
überbelegt 1824 › 3
überbetonen 1618 › 1
überbetont 1620 › 2
überbewerten 898 › 6
überbewerten, sich 428 › 3
überbieten 1389 › 3
Überbleibsel 5 › 1; 1335 › 1
**Überblick** 164 › 1; 1253 › 2; **1608**; 1788 › 2
überblicken 1789 › 2; 1913
überborden 1614 › 1
überbringen 279 › 4; 1613
überbringen, Grüße 799 › 1
**Überbringer 1609**
überbrücken 834 › 1; 1293 › 3; 1713 › 2
Überbrückung 331 › 1; 851 › 1
überbrühen 952 › 2
überbürden 152 › 2
überbürdet 1125 › 2
Überbürdung 537 › 2
überdachen 1426 › 1
Überdachung 1425 › 2
überdauern 362 › 3
Überdauern 360 › 3
überdauernd 363 › 1
Überdecke 1425 › 2
überdecken 198; 1426 › 1
überdehnen 262
überdehnt 719 › 4
überdenken 369 › 2
überdeutlich 376 › 1
überdeutlich machen 1618 › 4
überdies 116 › 3
überdimensional 788 › 1
überdosieren 898 › 3
Überdosis 1615 › 1
überdrehen 262; 1618 › 1
überdreht 1773 › 1
Überdruss 14 › 2; 1009; 1113
überdrüssig 1112; 1359 › 4; 1655 › 1
überdrüssig sein 1034 › 2
überdurchschnittlich 148 › 1
übereck 1412 › 1
Übereifer 420 › 2; 425 › 3
übereifrig 421; 427 › 2
übereignen 680 › 3; 1617 › 2
übereilen 426 › 4
übereilen, nichts 1351 › 2
übereilt 1032 › 1; 1853 › 2
Übereilung 425 › 3
übereinkommen 1731
Übereinkommen 149 › 4; 1732 › 1
übereinkommen, nicht 28 › 4
Übereinkunft 324 › 2; 1317 › 2; 1732 › 1; 1749 › 3
**übereinstimmen** 500 › 3; 969 › 2; **1610**; 1789 › 6
übereinstimmen, nicht 28 › 4
**übereinstimmend** 441 › 1; 501 › 1; 768 › 1; 816 › 1; **1611**
übereinstimmend, nicht mit den Tatsachen 580 › 1
übereinstimmend, zeitlich 773
**Übereinstimmung** 442; **1612**
überempfindlich 468 › 3
Überempfindlichkeit 469 › 1
überempirisch 1688 › 4
übererregt 545 › 1
überessen, sich 563 › 1
überfahren 1109 › 1; 1293 › 2; 1583 › 1
Überfahrt 575 › 3
Überfall 60 › 1; 115; 280 › 2
überfallen 59 › 2; 281 › 1; 1616 › 3
überfällig 1477 › 1
überfeinert 468 › 3
Überfeinerung 469 › 1; 605 › 2
überfliegen 1045 › 1; 1293 › 1
Überflieger 2
überfließen 1614 › 1
überflügeln 1389 › 3
Überfluss 136 › 2; 670 › 1; 1615 › 1
überflüssig 1623 › 1; 1662
überflüssig sein 6 › 2
überflüssig wie ein Kropf 1662
überfluten 1614 › 1
überflutet 1157 › 2
Überflutung 1160 › 2
überfordern 152 › 2; 235 › 2; 291 › 1; 536 › 1
überfordern, sich 536 › 2
überfordert 1125 › 2
Überforderung 153 › 2; 537 › 2; 1015 › 2
überfrachten 152 › 2
überfrachtet 762; 1598 › 3
überfragt 1692 › 1
überfressen 1359 › 1
überfrieren 656 › 2
überführen 1383 › 3; 1616 › 2; 1931 › 4
Überführung 331 › 1; 1586 › 1

Überfülle 1615‣1
überfüllt 1824‣2
überfüttern 673‣1
Übergabe 119‣5; 1178‣1
Übergang 23‣1; 331‣1; 1210‣4; 1705‣2
Übergang, im 1645‣3
Übergang, ohne 1258
übergangen 1637‣1
Übergangsalter 905‣1
übergangslos 1010‣4; 1258
**übergeben 1613**; 1614‣2
übergeben, der Erde 231‣1
übergeben, der Öffentlichkeit 544‣2
übergeben, sich 327‣3
übergegangen 841‣1
übergehen 20‣1; 151‣1; 1109‣1; 1404‣5
übergehen, in andere Hände 1880‣1
übergehen, mit Schweigen 1710‣1
übergehen, zum Angriff 59‣2
übergehend, ineinander 1645‣3
übergenau 719‣1; 1236‣1
übergenug 1322‣1; 1819‣1
übergeordnet 859‣2
übergescheit 1236‣2
übergeschnappt 1773‣1
Übergewicht 670‣2
Übergewicht haben 666‣2
übergewichtig 379‣1
Übergewichtigkeit 670‣2
übergießen 614‣1
überglücklich 778‣1
übergreifen 144‣2
übergreifend 40‣3
Übergriff 1665‣1
übergriffig 37‣1; 1016‣3
übergroß 788‣1
überhaben 1034‣2
überhandnehmen 144‣4
Überhang 413‣2; 1615‣1
überhängen 1917‣2
überhasten 426‣4
überhastet 1853‣2
überhäufen 1618‣3
überhaupt 40‣5; 676‣2
überheben, sich 428‣3; 1264‣1
überheblich 456‣2
überheblich sein 428‣3
Überheblichkeit 457‣1
Überhebung 457‣2
überheizt 1868‣2
überhitzt 1620‣2
Überhitzung 1615‣1
überhöhen 1618‣2
überhöht 1620‣2; 1620‣6
Überhöhung 267; 1057‣3; 1543
überholen 540‣1; 1389‣3
überholen, nicht zu 1837‣1
überholt 1703; 1739
überhören 489‣1; 1404‣5
Überich 759
überirdisch 1688‣4
überkandidelt 1620‣5; 1773‣1
überkleben 198
überkommen 58‣3; 59‣2; 511; 675‣1; 1228‣1
überkriegen 1034‣2
überladen 1322‣4; 1618‣1; 1618‣5; 1620‣3
überlagern 198
überlang 788‣1
überlappen 198
überlappen, sich 261‣3
überlassen 680‣2; 680‣4; 1617‣2; 1756‣1
Überlassung 1814‣1
überlasten 152‣2
überlastet 1125‣2
überlastet, mit Schulden 1422‣1
Überlastung 537‣2; 1015‣2
Überlauf 1210‣6
**überlaufen** 20‣1; 1504‣1; **1614**; 1824‣2
Überlaufen, zum 1824‣1
Überläufer 375
überlaut 1017
überleben 362‣3; 1019‣1
überleben, sich 1745‣6
Überlebender 510‣3
überlebensfähig 976‣1
überlebensgroß 788‣1
überlebt 43‣2; 1703
Überlebtheit 44‣4
überlegen 369‣2; 513‣1; 667‣2; 788‣4
überlegen sein 1389‣3
überlegen, allen 551
Überlegenheit 514‣2; 1846‣1
Überlegenheitswahn 387‣2
überlegt 887‣2; 1255‣1; 1352‣2; 1463‣3; 1471‣2; 1551‣1; 1768‣1
überlegt, wohl 16; 728‣3; 1463‣3; 1471‣1; 1842‣2; 1968‣2
Überlegung 875‣2; 1253‣4; 1316
überleiten 1713‣2
überliefern 1617‣1
überliefert 675‣1
Überlieferung 324‣1; 510‣2
überlisten 291‣4
Überlistung 1555‣1
übermannen 1228‣1; 1458‣2
übermannsgroß 788‣1
übermannshoch 788‣1
**Übermaß** 670‣1; **1615**
übermäßig 1620‣1
übermenschlich 1620‣1
übermitteln 279‣4; 1115‣3; 1383‣3; 1613; 1617‣4
übermitteln, Grüße 799‣1
Übermittlung 274‣1; 1586‣1
übermüdet 1125‣1
Übermüdung 537‣1
Übermut 457‣2; 647‣4
übermütig 640‣2; 832‣3
Übermutter 871‣1
übernachten 21‣2; 281‣2
übernächtig 1125‣1
Übernahme 462‣1; 510‣2; 920
übernatürlich 1688‣4
übernehmen 463‣1; 629‣4; 921‣2
übernehmen, Erbe 511
übernehmen, sich 536‣2; 1719‣2
übernervös 545‣1
übernommen 1125‣2
überorganisieren 1618‣1
überparteilich 732‣1
Überparteilichkeit 733
überpflanzen 1213
Überproduktion 1615‣1
überprüfbar 1206‣2
Überprüfbarkeit 1207‣2
überprüfen 1279‣1; 1622‣2
Überprüfung 1280‣2
überquellen 1614‣1
überquer 1412‣1
überqueren 1293‣1
Überquerung 575‣3
überragen 666‣2; 1389‣3; 1917‣2
überragend 148‣1; 551; 667‣2; 788‣1
überragend, alles 859‣3
**überraschen** 117; **1616**

überraschend 118‣1; 550; 1258; 1390
überrascht 1258; 1500‣3
Überraschung 549
Überraschungsei 549
Überraschungserfolg 515‣2
überreagieren 1618‣1
Überreaktion 1619‣1
überreaktiv 468‣3
überredbar 464‣3
überreden 206; 538‣1; 1622‣1
Überredung 434‣1
überreichen 1613
überreichlich 1819‣1
überreif 1323‣1
Überreife 1615‣1
überreißen 1618‣1
überreizt 545‣1
überrennen 59‣2; 1458‣2
Überrest 1335‣1
Überreste, sterbliche 968‣2
überrieseln 614‣1
überrissen 1620‣2
überrollen 59‣2
überrumpeln 59‣2; 1364‣1; 1616‣2
überrumpelt 1500‣3
Überrumpelung 60‣1; 549
überrunden 1389‣3
übersäen 1132‣1
übersät 1824‣3
übersät mit 1819‣1
übersättigen 673‣1
übersättigt sein 1034‣2
Übersättigung 14‣2; 1009
überscharf 1368‣3
überschatten 407‣2
überschätzen 898‣6; 1618‣2
überschätzen, sich 428‣3
überschätzt 1620‣6
Überschätzung 597‣3
Überschau 164‣1
überschaubar 431‣1; 951‣2
überschauen 1789‣4
überschäumen 1504‣1; 1614‣1
überschäumend 826‣3
überschlafen, etwas 1351‣2
Überschlag 1342‣3
überschlagen 151‣1; 249‣1; 1086‣3; 1370‣2; 1868‣1; 1870‣1
überschlagen, sich 426‣4; 486‣1; 1618‣3
überschlank 408‣2
überschlau 1391‣2
überschneiden, sich 261‣3
Überschneidung 1590‣3
überschreiben 1617‣2
überschreiten 1293‣1
überschreiten, das Maß 1618‣3
überschreiten, Zeit 1816‣3
Überschrift 927‣7
überschuldet 531‣2; 1422‣1
Überschuldung 1420‣2
Überschuss 1190‣2; 1615‣1; 1727‣2
überschüssig 1623‣1
überschütten 614‣1; 1618‣3
überschütten mit 1812‣2
Überschwang 471; 546‣4; 1619‣1
überschwänglich 470; 1620‣5
Überschwänglichkeit 471; 1619‣1
überschwappen 1614‣1
überschwemmen 1614‣1
überschwemmen mit 1812‣2
überschwemmt 1157‣2
Überschwemmung 1160‣2
Übersee 646‣1
übersehen 151‣1; 489‣1; 1046‣3; 1404‣5; 1637‣1; 1789‣4
übersehen werden 1231‣2
übersetzen 1293‣2; 1617‣7
Übersetzer 1765‣2
Übersetzung 1766‣2
Übersicht 1253‣2; 1608‣1; 1813‣1
übersichtlich 431‣1; 728‣3; 942‣4; 1220‣1
Übersichtlichkeit 432‣3; 944‣1
übersiedeln 173‣1; 482‣4
Übersiedlung 483‣5
übersinnlich 1688‣4
Übersinnliches 699‣1
überspannen 1293‣3; 1618‣1; 1713‣2
überspannt 470; 545‣3; 1249‣3; 1620‣2; 1773‣1
Überspanntheit 471; 872‣2; 1619‣1
Überspannung 537‣2
überspielen 1617‣8; 1710‣1; 1729‣2; 1806
Überspielung 1807‣2
überspitzen 1618‣1
überspitzt 1236‣2; 1368‣3; 1620‣2
überspringen 151‣1
übersprudeln 1614‣1
übersprudelnd 1021‣3
überstaatlich 893
überstehen 1917‣2
Überstehen 360‣3
überstehend 379‣4
übersteigen 1618‣1
übersteigern 1618‣1
übersteigert 1354‣3; 1620‣2
Übersteigerung 1615‣1; 1619‣1
überstellen 1613
Überstieg 331‣1
überstreichen 587‣3
überströmen 1614‣1
überströmend 470
Überstunden 517‣3
überstürzen 426‣4
überstürzen, nichts 1351‣2
überstürzt 427‣2; 1032‣1; 1405‣2; 1853‣2
Überstürzung 425‣3
überteuern 291‣1
Überteuerung 1506‣2
Übertitel 517‣2
übertölpeln 291‣1
Übertölpelung 1555‣1
übertragbar 299‣2; 687‣5; 1123‣1
übertragbar, nicht 1239‣4
**übertragen** 1‣3; 308‣2; 680‣2; 1213; 1613; **1617**; 1701; 1704‣1; 1722‣2
übertragen, Amt 279‣6
übertragen, Daten 1617‣6
übertragen, direkt 1659‣5
übertragen, Stellung 279‣6
Übertragung 125‣1; 306‣3; 979‣1; 1543; 1702; 1766‣2; 1814‣1
übertreffen 172‣2; 1389‣3
**übertreiben** 1067; 1264‣1; **1618**
**Übertreibung** 1555‣4; 1615‣2; **1619**
übertreten 1614‣2
**übertrieben** 1088‣3; **1620**
übertrumpfen 1389‣3
übertünchen 198; 587‣3
Übervater 871‣1
übervölkert 1824‣3
Übervölkerung 478‣3
übervoll 1824‣2
übervorsichtig 63‣2

übervorteilen 291›1; 812›3; 1109›1
überwachen 245›2
überwachsen 198
Überwachung 132›1; 1280›2
überwältigen 1228›1; 1389›2; 1458›2; 1752; 1921›2
überwältigend 129›1
überwältigend, nicht 1086›2
überwechseln 1614›2
Überweg 331›1
überweisen 302›4
Überweisung 95›3; 1927›4
Überweisung, durch 1119›4
überwerfen 97›1
überwerfen, sich 1531›1; 1531›2; 1591›1
überwiegen 666›2
**überwiegend** 272›1; 1096; **1621**
überwindbar 1123›2
überwinden 362›3; 1709›1
überwinden, sich 226
überwintern 362›3
überwinternd 363›3
überwirklich 1688›4
überworfen 603; 692›1
überwuchern 144›4
Überwucherung 1615›1
überwunden 1739
Überwurf 1425›2
überzählig 1623›1; 1662
überzählig sein 6›2
überzart 1887›5
überzeichnen 1735›1
Überzeichnung 1555›4
**überzeugen 1622**
**überzeugen, sich** 612›2; **1622**
überzeugend 1390; 1786›1; 1909›2
überzeugend sein 1622›3
überzeugt sein 767›1
überzeugt, von sich 1449
Überzeugtheit 1456›2
Überzeugung 514›1; 1095›1; 1456›2
Überzeugung, gegen die 1648›2
überziehen 198; 1618›1
überziehen, eins 1389›1
überziehen, etwas 97›1
überziehen, Konto 319›1
überziehen, mit Krieg 915›3
überziehen, sich 614›3
Überzieher 1425›2
Überziehungskredit 981
überzogen 1620›2
überzüchtet 468›3
Überzüchtung 469›1
Überzug 616›1; 867›9; 1193›1; 1382›1; 1425›2
üble Nachrede 1367›1; 1761
üblich 40›1; 675›1; 964›1
üblicherweise 40›5
**übrig (sein) 1623**
übrig bleiben 6›2
übrig geblieben 1623›1
übrig gelassen 1623›1
übrig haben 1623›3
übrig lassen 1623›3
übrig sein 6›2
Übrigen, im 1162›1
übrigens 1162›1
übrighaben für, etwas 1122›1
**Übung** 514›2; 609; **1624**; 1901
Übungsbuch 1027
Übungsgelände 682›3
**Ufer 1625**
Ufer, am anderen 692›2
Ufer, befestigtes 1625
uferlos 1620›1; 1819›1; 1888›1
Uferstreifen 1625
Uhr 1932›3
Uhr, nach der 1318›1
Ukas 95›2; 207›1
Ulama 936›1
Ulk 1486›1; 1670›2; 1679›3
ulken 1677›4
ulkig 832›4
Ulknudel 1678›2
ultimativ 476; 1140›1; 1249›1
Ultimatum 397›1
ultra 1448›1
um 1739
um ... willen 68›2; 1885
umändern 1704›1
umarbeiten 540›1; 1704›1
Umarbeitung 541›1; 1705›1
umarmen 1051›3
Umarmung 798›2; 1050›3
Umbau 541›1; 1705›1
umbauen 540›1
umbenennen 928›5
umbesetzen 1704›1; 1880›2
Umbesetzung 1879›1
umbiegen 583›2
umbilden 1704›1
Umbildung 1705›1
Umblasen, zum 408›3
umbrechen 753; 784›1
umbringen 1583›1
umbringen, sich 1583›5
Umbruch 1338›1; 1705›2
umbuhlen 1396
umdefinieren 1704›1
umdeklarieren 1704›1; 1735›3
umdenken 1704›5
Umdenken 443›1
umdeuten 1704›1
Umdeutung 1705›4
umdrängen 389›5; 1628›5
umdrehen 19; 393›6; 1704›1
umdrehen, den Magen 459›1
umdrehen, den Schlüssel 1394›1
umdrehen, sich 393›7; 482›1; 1546›1
umdrehen, Spieß 1746›1
Umdrehung 394›1
umfahren 28›1
umfallen 20›1; 1959›2
**Umfang** 785; 1497›3; **1626**
Umfang, in diesem 1468
Umfang, in großem 1819›1
Umfang, in vollem 676›2
umfangen 1051›3
umfänglich 1502›2
umfangreich 1322›2
umfärben 587›1
umfassen 400›2; 490; 1051›3
umfassend 40›4; 450; 676›1; 719›3; 1322›2; 1826›3
Umfeld 315; 1138›2; 1151›1; 1631›2
Umfeld, soziales 1631›2
umformen 1704›1
umformulieren 1704›1
Umformung 1705›1
**Umfrage 1627**
umfüllen 1025›4
umfunktionieren 1704›1
Umgang 223›1; 746›3; 962›2
Umgang haben 1629›2
Umgang, gesellschaftlicher 746›3
umgänglich 488; 745›1
Umgangsform 1580›3
Umgangsformen 84›1; 1754›2
Umgangssprache 1489›4
Umgangston 1580›3
umgarnen 1737

umgebaut 1779›1
**umgeben 1628**
umgebracht werden 1508›5
Umgebung 1138›2; 1151›1; 1296›2; 1631›1
Umgebung, in nächster 1150›2
umgedreht 1347
Umgegend 1151›1
**umgehen** 170›2; 622›2; 1404›5; **1629**
umgehen mit 201›1; 222›1; 1629›2
umgehend 768›3; 1285›2
umgehend, möglichst 1405›2
umgekehrt 1168; 1347
umgestalten 540›3; 1704›1
Umgestalter 1252›1
Umgestaltung 1338›1; 1705›1
umgetan 513›1
umgetrieben 1667›1
umgewandelt 1779›1
umgewandelt, wie 1779›1
umgießen 1025›4
umgraben 784›1
umgrenzen 1628›4
umhaben 1585›2
umhalsen 1051›3
umhängen 97›1
umhauen 1389›4
umhegen 1244›1
Umhegung 1243›1
umhergehen 298›1; 700›1
umherreisen 1326›1
umherschwirren 1433›1
umherziehen 1326›1
umherziehend 391›2
umhinkönnen, nicht 1130
umhören, sich 637›1
umhüllen 198; 1228›2; 1426›1
Umhüllung 867›1
Uminterpretation 1705›4
uminterpretieren 1704›1
umjubelt 57
Umkehr 394›1; 1344›1; 1705›2
umkehrbar 1849›5
umkehren 393›6; 1735›1
Umkehrpunkt 763›2
Umkehrung 691›1; 1705›2
umkippen 20›1; 578›1
umklammern 400›2; 1228›3
Umklammerung 855›3
umklappen 393›3
umkleiden 198
Umkleidung 867›3
umkommen 578›3; 1508›4; 1724›1
umkommen, vor Langeweile 1011›2
Umkreis 145›2; 315; 682›1; 1151›1; 1296›2
umkreisen 393›1; 1628›5
umkrempeln 1704›1
umkringeln 928›3
umlackieren 266
Umladung 1586›1
Umlauf 256›2; 394›1
Umlauf sein, in 1629›4
Umlauf, im 675›4
Umlaufbahn 1341›1
umlaufen 393›1; 1629›4
umlaufend 675›4
umlegen 1389›4; 1583›1; 1792›1; 1816›1
umleiten 11›1
Umleitung 29›1
umlenken 11›1; 1729›2
umliegen 1628›3
umliegend 1150›2
ummodeln 1704›1
ummünzen 1704›1; 1735›1
Ummünzung 1705›4
umnachtet 705; 1773›2
Umnachtung 706
umnebeln, sich 407›2
umnebelt 404›4
Umorganisation 1705›1
umorganisieren 540›3; 1301; 1704›1
Umorientierung 29›4
umpflanzen 196›3
umpflügen 196›3; 784›1
umprogrammieren 1704›1
umrahmen 1628›2
Umrahmung 1296›1
umranden 1628›1
Umrandung 1296›1
umranken 1628›2
umräumen 1704›2
umreißen 1254›3; 1628›4; 1725›1; 1936›7
umringen 389›5; 1628›5
Umriss 630›3; 1053›2
umrissen 942›4
umrissen, fest 376›2
Umrissen, in 52›2; 1194›3
umrisshaft 405›3; 1194›3
Umrisslinie 1053›2
umsatteln 1704›3
Umsatz 811›1; 1755›1
Umsatzsteuer 1510›2
umschalten 1704›5; 1880›1
umschattet 405›2; 1655›3
Umschau 164›1
umschauen, sich nach 1546›1
umschichtig 693
umschichtig tun 1880›2
Umschlag 582›1; 811›1; 867›4; 983›1; 1705›2
umschlagen 583›2; 1383›2; 1389›4; 1704›1; 1880›2
Umschlagplatz 1081›1
Umschlagtuch 867›5
umschließen 490; 1051›3
umschlingen 1051›3
umschmeicheln 1396; 1730›2
umschmeißen 1228›1; 1523
umschmelzen 1704›1
umschneiden 1704›1
umschnüren 1228›2
umschreiben 196›2; 858; 1704›1
Umschrift 1417›2
umschulen 1704›3
umschwärmen 1730›2
umschwärmt 57; 241›1
Umschweife, ohne 86; 942›2; 1202›2
umschweifig 719›4
umschwenken 20›1; 393›6
Umschwung 983›1; 1338›1; 1705›2
umsehen nach, sich 1546›1
umsehen, sich 79›1
umsetzbar 1123›1
umsetzbar, nicht 1660
umsetzen 196›3; 1704›1; 1756›1; 1799›1; 1810›1
umsetzen, filmisch 196›6
umsetzen, in die Tat 530›1; 1810›1
Umsicht 1470›2
umsichtig 887›2; 1471›2; 1768›1
umsiedeln 173›1; 482›4; 1799›1
Umsiedler 1102
Umsiedlung 1103; 1800
**umsonst** 456›3; **1630**; 1743
umsonst, fast 310›1
umsonst, halb 310›1
umsorgen 1244›1; 1784›2
umspannen 400›2; 490; 1628›1

umspannend 1826›3
umspringen 222›1
umspulen 1617›8
Umstand 577›2; 1005›2; 1554›1
Umstände 136›2; 1005›3; 1015›2
Umstände machen 91›1
Umstände, missliche 1185›1
umständehalber 48
Umständen sein, in 1585›5
Umständen, unter 203; 1123›3
Umständen, unter allen 1636›1
Umständen, unter keinen 1660
umständlich 719›4; 1012›1; 1236›1; 1437›1; 1653›1
Umstandskrämer 1234›1
Umstandskrämerei 1235›1
umsteigen 1704›3
umstellen 854›4; 1704›2; 1880›2
umstellen, sich 1704›5
Umstellung 1705›2; 1705›3
umstellungsfähig 299›1
umstimmen 196›5; 1622›1
umstoßen 1523; 1704›1
umstritten 1268›1; 1669›1
umstrukturieren 540›3; 1301; 1704›1
Umstrukturierung 1705›1
umstülpen 393›3; 1704›1
Umsturz 133›1; 1338›1
umstürzen 578›1; 1704›1
umstylen, sich 1704›6
Umtausch 1879›1
umtauschen 1880›1
umtexten 1704›1
umtreiben 128›4; 261›2
Umtrieb 289›2
Umtriebe 1055›2
umtriebig 421; 1553›1
Umtriebigkeit 420›1
umtun, sich 637›1; 1546›1
U-Musik 1128›3
umverteilen 1792›1
Umverteilung 1793
Umwallung 209›4
umwälzen 540›3
Umwälzung 1338›1
umwandeln 540›3; 1704›1
Umwandlung 1705›2
umwechseln 1880›1
Umweg 29›2
Umweg machen 28›1
Umweg, ohne 1659›2
Umwegen, auf 1119›2
umweglos 1659›2
**Umwelt** 1296›2; **1631**
Umweltfaktoren 980; 1631›3
**umweltfreundlich** 1104›2; 1360›4; 1475›2; **1632**
umweltgerecht 1632›1
Umweltgestaltung 992›4
Umweltpflege 992›4
umweltschonend 1632›1
Umweltschutz 992›4
Umweltverbrechen 1720
Umweltverbrecher 1721›2
umweltverträglich 1632›1
umwenden 393›6
umwenden, sich 393›7
umwerben 243›2; 1396; 1730›2; 1737
Umwerbung 1894›5
umwerfen 74›2; 1228›1; 1523; 1704›1
umwerfend 129›1
umwerten 1704›1
Umwertung 1338›1; 1705›4
umwickeln 1228›2
umwidmen 1704›1
umwinden 1628›2
umwittert 260›1
umzäunen 1628›4
umziehen 173›1; 1628›1; 1628›4
umzingeln 854›4; 1628›5
Umzingelung 855›3
Umzug 368›1; 483›5
unabänderlich 473; 1186›2; 1455›5
Unabänderlichkeit 1187›3
unabdingbar 1636›1
unabgelenkt 124›1
Unabgeschlossenheit 1689›2
unabgesichert 1669›2
unabhängig 642›1
unabhängig machen, sich 211›4
unabhängig von 1636›1
unabhängig, geistig 642›1
Unabhängigkeit 643›1
unabkömmlich 1186›1
unablässig 879›1
unabsehbar 162›1; 788›2; 1008›2; 1643›2
unabsichtlich 1648›1
unabweislich 1390
unabwendbar 1186›2; 1976›3
Unabwendbarkeit 1187›3
unachtsam 1032›1; 1634›2
Unachtsamkeit 1033›2; 1146; 1776›1
unähnlich 1779›1
Unähnlichkeit 1684
unalltäglich 1453›1
unambitioniert 431›2
unanfechtbar 1455›4; 1826›1
unangebracht 1552; 1656›2; 1657›3
unangebrochen 657›2; 676›1; 742›2
unangefochten 642›1; 1455›4
unangemeldet 1258
unangemessen 1656›2; 1657›3
**unangenehm** 1016›1; 1238›1; 1239›5; **1633**
unangezogen 1145›4
unangreifbar 85›2; 880›2; 1455›6; 1826›1
Unangreifbarkeit 611›2; 1827
unannehmbar 1660
Unannehmlichkeit 104›3
unanschaulich 571›2
unansehnlich 571›2; 819›1; 1635
unansprechbar 1437›3; 1537›4
unanständig 90›1; 1354›2; 1403›2
Unanständigkeit 659›1
unantastbar 880›2; 1717
unanzweifelbar 1455›4; 1860
unappetitlich 458›2
unaromatisch 571›1
Unart 641›3
unartig 640›3
unartikuliert 404›3; 1688›2
unästhetisch 819›1
unattraktiv 571›2
unaufdringlich 1955›2
Unaufdringlichkeit 1956›2
unauffällig 1955›1
unauffindbar 1883›1
unaufgearbeitet 1202›3
unaufgefordert 644
unaufgeklärt 1688›2; 1692›1
Unaufgeklärtheit 1658
unaufgeräumt 1663›1
unaufhaltsam 1186›2
Unaufhaltsamkeit 1187›1
unaufhörlich 363›1; 879›1; 1008›3; 1643›2
**unaufmerksam** 1145›2; **1634**; 1657›1

unaufmerksam sein 1387›3
Unaufmerksamkeit 33›2; 1033›2; 1146
unaufrichtig 580›2; 1694›2
Unaufrichtigkeit 581›1; 1695›2
unaufschiebbar 427›3
unaufschiebbar sein 426›3
unausbleiblich 1186›2
unausforschlich 1688›4
unausführbar 1660
unausgefüllt 1023›4; 1202›5; 1693
unausgefüllt sein 1011›2
unausgeglichen 1202›4
unausgegoren 1666›1; 1853›2
unausgereift 1666›1; 1853›2
unausgerüstet 1691›1
unausgesetzt 879›1
unausgesprochen 404›3; 1435›2
unausgestattet 1691›1
unausgewachsen 906›2; 1666›2
unauslöschlich 888›4
unaussprechbar 1717
unaussprechlich 1448›1; 1688›4
unausstehlich 1633›3
unausweichlich 1186›2; 1976›1
Unausweichlichkeit 1187›3
unbändig 826›2; 1902›1
Unbändigkeit 827
unbarmherzig 332; 817›3
Unbarmherzigkeit 333
unbeabsichtigt 1648›1; 1948›1
unbeachtet 1637›1
unbeanstandet 250›1
unbeantwortet 1202›3
unbeaufsichtigt 642›1; 687›6; 1202›1
unbebaut 1199›1
unbebaut lassen 1014›3
unbedacht 1032›1; 1634›2; 1691›2
Unbedachtsamkeit 1033›2
unbedarft 401›1; 431›2; 1154; 1635; 1692›2
Unbedarftheit 402›1; 432›2
unbedeckt 1149›1
unbedenklich 86; 1031›4; 1032›1; 1134›2; 1455›2; 1905›1
Unbedenklichkeit 643›3
**unbedeutend** 180; 947›2; **1635**; 1637›1; 1890›1
**unbedingt** 39; 1186›1; 1295; **1636**
unbedingt, nicht 203; 1563
Unbedingtheit 1533›1
unbedroht 880›1; 1455›3
unbedruckt 1023›4
Unbeeindruckbarkeit 1642›1
unbeeindruckt 769›3
unbeeinflussbar 1500›4
unbeeinflusst 732›1; 1353›1
unbeendet 1690›1
unbefangen 642›2; 1353›1
Unbefangenheit 643›3; 733
unbefriedigend 1651›1
unbefriedigt 1693
unbefugt 1717
unbegabt 401›1
Unbegabtheit 402›1
unbegleitet 447›1; 454›2
unbegreiflich 1688›1
unbegrenzt 240; 642›1; 676›2; 1643›1; 1888›1
Unbegrenztheit 145›2; 1644
unbegründet 794
unbehaart 765›3; 910›1
Unbehagen 1036›1; 1113
unbehaglich 63›1; 1633›1
unbehauen 631›1; 1259›2
unbehaust 391›3
unbehelligt 642›1
unbeherrschbar 1902›1
unbeherrscht 1088›2; 1902›1
Unbeherrschtheit 827
unbehindert 642›1; 765›5; 1902›1
unbeholfen 1653›1
Unbeholfenheit 1759›3
unbehütet 853›4
unbeirrbar 345›1; 476; 1455›6; 1966›1
Unbeirrbarkeit 611›5
unbeirrt 1455›6
**unbekannt** 645›1; 1172›2; **1637**
unbekannt mit 1692›1
unbekehrbar 1636›2; 1687
unbekleidet 1149›1
unbekömmlich 1656›3
unbekümmert 1031›4; 1032›2
Unbekümmertheit 643›3
unbelastet 642›1
unbelebt 447›3; 1091›3; 1582›2
unbeleckt 1692›1
unbelegt 1598›2
unbelehrbar 401›1; 423; 477›2; 1500›2; 1687
Unbelehrbarkeit 478›5
unbelehrt 1692›1
Unbelehrtheit 1658
unbelesen 1692›1
Unbelesenheit 1658
unbeliebt 1633›3
unbeliebt machen, sich 1364›4
unbemannt 1023›2
unbemäntelt 942›2; 1202›2
unbemerkt 831›1; 1715›1
unbemerkt bleiben 1231›2
unbemittelt 106›1
unbenommen 250›1
unbenutzt 1172›1
unbenützt 642›4
unbeobachtet 831›1
unbequem 1016›1; 1633›1; 1656›2
Unbequemlichkeit 1015›2
unberaten 1692›1
unberechenbar 687›5; 1088›2; 1688›4; 1694›1
Unberechenbarkeit 1695›1
unberechnet 1630›1
unberechtigt 1717
unberücksichtigt lassen 1109›1
Unberührbarer 159›3
unberührt 676›1; 769›1; 1172›1
unbeschadet 1197; 1603›1
unbeschädigt 676›1
unbeschäftigt 103
unbeschäftigt sein 1011›2
unbescheiden 83›1; 640›1
Unbescheidenheit 641›3
unbeschlagen 1692›1
unbescholten 85›2; 326›2
unbeschönigt 1202›2
unbeschrankt 687›6
unbeschränkt 240; 642›1; 1643›1; 1902›1
Unbeschränktheit 1644
unbeschreiblich 162›1; 1249›1; 1448›1
unbeschrieben 1023›4; 1172›1; 1202›5
unbeschuht 1149›2
unbeschützt 853›4
unbeschwert 832›1; 1031›4
Unbeschwertheit 1033›1; 1217
unbeseelt 1091›3; 1582›2
unbesehen 86; 1636›1

unbesetzt 642▸4; 1023▸4
unbesetzt lassen 1014▸3
Unbesiegbarkeit 611▸2
unbesonnen 1032▸1; 1134▸2; 1634▸2
Unbesonnenheit 1033▸2
unbesorgt 1031▸4; 1032▸2
Unbesorgtheit 1033▸1
unbeständig 1694▸1; 1741
Unbeständigkeit 1695▸1; 1742▸1
unbestätigt 1669▸1
unbestechlich 85▸3; 345▸1; 732▸1; 1966▸1
Unbestechlichkeit 611▸5; 733
unbestimmbar 1688▸1; 1688▸2
unbestimmt 405▸3; 1688▸2; 1970▸1
unbestreitbar 250▸1; 1455▸4; 1908▸3
unbestritten 1455▸4
unbeteiligt 769▸1; 1194▸2; 1634▸1
unbetont 1162▸2
unbeträchtlich 1635; 1890▸1
unbetretbar 742▸1
unbetreten 1172▸5
unbetroffen 769▸1
unbewacht 687▸6; 1202▸1
unbewältigt 1202▸3
unbewandert 1692▸2
unbeweglich 610; 1500▸1
unbewegt 769▸1; 911▸4; 1500▸1
Unbewegtheit 1350▸4
unbeweisbar 1669▸1
unbewiesen 1669▸1
unbewohnbar 263▸3
unbewohnt 447▸3; 1023▸2; 1023▸4; 1902▸2
unbewölkt 836▸3; 942▸1
unbewusst 404▸3; 896; 1091▸2; 1648▸1
Unbewusste, das 690▸4; 1443▸1
Unbewusstheit 1642▸4
unbezahlbar 832▸4; 970; 1570
unbezahlt 1630▸1
unbezähmbar 1902▸1
unbezweifelbar 1390
unbezwinglich 1902▸1
Unbilden 104▸3; 1654
Unbill 1665▸1
unbillig 1652
unblutig 655▸2
unbotmäßig 423
unbrauchbar 263▸3; 580▸1; 1392▸1; 1651▸1; 1656▸2
unbrauchbar machen 1936▸3
unbußfertig 1687
und so fort 1643▸2
und zwar 1155
Undank 1642▸2
undankbar 911▸3; 1652
undefinierbar 1688▸2
undenkbar 1660
Undenkbarkeit 1661
Undercover 246▸2; 953▸1
Underdog 159▸3
undeutlich 405▸3; 1688▸2
undeutlich machen 1719▸5
undicht 263▸1
undicht sein 409▸2
undienlich 1656▸2
undifferenziert 404▸3
Undifferenziertheit 432▸3
Undine 704▸4
undiplomatisch 1259▸3
undiskutabel 1660
undiszipliniert 1088▸2
undogmatisch 464▸2; 620▸2; 930
unduldsam 477▸2; 1500▸1
Unduldsamkeit 478▸5
undurchdringlich 378▸1; 405▸4; 1688▸2
undurchführbar 1660
Undurchführbarkeit 1661
undurchlässig 378▸1
undurchschaubar 1268▸2; 1970▸2
undurchsichtig 316▸2; 378▸1; 405▸3; 1688▸2; 1970▸2
**uneben** 1302▸1; **1638**
uneben, nicht 801▸2
unecht 580▸3; 762; 938; 997
unegal 1638▸4; 1779▸1
unegoistisch 1639
Unehre 1367▸1
unehrenhaft 1392▸5
unehrlich 580▸4
**uneigennützig 1639**
**Uneigennützigkeit 1640**
Uneindeutigkeit 1820
uneingerechnet 160▸1
uneingeschränkt 240; 676▸2; 1072▸3; 1636▸1
uneingeweiht 645▸2; 1692▸1
uneinheitlich 1779▸1
uneinholbar 551; 1837▸1
uneinig 692▸1
uneinig bleiben 28▸4
uneinig sein 28▸4
Uneinigkeit 1530▸1; 1592▸1
Uneinnehmbarkeit 611▸2
uneins 692▸1
uneins, mit sich 1974
uneinsichtig 316▸4; 401▸1; 1500▸2; 1500▸4
unelastisch 817▸1; 1491▸2
unelegant 1259▸1
unempfänglich 880▸1; 911▸3; 1537▸3; 1641▸1
Unempfänglichkeit 1642▸1
**unempfindlich** 285; 361▸1; 769▸4; 911▸3; 1500▸1; 1537▸3; **1641**
**Unempfindlichkeit** 354▸2; 611▸1; 912▸2; **1642**
**unendlich** 162▸1; 788▸2; 879▸1; 1008▸2; 1448▸1; **1643**
Unendliche, bis ins 1643▸2
**Unendlichkeit** 145▸2; **1644**
unentbehrlich 1049▸2; 1186▸1; 1896▸1
Unentbehrlichkeit 1187▸1
unentdeckt 1637▸1
unentgeltlich 1630▸1
unentrinnbar 1186▸2; 1385
**unentschieden** 769▸2; 1202▸3; 1268▸1; **1645**; 1974
Unentschiedenheit 591; 1429▸1; 1759▸1; 1969▸1
unentschlossen 1645▸1; 1974
unentschlossen sein 1944
Unentschlossenheit 1429▸1; 1759▸1
unentschlüsselbar 405▸4
unentwegt 363▸1; 879▸3
unentwickelt 1666▸2
unentwirrbar 405▸4
unerbittlich 817▸3; 1532▸1
Unerbittlichkeit 333; 1533▸1
unerfahren 906▸2; 1154; 1691▸1; 1692▸2
Unerfahrenheit 1658
unerfindlich 1688▸1
unerforscht 1172▸5
unerfreulich 1016▸1; 1238▸1; 1633▸2
unerfreulicherweise 1038
unerfüllbar 1660

unerfüllt 1202▸3
unergiebig 1012▸1; 1199▸1; 1649▸1
Unergiebigkeit 1200▸1
unergründlich 1576; 1688▸4
Unergründlichkeit 406▸3
unerheblich 769▸5; 947▸2; 1635; 1890▸1
unerhört 24; 129▸2; 1392▸5
unerkannt 1637▸1; 1715▸1
unerkennbar 405▸4; 1688▸4
Unerkennbarkeit 406▸3
unerklärbar 1688▸1; 1688▸4
unerklärlich 1688▸1
Unerklärlichkeit 406▸3
unerlässlich 1186▸1; 1896▸1
Unerlässlichkeit 1187▸1
unerlaubt 1717
unerledigt 1202▸3
unerledigt sein 87▸1
Unerledigtes 1335▸2
unermesslich 788▸2; 1643▸1
Unermesslichkeit 1644
unermüdlich 143; 421; 619; 1553▸1; 1851
unermüdlich sein 390
Unermüdlichkeit 420▸2
unernst 1032▸2; 1194▸4
unerotisch 571▸2
unerquicklich 1238▸1; 1633▸2
Unerquicklichkeiten 104▸3
unerreichbar 1660; 1888▸2
unerreicht 551
unersättlich 805; 1088▸3; 1620▸1
Unersättlichkeit 1615▸2; 1757▸1
unerschlossen 1172▸5; 1902▸2
unerschöpflich 1643▸1; 1819▸1
Unerschöpflichkeit 1644
unerschöpft 1643▸1
unerschrocken 1134▸1
Unerschrockenheit 1133
unerschütterlich 345▸2; 1352▸3; 1455▸6; 1537▸5; 1966▸1
Unerschütterlichkeit 611▸5; 1350▸3; 1642▸2
unerschüttert 769▸1; 1455▸6
unerschwinglich 1570
unersetzlich 970
unerträglich 1633▸2
unerwachsen 1666▸2
unerwähnt lassen 1710▸1
unerwartet 1258
unerweichbar 1295
unerwiesen 1669▸1
unerwünscht 1633▸2
unerzogen 640▸3
Unerzogenheit 641▸2
unfachmännisch 383▸2
unfähig 1651▸2
unfair 1652
**Unfall** 1363▸1; **1646**
unfallfrei 676▸1
Unfallopfer 1214▸2
unfarbig 590▸1
unfassbar 1688▸2
Unfassbarkeit 406▸3
unfasslich 1688▸1
unfehlbar 1826▸1
Unfehlbarkeit 1827
unfein 90▸1; 1259▸2
unfertig 1666▸2; 1690▸1
Unflat 1401▸1
unflätig 90▸4; 1657▸2
Unflätigkeit 659▸3
unflexibel 1500▸2
unfolgsam 423
unförmig 379▸1; 1259▸1
Unförmigkeit 670▸2
unförmlich 631▸3
**unfrei** 1314; **1647**; 1669▸5; 1758▸1
Unfreier 1466▸1
Unfreiheit 1967▸1
**unfreiwillig 1648**; 1948▸1
unfreundlich 31▸1; 1302▸5; 1657▸1
Unfreundlichkeit 641▸3
Unfriede 604; 1530▸1
unfriedlich 37▸1
unfrisiert 1145▸4
unfroh 1655▸3
**unfruchtbar 1649**
Unfruchtbarkeit 1200▸1
Unfug 1670▸1
ungalant 1657▸1; 1657▸3
ungar 1690▸3
ungastlich 1657▸1
Ungastlichkeit 448▸1
ungeachtet 1197; 1603▸1
ungeahnt 1258
ungebändigt 1902▸1
ungebärdig 1902▸1
Ungebärdigkeit 827
ungebeten 644; 1016▸2
ungebeugt 976▸2
ungebildet 1692▸2
Ungebildetheit 1658
ungebräuchlich 1453▸1
ungebraucht 657▸2; 1172▸1
ungebrochen 431▸2; 976▸2; 1154
Ungebrochenheit 1217
ungebügelt 584▸3
ungebührlich 640▸1; 1552; 1657▸3
Ungebührlichkeit 641▸3
ungebunden 454▸3; 642▸1
Ungebundenheit 643▸1
ungedruckt 1637▸1
Ungeduld 546▸1; 553▸1; 1173; 1473▸1
ungeduldig 1667▸1
ungeeignet 1651▸1; 1656▸2
**ungefähr 1650**; 1942
ungefähr, von 1032▸1; 1691▸4; 1948▸2
ungefährdet 880▸1; 1455▸2
ungefährlich 1104▸2; 1455▸2
ungefährlich, nicht 542▸4
ungefällig 1657▸1
ungefärbt 590▸1
ungefiltert 1202▸2
ungeformt 631▸1
ungefragt 644
ungefüge 631▸1; 1259▸1
ungegenständlich 876
ungegliedert 431▸1
ungehalten 320▸1
Ungehaltenheit 104▸1
ungeheißen 644
ungehemmt 86; 642▸2; 1902▸1
Ungehemmtheit 1615▸2
ungeheuer 162▸1; 788▸1; 1448▸1
Ungeheuer 184; 1340; 1381
ungeheuerlich 1392▸5
Ungeheuerlichkeit 333; 641▸3
ungehindert 642▸1; 765▸5
ungehobelt 374▸2; 640▸3; 1259▸2; 1657▸2
ungehörig 90▸1; 1552; 1657▸3
ungehorsam 423
Ungehorsam, ziviler 1897▸2
ungekämmt 1145▸4
ungeklärt 1202▸3; 1268▸1
ungekünstelt 431▸2; 1161▸2
ungeladen 1016▸2
ungelegen 1016▸2; 1633▸1; 1656▸1
Ungelegenheiten 104▸3
ungelehrig 401▸1
ungelehrt 1692▸1

ungeleitet 454›2
ungelenk 1259›1
ungelernt 1692›1
ungelichtet 1902›2
ungelockt 765›3
ungelogen 1860
ungelöst 1202›3; 1268›1
ungelüftet 404›1
Ungemach 1185›2; 1654
ungemein 162›1; 1448›1
ungemütlich 1633›1; 1633›2
ungenannt 1637›1
ungenau 383›2; 1032›1; 1145›1; 1194›3; 1650›3; 1688›2; 1690›2; 1694›2
Ungenauigkeit 1146; 1695›2
ungeniert 642›2
Ungeniertheit 643›3; 659›2
ungenießbar 458›2; 1112; 1392›3; 1633›3; 1693
ungenießbar machen 1724›4
Ungenügen 1689›1
**ungenügend** 1392›1; **1651**; 1690›2
ungenutzt 1199›1; 1649›1; 1743
ungeöffnet 742›2
ungeordnet 1663›1; 1911›1
ungepflegt 1145›4; 1403›1
ungeplant 162›2; 1648›1; 1663›2; 1691›2
ungeprüft 86
ungeraten 640›3; 1392›2
ungerechnet 160›1
**ungerecht** 386; **1652**
ungerechtfertigt 794; 1717
Ungerechtigkeit 387›1; 1665›1
ungereimt 24; 1688›3
Ungereimtheit 1670›1
ungern 1648›2
ungerodet 1902›2
ungerührt 769›1; 817›2; 1352›3; 1500›1; 1537›4
Ungerührtheit 1533›1; 1642›2
ungesagt 1435›2
ungesalzen 571›1; 1104›3
ungesäumt 1285›2; 1405›2
ungeschehen machen 121›2
ungescheut 86
Ungeschick 597›4; 1759›3
Ungeschicklichkeit 597›4; 1759›3
ungeschickt 1656›2
**ungeschickt (sein) 1653**
ungeschlacht 374›1; 1259›1
ungeschliffen 1259›2; 1657›2
ungeschmeidig 1259›1
ungeschmiert 1598›2
ungeschminkt 942›2; 1202›2
ungeschoren lassen 1014›1
ungeschult 1692›1
Ungeschultheit 1658
ungesellig 31›1; 447›2
Ungeselligkeit 448›1
ungesetzlich 1717
Ungesetzlichkeit 1665›2
ungesichert 687›6; 1134›2; 1902›1
ungestaltet 631›1
ungestört 642›1; 765›5
ungestüm 826›2
Ungestüm 827
ungesühnt 1202›3
ungesund 1037›1; 1656›3
ungesüßt 841›1
ungetan 1202›3
ungeteilt 676›2; 1957
Ungeteiltheit 440›1
ungetragen 1172›1
ungetrennt 1957
ungetrost 1655›1
Ungetrostheit 1588
ungetrübt 778›2; 832›1; 836›3; 942›1; 1360›2
Ungetrübtheit 1361›2
Ungetüm 184; 1381
ungeübt 1692›1
Ungeübtheit 1658
ungewandt 1259›1; 1653›1
Ungewandtheit 1759›3
ungewaschen 1403›1
ungewellt 765›3
ungewiss 405›4; 1202›3; 1970›1
Ungewissheit 1469; 1969›1
Ungewitter 1181›1; 1380›1
ungewöhnlich 118›1; 162›1; 272›2; 889›2; 1172›3; 1226›2; 1453›1
ungewohnt 645›1; 1172›2
ungewollt 1648›1
ungewürzt 571›1
ungezählte 1821
ungezähmt 1088›2; 1902›1
ungeziert 1161›2
ungezogen 640›3; 1657›2
Ungezogenheit 641›2
ungezügelt 1088›2; 1902›1
ungezwungen 631›3; 642›2; 644; 716; 745›1; 1031›4
Ungezwungenheit 643›3
unglaubhaft 24
unglaublich 129›2; 1249›1
unglaubwürdig 1694›2
Unglaubwürdigkeit 1695›2
ungleich 1779›1
Ungleichgewicht 1664›3
Ungleichheit 1684
ungleichmäßig 1779›1
**Unglück** 1646; **1654**
**unglücklich** 1177›1; **1655**
unglücklicherweise 1038
Unglücksbote 1609›3
unglückselig 1655›4
Unglücksfall 1646
Unglücksrabe 1214›2
Unglückswurm 1214›2
Ungnade, in 531›3
ungnädig 31›1
Ungnädigkeit 1533›1
ungraziös 1259›1
ungreifbar 405›4; 1688›1
ungründlich 1194›3
ungültig 1392›6
ungültig machen 506›1
ungültig werden 10›3; 1745›7
Ungunst der Verhältnisse 1384›2
**ungünstig 1656**
ungut 321›1
unhaltbar 580›5
unhandlich 1656›2
unharmonisch 692›1
Unheil 1654
Unheil anrichten 1364›1
Unheilbringer 1609›3
unheildrohend 687›1
Unheilprophet 1271
unheilschwanger 687›1
Unheilsprophet 1240
Unheilstifter 894›1
Unheilverkünder 1271
unheilvoll 687›1; 1392›4
unheimlich 162›1; 405›7; 1415›2; 1688›5
**unhöflich** 1259›2; 1552; 1634›2; **1657**
Unhöflichkeit 641›3
Unhold 184; 1267›3
unhörbar 1039; 1352›1
unhygienisch 1403›1

unieren 1713 ▸ 3
uniform 768 ▸ 2
Uniform 946 ▸ 2
uniformieren 1733
uniformiert 768 ▸ 2
Uniformierung 1612 ▸ 5
Uniformität 1319 ▸ 2
Unikat 971 ▸ 1
Unikum 971 ▸ 1; 1225 ▸ 3
unilateral 452 ▸ 2
uninformiert 1692 ▸ 1
unintelligent 401 ▸ 1
uninteressant 1012 ▸ 2
uninteressiert 769 ▸ 1; 1194 ▸ 2; 1353 ▸ 1; 1634 ▸ 1
Uninteressiertheit 1642 ▸ 2
Union 1714 ▸ 6
unirdisch 1688 ▸ 5
Unisex 768 ▸ 2
unisexuell 863
unisono 441 ▸ 1; 1957
Unität 440 ▸ 1
universal 40 ▸ 4; 893; 1826 ▸ 3
Universalerbe 510 ▸ 3
Universalgenie 721 ▸ 1
universell 40 ▸ 4
Universitätsbibliothek 304
Universitätsprofessor 1030 ▸ 1
Universitätsstadt 1495 ▸ 1
Universum 1889 ▸ 2
unkameradschaftlich 1652
unkaputtbar 361 ▸ 1
unken 493
unkenntlich 1715 ▸ 1
**Unkenntnis 1658**
Unkenruf 1872
Unkenrufer 1240
unklar 316 ▸ 2; 405 ▸ 3; 1437 ▸ 1; 1688 ▸ 2
Unklaren lassen, im 1710 ▸ 1
Unklarheit 351 ▸ 2; 406 ▸ 3
unklug 401 ▸ 2
Unklugheit 402 ▸ 2; 1670 ▸ 1
unkollegial 1452
unkompliziert 56 ▸ 1; 431 ▸ 1; 1031 ▸ 2; 1786 ▸ 1
Unkompliziertheit 432 ▸ 3; 1787
unkontrolliert 642 ▸ 1; 1088 ▸ 2; 1202 ▸ 1
unkonventionell 1779 ▸ 3
unkonzentriert 1634 ▸ 1; 1911 ▸ 2
Unkonzentriertheit 33 ▸ 2
unkörperlich 876
unkorrekt 580 ▸ 1; 1145 ▸ 1; 1694 ▸ 2
Unkorrektheit 1695 ▸ 2
Unkosten 136 ▸ 1; 973 ▸ 1
unkreativ 1649 ▸ 2
unkritisch 431 ▸ 2; 1154; 1966 ▸ 1
unkultiviert 1259 ▸ 1; 1259 ▸ 2; 1902 ▸ 2
unkündbar 1455 ▸ 2
unkundig 645 ▸ 2; 1692 ▸ 1
unkünstlerisch 631 ▸ 2; 938
unlängst 1003
Unlauterkeit 1695 ▸ 2
unlebendig 1537 ▸ 4
unleidlich 320 ▸ 1; 1633 ▸ 3
unlenkbar 1902 ▸ 1
unlesbar 1688 ▸ 1
unleserlich 1688 ▸ 1
unleugbar 1455 ▸ 1
unlieb 1633 ▸ 2
unliebenswürdig 1657 ▸ 1
Unliebenswürdigkeit 641 ▸ 3
unliebsam 1633 ▸ 2
Unliebsamkeiten 104 ▸ 3
unlimitiert 1643 ▸ 1
unlogisch 24; 580 ▸ 5
unlösbar 405 ▸ 4; 610
Unlösbarkeit 1661
unlöschbar 1455 ▸ 7
Unlust 14 ▸ 2; 1113
unlustig 1112; 1671 ▸ 1
unmanierlich 1259 ▸ 2; 1657 ▸ 2
Unmaß 1615 ▸ 1
Unmasse 1615 ▸ 1
unmaßgeblich 1635
unmäßig 1088 ▸ 1; 1620 ▸ 1
Unmäßigkeit 1615 ▸ 2
Unmenge 1097 ▸ 4; 1615 ▸ 1; 1821
Unmensch 184
unmenschlich 332
Unmenschlichkeit 333
unmerklich 923 ▸ 1; 1010 ▸ 4; 1104 ▸ 1; 1715 ▸ 1
unmessbar 923 ▸ 1
unmethodisch 1663 ▸ 2
unmissverständlich 942 ▸ 2; 1140 ▸ 1
**unmittelbar** 1239 ▸ 2; **1659**
unmodern 1703
unmodern werden 1745 ▸ 6
**unmöglich** 1633 ▸ 2; 1657 ▸ 3; **1660**; 1698
unmöglich gemacht 531 ▸ 3
unmöglich machen 1760
unmöglich machen, sich 317 ▸ 1; 1364 ▸ 4
unmöglich, gesellschaftlich 531 ▸ 3
**Unmöglichkeit 1661**
Unmoral 752; 1393
unmoralisch 751
unmotiviert 794; 1948 ▸ 1
unmündig 1666 ▸ 2
Unmut 14 ▸ 2; 104 ▸ 1; 1113
unmutig 320 ▸ 1
unnachahmlich 162 ▸ 1; 551
unnachgiebig 817 ▸ 2; 1500 ▸ 2; 1532 ▸ 1; 1925 ▸ 1
Unnachgiebigkeit 1533 ▸ 1
unnachsichtig 817 ▸ 3
Unnachsichtigkeit 333; 1533 ▸ 1
unnahbar 31 ▸ 1; 911 ▸ 3; 1923 ▸ 1
Unnahbarkeit 1533 ▸ 2; 1922 ▸ 1
unnatürlich 762; 997; 1232
unnennbar 1688 ▸ 4
**unnötig** 1620 ▸ 1; **1662**
unnütz 1743
unobjektiv 1652
unökologisch 1656 ▸ 4
unökonomisch 1656 ▸ 4
**unordentlich** 1145 ▸ 4; **1663**
Unordentlichkeit 1146; 1664 ▸ 2
**Unordnung 1664**
unorganisiert 1663 ▸ 2; 1691 ▸ 2
unoriginell 964 ▸ 1; 1649 ▸ 2
unorthodox 464 ▸ 2; 1779 ▸ 3
unparteiisch 345 ▸ 1; 732 ▸ 1; 769 ▸ 1; 1353 ▸ 1
Unparteiischer 908 ▸ 2
Unparteilichkeit 733
unpassend 90 ▸ 1; 1552; 1656 ▸ 2; 1657 ▸ 3
unpassend sein 1519 ▸ 1
unpässlich sein 527
Unpässlichkeit 1036 ▸ 1
unpersönlich 31 ▸ 1; 964 ▸ 2; 1208 ▸ 2; 1353 ▸ 2
unplastisch 571 ▸ 2
unplugged 412 ▸ 1
unpoetisch 1353 ▸ 2
unpolitisch 1259 ▸ 3
unpraktisch 1653 ▸ 1; 1656 ▸ 2
unprätentiös 431 ▸ 2
unpräzise 1650 ▸ 3
unproblematisch 431 ▸ 1
unproduktiv 1649 ▸ 2
unpünktlich 1477 ▸ 1; 1694 ▸ 2

unpünktlich sein 1816▸3
Unpünktlichkeit 1695▸2
Unrast 425▸1
Unrat 5▸1; 1401▸1
unrationell 1656▸4
unratsam 1656▸2
unrealisierbar 1660
unrealistisch 874▸2; 1660; 1698
unrecht 580▸1
**Unrecht** 1420▸1; **1665**
unrecht tun 1745▸8
unrecht tun, jmdm. 1109▸1
Unrecht, zu 900
unrechtmäßig 1717
Unrechtmäßigkeit 1665▸2
Unrechtsbewusstsein 759
Unrechtsempfinden 465▸1; 759
unredlich 1652
unreell 1652
unregelmäßig 1849▸1; 1849▸3
unregulierbar 1902▸1
**unreif** 906▸2; **1666**
unrentabel 1649▸1; 1656▸4
unrettbar 531▸2
unrichtig 580▸1
Unrichtigkeit 597▸1; 1066▸2
unritterlich 1657▸3
Unruhe 61▸2; 546▸1
Unruhen 133▸3
Unruhestifter 1520
**unruhig** 63▸1; 427▸1; 545▸1; **1667**
uns, bei 696▸3
uns, unter 1797
unsachlich 237▸1; 1239▸5; 1567; 1652
unsachlich werden 1386▸1
unsagbar 1448▸1
unsäglich 1448▸1
unsanft 374▸2
unsauber 1403▸1; 1652
unschädlich 1104▸2; 1360▸4
unschädlich machen 854▸3
unscharf 405▸3; 1537▸1; 1688▸2
unschätzbar 970
unscheinbar 571▸2; 1635
unschick 1259▸1
unschicklich 90▸1; 1552; 1657▸3
Unschicklichkeit 659▸1
unschlüssig 853▸2; 1645▸1; 1944; 1974
unschlüssig sein 1431▸2
Unschlüssigkeit 1759▸1; 1969▸1
unschmackhaft 571▸1
unschön 819▸1
unschöpferisch 1649▸2
Unschuld 432▸2
**unschuldig** 1154; **1668**
Unschuldsbehauptung 492▸2
Unschuldsbeweis 492▸2
unschwer 1031▸2
Unsegen 1654
unselbständig 853▸1; 1428▸3; 1647▸1
unselig 1655▸4
unseriös 1032▸2
**unsicher** 405▸4; 853▸1; **1669**; 1758▸1; 1842▸3; 1970▸1
unsicher machen 128▸2
unsicher sein 1971
unsicher werden 1971
Unsicherheit 1469; 1759▸2; 1969▸1
unsichtbar 1715▸1
**Unsinn** 734▸2; **1670**
Unsinn reden 1677▸4
unsinnig 24; 401▸2; 580▸5; 1688▸3; 1743
Unsinnigkeit 1670▸1
Unsitte 597▸5
unsolide 1032▸2
unsozial 1452
unsportlich 1652
unstatthaft 1717
Unsterblichkeit 1644
Unstern 1654
unstet 391▸3; 1667▸1; 1694▸1
Unstetigkeit 1695▸1
unstillbar 216▸1
unstimmig 692▸1
Unstimmigkeit 597▸2; 1530▸1
Unstimmigkeiten 104▸3
unsträflich 85▸2
unstreitig 1455▸4
unstrukturiert 631▸1
Unsumme 1097▸4
unsympathisch 1633▸3
unsystematisch 1663▸2; 1905▸1
untadelig 85▸2; 414▸1; 1826▸1
Untadeligkeit 1827
untaktisch 1259▸3
untalentiert 401▸1
Untat 1720
**untätig** 769▸3; **1671**
untätig sein 592
**Untätigkeit 1672**
Unteilbarkeit 440▸1
**unten 1673**
unten durch 531▸3
unten, ganz 531▸2
unten, nach 27
unten, tief 1575▸1
unten, weit 1575▸1
unten, weiter 1141▸1
untendrunter 1673▸1
unter 1673▸4
Unter 187▸4
unter Beschuss 1268▸1
unter Drogen 248▸2
unterarbeiten 1107▸1
Unterbau 793▸1
unterbauen 1457▸1
unterbelichten 506▸2
unterbelichtet 401▸1
unterbewerten 838▸3; 898▸6
unterbewusst 404▸3
Unterbewusstsein 690▸4; 1443▸1
unterbinden 854▸3; 1511▸3; 1775▸2
Unterbindung 855▸2
unterbleiben 596▸3
unterbrechen 22▸2; 433▸3; 439▸1; 472▸1; 808▸1; 1351▸3; 1519▸1; 1591▸2
unterbrechen, Schwangerschaft 25
unterbrechen, sich 1517▸1
unterbrechen, Verbindung 1591▸2
**Unterbrechung** 29▸4; 1514; 1521; **1674**
Unterbrechung, ohne 363▸1; 1659▸2
unterbreiten 49▸1; 1841▸1
unterbreiten, Antrag 195
unterbringen 22▸3; 88▸1; 122▸1; 126▸1; 264▸1; 1228▸2
Unterbruch 1674▸1
unterbügeln 1675▸1
unterbuttern 1675▸1
unterdessen 1861
unterdosieren 898▸3
**unterdrücken** 854▸1; 1544▸2; **1675**; 1729▸2
unterdrückt 1314
Unterdrückung, geschlechtliche 1454
untereinander 693
unterernährt 408▸3; 1428▸4

unterfangen 1540▸1
Unterfangen 1681▸3
unterfangen, sich 528▸3; 1856▸3
unterfassen 1540▸1
Unterführung 331▸1
Untergang 1654; 1937▸1
Untergangsstimmung 1588
Untergebener 1466▸1
untergegangen 1673▸4
untergehen 1378▸2; 1724▸3; 1936▸11
untergehend 13
untergeordnet 947▸2; 1635
Untergeschoss 1516▸6
untergliedern 1221▸2
untergliedert 728▸3
Untergliederung 776
untergraben 848▸3; 1430; 1936▸1
untergraben, Moral 493
Untergrund 793▸1; 1897▸3
Untergrundbahn 576▸4
untergründig 1715▸1
Untergrundkampf 914▸4
Untergrundkämpfer 916▸5
unterhalb 1673▸4
**Unterhalt** 1022▸2; 1243▸2; **1676**
**unterhalten** 74▸4; 519▸3; 891▸1; **1677**; 1784▸3
unterhalten, Beziehungen 1629▸2
**unterhalten, sich 1677**
unterhaltend 75▸1; 745▸1; 832▸2; 889▸1
**Unterhalter** 924; **1678**
unterhaltsam 75▸2; 745▸1; 832▸2; 889▸1
Unterhaltskosten 1022▸1
Unterhaltszahlungen 1676▸2
**Unterhaltung** 76▸3; 276▸2; 1243▸2; **1679**
Unterhaltungsliteratur 1056
Unterhaltungsmusik 1128▸3
Unterhaltungsshow 1679▸7
Unterhaltungsstoff 694▸2
Unterhändler 385▸1; 1765▸1
unterhöhlen 784▸1
Unterholz 341▸1
unterjochen 1675▸1
unterjocht 1314
unterkneten 1107▸1
unterkommen 214▸2; 1179▸1
unterkriegen 1389▸2
unterkühlt 31▸1; 911▸2
Unterkunft 1916▸1
Unterkunft, ohne 391▸3
Unterlage 793▸1
Unterland 618▸1
Unterlass, ohne 879▸1
unterlassen 1014▸2; 1778▸1
Unterlassung 1665▸1; 1776▸1
unterlaufen 214▸2
unterlegen 673▸2; 1428▸5; 1457▸1
unterliegen 1378▸3; 1763▸3
Unterling 1216
untermalen 218▸2
Untermalung 856▸1
untermauern 1457▸1; 1540▸1
Untermauerung 791▸2; 1499▸3
untermengen 1107▸1
Untermieter 1138▸2
unterminieren 784▸1; 848▸3
untermischen 1107▸1
**unternehmen** 51▸3; **1680**; 1707▸1
**Unternehmen** 737▸1; **1681**
unternehmend 476; 1021▸2; 1553▸2
Unternehmenskultur 992▸3
**Unternehmer** 738; **1682**
Unternehmung 1089; 1681▸2
Unternehmungsgeist 475▸1; 1442▸2
Unternehmungslust 475▸1
unternehmungslustig 1021▸2; 1553▸2
unterordnen 1221▸2
unterordnen, sich 701▸1
Unterordnung 703▸2
Unterpfand 340▸1; 1456▸3
unterprivilegiert 106▸1; 1673▸3
Unterprivilegierter 159▸3
unterreden 275▸1
unterreden, sich 1677▸3
Unterredung 276▸2
Unterricht 1028▸1
unterrichten 525▸4; 1029▸1; 1115▸1; 1203▸2
unterrichten, sich 1044▸2
unterrichtet 926
unterrichtet, falsch 1692▸1
unterrichtet, gut 513▸1
unterrichtet, wohl 926
Unterrichtsfach 568▸2
Unterrichtswerk 1027
Unterrichtung 95▸1; 526▸1; 1117
unterrühren 1107▸1
untersagen 1775▸2
untersagt 1717
Untersagung 1716▸1
unterschätzen 898▸6
Unterschätzung 597▸3
**unterscheiden 1683**; 1697▸3
unterscheiden, nicht zu 768▸1
**unterscheiden, sich** 117; 963▸2; **1683**
Unterscheidungsvermögen 1785▸2
Unterschicht 1382▸3
Unterschichtenfernsehen 1401▸3
unterschieben 291▸1; 1760; 1852
**Unterschied 1684**
Unterschied machen 1683▸1
Unterschied machen, keinen 1733
Unterschied, kein 768▸1
unterschiedlich 1779▸1
Unterschiedlichkeit 1684
unterschlagen 151▸1; 291▸1
Unterschlagung 290
unterschlängeln 928▸3
Unterschleif 290
unterschlüpfen 1179▸1
unterschreiben 277▸3; 530▸2; 928▸3; 1731
unterschrieben 531▸1; 1208▸3
Unterschrift 278▸4; 526▸4; 532▸2; 927▸2
unterschwellig 404▸3; 1715▸1
Unterseeboot 576▸6
untersetzt 976▸3
Unterstand 209▸4
Unterste zuoberst, das 1663▸1
unterstehen, sich 1856▸3
unterstellen 122▸1; 960▸2; 1457▸1; 1760; 1767▸2; 1852
unterstellen, sich 701▸1; 1426▸4
Unterstellung 961▸3; 1969▸2
Unterstellung, böswillige 1761
unterstreichen 928▸3; 1725▸1
Unterstreichung 1139
Unterströmung 200▸4
unterstützen 277▸4; 491▸1; 535▸2; 538▸2; 834▸1; 1540▸2
Unterstützung 492▸1; 851▸1
untersuchen 79▸1; 222▸2; 275▸1; 369▸2; 533; 633; 1279▸1
Untersuchung 8▸1; 46; 223▸2; 634▸2; 1280▸2
Untersuchungsgefangener 55

Untersuchungshaft 689▸1
Untersuchungsobjekt 694▸2
untertan 702; 1647▸3
Untertan 1466▸1
untertänig 1686▸1
Untertänigkeit 703▸1
untertauchen 1179▸5; 1710▸4
unterteilen 1221▸2; 1558▸1
unterteilt 728▸3
Unterteilung 776; 1592▸2
Untertitel 517▸2
Unterton 230
untertreiben 266; 838▸3
Untertreibung 267
untertunneln 784▸1
unterwandern 430▸3
unterwegs 391▸2
unterwegs sein 1326▸1
unterwegs sein, online 1880▸1
unterweisen 1029▸2
Unterweisung 95▸1; 562▸2; 1028▸1
**Unterwelt 1685**
unterwerfen, sich 121▸3; 380▸3; 701▸3
Unterwerfung 703▸2
unterworfen 1314
unterworfen, der Mode 1121▸2
**unterwürfig** 702; **1686**
Unterwürfigkeit 703▸2
Unterzahl 1097▸5
unterzeichnen 277▸3; 928▸3
Unterzeichnung 278▸4
Untiefe 855▸4
Untier 184; 1381
untragbar 1633▸2
untrennbar 1723▸1; 1957
untreu sein 291▸3
untröstlich 1655▸1
untrüglich 942▸3
untüchtig 1651▸2
Untugend 597▸5
untunlich 1656▸3
unüberbietbar 162▸1
unüberbrückbar 692▸4
Unüberbrückbarkeit 691▸2
unüberhörbar 376▸1; 1017; 1140▸1
unüberlegt 401▸2; 1032▸1; 1634▸2; 1691▸2; 1853▸2
Unüberlegtheit 33▸2
unüberschaubar 1911▸4
unübersehbar 118▸1; 376▸1; 942▸3; 1888▸1
unübersichtlich 1437▸1; 1911▸4
Unübertrefflichkeit 1827
unübertroffen 551; 1826▸1
unüberwacht 1202▸1
unüberwindlich 1660
Unüberwindlichkeit 1661
unüblich 1453▸1
unumgänglich 1186▸2; 1896▸1
Unumgänglichkeit 1187▸1
unumkehrbar 473
unumschränkt 1636▸1
unumstößlich 473
unumwunden 130; 942▸2
ununterbrochen 363▸1; 879▸1
ununterrichtet 1692▸1
ununterscheidbar 768▸1
unveränderlich 1500▸1
Unveränderlichkeit 1644
**unverbesserlich 1687**
unverbildet 1161▸2
unverbindlich 1202▸6
unverblendet 1353▸1
unverblümt 376▸1; 942▸2; 1202▸2
unverbogen 1161▸2
unverbraucht 906▸3
unverbrüchlich 1966▸1
unverbunden 447▸1
unverbürgt 1669▸1
unverdächtig 1966▸3
unverdaulich 1656▸3
unverderblich 361▸2
unverdient 1630▸1
unverdorben 657▸1; 1154; 1668▸3
unverdrossen 421; 619; 1553▸1
Unverdrossenheit 420▸2
unvereinbar 692▸4
Unvereinbarkeit 691▸2
unverfälscht 346▸2; 412▸1; 1161▸1; 1360▸2
Unverfälschtheit 1361▸2
unverfroren 640▸3
Unverfrorenheit 641▸2
Unverführbarkeit 611▸5
Unvergänglichkeit 1644
unvergessen sein 523▸5
unvergesslich 888▸4
unvergesslich sein 523▸5
unvergleichbar 883▸1
unvergleichlich 162▸1; 1172▸3; 1407▸1
unvergoren 906▸2
unverhältnismäßig 1620▸1
unverhofft 1258
unverhohlen 130; 1116
unverhüllt 942▸3
unverkäuflich 1623▸1
Unverkäufliches 5▸2
unverkauft 1623▸1
unverkennbar 346▸1; 942▸3
unverkrampft 642▸2
Unverkrampftheit 1033▸1
unverkürzt 676▸2
unverlangt 644
unverlässlich 1694▸2
Unverlässlichkeit 1695▸2
unverletzlich 1455▸6
unverlierbar 1455▸7
unvermeidlich 1186▸2
unvermindert 676▸2
unvermischt 412▸1; 1360▸2
unvermittelt 1258
unvermögend 1651▸2
unvermutet 1258
Unvernunft 402▸1
unvernünftig 401▸2; 1688▸3
unveröffentlicht 1637▸1
unverpackt 1060▸3
unverrückbar 610; 1455▸5
unverschämt 237▸1; 640▸3; 859▸5; 1354▸3; 1657▸2
Unverschämtheit 641▸2
unverschlossen 1202▸1
unverschuldet 1668▸1
unversehen 1691▸1
unversehens 1258
unversehrt 676▸1
unversetzt 1360▸2
unversöhnbar 603
unversöhnlich 603; 692▸4; 817▸3; 1147
Unversöhnlichkeit 604; 691▸2
unversorgt 106▸1; 853▸4; 1669▸2
unversperrt 1202▸1
Unverstand 402▸1; 1658
unverstanden 405▸4
unverständig 401▸1; 1692▸1
**unverständlich** 405▸4; 1268▸2; **1688**
Unverständlichkeit 406▸3
Unverständnis 1658
Unverstehbarkeit 406▸3
unverstellt 130
unversucht lassen, nichts 91▸2

unvertraut 645›1; 1692›1
Unvertrautheit 1658
unverwandt 1500›3
unverwechselbar 346›1; 883›1; 1226›1
unverwehrt 250›1; 642›1
unverweilt 768›3; 1285›2; 1405›2
unverwendbar 580›1; 1392›1; 1623›1; 1656›2
unverwendet 1623›1
unverwirklichbar 1698
unverwischbar 77›2; 888›4
unverwischbar sein 523›5
unverwundbar 1455›6
Unverwundbarkeit 611›2
unverwüstlich 361›1
Unverwüstlichkeit 611›1
unverzagt 917; 1134›1; 1219
Unverzagtheit 1133
unverziert 431›3
unverzüglich 768›3; 1285›2
unvollendet 1690›1
unvollkommen 1099›2; 1651›1; 1690›2
**Unvollkommenheit** 597›2; **1689**
**unvollständig** 263›1; 1651›1; **1690**
Unvollständigkeit 597›2; 1689›2
**unvorbereitet 1691**
unvordenklich 1739
unvoreingenommen 732›1; 1353›1
Unvoreingenommenheit 733
unvorhergesehen 1258
unvorhersehbar 1258
unvorsichtig 1032›1; 1634›2
Unvorsichtigkeit 1033›2
unvorstellbar 788›2; 1249›1
unvorteilhaft 819›1; 1656›2
unwägbar 1688›2
unwahr 580›2
Unwahrheit 1066›1
unwahrscheinlich 162›1; 923›2; 1249›1
unwandelbar 1966›1
unwegsam 1902›2
unweigerlich 1636›1
unweit 1150›2
unwesentlich 769›5; 1635
Unwetter 1181›1
unwichtig 769›5; 947›2; 1635
Unwichtigkeit 948›1
Unwiderlegbarkeit 1456›2
unwiderleglich 1390; 1455›4
unwiderruflich 473; 531›1; 1385; 1455›5
unwidersprechlich 1455›4; 1532›1
unwidersprochen 1455›4
unwiderstehlich 889›1; 1330; 1976›1
Unwiderstehlichkeit 1328›3
unwiederbringlich 1739
Unwille 14›2; 104›1; 1113
unwillig 31›3; 320›1; 1648›2
unwillkommen 1633›2
unwillkürlich 1091›2; 1186›2; 1648›1
unwirklich 874›2; 876; 1249›2; 1260›2
unwirksam 1743
unwirsch 31›1; 320›1; 1657›1
unwirtlich 1199›1; 1902›2
Unwirtlichkeit 1200›2
unwirtschaftlich 1656›4
**unwissend** 401›1; **1692**
Unwissenheit 402›1; 1658
Unwohlsein 1036›1
unwohnlich 1633›1
Unwucht 1664›3
Unzahl 1097›4; 1615›1
unzählbar 1643›1
unzählbare 1821
unzählige 1821
Unzählige 1097›3
unzähmbar 1902›1
unzart 1259›2; 1657›1
Unzartheit 641›3
unzärtlich 911›3
Unzeit, zur 1656›1
unzeitgemäß 1703
unzeitig 1656›1; 1853›2
unzerbrechlich 361›1
unzeremoniell 642›2
unzerreißbar 361›1
Unzerstörbarkeit 1644
unzertrennlich 441›1; 1957
unzivilisiert 1259›1; 1902›2
Unzucht mit Abhängigen 1454
unzüchtig 90›2
**unzufrieden 1693**
Unzufriedenheit 1113
unzugänglich 31›1; 378›1; 742›1; 817›2; 1437›3; 1491›3; 1537›4; 1687; 1902›2
Unzugänglichkeit 1533›2; 1956›3
unzulänglich 383›2; 1651›1; 1690›2
Unzulänglichkeit 384; 597›2; 1689›1; 1776›1
unzulässig 1717
unzumutbar 1633›2
unzurechnungsfähig 705; 1773›1
unzureichend 1651›1
unzusammenhängend 1911›4
unzuträglich 1656›3
Unzuträglichkeit 104›3
unzutreffend 580›1
**unzuverlässig** 1032›1; **1694**
**Unzuverlässigkeit 1695**
unzweckmäßig 1656›2
unzweideutig 942›2
Unzweideutigkeit 944›1
up and away 1883›1
up to date 1021›3; 1121›2
Update 541›1; 1712›1
updaten 516›1; 540›3; 1711›2
Upgrade 541›1; 1712›2
upgraden 540›3; 1711›2
Upgrading 1712›2
Upperclass 1196›1
Upperten 1196›2
üppig 379›1; 724; 987›1; 1263; 1322›4; 1354›1; 1502›2; 1623›2; 1819›1
üppig werden 144›4
Üppigkeit 670›1; 1281›1
Ups and Downs 1705›2
uralt 43›1
Uraufführung 50›2
urban 991›2
Urban Gardening 677
urbar gemacht 991›1
urbar machen 544›3
Urbehagen 1217
Urbevölkerung 295
Urbild 1131›4
ureigen 58›3
Ureinwohner 295
Urfassung 1225›1
urgemütlich 716
Urgeschichte 1740
Urgestein 44›2
Urgewalten 460›2

Urheber 558
Urheberrecht 1313›1
Urheberschaft 560›1
Urian 1571
urig 1161›2
Urin 155›1
Urin haben, im 665›1
urinieren 154
urkomisch 832›4
Urkunde 278›2; 1938›1
urkundlich 1455›4
Urlaub 522›1
Urlauber 1327›1
Urlaubsgeld 1952
Urlaubsinsel 886
urlaubsreif 1125›2
Urlaubszeit 522›1
Urne 221
Urnengang 1858›2
urplötzlich 1258
Ursache 791›1; 842›3
Ursache sein 1829
Ursache, keine 312›1
Urschrift 1225›1
Ursprung 843›1; 1291›2
Ursprung haben, seinen 503›3
ursprünglich 52›2; 412›1; 424›1; 1154; 1161›1; 1226›1
Ursprünglichkeit 422›2; 432›4
Urstoff 460›1
**Urteil** 497›2; 613›1; 984›1; **1696**
Urteil fällen 1697›2; 1805›1
Urteil, vernichtendes 984›3
**urteilen** 1394›3; **1697**
urteilsfähig 991›2; 1768›4
Urteilsfähigkeit 1785›1
Urteilskraft 944›3; 1696›2; 1785›1
urteilslos 431›2
Urteilslosigkeit 986
urteilssicher 83›1; 991›2; 1768›4
Urteilsspruch 1696›3
Urteilsvermögen 1785›1
Urtext 1225›1
urtümlich 1161›2
Urvertrauen 1217; 1796
Urviech 1225›3
Urvieh 1225›3
Urwald 341›1
urwüchsig 412›1; 1161›2
Urwüchsigkeit 432›4
Urzeit 1740
Usance 324›2
USB-Stick 1479›4
User 395›1
Usus 324›2; 1317›2
Utensil 730
Utopia 1229
Utopie 877›3
**utopisch** 874›2; **1698**
Utopist 873›2
uzen 1487›1
Uzerei 1486›2

# V

Vabanquespiel 780; 1857
Vademekum 668▸5; 1027
Vagabund 1327▸2
vagabundieren 1326▸2
Vagant 1327▸2
vage 405▸3; 1650▸3; 1688▸2
Vagina 1374▸1
vakant 642▸4; 1023▸4
Vakanz 33▸1; 1062▸2
Vakuum 1176▸1
Valet 187▸4
validieren 1279▸1
Vamp 639; 1738▸2
Vampir 704▸4; 1270
Van 576▸2
Vandale 184
Vandalismus 333
Vanitas 1742▸1
Vaporetto 576▸6
variabel 299▸2; 1645▸1; 1779▸2
Variable 29▸6; 789▸1
Variante 1699▸2; 1858▸1
variantenreich 1779▸2
Varianz 29▸6
**Variation** 29▸6; **1699**
Variationsbreite 1822▸1
Varietät 1699▸2
Varieté 1679▸7
Varietékünstler 110▸1
variieren 1704▸1
Vasall 65▸3; 1397▸2
Vase 221
**Vater** 558; **1700**
Vater im Himmel 782▸1
Vater und Mutter 461
Vater, allein erziehender 1700▸1
Vater, geistiger 1700▸3
Vater, himmlischer 782▸1
Vater, kesser 864
Vater, leiblicher 1700▸1
väterlich 651▸3
Vaterschaft 560▸1
Vati 1700▸2
Vedette 1496▸1
Vegetation 1159▸2
vegetationslos 910▸2
vegetieren 479; 1019▸1
vehement 476; 826▸2; 1140▸1
Vehemenz 475▸1; 827; 1139
Vehikel 576▸1
Vektor 789▸1
Ventil 1210▸6
Ventilation 1063▸2
Ventilator 1063▸2
ventilieren 275▸1; 637▸1; 1064; 1831▸5
Venus 639; 1409▸3
Venushügel 1365▸2
verabfolgen 680▸1; 1613; 1792▸1
verabreden 1731
verabreden, sich 1589▸1
Verabredung 1590▸1
verabreichen 680▸1; 1792▸1
verabreichen, Tracht Prügel 1389▸1
verabsäumen 1778▸1
verabscheuen 459▸1; 818▸1
verabscheuenswert 1392▸5
verabschieden 993▸2
verabschieden, sich 466▸3; 482▸2; 1591▸1
verabschiedet 43▸6
Verabschiedung 483▸3; 798▸1; 994▸2
verabsolutieren 1701
Verabsolutierung 1702
verachten 1109▸1
Verächter 985▸2; 1240
verachtet 531▸3
verächtlich 31▸2; 1392▸5
verächtlich machen 317▸2
Verächtlichkeit 1393
Verachtung 1110
veralbern 1487▸1
**verallgemeinern 1701**
verallgemeinert 1000▸3
**Verallgemeinerung 1702**
veralten 1745▸6
**veraltet** 43▸5; **1703**
Veranda 179
veränderbar, frei 642▸7
veränderlich 1645▸1
veränderlich sein 1704▸1
**verändern** 540▸1; **1704**
verändern, Farbe 587▸1
verändern, Lage 298▸1
**verändern, sich** 173▸1; 993▸1; **1704**; 1810▸3; 1880▸2
verändert 1172▸4; 1779▸1
verändert, völlig 1779▸1
**Veränderung** 508▸1; **1705**
verängstigen 396▸1
verängstigt 63▸2
verankern 208▸3
verankert 58▸2
verankert, fest 610
Verankerung 209▸1
veranlagen 235▸4
veranlagt 573▸1; 1898▸3
Veranlagung 344; 574; 1510▸2
**veranlassen** 74▸1; **1706**; 1907▸4
Veranlassung 76▸1; 791▸1
Veranlassung von, auf 1119▸3
veranschaulichen 239▸2; 525▸3; 1725▸1
veranschaulichend 236▸1
Veranschaulichung 359▸1; 368▸2; 526▸2
veranschlagen 249▸1; 1370▸2
veranschlagen, zu hoch 1618▸2
**veranstalten** 1224▸1; 1482▸8; 1680▸1; **1707**
veranstalten, Allotria 1013▸1
veranstalten, Feier 600▸1
veranstalten, Razzia 1546▸1
veranstaltet werden 10▸2; 214▸3
**Veranstaltung** 746▸2; **1708**; 1844▸3
Veranstaltungssaison 1355
verantworten 337▸1; 498▸3
verantworten haben, zu 1421▸3
verantworten, sich 491▸3
verantwortlich 1962▸2
verantwortlich machen 941▸1; 1852
verantwortlich sein 1130; 1421▸3; 1677▸1
Verantwortlichkeit 1963▸1
Verantwortung, auf eigene 644
verantwortungsbewusst 345▸2
Verantwortungsgefühl 759
verantwortungslos 1032▸1
veräppeln 1487▸1
**verarbeiten** 126▸3; **1709**; 1789▸2
verarbeitet 1302▸4
verargen 105▸3; 1954▸1
verärgern 105▸1; 1799▸2
verärgert 320▸2
Verärgerung 104▸1
verärmeln 1487▸1
verarmen 1724▸3
verarmt 106▸2; 847▸1

Verarmung 1185 ▸ 1
Verarsche 1486 ▸ 3
verarschen 1487 ▸ 1
verarzten 222 ▸ 2; 828 ▸ 2
verästeln, sich 1558 ▸ 5
verästelt 987 ▸ 6
Verästelung 999
verausgaben 1215 ▸ 1
verausgaben, sich 91 ▸ 3; 536 ▸ 2; 1215 ▸ 1; 1719 ▸ 2
verausgabt 1023 ▸ 5
veräußerlich 1835 ▸ 1
veräußern 1756 ▸ 1
Veräußerung 119 ▸ 5; 1755 ▸ 1
verbal 1659 ▸ 4
Verbalinjurie 238
verbalisieren 161 ▸ 2; 1490 ▸ 1
verballern 1781 ▸ 2
verballhornen 506 ▸ 3
Verband 1222 ▸ 2
verbandelt 1723 ▸ 1
verbannen 171 ▸ 1; 1799 ▸ 1
verbannt 1314
Verbannung 1800
verbarrikadieren 1394 ▸ 1
verbarrikadieren, sich 1710 ▸ 4
verbarrikadiert 742 ▸ 1
verbaseln 1763 ▸ 1
verbauen 854 ▸ 3
verbeißen 1729 ▸ 1
verbeißen, sich 1815 ▸ 2; 1919 ▸ 2
verbeißen, sich das Lachen 1004 ▸ 2
**verbergen** 1675 ▸ 3; **1710**; 1751 ▸ 1
**verbergen, sich 1710**
**verbessern** 196 ▸ 2; 540 ▸ 3; 943 ▸ 5; **1711**
verbessern, Blick 1369 ▸ 3
**verbessern, sich** 175; 507 ▸ 5; 1505 ▸ 2; **1711**
**Verbesserung** 508 ▸ 2; 1506 ▸ 4; **1712**
verbeugen, sich 799 ▸ 1
Verbeugung 798 ▸ 2
verbeulen 262
verbiegen 262
verbiestert 320 ▸ 1; 1147
Verbiesterung 104 ▸ 2
verbieten 1775 ▸ 2
verbilden 262
verbildlichen 525 ▸ 3
Verbildlichung 359 ▸ 2; 526 ▸ 2
verbilligen 1144 ▸ 5
verbilligt 310 ▸ 1
Verbilligung 1846 ▸ 2
verbimsen 1389 ▸ 1
**verbinden** 1107 ▸ 2; **1713**; 1764 ▸ 2
**verbinden, sich 1713**
verbindend 441 ▸ 1
verbindlich 40 ▸ 2; 488; 651 ▸ 1; 748 ▸ 5; 861; 1208 ▸ 1; 1976 ▸ 2
Verbindlichkeit 487 ▸ 2; 713 ▸ 4; 1245; 1420 ▸ 2
**Verbindung** 209 ▸ 1; 331 ▸ 3; 714 ▸ 1; 714 ▸ 3; 962 ▸ 1; 1108 ▸ 4; **1714**
Verbindungen 1714 ▸ 3
Verbindungslinie 1053 ▸ 1
Verbindungsmann 1765 ▸ 1
Verbindungsschnur 1043 ▸ 3
Verbindungsweg 1210 ▸ 4
verbissen 1500 ▸ 4; 1620 ▸ 4; 1925 ▸ 1
Verbissenheit 827
verbittern, Leben 1237 ▸ 1
verbittert 1177 ▸ 1; 1693
Verbitterung 604
verblasen 938
verblassen 1144 ▸ 3
verblasst 590 ▸ 1
verbleiben 6 ▸ 2; 1731
verbleibend 363 ▸ 1; 1623 ▸ 1
verblenden 198; 303 ▸ 1; 673 ▸ 2
verblendet 456 ▸ 2; 1500 ▸ 4; 1687
Verblendung 478 ▸ 5
verblichen 590 ▸ 1; 1582 ▸ 1
verblieben 1623 ▸ 1
verblöden 1724 ▸ 3
verblüffen 1616 ▸ 1; 1811 ▸ 2
verblüffen sein, nicht zu 513 ▸ 2
verblüffend 550; 1390
verblüfft 1500 ▸ 3
Verblüffung 549
verblühen 1599 ▸ 6
verblüht 43 ▸ 2
verblümen 266
verblümt 1119 ▸ 2
verbluten 1025 ▸ 5; 1508 ▸ 3
verbocken 898 ▸ 3
verbockt 423
verbogen 263 ▸ 1; 987 ▸ 1
verbohren, sich 1919 ▸ 2
verbohrt 401 ▸ 1; 423; 1500 ▸ 2
Verbohrtheit 402 ▸ 1; 478 ▸ 5
**verborgen** 319 ▸ 2; 1352 ▸ 6; **1715**
Verborgenen, im 831 ▸ 1
Verborgenheit 448 ▸ 2
**Verbot 1716**
**verboten 1717**
verbrämen 266; 1287 ▸ 1; 1710 ▸ 2
verbrämt 1119 ▸ 2
Verbrämung 267; 359 ▸ 2
verbrannt 1392 ▸ 3
verbraten 1719 ▸ 1; 1781 ▸ 2
**Verbrauch 1718**
**verbrauchen 1719**
**verbrauchen, sich** 1144 ▸ 1; **1719**
Verbraucher 922
Verbraucherbefragung 1082
verbrauchsgünstig 1475 ▸ 2
verbraucht 43 ▸ 3; 180; 263 ▸ 1; 847 ▸ 4; 1023 ▸ 1; 1125 ▸ 2
**Verbrechen 1720**
Verbrechen begehen 1745 ▸ 8
Verbrechen wider die Menschlichkeit 1720
verbrechen, etwas 1745 ▸ 8
**Verbrecher 1721**
verbrecherisch 1392 ▸ 5
Verbrecherwelt 1685 ▸ 1
**verbreiten** 144 ▸ 1; 435 ▸ 1; 945 ▸ 1; 1115 ▸ 3; 1376 ▸ 2; **1722**; 1769 ▸ 2
verbreiten, Duftwolken 1339 ▸ 1
verbreiten, Gerücht 945 ▸ 1
verbreiten, Gestank 1339 ▸ 2
verbreiten, sich wie ein Lauffeuer 945 ▸ 1; 1629 ▸ 4
Verbreiterung 145 ▸ 1
verbreitet 260 ▸ 1
verbrennen 231 ▸ 1; 328 ▸ 2; 1745 ▸ 5; 1936 ▸ 5
verbrennen, sich den Mund 898 ▸ 7; 1364 ▸ 4
verbrennen, sich die Finger 1364 ▸ 4
verbrennen, sich die Pfoten 1364 ▸ 4
verbrennen, sich die Zunge 898 ▸ 7
Verbrennung 232 ▸ 2; 1920; 1937 ▸ 1
verbrettern 1781 ▸ 2
verbriefen 1782 ▸ 2
verbrieft 1455 ▸ 4
verbringen 171 ▸ 1; 1019 ▸ 2; 1799 ▸ 1
verbringen, Leben 1019 ▸ 1
Verbringung 1800
verbrüdern, sich 1713 ▸ 1
verbrüdert 1723 ▸ 1; 1957
verbuddeln 1751 ▸ 1
verbumfiedeln 1781 ▸ 2

verbummeln 1748▸1; 1763▸1; 1778▸1; 1816▸1
verbummelt 847▸2
Verbund 1171▸2
**verbunden** 353▸1; 441▸1; 651▸3; 1150▸4; 1723▸1; **1723**; 1957
verbunden bleiben 1960▸1
verbunden sein 1051▸1; 1960▸1
verbunden sein mit 9▸4
verbunden sein, treu 64▸1
verbunden, innig 1798▸1
verbünden, sich 1713▸3
Verbundenheit 442; 652▸2; 1050▸1; 1151▸2; 1714▸1
verbündet 441▸2; 1723▸1
Verbündete 650
Verbündeter 649; 957
Verbundnetz 1171▸2
Verbundwerbung 1894▸5
verbunkern, sich 17▸2
verbürgen 1782▸2
verbürgen, sich 277▸5; 337▸1; 1457▸2; 1782▸2
verbürgt 1966▸3
verbürgt, nicht 53
verbüßen, Strafe 343
verbuttern 1719▸1; 1781▸2
Verdacht 1969▸2
verdächtig 1268▸2; 1970▸1
verdächtigen 941▸1; 1760; 1767▸2; 1852; 1971
Verdächtiger 55
Verdächtigung 1969▸2
verdammen 626; 1805▸2
verdammenswert 1392▸5
verdammt 531▸3
Verdammung 625
verdampfen 352; 519▸2; 1745▸4
verdanken 355▸2; 1421▸2
verdattert 1500▸3
verdauen 126▸3; 1709▸1; 1789▸2
verdaulich, leicht 754▸3; 1031▸3
verdecken 198; 1710▸1
verdeckt 1715▸1
Verdeckung 1425▸1
verdenken 1954▸1
Verderb 1654
**verderben** 262; 459▸2; 1508▸3; **1724**; 1936▸1
Verderben 1654
verderben, es 1364▸4
verderben, sich den Magen 563▸1
verderben, Spaß 493
verderben, Spiel 854▸3
Verderber 1571
Verderbnis 1393
verderbt 1392▸5
Verderbtheit 1393
**verdeutlichen** 525▸3; **1725**
verdeutlichend 236▸1
Verdeutlichung 526▸2
verdeutschen 525▸1
verdichten 519▸2; 753; 1002▸4; 1498▸3
verdichtet 1000▸3; 1260▸1
Verdichtung 1001▸1
verdicken, sich 1917▸1
verdickt 379▸3
Verdickung 1918▸1
**verdienen** 758▸1; **1726**
verdienen, Beachtung 891▸1
verdienen, Lebensunterhalt 519▸3
verdienen, Lob 418▸2
verdienen, sich Sporen 224▸2
**Verdienst** 1041▸1; 1190▸2; **1727**
Verdienst, ohne eigenes 1630▸1
Verdienstadel 36▸2
Verdienste 1727▸3
**verdienstvoll 1728**
verdient 732▸2
verdient machen, sich 1040▸1
verdientermaßen 501▸1; 732▸2
Verdikt 1696▸3
Verdingbub 1466▸1
verdingen, sich 311▸3
verdinglichen 525▸3
verditschen 1756▸2
verdonnern 1386▸1; 1697▸2; 1805▸1
verdonnert 1500▸3
verdoppeln, sich 1505▸3
verdoppelt 388
Verdoppelung 1807▸3
verdorben 1392▸3
Verdorbenheit 1393
verdorren 1599▸5
verdorrt 1598▸1
verdöst 1634▸1
verdrahtet 1723▸2
**verdrängen** 993▸2; 1544▸2; 1675▸3; 1710▸1; **1729**; 1748▸1; 1799▸1
Verdrängung 1543
verdrecken 1804
verdreckt 1403▸1
Verdreckung 1401▸2
verdrehen 262; 1067; 1735▸1
verdrehen, Kopf 1737
verdrehen, Recht 291▸5
verdreht 118▸2; 263▸1; 987▸1; 1567; 1773▸1; 1911▸1
Verdrehtheit 422▸4
Verdrehung 1066▸1; 1555▸4
verdreifachen, sich 1505▸3
verdreschen 1389▸1
verdrießen 105▸1
verdrießlich 320▸1; 1016▸2; 1112; 1238▸1; 1633▸1; 1693
Verdrießlichkeit 104▸3; 1113
verdrossen 320▸2; 1112; 1693
Verdrossenheit 104▸1; 1113
verdrücken 563▸1
verdrücken, sich 482▸1; 622▸1
Verdruss 104▸1; 1113
verduften 622▸1; 1745▸4
verdummen 1724▸3
verdunkeln 291▸1; 291▸2; 357▸5; 493; 1394▸4
verdunkeln, sich 407▸2
Verdunkelung 359▸2; 1555▸4
Verdunklung 406▸2
verdünnen 1735▸2
verdünnen, sich 12▸3
verdünnisieren, sich 622▸1
Verdünnung 1108▸2
verdunsten 352; 1599▸2; 1745▸4
Verdunstung 1742▸2
verdursten 1508▸3
verdüstern 493
verdüstern, sich 407▸2
verdüstert 1655▸5
Verdüsterung 406▸2; 1588
verdutzen 1616▸1; 1811▸2
verdutzt 1500▸3
verebben 472▸2; 1144▸1
veredeln 196▸4; 1544▸1; 1711▸2; 1947▸1
Veredelung 1712▸2
**verehren** 313▸3; 680▸3; 1051▸2; 1370▸1; **1730**
Verehrer 65▸5; 711; 998▸1; 1893
verehrt 57
Verehrung 35; 713▸3
verehrungswürdig 148▸3
vereidigen 88▸2
Verein 797▸1; 1222▸2
vereinbar 1123▸1

**vereinbaren 1731**
vereinbart, wie 1285▸1
**Vereinbarung 1732**
vereinen 1713▸2
**vereinfachen** 1301; **1733**
vereinfacht 431▸1
**Vereinfachung** 1702; **1734**
vereinheitlichen 1733
Vereinheitlichung 1734
vereinigen 1713▸2
vereinigen, sich 1224▸3; 1589▸5; 1713▸3
vereinigt 1723▸1; 1957
Vereinigung 1050▸3; 1108▸4; 1222▸2; 1714▸6
vereinnahmen 152▸3; 758▸1
Vereinnahmung 1015▸2
vereinsamen 17▸2
vereinsamt 447▸1
Vereinsamung 448▸1
vereinseitigen, sich 311▸5
vereinseitigt 452▸1
Vereinseitigung 451▸2
vereint 441▸2; 1723▸1; 1957
vereinzelt 447▸1; 454▸2; 923▸1; 1453▸1; 1849▸1
Vereinzelte 1890▸2
Vereinzelung 18▸1; 448▸1
vereisen 548▸2; 656▸2
vereist 765▸6; 911▸1; 1500▸1
Vereisung 1343▸7
vereiteln 504; 854▸3; 1936▸1
Vereitelung 505; 855▸2
verekeln 459▸2; 493
verelenden 1724▸3
verelendet 106▸2
Verelendung 1185▸1
verenden 1508▸3
verengen 400▸2
verengen, sich 12▸3
Verengung 451▸2; 478▸4; 1780▸3
vererbbar 54
vererben 1617▸2
vererbt 54
Vererbung 510▸5
verewigen 1730▸3
verfahren 222▸1; 580▸1; 812▸1; 1753▸1
Verfahren 1278▸2
verfahren, sich 898▸1
Verfall 1343▸1; 1343▸2
verfallen 10▸3; 263▸3; 1144▸4; 1392▸6; 1647▸1; 1724▸2; 1745▸2; 1745▸7
verfallen sein, jmdm. 1051▸2
verfallen, auf etwas 433▸2
verfallen, dem Trunk 283▸3
verfallen, in denselben Fehler 1900▸2
Verfallensein 1547▸1
Verfallsdatum 1395▸1; 1742▸1
**verfälschen** 1067; **1735**
Verfälschung 1066▸1; 1108▸2; 1555▸4
verfangen 1907▸2
verfangen, sich 1811▸3
verfänglich 1970▸2
verfärben, sich 62▸1; 587▸4
verfassen 1416▸3
verfassen, Vorwort 435▸2
Verfasser 1418
Verfassung 747▸1; 1515▸1; 1961
Verfassung, gute 755
Verfassung, in schlechter 1037▸1
verfassungswidrig 1717
verfaulen 1724▸1
verfechten 498▸3; 1801▸2
Verfechter 1802▸3
verfehlen 489▸1; 596▸4; 898▸3
verfehlen, nicht 1589▸4
verfehlen, sich 1778▸2
verfehlen, Weg 596▸4; 898▸1
verfehlen, Ziel 596▸4; 898▸3; 1378▸2
verfehlt 580▸1; 1392▸2; 1657▸3; 1743
Verfehlung 1420▸1; 1665▸1
verfeinden, sich 1531▸1
verfeindet 603; 692▸1
verfeinern 1544▸1; 1711▸1; 1924▸1
verfeinert 83▸1; 414▸1; 991▸2
Verfeinerung 605▸2; 1712▸2
verfemen 171▸1; 1109▸1; 1404▸5
verfemt 531▸3; 1314
Verfemung 994▸3
verfertigen 101▸4; 557▸3
Verfertigung 560▸2; 961▸1
verfestigen 208▸2
verfestigen, sich 548▸1
verfilmen 196▸6
verfilzen 1811▸1
verfilzt 1911▸1
Verfilzung 950; 1664▸3
verfinstern, sich 407▸2
verfinstert 405▸2
Verfinsterung 406▸2
verflachen 506▸3; 1733
Verflachung 1734
verflechten 1713▸3
Verflechtung 1714▸1
verflecken 1804
verfleckt 1403▸1
Verfleckung 1401▸2
verfliegen 1745▸1; 1745▸4
verfließen 10▸1
verflochten 1437▸2; 1723▸3
Verflochtenheit 1714▸1
verflossen 663▸1; 1739
verfluchen 254; 626
verflucht 1448▸1
verflüchtigen, sich 20▸1; 622▸1; 1745▸1; 1745▸4
Verflüchtigung 1742▸2
Verfluchung 625
verflüssigen 1061▸2
verflüssigt 1157▸5
Verflüssigung 1742▸2
**verfolgen** 64▸2; 245▸2; 389▸4; 629▸1; 848▸1; 1546▸2; **1736**
verfolgen, jmds. Spuren 1736▸1
verfolgen, mit Blicken 245▸1
verfolgen, mit den Augen 1736▸1
verfolgen, mit Hass 818▸2
Verfolger 902▸1
Verfolgter 1214▸2
verformen 262
verformt 263▸1
verfrachten 1383▸2
Verfrachtung 1586▸1
verfranzen, sich 898▸1
verfremden 357▸5
verfremdet 1260▸1
Verfremdung 359▸2
verfressen 216▸2; 1781▸2
verfrüht 1666▸1; 1853▸1
Verfrühung 425▸3
verfügbar 252▸2; 608▸3; 642▸4; 1835▸1
Verfügbarkeit 253
verfugen 1713▸2
verfügen 71▸1; 496▸1
verfügen über 804▸1
verfügen, sich nach 214▸1; 700▸1
verfügen, über Wissen 1913
verfügt 1385

Verfügung 207▸1; 510▸4; 747▸1
Verfügung, zur 252▸2; 608▸3; 1835▸1
verführbar 1428▸3
verführbar, leicht 1694▸1
Verführbarkeit 1429▸1; 1695▸3
**verführen** 206; **1737**
**Verführer(in)** 1571; **1738**
verführerisch 1330
Verführung 434▸2; 1328▸2
Verführungszauber 1328▸3
Vergabe 119▸2
vergafft 1762
vergällen 459▸2; 1724▸4
vergällen, Freude 493
vergammeln 1724▸1
vergammelt 263▸1; 847▸4
**vergangen 1739**
**Vergangenheit 1740**
**vergänglich** 474▸4; 1000▸4; **1741**
**Vergänglichkeit** 1001▸2; **1742**
verganten 1756▸1
Vergantung 1755▸3
vergasen 1583▸2
vergattern 88▸2
vergeben 498▸2; 1617▸1
vergeben, Lizenz 528▸2
vergeben, sich etwas 838▸2
vergebens 1743
**vergeblich** 456▸3; 1630▸2; 1662; **1743**
**Vergeblichkeit 1744**
Vergebung 499▸1; 781▸1
vergegenständlichen 525▸3
Vergegenständlichung 526▸2
vergegenwärtigen, sich 369▸2
**vergehen** 1508▸2; 1599▸5; **1745**
Vergehen 1665▸2; 1742▸2
vergehen vor 215▸2
vergehen vor Liebe 1051▸2
Vergehen, sexuelles 1454
**vergehen, sich 1745**
vergehend 13
vergeigen 1724▸4
vergeigt 1392▸2
vergeistigen 1544▸1
Vergeistigung 1543
**vergelten** 355▸1; 494▸1; **1746**
**Vergeltung** 354▸1; 495▸1; **1747**
Vergeltungsdrang 604
Vergeltungsschlag 1747▸1
**vergessen** 1739; **1748**; 1883▸2
Vergessen 1776▸1
vergessen können 121▸3
vergessen, nicht zu 1162▸1
**vergessen, sich 1748**
vergesslich 1634▸1; 1694▸2
Vergesslichkeit 33▸3; 1146; 1695▸2
vergeuden 1781▸2
vergeudet 1883▸3
Vergeudung 136▸2
Vergewaltigung 1454
vergewissern, sich 1279▸1; 1622▸2; 1782▸3
vergießen, Krokodilstränen 1067
vergießen, Träne 941▸3
vergiften 1583▸1; 1804; 1936▸10
vergiftet 1392▸4
vergilbt 590▸1
vergittern 1394▸1
**Vergleich** 149▸4; 306▸5; 653▸1; 1732▸1; **1749**
Vergleich zu, im 1331
vergleichbar 768▸4; 771; 1898▸4
**vergleichen 1750**
**vergleichen, sich** 259▸3; 1731; **1750**
vergleichsweise 308▸3; 1331
Vergletscherung 1343▸7
verglichen mit 1331
verglimmen 1745▸3
verglühen 1745▸3
vergnügen 74▸4
Vergnügen 289▸4; 647▸1; 727▸1; 1679▸2
Vergnügen, mit 735▸2
vergnügen, sich 600▸2; 648▸1; 1677▸4
vergnüglich 832▸2
Vergnüglichkeit 647▸1
vergnügt 745▸1; 832▸3
Vergnügungsfahrt 575▸1
Vergnügungsstätte 678▸1
vergnügungssüchtig 1032▸2
vergolden 266; 1711▸4
vergönnen 528▸1
vergoren 841▸1; 1392▸3
vergotten 418▸1
vergöttern 1051▸2; 1730▸2
vergöttert 57; 1049▸2
Vergötterung 713▸3; 1050▸2
Vergöttlichung 35
**vergraben 1751**
**vergraben, sich** 17▸2; **1751**
vergraben, sich in Bücher 1045▸1
vergrämen 1237▸1; 1799▸2
vergrämt 320▸1; 1655▸1
vergrätzen 105▸1
vergrätzt 320▸1
vergraulen 1799▸2
vergreifen, sich 898▸3
vergreifen, sich an 1163▸2
vergreifen, sich im Ausdruck 898▸7
vergreisen 1144▸4
vergreist 43▸2
Vergreisung 44▸4
vergriffen 1883▸2
vergröbern 1733
Vergröberung 1734
vergrößern 144▸1; 507▸3; 1152▸5; 1527▸2
Vergrößerung 145▸1; 306▸3; 508▸2; 517▸1; 1506▸3
vergucken, sich 1051▸2
Vergünstigung 434▸2; 1313▸4; 1846▸2
vergüten 302▸2; 494▸1; 1746▸3
Vergütung 495▸1; 1727▸1; 1927▸2
**verhaften 1752**
verhaftet 1647▸2
Verhaftung 689▸1
verhageln 854▸3
verhaken, sich 1517▸1
verhallen 472▸2
verhalten 31▸1; 1039; 1675▸3; 1955▸1
**Verhalten** 1513▸4; **1754**
**verhalten, sich** 812▸1; **1753**
verhalten, sich unüberlegt 1748▸3
Verhaltenheit 1956▸2
Verhaltenskodex 1317▸2
Verhaltensmaßregel 95▸2
Verhaltensmuster 1754▸1
Verhaltensnorm 1317▸2
Verhaltensregel 1317▸2
Verhaltensweise 1754▸1
Verhältnis 1050▸4; 1084▸4; 1714▸5
Verhältnis zu, im 1331
Verhältnis, gespanntes 1473▸2
Verhältnis, im richtigen 501▸1; 816▸3
verhältnismäßig 1331
Verhältnisse 1005▸3

Verhältnisse, gedrückte 1185 ▸ 1
Verhältnissen, in guten 1322 ▸ 1
verhandeln 275 ▸ 1
Verhandlung 276 ▸ 1; 1278 ▸ 1
verhandlungsbereit, nicht 603
Verhandlungsgegenstand 694 ▸ 2
Verhandlungsgeschick 740 ▸ 2
verhangen 405 ▸ 2
verhängen 71 ▸ 1; 198
verhängen, Fenster 1394 ▸ 4
verhängen, Strafe 1805 ▸ 1
Verhängnis 1384 ▸ 1; 1654
verhängnisvoll 1655 ▸ 4
verharmlosen 266
verharmlost 580 ▸ 6
Verharmlosung 267
verhärmt 1655 ▸ 1
verharren 1503 ▸ 3; 1873 ▸ 1
verhärten 548 ▸ 3
verhärten, sich 548 ▸ 4
verhärtet 817 ▸ 1; 1687
verhaspeln, sich 1811 ▸ 3
verhasst 1633 ▸ 3
verhätscheln 1430; 1812 ▸ 1
verhätschelt 1049 ▸ 2
verhauen 1389 ▸ 1
verhauen, sich 898 ▸ 3
verheddern 1811 ▸ 1
verheddern, sich 1811 ▸ 3
verheddert 1663 ▸ 1; 1911 ▸ 1
verheeren 1936 ▸ 8
verheerend 1392 ▸ 1; 1415 ▸ 1
verheert 263 ▸ 3
Verheerung 1937 ▸ 1
verhehlen 1710 ▸ 1
verheilen 720 ▸ 2; 828 ▸ 1
verheimlichen 1710 ▸ 1
Verheimlichung 1555 ▸ 4
verheiraten, sich 1713 ▸ 5
Verheiratete 1230 ▸ 4
Verheißung 1836
verheißungsvoll 800 ▸ 1
verheizen 1215 ▸ 3
verhelfen zu 273 ▸ 1
verherrlichen 418 ▸ 1
Verherrlichung 1057 ▸ 3
verhetzen 848 ▸ 3
Verhetzung 365
verhexen 303 ▸ 1
verhext 1762
verhext, wie 1660
verhimmeln 1730 ▸ 2
verhindern 438; 854 ▸ 3; 1511 ▸ 3; 1724 ▸ 6
Verhinderung 855 ▸ 2; 1521
verhohlen 1119 ▸ 2; 1715 ▸ 1
verhöhnen 506 ▸ 4; 1487 ▸ 2
verhohnepiepeln 1487 ▸ 1
Verhöhnung 1486 ▸ 3
verhökern 1756 ▸ 2
verholzt 1598 ▸ 1
Verhör 636 ▸ 3
verhören 637 ▸ 2
verhören, sich 898 ▸ 3
verhuddeln 1811 ▸ 1
verhüllen 198; 1710 ▸ 2
verhüllt 308 ▸ 2; 405 ▸ 2; 405 ▸ 3; 1119 ▸ 2; 1688 ▸ 2; 1715 ▸ 1
Verhüllung 1425 ▸ 1; 1555 ▸ 2
verhungern 1508 ▸ 3
verhunzen 262; 1724 ▸ 4
verhüten 1426 ▸ 5
Verhüterli 1425 ▸ 5
Verhütung 1425 ▸ 5
verhutzeln 1599 ▸ 6
verhutzelt 43 ▸ 2; 1598 ▸ 1
verifizieren 1931 ▸ 4
Verinnerlichung 1543
verirren, sich 596 ▸ 4; 898 ▸ 1
Verirrung 29 ▸ 3
veritabel 1908 ▸ 3
verjagen 915 ▸ 3; 1799 ▸ 1
verjähren 10 ▸ 3; 1745 ▸ 7
verjährt 1392 ▸ 6; 1739
verjankern 1763 ▸ 1
verjubeln 1781 ▸ 2
verjuchheien 1781 ▸ 2
verjüngen, sich 12 ▸ 3; 540 ▸ 5
verjüngend 754 ▸ 4
Verjüngung 541 ▸ 2
verjuxen 1781 ▸ 2
verkabeln 1713 ▸ 2
verkabelt 1723 ▸ 2
Verkabelung 1714 ▸ 1
verkalken 548 ▸ 3; 1144 ▸ 4
verkalkt 43 ▸ 2
verkalkulieren, sich 898 ▸ 5
Verkalkung 44 ▸ 4
verkannt 1637 ▸ 1
verkannt werden 1378 ▸ 6
verkappt 1119 ▸ 2; 1715 ▸ 1
verkapseln 1394 ▸ 2
verkapseln, sich 17 ▸ 2
verkatert 1037 ▸ 1
**Verkauf 1755**
**verkaufen 1756**; 1799 ▸ 3
verkaufen, für dumm 291 ▸ 4
verkaufen, gut zu 675 ▸ 2
**verkaufen, sich** 435 ▸ 1; 898 ▸ 5; 1274; **1756**
verkaufen, sich unter Wert 838 ▸ 2
Verkäufer 813 ▸ 1; 1802 ▸ 1
verkäuflich 675 ▸ 2; 1835 ▸ 1
Verkaufsförderung 1894 ▸ 5
Verkaufshäuschen 737 ▸ 4
Verkaufspreis 1265 ▸ 3
Verkaufsschlager 515 ▸ 4
Verkaufsshow 1679 ▸ 7
Verkaufsstand 737 ▸ 4
Verkaufsstelle 737 ▸ 4
Verkehr 289 ▸ 3; 746 ▸ 3
verkehren 281 ▸ 3; 1051 ▸ 3; 1629 ▸ 2
verkehren, schriftlich 969 ▸ 1
Verkehrsader 1524
Verkehrsflugzeug 576 ▸ 7
Verkehrslärm 731 ▸ 3
Verkehrsmittel 576 ▸ 1
Verkehrsmittel, öffentliches 576 ▸ 4
Verkehrsnetz 1171 ▸ 2
Verkehrsopfer 1214 ▸ 2
verkehrsreich 1824 ▸ 3
Verkehrsschranke 1414
Verkehrsstrecke 1053 ▸ 3
Verkehrsunfall 1646
Verkehrsunglück 1646
Verkehrswert 1895 ▸ 2
verkehrt 24; 580 ▸ 1; 1112
verkehrt, völlig 580 ▸ 1
verkeilt 603
verkeimt 687 ▸ 5
verkennen 898 ▸ 4; 898 ▸ 6; 1109 ▸ 1
Verkennung 597 ▸ 3
verketten 1713 ▸ 2
Verkettung 209 ▸ 1; 628 ▸ 2; 1714 ▸ 1
verketzern 848 ▸ 3; 1760
Verketzerung 365; 1761
verkitschen 506 ▸ 3; 1756 ▸ 2
verkitscht 938
verkitten 1713 ▸ 2
verklagen 941 ▸ 1
Verklagter 55
verklammern 208 ▸ 1
verklaren 525 ▸ 1
verklären 266; 418 ▸ 1
verklärt 545 ▸ 3; 580 ▸ 6; 778 ▸ 1; 1620 ▸ 6

Verklärung 267; 1057‣3
verklausuliert 1119‣2
verkleben 1394‣2; 1804
verkleiden 166‣2; 198; 673‣2; 1710‣2
verkleidet 1715‣1
Verkleidung 167‣3; 867‣3; 1555‣2
verkleinern 506‣2; 838‣3; 1002‣2
Verkleinerung 451‣1; 1343‣9
verkleistern 1804
verklemmen, sich 1517‣1
verklemmt 1669‣5; 1758‣1
Verklemmtheit 1759‣4
verklingen 472‣2; 1745‣3
verkloppen 1756‣2
verknacken 1697‣2; 1805‣1
verknallen, sich 1051‣2
verknallt 1762
verknappen 1002‣3
verknappt 1000‣3
Verknapptheit 1001‣1
Verknappung 451‣1; 1001‣1
verknäueln 1811‣1
verknäuelt 1911‣1
verkneifen, sich 1815‣2
verkneten 1107‣1
verknittert 584‣2
verknöchern 548‣3
verknöchert 43‣2; 817‣1; 1500‣2
verknoten 208‣1; 1713‣2
verknotet 1911‣1
verknüpfen 1394‣3; 1713‣2
verknüpfen mit 1725‣3
verknüpft 1723‣3
Verknüpfung 209‣1; 1714‣1
verkohlen 328‣2; 1067; 1724‣1; 1745‣5
verkohlt 1392‣3
verkommen 263‣1; 347; 847‣2; 1724‣1; 1724‣3; 1745‣2
verkommen lassen 262
Verkommenheit 1393
verkonsumieren 1719‣1
verkopft 452‣1
Verkopfter 370
verkoppeln 1713‣2
Verkoppelung 1714‣1
verkorken 1394‣2
verkorksen 1724‣4; 1812‣1
verkorkst 1392‣2
verkörpern 199‣1; 357‣4; 1482‣1; 1801‣1
Verkörperung 359‣2; 1930‣1
verkosten 972‣2
verköstigen 1784‣3
Verköstigung 539‣1
verkrachen, sich 1531‣2
verkracht 531‣2; 692‣1
verkraften 1035‣1; 1709‣1
verkramen 1763‣1
verkrampfen, sich 548‣4
verkrampft 1758‣1
Verkrampftheit 1759‣4
Verkrampfung 1759‣4
verkriechen, sich 17‣2; 1710‣4
verkrümeln, sich 482‣1
verkrümmen 262
verkrümmt 263‣1
verkrumpelt 584‣3
verkrüppelt 263‣2
verkrustet 1403‣1
verkühlen, sich 527
verkümmern 1599‣6; 1724‣3
Verkümmerung 1343‣2
verkünden 1115‣3; 1273; 1769‣2
verkündend 1272
verkündend, Unheil 405‣7; 687‣1; 1241
Verkünder 1271
verkündigen 1115‣4
Verkündiger 1271
Verkündigung 1117
Verkündung 1117
verkuppeln 1713‣2
verkürzen 1002‣1
verkürzt 1000‣1
Verkürzung 451‣1
verlachen 1487‣2
verladen 1383‣2
Verladung 1586‣1
verlagern 1704‣1
Verlagerung 1705‣2
verlangen 193‣1; 215‣1; 869‣2
**Verlangen** 1050‣2; 1068‣1; **1757**
verlangen können 87‣2; 193‣1
verlangen nach 215‣2
Verlangen, auf 203
verlangen, Aufklärung 1507‣2
verlangen, viel 193‣3
verlangend 216‣1
verlängern 151‣4; 516‣8; 1527‣2; 1735‣2
verlängern, Frist 1538
verlängert 1008‣3
verlangsamen 22‣2; 1816‣1
Verlangsamung 1817‣2
verlangt, viel 241‣2; 675‣2
verläppern 1781‣2
verlarven 1710‣2
verlarvt 1715‣1
Verlarvung 1555‣2
verlassen 447‣1; 482‣2; 853‣4; 1023‣2; 1199‣1; 1591‣1
verlassen, das Haus 482‣1
verlassen, jmdn. 327‣2
verlassen, nicht 64‣3
verlassen, sich 552‣1
verlassen, sich auf 1540‣2; 1795‣1
verlassen, Welt 1508‣1
Verlassenheit 448‣1
verlässlich 130; 297; 345‣1; 1455‣4; 1966‣2
Verlässlichkeit 611‣5; 1456‣2
verlästern 506‣4; 1760
Verlästerung 238; 1761
Verlauf 628‣1; 739‣2; 1278‣2
Verlauf, im 1861
verlaufen 10‣2; 214‣3; 409‣3; 1745‣1
verlaufen, sich 10‣1; 482‣2; 596‣4; 898‣1; 1745‣1; 1792‣3
verlaufend, flach 765‣1
verlautbaren 1115‣3
verlautbaren lassen 1769‣2
Verlautbarung 1117
verlauten 503‣5
verlauten lassen 1490‣2
verleben 1019‣2
verlebendigen 268‣1; 525‣3
verlebt 847‣3
**verlegen** 11‣1; **1758**; 1763‣1; 1769‣1; 1816‣1
verlegen sein 1366‣1
verlegen, sich auf 264‣2; 311‣5
verlegen, Weg 854‣2
**Verlegenheit 1759**
Verlegenheit, in 399; 853‣2
Verleger 558
verlegt werden 954‣3
Verlegung 29‣1
verleiden 15; 493
verleiden lassen, sich 1034‣1
verleidet 1359‣4
verleihen 319‣2
verleihen, Leben 1482‣1

verleihen, Orden 172›1; 418›1; 1058›2
verleihen, Preis 172›1
verleihen, Staatsangehörigkeit 126›6
verleihen, Staatsbürgerschaft 126›6
verleiten 1737
Verleitung 434›1
verlernen 1748›1
verlesen 165›1; 1591›3
verlesen, sich 898›3
verletzbar 468›1
Verletzbarkeit 469›3
verletzen 838›1; 1237›2; 1364›2; 1404›4; 1589›6
verletzen, Pflicht 1745›8
verletzen, sich 1364›3
verletzend 90›4; 237›1; 321›1; 1288›2; 1488›1
verletzlich 468›1; 1928›1
Verletzlichkeit 469›3
verletzt 320›2; 1037›3; 1177›1
Verletzter 1233
Verletztheit 104›1
Verletzung 238; 1920
verleugnen 1046›2; 1046›3; 1404›5
verleugnen lassen, sich 30›4; 1629›1
**verleumden 1760**
Verleumder 894›1
verleumderisch 321›1
**Verleumdung** 238; **1761**
verlieben, sich 1051›2
**verliebt 1762**
Verliebtheit 1050›2
verliehen 250›2
**verlieren** 1024; 1748›2; **1763**
verlieren, an Ansehen 1763›2
verlieren, an Höhe 578›2
verlieren, aus dem Gedächtnis 1748›1
verlieren, Balance 578›1
verlieren, beim Spiel 1763›2
verlieren, Besinnung 1959›1
verlieren, Faden 28›3; 1517›2; 1811›3
verlieren, Farbe 1144›3
verlieren, Fassung 1811›3
verlieren, Gesicht 317›1
verlieren, Gewicht 12›1
verlieren, Gleichgewicht 578›1
verlieren, Gültigkeit 10›3
verlieren, guten Ruf 1364›4
verlieren, Halt 578›1
verlieren, kein Wort 1434›2
verlieren, keine Zeit 426›2
verlieren, keine Zeit zu 1477›2
verlieren, Kopf 217›2
verlieren, Mut 536›2; 1818›1
verlieren, Nerven 62›1; 141›2; 1775›3
verlieren, Rangplatz 21›3
verlieren, sich 1704›5
verlieren, sich an jmdn. 1051›2
verlieren, Vermögen 1378›2
verlieren, Wert 1745›7
Verlierer 1777
Verlierertyp 1777
Verlies 689›2
verlinken 1713›2
verloben, sich 1713›5
Verlöbnis 1714›5
Verlobte 1230›4
Verlobter 1230›4
Verlobung 1714›5
Verlobungsring 1341›3
verlocken 1737
verlockend 99›1; 1330
Verlockung 1328›2
verlodern 1745›3
verlogen 580›4; 938
verlohnen, sich 1191›1
verloren 531›2; 1883›1; 1883›3
verloren, Hopfen und Malz 1687
verlorengeben 1763›2
verlorengehen 1763›1
verlöschen 1508›1; 1745›3
Verlosung 780
verlottern 262; 1724›3
verlottert 263›1; 847›2
verludern 262; 1724›3
verludert 263›1; 847›2
verlumpen 1724›3
verlumpt 847›2
Verlust 1062›2; 1111; 1343›1; 1363›1; 1578›2; 1718›2
Verlustangst 1052
verlustbringend 13
verlustig gehen 1763›1
vermachen 1617›2
Vermächtnis 510›4
vermählen, sich 1713›5
Vermählte 1230›4
Vermählung 1714›5
vermaledeien 626
vermarkten 49›1
vermasseln 1724›4
vermehren 1711›2; 1806
vermehren, sich 1505›3
Vermehrung 145›1; 1506›3; 1807›3
vermeiden 489›2; 1629›1
vermeiden, Anstrengungen 1408›4
vermeinen 767›1; 1094
vermeintlich 53; 1375
vermelden 1115›1
vermengen 1107›1
vermengt 1911›1
Vermengung 597›3; 1108›4
Vermerk 1182›1
vermerken 612›2; 1416›1
vermerken, übel 1954›1
vermessen 456›2; 612›3
vermessen, sich 1856›3
Vermessenheit 457›2
Vermessung 613›2
vermieft 404›1
vermiesen 15; 459›2; 493
vermiesen lassen, sich 1034›1
vermiest 1359›4
vermieten, zu 1023›4
Vermieter 271; 738
vermindern 838›3; 1002›2
vermindern, sich 1719›4
vermindert um 160›1
Verminderung 451›1; 1343›3; 1718›2
vermischen 1107›1
vermischt 1779›2
Vermischtes 1108›3
Vermischung 1108›4; 1946›3
vermissen 479; 596›2
vermissen lassen 1775›4
vermisst 1883›1
vermisst werden 596›1
vermittelbar 1786›1
vermittelbar, schwer 263›2
Vermittelbarkeit 1787
**vermitteln** 259›1; 273›1; 438; **1764**
vermitteln, Wissen 1029›1
vermittels 1119›3
vermittelt 1119›1
**Vermittler 1765**
**Vermittlung** 274›1; **1766**

Vermittlung von, durch 1119 ▸ 3
Vermittlungsstelle 1766 ▸ 1
vermodern 1724 ▸ 1
vermodert 263 ▸ 1
vermöge 1119 ▸ 3
vermögen 959 ▸ 1
Vermögen 270 ▸ 1; 574; 1497 ▸ 1; 1895 ▸ 1
Vermögen, ohne 106 ▸ 1
vermögend 573 ▸ 1; 1072 ▸ 2; 1322 ▸ 1
vermögend, viel 1072 ▸ 2
Vermögensanlage 270 ▸ 3
vermögenslos 106 ▸ 1
Vermögenswerte 270 ▸ 2
vermorschen 1061 ▸ 7
vermummen 1710 ▸ 2
vermummt 1715 ▸ 1
vermurksen 1724 ▸ 4
vermurkst 1392 ▸ 2
**vermuten** 428 ▸ 1; 1094; 1370 ▸ 2; **1767**
vermutlich 78; 860 ▸ 1; 1123 ▸ 3
Vermutung 1095 ▸ 3; 1830; 1969 ▸ 2
vernachlässigen 1109 ▸ 1
vernachlässigt 263 ▸ 1; 1145 ▸ 4
Vernachlässigung 1110; 1664 ▸ 2; 1776 ▸ 1
vernadern 1772
vernagelt 401 ▸ 1; 742 ▸ 1
vernarben 521 ▸ 2; 720 ▸ 2
vernarren, sich 1051 ▸ 2
vernarrt 1762
Vernarrtsein 1050 ▸ 1
vernebeln 614 ▸ 1; 1710 ▸ 1
vernebeln, sich 407 ▸ 2
vernehmbar 1017
vernehmen 512 ▸ 3; 637 ▸ 2; 865 ▸ 1; 1789 ▸ 1; 1863 ▸ 1
vernehmen lassen 1115 ▸ 1
vernehmen lassen, sich 1581 ▸ 1
Vernehmen nach, dem 78
vernehmlich 376 ▸ 1; 1017
Vernehmung 636 ▸ 3
verneigen, sich 799 ▸ 1
Verneigung 798 ▸ 2
verneinen 30 ▸ 3; 1046 ▸ 1; 1775 ▸ 1
verneinend 31 ▸ 3
Verneinung 32 ▸ 2
vernetzen 1713 ▸ 2
vernetzt 1723 ▸ 2
Vernetzung 1171 ▸ 2; 1714 ▸ 1
vernichten 1583 ▸ 1; 1936 ▸ 1; 1936 ▸ 8
vernichtend 1415 ▸ 1
Vernichter 184
vernichtet 531 ▸ 2
Vernichtung 1085; 1654; 1937 ▸ 1
Vernichtungslager 1006 ▸ 4
verniedlichen 266
Verniedlichung 267
vernieten 1713 ▸ 2
Vernissage 50 ▸ 2
Vernunft 704 ▸ 1; 1785 ▸ 1
vernunftbegabt 887 ▸ 1; 1768 ▸ 1
vernunftbetont 1768 ▸ 4
vernünfteln 369 ▸ 2
vernunftgemäß 1768 ▸ 3
**vernünftig** 754 ▸ 3; 1463 ▸ 1; **1768**
Vernünftigkeit 1785 ▸ 2
vernunftwidrig 24; 401 ▸ 2
veröden 1599 ▸ 5; 1724 ▸ 2
verödet 447 ▸ 3; 847 ▸ 2; 1199 ▸ 2
Verödung 1200 ▸ 3
**veröffentlichen** 1115 ▸ 3; 1722 ▸ 1; **1769**
veröffentlicht 1206 ▸ 1
veröffentlicht werden 954 ▸ 3
**Veröffentlichung** 334 ▸ 1; 1117; **1770**
verordnen 71 ▸ 1
verordnet 748 ▸ 5
Verordnung 207 ▸ 1; 747 ▸ 1
Verortung 526 ▸ 3
verpacken 166 ▸ 2; 1228 ▸ 2
verpackt 728 ▸ 1; 742 ▸ 2
Verpackung 167 ▸ 3; 867 ▸ 1
Verpackungsbeilage 95 ▸ 2
verpassen 1778 ▸ 1
verpassen, Anschluss 1775 ▸ 4
verpassen, Denkzettel 1746 ▸ 2
verpassen, eins 1389 ▸ 1
verpassen, kalte Dusche 493
verpassen, sich 1778 ▸ 2
verpasst 1739
verpatzen 898 ▸ 3; 1247; 1724 ▸ 4
verpatzt 1392 ▸ 2
verpeilt 900
verpennen 1778 ▸ 2
verpesten, Luft 1339 ▸ 2
verpetzen 1772
verpfänden 319 ▸ 1; 337 ▸ 2
Verpfändung 356
verpfeifen 1772
verpflanzen 196 ▸ 3; 1213; 1704 ▸ 1; 1799 ▸ 1
verpflegen 1784 ▸ 3
Verpflegung 539 ▸ 1
verpflichten 88 ▸ 1; 264 ▸ 1; 311 ▸ 2
verpflichten, sich 49 ▸ 4; 311 ▸ 3; 337 ▸ 1
verpflichtend 748 ▸ 5; 1976 ▸ 2
**verpflichtet 1771**; 1962 ▸ 2
verpflichtet sein 1130; 1421 ▸ 2
verpflichtet, zu Dank 353 ▸ 1; 1771 ▸ 1
Verpflichtung 340 ▸ 2; 354 ▸ 1; 1245; 1420 ▸ 2; 1732 ▸ 2; 1963 ▸ 1
verpfuschen 1247; 1724 ▸ 4
verpfuscht 580 ▸ 1
verpimpeln 1812 ▸ 1
verplappern, sich 898 ▸ 7; 1772
verplempern 1781 ▸ 2
verpönen 1109 ▸ 1; 1404 ▸ 5
verpönt 531 ▸ 3; 1717
verprassen 1781 ▸ 2
verproviantieren 1784 ▸ 3
verpuffen 1257 ▸ 1; 1745 ▸ 3
verpufft 1743
verpulvern 1781 ▸ 2
verpumpen 319 ▸ 2
Verpuppung 1555 ▸ 2
verpusten 521 ▸ 1
Verputz 867 ▸ 3; 1286 ▸ 10
verputzen 198; 563 ▸ 1
verquer 1016 ▸ 2; 1112
verquicken 1107 ▸ 2; 1713 ▸ 2
Verquickung 1714 ▸ 1
verquirlen 1107 ▸ 1; 1934
verquirlt 1935
verrammeln 1394 ▸ 1
verrammelt 742 ▸ 1
verramschen 1756 ▸ 3
verrannt 853 ▸ 2; 1500 ▸ 2
Verranntheit 478 ▸ 5
Verrat 5 ▸ 5; 752
**verraten** 6 ▸ 5; 945 ▸ 1; 1460 ▸ 4; **1772**
verraten, nichts 1434 ▸ 2
Verräter 1419 ▸ 3
verräterisch 751; 942 ▸ 3
verrätseln 357 ▸ 5
verrätselt 405 ▸ 4
Verrätselung 359 ▸ 2
verrauschen 1745 ▸ 1; 1745 ▸ 3
verrechnen 150 ▸ 4
verrechnen, sich 898 ▸ 3

Verrechnung 149 › 3
verrechtlichen 1221 › 4
verrecken 1508 › 3
Verrecken 1578 › 1
verregnet 1157 › 3
verreisen 482 › 3; 1326 › 1
verreißen 1805 › 2
verreist 1883 › 1
Verrenkung 1920
verrichten 530 › 1
verrichten, Arbeit 101 › 1
verrichten, Hausarbeit 101 › 3
verrichten, Notdurft 154
Verrichtung 100 › 1; 274 › 2; 381 › 2; 532 › 1; 1041 › 1
verriechen 1745 › 4
verriegeln 1394 › 1
verriegelt 742 › 1
Verriegelung 1780 › 2
verringern 838 › 3; 1002 › 2
verringern, sich 1719 › 4
verringern, Tempo 22 › 2
Verringerung 451 › 1; 1343 › 3; 1718 › 2
verrinnen 10 › 1; 472 › 2; 1745 › 1
Verriss 984 › 3
verröcheln 1508 › 2
verrohen 1724 › 3
verroht 847 › 2
Verrohung 333; 1343 › 6
verrosten 1724 › 2
verrostet 263 › 1
verrotten 1724 › 2
verrottet 263 › 1; 847 › 4
Verruchtheit 1393
verrücken 298 › 3; 1704 › 2
**verrückt** 24; 705; 1688 › 3; **1773**
verrückt nach 216 › 1
verrückt sein nach 1122 › 1
**Verrücktheit** 706; 1670 › 1; 1670 › 3; **1774**
Verrücktwerden, zum 129 › 2
Verruf 1367 › 1
verrühren 1107 › 1; 1934
verrunzelt 43 › 2
verrußt 1403 › 1
verrutscht 987 › 3
Vers 1557 › 1
versacken 600 › 2; 1724 › 3
versackt 847 › 2
**versagen** 504; 1378 › 2; 1529 › 2; **1775**
**Versagen** **1776**
**versagen, sich** **1775**; 1815 › 2
**Versager** **1777**
versagt bleiben 489 › 3
Versagung 32 › 2; 505; 1716 › 1
Versal 335 › 1
versalzen 854 › 3; 1724 › 4
versalzen, Suppe 493; 1364 › 1
versammeln, sich 1589 › 1
versammeln, sich zu seinen Vätern 1508 › 2
Versammlung 1590 › 2
Versammlung, politische 368 › 1
Versammlungsleiter 1042 › 2
Versand 1586 › 1; 1755 › 1
versanden 1517 › 4; 1599 › 5
versandfähig machen 1228 › 2
Versandkauf 920
Versandverkauf 1755 › 1
versaubeuteln 1724 › 4
versauen 459 › 2; 1724 › 4; 1724 › 5
versauern 1724 › 2
versauern, Leben 1237 › 1
versaufen 1781 › 2
**versäumen** **1778**
Versäumnis 1665 › 1; 1776 › 1
versaut 1392 › 2
verschaben 262; 1719 › 3
verschachern 1756 › 2
verschaffen 273 › 1; 305; 1224 › 2
verschaffen, Deckung 1457 › 3
verschaffen, sich Geltung 144 › 4
verschaffen, sich Genugtuung 1746 › 1
verschaffen, Unterstützung 1457 › 3
verschaffen, Zutritt 430 › 1
verschafft 1302 › 4
verschalen 198
Verschalung 867 › 3
verschämt 1758 › 2
Verschämtheit 1759 › 2
verschandeln 262
verschandelt 263 › 1
verschanzen, sich 17 › 2; 170 › 2; 1710 › 4
verschärfen, sich 1369 › 2; 1505 › 1
Verschärfung 1506 › 5
verscharren 1751 › 1
Verschattung 1588
verschaukeln 291 › 1
verscheiden 1508 › 1
Verscheiden 1578 › 1
verschenken 680 › 4; 1215 › 1
verschenken, sich 1215 › 1
verscherbeln 1756 › 2
verscherzen 1763 › 2
verscheuchen 1799 › 1
verscheuern 1756 › 2
verschicken 171 › 1; 1383 › 4; 1799 › 1
Verschickung 1586 › 1; 1800
verschieben 291 › 2; 298 › 3; 1704 › 2; 1816 › 1
Verschiebung 1543; 1817 › 2
**verschieden** 645 › 1; 883 › 2; 1582 › 1; **1779**
verschiedenartig 1779 › 1
Verschiedenartigkeit 1822 › 1
verschiedene 1821
verschiedenerlei 1779 › 2
Verschiedenes 1819 › 2
verschiedengestaltig 1779 › 2
Verschiedenheit 1684
verschiedentlich 1211
verschießen 1144 › 3
verschießen, sich 1051 › 2
verschiffen 1383 › 2
Verschiffung 1586 › 1
verschimmeln 1724 › 1
verschimmelt 263 › 1; 1392 › 3
verschlafen 1125 › 1; 1634 › 1; 1748 › 1; 1778 › 2
verschlagen 454 › 1; 1391 › 1
verschlagen worden sein 1019 › 2
verschlagen, Atem 1921 › 2
verschlagen, Sprache 1616 › 1; 1921 › 2
Verschlagenheit 581 › 1; 740 › 2
verschlampen 1748 › 1; 1763 › 1; 1778 › 1; 1816 › 1
verschlanken 1474 › 4
verschlechtern 506 › 2
verschlechtern, sich 1369 › 2; 1505 › 1; 1704 › 1
Verschlechterung 1343 › 1; 1506 › 5
verschleiern 1710 › 1
verschleiert 405 › 2; 405 › 3; 1119 › 2
Verschleierung 359 › 2; 406 › 2; 1555 › 4
verschleifen 1719 › 5
Verschleiß 1718 › 2
verschleißen 262; 1719 › 3

verschleppen 484; 1778▸1; 1799▸1; 1816▸1
verschleppend 1645▸1
Verschleppung 485; 1800; 1817▸2
verschleudern 1756▸3; 1781▸2
verschließen 1394▸1
verschließen, Augen 1046▸3
verschlimmbessern 262; 1711▸1
verschlimmern 506▸2
verschlimmern, sich 1369▸2; 1505▸1
Verschlimmerung 1343▸1; 1506▸5
verschlingen 563▸1; 1045▸1; 1713▸2; 1719▸1
Verschlingung 1714▸1
verschlissen 43▸3; 263▸1
verschlossen 31▸1; 378▸1; 742▸1; 1435▸1
Verschlossenheit 1533▸2; 1956▸3
verschluckt, wie vom Erdboden 1883▸1
verschludern 1724▸4; 1763▸1
verschlungen 1437▸2; 1723▸3
**Verschluss 1780**
Verschlussband 1780▸2
verschlüsseln 1617▸7
Verschlussmarke 1780▸2
Verschlusssache 699▸2
Verschlussstreifen 1780▸2
verschmachten 1508▸3; 1599▸5
verschmachtet 1598▸1
verschmähen 30▸3; 1109▸1
verschmälern, sich 12▸3
verschmelzen 1713▸2
Verschmelzung 1108▸4; 1714▸1
verschmerzen 1709▸1
verschmerzt 1739
verschmieren 1804
verschmitzt 832▸3; 1391▸1
verschmolzen 441▸1; 1723▸3; 1957
verschmutzen 1804
verschmutzen, Umwelt 1339▸2; 1804
verschmutzt 1403▸1
Verschmutzung 1401▸2
verschnappen, sich 898▸7
verschnaufen 439▸1; 521▸1
verschnaufen, sich 1351▸1
Verschnaufpause 522▸1
verschneiden 1735▸2
Verschnitt 1108▸2
verschnitten 1000▸1
verschnörkelt 987▸1
verschnupfen 105▸1
verschnupft 320▸2
verschnüren 1228▸2
verschollen 1883▸1
verschonen 1408▸2
verschönern 1244▸5; 1287▸1; 1503▸4; 1711▸1
verschönernd 1400
Verschönerung 1286▸2; 1712▸2
verschont bleiben 489▸2
verschossen 590▸1; 1762
verschränken 583▸1; 1713▸2
verschrauben 208▸1; 1394▸2
verschreiben 71▸1; 337▸2; 1617▸2
Verschreiben 597▸1
verschreiben, sich 311▸3; 898▸3; 1215▸1
Verschreibung 356; 981
verschreien 1760
verschroben 118▸2
Verschrobenheit 422▸4
verschroten 1934
verschrotten 165▸2
verschrumpeln 1599▸6
verschüchtern 396▸3
verschüchtert 63▸2; 1758▸2
verschulden 1706▸1
Verschulden 1420▸1
Verschulden, ohne eigenes 1668▸1
verschuldet 531▸2; 1422▸1
verschuldet haben 1421▸3
verschuldet sein 1421▸1
Verschuldung 1420▸2
verschusseln 1748▸1; 1763▸1
verschustern 1763▸1
verschütten 1804
verschüttgegangen 1883▸1
verschüttgehen 1763▸1
verschwägert 1808▸1
verschwärmt 874▸2
verschweigen 151▸1; 1710▸1
verschweißen 208▸1; 1713▸2
**verschwenden 1781**
verschwenden, sich 1215▸1
verschwenderisch 724; 790▸1; 1032▸2; 1620▸1
verschwendet 1743; 1883▸3
Verschwendung 136▸2
verschwiegen 1435▸1; 1955▸1
Verschwiegenheit 1956▸3
verschwimmen 1745▸3
verschwinden 482▸1; 622▸1; 1745▸1
verschwinden lassen 1163▸2
verschwinden, in der Versenkung 1710▸4
verschwinden, spurlos 1710▸4
verschwinden, von der Bildfläche 1710▸4
verschwindend 947▸1; 1890▸1
verschwistert 1808▸1
verschwitzen 1748▸1; 1778▸2; 1804
verschwitzt 1403▸1; 1883▸2
verschwommen 405▸3; 1650▸3
verschworen 441▸2; 1723▸1
verschwören 1713▸4
verschwörerisch 1723▸1
Verschwörung 895; 1055▸2
verschwunden, spurlos 1883▸1
versehen 166▸1; 519▸3; 1446▸2
Versehen 597▸1; 899▸1; 1776▸1
versehen mit 273▸3
versehen sein 804▸1
Versehen, aus 900; 1648▸1
versehen, mit Bildern 197
versehen, mit Proviant 1784▸3
versehen, sich 898▸3
versehen, sich mit 1784▸1
versehentlich 900; 1648▸1
versehrt 263▸2; 1037▸3
Verseklopfer 1418
versenden 1383▸4
Versendung 1586▸1
versengen 1936▸5
versenken 1179▸5; 1751▸1; 1936▸9
versenken, sich 369▸4; 1751▸2
Versenkung 443▸1; 681
Verserzählung 556▸2
Verseschmied 1418
versessen 216▸1; 421
versetzbar 299▸2
versetzen 196▸3; 319▸1; 433▸3; 554▸2; 1704▸2; 1735▸2; 1748▸2
versetzen mit 1107▸1
versetzen, in Angst 396▸1
versetzen, in den Ruhestand 993▸4
versetzen, in die Lage 535▸2; 1831▸1
versetzen, in Trance 283▸1
versetzen, Puff 1523

versetzen, sich in jmdn. 1789 ▸ 3
versetzen, Stoß 538 ▸ 2
versetzt werden 1378 ▸ 5
versetzt werden, nicht 1775 ▸ 4
verseuchen 1804; 1936 ▸ 10
verseucht 1392 ▸ 4
**versichern** 224 ▸ 1; **1782**
**versichern, sich** 1622 ▸ 2; **1782**
**Versicherung 1783**
versickern 10 ▸ 1; 472 ▸ 2; 1517 ▸ 4; 1599 ▸ 2; 1745 ▸ 1
versieben 898 ▸ 3; 1763 ▸ 1
versiegeln 1394 ▸ 2
versiegelt 742 ▸ 2
versiegen 472 ▸ 2; 1144 ▸ 1; 1517 ▸ 4; 1775 ▸ 3
versiert 513 ▸ 1; 926
versifft 1403 ▸ 1
versilbern 1756 ▸ 2
versimpeln 1724 ▸ 3; 1733
versinken 369 ▸ 4
versinnbildlichen 357 ▸ 5
Versinnbildlichung 359 ▸ 2
Version 1699 ▸ 2
versippt 1808 ▸ 1
versklaven 1675 ▸ 1
versklavt 1314; 1647 ▸ 3
verslumen 1724 ▸ 3
versnobt 83 ▸ 2
versohlen 1389 ▸ 1
versöhnen 259 ▸ 1; 1764 ▸ 1
versöhnen, sich 259 ▸ 3
versöhnlich 655 ▸ 1; 686 ▸ 1
Versöhnlichkeit 1105
Versöhnung 653 ▸ 1; 1749 ▸ 3
versonnen 1352 ▸ 4
**versorgen** 273 ▸ 3; 519 ▸ 3; 870; 1677 ▸ 1; **1784**
versorgen mit 166 ▸ 1
versorgen, ärztlich 222 ▸ 2
**versorgen, sich 1784**
versorgen, sich mit 921 ▸ 1
versorgt werden, von jmdm. 9 ▸ 1
Versorgung 202 ▸ 2; 274 ▸ 2; 1243 ▸ 1
Versorgung, ärztliche 223 ▸ 2
verspachteln 563 ▸ 1
verspannen, sich 548 ▸ 4
verspäten, sich 1778 ▸ 2; 1816 ▸ 3
verspätet 1477 ▸ 1
Verspätung 1817 ▸ 1
Verspätung, ohne 1285 ▸ 1
verspeisen 563 ▸ 1
verspekulieren, sich 898 ▸ 5
versperren 1394 ▸ 1
versperren, Weg 854 ▸ 2
versperrt 742 ▸ 1
verspielen 1763 ▸ 2; 1781 ▸ 2
verspielen, guten Ruf 1364 ▸ 4
verspielt 1032 ▸ 2; 1634 ▸ 1; 1883 ▸ 3
versponnen 1352 ▸ 4
Versponnenheit 33 ▸ 2
verspotten 317 ▸ 2; 506 ▸ 4; 1487 ▸ 2
Verspottung 1486 ▸ 3
versprechen 305; 1782 ▸ 2
Versprechen 1732 ▸ 2; 1783 ▸ 1
versprechen, sich 898 ▸ 7; 1811 ▸ 3
versprechen, sich etwas von 552 ▸ 1
Versprecher 597 ▸ 1
versprengen 614 ▸ 1; 1799 ▸ 1
versprengt 454 ▸ 1
Versprengte 1890 ▸ 2
verspritzen 614 ▸ 1
versprochen 1771 ▸ 2
versprühen 614 ▸ 1
verspüren 665 ▸ 1
Versroman 556 ▸ 2
verstaatlichen 1163 ▸ 3
Verstaatlichung 480
**Verstand** 704 ▸ 1; **1785**
Verstand, bei klarem 1768 ▸ 4
Verstand, klarer 1785 ▸ 2
verstanden werden, nicht 1378 ▸ 6
verstandesbetont 1768 ▸ 4
verstandesmäßig 1353 ▸ 2; 1768 ▸ 3
Verstandesmensch 370; 1310
verständig 887 ▸ 2; 1768 ▸ 1
verständigen 1115 ▸ 1
verständigen, sich 259 ▸ 3; 1731; 1789 ▸ 6
Verständigkeit 1785 ▸ 2
Verständigung 653 ▸ 1; 1732 ▸ 1; 1749 ▸ 3
**verständlich** 376 ▸ 2; 431 ▸ 1; **1786**
verständlich machen 498 ▸ 3; 1764 ▸ 3
verständlich, allgemein 1786 ▸ 1
verständlich, schwer 1437 ▸ 2
verständlicherweise 1786 ▸ 3
**Verständlichkeit** 432 ▸ 3; 944 ▸ 1; **1787**
**Verständnis** 514 ▸ 1; 1608 ▸ 3; 1785 ▸ 2; **1788**; 1914 ▸ 1
verständnislos 401 ▸ 1; 1537 ▸ 4
Verständnislosigkeit 1533 ▸ 4
verständnisvoll 790 ▸ 2; 1104 ▸ 4
verstärken 1498 ▸ 3; 1711 ▸ 2; 1725 ▸ 1
Verstärkung 1499 ▸ 3; 1506 ▸ 4
verstaubt 1403 ▸ 1; 1703
verstauchen, sich den Fuß 596 ▸ 5
Verstauchung 1920
verstauen 1228 ▸ 2
verstecken 1675 ▸ 3; 1710 ▸ 1; 1751 ▸ 1
verstecken, sich 1710 ▸ 4
versteckt 1715 ▸ 1
verstehbar 1786 ▸ 1
Verstehbarkeit 1787
**verstehen** 409 ▸ 6; 865 ▸ 1; 959 ▸ 1; **1789**
verstehen lassen 1764 ▸ 3
verstehen, falsch 898 ▸ 3
verstehen, Handwerk 959 ▸ 1
verstehen, leicht zu 1031 ▸ 2
verstehen, nicht zu 1688 ▸ 1
verstehen, seine Sache 959 ▸ 1
**verstehen, sich 1789**
verstehen, sich auf 959 ▸ 1; 1789 ▸ 4; 1913
verstehen, sich von selbst 1931 ▸ 6
verstehen, zu 1786 ▸ 3
versteht sich 735 ▸ 2; 1786 ▸ 3
versteifen 208 ▸ 2; 1498 ▸ 3
versteifen, sich 520 ▸ 4; 548 ▸ 4
versteigen, sich 428 ▸ 3; 898 ▸ 1
versteigern 1756 ▸ 1
Versteigerung 1755 ▸ 3
versteinern 548 ▸ 4
versteinert 817 ▸ 1; 1500 ▸ 1
verstellbar 299 ▸ 2
verstellen 1394 ▸ 1
verstellen, sich 1067; 1845
verstellt 580 ▸ 4
Verstellung 1555 ▸ 1; 1555 ▸ 2; 1573 ▸ 3
Verstellungskunst 1555 ▸ 2
versteppen 1599 ▸ 5
versteppt 1199 ▸ 2
Versteppung 1200 ▸ 3
versterben 1508 ▸ 1
verstetigen 362 ▸ 1
versteuern 302 ▸ 4
Versteuerung 1510 ▸ 2
verstiegen 24; 118 ▸ 2; 874 ▸ 2; 1249 ▸ 3; 1620 ▸ 2
Verstiegenheit 872 ▸ 2

verstimmen 105▸1; 493
verstimmend 129▸2
verstimmt 320▸2; 1112
Verstimmtheit 1113
Verstimmung 104▸1; 1113; 1473▸2
verstockt 423; 1687
verstohlen 831▸1; 1119▸2
verstopfen 1394▸2
Verstopfung 855▸2; 1780▸3
verstorben 1582▸1
verstören 1811▸2
verstört 545▸1; 1500▸3; 1911▸3
Verstörtheit 546▸1
Verstoß 597▸1; 1420▸1
verstoßen 171▸1; 1799▸1
verstoßen gegen 1745▸8
verstoßen, gegen Gesetze 1745▸8
Verstoßung 1800
verstrahlen 1804
verstrahlt 1392▸4
verstreben 1540▸1
Verstrebung 209▸1
verstreichen 10▸3; 1745▸1
verstreichen lassen 1778▸1
verstreuen 1792▸2
verstreut 454▸1
verstricken 1713▸4; 1811▸1
verstricken, sich 1811▸3
verstrickt 1647▸3
verstrickt, in Schuld 1422▸2
verströmen 1722▸1
verstümmeln 262
verstümmelt 263▸1; 263▸2
verstummen 1434▸1; 1517▸2
**Versuch 1790**
Versuch machen 1791▸1
**versuchen** 972▸2; 1737; **1791**
versuchen, sein Glück 1856▸1
versuchen, sein Heil 1791▸2
Versucher 1571
Versuchsanordnung 1253▸2
Versuchsballon 1790▸2
Versuchskaninchen 1214▸2
Versuchsstadium 1790▸4
Versuchsstück 1131▸2
versuchsweise 1849▸2
Versuchung 1328▸2
versumpfen 1517▸4; 1724▸3
versündigen, sich 1745▸8
Versündigung 1665▸1
versunken 124▸1; 1352▸4; 1634▸1; 1673▸4; 1739
versunken sein, in Gedanken 369▸3; 1587▸3
versunken, in Gedanken 1352▸4
Versunkenheit 33▸2; 1794▸4
versüßen 1711▸4; 1924▸1
vertäfeln 198
vertagen 1816▸1
Vertagung 1817▸2
vertan 1883▸3
vertändeln 1775▸4; 1781▸2
vertauschen 1880▸1
verteidigen 224▸1; 498▸3; 1426▸3; 1503▸5; 1801▸2
Verteidiger 909▸2; 1802▸2
Verteidigung 492▸2; 1897▸2
Verteidigungsanlage 209▸4
**verteilen** 1215▸1; 1558▸2; **1792**
**verteilen, sich** 482▸2; **1792**
**Verteilung 1793**
verteuern, sich 1504▸4
Verteuerung 1506▸2
verteufeln 1760
verteufelt 321▸1; 1437▸1; 1448▸1
Verteufelung 1761
verticken 1756▸2
vertiefen 208▸3; 369▸4; 1711▸2
vertiefen, sich 369▸4
vertieft 124▸1; 1352▸4; 1634▸1
Vertieftheit 33▸2
**Vertiefung** 582▸2; **1794**
vertikal 729▸2
Vertiko 1413
vertilgen 563▸1; 1025▸3; 1936▸2
vertippen, sich 898▸3
vertrackt 1437▸1
Vertrag 1732▸2
vertragen, gut zu 1031▸3
vertragen, sich 259▸3; 1789▸6
vertraglich 1208▸3; 1455▸5
verträglich 686▸1
verträglich sein 234▸2
verträglich, gut 754▸3
verträglich, sozial 431▸2
Verträglichkeit 442; 1105
vertragsgemäß 1208▸3; 1455▸5
**vertrauen 1795**
**Vertrauen 1796**
vertrauen auf 552▸1
Vertrauen haben 1795▸1
Vertrauensarzt 112
vertrauensbildend 441▸1
Vertrauensbruch 1066▸3
vertrauensselig 401▸2; 1154
vertrauensvoll 1239▸3
vertrauenswürdig 85▸3; 1966▸1
**vertraulich** 651▸2; 1239▸3; **1797**
vertraulich, plump 1259▸3
Vertraulichkeit 1050▸1
verträumt 1352▸4; 1634▸1
Verträumtheit 33▸2
**vertraut** 297; 477▸4; 675▸1; 926; 1049▸2; 1150▸4; 1723▸1; **1798**
vertraut machen 525▸4
vertraut machen mit 1115▸1
vertraut sein mit 925▸1
vertraut werden 72▸2; 760▸1; 1152▸4
Vertraute 650
Vertrauter 65▸2; 649
Vertrautheit 652▸2; 1151▸2; 1914▸1
**vertreiben** 171▸1; 915▸3; 1756▸1; 1769▸1; **1799**
vertreiben, sich die Zeit 592
vertreiben, Zeit 1677▸2
**Vertreibung 1800**
vertretbar 310▸2; 1123▸1
**vertreten** 224▸1; 1503▸5; **1801**
vertreten sein 1560▸1
vertreten, sich den Fuß 596▸5
vertreten, sich die Füße 700▸1
vertreten, Standpunkt 1094
**Vertreter** 385▸1; 547▸4; 813▸3; **1802**
**Vertretung** 835▸2; 1802▸4; **1803**
vertretungsweise 1849▸2
Vertrieb 1755▸1
vertrieben 454▸1
Vertriebener 1102
Vertriebskosten 973▸2
vertrocknen 1599▸5
vertrocknet 43▸2; 1598▸1
vertrödeln 1778▸1; 1781▸2; 1816▸1
vertrösten 1816▸2
Vertröstung 1817▸2
vertrotteln 1144▸4
vertüdeln 898▸3
vertun 1781▸2
vertuschen 1710▸1
vertütern, sich 898▸3
verübeln 105▸3; 1954▸1
verulken 1487▸1
verunehren 1760
verunfallen 1508▸4
verunglimpfen 1760
Verunglimpfung 238; 1761

verunglücken 1378 ▸ 1; 1508 ▸ 4
Verunglückter 1233
verunklaren 357 ▸ 5
**verunreinigen 1804**
verunreinigt 1403 ▸ 1
Verunreinigung 1401 ▸ 2
verunsichern 128 ▸ 2; 1811 ▸ 2
verunsichert 1669 ▸ 5
Verunsicherung 983 ▸ 2
verunstalten 262
verunstaltet 263 ▸ 2; 819 ▸ 1
veruntreuen 291 ▸ 1; 291 ▸ 4
Veruntreuung 290
verunzieren 262
verunziert 263 ▸ 1
verursachen 557 ▸ 1; 1706 ▸ 1; 1829
verursachen, Aufregung 128 ▸ 3
verursachen, Gewissensbisse 1399 ▸ 2
verursachen, Mühe und Kosten 235 ▸ 3
verursachen, Schmerzen 1399 ▸ 1
verursacht werden 503 ▸ 1
Verursachung 76 ▸ 1
**verurteilen** 1697 ▸ 2; **1805**
verurteilt 531 ▸ 3; 1422 ▸ 2
Verurteilung 1696 ▸ 3
Verve 1442 ▸ 2
vervielfachen 1806
vervielfachen, sich 1505 ▸ 3
Vervielfachung 1506 ▸ 3; 1807 ▸ 3
**vervielfältigen** 1 ▸ 3; **1806**
vervielfältigen, sich 1505 ▸ 3
**Vervielfältigung** 967 ▸ 1; 1506 ▸ 3; **1807**
vervollkommnen 196 ▸ 2; 507 ▸ 3; 516 ▸ 1; 1711 ▸ 2
Vervollkommnung 517 ▸ 1; 1712 ▸ 2
vervollständigen 196 ▸ 2; 507 ▸ 3; 516 ▸ 1
Vervollständigung 508 ▸ 2; 517 ▸ 1
verwachsen 58 ▸ 2; 987 ▸ 2
verwachsen mit 1179 ▸ 1
verwachsen, sich 720 ▸ 2
verwahren 122 ▸ 1
verwahren, sich gegen 30 ▸ 3; 554 ▸ 2
verwahrlosen 262; 1724 ▸ 3
verwahrlost 263 ▸ 1
verwahrlost, seelisch 847 ▸ 2
Verwahrung 1897 ▸ 2
verwaist 447 ▸ 1; 1023 ▸ 2
verwalken 1389 ▸ 1
verwalten 273 ▸ 3
Verwaltung 228 ▸ 1; 274 ▸ 2; 1198; 1495 ▸ 5
Verwaltung, aufgeblasene 1619 ▸ 3
verwamsen 1389 ▸ 1
verwandeln 1704 ▸ 1
verwandelt 1172 ▸ 4; 1779 ▸ 1
Verwandlung 1705 ▸ 1
**verwandt** 768 ▸ 4; **1808**
Verwandte 1809 ▸ 1
Verwandtenkreis 1809 ▸ 1
**Verwandtschaft 1809**
verwarnen 1871
Verwarnung 397 ▸ 1; 1872
verwaschen 590 ▸ 1; 1650 ▸ 3; 1719 ▸ 5
verwässern 1733; 1735 ▸ 2
Verwässerung 1108 ▸ 2; 1734
verweben 1713 ▸ 2
verwechseln 898 ▸ 3
Verwechseln, zum 768 ▸ 1
Verwechslung 597 ▸ 3; 899 ▸ 1
verwegen 640 ▸ 1; 687 ▸ 2; 1134 ▸ 2
Verwegenheit 1133
verwehen 1745 ▸ 1
verwehren 504; 1775 ▸ 1
verwehrt 1717
Verwehrung 855 ▸ 2; 1716 ▸ 1
verweht 1739
verweichlichen 1430; 1812 ▸ 1
verweichlicht 1428 ▸ 1; 1887 ▸ 5
verweigern 504; 1775 ▸ 1
verweigern, Arbeit 1529 ▸ 1
Verweigerung 32 ▸ 2; 505; 1716 ▸ 1
verweilen 210 ▸ 3; 1179 ▸ 2; 1351 ▸ 1
Verweis 857 ▸ 1; 1380 ▸ 2
Verweischarakter, mit 308 ▸ 2
verweisen 357 ▸ 5; 858; 1550 ▸ 2
verweisen, des Landes 171 ▸ 1
verwelken 1599 ▸ 6
verwelkt 1598 ▸ 1
verwendbar 573 ▸ 1; 741 ▸ 1; 1192 ▸ 1; 1968 ▸ 1
verwendbar sein 1191 ▸ 1
Verwendbarkeit 1190 ▸ 4
verwenden 88 ▸ 1; 244; 325; 1191 ▸ 3; 1719 ▸ 1
verwenden für, sich 296 ▸ 1
verwenden, nicht mehr 165 ▸ 2
verwenden, sich 213; 1764 ▸ 1; 1801 ▸ 2
Verwendung 153 ▸ 1
Verwendung haben, keine 30 ▸ 2
Verwendungsmöglichkeit 1190 ▸ 4
verwerfen 30 ▸ 3; 165 ▸ 2; 1805 ▸ 2
verwerflich 1392 ▸ 5
Verwerfung 32 ▸ 2; 1664 ▸ 3
verwertbar 1192 ▸ 1
Verwertbarkeit 1190 ▸ 4
verwerten 244; 1191 ▸ 3; 1709 ▸ 3
Verwertung 153 ▸ 1
verwesen 1724 ▸ 1
Verweser 1802 ▸ 2
Verwesung 594
verwetzen 262; 1719 ▸ 3
verwetzt 263 ▸ 1
verwickeln 1811 ▸ 1
verwickeln, sich in Widersprüche 1067; 1811 ▸ 3
verwickelt 1437 ▸ 1
Verwicklung 1664 ▸ 3
verwildern 1724 ▸ 3
verwildert 847 ▸ 2; 1199 ▸ 2
verwinden 1709 ▸ 1
verwinkelt 477 ▸ 1
verwirken 1763 ▸ 2
**verwirklichen** 530 ▸ 1; 1707 ▸ 1; **1810**
verwirklichen, sich 1704 ▸ 5; 1810 ▸ 3
Verwirklichung 515 ▸ 5; 1705 ▸ 3; 1708 ▸ 1
**verwirren** 291 ▸ 1; 1616 ▸ 1; **1811**
**verwirren, sich 1811**
verwirrend 550; 1330; 1437 ▸ 1; 1911 ▸ 4
Verwirrspiel 1555 ▸ 1
verwirrt 1500 ▸ 3; 1758 ▸ 2; 1773 ▸ 1; 1911 ▸ 1; 1911 ▸ 2
Verwirrtheit 1759 ▸ 3
Verwirrung 549; 1664 ▸ 3
verwirtschaften 1719 ▸ 1; 1781 ▸ 2
verwischen 1719 ▸ 5
verwischt 263 ▸ 1
verwittern 1745 ▸ 2
verwittert 1127 ▸ 1
verwohnen 1719 ▸ 3
**verwöhnen 1812**
verwöhnend 1104 ▸ 4
verwohnt 263 ▸ 1
verwöhnt 83 ▸ 1; 1049 ▸ 2; 1887 ▸ 5
verworfen 531 ▸ 3

Verworfenheit 1393
verworren 1437▸1; 1663▸1; 1911▸1
Verworrenheit 1664▸3
verwühlen 1811▸1
verwundbar 468▸1
Verwundbarkeit 469▸3
verwunden 1237▸2; 1364▸2; 1404▸4
verwunderlich 550
verwundern 1616▸1; 1921▸2
verwundern, sich 1921▸1
verwundert 1500▸3
Verwunderung 549
verwundet 1037▸3
Verwundeter 1233
Verwundung 1920
verwunschen 1688▸5
verwünschen 303▸2; 626
Verwünschung 625
verwursteln 1811▸1
verwurstelt 1663▸1
verwurzelt 58▸2
verwüsten 1936▸8
Verwüster 184
verwüstet 263▸3; 847▸3
Verwüstung 1937▸1
verzagen 1818▸1
verzagt 63▸2; 1177▸1; 1655▸1
Verzagtheit 61▸4
verzählen, sich 898▸3
verzahnen 1713▸2
verzahnt 1723▸3
Verzahnung 1714▸1
verzanken, sich 1531▸2
verzapfen 161▸1; 1490▸3; 1713▸2
verzärteln 1430; 1812▸1
verzärtelt 468▸2; 1428▸1; 1887▸5
verzaubern 303▸1
verzaubert 545▸3; 1762
Verzauberung 1328▸2
Verzehr 1718▸1
verzehren 536▸1; 563▸1; 1719▸1
verzehren, sich 215▸2; 1035▸4
verzehrend 1288▸2
verzeichnen 1221▸2; 1416▸1; 1487▸3; 1735▸1
**Verzeichnis** 897▸2; **1813**
Verzeichnung 1555▸4
verzeihen 498▸2
verzeihlich 1786▸3
Verzeihung 499▸1; 781▸1
verzerren 1067; 1487▸3; 1735▸1
verzerrt 118▸2; 452▸1; 819▸1; 1567
Verzerrung 1066▸1; 1555▸4
verzetteln, sich 1558▸3
**Verzicht** 119▸5; 994▸1; 1214▸1; **1814**
**verzichten** 1215▸1; 1775▸7; **1815**
verzichten auf 30▸2; 121▸2
Verzichtleistung 1814▸1
verziehen 173▸1; 1812▸1; 1816▸3
verziehen, sich 20▸1; 482▸1
verzieren 1287▸1
Verzierung 167▸3; 1131▸1; 1286▸2
Verzierung, zur 316▸3
verzinsen, sich 1191▸1
verzogen 640▸3; 987▸1; 1883▸1
**verzögern** 1778▸1; **1816**
**verzögern, sich 1816**
**Verzögerung** 1521; **1817**
Verzögerung, ohne 1659▸2
verzögerungsfrei 765▸5
verzopft 1703
verzuckern 519▸2; 1711▸4
verzückt 545▸3
Verzückung 546▸3; 1050▸2
Verzug 1817▸1
Verzug sein, in 1816▸3
Verzug, im 1422▸1; 1477▸1
Verzug, ohne 768▸3
verzürnt 603
verzwackt 1437▸1
**verzweifeln** 1035▸4; **1818**
verzweifelt 531▸2; 853▸2; 1655▸1
Verzweiflung 1588
Verzweiflungstat 546▸5
verzweigen, sich 1558▸5
verzweigt 987▸6; 1437▸2
Verzweigung 999
verzwickt 1437▸1
Verzwistung 1530▸1
Vesper 1075▸6
vespern 563▸2
Vestibül 1839▸2
Veteran 44▸2
Veterinärmedizin 1093▸1
Veto 1716▸1
Vettel 269▸2
Vetternwirtschaft 950
Vexierbild 877▸2
Viadukt 331▸1
Vibration 300▸4; 1440
Vibrations 1440
vibrieren 595▸1; 1439▸4; 1943▸2
vibrierend 545▸1
Videoband 616▸2
Videokamera 913▸2
Videokassette 919▸2
Videokonferenz 1590▸4
Videorecorder 730
Videothek 1357▸2
Vieh 184
viehisch 332
Viehzüchter 187▸1
**viel** 1220▸3; 1359▸5; **1819**
viel beschäftigt 1553▸4
viel los 832▸3
viel verlangt 241▸2; 675▸2
viel vermögend 1072▸2
viel, allzu 1620▸1
viel, nicht 1890▸1
viel, zu 1620▸1; 1623▸1
vielarmig 987▸6
vielbeachtet 260▸1
vielbesprochen 260▸1
vieldeutig 308▸2; 405▸4; 1970▸2
**Vieldeutigkeit** 406▸3; **1820**; 1820
**viele 1821**
viele, nicht 1890▸2
viele, ziemlich 1821
vielerlei 1819▸2
Vielerlei 1108▸3; 1822▸1
vieles 1819▸2
vielfach 1211
**Vielfalt** 670▸1; **1822**
vielfältig 1322▸2; 1779▸2
Vielfältigkeit 740▸1; 1822▸1
vielfarbig 588▸1
Vielfarbigkeit 586▸1
vielförmig 1779▸2
Vielförmigkeit 1822▸1
Vielfraß 723▸3
vielgenannt 260▸1
vielgestaltig 1779▸2
Vielgestaltigkeit 1822▸1
Vielheit 1822▸1
vielleicht 1123▸3; 1650▸1
vielmals 1211
vielmehr 3
vielsagend 1463▸2; 1576; 1970▸2
vielschichtig 1437▸2; 1779▸2
Vielschreiber 1418
Vielschwätzer 1432
vielseitig 741▸1
Vielseitigkeit 574
vielstimmig 816▸1; 1779▸2
vielstöckig 859▸3
vielversprechend 800▸1

Vielzahl 1097›4
Vierbeiner 868
**Viereck 1823**
vierschrötig 1259›1
Viertel 1495›3
vif 1021›3
vigilant 1391›1
Vigilanz 740›2
Vignette 927›3
Viktualien 539›2
Villa 821›1
Villenviertel 1495›4
Vintage 147›1
violent 37›1; 826›3
Violenz 827
Violinist 1129›2
Viper 246›2
VIPs 1196›3
Viren 980
Virenschutz 1425›6
viril 1080
virtual 1123›1
Virtual Reality 1377
Virtual Vision 877›4; 1377
virtuell 1123›1; 1375
virtuos 148›1; 1826›2
Virtuose 570; 1129›2
Virtuosität 763›7
virulent 687›5
Visage 749›1
Visavis 1138›3
vis-à-vis 692›2
Visier, im 1114›5
visieren 1941›1
Vision 877›2
visionär 1272; 1698
Visionär 873›1
Visitation 1280›2
Visite 280›1
visitieren 1546›1
visualisieren 525›3
Visualisierung 359›1; 526›2
Visum 278›1; 1456›3
Vita 1020›2
vital 476; 976›2; 1021›3
vitalisieren 74›4
Vitalität 475›1; 975›1; 1020›6
Vitamin B 1714›3
Vitrine 168›1; 1413
Vivat 798›3
Vize 1802›2
V-Mann 246›2
Vogel 422›4; 1774›1
Vogelbauer 187›2
vogelfrei 1314
Vogelhaus 187›2
Vogelkäfig 187›2
vögeln 1051›3
Vögeln 1050›3
Vogelperspektive 164›1
Vogelperspektive, aus der 859›1
Vogelschau 164›1
Vogelscheuche 1381
Vogel-Strauß-Politik 290
Vokabel 146›1
Vokabular 1489›2
Vokalist 1358›1
Vokalkomposition 736›2
Vokalkünstler 1358›1
Vokalmusik 1128›3
Vokalstück 736›2
Volant 582›1; 1510›1
volatil 1741
Voliere 187›2
Volk 295; 797›5
Volk, junges 905›2
Völkermord 1085
Völkerrecht 1313›3
Völkervernichtung 1085
volkreich 1824›3
Volksabstimmung 1858›2
Volksarmee 1106›2
Volksaufstand 133›1; 1338›1
Volksentscheid 1858›2
Volkserhebung 1338›1
Volksfest 746›2
Volksglaube 4
Volksheer 1106›2
Volkslied 736›2
Volksmenge 1097›3
Volksmusik 1128›3
Volkspark 677
Volksschule 1423›1
Volkssprache 1489›4
Volkstümelei 1158›1
volkstümlich 241›1; 431›1
Volkstümlichkeit 432›3; 713›3
volksverdummend 366
Volksverdummung 365
Volksverhetzung 365
Volksvertreter 1802›3
Volksweisheit 372›1
Volkszugehörigkeit 843›2
**voll** 248›1; 976›4; 1354›1; 1359›3; **1824**
voll beschäftigt 1553›4
voll haben, die Nase 1034›2
voll haben, Schnauze 1034›2
voll nehmen, nicht für 1109›1
voll werden 671›3
voll, gerappelt 1824›2
voll, gerüttelt 1824›1
voll, gesteckt 378›2; 1824›2
voll, gestopft 1824›1
vollauf 725; 1322›4; 1623›2; 1819›1
Vollbad 176›5
Vollbart 185
Vollblut 1242
vollblütig 976›2
vollbringen 101›3; 530›1; 1040›1; 1825; 1907›1
Volldampf, mit 1405›1
volle Kanne 1448›1
**vollenden** 530›1; **1825**
vollendet 608›1; 1407›1; 1826›1
vollends 676›3
Vollendung 508›2; 532›2; 763›7; 871›1; 1395›1; 1827
Völlerei 708; 727›2
vollführen 530›1; 1040›1
vollführen, Eiertanz 1018›1
Vollführung 1828
Vollgas 425›2
Vollgas, mit 1405›1
vollgefressen 379›1; 1359›1
vollgegessen 1359›1
vollgepfropft 1824›1
vollgesogen 1157›1
vollgestopft 1359›1
vollgießen 671›1
völlig 676›2
volljährig 1323›2
volljammern, Ohren 941›3
**vollkommen** 676›2; **1826**
**Vollkommenheit** 763›7; **1827**
Vollkraft 755
volllabern 1490›3
vollladen 235›1
volllaufen lassen, sich 283›3
vollmachen 516›1; 671›1
Vollmacht 529›2; 1963›1
vollmundig 456›2
vollpacken 235›1; 671›2
vollpfropfen 671›2
vollquatschen 1622›1
Vollrausch 1305›1
vollreif 1323›1

vollsaugen, sich 409‣1; 1292
vollschlagen, Bauch 563‣1
vollschlank 379‣1; 1502‣2
vollschütten 671‣1
vollständig 38‣2; 676‣1; 676‣2; 719‣3; 1826‣1
Vollständigkeit 440‣1
vollstopfen 671‣2; 673‣1
vollstopfen, sich 563‣1
vollstrecken 530‣1
Vollstreckung 1828
volltanken 671‣1
Volltreffer 515‣4
volltrunken 1824‣5
vollwertig 772; 1826‣1
Vollwertigkeit 1612‣3
vollzählig 38‣2; 676‣3
vollziehen 530‣1; 1707‣1
vollziehen, sich 214‣3
Vollziehung 1828
vollzogen 531‣1
**Vollzug** 1041‣1; **1828**
Volontär 1424‣4
Volontariat 1028‣2
Volte 983‣1
Volumen 670‣1; 1626
voluminös 788‣2
voluptuös 1069
von 1119‣3
von ... ab 1478‣1
von alters her 879‣4
von heute 657‣2
voneinandergehen 1591‣1
voneinanderreißen 1591‣2
vonnöten 1186‣1
vonseiten 1119‣3
Voodoo 698
vor 48
Vor- und Nachteil 1969‣3
vor, noch 416
vorab 52‣1; 1834
Vorabend 50‣1
Vorahnung 690‣2
voran 1837‣1; 1851
vorangegangen 1739
vorangehen 666‣2
vorankommen 175
Voranschlag 1253‣3
Voranschlag machen 249‣1
vorantreiben 666‣3
Vorarbeit 1832‣1
vorarbeiten 535‣2; 1831‣2
Voraus, im 1853‣1
vorausahnen 552‣3; 665‣1; 1273; 1767‣2
vorausahnend 1272
Vorausahnung 1836
vorausberechnen 249‣1
vorausdenken 92
vorauseilend 1853‣1
vorausgegangen 1739
vorausgehen 666‣2
vorausgesetzt 1891‣2
vorausgesetzt, dass 579
Voraussage 1836
voraussagen 1273
vorausschauen 1273
vorausschauend 887‣2; 1272; 1471‣2; 1842‣2
voraussehbar 942‣4
voraussehen 92; 552‣3; 1273; 1767‣2
**voraussetzen** 9‣4; 960‣2; **1829**
**Voraussetzung** 205‣1; 793‣2; 856‣3; **1830**
Voraussetzungen, die 574
voraussetzungslos 1636‣1
Voraussicht 1253‣4
Voraussicht nach, aller 78; 860‣1
Voraussicht, in weiser 1853‣1
voraussichtlich 78; 860‣1
vorausstellen 296‣2
vorauswerfen, Schatten 954‣1
Vorauszahlung 356; 981
vorauszusehen 942‣4
vorbahnen 637‣1
Vorbau 179; 342
vorbauen 1426‣5
vorbedacht 1463‣3; 1551‣1
Vorbedacht 1253‣4; 1783‣2
Vorbedacht, mit 16; 1471‣2
Vorbedingung 205‣1; 1830
Vorbehalt 205‣1; 451‣3; 1830
Vorbehalt, mit 203
Vorbehalt, ohne 1636‣1
vorbehalten 1334
vorbehalten, sich 193‣1
vorbehaltlich 203
vorbehaltlos 1636‣1
vorbei 1739
vorbeibenehmen, sich 1748‣3
vorbeidrücken, sich 1231‣2
vorbeifahren 1231‣1
vorbeigehen 1231‣1; 1745‣1
vorbeigehen, aneinander 1778‣2
Vorbeigehen, im 1162‣1
vorbeikommen 281‣1
vorbeilaufen 1231‣1
vorbeireden, aneinander 898‣4
vorbeischnüren 1231‣1
vorbeiziehen 1231‣1
Vorbemerkung 436‣1
**vorbereiten** 177‣2; 535‣2; 1029‣2; 1224‣1; **1831**
**vorbereiten, sich** 954‣1; 1044‣1; **1831**
Vorbereiter 1252‣2
vorbereitet 252‣2; 513‣1; 573‣3; 1255‣1
vorbereitet, wohl 1471‣2; 1551‣1
**Vorbereitung 1832**
Vorbereitung, innere 1357‣5
vorbesprechen 1831‣5
Vorbesprechung 1832‣1
vorbestellen 279‣2; 1334
vorbestimmt 1385
Vorbeter 936‣1
Vorbeugehaft 689‣1
vorbeugen 1426‣5
vorbeugen, sich 294‣1
vorbeugend 1842‣4
Vorbeugung 1425‣5
vorbewusst 404‣3; 896
Vorbild 233; 871‣1
vorbildlich 148‣3
Vorbildlichkeit 1827
Vorbote 1252‣2; 1930‣3
vorbringen 1841‣3
vorbringen, Einwände 554‣2
vordem 663‣1
Vordenker 1252‣2
Vorderansicht 1833‣1
Vordergiebel 1833‣1
Vordergrund, im 1896‣3
vordergründig 1194‣2
Vordergründigkeit 1195
vorderhand 1834
Vordermann 1138‣3
**Vorderseite** 1193‣2; **1833**
Vorderteil 1833‣1
vordrängen, sich 389‣1; 1264‣1
vordringen 59‣2
vordringlich 427‣3; 1896‣1
Vordruck 632‣2
Vordruck, ohne 631‣3

voreilig 427‣2; 1853‣2
Voreiligkeit 425‣3
voreingenommen 452‣1; 477‣2; 1567; 1652
Voreingenommenheit 14‣1; 478‣5; 1850
vorenthalten 1710‣1; 1775‣1
**vorerst 1834**
vorfabrizieren 1831‣2
vorfahren 66‣1
Vorfahren 1809‣1
Vorfall 577‣2; 739‣1; 1373‣2; 1977‣1
vorfallen 214‣2
vorfertigen 1831‣2
vorfinanzieren 319‣2
vorfinden 617‣3
Vorfrau 1230‣5
Vorfreude 553‣1; 1473‣1
vorfühlen 637‣1; 1831‣5
Vorführdame 358
vorführen 49‣1; 305; 317‣2; 525‣1; 1482‣2; 1843‣1; 1931‣2
Vorführstück 1131‣2
Vorführung 436‣1; 526‣1; 1708‣2; 1844‣3
Vorgabe 840‣3; 1131‣3; 1253‣1; 1830
Vorgang 739‣1; 1278‣2; 1373‣2
Vorgänger 1252‣2
Vorgarten 677
vorgaukeln 1845
vorgaukeln, sich 428‣2
vorgeben 1067; 1845
Vorgebirge 342
vorgeblich 53; 1375
Vorgefühl 553‣1; 690‣2
vorgegeben 1375
vorgehen 10‣2; 59‣2; 214‣3; 812‣1; 1680‣1
Vorgehen 60‣1; 1089; 1278‣2
vorgehen gegen 438
Vorgehensweise 1549‣2
Vorgericht 1075‣3
Vorgeschichte 1740
Vorgeschmack 553‣1
vorgeschrieben 748‣5
vorgesehen 573‣3
Vorgesetzter 1042‣2
Vorgesicht 1836
vorgestellt 876
vorgestrig 1703
vorgetäuscht 316‣3; 580‣3; 1375
vorgewärmt 1868‣1
vorgewölbt 379‣4
vorglühen 1831‣2; 1870‣1
vorgreifen 92
vorhaben 1254‣1; 1919‣1
Vorhaben 1253‣1; 1903‣1
Vorhalle 1839‣2
vorhalten 1852
Vorhaltung 1380‣2
Vorhaltungen machen 1076‣2; 1550‣2
Vorhand haben 666‣2
**vorhanden 1835**; 1908‣1
vorhanden sein 1019‣1
Vorhandensein 567
Vorhang 867‣6
vorher 416; 663‣1; 1853‣1
vorherbestimmt 1385
Vorherbestimmtheit 1384‣2
vorhergegangen 1739
Vorherrschaft 844‣2
vorherrschen 666‣2; 845‣2
vorherrschend 40‣1; 675‣1; 1621
**Vorhersage 1836**
vorhersagen 1273
vorhersehbar 942‣4
vorhersehen 552‣3; 1273
vorhersehend 1272
vorherzusehen 942‣4
vorhin 1003
vorhonorieren 319‣2
Vorhut 1252‣2
vorig 1739
Vorkämpfer 1252‣2
Vorkehrung 1832‣1
Vorkenntnisse 793‣4
vorknöpfen 1076‣3
vorknöpfen, sich 1507‣2
vorkommen 214‣2; 1376‣1; 1767‣1
Vorkommen 567; 739‣1
vorkommen wie 1581‣5
vorkommen, sich 665‣2
vorkommend, kaum 1453‣1
Vorkommnis 739‣1; 1977‣1
vorkragend 379‣4
vorladen 71‣1; 279‣3
Vorlage 93‣1; 840‣3; 1131‣3
Vorlage, ohne 1691‣3
Vorlass 510‣1
vorlassen 463‣2
Vorläufer 1252‣2
vorläufig 1834; 1849‣3
Vorläufigkeit 1790‣4
vorlaut 640‣2
Vorleben 1740
vorlegen 49‣1; 201‣2; 319‣2; 1931‣2
vorlegen, Antrag 195
vorlegen, Papiere 171‣2
Vorleger 1568
vorleiern 1848‣2
Vorleistung 356; 981
vorlesen 1045‣2; 1848‣1
Vorlesung 1028‣2; 1847
Vorliebe 1050‣1; 1167‣2
vorliebnehmen 1474‣4
vorliegend 1835‣1
vormachen 1845
vormachen, blauen Dunst 291‣1; 1845
vormachen, ein X für ein U 291‣1
vormachen, sich etwas 428‣2
vormachen, X für ein U 1845
Vormachtstellung 844‣2
vormals 663‣1
Vormann 1230‣5
Vormarsch 60‣1
vormerken 1334
Vormerkung 135‣1
Vormund 1802‣2
**vorn 1837**
vorn haben, Nase 1458‣1
vorn, ganz 551
vorn, von 1837‣2
Vorname 927‣4
vorne 1837‣1
vorne, von 1899
vornedran 1837‣1
**vornehm** 414‣3; 991‣3; **1838**
vornehmen, Eingriff 25; 1213
vornehmen, sich 1254‣1; 1919‣1
Vornehmheit 36‣1; 605‣1; 1409‣2; 1922‣1
vornehmlich 272‣1; 1621
vorneigen, sich 294‣1
vorneweg 1837‣1
vornherein, von 768‣3
vornüberneigen, sich 294‣1
vornweg 1837‣1
vorordnen 296‣2
vorpreschen 59‣2
vorprogrammiert 1455‣1
vorragen 1917‣2
Vorrang 1854‣1

vorrangig 1896 ▸ 2
Vorrangstellung 844 ▸ 2; 1854 ▸ 1
Vorrat 897 ▸ 1; 1006 ▸ 2; 1357 ▸ 1; 1516 ▸ 4
vorrätig 1835 ▸ 1
vorrätig haben 804 ▸ 1
Vorratskammer 1006 ▸ 2
Vorratskeller 1006 ▸ 2
Vorratslager 1006 ▸ 2
Vorratsschrank 1413
**Vorraum 1839**
vorrechnen 1852
Vorrecht 81 ▸ 1; 1313 ▸ 4; 1854 ▸ 1
Vorrede 436 ▸ 1
Vorreiter 1252 ▸ 2
Vorrichtung 446 ▸ 1; 730
vorrücken 59 ▸ 2; 175; 666 ▸ 3
Vorruhegeld 1333 ▸ 2
vorsagen 834 ▸ 5
Vorsaison 664
Vorsatz 795 ▸ 1; 1253 ▸ 1; 1903 ▸ 1
vorsätzlich 16
vorschieben, andere 170 ▸ 2
vorschieben, Riegel 410; 854 ▸ 3
vorschießen 319 ▸ 2
**Vorschlag** 76 ▸ 1; 467; 1299 ▸ 1; **1840**
Vorschlag machen 1841 ▸ 1
**vorschlagen** 49 ▸ 1; 74 ▸ 1; 1169 ▸ 2; 1300 ▸ 1; **1841**
vorschnell 427 ▸ 2; 1032 ▸ 1; 1853 ▸ 2
vorschreiben 71 ▸ 1
Vorschrift 95 ▸ 2; 207 ▸ 1; 747 ▸ 1; 1317 ▸ 1
vorschriftsmäßig 728 ▸ 2; 748 ▸ 4; 964 ▸ 1
vorschriftswidrig 1717
Vorschub 851 ▸ 1
Vorschuss 356; 981
Vorschusslorbeeren 1057 ▸ 1
vorschützen 1845
vorschweben 428 ▸ 1; 1767 ▸ 2; 1843 ▸ 2
vorsehen 1254 ▸ 1; 1831 ▸ 2
vorsehen, nicht 151 ▸ 1
vorsehen, sich 127 ▸ 4
Vorsehung 1384 ▸ 2
vorsetzen 49 ▸ 3; 201 ▸ 2
Vorsicht 61 ▸ 3; 1346
**vorsichtig 1842**
vorsichtshalber 1842 ▸ 3
Vorsichtsmaßnahme 1783 ▸ 2
vorsintflutlich 1703
vorsitzen 666 ▸ 1
Vorsorge 1425 ▸ 5; 1783 ▸ 2; 1832 ▸ 1
vorsorgen 1784 ▸ 1; 1831 ▸ 2
vorsorglich 1471 ▸ 2; 1853 ▸ 1
Vorspann 436 ▸ 1; 517 ▸ 2
Vorspeise 436 ▸ 1; 1075 ▸ 3
vorspiegeln 1845
vorspiegeln, sich 428 ▸ 2
Vorspiegelung 499 ▸ 2; 1555 ▸ 2
Vorspiel 436 ▸ 1; 1050 ▸ 3
vorsprechen 281 ▸ 1; 301; 1848 ▸ 1
vorspringen 1917 ▸ 2
vorspringend 379 ▸ 4
Vorspruch 436 ▸ 1
Vorsprung 413 ▸ 2; 1846 ▸ 1
Vorstadt 1495 ▸ 4
Vorstand 965 ▸ 2; 1043 ▸ 1
vorstehen 666 ▸ 1; 1917 ▸ 2
vorstehend 379 ▸ 4
Vorsteher 1042 ▸ 2
vorstellbar 1123 ▸ 1; 1786 ▸ 1
vorstellbar, schwer 923 ▸ 2
**vorstellen** 199 ▸ 1; 1801 ▸ 1; **1843**; 1931 ▸ 2
vorstellen, etwas 199 ▸ 3
**vorstellen, sich** 369 ▸ 2; 428 ▸ 1; **1843**
vorstellig werden 195
**Vorstellung** 220; 359 ▸ 3; 436 ▸ 1; 1095 ▸ 3; 1573 ▸ 1; 1708 ▸ 2; **1844**
Vorstellung machen, sich eine 1843 ▸ 2
Vorstellungskraft 1248
Vorstellungsvermögen 1248
Vorstoß 60 ▸ 1; 1539 ▸ 2
Vorstoß machen 59 ▸ 2
vorstoßen 59 ▸ 2; 666 ▸ 3
vorstoßend 667 ▸ 2
vorstrecken 319 ▸ 2
**vortäuschen** 1067; **1845**
vortäuschen, Gefühle 1067
Vortäuschung 1555 ▸ 2
**Vorteil** 890; 1190 ▸ 2; **1846**; 1854 ▸ 2
Vorteil sein, im 758 ▸ 2
vorteilhaft 310 ▸ 1; 800 ▸ 1; 1192 ▸ 2
vorteilsüchtig 1452
**Vortrag 1847**
**vortragen** 195; 257; 268 ▸ 2; 1045 ▸ 2; 1460 ▸ 1; 1490 ▸ 2; **1848**; 1852
vortragen, szenisch 1848 ▸ 1
Vortragsweise 1489 ▸ 2
vortrefflich 148 ▸ 1; 801 ▸ 2; 1312 ▸ 1
vortreiben 666 ▸ 3
vortreten 1917 ▸ 2
Vortritt lassen 170 ▸ 1
Vorturner 668 ▸ 6
vorüber 1739
vorübergehen 1231 ▸ 1; 1745 ▸ 1
vorübergehen lassen 1778 ▸ 1
**vorübergehend** 1000 ▸ 4; 1741; 1834; **1849**
Vorüberlegungen 436 ▸ 1
**Vorurteil 1850**
Vorurteile 478 ▸ 5
vorurteilsfrei 1353 ▸ 1
vorurteilslos 732 ▸ 1; 1353 ▸ 1; 1768 ▸ 2
Vorurteilslosigkeit 733
vorurteilsvoll 452 ▸ 1
Vorverhandlungen 436 ▸ 1
Vorverurteilung 1850
vorverweisen 1931 ▸ 1
Vorwand 499 ▸ 2; 1066 ▸ 2; 1555 ▸ 1
vorwarnen 1871
Vorwarnung 1077 ▸ 2
**vorwärts 1851**
vorwärts kommen 175; 507 ▸ 4; 712 ▸ 2
vorwärts treiben 389 ▸ 2; 1711 ▸ 2
Vorwärtskommen 134 ▸ 1
vorwärtstreiben 666 ▸ 3
vorweg 52 ▸ 1
vorwegnehmen 92
vorwegnehmend 1853 ▸ 1
vorwegwissen 92
vorweisen 49 ▸ 1; 804 ▸ 1; 1931 ▸ 2
vorweisen, Leistungen 1040 ▸ 1
**vorwerfen** 1550 ▸ 2; **1852**
vorwerfen, Futter 673 ▸ 1
vorwiegend 272 ▸ 1; 1096; 1621
Vorwissen, ohne 1258
Vorwitz 641 ▸ 1; 1173
vorwitzig 640 ▸ 2; 892 ▸ 2
Vorwitzigkeit 641 ▸ 1
Vorwort 436 ▸ 1
Vorwurf 1380 ▸ 2
Vorwürfe machen 1852
vorzaubern 1845
Vorzeichen 1930 ▸ 3
vorzeigen 49 ▸ 1; 1931 ▸ 2
Vorzeigen, zum 1826 ▸ 2
Vorzeit 1740
Vorzeit, graue 1740
vorzeiten 663 ▸ 1
**vorzeitig 1853**

vorziehen 296 ▸ 2; 1859 ▸ 1
Vorzimmer 1839 ▸ 2
**Vorzug 1854**
Vorzügen, mit allen 1826 ▸ 1
vorzüglich 148 ▸ 1; 801 ▸ 2
vorzugsweise 272 ▸ 1; 1621
vorzuweisen haben 804 ▸ 1
votieren 1859 ▸ 3
votieren für 213
Votum 497 ▸ 1; 1095 ▸ 4; 1696 ▸ 1; 1858 ▸ 2
Voyeur 246 ▸ 1
Voyeurismus 1173
vulgär 90 ▸ 4; 374 ▸ 2
vulgarisieren 1733
Vulgarisierung 1734
Vulgarität 659 ▸ 3
Vulgärsprache 1489 ▸ 4
vulgo 42
Vulkanausbruch 1160 ▸ 3
vulkanisch 826 ▸ 2
Vulkankegel 255 ▸ 1
Vulva 1374 ▸ 1

# W

waagerecht 729▸2
wabbelig 1887▸4
wabern 328▸1; 352
Wabern 615▸1
wabernd 1021▸5
wach 124▸1; 464▸2; 887▸1; 892▸1; 1021▸2; 1021▸3; 1768▸4
wach machen 1882▸1
Wachablösung 1879▸1
Wache 1261▸2
wachen 127▸3
wachen über 1426▸1
Wachhabender 132▸2
Wachheit 465▸2
Wachhund 868
Wachmann 1874
Wachposten 1874
wachrufen 523▸1; 1882▸2
wachrütteln 1228▸1; 1882▸1
wachsam 124▸1; 1471▸1; 1842▸3
wachsen 503▸2; 507▸2; 766▸3; 1504▸4; 1527▸1
Wachsen 508▸1
wachsen lassen über, Gras 1709▸1
wachsend 1953
wachsend, wild 1902▸3
wächsern 590▸1; 1500▸1
Wachsfigur 744▸2
Wachsfigurenkabinett 168▸3; 371
Wachstum 131; 508▸1; 1289▸2; 1506▸3
Wachstumsjahre 905▸1
Wacht 132▸1
Wächter 1874
Wachturm 1605▸1
wackelig 987▸3; 1060▸1; 1127▸1; 1669▸4
wackeln 1431▸1; 1439▸3; 1943▸2
wackelnd 1060▸1
wacker 326▸2; 1134▸1
wacklig 263▸1
**Waffe 1855**
Waffen, biologische 1855▸1
Waffen, chemische 1855▸1
Waffengang 982▸1
waffenstarrend 37▸2
Wagehals 2
Wagemut 1133
wagemutig 917; 1134▸2
**wagen** 1040▸3; 1791▸2; **1856**
Wagen 576▸1; 576▸2
wägen 369▸2; 1370▸2
wagen, sich in die Höhle des Löwen 1856▸2
Wagenburg 18▸1
Wagenladung 1290▸1
Wagestück 1857
waghalsig 687▸2; 1134▸2
Waghalsigkeit 1133
**Wagnis 1857**
**Wahl** 497▸1; **1858**
Wahl haben, keine 1130
Wahl lassen, keine 1975▸2
Wahl, erste 147▸1
Wahl, freie 643▸1
Wahl, nach 240
wählbar 1192▸4
**wählen** 496▸2; **1859**
wählen, Freitod 1583▸5
wählen, Nummer 1859▸4
wählen, Worte 1490▸2
wählerisch 83▸1; 724; 991▸3
wählerisch, nicht 431▸2
Wählerumfrage 1627
Wahlgang 1858▸2
wahllos 240; 1905▸1; 1948▸2
Wahllosigkeit 986
Wahlname 1283
Wahlrecht 1313▸3
Wahlspruch 372▸1
wahlverwandt 1808▸2
Wahlverwandtschaft 1809▸2
wahlweise 240
Wählwort 927▸5
Wahn 877▸1
wähnen 428▸1; 767▸1; 1094; 1767▸1
Wahnidee 706
Wahnsinn 706; 1670▸3
wahnsinnig 705; 1448▸1; 1773▸2
Wahnvorstellung 877▸1
Wahnwelt 877▸1
Wahnwitz 1670▸3
wahnwitzig 24; 1773▸3
**wahr** 1312▸2; **1860**
wahr machen 1810▸1
wahren 1426▸1
währen 362▸1
wahren, Abstand 770
wahren, Dekorum 1376▸1
wahren, Gesicht 226
wahren, Schein 1376▸1
wahren, Vorteil 1191▸2
**während** 3; 363▸1; 773; **1861**; 1891▸2
während, immer 879▸1
währenddessen 1861
Wahres dran, etwas 1860
wahrhaben wollen, nicht 1046▸3; 1729▸2
wahrhaft 1908▸3
wahrhaftig 130; 1908▸3
Wahrhaftigkeit 1205▸1
**Wahrheit 1862**
Wahrheit die Ehre geben, der 1203▸3
Wahrheit werden 1810▸2
Wahrheit, in 1860
wahrheitsgetreu 1860
Wahrheitsliebe 1205▸1
wahrheitsliebend 130
Wahrheitsnachweis 278▸6
wahrlich 1860; 1908▸3
wahrnehmbar 1461▸1; 1494
**wahrnehmen** 665▸1; 865▸1; 1447; **1863**
wahrnehmen, Vorteil 1191▸2
**Wahrnehmung** 690▸2; **1864**
Wahrnehmungsvermögen 1864▸2
wahrsagen 1273
Wahrsager 1271
Wahrsagung 1836
Wahrschauer 1271
wahrscheinlich 78; 860▸1
Wahrscheinlichkeit nach, aller 860▸1
Währung 709▸1
Währungsspekulant 1270
Wahrzeichen 1930▸2
waidmännisch 569▸1
Waisenkind 933▸2
**Wald** 1159▸2; **1865**
Waldgebiet 1865
Waldhüter 1874
**waldig 1866**
Waldlichtung 1048
waldreich 1866
Waldweg 1884▸1
walken 700▸2; 1867
Walkman 730

Wall 209›4; 855›4
Wallach 1242
wallen 623; 1371›1
wallend 1021›5; 1902›4
wallfahren 1326›1
Wallfahrer 1327›1
Wallfahrt 575›2
Wallung 546›1; 1515›2
walten 845›2
walten lassen, Milde 1408›3
walten lassen, Vorsicht 127›4
walten, seines Amtes 101›2; 273›3
Walze 324›2; 1342›2
Walze, auf 391›2
walzen 177›1; 766›1; 1326›2; 1867
wälzen 275›1
wälzen, Probleme 369›2
wälzen, sich 393›5
Wälzer 334›1
Wamme 670›2
Wampe 670›2
Wand 209›4
Wand, spanische 867›7
Wandbehang 867›3; 1568
Wandbekleidung 867›3
Wandbespannung 867›3
Wandbett 293
Wandbrett 329›2
Wände, vier 821›2
Wandel 1705›2
wandelbar 299›1; 1741; 1779›1
Wandelgang 1839›3
Wandelhalle 1839›3
wandeln 700›2
wandeln, sich 1704›5
Wanderbühne 1573›1
Wanderer 1327›1
Wanderjahre 1028›2
**wandern** 700›2; **1867**; 1880›1
wandern nach 214›1
Wanderprediger 1030›3
Wanderschaft, auf 391›2
Wandersmann 1327›1
Wanderung 575›1; 1103
Wanderung machen 1867
Wanderweg 1884›1
Wandlung 1705›2
wandlungsfähig 299›1; 620›2; 1779›1
Wandlungsfähigkeit 621›2
Wandschirm 867›7
Wandteppich 867›3; 1568
Wange 1557›4
Wankelmut 1429›1; 1695›1
wankelmütig 1428›3; 1694›1
wanken 1431›1; 1971
wankend 1431›2; 1645›1; 1669›4
wankend werden 1971
wann immer 1891›1
Wannabe 1432
Wanst 670›2
Wappen 927›3
Wappenschild 927›3
wappnen 1831›3
wappnen, sich 1498›1
Ware 559
Warenaustausch 811›1; 1081›2
Warenhandel 1081›2
Warenhaus 737›5
Warenlager 1479›2
Warenmarke 927›3
Warenprobe 1131›2
Warensendung 1262›3
Warensortiment 169›2
Warenumschlag 1081›2
Warenverkehr 811›1
Warenvertrieb 811›1
Warenzeichen 927›3
Warenzirkulation 811›1
Warlord 668›2
**warm** 651›1; 863; 976›4; 1049›4; 1359›3; 1824›4; **1868**
warm machen 1870›1
warm werden 1152›4
Warmblut 1242
Warmduscher 601
**Wärme** 690›1; **1869**
Wärme, ohne 911›3
Wärmegrad 785
wärmelos 911›3
**wärmen 1870**
**wärmen, sich 1870**
wärmend 1049›4; 1602; 1868›1
Wärmequelle 833
Wärmeverlust 1343›7
warmhalten, sich jmdn. 249›2
warmherzig 464›5; 1049›4
Warmherzigkeit 802; 1869›2
warmlaufen, sich 51›3
**warnen** 15; 396›3; 858; **1871**
Warner 1271
Warnruf 1348›2; 1872
Warnschild 1872
Warnschuss 1872
Warnsignal 1872
Warnstreik 1528
**Warnung** 397›1; **1872**
Warnzeichen 1872; 1930›4
Warte 1095›2; 1605›1
Warte, hohe 1608›3
**warten** 87›3; 870; 1244›1; 1784›2; **1873**
warten lassen 1237›5; 1748›2
**Wärter 1874**
Warteschleife 1817›3
Wartezeit 1817›3
Wartung 1243›1
**warum 1875**
Warum 791›1
was 312›2
was auch immer 1197
was ich sagen wollte 1162›1
was man tun kann 535›1
**Wäsche** 1325›3; **1876**
Wäsche machen 1362›3
Wäscheausstattung 1876
waschecht 361›1
waschen 1362›3
waschen, Kopf 1076›3; 1386›1
waschen, sich rein 491›3; 1018›2
waschen, Wäsche 1362›3
Wäscherei 1325›1
Waschküche 351›2
Waschlappen 601
Waschraum 176›1
Waschung 1325›3
Waschweib 1432
Wasenmeister 159›3
**Wasser** 475›2; **1877**
Wasser lassen 154
Wasser, fallendes 1343›8
Wasser, unter 1157›2
Wasserader 757›1
wasserarm 1598›4
Wässerchen 757›1
Wasserdampf 351›2
wasserdicht 378›1; 1390
**Wasserfall 1878**
Wassergeist 704›4
Wassergöttin 704›4
wässerig 571›1; 1157›5
Wasserjungfrau 704›4
Wasserkopf 1619›3
Wasserlauf 757›1
Wasserloch 757›2
wässern 614›1
wässern, Mund 215›2

Wasseroberfläche 1193▸4
wasserpass 765▸1
Wassersack 867▸10
Wasserscheide 1374▸2
Wasserspiegel 1193▸4
Wasserstelle 757▸3
Wasserstraße 757▸1
Wasserträger 1397▸1
Wasserweg 757▸1
Wasserzeichen 927▸3
wässrig 408▸4
Waterloo 1111
waterproof 378▸1
Watsche 1388▸1
watscheln 700▸2
wattieren 673▸2
Wattierung 867▸3
Wauwau 868
WC 1579▸1
Webarbeit 810▸2
weben 101▸4
Webfehler 706; 1774▸1
Weblog 524▸3; 1117
Website 96▸3
**Wechsel** 1705▸2; 1822▸1; **1879**
Wechsel, fliegender 425▸3
Wechselbeziehung 1881
wechselhaft 1694▸1
Wechselhaftigkeit 1695▸1
**wechseln** 993▸1; **1880**
wechseln, Beruf 1704▸3
wechseln, Besitzer 1880▸1
wechseln, Programm 1880▸1
wechseln, Register 1704▸5
wechseln, Stellung 298▸1; 1704▸3
wechseln, Thema 1880▸1
wechseln, Tonart 1704▸1
wechseln, Wohnsitz 173▸1
wechselnd 1779▸1
Wechselrede 276▸2
wechselseitig 693
**Wechselseitigkeit 1881**
wechselweise 693
Wechselwirkung 1881
**wecken** 1871; **1882**
wecken, Verständnis 525▸4
Weckruf 1348▸2
wedeln 990▸2; 1439▸2; 1439▸3
weder ... noch 1168
weder jetzt noch später 1660
**weg** 545▸3; **1883**
**Weg** 109▸3; **1884**
Weg machen, seinen 175
Weg machen, sich auf den 482▸2
Weg zurück 1344▸1
Weg, auf dem schnellsten 1405▸1
Weg, gangbarer 1124
Weg, halber 1114▸4
weg, weit 447▸3; 1888▸2
wegbegeben, sich 214▸1
Wegbereiter 1252▸2
wegbleiben 596▸1; 1775▸3; 1775▸5
wegbringen 481▸2
wegdrängen 1729▸1
wegdrücken 1729▸1
wegducken, sich 170▸2
Wege 1118▸2
Wege, auf halbem 806
Wegemarke 927▸3
**wegen** 48; 68▸2; 288; **1885**
wegengagieren 19
wegfahren 482▸3
Wegfall 33▸1; 1363▸1
wegfallen 6▸2; 596▸3
wegfegen 481▸1
wegfinden 1163▸2
wegfliegen 622▸1
wegfließen 1025▸5
wegführen 11▸1
Weggang 483▸3; 994▸1
weggeben 481▸1; 680▸4; 1215▸1
Weggefährte 649
weggehen 173▸1; 482▸1; 993▸1; 1591▸1; 1756▸4
weggelassen 1883▸2
Weggenosse 649
weghaben 959▸1
wegholen 19; 1163▸2
wegjagen 848▸1; 1799▸1
wegkommen 1763▸1
wegkommen, schlecht 1364▸4
weglassen 151▸1; 1014▸2
weglaufen 20▸1; 622▸1
weglegen 472▸1; 481▸2
wegleiten 11▸1
wegloben 993▸2
weglocken 19
wegmachen 481▸1
Wegmarke 515▸3
Wegmitte 1114▸4
wegnehmen 12▸2; 481▸1; 1163▸2; 1591▸3
wegräumen 481▸2; 1221▸1
wegreißen 481▸1
wegrennen 622▸1
wegsacken 578▸2
wegschaffen 481▸2
wegscheren, sich 482▸1
wegscheuchen 1799▸1
wegschicken 993▸2; 1383▸4
wegschieben 481▸1; 1729▸1
wegschleichen 622▸1
wegschleppen 484; 1163▸2
wegschließen 1457▸5; 1710▸3
wegschmelzen 1745▸1
wegschnappen 19; 758▸2
wegschneiden 1002▸1
wegschroten 563▸1
wegschütten 1025▸2
wegschwemmen 1614▸1
wegsehen 1046▸3; 1404▸5
wegsperren 1457▸5
wegstecken 1035▸2; 1709▸1; 1710▸3
wegstehlen 1163▸2
wegstehlen, sich 622▸1
wegstellen 481▸2
wegstoßen 481▸1; 1799▸1
wegstoßen, Decke 211▸7
wegstreichen 1002▸3
wegtauchen 17▸2
wegtragen 1163▸2
wegtreiben 1799▸1
wegtreten 482▸1
wegtun 481▸1
wegverpflichten 19
wegweisend 667▸2
Wegweiser 668▸5; 857▸1; 927▸3
wegwerfen 481▸2
wegwerfen, sich 317▸1
wegwerfend 31▸2
wegwischen 481▸1; 1059▸3; 1362▸2
Wegzehrung 539▸1
wegziehen 173▸1; 481▸3
Wegzug 483▸5
Weh 1398▸1; 1757▸2
Weh und Ach 940▸2
wehen 314▸1
wehend 1021▸5
Wehgeschrei 940▸2
Wehklage 940▸2
wehklagen 941▸3
Wehklagen 940▸2
wehleidig 468▸2; 1428▸1
Wehleidigkeit 469▸1

Wehmut 1588
wehmütig 1655›1
Wehmütigkeit 1588
Wehr 209›4
wehren 854›1
wehren, sich 123›2
Wehrhaftigkeit 611›2
wehrlos 468›1; 853›1
Wehrlosigkeit 469›3
Wehrmacht 1106›2
Wehrpflichtiger 1106›1
wehtun 1237›2; 1399›1
Wehwehchen 948›1; 979›1; 1036›1; 1920
Weib 638; 1230›4
Weibchen 1738›2
Weiberheld 1738›1
**weiblich 1886**
Weibsbild 638
Weibsperson 638
Weibsstück 638
weibstoll 1069
**weich** 1049›3; 1104›1; 1127›2; 1428›3; **1887**; 1928›1
weich machen 196›5; 1061›2; 1622›1
weich werden 486›2
Weiche 29›2
Weichei 601
weichen 482›1
weichgespült 655›2
Weichheit 469›3; 1105; 1429›1
weichherzig 464›5; 1887›2
Weichherzigkeit 469›3
weichlich 1428›1
Weichling 601
weichmütig 1428›1
Weichspüler 601
Weichteil 469›3
Weichteile 469›1
weichzeichnen 266
weiden 563›6
weiden lassen 870
weiden, sich an 648›1
weidlich 1448›1
Weidmann 902›1
Weidwerk 901
weigern, sich 123›2
Weigerung 32›2; 1897›2
Weihe 599›1; 1922›2
weihen 544›2; 680›3; 1446›1
Weiher 757›2
weihevoll 598›2; 1923›1
Weihnachtsgeld 1952
Weihung 436›2
weil 48; 68›2
weiland 663›1
Weile 360›1; 1932›1
Weile, geraume 1008›3
weilen 1019›2
weinen 941›3
weinend 1655›2
weinerlich 1177›2
Weines, voll des süßen 248›1
Weinhaus 678›1
Weinkellner 202›3
Weinkenner 723›2
Weinlaune 1305›1
weinselig 248›1; 724
Weinstube 678›1
weise 1323›4
Weise 109›3; 736›2
Weise, auf welche 1898›2
Weise, in dieser 1468
Weise, in keiner 1168
weisen 1931›1
weisen, von sich 30›1; 1046›1
weisen, Weg 666›2
Weiser 370
Weisheit 514›2; 704›2
Weisheit am Ende, mit der 853›2
Weisheitslehrer 1030›3
weislich 1471›2
weismachen 291›1; 313›1; 1067
weiß 43›1; 590›1
weiß sich zu helfen 741›1
Weiß, gebrochenes 590›1
weiß, nicht 588›3
weiß, wie jeder 1455›4
weiß, wie man 1155
weissagen 1273
weissagend 1272
Weissager 1271
Weissagung 1836
Weißbinder 1078›2
Weißglut 1869›1
weißhaarig 43›1
Weißkittel 112
weißlich 590›1
Weißwaren 1876
weißwaschen, sich 1018›2
Weißzeug 1876
Weisung 135›2; 207›1; 747›1
**weit** 584›1; 788›2; 1060›4; **1888**
weit blickend 887›2
weit fallend 1888›4
weit reichend 788›5; 1909›2
weit und breit 1607›1
weit unten 1575›1
weit, zu 1392›2
Weitblick 514›2; 1696›2
Weite 145›2; 483›1; 618›2; 789›1; 1304›2
weitem, bei 1819›3
weitem, von 1888›3
weiten 1527›2
weiter 116›1; 1851
weiter machen 1527›2
weiterbilden, sich 507›5; 1044›2
weiterbringen 1711›2
weiterempfehlen 1300›1
Weiteren, des 116›1
weiterentwickeln 507›3; 1711›2
weiterentwickeln, sich 507›5
weiterentwickeln, sich nicht 1517›3
Weiterentwicklung 635; 1506›4
weitererzählen 945›1
weiteres, bis auf 1834
weiteres, ohne 86; 735›1; 768›3; 1636›1; 1659›2
weiterführen 1736›2
Weiterführung 510›2
Weitergabe 510›2
weitergeben 1115›3; 1482›9; 1613; 1617›1
weitergehen 362›2
weiterhelfen 296›1; 1711›3
weiterhin 116›1
weiterkommen 175
weiterkommen, nicht 1517›1
weiterkönnen, nicht 1775›3
weiterleben 362›3
weiterleiten 1115›3; 1613; 1722›1
Weiterleitung 1586›1
weiterreichen 1617›1
weitersagen 945›1; 1115›3; 1722›1
weiterspinnen 126›4; 1736›2
weitertragen 945›1
weitertreiben 369›4
Weiterungen 628›3
weiterverarbeiten 196›4; 1709›3
weiterverfolgen 1736›2
weiterwirken 362›3
weiterwissen, nicht 1517›2

weiterwissen, nicht mehr 1818›1
weitgehend 1448›1; 1819›3
weither, von 1888›3
weitherzig 790›2
Weitherzigkeit 1105; 1788›3
weitläufig 719›4; 1888›1
Weitläufigkeit 145›2
weitmaschig 1060›2
weiträumig 1888›1
Weiträumigkeit 789›1
weitschweifig 719›4; 1012›1
weitsichtig 887›2
welche 1821
welche, kaum 1890›2
welk 1598›1
welken 1599›6
Welle 1120›1; 1534›1; 1534›2
wellen 298›2; 393›3
Wellen 803›1
Wellenbad 176›2
Wellenbewegung 300›4; 1440
Wellenlinie 999
wellig 987›4; 1302›1; 1638›1
Wellpappe 867›1
**Welt 1889**
Welt, alle 1207›1
Welt, Alte 565›1
Welt, auf der 683›2; 1021›1
Welt, auf der ganzen 1607›1
Welt, die große 1196›2
Welt, digitale 1377
Welt, vor aller 1206›1
Welt, weite 646›1
Weltall 1889›2
Weltanschauung 373; 1095›1; 1332›1
weltaufgeschlossen 642›3
Weltausstellung 168›2
weltbekannt 260›2
weltberühmt 260›2
weltbewegend 1896›2
Weltbild 373
Weltbürger 338›4
weltbürgerlich 339›4
Weltekel 1588
Welten, virtuelle 877›4
Weltenbummler 1327›1
Weltenlenker 782›1
weltentrückt 447›3
weltenweit 1888›1
welterfahren 513›1
Welterfahrung 514›2
Welterfolg 763›3
welterschütternd 1896›2
weltfern 447›3
Weltferne 448›2
Weltflucht 142›3
weltflüchtig 447›2
weltfremd 431›2; 874›2
Weltfremdheit 432›2; 872›2
weltfreudig 1031›4
Weltgebäude 1889›2
Weltgetriebe 1742›1
Weltgewandtheit 514›2
welthaltig 1768›4
Welthilfssprachen 1489›5
Weltkenntnis 514›2
Weltkind 723›1
weltklug 513›1
Weltklugheit 514›2
Weltkrieg 982›2
Weltlauf 739›2
weltläufig 513›1
Weltläufigkeit 514›2
Weltmacht 789›3
Weltmann 924
weltmännisch 991›3
Weltmarkt 1081›2
Weltmeere 757›4
Weltmeister 1459›1
weltoffen 464›2
Weltoffenheit 465›2
weltpolitisch 893
Weltraum 1889›2
Weltraumfahrt 575›4
Weltreise 575›2
Weltreisender 1327›1
Weltruhm 713›3
Weltschmerz 1588
weltschmerzlich 1177›1
Weltstadt 1495›1
Weltteile 1889›1
weltumspannend 40›4; 893; 1826›3
Weltuntergang 1398›2; 1937›1
Weltverbesserer 873›2
weltverloren 447›2
weltverneinend 1241
Weltverneiner 1240
weltweit 893
Weltweite 514›2
Weltwissen 514›2
Weltzeit 1932›2
Wende 394›1; 983›1; 999; 1338›1; 1705›2
Wendehals 1216
Wendeltreppe 134›3
Wendemanöver 1879›1
wenden 393›6; 540›1; 1704›1
wenden, das Blatt 834›4
wenden, hin und her 275›1; 369›2
wenden, sich 28›1; 214›1; 1704›1
wenden, sich an 637›1
wenden, sich nach 700›1
Wendepunkt 763›2; 983›1
wendig 299›1; 620›2; 741›2
Wendigkeit 609; 621›2; 740›1
Wendung 146›1; 983›1; 999; 1705›2; 1977›2
Wendung, feste 1251›1
**wenig** 923›1; 951›2; **1890**
wenig, ebenso 1168
wenig, nicht 1819›2; 1942
wenige 1890›2
wenige, nicht 1821
Wenigkeit 948›2; 948›4
wenigstens 1890›3
**wenn** 68›1; 579; **1891**
wenn auch 1197; 1603›1
wenn möglich 1202›6
Wenn und Aber 1969›3
wenngleich 1197; 1603›1
Wenzel 187›4
wer weiß 1123›3
Werbeabteilung 1894›4
Werbeagent 1894›4
Werbeagentur 1894›4
Werbebeigabe 1894›3
Werbebeilage 1894›3
Werbeblock 1894›3
Werbebrief 1894›3
Werbefeldzug 1894›2
Werbefernsehen 1894›3
Werbefigur 1894›3
Werbefilm 1894›3
Werbefunk 1894›3
Werbegeschenk 674›2
Werbegestalter 1894›4
Werbegraphiker 1894›4
Werbemittel 1894›3
**werben** 88›1; 466›1; **1892**
werben für 1058›1
werben um 243›2
werben, Kunden 1892›3
**Werber** 813›3; 1802›1; **1893**
Werbeschlagwort 1894›3

Werbeschönheit 1409▸4; 1894▸3
Werbeschrift 1894▸3
Werbeslogan 1894▸3
Werbespot 1894▸3
Werbetext 1572; 1894▸3
Werbetexter 1894▸4
Werbevorführung 1894▸3
werbewirksam 1909▸2
Werbewirksamkeit 1910▸1
**Werbung** 953▸2; **1894**
Werbungskosten 973▸2
Werdegang 1020▸2
werden 51▸1; 51▸2; 503▸1; 507▸1
Werden 508▸1
Werden, im 52▸2
werden, nichts 472▸2
werdend 52▸2
Werder 886
Werdestatus 1790▸4
werfen 679▸2; 1439▸1; 1482▸5
werfen, alles in einen Topf 1733
werfen, Flinte ins Korn 121▸3; 1818▸1
werfen, Handtuch 121▸3; 1378▸3
werfen, in die Waagschale 1841▸2
werfen, ins Schloss 1394▸1
werfen, keine Falten 1464▸4
werfen, Knüppel zwischen die Beine 854▸2
werfen, Los 496▸1
werfen, mit der Wurst nach der Speckseite 249▸2
werfen, Perlen vor die Säue 1781▸1
werfen, Schatten 407▸2
werfen, sich in die Brust 1264▸1
werfen, sich in Gala 1287▸2
werfen, Streiflicht auf 525▸4
werfen, über Bord 121▸3
werfen, zu Boden 1523
werfen, zum alten Eisen 993▸2
Werk 8▸1; 100▸1; 289▸1; 334▸1; 1041▸1; 1411▸2; 1681▸2; 1727▸3
werkeln 101▸3; 186
werkgerecht 569▸1; 814▸1; 996
Werkschau 1608▸2
Werkstatt 113; 737▸3
Werkstätte 737▸3
Werkstoff 1518▸2
Werktag 41▸1
werktätig 1553▸3
Werktätiger 102
Werkzeug 65▸3; 730; 1118▸1
wert 772; 1049▸2
**Wert** 200▸3; 1289▸2; 1846▸2; **1895**
wert sein 199▸3; 972▸1; 1726▸2
wert sein, der Mühe 1191▸1
wert, der Mühe 1192▸3
wert, keinen Pfifferling 1392▸1
wert, keinen roten Heller 1392▸1
wert, nicht der Rede 1635; 1890▸1
wert, nichts 1392▸1
Wert, von hohem 970
wertachten 1730▸1
Wertarbeit 1289▸3
wertbeständig 361▸1
Wertbeständigkeit 360▸3; 611▸1
Wertbrief 1262▸3
Werte 1696▸1
Wertekanon 992▸1
werten 1370▸2; 1697▸1
Wertesystem 992▸1
Werteverfall 1343▸6
Werteverlust 1343▸6
Wertgegenstand 971▸1
werthalten 1730▸1
wertlos 1023▸3; 1392▸1; 1662
wertlos werden 10▸3
Wertmarke 348▸1
Wertmesser 1084▸3
Wertobjekt 971▸1
Wertpapiere 270▸3
Wertsachen 270▸2; 971▸1
wertschätzen 1730▸1
Wertschätzung 35; 713▸2
Wertskala 1084▸3
Wertstück 971▸1
Wertstufe 1289▸2
Wertung 984▸1; 1297▸1; 1696▸1
Werturteil 1696▸1
wertvoll 970; 1896▸2
wertvoll sein 1191▸1
Werwolf 704▸4
Wesen 109▸1; 344; 564▸1; 744▸1; 884▸1; 1545
Wesen, göttliches 782▸1
Wesen, menschliches 1098▸1
Wesenheit 1545
Wesensart 109▸1; 344
wesenseigen 346▸1
wesensgemäß 346▸1
wesensgleich 768▸4
Wesensmerkmal 422▸2; 460▸5
Wesenszug 422▸2; 460▸5; 927▸1
wesentlich 1186▸1; 1896▸1
wesentlich sein 199▸3
Wesentliche, das 564▸1; 820; 1545
weshalb 1875
Wespennest 687▸3
Weste, reine 85▸2
Westeuropa 565▸1
westeuropäisch 565▸2
weswegen 1875
wett 765▸4
Wettbewerb 958▸1
Wettbewerber 697▸3
wettbewerbsfähig 772
Wettbewerbsfähigkeit 1612▸3
Wettbewerbsvorteil 1846▸1
Wette 780
Wetteifer 958▸1
wetteifern 915▸2
Wetteinsatz 449▸1
wetten 1482▸5
wetten, darauf 1782▸2
Wetter 1181▸1
Wetter, bei jedem 879▸2
wetterbedingt 203
Wetterfahne 1216
wetterfest 361▸1; 976▸1; 1485▸2
wetterfühlig 468▸2
wetterhart 976▸1
wetterleuchten 1376▸2
wettern 314▸1; 626; 1386▸2
Wettern 731▸2
Wettersturz 1343▸7
wetterwendisch 1694▸1
Wetterwendischkeit 1695▸3
Wettfahrt 958▸2
Wettkampf 914▸3; 958▸1
wettkämpfen 915▸2
Wettkämpfer 1484
Wettlauf 958▸2
wettmachen 150▸4; 343; 494▸1; 1746▸1
Wettrennen 958▸2
Wettspiel 780; 958▸2; 1679▸5
Wettsport 958▸2
Wettstreit 914▸1; 958▸1
wettstreiten 915▸2
Wettsucht 1547▸4
wetzen 1369▸1
wetzen, blank 262

wetzen, Messer 396›3
Whirlpool 176›1
Whistleblower 246›2
White-Collar-Verbrecher 1721›2
Wichs 1281›1
wichsen 212›2; 766›3; 1362›2
Wicht 907›2
Wichtelmann 704›4
**wichtig** 1049›2; 1072›2; 1186›1; 1570; **1896**
wichtig sein 199›3
wichtig sein für 9›4
Wichtigkeit 200›3
wichtigmachen, sich 1264›1
Wichtigste, das 820
Wichtigstes, als 52›1
Wichtigtuer 1432
Wichtigtuerei 457›1
wichtigtuerisch 456›2
wichtigtun 1264›1
Wickelkind 933›1
wickeln 393›2; 1244›4
widerborstig 31›1; 423
Widerborstigkeit 1604
widerfahren 214›2
widerfahren lassen, Gerechtigkeit 732›3
Widerfahrnis 1977›1
widerhaarig 1437›2
Widerhall 411›1; 1910›2
widerhallen 1481›4
Widerklang 411›1
Widerlager 149›5
widerlegbar 1669›1
widerlegen 554›2
Widerlegung 555›2
widerlich 458›1; 819›1
Widerling 1381
Widerpart 602›1; 697›1
widerraten 15
widerrechtlich 1717
Widerrede 163›2; 555›2
Widerruf 119›3
Widerruf, auf 203
Widerruf, bis auf 1834
widerrufen 20›1; 121›2; 1046›2
Widersacher 602›1; 1571
widersetzen, sich 123›2
widersetzlich 423
Widersinn 1670›1
widersinnig 24; 580›5; 1688›3
widerspenstig 423
Widerspenstigkeit 1604
widerspiegeln 1481›2
Widerspiel 691›1
widersprechen 554›2
widersprechen, sich 963›2; 1067
widersprechend, sich 692›3
Widerspruch 555›2; 691›1; 940›1; 1716›1; 1897›2
widersprüchlich 692›3
Widersprüchlichkeit 691›1
widerspruchslos 86
widerspruchsvoll 692›3
**Widerstand 1897**
Widerstände 14›2
widerstandsfähig 361›1; 880›1; 976›1; 1925›1
Widerstandsfähigkeit 611›1; 1497›2
Widerstandskampf 914›4
Widerstandskämpfer 916›5
Widerstandskraft 611›2; 1497›2
widerstandslos 769›3; 1428›3
Widerstandslosigkeit 1429›1
Widerstandsnest 1897›3
widerstehen 224›3; 459›1
widerstreben 459›1
Widerstreben 14›2
widerstrebend 31›3; 1648›2
Widerstreit 691›1
Widerstreit, innerer 1969›1
widerstreiten 554›2
widerstreitend 692›3
widerwärtig 458›1; 819›1; 1238›1; 1633›3
Widerwärtigkeiten 104›3
Widerwille 14›2
widerwillig 31›3; 1648›2
widmen 680›3
widmen, sich 64›1; 101›1; 264›2; 380›3
Widmung 674›3
widrig 1016›2; 1238›1; 1633›3; 1656›1
Widrigkeit 104›3; 1654
**wie** 312›2; 771; **1898**
wie auch immer 1468; 1636›1
wie du mir, so ich dir 1747›1
wie es scheint 78
wie folgt 1468
wie gerufen 1904
wie man so sagt 40›5
wie wenn 771
**wieder 1899**
wieder aufnehmen 1900›3
wieder tun 1900›2
wieder und wieder 879›3
wieder verwenden 196›4
wieder, immer 879›3; 1211; 1899
Wiederaufbau 541›1
wiederauferstehen lassen 540›5
wiederaufflackern 540›5
wiederaufleben 540›5; 1601›2
Wiederaufleben 541›2
Wiederaufnahme 541›2; 1344›2
Wiederauftreten 1344›2; 1901
wiederbekommen 494›3
wiederbeleben 540›5
Wiederbelebung 541›2
wiederbringen 494›1
Wiedererblühen 541›2
wiedererkennen 523›1; 1789›2
wiedererlangen 494›3
Wiedererscheinen 1344›2
wiedererstatten 494›1
wiedererstehen 540›5
Wiedererstehung 541›2
Wiedererweckung 541›2
wiederfinden 617›1
Wiedergabe 306›2; 359›1
Wiedergänger 704›4
wiedergeben 1›1; 268›1; 357›4; 494›1; 1481›2; 1848›1
wiedergeboren 1172›4
Wiedergeburt 541›2
wiedergutmachen 343; 494›2
Wiedergutmachung 495›2
Wiedergutmachungswille 1336
wiedergutzumachen 1123›2
wiederhergestellt 754›2; 1172›4
wiederhergestellt sein 720›1
wiederherstellen 540›1; 828›2
Wiederherstellung 522›2; 541›1
**wiederholen** 540›4; 1279›1; 1606; **1900**
**wiederholen, sich 1900**
wiederholt 1211; 1899
**Wiederholung** 411›1; 1319›1; **1901**
Wiederholungszwang 1901
wiederkäuen 1900›4
Wiederkäuen 1009
Wiederkäuer 1234›1
Wiederkehr 1319›1; 1344›2
wiederkehren 393›6

wiederkehrend 1318 ▸ 1; 1899
wiederkehrend, ständig 768 ▸ 2
wiederkommen 523 ▸ 1
wiederkommen, nicht 1508 ▸ 4
Wiederkunft 1344 ▸ 2
wiedersagen 945 ▸ 1
Wiedersehen 1590 ▸ 1
wiedersehen, sich 1589 ▸ 1
wiederum 3; 1899
Wiedervergeltung 495 ▸ 2
wiederverwenden 196 ▸ 4
wiederzuerkennen, nicht 1779 ▸ 1
Wiege 50 ▸ 1; 293; 1291 ▸ 2
Wiege an, von der 879 ▸ 4
wiegen 199 ▸ 2; 612 ▸ 3
wiegen, in den Schlaf 259 ▸ 4
wiegen, in Sicherheit 1845
wiegen, schwer 400 ▸ 1
wiegen, sich 1433 ▸ 1; 1439 ▸ 2
wiegen, sich in Sicherheit 898 ▸ 5
wiegend 1021 ▸ 5
wiegend, schwer 1436 ▸ 1
Wiegendruck 1225 ▸ 1
Wiegenkind 933 ▸ 1
wiehern 1004 ▸ 2; 1581 ▸ 3
Wiesel, wie ein 1405 ▸ 1
wieselig 1405 ▸ 1
wieseln 426 ▸ 1
Wiesengrund 618 ▸ 1
wieso 1875
wiewohl 3; 1197; 1603 ▸ 1
Wiki 1171 ▸ 4
Wikipedia 1027; 1171 ▸ 4
**wild** 216 ▸ 1; 320 ▸ 1; 826 ▸ 2; 1069; 1088 ▸ 3; 1199 ▸ 1; 1717; **1902**
wild machen 105 ▸ 1
wild werden 105 ▸ 2; 1257 ▸ 2
Wildbach 1878 ▸ 1
Wilddieb 902 ▸ 2
wilddieben 1163 ▸ 3
Wilderer 902 ▸ 2
wildern 1163 ▸ 3
Wildfang 1379 ▸ 2
wildfremd 645 ▸ 1
Wildgeruch 107
Wildheit 827
Wildhüter 902 ▸ 1
Wildnis 341 ▸ 1; 646 ▸ 1
Wildpark 1945
Wildschütz 902 ▸ 2
Wildwasser 1878 ▸ 1
wildwüchsig 1902 ▸ 3
will nicht 1660
**Wille** 475 ▸ 1; 497 ▸ 1; **1903**
Wille, böser 322
Wille, letzter 510 ▸ 4
Willen, aus eigenem 644
Willen, mit 16
Willen, wider 1648 ▸ 2
Willen, zu 702
willenlos 347; 1428 ▸ 3; 1647 ▸ 1
Willenloser 1466 ▸ 1
Willenlosigkeit 1429 ▸ 1
willens 252 ▸ 1
willens sein 486 ▸ 1; 1919 ▸ 1
Willens, guten 1337
willens, nicht 31 ▸ 3
Willensakt 497 ▸ 1
Willensäußerung 1903 ▸ 1
Willensbekundung 497 ▸ 1
Willenserklärung 497 ▸ 1; 1903 ▸ 1
Willensfreiheit 643 ▸ 1
Willenskraft 475 ▸ 1; 1903 ▸ 2
willenskräftig 476
Willenslenkung 434 ▸ 1
willensschwach 347; 1428 ▸ 3
Willensschwäche 1429 ▸ 1
willensstark 345 ▸ 1; 476
Willensstärke 475 ▸ 1; 1903 ▸ 2
willentlich 16
willfahren 486 ▸ 2; 500 ▸ 2; 701 ▸ 1
willfährig 488; 702; 1428 ▸ 3
Willfährigkeit 253; 703 ▸ 2; 1429 ▸ 1
Willie 775 ▸ 2
willig 252 ▸ 1; 735 ▸ 1; 1069
williger Vollstrecker 957
Willigkeit 253
Willkomm 125 ▸ 3; 462 ▸ 2; 798 ▸ 1
**willkommen** 56 ▸ 1; 735 ▸ 2; 1049 ▸ 1; **1904**
Willkür 1665 ▸ 1
Willkürherrschaft 844 ▸ 3
**willkürlich** 240; **1905**
wimmeln von 144 ▸ 4; 1824 ▸ 2
wimmelnd 1824 ▸ 3
wimmern 941 ▸ 3
Wimmern 940 ▸ 2
Wimpel 1930 ▸ 4
**Wind** **1906**
Wind machen 1264 ▸ 1
Wind, durch den 1773 ▸ 1; 1911 ▸ 2
Wind, wie der 1405 ▸ 1
Windbeutel 1419 ▸ 1; 1432
Winde 139 ▸ 1; 1906 ▸ 2
windeln 1244 ▸ 4
windelweich 1337
winden 314 ▸ 1; 393 ▸ 2; 393 ▸ 4
winden, sich 170 ▸ 2; 393 ▸ 4; 1018 ▸ 2; 1366 ▸ 1
Windeseile, in 1405 ▸ 1
Windfahne 1216
windgeschützt 1455 ▸ 6
Windhose 1539 ▸ 1
Windhund 292 ▸ 1
windig 347; 1023 ▸ 3; 1065 ▸ 1; 1302 ▸ 5
Windmacherei 1619 ▸ 2
Windsbraut 1539 ▸ 1
Windschatten, im 1352 ▸ 7
windschief 987 ▸ 3
windschlüpfig 1968 ▸ 2
windstill 1352 ▸ 7
Windstille 1350 ▸ 4
Windung 999
Wink 851 ▸ 3; 857 ▸ 2; 1077 ▸ 1; 1872; 1930 ▸ 2
Wink geben 858; 1871; 1931 ▸ 1
Winkel 413 ▸ 1; 682 ▸ 2; 1227 ▸ 2
Winkelzug 1055 ▸ 1
Winkelzüge, ohne 130
winken 799 ▸ 1; 1439 ▸ 2; 1931 ▸ 1
winken, mit dem Zaunpfahl 858
winklig 477 ▸ 1
winseln 242 ▸ 1; 313 ▸ 1; 941 ▸ 3
Winter 912 ▸ 1
winterfest 363 ▸ 3
Wintergarten 179
Winterkälte 912 ▸ 1
winterlich 911 ▸ 1
Winterschlaf 522 ▸ 3
Winterwetter 912 ▸ 1
winzig 947 ▸ 1
Winzigkeit 948 ▸ 2
Wipfel 763 ▸ 1
wippen 595 ▸ 1
Wirbel 289 ▸ 2; 300 ▸ 3; 394 ▸ 1; 1534 ▸ 2; 1679 ▸ 2; 1878 ▸ 1
wirbelig 1667 ▸ 1
wirbeln 393 ▸ 1; 1433 ▸ 1
Wirbelsäule 807 ▸ 4
Wirbelsturm 1539 ▸ 1
Wirbelwind 1667 ▸ 3
**wirken** 101 ▸ 4; 157; 688 ▸ 2; 812 ▸ 1; 1040 ▸ 1; 1308; 1376 ▸ 1; **1907**
Wirken 100 ▸ 1
wirken auf 881

**wirklich** 1021▸1; 1835▸2; **1908**
Wirklichkeit 1554▸2; 1862
Wirklichkeit werden 954▸1; 1810▸2
Wirklichkeit, in 424▸2; 1860
wirklichkeitsblind 874▸2
wirklichkeitsfremd 874▸2
wirklichkeitsnah 77▸2; 1768▸4
Wirklichkeitsnähe 586▸2
Wirklichkeitssinn 1785▸2
wirklichkeitsübersteigend 1698
wirkmächtig 1909▸2
**wirksam** 754▸4; **1909**
Wirksamkeit 713▸4; 1910▸1
**Wirkung** 628▸3; 975▸2; 1190▸3; 1309▸1; **1910**
Wirkung haben auf 881
Wirkung zeigen 1308
Wirkungsbereich 120; 434▸3
Wirkungsdauer 713▸4
wirkungskalkuliert 1909▸2
Wirkungskreis 120
wirkungslos 1743
Wirkungslosigkeit 1744
wirkungsvoll 882; 1263; 1400; 1909▸2; 1968▸2
**wirr** 1663▸1; 1688▸2; 1773▸1; **1911**
Wirren 133▸3
Wirrkopf 403▸1
Wirrsal 1664▸1
Wirrwarr 1664▸1
**Wirt** **1912**
Wirtschaft 188; 678▸1
wirtschaften 1474▸3
Wirtschafterin 823▸2
wirtschaftlich 955; 1192▸2; 1475▸2; 1968▸2
Wirtschaftlichkeit 1476
Wirtschaftsaufschwung 131
Wirtschaftsbeziehungen 811▸1
Wirtschaftsblüte 131
Wirtschaftsform 1549▸4
Wirtschaftsführung 822▸2
Wirtschaftsgeld 709▸2
Wirtschaftskampf 958▸3
Wirtschaftskrise 983▸3
Wirtschaftsprüfer 132▸3
Wirtschaftstreibender 1682▸1
Wirtschaftsverbrechen 1720
Wirtshaus 678▸1
Wirtshausputschist 1432
Wirtsstube 678▸1
Wisch 330; 1536▸7
wischen 1287▸4; 1362▸1
wischen, Staub 1362▸1
wischen, vom Tisch 30▸4; 1109▸1
Wischiwaschi 734▸2
Wischnu 782▸2
wispern 627
Wispern 731▸2
Wissbegier 1173
Wissbegierde 890; 1173
wissbegierig 892▸1
**wissen** 925▸2; 959▸1; **1913**
**Wissen** **1914**
wissen lassen 279▸4; 1115▸1; 1722▸1
wissen, auswendig 523▸5
wissen, Bescheid 959▸1; 1789▸4; 1913
wissen, Dank 355▸1
wissen, die Menschen zu nehmen 513▸2
wissen, nicht aus noch ein 1818▸2
wissen, nichts anzufangen 1011▸2
wissen, sich anzuziehen 97▸2
wissen, sich nicht zu lassen 1004▸2
wissen, sich zu helfen 513▸2; 834▸6; 959▸3
wissen, wie der Hase läuft 1789▸4
wissen, wie es gemacht wird 959▸1
wissen, zu leben 722
wissen, zu nehmen 1789▸6
wissen, zu würdigen 1370▸1
wissend 926
wissend, nichts 1692▸1
Wissenschaft 634▸1; 1914▸2
**Wissenschaftler** 370; 634▸1; **1915**
wissenschaftlich 569▸1; 1255▸1
wissenschaftseifrig 383▸1
Wissensdrang 890; 1173
Wissensdurst 890; 1173
Wissensgebiet 568▸2
Wissenskanon 1914▸2
Wissensmangel 1658
wissenswert 236▸1; 889▸2
wissentlich 16
wittern 665▸1; 1339▸3; 1863▸1
Witterung 465▸1; 690▸3
Witterung für 1788▸1
Witwe 638
Witwenschneider 292▸2
Witwenschüttler 1738▸1
Witwentröster 1738▸1
Witwer 1079
Witz 704▸2; 1679▸3
Witzbold 1379▸1
Witze 1679▸4
witzeln 1487▸1; 1677▸4
Witzelsucht 1486▸3
witzelsüchtig 1488▸1
witzig 75▸2; 832▸4; 1226▸3
witzlos 180; 1012▸1
Witzlosigkeit 181▸1
Witzwort 1679▸4
WLAN 1171▸3
wo auch immer 1607▸1
wo man hinguckt 1607▸1
wo Milch und Honig fließt 1229
woanders sein 1587▸3
woanders sein, mit den Gedanken 1387▸3
Wochen 1008▸3
Wochenbett 684▸1
Wochenende 522▸4
wochenlang 1008▸3
Wochenmarkt 1081▸1
Wochentag 41▸1
wofern 579; 1891▸2
wofür 1875
Woge 1534▸2
wogegen 3
wogen 89▸2; 298▸2; 623; 1431▸1; 1439▸2
wogend 1021▸5
wohingegen 3
wohl 754▸1; 860▸1; 1123▸3
Wohl 755; 1445▸2
wohl kaum 1660
wohl nicht 1660
wohl oder übel 1648▸2
wohl sein lassen, es sich 722
wohl tun 680▸2
Wohlanständigkeit 84▸2
wohlauf 754▸1
Wohlbefinden 755; 1949
Wohlbehagen 1949
wohlbehalten 676▸1; 754▸1
wohlbekannt 260▸1; 1798▸1
wohlbeleibt 379▸1
wohlbeschaffen 1407▸2
wohlbestallt 778▸2; 1322▸1
wohlbewusst 1255▸1

wohlduftend 108
Wohlergehen 755
wohlerwogen 728▸3; 1255▸1; 1463▸3; 1471▸2; 1842▸2
wohlerzogen 85▸2; 326▸1; 861; 1170▸2
Wohlfahrt 1171▸5
wohlfeil 310▸1
Wohlfühlfaktor 247▸1
Wohlgefallen 647▸2; 1050▸1; 1949
Wohlgefallen, nach 240
wohlgefällig 56▸1
wohlgeformt 816▸3; 1407▸2
Wohlgefühl 727▸1
wohlgegliedert 816▸3
wohlgelitten 241▸1; 1904
wohlgemut 832▸3
wohlgenährt 379▸1
Wohlgenährtheit 670▸2
wohlgeraten 801▸2
Wohlgeruch 107
wohlgerundet 379▸1
Wohlgeschmack 107
wohlgesinnt 651▸2; 800▸2
wohlgesonnen 488
Wohlgestalt 1409▸1
wohlgestaltet 1407▸2
wohlgetan 801▸2
wohlgewogen 651▸2
wohlhabend 1322▸1
wohlig 716
Wohlklang 815▸1
wohlklingend 816▸1
Wohllaut 815▸1
wohllautend 816▸1; 1824▸4
Wohlleben 670▸1
wohlmeinend 488; 651▸2; 800▸2
wohlproportioniert 816▸3; 1407▸2
wohlriechend 108
wohlschmeckend 99▸2; 108
Wohlsein 755
Wohlstand 670▸1
wohlstandsverwahrlost 847▸2
Wohltäter 1090
wohltätig 754▸4; 1639
Wohltätigkeit 1640
wohltönend 816▸1
wohltuend 56▸2; 754▸4; 1192▸1
wohltun 234▸2
wohlverdient 732▸2
Wohlverhalten 529▸1
wohlversehen 1322▸2
wohlvertraut 1798▸2
wohlweislich 16
Wohlwollen 487▸2
wohlwollend 488; 651▸2; 800▸2; 837
Wohnblock 1495▸3
wohnen 210▸3; 281▸2; 1019▸2
Wohngegend 1495▸3
Wohngemeinschaft 714▸2
wohnhaft 225▸1
Wohnhaus 821▸1
Wohnheim 830▸2
wohnlich 716
Wohnlichkeit 247▸1
Wohnort 1916▸3
Wohnraum 1304▸1
Wohnsitz 1916▸3; 1963▸2
Wohnsitz haben 1019▸2
Wohnsitz, ohne festen 391▸3
Wohnsitzwechsel 1103
Wohnstadt 1495▸4
**Wohnung** 830▸1; **1916**
Wohnungseinrichtung 446▸2
wohnungslos 391▸3
Wohnungsloser 1327▸2
Wohnungsnachbar 1138▸2
Wohnungsnot 1185▸2
Wohnungsspekulant 1270
Wohnungswechsel 483▸5
Wohnwagen 65▸1
Wohnzimmerschrank 1413
**wölben 1917**
**wölben, sich 1917**
**Wölbung 1918**
Wolf im Schafspelz 849
Wolke sieben, auf 1762
wölken 352; 1303
Wolken, in den 1634▸1
Wolkenbruch 1181▸1
Wolkenhimmel 406▸2
Wolkenkratzer 821▸1
Wolkenkuckucksheim 877▸3
wolkenlos 778▸2; 832▸6; 836▸3; 942▸1; 1407▸3
Wolkenwand 406▸2
wolkig 405▸2
Wolldecke 867▸9
Wolle 803▸1; 1518▸3
**wollen** 193▸1; 215▸1; 1254▸1; 1525▸1; **1919**
Wollen 1757▸1; 1903▸1
Wollfaden 572▸2
wollig 1887▸3
Wollust 1068▸3
wollüstig 216▸1; 1069
Womanizer 1738▸1
Women's Lib 606
womöglich 1123▸3
Wonne 647▸2; 727▸1; 777▸2
wonnesam 778▸3
wonnetrunken 248▸2; 778▸1
wonnevoll 778▸3
wonnig 778▸3
Workaholic 395▸2
Workshop 1028▸2; 1590▸2
Workstation 350▸2
World Wide Web 1171▸4
Wort 146▸1; 220; 1783▸1
Wort brechen 1745▸8
Wort ergreifen 161▸1
Wort für Wort 719▸4
Wort Gottes 334▸4
Wort, geflügeltes 1251▸1
Wort, im 1771▸2
Wort, mit einem 474▸1
wortarm 1435▸1
Wortbruch 1066▸3
Worte machen, große 1618▸4
Worte, ohne 1435▸2
Wortemacher 1432
Wortemacherei 1251▸2
Worten, mit anderen 1155
Worten, mit diesen 1468
Worten, mit drei 1000▸3
Wörterbuch 1027
wortfaul 1435▸1
Wortführer 668▸6; 1802▸3
Wortgefecht 1530▸2
Wortgeklapper 1251▸2
Wortgeklingel 1251▸2
Wortgeröll 1251▸2
wortgetreu 719▸4
wortgewandt 251▸1
Worthülse 1251▸2
wortkarg 1000▸2; 1435▸1; 1955▸1
Wortkargheit 1956▸3
Wortkaskade 1878▸2
Wortklauber 1234▸1
Wortklauberei 1235▸2
wortklauberisch 1236▸2
Wortkontamination 1108▸6
Wortlaut 1572
Wortlaut, im 412▸1
wörtlich 719▸4; 1659▸4

wörtlich, nicht 1650›2
wortlos 1039; 1435›1
Wortprägung 146›1
wortreich 251›2; 1116
Wortschatz 1489›2
Wortschrift 1417›2
Wortschwall 731›3
Wortspiel 1679›4
Wortstreit 1530›2
Wortverdreher 1234›1
Wortwechsel 276›3; 1530›2
wortwörtlich 719›4
Wotan 782›2
wow 801›3
wozu 1875
Wrack 847›3
wringen 400›2
Wucherer 292›1; 1270
wuchermäßig 859›5
wuchern 144›4; 291›1; 812›3; 1505›3
wuchernd, wild 1902›3
Wucherung 1918›1
Wuchs 158; 508›1; 968›1
Wucht 398›2; 827; 1015›1; 1139; 1442›1
Wuchtbrumme 1409›3
wuchten 400›1; 824›1
wuchtig 826›1; 1436›1
wühlen 633; 784›1; 848›3; 1546›1
Wulst 1918›1
wulsten 1917›1
wulstig 379›4
wund 379›3
**Wunde 1920**
Wunden schlagen 1237›2
Wunder 699›1
wunder Punkt 597›2
wunderbar 550; 889›2; 1249›1; 1407›1
Wunderfitz 1173
wunderfitzig 892›2
Wunderglaube 4
Wunderheiler 292›3
Wunderkammer 1357›2
Wunderkerze 1047›2
Wunderkind 721›1
wunderlich 118›2; 1249›3; 1773›1
Wunderlichkeit 422›4
**wundern 1921**
**wundern, sich 1921**
wundernehmen 1921›2
wundersam 550
wunderschön 1407›1
Wundertüte 549
wundervoll 1407›1
Wunderwaffe 1855›1
Wunderwelt 1229
Wunsch 1167›1; 1757›2; 1858›1; 1940›3
Wunsch, frommer 877›3
Wunsch, nach 240
Wunschbild 871›3; 877›3
wünschen 215›1; 313›1
Wünschen 1757›1
wünschen haben, nichts zu 778›5
wünschen, etwas an den Hals 626
wünschen, Glück 89›6
wünschen, sich 1587›2
wünschen, ungeschehen 254
wünschen, zu 860›2
wünschen, zum Kuckuck 626
wünschen, zum Teufel 626
wünschenswert 56›1; 860›2; 1904
wunschgemäß 240; 501›2
wunschlos 82›2; 778›1; 1359›2
Wunschlosigkeit 1949
Wunschtraum 871›3; 877›3
Wunschvorstellung 877›3
Wunschzettel 1757›2
Wunschziel 871›3; 1940›3
wuppen 712›1; 1825
**Würde** 200›3; 417›1; 599›1; **1922**
würdelos 347; 1392›5
Würdelosigkeit 1393
würdevoll 542›1; 598›1; 1352›3; 1923›1
**würdig** 501›1; 772; **1923**
würdigen 275›2; 418›1; 1058›1; 1697›1
würdigen, keines Wortes 1404›5
würdigen, Verdienste 1058›2
Würdigkeit 1922›2
Würdigung 524›2; 984›1; 1057›2; 1696›1
Wurf 1041›1; 1253›2
würfeln 1482›5
Würfelspiel 780
Wurfsendung 1894›3
würgen 400›2
Wurm 933›1
wurmen 105›1; 1237›3
Wurmfortsatz 517›9
wurmig 1392›3
wurmstichig 263›1; 1392›3
Wurstel 1379›1
wurstig 769›4; 1537›5
Wurstigkeit 1642›2
Würze 107
Wurzel 791›1; 1291›2
Wurzel, bis in die 1295
Wurzel, mit der 1295
Wurzeln 843›1
wurzeln in 9›3
Wurzeln schlagen 1179›1
Wurzelstock 1516›1
wurzeltief 1295
**würzen 1924**
würzig 99›2; 108; 841›2
Würzigkeit 107
würzlos 571›1
Wuschelkopf 803›1
wuschig 1911›2
wuselig 1667›1
wuselnd 1824›3
Wust 1664›1; 1664›2
wüst 90›4; 1199›1; 1302›5; 1663›1; 1902›2
Wüste 1200›4
Wüstenei 1200›4
Wüstling 184
Wut 104›2; 546›2
Wutanfall 104›2; 142›2
Wutausbruch 142›2
Wutbürger 697›2
wüten 1371›2; 1386›2
wütend 320›1; 826›3; 1902›1
wutentbrannt 320›1
Wüterich 184; 1267›3
wütig 320›1
wutschnaubend 320›1
Wutz 1402

# X

# Y

# Z

Zacke 413›2; 763›1
zacken 1404›3
Zacken 255›2; 763›1; 1305›1
zackig 1638›2
zage 63›2; 1758›1
zagen 62›1; 1944
zaghaft 63›2; 1758›1
Zaghaftigkeit 61›4
**zäh** 143; 419; 976›2; **1925**
Zähe 611›1
zähflüssig 1925›2
Zähheit 611›1
Zähigkeit 611›4; 1497›2
Zahl 927›6; 1097›1; 1290›2; 1324›1
Zahl, größere 1097›5
Zahl, in großer 1821
Zahl, nach der 719›5
zahlbar 1202›4
zählebig 976›1
Zählebigkeit 1497›2
zahlen 302›1
**zählen** 199›2; **1926**
zählen auf 552›1; 1795›1
zahlen haben, zu 1421›1
Zahlen sein, in den roten 1421›1
zahlen, Gehalt 302›2
Zahlen, in 719›5
zahlen, in Raten 34
zählen, kann nicht bis drei 401›1
zahlen, kleckerweise 34
zahlen, Lehrgeld 512›2
zahlen, Lohn 302›2
zahlen, mit gleicher Münze 1746›1
zahlen, ratenweise 34
zahlen, Reparationen 494›2
zahlen, Teilzahlungen 34
zahlen, zu 1202›4
zahlenmäßig 719›5
Zählkandidat 1802›5
Zahlkellner 202›3
zahllos 1643›1; 1819›1
zahllose 1821
zahlreiche 1821
Zahlschalter 918›2
Zahlstelle 918›2
**Zahlung** 95›3; **1927**
Zahlungseinstellung 183
zahlungskräftig 1322›1
Zahlungsmittel 709›1
zahlungspflichtig 1422›1
Zahlungsschwierigkeit 1185›1
Zahlungstag 1569
zahlungsunfähig 531›2
Zahlungsunfähigkeit 183
Zahlwort 927›6
Zahlzeichen 927›6
zahm 326›3; 702; 801›1
zähmen 1947›2
Zähmer 1030›4
Zähmung 1946›2
Zahn, fauler 593
Zahn, für den hohlen 1890›1
Zahn, steiler 1409›3
Zahn, süßer 216›2
Zähne zeigen 396›3
zähnefletschend 1902›1
Zähneklappern 61›2
zähneklappernd 63›2; 911›2
Zähneknirschen 104›2
zähneknirschend 320›1; 1648›2
Zahnersatz 547›3
Zahnprothese 547›3
Zahnradbahn 576›4
Zähren 940›2
Zange 809›1
Zank 604; 1530›2
Zankapfel 1633›3
Zankeisen 269›2
zanken 1386›1; 1531›1
Zänker 1267›2
Zänkerei 1530›1
zänkisch 37›1
Zanksucht 827
zanksüchtig 37›1
Zankteufel 269›2
Zäpfchen 111›2
zapfen 1025›4
Zapfen 209›2; 1780›1
zappelig 545›1; 1667›1
Zappeligkeit 546›1
zappeln lassen 1237›5
Zappelphilipp 468›4; 1667›3
zappen 1880›1
zappenduster 405›1; 531›2
Zar 846
**zart** 408›2; 468›1; 1031›1; 1127›2; 1887›3; **1928**
zart besaitet 468›3
Zärtelei 469›2
Zartgefühl 465›3; 1956›2
zartgliedrig 1928›1
Zartheit 469›3; 605›1; 1105
zärtlich 1049›4
Zärtlichkeit 1050›3
Zärtlichkeit, ohne 911›3
Zärtling 468›4
zartsinnig 470
Zartsinnigkeit 471
Zaster 709›3
Zäsur 1674›1
**Zauber** 69; 1328›3; **1929**
Zauber, fauler 290
Zauberei 1929›3
Zauberer 1271
Zauberformel 1929›2
Zauberglaube 4
zauberhaft 70›1; 1407›1
Zauberkraft 1929›1
Zauberkunst 1929›1
Zauberkünstler 110›2
Zauberland 1229
zaubermächtig 405›4
Zaubermittel 1929›2
zaubern 273›1; 303›2
Zauberspruch 1929›2
Zauberstab 775›2
Zaubertier 1929›2
Zauberwesen 1929›3
zaudern 1431›2; 1816›1; 1944
Zaudern 1969›1
Zaudern, ohne 1659›2
zaudernd 1010›1; 1645›1
Zaun 1414
Zaungast 246›1
zausen 1389›1; 1939›2
Zebrastreifen 331›1
Zechbruder 1597
Zeche bezahlen 1364›4; 1763›2
zechen 1596›2
Zecher 723›3; 1597
Zecherei 708
Zechgelage 708
Zechinen 709›3
Zechpreller 292›2
Zechprellerei 290
Zecke 1397›2
zedieren 680›2
Zedierung 1814›1
Zehen, auf 1039
Zehenspitzen, auf 1842›1

Zehnt 1510▸2
zehntausend, die oberen 1196▸2
zehren 1237▸3; 1430; 1719▸3
zehren, von der Substanz 1517▸3
zehrend 1288▸1
**Zeichen** 857▸2; 927▸1; 927▸3; 1493▸2; **1930**
Zeichen, binäres 1930▸5
Zeichendeuter 1271
zeichenhaft 308▸2
Zeichenhaftigkeit 359▸2
Zeichensystem 1417▸2; 1489▸2; 1572
zeichnen 277▸3; 357▸1; 680▸2; 928▸3
Zeichnung 306▸2; 1131▸1
Zeigefinger, mit erhobenem 236▸2
**zeigen** 1▸1; 49▸1; 161▸3; 257; 305; 525▸1; 858; 1029▸2; 1203▸2; 1481▸2; 1482▸2; **1931**
zeigen, Flagge 1203▸3; 1725▸2; 1931▸3
zeigen, Interesse 243▸2
zeigen, kalte Schulter 30▸4; 1404▸5
zeigen, Luxus 1282▸1
zeigen, mit dem Finger 858
zeigen, neue Wege 666▸2
zeigen, Reaktion 1308
zeigen, rote Karte 993▸3
zeigen, Rückgrat 224▸2
**zeigen, sich** 357▸3; 617▸3; 812▸1; 943▸6; 954▸2; 1203▸2; **1931**
zeigen, sich erkenntlich 355▸1; 1746▸3
zeigen, sich interessiert 243▸2
zeigen, was eine Harke ist 410
zeigen, Wirkung 1308
zeigen, Zähne 396▸3
zeihen 941▸1; 1760; 1852
Zeile 1053▸1; 1324▸1
Zeilen 330
Zeilen, zwischen den 1119▸2
zeit 1861
**Zeit 1932**
Zeit lassen, sich 1351▸2; 1873▸1
Zeit lassen, sich keine 426▸2
Zeit nehmen, sich 1351▸2
Zeit von, in der 1861
Zeit zu Zeit, von 1849▸1
Zeit, auf 1849▸3
Zeit, auf kurze 1849▸1
Zeit, auf lange 1008▸3
Zeit, freie 522▸1
Zeit, für die nächste 1834
Zeit, goldene 777▸2
Zeit, höchste 1477▸2
Zeit, immer zur selben 1318▸1
Zeit, in absehbarer 178
Zeit, in letzter 1003
Zeit, in nächster 178; 1150▸3
Zeit, kommende 1951
Zeit, nach langer 1477▸3
Zeit, unsere 695▸1
Zeit, zu gleicher 773
Zeit, zu keiner 1660
Zeit, zu nachtschlafender 1477▸4
Zeit, zur 1285▸1
Zeit, zur rechten 1285▸1
Zeit, zur selben 773
Zeit, zur vereinbarten 1285▸1
Zeitablauf, nach dem 349
Zeitabschnitt 1932▸1
Zeitalter 1932▸1
Zeitalter, goldenes 1229
Zeitarbeiter 835▸2
zeitbedingt 203
Zeitbombe 687▸3
Zeitdauer 360▸1; 1932▸1
Zeiten, gewesene 1740
Zeiten, künftige 1951
Zeiten, vergangene 1740
Zeitenfolge 739▸2
Zeitenfolge, in der 349
Zeiterscheinung 1120▸1
Zeitfenster 1253▸3
Zeitfenster, enges 425▸1
zeitfremd 1703
zeitgebunden 1121▸2; 1741
Zeitgebundenheit 1742▸1
Zeitgeist 992▸2; 1120▸1; 1566▸1
zeitgemäß 696▸2; 1121▸2
Zeitgenosse sein 512▸1
zeitgenössisch 696▸2
Zeitgepräge 992▸2
Zeitgeschmack 1120▸1
zeitgleich 773
zeitig 662; 1285▸1
zeitigen 1706▸1
Zeitlauf 739▸2
Zeitläufe 739▸2
zeitlebens 879▸1
Zeitlichkeit 1742▸1
zeitlos 361▸1
Zeitlosigkeit 360▸3; 1644
Zeitlupe 1817▸2
Zeitlupe, in 1010▸1
Zeitmangel 425▸1
Zeitmaß 1084▸3
Zeitmesser 1932▸3
zeitnah 178; 696▸2
Zeitnot 425▸1
Zeitnot, in 399
Zeitplan 1253▸3
Zeitpunkt 1569; 1932▸1
Zeitpunkt, zu einem späteren 1478▸2
zeitraubend 1016▸3
Zeitraum 360▸1; 1932▸1
Zeitreisender 1327▸1
Zeitschrift 1266▸2
Zeitspanne 1932▸1
Zeitstil 992▸2; 1120▸1; 1513▸2
Zeitströmung 1120▸1
Zeitung 1266▸2
Zeitungsanzeige 96▸1
Zeitungsente 1555▸1
Zeitungsfritze 258▸1
Zeitungsmann 258▸1
Zeitungsschreiber 258▸1
Zeitungswesen 1266▸1
Zeitvergeudung 1672▸1
Zeitverlust 1817▸1
Zeitverschwendung 1672▸1
Zeitvertreib 1679▸2
zeitweilig 1741; 1849▸1
zeitweise 1849▸1
Zeitzeuge sein 512▸1
Zeitzeugenschaft 514▸1
Zelebration 599▸2
Zelle 949; 1557▸3
Zellen, graue 1785▸2
Zelluloid 616▸2
Zelot 873▸2; 916▸5
Zeltlager 1006▸1
Zeltstadt 1495▸4
Zement 209▸3
zementieren 208▸2
Zenit 763▸2; 1114▸4
zensieren 1279▸1; 1697▸1
Zensor 985▸1
Zensur 132▸1; 984▸3; 1696▸1; 1716▸1
zentimeterhoch 947▸3
Zentnerlast 1015▸1

zentral 1114‣5; 1896‣2
Zentrale 1043‣1; 1114‣3
Zentralheizung 833
zentralisieren 1356‣3
Zentralpunkt 1114‣6
zentriert 1114‣5
Zentrum 820; 842‣3; 1114‣2; 1495‣3
Zentrum, im 1114‣5
Zentrum, ins 719‣2
Zephir 1906‣1
Zeppelin 576‣7
zerbomben 1936‣5
zerbombt 263‣3
zerborsten 263‣3
zerbrechen 327‣1; 1936‣3; 1936‣4
zerbrechen an 1035‣4; 1378‣2
zerbrechen, sich den Kopf 369‣2; 1300‣2
zerbrechlich 408‣2; 468‣1; 1491‣2; 1928‣1
Zerbrechlichkeit 469‣3
zerbrochen 263‣3
zerbröckeln 1061‣7; 1745‣2; 1934
zerbröseln 1934
zerdrücken 583‣3; 1934; 1936‣8
zerdrücken, Träne 941‣3
Zeremonie 324‣3; 599‣2
zeremoniell 598‣3; 1208‣2
Zeremoniell 324‣3; 599‣2
zeremoniös 1208‣2
zerfahren 1634‣1; 1667‣1; 1911‣2
Zerfahrenheit 33‣2
Zerfall 594; 1937‣2
zerfallen 263‣3; 1061‣2; 1724‣2; 1745‣2
zerfallen, mit sich 1974
zerfallen, mit sich und der Welt 1177‣1
zerfallend 1127‣1
zerfasern 1933‣2
zerfasert 263‣1
Zerfaserung 1937‣2
zerfetzen 1936‣6
zerfetzt 263‣3
zerflattern 1745‣3
zerfleddern 1936‣6
zerfleddert 263‣3
zerfleischen 1936‣6
zerfließen 1061‣2
zerfließen lassen 151‣3
zerflossen 1157‣5; 1887‣4
zerfranst 263‣1
zerfressen 263‣3; 1936‣8
zerfurcht 584‣2
zergangen 1887‣4
zergehen 1061‣2
zergehen lassen, auf der Zunge 972‣2
zergehend, auf der Zunge 1127‣2
**zergliedern** 1558‣1; **1933**
Zergliederung 46
zergrübeln, sich 369‣2
zerhacken 1934; 1936‣8
zerhackt 1935
zerhauen 1558‣1; 1591‣4
**zerkleinern** 563‣4; 1404‣1; **1934**
**zerkleinert 1935**
zerklopfen 1934
zerklüftet 263‣3; 584‣2; 1199‣1; 1638‣1
zerknautscht 584‣3; 1145‣4
zerknicken 327‣1; 1934
zerknirscht 1337
Zerknirschtheit 1336
Zerknirschung 1336
zerknittern 583‣3
zerknittert 43‣2; 584‣3; 1112; 1145‣4
zerknüllen 583‣3
zerknüllt 1145‣4
zerkrachen 1257‣1
zerkratzen 262
zerkratzt 263‣1
zerkrümeln 327‣1; 1934
zerkrumpeln 583‣3
zerlassen 151‣3; 1061‣2
zerlaufen 1061‣2; 1887‣4
zerlegbar 299‣2
zerlegen 1404‣1; 1558‣1
zerlegen, in einzelne Schritte 1933‣1
Zerlegung 46; 1592‣3
zerlesen 263‣3; 1936‣6
zerlumpt 263‣1
zermahlen 1934
zermalmen 563‣4; 1934; 1936‣8
zermatscht 1935
zermürben 493; 536‣1
zermürbt 1125‣2
Zermürbung 537‣2
zernagen 1936‣8
zero 1175‣1
zerpflücken 1805‣2; 1934
zerplatzen 327‣1; 1257‣1
zerquält 1655‣1
zerquetschen 1934
zerquetscht 1935
zerraufen 1811‣1
zerreden 1933‣2
zerreiben 1719‣3; 1934
zerreißen 327‣1; 1805‣2; 1936‣6
zerreißen, in der Luft 1805‣2
zerreißen, sich die Mäuler 945‣1
Zerreißprobe 1280‣3; 1790‣3
zerren 1237‣3; 1527‣2; 1939‣1
zerren, an den Nerven 536‣1
zerrieben 1935
zerrinnen 1061‣2
zerrissen 263‣3; 1199‣1; 1655‣1
zerrissen, innerlich 1974
Zerrissenheit 1969‣1
zerronnen 1157‣5; 1883‣3
Zerrung 1920
zerrupfen 1805‣2; 1934
zerrütten 1936‣1
zerrüttet 531‣2
zersägen 1558‣1
zerschellen 327‣1; 1936‣4
zerschlagen 1125‣2; 1934; 1936‣3
zerschlagen, Porzellan 1364‣4
zerschlagen, sich 472‣2; 1257‣3; 1378‣1
zerschlissen 43‣3; 263‣1
zerschmeißen 1936‣3
zerschmettern 493; 1936‣3
zerschmettert 263‣3; 1177‣1
zerschneiden 1404‣1; 1558‣1; 1934
zerschneiden, Tischtuch 1591‣1
zerschnipseln 1558‣1
zerschrundet 1199‣1
zersetzen 1591‣2
zersetzen, sich 1724‣1; 1745‣2
Zersetzung 594; 1937‣2
zerspalten 1934; 1974
zerspellen 1936‣4
zersplittern 327‣1; 1558‣3; 1936‣4
zersplittert 263‣3; 454‣1
Zersplitterung 1592‣3
zerspringen 327‣1; 1257‣1
zersprungen 263‣3
zerstampfen 1934; 1936‣8
zerstäuben 614‣1
**zerstören 1936**

**zerstören, sich 1936**
Zerstörer 184
zerstörerisch 37▸1
zerstört 263▸3
**Zerstörung 1937**
Zerstörungswut 333
zerstoßen 263▸3; 1934; 1935
zerstreuen 74▸4; 1519▸1; 1677▸2; 1792▸3; 1799▸1
zerstreuen, sich 482▸2
zerstreuend 75▸2; 832▸2
zerstreut 1634▸1
Zerstreutheit 33▸2
Zerstreuung 76▸3; 1679▸2
zerstritten 603; 692▸1
zerstückeln 1404▸1; 1558▸1; 1936▸3
Zerstückelung 1592▸3; 1937▸2
zerteilen 1404▸1; 1558▸1; 1933▸2
Zerteilung 46; 1592▸3; 1937▸2
zerteppern 1936▸3
Zertifikat 1938▸1
zertifizieren 1279▸1
zertifiziert 250▸2
zertrennen 1591▸4
zertrümmern 1936▸3
zertrümmert 263▸3
Zertrümmerung 1937▸1
zerwühlen 1811▸1
Zerwürfnis 1530▸1
zerzausen 1811▸1
zerzaust 1145▸4
Zetergeschrei 731▸3; 940▸2
zetern 1386▸2
Zettel 1536▸7; 1894▸3
Zettel haben, auf dem 1254▸1
Zeug 5▸1; 946▸1
Zeug dazu 574
Zeug, dummes 1670▸1
Zeug, wertloses 5▸2; 937▸1
Zeuge 246▸1; 336
zeugen 557▸2; 1115▸2
Zeugen, ohne 831▸1
Zeugenaussage 1938▸2
Zeughaus 1006▸2; 1479▸2
**Zeugnis** 278▸1; **1938**
Zeugung 560▸1
zeugungsfähig 661
zeugungsunfähig 1649▸3
Zeus 782▸2
zicken 804▸3
zickig 762; 1491▸3
Zickzackkurs 1664▸1
Ziege, dumme 403▸4
Ziegenbart 185
**ziehen** 173▸1; 173▸2; 314▸1; 557▸5; 1399▸1; 1527▸2; 1867; **1939**
ziehen aus, Nutzen 244
ziehen aus, Vorteil 1191▸2
ziehen, alle Register 1892▸1
ziehen, an einem Strang 1960▸1
ziehen, an sich 1939▸1
ziehen, Arschkarte 1364▸4
ziehen, auf Flaschen 1947▸1
ziehen, aus dem Verkehr 506▸1
ziehen, aus der Nase 637▸2
ziehen, Blicke auf sich 97▸3; 1282▸2
ziehen, den Kürzeren 1364▸4
ziehen, eine Lehre 1789▸5
ziehen, Fazit 1394▸3
ziehen, Fell über die Ohren 291▸4
ziehen, Folgerung 1394▸3
ziehen, glatt 766▸2
ziehen, Hosen stramm 1389▸1
ziehen, Hut 799▸1
ziehen, in Betracht 191▸2; 369▸2
ziehen, in den Dreck 317▸2
ziehen, in den Schmutz 1760
ziehen, in die Breite 173▸5
ziehen, in die Höhe 173▸5
ziehen, in die Länge 144▸3; 173▸5
ziehen, in Frage 369▸2
ziehen, in Mitleidenschaft 262; 1364▸5
ziehen, in Zweifel 1971
ziehen, ins Feld 915▸5
ziehen, ins Lächerliche 1487▸3
ziehen, Karre aus dem Dreck 834▸4
ziehen, Kopf aus der Schlinge 489▸4
ziehen, Kreise 144▸4
ziehen, lang 1527▸2
ziehen, Lehre 1044▸4
ziehen, Leine 482▸1
ziehen, Los 496▸1; 1482▸5
ziehen, nach sich 629▸2; 1706▸1
ziehen, Nutzen 1191▸2
ziehen, Parallelen 1750▸1
ziehen, Schluss 1394▸3
ziehen, Schlüsse 369▸2
ziehen, Schlussstrich 472▸1; 1591▸1
ziehen, über den Tisch 291▸1
ziehen, Vergleich 1750▸1
ziehen, vom Leder 626; 1386▸1
ziehen, zu Felde 915▸3
ziehen, zu Rate 243▸1; 244
ziehen, zur Rechenschaft 941▸1; 1507▸2
ziehend 1288▸1
Ziehkind 1427
Ziehmutter 1135▸1
Ziehvater 1700▸1
**Ziel** 871▸1; 1253▸1; **1940**
zielbewusst 476; 1255▸1; 1925▸1
**zielen** 1511▸2; **1941**
Zielfernrohr 764▸4
zielführend 1192▸1; 1463▸3
zielgenau 719▸2
ziellos 1663▸2
Ziellosigkeit 1664▸1
Zielort 1940▸2
Zielpunkt 1940▸4
Zielscheibe 1940▸4
Zielsetzung 1253▸1; 1940▸1
zielsicher 476
zielstrebig 143; 476
Zielstrebigkeit 611▸3
ziemen, sich 87▸2
**ziemlich** 85▸1; 1086▸2; 1331; **1942**
ziepen 1399▸1; 1460▸3; 1939▸2
Ziepen 731▸5
Zier 1286▸2
Zierband 1286▸6
Zierbengel 1541
Zierde 1286▸2
zieren 1287▸1
zieren, sich 804▸3; 1366▸1
zierend 1400
Ziergarten 677
zierlich 70▸2; 408▸2
Zierlichkeit 69
Ziernadel 1286▸5
Zierrat 971▸2; 1286▸2
Zierstück 971▸1
ziervoll 1400
Zierwerk 1286▸2
Ziffer 927▸6
Zifferblatt 749▸1
Ziffern, in 719▸5
ziffernmäßig 719▸5
Zigarre 1380▸1
Zigarre erteilen 1550▸2

Zigeuner 1327 ▸ 2
zilch 1175 ▸ 1
Zimmer 1304 ▸ 1
Zimmerflucht 1916 ▸ 2
Zimmerkellner 202 ▸ 3
Zimmermädchen 202 ▸ 3; 823 ▸ 2
zimmern 101 ▸ 4
Zimmernachbar 1138 ▸ 2
zimperlich 468 ▸ 2; 1491 ▸ 3
Zimperlichkeit 1533 ▸ 3
zinken 291 ▸ 1
Zinken 763 ▸ 1; 1156
Zinker 246 ▸ 2
Zinne 763 ▸ 1
Zinne, auf 320 ▸ 2
Zinnober 1670 ▸ 1
Zins 1727 ▸ 2
Zinsen 1333 ▸ 1
Zip-Diskette 1479 ▸ 4
Zipfel 775 ▸ 2; 1335 ▸ 5; 1536 ▸ 2
zipfelig 1638 ▸ 4
Zipperlein 979 ▸ 1; 1036 ▸ 1
Zirkel 714 ▸ 3; 797 ▸ 1; 1341 ▸ 1
zirkeln 1474 ▸ 3
Zirkelschluss 597 ▸ 3; 899 ▸ 1
Zirkular 256 ▸ 2
Zirkulation 1319 ▸ 1
zirkulieren 393 ▸ 1
Zirkus 289 ▸ 4
Zirkuskünstler 110 ▸ 1
zirpen 1460 ▸ 3
Zirpen 731 ▸ 2
zischeln 627
Zischeln 731 ▸ 2; 734 ▸ 1
zischen 627; 1371 ▸ 1; 1386 ▸ 2; 1581 ▸ 2; 1581 ▸ 3; 1805 ▸ 2
Zischen 731 ▸ 2
zischend 320 ▸ 1
ziselieren 786
ziseliert 1620 ▸ 5
Zitadelle 209 ▸ 4
Zitat 1251 ▸ 1
Zitat, als 1488 ▸ 3
zitieren 71 ▸ 1; 279 ▸ 3; 1169 ▸ 2; 1848 ▸ 1
zitterig 63 ▸ 2
**zittern** 62 ▸ 1; **1943**
Zittern 61 ▸ 2
zittern um 62 ▸ 2
zittern wie Espenlaub 62 ▸ 1
zittern, vor Kälte 656 ▸ 1
zitternd 63 ▸ 2; 545 ▸ 1; 911 ▸ 2
Zitterpartie 687 ▸ 4; 951 ▸ 2; 1857
zittrig 43 ▸ 2; 63 ▸ 2; 1428 ▸ 1
zivil 310 ▸ 2; 339 ▸ 1; 367
Zivilcourage 1133
Zivilisation 992 ▸ 1
Zivilisationsflüchtling 159 ▸ 4
zivilisiert 991 ▸ 2
Zivilist 338 ▸ 1
zockeln 700 ▸ 2
zocken 1482 ▸ 5
Zocker 2
Zoff 1530 ▸ 1
zögerlich 1842 ▸ 3
**zögern** 1431 ▸ 2; 1438 ▸ 2; 1816 ▸ 1; 1873 ▸ 1; **1944**
Zögern 1969 ▸ 1
Zögern, ohne 86; 1659 ▸ 2
zögernd 1010 ▸ 1; 1645 ▸ 1
Zoiglstube 678 ▸ 1
Zölibat 932
zölibatär 931
Zoll 7; 1214 ▸ 1; 1510 ▸ 2
zollen 302 ▸ 1; 680 ▸ 3; 1730 ▸ 1
zollen, Dank 355 ▸ 1
zollfrei 1630 ▸ 1
Zollgrenze 787 ▸ 1
zollhoch 947 ▸ 1
Zombie 704 ▸ 4
Zone 682 ▸ 2
**Zoo 1945**
Zoom 306 ▸ 3
zoomen 1152 ▸ 5
Zopf, alter 324 ▸ 2
Zores 104 ▸ 3
Zorn 104 ▸ 2; 546 ▸ 2
Zornausbruch 142 ▸ 2; 1380 ▸ 1
zornentbrannt 320 ▸ 1
zornig 320 ▸ 1; 1902 ▸ 1
zornig machen 105 ▸ 1
zornig werden 105 ▸ 2
zornmütig 826 ▸ 3
Zornmütigkeit 827
Zornnickel 184; 1267 ▸ 3
Zorro 835 ▸ 1
Zote 659 ▸ 3
zotig 90 ▸ 4
Zotigkeit 659 ▸ 3
zottelig 1302 ▸ 2
zotteln 700 ▸ 2
Zotteln 803 ▸ 1
zottig 1302 ▸ 2
zu 68 ▸ 1; 248 ▸ 1; 288; 378 ▸ 1; 501 ▸ 4; 742 ▸ 1; 1824 ▸ 5
zu früh 1853 ▸ 1
zu haben 642 ▸ 4
zu Hause sein 1913
zu Kreuze kriechen 701 ▸ 2
zu tun haben mit 287
zu tun sein um 215 ▸ 1
zu viel 1620 ▸ 1; 1623 ▸ 1
zu viel sein 6 ▸ 2
zu Willen 702
zuallererst 52 ▸ 1
zuarbeiten 834 ▸ 2
zuballern 1394 ▸ 1; 1622 ▸ 1
Zubehör 517 ▸ 3; 1286 ▸ 2
zubereiten 1831 ▸ 6
zubereiten, Essen 952 ▸ 3
zubereitet 608 ▸ 4
Zubereitung 1832 ▸ 1
zubestimmt 1385
zubilligen 528 ▸ 1; 1792 ▸ 1; 1964 ▸ 1
zubinden 1228 ▸ 2; 1394 ▸ 2
zubringen 1019 ▸ 2
Zubringer 517 ▸ 8; 576 ▸ 4
Zubringerstraße 1524
zubuttern 1024; 1763 ▸ 2
**Zucht** 84 ▸ 2; 562 ▸ 1; **1946**
**züchten** 557 ▸ 5; **1947**
Zuchthaus 689 ▸ 2
züchtig 85 ▸ 1; 931
Züchtiger 1030 ▸ 4
Züchtigkeit 932
Zuchtmeister 1030 ▸ 4
Züchtung 1946 ▸ 1
Zuchtwahl 1946 ▸ 1
zuckeln 700 ▸ 2
zucken 62 ▸ 1; 328 ▸ 1; 1943 ▸ 1
zücken 1939 ▸ 3
zucken, Achseln 770; 1109 ▸ 2; 1931 ▸ 1
zuckend 1667 ▸ 2
zuckern 1924 ▸ 1
Zuckerpuppe 1409 ▸ 3
zuckersüß 580 ▸ 4
Zudecke 867 ▸ 9
zudecken 198; 1426 ▸ 1; 1710 ▸ 1; 1751 ▸ 1
zudem 116 ▸ 3
zudiktieren 71 ▸ 1
zudrehen 22 ▸ 2; 1394 ▸ 2
zudringlich 1016 ▸ 3
Zudringlichkeit 1454
zudrücken 1394 ▸ 2
zudrücken, Auge 498 ▸ 4; 1046 ▸ 3; 1231 ▸ 3; 1408 ▸ 3
zueignen 680 ▸ 3

Zueignung 674▸3
zueinander finden 1152▸4; 1713▸1
zueinander halten 1960▸1
zuerkennen 528▸1; 1792▸1
Zuerkennung 1793
zuerst 52▸1; 1837▸1
Zufahrt 517▸8; 1210▸2
Zufahrtstraße 517▸8
Zufall 1384▸2
Zufall, durch einen glücklichen 778▸4
Zufall, per 1948▸1
zufallen 234▸1; 511; 758▸2; 1394▸5
**zufällig** 240; 794; 1905▸1; **1948**
Zufallsspiel 780
zufassen 834▸1; 1228▸3
zufliegen 234▸1; 954▸2; 959▸3
zufließen 234▸1; 516▸7; 1589▸5
Zuflucht 1425▸4
Zufluss 517▸5
zuflüstern 627; 945▸1
zufrieden 82▸2; 778▸1; 832▸1; 1359▸2
zufrieden sein 726▸2
zufrieden sein, nicht 194
zufrieden, sehr 801▸2
zufriedengeben, sich 726▸2; 1474▸4; 1815▸1
zufriedengestellt 82▸2; 1359▸2
**Zufriedenheit** 647▸2; **1949**
Zufriedenheit, zur 725
zufriedenstellen 212▸1
zufriedenstellend 501▸2; 725; 1312▸1
zufriedenstellend, nicht 1651▸1
zufriedenzustellen, leicht 82▸1
zufrieren 656▸2
zufügen 516▸1
zufügen, Arges 1364▸1
zufügen, Böses 1364▸1
zufügen, Leid 1237▸2; 1364▸2
zufügen, Schaden 1364▸1
Zufuhr 517▸7
zuführen 516▸7; 1383▸3
zuführen, Daten 673▸3
zuführen, sich 563▸1
Zuführung 517▸5
Zug 422▸2; 440▸2; 576▸4; 927▸1; 1167▸2; 1324▸3; 1534▸2; 1566▸1; 1906▸1
Zug der Zeit 1120▸1
Zug, schöner 1854▸2
Zugabe 517▸3
Zugang 125▸4; 517▸7; 1210▸1; 1262▸2
zugänglich 464▸1; 745▸1; 1202▸1
zugänglich machen 544▸3
zugänglich, allen 1206▸1
zugänglich, frei 642▸7
zugänglich, jedermann 1206▸1
zugänglich, keinen Bitten 817▸2
zugänglich, schwer 1437▸2; 1955▸1
zugänglich, Vernunftgründen 1768▸1
Zugänglichkeit 465▸2; 1207▸2
Zugangsberechtigung 125▸4
Zugbrücke 331▸1
Züge 749▸1
zugeben 516▸1; 528▸1; 1107▸2; 1203▸3; 1507▸4
zugedröhnt 248▸2
zugefallen 1630▸1
zugegeben 39
zugegen 696▸3
zugegen sein 1560▸2
zugegen sein, nicht 596▸1
Zugegensein 695▸2
zugehen 519▸1
zugehen lassen 1383▸3
zugehen, auf jmdn. 1152▸1
zugehen, nicht mit rechten Dingen 1629▸3
Zugehfrau 823▸2
zugehören 804▸1
zugehörig 450; 1723▸1
Zugehörigkeit, ethnische 843▸2
zugeknöpft 31▸1; 1435▸1; 1955▸1
Zugeknöpftheit 1956▸3
Zügel 1967▸1
Zügel in der Hand haben 845▸1
zugelassen 748▸4
zügellos 90▸2; 1088▸2; 1902▸1
Zügellosigkeit 1615▸2
zügeln 854▸1
zügeln, sich 226
Zügelung 1087▸2
Zügen, in groben 1194▸3
Zügen, in vollen 676▸3
zugeschaltet 1659▸5
zugeschnitten auf 501▸2
zugesellen, sich 218▸1; 629▸1; 1713▸1
zugesperrt 742▸1
zugespitzt 687▸1; 1140▸1; 1295; 1368▸3
zugestanden 250▸1
Zugeständnis 487▸1; 529▸1; 1732▸1
Zugeständnisse machen 1731
zugestehen 528▸1; 1964▸1
zugetan 1049▸2; 1762
zugetan sein 1051▸1
Zugetanheit 1050▸1
Zugewinn 1190▸2
Zugführer 668▸3
zugießen 516▸1
zugig 1065▸1
zügig 765▸5; 1405▸1
Zügigkeit 425▸2
Zugkraft 975▸2
zugkräftig 1909▸2
zugleich 773; 1861
Zugluft 1906▸1
Zugmittel 953▸1
Zugnummer 763▸5; 1074
Zugpferd 1074
zugreifen 585▸2; 921▸2; 1163▸1; 1228▸3
Zugriff 125▸4; 689▸1; 1089
Zugriffsmöglichkeit 125▸4
zugrunde gehen 1508▸3; 1724▸3; 1936▸11
zugrunde liegen 1829
Zugstück 763▸5; 953▸2; 1074
zugutehalten 498▸4; 1746▸3
zugutekommen 1191▸1
Zugvogel 1327▸1
Zugwind 1906▸1
zuhaken 1394▸2
zuhalten 1394▸1
**Zuhälter 1950**
zuhanden 1835▸1
zuhängen 198
zuhängen, Fenster 1394▸4
zuhauf 1819▸1
Zuhause 821▸2; 830▸1; 842▸2
zuhinterst 474▸3
zuhören 127▸1; 245▸1; 865▸2
zuhören, mit halbem Ohr 1587▸3
zuhören, nicht 1404▸5
Zuhörer 246▸1; 282▸3; 1562▸1
Zuhörerschaft 282▸4; 1562▸1
zuinnerst 885▸3
zujubeln 418▸1; 945▸2

zuklappen 1394›1
zukleben 1394›2
zuknallen 1394›1
zuknöpfen 1394›2
zukommen 87›2; 511; 758›2; 1726›2
zukommen auf 396›4; 1152›1
zukommen lassen 680›2
zukommen, auf jmdn. 954›1; 1152›1
zukommend 501›1
**Zukunft 1951**
Zukunft, in 1478›2
Zukunft, in naher 178
zukünftig 1478›2; 1478›3
zukunftsfreudig 778›2
Zukunftsglaube 553›3; 1217
zukunftsgläubig 1219
Zukunftsgläubiger 873›2; 1218
Zukunftsmusik 877›3
zukunftsträchtig 800›1
Zukunftstraum 877›3
Zukunftsträumer 873›2
**Zulage** 517›3; 1506›1; **1952**
zulänglich 725
Zulass 125›4; 1210›2
zulassen 126›2; 528›1; 528›2; 535›1
zulassen, keinen Zweifel 1622›3
zulässig 250›1; 748›4
Zulassung 125›2; 529›2
Zulassungsarbeit 8›2
Zulauf 515›3; 517›5
zulaufen 64›4; 234›1; 516›7; 954›2
zulaufen auf 1152›1
zulaufen, spitz 12›3
zulegen 516›2; 1505›2; 1711›3; 1763›2
zulegen, Schritt 426›2
zulegen, sich 921›1
zulegen, Zahn 389›3
zuleiten 516›7; 1383›3
Zuleitung 517›5; 517›8; 1043›3; 1586›1
zuletzt 474›1
zum 68›1
zumachen 121›1; 390; 1394›1
zumal 1197
zumeist 1096
zumessen 1558›2; 1792›1
zumindest 1890›3
zumüllen 1804
zumutbar 310›2; 1123›1
zumute 573›2
zumute sein 210›2; 665›2
zumuten 193›1; 235›2
zumuten, sich zu viel 536›2
zunächst 52›1; 1834; 1849›3
Zunahme 145›1; 508›1; 1506›3
Zuname 927›4
zünden 88›3; 1907›2
zündend 1909›2
Zunder 475›1
Zündsatz 1855›1
Zündstoff 397›2; 840›2
Zündung 142›1
zunehmen 144›2; 1505›3
**zunehmend 1953**
Zuneigung 802; 1050›1
Zunft 1222›2
zunftgemäß 569›1
zunftgerecht 569›1; 814›1
zünftig 569›1; 996
Zunge 743›2; 1489›1
Zunge, böse 894›1; 1432
Zunge, feine 723›2
Zunge, mit spitzer 1488›1
Zunge, scharfe 321›1
Zunge, spitze 31›2
züngeln 328›1
Zungendrescher 1432
Zungendrescherei 1205›2
zungenfertig 251›1
Zungenfertigkeit 1489›3
Zünglein an der Waage 820
zunichtemachen 854›3; 1378›1; 1936›1
zunichtemachen, Hoffnung 504
zunicken 799›1; 1931›1
zunutze machen, sich 244; 1191›2
zuoberst 859›4
zuordnen 1221›2
Zuordnung 776
zupacken 585›2; 1228›3
zupackend 476
zupass 56›1; 800›1
zupasskommen 688›1; 1589›7
zupfen 543; 1939›2
zuprosten 89›6
zur Welt bringen, Baby 679›1
zur Welt bringen, Kind 679›1
zurande kommen 712›1
zuraten 206; 1300›1
zurecht 1285›1
zurechtbiegen 943›1
zurechtfinden, sich 1789›4
zurechtformen 753
zurechtkommen 1474›4
zurechtlegen 1221›1; 1831›1
zurechtlegen, sich 369›2; 960›2
zurechtmachen 1831›1
zurechtmachen, sich 1244›5
zurechtrücken 943›1; 1221›1
zurechtsetzen 1221›1
zurechtstauchen 1076›3
zurechtstellen 1831›1
zurechtstoßen 1076›3
zurechtstutzen 753; 1002›1
zurechtweisen 1076›3; 1550›2
Zurechtweisung 1380›2; 1872
zureden 206; 538›1; 1076›1; 1601›1
Zureden 1077›1
zureden, gut 259›1; 538›1
zureichen 680›1; 726›1
zureichend 725
zureiten 1947›2
zurichten 196›2
zurichten, bös 262
zuriegeln 1394›1
**zürnen 1954**
zürnend 320›1
zurück 1347
zurückbehalten 122›3; 439›2; 1002›2
zurückbleiben 1144›4; 1517›3; 1775›3; 1775›4; 1816›3
zurückbleibend 1623›1
zurückblenden 1725›3
zurückblicken 523›1
zurückbringen 494›1
zurückdenken 523›1
zurückdrängen 1729›1
zurückerhalten 494›3
zurückerlangen 494›3
zurückerstatten 34
zurückfahren 62›1; 393›6; 1002›2
zurückfallen 21›3; 1775›4
zurückfallen, auf einen selbst 898›5
zurückführen auf 1394›3
zurückgeben 30›2; 302›4; 494›1; 554›2; 1308

zurückgehen 393▸6; 720▸2; 1144▸1
zurückgehend 13
zurückgenommen 1955▸2
zurückgesetzt werden 1364▸4
zurückgestuft werden 21▸3
zurückgezogen 447▸2
Zurückgezogenheit 448▸1
zurückgreifen auf 834▸6; 1725▸3
zurückhalten 122▸3; 808▸2; 854▸1; 1675▸3
zurückhalten, nichts 1203▸3
zurückhalten, sich 226
**zurückhaltend** 31▸1; 1352▸3; 1435▸1; 1491▸3; **1955**
**Zurückhaltung** 1084▸1; 1087▸1; **1956**
zurückkehren 393▸6
zurückkommen auf 1725▸3; 1900▸3
zurückkommen, nicht vor- noch 1818▸2
zurücklassen 1389▸3; 1623▸3
zurücklegen 1334; 1474▸1
zurücklegen, Weg 700▸1
zurückliegend 1739
zurücknehmen 121▸2; 1046▸2
zurückpfeifen 854▸2
zurückprallen 62▸1; 595▸1
zurückrudern 1815▸1
zurückrufen 554▸1
zurückrufen, sich 523▸1
zurückschaudern 62▸1; 459▸1
zurückschauen 523▸1
zurückschicken 30▸2
zurückschlagen 1308
zurückschneiden 1002▸1
zurückschnellen 595▸1
zurückschrauben 1002▸3
zurückschrecken 62▸1; 459▸1; 622▸2; 854▸1
zurückschreckend, vor nichts 1134▸2
zurückschreiben 554▸1
zurücksehnen, sich 215▸2
zurücksetzen 393▸6; 1109▸1; 1144▸5; 1364▸1
Zurücksetzung 1110; 1363▸2
zurückspielen, Ball 554▸2
zurückspringen 595▸1
zurückstecken 1815▸1
zurückstecken, Pflöcke 1474▸4
zurückstehen 1815▸1
zurückstellen 1334; 1816▸1
zurückstoßen 30▸1; 393▸6
zurücktreten 170▸1; 482▸1; 993▸1
zurückversetzen, sich 523▸1
zurückweichen 170▸1; 482▸1; 622▸2
zurückweisen 30▸1; 554▸2; 1046▸1
Zurückweisung 32▸1
zurückwerfen 1481▸2
zurückzahlen 494▸1
zurückziehen 121▸2; 1046▸2
zurückziehen, sich 17▸2; 327▸2; 482▸1; 482▸5; 1351▸1
Zuruf 1077▸3; 1348▸2
zurufen 1349▸1
zurüsten 1831▸1
Zurüstung 1832▸1
zurzeit 696▸1; 1834
Zusage 529▸1; 1783▸1
zusagen 500▸2; 554▸1; 688▸1; 1782▸2
zusagen, auf den Kopf 1507▸2; 1616▸2
zusagend 56▸1
**zusammen 1957**
zusammen, alles 676▸3
**Zusammenarbeit 1958**
zusammenarbeiten 286; 1713▸3
zusammenballen 583▸3
zusammenballen, sich 396▸4; 548▸3
Zusammenbau 961▸1
zusammenbauen 960▸1; 1713▸2
zusammenbeißen, Zähne 226; 1675▸3
zusammenbinden 311▸4; 1228▸2
zusammenbrauen 1107▸1
zusammenbrauen, sich 396▸4
**zusammenbrechen** 472▸2; 1745▸2; 1936▸11; **1959**
zusammenbringen 273▸1; 1356▸1; 1474▸1; 1713▸2; 1843▸1
Zusammenbruch 183; 537▸2; 1178▸1; 1937▸1
zusammendrängen 389▸1
zusammendrücken 400▸2
zusammenfahren 62▸1; 1943▸1
Zusammenfall 1612▸2
zusammenfallen 1599▸6; 1610▸1
zusammenfallen, in sich 1959▸1
zusammenfallend 773; 1611▸1
zusammenfalten 583▸1; 1550▸2
zusammenfassen 1221▸2; 1356▸3; 1394▸3
zusammenfassend 474▸1
Zusammenfassung 1395▸2; 1608▸1
zusammenfinden, sich 1152▸4
zusammenflechten 1713▸2
zusammenfließen 1589▸5
Zusammenfluss 1590▸3
zusammenfügen 311▸4; 960▸1; 1713▸2
zusammenführen 1356▸3; 1713▸2
zusammengedrängt 477▸1
zusammengefallen 43▸2
zusammengefasst 1000▸3
zusammengehen 1599▸6; 1610▸1
zusammengehören 1960▸1
zusammengehörig 501▸1; 1723▸1
Zusammengehörigkeit 440▸1; 652▸2; 1714▸1
zusammengelegt 728▸1
zusammengepfercht 477▸1
zusammengepresst 378▸2; 477▸1
zusammengeschlossen 1723▸2
zusammengeschrumpft 43▸2; 1598▸1
zusammengesetzt 1723▸3
zusammengestellt 147▸3
zusammengewürfelt 1779▸2
zusammengezogen 378▸2; 1723▸2
zusammengießen 1107▸1
Zusammenhalt 442
**zusammenhalten** 1474▸3; **1960**
zusammenhalten, Gedanken 1356▸5
Zusammenhang 962▸1; 1296▸3; 1549▸1; 1714▸1
Zusammenhang mit, im 48
Zusammenhang mit, in 1885
Zusammenhänge 1005▸3
zusammenhängen mit 9▸4; 287
zusammenhängend 1223▸2; 1723▸3
zusammenhanglos 1911▸4
zusammenhauen 1247
zusammenketten 1713▸2
Zusammenklang 815▸1
zusammenklappen 583▸1; 1959▸1
zusammenkleben 1713▸2

zusammenklingen 1789 ▸ 6
zusammenknäueln 389 ▸ 1
zusammenknoten 208 ▸ 1
zusammenknüllen 583 ▸ 3
zusammenkommen 1589 ▸ 1
zusammenkoppeln 1713 ▸ 2
zusammenkrachen 1378 ▸ 1; 1745 ▸ 2; 1936 ▸ 11
zusammenkratzen 273 ▸ 1; 1356 ▸ 2
Zusammenkunft 1590 ▸ 1
zusammenläppern, sich 1505 ▸ 3
zusammenlaufen 1589 ▸ 5
zusammenlaufen, Wasser im Mund 215 ▸ 2
zusammenleben 1960 ▸ 2
Zusammenleben 714 ▸ 1
zusammenlegen 583 ▸ 1; 1713 ▸ 2
zusammenlesen 1356 ▸ 1
zusammennehmen, sich 226; 1675 ▸ 3
zusammenpacken 472 ▸ 1; 481 ▸ 2; 1228 ▸ 2
zusammenpassen 516 ▸ 4; 1610 ▸ 1; 1789 ▸ 6
zusammenpassend 816 ▸ 2
zusammenpferchen 389 ▸ 1
Zusammenprall 1530 ▸ 2; 1646
zusammenprallen 1523; 1531 ▸ 2; 1589 ▸ 2
zusammenpressen 389 ▸ 1; 400 ▸ 2
zusammenquetschen 400 ▸ 2
zusammenraffen 1356 ▸ 2; 1474 ▸ 1
zusammenraffen, sich 496 ▸ 2
zusammenraufen, sich 760 ▸ 1; 1731
zusammenrechnen 1926 ▸ 1
zusammenreimen 1789 ▸ 2
zusammenreißen, sich 226; 496 ▸ 2
zusammenrollen 393 ▸ 2
zusammenrücken 1152 ▸ 4
zusammenrufen 1349 ▸ 2
zusammensacken 1959 ▸ 1
zusammenscharren 1356 ▸ 2; 1474 ▸ 1
Zusammenschau 1608 ▸ 1
zusammenscheißen 1550 ▸ 2
zusammenschießen 1583 ▸ 1
zusammenschlagen 583 ▸ 1; 1389 ▸ 2; 1936 ▸ 3
zusammenschlagen, Hände über dem Kopf 1921 ▸ 1
zusammenschleppen 1356 ▸ 2
zusammenschließen, sich 1224 ▸ 3; 1713 ▸ 3
Zusammenschluss 300 ▸ 5; 714 ▸ 1; 1714 ▸ 6
zusammenschmieden 1713 ▸ 2; 1975 ▸ 3
zusammenschnüren 400 ▸ 2; 1228 ▸ 2
zusammenschrumpfen 1599 ▸ 6
zusammenschustern 1247
zusammenschütten 1735 ▸ 2
zusammensetzen 960 ▸ 1; 1713 ▸ 2
zusammensetzen, sich 275 ▸ 3
zusammensetzen, sich aus 490
Zusammensetzung 961 ▸ 1; 1535; 1714 ▸ 1
Zusammenspiel 815 ▸ 1
zusammenspinnen 960 ▸ 2
zusammenstauchen 1550 ▸ 2
zusammenstehen 1960 ▸ 1
zusammenstellen 1221 ▸ 2
Zusammenstellung 169 ▸ 2; 776; 1813 ▸ 1
zusammenstimmen 969 ▸ 2; 1610 ▸ 1; 1789 ▸ 6
zusammenstimmend 816 ▸ 1
zusammenstoppeln 1247
Zusammenstoß 1530 ▸ 2; 1646
zusammenstoßen 1523; 1531 ▸ 2; 1589 ▸ 2
zusammenstreichen 1002 ▸ 3
zusammenströmen 1589 ▸ 5
zusammenstückeln 516 ▸ 8
Zusammensturz 1937 ▸ 1
zusammenstürzen 1745 ▸ 2
zusammentragen 1356 ▸ 1
zusammentreffen 1404 ▸ 6; 1589 ▸ 1; 1610 ▸ 1
Zusammentreffen 1612 ▸ 2
Zusammentreffen von Umständen 1384 ▸ 2
zusammentreten 1589 ▸ 1
Zusammentritt 1590 ▸ 2
zusammentrommeln 1349 ▸ 2
zusammentun, sich 1713 ▸ 3
zusammenwachsen 72 ▸ 2; 1713 ▸ 1
zusammenwerfen 1713 ▸ 2; 1735 ▸ 2
zusammenwinden 311 ▸ 4
zusammenwirken 1713 ▸ 3
Zusammenwirken 714 ▸ 1
zusammenwirkend 1223 ▸ 2
zusammenwohnen 1960 ▸ 2
zusammenzählen 1926 ▸ 1
zusammenziehen 583 ▸ 3; 1356 ▸ 3; 1960 ▸ 2
zusammenziehen, sich 396 ▸ 4
zusammenziehend 841 ▸ 1
zusammenzucken 62 ▸ 1
zusammenzwingen 400 ▸ 2; 1975 ▸ 3
Zusatz 517 ▸ 2; 1108 ▸ 2
zusätzlich 116 ▸ 3
Zusatzverdienst 517 ▸ 3
zusaufen, sich 283 ▸ 3
zuschalten 1713 ▸ 2
zuschanden 531 ▸ 2
zuschanden machen 854 ▸ 3; 1936 ▸ 1
zuschanden werden 1378 ▸ 1; 1936 ▸ 11
zuschanzen 273 ▸ 1
zuschauen 245 ▸ 1
Zuschauer 246 ▸ 1; 258 ▸ 2; 282 ▸ 3; 1562 ▸ 1
Zuschauerumfrage 1627
zuschicken 1383 ▸ 3
zuschieben 273 ▸ 1; 680 ▸ 1
zuschießen 834 ▸ 3
Zuschlag 529 ▸ 1; 1506 ▸ 1; 1952
zuschlagen 921 ▸ 2; 1394 ▸ 1; 1394 ▸ 5
zuschließen 1394 ▸ 1
zuschnallen 208 ▸ 1
zuschnappen 1394 ▸ 5
Zuschnitt 630 ▸ 4
zuschnüren 1228 ▸ 2
zuschnüren, Kehle 400 ▸ 2
zuschrauben 1394 ▸ 2
zuschreiben 1617 ▸ 1; 1767 ▸ 1
Zuschrift 330
Zuschuss 517 ▸ 3; 851 ▸ 1
zuschütten 1751 ▸ 1
zusehen 245 ▸ 1
zusehends 1494
zuseiten 1150 ▸ 1
zusenden 1383 ▸ 3
zusetzen 196 ▸ 5; 206; 313 ▸ 1; 389 ▸ 4; 1076 ▸ 1; 1107 ▸ 2; 1237 ▸ 1; 1399 ▸ 1; 1763 ▸ 2; 1975 ▸ 2
zusichern 1457 ▸ 2; 1782 ▸ 2
Zusicherung 1783 ▸ 1
zusperren 1394 ▸ 1

zuspielen 273›1; 1482›9
zuspielen, sich die Trümpfe 291›2
zuspitzen, sich 12›3; 1369›2; 1505›1
Zuspitzung 983›1; 1506›5
zusprechen 538›1; 722; 1558›2; 1792›1
zusprechen, Mut 1601›1
zuspringen 438; 834›1
Zuspruch 278›5; 467; 515›3; 1142; 1499›2; 1600
**Zustand** 109›1; **1961**
Zustand, augenblicklicher 1005›2
Zustand, guter 755
Zustand, natürlicher 1159›1
zustande bringen 1907›1
zustande kommen 503›4
**zuständig 1962**
**Zuständigkeit 1963**
Zuständigkeitsbereich 120; 434›3
zustattenkommen 1191›1
zustecken 680›2
zustehen 87›2; 1726›2
zustehend 501›1
zusteigen 453›1
zustellen 1383›3; 1383›4; 1613
Zusteller 1609›1
Zustellung 95›3; 1586›1
zusterben 511
zusteuern 834›3
zusteuern auf 1941›2
**zustimmen** 277›2; 491›2; 528›1; **1964**
**zustimmend 1965**
Zustimmung 278›5; 411›2; 529›1; 1057›1; 1445›3
zustopfen 540›2; 1394›2
zustöpseln 1394›2
zustoßen 214›2; 512›2
zustoßen, etwas 1508›4
Zustrom 515›3; 517›5
zuströmen 64›4; 516›7
zustutzen 753
zutage treten 954›1; 1203›2; 1931›6
Zutat 1286›2
zuteil werden 234›1; 758›2
zuteilen 680›2; 1558›2; 1792›1
Zuteilung 1290›2; 1793
zuteilwerden 519›1
zutexten 1490›3
zutiefst 885›3; 1448›1
zutragen 945›1
zutragen, sich 214›2
Zuträger 894›1; 1397›1
Zuträgerei 734›1
zuträglich 754›3; 1031›3; 1192›1
zuträglich sein 234›2
Zutrauen 1796
Zutrauen haben 1795›1
zutraulich 1049›3
zutreffen 1589›3; 1810›2
zutreffend 1312›2; 1455›1; 1860
zutreten, auf jmdn. 1152›1
zutrinken 89›6
Zutritt 125›4; 1210›2
Zutun 851›1
Zutun, ohne 644
zutunlich 651›2
zuunterst 1673›1
**zuverlässig** 85›3; 297; 345›1; 1471›1; **1966**
Zuverlässigkeit 611›5
Zuversicht 553›1; 1217; 1796
zuversichtlich 1219
Zuversichtlichkeit 1217
Zuviel 1615›1
zuvor 52›1; 663›1
zuvorderst 52›1; 1837›1
zuvorkommen 486›1; 854›3
zuvorkommend 124›2; 488; 651›1; 861
Zuvorkommenheit 487›1
Zuwachs 145›1; 508›1; 1506›3
zuwachsen 198
Zuwanderer 1102
zuwandern 1179›1
Zuwanderung 1103
zuwarten 1873›1; 1944
zuwartend 686›1; 1645›1; 1671›2
zuweilen 1211; 1849›1
zuweisen 1617›1
Zuweisung 1290›2
zuwenden 680›2
zuwenden, Rücken 1404›5
zuwenden, sich 264›2
Zuwendung 674›2; 802; 1050›1
zuwerfen 1394›1; 1439›1
zuwerfen, Blick 79›2
zuwider 1633›3
zuwider sein 459›1; 818›1
zuwiderhandeln 1745›8
zuwiderlaufen 1519›1
zuwinken 799›1; 1931›1
zuzahlen 516›2; 1024; 1763›2
zuzählen 1926›1
Zuzahlung 517›3
zuzeiten 1849›1
zuzeln 1939›4
zuziehen 1179›1; 1394›1
zuziehen, sich 234›3; 1789›5
zuziehen, sich etwas 527
zuziehen, Vorhang 1394›4
zuzüglich 450
zuzumuten 1123›1
zwacken 1237›4; 1474›2
**Zwang** 227›3; 397›1; 398›3; 1187›2; 1245; **1967**
Zwang, ohne 644
zwängen 389›1; 400›2
zwanghaft 705; 1647›1
Zwanghaftigkeit 706
zwanglos 631›3; 642›2; 716; 745›1; 1031›4
Zwanglosigkeit 643›3
Zwangsarbeit 1967›1
Zwangsarbeiterlager 1006›4
Zwangsbefürchtung 61›6
Zwangsbindung 1967›1
Zwangsfixierung 1967›1
Zwangsfreistellung 994›1
Zwangskonsument 922
Zwangslage 983›2; 1185›1; 1759›1
Zwangslage, in einer 399
zwangsläufig 1091›2; 1186›2
Zwangsläufigkeit 1187›3
Zwangsmaßnahme 1967›1
Zwangsmittel 1118›3; 1967›1
Zwangsneurose 718
zwangsneurotisch 717
Zwangsprostitution 1454
Zwangsregiment 844›3
zwangsumsiedeln 1799›1
Zwangsumsiedlung 1800
Zwangsvorstellung 706; 877›1
zwangsweise 1648›2
zwar 3; 39; 1197
Zweck 1940›1
Zweck, zu welchem 1875
zweckbestimmt 1567
zweckdienlich 1968›1
Zweckdienlichkeit 1190›4
zweckentsprechend 1968›1
zweckgebunden 203
Zweckgemeinschaft 714›2

zweckgerichtet 1968›2
zweckhaft 1551›1
zwecklos 1743
**zweckmäßig** 1192›1; 1312›4; 1485›2; **1968**
zweckmäßig sein 466›2
Zweckmäßigkeit 1190›4
zwecks 1885
zweckvoll 1551›1; 1968›1
zwei rechts, zwei links 768›2
Zweibeiner 1098›1
zweideutig 90›1; 405›4; 1970›2
Zweideutigkeit 406›3; 659›1; 1820
zweierlei 692›3
zweifach 388
**Zweifel** 1469; **1969**
Zweifel, im 1645›1
**zweifelhaft** 90›1; 1202›3; 1268›1; **1970**
zweifellos 942›3
**zweifeln** 1431›2; **1971**
zweifeln, nicht 552›1
zweifeln, nicht daran zu 1455›1
zweifelnd 1645›1
Zweifelsfrage 636›2; 1969›1
zweifelsfrei 1455›1
**Zweig** 568›2; **1972**
zweigeschlechtig 388
zweigeteilt 806
Zweigstelle 1180›2; 1972›1
**Zweiheit 1973**
Zweikampf 914›2
zweimal 388
Zweimaligkeit 1973›1
zweisam 1957
zweischneidig 388; 687›2
zweiseitig 388; 693
zweispaltig 388
zweistimmig 388
zweit, zu 388
Zweitbesetzung 547›4; 1803
zweiteilen 1558›4
zweiteilig 388
Zweiteilung 1592›2
zweitrangig 1635
Zweitschrift 967›1; 1807›2
Zweitverwertung 153›1
Zweiwertigkeit 1820
Zweizahl 1973›1
zwerchfellerschütternd 832›4
Zwerg 907›2
zwergenhaft 947›1
zwergenwüchsig 947›1
Zwergschule 1423›1
Zwickel 449›3
zwicken 1237›4
Zwickmühle 983›2; 1759›1
Zwickmühle, in der 399
zwiebeln 1237›1
zwiefach 388
zwiefältig 388
Zwiegespräch 276›2
Zwiegestalt 1973›1
Zwielicht 406›1
zwielichtig 405›1; 1970›3
Zwielichtigkeit 406›3
Zwiespalt 1530›1; 1592›1; 1759›1; 1969›1
**zwiespältig** 1645›1; **1974**
Zwiespältigkeit 1969›1
Zwiesprache 276›2; 1679›1
Zwietracht 1530›1
zwieträchtig 603
Zwilling 1973›2
Zwillingsgeschehen 1612›2
**zwingen 1975**
zwingen, in die Knie 1458›2
**zwingend** 1186›1; 1390; **1976**
Zwinger 689›2
zwinkern 1931›1
Zwirbelbart 185
zwirbeln 393›2
Zwirn 572›2
zwirnen 393›2
Zwirnsfaden 572›2
zwischen 806
Zwischenbemerkung 1674›3
Zwischending 1108›5
zwischendrängen, sich 389›1
zwischendurch 1861
**Zwischenfall** 739›1; 1521; 1674›2; **1977**
Zwischenfälle, ohne 765›5
Zwischenfrage 163›2; 636›2; 1674›3
zwischenfunken 1519›2
Zwischengeschoss 1516›6
zwischenhandeln 812›2
Zwischenhändler 738; 1765›1
zwischenhinein 1861
Zwischenlandung 807›6; 1674›1
zwischenliegend 806
Zwischenlösung 547›1; 1732›1
Zwischenmahlzeit 1075›8
Zwischenraum 483›1; 1062›1
Zwischenruf 163›2; 517›4; 1674›3
zwischenrufen 161›1
Zwischensatz 1286›8
zwischenschalten, sich 438
zwischenschieben 516›6
Zwischenspiel 1674›2; 1977›2
zwischenstaatlich 893
Zwischenstation, ohne 1659›2
Zwischenstopp 807›6
Zwischenstopp machen 808›1
Zwischenton 1188
Zwischenträger 1765›1
zwischenwerfen 161›1
Zwischenwirt 1912›2
Zwischenzeit 1674›2
Zwischenzeit, in der 1861
zwischenzeitlich 1849›2; 1861
Zwist 604; 1530›1
Zwistigkeit 1530›1
zwitschern 1460›3
Zwitschern 731›5; 736›1
Zwitter 1108›5
Zwitterding 1108›5
zwittern 1531›1
zwittrig 388
zyklisch 1318›1
Zyklon 1539›1
Zyklop 1340
zyklopisch 788›1
Zyklus 1317›4; 1319›1
Zylinder 966
Zyniker 985›2
zynisch 332; 1368›3; 1488›1
Zynismus 333; 1486›3

Notizen

Notizen

Notizen

Notizen